SIXTH • EDITION

6

Ross의

핵심재무관리

Corporate Finance

Core Principles & Applications

SIXTH • EDITION

Ross의

핵심재무관리

Corporate Finance

Core Principles & Applications

Stephen A. Ross
Randolph W. Westerfield
Jeffrey F. Jaffe
Bradford D. Jordan

정무권 · 이준서 · 강 원 옮김

Mc Graw Hill

CORPORATE FINANCE: Core Principles & Applications, Sixth Edition

1 2 3 4 5 6 7 8 9 10 MHE-KOREA 20 21

Original: CORPORATE FINANCE: Core Principles & Applications, Sixth Edition
By Stephen A. Ross, Randolph W. Westerfield,
Jeffrey F. Jaffe, Bradford D. Jordan
ISBN 978-1-260-01389-4

Korean ISBN 979-11-321-0664-7 93320

Printed in Korea

Ross의
핵심재무관리
6 SIXTH EDITION

발 행 일 | 2021년 1월 26일 발행
저 자 | Stephen A. Ross, Randolph W. Westerfield,
Jeffrey F. Jaffe, Bradford D. Jordan
역 자 | 정무권, 이준서, 강 원
발 행 처 | 맥그로힐에듀케이션코리아 유한회사
발 행 인 | 총텍멩(CHONG TECK MENG)
등록번호 | 제 2013-000122호(2012.12.28)
주 소 | 서울시 마포구 양화로 45, 8층 801호
(서교동, 메세나폴리스)
전 화 | (02)325-2351
편집·교정 | 성신미디어

I S B N 979-11-321-0664-7

판 매 처 | 교문사
문 의 | 031)955-6111
정 가 | 37,000원

6

SIXTH • EDITION

Ross의

핵심재무관리

Corporate Finance Core Principles & Applications

역자 소개

정 무 권

국민대학교 경영대학 재무전공 mjung@kookmin.ac.kr

연세대학교 경영학과와 미국 뉴욕주립대학교(SUNY at Buffalo) MBA 졸업 후, LG증권과 조흥은행 국제금융부에서 다년간 실무경력을 쌓은 뒤 미국 휴스톤대학교(University of Houston)에서 재무금융(Finance) 전공으로 박사학위(2001년)를 받았다. 미국 남유타대학교(Southern Utah University) 교수 등을 거쳐 국민대학교 경영대학 교수로 재직 중이다. 국민대학교 금융보험 MBA 주임교수를 역임하였으며 현재 금융서비스 연구소장을 맡고 있다.

활발한 연구활동을 통해 「*Journal of Corporate Finance*」, 「*Journal of Business Research*」, 「*Journal of Empirical Finance*」, 「*European Journal of Finance*」, 「*Asia Pacific Journal of Financial Studies(AJFS)*」 등 다수의 SSCI 저널과 재무연구, 증권학회지, 재무관리연구, 경영학연구, 금융공학연구 등에 많은 연구논문을 게재하였다. 주요 저서·역서로는 「자본시장법하의 증권투자」(공저), 「핵심경영경제통계학」(공역), 「Ross의 핵심재무관리」(공역) 등이 있다. 「재무관리연구」 편집위원장, *AJFS* 편집위원 등 재무학회, 증권학회, 재무관리학회, 선물학회, 금융공학회 임원과 학술지 편집위원을 역임하였다. 주요 연구 및 자문분야는 ESG, 전환사채, 자사주매입, 인수합병, 기업분할, 스톡옵션, IPO, 증권발행, 기업혁신, 대출금리 등이다.

이 준 서

동국대학교 경영대학 재무전공 juyi@dongguk.edu

고려대학교 경영학과를 졸업하고, 미국 시러큐스대학교(Syracuse University)에서 재무전공으로 경영학석사(MS)와 경영학박사(Ph.D) 학위를 취득하였다. 한국정보통신대학교(ICU: 현재 KAIST) 경영학부 교수를 거쳐 동국대학교 경영대학 교수로 재직 중이다. 매일경제신문사 금융부, 국제부, 지식부에서 기자생활을 하기도 하였다.

한국증권학회, 한국재무학회, 한국파생상품학회, 한국경영학회 등의 부회장과 「재무연구」 편집위원장을 역임했으며 「*Journal of Business Finance and Accounting*」, 「*Finance Research Letters*」, 「*Asia Pacific Journal of Financial Studies*」 등 외국저널과 재무연구, 증권학회지, 금융연구 등 국내 저널에 다수의 연구논문을 게재하였다. 주요 연구분야로는 펀드, Asset Pricing Model, 파생상품, ESG, 금융안정 등이다. 공인회계사, 보험계리사 출제위원을 역임했으며 현재 증권선물위원회 비상임위원, 국민연금 투자정책전문위원이다.

강 원

세종대학교 경영대학 재무전공 kangwon@sejong.ac.kr

연세대학교에서 경영학 학사, 미국 Duke 대학교 Fuqua School of Business에서 경영학석사(MBA) 학위를 수여 받은 뒤, 프랑스 Paris X 대학교에서 재무전공으로 경영학박사(Ph.D)을 취득하였다. 삼성경제연구소에서 수석연구원으로 활동하다가 현재 세종대학교 경영학과에서 재무전공 교수로 재직 중이다. 경영대 부학장, 융합창업기업가센터장, 경영학인증위원회 위원장, 국민경제자문회의 위원을 역임했고, 벤처창업학회 회장, 재무관리연구 편집위원, 「*International Journal of Entrepreneurship*」 편집위원 등 여러 학술활동을 하고 있다. 「재무연구」, 「재무관리연구」, 「금융학회지」, 「*Hitotsubashi Journal of Economics*」, 「*Asia Pacific Journal of Financial Studies*(AJFS)」 등 유수학술지에 다수의 연구논문을 게재하였으며, 주요 저서로는 「The Changing Face of Korean Management」(Routledge 발행, 공저), 「창업론」(명경사 발행, 공저), 「한국기업의 글로벌 경영」(위즈덤하우스 발행, 공저), 「Ross 의 핵심재무관리」(공역) 외 다수가 있다. 또한 기획재정부, 코스닥협회, 중소기업청, 창업진흥원 등의 대외 프로젝트도 수행하였다.

역자 서문

재무(Finance)는 경영학의 주요 세부전공들 중 하나로 실생활에서도 많이 활용되고 있는 학문분야이다. 논리적이고 수리적인 측면이 중시되어 경영학의 다른 세부 전공에 비해 학습하는 데 진입장벽이 있을 수 있지만, 기업과 금융기관 등에서 수요가 많기 때문에 이에 대한 보상이 크다는 것은 익히 알려져 있는 사실이다. 재무관리는 재무학의 입문과목에 해당하며 투자론, 기업재무, 금융기관론, 파생상품론 등 다른 재무과목들을 학습하는 데 기초가 되는 중요한 과목이다.

원 교재「*Corporate Finance: Core Principles & Applications, 6th Edition*」은 미국에서 가장 널리 사용되는 재무관리 교재들 중 하나이며, 저자들인 Ross, Westerfield, Jaffe, Jordan은 교재 저술뿐 아니라 학문적으로도 많은 업적을 남긴 세계적으로 유명한 교수들이다. 제목에서 알 수 있듯이 재무관리의 핵심원리와 응용에 중점을 두고 있는 원 교재는 국내에서도 이미 널리 애용되고 있다. 저자들이 집필한 다른 유사 교재로는「*Essentials of Corporate Finance*」와「*Corporate Finance Fundamentals*」등이 있다. 이 책들은 모두 어려운 수학이나 공식을 지양하고 많은 사례를 통해서 학생들이 내용을 직관적으로 쉽게 이해할 수 있도록 기술되어 있다는 공통점이 있다.

하지만 본 교재는 기존 교재들과 차별화되는 특징이 있다. 먼저, 기존 교재의 경우 주제와 내용이 너무 광범위하여 한 학기에 모두 다룰 수 없다는 의견이 자주 제기되어 왔다. 따라서 본 교재는 상대적으로 덜 중요한 부분을 제외하고 총 21장으로 집약되어 있다. 학생의 입장에서도 책이 상대적으로 가벼워 휴대가 용이하며, 교재가격도 비교적 합리적일 것으로 생각된다. 무엇보다도 가장 큰 장점은 급변하는 금융환경 하에서 최근의 시장상황을 반영하는 내용들이 업데이트되었다는 점이다. 결과적으로 보다 간결해진 형식으로 보다 최신화된 내용을 다루고 있다는 차별성이 있다.

본 교재는 재무관리의 핵심원리뿐만 아니라 실제적 응용을 매우 중요시하고 있다. 예를 들면, 각 장의 OPENING CASE, CLOSING CASE, Finance Matters에서는 그 장의 주제와 관련된 최신 내용 및 사례들을 소개한다. 또한 각 장에서는 자료의 출처나 참고할 만한 많은 유용한 웹사이트를 제공하고 있다. 각 장의 마지막 부분에는 개념문제, 연습문제, 웹의 활용을 요하는 문제 등 다양한 유형의 문제를 학습하게 함으로써 원리와 응용의 균형을 기하고자 하였다. 일부 연습문제의 경우는 학생들이 엑셀 스프레드시트를 사용하여 문제를 풀 수 있도록 엑셀 아이콘이 문제 옆에 표시되어 있으며, 짝수 연습문제들에 대한 간략한 해답이 교재의 부록(B)에 제공되어 있기도 하다.

역자들은 6판 번역에 앞서 이 원서를 이미 다년간 원어로 강의해 왔으며, 학생들이 재무관리의 용어 및 개념 등을 원어로 직접 이해하는 데 불편해하고 있음을 인지해 왔다. 따라서 역자들은 재무관리 전공자들은 물론 비전공자들도 이해할 수 있도록 원서의 내용을 가급적 쉽게 설명하려고 많은 노력을 기울였다. 하지만 저자들이 의도하는 바와 다르게 번역되거나 어색한 부분이 있을 수 있으며, 편집상의 오타 또한 존재할 것으로 생각된다. 따라서 이 역서의 사용자들이 역자들(mjung@kookmin.ac.kr, juyi@dongguk.edu, kangwon@sejong.ac.kr)에게 많은 피드백을 주실 것을 기대하며 추후 이를 바탕으로 개선된 내용을 제공하도록 할 계획이다. 마지막으로 이 역서의 출판을 위해 혼신의 힘을 기울여 주신 McGraw-Hill Korea사 관계자 분들에게 감사의 말씀을 드린다.

2020년 12월

역자 일동

저자 소개

Stephen A. Ross

SLOAN SCHOOL OF MANAGEMENT, MASSACHUSETTS INSTITUTE OF TECHNOLOGY

Stephen A. Ross는 메사추세츠 공과대학교(MIT) 슬론 경영대학(Sloan School of Management)의 Franco Modigliani 재무경제 석좌교수였다. 재무와 경제학 분야에서 가장 널리 알려진 학자 중 한 명인 Ross 교수는 재정가격결정이론(Arbitrage Pricing Theory)을 개발한 업적으로 특히 유명하다. 또한 신호이론, 대리인이론, 옵션가격결정이론, 이자율의 기간구조이론 등을 정립하는데 지대한 공헌을 했다. 미국재무학회(American Finance Association)의 회장을 역임한 그는 여러 학술지와 실무지의 부편집장으로 활동하였으며, CalTech의 재단이사이기도 했다. 그는 2017년 3월 갑자기 타계했다.

Randolph W. Westerfield

MARSHALL SCHOOL OF BUSINESS, UNIVERSITY OF SOUTHERN CALIFORNIA

Randolph W. Westerfield는 USC(University of Southern California) 마샬 경영대학(Marshall School of Business)의 명예학장이며, Charles B. Thornton 재무 명예석좌교수이다. Westerfield 교수는 이전에 펜실베이니아 대학교(University of Pennsylvania) 와튼스쿨(Wharton School)에서 20년간 교수로 재직하면서 재무학과장을 역임했다. 그는 Oak Tree Capital Mutual Funds의 이사회 멤버이며 기업재무정책, 투자관리, 주식시장 가격행태 등이 그의 전문 연구분야이다.

Jeffrey F. Jaffe

WHARTON SCHOOL OF BUSINESS, UNIVERSITY OF PENNSYLVANIA

Jeffrey F. Jaffe는 『*Quarterly Economic Journal*』, 『*The Journal of Finance*』, 『*The Journal of Financial and Quantitative Analysis*』, 『*The Journal of Financial Economics*』, 『*The Financial Analysts Journal*』 등과 같은 유명저널에 재무 및 경제분야의 많은 논문을 발표하였다. 그의 연구 중 기업 내부자가 거래를 통하여 비정상이익을 획득하며 규제는 이러한 이익에 거의 영향을 미치지 않는다는 내부자거래에 관한 연구는 상당히 널리 알려져 있다. 또한 그는 IPO, 공익사업의 규제, 시장조성자의 행태, 금 가격의 변동, 이자율에 대한 인플레이션의 영향, 자본자산가격에 대한 인플레이션의 영향, 소규모기업의 주식과 1월효과의 관계, 자본구조결정 등의 연구분야에 공헌해 왔다.

Bradford D. Jordan

GATTON COLLEGE OF BUSINESS AND ECONOMICS, UNIVERSITY OF KENTUCKY

Bradford D. Jordan은 켄터키대학교(University of Kentucky)의 재무전공 교수이며, duPont은행 및 금융서비스 기금교수이다. 그는 기업재무의 이론과 응용에 오랫동안 관심을 가져왔으며, 기업재무와 재무관리정책을 여러 수준에서 광범위하게 강의해 왔다. Jordan 교수는 유명저널에 자본비용, 자본구조, 증권가격의 행태 등에 관한 많은 논문을 발표하였다. 그는 남부 재무학회(Southern Finance Association)의 회장을 역임했으며, McGraw-Hill사가 출판한 『기본 투자론』(*Fundamentals of Investments: Valuation and Management*) 9판의 공저자이기도 하다.

저자 서문

문제의 인식

우리 네 사람이 본서를 공동작업한 것은 필연적이라고 할 수 있다. 지난 20여 년 동안 우리는 두 개의 "RWJ" 팀으로 활동해 왔다. 그동안 재무관리분야에 관한 두 편의 학부 교재와 한 편의 대학원 교재를 공동 집필했으며, 이 교재들은 모두 널리 사용되어 왔다. 이들 세 교재는 총 31판 이상에 걸쳐 출판되었으며, 다양한 국가별 버전과 국제판이 발간되었고, 최소한 십여 개 이상의 외국어로 번역되었다.

교재 집필을 하면서 우리는 재무관리와 관련된 대부분의 내용을 한 학기에 다룰 수 있는 간결하면서도 최신의 내용과 핵심요점을 포함하는 새로운 교재에 대한 수요가 있음을 알게 되었다. 이 책을 집필하기 시작하면서 우리 네 사람이 한 세기가 훨씬 넘는 기간 동안 재무원리를 강의하고 연구해 온 셈이 된다는 것을 (쓴웃음과 함께) 깨닫게 되었다. 이 같은 매우 광범위한 경험을 통해 기초재무관리 수업을 수강하는 학생들이 상당히 다양한 교육적·전문적 배경을 지니고 있다는 사실을 인지하게 되었다. 또한 이 과목은 전통적 방식의 한 학기 수업에서부터 압축된 기간 동안의 수업, 순수한 온라인 수업에 이르기까지 수업방식이 다양한 형태로 진화되고 있음을 깨달았다.

접근방법

다양한 유형의 학생들에게 다가가고 변화하는 강의환경에 부응하기 위해 현대적 접근법을 유지하면서 재무관리의 주제들 중에서 핵심만을 뽑아냈다. 우리는 항상 재무관리가 몇 가지 매우 강력한 직관들에 바탕을 두고 있다고 생각해 왔다. 또한 "왜 그런가(why)"를 이해하는 것이 "어떻게 그런가(how)"를 이해하는 것만큼 중요하다는 점도 알고 있다. 이 책을 집필하는 동안 줄곧 실제로 관련이 있고 유용한 내용들은 무엇인지에 대해 심도있는 고민을 하였다. 따라서 순수한 이론적 내용들은 가급적 축소하였으며, 직관적으로 명백하거나 실제 사용이 제한되어 있는 내용들은 복잡한 계산을 최소화하면서 설명하였다.

무엇보다도 이 책은 우리가 재무관리 교재의 집필을 통해 그동안 경험해 온 모든 것을 통합하는 기회를 주었다. 우리는 다년간에 걸쳐 많은 양의 피드백을 받았다. 이 피드백을 바탕으로 여기서 함께 고려하려는 두 가지 핵심요소는, 학부 교재에서 개발한 교수법과 읽기 용이함, 그리고 대학원 교재에서 중시해 온 현재 시장상황에 대한 이해와 연구에 대한 강조이다.

처음부터 우리는 이 교재가 백과사전처럼 되는 것을 원하지 않았다. 대신 학생들이 원리과목 내용 중에서 심화할 필요가 있는 부분이 무엇인가에 대해 초점을 두는 것을 목표로 삼았다. 이 과목을 정규적으로 강의하는 동료들로부터 많은 자문을 받은 결과, 이 책을 총 21장으로 구성하기로 하였다. 각 장의 분량은 약 30쪽이므로 이 교재의 대부분을 한 학기에 충분히 마칠 수 있을 것으로 생각한다. 핵심개념과 응용에 대해 초점을 두는 책을 집필하려면 다룰 주제와 그 심도에 대해서는 반드시 취사선택이 필요하다. 따라서 본서에서는 필수적인 내용을 중심으로 다루고 보다 특수화된 주제는 심화 과목에서 논의하도록 남겨두기로 하였다.

우리는 순현재가치(net present value: NPV)를 재무관리의 기본적이고 통합적인 개념으로 다룬다. 이 기본원리를 일관성 있게 통합한 교재는 많지 않다. NPV가 비용을 초과하는 시장가치의 증가분이라는 단순하고 직관적이며 강력한 개념은 종합적인 비용의 계산을 강조하는 기계적 접근방식에서는 망각되기 쉽다. 따라서 우리가 다루는 모든 주제는 가치평가에 확고한 기반을 두었으며, 특정한 의사결정이 가치평가에 어떠한 영향을 미치는가를 설명하는데 주의를 기울였다.

또한 학생들은 재무관리가 경영에 관한 것이라는 사실을 잊어서는 안 된다. 우리는 경영의사결정자로서 재무관리자의 역할을 강조하며, 경영자적 조치와 판단에 대한 필요를 중시한다. 우리는 의사결정에 있어 "블랙박스(black box)" 접근방식을 의식적으로 피하고, 필요할 경우 재무분석의 적정하고 실용적인 속성을 명시함으로써 재무분석으로 인해 발생가능한 함정과 한계점들을 논의한다.

6판 개정사항과 주목할 점

모든 장의 오프닝케이스와 예제는 지난 수년간의 금융추세와 금융위기를 반영하여 최신화되었다. 또한 매 장의 연습문제도 이를 반영하여 개정하였다. 이와 함께 기업재무와 관련된 많은 흥미로운 새로운 연구 결과를 본 교과서에 접목시키려 노력하였다.

- 2017년의 세금 삭감 및 고용법(The Tax Cuts and Jobs Act of 2017)을 교과서 전반에 접목시켰다. 이 법률은 다음과 같은 내용을 포함하면서 (한정지어지지는 않지만) 기업재무의 여러 측면과 관련되어 있다.
- **법인세율** 21%의 새로운 단일 법인세율에 대한 논의가 이루어졌고 기존의 누진제와의 비교 결과를 제시했다. 대기업을 제외한 다른 기업들은 여전히 누진제가 적용되고 있어 한계세율과 평균세율에 대한 논의는 의미가 있어 남겨 놓는다.
- **보너스 감가상각** 제한된 기간동안 기업들은 MACRS 상 적격 투자의 경우 대부분의 비부동산자산에 대해 첫해 감가상각을 100%로 인식할 수 있다.
- **세금감면에 대한 제한** 세금 목적으로 감면될 수 있는 이자금액의 규모가 제한된다. 감면에서 제외된 이자는 차기년도로 이월될 수 있다(환급은 불가).
- **환급** 순영업손실(NOL) 환급은 삭제되었고 순영업손실 이월 감면은 미래의 한 회기년도로 제한된다.
- **배당조세감면** 기업으로부터 수취하는 배당금에 대한 세금감면이 축소되었다. 즉 과세대상 비율이 증가했다.
- **송금세** 미국 내 이익과 해외이익간의 차등을 원칙적으로 철폐했다. 유동성 및 비유동성을 포함한 모든 해외자산은 1회의 '간주세금'을 적용받는다.
- '금융위기' 또는 '대침체' 이후 12년이 경과하면서 세계 금융시장이 이전보다 더 통합되는 현상을 보이고 있다. 기업재무의 이론과 실무는 빠른 속도로 진화하고 있으며 각 장의 오프닝사례에 대한 최신화, 다양한 신규 예제, 각 장 말미에 있는 연습문제들의 완전한 최신화 등을 통해 이론과 실무에 활기를 불어넣는 노력을 하였다.
- 최근 우리는 전대미문의 저금리 및 낮은 물가상승률과 함께 높은 주식 및 채권 가치를 경험했다.
- 10장 '위험과 수익률: 자본시장 역사로부터의 교훈'에서는 역사적 위험과 수익률에 대한 논의를 최신화·세계화하였다. 최신화된 역사적 자료를 통해 자본 위험 프리미엄에 대한 측정이 견고해졌고 자본시장환경에 대한 이해도도 증진되었다.
- 대부분 기업의 자본구조에서 부채의 중요성이 증대되는 가운데 많은 기업이 무부채기업이라는 사실은 언뜻 이해가 되지 않는다. 기업들이 실제로 어떻게 자본구조와 관련된 의사결정을 하는가에 대해 새로운 길을 밝혀준 이 같은 '무부채' 행태에 대한 새롭고 흥미로운 연구가 진행되고 있다.
- 15장 '자본구조: 부채사용의 제한'에서는 이러한 새로운 연구에 대해 살펴보고 본 교과서에서 논의하고 있는 자본구조에 이를 접목시킨다.
- 16장 '배당금과 기타 지불금'에서는 거대 미국 기업들의 이익과 배당, 자사주매입 자료를 최신화하였다. 최근 동향은 기업의 배당정책에 있어 자사주 매입이 배당을 크게 상회하고 있다는 사실을 보여준다. 기업들이 지분 투자자들에게 현금을 지급하기 위해서는 배당과 자사주매입을 활용할 수 있으므로 최근 자사주매입의 중요성 증대는 변화하는 금융환경을 의미한다고 할 수 있다.
- 기업의 가중평균자본을 산출하는 방식은 복잡다단하다. 가중평균자본비용은 자본예산이나 기업의 '기회비용' 산출 시 가장 중요한 벤치마크이므로 이의 계산은 대단히 중요하다. 계산상의 미묘한 차이를 구별하기 위해 인터넷으로부터 손쉽게 취득 가능한 자료를 통해 Eastman Chemical의 자본비용 측정을 최신화하였다.

이 교재에 첨부되어 있는 보조자료도 새롭게 개선되었다. 헌신적이고 훌륭한 여러 동료 및 전문가들과 함께 작업하면서 대학원 수준에 못지 않는 보조자료를 제공할 수 있게 되었다. 이 책이 주교재로 사용되든 부교재로 사용되든 여러분들의 변화하는 욕구에 부응할 수 있기를 희망한다.

— Stephen A. Ross
— Randolph W. Westerfield
— Jeffrey F. Jaffe
— Bradford D. Jordan

McGraw Hill **connect**®

맥그로힐Connect®: 학생들의 성적 향상을 위한 3년 연속 US CODiE 수상에 빛나는 가장 안정적이고 사용하기 편리한 개인맞춤형 학습

Adaptive Learning(개인 맞춤형 솔루션)

- Connect를 통한 과제 수행은 내용과 연관 있는 내용부터 적용 할 수 있게 함으로써 내용 이해와 비판적 사고를 도와 줍니다.
- Connect는 Smart Book®을 통해 각각의 개인에 맞추어진 개별화된 학습 방향을 제시합니다.
- SmartBook®의 개인 맞춤 하이라이팅과 연습문제 출제는 학생들로 하여금 양방향 학습경험을 제공하여 더욱 효율적인 학습을 도와줍니다.

Connect를 이용한 후 학생들의 성적 향상

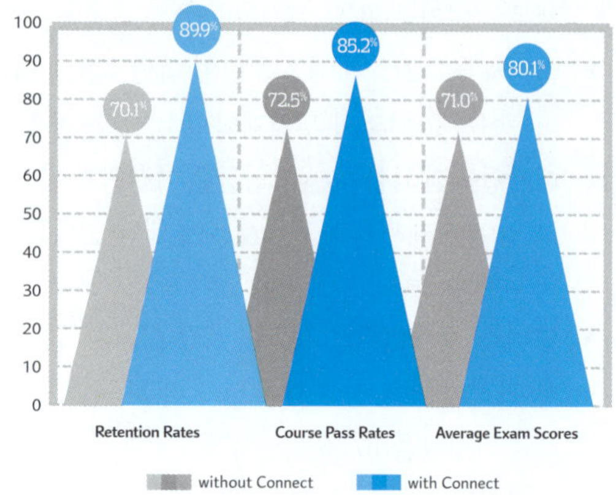

학생들이 대답한 **70억 개가 넘는 연습 문제**의 방대한 데이터는 Mcgrawhill의 Connect를 보다 지능적이고, 믿을 수 있고 정확한 제품으로 만들어줍니다.

Connect를 활용한 학생들의 평균 **10% 이상**의 코스 합격률과 성적 향상

Connect를 사용한 73%의 교수님들의 강의평가가 평균 28% **향상**되었습니다.

양질의 최신 강의자료

- Connect 안에는 강의를 위한 자료가 단순하고 직관적인 인터페이스로 구성이 되어 있습니다.
- Connect의 smartbook은 모바일과 태블릿PC에 최적화되어 있어, 어디서나 인터넷 환경에 구애받지 않고 접속하여 공부할 수 있습니다.
- Connect에는 동영상, 시뮬레이션, 게임 등과 같이 학생들의 비판적 사고를 길러줄 수 있는 다양한 콘텐츠가 있습니다.

Connect Insight: 강력한 분석과 리포트

- Connect Insight는 개별 학생들의 분석과 성취도를 전체 또는 특정 과제로 분류하여 한눈에 보기 쉬운 형태로 보고서를 작성합니다.
- Connect Insight는 학생들의 과제 소요 시간, 개별학습 태도, 성취도 등의 모든 데이터를 대시 보드로 제공합니다. 교수님들은 어떤 학생이 어떤 분야에 취약한지 바로 알아볼 수 있습니다.
- Connect를 통해 과제와 퀴즈의 자동 성적 평가가 가능하며, 개별 그리고 전체 반 학생들의 성취도를 한눈에 알아볼 수 있는 보고서로 제공됩니다.

©Hero Images/Getty Images RF

학생들은 Connect로 강의를 들을 때, 더 많은 A와 B를 취득합니다.

신뢰할 수 있는 서비스와 기술지원

- Connect는 대학 학사관리시스템(LMS)과 통합로그인(Single Sign On)으로 접속하며 성적평가도 자동으로 연동됩니다.
- Connect는 종합적인 서비스와 기술지원 그리고 솔루션 사용을 위한 각 단계에 맞는 사용법 트레이닝을 제공합니다.
- Connect 사용법에 대해 궁금하다면 주소창에 https://www.mheducation.com/highered/connect.html을 쳐보세요.

요약 차례

차례

PART 3 위험과 수익

CHAPTER 21

합병과 인수

1

재무관리 입문

OPENING CASE

2009년, Travis Kalanick과 Garrett Camp는 자동차 공유 앱인 Uber를 시작했다. Uber는 시작하자마자 대박을 터뜨렸다. 2017년 중반까지 50억건 이상을 기록한 것이다. 그래서인지 Uber는 분기 $1억 이상의 손실을 보고 있었지만, 기업의 가치는 $700억에 달했고, Kalanick의 개인 자산가치는 $60를 웃돌았다. 하지만 Kalanick는 사내에서 성희롱이 있음을 알고도 아무런 조치도 취하지 않았다는 비판을 받기 시작하였고, 또한 비슷한 시기에 Kalanick가 Uber 운전사에게 함부로 하는 장면이 비디오에 녹화되기도 하면서, 문제는 매우 심각해졌다. 드디어 2017년 6월, 그는 CEO의 자리에서 물러나게 되었고, 이사회의 멤버로만 남게 된다. 하지만 2018년 Kalanick은 재기하여 Citi Storage Systems라는 새로운 벤처기업의 사장을 맡게 되었고, 버려진 쇼핑센터나 주차장을 새로운 벤처가 들어와 입주할 수 있는 공간으로 만드는 사업을 진행하고 있다.

$700억에 달하는 벤처의 공동창립자에서 CEO 퇴진에 이르기까지, Kalanick의 부침이 심한 커리어패스를 보면서, 우리는 기업의 법적 형태, 목표, 지배구조 등 여러 이슈를 떠올리게 된다. 이번 장에서는 이러한 이슈에 대해 논의하게 될 것이다. 이제 우리와 같이 같은 차를 공유하면서 길을 떠나보도록 하자.

기업재무 관련 최근 사건들을 찾아보기 위해 corecorporatefinance.blogspot.com을 방문하라.

1. 1 기업재무란 무엇인가?

당신이 테니스 공을 만드는 회사를 시작하려 한다고 가정하자. 이를 위해 원자재를 구입할 관리자를 고용해야 하고, 완성된 테니스 공을 생산하고 판매하기 위한 인력도 필요할 것이다. 재무관리 용어로는 재고자산, 기계설비, 토지, 노동 등과 같은 자산에 투자한다고 말할 수 있다. 이들 자산에 투자하는 현금의 규모는 조달하는 자금의 규모와 같아야 한다. 당신이 테니스 공을 팔기 시작할 때 회사는 현금을 창출하게 된다. 이것이 가치창조의 원리다. 회사의 목적은 소유자인 당신을 위해 가치를 창조하는 것이며, 그 가치는 회사의 간단한 대차대조표(balance sheet)의 틀 안에 반영된다.

기업의 대차대조표 모형

어느 특정 시점에서 기업의 활동과 재무적 상황을 살펴 본다고 가정하자. 그림 1. 1은 기업재무를 소개하는 데 도움이 될 대차대조표의 개념을 도표로 보여준다.

기업의 자산은 대차대조표의 좌변에 위치하며 **유동자산**(current asset)과 **고정자산**(fixed asset)으로 나뉜다. 유동자산은 재고자산과 같이 짧은 수명을 가진 자산이다. 기업이 제조하였지만 아직 판매하지 않은 테니스 공은 재고자산에 속한다. 만약 과잉생산하지 않았다면 테니스 공은 곧 판매되어 재고에서 없어질 것이다. 고정자산은 빌딩과 같이 긴 수명을 가진 자산이다. 고정자산은 기계나 장비와 같은 유형자산과 특허나 상표와 같은 무형자산으로 구분된다.

그림 1.1
기업의 대차대조표 모형

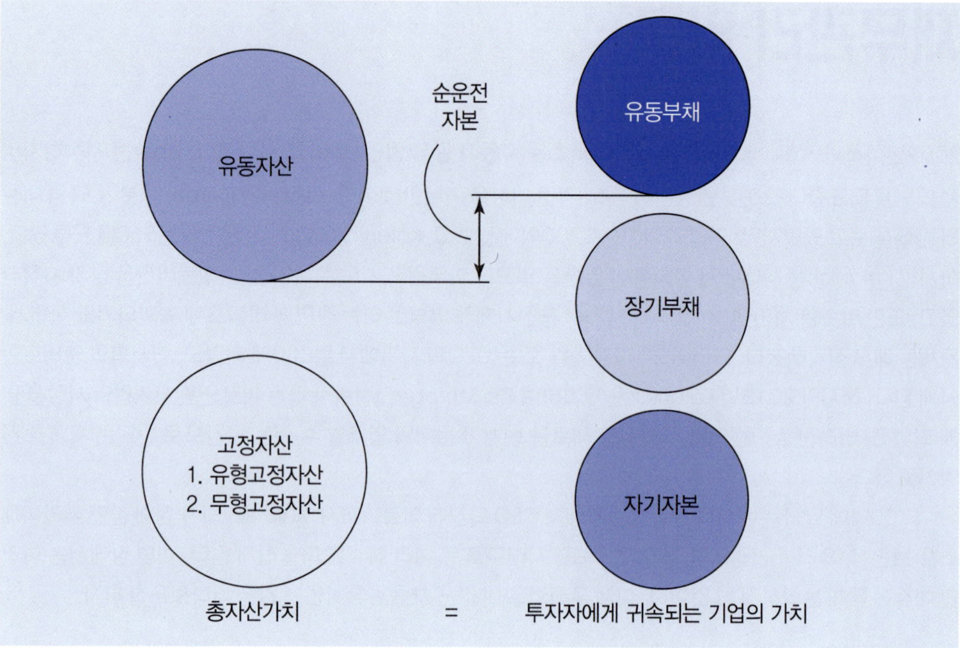

기업이 특정자산에 투자하기 위해서는 자금이 필요하다. 이 자금을 어떻게 조달했는지는 대차대조표의 우변에 위치하며 그 형태에 따라 **부채**(debt)와 **자기자본**(equity)으로 나뉜다.

부채도 자산처럼 장기 또는 단기로 구분된다. 단기부채는 **유동부채**(current liability)로 불리며, 1년 이내에 상환해야 할 차입금과 곧 갚아야 할 외상매입금 등을 나타낸다. 장기부채는 1년 이내에 상환할 필요가 없는 장기차입금이나 회사채 등이다. 자기자본은 회사의 총자산에서 장단기 부채를 뺀 나머지로 주주가 기업의 자산에 대해 갖는 잔여청구권이라고 할 수 있다.

위의 대차대조표 모형으로부터 기업재무는 다음 세 가지 질문을 공부하는 학문이라는 것을 쉽게 알 수 있다.

1. 기업은 어떤 장기자산에 투자해야 하는가? 이 질문은 대차대조표의 좌변과 관련된다. 물론 자산의 유형과 비중은 사업의 속성에 따라 정해지곤 한다. 투자할 장기자산을 선택하고 자본적 지출을 실행하며 관리하는 과정을 **자본예산(capital budgeting)**이라고 한다.
2. 기업은 자본적 지출에 쓰일 필요한 현금을 어떻게 조달할 것인가? 이 질문은 대차대조표의 우변과 관련된다. 답은 부채와 자기자본의 상대적 비율인 **자본구조(capital structure)** 와 밀접한 관련을 갖는다.
3. 단기 영업현금흐름은 어떻게 관리해야 하는가? 이 질문은 대차대조표 양변의 상단과 관련된다. 영업활동에서 들어오고 나갈 현금흐름의 규모와 시점을 정확하게 예견하기란 쉽지 않기 때문에 현금유입과 현금유출의 시점간에는 흔히 차이가 발생한다.

재무관리자는 반드시 이 현금흐름의 유출입 차이를 관리하여야 한다. 현금흐름의 단기관리는 기업의 유동자산과 유동부채의 차이로 정의되는 **순운전자본(net working capital)**과 연관되어 있다. 재무관리 측면에서 단기현금흐름의 문제는 현금유입과 현금유출의 불일치에서 기인한다. 이것이 단기재무관리의 주제이다.

재무관리자

대기업에서 재무활동은 부사장 겸 최고재무관리자(chief financial officer: CFO)와 같은 최상위경영자 및 하위관리자의 소관이다. 그림 1. 2는 재무활동을 중시하는 기업의 일반적인 조직구조를 보여준다. 최고재무관리자는 재무담당임원(treasurer)과 경리담당임원(controller)의 보고를 받는다. 재무담당임원은 현금흐름관리, 자본지출결정, 재무계획수립 등을 담당하며, 경리담당임원은 세금 원가 및 재무회계 전산정보 등과 같은 회계기능을 담당한다.

최고재무관리자(CFO)가 당면하고 있는 최근 이슈를 보려면 www.cfo.com을 참조하라.

그림 1. 2
기업의 가상조직도

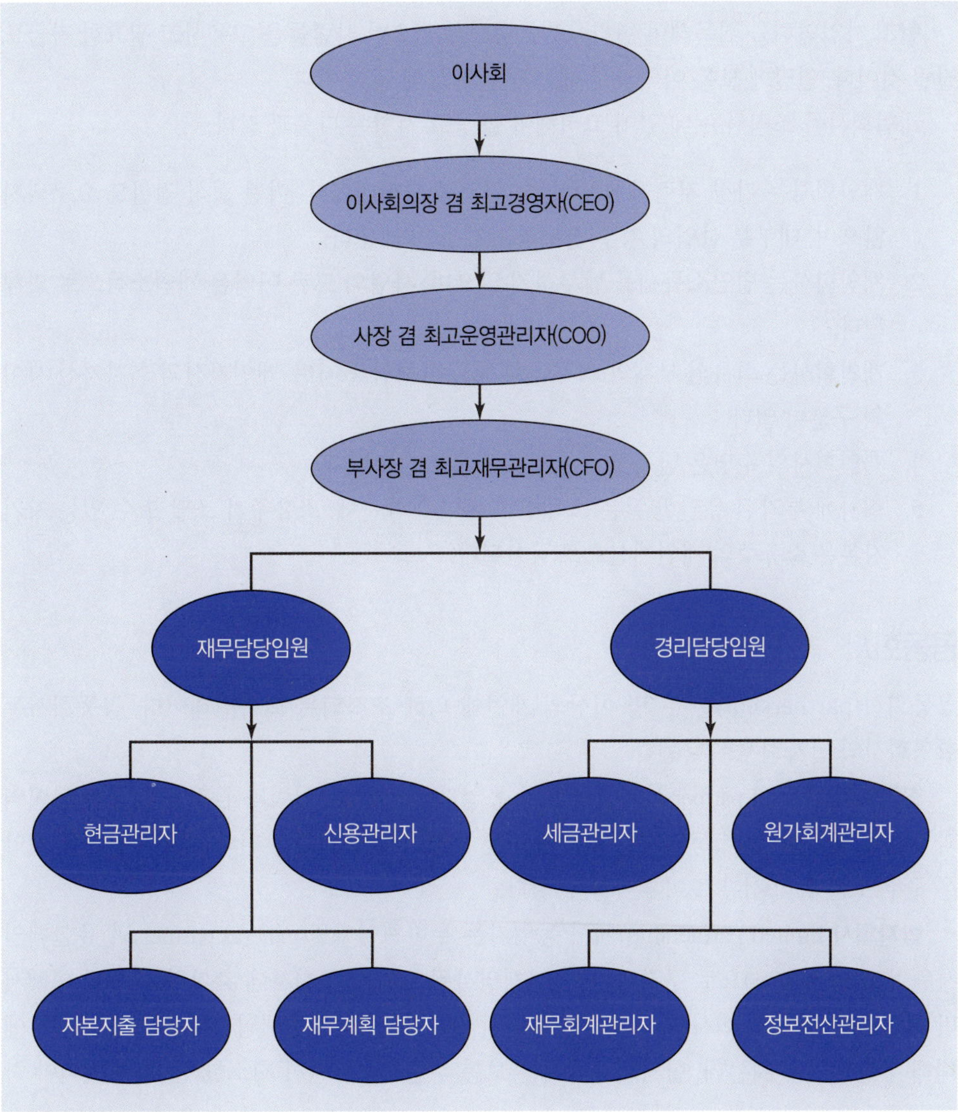

1. 2 회사의 형태

회사는 많은 개인들의 경제활동을 모아 조직하는 한 방법이다. 회사가 당면하는 기본 문제 중의 하나는 '어떻게 현금을 조달할 것인가'이다. 대량의 현금을 조달하려 할 때는 여러 가지 문제가 일어날 수 있는데 이런 현금조달 문제를 그래도 효과적으로 풀 수 있는 전통적인 방법은 회사를 주식회사의 형태로 설립하는 것이다. 그러나 다른 형태의 회사들도 있다. 이 절에서는 기업을 조직하는 세 가지 형태를 살펴보고, 각각의 형태 하에서 회사가 대량의 자금을 어떻게 조달하는지를 알아본다.

개인회사

개인회사(sole proprietorship)는 사업이 한 개인에 의해 소유되는 회사형태이다. 가령 당신이 쥐덫을 생산하는 사업을 시작한다고 하자. 당신은 "오늘 나는 더 좋은 쥐덫을 만들 예정입니다"라고 선언하면서 사업을 간단하게 시작할 수 있다.

먼저 사업면허를 취득해야 한다. 그 후 당신은 필요한 사람들을 고용하고 필요한 자금도 빌릴 것이다. 연말에 모든 이익과 손해는 당신의 몫이 될 것이다.

개인회사를 조직하는 데 있어 고려해야 할 중요 사항은 다음과 같다.

1. 개인회사는 가장 저렴하게 만들 수 있는 회사형태이다. 어떤 정식 정관도 요구되지 않으며, 대부분 산업의 경우 정부의 규제도 거의 없다.
2. 개인회사는 법인소득세를 납부하지 않으며, 사업의 모든 이익은 개인소득으로 과세된다.
3. 개인회사는 회사의 부채와 의무에 대해 무한책임을 지며, 개인자산과 회사자산 사이의 구분이 없다.
4. 개인회사의 수명은 단독 소유주의 수명으로 한정된다.
5. 회사에 투자된 유일한 돈은 소유주의 돈이기 때문에, 소유주가 조달할 수 있는 자기자본은 소유주의 개인재산으로 국한된다.

공동회사

공동회사(partnership)는 두 명 이상의 개인에 의해 조직되는 회사형태이다. 공동회사는 합명회사와 합자회사로 나뉜다.

합명회사(general partnership)에서 모든 동업자(partner)는 인력과 금전을 제공하며 이익과 손실을 공유한다. 각 동업자는 회사의 모든 부채에 대해 책임을 진다. 동업자들간의 계약은 구두 또는 정식 서류로 이루어질 수 있다.

합자회사(limited partnership)에서 동업자는 무한책임사원(general partner)과 유한책임사원(limited partner)으로 구분된다. 유한책임사원은 자신이 회사에 출자한 금액에 대해서만 책임을 지는 대신 회사의 경영에 관여하지 않는다. 반면 무한책임사원은 회사의 채무에 대해 무한책임을 지는데, 합자회사에서는 보통 무한책임사원이 최소한 한 명은 있어야 하며 회사의 경영을 맡게 된다. 공동회사를 설립하는 데 있어 고려해야 할 중요 사항은 다음과 같다.

1. 공동회사는 설립하는 데 보통 비용이 많이 들지 않고 용이하다. 서류작성이 합명회사와 합자회사의 계약체결을 위해 요구된다. 사업면허와 신청비용이 필요할 수 있다.
2. 합명회사의 동업자는 모든 부채에 대하여 무한책임을 지며, 합자회사의 유한책임사원은 보통 각자가 회사에 출자한 부분으로 그 책임이 국한된다. 무한책임사원은 서로 연대책임을 진다.
3. 합명회사는 무한책임사원 동업자 중 한 명이 사망하거나 탈퇴하면 종료된다. 이는 유한책임사원의 경우에는 적용되지 않는다. 회사가 해체되지 않고 소유권을 이전하기는 어렵다. 왜냐하면 모든 무한책임사원이 동의해야 하기 때문이다. 그러나 유한책임동업자는 회사에 대한 자신의 지분을 매각할 수 있다.
4. 공동회사는 대량의 현금을 조달하기 어렵다. 자본의 출자는 동업자의 능력과 열망에 의존한다. Apple사와 같은 많은 회사들은 개인회사나 공동회사로 시작하여 어느 시점에 주식회사 형태로 전환했다.
5. 공동회사로부터 발생한 이익은 동업자들의 개인소득으로 과세된다.
6. 경영진에 대한 통제권은 무한책임사원에게 있다. 회사에 유보할 이익의 규모와 같은중요한 문제에 대해서는 보통 다수결투표가 요구된다.

대규모 사업조직이 개인회사나 공동회사의 형태로 존재하기란 매우 어렵다. 개인회사나 공동회사의 주요 장점은 사업을 시작하는 데 비용이 적게 든다는 것이다. 그러나 (1) 무한책임, (2) 회사의 제한적 수명, (3) 소유권 이전의 어려움 등으로 인해 (4) 현금조달을 어렵게 한다는 단점이 있다.

주식회사

주식회사(corporation)는 여러 형태의 기업들 중에서 가장 중요하다. 주식회사는 독특한 법인으로 자연인처럼 이름을 가질 수 있으며 많은 법적 권리를 행사할 수 있다. 예를 들어 주식회사는 재산을 취득하고 교환할 수 있으며 계약을 할 수 있고 소송의 당사자가 될 수도 있다. 재판관할 목적상 주식회사는 설립된 주의 주민이다(그러나 투표는 할 수 없다).

주식회사는 개인회사나 공동회사보다 시작하기가 훨씬 복잡하다. 발기인(incorporator)은 정관(articles of incorporation)과 일련의 내규(bylaw)를 준비해야 한다. 정관은 다음 항목을 포함해야 한다.

1. 주식회사의 이름
2. 주식회사의 수명(무한대로 할 수 있음)
3. 사업목적
4. 주식의 권리와 한계에 관한 진술과 발행할 수 있는 수권주식수
5. 주주에게 부여된 권리의 속성

6. 최초 이사회의 구성원 수

내규는 주식회사가 스스로를 규제하기 위해 사용하는 규정으로 주주, 이사, 경영자 등에 관계된다. 내규는 경영진에 대한 아주 간략한 규칙에서 시작하여 수백 쪽에 이르는 것도 있다.

주식회사를 구성하는 이해집단으로는 주주(소유자), 이사, 경영자(최고경영진) 등이 있다. 전통적으로 주주는 회사의 방향, 정책 활동 등을 통제하며, 이사회 구성원들을 선임하여 이들이 최고경영진을 선출할 수 있도록 한다. 그리고 최고경영진은 주주의 부를 극대화하려는 목표를 가지고 회사를 경영한다. 소수의 주주가 소유하는 회사에서는 주주, 이사, 최고경영자 등이 겹칠 수 있지만 대규모의 회사에서는 이들이 별개의 그룹으로 나뉠 확률이 높다.

소유와 경영의 분리가 가능하다는 면에서 주식회사는 그렇지 않은 개인회사나 공동회사에 비하여 다음의 이점을 누릴 수 있다.

1. 주식회사에서 소유권은 주식에 의해 대변되므로 소유권은 새로운 소유자에게 쉽게 양도될 수 있다. 주식회사는 주식을 소유한 사람들과 독립적으로 존재하므로 공동회사의 경우와는 달리 주식의 양도에 어떠한 제한도 없다.
2. 주식회사의 수명은 영원하다. 회사는 소유자로부터 독립적이기 때문에 소유자의 사망이나 탈퇴는 회사의 법적 존재에 영향을 미치지 않는다. 주식회사는 최초 소유자가 자금을 회수해 가더라도 지속될 수 있다.
3. 주주의 책임은 소유주식에 투자된 금액으로 한정된다. 예를 들어 주주가 주식회사의 주식을 $1,000만큼 보유하고 있다면, 그 잠재적 최대손실은 $1,000가 될 것이다. 공동회사에 $1,000를 출자한 무한책임 동업자는 $1,000의 손해는 물론 회사의 다른 채무도 떠안아야 될지 모른다.

유한책임 소유권 이전의 용이 영속성 등은 주식회사의 주요한 장점들이다. 이들로 인해서 주식회사는 현금을 보다 용이하게 조달할 수 있다.

그러나 큰 단점이 하나 있다. 연방정부는 법인소득에 대해 과세한다(주정부도 마찬가지다). 추가로 주주들은 그들이 수령하는 배당금에 대해 개인소득세를 또 내야 한다. 이는 개인회사나 공동회사의 경우와는 달리 주식회사의 주주들은 이중과세(double taxation)에 놓이게됨을 의미한다. 표 1. 1은 공동회사와 주식회사에 대한 지금까지의 논의를 요약하여 보여준다.

LLC에 관한 많은 정보를 얻기 위해서는 www.incorporate.com을 방문하라.

오늘날 미국의 50개 모든 주는 비교적 새로운 형태의 사업조직인 유한책임회사(limited liability company: LLC)의 설립을 허용하는 법률을 제정하였다. 이 법인체는 공동회사처럼 운영되고 과세되나, 소유자에 대해서 유한책임이 부과된다. 따라서 LLC는 본질적으로 공동회사와 주식회사의 혼성체로 볼 수 있다. 주마다 LLC를 다르게 정의하고 있지만 미국 국세청(Internal Revenue Service: IRS)의 정의가 가장 중요하다.

미국 국세청은 유한책임회사가 특정기준을 충족하지 않으면 이를 주식회사로 간주하여 이중과세를 하게 된다. 유한책임회사는 흔히 볼 수 있다. 예를 들면 Wall Street에 남아 있는 마지막 공동회사들 중 하나인 Goldman-Sachs는 유한책임회사로 전환했다(후에 공개되어 주식회사로 됨). 다수의 대형 회계법인과 로펌들이 유한책임회사로 전환했다.

주식회사의 다른 명칭

주식회사의 형태에는 세계적으로 다양한 변형이 있다. 물론 관련 법규와 규정은 나라마다 다르지만, 소유권의 공유와 유한책임은 여전히 그 본질적 특징으로 남아 있다. 이들은 그 속성과 소속국가에 따라 **주식합명회사**(joint stock company), **공개유한회사**(public limited company), **유한책임회사**(limited liability company) 등으로 불린다.

표 1. 2는 국제적으로 잘 알려진 몇몇 주식회사의 이름, 국적, 회사형태를 지칭하는 약어(회사명 뒤에 따라옴)와 그 영어 표현을 보여준다.

표 1.1 공동회사와 주식회사의 비교

프로젝트	주식회사	공동회사
유동성과 지분양수도	주식은 회사를 해산하지 않고도 양도될 수 있다. 보통주는 증권거래소에 상장될 수 있다.	지분양도에 상당한 제한이 따른다. 지분거래를 위한 정립된 시장이 없다.
의결권	보통주 한 주를 가지고 있으면 의결권 한 표를 행사할 수 있다. 이사선임 등 주주의 의결을 필요로 하는 사항에 대해 의결권을 행사한다. 이사들은 최고경영진을 선출한다.	유한책임 동업자도 일부 의결권을 가질 수 있지만 무한책임 동업자가 운영에 배타적 통제와 관리를 한다.
세금	이중과세된다. 법인소득도 과세되고 주주에게 지급되는 배당금도 과세된다.	공동회사는 과세되지 않는다. 동업자는 회사의 이익에 대해 개인소득세를 낸다.
재투자와 배당	배당지불의 결정이 비교적 자유롭다.	회사 이익을 재투자하는 것은 일반적으로 금지되어 있으며 모든 이익은 동업자들에게 분배된다.
책임	주주는 회사의 의무에 대해 개인적으로 책임을 지지 않는다.	유한책임 동업자는 회사의 의무에 대해 책임을 지지 않으나 무한책임 동업자는 무한 책임을 진다.
영속성	수명이 영구적이다.	수명이 제한적이다.

표 1.2 국제적 주식회사

		회사 형태	
회사명	국적	원어	영어
Bayerische Motorenwerke (BMW) AG	Germany	Aktiengesellschaft	Corporation
Rolls-Royce PLC	United Kingdom	Public limited company	Public limited company
Shell UK Ltd.	United Kingdom	Limited	Corporation
Unilever NV	Netherlands	Naamloze Vennootschap	Joint stock company
Fiat SpA	Italy	Società per Azioni	oint stock company
Volvo AB	Sweden	Aktiebolag	Joint stock company
Peugeot SA	France	Société Anonyme	Joint stock company

1. 3 현금흐름의 중요성

재무관리자의 가장 중요한 임무는 기업의 자본예산편성, 자금조달, 순운전자본과 관련된 활동으로부터 가치를 창조하는 것이라고 할 수 있다. 그러면 재무관리자는 어떻게 가치를 창조하는가? 그에 대한 답은, 기업이 조달하여 사용한 현금보다 더 많은 현금을 창출해야 한다는 것이다.

채권자와 주주에게 지급된 현금흐름은 그들이 기업에게 조달한 현금흐름보다 많아야 한다. 이를 보기 위해 기업과 금융시장간의 현금흐름을 추적할 필요가 있다.

기업활동과 금융시장의 상호작용은 그림 1. 3에 잘 나타나있다. 그림에 있는 화살표는 현금흐름의 방향을 나타낸다. 먼저 기업의 자금조달활동에서 시작하자. 현금을 조달하기 위해 기업은 금융시장에서 투자자에게 채권과 주식을 발행한다. 이는 금융시장에서 기업으로의 현금흐름을 의미한다(*A*). 경영진은 이 현금을 투자활동(자산)에 투입한다(*B*). 기업에 의해 창출된 현금(*C*)은 주주와 채권자에게 지급된다(*F*).

주주는 배당금의 형태로 현금을 받고, 채권자는 이자와 만기에 원금을 수령한다. 기업의 현금이 모두 이들에게 지급되는 것은 아니다. 현금의 일부는 기업 내에 유보되며(*E*), 다른 일부는 세금으로 정부에 지급된다(*D*).

시간이 흐름에 따라 주주와 채권자에게 지급된 현금(*F*)이 금융시장에서 조달한 현금(*A*)보다 많으면 가치가 창조된 셈이다.

현금흐름의 확인

불행하게도 현금흐름을 직접적으로 관찰하기란 쉽지 않다. 일반적으로 얻을 수 있는 많은 정보는 회계보고서의 형태로 되어 있으므로 이로부터 현금흐름의 정보를 추출하여 재무분석을 할 수 있다. 다음 예제는 이를 어떻게 하는지 보여준다.

그림 1. 3 기업과 금융시장 사이의 현금흐름

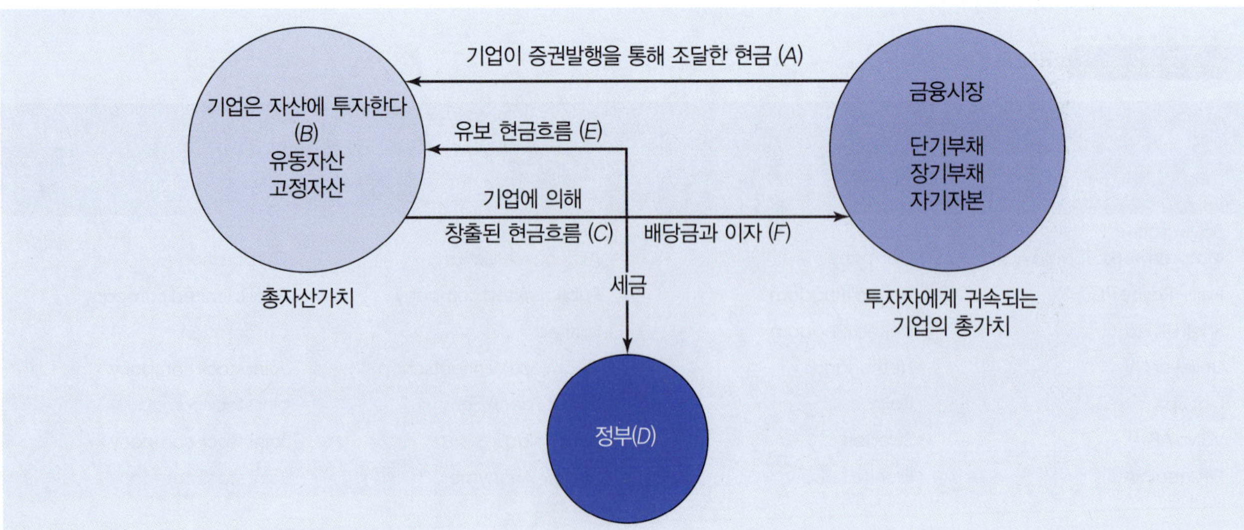

예제 1.1

회계이익과 현금흐름

Midland사는 금을 정제하여 판매한다. 이 회사는 연초에 2,500온스의 금을 $90만를 주고 구입하여 연말에 $100만에 팔았다. 이 회사는 금의 구입은 현금으로 하였으나 금의 판매는 외상으로 하였다. 다음은 연말 Midland사의 재무상황에 대한 표준적 회계이다.

Midland사 회계 관점의 손익계산서 특정년도 말 현재	
매출액	$1,000,000
비용	-900,000
이익	$100,000

일반적으로 인정된 회계원칙(generally accepted accounting principles: GAAP)에 의하면 고객이 아직 지불하지 않았어도 매출액으로 기록된다. 고객이 곧 지불할 것이라고 가정하기 때문이다. 회계관점에서 보면 Midland사는 이익이 많이 나 보인다. 그러나 기업재무의 관점은 다르다. 왜냐하면 현금흐름에 초점을 두기 때문이다.

Midland사 회계 관점의 손익계산서 특정년도 말 현재	
현금유입	$0
현금유출	-900,000
	-$900,000

기업재무에서는 Midland사가 금거래 영업을 통하여 현금흐름을 창조하고 있는지에 관심이 있다. 즉가치창조는 현금흐름에 달려있다. Midland사의 경우 그 가치창조는 $100만를 실제로 받을 때 일어난다.

기업이 행하는 투자의 가치는 현금흐름의 시점에 달려 있다. 재무관리에서 가장 중요한 원칙들 중 하나는 모두들 현금은 가능한 한 빨리 받기를 원한다는 것이다. 오늘 받은 $1는 내년에 받을 $1보다 더 가치가 있다.

예제 1.2

현금흐름의 시점

Midland사는 새로운 제품에 대한 두 가지 제안 가운데 하나를 선택하려고 한다. 두 제안 모두 4년에 걸쳐 추가 현금흐름을 제공할 것이며 최초 비용은 모두 $1만이다. 두 제안으로부터 발생되는 현금흐름은 다음과 같다.

연도	신제품 A	신제품 B
1	$0	$4,000
2	0	4,000
3	0	4,000
4	20,000	4,000
계	$20,000	$16,000

얼핏 보기에는 신제품 A가 더 나아 보인다. 그러나 제안 B로부터 현금유입은 제안 A에서보다 먼저 발생한다. 추가적인 정보가 없다면, 어느 현금흐름이 채권자와 주주에게 더 큰 가치를 가져다 주는지를 결정할 수 없다. 즉 이는 B에서 선취하는 현금의 가치가 A에서 발생하는 초과현금보다 큰지에 달려 있다. A와 B 사이의 선택을 위해 어떻게 해야 하는지를 이 책에서 다루게 될 것이다.

현금흐름의 위험

기업은 위험을 고려해야 한다. 현금흐름의 규모와 시점은 보통 확실하게 알려져 있지 않으며 대부분의 투자자는 위험회피 성향을 지닌다.

예제 1.3

현금흐름의 위험

Midland사는 영업을 해외로 확장하려 하고 있으며 가능한 지역으로 유럽과 일본을 생각하고 있다. 유럽은 비교적 안전한 반면, 일본에서의 영업은 매우 위험한 것으로 간주된다. 양쪽 경우 모두 1년 후에 영업은 종료된다.

철저한 재무분석 후 Midland사는 동등한 확률을 가진 세 가지 시나리오(비관적, 일상적, 낙관적)하에서 두 대안의 현금흐름을 다음과 같이 추정하였다.

	비관적	일상적	낙관적
유럽	$75,000	$100,000	$125,000
일본	0	150,000	200,000

비관적 시나리오를 무시한다면 일본이 더 나은 대안이 될 것이다. 비관적 시나리오를 고려한다면 선택은 불확실하다. 일본은 더 위험하게 보이지만 기대되는 현금흐름은 더 높다. 위험이란 무엇이며 어떻게 정의될 수 있는가? 학생들은 이 중요한 질문에 대답하기 위해 노력해야 한다. 기업재무에서 위험한 대안들을 피해 갈 수는 없으며, 이 책의 많은 부분은 위험한 기회를 평가하는 방법들을 개발하는 데 할애된다.

1.4 재무관리의 목표

영리기업에 있어서 재무관리의 목표는 돈을 벌거나 주주를 위해 가치를 창조하는 것이다. 물론 이 목표는 다소 모호하다. 보다 정확한 정의를 찾아내기 위해서는 먼저 재무관리의 목표를 명확하게 말하는 다른 방법들을 살펴볼 필요가 있다. 이러한 정의는 재무적 의사결정과 평가를 위한 객관적 기초가 되기 때문에 매우 중요하다.

가능한 목표

재무관리의 목표들로서 다음과 같은 것들을 생각해 볼 수 있다.

- 회사의 생존
- 재무적 곤경과 파산 방지
- 경쟁에서 승리
- 매출과 시장점유율 극대화
- 비용극소화
- 이익극대화
- 지속적인 이익성장의 유지

그러나 이들은 재무관리자의 목표가 되기에는 문제점을 지니고 있다.

예를 들면 시장점유율과 매출액을 증가시키는 것은 쉽다. 이를 위해 가격을 낮추고 신용조건을 완화할 수 있다. 이와 유사하게 연구개발을 하지 않음으로써 비용을 절감할 수 있다. 차입을 전혀 하지 않거나 위험을 전혀 택하지 않음으로써 파산을 피할 수 있다. 이와 같은 행위가 주주의 이익을 가장 잘 대변하는지는 분명하지 않다.

이익극대화는 아마 가장 보편적으로 언급되는 기업의 목표일 것이다. 그러나 이조차도 아주 정확한 목표가 아닐 수 있다. 올해 이익의 극대화를 의미하는가? 그렇다면 유지비를 이연하고, 재고를 줄이며, 단기비용을 절감함으로써 현재이익을 증대시킬 수 있다. 그러나 이러한 행위는 반드시 바람직한 것은 아니다.

이익극대화라는 목표는 '장기' 또는 '평균이익'의 극대화를 의미할 수도 있지만, 이 역시 여전히 확실하지 않다. 첫째, 이익이 회계적 순이익이나 주당순이익(earning per share)을 의미하는가? 다음 장에서 자세히 살펴보겠지만 이들 회계적 수치는 기업이 좋고 나쁜 것과는 거의 무관할 수 있다. 둘째, 장기는 무엇을 의미하는가? 유명한 경제학자가 언급하였듯이 '장기적으로 우리 모두는 죽는다. 따라서 이 목표는 현재이익과 미래이익의 적절한 교환관계에 대해 말해 주고 있지 않다.

여기에 열거된 목표들은 모두 다르지만 두 부류로 구분될 수 있다. 매출액, 시장점유율, 비용통제 등과 같은 목표들은 최소한 잠재적으로는 이익이나 이익증대의 방법들과 관련이 있다. 파산방지, 안정, 안전 등과 같은 목표들은 어떤 면에서 위험통제와 관련이 있다. 불행하게도 이들 두 부류의 목표는 다소 상호 모순이 된다. 이익의 추구는 통상적으로 어떤 위험요소를 수반하므로 안전과 이익을 동시에 극대화하는 것은 실제로 가능하지 않다. 그러므로 양쪽 요인들을 망라하는 하나의 목표가 필요하다.

재무관리의 목표

주식회사에서 재무관리자는 주주들을 위한 의사결정을 한다. 그렇다면 재무관리자의 목표들을 열거하는 대신에 '주주의 관점에서 좋은 재무의사결정이란 무엇인가?'라는 보다 근본적 질문에 대답할 필요가 있다.

주주들이 재무적으로 이익을 얻기 위해 주식을 산다고 가정하면, 그 대답은 명확하다. 좋은 결정은 주식의 가치를 증가시키고 나쁜 결정은 주식의 가치를 떨어뜨린다.

실제로 관찰한 바에 따르면, 재무관리자는 주식의 가치를 증가시키는 의사결정을 함으로써 주주의 이익에 가장 부합되도록 행동한다는 것이다. 따라서 재무관리자의 적절한 목표는 다음과 같이 아주 쉽게 이야기될 수 있다.

> 재무관리의 목표는 기존 주식의 주당 현재가치를 극대화하는 것이다.

주식가치의 극대화라는 목표는 앞서 열거된 다른 목표들이 지니고 있는 문제점들을 피할 수 있다. 이 기준은 모호하지도 않고 단기나 장기의 문제도 야기시키지 않는다. 이 목표는 '현재' 주식가치의 극대화라고 명시하고 있다.

이 목표가 다소 강하고 단편적으로 보인다면, 기업에서 주주는 잔여가치에 대한 소유자라는 점을 생각해 보라. 즉 주주는 종업원, 공급자, 채권자(그리고 기타 합법적 청구권을 가진 모든 자)에게 마땅히 지불해야 할 것을 지불하고 남는 부분에 대하여 소유권을 가진다. 주주는 이들에게 먼저 지불하지 않고서는 어떤 것도 얻지 못한다. 그래서 잔여부분이 증가하여 주주에게 이득이 된다면, 다른 모든 사람에게도 분명히 이득이 되는 셈이다.

재무관리의 목표는 주식가치의 극대화이기 때문에 주식가치에 유리하게 영향을 주는 투자 및 자금조달 방법을 어떻게 알아내는지를 배울 필요가 있다. 이것이 바로 우리가 앞으로 공부하게 될 부분이며, 사실상 재무관리는 재무적 의사결정과 주식가치의 관계를 살펴보는 학문이라고 정의할 수 있다.

일반적인 목표

앞에서 언급된 바와 같이 만약 주식의 가치를 극대화하는 것이 우리의 목표라면 '기업의 주식이 시장에서 거래되지 않는다면 적절한 목표는 무엇인가?'라는 질문이 당연히 떠오를 것이다. 주식회사만이 기업의 유일한 형태는 아니며, 주식회사라도 주식이 거의 거래되지 않는 경우가 있으므로 주당가치가 특정시점에 얼마인지를 말하기 어려울 수 있다.

하지만 그 회사가 계속해서 영리를 추구하는 기업이라면 약간 수정만 하면 된다. 주식회사에서 주식의 총가치는 단순히 자기자본의 가치와 같다. 그러므로 재무관리의 보다 일반적인 목표는 다음과 같이 말할 수 있다.

자기자본의 시장가치를 극대화하는 것이다.

경영윤리를 살펴보기 위해 www.business-ethics.com 을 참조하라.

이렇게 생각한다면 회사의 형태가 개인회사, 공동회사, 또는 주식회사든 중요하지 않다. 이들 모든 경우에 좋은 재무적 의사결정은 자기자본의 시장가치를 증가시키고 나쁜 재무적 의사결정은 시장가치를 감소시킨다. 사실상 앞으로 다루게 될 내용들은 주식회사에 초점을 두겠지만, 논의될 여러 원칙들은 다른 형태의 회사들에도 적용되며 심지어 비영리부문에도 대부분 적용된다.

마지막으로 이 목표는 기업의 주식가치를 증가시키기 위해서라면 재무관리자가 불법적이거나 비윤리적인 행위를 해도 된다는 것을 의미하지는 않는다. 대신에 재무관리자는 시장에서 인정받고 기업에 부가가치를 더할 수 있는 상품과 서비스를 개발함으로써 소유주의 이익을 가장 잘 대변할 수 있음을 말한다.

1. 5 대리인문제와 기업의 지배

기업의 행동 양식을 결정하는 프로세스, 정책, 법령, 조직형태 등을 통틀어 기업지배구조라고 한다. 여기에는 또한 기업을 둘러싼 주주, 경영진, 종업원, 이사회, 공급업체, 그리고 크게는 기업이 몸담고 있는 사회와 이들간의 복잡한 관계도 포함시킬 수 있다. 따라서 기업지배구조는 매우 광범위한 주제이다.

우리는 재무관리자가 주식의 가치를 증가시키는 조치들을 취함으로써 주주의 이익을 가장 잘 대변하게 된다는 것을 보아왔다. 그러나 대규모 주식회사에서 소유권은 보통 수많은 주주에게 분산되어 있다. 이와 같은 소유권의 분산은 곧 어느 주주도 기업을 직접적으로 통제할 수 없고 따라서 경영진이 주주의 간섭 없이 기업을 장악할 수 있음을 뜻하게 된다. 이 경우에 경영진이 반드시 주주의 이익을 최우선으로 하여 행동한다고 장담할 수 있겠는가? 다시 말하면, 경영진이 주주의 이익을 해하면서 오히려 자신의 사적인 이익을 추구하려는 방향으로 경영하지 않겠는가?

기업지배구조는 국가별로 상당한 차이를 보이고 있다. 가령 미국과 영국을 제외한 거의 모든 국가에서는 공개된 상장사라 하더라도 한 명 내지는 약간 명의 대주주에 의해 지배된다. 게다가 미국과 영국처럼 소액주주를 보호하는 법·제도 환경이 잘 갖춰진 국가는 드물다. 이렇게 몇 명의 대주주가 기업을 지배하고 소액주주에 대한 보호가 약한 국가에서는 대주주가 소액주주의 이익을 저해하면서 자신의 편익을 추구하는 행동이 나타나기 쉽다. 최근연구에 따르면 소액주주 보호 정도에 따라서 국가별로 기업의 배당정책이 달라지고 기업의현금보유에 대한 시장의 반응도 상이하게 나타나고 있음을 알 수 있다. 가령 소액주주 보호가 약한 국가일수록 기업이 현금을 많이 보유하는 것에 대해 시장은 더욱 더 부정적인 반응을 보이고 있다.[1]

보통의 경우에는 주주가 이사회(board of directors) 구성원을 선출하고 이사회는 다시 최고경영진을 지명한다. 그리고 미국의 경우는 이 최고경영진은 이사회 의장(board chair)인 경우가 많다. 이렇게 한 사람이 최고경영자와 이사회 의장을 동시에 맡게 되면 기업지배구조에 문제가 발생할 수 있다. 한편 영국의 경우는 90%를 넘는 기업에서 최고경영자와는 독립적인 인물이 이사회 의장을 맡고 있다. 영국과 미국의 기업지배구조를 비교할 때 영국이 조금 더 높은 점수를 얻게 되는 이유는 바로 여기에 있다.[2] 이 문제는 미국의 많은 기업에게 논쟁거리가 되고 있다. 예를 들어 2018에 이사회 의장직과 최고경영자 자리를 상이한 인물이 차지하고 있는 회사는 S&P 500 기업 중에 31%에 지나지 않았는데, 이는 11년 전과 비교했을 때 증가비율이 10%에 지나지 않는 수치이다.

S&P 500 기업의 이사회 구성이 어떻게 변하고 있는지는 다음의 사이트를 참조하라.
www.spencerstuart.com

대리인 관계

주주와 경영진 사이의 관계를 **대리인관계(agency relationship)**라고 부른다. 이러한 관계는 어떤 사람(주인: principal)이 자신의 이익을 대변할 다른 사람(대리인: agent)을 고용할 때 발생한다. 예를 들어 당신이 학교를 잠시 떠나 있는 동안 당신의 차를 팔아줄 어떤 사람(대리인)을 고용할 수 있다. 이러한 모든 관계에는 주인과 대리인간의 이해갈등의 가능성이 있으며 그러한 갈등을 **대리인문제(agency problem)**라고 부른다.

당신이 차를 팔아줄 누군가를 고용하면서 고정수수료(flat fee)를 지불하기로 했다고 가정하자. 그러면 그 대리인은 당신의 차를 최고의 가격으로 팔아주려고 하지 않고 그냥 팔아

1 Rafael La Porta, Florencio Lopez-de-Silanes, Andrei Shleifer and Robert Vishny, "Investor Protection and Corporate Valuation," *Journal of Finance* 57, no. 3(2002), pp. 1147~1170과 Lee Pinkowitz, René M. Stulz, and Rohan Williamson, "Cash Holdings Dividend Policy and Corporate Governance: A Cross-Country Analysis," *Journal of Applied Corporate Finance* 19, no. 1(2007), pp. 81~87 등을 참조하라.

2 Ralph Walking, "U.S. Corporate Governance: Accomplishments and Failings, a Discussion with Michael Jensen and Robert Monks," *Journal of Applied Corporate Finance* 20, no. 1(Winter 2008), pp. 28~46을 참조하라.

주기만 하면 된다고 생각할 수 있다. 그러나 고정수수료 대신에 판매대금의 10%를 수수료로 제공한다면 이러한 문제는 발생하지 않을 것이다. 이 예는 대리인을 보상하는 방법이 대리인문제에 영향을 미치는 한 요인이라는 것을 설명한다.

경영 목표

경영진과 주주의 이해가 어떻게 다를 수 있는지를 보기 위해 어느 기업이 새로운 투자를 고려하고 있다고 가정하자. 이 새로운 투자는 주가에 유리한 영향을 미칠 것으로 기대되지만 비교적 위험한 모험투자이다. 기업의 소유주는 주가가 오를 것이기 때문에 투자 추진을 희망하지만, 경영진은 상황이 나쁘게 되면 직장을 잃을 가능성이 있기 때문에 이 투자를 원하지 않을 수 있다. 경영진이 이 투자를 추진하지 않으면 주주는 가치있는 기회를 잃어버릴 수 있다. 이러한 것이 **대리인비용**(agency cost)의 한 예이다.

보다 일반적으로 말하면, 대리인비용이라는 용어는 주주와 경영진 간의 이해갈등으로 야기되는 비용이다. 이들 비용은 직접적 또는 간접적으로 발생할 수 있다. 간접 대리인비용(indirect agency cost)은 앞에서 기술한 것과 같은 가치 있는 기회의 상실로 인한 비용이다.

직접 대리인비용(direct agency cost)에는 두 가지 형태가 있다. 첫 번째 유형은 경영진에게는 이익이 되지만 주주에게는 손실이 되는 회사지출이다. 예컨대 호화스럽고 불필요한 회사비행기의 구입이 이 유형에 속할 것이다. 두 번째 유형은 경영진의 행동을 감시하기 위해 요구되는 지출이다. 재무제표 정보의 정확성을 평가하기 위해 지급하는 외부감사 비용이 이에 해당될 수 있다.

경영자들은 그대로 두면 그들이 통제하는 자원, 더 일반적으로는 기업의 영향력과 부를 극대화하려 할 것이라는 주장이 가끔 제기된다. 이 목표를 위하여 기업의 규모와 성장이 지나치게 강조되곤 한다. 예를 들면 경영진은 단지 사업규모를 늘리거나 기업의 영향력을 과시할 목적으로 과도하게 많이 지불하면서까지 다른 기업을 인수한다는 비난을 종종 받는다. 분명히 이러한 과다한 지급은 인수하는 기업의 주주들에게 이익이 되지 않는다.

이들 논의는 경영진이 자리를 안정적으로 유지하기 위하여 조직의 생존을 지나치게 강조하는 경향이 있음을 의미한다. 또한 경영진은 외부간섭을 싫어할 수 있으며 따라서 그들에게는 기업의 독립과 자족이 중요한 목표가 될 수 있다.

경영자들은 주주의 이익을 위해서 행동하는가?

경영자들이 실제로 주주의 이익을 최우선으로 하여 행동하는가는 다음의 두 요인에 달려 있다. 먼저 경영진의 목표가 주주의 목표와 얼마나 잘 합치되는가? 이 질문은 부분적으로는 경영자가 보상받는 방법과 관련된다. 다음으로 경영진이 주주의 목표를 추구하지 않으면 교체될 수 있는가이다. 이 문제는 기업의 통제와 관련된다. 앞으로 논의하겠지만 심지어 대기업에서도 경영진이 주주의 이익을 위해 행동해야 할 상당한 인센티브를 지니고 있다.

경영자 보상 경영진은 두 가지 이유에서 주식가치를 증가시킬 상당한 경제적 인센티브를 가진다. 첫째, 경영자 보상 특히 최고경영진의 보상은 일반적으로 재무적 성과나 주가에 연계되어 있다. 예를 들면 경영자는 자기기업의 주식을 저렴하게 살 수 있는 옵션을 자주 부여받는다. 주식의 가치가 상승할수록 이 옵션의 가치도 증가하게 된다. 사실상 이들 옵션은최고경영진뿐만 아니라 모든 종업원들에게 동기를 부여하기 위해 종종 사용된다. 2018년에 Broadcomm의 최고경영자인 Hock Tan는 총 $1억320만의 보상을 받았다. 그의 기초연봉과 현금 보너스는 $480만에 불과했지만 주식과 옵션으로 $9,830만를 받은 것이다. 특히 주주의 관점에서 이렇게 높은 CEO의 보상은 비판을 받을 수 있지만, CEO의 보상을 기업의 성과와 연계시키면서 얻는 이득이 종종 더 크다는 점을 간과해서는 안 된다.[3] 다른 경우와 비교를 해보자면, 같은 2018년에 Floyd Mayweather는 $2억8,500만, George Clooney는 약 $2억3,900만를 벌었다.

경영자가 갖는 두 번째 인센티브는 일자리 전망과 관계된다. 기업에서 성과가 더 좋은 사람은 승진할 것이다. 더 일반적으로 말하면 주주의 목표를 추구하는 데 성공한 경영자는 노동시장에서 더욱 필요로 하게 되므로 더 많은 봉급을 받을 것이다.

기업의 통제 기업의 통제는 궁극적으로 주주들의 권한에 속한다. 주주들은 이사회의 구성원을 선임하고 이사회가 다시 경영진을 고용하거나 해고한다.

경영진에 대해 불만을 가지고 있는 주주들은 **위임장대결**(proxy fight)이라 불리는 중요한 장치를 통하여 기존 경영진을 교체할 수 있다. 위임장(proxy)이란 다른 주주를 대신해서 투표할 수 있는 권한이다. 위임장대결은 특정집단이 기존 이사회나 경영진을 교체하기 위해 위임장을 이리저리 간청할 때 일어난다. 위임장대결은 값비싼 대가를 치를 수 있다. 2002년 HP와 Compaq의 합병은 매우 잘 알려진 치열한 경쟁이었으며, $100 백만를 훨씬 넘는 비용이 소요된 역사상 가장 값비싼 위임장대결 중 하나이다.

경영진이 교체될 수 있는 또 다른 방법은 기업인수에 의해서이다. 잘 경영되는 기업보다 방만하게 경영되는 기업은 인수기업의 입장에서 얻을 수 있는 잠재적 이익이 더 크기 때문에 인수대상으로 더 매력적이다. 따라서 다른 기업에 의해 인수되지 않도록 경영진은 주주의 이익을 위해 행동할 인센티브를 가진다. 상당한 영향력을 가지고 있는 주주가 적극적으로 경영진을 통제할 수 있는 방법 중 또 하나는 위임장대결을 통해 자신이 원하는 이사를 선임하도록 압력을 행사하는 것이다. 그 한 예로 2018년 11월에 있었던 Campbell's라는 스프 제조업체와 Third Point라는 헷지펀드간에 있었던 위임장대결을 들 수 있다. 이 대결을 통해 Third Point는 그들이 지지하는 두 명을 이사회에 들어가게 할 수 있었다. 원래 Third Point는 이미 이사로 임명된 두 명에 추가해 세 명의 이사를 더 임명시키려 했었으나, 이를 철회함과 동시에 Campbell's에 대한 소송도 취하하면서 위임장대결은 마무리되었다.

역사적으로 볼 때 위임장대결은 흔하지 않다. 아마도 위임장대결에 소요되는 비용이 잘못하면 매우 높아질 수 있기 때문일 것이다. 게다가 위임장대결을 하려는 주주는 소요비용을 자신이 전부 부담해야 하지만, 이에 대항하는 경영진은 회사의 자원을 동원해서 기존 이

3 이는 다시 최고경영진의 높은 보상 수준이 다른 직원들에게 주는 영향에 대한 질문을 낳게 한다. Economic Policy Institute의 통계에 따르면 CEO의 평균 보상액은 1965년에 기타 직원의 평균 보상액 대비 20배였으나 1989년에는 58배, 2017년에는 312배를 기록하였다. 그러나 최고경영진과 기타 직원의 보상 차이가 어느 정도 되어야 적정한지를 정할 수 있는 기준은 아직 없다.

사를 지킬 수 있다. 최근 들어 위임장대결은 중간과정에서 마무리되는 경우가 많아지고 주주투표로까지 가는 경우는 줄어들고 있다. 최근 위임장대결이 주주투표로까지 간 경우는 50%에 지나지 않는다. 이전에는 이 비율이 70%까지 육박하기도 했었다. 오늘날 회사들은 주주행동주의에 전향적으로 대응하는 것 같다. 아마도 도전하는 주주나 지키려는 회사 모두 위임장대결이 너무 소모적이라는 사실을 인지하고 있기 때문일 것이다.

결론 현재의 이론과 증거는 주주가 기업을 통제하며 주주의 부의 극대화가 기업의 목표라는 견해와 일관성을 보이고 있다. 그렇더라도 경영진이 최소한 일시적으로나마 주주를 희생하여 자신의 목표를 추구하는 경우가 있을 수 있다는 데는 의심할 여지가 없다.

이해관계자

지금까지 논의에서는 경영진과 주주가 기업의 의사결정에 이해관계를 가진 유일한 집단이었다. 이는 너무 단순화된 가정이다. 왜냐하면 종업원, 고객, 공급자, 심지어 정부도 기업에 재무적 이해관계를 가지고 있기 때문이다.

이들 다양한 집단을 총체적으로 기업의 이해관계자(stakeholders)라고 부른다. 일반적으로 이해관계자는 주주나 채권자 이외에 기업의 현금흐름에 대한 잠재적 청구권을 가진 집단이다. 이들 집단도 아마 소유주의 이익에 반하여 기업에 대해 통제권을 행사하려고 할 것이다.

1.6 규제

여태까지 우리는 주로 주주와 이사회가 경영진과의 이해상충을 최소화하기 위해 취할 수 있는 여러 행동들에 대해 알아보았지만 기업관련 규제에 대해서는 말하지 않았다.[4] 미국에서는 최근까지 정부가 기업에 취하는 규제는 투자자들에게 공시를 성실히 할 것을 요구하는 정도에 그쳤었다.[5] 공시는 모든 투자자들이 기업관련 정보를 균등하게 접할 수 있게 함으로써 투자자간에 이해상충을 최소화하기 위한 조치라고 할 수 있다. 그러나 최근에는 기업관련 규제의 초점이 점점 기업지배구조로 맞춰지고 있다. 물론 어떤 규제든지 기업측의 비용을 유발시킨다. 따라서 기업규제를 평가할 때는 항상 비용과 효과를 함께 보아야 한다. 앞장의 'Finance Matters' 박스란에서는 기업지배구조 관련 규제가 상장사에게 초래할 수 있는 비용을 보여준다.

---

4 여기서는 기업공시와 기업지배구조에 대한 규제에 국한하여 설명하고 있다. 기업을 둘러싼 제도는 연방준비제도이사회(Fed-eral Reserve Board)가 내놓는 금융시장 관련규제를 포함해서 다수가 있다. 제5장에서는 Fitch Ratings Moody's Standar & Poor's와 같이 시장에서 공인된 신용평가회사들(Nationally recognized statistical rating organizations 또는 NRSROs)에 대해 언급할 것이다. 이들의 기업에 대한 신용평가는 시장참여자들이 회사채와 같은 유가증권을 평가할 때 중요한 기준으로 사용하고 있다. 그러나 2007~2009년의 서브프라임 모기지 사태를 이들 신용평가회사들이 제대로 예견하지 못하는 사례가 나오면서 많은 사람들은 신용평가기관에 대한 엄격한 규제가 필요하다는 의견을 내놓고 있다.

5 여기서 우리는 비상장사보다는 주로 상장사를 말하고 있다. 이 두 유형간의 차이는 제19장에서 좀더 자세히 보게될 것이다. 미리 알고 싶다면 Investopedia.com에 들어가서 "public vs. private companies"를 검색해 보라.

FINANCE MATTERS

SARBANES-OXLEY

Enron WorldCom Tyco Adelphia 등과 같은 기업의 스캔들에 대응해서 미국의회는 2002년에 Sarbanes-Oxley 법을 제정하였다. 'Sarbox'로 잘 알려진 이 법의 목적은 기업의 부정행위로부터 투자자들을 보호하는 것이다. 예를 들면 Sarbox의 한 조항은 기업이 경영자들에게 WorldCom의 최고경영자 Bernie Ebbers가 받았던 것과 같은 개인적인 대출을 해주는 것을 금지하고 있다.

Sarbox의 핵심조항 중 하나는 2004년 11월 15일부터 효력이 발생했다. 404조항에 따르면 기업의 연차보고서에는 기업의 내부통제구조와 재무보고에 대한 평가가 포함되어야 한다. 그리고 감사는 이들 문제에 대한 경영진의 평가를 검증해야 한다.

Sarbox는 다른 중요한 요건들도 규정하고 있다. 예를 들면 기업의 경영자들은 연차보고서를 검토하고 서명해야 한다는 것이다. 경영자들은 연차보고서에 어떤 거짓된 진술이나 중대한 누락을 하지 않았고, 재무제표가 재무결과를 공정하게 나타내며 경영자들이 모든 내부통제에 책임이 있다는 점을 명시해야 한다. 마지막으로 연차보고서는 내부통제의 모든 허점을 열거해야 한다. 본질적으로 Sarbox는 경영진으로 하여금 재무제표의 정확성에 책임을 지도록 하고 있다.

물론 다른 법에서와 마찬가지로 비용이 따른다. Sarbox는 기업감사의 비용을 크게 증가시켰다. 2004년에 준법감시(compliance) 비용은 평균 $451만였으며, 2007년에는 $170만로 감소하였고, 최근에는 준법감시 비용의 부담이 더욱 줄어든 것으로 보인다. Sarbox 법이 제정된 지 10년이 지난 2012년에 그 비용은 소규모 기업의 경우 $10만 이하이고, 중견기업의 경우 $10만~50만로 줄어들었다. 또한 개별기업 차원에서 준법감시 비용은 해가 지나면서 줄어드는 것 같다. 기업의 규모와는 상관없이 모든 기업이 Sarbox를 실행한 뒤 4년이 되면 준법감시비용이 $10만~50만 수준으로 낮아진다.

그러나 여전히 Sarbox로 발생되는 추가적인 비용은 기업에 부담이고, 이러한 부담은 의도하지 않은 결과를 야기하였다. 예를 들면 1998~2004년 기간에 총 484개 기업이 '상장폐지' 됐는데, Sarbox가 시작되고 첫 2년 동안에 370개나 되는 기업이 상장폐지를 선언하였다. 그리고 이들 대부분이 상장폐지를 결정한 이유로 Sarbox로 인해 발생하는 높은 비용을 꼽았다. 단지 소규모 기업들만 Sarbox 때문에 상장폐지를 결정한 것은 아니다. 독일의 보험사인 Allianz도 뉴욕증권거래소에서 상장폐지를 신청했는데 이들의 추산에 따르면 독일 이외의 해외 증권시장에서 상장폐지를 하면 연간 €500만(약 $600만)를 절약할 수 있다고 한다.

상장폐지된 기업은 분기보고서나 연차보고서를 제출할 필요가 없다. 독립적인 감사에 의한 연례감사도 요구되지 않고 경영진도 재무제표의 정확성을 증명할 필요가 없어 그 비용절감효과가 엄청나다. 물론 비용도 따른다. 기업이 상장철회를 선언할 때 주가는 전형적으로 하락한다. 나아가 이들 기업은 자본시장으로의 접근이 제한되며 은행대출에 대해 보통 높은 이자를 지불한다.

Sarbox는 또한 미국에서 상장하려는 기업들의 수에도 영향을 미쳤을 것이다. 예를 들면 Florida주 Boyn-ton Beach에 기반을 둔 Peach Holdings사는 2006년 미국 주식시장 대신에 런던증권거래소의 대안투자시장(Alternative Investment Market: AIM)을 택했다. 미국에서 상장하려 했더라면 $10만의 수수료는 물론 Sarbox의 준수를 위해 약 $200만가 소요되었을텐데, 대신에 AIM에 상장함으로써 단지 $50만가 들었다.

1933년 증권법과 1934년 증권거래법

1933년에 제정된 증권법(Securities Act of 1933 또는 1933년 법)과 1934년에 제정된 증권거래법(Securities Exchange Act of 1934 또는 1934년 법)은 미국 자본시장에서 유통되는 증권을 규제하는 기본적인 틀을 제공한다.

1933년 법은 신주발행에 초점을 두고 있다. 기본적으로 1933년 법은 신주발행시 발행회사는 증권거래위원회(Securities and Exchange Commission: SEC)에 증권신고서(registration statement)를 제출하도록 강제하고 있는데 이는 신주인수를 고려하는 모든 투자자들에게 필요한 정보를 균등하게 제공하기 위해서이다. 1934년 법은 신주발행으로 국한되었던 1933년 법의 공시대상을 현재 시장에서 유통되고 있는 모든 증권으로 넓혔다는 데 의의가 있다. 또한 기업의 일반공시는 물론 공개매수, 내부자거래 등 수많은 주제를 폭넓게 다루고 있으며, 현재 미국의 증권거래위원회도 1934년 법을 근거법으로 설립된 기구이다. 1934년 법으로 인해 상장사는 연간 사업보고서(Form 10K)와 분기보고서(Form 10Q) 및 월간보고서(Form 8k)를 SEC에게 제출하도록 되었다.

불법적인 내부자거래는 기업의 내부인이 아직 공시되지 않은 회사정보를 사용하여 주식을 사고 팔았을 때 성립된다. 1934년 법의 한 부분에서는 내부인으로서 임원, 간부, 대주주 등을 규제하고 있고 다른 부분에서는 내부정보를 취득한 사람은 모두 내부인으로 규제하고 있다. 결국 1934년 법에서 내부자거래를 규제하는 이들 부분은 내부정보를 가진 사람이 그렇지 않은 외부 투자자와 거래할 때 내부정보를 사용하지 못하도록 하려는 취지를 가지고 있다.

가령 ABC라고 하는 회사가 높은 가격에 다른 회사에게 매각될 것이라는 정보를 당신이 미리 입수했다고 하자. 이 정보가 공시되기 전에 만약 당신이 이 사실을 알지 못하는 사람으로부터 ABC 주식을 매입했다면 1934년 법에 의해 내부자거래가 성립되고 당신은 불법을 저지른 것이 된다. 당신이 만약 ABC의 CEO라면 내부자거래의 성립은 더욱 쉬워진다. 기업의 인수합병뿐만 아니라 앞으로 지급될 배당금의 규모, 암을 치료할 수 있는 약의 발견 또는 반대로 앞으로 닥칠 기업부도 등도 모두 내부자정보로 취급될 수 있다.

최근 내부자거래 중 하나에는 뉴욕주 하원의원 Christopher Collins가 연루되어 있다. 그는 자신이 사외이사로 재임하고 있는 한 제약회사가 신약개발에 실패했다는 정보를 회사가 관련공시를 하기 이전에 그의 아들과 친구들에게 알려주었고, 이들은 공시 이전에 해당 회사의 보유주식을 매도하였는데, 이후 회사의 주가는 공시와 함께 추락하였다. 이로 인해 Collins는 내부자거래로 기소되어 2018년 10월 구금되었다.

요약 및 결론 Summary and Conclusions

이 장은 기업재무에 관한 기본적 개념들을 소개하고 있으며 이는 다음과 같다.

1. 기업재무의 세 가지 주요한 관심영역은 다음과 같다.
   a. 자본예산편성: 기업은 어떤 장기투자를 해야 하는가?
   b. 자본구조: 기업은 투자에 필요한 장기자금을 어떻게 조달할 것인가? 또한 자금조달을 위해 부채와 자기자본의 비율을 어떻게 할 것인가?
   c. 운전자본관리: 기업은 일상적인 재무활동을 어떻게 관리해야 하는가?
2. 영리기업에서 재무관리의 목표는 주식의 가치, 더 일반적으로는 자기자본의 시장가치를 증가시키는 의사결정을 하는 것이다.

3. 주식회사는 자금조달과 소유권의 양도에 있어서 다른 형태의 회사조직보다 우월하지만 이중과세라는 중대한 불이익을 받는다.
4. 대기업에서 주주와 경영진 사이의 갈등이 존재할 수 있다. 이러한 갈등을 대리인문제라고 부르며, 이를 어떻게 통제하고 줄일 수 있는지를 논의했다.
5. 가치를 창출하기 위해서는 기업은 꼭 소비한 현금보다 더 많은 현금을 벌어야 한다.
6. 여태까지 연방규제의 주 목적이 회사로 하여금 현재의 투자자와 미래의 투자자들에게 모든 관련정보를 공시하도록 하는 것이었다면, 최근에는 기업의 지배구조에 초점이 맞춰지고 있다.

지금까지 논의한 주제 중에서 가장 중요한 것은 주식가치의 극대화라는 재무관리의 목표이다. 본 교재의 전반에 걸쳐 많은 재무의사결정을 분석하게 되겠지만, 항상 '고려하고 있는 의사결정이 주식의 가치에 어떠한 영향을 미치는가?'와 같은 질문을 할 것이다.

개념문제 Concept Questions

1. **회사의 형태** 회사조직의 세 가지 법적 형태는 무엇인가? 각 형태의 장점과 단점은 무엇인가? 대부분의 신생기업들은 어떠한 형태로 회사를 시작하는가? 왜 그런가?
2. **재무관리의 목표** 기업의 재무관리자는 어떤 목표를 위해 행동하는가?
3. **대리인문제** 주식회사의 소유자는 누구인가? 소유자가 기업의 경영진을 통제하는 과정을 기술하라. 대리인관계가 주식회사 형태의 조직에서 존재하는 주된 이유는 무엇인가? 이러한 관계에서 어떤 종류의 문제가 일어날 수 있는가?
4. **비영리기업의 목표** 당신이 비영리기업(예, 비영리병원)의 재무관리자라고 가정하자. 당신은 어떤 종류의 목표가 적절할 것으로 생각하는가?
5. **기업의 목표** 다음 진술을 평가하라. "기업의 목표가 현재주가에 너무 초점을 두면 경영자들이 장기적 이익을 희생하여 단기적 이익에 지나치게 치우치게 될 것이다."
6. **윤리와 기업의 목표** 주식가치의 극대화라는 목표는 비윤리적이거나 불법적인 행위를 하지 않는다는 기업윤리와 조화될 수 없는가? 특히 고객과 종업원의 안전, 환경, 사회의 일반적 미덕 등과 같은 문제는 이 목표와 조화되는가? 아니면 근본적으로 배치되는가? 이들을 답하기 위하여 구체적인 시나리오들을 생각해 보라.
7. **국제적 기업의 목표** 주식가치의 극대화라는 기업의 목표는 다른 나라의 재무관리에서는 다를 수 있는가? 왜 그런가, 아니면 왜 아닌가?
8. **대리인문제** 당신이 어느 기업의 주식을 소유하고 있다고 가정하자. 현재 주가는 $25이다. 다른 기업이 당신이 주식을 소유하고 있는 기업의 모든 주식을 주당 $35에 인수하여 그 기업을 사겠다고 발표했다. 당신 기업의 경영진은 즉각적으로 이러한 적대적 제안에 대응해서 싸우기 시작한다. 경영진은 주주의 이익을 최선으로 행동하고 있는가? 왜 그런가, 아니면 왜 아닌가?
9. **대리인문제와 기업의 소유권** 기업의 소유권은 국가에 따라 다르다. 미국에서는 역사적으로 개인들이 공개기업 주식의 대부분을 소유해 왔다. 그러나 독일과 일본에서는 은행, 기타 대형 금융기관 다른기업 등이 공개기업 주식의 대부분을 소유하고 있다. 대리인문제가 미국에서보다 독일과 일본에서 더 심각할 것 같은가? 왜 그런가, 아니면 왜 아닌가? 최근에 뮤추얼펀드, 연기금(pension fund)과 같은 대형 금융기관이 미국에서 주식의 주된 소유자가 되고 있으며 이에 따라 이들 기관은 기업의 일에 더욱 적극적이 되고 있다. 이러한 추세가 대리인문제와 기업통제에서 의미하는 바는 무엇인가?
10. **경영자 보상** 미국에서는 최고경영진에 대한 보상이 너무 높아서 줄여야 한다는 비판이 있어 왔다. 대기

업의 예를 들자면 First Data의 CEO인 Frank Bisignano는 2018년 미국에서 가장 많이 버는 CEO 중 한 명이었는데 그가 그 해 번 총액은 $1억200만였다. 이러한 금액은 과도한 것인가? 이를 대답하는 데 있어 LeBron James와 같은 스포츠 슈퍼스타나 Dwayne, "The Rock" Johnson, Kylie Jenner 등과 같은 톱 연예인, 그리고 각자의 분야에서 최고라는 많은 사람들도 CEO들보다 훨씬 많이 벌지는 못하더라도 적어도 이에 못지 않게 많이 벌 수 있다는 것을 인식하면 도움이 될지 모른다.

웹 정보 이용하여 문제풀기 What's on the web?

1. **상장요건** 이 장에서는 NYSE와 NASDAQ의 상장요건의 일부만을 논의했다. www.nyse.com과 www.nasdaq.com에서 완전한 상장요건을 알아보라. 어느 거래소의 상장요건이 더 엄격한가? 거래소들의 상장요건이 왜 동일하지 않은가?
2. **회사설립** 많은 기업들이 Delaware주에서 주식회사로 설립된다는 것을 알고 있는가? 그 이유를 알기 위해 www.bizfilings.com의 'Bizfilings'를 방문하라. 어느 주에서 설립수수료가 가장 높은가? 유한책임회사(LLC)에 대해서는 어떠한가? 주식회사와 유한책임회사에 관한 문답(FAQ) 창을 살펴 보라.

CLOSING CASE

EAST COAST YACHT

1969년 Tom Warren은 East Coast Yacht라는 개인회사를 설립하였다. 회사는 South Carolina주의 Hilton Head Island에 위치하였다. 주로 중간규모의 고성능 요트를 주문 생산하였고 회사가 생산한 요트는 안전성에서 높은 점수를 받았을 뿐만 아니라 고객 만족도에서도 가장 높은 점수를 받았다. 고객은 주로 개인레저용으로 요트를 소유하려는 부유층이었고 간혹 기업에서 주문이 들어오기도 했다.

주문 생산하는 요트 업계는 수요층이 다양하여 산업리더가 있기는 하지만 어느 한 기업이 독식하는 시장은 아니다. 시장의 경쟁상황이나 제작비용 측면에서 보면 요트제작은 세밀한 것까지 신경을 써야 하는 특징이 있다. 가령 이 회사는 뱃머리에 씌우는 스테인리스 철강 캡을 연마하는 데 직접 사람이 80~100시간 동안 손으로 작업을 한다.

몇 년 전 Tom은 일상적 회사 운영에서 손을 떼고 그의 딸인 Larissa에게 운영을 맡겼다. 최근 회사에 많은 변화가 있으면서 Larissa는 당신에게 찾아와 향후 회사의 성장을 위해 어떻게 해야 할지 의논하면서 다음과 같은 질문을 던졌다.

1. 개인회사(sole proprietorship)를 유한책임회사(LLC)로 바꾸면 어떤 장점과 단점이 있을까?
2. 개인회사(sole proprietorship)를 주식회사로 바꾸면 어떤 장점과 단점이 있을까?
3. 결국 당신은 이 회사에 어떤 자문을 줄 수 있는가? 그리고 그 이유는 무엇인가?

재무제표와 현금흐름

2

OPENING CASE

2017년 12월, 미국 법인세 제도에 큰 변화를 가져올 수 있는 '감세와 일자리 법안(Tax Cuts and Jobs Act)'이 통과되어 입법화되었다. 이 새 법에는 감가상각을 몇 년에 걸쳐 하지 않고 자산을 매수한 그 해에 모두 상각할 수 있도록 허용하는 것, 이자에 대한 세금감면에 상한을 두는 것 등이 들어 있다. 하지만 아마도 가장 획기적인 특징은 그동안 15% ~ 39%까지 퍼져있던 누진법인세를 이제는 모든 법인에게 21%를 동일하게 적용하는 단일법인세로 바꾸었다는 점일 것이다.

물론 법인세율의 변화는 기업의 순이익에 영향을 준다. 하지만 법인세의 변화는 기업에게 순이익보다 더 중요한 시사점을 주고 있다. 바로 법인세율의 변화는 향후 기업의 투자와 자금조달에 있어 지대한 영향을 미치게 된다는 점이다. 왜 법인세가 투자의사결정을 할 때 중요하게 고려해야 할 요인인지를 설명하는 것이 바로 이번 장의 주제이기도 하며, 결국 이를 통해 우리는 재무에서 너무나도 중요한 현금흐름을 이해하게 될 것이다.

기업재무 관련 최근 사건들을 찾아보기 위해 corecorporatefinance.blogspot.com을 방문하라.

2.1 대차대조표

ExcelMaster coverage online
www.mhhe.com/RossCore6e

대차대조표(balance sheet)는 특정시점의 기업의 회계가치에 대한 스냅사진이다. 대차대조표는 두 변으로 구성된다. 좌변에는 **자산**(assets), 우변에는 **부채**(liabilities)와 **자기자본**(stockholders' equity)이 위치한다. 대차대조표는 기업이 어떤 자산을 소유하고 있으며 어떻게 자본을 조달하였는가를 보여준다. 대차대조표의 근간을 이루는 회계적 정의는 다음과 같다.

$$\text{자산} = \text{부채} + \text{자기자본} \qquad [2.1]$$

대차대조표에서 상기 등식은 정의에 의해 항상 성립해야 한다. 사실상 자기자본은 자산과 부채의 차이로 정의된다. 원칙적으로 자기자본은 기업이 부채를 다 갚고 나서 주주에게 남겨진 것이다.

표 2.1은 2019년과 2020년 말 현재 가상기업인 U.S. Composite사의 대차대조표이다. 대차대조표에서 자산은 현금화하는 데 걸리는 시간 순으로 배열된다. 좌변의 자산은 사업의 속성과 경영진이 그 사업을 위해 어떠한 선택을 하는가에 달려 있다. 경영진은 현금 또는 시장성 유가증권, 신용판매 또는 현금판매, 상품의 제조 또는 구매, 비품의 구입 또는 리스, 사업의 유형 등에 대한 의사결정을 해야 한다. 부채와 자기자본은 전형적으로 지급되는 순으로 배열된다.

기업 재무정보를 쉽게 얻을 수 있는 곳은 finance.yahoo.com과 money.cnn.com이다.

우변의 부채와 자기자본은 자본조달의 유형과 비중, 즉 유동부채와 장기부채 그리고 부채와 자기자본 사이의 자본구조에 대한 경영자의 선택에 달려 있다. 부채와 자기자본은 투자자에게 투자금을 상환하는 데 걸리는 시간 순으로 기재된다.

대차대조표를 분석할 때 재무관리자는 회계적 유동성, 부채와 자기자본, 가치와 비용 등 세 가지 중요한 사항에 대해 알고 있어야 한다.

표 2.1 U.S. Composite사의 대차대조표

U.S. Composite사 2019년과 2020년 대차대조표(단위: $백만)					
자산	2019	2020	부채와 자기자본	2019	2020
유동자산			유동부채		
현금과 등가물	$157	$198	매입채무	$455	$490
매출채권	270	294	총유동부채	$455	$490
재고자산	280	269	장기부채		
총유동자산	$707	$761	이연법인세	$104	$113
고정자산			장기부채*	458	471
유형고정자산	$1,274	$1,423	총장기부채	$562	$584
누적 감가상각비 차감	460	550	자기자본		
순유형고정자산	$814	$873	우선주	$39	$39
무형자산	221	245	보통주(액면가 $1)	32	55
총고정자산	$1,035	$1,118	자본잉여금	327	347
			이익잉여금	347	390
			자사주† 차감	20	26
			총자기자본	$725	$805
자산총계	$1,742	$1,879	부채 및 자기자본 총계‡	$1,742	$1,879

*장기부채는 $1,300만($4억7,100만 − $4억5,800만) 증가하였다. 이는 신규부채 $8,600만와 기존부채 상환 $7,300만의 차이이다.

† 자사주(treasury stock)는 $600만 증가하였다. 이는 $600만의 U.S. Composite사 주식 재매입분을 반영한다.

‡ U.S. Composite사는 $4,300만의 신주발행을 보고한다. 그 기업은 주당 $1.87의 가격으로 2,300만주를 발행했다. 보통주의 액면가치는 $2,300만 증가하였고 자본잉여금은 $2,000만 증가하였다.

회계적 유동성

회계적 유동성(accounting liquidity)이란 자산이 현금으로 얼마나 용이하고 신속하게 전환될 수 있는지를 말한다. **유동자산**(current assets)은 유동성이 가장 큰 자산으로 현금과 1년 이내에 현금으로 전환될 수 있는 자산을 포함한다. **매출채권**(accounts receivable)은 판매한 상품과 서비스에 대하여 고객으로부터 아직 회수되지 않은 대금이다. **재고자산**(inventory)은 생산에 사용될 원자재, 재공품, 완제품 등으로 구성된다. **고정자산**(fixed assets)은 유동성이 가장 작은 자산이다. 유형고정자산은 설비자산(property, plant, equipment)을 포함한다. 고정자산은 통상적인 영업활동을 통해서는 현금화되지 않으므로 급여와 같은 비용을 지급하기 위하여 사용되지 않는다.

어떤 고정자산은 형태를 가지고 있지 않다. 무형고정자산은 어떤 물리적 형태를 가지고 있지 않지만 가치가 매우 클 수 있다. 무형자산의 예로 상표와 특허가 있다. 자산의 유동성이 클수록 기업은 단기채무를 갚는 데 문제가 적을 것이다. 그러므로 기업이 재무적 곤경(financial distress)에 빠지지 않을 확률은 기업의 유동성과 연결되어 있을 수 있다. 불행하게도 유동자산의 수익률은 고정자산의 수익률보다 낮다. 예를 들면 현금은 투자수익을 창출하지 못한다. 기업은 유동자산에 투자하는 만큼 이익이 되는 투자수단에 투자할 기회를 희생하는 셈이다.

미국 상장사의 사업보고서와 분기보고서는 대부분 EDGAR 데이터베이스인 www.sec.gov 에서 찾아볼 수 있다.

부채와 자기자본

부채(liabilities)는 명시된 기간 내에 현금을 지급해야 하는 기업의 의무이다. 대부분의 부채는 일정기간에 걸쳐 약정금액과 이자를 상환해야 하는 계약적 의무이다. 따라서 부채는 **부채서비스**(debt service)라 일컫는 고정적 현금부담과 종종 연관되며, 미상환 시 기업을 계약불이행으로 이끌 수 있다. **자기자본**(stockholders' equity)은 기업의 잔여자산에 대한 청구권이다. 일반적으로 기업이 차입할 때 채권자는 기업의 현금흐름에 대한 우선 청구권을 가진다.[1] 채권자는 기업이 채권계약을 불이행하는 경우 기업에 대해 소송을 할 수 있으며, 급기야 기업으로 하여금 파산을 선언하도록 할 수도 있다. 자기자본은 자산에서 부채를 차감한 잔여분이다.

자산 – 부채 = 자기자본 [2. 2]

이는 회계적 용어로 표시된 기업의 자기자본이다. 회계에서 자기자본의 가치는 유보이익이 더해지면 증가한다. 즉 기업이 이익을 배당으로 모두 지급하지 않고 일부를 유보할 때 자기자본의 가치는 증가한다.

가치와 비용

기업자산의 회계적 가치(accounting value)는 종종 자산의 **보유가치**(carrying value) 또는 **장부가치**(book value)라고 불린다.[2] **일반기업회계기준(Generally Accepted Accounting Principles: GAAP)**에 따라 미국기업의 감사 후 재무제표는 자산을 취득원가로 기록해야 한다.[3] 따라서 보유가치나 장부가치라는 용어는 회계수치들이 원가로 표시되어 있는 상황에서의 '가치'를 말한다. 이는 재무제표의 이용자들로 하여금 기업의 자산이 실제 시장가치로 기록되어 있다고 오인하도록 할 수 있다. **시장가치**(market value)는 매도자와 매수자가 자산을 거래하는 가격이다. 회계적 가치가 시장가치와 같다면 단지 우연일 것이다. 사실상 경영진의 임무는 원가를 초과하는 가치를 기업에 가져다 주는 것이다.

많은 사람들이 대차대조표를 사용하지만 추출하고자 하는 정보는 서로 다르다. 은행가는 재무제표에서 회계적 유동성과 운전자본의 증거를 확인할 수 있고, 공급자는 매입채무의 규모와 지급의 신속성에 주목할 수 있다. 관리자와 투자자를 비롯한 많은 재무제표 이용자들은 기업의 원가가 아닌 기업의 가치를 알기 원한다. 이 정보는 재무제표에서 발견할 수 없다. 사실상 훌륭한 경영진, 지적자산, 유리한 경제조건 등과 같은 기업의 많은 진정한 자원은 재무제표에 나타나 있지 않다. 이제부터는 우리가 자산의 가치 또는 기업의 가치를 말할 때 통상적으로 그 시장가치를 지칭할 것이다. 예를 들면 재무관리자의 목표가 주식가치

가치와 원가 재무회계기준 위원회(Financial Accounting Standards Board: FASB)의 홈페이지는 www.fasb.org 이다.

1 채권소지자(bondholders)는 기업의 부채에 대한 투자자이며 채권자(creditor)와 같은 의미를 지닌다.

2 재무회계에서는 같은 개념을 여러 다른 이름으로 부르는 경우가 많아 독자들이 종종 이해하는 데 어려움을 겪는다. 가령 다음의 명칭들은 모두 같은 개념이다. 자산에서 부채를 차감한 잔액 순가치 주주의 자기자본, 소유주의 자기자본 장부가 자기자본 시장가이다.

3 일반적으로 GAAP는 원가와 시장가치 중에서 더 낮은 것으로 기록하도록 요구한다. 대부분의 경우에 원가는 시장가치보다 낮다. 그러나 적정시장가치(fair market value)가 용이하게 결정될 수 있는 어떤 경우에는 적정시장가치를 반영한 자산가치를 기록해야 한다.

예제 2.1

시장가치 vs. 장부가치

Cooney사는 장부가치로 $700의 고정자산을 가지고 있으며, 그 자산의 시장가치는 약 $1,000로 평가된다. 순운전자본은 장부가치로 $400이지만 모든 유동자산과 유동부채가 청산되면 대략 $600를 받을 수 있을 것이다. Cooney사의 장기부채는 $500이며 장부가치와 시장가치는 같다. 자기자본의 장부가치와 시장가치는 얼마인가?

두 개의 단순화된 대차대조표를—하나는 회계적(장부가치) 용어로 다른 하나는 경제적(시장가치) 용어로—작성해 볼 수 있다.

COONEY CORPORATION
대차대조표
장부가치 vs. 시장가치

	자산			부채 및 자기자본	
	장부가치	시장가치		장부가치	시장가치
순운전자본	$400	$600	장기부채	$500	$500
순고정자산	700	1,000	자기자본	600	1,100
	$1,100	$1,600		$1,100	$1,600

이 예제에서 자기자본의 시장가치는 장부가치의 약 두 배에 해당한다. 장부가치는 실제 경제적 가치와 아주 다를 수 있기 때문에 장부가치와 시장가치의 구분은 매우 중요하다.

를 증가시키는 것이라고 말할 때, 여기서 가치는 주식의 시장가치를 의미한다.

2.2 손익계산서

ExcelMaster coverage online
www.mhhe.com/RossCore6e

손익계산서(income statement)는 특정기간(예, 1년)에 걸친 기업의 성과를 측정한 것이다. 손익에 대한 회계적 정의는 다음과 같다.

수익 – 비용 = 이익 [2.3]

대차대조표가 스냅사진과 같다고 한다면, 손익계산서는 두 스냅사진 사이에서 이루어진 기업의 성과에 대한 비디오 녹화와 같다. 표 2.2는 2020년 U.S. Composite사의 손익계산서이다. 손익계산서는 보통 몇 가지 부문을 포함한다. 영업부문에는 기업의 주된 영업으로부터 발생하는 수익과 비용이 보고된다. 특히 중요한 수치는 세금과 금융비용을 차감하기 전의 이익을 보여주는 이자 및 법인세 차감 전 순이익(earnings before interest and taxes: EBIT)이다.

손익계산서의 비영업부문에는 이자비용과 같은 모든 금융비용이 포함된다. 보통 이익에 부과된 세금은 분리된 항목으로 기록된다. 손익계산서의 마지막 항목은 마지막 줄에 있는 순이익(net income)이다. 순이익은 종종 보통주의 주당순이익(earnings per share)으로 표시된다.

손익계산서를 분석할 때 재무관리자는 GAAP, 비현금항목, 시간, 비용 등을 염두에 두어야 한다.

표 2.2 Composite사의 손익계산서

U.S. Composite사 2020년 손익계산서(단위: $백만)	
총영업수익(매출액)	$2,262
매출원가	1,715
판매 및 일반관리비	327
감가상각비	90
영업이익	$130
기타이익	29
이자 및 법인세 차감 전 순이익(EBIT)	$159
이자비용	49
세전이익	$110
세금	24
당기분: $15	
이연분: $9	
당기순이익	$86
이익잉여금 증가	$43
배당금	43

주: 발행주식수는 2,900만주이다. 주당순이익과 주당배당금은 다음과 같이 계산된다.

$$\text{주당순이익} = \frac{\text{당기순이익}}{\text{발행주식수}} = \frac{\$86}{29} = \$2.97(\text{주당})$$

$$\text{주당배당금} = \frac{\text{배당금}}{\text{발행주식수}} = \frac{\$43}{29} = \$1.48(\text{주당})$$

일반기업회계기준(GAAP)

매출(revenue)은 이익창출 과정이 사실상 완성되고 상품과 용역의 교환이 일어났을 때 손익계산서에 인식된다. 그러므로 소유자산의 시장가치가 올라갔다고 해서 평가이익을 수익(income)으로 인식하지는 않는다. 이는 평가된 자산을 편리한 시기에 매각함으로써 이익을 유연화(smoothing)할 수 있는 장점을 제공한다. 예를 들면 가치가 두 배로 증가한 나무농장을 소유하고 있는 기업은 다른 사업으로부터 이익이 저조한 해에 나무의 일부를 매각함으로써 전반적인 이익을 증가시킬 수 있다.

GAAP의 대응원칙은 매출은 비용과 대응되어야 한다는 것이다. 따라서 현금흐름이 반드시 일어나지 않더라도 수익은 발생되었다면 기록해야 된다(예를 들면 상품이 외상으로 판매될 때 매출액과 이익이 함께 기록된다).

비현금항목

자산의 경제적 가치는 그것으로부터 창출되는 미래현금흐름의 증가분과 밀접하게 연관되어 있다. 그러나 현금흐름은 손익계산서상에 나타나지 않는다. 수입과 대응되는 비용이지만 현금흐름에 영향을 주지 않는 **비현금항목(noncash item)**들이 있다. 이들 중에서 가장 중요한 항목은 **감가상각비**(depreciation)이다. 감가상각비는 생산과정에서 소모된 장비의 원가에 대한 회계적 추정치를 반영한다. 예를 들어 수명이 5년이며 잔존가치가 $0인 자산을 $1,000에 구입한다고 가정하자. 회계적으로는 $1,000의 원가는 자산의 수명에 걸쳐 비용화되어야 한다. 정액감가상각법(straight-line depreciation)이 사용된다면 5년에 걸쳐 매년 $200의 감가상각비가 발생할 것이다. 그러나 재무적인 관점에서 보자면, 자산의 원가는 자산을 취득하였을 때 발생한 현금유출(즉 회계사가 유연화한 연 $200의 감가상각비가 아니라 $1,000)이 될 것이다.

또 다른 비현금항목은 **이연세금**(deferred taxes) 또는 이연법인세(deferred corporate taxes)이다. 이연세금은 회계이익과 실제 과세이익의 차이로부터 기인한다.[4]

U.S. Composite사의 손익계산서에서 회계적 세금은 $24 백만였다. 그 세금은 당기세금과 이연세금으로 나누어질 수 있다. 당기세금부분은 실제로 세무당국(예를 들면 Internal Revenue Service)으로 보내지지만 이연세금 부분은 그렇지 않다. 그러나 이론적으로 현재연도에 과세이익이 회계이익보다 적으면 나중에 과세이익은 회계이익보다 더 많게 될 것이다. 결과적으로 당기에 지급하지 않은 세금은 미래에 지급해야 할 기업의 부채가 된다. 이연세금은 대차대조표에서 부채의 한 항목으로 나타난다. 따라서 현금흐름의 견지에서 이연세금은 현금유출이 아니다.

실제에 있어서 현금흐름과 회계이익의 차이는 아주 크므로 그 차이를 이해하는 것은 중요하다. 예를 들면 2018년 2월에 Spotify사는 2017년 순손실 규모가 $461백만에 달한다고 발표했다. 이는 안 좋게 들리지만, 이 기업은 또한 동 기간에 $133백만의 현금흐름을 보고하였다.

시간과 비용

미래시간을 **단기**(short run)와 **장기**(long run)로 나누어 생각하는 것이 유용하다. 단기는 기업의 어떤 장비, 자원, 약속 등이 고정되어 있는 기간이지만, 기업이 노동과 원재료를 더 많이 투입한다면 생산량을 변화시킬 수 있는 충분한 기간이다. 단기라는 기간은 산업에 따라 다를 수 있다. 그러나 모든 기업의 단기의사결정은 어떤 고정비(fixed cost), 즉 고정된 약속 때문에 변하지 않는 비용을 수반한다. 실제 기업활동에서 고정비의 예로는 채권이자, 간접비(overhead), 재산세 등이 있다. 고정되지 않은 비용은 변동한다. 변동비(variable cost)는 기업의 생산량이 변화함에 따라 변하며, 예로는 원재료, 생산라인 종업원들의 임금 등이 있다.

장기적으로 모든 비용은 변동한다. 재무회계사들은 변동비와 고정비를 구분하지 않는

4 과세이익이 회계이익보다 작을 수 있는 상황의 하나는 기업이 IRS의 가속감가상각비 절차(accelerated depreciation expense procedures)를 사용하지만 보고목적을 위해서 GAAP가 허용하는 정액감가상각법을 사용하는 경우이다.

다. 대신에 비용을 보통 생산비용(product cost)과 기간비용(period cost)으로 구분한다. 생산비용은 특정기간 동안 발생한 총생산비용으로서 원재료, 직접 노무비, 제조간접비 등을 포함하며, 손익계산서에 매출원가로 보고된다. 변동비와 고정비 모두 생산비용에 포함된다. 기간비용은 특정기간에 할당된 비용으로, **판매 및 일반관리비**(selling, general, and administrative expense)라고 불린다. 사장의 월급은 기간비용의 예가 될 것이다.

2.3 세금

ExcelMaster coverage online
www.mhhe.com/RossCore6e

세금(tax)은 기업이 지급하는 가장 큰 현금유출 중의 하나이다. 예를 들면 2018 회계연도에 ExxonMobil사의 법인세 차감 전 이익은 약 $309억5,000만였다. 이 기업이 전 세계에서 지급한 세금 액수는 무려 $93억5,000만로 세전이익의 약 30.2%에 해당했다. 세금 액수는 세법에 따라 결정되며, 그 규정들은 종종 개정된다. 이 절에서는 법인세율과 세금이 계산되는 방법을 살펴본다.

다양한 과세규정이 다소 색다르고 복잡하게 보이는 것은, 세법은 경제적 영향력이 아닌 정치적 영향력의 결과라는 사실에 기인한다. 따라서 과세규정에 경제적 의미를 부여할 필요는 없다.

법인세율

본 장의 서두에서 말했듯이, 감세와 일자리 법안 2017이 통과된 후 미국의 연방법인세율은 21%로 단일화되었다. 하지만 주식회사 형태가 아닌 개인사업체나 공동사업, 그리고 LLC 등은 단일세율이 적용되지 않는다. 이런 다양한 형태의 사업체에 적용되는 세금에 대해 몇 가지 중요한 점을 말하기 위해 표 2. 3에 개인소득세율을 표시하였다. 표에서 보듯이 2019년 개인소득세율은 10%에서 37%까지 걸쳐 총 7개의 구간으로 나뉘어진다. 2017년 최고 세율은 39.6%였으나 지금은 37%로 떨어진 상태이다.

평균세율과 한계세율

재무적 의사결정을 하는 데 있어서 평균세율과 한계세율의 구별은 중요하다. **평균세율**

표 2. 3 2019년 개인소득세율(미혼)

과세소득	세율
$0~9,700	10%
9,700~39,475	12
39,475~84,200	22
84,200~160,725	24
160,725~204,100	32
204,100~510,300	35
510,300+	37

(aver-age tax rate)은 세금청구액을 과세소득으로 나눈 것이다. 다시 말하면, 소득 중에서 세금으로 내는 비율을 말한다. 한계세율(marginal tax rate)은 $1를 더 번다면 그 $1에 대해 세금을 낼 때 적용되는 세율이다. 표 2. 3에 있는 세율은 모두 한계세율이다. 달리 말하면, 한계세율은 소득 전체에 대해서 적용되는 것이 아니라 표시된 과표구간의 소득분에 대해서만 적용된다.

평균세율과 한계세율의 차이는 다음의 간단한 예로서 잘 설명될 수 있다. 어느 기업의 과세소득이 $10만라고 가정하자. 세금을 얼마나 내야 하는가? 표 2. 3을 이용하여 다음과 같이 세금을 계산할 수 있다.

0.10($ 9,700)	=	**$ 970.00**
0.12($39,475 – 9,700)	=	**3,573.00**
0.22($84,200 – 39,475)	=	**9,839.50**
0.24($100,000 – 84,200)	=	**3,792.00**
		$ 18,174.50

따라서 총 $1만 8,174.50의 세금을 내야 한다.

미국 국세청(IRS)의 웹사이트 www.irs.gov를 활용하라!

이 예에서 평균세율은 얼마인가? 과세소득이 $10만이고 내야 할 총세금이 $1만 8,174.50이므로 평균세율은 $18,174.50/$100,000 = 0.1817 또는 18.17%이다. 한계세율은 얼마인가? 기업이 $1를 더번다면 그 $1에 대해 내야 할 세금은 ¢24이므로 한계세율은 24%이다.

예제 2.2

평균세율과 한계세율

미혼인 소유주가 경영하는 개인사업체 Algernon사는 과세소득은 $8만이다. 얼마나 세금을 내야 하는가? 평균세율과 한계세율은 얼마인가?

표 2. 3을 보면, 처음 $9,700에 대해서는 10%, 다음 $39,475에 대해서는 12%, 나머지 $8만까지는 22%의 세율이 적용된다는 것을 알 수 있다. 그래서 Algernon사는 0.10 × $9,700 + 0.12 × ($39,475 – 9,700) + 0.22 × ($80,000 – 39,475) = $13,458.50의 세금을 내야 한다. 따라서 평균세율은 $13,458.50/$80,000 = 0.1682 또는 16.82%이다. 또한 Algernon사의 과세소득이 $1 더 증가하면 세금은 ¢22를 더 내야 하므로 한계세율은 22%이다.

2019년 현재 미국의 연방법인세와 같은 일률과세(flat-rate tax)에서는 단지 하나의 세율이 적용되므로 모든 소득수준에 대해서 세율은 같다. 따라서 한계세율은 평균세율과 항상 같다.

재무적 의사결정과 관련이 있는 세율은 통상적으로 한계세율이다. 그 이유는 새로 발생하는 현금흐름은 한계세율로 과세될 것이기 때문이다. 재무적 의사결정은 보통 새로운 현금흐름이나 기존 현금흐름의 변화를 수반하기 때문에 한계세율은 한 의사결정이 세금청구액에 미치는 한계효과를 말해준다.

IFRS 에 대한 자세한 정보는 웹사이트 www.ifrs.org를 활용하라!

더 나아가기 전에 우리가 지금까지 논의한 세율은 연방세에 국한된다는 점이다. 주세와 지방세 그리고 기타세를 모두 합치면 전체 세율은 더 높을 수 있다. 물론 개인소득세는 위에서 본 것보다 훨씬 더 복잡하다. 세법이 얼마나 복잡한지는 'Finance Matters'를 보면 쉽게 알 수 있다.

FINANCE MATTERS

Warrant Buffett에게 부과된 소득세율은 얼마인가?

2011년, 세계적인 부호인 Warren Buffett이 자기에게 부과된 세율이 자기의 비서의 세율보다 적다고 발표하면서 사람들 사이에 적지 않은 동요가 있었다. 이전 연도에 Buffett의 총소득은 약 $6,300만였는데 Buffett은 이에 대해 겨우 15%를 세금으로 냈었다. 하지만 그 해에 그보다 소득이 훨씬 적었던 그의 비서에게 적용된 한계세율은 31%에 달했다. 또한 같은 해에 공화당 대통령 후보였던 Mitt Romney도 소득이 $2,100만에 달했지만 그가 납세한 세금은 소득의 15%에 지나지 않았다.

왜 Buffett과 Romney의 세율은 이렇게 낮아 보이는가? 현재 미국의 세법에 의하면 근로소득은 배당소득과 장기시세차액에 의한 자본이득에 비해 훨씬 높은 세율로 과세된다. 사실 근로소득에 대한 최고 세율은 35%인데 반해 배당소득과 자본이득에 대한 최고 세율은 15%에 그친다. Buffett과 Romney의 소득은 대부분 근로소득이 아니고 배당과 자본이득이기 때문에 그들에게 부과된 세율은 15%인 것이다.

그럼 부자가 세금혜택을 더 받고 있는 것인가? 미국 대통령 Barack Obama는 그렇게 생각하는 듯하다. 2012년 신년 국정연설에서 오바마 대통령은 Buffett의 비서인 Debbie Bosanek와 퍼스트 레이디인 Michelle Obama를 대동하고 나와서는 논란이 되었던 Buffett세를 제안하였다. 그가 설명했듯이 Buffett세는 소득이 아주 높은 사람들로부터 걷을 수 있는 추가 세원이라고 볼 수 있다. 오바마 대통령과 그의 부인은 2009년에 $550만를 벌었고 이에 대해 31%에 해당하는 $170만를 연방세금으로 냈었는데, 아마 오바마 대통령은 이에 대해 매우 분개했던 모양이다.

하지만 우리는 배당금에 대해 세금을 매기는 것은 이중과세임을 알고 있다. 배당금의 재원은 기업의 이익인데 배당금을 많이 지급하는 대기업의 경우 세전이익에 대해 35%의 법인세가 과세된다. 따라서 모든 배당금은 배당을 받는 사람 입장에서 이중과세가 된 셈이다. 세법은 이 사실을 잘 알고 있다. 배당소득에 대한 낮은 세율은 이중과세율을 낮추기 위한 조치인 것이다. 자본이득도 마찬가지다. 유가증권에 투자하는 데 사용된 개인의 자금은 이미 그가 그 자금을 벌어들일 때 소득세를 납부하고 남은 돈이기 때문에 이 돈을 사용하여 벌어들인 자본이득에 대해 다시 과세한다면 이중과세가 된다.

Buffett은 Berkshire Hathaway의 지분 30%를 보유하고 있는데 이 주식이 그가 소유한 재산의 대부분을 차지한다. 2만 3,000쪽에 이르는 세금보고서에 의하면 Berkshire사는 2014년에 $248억의 순이익을 기록하고 법인세를 $790만를 납세해서 평균세율이 28%였다. 따라서 이중 Buffett이 낸 법인세는 대강 $23억7,000만라고 할 수 있다. 이렇게 Berkshire가 납부한 법인세까지 고려한다면 Buffett에게 부과된 평균세율은 28 + 15 = 43%가 된다.

또 다른 예로 저명한 경제학자이자 가장 잘 팔리는 경제학 교과서의 저자인 N. Gregory Mankiw를 생각해 보자. Mankiw가 $1,000를 받고 원고를 쓰기로 했다고 하자. 그리고 그는 이 $1만를 연 8%의 수익을 얻을 수 있는 투자처에 지금 투자해놓으면 30년 후에 자신이 이 세상을 떠날 때는 그의 자식들에게 $1만를 남길 수 있을 것이라고 기대할 수도 있다. 그러나 현재 미국의 세법에 의하면 그가 받을 원고료에 이러저러한 세금이 많이 붙기 때문에 그가 실제로 수령하는 세후원고료는 $523에 불과하다. 또한 투자처가 연 8%의 수익을 올린다고 법인세 및 배당소득세로 인해 그가 받을 수익률은 4%로 낮아진다. 그렇다면 결국 30년 후에 자식에게 남겨줄 돈은 $1,700로 급격히 줄어든다. 그가 드디어 별세하고 나면 투자처에 남아 있는 그의 돈은 55%까지 높아질 수 있는 한계재산세율로 과세될 수 있다. 따라서 그의 자녀들은 약 $1,000만를 상속받게 되고 결국 적용된 세율은 90%에 육박하게 될 것이다.

2.4 순운전자본

ExcelMaster coverage online
www.mhhe.com/RossCore6e

순운전자본(net working capital)은 유동자산에서 유동부채를 차감한 부분이다. 순운전자본이 양(+)의 값을 가진다는 것은 유동자산이 유동부채보다 크다는 사실을 의미한다. 즉, 향후 12개월에 걸쳐 이용 가능한 현금이 지급해야만 하는 현금보다 많다는 것을 의미한다. US Composite사의 순운전자본은 2020년에 $271 백만이며, 2019년에 $252 백만이다.

	유동자산 (단위: $백만)	−	유동부채 (단위: $백만)	=	순운전자본 (단위: $백만)
2020	$761	−	$490	=	$271
2019	707	−	455	=	252

기업은 고정자산에 투자(즉, 자본지출)할 뿐만 아니라 순운전자본에도 투자할 수 있다. 이러한 투자는 **순운전자본의 변동(change in net working capital)**을 가져온다. 2020년 순운전자본의 변동은 2020년과 2019년의 순운전자본의 차이인 $271 백만 − $252 백만 = $19 백만이다. 이 수치는 성장하고 있는 기업에서는 보통 양(+)의 값을 갖는다.[5]

2.5 기업의 현금흐름

ExcelMaster coverage online
www.mhhe.com/RossCore6e

재무제표로부터 추출할 수 있는 가장 중요한 항목은 아마도 기업의 실제 **현금흐름(cash flow)**일 것이다. 현금흐름표(statement of cash flows)라 불리는 정식 회계재무제표가 있기는 하다. 이 표는 회계적 관점에서 현금과 등가물의 변화를 설명하며, 2020년 US Composite사의 경우에그 수치는 $41 백만이다(2.6절 참조). 표 2.1에서 현금과 등가물이 2019년에 $157 백만에서 2020년에 $198 백만로 증가하였다는 것을 주목하자. 그러나 우리는 여기서 다른 관점, 즉 재무관리의 관점에서 현금흐름을 바라볼 것이다. 재무관리에서 기업의 가치는 재무적 현금흐름을 창출할 수 있는 능력이다(제8장에서 재무적 현금흐름에 관해 더 논의할 것이다).

먼저 현금흐름은 순운전자본과 같지 않음을 언급할 필요가 있다. 예를 들면 재고자산을 증가시키기 위해 현금을 사용한다고 가정하자. 재고자산과 현금은 모두 유동자산이기 때문에 이는 순운전자본에 영향을 주지 않는다. 그러나 이 경우 재고자산과 같은 특정운전자본 계정의 증가는 현금흐름의 감소를 수반한다.

앞서 대차대조표 등식에서 기업자산의 가치는 부채와 자기자본의 가치의 합인 것과 마찬가지로, 기업자산에서 발생하는 현금흐름 CF(A)는 채권자에게 귀속되는 현금흐름 CF(B)와 주주에게 귀속되는 현금흐름 CF(S)의 합과 같아야 한다. 이 식은 현금흐름항등식이라고도 불린다.

$$\mathrm{CF}(A) = \mathrm{CF}(B) + \mathrm{CF}(S) \tag{2.4}$$

5 기업의 유동부채는 가끔 지급어음(note payable)이라는 단기 이자부부채를 포함한다. 그러나 재무분석시에는 보통 단기 이자부부채와 단기 무이자부부채(외상매입금 등)로 구분한다. 이렇게 구분이 될 때는 무이자부부채만이 순운전자본 계산에 들어간다. 이렇게 계산된 순운전자본은 영업 순운전자본이라고 불린다. 그리고 단기 이자부부채는 재무적 현금흐름을 계산할 때 들어가고 수입이자는 자본의 수익으로 간주된다.

기업의 현금흐름을 결정하기 위한 첫 번째 단계는 **영업현금흐름**(cash flow from operations)을 계산해 내는 것이다. 표 2. 6에서 볼 수 있듯이 영업현금흐름은 상품과 서비스의 판매와 같은 영업활동으로부터 발생한 현금흐름이다. 영업현금흐름에는 지급한 세금은 반영되지만 금융비용, 자본지출, 순운전자본의 변동은 반영되지 않는다.

표 2. 4

U.S. Composite사의 현금흐름

U.S. Composite사 2020년 현금흐름(단위: $백만)	
기업에서 발생한 현금흐름	
영업현금흐름(이자 및 법인세 차감 전 이익 + 감가상각비 – 세금)	$234
자본지출(고정자산 취득 – 고정자산 매각)	- 173
순운전자본의 변동	- 19
계	$42
기업의 투자자에게 귀속되는 현금흐름	
부채(이자 + 부채상환 – 부채발행)	$36
자기자본(배당금 + 자사주매입 – 신규주식발행)	6
계	$42

	단위: $백만
이자 및 법인세 차감 전 이익	$159
감가상각비	90
당기세금	- 15
영업현금흐름	$234

현금흐름을 구성하는 또 다른 중요한 요소는 **고정자산의 변동**(changes in fixed assets)이다. 예를 들면, US Composite사는 2020년에 발전장치 자회사를 매각하여 $25 백만의 현금흐름을 창출하였다. 고정자산의 순변동은 고정자산의 매각에서 고정자산의 취득을 차감한 것으로, 이는 자본지출을 위해 사용된 현금흐름이다.

고정자산 취득	$198	
고정자산 매각	- 25	
자본지출	$173	($149 + 24 = 유형자산 증가 + 무형자산 증가)

또한 자본지출은 다음과 같이 단순하게 계산할 수 있다.

자본지출 = 기말 순고정자산 – 기초 순고정자산 + 감가상각 **[2. 5]**

= $1,118 – 1,035 + 90

= $173

현금흐름은 또한 순운전자본 투자를 위해 사용된다. 2020년에 US Composite사의 **순운전자본의 증가**(additions to net working capital)는 다음과 같다.

순운전자본의 증가	$19

이 $19는 앞에서 계산했던 순운전자본의 변동을 가리킨다.

기업의 자산에서 발생한 총현금흐름은 다음과 같다.

영업현금흐름	$234
자본지출	-173
순운전자본의 증가	-19
기업의 총현금흐름	$42

기업에서 유출되는 총현금흐름은 채권자와 주주에게 귀속된다. 채권자에게 귀속되는 현금흐름을 파악하기 위해 먼저 표 2. 4의 자료를 재분류하여 이자비용을 명시할 필요가 있다. 채권자들은 일반적으로 **부채서비스**(debt service)라고 불리는 금액을 지급받는다. 부채서비스는 이자지급액과 원금상환액(즉, 부채의 상환액)을 포함한다.

채권자에게 귀속되는 현금흐름의 또 다른 원천은 신규부채의 발행이다. US Composite의 장기부채는 $13 백만(신규부채의 발행 $86 백만와 기존부채 상환 $73 백만의 차이) 증가했다.[6] 따라서 장기부채의 증가는 신규차입, 기존채무상환, 이자비용이 서로 가감된 순효과이다.

채권자에게 귀속되는 현금흐름(단위: $백만)	
이자	$49
장기부채 상환	73
부채서비스	122
장기부채 발행으로 조달한 금액	-86
계	$36

채권자에게 귀속되는 현금흐름은 또한 다음과 같이 계산될 수 있다.

채권자의 현금흐름 = 이자지급 – 순차입 **[2. 6]**

= 이자지급(기말 장기부채 기초 장기부채)

= $49 – (471 – 458)

= $36

기업에서 발생한 현금흐름은 주주에게도 지급된다. 주주에게 귀속되는 현금흐름은 배당금지급, 자사주매입, 신규주식 발행의 순효과이다.

채권자에게 귀속되는 현금흐름(단위: $백만)	
배당금	$43
자사주매입	6
주주에게 지급된 현금	49
신규주식 발행으로 조달한 금액	-43
계	$6

일반적으로 주주에게 귀속되는 현금흐름은 다음과 같이 결정된다.

주주의 현금흐름 = 배당금 – 자기자본 순증 **[2. 7]**

= 배당금 – [신규주식발행(증자) – 자사주매입]

6 신규부채의 발행과 기존부채의 상환은 보통 대차대조표의 주석에 보고된다.

먼저 주식발행으로 조달한 금액을 살펴보자. 보통주와 자본잉여금 계정이 합쳐서 $23 − $20 = $43 증가하였으므로 기업이 $43 백만 가치의 신규주식을 발행했음을 알 수 있다. 또한 자사주 계정이 $6 증가하여 기업이 $600만 상당의 자기주매입을 했음을 알 수 있다. 따라서 자기자본 순증가액은 $43 − 6 = $37가 된다. 지급된 배당금은 $43이고, 결국 주주에게지급된 현금흐름은

주주의 현금흐름 = $43 − (43 − 6) = $6

이 되며, 이는 앞서 계산한 결과와 같다.

다음은 현금흐름에 대한 논의로부터 얻을 수 있는 몇 가지 중요한 관찰점들이다.

1. 현금흐름의 일부 유형은 기업의 재무적 상황에 대한 이해와 관련된다. **영업현금흐름(operating cash flow)**은 이자 및 감가상각비 차감 전 이익에서 다시 법인세를 차감한 금액으로 정의되며 자본지출이나 운전자본 요건을 감안하지 않고 영업으로부터 발생된 현금을 측정한다. 영업현금흐름은 보통 양(+)의 값을 가진다. 만일 기업이 충분한 현금을 창출하지 못해서 영업비용을 지불할 수 없기 때문에 이 수치가 오랫동안 음(−)의 값을 가진다면 그 기업은 어려움에 처하게 된다. **기업의 총현금흐름(total distributable cash flow of the firm)**은 자본지출과 순운전자본의 증감에 대한 조정을 필요로 하며, 종종 음(−)의 값을 가질 수 있다. 이는 기업이 급성장할 때 재고자산과 고정자산에 대한 지출이 매출로부터 유입되는 현금흐름보다 클 수 있기 때문이다.
2. 순이익은 현금흐름이 아니다. 2017년도 U.S. Composite사의 순이익은 $86 백만지만 현금흐름은 $42 백만였다. 이 두 수치는 보통 같지 않다. 기업의 경제적 상태와 재무적 상태를 결정하는 데는 현금흐름이 더 의미가 있다.

기업의 현금흐름은 가끔 **잉여현금흐름(free cash flow)**과 같은 이름으로도 불린다. 물론 공짜(free) 현금과 같은 것은 없다. 대신에 이 이름은 기업이 운전자본이나 고정자산 투자를 위해 필요하지 않는, 채권자와 주주들에게 자유롭게 나누어 줄 수 있는 현금을 의미한다. 앞으로 이 중요한 개념에 대한 명칭으로 '기업의 총현금흐름'을 사용하기로 한다. 왜냐하면 잉여현금흐름은 실제에 있어서 그 계산방법에 여러가지 변형이 있으며 사용자들에 따라 다양한 방법으로 계산되기 때문이다. 그럼에도 불구하고 '잉여현금흐름'이란 말이 나오면, 이를 자산에서 발생하는 현금흐름이나 이와 아주 유사한 개념으로 이해하면 된다.

2.6 현금흐름의 회계보고서

앞에서 언급한 것처럼 현금흐름표(statement of cash flows)라고 불리는 정식 회계보고서가 있다. 이 보고서는 회계적 현금의 변동−US Composite사의 경우 2020년에 $41 백만−을 설명해 주며 재무적 현금흐름을 이해하는데 매우 유용하다.

ExcelMaster coverage online
www.mhhe.com/RossCore6e

현금의 변동을 결정하는 첫 번째 단계는 영업활동에서 발생한 현금흐름을 알아내는 것이다. 이는 상품과 서비스를 생산하고 판매하는 기업의 통상적 활동으로 발생한 현금흐름

이다. 두 번째 단계는 투자활동에서 발생한 현금흐름을 조정하는 것이다. 마지막 단계는 재무활동에서 발생한 현금흐름을 조정하는 것이다. 재무활동은 채권자와 주주에게 귀속되는 순현금흐름(이자비용 제외)과 관련된다.

현금흐름표의 세 구성요소는 다음과 같이 결정된다.

영업활동에서 발생한 현금흐름

영업활동에서 발생한 현금흐름의 계산은 순이익에서 시작한다. 순이익은 손익계산서에서 $86 백만임을 알 수 있다. 여기에 비현금비용을 더하고 유동자산과 유동부채(현금과 지급어음은 제외)의 변동에 대한 조정을 한다. 그 결과는 다음과 같다.

Composite사 2020년 영업활동에서 발생한 현금흐름(단위: $백만)	
순이익	$86
감가상각비	90
이연세금	9
유동자산과 유동부채의 변동	
매출채권	-24
재고자산	11
매입채무	35
영업활동에서 발생한 현금흐름	$207

투자활동에서 발생한 현금흐름

투자활동에서 발생한 현금흐름은 고정자산의 취득과 처분(즉, 순자본지출)과 같은 자본자산의 변동과 관련된다. U.S. Composite사의 경우는 다음과 같다.

U.S. Composite사 2020년 투자활동에서 발생한 현금흐름(단위: $백만)	
고정자산 취득	-$198
고정자산 매각	25
투자활동에서 발생한 현금흐름	-$173

재무활동에서 발생한 현금흐름

채권자와 주주에게 귀속되는 현금흐름은 자기자본과 부채의 변동을 포함한다.

U.S. Composite사 2020년 재무활동에서 발생한 현금흐름(단위: $백만)	
장기부채의 상환	-$73
장기부채 발행으로 조달한 금액	86
배당금	-43
자사주매입	-6
신규주식발행	43
재무활동에서 발생한 현금흐름	$7

현금흐름표는 영업활동에서 발생한 현금흐름, 투자활동에서 발생한 현금흐름, 재무활

동에서 발생한 현금흐름을 합친 것으로 표 2. 5에 작성되어 있다. 모든 현금흐름을 더하면 대차대조표상의 현금 변동인 $41 백만를 얻을 수 있다.

현금흐름표라 불리는 정식 회계보고서와 재무관리에서 사용되는 기업의 총현금흐름은 밀접한 관계가 있다. 그러나 여기서 약간의 개념적 문제에 주의해야 한다. 이자지급은 현금흐름표의 재무활동 부분에 놓여 있어야 하지만 불행하게도 회계에서는 그렇게 하지 않는다. 그 이유는 순이익에 이자는 이미 비용으로 공제되어 있기 때문이다. 결과적으로 기업의 회계적 현금흐름과 재무적 현금흐름의 주된 차이(표 2. 4 참조)는 이자비용이다.

표 2.5

U.S. Composite사의 현금흐름표

U.S. Composite사 2020년 현금흐름표(단위: $백만)	
영업활동	
순이익	$86
감가상각비	90
이연세금	9
자산 및 부채의 변동	
매출채권	-24
재고자산	11
매입채무	35
영업활동에서 발생한 총현금흐름	$207
투자활동	
고정자산 취득	-$198
고정자산 매각	25
투자활동에서 발생한 총현금흐름	-$173
재무활동	
장기부채 상환	-$73
장기부채 발행으로 조달한 금액	86
배당금	-43
자사주매입	-6
신규주식 발행으로 조달한 금액	43
재무활동에서 발생한 총현금흐름	$7
현금의 변동(대차대조표 상)	$41

요약 및 결론 Summary and Conclusions

이 장의 목적은 기업의 회계를 소개하고 회계보고서를 이용하여 현금흐름을 결정하는 방법을 살펴보는 것이다.

1. 현금흐름은 기업에서 발생되어 채권자와 주주에게 지급된다. 현금흐름은 다음과 같이 분류된다.
   a. 영업에서 발생한 현금흐름
   b. 고정자산의 변동에서 발생한 현금흐름
   c. 운전자본의 변동에서 발생한 현금흐름
2. 현금흐름을 계산하는 것은 어렵지 않으나 감가상각비와 이연세금과 같은 비현금비용에 대한 회계처리에 각별한 주의가 요구된다. 특히 현금흐름을 순운전자본의 변동이나 순이익과 혼동하지 말아야 한다.

개념문제 Concept Questions

1. **유동성** 유동성은 무엇을 측정하는가? 높은 유동성과 낮은 유동성 사이에서 기업이 직면하는 교환관계를 설명하라.
2. **회계와 현금흐름** 표준적 손익계산서에 있는 수익과 비용 수치들이 왜 특정기간 동안 실제로 발생한 현금의 유입과 유출을 대변할 수 없는가?
3. **현금흐름표** 현금흐름표에서 맨 마지막 줄의 수치는 무엇을 의미하는가? 이 수치는 기업을 분석하는데 얼마나 유용한가?
4. **현금흐름** 재무적 현금흐름은 현금흐름의 회계보고서와 어떻게 다른가? 기업을 분석할 때 어느 것이 더 유용한가?
5. **장부가치와 시장가치** 표준적 회계원칙하에서 기업의 부채는 자산을 초과할 수 있다. 그렇게 되면 자기자본은 음(−)의 값을 가진다. 이러한 상황은 시장가치로 측정한 경우에도 발생할 수 있는가? 왜 그런가, 아니면 왜 아닌가?
6. **자산에서 발생한 현금흐름** 기업의 자산에서 발생한 현금흐름이 특정기간에 대해 음(−)의 값을 가진다고 하자. 이는 반드시 좋은 신호인가, 아니면 반드시 나쁜 신호인가?
7. **영업현금흐름** 한 기업의 영업현금흐름이 수년 동안 음(−)의 값을 가진다고 하자. 이는 반드시 좋은 신호인가, 아니면 반드시 나쁜 신호인가?
8. **순운전자본과 자본지출** 기업의 순운전자본 변동이 어떤 해에 음(−)의 값을 가질 수 있는가(힌트:있다)? 어떻게 그렇게 될 수 있는지 설명하라. 순자본지출의 경우는 어떠한가?
9. **주주의 현금흐름과 채권자의 현금흐름** 기업에서 주주에게 귀속되는 현금흐름이 어떤 해에 음(−)의 값을 가질 수 있는가(힌트: 있다)? 어떻게 그렇게 될 수 있는지 설명하라. 채권자에게 귀속되는 현금흐름의 경우는 어떠한가?
10. **기업가치** 2018년 1월, GM사는 이연법인세자산의 가치 하락에 따라 $70억의 대손상각을 고시하였다. 주주는 손익계산서에 보고된 손실로 인하여 아마 손해를 입지 않았을 것이라고 했다. 이러한 결론을 내린 근거가 무엇이라고 생각하는가?

연습문제 Questions and Problems

connect

기초
(문제 1~10번)

1. **대차대조표 작성** Och사의 유동자산은 $6,400, 순고정자산은 $29,300, 유동부채는 $5,100, 장기부채는 $1만1,800이다. 이 기업의 자기자본은 얼마인가? 순운전자본은 얼마인가?
2. **손익계산서 작성** Higgins사의 매출액은 $51만7,400, 매출원가는 $29만6,300, 감가상각비는 $4만2,300, 이자비용은 $2만400, 세율은 21%이다. 이 기업의 순이익은 얼마인가? 이 기업이 $2만7,000의 현금배당을 했다고 가정하면, 이익잉여금은 얼마나 증가하겠는가?
3. **시장가치와 장부가치** Klingon Cruisers사는 3년 전에 신형 망토기계를 $7.5 백만에 구입하였다. 그 기계는 오늘 당장 $5.6 백만에 Romulans사에 팔릴 수 있다. Klingon Cruisers사의 현재 대차대조표에서 순고정자산은 $3.9 백만, 유동부채는 $1.125 백만, 순운전자본은 $340 천이다. 모든 유동자산이 오늘 청산된다면, 이 기업은 $380 천의 현금을 받을 것이다. Klingon사 자산의 현재 장부가치는 얼마인가? 시장가치는 얼마인가?
4. **세금 계산** 미혼인 Timmy Tappan의 과세소득은 $18만9,000이다. 앞의 표 2. 3을 이용하여 그의 개인소득세를 계산하라. 평균세율과 한계세율은 얼마인가?
5. **OCF 계산** Masters사의 매출액은 $3만2,400, 매출원가는 $1만4,300, 감가상각비는 $2,200, 이자비용은 $1,160이다. 세율이 23%이면 영업현금흐름(OCF)은 얼마인가?

6. **순자본지출 계산** Bantam Egg's의 2019년 대차대조표에서 순고정자산은 $382만, 2020년 대차대조표에서 순고정자산은 $463만이다. 또한 2020년 손익계산서에서 감가상각비는 $40만5,000이다. 이 기업의 2020년 순자본지출은 얼마인가?

7. **대차대조표 작성** 다음 표는 Information Control사의 1년 전 장기부채와 자기자본을 보여준다

장기부채	$29,600,000
우선주	1,680,000
보통주(액면가 $1)	7,120,000
자본잉여금	32,800,000
이익잉여금	60,200,000

작년에 이 기업은 신규주식을 주당 $20.8에 320만주를 발행했고, 신규장기부채를 $760만를 발행하였다. 또한 이 기업은 $1,224만의 순이익을 창출하였고 $248만를 배당금으로 지급했다. 작년에 이 기업에서 발생한 변화들을 반영한 새로운 대차대조표를 작성하라.

8. **채권자의 현금흐름** Dyrdek's Skate Shop사의 장기부채는 2019년 대차대조표에서 $216만, 2020년 대차대조표에서 $228만이다. 또한 2020년 손익계산서에서 이자비용은 $16만8,000이다. 2020년에 이 기업의 채권자에게 귀속되는 현금흐름은 얼마인가?

9. **주주의 현금흐름** 상기 Dyrdek's Skate Shop의 2019년 대차대조표에서 보통주는 $48만6,000, 자본잉여금은 $504만이다. 2020년 대차대조표에서 두 항목은 각각 $53만6,000와 $556만이다. 이 기업이 2020년에 $24만5,000의 현금배당을 했다면, 2020년 주주에게 귀속된 현금흐름은 얼마인가?

10. **영업현금흐름 계산** 위의 두 문제에서 주어진 Dyrdek's Skate Shop에 대한 정보에 추가하여, 이 기업의 2020년 순자본지출은 $57만5,000이고, 순운전자본은 $5만9,000가 줄었다고 가정하자. 이 기업의 2020년 영업현금흐름(OCF)은 얼마인가?

11. **현금흐름** Ritter사의 회계사들은 다음과 같은 연말 재무제표를 준비했다.

보통
(문제 11~24번)

Ritter사 2020년 손익계산서	
매출	$1,282
비용	945
감가상각비	92
법인세 차감 전 이익(EBT)	$ 245
법인세	54
순이익	$ 191
배당금	$ 58

Ritter사 12월 31일 대차대조표		
	2019	2020
자산		
현금	$ 97	$ 112
기타유동자산	304	318
순고정자산	828	988
자산 총계	$1,229	$1,418

(계속)

부채와 자기자본		
유동부채	$ 354	$ 362
장기부채	0	48
자기자본	875	1,008
부채 및 자기자본 총계	$ 1,229	$ 1,418

a. 2020년 현금의 변동을 설명하라.

b. 2020년 순운전자본의 변동은 얼마인가?

c. 2020년 이 기업의 자산에서 발생한 현금흐름은 얼마인가?

12. **현금흐름항등식** Fizer사는 과거 2년간의 재무제표를 다음과 같이 발표하였다. 이 회사의 현금흐름을 구분하여 식 [2. 4]가 성립하는지 확인하라.

Fizer사 2020년 손익계산서	
매출	$ 632,790
매출원가	296,470
판매관리비	138,065
감가상각	59,862
EBIT	$ 138,393
이자	20,952
EBT	$ 117,441
법인세	24,310
순이익	$ 93,131
배당금	25,200
이익잉여금	$ 67,931

Fizer사 2019년 12월 31일 현재 대차대조표			
현금	$ 14,672	매입채무	$ 26,408
매출채권	15,164	장기부채	148,700
재고	21,487	자기자본	249,975
유동자산	$ 51,323	자본과 부채	
순고정자산	$ 373,760	총계	$ 425,083
총자산	$ 425,083		

Fizer사 2020년 12월 31일 현재 대차대조표			
현금	$ 16,329	매입채무	$ 33,831
매출채권	17,574	장기부채	$ 152,400
재고	25,753	자기자본	$ 321,906
유동자산	$ 59,656	자본과 부채	
순고정자산	$ 448,481	총계	$ 508,137
총자산	$ 508,137		

13. **재무적 현금흐름** Stancil사에 대한 현재 정보는 다음과 같다.

장기차입으로 조달한 금액	$ 19,800
주식발행으로 조달한 금액	3,240
고정자산 구입	23,100
재고자산 구입	3,380
배당금 지급	8,520
이자 납입	2,460

이 기업에서 발생한 현금흐름과 기업의 투자자에게 귀속되는 현금흐름을 결정하라.

14. **손익계산서 작성** 한 해 동안 Senbet Discount Tire사의 총매출액은 $52만9,900이며, 매출원가와 판매비용은 각각 $17만4,800와 $10만2,200이다. 또한 Senbet사의 부채는 $48만이며 이자율은 6%이다. 감가상각비는 $6만900이며, 세율은 24%이다.
   a. Senbet사의 순이익은 얼마인가?
   b. Senbet사의 영업현금흐름은 얼마인가?
15. **총현금흐름 계산** Schwert사의 2020년 손익계산서에는 다음과 같은 정보가 나와 있다. 매출액 $315,000, 매출원가 $208,600, 기타비용 $8,600, 감가상각비 $2만1,400, 이자비용 $1만5,700, 법인세 $1만2,747, 배당금 $1만3,600이다. 이외에 이 기업은 2020년에 $8,400의 신규주식을 발행했고, $1만1,900의 기존 장기부채를 상환하였다.
   a. 2020년 영업현금흐름은 얼마인가?
   b. 2020년 채권자에게 귀속되는 현금흐름은 얼마인가?
   c. 2020년 주주에게 귀속되는 현금흐름은 얼마인가?
   d. 순고정자산이 2020년에 $3만3,000 증가했다면, 순운전자본의 증가분은 얼마인가?
16. **손익계산서 이용** O'Hara Marine사에 대한 다음 정보를 이용하여 감가상각비를 계산하라. 매출액 $6만9,480, 매출원가 $3만4,320, 이익잉여금의 증가 $9,420, 배당금 $6,240, 이자비용 $2,460, 세율 21%이다.
17. **대차대조표 작성** Jarrow사에 대한 다음 정보를 이용하여 2020년 대차대조표를 작성하라. 현금 $117,600, 특허와 저작권 $57만9,000, 매입채무 $30만300, 매출채권 $16만5,900, 순유형고정자산 $238만7,000, 재고자산 $26만9,500, 지급어음 $11만8,000, 이익잉여금 $145만8,800, 장기부채 $138만9,500이다.
18. **잔여청구권** Prescott사는 채권자에게 $1만3,500를 급히 갚아야 한다.
   a. 자산의 시장가치가 $1만4,900라면 자기자본의 시장가치는 얼마인가?
   b. 자산의 시장가치가 $1만700이면 자기자본의 시장가치는 얼마인가?
19. **순이익과 영업현금흐름** 2020년 Raines Umbrella사의 매출액은 $89만이며, 매출원가, 판매 및 일반관리비, 감가상각비는 각각 $60만4,000, $15만1,000, $9만3,000이다. 이외에 이자비용은 $7만4,000이며, 세율은 21%이다(세금 계산시 이자는 모두 비용처리).
   a. Raines사의 2020년 순이익은 얼마인가?
   b. 영업현금흐름은 얼마인가?
   c. (a)와 (b)에서의 결과를 설명하라.
20. **회계적 가치와 현금흐름** 문제 19번 사례에서 Raines사가 $95,000의 현금배당을 하였다고 하자. 이것이 가능한가? 순고정자산과 순운전자본에 지출이 없고 그 해에 신주를 발행하지 않았다면, 장기부채는 얼마나 변동하였겠는가?
21. **현금흐름 계산** Stackhouse Industries의 2020년 영업결과는 다음과 같다. 매출액 $5만3,520, 매출원가 $3만6,800, 감가상각비 $5,560, 이자비용 $1,260, 배당금 $2,730, 연초에 순고정자산은 $3만3,020,

유동자산은 $8,210, 유동부채는 $5,490였다. 연말에 순고정자산은 $4만2,760, 유동자산은 $9,260, 유동부채는 $5,780였다. 세율은 25%이다.

a. 2020년 순이익은 얼마인가?

b. 2020년 영업현금흐름은 얼마인가?

c. 2020년 자산에서 발생한 현금흐름은 얼마인가? 이것은 가능한가? 설명하라.

d. 그 해에 신규부채가 발행되지 않았다면, 채권자에게 귀속되는 현금흐름은 얼마인가? 주주에게 귀속되는 현금흐름은 얼마인가? (a)~(d)에서 대답들이 양(+) 또는 음(−)의 값을 가지는 이유를 설명하고 해석하라.

22. 현금흐름 계산 Weston Enterprises사의 요약재무제표는 다음과 같다.

Weston Enterprises 2019년과 2020년 대차대조표의 일부					
자산			부채 및 자기자본		
	2019	2020		2019	2020
유동자산	$1,173	$1,260	유동부채	$ 523	$ 570
순고정자산	5,702	6,019	고정부채	3,168	3,399

Weston Enterprises 2020년 손익계산서	
매출액	$17,259
매출원가	5,113
감가상각비	1,472
이자지급	618

a. 2019년과 2020년의 자기자본은 얼마인가?

b. 2020년 순운전자본의 변동은 얼마인가?

c. 2020년에 Weston Enterprises사는 $3,050의 고정자산을 새로 구입하였다. 이 기업은 고정자산을 얼마나 처분했겠는가? 그 해에 자산에서 발생한 현금흐름은 얼마인가(세율은 25%이다)?

d. 2020년에 이 기업은 $697의 장기부채를 신규로 발행하였다. 그 해에 기존 장기부채를 얼마나 상환하였는가? 채권자에게 귀속되는 현금흐름은 얼마인가?

Ingersoll사의 다음 정보를 이용하여 문제 23번과 24번에 답하라(세율은 35%이다).

	2019	2020
매출액	$ 48,892	$ 51,932
감가상각비	7,024	7,030
매출원가	20,628	23,277
기타비용	3,986	3,331
이자	2,518	3,770
현금	25,636	26,227
매출채권	33,940	38,237
장기부채	85,860	100,171
순고정자산	215,940	220,130
매입채무	32,819	30,767
재고자산	60,344	62,015
배당금	5,900	8,600

23. 재무제표 위 기업의 2019년과 2020년 손익계산서와 대차대조표를 작성하라.

24. 현금흐름 계산 2020년 자산에서 발생한 현금흐름 채권자에게 귀속되는 현금흐름 주주에게 귀속되는 현금흐름을 계산하라.

Time Manufacturing 현금흐름표 영업활동(단위: $백만)	
영업활동	
순이익	$ 321
감가상각비	177
이연세금	34
유동자산과 유동부채의 변동	
매출채권	- 52
재고자산	41
매입채무	33
미지급비용	- 17
기타	4
영업에서 발생한 현금흐름	$ 541
투자활동	
고정자산 취득	- $ 332
고정자산 매각	42
투자활동에서 발생한 현금흐름	- $ 290
재무적 활동	
장기부채 상환	- $ 195
장기부채 발행으로 조달한 금액	105
배당금	- 158
자사주매입	- 26
신규주식 발행으로 조달한 금액	50
재무활동에서 발생한 현금흐름	- $ 224
현금의 변동(대차대조표 상)	$ 27

도전
(문제 25~26번)

25. 현금흐름 Time Manufacturing사를 분석하면서 다음과 같은 최근 연도의 현금흐름에 대한 회계보고서를 발견했다. 또한 이 기업은 세금으로 $185 백만, 이자비용으로 $96 백만를 지급하였다. 다음과 같은 현금흐름의 회계보고서를 이용하여 현금흐름의 재무보고서를 작성하라.

26. 순고정자산과 감가상각비 대차대조표에서 순고정자산(NFA)은 고정자산의 취득을 나타내는 총고정자산(FA)에서 고정자산에 대해 이루어진 누적감가상각비(AD)를 공제한 금액이다. NFA = FA − AD라는 사실을 이용하여 이 장에서 배운 순자본지출에 대한 공식인 $NFA_{기말} - NFA_{기초} + D$는 $FA_{기말} - FA_{기초}$와 동일하다는 것을 보여라. D는 당해 연도의 감가상각비를 나타낸다.

웹 정보 이용하여 문제풀기 What's on the web?

1. **순운전자본 변동** finance.yahoo.com에서 General Dynamics사의 가장 최근 요약대차대조표를 찾아보라. 티커심벌(ticker symbol) 'GD'를 입력하여 'Balance Sheet'에 링크하라. 가장 최근의 두 대차대조표를 이용하여 순운전자본의 변동을 계산하라. 이 수치는 무엇을 의미하는가?
2. **장부가치와 시장가치** Coca-Cola사의 홈페이지는 www.coca-cola.com이다. 이 기업의 대차대조표가 포함되어 있는 가장 최근 연차보고서를 찾아보라. Coca-Cola사의 자기자본의 장부가치는 얼마인가? 기업의 시장가치는 발행주식수에 주당 가격을 곱하여 산출한다. 이 정보는 finance.yahoo.com에서 Coca-Cola사의 티커심벌인 KO를 입력하면 찾을 수 있다. 자기자본의 시장가치는 얼마인가? 주주들은 어느 가치에 더 관심을 가지고 있는가?

3. **주주와 채권자에게 귀속되는 현금흐름** Cooper Tire and Rubber사는 웹사이트인 www.cooper-tires.com 에서 투자자를 위해 재무정보를 제공한다. 'Investors'에 링크하여 가장 최근 연차보고서를 찾아보라. 연결현금흐름표를 이용하여 주주와 채권자에게 귀속되는 현금흐름을 각각 계산하라.

Excel 로 풀어보기 | Excel Master it! Problem

ExcelMaster coverage online
www.mhhe.com/RossCore6e

Excel에서 VLOOKUP 함수를 이용하면 한계세율을 구할 수 있음을 확인하라. 그러나 총 과세액을 구하는 것이 약간 어려울 수 있다. 미국 국세청(IRS)이 발표한 2019년 개인소득세 과세표준이 다음에 나와 있다(각 세금구간의 경계는 물가상승률에 연동하며 매년 바뀐다).

만약 과세소득이 아래 금액 이상이고	아래 금액 이하이면	과세액은
$ 0	$ 9,700	$0을 초과하는 금액의 10%
9,700	39,475	$927.50 + $9,700를 초과하는 금액의 12%
39,475	84,200	$5,183.75 + $39,475를 초과하는 금액의 22%
84,200	160,725	$18,558.75 + $84,200를 초과하는 금액의 24%
160,725	204,100	$46,278.75 + $160,725를 초과하는 금액의 32%
204,100	510,300	$119,934.75 + $204,100를 초과하는 금액의 35%
510,300		$120,529.75 + $510,300를 초과하는 금액의 37%

가령 과세소득이 $9,700 이하이면 한계세율은 10%이다. 만약 과세소득이 $9,700 ~ $3만9,475 사이라면 총 과세액은 $970에 한계과세액을 더해야 한다. 한계과세액은 과세소득에서 $9,700를 차감한 잔액에 한계세율인 12%를 곱하여 구할 수 있다.

다음 표는 기혼 개인에게 부과되는 개인소득세 과세표준이다.

만약 과세소득이 아래 금액 이상이고	아래 금액 이하이면	과세액은
$ 0	$ 19,400	10%
19,400	78,950	12
78,950	168,400	22
168,400	321,450	24
321,450	408,200	32
408,200	612,350	35
612,350		37

a. Excel을 사용하여 위에서 보인 개인소득세 과세표준의 형태로 기혼 개인의 개인소득세 과세표준도 만들어 보아라. 그리고 당신이 만든 Excel file이 어느 과세소득이든지 입력하면 한계세율, 평균세율, 그리고 총과세액을 자동으로 계산하는지 확인하라.

b. 과세소득이 $35만5,000이면 한계세율은 얼마인가?

c. 과세소득이 $35만5,000일 때 총과세액은 얼마인가?

d. 과세소득이 $35만5,000일 때 평균세율은 얼마인가?

CLOSING CASE

EAST COAST YACHT사의 현금흐름

East Coast Yacht사의 극적인 성장 때문에 Larissa는 이 회사를 주식회사의 형태로 재조직하기로 결정했다(더 상세한 사항은 제1장의 Closing Case 참조). 시간이 흘러 오늘날 이 기업은 티커심벌이 'ECY'인 상장기업이 되었다.

Dan Ervin은 이 기업의 단기재무계획을 돕고 재무성과를 평가하기 위해 최근에 고용되었다. Dan은 재무관리 전공으로 5년 전에 대학을 졸업했으며 그 이후 Fortune 500대 기업에 속하는 어느 한 기업의 재무담당부서에서 근무했었다.

East Coast Yacht의 과거성장은 부분적으로는 빈약한 계획 때문에 다소 야단법석이었다고 할 수 있다. 미래의 성장을 기대하면서 Larissa는 Dan에게 이 기업의 현금흐름을 분석해 줄 것을 요청했다. 이 기업의 재무제표는 외부 감사기관이 작성한다. 가장 최근 손익계산서와 과거 2년간 대차대조표는 아래 표와 같다.

East Coast Yatcht사의 2020년 손익계산서	
매출액	$ 550,424,000
매출원가	397,185,000
판매 및 일반관리비	65,778,000
감가상각비	17,963,000
EBIT	$ 69,498,000
이자비용	9,900,000
EBT	$ 59,598,000
세금	14,899,500
순이익	$ 44,698,500
배당금	$ 19,374,500
이익잉여금	25,234,000

Larissa는 또한 다음과 같은 정보를 제공하였다. 올해 회사는 $3,600만의 신규 장기부채를 일으켰고 $2,030만의 장기부채를 상환하였다. 또한 $2,180만의 증자를 했고 $3,208만의 자사주매입을 실행하였다. 회사는 $5,350만의 고정자산을 매입하였고 $504만6,000의 고정자산을 매각하였다.

East Coast Yatcht사의 대차대조표					
	2019	2020		2019	2020
유동자산			유동부채		
현금과 등가물	$ 9,580,100	$ 10,107,000	매입채무	$ 38,133,900	$ 40,161,400
매출채권	17,032,300	16,813,300	미지급비용	4,875,600	5,723,700
재고자산	15,382,000	18,135,700	총유동부채	$ 43,009,500	$ 45,885,100
기타	987,900	1,054,900			
총유동자산	$ 42,982,300	$ 46,110,900			
			장기부채	$ 136,674,000	$ 152,374,000
고정자산			총장기부채	$ 136,674,000	$ 152,374,000

(계속)

유형고정자산	$364,255,000	$412,032,000			
누적 감가상각비 차감	(84,489,000)	(102,452,000)			
순유형고정자산	$279,766,000	$309,580,000	자기자본		
무형자산과 기타자산	6,095,000	6,772,000	우선주	$1,773,000	$1,773,000
총고정자산	$285,861,000	$316,352,000	보통주	26,730,000	31,802,000
			자본잉여금	10,620,000	27,348,000
			이익잉여금	120,728,800	146,052,800
			자사주	(10,692,000)	(42,772,000)
			총자기자본	$149,159,800	$164,203,800
자산 총계	$328,843,300	$362,462,900	부채 및 자기자본 총계	$328,843,300	$362,462,900

Larissa는 Dan에게 현금흐름의 재무보고서와 회계보고서를 각각 준비하도록 요청했다. 또한 여러분에게 다음 질문에 대답해 주도록 요청했다.

1. East Coast Yacht사의 현금흐름에 대해 어떻게 생각하는가?
2. 어느 현금흐름보고서가 이 기업의 현금흐름을 더 정확하게 설명해 주는가?
3. 앞 질문에 대한 대답들을 고려하여 Larissa의 확장계획에 의견을 제시하라.

재무제표 분석과 재무모형

3

OPENING CASE

2019년 1월 2일, BJ's Wholesale Club의 보통주 주가는 $23에 마감하였다. 이 주가로 계산하면 BJ's Wholesale Club의 주가이익비율(price-earnings ratio: PER)은 20이 된다. 즉, 투자자들은 BJ's Wholesale Club이 벌어들인 $1의 이익에 대해 $20를 기꺼이 지급했음을 알 수 있다. 이런 식으로 본다면 같은 날 투자자들은 Ford, Pfizer, Cisco Systems에 대해서는 $1의 이익에 대해 각각 $5, $11, $164를 지급했음을 알 수 있다. 다른 극단적인 경우로는 Tesla와 Qualcomm이 있다. 이들 기업은 전년도에 적자를 기록했지만 Tesla의 주가는 약 $310였고 Qualcomm은 약 $57에 거래되었다. 적자 기업의 경우 주가이익비율은 음(-)수가 되므로 이들의 PER은 보고되지 않았다. 그 당시 S&P 500 지수에 포함된 대기업 주식들의 PER은 대략 19였다. Wall Street의 용어로 말하지만 이들 주식은 이익의 17배로 거래되었다고 할 수 있다.

PER은 재무비율 분석에서 자주 나오는 용어 중의 하나이다. 앞으로 보게 되겠지만 재무비율은 여러 종류가 있으며 이들은 기업의 재무상태를 여러 각도에서 분석하는 데 매우 유용하게 사용된다. 이 장에서는 각각의 비율이 무엇을 뜻하며 어떻게 계산되는지를 주로 살펴보겠지만 동시에 어떤 사람들이 재무비율을 사용하는지와 왜 이 재무비율을 필요로 하는지도 같이 설명할 것이다.

기업재무 관련 최근 사건들을 찾아보기 위해 corecorporatefinance.blogspot.com을 방문하라.

3.1 재무제표분석

ExcelMaster coverage online

www.mhhe.com/RossCore6e

제2장에서는 재무제표와 현금흐름의 몇 가지 필수적인 개념들을 논의했다. 이 장에서는 앞장에서 다루지 않고 남겨둔 부분을 계속해서 논의하며, 재무제표 정보의 이용(남용 포함)에 대한 이해를 넓히는 것이 목표이다.

재무제표와 이로부터 도출된 수치들은 기업 안팎에서 재무정보를 주고받는 주된 수단이기 때문에 재무제표에 대해 잘 숙지할 필요가 있다. 다시 말해 실제 재무업무에서 자주 사용되는 많은 용어들은 이 장에서 논의하는 개념들에서 나온 것이다.

분명히 회계사의 중요한 목표는 사용자가 의사결정을 하는 데 유용한 재무정보를 제공하는 것이다. 하지만 회계적인 용어만을 사용하면 실제로 의사결정을 하는 사람에게 정확한 의사전달을 하지 못하는 경우가 많다. 다시 말하면, 재무제표를 의사결정자가 볼 때는 그들의 용어로 설명된 가이드북이 필요하다. 이 장은 이러한 가이드북을 제공하기 위한 첫 번째 단계이다.

재무제표의 표준화

한 기업의 재무제표를 활용하기 위해서는 이 기업의 재무제표를 유사한 다른 기업의 재무제표와 비교할 필요가 있다. 그러나 이렇게 하려면 곧바로 문제에 봉착하게 된다. 두 기업의 규모가 다르기 때문에 이들 기업의 재무제표를 직접 비교하는 것은 거의 불가능하다.

예를 들면 Tesla사와 GM사는 자동차 시장에서 분명히 치열한 라이벌이지만, 이들 기업의 규모가 같지 않으므로 직접 비교하기 어렵다. 이런 문제점 때문에 심지어 같은 기업이라도 규모가 변한다면 다른 시점의 재무제표를 서로 비교하기 어렵다. 이 규모문제는 GM사와 Toyota사를 비교하려고 하는 경우에는 더 심각해진다. 만일 Toyota사의 재무제표가 엔화로 표기되어 있으면 규모는 물론 통화도 서로 다르게 된다.

따라서 비교를 위해서는 당연히 재무제표를 어떻게 해서든지 표준화할 필요가 있다. 표준화를 위한 매우 보편적이고 유용한 방법은 금액 대신에 비율로 표시하는 것이다. 이렇게 작성된 재무제표를 **공통형 재무제표(common-size statements)**라고 부른다.

공통형 대차대조표

참고를 위해 표 3. 1에 Prufrock사의 2019년과 2020년 대차대조표가 제시되어 있다. 이들을 이용하여 총자산의 %로 각 항목을 나타냄으로써 공통형 대차대조표를 작성할 수 있다. Prufrock사의 2019년과 2020년의 공통형 대차대조표는 표 3. 2에 나타나 있다.

일부 총계는 반올림문제 때문에 정확하지 않다는 점을 주목하자. 또한 기초와 기말 수치들의 합은 모두 100%이므로 총계의 변동은 0이어야 한다.

이러한 형태의 재무제표는 읽고 비교하기가 쉽다. 예를 들면 Prufrock사의 두 재무제표로부터 유동자산이 총자산에서 차지하는 비중은 2019년에 19.0%에서 2020년에 19.7%로 증가했다는 사실을 알 수 있다. 유동부채는 동기간에 부채와 자기자본 총계의 16.1%에서 15.1%로 감소했다. 유사하게 자기자본 총계는 부채 및 자기자본 총계의 68.2%에서 72.1%로 증가했다.

전반적으로 유동부채 대비 유동자산으로 측정된 Prufrock사의 유동성은 그 해 동안 증가했다. 동시에 Prufrock사의 총자산에서 채무가 차지하는 비중은 줄어들었다. 따라서 대차대조표는 보다 '견실'해졌다고 결론 내릴 수 있다.

표 3.1

Prufrock사 2019년 및 2020년말 대차대조표(단위: $백만)		
자산	2019	2020
유동자산		
현금	$ 84	$ 98
매출채권	165	188
재고자산	393	422
계	$ 642	$ 708
고정자산		
순 설비와 장비	$2,731	$2,880
자산 총계	$3,373	$3,588
부채 및 자기자본		
유동부채		
매입채무	$ 312	$ 344
지급어음	231	196

(계속)

계	$ 543	$ 540
장기부채	$ 531	$ 460
자기자본		
보통주와 자본잉여금	$ 500	$ 520
이익잉여금	1,799	2,068
계	$ 2,299	$ 2,588
부채 및 자기자본 총계	$ 3,373	$ 3,588

표 3.2

Prufrock사 2019년 및 2020년말 공통형 대차대조표

자산	2019	2020	변동
유동자산			
현금	2.5%	2.7%	+0.2%
매출채권	4.9	5.2	+0.3
재고자산	11.7	11.8	+0.1
계	19.0	19.7	+0.7
고정자산			
순 설비와 장비	81.0	80.3	-0.7
자산 총계	100.0%	100.0%	0.0%
부채 및 자기자본			
유동부채			
매입채무	9.2%	9.6%	+0.3%
지급어음	6.8	5.5	-1.4
계	16.1	15.1	-1.0
장기부채	15.7	12.8	-2.9
자기자본			
보통주와 자본잉여금	14.8	14.5	-0.3
이익잉여금	53.3	57.6	+4.3
계	68.2	72.1	+4.0
부채 및 자기자본 총계	100.0%	100.0%	0.0%

표 3.3

수익의 측정

투자자와 애널리스트들은 한 회사가 얼마나 성과를 거두었는지를 파악하기 위해 손익계산서를 자세히 들여다 본다. 이들이 흔히 사용하는 몇몇 이익의 개념을 다음에 소개하여 놓았다.

당기순이익	소위 '손익계산서의 맨 아랫줄'이라고도 불리기도 하며 총매출에서 총비용을 차감한 금액에 해당한다. Prufrock사의 마지막 회계연도 당기순이익은 $3억 6,300만이다. 당기순이익은 기업의 영업이익뿐만 아니라 부채비율과 법인세에 의해서도 영향을 받는다. 당기순이익을 계산할 때 영업이익에서 이자비용과 법인세를 차감하면 당기순이익이 되기 때문이다. 주주들은 이 당기순이익에 각별한 관심을 갖는다. 왜냐하면 당기순이익이 배당금과 내부유보로 나뉘기 때문이다.
주당순이익 (EPS)	당기순이익을 발행주식수로 나누면 주당순이익이 된다. Prufrock사의 경우 EPS는 $12.67(= $418/33)이다.
EBIT	이자 및 법인세 차감 전 이익인 EBIT는 손익계산서상 '영업활동에서 발생한 이익'이라고 부를 수 있으며 또한 특별손익이나 중단사업손익 등이 반영되기 전의 수익이라고 할 수 있다. EBIT를 계산하기 위해서는 계속 사업에서 발생한 매출에서 비용을 차감한다. 재무분석가들은 EBI를 자주 사용하는데, 그 이유는 EBIT가 법인세와 부채비율(즉 이자비용)에 의해 영향을 받지 않기 때문이다. Prufrock사의 경우 EBIT는 $6억9,100만이다.
EBITDA	이자, 법인세, 유형자산감가상각 및 무형자산감가상각 차감 전 이익이라고 할 수 있으며 결국 EBITDA = EBIT + 감가상각으로 정의된다. 무형자산감가상각은 기계 등의 유형자산감가상각과 같이 현금유출이 없는 비현금항목이며 특허권과 같은 무형자산이 상각될 때 발생한다(무형자산감가상각은 부채의 상환을 말하는 것은 아니다). Prufrock사의 경우 무형자산감가상각은 없다. 따라서 Profrock의 EBITDA는 $691 + $276 = $967 백만가 된다.

(계속)

EBITDA	EBITDA는 두 가지 비현금항목을 EBIT에 추가함으로써 EBIT보다 좀더 정확하게 세전 영업 현금흐름을 측정한다.

이들 세 가지 수익의 측정치들이 사용될 때는 흔히 앞에 LTM(last twelve months)라는 표시가 붙는다. 이는 지난 12개월 동안에 발생한 수익이라는 뜻이다. 가령 LTM EPS라고 표시되어 있으면 지난 12개월 동안 발생한 순이익으로 계산된 EPS라는 뜻이고 LTM EBITDA라고 표시되어 있으면 지난 12개월 동안 발생한 EBITDA라는 뜻이다. 간혹 TTM(trailing twelve months)라는 표시가 붙을 때도 있는데 LTM과 같은 뜻으로 사용된다.

공통형 손익계산서

표 3. 3은 흔히 사용되는 이익의 정의를 보여준다. 표 3. 4에 있는 손익계산서를 표준화하는 유용한 방법은 표 3. 5에서처럼 각 항목을 총매출액 대비 비율로 표시하는 것이다.

표 3. 4

Prufrock사 2020년 손익계산서(단위: $백만)		
매출액		$ 2,311
매출원가		1,344
감가상각비		276
이자 및 법인세 차감 전 이익		$ 691
지급이자		141
법인세 차감 전 이익		$ 550
세금(24%)		132
순이익		$ 418
배당금	$ 149	
이익잉여금의 증가	269	

표 3. 5

Prufrock사 2020년 공통형 손익계산서		
매출액		100.0%
매출원가		58.2
감가상각비		11.9
이자 및 법인세 차감 전 이익		29.9
지급이자		6.1
법인세 차감 전 이익		23.8
세금(24%)		5.7
순이익		18.1%
배당금	6.4%	
이익잉여금의 증가	11.6	

이 손익계산서는 매출액 $1당 각 항목이 차지하는 비율을 보여준다. Prufrock사의 경우 매출액 $1에서 이자비용으로 ₵6.1, 세금으로 ₵5.7가 지급되었다. 마지막 줄에는 매출액 $1당 순이익은 ₵18.1 이며, 이 중 ₵6.4는 배당금으로 지급되고 나머지 ₵11.6는 사내에 유보되었음을 나타낸다.

이들 비율은 비교를 위해 매우 유용하다. 예를 들면 비용이 차지하는 비율이 가장 그러하다. Prufrock사에서 매출액 $1당 ₵58.2가 매출원가에 해당한다. Prufrock사가 비용을 얼마나 잘 통제하는지를 알기 위해 Prufrock사의 주요 경쟁 기업들에 대해서도 같은 비율을 계산해 볼 필요가 있다.

3.2 비율분석

규모가 다른 기업들을 비교하는 데 발생하는 문제점들을 피하기 위한 또 다른 방법은 **재무비율(financial ratio)**을 계산해서 비교하는 것이다. 이들 비율을 이용하면 다른 재무정보들 사이의 관계를 비교하고 조사할 수 있다. 이 장에서는 보다 보편적인 비율들을 다루지만 다른 비율들도 많이 있다.

ExcelMaster coverage online
www.mhhe.com/RossCore6e

비율들과 관련된 하나의 문제점은 사람들마다 이용하는 자료의 원천이 다르기 때문에 비율을 계산하는 방법이 종종 달라서 많은 혼란을 야기할 수 있다는 것이다. 이 장에서 사용하게 될 구체적인 정의들은 다른 곳에서 보아왔던 정의들과 다를 수 있다. 만약 분석의 도구로서 비율들을 사용하고 있다면 각 비율이 어떻게 계산되었는지를 주의깊게 기록해 둘 필요가 있다. 또한 이들 수치를 다른 원천으로부터의 수치들과 비교하기 위해서는 다른 수치들이 어떻게 계산되었는지를 확실하게 알아야 한다.

비율들이 어떻게 사용되고 그들을 사용하는 데 어떤 문제점들이 발생하는가에 대한 논의는 가급적 이 장의 후반부로 미루고, 지금은 다음 질문들을 염두에 두면서 각각의 비율을 논의하기로 하자.

1. 비율이 어떻게 계산되는가?
2. 비율은 무엇을 측정하기 위함인가? 왜 이들에 관심을 가지는가?
3. 측정단위는 무엇인가?
4. 비율이 높거나 낮다는 것은 무엇을 말하는가? 이들을 잘못 해석하면 어떤 오류를 범할 수 있는가?
5. 이러한 척도는 어떻게 개선될 수 있는가?

www.reuters.com/finance/stocks 으로 가서 'finance'에 링크하여 여러 기업들의 비율을 살펴보라.

재무비율들은 전통적으로 다음과 같은 종류로 나누어진다.

1. 단기지급능력 또는 유동성을 나타내는 비율
2. 장기지급능력 또는 재무레버리지를 나타내는 비율
3. 자산관리 또는 회전율을 나타내는 비율
4. 수익성 비율
5. 시장가치 비율

이제부터 이 비율들을 차례로 살펴볼 것이며, Prufrock사에 대해 이들을 계산하는 데 있어 특별히 다른 언급이 없는 한 2020년말 대차대조표를 사용하게 될 것이다.

단기지급능력 또는 유동성 척도

이름에서 알 수 있듯이 단기지급능력 비율은 기업의 유동성에 대한 정보를 제공하며 가끔 **유동성 척도(liquidity measure)**로 불린다. 이들 비율은 과도한 스트레스를 받지 않고 단기채무를 상환할 수 있는 기업의 능력과 주로 관계되며, 결과적으로 유동자산과 유동부채에 초점을 둔다.

이들 비율은 분명히 단기 채권자들에게 관심의 대상이 될 것이다. 재무관리자들은 항상

은행을 비롯한 여러 단기채권자들과 함께 일을 하므로 이들 비율을 필수적으로 이해해야 한다.

유동자산과 유동부채를 살펴보는 이점 중 하나는 이들의 장부가치와 시장가치가 아마 유사할 것이라는 데 있다. 만약 기업이 동일한 자산과 부채를 오랫동안 보유한다면 이들의 장부가치와 시장가치는 나중에 큰 차이를 보이겠지만, 대부분 새로운 자산과 부채로 대체되기 때문에 그 차이는 그렇게 크지 않다. 반면에 유사현금(near-cash)과 같은 유동자산과 유동부채는 꽤 빠르게 변동할 수 있으므로 이들의 현재 수치는 미래 수치의 신뢰성 있는 길잡이가 되지 못할 수 있다.

유동비율 가장 잘 알려지고 널리 사용되는 비율들 중의 하나가 **유동비율**(current ratio)이다. 그 이름에서 추측할 수 있듯이 유동비율은 다음과 같이 정의된다.

$$\text{유동비율} = \frac{\text{유동자산}}{\text{유동부채}} \qquad [3.1]$$

Prufrock사의 2020년 유동비율은 다음과 같다.

$$\text{유동비율} = \frac{\$708}{\$540} = 1.31\text{배}$$

유동자산과 유동부채는 원칙적으로 향후 12개월 이내에 현금화되기 때문에 유동비율은 단기유동성의 측정치이다. 측정단위는 금액 또는 배수이다. 따라서 Prufrock사는 유동부채 $1당 유동자산 $1.31를 보유하고 있다고 말하거나 유동부채를 1.31배 감당한다고 말할 수 있다. 채권자 특히 공급자와 같은 단기채권자에게는 유동비율이 높을수록 좋다. 기업에게 높은 유동비율은 유동성을 나타내지만 현금을 비롯한 유동자산의 비효율적 사용을 의미할 수도 있다. 아주 특별한 상황을 제외하면 유동비율은 최소한 1이 될 것으로 기대한다. 왜냐하면 유동비율이 1보다 낮으면 순운전자본(유동자산 − 유동부채)이 음(−)이 된다는 것을 의미하며 이는 대부분의 건실한 기업에게 통상적으로 발생하지 않기 때문이다.

다른 비율들과 마찬가지로 유동비율도 다양한 유형의 거래에 의해 영향을 받는다. 예를 들면 기업이 자금을 장기로 조달한다고 가정하자. 단기효과는 조달자금으로부터 현금의 증가와 장기부채의 증가가 될 것이다. 유동부채는 영향을 받지 않으므로 유동비율은 오를 것이다.

예제 3.1

유동비율

어떤 기업이 일부 공급자와 단기채권자에게 채무를 상환한다고 가정하자. 유동비율은 어떻게 되겠는가? 어떤 기업이 재고자산을 매입한다고 가정하자. 이 경우에는 어떻게 되겠는가? 어떤 기업이 제품을 판매한다면 어떻게 되겠는가?

첫 번째 경우는 까다로운 질문이다. 대답은 유동비율이 1로부터 벗어나게 된다는 것이다. 유동비율이 1보다 크면(통상적인 경우) 그 비율은 더 커질 것이다. 그러나 유동비율이 1보다 작으면 그 비율은 더 작아진다. 이를 보기 위해 이 기업의 유동자산이 $4이고 유동부채가 $2여서 유동비율이 2라고 가정하자. 유동부채를 줄이기 위해 현금 $1를 사용한다면 새로운 유동비율은 ($4 - 1)/($2 - 1) = 3이 될 것이다.

반대로 기업의 유동자산이 $2이고 유동부채가 $4라면 채무상환으로 인하여 유동비율은 1/2로부터 1/3로

(계속)

떨어질 것이다.

두 번째 경우는 아주 까다롭지는 않다. 재고자산이 증가하는 반면에 현금이 감소하기 때문에 유동자산 총계는 영향을 받지 않으며 따라서 유동비율도 변화하지 않는다.

세 번째 경우에서 재고자산은 통상적으로 원가로 표시되고 매출액은 통상적으로 원가보다 더 높게 나타나기 때문에 유동비율은 보통 오를 것이다. 즉 현금이나 매출채권의 증가는 재고자산의 감소보다 더 크므로 유동자산이 증가하게 되어 유동비율은 오르게 된다.

마지막으로 차입여력이 충분한 기업에 대해서는 외견상 유동비율이 낮다고 해서 항상 나쁜 것은 아니라는 점에 유의할 필요가 있다.

당좌(또는 산성)비율 재고자산은 종종 유동성이 가장 낮은 유동자산으로 분류된다. 또한 재고자산의 질이 고려되어 있지 않기 때문에 그 장부가치를 시장가치로 보기에는 신뢰성이 떨어지는 유동자산이다. 일부 재고자산은 나중에 손상되어 못쓰게 되거나 분실된 것으로 판명날 수도 있다.

요점은 비교적 큰 규모의 재고자산을 보유하는 것은 종종 단기적 곤란의 신호가 된다는 것이다. 기업은 매출액을 과다하게 추정했을 경우 과대구입이나 과대생산에 이를 수 있다. 이 경우 기업의 유동성은 현금흐름이 더딘 재고자산에 묶일 수 있다.

당좌비율(quick ratio) 또는 산성비율(acid-test ratio)은 유동성을 좀더 자세히 평가하기 위해 사용되며 재고자산이 빠진다는 점을 제외하고 유동비율과 똑같이 계산된다.

$$\text{당좌비율} = \frac{\text{유동자산 - 재고자산}}{\text{유동부채}} \qquad [3.2]$$

현금으로 재고자산을 구입하면 유동비율은 변하지 않지만 당좌비율은 감소하게 된다. 이 역시 재고자산이 현금과 비교해서 상대적으로 유동성이 떨어진다는 데 기인한다. Prufrock사의 2020년 당좌비율은 다음과 같다.

$$\text{당좌비율} = \frac{\$708 - 422}{\$540} = 0.53\text{배}$$

여기서 당좌비율은 유동비율과 그 값이 다소 다르다는 것을 알 수 있다. 왜냐하면 Prufrock사의 경우 재고자산이 유동자산의 반 이상을 차지하기 때문이다. 다소 과장하여 만약 이 재고자산이 팔리지 않은 핵발전소들로 구성되어 있다면 이는 걱정의 원인이 될 것이다.

최근 재무제표에 의거한 유동비율과 당좌비율의 예를 들어보도록 하자. Walmart사와 Manpower사의 유동비율이 각각 0.85과 1.39라고 하자. 그러나 Manpower사는 특별히 눈에 띄는 재고자산을 보유하고 있지 않은 반면에 Walmart사의 유동자산은 사실상 모두 재고자산이다. 따라서 Walmart사의 당좌비율은 단지 0.22이며, Manpower사의 당좌비율은 1.39로 유동비율과 같다.

현금비율 단기채권자는 현금비율에 관심이 있을 수 있다.

$$\text{현금비율} = \frac{\text{현금}}{\text{유동부채}} \quad [3.3]$$

Prufrock사의 경우 이 비율이 0.18이라는 것을 확인할 수 있다.

장기지급능력 척도

장기지급능력(long-term solvency) 비율은 기업의 장기적 의무를 만족시킬 수 있는 능력 또는 더 일반적으로는 재무레버리지를 말한다. 이들 비율은 가끔 **재무레버리지 비율**(financial leverage ratio) 또는 간단하게 **레버리지 비율**(leverage ratio)이라고 부른다. 여기서는 보편적으로 사용되는 세 가지 척도와 그 변형을 살펴보기로 하자.

총부채비율 총부채비율(total debt ratio)은 모든 채권자들에게 지불해야 하는 모든 만기의 부채를 고려한다. 이 비율은 여러 방법으로 정의될 수 있으나, 그 중 가장 간단한 방법은 다음과 같다.

$$\text{총부채비율} = \frac{\text{총자산} - \text{총자기자본}}{\text{총자산}} \quad [3.4]$$

$$= \frac{\$3,588 - 2,588}{\$3,588} = 0.28\text{배}$$

온라인 Women's Business Center는 www.sba.gov/content/womens-business-resources에서 재무제표, 재무비율, 소규모 사업 관련 주제 등에 관한 정보를 제공한다.

이 경우에 분석가는 Prufrock사의 부채는 28%라고 말할 수 있다.[1] 이 수치가 높은지 낮은지 또는 심지어 중요한지 아닌지에 대한 판단은 추후 다른 장에서 논의하게 될 주제인 자본구조가 중요한지 아닌지에 달려 있다.

Prufrock사는 자산 $1당 ₵28의 부채를 보유하고 있다. 그러므로 부채 ₵28당 자기자본은 ₵72($1 − 0.28)이다. 이를 염두에 두면서 총부채비율에 대한 두 가지 유용한 변형인 부채비율(debt-equity ratio)과 자기자본승수(equity multiplier)를 다음과 같이 정의할 수 있다.

$$\text{부채비율} = \text{총부채} / \text{총자기자본} \quad [3.5]$$
$$= \$0.28 / \$0.72 = 0.39\text{배}$$

$$\text{자기자본승수} = \text{총자산} / \text{총자기자본} \quad [3.6]$$
$$= \$1 / \$0.72 = 1.39\text{배}$$

자기자본승수가 1 + 부채비율이라는 사실은 우연이 아니다.

$$\text{자기자본승수} = \text{총자산} / \text{총자기자본} = \$1/\$0.72 = 1.39\text{배}$$
$$= (\text{총자기자본} + \text{총부채}) / \text{총자기자본}$$
$$= 1 + \text{부채비율} = 1.39\text{배}$$

한 가지 주목해야 할 사항은 이들 세 비율 중 한 비율만 알면 다른 두 비율을 바로 계산할 수 있으므로 이들이 사실상 같은 의미를 지닌다는 점이다.

1 자기자본 총계는 우선주가 있다면 이를 포함한다. 이 비율의 분자는 유동부채와 장기부채의 합과 같다.

이자보상배율 장기지급능력을 측정하는 또 다른 유용한 척도는 **이자보상배율**(times interest earned ratio)이다. 이 비율도 여러 방법으로 정의할 수 있지만 가장 전통적인 정의는 다음과 같다.

$$\text{이자보상배율} = \frac{\text{EBIT}}{\text{이자비용}} = \frac{\$691}{\$141} = 4.90\text{배} \qquad [3.7]$$

이름에서 알 수 있듯이 이 비율은 기업이 이자를 얼마나 잘 보상할 수 있는지를 측정하며, 종종 **이자보상비율**(interest coverage ratio)이라고도 불린다. Prufrock사의 경우 이자의 4.9배를 감당할 수 있다.

현금보상비율 이자보상배율의 문제점은 이자 지급을 위해 실제로 이용 가능한 현금의 측정치가 아닌 EBIT에 근거하고 있다는 것이다. EBIT에는 비현금성 비용인 감가상각비가 제외되어 있기 때문이다. 따라서 이자는 분명히 현금유출이므로 **현금보상비율**(cash coverage ratio)을 다음과 같이 정의할 수 있다.

$$\text{현금보상비율} = \frac{\text{EBIT} + \text{유형자산 및 무형자산감가상각비}}{\text{이자비용}} = \frac{\$691 + 276}{\$141} = \frac{\$967}{\$141} = 6.86\text{배} \qquad [3.8]$$

여기서 분자(EBIT + 감가상각비)는 종종 EBITDA(earnings before interest, taxes, depreciation and amortization: 이자, 법인세 및 감가상각비 차감 전 이익)로 약칭된다. 이 비율은 영업으로부터 현금을 창출할 수 있는 기업의 능력에 대한 기본적 측정치로, 재무적 의무를 충족시키기 위해 이용 가능한 현금흐름이 얼마나 되는지를 측정한다.

최근에 와서는 장기지급능력이 기업을 분석할 때 점점 더 많이 사용되고 있고 채권을 발행할 때도 채무자의 의무조항 중 하나로 자주 나타난다. 이때는 EBITDA와 이자부부채(interest-bearing debt)가 사용되는데 Prufrock의 예를 들자면 다음과 같다.

$$\frac{\text{이자부부채}}{\text{EBITDA}} = \frac{\$196\text{백만} + 460\text{백만}}{\$967\text{백만}} = 0.68\text{배}$$

여기서 우리는 지급어음과 장기부채를 분자로 사용하고 EBITDA를 분모로 사용하였다. 이렇게 계산한 비율이 1 이하이면 지급능력이 매우 강하다고 보고 5 이상이면 상당히 약한 것으로 판단할 수 있다. 그러나 다른 비슷한 회사와 이 비율을 비교할 때는 조심해서 해석을 해야 하는 것도 사실이다.

자산관리 또는 회전율 척도

이제 Prufrock사가 자산을 효율적으로 이용하는지를 살펴보자. 이를 측정하는 **자산활용비율**(asset utilization ratio)이라고 불리기도 한다. 여기서 논의하는 비율은 모두 회전율(turnover)의 척도로서도 해석될 수 있으며 기업이 매출을 창출하기 위해 자산을 얼마나 효율적으로 또는 집중적으로 사용하는지를 보여준다. 먼저 두 가지 중요한 유동자산인 재고자산과 매출채권에 대해 살펴보자.

재고자산회전율과 재고일수 Prufrock사의 당해연도 매출원가는 $1,344이다. 연도말 재고자산은 $422이다. 이들 수치를 이용하여 **재고자산회전율**(inventory turnover)을 다음과 같이 계산할 수 있다.

$$\text{재고자산회전율} = \frac{\text{매출원가}}{\text{재고자산} } \tag{3. 9}$$

$$= \frac{\$1{,}344}{\$422} = 3.18\text{배}$$

이는 기업이 모든 재고자산을 3.18회 팔았거나 회전시켰다고 해석할 수 있다. 재고가 소진되어 판매를 포기하지 않는 한, 이 비율이 높을수록 기업이 재고자산을 보다 효율적으로 관리했음을 의미한다.

기업이 당해 연도 재고자산을 3.18회 회전시켰다는 것을 안다면 재고자산을 한 번 회전시키는 데 평균적으로 얼마나 걸리는지를 바로 계산해 낼 수 있다. 이를 **평균 재고일수**(days's ales in inventory)라고 한다.

$$\text{재고일수} = \frac{365\text{일}}{\text{재고자산회전율}} \tag{3. 10}$$

$$= \frac{365}{3.18} = 114.61\text{일}$$

이는 대충 말하면 재고자산을 한 번 모두 판매하는 데 평균적으로 115일이 소요된다는 것을 알려준다. 또는 재고자산과 매출원가의 가장 최근 수치들을 바탕으로 계산하면 현재의 재고자산을 모두 처분하는 데 115일이 걸린다는 것을 의미한다.

예를 들면 2018년 12월에 Mercedes-Benz USA는 51일분의 차량이 재고로 쌓여있었는데, 이는 업종평균 재고일수인 60일보다 적은 것이었다. 즉 당시 Mercedes-Benz USA의 하루 판매량으로 볼 때 재고를 소진하는 데 51일이 걸린다는 말이다. 당시 Subaru는 재고일수가 29일이었고 Mitsubishi America's는 119일이었다. 물론 이러한 분석은 모델별로 할 수도 있다. 가령 Honda의 경우 CR-V는 재고일수가 56일에 불과하지만, Accord는 113일이나 된다. 모델별로 봤을 때 아주 심한 경우로 Buick Cascada를 들 수 있는데, 재고일수가 206일에 이른다.

매출채권회전율과 매출채권일수 재고자산 척도는 기업이 얼마나 빨리 생산품을 팔 수 있는지에 대한 지표를 제공한다. 이제 매출채권을 얼마나 빨리 회수하는지를 살펴보자. **매출채권회전율**(receivables turnover)은 재고자산회전율과 유사한 방법으로 다음과 같이 정의된다.

$$\text{매출채권회전율} = \frac{\text{매출액}}{\text{매출채권}} \tag{3. 11}$$

$$= \frac{\$2{,}311}{\$188} = 12.29\text{배}$$

대략적으로 말하면 당해연도에 12.29번 매출채권을 회수하였다.[2]

이 비율은 다음과 같이 **매출채권일수**(days's ales in receivable)로 변환하면 이해가 더 수월하다.

$$\text{매출채권일수} = \frac{365\text{일}}{\text{매출채권회전율}} \qquad [3.12]$$

$$= \frac{365}{12.29} = 29.69\text{일}$$

따라서 평균적으로 우리는 매출채권을 회수하는 데 대략 30일이 걸린다는 말이다. 이런 이유로 매출채권일수는 **평균회수기간**(average collection period: ACP)이라고도 불린다. 또한 위의 예를 사용하자면, 매출채권일수가 30일이라는 것은 30일분의 미회수 매출이 있다는 뜻이기도 하다.

예제 3.2

매입채무회전율

매출채권일수에 대한 한 변형이 있다. Prufrock사가 단기채무를 지급하는 데 평균적으로 얼마나 걸리는가? 이를 대답하기 위해 매출원가를 사용하여 매입채무회전율(payables turnover)을 계산할 필요가 있다. Prufrock사가 모든 구매를 신용으로 한다고 가정한다.

매출원가는 $1,344이며 매입채무는 $344이다. 그러므로 회전율은 3.91회(= $1,344/$344)이며 매입채무는 대략 93.42일(= 365/3.91)마다 모두 현금으로 지급되었다. 따라서 Prufrock사는 단기채무를 지급하는 데 평균적으로 93일이 걸린다. Prufrock사의 잠재적인 채권자들은 이 수치에 주목할 것이다.

총자산회전율 재고자산이나 매출채권과 같은 특정 계정과는 달리 큰 그림을 보여주는 중요한 비율인 **총자산회전율**(total asset turnover)을 생각해 볼 수 있다. 이름에서 알 수 있듯이 총자산회전율은 다음과 같이 계산된다.

$$\text{총자산회전율} = \frac{\text{매출액}}{\text{총자산}} \qquad [3.13]$$

$$= \frac{\$2,311}{\$3,588} = 0.64\text{배}$$

다시 말하면 Prufruck사는 자산 $1당 ¢64의 매출을 창출했다고 볼 수 있다.

수익성 척도

여기서 논의되는 세 가지 척도는 모든 재무비율들 중에서 가장 잘 알려지고 가장 널리 사용된다. 이들 비율은 기업이 자산을 얼마나 효율적으로 사용하며 영업을 얼마나 효율적으로 관리하는지를 측정한다. 수익성 비율은 손익계산서의 마지막 줄에 있는 순이익에 초점을 둔다.

2 여기서 모든 매출은 신용매출이라고 암묵적으로 가정한다. 그렇지 않다면 매출액 대신에 신용매출액을 사용하여 계산해야 한다.

예제 3.3

총자산회전율

어느 기업이 총자산 $1당 ¢40의 매출을 창출한다고 가정하자. 이 기업이 총자산을 한 번 회전시키는 데 걸리는 시간은 얼마인가?

여기서 총자산회전율은 매년 0.40회이다. 따라서 자산을 완전히 회전시키는 데는 2.5년(= 1/0.40)이 걸린다(여기서 2.5는 흔히 **자본집약도**라고도 불린다).

매출액이익률(또는 매출마진) 기업들은 매출액이익률(profit margin)에 큰 관심을 가진다.

$$\text{매출액이익률} = \frac{\text{당기순이익}}{\text{매출}} \qquad [3.14]$$

$$= \frac{\$418}{\$2,311} = 0.1809 \text{ 또는 } 18.09\%$$

이는 Prufrock사가 회계적 의미에서 매출액 $1당 ¢18보다 약간 큰 이익을 창출한다는 것을 말해준다.

EBITDA 이익률(또는 EBITDA 마진) 또 하나 자주 사용되는 이익률은 EBITDA 이익률이다. 앞서 말했듯이 EBIDTA는 세전영업현금흐름을 일컫는다. 이는 EBIT에다 감가상각비 등비현금항목을 더하여 구한다. 따라서 EBITDA 이익률은 영업현금흐름에 더욱 가깝고 매출액이익률과는 달리 부채비율이나 법인세의 영향을 받지 않는다. Prufrock의 예를 가지고 계산하면 다음과 같다.

$$\frac{\text{EBITDA}}{\text{매출액}} = \frac{\$967\text{백만}}{\$2,311\text{백만}} = 0.4184 \text{ 또는 } 41.84\%$$

모든 다른 조건이 일정하다면 상대적으로 높은 마진(매출이익률 또는 EBITDA 이익률)은 분명히 바람직하다. 이 상황은 매출액 대비 비용의 비율이 낮다면 가능하다. 하지만 다른 조건은 일정하지 않을 경우가 많다.

예를 들어 판매가를 낮추면 판매량은 보통 증가하지만 마진은 통상적으로 줄어든다. 그러나 총이익(또는 영업현금흐름)은 증가할 수도 있고 감소할 수도 있으므로, 낮은 이익률이 반드시 나쁘다는 것은 아니다. 결국 '가격이 너무 낮아서 판매할 때마다 손해를 보지만 판매량으로 보상한다'는 말이 과연 가능한가?[3]

마진은 산업에 따라 큰 차이가 난다. 예를 들면 식료품업의 매출액이익률은 일반적으로 대략 2%로 매우 낮다. 반면에 제약업의 매출액이익률은 약 18%이다. 따라서 최근 Kroger의 매출액이익률은 1.6%에 불과한데 AbbView의 매출액이익률은 18.7%를 기록한 것은 놀라운 일이 아니다.

총자산이익률 총자산이익률(return on asset: ROA)은 자산 $1당 이익을 측정한다. 이 비율은

3 가능하지 않다.

여러 방법으로 정의할 수 있지만 가장 보편적인 방법은 다음과 같다.[4]

$$총자산이익률(ROA) = \frac{당기순이익}{총자산} \tag{3.15}$$

$$= \frac{\$418}{\$3,588} = 0.1165 \text{ 또는 } 11.65\%$$

자기자본이익률 자기자본이익률(return on equity: ROE)은 당해연도 주주들이 얼마나 잘 보상받았는지를 측정한다. 주주들에게 이익을 주는 것이 기업의 목표이기 때문에 ROE는 회계적 의미에서 진정한 성과 측정치이다. ROE는 보통 다음과 같이 측정한다.

$$자기자본이익률(ROE) = \frac{당기순이익}{총자기자본} \tag{3.16}$$

$$= \frac{\$418}{\$2,588} = 0.1615 \text{ 또는 } 16.15\%$$

따라서 Prufrock 사는 자기자본 $1당 ¢16의 이익을 창출했지만, 이는 어디까지나 회계 용어로 그렇다는 것이다.

흔히 인용되는 비율인 ROA와 ROE를 회계적 수익률이라고 기억하는 것이 중요하다. 따라서 이들 측정치를 장부상의 **총자산이익률**(return on book asset)과 장부상의 **자기자본이익률**(return on book equity)로 부르는 것이 적절하다.

ROE가 ROA보다 높다는 사실은 Prufrock사가 재무레버리지를 사용하고 있음을 반영한다. 이 두 비율 간의 관계에 대해 곧 자세히 살펴볼 것이다.

시장가치 척도

마지막 종류의 척도는 부분적으로는 재무제표에 나타나 있지 않은 정보, 즉 주식의 시장가치에 근거한다. 따라서 이들 척도는 당연히 공개기업들의 경우에서만 직접 계산될 수 있다.

Prufrock사의 발행주식수는 3,300만주, 연도말 주가는 $88라고 가정하자. Prufrock사의 순이익이 $418 백만였으므로, 주당순이익(earnings per share: EPS)은 다음과 같이 계산할 수 있다.

$$EPS = \frac{당기순이익}{발행주식수} = \frac{\$363}{33} = \$12.67 \tag{3.17}$$

주가이익비율 첫 번째 시장가치 척도는 주가이익비율(price-earnings ratio: PER) 또는 주당순이익(PE ratio)이며 다음과 같이 정의된다.

$$주가이익비율(PER) = \frac{주가}{주당순이익} = \frac{\$88}{\$12.67} = 6.95배 \tag{3.18}$$

4 가령 부채비율(즉 이자비용)과 법인세에 대해 영향을 받지 않는 총자산이익률을 구하려 할 때는 Prufrock사의 경우 다음과 같은 비율을 구할 수 있다.

$$\frac{EBIT}{총자산} = \frac{\$691}{\$3,588} = 0.1926 \text{ 또는 } 19.26\%$$

이 값의 해석은 아주 명료하다. 만약 Prufrock사의 차입이자율이 19.3%보다 낮다면 Prufrock사는 채권자에게 차입금을 상환하는 것보다는 사업에 투자하는 것이 주주에게 더 이익을 가져온다는 뜻이다. 왜냐하면 이자를 지급하고도 남은 돈은 결국 주주의 몫(법인세 차감 후)이기 때문이다.

금융가의 표현을 빌리면 Prufrock사의 주식은 이익의 6.95배로 '팔린다'고 하거나 Prufrock사의 PER은 6.95라고 말할 수 있다.

주가이익비율은 투자자가 현재이익 $1에 대해 얼마나 많이 지불하려 하는가를 측정하므로, 이 비율이 높을수록 기업의 미래성장에 대한 전망이 높다는 것으로 여겨진다. 물론 기업이 이익을 전혀 내지 못하거나 거의 내지 못한다면, 주가이익비율은 아마 아주 높을 것이다. 따라서 이 비율을 해석할 때는 항상 주의가 요구된다.

시장가치–장부가치 비율 두 번째로 흔히 언급되는 척도는 시장가치–장부가치 비율(market-to-book ratio)이다.

$$\text{시장가치-장부가치 비율} = \frac{\text{주당 시장가치}}{\text{주당 장부가치}} \quad [3.19]$$

$$= \frac{\$88}{\$2{,}588/33} = \frac{\$88}{\$78.42} = 1.12\text{배}$$

주당 장부가치는 총자기자본(보통주는 그 일부에 불과함)을 발행주식수로 나눈 것이다.

주당 장부가치는 회계적 수치이기 때문에 역사적 원가를 반영한다. 따라서 시장가치–장부가치 비율은 기업이 행한 투자의 시장가치를 원가와 대략적으로 비교한다. 이 비율이 1보다 낮다는 것은 기업이 주주를 위해 가치를 창출하는데 있어 전반적으로 성공적이지 못했음을 의미할 수 있다.

시가총액 상장기업의 시가총액(market capitalization)은 주가에 발행주식수를 곱하여 구한다. Prufrock사의 경우 이 값은 다음과 같다.

$$\text{주가} \times \text{발행주식수} = \$88 \times 3{,}300\text{만} = \$29\text{억}400\text{만}$$

이 숫자는 Prufrock사를 인수하려는 사람에게는 유용한 정보이다. 만약 Prufrock사의 지분을 100% 인수하여 경영권을 가져오려면 적어도 $2,940 백만를 지불해야 할 것이다.

기업가치 기업가치(enterprise value: EV)는 시가총액과 밀접한 관계가 있다. 자기자본의 시장가인 시가총액에 이자부부채의 시장가를 더하고 다시 현금을 차감하면서 구할 수 있다. 하지만 시가총액은 쉽게 구할 수 있어도 이자부부채의 시장가를 구하는 것은 쉬운 일이 아니다. 따라서 보통은 이자부부채의 장부가에서 현금을 차감한 금액을 대용치로 사용하게 된다. Prufrock사의 기업가치는 다음과 같다.

$$\text{기업가치(EV)} = \text{시가총액} + \text{이자부부채의 시장가} - \text{현금} \quad [3.20]$$

$$= \$2{,}904 + (\$196 + 460) - \$98 = \$34\text{억}6{,}200\text{만}$$

기업가치를 계산하는 목적은 한 기업의 지분은 물론 그 기업이 가지고 있는 이자부부채를 모두 인수하려 할 때 얼마나 소요되는지를 측정하려는데 있다. 현금을 차감해주는 이유도 만약 이 기업을 모두 인수하였다면 기업이 보유하고 있던 현금을 인수자가 부채의 상환이나 배당금을 지급하는 데 바로 사용할 수 있다는 점을 고려하기 위함이다.

기업가치승수 재무분석가가 단지 자기자본의 시장가치보다는 기업 전체의 시장가치를 평가하려 할 때 기업가치승수(enterprise value multiple: EV multiple)가 사용된다. 승수를 구할 때 적합한 분모는 EBITDA가 되어야 한다. 따라서 Prufrock사의 기업가치승수는 다음과 같다.

$$\text{기업가치승수} = \frac{\text{기업가치}}{\text{EBITDA}} = \frac{\$3,462}{\$967} = 3.58\text{배} \tag{3. 21}$$

이 기업가치승수는 부채비율, 법인세, 자본지출 등에서 차이가 나는 기업들을 서로 비교할 때 매우 유용하다. 왜냐하면 기업가치승수는 위의 요인들에 의해 영향을 받지 않기 때문이다.

PER의 경우와 같이 성장성이 높은 기업은 기업가치승수도 높을 것이라고 예상할 수 있다. 이것으로 흔히 사용되는 재무비율에 대한 정의를 마친다. 많은 비율이 더 있지만 지금 현재로는 이들만으로 충분하다. 이제 이들 비율을 계산하는 방법 대신에 사용하는 방법을 계속해서 논의할 것이다. 표 3. 6은 지금까지 논의한 비율들을 요약해 보여준다.

예제 3. 4

Atlantic사와 Pacific사

다음 Atlantic's Companies와 Pacific Depot의 2020년 자료를 고려하여(가격과 주당순이익을 제외하고 단위는 모두 10억) 질문에 답하라.

	Atlantic's사	The Pacific Depot사
매출액	$48.3	$ 77.3
EBIT	$ 4.8	$ 7.3
당기순이익	$ 2.8	$ 4.4
현금	$ 0.5	$ 0.5
감가상각	$ 1.5	$ 1.9
이자부부채	$ 6.7	$13.4
총자산	$30.9	$44.3
주식가격	$24	$27
발행주식수	1.5	1.7
자기자본	$16.1	$17.7
주당순이익	$ 1.87	$ 2.59

1. 두 기업에 대해 매출액이익률, ROE, 시가총액, 기업가치, 주가이익비율(PER), 그리고 기업가치승수(EV multiple)를 구하여라.

	Atlantic's Companies사	The Pacific Depot사
자기자본승수	$30.9/$16.1 = 1.9	$44.3/$17.7 = 2.5
총자산회전율	$48.3/$30.9 = 1.6	$77.3/$44.3 = 1.7
매출액이익률	$2.8/$48.3 = 5.8%	$4.4/$77.3 = 5.7%
ROE	$2.8/$16.1 = 17.4%	$4.4/$17.7 = 24.9%
시가총액	1.5 × $24 = $36억	1.7 × $27 = $45.9억
기업가치	(1.5 × $24) + 6.7 - 0.5 = $42.2억	(1.7 × $27) + 13.4 - 0.5 = $58.8억
PER	$24/$1.87 = 12.8	$27/$2.59 = 10.4

(계속)

EBITDA	$4.8 + 1.5 = $6.3	$7.3 + 1.9 = $9.2
기업가치승수	$42.2/$6.3 = 6.7	$58.8/$9.2 = 6.4

2. 재무적인 관점에서 이 두 회사를 어떻게 기술할 수 있는가? 두 기업은 비슷한 모습을 하고 있다. 2017년 Pacific Depot가 높은 ROE를 기록했지만 Atlantic's는 자기자본승수와 기업가치승수에서 약간 앞섰다. 두 회사 모두 승수는 산업평균에 비해 약간 낮으며 이는 이들 회사의 미래성장성에 의문을 갖게 한다.

표 3.6

흔히 사용되는 재무비율

I. 단기지급능력 또는 유동성 비율

$$유동비율 = \frac{유동자산}{유동부채}$$

$$당좌비율 = \frac{(유동자산 - 재고)}{유동부채}$$

$$현금비율 = \frac{현금}{유동부채}$$

$$매출채권일수 = \frac{365일}{매출채권회전율}$$

$$총자산회전율 = \frac{매출액}{총자산}$$

$$자본집약률 = \frac{총자산}{매출액}$$

II. 장기지급능력 또는 재무레버리지 비율

$$총부채비율 = \frac{(총자산 - 총자기자본)}{총자산}$$

$$부채자본비율 = \frac{총부채}{총자기자본}$$

$$자기자본승수 = \frac{총자산}{총자기자본}$$

$$이자보상배율 = \frac{EBIT}{이자비용}$$

$$현금보상배율 = \frac{EBITDA(= EBIT + 유형자산 및 무형자산감가상각비)}{이자비용}$$

IV. 수익성 비율

$$매출액이익률 = \frac{당기순이익}{매출}$$

$$총자산이익률(ROA) = \frac{당기순이익}{총자산}$$

$$자기자본이익률(ROE) = \frac{당기순이익}{총자기자본}$$

$$ROE = \frac{당기순이익}{매출액} \times \frac{매출액}{총자산} \times \frac{총자산}{총자기자본}$$

III. 자산활용 또는 회전율 비율

$$재고자산회전율 = \frac{매출원가}{재고자산}$$

$$재고일수 = \frac{365일}{재고자산회전율}$$

$$매출채권회전율 = \frac{매출액}{매출채권}$$

V. 시장가치 비율

$$주가이익비율(PER) = \frac{주가}{주당순이익}$$

$$시장가치-장부가치 비율(PBR) = \frac{주당 시장가치}{주당 장부가치}$$

$$기업가치승수 = \frac{기업가치}{EBITDA}$$

3.3 듀퐁항등식

ExcelMaster coverage online
www.mhhe.com/RossCore6e

ROA와 ROE를 논의하면서 언급했듯이 이들 수익성 척도의 차이는 부채사용 또는 재무레버리지의 반영 때문에 발생한다. 여기서는 이들 비율 사이의 관계를 설명하기 위해 ROE를 그 구성요소로 나누는 유명한 방법을 살펴본다.

ROE의 자세한 분석

먼저 자기자본이익률인 ROE의 정의를 상기해 보자.

$$ROE = \frac{당기순이익}{총자기자본}$$

양변에 자산/자산을 곱하여도 등호는 성립한다.

$$\text{ROE} = \frac{\text{당기순이익}}{\text{총자기자본}} = \frac{\text{당기순이익}}{\text{총자기자본}} \times \frac{\text{총자산}}{\text{총자산}}$$

$$= \frac{\text{당기순이익}}{\text{총자산}} \times \frac{\text{총자산}}{\text{총자기자본}}$$

ROE는 이제 ROA와 자기자본승수의 곱으로 표시되어 있다는 데 주목하자.

$$\text{ROE} = \text{ROA} \times \text{자기자본승수} = \text{ROA} \times (1 + \text{부채비율})$$

예를 들어 Prufrock사를 보면 부채비율은 0.39이며 ROA는 11.65%였다. 따라서 Prufrock사의 ROE는 다음과 같이 계산될 수 있으며, 이는 앞에서 계산한 수치와 같다.

$$\text{ROE} = 0.1165\% \times 1.39 = 0.1615 \text{ 또는 } 16.15\%$$

ROE와 ROA의 차이는 특정 업종에 있어서는 상당히 클 수 있다. 예를 들면 Bank of America의 ROA는 단지 0.82%이며 이는 은행업에서 꽤 전형적인 수치이다. 그러나 은행들은 많은 돈을 빌리곤 하기 때문에 자기자본승수가 상대적으로 높다. Bank of America에 있어서 ROE는 약 6.71%이며 이는 자기자본승수가 8.18임을 의미한다.

ROE는 분자와 분모에 매출액을 곱하여 다음과 같이 더 세분화될 수 있다.

$$\text{ROE} = \frac{\text{매출액}}{\text{매출액}} \times \frac{\text{당기순이익}}{\text{총자산}} \times \frac{\text{총자산}}{\text{당기순이익}}$$

상기 식을 약간 재배열하면 ROE는 다음과 같이 된다.

$$\text{ROE} = \underbrace{\frac{\text{당기순이익}}{\text{매출액}} \times \frac{\text{매출액}}{\text{총자산}}}_{\text{총자산순이익률}} \times \frac{\text{총자산}}{\text{총자기자본}} \quad [3.22]$$

$$= \text{매출액이익률} \times \text{총자산회전율} \times \text{자기자본승수}$$

여기서 ROA는 매출이익률과 총자산회전율이라는 두 구성요소로 세분화되었다. 이 마지막 공식은 이를 널리 보급시킨 DuPont사의 이름을 따서 **듀퐁항등식(DuPont identity)**이라 부른다.

Prufrock사의 매출이익률이 18.09%이고 총자산회전율이 0.64라는 점을 주목하면서 이러한 관계를 확인해 볼 수 있다. 따라서 ROE는 다음과 같이 되어야 한다.

$$\begin{aligned}\text{ROE} &= \text{매출액이익률} \times \text{총자산회전율} \times \text{자기자본승수} \\ &= 0.1809 \times 0.64 \times 1.39 \\ &= 0.1615 \text{ 또는 } 16.15\%\end{aligned}$$

이 16.15%의 ROE는 앞에서 계산한 수치와 똑같다.

듀퐁항등식은 ROE가 다음 세 가지에 의해 영향을 받는다는 것을 말해준다.

1. 영업의 효율성(매출이익률로 측정)

FINANCE MATTERS

재무비율 해석에 주의하라(WHAT'S IN A RATIO?)

재무분야의 잘 알려진 논평가인 Abraham Briloff는 "재무제표는 냄새는 맡을 수 있으나 삼켜서는 안 되는 섬세한 향수와 같다"는 유명한 말을 했다. 아마 지금쯤이면 알 수 있듯이 그 말의 초점은 재무제표로부터 찾아낸 정보와 그 정보로부터 계산된 비율과 성장률을 에누리해서 받아들여야 한다는 것이다.

예를 들면 2019년초에 클라우드 기술 회사인 GoDaddy의 PER은 88배였다. 따라서 보통 투자자들은 이 회사의 성장률이 높을 것이라고 기대하였을 것이며 실제로 애널리스트도 이 기업의 이듬해 이익성장률을 42%로 높게 추정했었다. 같은 시기에 Johnson & Johnson도 약 227에 달하는 높은 PER을 기록하고 있었지만 애널리스트는 이 기업의 이듬해 이익성장률은 겨우 7%로 예측하였다. 그렇다면 PER가 왜 이렇게 높았는가? 답은 PER 계산시 분모로 사용되는 Johnson & Johnson사의 이전 연도 당기순이익이 매우 낮았다는 데에 있다. 이는 PER을 사용할 때 왜 주의해야 하는지를 보여주는 예라고 할 수 있다.

Sears Holdings 예는 또 다른 문제를 말해준다. 2017년에 이 기업의 ROE를 계산했더라면 약 10%로 그리 나쁘지 않은 결과를 얻을 수 있었을 것이다. 이상한 것은 이 기업은 2017년에 $3억8,300만의 손실을 보고했다는 데 있다. 그런데도 ROE가 양수로 나온 것은 Sears Holdings의 자기자본이 장부상 −$37억를 기록하는 자본잠식 상태에 있었기 때문이다. 물론 Sears Holdings의 시장가-장부가 비율과 PER 은 모두 음(−)의 값을 갖는다. 그렇다면 음(−)의 PER을 또 어떻게 해석하겠는가? 해석하기 매우 곤란하다. 자기자본의 장부가치가 음(−)이라는 것은 기업의 손실이 매우 커서 장부가치가 사라진 것으로 볼 수 있다. 따라서 이런 경우에 ROE PER 시장가-장부가 비율 등은 의미가 없기 때문에 종종 보고되지 않는다. 당연히 Sears Holdings가 이로 인해 2018년 부도를 선언하였다.

자기자본의 장부가치가 양(+)의 값일지라도 여전히 주의해야 한다. 예를 들면 2018년말에 Clorox사의 시장가-장부가비율은 약 29였다. 시장가−장부가비율은 기업이 주주를 위해 창출한 가치를 측정하기 때문에 이는 Clorox사에 대한 좋은 신호인 듯 보였다. 그러나 자세히 살펴보면 Clorox사의 주당 자기자본의 장부가치가 2012년에 −$1.04에서 2018년 $5.67로 상승한 것을 알 수 있다. 이러한 주가의 상승은 Clorox사가 영업을 개선했기 때문이라기 보다는 2012년 이후 회사가 진행한 자사주매입 때문이라고 볼 수 있다. 비록 실물로 뒷받침되지는 않았지만 어째든 시장에서는 호재로 받아들여졌던 것이다.

재무비율은 모든 유형의 기업을 평가하는 데 사용되는 중요한 도구이지만 하나의 수치를 단순히 주어진 것으로만 받아들여서는 안 된다. 대신에 어떠한 분석을 하기 전에 먼저 그 수치가 실제로 타당한지를 물어봐야 한다.

3. 4 재무모형

ExcelMaster coverage online
www.mhhe.com/RossCore6e

기업의 장기재무계획을 세우는 데 있어 재무제표가 중요하게 사용된다. 대부분의 재무계획모형(financial planning models)은 추정재무제표(pro forma financial statements)를 산출한다. 프로포마(pro forma)는 '형태로서(as a matter of form)'를 의미하므로, 추정재무제표는 기업의 추정된 미래재무상황을 요약하기 위하여 사용하는 형태라는 것을 말해준다.

단순 재무계획모형

비교적 단순한 예와 함께 장기계획모형에 대한 논의를 시작해 보자. Computerfield사의 가장 최근 재무제표는 다음과 같다.

특별한 언급이 없는 한 Computerfield사의 재무계획자는 모든 변수들이 매출액과 직접적으로 연결되어 있고 현재의 그러한 관계가 최적이라고 가정한다. 이는 모든 항목들이 매출액과 정확하게 같은 비율로 변한다는 것을 의미한다. 이 가정은 분명히 너무 단순화되어 있으며 단지 요점을 전달하기 위함이다.

Computerfield사 재무제표					
손익계산서		대차대조표			
매출액	$1,000	자산	$500	부채	$250
비용	800			자기자본	250
순이익	$200	계	$500	계	$500

매출액이 $1,000에서 $1,200로 20% 증가한다고 하자. 재무계획자는 비용도 $800에서 $960(= $800 × 1.2)로 20% 증가할 것으로 예측한다. 따라서 추정손익계산서는 다음과 같이 될 것이다.

추정손익계산서	
매출액	$1,200
비용	960
순이익	$240

모든 변수들이 20% 증가할 것이라고 가정함으로써 역시 추정대차대조표로 쉽게 작성할 수 있다.

추정대차대조표			
자산	$600 (+100)	부채	$300 (+50)
		자기자본	300 (+50)
계	$600 (+100)	계	$600 (+100)

모든 항목이 단순히 20% 증가하였다는 데 주목하자. 괄호 안의 수치는 항목들의 증감액을 나타낸다.

Planware(www.planware.org)에서는 현금흐름 등을 예측을 위한 통찰력을 제공한다.

이제 이들 두 추정재무제표를 조정해야 한다. 예를 들면 순이익은 $240인데 어떻게 자기자본은 단지 $50 증가할 수 있는가? 대답은 Computerfield사가 그 차이인 $190($240 − $50)를 아마도 현금배당으로 지급했을 수 있다. 이 경우에 배당금은 '조정(plug)' 변수이다.

Computerfield사가 $190를 지급하지 않았다고 가정하자. 이 경우에 유보이익은 $240만큼 증가할 것이고, 자기자본은 $490(기초자기자본 $250 + 순이익 $240)로 증가할 것이며, 부채는 총자산을 $600로 맞추기 위해 일부가 상환되어야 한다.

총자산이 $600이고 자기자본이 $490이므로 부채는 $110(=$600 − $490)가 되어야 한다. 처음에 부채가 $250였으므로 Computerfield사는 $140(= $250 − $110)를 상환해야 할 것이다. 그 결과 추정대차대조표는 다음과 같이 조정될 것이다.

추정대차대조표			
자산	$600 (+100)	부채	$110 (-140)
		자기자본	490 (+240)
계	$600 (+100)	계	$600 (+100)

이 경우에는 부채가 총자산을 $600로 맞추기 위해 조정변수로 사용되었다.

이 예는 매출액의 성장과 재무정책 사이의 상호작용을 보여준다. 매출액이 증가함에 따라 총자산도 증가한다. 이는 기업이 매출의 증가를 북돋우기 위해서는 순운전자본과 고정자산에 투자해야 하기 때문에 발생한다. 자산이 증가하기 때문에 대차대조표의 우변인 부채 및 자기자본 총계도 역시 증가할 것이다.

이러한 단순한 예로부터 주목해야 할 것은 부채와 자기자본은 기업의 자금조달정책과 배당정책에 따라 변화한다는 점이다. 자산의 증가로 인하여 기업은 이를 지원하기 위한 자금조달방법을 결정해야 한다. 이는 엄밀하게는 경영의사결정에 해당한다. 앞의 예에서는 기업이 외부로부터 자금을 조달할 필요가 없었다. 그러나 이는 일반적인 경우가 아닐 것이다. 따라서 더 자세한 상황은 다음 절에서 알아보기로 한다.

매출액비율법

앞 절에서는 모든 항목이 매출액과 같은 비율로 증가하는 단순 계획모형을 살펴 보았다. 이는 어떤 항목들에 대해서는 타당한 가정일 수 있지만, 장기차입과 같은 항목들에 대해서는 아마도 그렇지 않을 것이다. 왜냐하면 장기차입금액은 경영진의 정책에 따라 설정하는 것이므로 그 금액이 반드시 매출액 수준과 직접 연관될 필요는 없기 때문이다.

여기에서는 앞 절의 단순모형을 확장한다. 기본적인 아이디어는 손익계산서와 대차대조표 계정들을 매출액과 직접 관련되어 변하는 그룹과 그렇지 않은 그룹으로 나누어 보는 것이다. 그러면 예상 매출액이 주어졌을 때 이를 지원하기 위해 기업이 얼마나 많은 자금이 필요한지를 계산할 수 있을 것이다.

다음에 설명하는 재무계획모형은 **매출액비율법(percentage of sales approach)**에 근거한다. 여기서는 추정재무제표를 작성하는 빠르고 실제적인 방법을 개발하는 것이 목표이므로 '기타 추가사항들(bells and whistles)'에 대한 논의는 나중 절로 미룬다.

손익계산서 Rosengarten사의 가장 최근 손익계산서가 표 3. 8에 주어져 있다. 단순화를 위해 비용, 감가상각비, 이자 등이 하나의 비용항목에 포함되어 있다.

Rosengarten사는 내년에 매출액이 25% 증가하여 $1,000×1.25 = $1,250가 될 것으로 예상한다. 추정손익계산서를 작성하기 위해 총비용이 매출액의 $833/$1,000 = 0.833 또는 83.3%로 여전히 유지될 것으로 가정한다. 이들 가정하에서 작성된 Rosengarten사의 추정손익계산서가 표 3. 9에 나타나 있다. 여기서 비용을 매출액의 일정비율로 가정함으로써 매출이익률을 일정하게 하는 효과를 거둘 수 있다. 이를 확인하기 위해 매출이익률이 손익계산서에서 $132/$1,000 = 0.132 또는 13.2%였으며 추정손익계산서에서도 역시 $165/$1,250 = 0.132 또는 13.2%라는 것을 주목하자. 따라서 이 비율이 변하지 않았음을 알 수 있다.

다음으로 배당금 지급을 추정할 필요가 있다. 이 금액은 Rosengarten사 경영진의 의사결정에 달려 있다. Rosengarten사는 순이익의 일정비율을 현금배당의 형태로 지급하는 정책을 사용한다고 가정하자. 가장 최근 연도의 **배당성향(dividend payout ratio)**은 다음과 같다.

표 3.8

Rosengarten사의 손익계산서		
매출액		$1,000
비용		833
법인세 차감 전 이익		$ 167
법인세(21%)		35
순이익		$ 132
배당금	$ 44	
이익잉여금 증가	88	

표 3.9

Rosengarten의 추정손익계산서		
매출액(추정)		$1,250
비용(매출액의 83.3%)		1,041
법인세 차감 전 이익		$ 209
법인세(21%)		44
순이익		$ 165

배당성향 = 현금배당금/당기순이익 **[3. 23]**

= $44/132 = 0.3333 또는 33.33%

또한 순이익에 대한 이익잉여금 증가의 비율은 다음과 같이 계산할 수 있다.

이익잉여금 증분/당기순이익 = $88/132 = 0.6667 또는 66.67%

이 비율은 **유보율(retention ratio)** 또는 **재투자율(plowback ratio)**이라고 부르며 지급되지 않고 남아있는 부분이기 때문에 (1 − 배당성향)과 같다. 배당성향이 일정하다고 가정하면 추정배당금과 추정유보이익(이익잉여금 증분의 추정치)은 다음과 같이 될 것이다.

추정배당금 = $165 × 0.3333 = $55

추정유보이익 = $165 × 0.6667 = 110

$165

대차대조표 추정대차대조표를 작성하기 위해 표 3. 10에 주어진 가장 최근의 대차대조표를 먼저 살펴보자.

대차대조표에서 일부 항목들은 매출액과 직접적으로 관련되어 변하고 다른 항목들은 그렇지 않다고 가정한다. 매출액과 연동되어 변하는 항목들은 각각 최근 매출액의 비율로 나타나 있으며, 그렇지 않은 항목들은 'n/a(not applicable)'로 표시되어 있다.

예를 들면 좌변의 자산에서 재고자산은 최근 매출액의 60%(= $600/1,000)와 같다. 이 비율이 다음 연도에도 적용된다고 가정하므로 매출액이 $1 증가하면 재고자산은 $0.60 증가할 것이다. 매출액 대비 총자산의 비율은 $3,000/1,000 = 3 또는 300%이다.

이 비율은 가끔 **자본집약률(capital intensity ratio)**이라고 부른다. 이 비율은 매출액 $1를 창출하기 위해 필요한 자산금액이며, 이 비율이 높을수록 더 자본집약적 기업이라고 할 수 있다. 또한 이 비율은 앞에서 정의한 총자산회전율의 역수라는 데 주목하자.

표 3.10

Rosengarten사의 대차대조표					
자산			부채 및 자기자본		
	$	매출 대비 비율		$	매출액의 비율
유동자산			유동부채		
현금	$ 160	16%	매입채무	$ 300	30%
매출채권	440	44	지급어음	100	n/a
재고자산	600	60	계	$ 400	n/a
계	$ 1,200	120	장기부채	$ 800	n/a
고정자산			자기자본		
순 설비 및 장비	$ 1,800	180%	보통주와 자본잉여금	$ 800	n/a
			이익잉여금	1,000	n/a
			계	$ 1,800	n/a
자산 총계	$ 3,000	300%	부채 및 자기자본 총계	$ 3,000	n/a

Rosengarten사의 경우 이 비율이 일정하다고 가정하면, 매출액 $1를 창출하기 위해 총자산 $3가 필요하다(Rosengarten사는 비교적 자본집약적 사업을 하는 것으로 보인다). 그러므로 매출액이 $100 증가하려면 Rosengarten사는 자산을 그 3배인 $300 만큼 증가시켜야 할 것이다.

대차대조표 우변의 부채에서는 매입채무가 매출액과 연동되어 변화한다. 그 이유는 매출이 증가함에 따라 공급자에게 더 많은 주문을 해야 하기 때문이다.

반면에 지급어음은 은행차입과 같은 단기채무이며, 기업이 이 채무를 구체적으로 조정하지 않는 한 변하지 않을 것이므로 이 항목은 'n/a'로 표기한다.

유사하게 장기부채는 매출액에 연동되어 자동적으로 변하지 않을 것이기 때문에 'n/a'로 표기한다. 이는 보통주와 자본잉여금에 대해서도 마찬가지다. 우변의 마지막 항목인 유보이익은 매출액에 따라 변할 것이지만 매출액에 대한 단순비율로는 나타나지 않을 것이다. 대신에 추정순이익과 추정배당금에 기초하여 유보이익의 변화를 명시적으로 계산할 것이다.

이제 Rosengarten사의 추정대차대조표를 부분적으로 작성할 수 있다. 먼저 항목의 추정액을 계산하기 위해 지금 막 계산한 비율을 사용할 수 있다. 예를 들면 순고정자산은 최근 매출액의 180%이므로 매출액이 $1,250로 증가할 경우 순고정자산은 1.80 × $1,250 = $2,250가 될 것이며, 이는 설비와 장비에서 $2,250 − 1,800 = $450의 증가를 의미한다. 매출액과 직접 연동되어 있지 않은 항목에 대해서는 어떠한 변화도 없다고 가정하여 단순히 처음 금액을 사용한다는 데 주의하여야 한다. 이들 결과는 표 3. 11에 나타나 있다. 유보이익의 변화는 앞에서 계산한 추정이익잉여금의 증가분인 $110와 같다.

추정대차대조표를 잘 살펴보면, 자산이 $750 증가하도록 추정되어 있다는 것을 알 수 있다. 그러나 추가적인 자금조달이 없다면 부채와 자기자본은 단지 $185 증가하게 되므로 $750 − 185 = $565가 부족하게 된다. 이 부족 금액을 **필요외부자금**(external fund needed: EFN)이라고 부른다.

표 3.11

Rosengarten사 추정대차대조표의 일부					
자산			부채 및 자기자본		
	내년	올해로부터 변동		내년	올해로부터 변동
유동자산			유동부채		
현금	$ 200	$40	매입채무	$ 375	$ 75
매출채권	550	110	지급어음	100	0
재고자산	750	150	계	$ 475	$ 75
계	$ 1,500	$300	장기부채	$ 800	$ 0
고정자산			자기자본		
순 설비 및 장비	$ 2,250	$450	보통주와 자본잉여금	$ 800	$ 0
			이익잉여금	1,110	110
			계	$ 1,910	$ 110
자산 총계	$ 3,750	$750	부채 및 자기자본 총계	$ 3,185	$ 185
			필요외부자금	$ 565	$ 565

추정대차대조표를 작성하지 않고도 다음과 같이 EFN을 직접 계산할 수 있다.

$$EFN = \frac{\text{총자산}}{\text{매출액}} \times \Delta\text{매출액} - \frac{\text{자발적부채}}{\text{매출액}} \times \Delta\text{매출액} - \text{매출액이익률} \times \text{추정매출액} \times (1-d) \quad [3.24]$$

이 식에서 'Δ매출액'은 매출액의 추정된 변화(단위: $)이다. 예에서 내년도의 추정 매출액은전년도로부터 $250 증가한 $1,250이므로 Δ매출액은 $250이다. 자발적 부채(spontaneous liabilities)는 매출액과 더불어 거의 자동적으로 증감하는 부채를 의미한다.

Rosengarten사의 자발적 부채는 $300의 매입채무이다. 마지막으로 PM과 d는 매출액이익률과 배당성향으로 이전에 각각 13.2%와 33 1/3%로 계산했었다. 총자산과 매출액은 각각 $3,000와 $1,000이므로 FEN은 다음과 같이 계산된다.

$$EFN = \frac{\$3,000}{1,000} \times \$250 - \frac{\$300}{1,000} \times \$250 - 0.132 \times \$1,250 \times (1 - 0.3333) = \$565$$

이 계산은 세 부분으로 구성되어 있다는 것을 주목하자. 첫 번째 부분은 자산의 추정된 증가분으로 자본집약률을 이용하여 계산한다. 두 번째 부분은 부채의 자발적 증가이다. 세 번째 부분은 매출이익률과 추정매출액의 곱인 추정순이익에 유보율을 곱하여 계산한다. 따라서 세 번째 부분은 유보이익의 추정된 증가분이다.

특정 시나리오 이 재무계획모형은 이제 '좋은 소식도 있고 나쁜 소식도 있다'는 농담을 떠오르게 한다. 좋은 소식은 매출액이 25% 증가할 것으로 추정되고 있는 것이며 나쁜 소식은 Rosengarten사가 신규로 $565의 자본을 조달하지 못한다면 이를 성취할 수 없다는 것이다.

이는 계획과정에서 문제점과 잠재적 갈등이 어떻게 나타날 수 있는지를 알려주는 좋은 예이다. 예를 들면 Rosengarten사는 자금을 추가로 빌리거나 신규로 주식을 발행하지 않는다고 한다면, 매출액에서 25%의 증가는 아마도 실현 가능하지 않을 것이다.

표 3.12

Rosengarten사의 추정대차대조표					
자산			부채 및 자기자본		
	내년	올해로부터 변동		내년	올해로부터 변동
유동자산			유동부채		
현금	$ 200	$40	매입채무	$ 375	$ 75
매출채권	550	110	지급어음	325	225
재고자산	750	150	계	$ 700	$ 300
계	$ 1,500	$300	장기부채	$ 1,140	$ 340
고정자산			자기자본		
순 설비 및 장비	$ 2,250	$450	보통주와 자본잉여금	$ 800	$ 0
			이익잉여금	1,110	110
			계	$ 1,910	$ 110
자산 총계	$ 3,750	$750	부채 및 자기자본 총계	$ 3,750	$ 750

Rosengarten사가 신규로 $565의 자금을 조달하기로 한다면 단기차입, 장기차입, 신주발행이라는 세 가지 방법을 이용할 수 있다. 이들 방법을 어떻게 배합할 것인가는 경영진의 결정에 달려 있으며 여기서는 많은 가능성들 중에서 한 가지만 설명하도록 한다.

Rosengarten사가 필요한 자금을 차입하기로 했다고 가정하자. 이 경우에 기업이 일부는 단기로, 나머지는 장기로 차입하는 것을 선택할지 모른다. 예를 들면 유동자산은 $300 증가한 반면에 유동부채는 단지 $75 증가하였다. Rosengarten사는 $225(= $300 − 75)를 단기 지급어음으로 빌려서 순운전자본이 변화하지 않도록 할 수 있다. 필요한 $565에서 나머지 $340(= $565 − 225)는 장기부채를 통해서 조달해야 할 것이다. 표 3. 12는 Rosengarten사의 완성된 추정대차대조표를 보여준다.

여기서는 단기부채와 장기부채의 한 조합을 사용하여 조절하였다. 그러나 이는 단지 가능한 하나의 전략이지 결코 최선의 전략이라는 것은 아니다. 이외에도 많은 다른 시나리오들이 가능하다. 이전에 논의한 다양한 재무비율들이 바로 여기서 사용된다.

예를 들면 앞의 시나리오에서 새로 추정된 부채수준이 적절한지를 보기 위해 유동비율과 총부채비율을 조사해 볼 수 있다.

대안 시나리오 자산을 매출액의 일정 비율로 가정하는 것은 편리하지만 많은 경우에 적합하지 않을지 모른다. 특히 매출액의 증가가 고정자산의 증가로 이어지기 때문에 Rosengarten사는 고정자산을 실제로 100% 활용하고 있다고 가정한 것이었다. 그러나 대부분의 사업에 있어서 가용용량에는 어느 정도 여분이 있을 것이므로, 생산은 임시 교대조를 가동함으로써 아마 증가될 수 있을 것이다. 연방준비제도에 따르면 미국 제조업체들의 전반적인 활용용량은 2018년 12월 78.5%로 2009년 6월 64.4%에서 상승하였다.

Rosengarten사가 가용용량의 70%로 가동하고 있다고 가정하면 필요한 외부자금은 아주 달라질 것이다. 여기서 '용량의 70%'라는 말은 현재 매출수준은 완전가동시 매출액의 70%라는 것을 의미한다.

당기매출 = $1,000 = 0.70 × 완전가동시 매출액

완전가동시 매출액 = $1,000/0.70 = $1,429

매출액이 어떤 새로운 고정자산이 없이도 $1,000에서 $1,429로 약 43% 증가할 수 있음을 말해준다.

이전 시나라오에서는 순고정자산이 추가로 $450 필요할 것이라고 가정했다. 현재 시나리오에서는 순고정자산에 지출이 필요하지 않다. 왜냐하면 앞서 추정된 $1,250의 매출액은 용량을 완전가동하는 경우의 매출액 $1,429보다 훨씬 적기 때문이다.

결과적으로 필요외부자금의 당초 추정치인 $565는 너무 많다. 따라서 현재 70%의 용량으로 가동하고 있다면 단지 $115(= $565 − 450)의 외부자금이 필요하다. 잉여용량의 존재는 추정에서 무시할 수 없는 차이를 불러온다.

예제 3.5

자본집약률

Rosengarten사는 가용용량의 90%로 가동하고 있다고 하자. 완전가동시의 매출액은 얼마가 되는가? 완전가동시의 자본집약률은 얼마인가? 이 경우에 EFN은 얼마인가?

완전가동시의 매출액은 $1,111(= $1,000/0.90)가 될 것이다. 표 3. 10으로부터 고정자산은 $1,800이다. 완전가동시의 매출액에 대한 고정자산의 비율은 다음과 같다.

$$\frac{\text{고정자산}}{\text{완전가동시 매출}} = \$1,800/1,111 = 1.62$$

따라서 Rosengarten사는 완전가동한다면 매출액 $1에 대하여 고정자산 $1.62가 필요하다. 그러면 추정 매출액이 $1,250이므로 $2,025(= $1,250 × 1.62)의 고정자산이 필요하다. 이는 당초 추정된 $2,250에 비하여 $225 적으며 따라서 EFN은 $340(= $565 - 225)가 된다.

유동자산은 여전히 $1,500가 될 것이므로 총자산은 $3,525(= $1,500 + 2,025)가 될 것이다. 따라서 자본집약률은 용량을 완전가동하면 2.82(= $3,525/$1,250)가 되어 당초의 수치인 3(300%)보다 작아진다.

3. 5 외부자금조달과 성장

ExcelMaster coverage online
www.mhhe.com/RossCore6e

필요한 외부자금의 조달과 성장은 분명하게 관련되어 있다. 다른 상황이 일정하다면 매출액이나 자산의 성장률이 높을수록 외부금융에 대한 필요성도 더 커진다. 앞 절에서는 성장률이 주어진 것으로 가정하면서 그 성장의 달성을 지원하기 위해 필요한 외부자금조달의 금액을 결정했다. 이 절에서는 상황을 다소 바꾸어 기업의 재무정책이 주어진 것으로 하고, 그 재무정책과 (투자자금을 조달하여 성장하려는) 기업의 능력간의 관계를 살펴본다. 여기서 성장에 초점을 두고 있는 것은 성장이 적절한 목표이기 때문이 아니라 단순히 투자와 자금조달결정 사이의 상호작용을 살펴보는 편리한 수단이기 때문이다.

EFN과 성장

먼저 필요외부자금(EFN)과 성장의 관계를 설정할 필요가 있다. 이를 위해 표 3. 13에 있는 Hoffman사의 간단한 손익계산서와 대차대조표를 살펴보자. 대차대조표를 단순화하기 위해 단기부채와 장기부채를 합쳐서 하나의 총부채로 표시한다. 여기서는 유동부채가 매출액과 더불어 자발적으로 변하지 않는 것으로 가정하고 있다. 이러한 가정은 그렇게 제한적인 것이 아니다. 유동부채(예, 매입채무)가 매출액과 연동되어 변한다면 그러한 계정은 유동자산과 상계되었을 것으로 가정할 수 있다. 손익계산서의 감가상각비, 이자, 매출원가 등은 계속해서 합쳐 하나의 비용으로 표시한다.

Hoffman사는 다음 해의 매출액을 $100 증가한 $600로 전망하고 있다. 매출액의 증가율

표 3.13

Hoffman사 손익계산서와 대차대조표

손익계산서

매출액		$ 500
비용		412
법인세 차감 전 이익		$ 88
법인세(25%)		22
순이익		$ 66
배당금	$22	
이익잉여금의 증가	44	

대차대조표

자산			부채 및 자기자본		
	$	매출 대비 비율		$	매출 대비 비율
유동자산	$200	40%	총부채	$250	n/a
고정자산	300	60	자기자본	250	n/a
자산 총계	$500	100%	부채 및 자기자본 총계	$500	n/a

표 3.14

Hoffman사 추정 손익계산서와 대차대조표

손익계산서

매출액(추정)		$600.0
비용(매출액의 82.4%)		494.4
법인세 차감 전 이익		$105.6
법인세(25%)		26.4
순이익		$ 79.2
배당금	$26.4	
이익잉여금의 증가	52.8	

대차대조표

자산			부채 및 자기자본		
	$	매출 대비 비율		$	매출 대비 비율
유동자산	$240.0	40%	총부채	$250.0	n/a
고정자산	360.0	60	자기자본	302.8	n/a
자산 총계	$600.0	100%	부채 및 자기자본 총계	$552.8	n/a
			필요외부자금	$ 47.2	n/a

은 $100/$500 = 20%이다. 매출액비율법과 표 3. 13의 수치들을 사용하여 추정손익계산서와 추정대차대조표를 작성할 수 있다. 표 3. 14에서 보여주듯이 20%의 매출액 성장률에서 Hoffman사는 $100의 신규자산(완전가동 가정)이 필요하다. 유보이익, 즉 이익잉여금의 증가는 $52.8로 추정되므로 필요외부자금은 $100 − 52.8 = $47.2가 된다.

Hoffman사의 부채비율(표 3. 13 참조)은 당초에 $250/$250 = 1.0이었다. 만약 Hoffman사가 주식발행을 원하지 않는다고 가정하면 필요외부자금 $47.2는 차입되어야 할 것이다. 새로운 부채비율은 얼마가 될 것인가? 표 3. 14에서 총자기자본은 $302.8로 추정된다는 것을알 수 있다. 새로운 총부채는 당초 $250에 신규차입분 $47.2를 합하여 총 $297.2가 될 것이다. 따라서 부채비율은 1.0에서 $297.2/$302.8 = 0.98로 다소 떨어진다.

표 3. 15는 몇몇 다른 성장률 시나리오 하에서 추정한 EFN을 보여준다. 각 시나리오에 대해 이익잉여금의 추정증가액과 추정부채비율도 나타나 있다(연습을 위해 이들 중 몇 개만 계산해 보라). 부채비율은 필요한 자금이 있으면 차입하고 잉여자금이 있으면 부채상환에 사용된다고 가정하여 결정된다. 따라서 제로성장의 경우에 부채는 $250에서 $206로 $44 줄어든다. 표 3. 15의 두 번째 열에 있는 요구되는 자산의 증가는 단순히 당초 자산 $500에 성장률을 곱한 것과 같다. 유사하게 이익잉여금의 증가는 당초 유보이익 $44에 ($44 × 성장률)을 더해서 구한다.

표 3. 15는 상대적으로 낮은 성장률에서 Hoffman사는 잉여자금이 발생하므로 부채비율이 떨어진다는 것을 보여준다. 그러나 일단 성장률이 약 10%로 증가하게 되면 자금이 부족하기 시작한다. 더 나아가 성장률이 대략 20%를 초과하면 부채비율은 당초의 1.0을 넘어서게 된다.

그림 3. 1은 매출액성장률과 필요외부자금의 관계를 더욱 상세하게 설명하기 위해 표 3. 15에 있는 요구되는 자산증가와 이익잉여금의 증가를 성장률에 대비해서 그래프로 보여준다. 그림에서 보는 바와 같이, 신규자산에 대한 필요가 이익잉여금의 증가를 훨씬 앞지르므로 이익잉여금의 증가에 따른 내부자금은 빠르게 소진된다.

방금 논의한 바와 같이, 한 기업의 자금잉여나 자금부족은 성장에 달려 있다. Microsoft사가 좋은 본보기이다. 1990년대 이 기업의 매출액성장률은 10년 동안 연평균 30%를 훨씬 상회하는 놀라운 기록을 세웠다. 이러한 성장률은 2000~2019년 기간에는 현저하게 줄어들었지만 높은 매출이익률과 어우러져 엄청난 잉여현금을 창출하였다. 부분적으로는 이 기업이 배당금을 거의 지급하지 않았기 때문에 현금은 말 그대로 산더미처럼 쌓였고, 2019년에는 그 액수가 $1,350억를 초과하였다.

표 3.15

Hoffman사의 성장과 추정 EFN

추정 매출액성장률	요구되는 자산증가	유보이익증가	필요외부자금(EFN)	추정 부채비율
0%	$ 0	$ 44.0	-$44.0	0.70
5	25	46.2	-21.2	0.77
10	50	48.4	1.6	0.84
15	75	50.6	24.4	0.91
20	100	52.8	47.2	0.98
25	125	55.0	70.0	1.05

그림 3.1

Hoffman사의 성장과 필요 외부자금

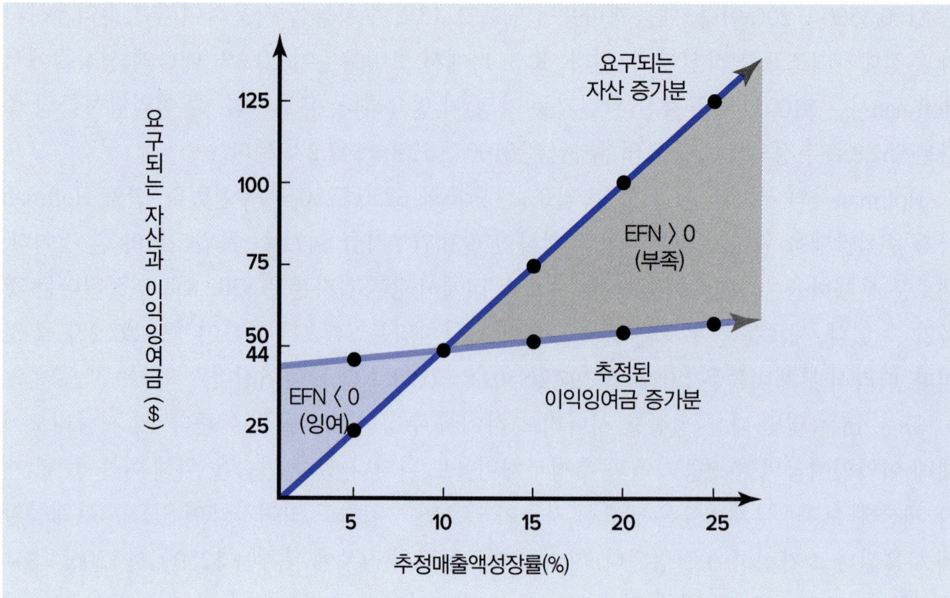

재무정책과 성장

이전 논의에서 성장과 외부자금조달은 직접적으로 연결되어 있음을 알았다. 이 절에서는 장기계획을 위해 특히 유용한 두 가지 성장률을 논의한다.

내부성장률 첫 번째 성장률은 외부로부터 자금조달을 하지 않고 달성할 수 있는 최대성장률이다. 이는 기업이 내부자금조달만으로 유지할 수 있는 성장률이기 때문에 내부성장률(internal growth rate)이라고 부른다. 그림 3. 1에서 내부성장률은 두 선이 교차하는 점에서의 성장률이며, 이 점에서는 요구되는 자산증가와 이익잉여금의 증가가 정확하게 일치하므로 EFN은 0이 된다. 간단한 수리적 조작을 통해서(이 장의 마지막 부분에 있는 문제 28번 참조) 내부성장률을 다음과 같이 더욱 정확하게 정의할 수 있다.

$$\text{내부성장률} = \frac{\text{ROA} \times b}{1 - \text{ROA} \times b} \qquad [3.\ 25]$$

여기서 ROA는 총자산이익률이며, b는 재투자율 또는 유보율로 이전에 논의한 바 있다.

Hoffman사의 순이익은 \$66이며 총자산은 \$500였다. 따라서 ROA는 \$66/\$500 = 0.132 또는 13.2%이다. 순이익 \$66에서 \$44는 사내에 유보되었으므로 재투자율 b는 \$44/66 = 0.6667이 된다. 이 수치들을 이용하면 내부성장률은 다음과 같이 계산할 수 있다.

$$\text{내부성장률} = \frac{\text{ROA} \times b}{1 - \text{ROA} \times b}$$

$$= \frac{0.132 \times 0.6667}{1 - 0.132 \times 0.6667} = 0.0965 \text{ 또는 } 9.65\%$$

따라서 Hoffman사는 외부로부터 자금조달을 하지 않고 연 최대 9.65%로 성장할 수 있다.

지속가능성장률 Hoffman사가 연 9.65%보다 더 빠르게 성장하기를 원한다면 외부금융이 필요하다는 것을 보았다. 두 번째 성장률은 기업이 부채비율을 일정하게 유지하면서 외부로부터 '자기자본'을 조달하지 않고 달성할 수 있는 최대성장률이다. 이 성장률은 기업이 재무레버리지를 증가시키지 않고 유지할 수 있는 최대성장률이기 때문에 흔히 **지속가능성장률(sustainable growth rate)**이라 불린다.

기업이 주식발행을 기피하는 이유는 여러 가지가 있다. 예를 들면 신주발행에는 높은 수수료 등으로 인해 많은 비용이 요구된다. 또한 기존 주주들은 새로운 주주들의 참여나 주식의 추가 구입을 원하지 않을지 모른다. 기업마다 최적으로 여기는 특정 부채비율이 있을 수 있다는 점은 이후 다른 장에서 논의될 것이므로 현재로는 부채비율이 주어진 것으로 가정한다.

표 3. 15을 보면 Hoffman사의 지속가능성장률은 대략 20%이다. 왜냐하면 이 성장률에서 부채비율은 거의 1.0이기 때문이다. 정확한 값은 다음과 같이 계산될 수 있다(이 장의 마지막 부분에 있는 문제 28번 참조).

$$\text{지속가능성장률} = \frac{\text{ROE} \times b}{1 - \text{ROE} \times b} \qquad [3.\ 26]$$

ROE가 ROA 대신 사용된다는 점을 제외하면 지속가능성장률의 공식은 내부성장률의 공식과 동일하다.

Hoffman사의 순이익은 \$66이고 총자기자본은 \$250였다. 따라서 ROE는 26.4%(= \$66/\$250)이다. 재투자율 b는 여전히 0.6667이므로 지속가능성장률은 다음과 같이 계산될 수 있다.

$$\begin{aligned}\text{지속가능성장률} &= \frac{\text{ROE} \times b}{1 - \text{ROE} \times b} \\ &= \frac{0.264 \times 0.6667}{1 - 0.264 \times 0.6667} \\ &= 0.2136 \text{ 또는 } 21.36\%\end{aligned}$$

따라서 Hoffman사는 외부로부터 자기자본을 조달하지 않고 연 최대 21.36%로 성장할 수 있다.

예제 3.6

지속가능성장

Hoffman사는 정확하게 21.36%의 지속가능성장률로 성장한다고 가정하자. 추정재무제표는 어떻게 되겠는가?

성장률이 21.36%이므로 매출액은 \$500에서 \$606.8로 오를 것이다. 추정손익계산서는 아래와 같이 될 것이다.

Hoffman Company 추정손익계산서		
매출액(추정)		\$ 606.8
비용(매출액의 82.4%)		500.0

(계속)

법인세 차감전 이익		$ 106.8
법인세(25%)		26.7
순이익		$ 80.1
배당금	$26.7	
이익잉여금의 증가	53.4	

추정대차대조표도 이전처럼 아래와 같이 작성한다. 여기서는 유보이익이 $53.4가 추가되기 때문에 자기자본은 $250에서 $303.4로 증가할 것이다.

Hoffman Company 추정대차대조표					
자산			부채 및 자기자본		
	$	매출액의 %		$	매출액의 %
유동자산	$242.7	40%	총부채	$250.0	n/a
순고정자산	364.1	60	자기자본	303.4	n/a
자산 총계	$606.8	100%	부채 및 자기자본 총계	$553.4	n/a
			필요외부자금	$ 53.4	n/a

결과에서 볼 수 있듯이 EFN는 $53.4이다. Hoffman사가 이 금액을 차입한다면 총부채는 $303.4로 증가할 것이며, 부채비율은 정확하게 1.0이 되어 이전에 산출한 값과 일치하게 된다.

성장의 결정요인 앞에서 자기자본이익률(ROE)은 듀퐁항등식을 사용하여 몇 가지 구성요소로 나뉠 수 있다는 것을 알았다. ROE는 지속가능성장률의 두드러진 결정요인이므로 ROE를 결정하는 요인들 역시 성장의 중요한 결정요인들이라는 것은 자명하다. 이전 논의로부터 ROE는 세 가지 요인들의 곱으로 표현될 수 있다는 것을 알 수 있다.

ROE = 매출액이익률 × 총자산회전율 × 자기자본승수

지속가능성장률의 식을 보면 ROE의 증가는 분자를 더 크게 하고 분모를 더 작게 하여 지속가능성장률을 증가시킨다는 것을 알 수 있다. 재투자율의 증가도 같은 효과를 가진다.

종합하면 지속적인 성장을 하려는 기업의 능력은 다음의 네 가지 요인들에 달려 있다.

1. **매출액이익률** 매출이익률의 증가는 내부적으로 자금을 창출하려는 기업의 능력을 증가시키므로 기업의 지속가능성장률을 상승시킨다.
2. **배당정책** 순이익에서 배당금으로 지급하는 비율이 감소하면 유보율이 증가할 것이다. 이러한 증가는 내부적으로 자기자본을 창출하므로 지속가능성장률을 상승시킨다.
3. **재무정책** 부채비율의 증가는 기업의 재무레버리지를 증가시킨다. 이는 부채의 추가적인 차입을 가능하게 하므로 지속가능성장률을 상승시킨다.
4. **총자산회전율** 총자산회전율의 증가는 자산 $1당 더 많은 매출액을 가져다 준다. 이는 매출의 증가에 따른 새로운 자산의 필요성을 감소시키므로 지속가능성장률을 상

승시킨다. 총자산회전율의 증가는 자본집약률의 감소와 동일하다는 데 주목하자. 지속가능성장률은 계획을 세우는 데 매우 유용한 수치이다.

이는 기업의 네 가지 주요 관심영역–매출이익률로 측정한 영업의 효율성, 총자산회전율로 측정한 자산활용의 효율성, 유보율로 측정한 배당정책, 부채비율로 측정한 재무정책– 사이의 명시적 관계를 기술해 준다.

예제 3.7

매출이익률과 지속가능성장

Sandar사의 부채비율은 0.5, 매출이익률은 3%, 배당성향은 40%, 자본집약률은 1이다. 이 기업의 지속가능성장률은 얼마인가? 매출이익률을 개선하여 10%의 지속가능성장률을 달성하려는 Sandar사의 계획에 대해서 어떻게 생각하는가?

ROE는 4.5%(= 0.03 × 1 × 1.5)이다. 유보율은 0.60(1 - 0.40)이다. 따라서 지속가능성장률은 0.045(0.60)/[1 - 0.045(0.60)] = 0.0277 또는 2.77%이다.

이 기업이 10%의 성장률을 달성하기 위해서는 매출이익률이 올라야 한다. 이를 보기 위해 지속가능성장률을 10%로 두고 매출액이익률(PM)에 대해서 다음과 같이 풀 수 있다.

$$0.10 = PM(1.5)(0.6)/[1 - PM(1.5)(0.6)]$$
$$PM = 0.1/0.99 = 0.101 \text{ 또는 } 10.1\%.$$

이 계획이 성공하려면 매출이익률을 3%에서 약 10%로 크게 증가시켜야 한다. 따라서 이 계획은 실현 불가능할지 모른다.

이들 네 가지 요인들이 모두 주어져 있다면 달성할 수 있는 성장률은 하나밖에 없다. 이는 중요한 점이므로 다음과 같이 다시 강조한다.

기업이 주식의 추가발행을 원하지 않고 매출이익률, 배당정책, 재무정책, 총자산회전율(또는 자본집약률)이 고정되어 있다면 달성할 수 있는 성장률은 단지 하나뿐이다.

재무계획으로부터 얻을 수 있는 주된 혜택들 중 하나는 기업이 다양한 목표들 사이에서 내부적 일관성을 확보할 수 있다는 것이다. 지속성장률의 개념에는 이 요소가 잘 반영되어 있다. 또한 재무계획모형은 계획된 성장률의 실현 가능성을 검증하기 위해 사용될 수 있다. 매출액이 지속가능성장률보다 더 높은 비율로 성장하기를 원한다면 기업은 매출이익률, 총자산회전율, 재무레버리지 또는 유보율을 증가시키거나 주식을 추가로 발행하여야 한다.

지금까지 논의한 내부성장률과 지속가능성장률은 표 3.16에 요약되어 있다.

표 3.16

내부성장률과지속가능성장률의 요약

I. 내부성장률

$$\text{내부성장률} = \frac{ROA \times b}{1 - ROA \times b}$$

여기서

ROA = 총자산이익률 = 순이익/총자산

b = 재투자(유보)율

b = 이익잉여금의 증가/순이익

(계속)

내부성장률은 외부로부터 자금조달을 하지 않고 달성할 수 있는 최대성장률이다.

II. 지속가능성장률

$$지속가능성장률 = \frac{ROE \times b}{1 - ROE \times b}$$

여기서
ROE = 자기자본이익률 = 순이익/자기자본
b = 재투자(유보)율
b = 이익잉여금의 증가/순이익
지속가능성장률은 부채비율을 일정하게 유지하면서 외부로부터 자기자본을 조달하지 않고 달성할 수 있는 최대성장률이다.

지속가능성장률 계산에 대한 주석

지속가능성장률은 앞의 공식에서 분자인 ROE × b만을 사용하여 계산하는 경우가 허다하다. 이는 혼란을 초래하므로 여기서 분명하게 짚고 넘어갈 필요가 있다. 문제는 ROE가 어떻게 계산되는지와 관련된다. ROE는 순이익을 자기자본으로 나누어서 계산한다는 것을 상기하라. 만약에 대차대조표상의 기말자기자본을 사용한다면(우리가 사용해 온 방법이며 실제로도 흔하게 사용됨) 우리가 앞에서 사용한 공식이 맞다. 그러나 기초자기자본을 사용한다면 상기 단순화된 식을 사용하여 계산해야 한다.

올바른 공식을 적용하여 ROE를 계산하는 한 계산방법에 관계없이 원칙적으로 같은 값의 지속성장률을 얻을 것이다. 실제에 있어서는 회계관련 복잡성 때문에 다소 차이가 있을 수 있다. 그런데 일부에서 주장하는대로 기초자기자본과 기말자기자본의 평균을 사용하면 또다른 공식이 필요하게 된다. 여기서 언급한 주석들은 내부성장률의 경우에도 역시 적용된다.

3.6 재무계획모형에 대한 단서

재무계획모형이 항상 옳은 것은 아니다. 그 주된 이유는 재무계획모형은 재무적 관계가 아니라 회계적 관계에 의존하는 경향이 있다는 것이다. 특히 기업가치의 세 가지 기본 구성요소인 현금흐름의 크기, 위험, 타이밍이 빠져있다.

이 때문에 재무계획모형은 사용자에게 어떤 전략이 기업가치의 증가로 이어질 것인지에 관한 의미있는 단서들을 제공하지 못하는 경우들이 발생한다. 대신에 사용자의 관심을 부채비율과 기업성장의 연관성에 관한 문제로 돌린다.

Hoffman사의 예에서 사용한 재무계획모형은 너무 단순화되었다. 오늘날 사용되고 있는 다른 많은 모형들처럼 이 모형도 실제로는 회계보고서를 위한 모형이다. 이러한 모형들은 모순된 점을 지적하여 재무적 필요를 알려주는 데는 유용하지만 문제점들을 어떻게 처리해야 하는지에 관하여는 지침을 거의 제공하여 주지 않는다.

논의를 마무리하면서 재무계획은 반복적인 과정이라는 점을 추가하고자 한다. 계획들은 만들어져서 검토되고 반복해서 수정된다. 최종계획은 그 과정에 관련된 모든 당사자들이 협상하여 산출한 결과일 것이다. 대부분의 주식회사에 있어서 장기재무계획은 사실상 프로크루스테스(Procrustes) 접근법으로 불리는 방법으로 세워진다.[5] 고위 경영진이 염두에 두고 있는 목표가 있으면 그 목표를 만족시킬 수 있는 실현 가능한 계획을 만들어 전달하는 것이 참모들의 몫이다.

그러므로 최종계획은 묵시적으로 다양한 분야의 다양한 목표를 담고 있으며 또한 많은 제약요건을 만족시킬 것이다. 이 때문에 그러한 계획이 미래에 달성될 어떤 것에 대한 냉정한 판단일 필요는 없다. 대신에 재무계획은 다양한 그룹들이 계획한 활동들을 조정하는 수단이 되며 미래를 위해 공동목표들을 설정하는 방법이 될 수 있다.

또 하나 잊지 말아야 할 사항은 재무계획모형을 수립하는 과정에서 단지 대차를 맞추는데 급급하여 미래의 경영목표를 왜곡하게 되는 결과를 가져와서는 안 된다는 것이다. 하지만 비록 이런 실수를 범하기 쉽더라도 역시 불확실한 미래를 향해 계획 없이 무조건 돌진하는 것보다는 계획을 세우는 것이 현명한 태도이다. 어쩌면 불멸의 Yogi Berra(유명한 야구의 포수)가 이를 가장 적절하게 표현했을지도 모른다: "만약 당신이 현재 어디를 가고 있는지 모른다면 주의하는 것이 좋을 것이다. 어쩌면 당신은 영영 거기에 도달하지 못할 수도 있다."[6]

요약 및 결론 Summary and Conclusions

이 장은 재무제표에 담겨있는 정보를 공부하는 데 초점을 두었다. 구체적으로 표준화된 재무제표, 비율분석, 장기재무계획 등을 배웠다.

1. 기업규모의 차이로 인해 재무제표를 비교하는 것이 어렵다는 것을 설명했다. 그리고 비교를 더 용이하고 의미있게 하기 위해서 공통형 재무제표를 작성하는 방법을 논의했다.
2. 회계수치들의 비율을 평가하는 것은 재무제표의 정보를 비교하는 또다른 방법이다. 가장 보편적으로 사용되는 많은 비율들을 정의하였고 그 유명한 듀퐁항등식도 논의했다.
3. 미래의 자금조달 수요를 계획하기 위해 추정재무제표가 어떻게 만들어지고 사용될 수 있는지를 보았다.

이 장을 학습한 후에는 재무제표 정보의 사용과 남용에 대한 어떤 식견을 가지게 되기를 바란다. 또한 경영과 재무 용어들에 대한 어휘력이 크게 향상되어야 한다.

개념문제 Concept Questions

1. **재무비율분석** 재무비율은 산업에 따라 크게 변하기 때문에 그 자체로는 기업에 관하여 별로 알려주는 게 없다. 기업의 재무비율을 분석하는 데는 추세분석과 동종그룹분석의 두 가지 방법이 있다. 각 분석방법은 왜 유용한가? 각 방법은 기업의 재무적 건전도에 관해 무엇을 말해 주는가?

---

5 그리스 신화에서 프로크루스테스는 여행자들을 잡아서 철제침대에 묶는 거인으로서 이들을 침대의 크기에 맞추기 위해 다리를 당겨서 늘리거나 자른다.

6 우리도 이 문장이 정확히 무엇을 뜻하는지 알지 못한다. 단지 듣기에는 좋아 보인다.

2. **산업특유비율** 소위 '동일상점 매출액(same-store sales)'은 McDonald사와 Sears사와 같이 다양한 상점을 가진 기업들에 대해 매우 중요한 척도이다. 그 이름에서 알 수 있듯이 동일상점 매출을 조사하는 것은 다른 두 시점에서 같은 상점이나 식당의 수입을 비교하는 것을 의미한다. 기업들이 총매출액보다 동일상점 매출액에 초점을 두는 이유는 무엇인가?
3. **매출액의 예측** 왜 대부분의 장기재무계획은 매출액에 대한 예측으로 시작한다고 생각하는가? 달리 표현하면 왜 미래의 매출액이 핵심적인 투입요소인가?
4. **지속가능성장** 이 장에서 Rosengarten사의 예를 이용하여 EFN을 어떻게 계산하는가를 알아보았다. Rosengarten사의 ROE는 약 7.3%이고 재투자율은 약 67%이다. Rosengarten사의 지속가능성장률을 계산한다면 단지 5.14%라는 것을 알 수 있다. EFN을 계산하는 데 25%의 성장률을 사용하였다.이러한 성장률이 가능한가(힌트: 가능하다. 어떻게?)?
5. **EFN과 성장률** Broslofski사는 유보율을 양(+)으로 유지하며 부채비율을 매년 일정하게 유지한다.매출액이 20% 증가할 때 기업의 추정 EFN은 음(−)의 값을 가진다. 이는 기업의 지속가능성장률에 대해 무엇을 말해 주는가? 내부성장률이 20%보다 큰지 작은지를 확실하게 알 수 있는가? 왜 그런가? 유보율이 증가한다면 추정 EFN은 어떻게 되는가? 유보율이 감소한다면 어떻게 되는가? 유보율이 0이 되면 어떻게 되는가?
6. **공통형 재무제표** 재무분석의 한 도구는 공통형 재무제표이다. 공통형 대차대조표와 손익계산서가 왜 사용된다고 생각하는가? 현금흐름의 회계보고서는 공통형 재무제표로 전환되지 않는다. 왜그런가?
7. **자산활용과 EFN** 필요외부자금을 계산하는 데 있어 묵시적인 가정은 기업이 완전가동된다는 것이다. 기업의 조업이 완전가동에 미달된다면 이는 필요외부자금에 어떠한 영향을 미치겠는가?

다음 정보를 이용하여 다음의 5개 질문에 답하라: Grandmother Calendar사로 불리는 소규모 기업이 달력에 개인의 사진을 합성한 제품을 판매하기 시작했다. 그 제품은 히트를 쳤고 매출은 곧바로 예상치를 훨씬 초과하였다. 주문이 폭주하여 이 기업은 더 많은 공간을 임대하여 생산용량을 확장하였지만 여전히 수요를 따라잡을 수 없었다. 장비는 과도한 사용으로 고장이 났으며 제품의 질도 떨어졌다. 운전자본은 생산 확장으로 인해 고갈되었고 동시에 고객들의 대금지급은 제품이 배송될 때까지 늦추어졌다. 주문받은 제품을 배달할 수 없게 되자 이 기업은 현금이 매우 궁하게 되었으며 종업원에게 지급한 봉급수표가 부도나기 시작했다. 마침내 현금부족으로 이 기업은 3년 후 완전히 조업을 중단했다.

8. **제품 판매** Grandmother Calendar사는 제품이 인기가 덜했더라도 같은 운명으로 고통받았을 것이라고 생각하는가? 왜 그런가, 아니면 왜 아닌가?
9. **현금흐름** Grandmother Calendar사는 분명히 현금흐름에 문제가 있었다. 주문상품이 배송될 때까지 고객들이 대금을 지불하지 않으면 제2장에서 다룬 현금흐름의 맥락에서 기업에 어떤 일이 발생하는가?
10. **기업의 차입** 기업이 판매에서 매우 성공적이었다면 은행이나 다른 대출기관이 왜 기업에게 필요한 현금을 제공하지 않았겠는가?
11. **현금흐름** 너무 많은 주문, 너무 적은 현금, 너무 작은 생산용량 중에서 가장 큰 죄인은 어느 것인가?
12. **현금흐름** 매출의 성장이 생산을 앞지르는 상황에 처해 있다는 것을 안다면 Grandmother Calendar사와 같은 소규모 기업이 취할 수 있는 (생산능력 확장 이외의) 조치에는 어떤 것들이 있는가?
13. **ROE 와 ROA 의 비교** ROA와 ROE는 수익성을 측정한다. 두 기업을 비교하는 데 어느 것이 더 유용한가? 왜 그런가?
14. **비율분석** EBITD/자산 비율을 생각해 보자. 이 비율은 무엇을 알려 주는가? 이 비율은 두 기업을 비교하는 데 ROA보다 더 유용하게 사용될 수 있는가?

연습문제 Questions and Problems

McGraw Hill connect

기초
(문제 1~10번)

1. **듀퐁항등식** Harley사의 자기자본승수는 0.85, 총자산회전율은 2.10, 매출이익률은 5.97%라고 하자. 이 기업의 ROE는 얼마인가?
2. **자기자본승수와 자기자본이익률** Bell사의 부채비율은 0.90, 총자산이익률은 7.7%, 총자기자본은 $88만이다. 자기자본승수는 얼마인가? 자기자본이익률은 얼마인가? 순이익은 얼마인가?
3. **듀퐁항등식 활용** Y3K사의 매출액은 $5,930, 총자산은 $3,020, 부채비율은 0.55이다. 이 기업의 자기자본이익률이 14%라면 순이익은 얼마인가?
4. **EFN** Locke사의 가장 최근 재무제표는 다음과 같다.

손익계산서		대차대조표			
매출액	$45,000	자산	$104,500	부채	$28,200
비용	36,100			자기자본	76,300
법인세차감 전 이익	$ 8,900	계	$104,500	계	$104,500
법인세(24%)	2,136				
순이익	$ 6,764				

자산과 비용은 매출액에 비례하지만 부채와 자기자본은 그렇지 않다. $2,200의 배당금이 지급되었으며 이 기업은 배당성향을 일정하게 유지하기를 원한다. 내년도 매출액은 $5만3,100로 추정된다. 필요외부자금은 얼마인가?

5. **매출액과 성장** Beckett사의 가장 최근 재무제표는 다음과 같다.

손익계산서		대차대조표			
매출액	$74,300	자산	$ 20,000	부채	$ 52,000
비용	57,800		146,000	자기자본	114,000
법인세차감 전 이익	$16,500	계	$166,000	계	$166,000
법인세(21%)	3,465				
순이익	$13,035				

자산과 비용은 매출액에 비례한다. 이 기업은 배당성향을 30%로 일정하게 유지하며 부채비율도 일정하게 유지한다. 외부로부터 자기자본을 추가로 조달하지 않고 지속될 수 있는 매출액의 최대성장률은 얼마인가?

6. **지속가능성장** SGS사의 ROE가 13.8%이고 배당성향이 20%라면 지속가능성장률은 얼마인가?
7. **지속가능성장** 다음의 비율들이 일정하다고 가정하면 지속가능성장률은 얼마인가?

총자산회전율	= 3.35
매출이익률	= 7.6%
자기자본승수	= 1.25
배당성향	= 70%

8. **EFN 계산** Incredible Edibles사의 가장 최근 재무제표는 다음과 같다(법인세는 없다고 가정).

손익계산서		대차대조표			
매출액	$14,200	자산	$29,100	부채	$6,200
비용	10,840			자기자본	22,900
순이익	$ 3,360	계	$29,100	계	$29,100

자산과 비용은 매출액에 비례하지만 부채와 자기자본은 그렇지 않다. 배당금은 지급되지 않는다. 내년도 매출액은 $1만6,472로 추정된다. 필요외부자본은 얼마인가?

9. **필요외부자금** Charming Florist사의 CFO인 Cheryl Colby는 내년도 추정대차대조표를 작성했다. 매출액은 $1억7940만로 15% 증가할 것으로 추정된다. 유동자산, 고정자산, 단기부채는 각각 매출액의 20%, 90%, 15%이다. Charming Florist사는 순이익의 40%를 배당으로 지급한다. 이 기업의 장기부채는 현재 $2,720만이며 보통주의 가치는 액면가로 $1,300만이다. 매출이익률은 10%이다.
   a. 매출액의 추정치를 사용하여 이 기업의 현재 대차대조표를 작성하라.
   b. Colby가 예측한 매출액성장률에 근거하면 Charming Florist사는 내년에 외부자금이 얼마나 필요한가?
   c. 이 기업의 내년도 추정대차대조표를 작성하고 (b)에서 계산한 필요외부자금이 맞는지 확인해 보라.

10. **지속가능성장률** Cornelius사의 ROE는 12.15%이며 배당성향은 30%이다.
   a. 이 기업의 지속가능성장률은 얼마인가?
   b. 이 기업의 실제 성장률은 지속가능성장률과 다를 수 있는가? 왜 그런가, 아니면 왜 아닌가?
   c. 이 기업은 지속가능성장률을 어떻게 변화시킬 수 있나?

보통
(문제 11~23번)

11. **자기자본이익률** 기업 A와 기업 B의 총부채비율(부채/총자산)은 각각 45%와 40%이며 총자산이익률은 각각 7%와 8%이다. 어느 기업의 자기자본이익률이 더 높은가?

12. **비율과 외국기업** Prince Albert Canning사는 £16만8,327의 매출액과 £2만1,435의 순손실을 기록하였다. 이 기업의 매출이익률은 얼마인가? 이들 수치가 외국통화로 표시된다는 사실로 인하여 비율계산이 달라지는가? 왜 그런가? 매출액은 $21만4,496였다. 순손실은 달러로 얼마인가?

13. **필요외부자금** Optical Scam사는 내년도 매출액성장률을 18%로 예측한다. 현재 재무제표는 다음과 같다.

손익계산서		
매출액		$34,700,000
비용		27,100,000
법인세 차감 전 이익		$ 7,600,000
법인세		1,748,000
순이익		$ 5,852,000
배당금	$1,650,000	
이익잉여금의 증가	4,202,000	

손익계산서			
유동자산	$11,280,000	단기부채	$ 5,410,000
		장기부채	$ 8,080,000
고정자산	33,700,000		
		보통주	$ 3,100,000
		이익잉여금	28,390,000
		총자본	$31,490,000
자산 총계	$44,980,000	부채 및 자기자본 총계	$44,980,000

   a. 이 장에서 배운 공식을 이용하여 내년에 필요한 외부자금을 계산하라.
   b. 이 기업의 내년도 추정대차대조표를 작성하고 (a)에서 계산한 필요외부자금이 맞는지 확인해보라.

c. 이 기업의 지속가능성장률을 계산하라.

d. 이 기업은 배당정책의 변경을 통해 외부자금에 대한 필요성을 없앨 수 있는가? 성장률 목표를 채우기 위해서 어떤 다른 옵션들을 이용할 수 있는가?

14. **매출채권일수** 어떤 기업의 순이익은 $28만4,000, 매출이익률은 8.1%, 매출채권잔액은 $18만9,600이다. 매출액의 80%가 외상으로 이루어진다면 이 기업의 매출채권일수는 어떻게 되는가?

15. **비율과 고정자산** Lawrence사의 장기부채 대 (장기부채 + 자기자본)의 비율이 0.45이며 유동비율은 1.35이다. 유동부채는 $1,380, 매출액은 $1만530, 매출이익률은 7.5%, ROE는 13.45%이다. 이 기업의 순고정자산은 얼마인가?

16. **현금보상배율** FVA사의 최근 연도 순이익은 $3만2,145였으며 세율은 21%였다. 이 기업은 이자비용으로 총 $8,640를 지급했으며 감가상각비로 $9,730를 차감하였다. FVA사의 현금보상배율은 얼마인가?

17. **매출원가** Walker사의 유동부채는 $30만5,000, 당좌비율은 0.85, 재고자산회전율은 14.85, 유동비율은 1.45이다. 이 기업의 매출원가는 얼마인가?

18. **공통형 재무제표와 공통연도 재무제표** 공통형 재무제표와 함께 공통연도 재무제표가 종종 사용된다. 공통연도 재무제표는 현재연도 계정의 값을 기준연도 계정의 값으로 나누어 작성한다. 따라서 그 결과는 계정의 성장률로 나타난다. 다음의 재무제표를 이용하여 공통형 대차대조표와 공통연도 대차대조표를 작성하라. 2019년을 기준연도로 사용하라.

JARROW사 2019년과 2020년 대차대조표

자산			부채 및 자기자본		
	2019	2020		2019	2020
유동자산			유동부채		
현금	$ 21,514	$ 25,878	매입채무	$ 29,711	$ 37,027
매출채권	34,278	36,993	지급어음	37,514	45,397
재고자산	28,328	65,749	계	$ 67,225	$ 82,424
계	$ 84,120	$ 128,620	고정부채	$ 51,200	$ 80,500
			자기자본		
고정자산			보통주와 자본잉여금	$ 63,000	$ 63,000
순 설비 및 장비	$ 548,909	$ 563,412	이익잉여금	451,604	466,108
			계	$ 514,604	$ 529,108
자산 총계	$ 633,029	$ 692,032	부채 및 자기자본 총계	$ 633,029	$ 692,032

19. **완전가동시 매출액** Allen Mfg사는 현재 고정자산 용량의 94%만을 가동하고 있다. 현재 매출액은 $85만이다. 새로운 고정자산을 투입하지 않고 달성 가능한 매출액의 최대성장률은 얼마인가?

20. **고정자산과 용량의 활용** 문제 19번에서 이 기업의 고정자산은 $93만5,000이며 매출액은 $92만5,000로 증가할 것으로 추정된다고 가정하자. 이러한 매출액성장을 위해서는 얼마나 많은 고정자산이 추가적으로 필요한가?

21. **EFN 계산** Retro Machine사의 가장 최근 재무제표는 다음과 같다. 2021년도 매출액은 20% 증가할 것으로 추정된다. 이자비용은 변하지 않을 것이며 세율과 배당성향 또한 일정비율로 유지될 것이다. 원가, 기타비용, 유동자산, 매입채무는 매출액과 연동하여 증가할 것이다. 이 기업이 완전가동되고 있고 부채나 자기자본을 새로 조달하지 않는다면 매출액성장률 20%의 달성을 지원하기 위해 필요한 외부자본은 얼마인가?

Retro Machine사 2020년 손익계산서	
매출액	$683,520
원가	567,240
기타비용	17,320
이자 및 법인세 차감 전 이익	$ 98,960
지급이자	15,780
법인세 차감 전 이익	$ 83,180
법인세(21%)	17,468
순이익	$ 65,712
배당금	$ 22,719
이익잉여금의 증가	42,993

Retro Machine사 2020년 12월 31일 현재 대차대조표			
자산		부채 및 자기자본	
유동자산		유동부채	
현금	$ 20,654	매입채무	$ 55,080
매출채권	29,718	지급어음	13,776
재고자산	70,966	계	$ 68,856
계	$121,338	장기부채	$127,000
고정자산		자기자본	
순 설비 및 장비	$337,320	보통주와 자본잉여금	$105,000
		이익잉여금	157,802
		계	$262,802
자산 총계	$458,658	부채 및 자기자본 총계	$458,658

22. 용량의 활용과 성장 문제 21번에서 이 기업이 2020년에 용량의 85%만을 가동하고 있었다고 가정하자. EFN은 이제 얼마인가?

23. EFN계산 문제 21번에서 기업이 부채비율을 일정하게 유지하기를 희망한다고 하자. EFN은 이제 얼마인가?

도전
(문제 24~30번)

24. EFN과 내부성장 매출액성장률 15%와 25%를 대신 사용하여 문제 21번을 다시 풀어라. EFN과 성장률의 관계를 그래프로 그려서 설명하라.

25. EFN과 지속가능성장 매출액성장률 30%와 35%를 대신 사용하여 문제 23번을 다시 풀어라. EFN과 성장률의 관계를 그래프로 그려서 설명하라.

26. 성장에 대한 제약 Snell사는 성장률을 매년 10%로 부채비율 0.35를 유지하기를 희망한다. 매출액이익률은 6.5%, 매출액 대비 총자산의 비율은 2.1로 일정하다. 10% 성장률 달성이 가능한가? 이를 위해 배당성향이 얼마가 되어야 하는지를 결정하라. 이 결과를 어떻게 해석할 수 있는가?

27. EFN 다음 정의들을 이용하여 질문에 답하라.

S = 전년도 매출액

A = 총자산

E = 총자기자본

g = 매출액의 추정성장률

PM = 매출이익률

b = 유보(재투자)율

EFN을 다음과 같이 나타낼 수 있음을 보여라.

$$\text{EFN} = -\text{PM(S)}b + [\text{A} - \text{PM(S)}b] \times g$$

힌트: 필요한 자산은 (A × g)가 될 것이다. 이익잉여금의 증가는 [PM(S)b×(1 + g)]와 같을 것이다.

28. 지속가능성장률 문제 27번을 이용하여 내부성장률과 지속가능성장률이 식 3. 25과 식 3. 26에서와 같이 될 수 있음을 보여라. 힌트: 내부성장률을 계산하기 위해 EFN을 0으로 놓고 g에 대해서 풀어라.

29. 지속가능성장률 이 장에서 지속가능성장률을 계산하기 위한 한 방법으로 다음과 같은 공식을 제시하였다.

$$\text{지속가능성장률} = \frac{\text{ROE} \times b}{1 - \text{ROE} \times b}$$

실제에 있어 지속가능성장률을 계산하는 가장 보편적인 방법은 아마 (ROE × b)일 것이다. ROE를 기초자기자본을 사용하여 계산한다면 이 방법은 이 장에서 제시된 지속가능성장률을 계산하기 위한 공식과 동일하다. 이 장에 제시된 공식으로부터 이 단순공식을 유도하여라.

30. 지속가능성장률 문제 29번의 지속가능성장률 공식을 이용하여 다음 질문에 답하라. Grendl사의 기초총자산은 $41만, 기초자기자본은 $26만5,000, 기말총자산은 $46만6,000, 순이익은 $7만5,000, 배당금은 $3만2,000이다. 이 기업은 그 해에 자기자본을 새로 조달하지 않았다. 이 기업의 지속가능성장률은 대략 얼마인가? 지속가능성장률은 정확히 얼마인가? 기초자기자본을 사용하여 ROE를 계산한다면 지속가능성장률은 대략 얼마인가? 이 수치는 너무 높은가, 아니면 너무 낮은가? 왜그런가?

웹 정보 이용하여 문제풀기 What's on the web?

1. **듀퐁항등식** Walt Disney사의 홈페이지인 disney.go.com에서 재무제표를 찾을 수 있다. 가장 최근 3개년에 대해 Disney사의 듀퐁항등식을 계산하라. ROE는 이 기간 동안에 어떻게 변했는가? 듀퐁항등식을 구성하는 각 구성요소들의 변화가 이 기간 동안 ROE에 어떻게 영향을 미쳤는가?
2. **비율분석** Starwood Hotels & Resorts의 재무비율을 살펴보기 위해 www.reuters.com으로 가서 이 기업의 티커심벌인 HLT을 쳐보라. 이제 Starwoodl의 재무비율들과 이들 각 비율에 대해 산업부문 S&P 500 평균비율을 찾아보라.
   a. TTM과 MRQ은 무엇을 의미하는가?
   b. Hillton의 최근 수익성 비율들은 과거 5년간의 비율들과 비교해서 어떠한가? 산업평균에 비교해서는 어떠한가? 부문평균과 비교해서는 어떠한가? S&P 500 평균과 비교해서는 어떠한가? 산업부문 S&P 500 평균비율들 중에서 어느 것이 Hillton의 비교그룹으로 더 좋은가? 왜 그런가?
   c. 재무비율에 근거해서 볼 때 Hillton은 어느 분야에서 경쟁자들을 앞지르는 것으로 보이는가? Hillton은 어느 분야에서 경쟁자들에게 뒤지는 것으로 보이는가?
3. **매출액비율법의 적용** www.dupont.com의 'Investor Center'에 연결하여 DuPont의 가장 최근 연차재무제표를 찾아보라. 가장 최근 연도의 매출액성장률을 다음 해 매출액성장률의 추정치로 사용하여 추정손익계산서와 추정대차대조표를 작성하라. 이들 추정치에 근거하여 필요외부자금을 산출하라.
4. **성장률** Caterpillar의 홈페이지인 www.cat.com에서 가장 최근 연차보고서를 찾아보라. 재무제표의 정보를 이용하여 지속성장률을 계산하라.

CLOSING CASE

EAST COAST YACHT의 비율들과 재무계획

East Coast Yacht의 현금흐름에 대한 Dan의 분석 이후에 (제2장의 마지막에서) Larissa는 Dan에게 이 기업의 성과와 미래의 성장계획에 관해서 물었다. 먼저 Larissa는 경쟁기업들과 비교한 East Coast Yacht의 성과를 알기를 원한다. 추가로 기업이 성장하기 위해 미래에 자금이 얼마나 필요한지를 알기를 원한다. 과거에 이 기업은 주로 빈약한 계획 때문에 기업의 성장계획을 위해 자금조달을 하는 데 어려움을 겪었다. 실제로 기업의 시설들이 추가적인 수요를 따라 잡을 수 없어 일부 대형사업들을 거절해야만 했다. Larissa는 East Coast Yacht사가 확장계획을 잘 준비할 수 있도록 Dan이 다음 해에 얼마나 많은 자본을 조달해야 하는지를 추정할 수 있기를 희망했다.

Dan이 분석을 시작할 수 있도록 Larissa는 다음과 같은 재무제표를 제공했다. Dan은 요트제조업에 대한 산업비율을 수집했다.

EAST COAST YACHT 2020년 손익계산서	
매출액	$550,424,000
매출원가	397,185,000
판매 및 일반관리비	65,778,000
감가상각비	17,963,000
EBIT	$ 69,498,000
이자비용	9,900,000
EBT	$ 59,598,000
법인세(25%)	14,899,500
순이익	$44,698,500
배당금	$19,374,500
유보이익	25,324,000

1. East Coast Yacht가 자금조달의 원천으로 사용하는 우선주의 비율은 낮다. 이 기업의 비율들을 계산하는 데 있어 우선주를 총자본의 일부로 포함해야 하는가?
2. 산업비율 표에 열거된 모든 비율을 East Coast Yacht에 대해 서로 계산하라.

EAST COAST YACHT 2020년 대차대조표			
유동자산		유동부채	
현금과 등가물	$ 10,107,000	매입채무	$ 40,161,400
매출채권	16,813,300	지급어음	5,723,700
재고자산	18,135,700	미지급비용	$ 45,855,100
기타	1,054,900	총유동부채	
총유동자산	$ 46,110,900		
고정자산		장기부채	$152,374,000
고정유형자산	$412,032,000	총장기부채	$152,374,000
(누적감가상각 차감)	(102,452,000)		
순고정유형자산	$309,580,000		
무형자산 및 기타자산	6,772,000	자기자본	
고정자산 총계	$316,352,000	우선주	$1,773,000

(계속)

		보통주	31,802,000
		자본잉여금	27,348,000
		이익잉여금	146,052,800
		자사주 차감	(42,772,000)
		총자기자본	$164,203,800
자산 총계	$362,462,900	부채 및 자기자본 총계	$362,462,900

3. East Coast Yacht의 성과를 산업 전체의 성과와 비교하라. 산업비율과 비교하여 각 비율들을 왜 긍정적인 것으로 볼 수 있는지 아니면 부정적인 것으로 볼 수 있는지에 대해 의견을 말하라. 가령 재고자산을 유동부채로 나누어 재고자산비율을 구한다고 하자. 이 비율은 무엇을 말하는가? East Coast Yacht사의 이 비율을 산업비율과 비교해 보라.
4. East Coast Yacht의 지속가능성장률을 계산하라. 정확하게 이 비율로 성장한다고 가정하면서 이 기업의 필요외부자본을 계산하고 추정손익계산서와 추정대차대조표를 작성하라. 문제 2번의 비율들을 다시 계산하라. 무엇을 관찰할 수 있는가?
5. 실제에 있어서 East Coast Yacht는 부분적으로는 기존 주주들이 소유권과 통제권이 희석되는 것을 바라지 않기 때문에 외부에서 자기자본을 조달하는 데 덜 적극적일 수 있다. 그러나 이 기업은 다음 해에 20%의 성장률을 계획하고 있다. 당신은 East Coast Yacht가 추진하는 확장계획의 실현 가능성에 대해 어떠한 결론을 내리고 어떠한 추천을 하겠는가?
6. 대부분의 자산은 매출액의 일정비율로 증가될 수 있다. 예를 들면 현금은 어떠한 금액으로도 증가될 수 있다. 그러나 고정자산은 종종 일정금액으로 증가되어야 한다. 왜냐하면 실제에 있어서 새로운 설비나 기계 일부분의 구입은 불가능하기 때문이다. 이 경우에 기업은 '계단식(staircase)'이나 '무거운(lumpy)' 고정비구조를 지니고 있는 셈이다. East Coast Yacht가 현재 100% 완전가동하여 생산하고 있다고 하고 20%의 매출성장률을 예상한다고 하자. 따라서 생산을 늘리기 위해서는 $9,500만 상당의 신규 생산라인을 설치해야 한다. 이 가정에 기초하여 EFN을 계산하라. East Coast Yacht가 다음 해에 활용하게 될 생산용량은 무엇을 의미하는가?

현금흐름 할인법

유명 운동선수들의 계약은 종종 세간의 관심을 불러일으킨다. 하지만 언론에 나오는 이들의 계약금에 대해 자칫 오해를 할 수 있다. 예를 들어, 포수인 Wilson Ramos는 2018년말 $1,900만에 NewYork Mets와 2년 계약을 체결했다. 이 정도 금액이면 프로야구 포수선수로서 나쁘지 않은 조건이다. 또 다른 예로 Boston Red Sox의 Nathan Eovaldi는 $6,750만에 계약을 체결했다.

Wilson이나 Nathan은 상당히 좋은 계약을 체결한 것으로 생각된다. 반면 Washington Nationals는 투수인 Patrick Corbin을 영입하는데 $1억4,000만를 지불해 다소 비싼 계약을 체결한 것으로 보인다. 하지만 본 계약은 다년 계약으로 첫해 $1,500만가 지불되고 나머지 $1억2,500만는 2020년부터 2024년까지 5년간 분할하여 지급된다. Nathan Eovaldi의 계약조건도 이와 유사하여 4년간 분할하여 지급된다. 앞에서 예를 든 세 계약들은 모두 미래에 자금이 지급되는 것이므로 시간적 가치를 고려해야한다. 즉, 세 선수들이 받는 실질적인 금액은 제시된 금액이 아닌 것이다. 그렇다면 그들이 실제로 받는 금액은 얼마나 될까? 이 장에서는 이 질문에 대한 해답을 찾을 수 있는 '여러 가지 기법들'을 소개한다.

기업재무 관련 최근 사건들을 찾아보기 위해 corecorporatefinance.blogspot.com 을 방문하라.

4.1 가치: 단일기간의 경우

Keith Vaughan은 알래스카에 보유하고 있는 토지의 일부를 매각하려고 한다. 이 토지를 $1만에 매입하겠다는 사람이 있었다. 그는 값을 더 받기 위해 기다리다 어제 $1만1,424에 매입하겠다는 매입자가 나타나 계약을 하려고 했다. 하지만 후자의 경우 지금으로부터 1년 후에 대금을 지급하겠다는 조건이 붙어 있었다. Keith는 두 사람 모두 정직하고 재정적으로 지불능력이 충분하다는 것을 알고 있으며, 따라서 어떤 매입자를 택하든 계약에는 별 문제가 없다는 것을 확신한다. 두 매입자의 제안은 그림 4. 1에 현금흐름의 형태로 나타나 있다. Vaughan 씨는 어느 제안을 선택해야 하는가?

Keith의 재무조언자인 Jim Ellis는 만약 Keith가 전자의 제안을 선택한다면 $1만를 12%의 확정이자를 지급하는 은행에 저축하고 1년 후 $1만1,200를 얻을 수 있을 것이라고 설명한다.[1]

$10,000 + (0.12 × $10,000) = $10,000 × 1.12 = $11,200

원금 　　　　이자

이 금액은 Keith가 후자의 제안을 선택했을 때 얻게 되는 $1만1,424보다 적으므로 Ellis는 Keith에게 후자를 선택하라고 제안한다. 이 분석은 **미래가치(future value)** 또는 **복리가치(compound value)**의 개념을 사용한 것으로써, 이는 한 기간 이상 투자한 후의 합산가치를 의미한다. 즉, 연 12%의 금리로 $1만의 복리가치 또는 미래가치는 $1만1,200가 되는 것이다.

1 상식있는 독자들은 오늘날 12%의 확정금리를 지급하는 곳이 과연 존재할 것인가에 대해 의문을 가질 수 있다. 예컨대 Puerto Rico는 최근 헌법상 유사한 금리를 보장한 바 있다. 하지만 정부가 두 자릿수의 금리를 보장하는 것은 일반적으로 예외적인 상황이라는 사실을 인정한다. 사실 Puerto Rico는 2016년 파산을 선언했다.

그림 4.1

Vaughan씨 매각 관련 현금흐름

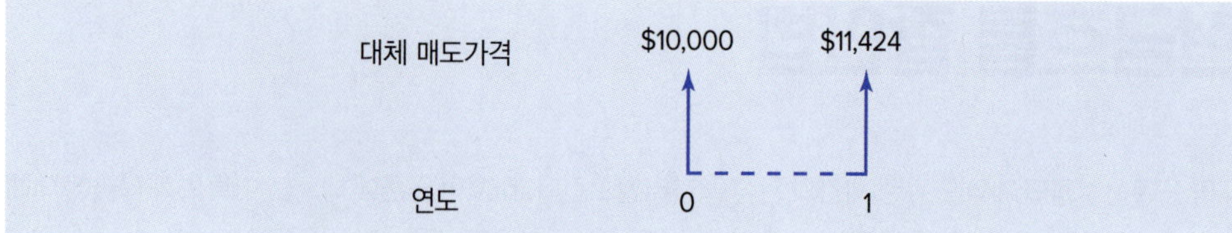

또 다른 가치측정 방법으로는 **현재가치(present value)** 개념을 활용하는 방안이 있다. 현재가치는 다음과 같은 질문을 통해 산출할 수 있다. Keith는 금리가 연 12%인 경우 내년에 $1만1,424를 얻기 위해 오늘 은행에 얼마를 예금해야 하나? 이것은 다음과 같은 산술식으로 표현된다.

$$\mathbf{PV \times 1.12 = \$11{,}424}$$

위의 산술식을 통해, 연 12%의 금리로 오늘 투자했을 때 내년에 $1만1,200를 얻을 수 있는 현재가치(PV)를 구하고자 하므로 PV에 관해 풀면 다음의 값을 구할 수 있다.

$$\mathbf{PV = \frac{\$11{,}424}{1.12} = \$10{,}200}$$

따라서 현재가치(PV)를 구하는 식은 다음과 같이 표현된다.

$$\textbf{투자의 현재가치: } \mathbf{PV = \frac{C_1}{1+r}} \qquad \textbf{[4. 1]}$$

여기서, C_1은 시점 1에서의 현금흐름이고, r은 Keith Vaughan이 그의 토지를 매각하는 데 요구하는 수익률이다. 이 수익률은 경우에 따라서 할인율(discount rate)로 사용되기도 한다.

현재가치 분석(Present value analysis)을 이용하면 내년에 받게 되는 $1만1,424는 오늘 $1만200의 가치를 갖는다는 것을 알 수 있다. 즉, 금리가 연 12%라면 Vaughan은 오늘 $1만200나 내년의 $1만1,424가 차이가 없는 것이다. 만약 당신이 그에게 오늘 $1만200를 준다면, 그는 돈을 은행에 예치하고 내년에 $1만1,424를 받을 수 있는 것이다.

현재가치 측면에서 분석할 때 전자의 제안이 $1만인데 비해 후자의 제안은 $1만200이므로 현재가치분석에서도 Vaughan은 후자의 제안을 선택하는 것이 현명한 것으로 판명되었다. 즉, 미래가치 분석이나 현재가치 분석 모두 동일한 의사결정의 결과를 보였다. 앞에서 증명하였듯이 현재가치 분석이나 미래가치 분석은 항상 동일한 의사결정의 결과를 도출해야 한다.

예제 4.1 현재가치

부동산 개발회사인 Kaufman & Broad사의 재무분석가인 Daine Badame은 회사가 현재 $8만5,000 하는 어떤 토지를 구입하는 것이 좋을 것 같다는 생각을 하고 있다. 그녀는 내년에 이 토지 가격이 $9만1,000가 되어 $6,000의 이익을 볼 것이라고 확신하고 있다. 만약, 은행에 예치하는 경우 금리가 연 10%라고 한다면 Kaufman & Broad사는 그 토지를 매입해야 하는가? Badame의 선택과 관련된 현금흐름은 그림 4. 2에 요약되어 있다.

(계속)

그림 4.2 토지매입 관련 현금흐름

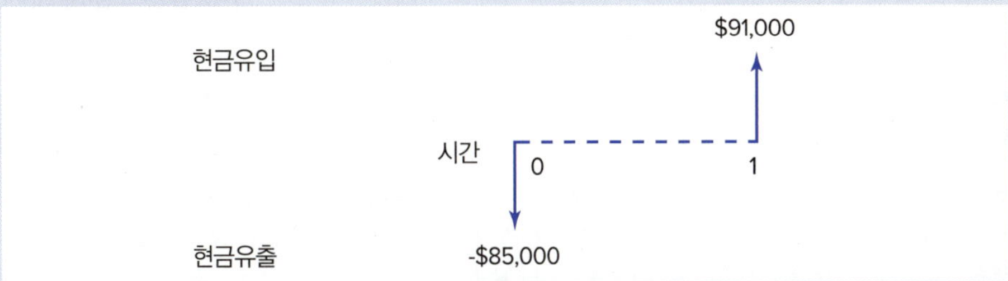

조금만 자세히 생각해 보면 그녀의 선택이 그다지 성공적이지 못하다는 사실을 알 수 있을 것이다. 토지를 $8만 5,000에 매입하면 내년에 $9만1,000를 얻을 수 있다. 반면 Kaufman & Broad사가 동일한 금액인 $8만 5,000를 은행에 예치하면 금리가 10%인 경우 내년에 $9만3,500를 얻게 된다.

$$(1 + 0.10) \times \$85{,}000 = \$93{,}500$$

동일한 금액인 $8만5,000를 금융시장에 투자하는 경우 $2,500의 초과수익(은행에 예치해서 얻을 수 있는 $9만3,500에서 토지를 매입해서 획득할 수 있는 $9만1,000를 차감한 금액)을 얻을 수 있다면, 토지 매입은 어리석은 판단일 것이다. 이것이 미래가치 계산이다.

또한 그녀는 토지의 내년 매도가격에 대한 현재가치를 다음과 같이 계산할 수도 있다.

$$\text{현재가치} = \frac{\$91{,}000}{1.10} = \$82{,}727.27$$

토지의 내년 매도가격에 대한 현재가치는 현재 매입가능한 가격인 $8만5,000보다 낮으므로, 현재가치 분석에서도 그녀는 토지구입을 추천해서는 안 된다.

이 예제는 간단하지만 이후 논의될 내용의 기본적인 원리를 포함하고 있다. 이제, 순현재가치(net present value) 개념을 알기 위해 다른 예를 살펴보기로 하자.

사업가들은 종종 의사결정에 대한 정확한 비용과 이익의 산출을 원하기도 한다. 현재 토지를 매입하고 내년에 매도하는 의사결정은 다음과 같이 평가될 수 있다.

투자의 순현재가치:

$$-\$2{,}273 = \underbrace{-\$85{,}000}_{\text{현재 토지 구입가격}} + \underbrace{\frac{\$91{,}000}{1.10}}_{\text{내년 매도가격에 대한 현재가치}}$$

따라서 순현재가치를 구하는 식은 다음과 같이 표현할 수 있다.

$$\text{NPV} = -\text{Cost} + \text{PV} \qquad [4.2]$$

식 4. 2는 현재시점에서 모든 비용과 모든 이익을 감안한 후의 투자 가치가 −$2,273임을 보여주고 있다. 여기서 −$2,273가 투자의 **순현재가치(net present value: NPV)**인 것이다. 즉, 순현재가치는 미래 현금흐름의 현재가치에서 투자비용의 현재가치를 차감한 금액이다. 예제 4. 1에서 토지매입과 관련된 의사결정의 순현재가치는 음(−)이므로, Diane Badame은 토지매입을 추천해서는 안 되는 것이다.

앞의 Vaughan과 Badame의 예제는 모두 확실한 상황 하에서의 논의였다. 즉 Vaughan

은 그가 토지를 내년에 $1만1,424에 매각할 수 있으리라는 사실을 확실히 알고 있었고, Badame도 Kaufman & Broad사가 내년에 토지를 매각하는 경우 $9만1,000를 받을 수 있다는 사실을 확실히 알고 있었다. 하지만 불행하게도 대부분의 경우 미래 현금흐름에 대해 확실히 알 수 있는 경우는 드물다. 다음 예제는 이와 같은 불확실성에 대해 다룬다.

예제 4. 2

불확실성과 가치

Professional Artworks사는 현대 미술품을 매매하는 회사이다. 회사의 매니저는 피카소 원작의 그림 하나를 1년 후에 매도할 생각으로 $40만에 구입할 것을 고려하고 있다. 매니저는 1년 이내에 그림이 $48만가 될 것으로 예상하고 있다. 관련된 현금흐름은 그림 4. 3에 나타나 있다.

물론 이것은 그저 예상일 뿐이다. — 그림 가격은 $48만보다 더 비싸질 수도 있고 더 싸질 수도 있다. 만약 은행에서 지급하는 보장금리가 연 10%라면 이 회사는 그림을 구입해야 하는가?

이자율로 할인한다면 1년 후의 $48만는 현재가치로

$$\frac{\$480,000}{1.10} = \$436,364$$

가 된다. $43만6,364는 $40만보다 크므로 얼핏 생각하면 그림은 구입되어야 할 것 같다. 하지만 10%의 수익률은 은행이 보장했으므로 무위험투자에 대한 수익률이라고 할 수 있다. 따라서 그림가격의 변화폭이 상당히 큰 현실을 감안했을 때 무위험이자율보다는 더 높은 할인율을 적용해야 할 것이다. 만약 매니저가 이 위험을 감안해서 25%의 할인율을 적용한다면, 즉 매니저가 그림과 같은 위험도 높은 투자의 경우 위험에 상응하는 기대수익률이 25%가 되어야 한다고 주장한다면, 그림의 현재가치는

$$\frac{\$480,000}{1.25} = \$384,000$$

이 된다. 따라서 매니저는 현재 $40만인 그림 가격이 과대평가되어 있다고 판단하여 그림 매입을 자제할 것이다.

그림 4. 3 그림 투자에 대한 현금흐름

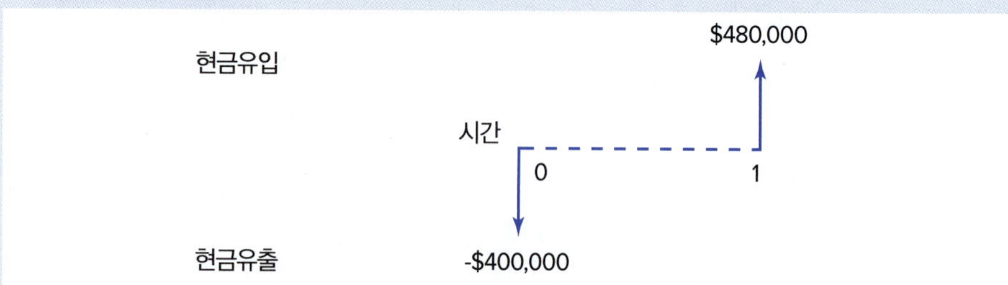

실제 벌어지는 상황은 물론 훨씬 더 복잡하겠지만, 앞의 예제는 오늘날 기업들의 의사결정과 관련된 전형적인 예라고 할 수 있다. 불행하게도, 위험을 내포하는 어떠한 투자안도 무위험 투자안이라면 존재하지 않을 문제를 제기한다. 무위험 현금흐름과 관련한 예에서 적정 요구수익률(즉, 할인율)은 미 재무부 증권의 현재 수익률로 가늠할 수 있다. 개념적으로, 위험한 기대 현금흐름에 대한 정확한 할인율은 동일한 위험을 갖는 다른 투자의 가능한 기대수익률이다. 왜냐하면 이 할인율은 투자자에게 경제적 기회비용을 의미하기 때문이다. 하지만 위험 투자와 관련된 할인율의 선택은 상당히 난해한 작업이라고 할 수 있다. 현재 시점에서는 예제 4. 2에서 살펴보았던 그림에 대한 할인율이 11%인지, 25%인지, 52%인지, 또 다른 금리인지 알 수가 없다.

할인율의 선택은 상당히 어려운 사항으로 이 장에서는 단지 이것을 주제로 삼았다는 측

면에서 의의가 있다고 할 수 있다. 이와 관련된 내용은 본 책의 제10장 위험과 수익률 부문에서 다시 자세히 다룰 것이다.

4. 2 다기간의 경우

앞 절에서는 단일거래기간의 미래가치와 현재가치의 계산방식에 대해 설명하였다. 이 절에서는 다기간에 대한 가치 측정방법에 대해 설명하기로 한다.

ExcelMaster coverage online
www.mhhe.com/RossCore6e

미래가치와 복리계산

당신이 $1의 대출을 받았다고 가정하자. 1년 뒤, 당신은 대출자에게 $1의 원금과 금리가 r인 원금에 대한 이자를 빌린 셈이 된다. 따라서 금리가 9%라고 가정하는 경우 당신은 대출자에게 다음과 같은 금액을 차입한 셈이 된다.

$$\$1 \times (1+r) = \$1 \times 1.09 = \$1.09$$

1년 후, 대출자는 두 가지의 선택을 할 수 있다. $1.09를 받든지—좀더 일반적으로 말하면 금융시장으로부터 (1 + r)만큼 —아니면, 그 돈을 그 상태에서 다시 1년을 더 빌려 줄 수 있다. 일정한 기간 이상의 기간 동안 원금과 누적된 이자를 그대로 두어 이자가 재투자되는 과정을 **복리계산(compounding)**이라고 한다.

대출자가 대출을 1년 더 연장하기 위해 복리계산을 하기로 했다고 가정하면, 대출자는 1년 후에 받을 돈 $1.09를 그 다음 해에 대출해 준 셈이 된다. 따라서 당신은 2년 후에 다음과 같은 금액을 차입한 셈이 된다.

$$\$1 \times (1+r) \times (1+r) = \$1 \times (1+r)^2 = 1 + 2r + r^2$$
$$\$1 \times (1.09) \times (1.09) = \$1 \times (1.09)^2 = \$1 + 0.18 + 0.0081 = \$1.1881$$

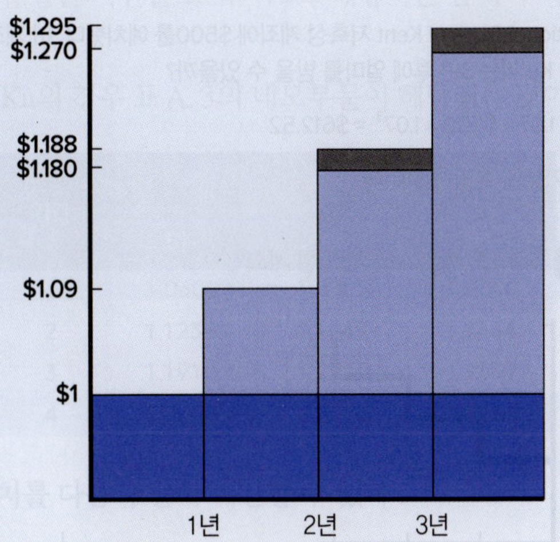

그림 4. 4
단리와 복리

이 질문은 수학적으로 다음과 같이 나타낼 수 있다

$$PV \times 1.09^2 = \$1$$

여기서, PV는 우리가 2년 후에 $1를 받기 위해 오늘 투자해야 하는 금액의 현재가치를 나타낸다.

이 식에서 PV를 풀면,

$$PV = \frac{\$1}{1.1881} = \$0.84$$

가 된다. 미래 현금흐름의 현재가치를 구하는 과정을 **할인(discounting)**이라고 하며, 이는 복리계산과 반대개념이다. 복리계산과 할인의 차이는 그림 4. 8에 나타나 있다.

그림 4. 8
복리계산과 할인

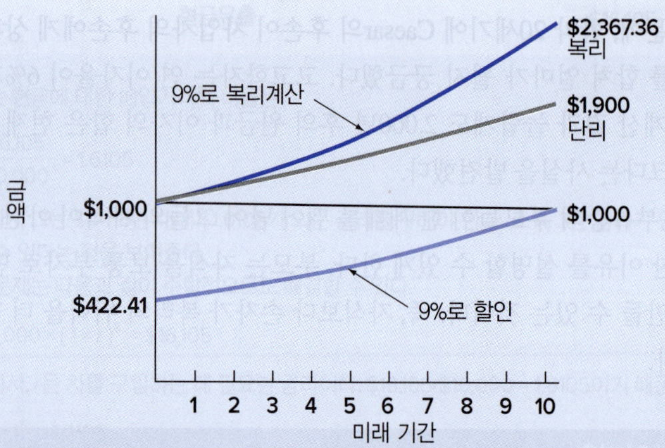

맨 위의 선은 자금이 연 9%의 복리로 투자되는 경우 10년 후의 $1,000에 대한 가치변화를 보여준다 : $\$1{,}000 \times (1.09)^{10} = \$2{,}367.36$. 두 번째 선은 단리로 투자되는 경우이다. $\$1{,}000 + [10 \times (\$1{,}000 \times 0.09)] = \$1{,}900$. 맨 아래 선은 금리가 연 9%인 경우 $1,000에 대한 할인가치이다.

2년 후에 받게 되는 $1의 현재가치가 $0.84라는 것을 확실하게 하기 위해서는 $0.84를 대출해 주고 2년간 기간을 연장하는 경우 정확하게 $1를 받을 수 있는지를 확인하면 된다. 이를 위해 정확한 수치를 대입하면,

$$\$0.84168 \times 1.09 \times 1.09 = \$1$$

를 얻을 수 있다.

다시 말해, 자본시장이 연 9%의 금리를 보장한다면, 오늘의 $0.84나 2년 후의 $1는 차이가 없는 것이다. 즉, 현재 $0.84를 가지고 있고 그것을 2년간 투자한 후 $1를 받을 수 있다면 두 가지 방법을 상이하게 다룰 필요가 없는 것이다. $[1/(1.09)^2]$의 값을 **현재가치계수(present value factor)**라고 부르고, 이는 미래현금흐름의 현재가치를 계산하는 데 사용된다.

여러 기간의 경우 PV를 구하는 식은 다음과 같이 표현된다.

투자의 현재가치:

$$PV = \frac{C_t}{(1+r)^t} \quad [4.4]$$

여기서, C_t는 t시점의 현금흐름을, r은 할인율을 나타낸다.

예제 4.7

여러 기간에 대한 할인

Harry DeAngelo는 3년 후에 $1만를 받을 예정이다. Harry가 연 8%의 금리를 얻을 수 있다면 할인율은 8%가 된다. 미래 현금흐름의 현재가치는?

$$PV = \$10,000 \times \left(\frac{1}{1.08}\right)^3$$
$$= \$10,000 \times 0.7938$$
$$= \$7,938$$

그림 4.9는 Harry의 투자에 대한 현재가치계수의 응용을 도식화한 것이다.

그림 4.9 Harry DeAngelo의 기회에 대한 할인

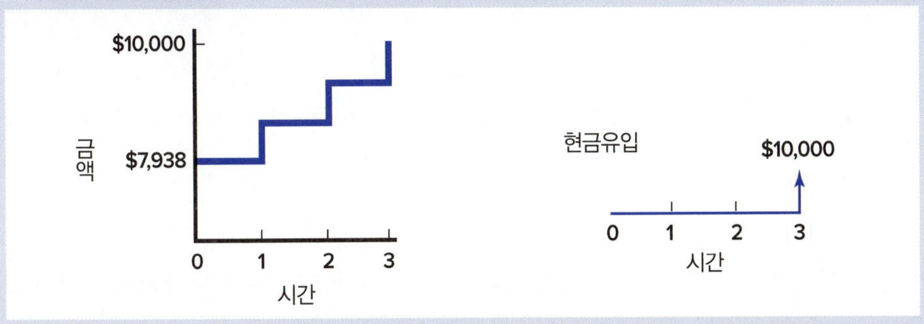

Harry DeAngelo의 투자가 8%의 금리로 성장한다면, 그는 현재의 $7,938와 3년 후의 $1만를 동일하게 선호할 수 있다. 결국 그는 오늘 받는 $7,938를 8%의 금리로 대출해 주면 3년 후에 $1만를 받을 수 있는 것이다.

Harry DeAngelo는 현재가치를 계산하는 세 가지 방법 중 한 가지를 이용할 수 있다. 세 가지 방법이란 수작업, 계산기 이용, 그리고 책 뒤에 부록으로 나와 있는 표 A. 1을 이용하는 것이다. 이 표는 T기간 후에 받게 되는 $1의 현재가치를 나타낸다. 표의 행은 금리, 열은 기간을 표시하므로 해당하는 금리와 기간을 감안해 현재가치를 구할 수 있다. 예를 들어, Harry DeAngelo는 다음의 표 A. 1 네모부문이 해당되는 것이다.

기간	금리		
	7%	8%	9%
1	0.9346	0.9259	0.9174
2	0.8734	0.8573	0.8417
3	0.8163	0.7938	0.7722
4	0.7629	0.7350	0.7084

적정한 현재가치계수는 0.7938이다.

앞의 예제에서는 금리와 미래현금흐름이 주어졌다. 이제 금리를 알지 못하는 경우에 대해 살펴보기로 하자.

예제 4.8

금리 산출

Beatty사의 소비자는 오늘 예인선을 구입하려고 한다. 그런데, 그 소비자는 비용을 오늘이 아닌 3년 후에 $15만를 지불하기 희망하고 있다. 예인선의 제조원가는 오늘 현재 $11만5,830이다. Beatty사와 관련된 현금흐름은 그림 4. 10에 나타나 있다. 몇%의 금리를 적용하면 Beatty사가 예인선 판매에 대해 손해도 보지 않고 이익도 실현하지 않을 수 있을까?

그림 4. 10 예인선을 위한 현금흐름

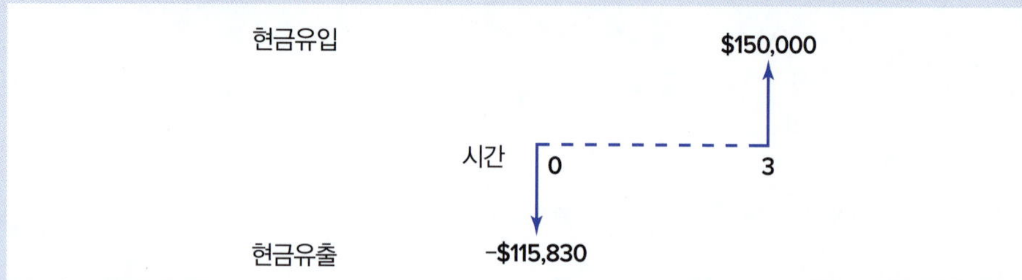

판매가 대비 제조원가 비율은

$$\frac{\$\,115{,}830}{\$\,150{,}000} = 0.7722$$

3년 후에 $1를 받을 수 있는 금액의 현재가치가 $0.7722가 되게 하기 위해서 표 A. 1을 보면 금리는 9%여야 함을 알 수 있다.

흔히 투자나 사업의 경우 1회 이상의 현금흐름이 발생한다. 여러 현금흐름의 현재가치는 단순히 개별 현금흐름 현재가치의 합이라고 할 수 있다. 이 관계는 다음의 예제에서 설명된다.

예제 4.9

현금흐름 가치평가

Dennis Draper는 Kentucky주 복권에 당첨되어 향후 2년간 다음과 같은 현금을 받게 되었다.

연도	현금흐름
1	$2,000
2	5,000

Dennis Draper는 현재 단기금융시장에서 6%의 금리를 얻을 수 있어 적정 할인율은 6%이다. 현금흐름의 현재가치는 다음과 같다.

연도	현금흐름 × 현재가치 계수 = 현재가치
1	$\$2{,}000 \times \frac{1}{1.06} = \$2{,}000 \times 0.9434 = \$1{,}887$
2	$\$5{,}000 \times \left(\frac{1}{1.06}\right)^2 = \$5{,}000 \times 0.8900 = 4{,}450$ 합계 $6,337

즉, Dennis Draper는 오늘 $6,337를 받는 것이 1년 후 $2,000, 2년 후 $5,000를 받는 것과 차이가 없게 된다.

예제 4.10

NPV

Finance.com은 새로운 초고속 컴퓨터에 $5만를 투자할 기회를 가지고 있다. 컴퓨터는 1년 후 $2만5,000, 2년 후 $2만, 3년 후 $1만5,000의 현금흐름을 창출할 것으로 예상된다. 컴퓨터는 3년 후 가치가 소멸될 것이고 추가적인 현금흐름은 발생하지 않을 것으로 전망된다. Finance.com은 이 투자를 위한 적정 할인율을 7%로 결정했다. Finance.com은 새로운 초고속 컴퓨터에 투자를 해야 하는가? 이 투자의 현재가치는 얼마인가?

현금흐름과 제안된 컴퓨터의 현재가치계수는 다음과 같다.

	현금흐름	현재가치 계수
연도 0	- $50,000	$1 = 1$
1	25,000	$\frac{1}{1.07} = 0.9346$
2	20,000	$\left(\frac{1}{1.07}\right)^2 = 0.8734$
3	15,000	$\left(\frac{1}{1.07}\right)^3 = 0.8163$

현금흐름의 현재가치는 다음과 같다.
현금흐름 × 현재가치 계수 = 현재가치

연도 0	- $50,000 × 1	=	- $50,000.00
1	$25,000 × 0.9346	=	23,364.49
2	$20,000 × 0.8734	=	17,468.77
3	$15,000 × 0.8163	=	12,244.47
		합계	$ 3,077.73

Finance.com은 미래현금흐름의 현재가치가 비용보다 크므로 새로운 초고속 컴퓨터에 투자를 해야 한다. 즉, 투자에 대한 순현재가치(NPV)는 $3,077.73이다.

산술식

현금흐름의 순현재가치를 계산하기 위한 산술식을 도출하기 위해 1년 후 받게 되는 현금흐름의 현재가치는

$$\mathbf{PV} = C_1/(1+r)$$

2년 후에 받게 되는 현금흐름의 현재가치는

$$\mathbf{PV} = C_2/(1+r)^2$$

따라서 T 기간 프로젝트의 순현재가치(NPV)는 다음과 같이 나타낼 수 있다.

$$\mathbf{NPV} = -C_0 + \frac{C_1}{1+r} + \frac{C_2}{(1+r)^2} + \cdots + \frac{C_T}{(1+r)^T} = -C_0 + \sum_{t=1}^{T} \frac{C_i}{(1+r)^T} \qquad [4.5]$$

최초 현금흐름인 $-C_0$는 투자를 의미하므로 음(−)으로 가정한다. Σ는 현금흐름의 합을 나타낸다.

제4장의 오프닝 케이스에서 언급한 야구 선수 Patrick Corbin의 계약과 관련된 질문에 대한 답을 제시하면서 이 절을 마치고자 한다. 계약내용은 첫 해인 2019년 $1,500만, 2020년 $1,900만, 2021년 $2,400만, 2022년 $2,300만, 2023년 $2,400만, 2024년 $3,500만를 지급하는 것이다. 만약 적정금리가 12%라고 한다면 Washington Nationals는 Patrick과 어떤 종류의 계약을 한 셈인가?

이에 대한 답을 구하기 위해, 다음과 같이 매년 지급하는 연봉의 할인을 통해 현재가치를 산출할 수 있다(연봉은 매년 말에 지급하고 12%가 적정금리라고 가정한다).

Year 1 (2019): $\$15{,}000{,}000 \times 1/1.12^1 = \$13{,}392{,}857.14$

Year 2 (2020): $\$19{,}000{,}000 \times 1/1.12^2 = \$15{,}146{,}683.67$

...

Year 6 (2024): $\$35{,}000{,}000 \times 1/1.12^6 = \$17{,}732{,}089.24$

앞에서 생략된 부분을 모두 채우면 Patrick 계약의 현재가치는 $9,159만가 되는 것을 알 수 있다. 이 금액은 물론 거액이지만 보도된 $1억4,000만의 65% 정도에 그치는 수준이다.

이미 인지한 바와 같이, 여러 기간에 걸친 현금흐름에 대한 현재가치를 구하는 일은 상당히 단조롭고 지루할 수 있다. 이와 같은 문제를 해결하기 위해서 스프레드시트를 활용할 수 있다. 이에 대한 응용으로 다음 페이지 'Finance Matters' 박스란에 있는 복권 지급액에 대해 살펴본다.

스프레드시트 활용기법

여러 기간의 미래 현금흐름에 대한 현재가치를 계산하기 위한 스프레드시트 이용 방법

개별 현금흐름의 현재가치를 산출하기 위해 기본적인 스프레드시트를 다음과 같이 설정할 수 있다. 한 시점의 현재가치를 구한 후 이를 단순합산하는 과정을 거쳤다는 점을 인지하라.

	A	B	C	D	E
1					
2	여러 기간의 미래 현금흐름의 가치를 구하기 위한 스프레드시트 이용				
3					
4	1년 후 $200, 2년 후 $400, 3년 후 $600, 그리고 4년 후 $800의 현금흐름이 예상되고 할인율이 12%일 경우				
5	현재가치는 얼마인가?				
6					
7	금리:	0.12			
8					
9	연도	현금흐름	현재가치	이용식	
10					
11	1	$200	$178.57	=PV($B$7,A10,0,-B10)	
12	2	$400	$318.88	=PV($B$7,A11,0,-B11)	
13	3	$600	$427.07	=PV($B$7,A12,0,-B12)	
14	4	$800	$508.41	=PV($B$7,A13,0,-B13)	
15		총 PV:	$1,432.93	=SUM(C10:C13)	
16					
17	PV 식에서 음(−)의 부호를 사용하는 것에 주의하라. 이것은 단순히 현재가치가 양(+)의 부호를 갖게 하기 위한 것				
18	이다. 또한 B7 셀에 있는 할인율은 $B$7(절대값)로 표현되었는데, 이 셀이 반복적으로 사용되기 때문이다. 대신				
19	0.12를 사용해도 된다.				
20					
21					
22					

FINANCE MATTERS

JACKPOT!

만약 당신이나 당신이 아는 누군가가 정기적으로 로또를 구입한다면, 당신은 벼락을 맞을 확률이 1등에 당첨될 확률보다 1,300배가 더 높다는 사실을 이미 알고 있을 것이다. 1등에 당첨될 가능성은 어느 정도 될까? 다음 표는 다른 여러 가지 사건과 비교해 Mega Millions Lottery에 당첨될 확률을 보여준다.

Mega Millions jackpot 당첨 확률	1:302,575,350
불꽃놀이 사고로 죽을 확률	1:218,106
개에 물려 죽을 확률	1:188,364
벼락맞아 죽을 확률	1:115,111
지진으로 죽을 확률	1:46,452
벌에 쏘여 죽을 확률	1:31,394
비행기사고로 죽을 확률	1:15,638
자동차사고로 죽을 확률	1:103

스테이크경마(sweepstake: 건 돈을 이긴 한 사람이 다 차지하는 내기)에서 이길 확률은 로또와 다를 수 있지만 이 확률도 그다지 높지는 않을 것이다. 아마도 역사상 가장 많은 대상 상금이라고 광고했던 것은 Pepsi의 'Play for a Billion'으로 상금이 $10억였다. 하루 작업으로는 나쁘지 않은 것이지만 작게 쓰여진 글들을 읽어야 하는 수고는 감수해야 한다. 즉, 상금은 향후 20년간 매년 $500만가 지급되고 21년차부터 39년차까지는 매년 $1,000만가 지급되며 40년차 때 나머지 $7억1,000만가 일시불로 지급된다는 내용이다. 당신이 지금까지 접한 지식으로는 스테이크경마의 가치가 $10억 근처에도 가지 못한다는 사실을 알 것이다. 사실, 이자율을 10%로 가정할 경우 현재가치는 $7,070만에 불과하기 때문이다.

로또 상금은 일반적으로 20년 또는 그 이상의 기간동안 분할되어 지급되지만 당첨자는 일시불로 지급받을 수도 있다. 예컨대, 2018년 6월 New Jersey에 사는 Hackensack은 Powerball 로또에 당첨되었다. 그는 $1억8,300를 일시불로 받거나 향후 30년간 매년 $1,050만를 지급받을 수 있다. 두 옵션 중 그는 일시불을 선택했다.

어떤 로또는 당신의 결정을 좀더 어렵게 만들기도 한다. Ontario Lottery는 평생 주당 $2,000를 지급하거나 일시불로 지금 $130만를 지급한다(Canadian dollars). 물론, 당신이 가까운 미래에 죽을 가능성도 있으므로, 이 로또는 첫 지급일로부터 20년이 되거나 당신이 91세 되는 시기 중 먼저 도달하는 기간까지 당신의 상속인에게 매주 $2,000의 지급을 보장한다. 이 같은 지급 스케줄은 당신의 의사결정을 다소 복잡하게 할 수 있다. 만일 당신이 단지 20년만 산다면 두 가지 옵션의 손익분기 금리는 주별 복리로 계산해 연 5.13%가 된다. 하지만 당신이 20년 이상 살 것으로 기대한다면 평생 주당 $2,000 지급을 선택하는 것이 유리할 수 있다. 물론, 일시불로 $130만를 지급받아서 연 8%의 수익률(주별 복리계산)을 달성할 수 있게 투자한다면, 영원히 매주 말에 $2,000를 지급받을 수 있으므로 당신의 몫을 챙길 수 있다. 로또 지급금은 모두 세후 기준이므로 이 경우 세금이 의사결정을 복잡하게 할 수 있다. 따라서 이 예에서 수익률은 역시 세후수익률이 되어야 한다.

4.3 복리계산 기간

ExcelMaster coverage online
www.mhhe.com/RossCore6e

현재까지 복리계산과 할인은 연 단위로 발생한다고 가정했다. 하지만, 실제로 복리계산은 1년에 한 번 이상 이루어질 수 있다. 예를 들어, 은행이 금리 10%를 '반년 단위로 복리계산'한다고 가정해 보자. 그렇게 된다면 은행에 예금한 $1,000는 6개월 후에 $1,000×1.05 = $1,050이 되고 1년 후에는 $1,050×1.05 = $1,102.50가 된다.

1년 후 가치는 다음과 같이 나타낼 수 있다.

$$\$1{,}000\left(1+\frac{0.10}{2}\right)^2 = \$1{,}000 \times 1.05^2 = \$1{,}102.50$$

물론, 예금액 \$1,000를 연 단위로 복리계산을 하면 \$1,100 (= \$1,000×1.10)의 가치를 갖게 된다. 반년 단위의 복리계산이 연 단위의 복리계산보다 1년 후 미래가치가 더 크다는 점에 주목해야 한다. 연 단위 복리의 경우 기초의 투자금 \$1,000는 1년 투자기간 동안 줄곧 투자원금의 역할을 하는 반면, 반년 단위의 복리계산의 경우는 투자금 \$1,000가 첫 6개월 동안만 투자원금 역할을 하고 나머지 6개월 동안은 \$1,050가 투자원금이 된다. 즉 반년 단위의 복리계산의 경우 이자에 대한 이자를 얻을 수 있는 것이다.

\$1,000×1.1025 = \$1,102.50이기 때문에 10%의 반년 단위 복리계산은 10.25%의 연 단위 복리계산과 동일하게 된다. 즉, 합리적인 투자자는 10%의 반년 단위 복리계산과 10.25%의 연 단위 복리계산을 같게 취급할 수 있다.

한편, 10%를 분기별 복리계산하는 경우, 1년 후의 수익률은 다음과 같다.

$$\$1{,}000\left(1+\frac{0.10}{4}\right)^4 = \$1{,}103.81$$

이를 일반화시키면 연중 m회 복리계산이 이루어지는 경우 1년 후의 자산가치는

$$C_0\left(1+\frac{r}{m}\right)^m \qquad [4.\,6]$$

이 된다. 여기서, C_0는 초기투자금액이고, r은 **표시이자율(annual percentage rate: APR)**이다. 표시이자율이란 복리계산이 고려되지 않는 이자율이다. 은행과 여러 금융기관에서는 이에 대한 다른 이름을 사용할 수도 있지만, 이 용어가 가장 일반적으로 활용된다.[4]

예제 4. 11

실효이자율

Fernando Zapatero가 \$1에 대해 표시이자율이 연 24%이고 월 단위로 복리계산이 이루어지는 곳에 투자했을 경우 1년 후에 받게 되는 금액은?

식 4. 6을 이용하면, Fernando는 1년 후에 다음의 금액을 받게 된다.

$$\$1\left(1+\frac{0.24}{12}\right)^{12} = \$1\times(1.02)^{12}$$
$$= \$1.2682$$

이 경우 연 수익률은 26.82%에 이른다. 이 수익률을 **실효이자율(effective annual rate: EAR)** 또는 **유효수익률(effective annual yield: EAY)**이라고 부른다. 복리계산으로 인해 실효이자율은 표시이자율인 24%보다 더 높게 나타난다. 산술적으로 실효이자율은 다음과 같이 나타낼 수 있다.

실효이자율:

$$\left(1+\frac{r}{m}\right)^m - 1 \qquad [4.\,7]$$

식 4. 7에서 주의할 점은 1을 차감해야 한다는 것이다. 1년 후의 가치는 원금과 이자로 구성되기 때문에 원금은 제외해야하기 때문이다.

4 법적으로 대여자는 모든 대출금에 대해 표시이자율을 표시하도록 되어 있다. 본 교과서에서는 연간 기간 수에 기간당 금리를 곱하여 표시이자율을 계산한다. 연방법에 따르면 표시이자율은 소비자 신용비용을 연간표시로 산출하게 되어 있고 금리와 수수료나 비용 등 비금리 부분을 포함하게 되어 있다. 실무적으로 대여자가 연방법으로 규정한 바와 같이 표시이자율 계산 시 상당부분의 수수료를 포함시킨다면 표시이자율은 대출이자보다 훨씬 높아질 수 있다.

예제 4.12

복리계산 횟수

표시이자율이 8%이고 분기별로 복리계산된다고 할 때 실효이자율은 얼마인가?

$$\left(1+\frac{r}{m}\right)^m-1=\left(1+\frac{0.08}{4}\right)^4-1=0.0824 \text{ 또는 } 8.24\%$$

앞의 예제 C_0 = \$1,000, r = 10%를 참고하면 다음의 표를 만들 수 있다.

C_0	복리 횟수(m)	C_1	실효이자율 $\left(1+\frac{r}{m}\right)^m-1$
\$1,000	년 단위(m = 1)	\$1,100.00	0.10
1,000	반년 단위(m = 2)	1,102.50	0.1025
1,000	분기별(m = 4)	1,103.81	0.10381
1,000	일별(m = 365)	1,105.16	0.10516

표시이자율과 실효이자율의 차이

표시이자율(APR)과 실효이자율(EAR)의 개념은 혼동될 수 있다. 두 개념 사이의 혼동을 줄이기 위한 한 가지 방법으로 표시이자율은 복리기간이 주어진 경우에만 의미가 있다는 점을 인지할 필요가 있다. 예를 들어, 표시이자율이 10%이고 반년 단위의 복리계산을 하는 경우 1년 후의 미래가치는 $[1 + (0.10/2)]^2 = 1.1025$이다. 분기별로 복리계산을 하는 경우의 미래가치는 $[1 + (0.10/4)]^4 = 1.1038$이다. 하지만, 복리계산의 기간이 주어지지 않는다면 미래가치를 구할 수 없게 된다. 즉, 복리가 반년 단위로 되는지, 분기별로 되는지, 아니면 어떤 특정기간으로 되는지 알 수가 없는 것이다.

반면, 실효이자율은 복리계산의 기간이 없어도 의미가 있다. 예를 들어, 실효이자율이 10.25%라고 하면 \$1를 투자하는 경우 1년 후에 \$1.1025의 가치를 얻을 수 있다는 것을 의미한다. 이는 반년 단위로 복리계산이 되는 경우 표시이자율 10%, 연 단위로 복리계산이 되는 경우 표시이자율 10.25%, 또는 다른 종류의 표시이자율로 나타낼 수 있다.

금리가 높은 경우 표시이자율과 실효이자율간의 차이는 커질 수 있다. 예를 들어, '초고금리 단기소액대출(payday loans)'을 고려해 보자. 초고금리 단기소액대출이란 Check into Cash나 Advance Financial과 같은 사금융 전문금융기관이 제공하는 2주 이내의 단기간 대출을 의미한다. 대출은 이같은 방식으로 진행된다: 당신은 오늘 선일자수표(postdated check: 미래의 어느 일자를 발행일로 하여 미리 발행하는 수표)를 발행한다. 수표상의 발행일이 되면 당신은 상점에 가서 그 수표에 대해 현금을 지급하거나 사금융기관이 수표에 대한 현금을 지급한다. 예를 들어 Check Into Cash사는 당신에게 오늘 \$100를 지급하면서 14일 후를 발행일로 하는 \$117.64 수표발행을 허용한다. 이런 경우의 표시이자율과 명목이자율은 얼마가 될까? 우선, 이자율을 구하기 위해 미래가치 수식을 이용하면 다음과 같다.

$$\text{FV} = \text{PV} \times (1 + r)^1$$

$$\$117.64 = \$100 \times (1 + r)^1$$

$$1.1764 = (1 + r)$$

r = 0.1764 또는 17.64%

17.64%라는 이자율은 14일 동안의 금리라는 것을 인지하기 전까지는 그리 나빠 보이지 않는다. 하지만 본 대출금의 연 표시이자율은

APR = 0.1764 × 365 / 14

APR = 4.5990 또는 459.90%

이다. 그리고 연 실효이자율은 다음과 같다.

$$\text{EAR} = (1 + \text{Quoted rate}/m)^m - 1$$

$$\text{EAR} = (1 + 0.1764)^{365/14} - 1$$

EAR = 68.0987 또는 6,809.87%

자, 이것이 금리이다. 이제 수수료에서의 조그만 차이가 얼마나 거대한 금리의 차이를 초래하는가를 알 수 있을 것이다. Advance Financial은 당신에게 오늘 동일한 금액을 주면서 $110.72의 수표를 발행하도록 했다고 가정하자. 이 경우 표시이자율은 279.49%가 되고 실효이자율은 1,322.49%가 된다. 여전히 활용할만한 대출상품은 아니지만.

법적으로 대여자는 모든 대출금에 대해 표시이자율을 표시하도록 되어 있다. 본 교과서에서는 연간 기간 수에 기간당 금리를 곱하여 표시이자율을 계산한다. 연방법에 따르면 표시이자율은 소비자 신용비용을 연간표시로 산출하게 되어 있고 금리와 수수료나 비용 등 비금리부분을 포함하게 되어 있다. 실무적으로 대여자가 연방법으로 규정한 바와 같이 표시이자율 계산 시 상당부분의 수수료를 포함시킨다면 표시이자율은 대출이자보다 훨씬 높아질 수 있다.

장기간에 걸친 복리계산

식 4. 6은 1년을 투자하는 경우의 복리계산을 보여주었다. 투자를 1년 또는 그 이상(T) 하는 경우, 식은 다음과 같이 된다.

복리계산을 통한 미래가치:

$$FV = C_0\left(1 + \frac{r}{m}\right)^{mT} \qquad [4.\ 8]$$

예 제 4. 13

장기간에 대한 복리계산

Harry DeAngelo는 $5,000를 연 12%의 표시이자율로 분기단위 복리계산이 이루어지는 금융상품에 5년간 투자하였다. 5년 후 그가 받게 되는 금액은 얼마인가?

식 4. 8을 이용하면

$$\$5{,}000\times\left(1+\frac{0.12}{4}\right)^{4\times5} = \$5{,}000\times(1.03)^{20} = \$5{,}000\times1.8061 = \$9{,}030.56$$

연속복리계산

앞의 논의에서 복리계산은 1년에 한 번 이상 실시될 수 있다는 것을 보았다. 즉, 반년 단위로, 분기별로, 매월, 매일, 매시간, 매분, 심지어 그보다 더 짧은 기간 단위로도 복리계산이 가능하다. 미분(微分)의 기간에 대해서도 복리계산이 가능하며 이를 **연속복리계산(continuous compounding)**이라고 한다. 놀랍게도 은행이나 몇몇 금융기관들은 종종 연속복리계산을 통한 금리를 공시하기도 한다.

매우 짧은 기간에 대한 복리계산은 사람들을 어리둥절하게 하기도 하지만 그 원리는 매우 간단하다. 연속복리계산의 경우, T년 후의 가치는 다음과 같이 표시할 수 있다.

$$C_0 \times e^{rT} \quad [4.9]$$

여기서 C_0는 기초 투자액이고, r은 표시이자율, T는 투자기간이다. e는 자연대수이고, 값은 약 2.718이다. C_0, r, T는 알 수 있는 수치이다.

예제 4.14

연속복리계산

Linda DeFond는 $1,000를 1년 동안 연속복리로 10%를 지급하는 금융상품에 투자했다. 1년 후 그녀가 받게 되는 금액은?

식 4. 9로부터

$\$1{,}000 \times e^{0.10} = \$1{,}000 \times 1.1052 = \$1{,}105.20$

이를 위해서 표 A. 5를 참조하면 된다. 표의 행은 이자율인 r 을, 열은 투자기간인 T를 나타낸다. 이 문제를 풀기 위해서는 다음의 표를 참조하면 된다.

기간(T)	연속복리계산 금리(r)		
	9%	10%	11%
1	1.0942	1.1052	1.1163
2	1.1972	1.2214	1.2461
3	1.3100	1.3499	1.3910

10%의 연속복리금리는 연복리로 10.52%에 해당된다. 즉, Linda는 은행이 연속복리금리로 10% 또는 연복리로 10.52%를 지급하면 차이가 없게 되는 것이다.

예제 4.15

연속복리계산(계속)

Linda Defond의 오빠인 Mark는 $1,000를 연속복리금리 10%로 2년 동안 투자했다.

이를 위한 적합한 식은 다음과 같다.

$\$1{,}000 \times e^{0.10 \times 2} = \$1{,}000 \times e^{0.20} = \$1{,}221.40$

표 A. 5를 이용하면, 가치는 1.2214가 된다.

예 제 4. 16

연속복리계산의 현재가치

Michigan주 복권은 당신에게 4년 후에 $1,000를 지급하려고 한다. 만약, 연 단위 연속복리 금리가 8%인 경우 이 지급액의 현재가치는?

$$\$1,000 \times \frac{1}{e^{0.08 \times 4}} = \$1,000 \times \frac{1}{1.3771} = \$726.15$$

그림 4. 11

연 단위, 반년 단위, 연속복리계산

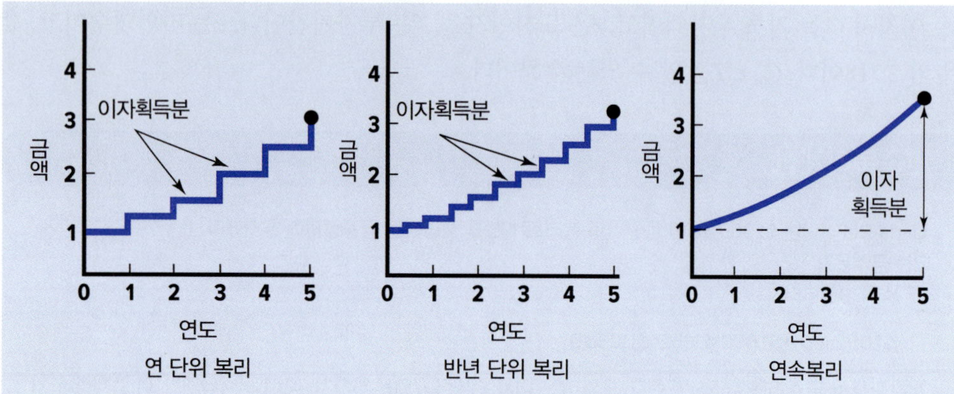

4. 4 단순화

ExcelMaster coverage online
www.mhhe.com/RossCore6e

지금까지 미래가치와 현재가치의 개념에 대해 알아보았다. 이와 같은 개념은 화폐의 시간가치와 관련된 문제의 해답을 제공할 수 있을지 모르지만, 실제로 이를 계산하기 위해서는 많은 시간과 노력이 필요하다. 예를 들어 은행이 20년짜리 월 모기지 상품에 대한 현재가치를 구한다고 가정해 보자. 이 모기지는 총 240회(= 20 × 12)의 지급이 발생하므로 개념적으로는 매우 단순하지만 이 일을 수행하기 위해서는 많은 시간을 투입해야 한다.

따라서 이 절에서는 단순화를 통해 관련 문제를 빠르게 계산할 수 있는 방법에 대해 논의한다. 단순화된 식은 다음의 4가지 종류의 현금흐름에 대해 적용할 수 있다.

1. 영구연금
2. 성장영구연금
3. 연금
4. 성장연금

영구연금

영구연금(perpetuity)이란 동일한 현금흐름이 영구히 지속되는 것을 일컫는다. 이 같은 금융상품이 현실적으로 존재하지 않을 것이라고 생각하겠지만, 실제로 영국에서 판매하는 콘솔(consol)이라는 채권은 대표적인 영구연금 상품으로 채권에 대한 표면이자(coupon rate)를 영원히 지급하는 것으로 설계되어 있다.

그렇다면 영구연금의 가격은 어떻게 결정될까? 표면이자 *C*달러를 매년 영구히 지급한다고 한다면 현재가치(PV) 수식에 의해

$$PV = \frac{C}{1+r} + \frac{C}{(1+r)^2} + \frac{C}{(1+r)^3} + \cdots$$

가 된다. 여기서, 수식 맨 뒤에 있는 '점'은 표면이자 지급이 영원히 지속된다는 것을 의미한다. 위의 수식은 **등비급수**(geometric series)의 합 형태를 보이고 있고, 무한대의 항을 가지고 있지만, 각 항은 이전 항의 일부로 나타낼 수 있으므로 무한등비급수의 식을 이용해 전체의 합을 구할 수 있다.

영구연금의 현재가치는 미래에 지급되는 모든 표면이자의 현재가치로 나타낼 수 있다. 이는 다시 말해 투자자가 영구연금을 보유하고 있다면, 표면이자를 이용해 매년 일정한 금액을 지출할 수 있는 것이다. 투자자가 매년 일정하게 $*C*를 지출하기 원한다고 가정하자. 만약 투자자가 영구연금을 보유하고 있다면, 그는 희망사항을 달성할 수 있을 것이다. 그렇다면 그가 매년 동일한 금액을 지출하기 위해서 현재 얼마를 보유하여야 하는가? 이를 위해서는 투자자금에 대한 이자가 매년 $*C*가 될 수 있도록 해야 할 것이다. 투자자가 그 이상의 자금을 보유하고 있다면, $*C* 이상 지출할 수 있을 것이고 그렇지 않다면 $C보다 적게 지출해야 할 것이다.

투자자가 매년 $*C*를 받을 수 있게 하는 콘솔의 현재가치는

$$PV = \frac{C}{r} \tag{4.10}$$

가 된다. 앞의 수식이 정답인 것을 확인하기 위해, *C*/*r* 만큼을 대출해 주었다고 가정하면 이자는 다음과 같을 것이다.

$$\text{이자} = \frac{C}{r} \times r = C$$

이것은 영구연금의 지급금액과 정확하게 일치한다. 다시 정리하면

영구연금의 현재가치 식:

$$PV = \frac{C}{1+r} + \frac{C}{(1+r)^2} + \frac{C}{(1+r)^3} + \cdots = \frac{C}{r} \tag{4.11}$$

가 된다. 이 같은 수학문제를 해결하기 위해 금융기관을 얼마나 쉽게 이용할 수 있는가를 안다면 위로가 될 것이다.

예제 4.17

영구연금

이자율이 연 8%이고, 연 $100를 지급하는 영구연금이 있다면 이 영구연금의 가치는 얼마인가?

식 4.10을 이용하면

$$PV = \frac{\$100}{0.08} = \$1{,}250$$

이제 이자율이 6%로 하락했다고 가정해 보자. 식 4.10을 이용하면 영구연금의 가치는

$$PV = \frac{\$100}{0.06} = \$1{,}666.67$$

이 된다. 영구연금의 가치는 금리가 하락하면 증가하게 되고 금리가 상승하면 하락하게 된다.

성장영구연금

비용차감 후 임대인에게 매년 $10만씩 지급하는 아파트가 있다고 가정하자. 임대료는 매년 5%씩 상승하고 이 상승률이 매년 지속된다고 한다면, 이와 관련된 현금흐름을 **성장영구연금(growing perpetuity)**이라고 한다. 적정금리가 11%라고 한다면 할인율은 11%가 되고 현금흐름의 현재가치는

$$PV = \frac{\$100{,}000}{1.11} + \frac{\$100{,}000(1.05)}{1.11^2} + \frac{\$100{,}000(1.05)^2}{1.11^3} + \cdots + \frac{\$100{,}000(1.05)^{T-1}}{1.11^T} + \cdots$$

가 된다. 산술적으로 이 식은 다음과 같이 나타낼 수 있다.

$$PV = \frac{C}{1+r} + \frac{C \times (1+g)}{(1+r)^2} + \frac{C \times (1+g)^2}{(1+r)^3} + \cdots + \frac{C \times (1+g)^{T-1}}{(1+r)^T} + \cdots$$

여기서, C는 1기 후에 받게 될 현금흐름, g는 %로 나타내는 기간당 성장률이고, r은 적정 할인율이다.

성장영구연금을 구하는 식은 다음과 같이 단순화할 수 있다.

$$PV = \frac{C}{r-g} \qquad [4.12]$$

식 4.12에 의해 아파트 현금흐름의 현재가치는 다음과 같다.

$$\frac{\$100{,}000}{0.11 - 0.05} = \$1{,}666{,}667$$

성장영구연금 수식과 관련해 세 가지의 주요 사항에 유의할 필요가 있다.

1. **분자(numerator)** 식 4.12에서 분자는 한 기간의 현금흐름이다. 따라서 현재의 현금흐름은 0이다. 다음의 예제를 살펴보자.
2. **할인율(discount rate)과 성장률(growth rate)** 성장영구연금 수식이 성립하기 위해서

예제 4.18

배당금 지급

Rothstein사는 주당 $3.00의 배당금을 지급하려고 한다. 투자자는 배당금이 연 6%씩 지속적으로 성장할 것으로 예상하고 있다. 적용 할인율이 11%라고 한다면 현재 주식가격은 얼마인가?

식 4. 12의 분자는 다음 기간에 받게 될 현금흐름이다. 성장률이 6%이므로 내년 배당금은 $3.18(=$3.00 × 1.06)가 된다. 따라서 현재 주식가격은

$$\$66.60 = \underbrace{\$3.00}_{\text{현재배당금}} + \underbrace{\frac{\$3.18}{0.11 - 0.06}}_{\text{1년 후부터 매년 받게 될 모든 배당금의 현재가치}}$$

$66.60는 현재 받게 될 배당금과 1년 후부터 매년 받게 될 모든 배당금의 현재가치를 더한 값이다.

식 4. 12는 1년 후부터 받게 될 모든 배당금의 현재가치의 계산만을 가능하게 한다. 따라서 주식가격을 계산하는데 있어 현재 받게 되는 배당금을 간과해서는 안 될 것이다.

는 할인율 r이 성장률 g보다 항상 커야 한다. 성장률이 할인율과 비슷하다면 성장영구연금 수식에서 분모는 매우 작게 되고, 현재가치는 상당히 큰 금액으로 산출된다. 또한 할인율이 성장률보다 적은 경우에는 현재가치를 구할 수 없게 된다.

3. 시간 가정(timing assumption) 실제 기업 입장에서 현금유입과 유출은 무작위로, 그리고 연속적으로 이루어지는 것이 일반적이다. 하지만 식 4. 12는 현금흐름이 정기적으로, 그리고 일정 시점에서 발생한다고 가정한다. 아파트 예제에서도 순현금흐름 $10만가 1년에 한 번만 발생한다고 가정했다. 하지만 임차료는 월단위로 지급되는 것이 일반적이다. 또한 유지관리비와 다른 비용들도 연중 아무 때나 발생한다.

   따라서 성장영구연금 수식 4. 12는 현금흐름이 정기적이고 일정 시점에서 발생하는 경우에만 적용시킬 수 있는 것이다. 이 같은 가정이 수식의 활용도를 높이기 위해 불가피하다고 하더라도 이 수식의 한계점은 분명히 인식해야 할 것이다.

여기서, 한 가지 주의할 점은 현금흐름이 유입되는 시간과 관련된 용어의 정의이다. 대부분의 재무교과서에서는 시간에 대해 시점(date)과 기말(end-of-period), 두 가지의 용어를 사용한다. 시점의 경우 시점 0, 시점 1, 시점 2 등을 사용하고, 이 경우 시점 0은 현재시점을 의미한다. 하지만 1년을 놓고 볼 때 시점은 특정일자를 지칭하므로 많은 교과서에서는 기말이라는 용어를 사용한다. 기말 용어의 경우 0기말(end-of-period 0)은 현재를 의미하고 1기말(end-of-period 1)은 지금으로부터 한 기간 후를 의미한다(0기초는 이미 지나갔으므로 일반적으로 활용되지 않는다).[5]

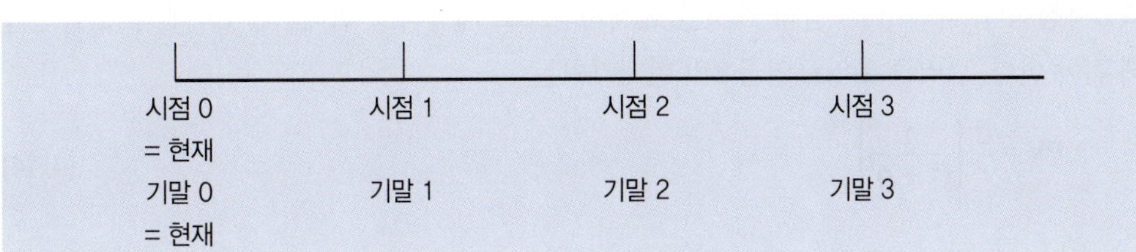

5 때로는 'X년도의 현금흐름'이라고 표현되기도 한다. 이 용어는 비록 애매하지만, 일반적으로 이는 'X년도 말'을 의미한다.

두 가지 용어의 상호교환 가능성은 위의 도표에 나타나 있다.
시점이 기말에 비해 모호성을 좀 더 줄여 줄 수 있을 것으로 생각되지만 여기에서는 두 가지 용어를 함께 사용하기로 한다.

연금

연금(annuity)이란 주어진 기간 동안 동일한 금액이 지급되는 현금흐름을 일컫는다. 연금은 가장 일반적인 금융상품 중의 하나이다. 퇴직 후에 받는 퇴직연금이 연금의 대표적인 형태라고 할 수 있다. 리스와 모기지도 연금의 한 형태이다.

연금의 현재가치를 산출하기 위해 다음의 식을 고려해 보자.

$$\frac{C}{1+r}+\frac{C}{(1+r)^2}+\frac{C}{(1+r)^3}+\cdots+\frac{C}{(1+r)^t}$$

t기간 동안 받는 표면이자의 현재가치는 영구연금의 현재가치보다 적어야 한다. 그렇다면 얼마나 더 적을까? 이를 위해 영구연금의 예를 좀 더 자세히 살펴보기로 하자.

다음의 도표를 보면:

	현재							
시점(기말)	0	1	2	3	T		$(t+1)$	$(t+2)$
콘솔 1		C	C	$C\cdots$	C		C	$C\cdots$
콘솔 2							C	$C\cdots$
연금		C	C	$C\cdots$	C			

영구연금 1은 첫 번째 표면이자가 1시점에 지급되는 일반적인 형태이다. 반면 영구연금 2는 첫 번째 표면이자가 $t+1$시점에 지급된다.

t시점까지 C의 현금흐름을 가지는 현재가치는 영구연금 1의 현재가치에서 영구연금 2의 현재가치를 차감한 값과 동일하다. 영구연금 1의 현재가치는

$$\text{PV}=\frac{C}{r} \tag{4. 13}$$

영구연금 2는 $t+1$시점에 첫 번째 표면이자가 지급되는 영구연금이다. 수식에 의해 영구연금 2는 t시점에 C/r의 가치를 갖는다.[6] 하지만 우리가 원하는 가치는 t시점이 아닌 현재시점, 즉 0시점이다. 따라서 t시점의 가치를 현재시점으로 계산하기 위해서는 C/r에 대해 할인을 해 줘야 한다. 그러므로 영구연금 2의 현재가치는

$$\text{PV}=\frac{C}{r}\left[\frac{1}{(1+r)^t}\right] \tag{4. 14}$$

6 학생들은 영구연금의 첫 번째 이자지급이 $t+1$시점에 이루어지므로 C/r을 $t+1$시점의 현재가치라고 생각하기 쉽다. 하지만 이 식은 첫 번째 지급이 이루어지기 시작한 시점 이전의 연금가치를 구하는 것이다.

이 된다. t기간 동안 현금흐름의 현재가치는 1시점에 첫 번째 표면이자가 지급되는 영구연금의 현재가치에서 $t+1$시점에 첫 번째 표면이자가 지급되는 영구연금의 현재가치를 차감한 값이 된다. 따라서 연금의 현재가치는 식 4. 13에서 식 4. 14를 차감한 가치가 된다. 즉,

$$\frac{C}{r} - \frac{C}{r}\left[\frac{1}{(1+r)^t}\right]$$

이를 단순화하면

연금의 현재가치 식:

$$PV = C\left[\frac{1}{r} - \frac{1}{r(1+r)^t}\right] \qquad [4.15]$$

이 식은 다음과 같이 나타낼 수 있다.

$$PV = C\left[\frac{1 - \frac{1}{(1+r)^t}}{r}\right]$$

t기간 동안 매년 동일하게 지급받는 C의 총현재가치를 산출하기 위해 사용되는 항을 연금계수(annuity factor)라고 부른다. 앞의 예에서 연금계수는 9.8181이다. 연금계수는 현재가치 계산 시 매우 자주 사용되기 때문에 표 A. 2에 표기되어 있다. 표는 이자율 r과 만기까지의 기간 t에 따른 연금계수의 가치를 나타낸다.

식 4. 15 괄호 안의 식에 해당되는 연금계수는 얼핏 복잡한 식으로 보이기 때문에 이를 단순화하여 연금계수를 다음과 같이 나타내기도 한다.

$$PVIFA_{r,\,t}$$

즉, 위의 항은 금리가 r인 경우 t기간 동안 매회 \$1를 지급하는 연금의 현재가치를 나타낸다.

또한 연금의 미래가치는 다음의 식으로 표현할 수 있다.

예제 4.19

복권의 가치

Mark Young은 주정부의 복권에 당첨, 향후 20년 동안 연 \$5만씩 받게 되었다. 그는 첫 번째 당첨금을 1년 후에 받기로 했다. 주 당국자는 이 복권이 \$1,000,000 = \$50,000 × 20이기 때문에 100만달러짜리 복권이라고 선전하고 있다. 금리가 8%라고 한다면 이 복권의 실제 가치는 얼마인가?

식 4. 15에 의해

$$\underset{\text{백만 달러}}{\text{복권의 현재가치}} = \$50{,}000 \times \left[\frac{1 - \frac{1}{(1.08)^{20}}}{0.08}\right]$$

기간당 지급금액 × 연금계수

= \$50,000 × 9.8181

= \$490,907.37

당첨된 사실에 과도하게 기뻐하기에 앞서 Young은 주정부를 상대로 허위와 사기혐의로 고소를 고려해야 할 것이다. 왜냐하면 복권의 실제가치는 \$100만가 아니고 \$49만907.37에 불과하기 때문이다.

연금 미래가치 공식

$$FV = C\left[\frac{(1+r)^t}{r} - \frac{1}{r}\right] = C\left[\frac{(1+r)^t - 1}{r}\right] \qquad [4.16]$$

연금의 현재가치 계수와 마찬가지로 연금의 미래가치 계수도 표 A. 4에 표기되어 있다. 물론 다음과 같이 스프레드시트를 이용해도 값을 구할 수 있다.

스프레드시트 활용기법 연금의 현재가치

연금의 현재가치를 구하기 위해 다음과 같이 스프레드시트를 이용할 수 있다.

	A	B	C	D	E	F	G
1							
2	연금의 현재가치를 구하기 위해 다음과 같이 스프레드시트를 이용						
3							
4	할인율이 10%인 경우 3년 동안 매년 $500을 받는다면 이에 대한 현재가치는?						
5	식 PV(rate, nper, pmt, fv)를 이용하여 현재가치를 구할 수 있다.						
6							
7	회당 지급금액:	$500					
8	지급횟수:	3					
9	할인율:	0.1					
10							
11	연금 현재가치:	$1,243.43					
12							
13	B11에 입력할 식은 = PV(B9, B8, −B7, 0); fv는 0으로, pmt는 음(−)의 부호로 입력해야 한다.						
14	할인율은 %가 아닌 소수로 표기해야 한다.						
15							
16							
17							

예제 4.20 퇴직 투자

당신이 금리가 연 6%인 개인퇴직연금계좌(Roth IRA)에 매년 $3,000를 불입한다면 30년 후 은퇴할 때 받을 수 있는 금액은 얼마인가?

이 문제는 연 6%의 금리로 30년간 연 $3,000를 불입하는 연금에 대한 미래가치를 구하는 것으로 다음과 같은 방식으로 계산한다.

$$FV = C\left[\frac{(1+r)^t - 1}{r}\right] = \$3{,}000 \times \left[\frac{1.06^{30} - 1}{0.06}\right]$$

$$= \$3{,}000 \times 79.0582$$

$$= \$237{,}174.56$$

따라서 당신은 은퇴 시 약 $25만를 받을 수 있게 된다.

연금 수식은 이해하기 어렵지 않지만 다소 혼동스러울 수 있다. 따라서 연금 수식과 관련해 혼동을 겪을 만한 4가지 경우에 대해 설명한다.

예제 4.21

지연된 연금

Danielle Caravello는 6년 후부터 매년 \$500씩 4년간 연금을 지급받는다. 금리가 연 10%라면 연금의 현재가치는 얼마인가? 이 상황은 다음과 같이 나타낼 수 있다.

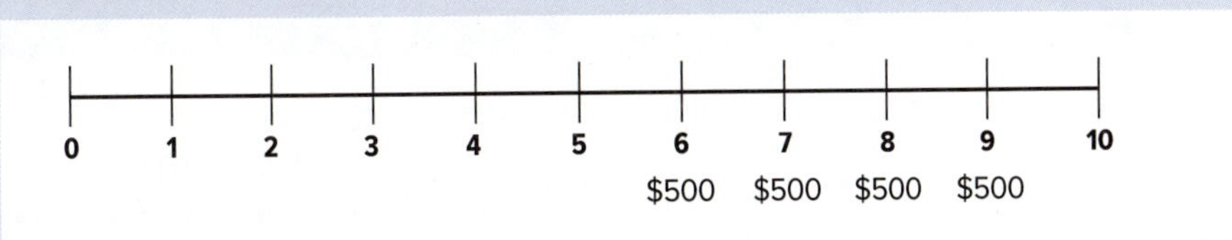

분석은 두 단계로 이루어진다.

1. 식 4. 15를 이용해 연금의 현재가치를 구한다.

향후 5년 시점의 연금의 현재가치:

$$\$500 \times \left[\frac{1-\dfrac{1}{1.10^4}}{0.10}\right] = \$500 \times \text{PVIFA}_{10\%,\,4}$$
$$= \$500 \times 3.1699$$
$$= \$1{,}584.93$$

\$1,584.93은 향후 5년 시점의 현재가치를 나타낸다.

이에 대해 많은 사람들은 연금이 6년째부터 지급되므로 \$1,584.93이 6년 후 시점의 현재가치라고 잘못 이해하는 경우가 있다. 하지만 연금을 구하는 식은 첫 번째 연금 지급시점보다 한 시점 앞에서의 연금의 가치를 구해준다. 앞에서 살펴본 바와 같이 대부분의 경우 첫 번째 연금지급은 1년 후부터 이루어지고 이에 대한 연금의 가치는 현재시점을 기준으로 계산된다.

2. 연금의 가치를 현재시점의 가치로 할인한다. 즉 현재시점의 가치는

현재시점의 가치:

$$\frac{\$1{,}584.93}{1.10^5} = \$984.12$$

연금을 구하는 식은 향후 5년 시점의 Danielle의 연금가치를 나타내므로 현재시점의 가치를 구하기 위해서는 5년에 대한 할인을 해 주어야 한다. 2단계 계산과정은 그림 4. 12에 나타나 있다.

그림 4. 12 Danielle Caravello 연금의 할인

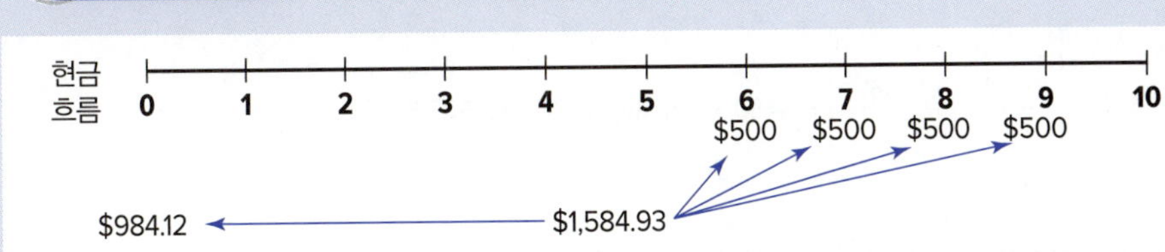

1 단계 : 연금 수식을 이용해 4번의 지급금액을 향후 5년 시점으로 할인한다.

2단계 : 향후 5년 시점의 현재가치(\$1,584.93)를 현재시점의 현재가치가 되도록 할인한다.

트릭 1 : 지연된 연금 연금이나 영구연금과 관련해 혼동스러울 수 있는 것 중의 하나는 시간에 대한 정확한 이해이다. 현재부터 지속적으로 지급되는 연금이 아닌 미래 특정시점 이후에 지급되는 연금의 경우, 이에 대해 계산을 제대로 하지 못하는 경우가 있다. 위의 예를 살펴보자.

트릭 2: 선불연금 식 4. 15의 연금 수식은 첫 번째 지급액이 한 기간 후에 시작되는 것으로 가정한다. 이와 같은 형태의 연금을 **보통연금**(ordinary annuity)이라고 부른다. 그렇다면, 연금이 오늘, 즉 0시점에 시작된다면 어떻게 될까?

예제 4. 22

선불연금

예제 4. 19에서 Mark Young은 주정부의 복권에 당첨되어 향후 20년간 매년 $5만를 받는다고 하였다. 그가 첫 번째 당첨금을 1년 후부터 받지 않고 만약 오늘부터 받는다고 한다면 이 연금의 현재가치는 얼마가 될까?

새로운 가정을 감안하면 총 지급받는 금액은 1년 후에 첫 번째 지급이 이루어지는 연금을 19년간 받는 금액에 오늘 지급받는 금액을 더한 합이 된다. 따라서 현재가치는

$$\underset{\text{0시점의 지급금}}{\$50{,}000} + \underset{\text{19년 연금}}{\$50{,}000 \times \text{PVIFA}_{8\%,\,19}}$$

$$= \$50{,}000 + (\$50{,}000 \times 9.6036)$$

$$= \$530{,}180$$

현재가치는 $53만180가 되어 예제 4. 19의 현재가치인 $49만905.37보다 커진다. 예제 4. 22의 연금지급이 예제 4. 19의 경우보다 한 기간 앞서 진행되므로 결과는 당연하다고 하겠다. 이 같이 첫 번째 지급이 오늘 이루어지는 연금을 선불연금(an annuity in advance, an annuity due)이라고 한다. 하지만 연금을 구하는 수식과 표를 나타내는 식 4. 15와 표 A. 2는 선불연금이 아닌 보통연금(ordinary annuity)에 관한 것이라는 사실을 기억하라.

트릭 3 : 저빈도 연금 다음의 예제는 1년에 한 번 미만으로 연금지급이 이루어지는 경우이다.

예제 4. 23

연 단위 초과지급연금

Ann Chen은 매 2년마다 $450의 연금을 20년간 받기로 했다. 첫 번째 지급이 2년 후에 이루어지고 금리가 6%라고 하자.

여기서 주의할 점은 2년에 대한 이자율을 구하는 것이다. 2년간의 이자율은

(1.06×1.06)−1 = 0.1236 또는 12.36%

즉, $100를 투자하는 경우 2년 후 $112.36를 받게 된다.

이 문제는 금리가 연 12.36%인 경우 10년간 $450를 받는 연금의 현재가치를 구하는 것과 동일하게 된다. 즉

$$\$450 \times \left[\frac{1 - \dfrac{1}{(1+0.1236)^{10}}}{0.1236}\right] = \$450 \times \text{PVIFA}_{12.36\%,\,10} = \$2{,}505.57$$

트릭 4: 두 연금의 현재가치 일치화 다음의 예는 유입의 현재가치와 유출의 현재가치를 일치하게 해 주는 것이다.

예제 4.24

두 연금의 가치 일치화

Harold와 Helen Nash는 막 태어난 딸 Susan의 대학 등록금 마련을 위해 저축을 하기로 했다. Nash는 Susan이 18살에 대학 진학 시 등록금이 연 $3만에 이를 것으로 예상했다. 이자율이 연 14%로 예상될 때 Susan이 4년제 대학을 마치려면 그들이 매년 은행에 저축해야 하는 금액은 얼마인가?

계산의 단순화를 위해 Susan이 오늘 태어났다고 가정하자. Susan의 부모는 1번째 대학 등록금을 그녀의 18번째 생일날 주기 위해 첫 번째 생일부터 17번째 생일까지 동일한 금액을 저축하려고 한다. 이 같은 상황을 그래프로 나타내면 다음과 같다.

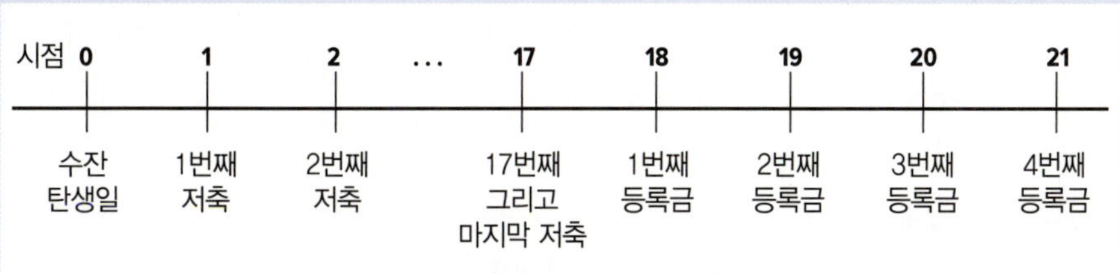

Nash 부부는 17년간 은행에 저축을 하고 그 다음 4년간 연 $5만5,000를 인출할 계획이다. 저축한 금액의 현재가치와 4년간 연 $5만5,000 인출금액의 현재가치가 동일하다면 Nash 부부의 목표는 달성될 것이다.

이를 위한 계산은 세 단계로 이루어진다. 1단계와 2단계는 인출금의 현재가치를 결정하는 것이고 마지막 단계는 인출금의 현재가치와 동일한 현재가치를 가질 수 있는 연 저축액을 정하는 것이다.

1. 연금 수식을 이용해 4년간 등록금에 대한 대학 입학시점의 현재가치를 구한다.

$$\$55{,}000 \times \left[\frac{1-\dfrac{1}{(1.14)^4}}{0.14}\right] = \$55{,}000 \times \text{PVIFA}_{14\%,\,4}$$

$$= \$55{,}000 \times 2.9137 = \$160{,}254.18$$

Susan은 18번째 생일에 대학에 입학한다고 가정한다. 트릭 1에서 본 바와 같이, $16만254.18는 17번째 생일시점의 현재가치를 의미한다.

2. 그 다음 대학등록금의 현재가치를 다음과 같이 구한다.

$$\frac{\$160{,}254.18}{1.14^{17}} = \$17{,}275.35$$

3. Nash 부부는 17년 동안 매년 말에 은행에 저축을 한다고 가정하면, 총 $1만7,275.35의 현재가치를 가질 수 있는 연간 저축액을 산출할 수 있다.

$$C \times \text{PVIFA}_{14\%,17} = \$17{,}275.35$$

$\text{PVIFA}_{14\%,17} = 6.3729$이므로

$$C = \frac{\$17{,}275.35}{6.3729} = \$2{,}710.77$$

따라서 17년간 매년 말에 $2,710.77씩 14%의 이자율로 저축을 하면 18년차부터 4년간 연 $5만5,000의 등록금을 받을 수 있게 된다. 또는 연금의 미래가치를 $16만254.18로 산정하고 이를 달성하기 위한 17년간의 동일금액 저축액을 계산해도 된다. 이 방법을 통해 산출한 저축액과 앞의 방법을 통해 산출한 금액이 동일한지 살펴보아라.

다른 방법으로는 (1) Susan의 18번째 생일 시점의 등록금의 현재가치를 구한다, (2) 그녀의 18번째 생일 시점의 저축금액의 미래가치가 당일의 등록금 현재가치와 동일하게 되는 연간 저축금액을 구한다. 이 방법을 이용해 정답을 구할 수 있지만 시점의 혼동으로 인해 오

류발생 가능성이 높다. 따라서 여기서는 두 연금의 현재가치의 비교를 통한 방법에 대해서만 논의하도록 한다.

성장연금

사업상 현금흐름은 시간이 경과하면 인플레이션이나 실제 증가에 따라 성장하게 된다. 현금흐름이 무한대로 이루어질 것으로 가정하는 성장연금에서 성장을 통제할 수 있는 수식, 즉 성장현금흐름이 유한한 **성장연금(growing annuity)** 식을 산출할 수 있다. 연금이 무한히 지속되는 경우는 극히 드물기 때문에 성장연금을 위한 식은 상당히 유용하며, 식은 다음과 같이 나타낼 수 있다.

성장연금의 현재가치 식:

$$\mathbf{PV} = C\left[\frac{1}{r-g} - \frac{1}{r-g} \times \left(\frac{1+g}{1+r}\right)^t\right] = C\left(\frac{1-\left(\frac{1+g}{1+r}\right)^t}{r-g}\right) \quad \textbf{[4. 17]}$$

예 제 4. 25

성장연금

2년차 MBA 학생인 Stuart Gabriel은 연봉 $8만의 직장 제안을 받았다. 그는 퇴직할 때까지 임금이 40년 동안 연 9%로 증가할 것으로 예상하고 있다. 이자율이 연 20%라고 하는 경우 그의 평생 연봉의 현재가치는 얼마인가?

그는 1년 후부터 연봉 $8만를 받고 연봉은 연 단위로 연말에 지급받는다고 가정하자. 할인율이 20%라면 식 4. 17에 의해

$$\text{Stuart의 평생 연봉의 현재가치} = \$80{,}000 \times \left[\frac{1-\left(\frac{1.09}{1.20}\right)^{40}}{0.20-0.09}\right] = \$711{,}731$$

성장연금 수식은 상당히 유용함에도 불구하고 다른 현재가치나 미래가치를 구하기 위해 단순화시킨 식에 비해 다소 장황하다. 많은 계산기가 연금이나 성장 영구연금, 영구연금을 구할 수 있는 단순 프로그램을 가지고 있는 데 반해 성장연금을 위한 프로그램은 보유하고 있지 않다. 따라서 성장연금을 계산하기 위해서는 식 4. 17에 있는 모든 항에 대해 직접 입력을 해야 한다.

예 제 4. 26

성장연금

예제 4. 24에서 Nash 부부는 Susan의 대학등록금을 마련하기 위해 동일한 금액을 17번 저축하는 것을 계획하고 있었다. 그들이 매년 4%씩 저축액을 증가시키기로 계획을 바꾸었다고 한다면 그들의 첫 번째 저축액은 얼마가 될까?

앞에서 살펴 본 바와 같이, 첫 두 단계에서 대학 등록금의 현재가치는 $1만7,275.35인 것을 알았다. 본 예제의 경우 두 단계까지는 앞의 예제와 동일하고 세 번째 단계만을 다르게 적용하면 된다. 저축액이 매년 4%씩 증가하는 경우 17년간 저축한 금액의 현재가치가 $1만7,275.35가 되게 하기 위한 첫 번째 저축액을 구하면 된다.

이를 위해 성장연금 식을 $1만7,275.35로 놓고 C를 구하면 된다.

$$C\left[\frac{1-\left(\frac{1+g}{1+r}\right)^t}{r-g}\right] = C\left[\frac{1-\left(\frac{1.04}{1.14}\right)^{17}}{0.14-0.04}\right] = \$17{,}275.35$$

(계속)

식에 의해 C는 $2,186.71가 된다. 따라서 Nash 부부는 Susan의 첫 생일에 $2,186.71, 두 번째 생일에 $2,274.19 (= 1.04 × $2,186.71) 등을 저축하면 되는 것이다.

여기서, C는 첫 번째 기간 말에 발생되는 지급금이고, r은 금리, g는 %로 나타내는 기간당 성장률을, T는 기간을 나타낸다.

4. 5 대출금 상환형태와 분할상환

대여자(lender)가 대출을 실시할 때는 원금과 이자의 상환방법에 대한 조건이 명시된다. 예를 들어, 대출금은 동일한 금액으로 분할상환될 수도 있고 일시불로 한꺼번에 상환될 수도 있다. 원금과 이자의 상환방법은 거래 상대방에 따라 결정되는 것이므로 상당히 다양한 상환방법이 존재한다.

ExcelMaster coverage online
www.mhhe.com/RossCore6e

이 절에서는 주로 사용되는 상환방법에 대해 논의하며 다소 복잡한 상환방법은 여기서 설명되는 상환방법을 기초로 응용할 수 있다. 세 가지 기본적 상환방법은 순수할인대출, 이자우선상환 대출, 그리고 분할상환 대출이다. 이 대출 상환방법들은 모두 현재가치 원칙을 단순 응용함으로써 도출될 수 있다.

순수할인대출

순수할인대출(pure discount loans)은 상환방법 중 가장 간단한 형태이다. 차입자는 자금을 빌리고 미래의 한 시점에서 총액을 일시불로 상환하면 된다. 예를 들어, 금리 10%로 만기 1년의 순수할인대출을 받은 경우 차입자는 현재 빌린 자금 $1에 대해 1년 후에 $1.10를 상환하면 된다.

순수할인대출은 매우 간단하기 때문에 가치를 구하기가 쉽다. 차입자가 5년 후에 $2만5,000를 상환할 수 있다고 가정하자. 만약, 대여자가 대출금에 대해 12%의 금리를 원한다고 한다면 대출금은 얼마가 되어야 하나? 즉, 5년 후에 $2만5,000가 상환되기 위해 오늘 대출해 줄 수 있는 금액은 얼마인가? 앞의 예제에서 살펴본 바와 같이 이는 12% 금리로 5년 후에 $2만5,000가 되는 금액의 현재가치를 구하면 된다.

$$
\begin{aligned}
\text{현재가치} &= \$25{,}000 / 1.12^5 \\
&= \$25{,}000 / 1.7623 \\
&= \$14{,}186
\end{aligned}
$$

순수할인대출은 대출기간이 1년 미만인 단기대출에서 주로 나타나는 형태이다. 하지만 최근에는 1년 이상의 대출에서도 종종 이용되고 있다.

예제 4.27

단기국채

미국 정부는 단기국채(Treasury bill: T-bill)의 발행을 통해 단기(1년 이하)자금을 조달한다. T-bill은 정부가 3개월이나 12개월 후 미래의 어떤 시점에 일정한 금액의 상환을 약속하는 증권이다.

T-bill은 대표적인 순수할인대출이다. 만약 T-bill이 12개월 후에 $1만를 상환하고 시장금리가 7%라고 한다면, 현재 시장에서 이 증권의 판매가격은 얼마가 되는가?

시장금리가 7%이므로, 1년 후에 상환되는 $1만의 현재가치는 아래와 같다.

현재가치 = = $10,000 / 1.07 = $9,345.79

이자우선상환 대출

대출상환의 두 번째 형태는 차입자가 매 기간 이자만을 지급하고 미래의 어떤 시점에서 원금을 상환하는 방식이다. 이와 같은 상환방식을 가진 대출을 **이자우선상환 대출**(interest-only loans)이라고 한다. 기간이 한 기간인 경우 순수할인대출과 이자우선상환 대출은 동일한 형태가 된다.

예를 들어, 연 10% 금리, 3년 만기의 이자우선상환 대출 $1,000의 경우 차입자는 1차년도 말과 2차년도 말에 각각 $1,000 × 0.10 = $100를 이자로 지급한다. 3차년도 말에 차입자는 $100의 이자와 함께 원금 $1,000를 지급한다. 마찬가지로, 50년 만기 이자우선상환 대출의 경우 차입자는 매년 이자를 지급하고 50년 되는 해에 원금을 상환한다. 극단적인 예로 차입자는 영원히 매기 이자만을 지급하고 원금은 상환하지 않는, 영구연금과 같은 형태도 존재할 수 있다.

대부분의 회사채는 이자우선상환 방식으로 발행된다. 회사채에 대해서는 다음 장에서 더 자세히 논의될 것이다.

분할상환 대출

순수할인대출이나 이자우선상환 대출방식 모두 원금은 일시에 상환된다. 하지만 차입자가 대출금의 일부를 대출기간 동안 상환해야 하는 **분할상환 대출**(amortized loan)은 원금이 일시에 상환되지 않는다. 원금의 일부를 지속적으로 상환하면서 차입금을 갚아나가는 것을 대출금에 대한 **분할상환**(amortizing)이라고 한다.

분할상환 중 가장 간단한 방식은 차입자가 매기간 이자에 일정 원금을 더해서 상환하는 것이다. 이 방식은 기업의 중기(medium-term) 자금대출 시 일반적으로 사용되는 방법이다. 예를 들어, 어떤 기업이 9% 금리로 5년간 $5,000를 대출받은 경우를 살펴보자. 대출계약은 차입자가 매년 $1,000의 원금과 남아 있는 원금에 대한 이자를 지급하는 조건이다. 이 경우 원금은 매년 $1,000씩 상환되므로 5년의 기간이 경과하면 원금은 전액 상환될 것이다.

이 경우, 총지급액은 매년 감소한다는 점에 유의해야 한다. 이유는 원금이 매년 $1,000씩 일정하게 감소함에 따라 대출잔액의 감소로 매년 지급해야 하는 이자가 적어지기 때문이다. 예를 들어, 1차년도의 이자는 $450(= $5,000 × 0.09)가 되며 이에 따라 총지급액은

$1,450(= $1,000 + 450)가 된다. 2차년도의 대출잔액은 $4,000이고 이에 따라 이자는 $360(= $4,000 × 0.09)가 되므로 총지급액은 $1,360가 된다. 잔여기간에 대한 매년 총지급액을 구하면 다음과 같은 **분할상환표**(amortization schedule)를 작성할 수 있다.

기간	기초잔액	총지급액	이자지급액	원금지급액	기말잔액
1	$5,000	$1,450	$ 450	$1,000	$4,000
2	4,000	1,360	360	1,000	3,000
3	3,000	1,270	270	1,000	2,000
4	2,000	1,180	180	1,000	1,000
5	1,000	1,090	90	1,000	0
합계		$6,350	$1,350	$5,000	

매년 이자 지급액은 기초잔액에 이자율을 곱하여 구하며 기초잔액은 그 전 해의 기말잔액과 동일하다.

한편, 분할상환의 가장 일반적인 형태는 차입자가 매 기간 동일한 금액을 상환해 나가는 것이다. 자동차 대출과 같은 대부분의 가계대출이나 모기지대출이 이러한 상환방법으로 운영된다. 예를 들어, 5년 동안 9%의 금리로 $5,000를 대출받은 경우 분할상환표는 어떻게 작성되겠는가?

먼저 매년 지급해야 하는 금액을 결정한다. 앞에서 설명한 바와 같이, 이 대출은 보통연금(ordinary annuity)형태이고 다음과 같은 방식으로 연지급액을 구할 수 있다:

$$\$5{,}000 = C \times \{[1 - (1/1.09^5)]/0.09\}$$
$$= C \times [(1 - 0.6499)/0.09]$$

따라서

$$C = \$5{,}000/3.8897$$
$$= \$1{,}285.46$$

그러므로 차입자는 동일한 금액 $1,285.46를 5회에 걸쳐 지불할 것이다. 이렇게 하면 차입금이 모두 상환될까? 분할상환표를 통해 살펴보기로 하자.

앞의 예제에서는 매년 감소하는 원금의 규모를 알았고 이에 따라 지급이자를 구할 수 있었다. 본 예제에서는 총지급액을 알고 있으므로 이자액을 구한 후 총지급액에서 이를 차감하면 매년 상환되는 원금규모를 알 수 있다.

1차년도의 이자는 앞에서 계산한 것과 같이 $450이다. 총지급액이 $1,285.46이므로 첫해 원금상환액은 다음과 같다.

원금상환액 = $1, 285.46 − 450 = $835.46

따라서 기말잔액은:

기말잔액 = $5,000 − 835.46 = $4,164.54

2차년도의 이자지급액은 $374.81(= $4,164.54 × 0.09)이고, 대출잔액은 $910.65(= $1,285.46

− 374.81)만큼 감소한다. 관련된 계산을 마치면 다음과 같은 상환표가 완성된다.

기간	기초잔액	총지급액	이자지급액	원금지급액	기말잔액
1	$5,000.00	$1,285.46	$450.00	$835.46	$4,164.54
2	4,164.54	1,285.46	374.81	910.65	3,253.88
3	3,253.88	1,285.46	292.85	992.61	2,261.27
4	2,261.27	1,285.46	203.51	1,081.95	1,179.32
5	1,179.32	1,285.46	106.14	1,179.32	0.00
합계		$6,427.31	$1,427.31	$5,000.00	

대출잔액이 0이 되므로 5회에 걸친 지급으로 차입금은 모두 상환하게 된다. 대출잔액이 점진적으로 감소하기 때문에 이자지급액이 매 기간 줄어드는 것은 당연한 현상이며 반면 총지급액이 고정되어 있으므로 매 기간 원금상환액은 증가하게 된다. 엑셀로 이와 같은 상환금산출방법을 알기 위해서는 다음의 **스프레드시트 활용기법**(Spreadsheet Techniques)을 참고하라.

스프레드시트를 이용한 분할상환

스프레드시트 활용기법

분할상환 금액은 스프레드시트를 이용해 쉽게 구할 수 있다. 앞에서 살펴본 예제를 통해 이용방법을 알아본다. 5년 만기, 9% 금리로 $5,000를 대출받고 매년 동일한 금액을 상환하는 경우.

	A	B	C	D	E	F	G	H
1								
2	분할상환금을 산출하기 위한 스프레드시트 이용							
3								
4			대출금:	$5,000				
5			금리:	0.09				
6			대출기간:	5				
7			상환액:	$1,285.46				
8				주: 상환액은 PMT(rate, nper, −pv, fv)를 이용해 계산된다.				
9								
10								
11		연도	기초	총	이자	원금	기말	
12			잔액	지급액	지급액	지급액	잔액	
13		1	$5,000.00	$1,285.46	$450.00	$835.46	$4,164.54	
14		2	4,164.54	1,285.46	374.81	910.65	3,253.88	
15		3	3,253.88	1,285.46	292.85	992.61	2,261.27	
16		4	2,261.27	1,285.46	203.51	1,081.95	1,179.32	
17		5	1,179.32	1,285.46	106.14	1,179.32	0.00	
18		합계		6,427.31	1,427.31	5,000.00		
19								
20				분할상환표의 식:				
21								
22		연도	기초	총	이자	원금	기말	
23			잔액	지급액	지급액	지급액	잔액	
24		1	=+D4	=$D$7	=+$D$5*C13	=+D13-E13	=+C13-F13	
25		2	=+G13	=$D$7	=+$D$5*C14	=+D14-E14	=+C14-F14	
26		3	=+G14	=$D$7	=+$D$5*C15	=+D15-E15	=+C15-F15	
27		4	=+G15	=$D$7	=+$D$5*C16	=+D16-E16	=+C16-F16	
28		5	=+G16	=$D$7	=+$D$5*C17	=+D17-E17	=+C17-F17	
29								
30		주: 총 합계는 SUM 식을 이용해 산출된다.						
31								

이상 두 종류의 분할상환 방법을 비교해 보면, 매기 총지급액이 동일한 경우의 총이자지급액은 $1,427.31로 원금상환액이 동일한 경우의 총이자지급액 $1,350보다 더 많다는 것을 알 수 있다. 이유는 초기에 원금상환 규모가 적어 이자지급액이 더 많았기 때문이다. 이것은 어떤 대출상환 방식이 다른 방식보다 더 낫다는 것을 의미하는 것은 아니며 단순히 더 빨리 상환했다는 사실을 보여준다. 즉, 총지급액이 동일한 경우의 첫해 원금감소분은 $835.46로 원금상환액이 동일한 경우의 $1,000보다 더 적은 것이다.

예제 4.28

부분 분할상환

부동산 대출의 일반적인 형태는 15년 분할상환조건의 5년 대출이다. 이는 차입자가 15년 분할상환을 근거로 월 고정액을 지급하지만 60개월 후에는 풍선(balloon)이나 총알(bullet)로 불리는 거액으로 나머지 금액을 상환(일괄상환)하는 것을 의미한다. 이 같은 경우 월지급액이 대출금을 전액 상환하지 못하므로 부분 분할상환(partially amortized)이라고 일컫는다.

예를 들어, 당신이 12% 표시이자율, 20년간(240개월) 분할상환하는 조건으로 $10만의 상업용 모기지 대출을 받았다고 하자. 또한 이 모기지는 5년 후 일괄상환 조항이 포함되어 있다고 가정하자. 이 경우 매달 지급해야 하는 금액은 얼마인가? 또한 5년 후 일괄상환해야 할 금액은 얼마인가?

월지급액은 $10만의 현재가치를 갖는 보통연금을 기준으로 구할 수 있다. 240회 지불해야 하고 금리는 월 1%이므로

$$\begin{aligned}\$100{,}000 &= C \times [(1 - 1/1.01^{240})/0.01]\\ &= C \times 90.8194\\ C &= \$1{,}101.09\end{aligned}$$

일괄상환액을 구하는 방법에는 두 가지가 있다. 어려운 방법은 실제로 60개월에 대해 분할상환한 후 남아있는 원금잔액을 계산하는 것이고, 쉬운 방법은 60개월 후에 이 대출은 240 - 60 = 180개월짜리 대출이 된다는 사실을 인식하는 것이다. 즉, 월지급액은 여전히 $1,101.09이고 금리는 월1%이므로 남아 있는 지급액의 현재가치가 원금잔액이 된다.

$$\begin{aligned}\text{원금잔액} &= \$1{,}101.09 \times [(1 - 1/1.01^{180})/0.01]\\ &= \$1{,}101.09 \times 83.3217\\ &= \$91{,}744.33\end{aligned}$$

일괄상환액은 $9만1,744로 상당히 큰 금액이 된다. 왜 이렇게 금액이 클까? 이를 이해하기 위해 첫 번째 지급액을 생각해 보자. 첫 달의 이자는 $100,000 × 0.01 = $1,000이고 첫 달의 상환액은 $1,101.09이므로, 원금은 단지 $101.09만큼만 감소한 것이다. 이 같이 원금 감소폭이 매우 적으므로 5년간 상환되는 원금액이 그다지 많지 않은 것이다.

이제 관련된 예제를 하나 살펴보고 이 절을 끝내기로 한다. 연방 스태포드(Federal Stafford) 대출은 많은 대학생들에게 등록금, 책, 자동차, 기숙사 등에 드는 비용을 지원해 주는 상당히 중요한 대출프로그램이다. 하지만 학생들은 스태포드 대출의 심각한 단점에 대해 충분히 이해하지 못하는 것 같다. 이 대출프로그램은 통상적으로 학생들이 졸업 후 6개월부터 매월 분할상환하는 것으로 설계되어 있다.

스태포드 대출의 일부 상품은 보조금이 지급되기도 한다. 즉 상환이 시작되기 전까지는 이자가 부가되지 않는다. 이러한 경우 학부학생이 대출받을 수 있는 총금액은 최대 $2만3,000이다. 2018년 7월부터 2019년 7월 사이의 해당 대출 금리는 연 5.045% 또는 월 5.045/12 = 0.4204%이다. 표준형 상환계획(standard repayment plan)에서 대출금은 10년간 분할 상환된다(최소 지급액은 $50라는 조건 하에).

이제 당신이 이 프로그램에서 최대 금액을 대출받고 최고 금리를 적용받는다고 가정하자. 당신이 졸업 후(또는 학교를 떠난 지) 6개월부터 상환해야 하는 금액은 얼마가 될 것인가? 또 4년 동안 상환금을 지급한 이후 남아있는 대출금은 얼마가 되나?

앞에서 살펴본 바와 같이, 총대출금이 $2만3,000인 경우 월 상환액은 $244.46가 되는지 확인해 보라. 예제 4. 28에서 설명한 바와 같이, 4년 동안 상환한 후에도 나머지 기간 동안 상환해야 할 금액의 현재가치만큼 여전히 대출금으로 남아있게 된다. 총 120회를 지급해야 하므로 48번을 지급한 후(첫 4년간)에도 72번이 남아있게 된다. 이제 월 0.4204%의 금리로 72개월 동안 월 $244.46를 상환하는 것의 현재가치는 $1만5,000보다 조금 크다는 사실을 알 수 있다. 따라서 아직 상환할 금액이 많이 남아있는 셈이 된다.

물론, 더 많은 금액을 대출받을 수도 있다. 미국 의과대학 협회에 따르면 2018년 졸업한 의대생들의 평균 대출잔액은 $19만2,000이다. 이 금액을 모두 갚으려면 얼마의 기간이 걸릴 것인가?

월 상환액이 $1,200이고 금리가 연 7%, 즉 월 0.5833%라고 한다면 총 466개월 또는 약 39년 정도 기간 동안 상환해야 함을 알 수 있을 것이다. 의학박사는 곧 '엄청난 부채'를 의미한다고 할 수 있다.

4. 6 기업의 가치는?

당신이 중소기업의 가치를 평가하는 사업을 한다고 가정하자(당신은 '기업가치 평가사'이다). 기업의 가치를 어떻게 결정하겠는가? 한 가지 측정방법은 기업의 미래 현금흐름의 현재가치를 통해 기업의 가치를 계산할 수 있다.

순현금흐름(현금유입에서 현금유출을 차감한 금액)이 첫해 $5,000, 다음 5년간 연 $2,000에 이르는 기업이 있다고 가정하자. 이 기업은 7년 후에 $1만에 매각될 수 있다고 한다. 기업의 소유자는 기업의 투자에 대해 10%의 수익률을 기대하고 있다고 한다. 그렇다면 기업의 가치는 얼마가 될까?

기업의 가치는 순현금흐름에 대해 적정한 현재가치계수를 곱함으로써 계산할 수 있다. 즉, 기업가치는 기간별 순현금흐름의 현재가치의 합으로 구할 수 있다.

순현금흐름의 현재가치는 다음 표에 나타나 있다.

기간	기업의 현재가치		
	순현금흐름	현재가치계수 (10%)	순현금흐름의 현재가치
1	$5,000	0.90909	$4,545.45
2	2,000	0.82645	1,652.89
3	2,000	0.75131	1,502.63
4	2,000	0.68301	1,366.03
5	2,000	0.62092	1,241.84
6	2,000	0.56447	1,128.95
7	10,000	0.51316	5,131.58
		기업의 현재가치	$16,569.38

또는 단순화된 연금 수식을 이용할 수도 있다.

$$\frac{\$5{,}000}{1.1} + \frac{\$2{,}000 \times \text{PVIFA}_{10\%,5}}{1.1} + \frac{\$10{,}000}{1.1^7} = \$16{,}569.38$$

만약 이 기업을 $1만2,000에 취득할 수 있는 기회가 있다면 어떻게 하겠는가? 답은 순현재가치가 양수이므로 '취득해야 한다'이다.

$$\begin{aligned} \text{NPV} &= \text{PV} - \text{Cost} \\ \$4{,}569.38 &= \$16{,}569.38 - 12{,}000 \end{aligned}$$

기업의 취득으로 인해 $4,569.35의 이익을 얻을 수 있기 때문이다.

예 제 4.29 기업 가치평가

Trojan Pizza사는 LA에 새롭게 문을 연 네 곳의 아울렛에 $100만의 투자를 고민하고 있다. CFO인 Andrew Lo는 이 투자로 9년간 매년 $20만를 거두어들일 수 있을 것으로 평가했다(현금흐름은 매년 말에 발생하며 9년 후부터는 추가적인 현금흐름은 발생하지 않을 것으로 예상한다). Lo 씨는 투자에 대한 적정할인율을 15%로 예상하였다. 이 할인율은 기업의 다른 프로젝트 수익률과 비슷한 수준이다. Trojan Pizza사는 새로운 아울렛에 투자를 시행해야 하는가?

투자 의사결정은 다음과 같은 방법으로 결정된다.

$$\begin{aligned} \text{NPV} &= -\$1{,}000{,}000 + \frac{\$200{,}000}{1.15} + \frac{\$200{,}000}{1.15^2} + \cdots + \frac{\$200{,}000}{1.15^9} \\ &= -\$1{,}000{,}000 + \$200{,}000 \times \text{PVIFA}_{15\%,\,9} \\ &= -\$1{,}000{,}000 + \$954{,}316.78 \\ &= -\$45{,}683.22 \end{aligned}$$

네 곳의 새로운 아울렛에 투자했을 경우 기대 현금흐름의 현재가치는 $95만4,316.78에 불과한 것으로 조사됐다. 즉, 투자금액보다 현금유입의 현재가치가 더 적은 것이다. 따라서 Trojan Pizza사는 순현재가치가 −$4만5,683.22이므로 이 투자안을 선택하면 안 된다. 다시 말해, Trojan Pizza사가 15%의 수익률을 요구한다면 아울렛 투자는 좋은 투자안이 되지 못하는 것이다.

요약 및 결론 Summary and Conclusions

1. 화폐의 시간가치와 관련한 두 가지 기본적인 개념인 미래가치와 현재가치에 대해 앞에서 살펴보았다. 10%의 금리라면 투자자는 현재 $1로 1년 후에 $1.10의 미래가치를 가질 수 있고, 2년 후에는 $1.21[$1 ×(1.10)^2]의 가치를 보유할 수 있다. 역으로, 현재가치 분석은 미래 현금흐름에 대한 현재의 가치 산출을 가능하게 해 준다. 10%의 금리라면 1년 후에 $1를 받게 되는 투자의 현재가치는 $0.909($1/1.10)가 되고, 2년 후에 $1를 받게 되는 투자의 현재가치는 $0.826[$1/(1.10)^2]가 된다.
2. 일반적으로 이자율은 '연 12%'와 같은 방식으로 표현하지만, '분기당 3%'라고 표현하기도 한다. 이 경우 표시이자율은 12%이지만(3%×4), 실효이자율은 12.55%가 된다[(1.03)^4 − 1]. 즉, 복리계산 과정은 투자의 미래가치를 증가시킨다. 복리계산은 극단적으로 시간을 미분하여 복리가 이루어진다고 가정하는 연속복리의 경우도 있을 수 있다.

3. 재무의사결정에 있어 가장 기본적인 계량 방법은 순현재가치 분석이다. 미래 기간에 현금흐름(C_i)을 창출하는 투자에 대한 순현재가치 수식은

$$NPV = -C_0 + \frac{C_1}{(1+r)} + \frac{C_2}{(1+r)^2} + \cdots + \frac{C_t}{(1+r)^t} = -C_0 + \sum_{i=1}^{t} \frac{C_i}{(1+r)^i}$$

가 된다. 이 식에서 0시점의 현금흐름은 초기투자(현금유출)라고 가정한다.

4. 실제 현재가치의 계산은 시간이 많이 소요되고 지루하다. 매월 상환하는 장기 모기지에 대한 현재가치를 산출하는 것이 좋은 예일 것이다. 따라서 다음과 같은 단순식을 이용할 수 있다.

$$\text{영구연금: } PV = \frac{C}{r}$$

$$\text{성장 연구연금: } PV = \frac{C}{r-g}$$

$$\text{연금: } PV = C\left[\frac{1 - \frac{1}{(1+r)^t}}{r}\right]$$

$$\text{성장연금: } PV = C\left[\frac{1 - \left(\frac{1+g}{1+r}\right)^t}{r-g}\right]$$

5. 앞의 식들을 응용하는 데 있어 실무적으로 고려해야 할 몇 가지 사항은 다음과 같다.
   a. 각 식의 분자, C는 매기에 받게 되는 현금흐름이다.
   b. 현금흐름은 실무적으로 볼 때 일반적으로 일정하지 않다. 복잡하고 다루기 힘든 문제를 피하기 위해 이 책에서는 현금흐름이 보다 정기적으로 이루어진다고 가정한다.
   c. 현재가치를 계산할 때 가장 오류가 많이 발생하는 것은 일정기간 후부터 지급이 시작되는 연금이다. 이 문제를 해결하기 위해서는 연금관련식과 할인식을 조합한 연습을 많이 해야 할 것이다.
   d. 연금(영구연금)은 1년에 한 번이 아닌 매 2년 또는 매 n년 단위로 이루어질 수 있다. 연금(영구연금) 식은 이와 같은 조건에서도 충분히 활용될 수 있다.
   e. 어떤 연금의 현재가치를 다른 연금의 현재가치와 동일하게 해 주어야 하는 문제는 단골메뉴이다.

6. 많은 대출이 연금형태를 보인다. 대출원금에 대해 점진적으로 상환해 가는 방식을 분할상환이라고 하며 분할상환표 작성방법 및 그 의미에 대해 살펴보았다.

개념문제 Concept Questions

1. **복리계산과 기간** 기간이 길어질수록 미래가치는 어떻게 되는가? 현재가치는 어떻게 되는가?
2. **금리** 금리(r)가 인상되면 연금의 미래가치는 어떻게 되는가? 현재가치는 어떻게 되는가?
3. **현재가치** 두 운동선수가 10년간 $8,000만를 받는 계약을 체결했다고 하자. 한 선수는 $8,000만를 10번에 걸쳐 균등하게 지급받고 다른 선수는 $8,000만를 10번에 걸쳐 지급받지만 매년 받는 금액이 5%씩 증가한다면 누가 더 유리한 계약을 체결한 것인가?
4. **표시이자율(APR)과 실효이자율(EAR)** 대여자가 대출금리를 APR이 아닌 EAR로 표시하도록 대출관련 법규를 개정해야 하는가? 개정되어야 한다면 또는 그렇지 않다면 그 이유에 대해 설명하라.
5. **시간가치** 대학생에게 학자금을 지원해 주는 스태포드 대출(Stafford loan) 중 보조금 지급대출의 경우 상환이 시작될 때까지 이자가 가산되지 않는다. 이 대출의 경우 1학년생과 4학년생이 동일한 금액을 대출받는다면 누가 더 많은 보조금을 받게 되는 것인가?

문제 6~10번을 풀기 위해 다음의 내용을 활용하라.

Toyota Motors의 자회사인 Toyota Motor Credit Corporation(TMCC)은 2008년 3월 28일 30년 만기의 증권을 발행, 일반투자자들에게 매각하기로 했다. 발행조건은 TMCC가 증권소지자에게 2038년 3월 28일에 $10만를 지불하는 것으로 투자자는 만기 전까지 아무런 현금도 받지 못하며 증권의 가격은 이날 현재 $2만4,099이다. 즉 투자자는 30년 후에 $10만를 받는 것을 조건으로 2008년 3월 28일 $2만4,099를 포기하는 것이다.

6. **화폐의 시간가치** TMCC는 미래에 현재보다 4배가량 더 많은 $10만를 지불하면서까지 왜 현재 $2만4,099 정도의 적은 금액을 기꺼이 받으려고 하는가?
7. **콜조항** TMCC는 증권을 발행할 때 특정한 가격에 도달했을 경우 증권을 되살 수 있는 권리(콜조항)를 부가하였다. 이 조건이 증권의 투자가치에 미치는 영향은 무엇인가?
8. **화폐의 시간가치** 당신은 30년 후에 $10만를 받는 조건으로 오늘 기꺼이 $2만4,099를 지불하겠는가? 이 질문에 답변하기 위해 고려해야 할 핵심사항들은 무엇인가? 30년 후에 누가 지급하는가에 따라 당신의 대답은 달라질 수 있나?
9. **투자 비교** TMCC가 증권을 $2만4,099에 매도하려고 할 때, 미국 재무부도 본질적으로 동일한 증권을 발행했다고 가정하자. 미국 재무부가 발행한 증권과 TMCC가 발행한 증권 중 어느 증권의 가격이 더 높겠는가? 그 이유는?
10. **투자기간** TMCC 증권은 뉴욕거래소(NYSE)에서 거래된다. 당신이 오늘 이 증권의 가격을 살펴본다면 증권가격은 발행가격인 $2만4,099보다 높다고 생각되는가? 그 이유는? 만약 당신이 이 증권의 가격을 2019년에 살펴본다면 증권의 가격은 오늘 가격보다 높을 것인가 낮을 것인가? 그 이유는?

연습문제 Questions and Problems

Mc Graw Hill connect

기초
(문제 1~20번)

1. **단리와 복리** First City Bank는 저축계정 잔액에 대해 연 7%의 단리를 지급하는 반면 Second City Bank는 연 7%의 복리를 지급한다. 당신이 각 은행에 $5,600를 예치한다면 10년 후 Second City Bank로부터는 얼마나 더 많은 돈을 받을 수 있는가?
2. **미래가치 계산** $4,375가 다음과 같이 연 복리계산 된다고 할 때 미래가치를 구하라.
   a. 연 6%로 10년간
   b. 연 8%로 10년간
   c. 연 6%로 20년간
   d. (c)에서 산출된 이자가 왜 (a)에서 계산된 이자의 2배가 아닌가?
3. **현재가치 계산** 다음 각각의 경우 현재가치를 구하라.

현재가치	연도	금리	미래가치
	9	7%	$10,971
	13	9	43,862
	16	14	754,500
	24	14	480,127

4. **이자율 계산** 다음 각각의 경우 이자율을 구하라.

현재가치	연도	금리	미래가치
$ 217	3		$ 284
432	10		1,250

(계속)

41,000	16		173,864
54,382	19		425,600

5. **투자기간 계산** 다음 각각의 경우 투자기간을 구하라.

현재가치	연도	금리	미래가치
$ 625		7%	$ 1,284
810		10	4,341
18,400		8	234,162
21,500		13	215,000

6. **투자기간 계산** 이자율이 4.83%일 경우 투자금액이 두 배가 되는 데 걸리는 시간은? 또한 네 배가 되는 데 걸리는 시간은?

7. **현재가치 계산** Imprudential사는 20년 후에 지급해야 하는 $4억5,000만의 연금채무를 보유하고 있다. 회사의 주식가치를 평가하기 위해 재무분석가는 이 채무를 현재가치로 할인하려고 한다. 적정할인율이 4.8%라면 이 채무의 현재가치는 얼마인가?

8. **수익률 계산** 미술작품들은 세련된 미적 감각을 가진 사람에게 수집품으로서 매력적일 수 있지만 수익성 측면에서 보았을 때는 항상 이익을 가져다 주는 것은 아니다. 2010년에 Deutscher-Menzies는 유명한 호주화가인 Brett Whiteley의 Arkie Under the Shower라는 작품을 경매를 통해 $110만에 팔았다. 하지만 불행하게도 전 소유자는 이 작품을 3년 전에 $168만에 구입한 바가 있다. 전 소유자의 이 작품에 대한 수익률은 얼마인가?

9. **영구연금** British consol을 구입한 투자자는 영국정부로부터 영원히 매년 연금을 받을 자격이 있다. 1년 후부터 매년 $75를 받게 되는 콘솔의 가격은 얼마인가? 단, 이자율은 연 3.1%라고 가정한다.

10. **연속복리계산** 다음과 같은 조건으로 연속복리되는 경우 $2,430의 미래가치를 구하라.
    a. 표시이자율 14%로 5년간 투자 시
    b. 표시이자율 6%로 3년간 투자 시
    c. 표시이자율 8%로 10년간 투자 시
    d. 표시이자율 9%로 8년간 투자 시

11. **현재가치와 다기간** 현금흐름 Machine사는 다음과 같은 현금흐름을 갖는 투자안을 고려하고 있다. 할인율이 5%라면 이 현금흐름의 현재가치는 얼마인가? 할인율이 13%인 경우 또는 18%인 경우의 현재가치는 얼마인가?

연도	현금흐름
1	$ 655
2	945
3	1,960
4	2,380

12. **현재가치와 다기간** 현금흐름투자안 X는 9년간 매년 $3,720를 받을 수 있고 투자안 Y는 5년간 매년 $5,740를 받을 수 있다. 할인율이 5%라면 어느 투자안의 현재가치가 더 크겠는가? 할인율이 21%인 경우는 어떻게 되는가?

13. **연금 현재가치 계산** 어떤 투자안이 1년 후부터 15년간 매년 $7,500를 획득할 수 있다고 한다. 요구수익률이 6.8%라고 한다면 이 투자안의 가치는 얼마인가? 현금흐름이 40년간 지속된다면 투자안의 가치는

얼마인가? 현금흐름이 75년간 또는 영원히 지속될 경우의 투자안의 가치는?

14. **영구연금 가치 계산** Perpetual Life Insurance사가 당신과 당신의 상속자에게 매년 $1만5,000를 영원히 지급하는 투자보험을 팔려고 한다. 이 투자보험에 대한 요구수익률이 4.3%라면 당신은 이 투자보험을 위해 얼마를 지급하겠는가? 또는 Perpetual Life Insurance사가 $44만5,000에 이 투자보험을 팔려고 한다면 요구수익률이 몇%가 되어야 보험가격이 타당하다고 할 수 있겠는가?

15. **EAR 계산** 다음 각각의 경우 실효이자율(EAR)을 구하라.

표시이자율(APR)	복리 횟수	실효이자율 (EAR)
8.4%	분기별	
18.6	월별	
9.4	일별	
7.8	무한대	

16. **APR 계산** 다음 각각의 경우 표시이자율(APR)을 구하라.

표시이자율(APR)	복리 횟수	실효이자율 (EAR)
	반년	9.9%
	월별	11.4
	주별	15.5
	무한대	16.3

17. **EAR 계산** First National Bank의 기업대출 금리는 월복리로 연 14.8%이고 First United Bank는 6개월 복리로 연 15.1%이다. 당신이 신규대출을 받으려고 한다면 어느 은행을 이용할 것인가?

18. **이자율** 유명한 재무관련 기고가인 Andrew Tobias는 케이스 단위로 와인을 구매하는 것이 연 177%의 수익을 창출할 수 있다고 주장한다. 그는 12주 동안 매주 병당 $10하는 훌륭한 보르도(Bordeaux) 와인을 한 병씩 소비할 예정이다. 이를 위해 그는 매주 $10를 지불하든지 아니면 오늘 12병이 든 와인케이스를 구매하려고 한다. 그가 케이스로 구입하는 경우 10%의 할인을 받을 수 있으며 이에 따라 177%의 수익률을 올릴 수 있다는 주장이다. 그가 오늘 와인케이스를 구입하고 첫번째 병을 마셨다고 가정한다면 당신은 그의 분석에 동의하는가? 그의 분석에 문제점은 없는가?

19. **투자기간 계산** 고객 중 한 사람이 당신 회사의 매입채무를 체납하고 있다. 당신은 이에 대해 그 고객이 매월 $350를 상환하는 것으로 서로 합의를 보았다. 체납금에 대해서는 월 1.3%의 이자를 부과하기로 했다. 현재 체납금이 $1만6,200라고 한다면 체납금이 모두 상환되기 위해 걸리는 기간은 얼마인가?

20. **EAR 계산** Friendly's Quick Loans사는 'three for four or I knock on your door' 조건의 대출상품을 판매하고 있다. 이 의미는 오늘 $3를 빌려가고 일주일 후 월급을 받는 날 $4를 갚으면 된다는 의미이다. 이 대출상품의 유효연이자율은 얼마인가? 당신이 용감하게도 이 대출에 대해 문의한다면, Friendly's Quick Loans사는 당신에게 표시이자율이 얼마라고 하겠는가?

보통
(문제 21~52번)

21. **미래가치** 표시이자율이 연 6.3%이고 다음과 같이 복리계산이 된다면 $2,900 투자 시의 6년 후의 미래가치는?
    a. 연복리?
    b. 6개월마다 복리?
    c. 매월 복리?
    d. 연속복리?
    e. 왜 미래가치는 복리계산 기간이 짧으면 짧을수록 증가하는가?

22. **단리와 복리** First Simple 은행은 투자계좌에 대해 연 6.8%의 단리를 지급한다. 반면 First Com-plex 은행은 동일한 계좌에 대해 연복리로 이자를 지급한다면 10년 후 First simple 은행의 투자잔고와 동일하게 되기 위해서는 이자율을 얼마로 정해야 하는가?

23. **연금 계산** 당신은 은퇴에 대비해 향후 30년간 저축할 계획을 세우고 있다. 이를 위해 주식계좌에 월 $950, 채권계좌에 월 $375를 투자하려고 한다. 주식투자 수익률은 10.5%, 채권투자 수익률은 6.1%로 예상된다. 은퇴 후에는 두 계좌의 금액을 합쳐 6.9%의 수익률을 지급하는 계좌에 입금하려고 한다. 은퇴 후 25년간 저축한 금액을 사용하기 원한다면 월 얼마씩 인출할 수 있는가?

24. **수익률 계산** 어떤 투자가가 12개월만에 원금의 3배를 지급해 준다고 한다(이런 투자제의는 믿지마라). 이 투자안의 분기별 수익률은 얼마인가?

25. **수익률 계산** 당신은 초기투자비용이 $4만5,000가 되는 두 개의 투자안 중 하나를 선택하려고 한다. 투자안 G는 5년 후에 $8만9,000를 받을 수 있으며, 투자안 H는 11년 후에 $21만를 받을 수 있다고 한다면 어느 투자안을 선택하겠는가?

26. **성장영구연금** Mark Weinstein은 레이저 안과수술에 있어 진보된 기술을 연구 중에 있으며 가까운 장래에 상용화할 것으로 기대한다. 그는 이 기술로 3년 후 처음으로 $18만5,000의 현금흐름을 창출할 것이며, 이 현금흐름은 영구히 매년 2.5%의 성장을 거듭할 것으로 예상한다. 할인율이 12%라고 한다면 이 기술의 현재가치는 얼마인가?

27. **영구연금** 유명한 투자은행이 분기별로 $1.45를 배당금으로 영원히 지급하는 새로운 증권을 설계했다. 첫 번째 배당금이 한 분기 후에 지급된다. 표시이자율이 4.9%이고 분기 단위로 복리계산이 된다면 이 증권의 가치는 얼마인가?

28. **연금 현재가치** 연 $7,200의 연금이 3년 후부터 25년 후까지 지급된다면 이 연금의 현재가치는 얼마인가? 7.4%의 할인율을 적용하라.

29. **연금 현재가치** 매년 $950를 15년간 지급하는 연금의 현재가치는 얼마인가? 단, 첫 번째 지급은 6년 후부터 이루어지며 이자율은 5년까지는 9%, 그 이후는 12%가 적용된다.

30. **일괄상환** Mike Bayles는 바하마에 있는 $87만5,000짜리 집을 별장으로 구입하려고 한다. 모기지 조건은 집값의 20%를 계약금으로 내야 하고 표시이자율은 연 5.8%이며 월복리가 적용된다. 향후 30년간 매월 원리금을 상환해야 하며 다음 달이 첫 번째 상환달이다. 하지만 이 모기지는 8년 일괄상환 조건을 가지고 있다. 8년 일괄상환이란 8년 후에 원리금을 일괄상환해야 하는 것을 의미한다. 다른 거래비용이나 재무비용은 없다고 가정할 경우 Mike가 8년 후에 지급해야 하는 일괄상환액은 얼마인가?

31. **이자비용 계산** 당신은 Shady Banks Savings and Loan으로부터 처음 6개월간은 월복리로 연 1.8%의 금리가, 그 이후부터는 월복리로 연 15%의 금리가 적용되는 신용카드를 신청하라는 제안을 받았다. 당신이 현재 사용하고 있는 신용카드 미상환잔액 $9,000를 이 신용카드로 옮기고 상환을 하지 않았다고 한다면 1년 후 새로운 신용카드에서 발생할 이자금액은 얼마인가?

32. **영구연금** Barrett 제약회사는 초기투자비용이 $180만이고 매년 말에 $23만5,000의 현금흐름이 영원히 지속되는 약품개발 프로젝트의 시행여부를 고민하고 있다. 이 프로젝트를 시행하는 것과 시행하지 않는 것이 무차별하게 되는 이자율은 얼마인가?

33. **성장연금** Southern California 출판사는 현재 인기 있는 Financial Psychoanalysis Made Simple이라는 교과서의 개정 여부를 고민하고 있다. 개정비용은 $15만5,000이고 증가되는 현금흐름은 첫 해 $4만3,000, 그리고 이 후 매년 5.5%씩 증가할 것으로 예상된다. 또한 이 책은 5년 후 절판될 것으로 전망된다. 개정비용은 현재시점에서 소요되고 수익은 매년 말에 들어온다. 출판사가 비슷한 투자에 대해 11%의 수익률을 달성하고 있다면 이 개정작업을 실시해야 하는가?

34. **성장연금** 당신은 월급을 연말에 12개월치를 한꺼번에 받는다. 12월 31일인 오늘 당신은 1년치 연봉 $8

만5,000를 받았고 이를 모두 사용할 생각을 하고 있다. 하지만 내년부터는 퇴직에 대비해 저축을 시작하려고 한다. 당신은 이에 따라 내년부터 연봉의 10%를 연 9.5%의 이자를 받을 수 있는 계좌에 저축하기로 결정했다. 당신의 연봉이 매년 3.3% 증가한다면 35년 후 당신이 퇴직할 때 받을 수 있는 금액은 얼마인가?

35. **현재가치와 이자율** 연금의 가치와 이자율 간에는 어떤 관계가 성립하는가? 현재 이자율이 10%이고 당신은 매년 $6,350를 15년간 지급하는 연금을 구입했다고 하자. 이자율이 갑자기 5%로 하락한다면 이 투자안의 가치는 어떻게 되겠는가? 또는 이자율이 갑자기 15%로 상승한다면?

36. **투자기간 계산** 당신은 월복리로 연 8.75%의 이자를 지급해주는 계좌에 이달 말부터 월 $245 를 입급하려고 한다. 당신의 계좌잔고가 $2 만 5,000에 이르기 위해서는 몇 번이나 입금을 하여야 하는가?

37. **연금 현재가치 계산** 당신은 요트를 사기 위해 지역은행으로부터 $13만5,000를 차입했다. 당신은 월 $2,650씩 상환해 나갈 수 있고 대출금은 월복리로 계산된다고 할 때, 60개월짜리 APR 대출에 대해 당신이 감당할 수 있는 최대 이자율은 얼마인가?

38. **대출상환 계산** 당신은 $24만5,000짜리 새 집을 구입하기 위해 30년 만기 고정금리 모기지가 필요하다. 모기지대출 은행은 당신에게 이 대출에 대해 5.1%의 APR을 적용하겠다고 한다. 하지만 당신은 월 $950를 상환할 수 있어 대출 종료 시 남아있는 잔액에 대해 일괄 상환하겠다고 제안했다. 당신이 월 $950의 상환액을 유지하기 위한 일괄상환액은 얼마가 되어야 하는가?

39. **현재가치와 미래가치** 다음 현금흐름의 현재가치는 연 7%의 할인율을 적용할 때 $5,800이다. 현금흐름 중 누락된 부분의 가치는 얼마인가?

연도	현금흐름
1	$1,300
2	?
3	1,900
4	2,450

40. **현재가치 계산** 당신은 TVM 로또에 당첨됐다 . 이에 따라 당신은 오늘 $100 를 받고 매년 $19만5,000씩 증가된 금액을 앞으로 10년간 더 받게 된다. 즉 , 1년 후에 $119만5,000를 받고 2년 후에 $139만를 받는 식이다. 적정금리가 7.3%라고 한다면 당첨된 로또의 현재가치는 얼마인가 ?

41. **EAR 과 APR** 당신은 새로운 창고를 구입했다. 창고 매입을 위한 자금조달을 위해 당신은 $330만의 80%에 해당하는 금액에 대해 30년 만기 모기지 대출을 받았다. 월상환액이 $1만6,250 라고 한다면 이 대출의 표시이자율(APR)은 얼마인가? 또 실효이자율(EAR)은?

42. **현재가치와 손익분기점 이자율** 3년 후에 자산을 $12만5,000에 매각하기로 계약한 기업이 있다. 이 자산을 현재 생산하기 위해서는 $8만7,000의 비용이 소요된다. 적정할인율이 연 11%라고 한다면 기업은 이 자산의 생산과 매각을 통해 이익을 창출할 수 있을까? 또는 손익분기점에 도달하기 위해서는 할인율이 얼마가 되어야 하는가?

43. **현재가치와 다기간 현금 흐름** 연 $4,100를 지급받는 현금흐름의 현재가치는 얼마인가? 단, 첫 번째 지급은 7년 후에, 마지막 지급은 30년 후에 이루어지고 할인율은 연 6.9%이다.

44. **변동이자율** $1,750를 매월 말에 지급해 주는 15년 만기 연금이 있다. 이자율이 첫 7년간은 월복리로 연 11.4%이고, 이후에는 월복리로 연 8.6%인 경우 이 연금의 현재가치는 얼마인가?

45. **현금흐름 비교** 당신은 두 개의 투자안을 고려하고 있다. 투자안 A는 매월 말 $1,050를 15년간 투자하는 것으로 이자율은 월복리 기준 연 6.05%이고 투자안 B는 일시불로 투자하는 것으로 이자율은 연속복리기준 연 7%이고 투자기간은 A와 동일한 15년이다. 15년 후에 투자안 A와 동일한 가치를 갖게 하기 위해서는 투자안 B에 현재 얼마를 투자해야 하는가?

46. **영구연금의 현재가치** 계산 이자율이 연 7.6%인 경우 15년 후부터 지급이 시작되는 연 $3,550의 영구연금의 7년 후 가치는 얼마인가?

47. **EAR 계산** 지역 금융회사가 1년 만기 대출에 대해 15.9%의 이자율을 고시하고 있다. 따라서 당신이 $2만7,000를 대출받는 경우 연 이자액은 $4,293가 된다. 당신은 1년 후에 총 $3만1,293를 상환해야하므로 그 금융회사는 향후 12개월 동안 월 $31,293/12 또는 $2,607.75를 상환하라고 한다. 이 대출의 이자율은 정말 15.9%인가? 법적으로 고시될 이자율은 얼마인가? 이 경우 실효이자율은 얼마인가?

48. **현재가치 계산** 6개월마다 $5,700를 5년간 지급하는 연금이 9년 후부터 시작된다. 즉 9.5년 후에 첫 지급액을 받게된다. 할인율이 월복리로 연 9%라면 지금부터 5년 후의 이 연금의 가치는 얼마인가? 지금부터 3년 후의 가치는? 현재가치는?

49. **선불연금 계산** 당신은 5년간 연 $1만6,000를 지급받기로 되어 있고 적정할인율은 7.2%이다.
    a. 이 연금이 보통연금의 형태라면 연금의 현재가치는 얼마인가? 또한 선불연금 형태라면 연금의 현재가치는?
    b. 당신은 10년간 지급받을 연금에 대해 투자계획을 가지고 있다. 연금이 보통연금 형태라면 10년 후의 미래가치는 얼마인가? 연금이 선불연금 형태라면 10년 후의 미래가치는?
    c. 보통연금과 선불연금 중 어느 것이 현재가치가 더 큰가? 미래가치는 어떤가? 이와 같은 결과는 항상 성립하는가?

50. **선불연금 계산** 당신은 $7만6,000짜리 Muscle Motors의 새로운 스포츠카를 구입하려고 한다. 4.98%의 표시이자율(APR)의 60개월 선불연금 형태로 계약했다고 한다면 당신의 월 상환액은 얼마인가?

51. **동일한 상환액의 분할상환** $5만7,000를 3년간 대출할 경우의 분할상환표를 작성하라. 단, 이자율은 연 9%이고 상환액은 매년 동일해야 한다. 3년째 지급되는 이자금액은 얼마인가? 대출기간 중 총 지급해야 하는 이자금액은 얼마인가?

52. **동일한 원금상환액의 분할상환** 문제 51번에서 매년 동일한 금액의 상환이 아닌 매년 $1만9,000의 원금을 상환하는 경우의 분할상환표를 작성하라.

도전
(문제 53~80번)

53. **선불연금 계산** 당신은 PGX사의 골프클럽을 리스하려고 한다. 계약은 월복리로 연 8.6%의 이자율이 적용되며 24개월간 동일한 금액을 지급하는 형태로 이루어져 있다. 클럽의 소비자가격은 $4,600이므로 Pings사는 리스료의 현재가치를 $4,600가 되게 하려고 한다. 당신이 오늘 첫 번째 리스료를 지급한다면 당신의 월 리스료는 얼마가 되겠는가?

54. **연금** 당신은 두 자녀의 대학교육을 위해 저축을 하고 있다. 자녀들은 두 살 차이로 첫째는 15년 후에, 둘째는 17년 후에 대학에 진학할 예정이다. 대학교육을 위해 한 자녀당 학년 초에 연 $6만5,000의 비용이 소요될 것이고 이자율은 연 9.2%로 예상된다. 자녀의 대학교육을 위해 당신은 매년 얼마씩을 저축해야 하는가? 저축은 내년부터 시작해 둘째가 대학에 입학할 때까지 할 계획이다. 대학은 4년제 대학이라고 가정하라.

55. **성장연금** Tom Adams는 거대 투자은행으로부터 사원 또는 대리 직급의 제안을 받았다. 기본 연봉은 $7만5,000이고 일을 시작한 1년 후에 첫 번째 연봉을 받는다. 게다가 그는 입사기념으로 $1만5,000의 보너스를 즉시 받는다. 연봉은 매년 3.2%씩 증가하며 보너스는 연봉의 10%를 받기로 했다. Adams는 35년간 일을 할 계획을 가지고 있다. 할인율이 9%라면 이 제안의 현재가치는 얼마인가?

56. **연금 계산** 당신은 최근 Set for Life Lottery에서 슈퍼잭팟(super jackpot)에 당첨됐다. 당첨자 주의사항을 읽어보던 중에 당신은 다음과 같은 두 가지 옵션 중 하나를 선택할 수 있다는 사실을 알았다.
    a. 당신은 $40만의 연 지급액을 31번 받을 수 있다. 첫 번째 지급은 오늘 실행된다. 소득세는 36%의 세율이 적용되며 지급될 때 원천징수된다.

b. 당신은 오늘 $100만를 지급받을 수 있고 이 금액에 대해 세금을 낼 필요가 없다. 또 1년 후부터 30년간 매년 $32만5,000를 받을 수 있다. 이 연금에 대한 현금흐름은 36%의 세금이 부과된다.

4.1%의 할인율을 적용한다면, 당신은 어떤 옵션을 선택해야 하는가?

57. **성장연금 계산** 당신은 은퇴까지 30년 남았고 은퇴 시 $250만를 소유하기 원한다. 당신의 봉급은 연 단위로 지급되며 올해 말 $8만5,000를 받을 것이다. 봉급은 매년 3%씩 인상될 것이고 투자금액에 대해서는 9.7%의 수익률을 창출할 수 있다. 당신이 봉급의 일정 비율을 저축한다면 매년 저축해야 하는 금액은 봉급의 몇%가 되어야 하는가?

58. **일괄상환** 2017년 9월 1일에 Susan Chao는 모터사이클을 $4만3,000에 구입했다. 그녀는 $2,000를 계약금으로 지급하고 나머지 잔액에 대해서는 5.8%의 표시이자율(월 복리)로 5년간 대출을 받았다. 그녀는 모터사이클 구입 한 달 후(2017년 10월 1일)부터 월 지급액을 상환하기 시작했다. 2년 후인 2019년 10월 말, 수잔은 새로운 직장을 구했고 대출금을 전액 상환하기로 했다. 은행이 중도상환금에 대해 1%의 페널티 금리를 부과하는 경우 그녀가 2019년 11월 은행에 지급해야 하는 돈은 얼마인가?

59. **연금의 가치 계산** Bilbo Baggins는 세 가지 목적을 달성하기 위해 돈을 저축하려고 한다. 먼저, 그는 30년 후에 은퇴하고 그 후 20년 동안 월 $2만4,000의 퇴직소득을 받으며 이 소득의 지급은 지금부터 30년 1개월 후에 시작되기를 원한다. 둘째, 10년 후에 Rivendell에 있는 $37만5,000짜리 통나무집을 구입하기 원한다. 셋째, 퇴직소득을 20년간 지급받고 사망한 후, 그는 조카인 Frodo에게 $100만의 유산을 남겨주기 원한다. 그는 향후 10년간 매달 $2,300씩 저축할 수 있다. 은퇴 전에는 11%, 은퇴 후에는 7%의 실효이자율을 얻을 수 있다면 그가 11년 후부터 30년까지 매월 저축해야 하는 금액은 얼마인가?

60. **연금의 가치 계산** 당신은 차를 리스하거나 또는 3년 대출을 통해 신차를 구입할 수가 있다. 당신이 구입하고자 하는 차의 가격은 $3만9,000이다. 딜러는 오늘 $3,000를 지급하고 이후 3년간 매월 $450를 지급하는 특별 리스프로그램을 가지고 있다. 차를 구입한다면, 4.1%의 APR로 향후 3년간 매월 상환하면 된다. 당신은 3년 후 이 차를 $2만4,500에 매각할 수 있을 것이라고 믿는다. 당신은 이 차를 구입하겠는가 아니면 리스하겠는가? 3년 후 차의 매도가격이 얼마가 되면 차를 구입하는 것과 리스하는 것이 무차별해지는가?

61. **연금의 가치 계산** 최고의 풋볼 디펜시브 라인맨(defensive lineman)이 연봉협상 중에 있다. 소속팀은 다음과 같은 연봉구조를 제안했다.

기간	연봉
0	$10,000,000
1	7,400,000
2	7,400,000
3	7,700,000
4	8,500,000
5	10,400,000
6	11,900,000

모든 연봉은 일시불로 지급된다. 이 선수는 당신이 그의 대리인으로 이 조건에 대해 재협상해 주기를 원한다. 그는 계약체결 보너스로 $1300만와 계약가치가 $350만가 증가되기를 원한다. 그는 또한 매 3개월마다 균등한 봉급을 지급받기를 원하며 첫 번째 봉급은 3개월 후가 되기를 원한다. 만약 금리가 5%로 일복리로 계산된다면 그의 분기별 봉급은 얼마인가? 1년은 365일로 가정한다.

62. **할인이자 대출** 이 문제는 할인이자로 알려진 것에 대한 설명이다. 당신이 다소 못된 대여자와 대출에 대해 논의하고 있다고 가정하자. 당신은 1년 동안 12.9%의 이자로 $2만를 빌리기를 원한다. 당신과 대여

자가 대출이자에 대해 합의한 금액은 0.129 × $20,000 = $2,580이다. 따라서 대여자는 이자금액을 제외하고 당신에게 $1만7,420를 지급한다. 이 경우 $2,580가 할인되었다고 말한다. 무엇이 잘못되었는가?

63. **연금의 가치 계산** 당신은 배심원 역할을 하고 있다. 원고는 지극히 드문 도로 청소차 사고로 발생한 부상에 대해 시(市)를 상대로 소송을 제기했다. 의사들은 재판에서 원고가 직장으로 돌아가기 위해서는 5년이 걸린다고 증언했다. 배심원들은 이미 원고측 편에 서기로 결정했다. 당신은 배심원 대표로 배심원들이 원고에게 다음 사항을 포함하는 보상을 해 주기로 결정했다고 제안한다. 1) 원고의 지난 2년간 봉급 $4만6,000와 $4만9,000의 현재가치, 2) 매년 $5만3,000로 추정하는 향후 5년간 봉급의 현재가치, 3) 고통에 대한 보상 $25만, 4) 재판비용 $5만. 봉급은 매달 말에 균등하게 지급된다고 가정하라. 금리가 실효이자율(EAR)로 9%라고 한다면 보상액의 총가치는 얼마인가? 당신이 원고라면 높은 이자율을 선호하겠는가 아니면 낮은 이자율을 선호하겠는가?

64. **포인트 EAR 계산** 당신은 1년 만기로 $1만를 대출받으려 하고 있다. 이자율은 13.4%에 2포인트가 부가되어 표시된다. 대출금에서 1포인트는 단순히 대출금의 1%를 의미한다. 이와 같은 표시방법은 주택저당대출에서는 매우 흔한 것이다. 이 예제에서 이자율 표시는 차입자가 대여자에게 우선 2포인트를 지급하고 후에 13.4%의 이자와 함께 차입금액을 상환한다는 의미이다. 이 경우 당신이 실제로 지불하는 이자율은 얼마인가?

65. **포인트 EAR 계산** 1년짜리 대출금에 대한 이자가 10.2%에 3포인트가 부가되어 표시되어 있다. 실효이자율은 얼마인가? 구한 답은 대출금액의 크기에 따라 영향을 받는가?

66. **EAR 과 APR** 어떤 지역에 30년 만기의 $25만짜리 주택담보대출에 5.2%의 이자율과 $3,100의 신청수수료를 적용하는 두 은행이 있다. 하지만 대출신청이 거절될 경우 Insecurity Bank and Trust는 신청수수료를 되돌려주고 I. M. Greedy and Sons 모기지은행은 돌려주지 않는다. 현행 관련법에 따르면 대출신청 거절시 환불되는 수수료는 APR 계산 시 포함되게 하고 있지만 환불되지 않는 수수료는 APR에 포함시키지 않아도 된다(환불수수료는 수수료가 아닌 대출금의 일부인 것으로 생각하기 때문인 것 같다). 이 두 대출금의 EAR은 얼마인가? APR은?

67. **부가이자 EAR 계산** 이 문제는 부가이자(add-on interest)로 일컫는, 사람을 현혹시키는 이자율 표시방법에 대한 설명이다. 당신은 Crazy Judy's Stereo City의 다음과 같은 광고문구를 본다. "$3,500 즉시대출! 16.7% 단리이자율! 만기는 3년! 아주 저렴한 월 상환금!" 당신은 이 모든 것에 대해 확신을 가질 수 없고 대출계약 시의 APR에 대해 잘못 이해하고 있는 것 같아 이를 명확하게 하기 위해 매니저에게 질문을 한다. Judy는 만약 당신이 $3,500를 16.7%의 금리로 3년간 빌린다면, 3년 후에 당신이 갚아야 할 돈은 다음과 같다고 설명한다:

$$\$3{,}500 \times 1.167^3 = \$3{,}500 \times 1.589324 = \$5{,}562.64$$

Judy는 $5,562.64를 일시에 상환하는 것은 힘들 수 있으므로 자기가 추가적인 장부정리를 하더라도 '아주 저렴'하게 월 $5,562.64/36 = $154.5를 상환하면 된다고 말한다. 이것이 이자율 16.7%의 대출인가? 왜 그런가 아니면 왜 아닌가? 이 대출의 APR은 얼마인가? EAR은? 이것을 부가이자라고 부르는 이유는 무엇이라고 생각하나?

68. **성장연금** 당신은 지난 10년간 기업을 성공적으로 시작하고 운영해왔다. 당신은 이제 당신 회사를 매각하고 하와이에서 시간을 보낼 것을 결정해야 하는 시점이라고 생각했다. 당신 회사에 관심을 갖는 한 잠재적 매입자가 있으나 그는 지금 당장 일시불로 매각대금을 지급할 자금을 가지고 있지 못하다. 대신 그는 오늘 $75만를 지불하고 나머지는 연금형태로 지급할 것을 제안했다. 첫 번째 지급은 3개월 후에 $22만5,000가 될 것이다. 지급액은 매 분기 2.5%씩 증가하고 총 25분기 동안 이루어질 것이다. 당신이 11%의 실효이자율을 요구한다면 기업 매각을 위해 얼마를 제안해야 하는가?

69. 투자기간 계산 당신은 크리스마스 스키 휴가를 즐겁게 보냈지만 불행하게도 예산을 약간 초과했다. 하지만 다행히 신용카드 회사로부터 현재 18.2%의 연이자율이 적용되고 $1만의 신용카드 대출에 대해 연이자율 7.9%의 새로운 신용카드 대출로 옮겨줄 수 있다는 제안을 받았다. 새로운 신용카드 대출을 이용하여 월 $175를 상환하는 경우 기존 대출에 비해 얼마나 빨리 $1만를 상환할 수 있는가? 만일 이전관련 수수료가 3%라고 한다면 어떻게 되는가?

70. 미래가치와 복수현금흐름 어떤 보험회사가 고객에 대해 신상품을 팔고 있다. 이 상품은 부모나 조부모가 아이를 위해 생일날 가입한다. 이 상품의 구체적인 사항은 다음과 같다. 가입자는 보험사에 다음과 같이 6번의 금액을 납부한다.

첫 번째 생일:	$700
두 번째 생일:	700
세 번째 생일:	800
네 번째 생일:	800
다섯 번째 생일:	900
여섯 번째 생일:	900

아이의 6번째 생일 이후에는 더 이상 납부하지 않는다. 아이가 65살이 되면 $50만를 지급받는다. 적정이자율이 처음 6년간은 10%이고 이후 기간 동안에는 8%라고 한다면 이 상품을 구입할 가치가 있는가?

71. 연금의 현재가치와 실효이자율 당신은 복권에 방금 당첨되었다. 당첨금은 오늘 $500만를 받고 이후에 $195만씩 40차례에 걸쳐 지급받는다. 이 금액은 1년 후부터 매 6월마다 지급된다. Greenleaf investments 관계자는 당첨금 전부를 $3,900만에 매입하겠다는 제안을 했다. 만약 적정이자율이 일 복리로 연 8%의 APR이라고 한다면 당신은 이 제의를 받아들이겠는가? 1년은 365이라고 가정한다.

72. 이자율 계산 어떤 재무설계서비스사는 대학등록금을 위한 저축 프로그램을 제안한다. 이 프로그램에 따르면 당신은 자녀의 12번째 생일인 오늘 시작하여 매년 $2만를 6번 납부해야 한다.

이 프로그램은 자녀의 18번째 생일부터 시작하여 4년간 매년 $4만5,000를 지급해 준다. 이 투자안의 수익률은 얼마인가?

73. 손익분기 투자수익률 당신의 재무설계사는 두 가지 다른 투자안을 제안한다. 투자안 X는 $1만5,000를 매년 영구히 지급하는 것이고, 투자안 Y는 10년간 $3만1,000의 연금을 매년 지급하는 것이다. 두 투자안 모두 첫 번째 지급액은 1년 후이다. 이 두 투자안이 무차별하게 되는 할인율은 무엇인가?

74. 영구 현금흐름 할인율이 일 복리로 연 11%인 경우 첫 번째 지급액이 1년 후에 이루어지고 이후 영원히 매 2년마다 $4만5,000를 지급하는 투자안의 가치는 얼마인가? 첫 번째 지급액이 4년 후에 이루어진다면 이 투자안의 가치는 얼마인가?

75. 일반연금과 선불연금 본문에서 설명한 것과 마찬가지로, 선불연금은 지급액이 매 기간 말이 아닌 기간 초에 이루어진다는 점을 제외하고는 일반연금과 동일하다. 일반연금의 가치와 선불연금의 가치가 다음과 같은 관계를 가진다는 것을 보여라.

선불연금 가치 = 일반연금 가치× $(1 + r)$

현재가치와 미래가치에 대해 이 관계를 보여라.

76. 연금계산 당신은 Life's Downhill After 30 lottery라는 복권에 당첨되었다. 복권 당첨금은 향후 30년간 지급될 것이다. 당첨금은 6개월 후부터 매 6개월마다 $50만씩, 총 60번을 지급받는다는 점에서 다소 색다를 수 있다. 당신은 또한 9개월 후부터 매 9개월마다 $75만씩, 총 40번의 당첨금을 지급받는다. 두 지급금의 시기가 동일한 경우, 예컨대 18개월 후 당신은 두 지급금을 동시에 받을 수 있다. 이자율(APR)이 연 8.1%이고 월 복리로 계산된다고 가정할 때 당첨금의 현재가치는 얼마인가?

77. **EAR 계산** 체크캐싱(check-cashing)점포는 직접 찾아오는 고객에게 개인대출을 해 주는 사업을 하고 있다. 이 점포는 1주일 대출에 주당 4.9%의 이자율을 부과하고 있다.

   a. 이 점포는 고객들에게 APR을 몇%라고 제시해야 하는가? 고객들이 실제로 지급하는 EAR은 얼마인가?

   b. 이 점포가 1주일 대출에 대해 주당 4.9%의 할인이자(discount interest)대출을 하고 있다면(문제 62번 참조), APR은 얼마인가? EAR은?

   c. Check-cashing 점포는 주당 4.9%의 할인이자에 부가이자(add-on interest)식의 월대출도 시행하고 있다. 따라서 당신이 한 달(4주)간 $100를 빌리면 이자는 ($\$100 \times 1.049^4$) − 100 = $21.09가 될 것이다. 이것은 할인이자가 되므로 당신이 오늘 받게 되는 대출금은 $78.91가 될 것이고 한 달 후 당신이 갚을 금액은 $100가 된다. 당신의 상환능력을 돕는다는 명목으로 이 점포는 당신이 주당 $25씩 할부로 $100를 상환할 수 있게 했다. 이 대출의 APR은 얼마인가? 또 EAR은?

78. **성장연금의 현재가치** 지급액이 매기 C만큼 성장하는 경우 다음 기부터 지급이 시작되는 금액 C의 성장연금의 현재가치를 나타내는 식은 무엇인가?

79. **72룰** 투자금액이 복리계산을 통해 2배가 되는 기간을 계산하는 유용한 방법을 '72룰'이라고 한다. 72룰이란 가치가 오늘의 2배가 되기 위해 필요한 기간 72를 이자율로 나누면 구할 수 있다는 규칙이다. 예를 들어, 이자율이 6%인 경우 72룰에 따르면 투자금이 2배가 되기 위해서는 72/6 = 12년이 걸린다. 이것은 정확한 답인 11.90년과 거의 비슷하다. 72룰은 특정한 기간에 투자금액이 두 배가 되기 위해서 필요한 이자율을 산정하는 데도 활용될 수 있다. 이 방법은 많은 이자율과 기간을 구하는 데 유용한 근사치를 제공한다. 72룰의 보다 정확한 비율은 얼마인가?

80. **69.3룰** 72룰과 관련이 있는 것이 69.3룰이다. 69.3룰은 이자율이 연속적으로 복리계산될 때 반올림되는 것을 제외하고는 정확하게 맞는다. 연속복리 계산되는 이자율에 대해 69.3룰이 맞다는 것을 증명하라.

웹 정보 이용하여 문제풀기 | What's on the web?

1. **미래가치 계산** www.dinkytown.net에 가서 'Investment Calculator' 링크를 따라가 보라. 당신이 현재 $1 만가 있고 이 금액을 9%로 투자한다면 30년 후에 얼마가 될까? 추가적인 저축은 없다고 가정한다. 만약 투자수익률이 11%라면 얼마가 될까?

2. **미래가치와 세금** 세금은 투자에 대한 미래가치에 지대한 영향을 미칠 수 있다. www.fncalc.com에 있는 재무용계산기는 세금에 대해 수익률을 조정해 준다. 당신이 오늘 $5만를 투자한다고 가정하자. 투자수익률은 12%이고 추가적인 저축금액이 없다고 할 때, 20년 후에 당신이 갖게 되는 돈은 얼마인가(세율은 0%로 입력하라)? 이제 세율이 27.5%라고 가정한다면 당신은 얼마를 갖게 되는가?

Excel 로 풀어보기 | Excel Master it! Problem

ExcelMaster coverage online
www.mhhe.com/RossCore6e

엑셀은 문제 풀이에 훌륭한 프로그램이다. 하지만 화폐의 시간가치와 관련해서 당신은 수기로 시간 선을 그릴 필요가 있다. 예를 들어 전통적인 퇴직문제에 대해 살펴보자. 당신의 친구가 그녀의 생일을 축하하면서 미래 퇴직에 대비한 저축을 시작하려 한다. 그녀는 퇴직과 퇴직 후 소비금액에 대해 다음과 같은 생각을 하고 있다.

퇴직 시까지 기간:	30년
퇴직 후 매년 인출할 금액규모:	$90,000
퇴직 후 인출기간:	20년
금리:	8%

당신의 친구는 미리 계획을 세우는 스타일이라 첫 번째 인출은 퇴직 후 1년이 될 것이다. 그녀는 퇴직금을 위해 매년 동일한 금액을 저축하려고 한다.

a. 그녀가 첫 번째 저축을 1년 후에 시작하고 마지막 저축을 퇴직일에 하려고 한다면 퇴직 후 원하는 금액을 인출하기 위해서는 연 얼마를 저축해야 하는가?

b. 당신 친구는 많은 금액을 유산으로 받았다고 가정하자. 매년 동일금액을 저축하는 대신, 그녀는 퇴직 시 필요한 자금을 위해 오늘 일시불로 저축하려고 한다. 오늘 저축해야 하는 금액은 얼마인가?

c. 당신 친구 회사는 이익분배차원에서 매년 일정금액을 친구에게 지원해주려고 한다. 또한 친구는 향후 수년 후에 가족신탁으로부터 분배금을 지급받을 것을 기대하고 있다. 회사지원금과 가족신탁 분배금이 다음과 같을 때 그녀는 매년 얼마를 저축해야 하는가?

회사 연 지원금:	$ 1,500
가족신탁 지급년도:	20
가족신탁 지급액:	$25,000

CLOSING CASE

MBA 의사결정

Ben Bates는 6년 전 재무전공으로 학부를 졸업했다. 졸업 후 그는 East Coast Yacht사의 재무파트에서 일하고 있다. 그는 현재의 일에 만족하고 있지만 그의 목표는 투자은행가가 되는 것이다. 그는 MBA 학위가 그의 목표를 달성하는 데 도움을 줄 것이라고 생각한다. 학교들에 대해 살펴본 후, 그는 Wilton 대학이나 Mount Perry 대학 중 하나로 선택의 폭을 좁혔다. 두 학교는 모두 인턴십을 장려하고 있지만 학점을 획득하기 위한 인턴십에 대해서는 돈이 지급되지 않는다. 인턴십을 제외하고는 두 학교 모두 MBA 재학 중 학생들이 일을 하는 것을 허용하지 않는다.

East Coast Yacht사에서 Ben의 연봉은 $5만7,000이고 그의 연봉은 퇴직할 때까지 연 3% 인상될 것으로 예상된다. 그는 현재 28살이고 40년을 더 일할 계획이다. 그의 현재 직장은 건강보험 프로그램을 제공하고 있고 그의 평균 소득세율은 26%이다. Ben은 MBA 학위 취득에 필요한 자금을 충분히 저축해 놓고 있다.

Witon 대학교의 Ritter 비즈니스스쿨은 탑 MBA 프로그램 중 하나이다. MBA 학위를 취득하기 위해서는 2년 동안 풀타임 학생으로 등록하여야 한다. 등록금은 연간 $6만3,000로 학기 초에 납부해야 한다. 책과 다른 부대비용은 연 $2,500가 소요될 것으로 예측된다. Ben은 학위 취득 후 계약보너스 $1만8,000와 함께 약 $10만5,000의 연봉을 받는 직장을 얻을 수 있을 것으로 기대한다. 이 직장의 연봉은 매년 4%씩 인상될 것이다. 고액연봉으로 인해 그의 평균 소득세율은 31%로 증가할 것이다.

Mount Perry 대학교의 Bradley 비즈니스스쿨은 MBA 프로그램을 16년 전에 시작했다. Bradley 스쿨은 Ritter 스쿨에 비해 규모도 작고 덜 알려진 학교이다. Bradley 스쿨은 1년 집중 프로그램을 개설해 놓고 있으며 이 프로그램의 학비는 입학 시 $7만5,000를 납부하면 된다. 책과 기타 관련비용은 $3,500로 추정된다. Ben은 Mount Perry 대학을 졸업 후 $1만5,000의 계약보너스와 $8만8,000의 연봉을 받을 수 있을 것으로 기대한다. 이 직장에서의 연봉은 3.5%씩 인상될 것이다. 이 정도의 소득수준에서 평균 소득세율은 29%가 될 것이다

두 학교 모두 $3,000의 건강보험 프로그램을 제공하고 이는 학년 초에 납부해야 한다. Ben은 또한 기숙사비와 식사비를 합쳐 두 학교 모두 현재 비용에 비해 연 $2,000 더 소요될 것으로 예측한다. 이 비용도 학기 초에 납부해야 한다. 적정할인율은 5.8%이고 모든 봉급은 연말에 지급된다고 가정하자.

1. Ben의 나이가 MBA 학위 취득에 대한 의사결정 시 어떻게 영향을 미치겠는가?
2. MBA 학위 취득에 대한 Ben의 의사결정 시 어떤 비계량적 요소들이 영향을 미치겠는가?
3. 모든 봉급은 연말에 지급된다고 가정했는데, 재무적 관점에서 볼 때 Ben의 가장 최상의 선택은 무엇인가?
4. 두 학교를 선택하는데 있어, Ben은 각 선택의 미래가치를 계산하는 것이 적정한 분석이라고 생각한다. 당신은 이 생각을 어떻게 평가하는가?
5. Wilton 대학에 진학하는 것과 현재 직장에 계속 다니는 것이 차별 없게 되려면 졸업 후 갖게 되는 직장의 첫 연봉이 얼마가 되어야 하는가? MBA 졸업 후 그의 소득세율은 소득수준에 관계없이 31%라고 가정하자.
6. MBA 학위 취득을 위해 현금을 지급하는 대신 대출을 받아야 한다고 가정하자. 현재 대출이율은 5.4%이다. 이와 같은 사실은 그의 MBA 진학결정에 어떤 영향을 미치겠는가?

5 이자율과 채권의 가치평가

OPENING CASE

일반적으로 당신은 오늘 투자한 금액보다 미래에 더 많은 금액을 얻을 수 있다는 기대에서 투자를 한다. 하지만 2019년 1월, 이 같은 기대는 많은 채권 투자자들에게는 해당되지 않는 것이었다. 독일 국채 2년물과 5년물은 각각 0.63%, -0.39%의 수익률을 기록했다. 일본 국채 2년물과 5년물도 이 보다 조금 높은 0.15%와 0.16%의 수익률을 보였다. 해당 월에 전 세계적으로 $11조에 이르는 국채가 마이너스 수익률을 기록했다. 사실 2016년에 전 세계적으로 총 $13조4,000억 규모의 채권이 마이너스 수익률을 보인 바 있다. 마이너스 수익률의 채권은 국채에만 국한되지 않아 예컨대 초콜릿회사인 Nestle와 Deutsche Bank AG가 발행한 회사채도 음(-)의 수익률로 거래된 바 있다.

이 장에서는 화폐의 시간가치가 금융자산의 가장 일반적인 형태의 하나인 채권의 가치를 평가하는데 어떻게 활용되는지를 살펴본다. 그 다음 채권의 특징, 채권의 종류, 채권시장의 메커니즘에 대해 알아본다. 채권 가격은 이자율에 따라 결정되기 때문에 이자율에 대한 보다 근본적인 이슈들에 대해 살펴볼 것이다. 이자율은 규모가 크든 작든 모든 종류의 사업에 있어 자금을 차입할 때 지불하여야 하는 비용이므로 모든 사람에게 중요하다고 할 수 있다.

기업재무 관련 최근 사건들을 찾아보기 위해 corecorporatefinance.blogspot.com을 방문하라.

이 장에서는 채권에 대해 살펴볼 것이다. 우선 제4장에서 배운 기법들이 채권의 가치평가에 어떻게 응용될 수 있는가를 살펴본다. 그 다음 채권의 특징과 채권의 매매에 대해 알아본다. 우리가 배우는 중요한 내용 중 하나는 채권의 가치가 이자율에 의해 대부분 결정된다는 사실이다. 따라서 이자율에 대해 보다 구체적인 사항들을 기술하면서 이 장을 마무리할 것이다.

5.1 채권과 채권의 가치평가

기업이나 정부는 일반 대중으로부터 장기로 자금을 차입하려고 할 때 채권이라고 불리는 부채증권을 발행하여 판매한다. 이 절에서는 회사채의 여러 가지 특징과 채권 관련 용어들을 설명한다. 또한 채권과 관련된 현금흐름과 현금흐름 할인법을 이용한 채권의 가치평가 방법에 대해 알아본다.

ExcelMaster coverage online
www.mhhe.com/RossCore6e

채권의 특징과 가격

채권은 일반적으로 차입자가 매 기간 이자를 지급하고 원금은 만기 때 상환하는 이자우선 상환 대출형식을 갖는다. 예를 들어, Beck사가 30년 동안 $1,000를 차입하려고 한다고 하자. Beck사와 유사한 형태의 기업이 발행하는 채권의 이자율이 12%라고 한다면 Beck사는 30년 동안 매년 $120(= 0.12 × $1,000)를 지불할 것이고 30년 후에는 원금 $1,000를 지급할 것이다. 이 예에서 보는 바와 같이 채권발행은 매우 간단한 자금조달 방식이다. 하지만 채권과 관련된 많은 전문용어들이 있으며, 보다 중요한 용어들의 정의를 위해 Beck사의 예를 활용하기로 한다.

앞의 예에서 Beck사가 정기적으로 지불하기로 한 이자 $120를 채권의 **표면이자(coupons)**라고 한다. 표면이자는 일정한 금액으로 매년 지급되므로 이와 같은 Beck사의 채권을 **균일이표채**(level coupon bond)라고 한다. 만기에 상환되는 금액은 채권의 **액면(face value 또는 par value)**이라고 한다. 미국에서 발행되는 회사채의 액면은 보통 $1,000이며 이 같이 액면가로 판매하는 채권을 **액면가 채권**(par value bond)이라고 한다. 국채는 회사채보다 액면금액이 큰 경우가 대부분이다. 또한 매년 지급되는 표면이자를 액면가로 나눈 것을 **표면이자율(coupon rate)**이라고 한다. 본 예에서 채권의 표면이자율은 12%가 된다 ($120/1,000 = 12%).

액면 상환 시까지 소요되는 기간은 채권의 **만기(maturity)**라고 한다. 미국의 경우 회사채의 만기는 대개 발행일로부터 30년까지 다양할 수 있다. 일단 채권이 발행되면 만기까지의 기간은 시간이 지남에 따라 감소하게 된다.

채권의 가치와 수익률

시간이 경과함에 따라 시장에서 이자율은 변화한다. 하지만 채권으로부터 발생하는 현금흐름은 동일하다. 그 결과 채권의 가치는 변동한다. 금리가 상승하면 만기까지 채권에서 발생하는 현금흐름의 현재가치는 감소하여 채권의 가치는 하락한다. 반대로 금리가 하락하는 경우 채권의 가치는 상승하게 된다.

특정 시점의 채권의 가치를 구하기 위해서는 만기까지의 잔존기간, 액면, 표면이자, 그리고 유사한 특징을 지니는 다른 채권에 적용되는 시장이자율을 알아야 한다. 시장에서 요구되는 이자율을 채권의 **만기수익률(yield to maturity: YTM)** 이라고 한다. 이 이자율은 간단하게 채권의 수익률(yield)이라고도 한다. 이와 같은 정보가 주어지면 채권에서 발생하는 현금흐름의 현재가치를 계산함으로써 채권의 시장가치를 측정할 수 있다.

예를 들어, Xanth사가 만기 10년짜리 채권을 발행했다고 하자. Xanth 채권의 연 표면이자는 $80이고 비슷한 특징을 가진 채권의 만기 수익률은 8%이다. 앞에서 설명한 바와 같이 Xanth 채권은 향후 10년간 표면이자로 연 $80를 지불할 것이다. 그리고 10년 후 Xanth사는 채권보유자에게 원금 $1,000를 지불한다. 채권으로부터 발생하는 현금흐름은 그림 5. 1에 나타나 있다. 이 채권은 얼마에 판매될 수 있을까?

그림 5. 1에 나타난 바와 같이, Xanth 채권의 현금흐름은 연금 부분(표면이자)과 일시불 부분(만기 시 지급되는 액면)으로 구성되어 있다. 따라서 두 부분의 현재가치를 각각 구한 후 이를 더하면 채권의 시장가치를 계산할 수 있다. 우선, 이자율이 8%라면 10년 후에 지급되는 원금 $1,000의 현재가치는

$$\text{현재가치} = \$1,000/1.08^{10} = \$1,000/2.1589 = \$463.19$$

가 된다.

또한 채권은 10년 동안 연 $80의 현금흐름을 발생시키므로 이 연금의 현재가치는 다음과 같다.

그림 5.1 여유현금이 있는 기업의 선택

현금흐름

연도	0	1	2	3	4	5	6	7	8	9	10
표면이자액면		$80	$80	$80	$80	$80	$80	$80	$80	$80	$ 80
											1,000
		$80	$80	$80	$80	$80	$80	$80	$80	$80	$1,080

Xanth 채권은 연 표면이자가 $80, 액면이 $1,000, 만기가 10년이다.

$$\begin{aligned}\textbf{연금현재가치} &= \$80 \times (1 - 1/1.08^{10})/0.08\\ &= \$80 \times (1 - 1/2.1589)/0.08\\ &= \$80 \times 6.7101\\ &= \$536.81\end{aligned}$$

이제 두 부분의 가치를 합하면 채권의 가치를 구할 수 있다.

$$\textbf{총채권가치} = \$463.19 + 536.81 = \$1{,}000$$

따라서 이 채권은 정확하게 액면가와 동일한 가격으로 판매된다. 이것은 우연의 일치가 아니다. 시장에서 형성되어 있는 이자율이 8%라고 하자. 이 채권이 이자우선상환대출 조건으로 발행된 것이라면 금리는 얼마가 되어야 하는가? 이 채권의 표면이자는 $80이므로 $1,000에 판매될 때 정확하게 8%의 이자를 지급하게 된다.

이자율이 변화하면 어떤 일이 발생하는지를 살펴보기 위해 1년이 경과했다고 가정해 보자. Xanth사의 채권은 이제 만기가 9년이 된다. 시장이자율이 10%로 상승한다면 채권의 가치는 어떻게 될 것인가? 이를 알아보기 위해서는 만기는 10년이 아닌 9년으로, 수익률은 8%가 아닌 10%를 적용하여 현재가치를 계산해야 한다. 먼저 10%의 이자율로 9년 후에 지급되는 $1,000 의 현재가치는

$$\textbf{현재가치} = \$1{,}000/1.10^{9} = \$1{,}000\ /\ 2.3579 = \$424.10$$

가 된다. 다음으로 채권은 9년 동안 매년 $80를 지급하므로 10%의 할인율로 이러한 연금흐름의 현재가치를 구하면

$$\begin{aligned}\textbf{연금현재가치} &= \$80 \times (1 - 1/1.10^{9})/0.10\\ &= \$80 \times (1 - 1/2.3579)/0.10\\ &= \$80 \times 5.7590\\ &= \$460.72\end{aligned}$$

이제 두 부분의 가치를 합산하면 채권의 총가치는

$$\textbf{채권가치} = \$424.10 + 460.72 = \$884.82$$

가 된다. 그러므로 이 채권은 약 $885에 거래되어야 한다. 이를 전문용어로 표현하면 '8%의 표면이자를 갖는 채권의 수익률이 10%라면 채권가격은 $885가 되어야 한다'고 할 수 있다.

채권에 대한 유용한 정보를 제공하는 채권 관련 사이트는 finance.yahoo.com/bonds이다.

Xanth사의 채권은 이제 $1,000의 액면가보다 낮은 가격에 판매된다. 왜 그럴까? 시장 이자율은 10%인데 액면이 $1,000인 이자우선상환 조건을 가진 채권의 표면이자는 8%이다. 이 채권은 시장에서 형성되어 있는 금리보다 낮은 이자율을 지급하므로 투자자는 만기에 상환받는 $1,000보다 낮은 가격으로 매입하려고 할 것이다. 이같이 액면보다 낮은 가격에 판매되는 채권(premium)을 **할인채**(discount bond)라고 한다.

수익률을 10%로 올릴 수 있는 유일한 방법은 채권가격을 $1,000 이하로 낮추어 채권구입자가 실질적으로 고정이득을 취하게 하는 것이다. Xanth사가 발행한 채권의 경우 채권가격은 $885로 액면보다 $115 적어 이 채권을 구입하여 보유하는 투자자는 매년 $80를 받고 만기에 $115의 이득을 얻을 수 있다. 이 이득은 시장이자율보다 낮은 표면이자를 받는 투자자에 대한 보상이 된다.

채권이 $115 할인되어 판매되는 이유를 살펴볼 수 있는 또 다른 방법은 $80의 표면이자가 현재 시장상황에 기초를 두고 새롭게 발행되는 액면발행 채권의 표면이자보다 $20 적다는 사실에 주목하는 것이다. 이 채권은 연 $100의 표면이자를 지급하는 경우에 한하여 $1,000의 가치를 가질 수 있다. 이러한 관점에서 볼 때 채권을 구입하여 보유하는 투자자는 9년 동안 매년 $20를 포기하는 셈이 된다. 10%의 이자율을 적용하는 경우 이와 같은 연금흐름의 현재가치는

$$\textbf{연금현재가치} = \$20 \times (1 - 1/1.10^9)/\ 0.10$$
$$= \$20 \times 5.7590$$
$$= \$115.18$$

가 된다. 이 금액은 할인된 금액과 정확하게 일치한다.

온라인으로 채권가격을 계산할 수 있는 사이트는 personal.fidelity.com이고 이자율 정보는 money.cnn.com/com/data/bonds 와 www.bankrate.com에서 얻을 수 있다.

만약 이자율이 2% 상승하지 않고 반대로 2% 하락한다면 Xanth사의 채권은 얼마에 팔리겠는가? 생각하는 바와 같이 이 채권은 $1,000보다 비싼 가격에 거래될 것이다. 이 같은 경우 채권이 할증되어 거래된다고 하고 이와 같은 채권을 **할증채**(premium bond)라고 한다.

이 경우 할인채와는 정반대의 성격을 지닌다. 시장이자율은 단지 6%인데 비해 Xanth사의 채권은 8%의 표면이자를 지급한 셈이 된다. 투자자는 이와 같은 추가적 표면이자를 얻기 위해 기꺼이 프리미엄을 지급할 것이다. 이 경우 적절한 할인율은 6%가 되고 9년간의 잔존기간이 남아있게 된다. 따라서 액면 $1,000의 현재가치는:

$$\textbf{액면가의 현재가치} = \$1,000/1.06^9 = \$1,000/1.6895 = \$591.90$$

표면이자 흐름의 현재가치는:

$$\textbf{연금현재가치} = \$80 \times (1 - 1/1.06^9)/0.06$$
$$= \$80 \times (1 - 1/1.6895)/0.06$$
$$= \$80 \times 6.8017$$
$$= \$544.14$$

두 부분의 가치를 합산하면 채권의 가치는 다음과 같다.

총채권가치 = $591.90 + 544.14 = $1,136.03

그러므로 총 채권가치는 액면보다 $136 많게 된다. 할인채의 경우와 마찬가지로 표면이자가 현재 시장상황에 비해 $20 더 많다는 사실을 인지함으로써 이 금액을 확인할 수 있다. 6%의 이자율을 적용할 때 9년 동안 연 $20의 현재가치는 다음과 같다.

연금현재가치 $= \$20 \times (1 - 1/1.06^9)/0.06$
$= \$20 \times 6.8017$
$= \$136.03$

이 금액은 위에서 구한 액면초과 금액과 정확하게 일치한다.

이 예를 통해서 이제 우리는 채권의 가치를 나타내는 일반적인 공식을 도출할 수 있다.

(1) 만기에 지급되는 액면가 F, (2) 매기에 지급되는 표면이자 C, (3) 만기까지의 기간 T, 그리고 (4) 기간당 수익률 r이라고 한다면, 채권의 가치는 다음과 같다.

채권의 가치 $= C \times [1 - 1/(1+r)^t]/r + F/(1+r)^t$ **[5. 1]**

예제 5.1

반년마다 지급되는 표면이자

미국에서 발행되는 채권은 일반적으로 표면이자를 1년에 두 번 지급한다. 일반채권의 표면이자율을 14%라고 한다면, 채권보유자는 한번에 $70씩 연 총 $140를 받게 된다. 만기수익률이 16%로 명시되어 시장에서 거래되는 채권을 살펴보기로 하자.

채권수익률은 일반적으로 표시이자율(APRs) 방식으로 표기된다. 즉, 표시이자율은 기간당 실제이자율을 기간 수로 곱해준 것과 동일하게 된다. 16%의 표시수익률에 반년마다 표면이자가 지급되는 본 예제에서 실제수익률은 6개월에 8%가 된다. 채권의 만기가 7년이라고 한다면 이 채권의 가격은 얼마인가? 또한 이 채권의 실효수익률은 얼마인가?

시장에서는 매 6개월마다 8%의 금리를 요구하는 데 비해 이 채권의 표면이자는 7%이므로 앞에서 살펴본 바와 같이 이 채권은 할인되어 거래될 것이다. 따라서 채권가격이 $1,000 이상이 된다면 계산이 잘못된 것이다.

정확한 채권가격 산출을 위해 먼저 7년 후의 액면 $1,000에 대한 현재가치를 구한다. 7년을 6개월 단위로 계산하면 14회가 된다. 기간당 8%의 이자율이 적용되면 가치는

현재가치 $= \$1{,}000/1.08^{14} = \$1{,}000 / 2.9372 = \$340.46$

표면이자는 기간당 $70로 14회 지급되는 연금으로 간주할 수 있다. 8%의 할인율을 적용하면 이 연금의 현재가치는:

연금현재가치 $= \$70 \times (1 - 1/1.08^{14}) / 0.08$
$= \$70 \times 8.2442$
$= \$577.10$

총현재가치는 채권이 얼마에 판매되어야 하는가를 알려준다.

총현재가치 = $340.46 + 577.10 = $917.56

이 채권의 실효수익률을 구하기 위해서는 6개월에 8%의 이자가 연이율로는 다음과 같다는 것을 알면 된다.

실효 연이자율 $= 1.08^2 - 1 = 0.1664$ 또는 16.64%

따라서 실효수익률은 16.64%가 된다.

채권에 대한 보다 자세한 내용은 investorguide.com을 참조하라.

이 절에서 살펴본 바와 같이 채권의 가격은 이자율과 항상 반대방향으로 움직인다. 금리가 상승하면 채권의 가치는 감소하며 금리가 하락하면 채권의 가치는 상승한다. 채무자가 확실히 상환하는 무위험채권이라고 할지라도 여전히 채권을 소유하는 것에 따르는 위험은 존재한다. 이에 대해 논의하도록 하자.

이자율위험

이자율 변동에 따르는 채권보유자의 위험을 **이자율위험**(interest rate risk)이라고 한다. 채권이 어느 정도의 이자율위험을 갖는가는 채권가격이 이자율 변화에 얼마나 민감하게 반응하느냐에 달려 있다. 민감도는 만기와 표면이자율, 두 가지 요소에 의해 결정된다. 곧 살펴보겠지만 채권과 관련해서는 다음 사항을 염두에 두어야 한다.

1. 다른 조건이 동일하다면, 만기가 길수록 이자율위험은 더 증대된다.
2. 다른 조건이 동일하다면, 표면이자율이 낮을수록 이자율위험은 더 증대된다.

그림 5. 2는 두 가지 중 첫 번째 것을 보여준다. 그림은 10%의 표면이자를 지급하는 1년 만기와 30년 만기채권의 이자율 변화에 따르는 채권가격의 변동추이를 그래프로 보여주고

그림 5. 2

이자율위험과 만기

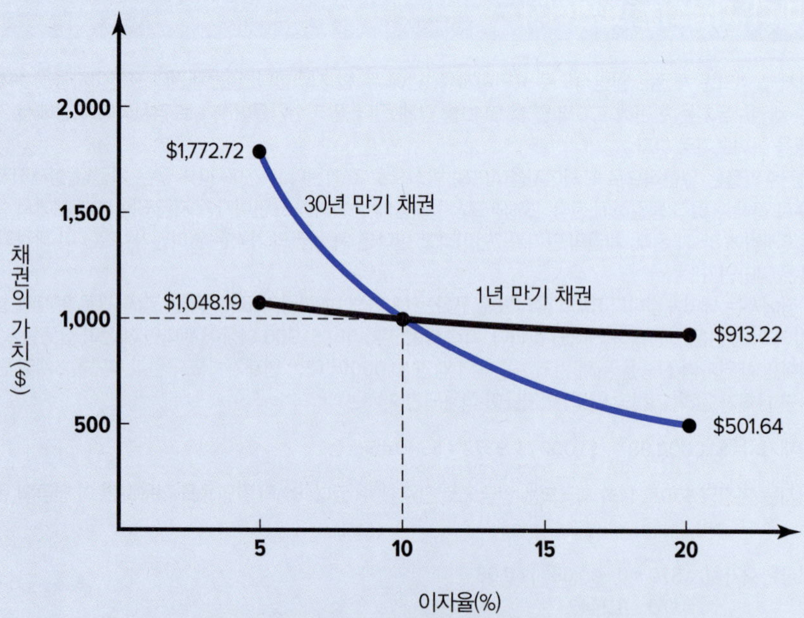

10%의 표면이자를 지급하는 채권의 이자율과 만기 변화에 따른 채권가격

이자율	만기	
	1년	30년
5%	$1,048.19	$1,772.72
10	1,000.00	1,000.00
15	955.11	671.02
20	913.22	501.64

있다. 여기서 표면이자는 반년마다 지급되는 것으로 가정한다.

이자율 변화에 따르는 가격변화선이 30년 만기채권의 경우가 1년 만기채권보다 훨씬 가파르다는 사실에 주목하자. 기울기가 가파르다는 사실은 이자율이 조금만 변하더라도 채권가치가 큰 폭으로 변화한다는 것을 의미한다. 반면 1년 만기 채권가격의 경우는 이자율 변화에 상대적으로 덜 민감하게 반응한다.

직관적으로 볼 때, 단기채권이 이자율에 대해 덜 민감한 이유는 액면인 $1,000가 채권가치의 상당 부분을 차지하기 때문인 것으로 풀이할 수 있다. 액면을 1년 후에 받기로 되어 있다면, 이 금액의 현재가치는 소폭의 이자율 변화에 대해 그다지 큰 영향을 받지 않는다. 하지만 소폭의 이자율 변화라도 이것이 30년 동안 복리계산된다고 한다면 현재가치에 지대한 영향을 미칠 것이다. 이에 따라 액면가의 현재가치는 장기채권의 경우 이자율 변화에 대해 훨씬 더 큰 변동 폭을 보인다.

이자율위험과 관련하여 인지해야 할 또 다른 사실은 대부분의 재무나 경제이론에서 언급하는 바와 같이 이자율위험은 체감적으로 증가한다는 것이다. 즉, 10년 만기채권과 1년 만기채권을 비교하면 10년 만기채권이, 20년 만기채권과 30년 만기채권을 비교하면 30년 만기채권이 더 큰 이자율위험을 갖는다. 하지만 30년 만기와 20년 만기의 이자율위험의 차이는 10년 만기와 1년 만기의 이자율위험 차이보다 적게 된다.

낮은 표면이자를 지급하는 채권이 이자율위험이 더 큰 것도 동일한 이유이다. 앞에서 논의한 바와 같이 채권의 가치는 표면이자와 액면의 현재가치에 의해 결정된다. 동일한 만기의 상이한 표면이자율을 가지는 두 개 채권의 경우 더 낮은 표면이자를 지급하는 채권의 가치는 만기에 지급하는 액면가에 더 큰 영향을 받게 된다. 그러므로 다른 조건이 동일하다면 낮은 표면이자를 가지는 채권이 이자율 변화에 대해 더 민감하게 반응하게 된다. 다시 말해, 높은 표면이자를 갖는 채권은 총상환기간을 고려할 때 초반에 더 많은 현금흐름을 갖게 되므로 그 채권의 가치는 할인율에 덜 민감한 것이다.

일반적으로 채권의 만기가 30년 이상 되는 경우는 극히 드물다. 하지만 최근과 같이 저금리 시장상황에서는 장기채권이 발행되기도 한다. 1990년대에 Walt Disney사는 100년 만기의 '잠자는 공주(Sleeping Beauty)' 채권을 발행한 바 있다. 이와 유사하게 BellSouth, Coca-Cola, 그리고 네덜란드 거대은행인 ABN AMRO 등도 100년 만기 채권을 발행한 바 있다. 이들 기업은 저금리로 자금을 오랫동안 조달하기 원했던 것이다. 현재까지 최장 만기채권을 발행한 기업은 Republic National Bank로, 이 은행은 1,000년 만기채권을 발행한 바 있다. 이 같은 장기채권을 제외하면 마지막으로 발행된 100년 만기채권은 1954년 5월 Chicago and Eastern Railroad가 발행한 것이다. 하지만 최근 지속되고 있는 저금리로 100년 이상 만기 채권이 다시 발행되고 있다. 물론 만기가 100년 이상인 채권도 발행된다. 2015년에 영구채 발행은 역대최고치를 경신했다. 예컨대, 프랑스 에너지 회사인 Total은 $57억의 영구채를, Volkswagen은 $26억의 영구채를 각각 발행했다.

이자율위험의 효과는 BellSouth사가 발행한 100년 만기채권을 통해 살펴볼 수 있다. 다음 표는 1995년 12월 31일과 1996년 7월 31일, 2018년 2월 1일의 가격과 함께 이 채권에 대한 기본정보를 제공하고 있다.

만기	표면이자율	1995/12/31 가격	1996/07/31 가격	1995~1996 가격변화율	2002/01/18 가격	1996~2018 가격변화율
2095	7.00%	$1,000.00	$800.00	-20.0%	$1,164.21	+45.5%

이 표를 통해 여러 가지 사실을 알 수 있다. 먼저, 이자율이 1995년 12월 31일과 1996년 7월 31일 사이에 분명히 상승했다는 사실이다(왜?). 하지만 그 후로는 이자율이 하락했다(왜?). 채권가격이 처음에는 20% 하락했지만 그 후 다시 45.5% 상승했다. 이 같은 변동은 장기채권일수록 이자율위험이 더 심각하다는 것을 보여주고 있다.

만기수익률 계산: 시행착오법

일반적으로 채권의 가격이나 표면이자율, 만기는 쉽게 알 수 있지만 수익률은 그렇지 못하다. 예를 들어 8%의 표면이자를 지급하며 만기가 6년인 채권에 관심이 있다고 하자. 채권의 가격이 시장에서 $955.14에 거래되고 있다면 이 채권의 수익률은 얼마일까?

채권의 가격은 앞에서 설명한 바와 같이 연금성격의 표면이자와 만기에 일시 지급되는 액면가의 합으로 계산된다. 6년 동안 매년 $80의 표면이자와 액면이 $1,000라는 것을 안다면 채권의 가격은 다음과 같이 계산될 것이다.

$$\$955.14 = \$80 \times [1 - 1/(1 + r)^6]/r + \$1{,}000/(1 + r)^6$$

여기서 r은 알려지지 않은 할인율, 즉 수익률이다. 미지수가 하나인 식이지만 이 식을 통해 r을 구할 수는 없다. 한 가지 유일한 방법은 시행착오법을 이용하는 것이다.

이 문제는 앞 장에서 논의했던 연금에 대해 알려지지 않은 이자율을 구하는 방법과 동일한 것이다. 하지만 채권에 대한 이자율(또는 수익률)을 구하는 것은 $1,000라는 액면이 있기 때문에 조금 더 복잡하다.

채권가격과 수익률에 대해 알고 있다는 사실을 이용하면 시행착오법을 좀더 빠르게 수행할 수 있다. 이 예에서 채권은 $80의 표면이자를 지급하고 현재 할인 판매되고 있다. 따라서 수익률은 8%보다 높다는 것을 알 수 있다. 만약 10%를 적용한다면 가격은

$$\begin{aligned}\text{채권가치} &= \$80 \times (1 - 1/1.10^6)/0.10 + \$1{,}000/1.10^6 \\ &= \$80 \times 4.3553 + \$1{,}000/1.7716 \\ &= \$912.89\end{aligned}$$

가 된다.

10%를 적용하면 채권가격은 실제 가격보다 낮게 계산된다. 따라서 10%는 너무 높고, 실제 수익률은 8%와 10% 사이라는 것을 알 수 있다. 정답을 구하기 위해서 이제 기계적으로 접근할 필요가 있다. 당신이 8%와 10%의 중간 값인 9%를 적용하면 이 채권의 수익률은 9%가 됨을 발견할 수 있을 것이다.

현행시장금리는 www.bankrate.com에서 확인할 수 있다.

채권의 만기수익률과 채권의 연간 표면이자를 채권가격으로 단순하게 나누는 **현행수익률(current yield)**을 혼동하지 말라. 본 예에서 채권의 연간 표면이자는 $80이고 채권가격은 $955.14이므로 현행수익률은 $80/955.14 = 8.38%가 되어 만기수익률인 9%보다 낮게 된다.

표 5.1
채권가치 계산요약

I. 채권가치 구하기

채권가치 = $C \times [1 - 1/(1+r)^t]/r + F/(1+r)^t$
여기서
C = 매기 지급되는 표면이자
r = 기간당 할인율
t = 기간 수
F = 채권의 액면가

II. 채권의 수익률 구하기

채권가치, 표면이자, 만기 그리고 액면이 주어진 상태에서 시행착오법을 이용해 내재할인율 또는 만기수익률을 구할 수 있다. 이를 위해서는 계산된 채권가치가 주어진 가치와 동일해질 때까지 여러 할인율을 사용해야 한다(스프레드시트나 재무계산기를 이용하여 계산할 수도 있다). 이자율을 증가시키면 채권가격은 하락한다는 사실을 명심하라.

현행수익률이 이렇게 낮은 이유는 채권의 총수익률 중 표면이자에 대한 부분만을 고려한 채 가격할인으로 인한 고유이익은 감안하지 않기 때문이다. 반면 할증채권의 경우에는 가격할증으로 인한 고유손실을 반영하지 않기 때문에 현행수익률이 만기수익률보다 더 높다.

채권가치에 대한 이 같은 논의는 표 5. 1에 정리되어 있다. 뒤에서 설명되는 스프레드시트활용기법을 이용하면 채권가격과 수익률을 좀더 쉬운 방법으로 구할 수 있다.

예제 5.2

현행수익률

액면가가 $1,000이고 6개월에 한 번씩 이자를 $30씩 지급하며 만기가 5년인 채권이 현재 시장에서 $1,080.42에 거래되고 있다. 이 채권의 현행수익률은 얼마인가? 또한 이 채권의 만기수익률은 얼마인가? 어느 것이 더 높은가? 그 이유는?

이 채권은 6개월에 한 번씩 $30를 지급하므로 연지급액은 $60가 된다. 따라서 현행수익률은 $60/1,080.42 = 5.55%가 된다. 만기수익률을 계산하기 위해서는 예제 5. 1을 참고하라. 이 예제의 경우 채권은 매 6개월마다 $30를 지급하므로 만기까지 총 6개월 단위로 10번의 이자지급이 이루어진다. 따라서 다음과 같은 방법으로 만기수익률인 r을 구할 수 있다.

$$\$1,080.42 = \$30 \times [1 - 1/(1+r)^{10}]/r + 1,000/(1+r)^{10}$$

몇 차례의 시행착오를 통해 r이 2.1%인 것을 알 수 있다. 하지만 주의해야 할 점은 2.1%는 6개월에 대한 수익률이라는 사실이다. 그러므로 만기수익률은 이것의 두 배인 4.2%가 되어 현행수익률보다 낮게 된다. 그 이유는 현행수익률은 현재와 만기 사이의 할증으로 인한 고유손실을 고려하지 않기 때문이다.

5. 2 채권의 특징에 대한 추가사항

이 절에서는 전형적인 장기 회사채와 관련된 기본적인 조건과 특징을 자세히 살펴봄으로써 기업부채에 대한 논의를 계속한다. 이어지는 절들에서는 장기부채와 관련된 추가적인 사항들에 대해 알아본다.

기업들이 발행하는 증권은 크게 **지분증권**(equity securities)과 **부채증권**(debt securities)으로 구분될 수 있다. 기본적으로 부채는 자금을 빌린 결과로 상환해야 하는 어떤 것이라고 이야기할 수 있다. 자금을 차입하면 기업들은 정기적으로 예정된 이자를 지급하고 처음 빌린 자금(원금)을 상환할 것을 약속한다. 자금을 빌려 주는 개인이나 기업은 **채권자**(creditor) 또는 **대출자**(lender)라고 부른다. 반면 자금을 빌린 기업은 **채무자**(debtor) 또는 **차입자**(bor-

스프레드시트를 이용한 채권의 가격 및 수익률 계산 방법

스프레드시트 활용기법

대부분의 스프레드시트는 채권의 가치와 수익률을 계산하기 위한 상당히 정교한 기계적 절차를 가지고 있다. 스프레드시트를 이용하면 지금까지 논의하지 않았던 자세한 내용들도 처리할 수 있다. 하지만 다음 두 개의 스프레드시트에서 보는 바와 같이 채권가격이나 수익률을 구하기 위해 사용하는 스프레드시트는 상당히 단순하다.

	A	B	C	D	E	F	G	H
1								
2	스프레드시트를 이용한 채권가치 계산하기							
3								
4	22년 만기, 표면이자율 8%, 만기수익률 9%인 채권이 있다. 만약 이 채권이 반년마다 지급이 된다면							
5	현재 채권 가격은 얼마인가?							
6								
7	결제일:	1/1/00						
8	만기일:	1/1/22						
9	연이자율:	0.08						
10	만기수익률:	0.09						
11	액면가:	100						
12	연간 지급횟수:	2						
13	채권가격(액면가의 %):	**90.49**						
14								
15	셀 B13에 입력된 공식은 =PRICE(B7, B8, B9, B10, B11, B12); 액면가와 채권가격은 액면가의 %임을 주의하라.							
16								

	A	B	C	D	E	F	G	H
1								
2	스프레드시트를 이용한 채권수익률 계산하기							
3								
4	22년 만기, 표면이자율 8%, 채권가격 $960.17이 있다. 만약 이 채권이 반년마다 지급이 된다면							
5	만기수익률은 얼마인가?							
6								
7	결제일:	1/1/00						
8	만기일:	1/1/22						
9	연이자율:	0.08						
10	채권가격(액면가의 %):	96.017						
11	액면가:	100						
12	연간 표면이자 지급횟수:	2						
13	만기수익률:	**0.084**						
14								
15	셀 B13에 입력된 공식은 =YIELD(B7, B8, B9, B10, B11, B12); 액면가와 채권가격은 액면가의 %임을 주의하라.							
16								
17								

스프레드시트에서 결제일과 만기일, 두 날짜를 입력한 것에 주목하자. 결제일은 채권에 대해 실제로 대금을 지급한 일자이며 만기일은 채권의 만기가 도래하는 일자이다. 지금까지 살펴본 대부분의 문제에서는 이와 같은 날짜를 지정하지 않았지만 스프레드시트 이용을 위해서는 날짜를 입력해야 한다. 예를 들어, 본 예제의 채권만기는 22년이므로 결제일을 2000년 1월 1일로 하고 만기일을 2022년 1월 1일로 한다. 두 일자가 정확하게 22년 차이만 나면 어떤 일자를 입력하든지 상관없다. 표면이자율, 연간 개념의 만기수익률, 그리고 연간 표면이자 지급횟수를 입력하는 것도 잊지 말아야 한다.

rower)라고 부른다.

재무적 관점에서 볼 때, 부채와 자기자본의 주요 차이점은 다음과 같다.

1. 부채는 기업의 소유권과 관련이 없다. 따라서 채권자는 일반적으로 의결권이 없다.
2. 기업이 부채에 대해 지급하는 이자는 사업을 수행하기 위한 비용으로 간주돼 세금공제가 되는 반면, 주주에게 지급하는 배당은 세금부과 대상이다.
3. 미지급된 부채는 기업의 채무이다. 이 경우 채권자들은 법적으로 그 기업 자산에 대한 청구권을 행사할 수 있다. 이 같은 행위는 기업의 파산으로 인해 가능한 두 가지결과, 즉 청산 또는 법정관리 수순을 밟게 한다. 그러므로 부채를 발행함으로써 발생하는 비용 중의 하나는 재무적 실패 가능성이다. 이 가능성은 자기자본을 발행하는 경우에는 발생하지 않는다.

채권투자자를 위한 정보는 www.investinginbonds.com 에서 볼 수 있다.

장기부채: 기본적 사항

궁극적으로 모든 장기부채는 발행기업이 만기시점에 원금을 지급하고 미지급된 잔액에 대해서는 적시에 이자를 지급하기로 한 약정이다. 이와 같은 공통사항 이외에 장기부채를 구별지을 수 있는 여러 가지 특징들이 존재한다. 이 같은 특징에 대해 논의해 보도록 하자.

장기부채의 만기는 미지급된 잔액이 남아있는 상태에서의 잔존 기간이다. 부채증권은 단기(만기가 1년 이하) 또는 장기(만기가 1년 이상)가 될 수 있다.[1] 단기부채를 **일시차입부채**(unfunded debt)라고 부르기도 한다.[2]

부채증권은 **중기무담보채권**(note), **장기무담보채권**(debentures), 또는 **채권**(bond)으로 불린다. 하지만 일반적으로 채권이라는 용어는 보증뿐 아니라 무보증채무도 함께 포함하는 장기부채(long-term debt)를 의미하는 것으로 사용된다. 중기채권과 채권의 유일한 차이점은 발행 시의 만기이다. 만기가 10년 이하인 경우에는 중기채권이라고 하며 10년 이상 장기로 발행된 것을 채권이라고 한다.

장기부채는 판매대상에 따라 공모채권과 사모채권으로 구별되기도 한다. 여기서는 공모채에 대해 주로 논의하지만 설명되는 대부분의 내용은 사모채권에도 해당된다. 공모채와 사모채의 차이점은 후자의 경우 대출자에게 직접 판매되고 일반 대중을 대상으로는 모집하지 않는다는 점이다. 사모채권은 사적인 거래이기 때문에 구체적인 발행조건은 참여당사자에 의해 결정된다.

장기부채는 보증, 조기상환, 감채기금, 신용등급, 보호조항 여부 등에 따라 여러 가지 다른 차원에서 구별될 수 있다. 다음 표는 CVS Health사가 발행한 채권의 여러 가지 특징에 대해 설명하고 있다. 몇몇 용어는 익숙하지 않겠지만 곧 설명될 것이므로 염려할 필요는 없다.

개별채권에 대한 정보는 www.finra.org/marketdata/bonds에서 얻을 수 있다.

1 장단기부채를 구별하는 보편적 합의 원칙은 없다. 만기가 1년 이상이고 3년에서 5년, 심지어 10년 이하인 채권을 중기채로 구별하기도 한다.

2 펀딩(funding)이라는 용어는 재무에서 사용하는 전문용어 중 하나이다. 펀딩은 일반적으로 장기를 의미한다. 따라서 기업이 부채를 '펀드화'한다는 것은 단기부채를 장기부채화하는 것이라고 할 수 있다.

CVS Health사 채권의 특징		
용어		설명
발행금액	$80억	기업이 $80억 규모의 채권을 발행했다.
발행일	03/09/2018	채권이 2018년 3월 9일에 매각되었다.
만기	03/25/2048	채권의 만기는 2048년 3월 25일이다.
액면가	$2,000	채권의 액면가는 $2,000이다.
연 표면이자	5.05%	채권보유자는 연 $101를 받을 것이다(액면금액의 5.05%).
매도가	99.430	매도가는 액면 $2,000의 99.430% 또는 채권당 $1,988.60가 될 것이다.
표면이자 지급일	3/25, 9/25	표면이자 $101/2 = $50.50는 해당 일자에 지급될 것이다.
지급보장	해당사항 없음	채권은 특정 자산에 의해 지급보장되지 않는다.
감채기금	해당사항 없음	채권은 감채기금을 가지고 있지 않다.
콜조항	상시	채권은 지연콜 조건을 가지고 있지 않다.
콜가격	국채금리 + 0.3%	채권은 '전액지급(make whole)' 콜조항을 가지고 있다.
신용등급	S&P BBB, 무디스 Baa2	채권은 중급신용등급을 갖는다.

이와 같은 특성의 대부분은 채권의 발행계약서에 구체적으로 기술되므로 이에 대해 우선 논의하도록 한다.

발행계약서

발행계약서(indenture)는 기업(차입자)과 채권자간에 작성되는 합의서로 신탁증서(deed of trust)라고도 한다.[3] 일반적으로 기업은 채권자를 대표하는 수탁기관(대개 은행)을 정한다. 수탁기관은 (1) 계약서 조건의 이행여부 확인, (2) 감채기금의 관리, (3) 채무불이행시 채권자대변 등의 업무를 수행한다.

발행계약서는 법적인 문서이다. 분량이 대개 수백 쪽에 달하여 내용을 완전히 파악하기 어려울 수 있다. 하지만 다음의 조항들이 포함되기 때문에 계약서는 중요한 문서라고 할 수 있다.

1. 채권의 기본조건
2. 채권의 총발행금액
3. 증권으로서의 속성에 대한 설명
4. 상환내용
5. 콜조항
6. 보호조항의 세부사항

이들 조항에 대해 한 가지씩 논의하도록 하자.

채권의 발행조건 회사채의 액면가는 일반적으로 $1,000이다. 이를 원금가치(principal value)라고 하고 액면가는 채권에 표기되어 있다. 따라서 기업이 $100만의 차입을 원한다면 1,000개의 채권을 판매해야 한다. 채권의 액면가치(par value)는 액면가(face value)와 항상 동일

3 사모채나 단기채의 경우 **대출합의서**(loan agreement) 또는 **대출계약서**(loan contract)라는 용어가 사용된다.

하여 두 용어는 실무적으로 서로 같은 의미로 사용된다. 액면가 $1,000가 일반적이지만 본질적으로 액면가 설정에는 어떠한 제한도 없다. 예를 들어 CVS Health사 채권의 경우 액면가는 $2,000이다.

회사채는 일반적으로 **등록형태(registered form)**로 발행된다. 예를 들어, 발행계약서에는 다음과 같이 기재될 수 있다.

> 이자는 6월 15일과 12월 15일자를 기준으로 채권보유자로 등록된 사람에게 6개월마다 7월 1일과 1월 1일에 각각 지급한다.

이는 기업이 채권의 소유자를 기록하고 소유자의 변경 시 이를 파악한다는 의미이다. 기업은 기록상 채권보유자로 되어있는 사람에게 직접 우편을 통해 이자와 원금을 수표형태로 지급할 수 있다. 회사채의 경우 등록된 채권증서에 '쿠폰'이 붙어서 발행될 수도 있다. 이 경우 이자를 지급받기 위해서 채권보유자는 쿠폰을 채권증서에서 분리하여 기업에 제시하여야 한다.

채권은 **소지인형태(bearer form)**로 발행될 수도 있다. '증서 소지'를 소유권 증빙의 기본적인 형태로 파악, 기업은 소지인에게 이자와 원금을 지급한다. 이 경우 소유권은 기록되지 않으므로 등록된 채권증서에 쿠폰이 붙어서 발행되는 경우와 마찬가지로 소지자는 쿠폰을 분리하여 발행기업에 보내 이자를 수취할 수 있다.

소지인형태의 채권은 두 가지의 결점을 가지고 있다. 먼저 채권을 분실 또는 도난당했을 때 이를 상환받기가 어렵다. 다음으로 발행기업은 채권의 소유자를 정확히 알 수 없어 주요한 사항 발생 시 이를 알릴 수가 없다. 소지인채권은 한때 각광을 받았으나, 이 같은 결점으로 인해 최근에는 등록형태의 채권에 비해 일반적인 형태라고 할 수 없다.

지급보증 부채증권은 채권보유자를 보호하기 위해 사용되는 담보나 저당권에 따라 구분되기도 한다.

담보(collateral)는 채무의 지급을 담보하는 증권(채권이나 주식)을 의미하는 용어이다. 예를 들어, 담보신탁채권(collateral trust bond)은 기업이 보유하고 있는 보통주에 의해 지급보증이 된다. 하지만 **담보**라는 용어는 일반적으로 부채에 대해 지급보증을 하는 모든 자산을 의미하기도 한다.

저당증권(mortgage securities)은 차입자의 실물자산에 대한 저당권에 의해 지급보증이 된다. 실물자산에는 토지나 건물 등 부동산이 포함된다. 저당권에 대해 기술되어 있는 법적인 문서는 **저당신탁증서**(mortgage trust indenture) 또는 **신탁증서**(trust deed)라고 한다.

저당권은 예를 들어 상업용 기차와 같은 특정한 자산에 대해 설정될 수 있다. 하지만 일반적으로는 기업이 보유하고 있는 모든 실물자산에 대해 지급보증을 하는 총괄적 저당권이 사용된다.[4]

채권은 종종 무보증형태로 발행되기도 한다. **장기무담보채권(debenture)**은 특정한 자

---

4 실물자산은 토지와 '그 부속물'은 포함하지만, 현금이나 재고자산은 포함하지 않는다.

산의 보증이 없는 무보증채이다. 중기무담보채권(note)은 발행 시 만기가 10년 이하인 무담보채권을 일컫는다. 장기무담보채권 보유자는 저당채나 담보신탁채 소유자의 권리행사 후 남는 잔액에 대해 청구권을 행사할 수 있다.

여기서 사용되는 용어들은 미국에서 표준화된 것들이다. 다른 국가에서는 동일한 용어가 다른 의미로 사용될 수 있다. 예를 들어, 영국정부가 발행하는 '국채(gilts)'는 '정부주식(treasury stock)'이라고 하고 영국에서의 디벤처(debenture)는 미국과는 정반대 개념인 **담보부**(secured) 채권을 의미한다.

현재 미국 제조업체나 금융기관이 발행하는 공모채는 무담보채권이다. 하지만 대부분의 공공설비나 철도 관련 채권은 보증채이다.

증권산업과 금융시장협회(SIFMA) 사이트는 www.sifma.org.

우선순위 **우선순위**(seniority)란 다른 대출자보다 먼저 지급받을 수 있는 지위를 나타내며 지급순서를 나타내기 위해 **선순위**(senior) 또는 **하위순위**(junior)로 표기되기도 한다. 채권 중에는 **후순위채**(subordinated debenture)도 있다.

채권을 발행한 기업이 파산하는 경우 후순위채 보유자는 보상에 대해 다른 채권자에게 우선순위를 양보해야 한다. 즉, 후순위채 보유자는 다른 채권자들이 모두 보상을 받은 후에야 비로소 청구권을 행사할 수 있다. 하지만 물론 주식보유자에 비해서는 순위가 앞선다.

상환 채권은 만기에 상환된다. 즉, 채권보유자는 만기에 액면금액을 받는다. 하지만 만기 이전이라도 원금의 일부를 받을 수 있다. 이 같은 조기상환은 흔히 발생할 수 있으며 감채기금을 통해 이루어진다.

감채기금(sinking fund)은 채권상환을 목적으로 채권수탁기관이 관리하는 기금이다. 채권 발행기업은 매년 수탁기관에 자금을 지급하고 수탁기관은 이를 채권의 일부를 변제하는 데 사용한다. 수탁기관은 시장에서 해당 채권의 일부를 매입하거나 발행된 채권의 일부분에 대해 조기상환함으로써 이 업무를 수행한다. 조기상환에 대해서는 다음 절에서 살펴보기로 한다.

감채기금의 형태는 여러 가지가 존재하며 자세한 내용은 발행계획서에 나타나 있다. 예를 들면 다음과 같다.

1. 어떤 감채기금은 채권발행 후 10년 후부터 사용된다.
2. 어떤 감채기금은 채권 잔존기간 동안 동일한 액수를 적립하도록 한다.
3. 어떤 우량채권은 채권의 전액을 상환하기에 충분하지 않은 감채기금이 적립되어 있기도 한다. 그 결과 만기에 거액의 '풍선상환(balloon payment)'이 발생하기도 한다.

콜조항 콜조항(call provision)은 기업이 특정 기간 중에 명시된 가격으로 액면가의 전액이나 일부를 조기에 상환할 수 있게 허용한 조항이다. 회사채는 통상적으로 콜조항을 갖는다.

콜조항을 가진 채권의 가격은 채권의 액면가보다 높은 것이 일반적이다. 콜조항을 가진 채권의 가격과 채권 액면과의 차이를 콜프리미엄(call premium)이라고 한다. 콜프리미엄의 크기는 시간이 지날수록 작아진다. 처음에는 콜프리미엄이 연간 표면이자와 동일하게 책정되지만 채권 만기에 가까워질수록 콜프리미엄은 0으로 감소하게 된다.

콜조항은 채권 잔존기간 중 초기에는 행사되지 않는 것이 일반적이다. 따라서 채권보유자는 채권발행 초기에는 콜조항에 대해 우려하지 않아도 된다. 예를 들어 기업은 채권발행 후 처음 10년 동안 조기상환하는 것을 금지시킬 수도 있다. 이와 같은 조항을 **지연콜조항(deferred call provision)**이라고 한다. 금지기간 중 채권은 **콜보호(call protected)**가 되어 있다고 한다.

최근에는 새로운 형태의 조기상환인 '전액지급' 콜조항(make-whole call)이 회사채 시장에서 보편화되고 있다. 전액지급 콜조항을 가진 채권의 보유자는 조기상환 시 채권가치의 거의 대부분을 보상받는다. 채권보유자는 조기상환 시 손실을 원하지 않기 때문에 '손실보전'이라는 용어가 사용된다.

전액지급 콜조항을 가진 채권의 가격은 남아있는 이자와 원금에 대해 발행계약서에 명시된 이자율을 적용한 현재가치를 계산해 산출된다. 예를 들어, CVS Health사 사례에서 할인율은 미국 '재무부 채권 이자율에 0.30%를 더한 수준이다. 이는 동일한 만기를 지니는 미국 재무부 채권의 수익률을 먼저 구한 후 0.30%를 더해 사용할 할인율을 결정한다'는 의미이다.

전액지급 콜조항이 있는 경우, 조기상환 가격은 이자율이 하락할 때 높아지고 이자율이 상승할 때 낮아지는 사실에 주목하자(왜?). 또한 전액지급 콜조항이 있으면 CVS Health사의 예에서 보는 바와 같이 지연 콜조항은 존재하지 않는다는 점에도 주목하자. 투자자들은 왜 이와 같은 조항이 없는 것에 대해 걱정하지 않을까?

보호조항 **보호조항(protective covenant)**은 대출기간 중 기업이 이행할지도 모르는 어떤 행위를 제한하는 발행계약서 또는 대출협의서의 일부이다. 보호조항은 부정적 보호조항과 긍정적 보호조항으로 구분될 수 있다.

부정적 보호조항(negative covenant)은 '하지 마라'식으로 표현된 보호조항이다. 이는 기업의 행동을 제한하거나 금지하는 것으로 다음과 같은 예가 있다.

1. 기업은 공식에 따라 지급하는 배당금의 규모를 제한해야 한다.
2. 기업은 다른 대출자에게 어떠한 자산도 담보로 제공할 수 없다.
3. 기업은 다른 기업과 합병할 수 없다.
4. 기업은 대출자의 허락없이 어떠한 주요자산을 매각하거나 대여할 수 없다.
5. 기업은 추가적인 장기부채를 발행할 수 없다.

긍정적 보호조항(positive covenant)은 '하라'식으로 표현된 보호조항이다. 이는 기업이 취해야 할 행위와 지켜야만 하는 조건을 명시하는 것으로 다음과 같은 예가 있다.

특정 기업이 발행한 채권의 규모와 조건에 대해 구체적인 정보를 원한다면 증권위원회(SEC)가 www.sec.gov에서 제공하는 최근 재무제표를 참조하라.

1. 기업은 규정된 최소수준 이상으로 운전자본을 유지해야 한다.
2. 기업은 정기적으로 감사를 받은 재무제표를 대출자에게 제공해야 한다.
3. 기업은 담보나 보증으로 제공된 자산을 양호한 상태로 유지해야 한다.

이상은 보호조항의 일부이고, 발행계약서에 따라 다양한 형태의 보호조항이 생성될 수 있다.

5.3 채권의 등급

회사채와 지방채 등급결정에 일반적으로 사용되는 기준을 알고싶다면 www.standardand poors.com, www.moodys.com 또는 www.fitchinv.com을 이용하라.

기업들은 그들이 발행한 채권에 대해 등급을 부여받기 위해 대금을 지급한다. 채권의 등급을 평가하는 두 개의 신용평가사는 Moody's와 S&P(Standard & Poor's)이다. 채권의 등급은 채권을 발행하는 기업의 신용도에 대한 평가이다. Moody's와 S&P는 기업의 채무불이행 가능성과 채무불이행 시 대출자에 대한 보호 정도를 근거로 기업에 대한 신용도를 평가한다.

채권의 등급은 단지 채무불이행 가능성만을 고려한다는 점에 주의하라. 채권의 등급은 이자율 변화에 따른 채권가치의 변화 가능성, 즉 이자율위험과는 관련이 없다. 다시 말해 높은 등급의 채권가격도 변동성이 높을 수 있다는 것이다.

채권의 등급은 기업이나 다른 여러 가지 정보를 근거로 결정된다. 등급의 종류와 등급별 관련정보는 다음 표에 나타나 있다.

	투자채권등급				투기채권등급					
	상위등급		중위등급		하위등급		최하등급			
STANDARD & POOR'S	AAA	AA	A	BBB	BB	B	CCC	CC	C	D
MOODY'S	AAA	AA	A	BAA	BA	B	CAA	CA	C	

Moody's	S&P	
Aaa	AAA	가장 높은 신용등급이다. 이자와 원금을 지급할 능력이 거의 100%다.
Aa	AA	이자를 지급하고 원금을 상환할 가능성이 대단히 높다. 최상등급 채권과 함께 이 신용도를 갖는 채권은 상위등급으로 구분된다.
A	A	상위채권에 비해 환경변화나 경제적 여건의 변화에 따른 부정적 효과가 나타날 가능성이 있지만 여전히 이자와 원금을 상환할 가능성은 높다.
Baa	BBB	이자와 원금을 상환할 능력이 적당한 것으로 판단된다. 일반적으로 적당한 보호장치가 마련되어 있지만 상위등급 채권에 비해 환경변화나 경제적 여건 변화에 의해 원리금 상환능력이 저하될 수 있다. 이 채권은 중위등급 채권으로 구분된다.
Ba; B	BB; B	원리금 상환능력이 기본적으로 투기적이라고 할 수 있다. BB와 Ba는 낮은 투기등급을 나타낸다.
Caa	CCC	Ca, CC와 C는 높은 투기등급을 나타낸다. 약간의 보호장치가 마련되어 있지만 환경이 악화될 경우 불확실성이 커지고
Ca	CC	위험수위가 높아질 가능성이 높다. Moody's의 C등급은 대체로 채무불이행이 발생된다.
C	C	
	D	D는 채무불이행 상태에 해당하며 이자와 원금의 상환이 지체된다.

주: Moody's와 S&P는 이들 등급을 좀더 세분화하기도 한다. S&P는 플러스와 마이너스를 사용한다: A^+는 A 등급 중 최상등급을, A^-는 최하등급을 나타낸다. Moody's 는 1, 2 또는 3 부호를 사용하며 1이 최상급을 나타낸다. Moody's는 D등급은 사용하지 않는다.

또 다른 좋은 채권시장 관련사이트는 money.cnn.com.

가장 높은 등급의 회사채는 AAA 또는 Aaa이며, 이들 채권은 최상의 자질을 갖고 가장 낮은 위험 정도를 나타낸다. 예를 들어, 2019년 1월 현재 Microsoft와 Johnson & Johnson은 미국에 본사를 두고 있는 비금융기관 중 유일하게 AAA의 신용등급을 보유하고 있다. AA 또는 Aa는 매우 양질의 채권을 의미하고 보다 일반적으로 주어지는 등급이다.

기업 자금의 상당부분은 낮은 등급 또는 '정크'본드(junk bond)의 형태로 조달된다. 주요 신용평가사들은 이들 기업의 회사채에 대해 투자등급 이하의 낮은 등급을 부여한다. 투자등급은 최소한 S&P의 BBB 또는 Moody's의 Baa이다.

신용평가사들은 개별 기업에 대해 항상 동일한 등급을 부여하지는 않는다. 예컨대 '크로스오버(cross over)' 또는 '5B'라고 불리는 채권은 한 신용평가사는 BBB(또는 Baa), 다른 신용평가사는 BB(또는 Ba)를 부여해 '평가사간 신용등급이 상이한 것'을 일컫는다. 예를 들어, 2016년 2월 인도에 기반을 둔 섬유화학회사인 Standard Industries는 10년 만기 회사채를 발행했는데 이 회사의 신용등급은 BBB-(S&P)와 Ba2(Moody's)였다.

채권등급은 발행기업의 재무건전성이 개선되거나 저하됨에 따라 변화할 수 있다. 예를 들어, S&P는 2019년 1월 PG&E의 채권 등급을 투자등급인 BBB-에서 투기등급인 B로 하락시켰다. S&P의 PG&E에 대한 등급인하는 2018년 11월 캘리포니아에서 발생한 최악의 산불에 대한 잠재적 부채인식이 주요 이유가 되었다. 이 같이 투기등급으로 강등된 채권을 추락한 천사(fallen angel)라고 부른다.

실제로 채무불이행이 발생하고 이 경우 투자자는 엄청난 손해를 보기 때문에 신용등급 평가는 그만큼 중요한 것이다. 예를 들어, Burger King과 같은 패스트푸드점에 버거에서부터 사은품용 장난감에 이르는 모든 제품을 공급하던 회사인 AmeriServe Food Distribution 사는 2000년 그들이 발행한 $2억에 이르는 정크본드에 대해 채무를 상환하지 못했다. 채무불이행 후 그 채권은 $1당 불과 ¢18에 거래되었으며 투자자들은 $1억6,000만 이상의 손실을 보았다.

AmeriServe 사례에서 더욱 심각한 점은 이 채권이 불과 4달 전에 발행되어 NCAA 챔피언에 등극했다는 것이다. 물론 University of Kentucky와 같은 대학농구팀에게 NCAA(National Collegiate Athletic Association) 챔피언은 좋은 일이겠지만 채권시장에서 NCAA는 '이자가 전혀 없다(No Coupon At All)'는 의미로 투자자에게는 결코 반가운 일이 아니다.

5. 4 다른 종류의 채권

지금까지 채권 중 가장 일반적인 형태인 회사채에 대해 알아보았다. 이 절에서는 정부채와 특수한 형태를 갖는 채권에 대해 살펴보기로 한다.

정부채

세계에서 가장 큰 차입자는 미국정부이다(United States의 앞 글자를 따서 Uncle Sam이라고도 한다). 2019년 초 미국정부의 총부채는 $22조(trillion)에 이르렀으며, 이는 국민 1인당 약 $6만7,000에 해당하는 금액이다(액수는 증가하고 있다). 정부가 자금을 1년 이상 차입하려고 하는 경우 재무부 채권(중기: T-note, 장기: T-bond)을 일반 대중들에게 판매한다(이 채권은 매달 발행된다). 발행된 미국 재무부 채권의 만기는 2년에서 30년까지 다양하다.

> 미국정부에 의해 증가하고 있는 채무수준에 대해 걱정이 된다면 www.publicdebt.treas.gov 또는 www.brillig.com/debt_clock에 접속하지 마라. 우선 www.newyorkfed.org 사이트에서 정부채에 대한 지식을 쌓아라.

대부분의 미국 재무부 채권은 이자를 지급한다. 미국 재무부 채권과 관련해서는 두 가지 사항을 기억해야 한다. 먼저 미국 재무부 채권은 다른 채권과는 달리 재무부가 항상 원리금을 지급하기 위한 자금을 보유하고 있기 때문에 채무불이행 가능성이 없다는 점이다. 둘째로 미국 재무부 채권은 주(州)소득세가 면제된다는 점이다(물론 연방소득세는 존재한다). 즉, 재무부 채권으로부터 지급받는 표면이자에는 연방소득세만이 부과된다.

주정부와 지방정부도 중기채와 장기채의 발행을 통해 자금을 조달한다. 이 같은 채권을 **지방채**(municipal note 또는 bond)라고 하며 간단히 '뮤니스(munis)'라고도 한다. 재무부 채권과 달리 지방채는 다양한 수준의 채무불이행 위험이 존재하며, 실제로 회사채와 같은 신용등급을 갖고 있다. 또한 거의 대부분 조기상환조건도 가지고 있다. 투자자가 지방채에 대해 가장 호감가는 점은 연방소득세가 면제된다는 것이다(주소득세는 항상 면제되는 것은 아니다). 이는 소득이 높아 고세율군에 속하는 투자자들에게는 매우 매력적인 상품이 될 수 있다.

고소득자에 대한 엄청난 세금감면 효과 때문에 지방채의 수익률은 세금이 부과되는 채권에 비해 훨씬 낮다. 예를 들어, 2019년 1월 AAA 등급의 장기회사채는 3.95%의 수익률을 보인 반면 AAA 등급의 장기지방채는 2.85%의 수익률을 기록했다. 모든 조건이 동일하다고 가정하는 경우 30% 세율군에 속하는 투자자는 AAA의 회사채와 지방채 중 어느 것을 더 선호할 것인가?

지방채에 대한 정보를 emma.msrb.org에서 확인할 수 있다.

이에 대한 답을 구하기 위해서는 두 채권의 **세후**(aftertax) 수익률을 비교해야 한다. 주세와 지방세를 감안하지 않는 경우 지방채는 세전 및 세후에 2.85%를 지급한다. 반면 회사채는 세전에는 3.95%를 지급하지만 30%의 세금을 감안하면 수익률은 0.0395 × (1 - 0.30) = 0.0277, 즉 2.77%로 하락한다. 결과적으로 지방채가 더 높은 수익률을 제공하는 셈이 된다.

예제 5.3 과세대상 채권과 지방채

과세대상 채권은 현재 수익률이 8%이고 이 채권과 동일한 위험 및 만기를 가지고 있는 지방채의 수익률은 6%라고 가정하자. 세율 구간이 40%에 해당하는 투자자에게 더 매력적인 채권은 어느 것인가? 또한 손익분기 세율은 얼마인가? 이 세율은 어떻게 해석되어야 하는가?

40% 세율 구간에 속하는 투자자의 경우 세후 수익률은 8 × (1 − 0.40) = 4.8%가 되어 지방채가 더 매력적인 채권이 된다. 손익분기 세율은 과세대상 채권과 비과세대상 채권의 수익률을 동일하게 만드는 세율이다. 만약 t^*를 손익분기 세율이라고 한다면, 다음의 식을 통해 답을 구할 수 있다.

$$0.08 \times (1 - t^*) = 0.06$$
$$1 - t^* = 0.06 / 0.08 = 0.75$$
$$t^* = 0.25$$

따라서 25%의 세율군에 속하는 투자자들은 두 채권 모두에서 6%의 세후수익률을 갖게 된다.

무이표채

표면이자를 지급하지 않는 채권은 액면가보다 훨씬 낮은 가격에 판매되어야 한다. 이와 같은채권을 **무이표채(zero coupon bond)** 또는 단순히 **제로스**(zeroes)라고 한다.[5]

Eight-Inch Nails(EIN)사가 액면 $1,000의 5년 만기 무이표채를 $508.35에 발행했다고 하자. 무이표채의 경우 표면이자는 지급하지 않지만 표면이자를 지급하는 채권의 가격결정 과정과 일관성을 유지하기 위해 반년에 한 번씩 복리계산된다고 가정하자. 6개월 복리를 통해 채권의 가격을 산정하면, 만기수익률은 14%가 된다는 것을 쉽게 알 수 있다. 따라서

5 매우 낮은 표면이자율로 발행되는 채권(무이표채와 구별하여)은 최초발행할인채권(original-issue discount: OID)이라고도 부른다.

채권의 만기까지 보유하는 경우 시간경과에 따라 얻는 이자는 $1,000 − 508.35 = $491.65가 된다.

무이표채를 발행하는 기업은 실제로 이자를 지급하지는 않지만 세금목적을 위해 매년 이자를 지급한 것으로 간주되어 세금감면 혜택을 받는다. 마찬가지로 무이표채의 소유자도 이자를 실제로 지급받지는 않지만, 시간경과에 따라 발행하는 이자에 대해 매년 세금을 내야 한다.

무이표채의 시간경과에 따른 이자액 산정방식은 세법에 의해 규정된다. 1982년까지 기업들은 정액감가상각법에 의해 이자액을 산출하였다. 따라서 EIN의 경우에는 연간 $491.65/5 = $98.33가 이자액으로 간주되었을 것이다.

현행 세법 하에서는 내재적 이자액은 분할상환방식에 의해 결정된다. 우선 매년 초에 채권의 가격을 계산한다. 예를 들어 1년 후의 채권은 만기가 4년이 되므로 $\$1,000/1.07^8$ = $582.01의 가치를 갖게 되고 2년 후의 가치는 $\$1,000/1.07^6$= $666.34가 된다. 매년 발생하는 내재이자는 단순히 1년 동안의 채권가격 변화액이다.

과거 세법 하에서는 무이표채가 기업들에게 더 매력적이었다. 왜냐하면 분할상환방식에 의한 내재적 이자액과 정액감가상각법에 의한 이자액을 비교해보면, 과거 방식이 초기에 더 많은 이자비용을 공제할 수 있었기 때문이다.

현행 세법 하에서 EIN은 첫해에 $73.66(= 582.01 − 508.35)의 이자액을 공제할 수 있고 채권보유자도 실제로 지급받은 이자는 없지만 이 금액에 대해 세금을 낸다. 따라서 개인투자자의 경우 무이표채가 덜 매력적일 수 있다. 하지만 연기금과 같이 세금이 면제되고, 장기 $ 표시 부채를 보유하는 있는 기관투자자들에게 무이표채는 여전히 매력적일 수 있다. 왜냐하면 미래 $ 가치는 미래 불확실성이 적은 것으로 알려져 있기 때문이다.

어떤 채권의 경우에는 만기 중 일부 기간에 대해서만 무이표채가 될 수도 있다. 예를 들어 GM은 장기무담보채권을 발행했는데, 처음 20년간은 무이자로, 20년 후부터는 매년 7.75%의 표면이자를 반년 단위로 지급한다.

변동금리부채권

이 장에서 논의되고 있는 전통적인 채권은 표면이자율이 액면의 일정비율로 정해져 있기 때문에 이자를 고정금액으로 지급한다. 마찬가지로 원금도 액면과 동일하게 정해져 있다. 따라서 표면이자와 원금은 완전히 고정되어 있는 셈이다.

반면 **변동금리부채권**(floating-rate bond 또는 floater)의 경우는 표면이자가 조정될 수 있다. 조정은 T-bill이나 30년 만기 T-bond와 같은 금리지수에 연동하여 이루어진다.

변동금리부채권의 가치는 표면이자의 조정방식에 따라 정확하게 달라진다. 대부분의 경우 표면이자는 기준이 되는 금리에 시간 차이를 두고 조정이 이루어진다. 예를 들어 표면이자가 6월 1일자로 조정된다면, 이 조정은 이전 3개월의 T-bond 수익률의 단순평균에 근거하여 이루어진다. 변동금리부 채권은 다음과 같은 특징을 갖는다.

1. 채권보유자는 특정 기간이 경과한 후 표면이자 지급일에 액면으로 채권의 상환을 요구할 권리를 갖는다. 이를 풋(put)조항이라고 하며, 이에 대해서는 다음 절에서 논의

하도록 한다.

2. 표면이자율은 하한과 상한을 갖는다. 즉, 표면이자는 최소와 최고가 존재하며 이 경우 표면이자율은 '제한(capped)'되어 있다고 하고, 상한율과 하한율을 **칼라**(collar)라고 한다.

미국의 인플레이션연계채권에 대한 공식적 정보는 www.treasurydirect.gov를 통해 알 수 있다.

변동금리부채권의 특이한 형태로 **인플레이션연계채권**(inflation-linked bond)이 있다. 이 채권의 표면이자는 물가상승률에 따라 조정된다(원금도 이에 따라 조정될 수 있다). 미국 재무부는 이 채권을 1997년 1월부터 발행하기 시작했다. 이 채권은 'TIPS(treasury inflation protected securities)'라고 불리기도 한다. 캐나다나 이스라엘, 영국 등도 이와 유사한 형태의 채권을 발행하고 있다.

기타 채권

많은 채권들이 독특하고 색다른 특징을 가지고 있다. 제9장 앞에서 설명한 Berkshire Hathaway사의 채권이 실제로 마이너스 표면이자를 갖는 것도 독특한 종류의 채권 중 하나이다. 이 채권의 매수자는 매입 후 5년 동안 주당 일정한 금액으로 Berkshire 주식을 구입할 권리를 갖는다. 워런트라고 불리는 이와 같은 권리는 주식가격이 실질적으로 상승했을 때 매우 높은가치를 갖게 된다(이에 대해서는 이 장의 후반부에서 자세하게 설명한다).

채권의 특징들은 관련 당사자의 상상력 한계에 의해서만 제약을 받게 된다. 여기서 너무나도 다양한 특징들을 자세히 다루기에는 한계가 있다. 따라서 독특한 특징을 가지는 채권 중 보다 일반적이라고 할 수 있는 몇 가지 형태에 대해서만 언급하기로 한다. 다음 페이지에 있는 'Finance Matters' 박스란에서는 채권의 특징과 관련된 추가적인 논의가 이루어진다.

수익사채(income bond)는 표면이자가 발행기업의 이익에 따라 달라진다는 점을 제외하고는 전통적인 채권과 유사하다. 표면이자는 특별히 기업의 이익이 충분한 경우에만 채권보유자에게 지급된다. 발행기업 측면에서 보면 이는 매력적인 특징으로 보일지는 모르지만 수익사채 발행은 일반적이지 않다.

전환사채(convertible bond)는 채권보유자의 선택으로 만기 전에 일정한 수의 주식으로 교환할 수 있는 채권이다. 전환사채는 상당히 일반적이지만 최근에는 발행 수가 줄어들고 있다.

풋채권(put bond)은 **채권보유자**(holder)가 발행자에게 명시된 가격으로 채권매입을 요구할 수 있는 채권이다. 예를 들어, International Paper사는 어떤 '위험'사건이 발생할 때 소유자가 액면의 100%로 이 채권을 다시 자신에게 팔 수 있게 하는 채권을 발행할 수 있다. 어떤 위험사건이란 Moody's나 S&P사에 의해 평가되는 신용등급이 투자등급에서 투기등급으로 강등되는 것일 수 있다. 따라서 상환청구조항은 콜조항과는 정반대의 특징을 가지는 셈이다.

구조화채권(structured note)은 주식이나 채권, 원자재, 통화를 기초자산으로 만들어진 채권이다. 구조화채권의 한 형태는 주식시장지수에 연동하여 수익률이 결정된다. 만기에 주가지수가 하락한다면 원금만을 돌려받는다. 하지만 주가지수가 상승한다면 주가지수 수익률의 일정부분(예를 들어 80%)을 받을 수 있다. 또 다른 형태의 구조화채권은 주가지수 수

FINANCE MATTERS

채권보유자 '제 눈에 안경'

특이하고 이색적인 특징을 갖는 채권들은 많다. 가장 흔한 형태 중 하나는 자산담보부채권 또는 유동화채권이다. 주택담보부증권은 2007년에 커다란 뉴스였다. 여러 해 동안 신용도가 최상급은 아닌 개인들에 의해 창출된, 소위 서브프라임 모기지 대출이 빠른 속도로 증가했다. 하지만 주택가격 하락과 이자율 상승은 모기지의 연체이자와 압류 증가의 원인이 되었다. 이 같은 모기지관련 문제 발생은 수많은 주택담보증권의 심각한 가치하락을 초래했고 이로 인해 투자자들이 엄청난 손실을 보게 되었다. 유동화채권의 소지자들은 특정한 기업이 아닌 특정 자산(또는 자산의 집합)으로부터 이자와 원금을 지급받는다. 예를 들어 한때 록의 전설적인 인물이었던 David Bowie는 그의 앨범과 노래에 대한 미래의 로열티를 담보로 $5,500만의 채권을 판매했다. 이 'Bowie' 채권의 소유자들은 로열티를 받게 되어있어 만약 Bowie의 음반 판매량이 줄어드는 경우 이 채권은 채무불이행이 될 수도 있는 것이다. James Brown, Iron Maiden, Marvin Gaye 등과 같은 연예인들도 그들의 미래 로열티를 담보로 채권을 발행했다.

주택담보증권은 자산담보부증권의 가장 잘 알려진 형태이다. 신탁업자는 주택담보부채권을 가지고, 은행으로부터 모기지를 매입하여 하나의 풀(pool)을 만든다. 이어 채권이 발행되고 채권보유자는 기초 모기지로부터 파생된 지급액을 받게 된다. 이 모기지채권을 가지고 만든 특이한 형태의 채권은 금리가 하락할 경우 채권가치가 실제로 떨어질 수 있게 설계되기도 한다. 이는 주택소지자가 낮은 금리로 다시 대출받기 위해 기존 대출금을 상환하는 경우에 발생할 수 있다. 유동화된 채권은 일반적으로 모기지와 같은 장기 지급을 하는 자산에 의해 담보된다. 하지만 자동차대출이나 신용카드 지급액을 유동화시킨 채권도 있으며, 자동차리스에 의해 담보되는 채권시장도 성장세를 보이고 있다.

역전환권은 구조화채권의 새로운 형태이다. 이 종류의 채권은 일반적으로 높은 쿠폰이자를 지급받는 대신 만기 상환 시 액면가에 해당하는 현금이나 주식을 지급받는다. 예를 들어 최근 GM이 발행한 역전환권사채의 하나는 16%의 표면이자를 지급했는데, 이는 최근 시중금리 상황을 반영할 때 상당히 높은 수준이다. 하지만 만기에 만약 GM 주식가격이 현저히 하락한다면, 채권보유자는 액면가에 못 미치는 가치의 고정된 수량의 GM 주식을 받을 것이다. 따라서 채권 수익률에서 쿠폰부분은 높을지 몰라도 액면에서의 잠재적 손실은 추가수익을 쉽게 잠식시킬 수 있을 것이다.

CAT 채권은 자연재해에 대한 보험사의 손실을 보전하기 위해 발행된다. 자연재해의 종류는 발행계약서에 기재되어 있다. 예를 들어 CAT 채권의 약 30% 정도는 북대서양 허리케인과 관련된 것이다. 이들 채권이 구조화되는 방법은 만약 차입자가 허리케인과 관련하여 심각한 손해를 입은 경우 이자나 원금지급이 일시적으로 (심지어 영구히) 유예되는 되는 것이다. CAT 채권은 매우 위험한 투자처럼 보이지만 현재까지 당초 계획한대로 이자나 원금지급이 이루어지지 않은 경우는 허리케인 카타리나와 2011년 일본의 쓰나미, 단 두 개에 지나지 않는다.

아마도 가장 특이한 채권(또는 엽기적인)은 '사망채권(death bond)'일 것이다. Stone Street Financial과 같은 기업들은 향후 10년 이내에 사망할 것으로 기대되는 개인으로부터 생명보험 증권을 매입한다. 그들은 보험가입자가 사망 시 받게 되는 생명보험금으로 청산되는 채권을 판매한다. 이 채권의 수익률은 보험가입자가 얼마나 오래 사는가에 달려 있다. 이 채권의 가장 큰 위험은 의료기술이 빠르게 발전하여 보험가입자의 기대수명이 증가하게 되는 경우 채권보유자의 수익률은 감소하게 되는 것이다.

익률의 2배를 받을 수 있기도 하다. 하지만 이 경우 원금이 손실될 가능성도 있다.

어떤 채권은 다양한 종류의 독특한 특징을 가질 수도 있다. 가장 최근의 독특한 채권은 표면이자를 지급하는 코코(CoCo)채와 이자를 지급하지 않는 노노(NoNo)채가 있다. 코코채와 노노채는 조건부 전환사채이며 상환청구권과 조기상환권이 모두 있는 후순위채이다. 조건부 전환이란 어떤 조건이 충족되었을 경우에만 전환이 가능하다는 의미이다. 예를 들어 조건부 전환은 최근 30일 중 20일 동안 주식가격이 전환가격의 110%에서 거래되어야 한다는 식의 전환조건이 붙을 수 있다. 이러한 종류의 채권가격을 산정하는 것은 꽤 복잡하며 만기수익률의 측정은 별 의미가 없게 된다.

CAT 채권 손실 리스트를 확인하려면 http:// www.artemis.bm/ cat-bond-losses/.를 참고하라.

5.5 채권시장

ExcelMaster coverage online
www.mhhe.com/RossCore6e

채권의 1일 거래량은 매우 많다. 특정일에 채권과 주식의 거래량을 조사해 보면 채권의 거래량이 주식거래량의 몇 배 이상 된다는 사실에 아마 깜짝 놀랄 것이다(거래량은 거래금액을 의미한다). 여기 간단한 퀴즈 하나를 풀어보자: 세계에서 가장 큰 증권시장은? 대부분의 사람들은 뉴욕증권거래소(NYSE)라고 생각할 것이다. 하지만 거래량 규모로 볼 때 세계에서 가장 큰 증권시장은 일평균 $5,000억의 거래량을 보이는 미국 재무부 채권시장이다.

채권의 거래방식

대부분의 채권거래는 장외시장(OTC)에서 이루어진다. 이는 채권매매가 이루어지는 특정한 장소가 없다는 것을 의미한다. 대신 전국의 (그리고 전 세계의) 딜러들이 항상 채권매매를 할 준비가 되어 있다는 의미이기도 하다. 다양한 형태의 딜러들은 전산상으로 연결되어 있다.

채권시장이 거대한 이유 중의 하나는 채권의 발행물량이 주식 발행물량에 비해 훨씬 많기 때문이다. 채권의 발행물량이 많은 이유는 일반적으로 기업들은 한 종류의 주식을 발행하는데 비해(예외의 경우는 다음 장에서 다루기로 한다) 채권의 경우는 다양한 종류를 발행할 수 있기 때문이다. 더구나 연방정부나 주정부, 지방정부가 발행하는 채권도 상당히 많다. 예를 들어, 중소도시도 하수처리나 도로, 학교건설을 위한 자금조달을 위해 다양한 종류의 중장기채권을 발행한다. 미국에 이와 같은 중소도시가 얼마나 많은가를 생각한다면 채권시장에 대한 큰 그림을 그릴 수 있을 것이다.

채권시장은 거의 대부분 장외시장이므로 역사적으로 볼 때 **투명성**(transparency)이 상당히 떨어진다. 금융시장은 금융상품의 가격이나 거래량을 쉽게 알 수 있을 때 투명하다고 할 수 있다. 예를 들어, 뉴욕증권거래소(NYSE)의 경우는 모든 개별거래에 대해 가격과 거래량을 알 수 있다. 반면 채권시장에서는 이 같은 정보를 알 수 없는 경우가 많다. 거래가 대부분 당사자간 합의에 의해 이루어짐에 따라 중앙집중화된 거래보고시스템이 갖추어져 있지 않다.

채권의 거래량이 주식거래량보다 많음에도 불구하고 실제로 특정한 날에 거래가 이루어지는 것은 전체 채권발행물량 중 극히 일부분이다. 이와 같은 사실을 채권시장의 투명성 결여와 함께 고려하면 개별채권에 대한 최신화된 가격정보를 얻는 것이 얼마나 어려운가를 알 수 있다. 특히, 중소기업이나 발행한 회사채나 지방채의 경우는 더욱 그렇다. 그 대신 채권가격을 추정하는 다양한 형태의 정보원이 존재하며 실제로 이들을 일반적으로 사용하고 있다.

채권가격 공시

2002년부터 회사채 시장에서 투명성이 큰 폭으로 개선되기 시작했다. 새로운 규정이 적용되면서 회사채 딜러들은 TRACE(Trade Report and Compliance Engine)라고 불리는 시스템을 통해 거래정보를 보고하게 되었다. 현재 기본적으로 공적으로 거래되는 모든 회사채는 FINRA에 의해 보고되고 있다.

TRACE에 대해 더 많은 정보를 얻으려면 www.finra.org를 이용하라.

TRACE 채권 공시자료는 finra-markets.morningstar.com/MarketData/Default.jsp에서 얻

을 수 있다. 이 사이트에서 세계적으로 유명한 농기계 제조업체인 'Deere'라는 이름을 입력해 보라. 총 8종류의 채권이 발행된 사실을 알 수 있다. 다음 표는 이들 9개 채권들에 대한 정보이다.

사이트에 표시된 특정 채권을 클릭하면 신용등급, 조기상환 일정, 최초발행 정보 및 거래정보 등 해당 채권에 대한 많은 정보를 얻을 수 있다. 예를 들어 우리가 이 사이트를 방문했을 때 맨 위에 위치해 있던 채권은 지난 두 주 동안 거래가 이루어지지 않았다.

Issuer Name	Symbol	Callable	Sub-Product Type	Coupon	Maturity	Ratings		Last Sale	
						Moody's®	S&P	Price	Yield
DEERE & CO	DE.GF		Corporate Bond	8.100	05/15/2030	A2	A	132.155	4.459
DEERE & CO	DE.GG		Corporate Bond	7.125	03/03/2031	A2	A	133.822	3.656
DEERE & CO	DE.LY		Corporate Bond	4.375	10/16/2019	A2	A	101.269	2.705
DEERE & CO	DE.LZ		Corporate Bond	5.375	10/16/2029	A2	A	114.052	3.778
DEERE & CO	DE3863463	Yes	Corporate Bond	2.600	06/08/2022	A2	A	98.328	3.119
DEERE & CO	DE3863464	Yes	Corporate Bond	3.900	06/09/2042	A2	A	98.076	4.027
DEERE & CO	DE.GB		Corporate Bond	8.500	01/09/2022	A2	A	115.746	2.984
DEERE & CO	DE.GC		Corporate Bond	6.550	10/01/2028	A2	A	122.309	3.789

그림 5. 3에서 보는 바와 같이 FINRA(Financial Industry Regulatory Authority)는 TRACE로부터 제공받은 채권거래자료 중 가장 활발히 거래된 종목을 중심으로 매일 채권거래정보를 공시한다. 보고된 정보는 대부분 명백한 사실들이다. 첫 줄에 있는 GE 회사채는 이날 0.406% 하락했다. 이 회사채의 만기수익률에 어떤 일이 벌어졌다고 생각하는가? 그림 5. 3은 투자등급 이상 중 가장 거래가 활발한 채권 위주로 나타나 있지만, 이 웹사이트를 이용하면 가장 활발히 거래가 이루어지는 고수익채나 전환사채에 대한 정보도 알 수 있다.

앞서 언급한 바와 같이 미국 국채시장은 세계에서 가장 큰 증권시장이다. 일반적인 채권시장과 마찬가지로 이 시장도 장외시장이어서 투명성이 제한적이다. 하지만 다른 채권시장과는 달리 미국 국채시장에서 거래되는 채권은 최근 발행분이 많고 거래량도 큰 것이 대부분이다. 따라서 발행채권 중 대표적인 채권 가격만이 매일 보고된다.

St. Louis 연방은행은 미 재무부 발행 채권 금리와 거시경제지표를 포함하는 여러 종류의 온라인 파일을 제공하고 있다. research.stlouisfed.org/fred2/를 방문해 보라.

그림 5. 4는 월스트리트저널 사이트(wsj.com)에 나타나 있는 미국 재무부 채권의 일부를 보여주고 있다. 그림에서 음영으로 표시된 '05/15/2030'을 보자. 왼쪽에서부터 '05/15/2030'은 채권의 만기가 2030년 5월 15일이라는 의미이고, 6.25는 채권의 표면이자율이다.

다음 두 가지 정보는 **매수가(bid price)**와 **매도가(asked price)**이다. 일반적으로 장외시장이나 딜러시장에서 매수가는 딜러가 증권을 사기 위해 지불하는 가격을, 매도가는 딜러가 증권을 판매하는 가격을 의미한다. 두 가격의 차이를 **매수매도 가격차(bid-ask spread)** 또는 단순히 스프레드(spread)라고 하고 이 가격차는 딜러의 이익이 된다.

미국 국채가격은 액면의 퍼센트로 표시된다. 따라서 '05/15/2030'의 매수가, 즉 딜러가 구입하고자 하는 가격은 135.7656이다. 액면가가 $1,000이므로 이는 $1,357.656를 의미한다. 매도가, 즉 딜러가 팔고자 하는 가격은 135.8281로 $1,358.281를 의미한다.

다음에 나타나는 수치는 전일 대비 매도가의 변화를 표시한다. 이는 액면가의 퍼센트로 표시되며 이날 매도가는 전일 대비 1.1641%, 즉 $11.641 올랐다. 마지막으로, 가장 끝에 있는 수치는 매도가에 기초한 만기수익률이다. 이 채권은 액면가보다 낮게 판매되고 있는 할

그림 5.3 TRACE 채권 시세표 샘플 출처: FINRA reported TRACE prices

Most Active Investment Grade Bonds

Issuer Name	Symbol	Coupon	Maturity	Moody's®/S&P	High	Low	Last	Change	Yield%
GE CAP INTL FDG CO MEDIUM TERM NTS BOOK	GE4373444	2.342%	11/15/2020	Baa1/BBB+	97.46000	96.71200	96.83300	-0.406000	3.976232
COMCAST CORP NEW	CMCS4729173	4.700%	10/15/2048	A3/A-	98.00000	96.99300	97.19200	-0.477000	4.878992
PETROLEOS MEXICANOS	PEMX4606164	6.500%	03/13/2027	/	99.13500	95.78300	96.58700	-0.518000	7.045194
GE CAP INTL FDG CO MEDIUM TERM NTS BOOK	GE4373445	4.418%	11/15/2035	Baa1/BBB+	89.11900	86.09100	86.09100	-2.834139	5.705014
COMCAST CORP NEW	CMCS4729177	4.150%	10/15/2028	A3/A-	100.73100	98.93500	99.14800	-0.027000	4.255400
PETROLEOS MEXICANOS	PEMX4447364	6.750%	09/21/2047	Baa3/	87.97000	85.75000	86.00000	-0.200000	7.998419
GENERAL MTRS CO	GM4685729	5.000%	10/01/2028	Baa3/BBB	98.50000	94.82400	95.95600	1.382000	5.533966
COMCAST CORP NEW	CMCS4729172	4.600%	10/15/2038	A3/A-	98.62000	97.54600	97.93600	-0.189000	4.760990
COMCAST CORP NEW	CMCS4729176	3.950%	10/15/2025	A3/A-	101.79400	98.56200	99.89300	-0.101000	3.967165
GENERAL MTRS CO	GM4685730	5.950%	04/01/2049	Baa3/BBB	94.29400	92.89300	94.05200	2.306000	6.394972

그림 5.4

「Wall Street Journal」의 미국 재무부채권 가격 예

출처: www.wsj.com, January 3, 2019.

Treasury Bonds

Maturity	Coupon	Bid	Asked	Chg	Asked yield
3-31-2020	1.375	98.6563	98.6719	0.1328	2.472
5-15-2021	2.625	100.5625	100.5781	0.2578	2.371
2-29-2024	2.125	98.75	98.7656	0.5547	2.381
5-15-2025	2.125	98.1719	98.1875	0.6719	2.434
8-15-2026	6.75	129.6328	129.6484	0.8359	2.456
2-15-2027	2.25	98.1563	98.1719	0.7891	2.500
5-15-2028	2.875	102.6563	102.6719	0.8359	2.552
2-15-2029	5.25	123.6641	123.6797	1.0469	2.575
8-15-2029	6.125	132.7266	132.7891	1.1406	2.575
5/15/2030	6.25	135.7656	135.8281	1.1641	2.589
2-15-2031	5.375	128.6719	128.7344	1.1797	2.595
2-15-2036	4.5	125.4688	125.5313	1.5391	2.637
2-15-2037	4.75	129.7813	129.8438	1.6094	2.662
5-15-2037	5	133.6719	133.7344	1.6563	2.665
5-15-2038	4.5	126.875	126.9375	1.6328	2.704
2-15-2039	3.5	111.6172	111.6797	1.5078	2.741
8-15-2040	3.875	117.1563	117.2188	1.5938	2.807
11-15-2041	3.125	104.5547	104.6172	1.4609	2.849
5-15-2043	2.875	99.7969	99.8281	1.4922	2.885
5-15-2044	3.375	108.7969	108.8281	1.5625	2.882
11-15-2044	3	102.0625	102.0938	1.4766	2.884
2-15-2045	2.5	92.6953	92.7266	1.3984	2.899
5-15-2046	2.5	92.3594	92.3906	1.4141	2.905
8-15-2047	2.75	96.9844	97.0156	1.5313	2.904
11-15-2048	3.375	109.4766	109.5078	1.6563	2.897

증채라는 사실에 주목하자. 따라서 만기수익률(2.589%)은 표면이자율(6.25%)보다 낮다.

그림 5. 4의 마지막 줄에 있는 11/15/2048은 흔히 '대표(bellwether)'채권이라고 불리는 것으로 이 채권의 수익률은 일반적으로 저녁 뉴스시간에 보고되는 수익률이다. 예를 들어 장기금리가 상승했다는 뉴스를 들으면 이 채권의 수익률이 상승했다는 의미이다(물론 채권가격은 하락한다).

그림 5. 4의 여러 종류의 채권수익률을 살펴보면 수익률은 만기에 따라 다양하다는 것을 알 수 있다. 왜 이 같은 현상이 벌어지고, 이것이 의미하는 바가 무엇인가에 대해서는 다음 절에서 논의하기로 한다. 정부채(또는 '국부펀드') 수익률은 국가별로 상이하다. 다음 표는 일부 국가의 10년짜리 국채 수익률을 표시하고 있다. 수익률은 파산위험이나 환율위험에 따라 상이하다(이에 대해서는 나중에 논의한다).

10년 만기 정부채 수익률	
	수익률(%)
스위스	-0.28
일본	-0.01
독일	0.15
영국	1.82
미국	2.55
호주	4.37
멕시코	7.43
브라질	8.55
그리스	9.15

출처: www.bloomberg.com, January 3, 2019.

예제 5. 4

미국 국채 표시

그림 5. 4에서 만기가 2021년 5월 15일인 국채를 찾아보라. 이 국채의 표면이자율은? 매수가격은? 전일의 매도가격은?

05/15/2021로 기입된 것이 바로 찾는 채권이다. 표면이자율은 액면의 2.625%이다. 매수가는 100.5625, 즉 액면가의 100.5625%이다. 매도가는 100.5781이고 전일대비 0.2578 상승했다. 이는 전일의 매도가가 100.5625 – 0.2578 = 100.3203임을 의미한다.

채권가격 표시에 대한 유의점

만약 채권을 표면이자 지급일 사이에 매입한다면 일반적으로 표시된 가격 이상으로 대금을 지급하여야 한다. 그 이유는 채권시장에서의 표준화된 표시양식은 '경과이자(accrued interest)'를 고려하지 않고 가격을 표시하기 때문이다. 다시 말해 경과이자는 표시가격에서 제외된다. 이와 같은 표시가격을 **클린가격(clean price)**이라고 하고, 발생된 이자를 포함하여 실제로 지급하는 가격은 더티가격(dirty price), 풀(full) 또는 청구(invoice)가격이라고 한다.

이와 관련된 내용을 쉽게 이해할 수 있는 예제가 있다. 연 12%의 표시이자를 반년 단위로 지급하는 채권을 구입했다고 하자. 이 채권을 구입하기 위해 $1,080를 지급했다면 이 금액은 더티 또는 청구가격이 된다. 만일 다음 이자지급이 채권을 구입한 날 기준으로 4개월 후에 이루어진다면 당신은 표면이자 지급일 사이에 채권을 구입한 셈이 되고, 다음에 지급되는 표면이자는 $60가 된다.

채권의 경과이자는 이미 경과한 표면이자 기간의 부분을 고려함으로써 계산된다. 본 예제에서는 6개월 중 2개월이 경과하였으므로 이 부분을 다음 기에 지급받을 표면이자인 $60에 곱해서 산출할 수 있다. 즉, $20(= 2/6×$60)가 된다. 따라서 채권의 표시가격(즉, 클린가격)은 $1,060(= $1,080 - $20)가 된다.[6]

5. 6 인플레이션과 이자율

지금까지 이자율, 만기수익률, 수익률 등 다양한 종류의 이자율과 수익률에 대해 논의하는 데 있어 인플레이션의 역할은 고려하지 않았다. 인플레이션은 중요한 사항이므로 이 절에서는 인플레이션의 영향에 대해 생각해 보기로 한다.

실질이자율과 명목이자율

할인율, 채권의 만기수익률, 투자수익률, 요구수익률 등 다양한 종류의 이자율과 수익률에 대해 실질이자율(real rate)과 명목이자율(nominal rate)을 구분할 필요가 있다. 명목이자율은 인플레이션에 대한 조정을 하지 않기 때문에 '명목'이라는 용어를 사용하는 반면, 실질이자율은 인플레이션에 대해 조정을 실시한 것을 말한다.

인플레이션의 효과를 살펴보기 위해 가격이 매년 5%씩 상승한다고 가정하자. 즉 인플레이션율은 5%이다. 이제 1년 후에 $115.50의 가치를 가질 수 있는 투자가 있다고 할 때 현재 $100를 지불하므로 투자수익률은 15.5%가 된다. 이 15.5%에는 인플레이션 효과가 고려되지 않은 것이므로 명목수익률이 된다.

그렇다면 이 예제에서 인플레이션의 효과는 무엇인가? 연초에 피자가격이 한 조각에 $라고 하자. $100를 가지고 있다면 20조각을 구입할 수 있다. 하지만 인플레이션율이 5%라면 연말에 피자가격은 5%를 더 지급해야 하므로 조각당 $5.25가 된다. 만약 투자를 한다면 연말에 얼마나 많은 피자를 구입할 수 있을까? 피자가격을 통한 이 투자안의 수익률은 얼마가 될까?

투자를 통해 확보한 $115.50를 가지고 22(= $115.50/5.25)조각의 피자를 구입할 수 있다. 이 수치는 20조각보다 많은 것으로 피자를 가지고 수익률을 계산하면 10%가 된다. 즉, 투자안의 명목수익률은 15.5%일지라도 인플레이션으로 인한 구매력은 단지 10%만이 상승

6 발생이자를 산출하는 방식은 실제로 표시되는 채권의 종류에 따라 달라진다. 예를 들어 국채나 회사채의 경우 표면이자 기간의 경과부분을 어떻게 산출하느냐에 따라 약간의 차이가 발생한다. 위 예제에서 한 달은 동일한 기간으로 가정하였고(즉, 한 달에 30일, 1년에 360일) 회사채의 경우 이 같은 방식이 활용된다. 반면 국채의 경우는 실제 정확한 날짜를 기준으로 경과이자를 계산한다.

한 셈이다. 다시 말해 단지 10%의 부가 증가한 것이다. 따라서 이 예제에서 실질수익률은 10%가 된다.

다른 식으로 표현하면, 인플레이션율이 5%인 경우 $115.50의 명목가치는 실질가치보다 5% 낮은 셈이므로 투자에 대한 실질가치는

$$\$115.50/1.05 = \$110$$

가 된다. 즉, $115.50가 5%만큼 가치가 절하된 것이다. $110를 얻기 위해 현재 구매력 기준으로 $100를 포기한 셈이 되므로 실질수익률은 10%가 되는 것이다. 미래의 인플레이션 효과를 제거했으므로 이 $110는 현행가치로 측정된 것이라고 할 수 있다.

명목수익률과 실질수익률의 차이는 중요하므로 다음 사항을 다시 반복한다.

> 투자에 대한 명목수익률은 당신이 가지고 있는 금액의 변화율을 의미한다.
> 투자에 대한 실질수익률은 당신이 가지고 있는 금액을 가지고 구입할 수 있는 물량의 변화율이다. 즉 구매력의 변화율을 의미한다.

피셔효과

실질이자율과 명목이자율에 대한 지금까지의 논의는 피셔효과(Fisher effect : 위대한 경제학자 어빙 피셔(Irving Fisher)의 이름을 따서 부름)라고 부르는 어떤 관계를 나타낸 것이다. 투자자들은 궁극적으로 그들의 자금을 가지고 무엇을 구입할 수 있는가를 고민하기 때문에 인플레이션에 대한 보상을 요구한다. R은 명목수익률을, r은 실질수익률을 나타낸다. 피셔효과는 명목수익률과 실질수익률간의 관계를 보여주며 인플레이션율은 다음과 같이 나타낼 수 있다.

$$1 + R = (1 + r) \times (1 + h) \qquad [5.2]$$

여기서, h는 인플레이션율이다.

앞의 예제에서 명목이자율은 15.50%이고 인플레이션율은 5%였다. 그렇다면 실질이자율은 얼마인가? 다음과 같은 피셔식을 통해 답을 도출할 수 있다.

$$1 + 0.1550 = (1 + r) \times (1 + 0.05)$$
$$1 + r = 1.1550/1.05 = 1.10$$
$$r = 0.10 \text{ 또는 } 10\%$$

이 실질이자율은 앞에서 구한 답과 동일하다. 피셔식은 다음과 같이 정리될 수 있다.

$$1 + R = (1 + r) \times (1 + h)$$
$$R = r + h + r \times h \qquad [5.3]$$

이 식을 통해 명목이자율은 세 가지 부분으로 구성된다는 것을 알 수 있다. 먼저 투자에 대한 실질이자율인 r과 인플레이션 때문에 기초에 투자된 자금의 가치가 감소하는 것에 대한

보상부문인 h, 그리고 투자로 인해 얻는 가치가 인플레이션으로 인해 감소한다는 사실에 대한 보상부문이다.

하지만, 세 번째 부분은 규모가 크지 않아 일반적으로 고려하지 않는다. 따라서 명목이자율은 간단히 실질이자율과 인플레이션율의 합으로 나타낼 수 있다.

$$R \approx r + h \tag{5.4}$$

피셔식의 기본적인 전제는 투자자들이 바보가 아니라는 점에 있다. 투자자들은 인플레이션이 구매력을 약화시키는 것을 인지하므로 자금을 빌려주기 전에 명목금리의 인상을 요구하는 것이다. 이 같은 피셔의 가정을 **피셔효과**라고 하며 다음과 같이 적시할 수 있다.

> 인플레이션율의 상승은 명목이자율 상승의 충분한 원인이 되어 실질금리는 인플레이션의 영향을 받지 않는다. 즉 실질금리는 인플레이션율 변화와 무관하다.

예제 5.4

피셔효과

투자가들이 2%의 실질이자율을 요구하고 인플레이션율은 8%라면, 이때 대략적인 명목이자율은 얼마가 되어야 하는가? 또한 정확한 명목이자율은 얼마인가?

우선 명목이자율은 간단히 실제이자율과 인플레이션율의 합은 2% + 8% = 10%가 된다. 피셔효과 식을 이용하면 다음과 같다.

$$\begin{aligned} 1 + R &= (1 + r) \times (1 + h) \\ &= 1.02 \times 1.08 \\ &= 1.1016 \end{aligned}$$

따라서 명목이자율은 10.16%에 근접하게 된다. 이 예제에서 어떻게 마이너스 명목이자율이 발생할 수 있을지 알 수 있을 것이다. 즉 인플레이션율이 큰 폭의 마이너스를 기록하는 이례적인 상황에서 명목이자율은 음수(−)를 기록할 것이다.

이자율, 할인율, 투자수익률 등 금융이자율은 대부분 명목개념으로 표시된다는 사실에 주목하자. 따라서 앞으로 이자율과 관련해 r 대신 R을 사용하기로 한다.

5.7 채권수익률의 결정요인

ExcelMaster coverage online
www.mhhe.com/RossCore6e

이제 채권수익률의 결정요인들에 대해 논의하기로 하자. 특정한 채권의 수익률은 모든 채권에 공통적으로 해당되는 요소와 특정 채권에만 영향을 주는 요소 등 다양한 요소들에 의해 결정된다.

이자율의 기간구조

단기금리와 장기금리는 어떤 시점에서 측정하느냐에 따라 다르게 나타난다. 단기금리가 더 높기도 하고 때로는 더 낮기도 하다. 그림 5. 5는 장기적 관점에서 지난 2세기 동안의 장단기금리 변화추이를 보여주고 있다. 그림에서 보는 바와 같이 장단기 금리차이는 거의 없을 때도 있고 몇 %씩 장기금리가 더 높거나 또는 단기금리가 더 높은 적도 있었다. 단기금리와 장기금리의 관계를 **이자율의 기간구조(term structure of interest rate)**라고 한다. 좀 더 정확하게는 이자율의 기간구조란 채무불이행위험이 없는(default-free) 순수할인채권(pure discount bond)의 모든 만기에서 나타나는 명목이자율에 대한 것들이다. 이 금리들은 채무불이행 위험이 없고 만기에 일시 지급되는 채권과 관련된 이자율이므로 본질적으로 '순수(pure)'이자율이다. 즉 이자율의 기간구조는 서로 다른 기간에 대한 화폐의 순수한 시간가치를 의미한다.

장기금리가 단기금리보다 높을 때, 기간구조는 우상향한다고 하고 단기금리가 장기금리 보다 높을 때, 기간구조는 우하향한다고 말한다. 기간구조는 '볼록한' 형태(낙타의 등 모양)를 보이기도 하는데, 이는 처음에는 이자율이 상승하다가 장기간으로 볼 때 이자율이 하락하는 경우 나타난다. 기간구조의 가장 일반적인 형태는 우상향이며 최근 이 같은 형태를 보이고 있지만 기울기는 측정시점에 따라 상당히 다르게 나타난다.

기간구조의 형태를 결정짓는 요소는 기본적으로 세 가지다. 두 가지는 이미 앞 절에서 설명한 실질이자율과 인플레이션율이다. 실질이자율은 투자자들이 그들의 자금을 다른 곳에 사용하지 않은 것에 대한 보상으로, 인플레이션효과 조정 후의 화폐의 순수한 시간가치로 생각할 수 있다.

실질이자율은 만기에 관계없이 모든 이자율의 기본적인 요소이다. 실질이자율이 높으면 모든 이자율은 상승하는 경향이 있으며, 반대의 경우도 성립한다. 따라서 실질이자율은 기간구조의 형태를 진정으로 결정짓는 것은 아니며, 대신 이자율의 전반적인 수준에 영향

그림 5.5 미국의 이자율: 1800~2015년

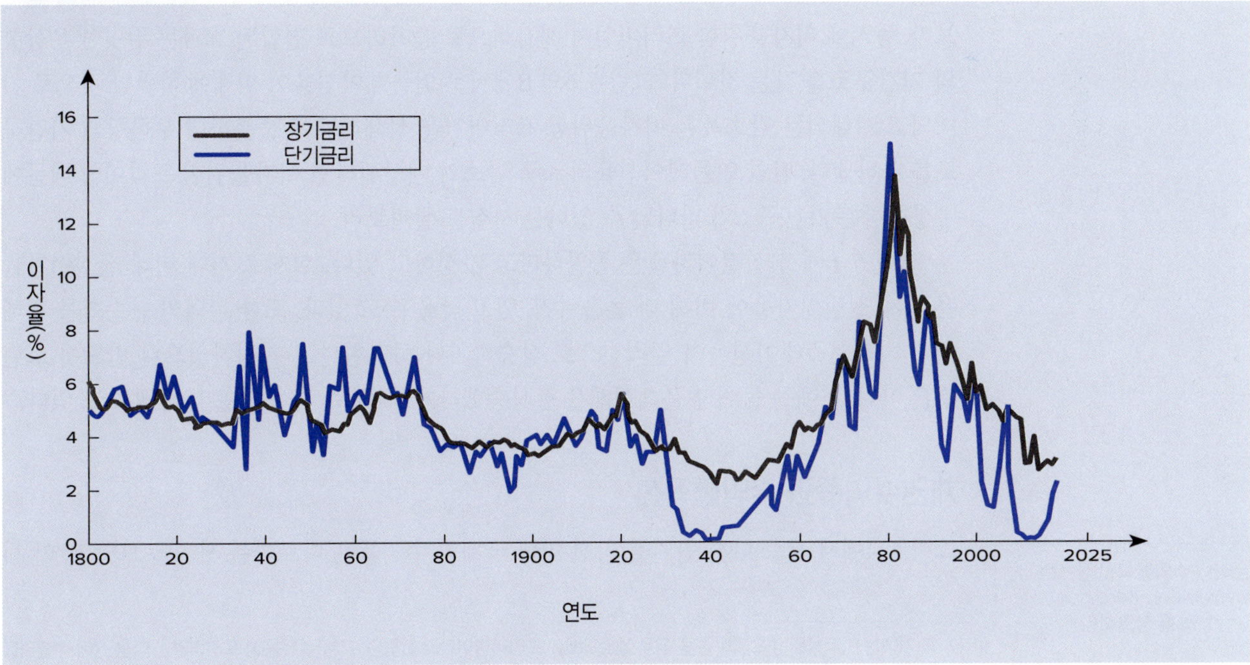

출처: Siegel, Jeremy J. *Stocks for the Long Run*, 4th ed. McGraw-Hill, 2008, updated by the authors.

을 미치는 요소라고 할 수 있다.

반면 미래 인플레이션의 예상치는 기간구조 형태에 상당히 큰 영향을 미친다. 다양한 기간에 대해 자금을 대여해주려는 투자자는 미래 인플레이션이 상환받을 때의 가치를 절하시킨다는 것을 인지한다. 그 결과 투자자는 높은 명목이자율의 형태로 이와 같은 손실에 대한 보상을 요구한다. 이 같은 추가적 보상을 **인플레이션 프리미엄(inflation premium)**이라고 한다.

투자자들이 인플레이션율이 미래에 상승할 것이라고 믿는다면 장기명목이자율은 단기명목이자율에 비해 상승하는 경향을 보인다. 따라서 우상향 기간구조는 인플레이션의 증가 전망을 반영한 것이라고 할 수 있다. 이와 유사하게 우하향 기간구조는 인플레이션이 미래에 하락할 것이라는 믿음을 반영한 것이다.

기간구조의 마지막 구성요소는 이자율위험과 관련이 있다. 이 장의 앞 부문에서 논의한 바와 같이 장기채는 단기채에 비해 이자율 변화로 인한 손실 위험이 훨씬 더 크다. 투자자는 이 위험을 인지하고 이 위험을 감수하는 것에 대해 더 높은 이자율의 형태로 추가적인 보상을 요구한다. 이 추가적인 보상을 **이자율위험 프리미엄(interest rate risk premium)**이라고 한다. 만기가 길면 길수록 이자율위험은 더 커지므로 이자율위험 프리미엄은 만기에 정비례한다. 하지만 앞서 논의한 바와 같이 이자율위험은 체감적으로 증가하므로 이자율위험 프리미엄도 체감적인 증가를 한다.[7]

지금까지 논의한 것을 종합하면, 기간구조는 실질이자율, 인플레이션 프리미엄, 그리고 이자율위험 프리미엄이 결합된 효과를 반영한다. 그림 5. 6은 이와 같은 요소들이 어떻게 상호작용을 하여 우상향 기간구조를 창출하는지(A) 또는 우하향 기간구조를 생성하는지(B)를 보여주고 있다.

그림 5. 6의 A에서 인플레이션율이 점차 어떻게 상승할 것으로 기대되는지에 대해 살펴보라. 동시에 이자율위험 프리미엄이 체감적으로 증가하므로 결합된 효과는 뚜렷한 우상향의 기간구조를 갖는 것이다. 그림 5. 6의 B에서는 인플레이션율이 미래에 하락할 것으로 기대되고 기대되는 감소폭은 이자율위험 프리미엄을 상쇄하기에 충분하여 우하향의 기간구조를 나타낸다. 만약 인플레이션율의 소폭 감소가 예상된다면 이자율위험 프리미엄 때문에 우상향하는 기간구조가 나타날 수 있다는 사실도 살펴보라.

그림 5. 6에서 실질이자율은 동일하다고 가정하고 있다. 실제로 기대 미래 실질이자율은 현재 실질이자율에 비해 더 높을 수도 있고 낮을 수도 있다. 또한 논의의 단순화를 위해 기대 미래인플레이션율이 일직선으로 상승하거나 하락한다고 가정하였으나 반드시 그런 것은 아니다. 예를 들어 인플레이션율은 상승했다가 하락, 즉 혹 모양을 나타낼 수도 있다.

채권수익률과 수익률곡선

온라인 수익률곡선 정보는 www.bloomberg.com/markets를 참조하라.

그림 5. 4에서 서로 다른 만기를 가진 미국 국채의 수익률은 다르다는 사실을 보았다. 미 재

7 과거에는 이자율위험 프리미엄을 '유동성(liquidity)' 프리미엄이라고 불렀다. 오늘날 유동성 프리미엄은 다음 장에서 살펴볼 것이지만, 전혀 다른 의미로 사용된다. 또한 이자율위험 프리미엄은 종종 만기위험 프리미엄이라고도 한다. 여기서 사용되는 용어는 기간구조에 대한 최근 시각을 반영하고 있다.

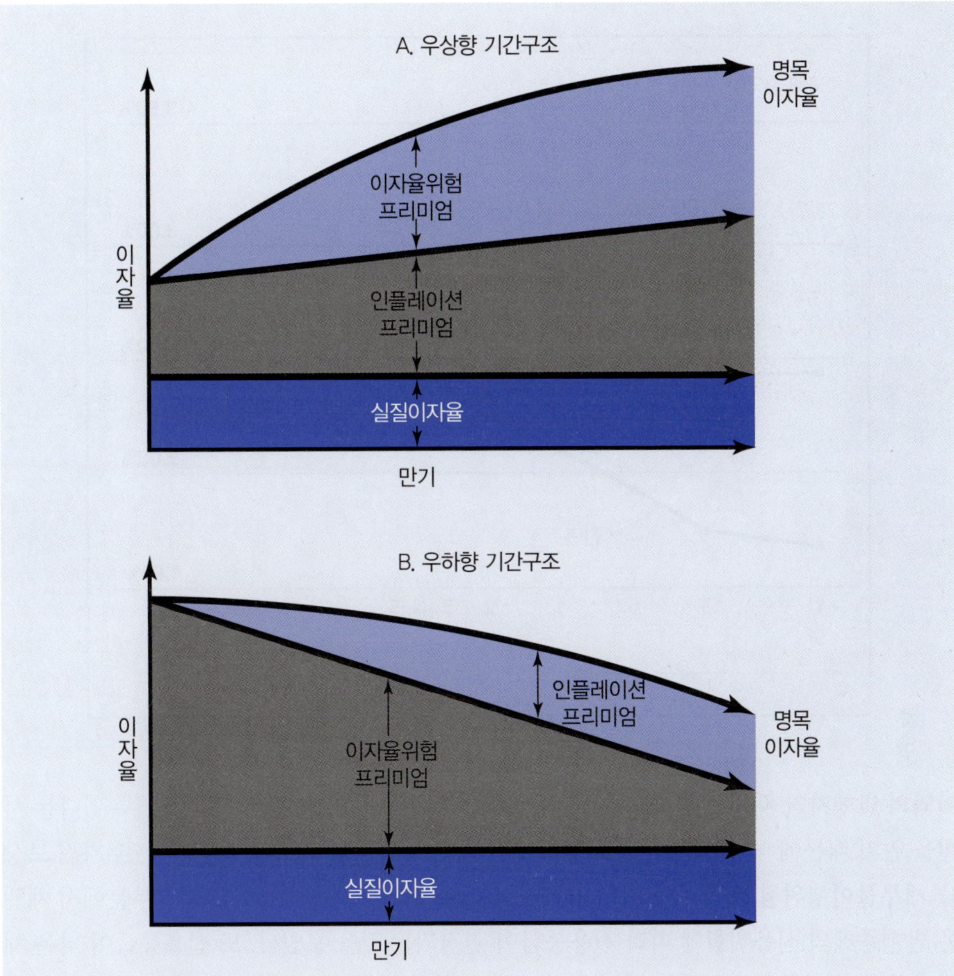

그림 5.6
이자율의 기간구조

무부 웹사이트에서는 매일 그림 5.4와 같은 국채가격과 수익률 이외에 만기에 따른 국채수익률그래프를 제공하고 있다. 이 그래프는 미국 **국채수익률곡선(Treasury yield curve)**이라고 한다(간단히 수익률곡선이라고도 한다). 그림 5.7은 2019년 4월 현재의 수익률곡선을 보여준다. 미 재무부 웹사이트에서는 명목뿐아니라 실질수익률 곡선도 제공한다.

수익률곡선의 형태는 이자율의 기간구조를 반영한다. 사실 미국 국채수익률곡선과 이자율의 기간구조는 거의 유사한 것이다. 유일한 차이점은 기간구조는 순수할인채권을 기초로 하는 반면 수익률곡선은 표면이자를 지급하는 채권을 대상으로 한다는 점이다. 따라서 국채수익률은 기간구조에서 논의되었던 세 가지 요소–실질이자율, 기대 미래인플레이션, 이자율위험 프리미엄–들에 의해 좌우된다.

미국 국채는 기억해야 할 세 가지 중요한 특징을 지니고 있다. 즉 채무불이행 위험이 없고, 세금부과대상이며, 유동성이 높다. 이는 채권의 일반적 특징은 아니므로 회사채나 지방채를 고려할 경우에는 추가적인 요소들이 어떤 역할을 할 것인가에 대해 조사해야 할 것이다.

국채 수익률 곡선 이자율의 흐름을 보려면 www.treasury.gov.의 데이터와 차트를 확인하라.

먼저 고려해야 할 것은 신용위험이다. 즉 채무불이행 가능성이다. 투자자는 미국 재무부

그림 5.7

미국 국채수익률곡선: 2019년 4월 2일

참조: www.wsj.com, April 2, 2019.

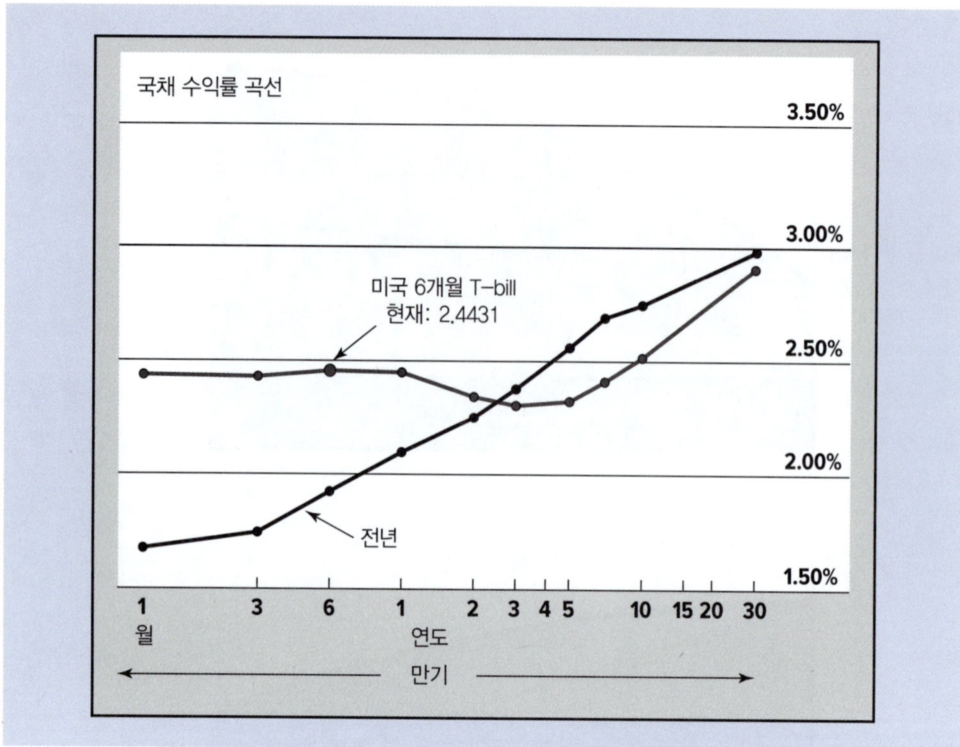

이외의 발행자가 채권을 발행하는 경우 약속한 지급액 전액을 지급하지 못할 수 있다는 사실을 알기 때문에 이 위험에 대한 보상으로서 높은 수익률을 요구한다. 이 같은 추가적 보상을 **채무불이행위험 프리미엄(default risk premium)**이라고 한다. 이 장의 앞부분에서 채권은 발행주체의 신용위험에 따라 신용등급이 결정되는 것을 보았다. 또 신용등급이 낮은 채권이 높은 수익률을 갖는다는 사실을 발견할 수 있었다.

채권수익률에 대해 알아야 할 중요한 점 중 하나는 모든 약속된 지급액이 실행된다는 가정하에 수익률이 계산된다는 사실이다. 따라서 수익률이란 약속된 수익률이고 투자자가 실제로 얻는 수익률이 아닐 수도 있다. 특히 발행자가 채무불이행이 발생했다고 한다면 실제수익률은 상당히 낮아질 것이다. 이 같은 사실은 정크본드를 고려할 때 더욱 중요할 수 있다. 마케팅의 도움으로 정크본드는 이제 훨씬 듣기 좋은 표현인 고수익채권(high-yield bond)으로 불리고 있다. 하지만 이들은 단지 높은 수익률을 약속한 채권이라는 사실을 잊지 말아야 한다.

다음으로 앞서 논의한 바와 같이 지방채는 대부분 세금면제가 되어 세금부과 채권에 비해 수익률이 낮다는 점을 기억하라. 투자자는 불리한 세금 적용에 대한 보상으로 세금부과 채권에 대해 추가적인 보상을 요구한다. 이 추가적인 보상을 **과세대상 프리미엄(taxability premium)**이라고 한다.

마지막으로 채권은 다양한 수준의 유동성을 갖는다. 앞서 논의한 바와 같이 수많은 채권이 발행되고 있고 대부분의 채권거래는 정기적으로 이루어지지 않는다. 따라서 채권을 급하게 매각하려 한다면 받을 수 있는 금액을 충분히 받지 못할 수 있다. 투자자는 비유동성 자산보다 유동성 자산을 선호하므로 현재까지 논의한 다른 프리미엄에 더하여 **유동성 프**

리미엄(liquidity premium)을 요구한다. 그 결과 모든 조건이 동일할 경우 유동성이 낮은 채권은 유동성이 높은 채권에 비해 높은 수익률을 갖게 된다.

결론

채권수익률과 관련해 이 장에서 논의한 내용들을 종합하면, 채권수익률은 적어도 6가지 요인들의 결합된 효과로 결정된다는 사실을 알 수 있다. 첫째 요인은 실질이자율이다. 실질이자율 이외에 각종 위험에 대한 보상을 반영하는 다섯 가지의 프리미엄이 있는데, 이는 (1) 기대 미래인플레이션, (2) 이자율위험, (3) 채무불이행위험, (4) 세금부과, (5) 유동성 부족 등이다. 따라서 채권에 대한 적정한 수익률을 결정하기 위해서는 이들 효과에 대한 철저한 분석이 요구된다.

요약 및 결론 Summary and Conclusions

이 장에서는 채권, 채권수익률, 그리고 이자율에 대해 알아보았고 다음과 같은 사항들을 살펴보았다.

1. 채권가격과 채권수익률의 계산은 기본적으로 현금흐름할인법의 응용으로 가능하다.
2. 채권의 가치는 이자율의 변화와 반대 방향으로 움직여, 채권투자자들에게 잠재적인 이익이나 손실을 초래한다.
3. 채권은 다양한 형태의 특징을 가지며 이는 발행계약서(indenture)라고 불리는 서류상에 자세히 기술되어 있다.
4. 채권은 채무불이행 위험에 따라 신용등급이 매겨진다. 미국 국채와 같은 채권은 채무불이행위험이 없는 반면, 소위 정크본드라고 불리는 채권의 경우 채무불이행위험은 상당히 높다.
5. 상당히 다양한 종류의 채권이 존재하며 이들은 독특하고 색다른 특징들을 지니고 있다.
6. 대부분의 채권은 시장의 투명성이 거의 존재하지 않는 장외시장(OTC)에서 거래된다. 따라서 일부 채권의 경우 채권가격이나 거래량 정보를 파악하기가 상당히 어려운 것도 있다.
7. 채권수익률과 이자율은 6가지의 다른 요인들의 효과를 반영한다. 이는 실질이자율과 투자자들이 보상으로서 요구하는 5가지의 프리미엄, 즉 인플레이션, 이자율위험, 채무불이행위험, 세금부과, 그리고 유동성 부족 등이다.

개념문제 Concept Questions

1. **미국 재무부 채권** 미국 재무부 채권이 무위험 증권인 것은 사실인가?
2. **이자율위험** 30년 만기 미국 재무부 채권과 30년 만기 BB회사채 중 어느 것이 더 이자율 위험이 높은가?
3. **미국 재무부 채권가격** 미국 재무부 채권의 매수가 및 매도가와 관련하여 매수가가 매도가보다 더 높을 수 있는가? 가능하다면 그 이유는? 아니라면 이유는?
4. **만기수익률** 미국 재무부 채권의 매수가와 매도가는 수익률 형태로 표시, 매수수익률과 매도수익률이

있을 수 있다. 이 중 어느 수익률이 더 높을 것인가? 설명하라.

5. **조기상환청구권** 어떤 기업이 장기채권의 발행을 고려하면서 조기상환청구권(call provision) 조항을 포함시킬지에 대해 논의하고 있다. 기업 입장에서 조기상환청구권을 포함시킬 경우의 이점은 무엇일까? 관련비용은? 상환청구권(put provision)이 있는 경우에는 답이 어떻게 변하는가?
6. **표면이자율채권** 발행자는 어떻게 적정한 표면이자율을 결정하는가? 채권의 표면이자율과 요구수익률의 차이에 대해 설명하라.
7. **실질수익률과 명목수익률** 투자자가 실질수익률보다 명목수익률에 더 관심을 갖는 경우가 존재하는가?
8. **채권의 신용등급** 기업들은 Moody's나 S&P와 같은 신용평가사로부터 등급을 받기 위해 상당액을 지불한다. 하지만 기업들은 애초에 그들의 채권에 대해 등급을 부여받아야만 하는 것은 아니며, 이는 순전히 자발적이다. 왜 그들은 신용등급을 받으려고 하는가?
9. **채권의 신용등급** 반면 정크본드도 신용등급이 없는 경우가 있다. 왜 그런가?
10. **기간구조** 이자율의 기간구조와 수익률곡선과의 차이점은 무엇인가?
11. **크로스오버 채권** 본 장에서 논의했던 크로스오버 채권을 다시 살펴보라. 신용등급이 왜 평가사에 따라 서로 다르게 나타나는가?
12. **지방채** 지방채는 왜 연방정부 수준에서 과세되지 않고 주정부 수준에서 과세되는가? 반면 왜 미국 국채는 주정부 수준에서 과세되지 않는가(이 문제 해결을 위해 미국의 역사책을 다시 살펴볼 필요가 있다)?
13. **채권시장** 채권시장의 투명성이 결여되어 있다는 점이 채권 투자자에게 의미하는 바는 무엇인가?
14. **미국 국채시장** 그림 5. 4를 다시 살펴보라. 표면이자율의 범위가 상당히 넓은 것에 주목하자. 표면이자율이 이렇게 다른 이유는 무엇인가?
15. **신용평가사** 일부 신용평가사는 요청받지 않은 채권에 대해 신용등급을 부여해 논란이 되기도 한다. 이와 같은 논란은 왜 발생하는가?
16. **자기자본으로서의 채권** 이 장에서 논의한 100년 만기 채권은 정크본드와 유사한 점이 있다. 두 경우 모두 발행자가 위장해서 자기자본 증권을 판매한다는 이유로 비판받는다. 무엇이 문제인가? 왜 기업들은 '위장된 자기자본'을 팔려고 하는가?
17. **채권가격과 채권수익률**
    a. 채권의 가격과 만기수익률간에는 어떤 관계가 존재하는가?
    b. 왜 어떤 채권은 액면가격보다 할증되어 발행되고 어떤 채권은 액면가격보다 할인되어 발행되는가? 할증채의 경우 표면이자율과 만기수익률의 관계는? 또 할인채의 경우는? 액면으로 발행되는 경우는?
    c. 할증채의 경우 현행수익률과 만기수익률의 관계는? 할인채의 경우는? 액면발행의 경우는?
18. **이자율위험** 다른 조건이 동일할 때, 장기채와 단기채 중 어느 것이 이자율위험이 더 높은가? 표면이자가 높은 채권과 표면이자가 낮은 채권의 경우는? 높은 표면이자를 지급하는 장기채와 낮은 표면이자를 지급하는 단기채의 경우는?

연습문제 Questions and Problems

기초
(문제 1~15번)

1. **채권의 가치** 만기수익률이 다음과 같을 때, 액면이 $1,000이고 표면이자가 없는 21년 만기채권의 가격은(단, 반기 복리로 계산)?
   a. 4%
   b. 10%
   c. 14%
2. **채권의 가치** Microhard사는 다음과 같은 특징을 갖는 채권을 발행했다.
   액면: $1,000
   만기: 18년
   표면이자율: 7%
   반년마다 이자지급
   만기수익률이 다음과 같을 때 채권의 가격을 계산하라.
   a. 7%
   b. 9%
   c. 5%
3. **채권의 수익률** Qin사는 2년 전에 15년 만기채권을 발행했다. 이 채권의 표면이자율은 5.1%이고 이자지급은 반년마다 이루어진다. 이 채권이 현재 액면가의 96%로 거래되고 있다면 만기수익률은 얼마인가?
4. **표면이자율** Lei사는 만기가 12.5년이 남았고 만기수익률이 7.2%이며 현재 시장에서 $1,030에 거래되고 있는 액면가액 $1,000의 채권을 보유하고 있다. 이 채권은 이자를 반년마다 지급한다면 채권의 표면이자율은 얼마가 되어야 하는가?
5. **채권의 가치** 미국에서는 대부분의 회사채가 표면이자를 반년마다 지급하지만, 어떤 나라에서는 표면이자를 연 단위로 지급하기도 한다. 독일기업이 액면 €1,000, 만기 16년, 표면이자 3.8%인 채권을 발행했다고 하자. 만약 표면이자가 연 단위로 이루어지고 만기수익률이 3.1%라고 한다면 이 채권의 현재가격은?
6. **채권 수익률** 어떤 일본 기업이 액면 ¥10만의 95.4%로 발행된 채권을 보유하고 있다. 이 채권의 표면이자율은 4.9%이고 연 단위로 이자지급이 이루어지며 만기는 18년 남았다. 이 채권의 만기수익률은 얼마인가?
7. **실질수익률 계산** 단기국채의 수익률은 현재 5.1%이고 인플레이션율은 2.9%라면, 대략적인 실질수익률은 얼마인가? 또한 정확한 실질수익률은?
8. **인플레이션과 명목수익률** 실질이자율이 2.3%이고 인플레이션율이 3.5%라고 가정하자. 이 때 단기국채의 수익률은 얼마로 예상되는가?
9. **명목수익률과 실질수익률** 어떤 투자안이 향후 1년 동안 총 13.5%의 수익률을 제안한다. Powell Arms는 이 투자안의 총수익률이 단지 8.6%일 것이라고 생각한다. Powell은 향후 1년간 인플레이션율을 얼마라고 믿는 것인가?
10. **명목수익률과 실질수익률** 지난해 10.9%의 총수익률을 기록한 자산을 가지고 있다고 가정하자. 지난해 인플레이션율이 3.8%라고 한다면 실질수익률은 얼마인가?
11. **무이표채** 액면이 $10,000이고 만기가 13년 남은 무이표채가 있다고 하자. 만일 이 채권의 만기수익률이 4.9%라면 채권가격은 얼마인가? 반년마다 복리가 된다고 가정하라
12. **채권의 가치** Layton사는 이자가 반년마다 지급되며 표면이자율 4.6%, 만기 13년인 액면 $2,000채권을 발행했다. 만기수익률이 3.8%라면 이 채권의 가격은?
13. **채권의 가치** Union Local 학군은 이자가 반년마다 지급되며 표면이자율 3.9%, 만기 16년인 채권을 발

행했다. 만기수익률이 4.2%이며 액면가가 $5,000라면 이 채권의 가격은?

14. 미국 국채시세표 활용 그림 5. 4에서 만기가 2028년 5월인 미국 국채를 찾아보라. 이 국채의 표면이자율은? 매수가는? 전일의 매도가는(액면가 $1,000를 가정)?

15. 미국 국채시세표 활용 그림 5. 4에서 만기가 2039년 2월인 미국 국채를 찾아보라. 이 채권은 할증채인가 할인채인가? 이 채권의 현행수익률은? 만기수익률은? 매수매도 가격차는(액면가 $1,000를 가정)?

보통
(문제 16~25번)

16. 채권가격의 변화 Miller사는 반년마다 이자지급을 하는 할증채를 보유하고 있다. 이 채권의 표면이자율은 7.4%이고 만기수익률은 5.4%, 만기는 13년이다. Modigliani사는 반년마다 이자지급을 하는 할인채를 보유하고 있다. 이 채권의 표면이자율은 5.4%이고 만기수익률은 7.4%, 만기는 13년이다. 금리가 변하지 않는다면, 액면가 $1,000인 이 채권들의 1년 후 가격은 얼마가 될 것으로 예상되는가? 3년 후에는? 8년 후에는? 12년 후에는? 13년 후에는? 이 결과를 놓고 볼 때 어떤 현상이 나타나는가? 채권가격과 만기와의 관계를 그래프로 표시하여 설명하라.

17. 이자율위험 Laurel사와 Hardy사는 연 7.3%의 표면이자를 반년마다 지급하는 채권을 보유하고 있다. 이 채권들은 현재 액면가 $1,000의 가격으로 거래되고 있다. Laurel 채권은 만기가 4년 남은 반면, Hardy 채권은 23년이 남았다. 만약 이자율이 갑자기 2% 증가했다면 이들 채권의 가격은 몇% 변할까? 또 만약 이자율이 갑자기 2% 하락했다면, 이들 채권의 가격은 몇% 변할까? 채권가격과 만기수익률간의 그래프를 통해 답을 설명하라. 이 문제는 장기채권의 이자율위험에 대해 무엇을 말해주고 있는가?

18. 이자율위험 Faulk사의 채권은 6.4%의 표면이자를 지급하며 Gonas사의 채권은 12.6%의 표면이자를 지급한다. 두 채권 모두 만기가 18년 남았고 반년마다 이자를 지급하며 현재 만기수익률은 9.5%이다. 만약 이자율이 갑자기 2% 증가했다면 이들 채권의 가격은 몇% 변할까? 만약 이자율이 갑자기 2% 감소한다면? 이 문제는 표면이자가 낮은 채권의 이자율위험에 대해 무엇을 말해주고 있는가?

19. 채권수익률 Stuart Software는 11년 만기의 표면이자가 5.7%인 채권을 보유하고 있다. 이 채권은 반년마다 이자를 지급하며 현재 액면의 93%에 거래되고 있다. 이 채권의 현행수익률(current yield)은 얼마인가? 만기수익률은? 실효이자율(EAR)은?

20. 채권수익률 Baxter사는 시설확장 프로젝트를 위해 20년 만기의 새로운 채권을 발행하고자 한다. 이 회사는 현재 5.6%의 표면이자를 반년마다 지급하며 만기는 20년 남은 채권을 보유하고 있다. 이 채권은 현재 시장에서 $1,094.30에 거래되고 있다. 만약 이 회사가 채권을 액면으로 발행하기 원한다면 표면이자율을 얼마로 정해야 하는가(액면가는 $1,000이다)?

21. 발생이자 $945로 공시된 채권을 구입했다고 하자. 이 채권의 표면이자율은 5.6%이고 반년마다 지급하는 이자일까지는 2달이 남았다. 이 채권의 클린가격(이미 발생된 이자를 고려하지 않은 가격)은 얼마인가?

22. 발생이자 표면이자가 7.1%이고 클린가격이 $1,030인 채권을 구입했다고 하자. 반년마다 지급하는 이자일까지 4달이 남았다면 이 채권의 공시가격은 얼마인가?

23. 채권만기 계산 Cavo사는 표면이자가 6.3%(연 단위 지급)이며 만기수익률이 7.14%인 채권을 보유하고 있다. 현행수익률은 6.95%이다. 이 채권은 만기까지 얼마가 남았는가?

24. 채권시세표 이용 오늘 신문의 증권면에 IOU사 채권의 시세가 다음과 같이 나타났다고 하자. 채권의 액면은 $1,000이고 오늘 날짜는 2019년 4월 15일이다. 이 채권의 만기수익률은 얼마인가? 현행수익률은?

회사(Ticker)	쿠폰	만기	종가	수익률	거래량 (000s)
IOU (IOU)	5.400	Apr 15, 2038	96.425	??	1,827

25. 만기 계산 시장에서 액면으로 거래되는 표면이자 10%인 채권을 발견했다. 이 채권의 만기는 언제인가?

도전
(문제 26~34번)

26. **채권수익률의 구성** 채권 P는 7.8%의 표면이자를 지급하는 할증채이고, 채권 D는 4.2%의 표면이자를 지급하는 할인채이다. 두 채권 모두 이자를 연 단위로 지급하며 만기수익률은 6%이고 만기까지 8년이 남았다. 채권 P와 채권 D의 현행수익률은 얼마인가? 만약 이자율이 변하지 않는다면 채권 P와 채권 D의 내년 기대자본이익률은 얼마인가? 구한 답과 여러 가지 종류의 수익률간 상호관련성에 대해 설명하라.

27. **보유기간수익률** 채권의 만기수익률은 금리가 변하지 않는 조건하에 만기까지 보유할 때 얻게 되는 이자율이다. 만약 만기 전에 채권을 매각한다면 그 수익률은 보유기간수익률(HPY)이 된다.
    a. 오늘 5.4%의 표면이자를 지급하는 채권을 $945에 구입했다고 하자. 이 채권의 만기는 21년이다. 투자에 대한 기대수익률은 얼마인가?
    b. 2년 후 이 채권의 만기수익률은 1% 감소했고 이에 따라 매각하기로 했다. 이 채권은 얼마에 팔릴 수 있겠는가? 투자에 대한 보유기간수익률은 얼마인가? 이 수익률을 채권 구입시점의 만기수익률과 비교하라. 이 수익률들은 왜 차이가 발생하는가?

28. **채권의 가치평가** Morgan사는 현재 두 종류의 채권을 발행하고 있다. 채권 M은 액면 $2만에 만기가 20년이다. 이 채권은 처음 6년간은 이자를 지급하지 않으며 그 다음 8년간은 6개월마다 $800를 지급하며, 마지막 6년간은 6개월마다 $1,000씩 지급한다. 채권 N의 액면도 $2만이고 만기도 20년이다. 하지만 이 채권은 표면이자를 지급하지 않는다. 이 채권에 대한 요구수익률이 5.3%이고 반년마다 복리계산된다고 한다면 채권 M과 채권 N의 현재가격은 얼마인가?

29. **콜조항의 가치** 2019년 2월 24일 기준으로, 다음 세 종류의 미국 재무부 채권에 대한 가격을 고려해 보자:

5.50	May 23	106.32150	106.37500	-0.406	5.28
7.60	May 23	103.12000	103.50000	-0.094	5.24
8.40	May 23	107.98750	108.21875	-0.406	5.32

가운데 있는 채권은 2020년 2월에 조기상환될 수 있다. 콜조항에 대한 내재된 가치는 얼마인가(힌트: 두 개의 콜조항이 없는 채권을 결합하여 조기상환채권과 동일한 표면이자를 지급하는 채권을 발행하는 방법이 있는가)?

30. **미국 재무부 채권** 미국 재무부 채권의 시세가 「The Wall Street Journal」 2004년 5월 11일자에 다음과 같이 게재되었다.

9.125	May 09	100.09375	100.125	···	-2.15

만기수익률이 마이너스인 채권을 구입하는 사람이 있다면 그 이유는? 어떻게 이것이 가능한가?

31. **실질현금흐름** 어떤 엔지니어가 일을 시작했을 때의 연봉이 $2만6,300였다. 30년 후 그의 연봉은 $10만5,350가 되었다. 해당 기간 중 인플레이션 지수는 455.18에서 1,046.27로 상승했다. 그의 실질 연봉은 얼마나 증가했는가? 현재 그의 실질연봉은 얼마인가?

32. **실질현금흐름** Marilyn Monroe가 사망했을 때, 전남편이었던 Joe DiMaggio는 그가 살아있는 한 매주 일요일 그녀 무덤에 싱싱한 꽃을 바치겠다고 맹세했다. 1962년 그녀가 사망한 다음 주에 전직 야구선수였던 Joe DiMaggio가 생각했던 스타를 위한 적당한 꽃의 가격은 $5였다. 보험통계표상 Joe DiMaggio는 Marilyn Monroe 사후 30년은 더 살 것으로 기대된다. EAR은 5.9%, 꽃 가격은 EAR로 표시할 때 매년 3.1%씩 증가할 것이라고 가정하자. 1년이 정확하게 52주라고 한다면 Joe DiMaggio가 한 맹세의 현재가치는 얼마인가? Joe는 Marilyn이 사망한 다음 주부터 꽃을 구입하기 시작했다.

33. **실질현금흐름** 당신은 향후 30년 동안 은퇴에 대비한 저축계획을 세우고 있다. 당신은 실질금액으로 매달 주식계정에 $600, 채권계정에 $275씩을 투자할 것이다. 주식계정의 유효 연수익률은 12%, 채권계정

은 7%로 예상된다. 당신은 은퇴 시, 이 돈을 8%의 유효수익률을 지급하는 계정에 합칠 것이다. 이 기간 중 인플레이션율은 4%로 기대된다. 인출기간이 25년이라면, 당신은 실질가치로 당신계정에서 매달 얼마를 인출할 수 있을 것인가? 또 마지막 인출금액은 명목가치로 얼마인가?

34. **실질현금흐름** Paul Adams는 LA 다운타운에 헬스클럽을 소유하고 있다. 그는 고객들에게 $900의 연회비를 받고 있고 현재 575명의 회원이 있다. Paul은 연회비를 매년 6%씩 인상할 계획이고 클럽 회원수는 향후 5년간 3%의 일정 비율로 성장할 것으로 기대한다. 헬스클럽을 운영하는 데 소요되는 전반적인 비용은 연 $9만5,000이고 매년 2%의 인플레이션율이 기대된다. 5년 후에 Paul은 헬스클럽을 닫고 $45만짜리의 럭셔리 보트를 사서 남은 여생 동안 세계여행을 다닐 계획을 가지고 있다. Paul이 사망했을 때 그의 은행계정에 단 한푼도 안 남길 것이라면, 세계여행 기간 중 Paul이 사용할 수 있는 금액은 1년에 얼마인가? Paul의 수명은 25년이 남았고 저축한 돈에 대해 9%의 이익을 얻는다고 가정하자.

웹 정보 이용하여 문제풀기 What's on the web?

1. **채권의 시세** 채권의 현재가격은 finra-markets.morningstar.com/MarketData/Default.jsp에서 알 수 있다. Clorox사가 발행한 채권의 가격과 수익률을 알고 싶다면 search에서 티커심벌인 'CLX'를 입력하라. Clorox사가 발행한 채권 중 만기가 가장 짧은 것은 어느 것인가? 또 만기가 가장 긴 것은? Clorox 채권의 신용등급은 무엇인가? 모든 채권은 동일한 신용등급을 가지고 있는가? 왜 그렇다고 생각하는가?
2. **수익률곡선** 가장 최근의 채권수익률에 대한 정보는 money.cnn.com에서 알 수 있다. 미국 재무부 채권의 수익률곡선을 찾아보라. 수익률곡선의 일반적인 형태는 무엇인가? 이것이 기대 미래인플레이션에 대해 의미하는 바는 무엇인가? 회사채 등급이 AAA, AA, A인 회사의 수익률곡선을 그려보라. 회사채의 수익률곡선과 미국 재무부 채권의 수익률곡선이 동일한가? 동일하다면 왜 그런가? 동일하지 않다면 왜 그런가?
3. **채무불이행 프리미엄** St. Louis 연방준비위원회(FRB)는 자체 웹사이트인 www.stloiusfed.org에 과거 이자율 목록을 파일로 올려놓고 있다. 'FRED'자료에 들어가 보라. Moody's의 Aaa 회사채 수익률과 Baa 회사채 수익률의 목록을 발견할 수 있을 것이다. 채무불이행 프리미엄은 Aaa 채권수익률과 Baa 채권수익률의 차이로 계산될 수 있다. 가장 최근 36개월 동안 이 두 채권지수를 이용하여 채무불이행 프리미엄을 구하라. 채무불이행 프리미엄은 매달 동일한가? 동일하다면 왜 그렇다고 생각하는가?

Excel로 풀어보기 Excel Master it! Problem

ExcelMaster coverage online
www.mhhe.com/RossCore6e

기업들은 종종 미래의 부채나 현금지출 시기를 맞추기 위해 채권을 구입하기도 한다. 이 같은 투자를 전용포트폴리오라고 한다. 왜냐하면 포트폴리오를 통한 자금유입이 미래 부채와 전적으로 연동되기 때문이다. 이와 같은 경우 포트폴리오는 재투자위험에 직면하게 된다. 재투자위험은 기업이 지급받은 표면이자를 재투자하기 때문에 발생한다. 만약 유사한 채권의 만기수익률이 하락한다면 표면이자 지급액은 낮은 금리로 재투자될 것이고 이는 만기 시 포트폴리오의 가치를 기대에 못 미치게 할 것이다. 물론 금리가 인상된다면 만기 시 포트폴리오의 가치는 기대 이상이 될 것이다.

Ice Cubes사가 다음과 같이 5년 후에 갚아야 하는 부채가 있다고 가정하자. 이 회사는 미래 상환 시기에 맞춰 오늘 5년 만기 회사채를 구입할 것이다. 부채와 현재의 만기수익률은 다음과 같다.

부채금액	$100,000,000
현재 수익률	8%

a. 현재 만기수익률에서 미래의 채무를 상환하기 위해 구입하여야 하는 채권의 액면가는 얼마여야 하는가? 관련범위 내에 있는 채권들은 현행 만기수익률과 동일한 표면이자율을 지급할 것이고, 이자는 매 반년마다 지급한다고 가정한다.

b. 금리가 향후 5년간 일정하다고 가정한다면 기업이 표면이자를 재투자할 때 현행 만기수익률로 재투자하게 된다. 이 경우 5년 후의 포트폴리오의 가치는 얼마가 될까?

c. 기업이 채권을 구입한 직후에 금리가 1% 상승하거나 하락했다고 가정하자. 이 같은 상황 하에서 5년 후의 포트폴리오 가치는 얼마가 될까?

재투자위험을 줄이기 위한 한 가지 방법은 면역(immunization)이라고 불리는 전략이다. 기업은 부채와 동일한 만기를 가진 채권을 구입하는 대신, 동일한 듀레이션을 가진 채권을 구입한다. 앞의 전용포트폴리오를 고려한다면 금리가 하락하는 경우 재투자된 표면이자의 미래가치는 감소하지만 동시에 채권의 가격은 상승한다. 이들 효과는 면역 포트폴리오에서 서로 상쇄되는 것이다.

포트폴리오 면역전략을 위해 듀레이션을 활용하는 또 다른 장점은 포트폴리오의 듀레이션은 단순히 포트폴리오를 구성하는 자산들의 듀레이션 가중평균이다. 즉 포트폴리오의 듀레이션을 산출하기 위해서는 단순히 각 자산별로 비중과 그들의 듀레이션을 곱한 후, 이를 합쳐주면 되는 것이다.

d. Ice Cubes사의 부채의 듀레이션은 얼마인가?

e. 다음에 있는 채권들이 부채를 면역시키기 위해 가능한 채권이라고 가정하자. 기업이 포트폴리오를 면역화 시키기 위한 각 채권의 액면가는 얼마여야 하는가?

	채권 A	채권 B
발행일	1/1/2000	1/1/2000
만기일	1/1/2003	1/1/2008
표면금리	7.00%	8.00%
만기수익률	7.50%	9.00%
연 표면이자 지급횟수	2	2

CLOSING CASE

채권발행을 통한 EAST COAST YACHT의 확장계획

East Coast Yacht사에 대한 Dan의 EFN 분석 후에(제3장의 CLOSING CASE 참조), Larissa는 회사의 영업을 확장하기로 결심했다. 그녀는 Dan에게 새로운 건설자금 조달을 위해 인수기관이 30년 만기의 채권 $4,500 만를 발행하는 데 이를 도와줄 것을 요청했다. Dan은 Crowe&Mallard사의 인수담당자인 Renata Harper와 이 회사가 채권을 발행하는 데 고려해야 할 특성과 표면이자율에 대한 논의를 시작했다. Dan은 채권의 특성들에 대해 잘 알지만 그것들 중 일부의 장단점에 대해서는 확실하게 알지 못해 각각의 특징이 채권의 표면이자율에 어떻게 영향을 미치는가에 대해서는 자신이 없다.

1. 당신은 Renata의 보조자이다. 그녀는 다음 각각의 채권 특징들이 채권의 표면이자율에 미치는 영향을 Dan에게 설명할 수 있는 메모를 준비해 달라고 당신에게 요청했다. 그녀는 또 각 특징에 대한 장단점을 정리해주기를 원했다.
   a. 채권의 보증여부, 즉 채권이 담보부인지 무담보부인지 여부
   b. 채권의 우선순위(seniority)
   c. 감채기금(sinking fund)의 존재여부
   d. 특정한 조기상환 날짜와 조기상환 금액이 표시된 조기상환청구권(call provision)
   e. 위의 조기상환청구권에 대한 지연콜(deferred call)
   f. 전액지급(make-whole) 조기상환청구권
   g. 준수조항. 또한 East Coast Yacht사가 고려할 수 있는 여러 가지 가능한 준수조항도 논하라.
   h. 금지조항. 또한 East Coast Yacht사가 고려할 수 있는 여러 가지 가능한 금지조항도 논하라.
   I. 전환권(East Coast Yacht사는 상장사가 아니라는 점에 주의하라.)
   j. 변동금리부 표면이자

   Dan은 또한 표면이자를 지급하는 채권을 발행할지 표면이자가 없는 채권을 발행할지 고민하고 있다. 두 채권 모두 만기수익률은 5.5%가 될 것이다. 이자를 지급하는 채권의 표면이자율은 5.5%가 될 것이다. 이 회사의 세율은 21%이다.
2. East Coast Yacht사가 $4,500만를 조달하기 위해서는 얼마나 많은 이자지급채권을 발행해야 하는가? 무이표채를 발행하는 경우는 어떤가?
3. 회사가 이자지급채권을 발행한 경우 30년 후에 원금상환만기는 언제가 될 것인가? 만약 무이표채를 발행한 경우라면?
4. 회사가 무이표채와 비교하여 이자지급채권을 발행하는 경우에 어떤 점을 고려해야 하는가?
5. East Coast Yacht사가 전액지급조기상환청구권이 있는 이자지급채권을 발행했다고 가정하자. 전액지급조기상환청구권의 금리는 미국 재무부 채권 금리에 0.4%를 더한 것이다. 이 회사가 미국 재무부 채권 금리가 4.8%인 7년 후에 채권에 대해 조기상환을 청구한다면, 채권의 조기상환 가격은 얼마인가? 만약 금리가 6.2%였다면?
6. 투자자들은 전액지급조기상환청구권이 있는 채권을 전부 매입할 것인가?
7. 모든 관련된 요소를 고려한 후에, 당신은 이자지급채권과 무이표채 중 어느 것을 추천하겠는가? 이유는? 일반적인 조기상환청구권과 전액지급조기상환청구권 중에서는 어느 것을 추천하겠는가? 그 이유는?

주식의 가치평가

6

OPENING CASE

2019년 1월 4일 석유회사인 Marathon Petroleum의 보통주 종가는 주당 $61.65였다. 같은 날 멤버십 창고형 쇼핑회사인 PriceSmart 주식의 종가는 $60.58였으며 비즈니스 분석 기업인 Omnicell의 종가는 $60.50를 기록했다. 이들 세 기업의 주가가 비슷하므로 당신은 세 기업이 주주들에게 비슷한 규모의 배당을 지급할 것이라고 기대하겠지만 그건 잘못된 생각일 수 있다. 사실 Marathon은 주당 연 $1.84를, PriceSmart는 $0.70의 배당을 지급하였지만 Omnicell은 전혀 배당을 하지 않았다.

이 장에서 살펴볼 내용이지만 현재 지급되는 배당금은 주식가치를 측정하는 데 중요한 요소 중 하나다. 하지만 Omnicell의 예에서 보듯이 현재의 배당이 주식가치를 결정짓는 모든 요소는 아니라는 것은 명백한 사실이다. 이 장에서는 배당과 주식가치 그리고 이들간의 관계에 대해 살펴본다.

기업재무 관련 최근 사건들을 찾아보기 위해 corecorporatefinance.blogspot.com을 방문하라.

제5장에서 채권과 채권가치에 대해 알아보았다. 이 장에서는 기업 자금조달의 또 하나의 축인 보통주와 우선주에 대해 살펴본다. 먼저 주식과 관련된 현금흐름에 대해 설명하고 주식가치를 평가하는 모형 중 하나인 배당성장모형에 대해 논의한다. 그 다음 주주권리를 중심으로 보통주와 우선주의 다양한 주요 특징에 대해 조사해 본다. 마지막으로 주식이 어떻게 거래되고 주가와 다른 주식 관련 주요 정보가 금융관련 언론에 어떻게 보도되는가를 알아본다.

6.1 보통주의 현재가치

배당과 자본이득

ExcelMaster coverage online
www.mhhe.com/RossCore6e

이 절에서 살펴볼 것은 보통주의 가치평가이다. 앞 장에서 자산의 가치는 미래현금흐름의 현재가치에 의해 결정된다고 배웠다. 주식은 두 가지 종류의 현금흐름을 제공한다. 먼저 많은 종류의 주식들이 정기적으로 배당금을 지급한다. 그리고 주주들은 주식을 매도하면 매각대금을 받는다. 따라서 보통주의 가치를 측정하기 위해서는 다음과 같은 흥미있는 질문에 답을 제시할 필요가 있다. 주식가치에 대한 설명으로 다음 1, 2 중 어느 것이 맞는가?

1. 다음 기 배당 및 주식가격의 할인된 현금흐름
2. 모든 미래 배당금의 할인된 현금흐름

이 문제는 학생들이 객관식에서 좋아하는 형태의 문제이다. 왜냐하면 1, 2번 모두 정답이기 때문이다.

1과 2가 동일하다는 것을 보여주기 위해 먼저 주식을 매입해 1년 동안 보유한 사람이 있다고 가정하자. 즉, 그 사람은 오늘 주식을 구입하기 위해 P_0를 지급하고 1년간의 보유기간

(holding period)을 갖는다. 이는 다음과 같이 나타낼 수 있다.

$$P_0 = \frac{D_1}{1+R} + \frac{P_1}{1+R} \qquad [6.1]$$

D_1은 연말에 지급되는 배당금이고, P_1이 1년 후의 주식가격이다. P_0는 보통주 투자에 따르는 현재가치이고, 분모에 있는 R은 주식의 적정 할인율이다.

이 식은 충분히 이해할 수 있어 보인다. 하지만 P_1이 어디서 나타났는가에 대해서는 의구심이 생길 수 있다. 물론 P_1이 아무런 근거없이 산출된 것은 아니다. 1년 후에 그 주식을 기꺼이 P_1을 지급하고 구입하려는 사람이 있을 것이기 때문이다. 1년 후 주식 매입자는 다음 식을 통해 주식가격을 결정할 것이다.

$$P_1 = \frac{D_2}{1+R} + \frac{P_2}{1+R} \qquad [6.2]$$

식 6. 2에 있는 P_1값을 식 6. 1에 대입하면

$$\begin{aligned} P_0 &= \frac{1}{1+R}\left[D_1 + \left(\frac{D_2 + P_2}{1+R}\right)\right] \\ &= \frac{D_1}{1+R} + \frac{D_2}{(1+R)^2} + \frac{P_2}{(1+R)^2} \end{aligned} \qquad [6.3]$$

식 6. 3에서도 유사한 질문을 할 수 있다. P_2는 어떻게 산출되는가? 2년 후에 투자자는 3년째 배당과 주가를 고려해 기꺼이 P_2를 지불할 것이다. 이와 같은 과정은 지속적으로(ad nauseam)[1] 반복된다. 결국 현재의 주식가치는 다음과 같은 식으로 정리할 수 있다.

$$P_0 = \frac{D_1}{1+R} + \frac{D_2}{(1+R)^2} + \frac{D_3}{(1+R)^3} + \cdots = \sum_{t=1}^{\infty} \frac{D_t}{(1+R)^t} \qquad [6.4]$$

따라서 투자자들에게 기업의 보통주 가치는 모든 기대되는 미래배당금의 현재가치와 동일하다고 할 수 있다.

이는 매우 유용한 결과이다. 주식에 대한 현재가치 분석법은 투자자들에게 너무 단기적인 시각으로 배당금의 장기적 흐름을 간과하는 실수를 저지르지 말라는 교훈을 줄 수 있다. 투자자들은 일반적으로 과거의 것을 생각하지 못한다. 따라서 단기 투자자들이 지배하는 시장에서 가격은 단지 단기배당금만을 반영할 것이다. 하지만 여기서 논의한 바와 같이 장기배당할인모형은 투자자가 단기적인 투자기간을 고려하더라도 의미가 있을 수 있다. 즉 어떤 주식을 구입했으나 조만간 현금화를 원하는 투자자는 그 주식을 매입할 또 다른 투자자를 물색하면 되고, 그때 두 번째 투자자는 그가 구입한 이후의 배당금에 따라 주식가격을 지불하면 되는 것이다.

다양한 형태의 주식에 대한 가치평가

앞서 기업의 가치는 미래배당금의 현재가치로 나타낼 수 있다고 했다. 그렇다면 이 사실을

1 이 절차는 우주의 기원에 대해 강의하는 물리학자를 떠오르게 한다. 물리학자의 강의에 동의하지 않는 청중 중 한 노신사가 그에게 다가갔다. 노신사는 우주가 거대한 거북이 등 위에 받쳐져 있다고 이야기했다. 물리학자가 그 거북이는 무엇으로 받쳐져 있느냐고 물었더니 노신사는 다른 거북이가 받치고 있다고 말했다. 물리학자의 반론을 예상한 노신사는 "젊은 친구, 자신을 녹초로 만들지 말게나. 거북이는 밑으로 계속 쭉 받치고 있지"라고 말했다.

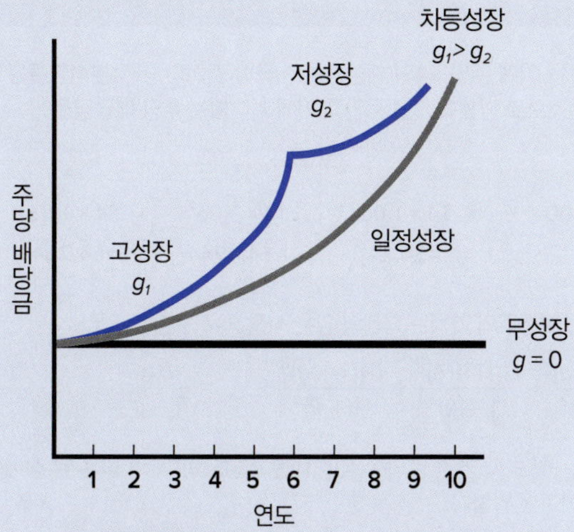

배당성장모형

무성장: $P_0 = \frac{D}{R}$

일정성장: $P_0 = \frac{D}{R - g}$

차등성장: $P_0 = \sum_{t=1}^{T} \frac{D(1+g_1)^t}{(1+R)^t} + \frac{\frac{D_{T+1}}{R - g_2}}{(1+R)^T}$

그림 6.1

무성장, 일정성장,차등성장 유형

어떻게 현실적으로 적용시킬 수 있을까? 식 6. 4는 일반적인 모형으로 기대배당금의 증가, 변동, 동일에 관계없이 적용시킬 수 있다. 기업의 배당금이 다음과 같은 기본적인 유형으로 기대된다면 일반배당모형은 (1) 무성장, (2) 일정성장, (3) 차등성장으로 단순화할 수 있다. 그림 6. 1은 세 가지 경우를 도식화하여 보여주고 있다.

Case 1 무성장 동일한 배당금을 지급하는 주식의 가치는 다음과 같은 식을 통해 산출된다.

$$P_0 = \frac{D_1}{1+R} + \frac{D_2}{(1+R)^2} + \cdots = \frac{D}{R}$$

여기서 $D_1 = D_2 = \cdots = D$라고 가정한다. 이것은 제5장에서 논의된 영구연금의 단순한 응용이다.

Case 2 일정성장 배당금이 매년 g비율로 성장하는 경우이다.

연말 배당금	1	2	3	4
	D_1	$D_1(1+g)$	$D_1(1+g)^2$	$D_1(1+g)^3$

D_1은 첫 번째(first) 기간 말의 배당금이라는 사실에 유의하라.

한결같은 배당성장이라는 가정은 다소 비현실적이라고 할 수 있다. 배당성장률이 어떻게 항상 일정할 수 있을까? 이유는 많은 기업들이 배당의 일정한 성장을 명확한 목표로 삼고 있기 때문이다. 예를 들어 2018년 Cincinnati에 본사를 둔 개인위생 및 가정용품 제조업

예제 6.1

계획된 배당금

Hampshire Product사는 다음 기에 주당 $4의 배당금을 지급할 것이다. 재무분석가들은 예상 가능한 미래의 배당금이 매년 6%씩 증가할 것으로 믿는다. 5년 동안 매기에 기대되는 주당 배당금은?

	1	2	3	4	5
연말 배당금	$4.00	$4 × 1.06 = $4.24	$4 × 1.06^2 = $4.4944	$4 × 1.06^3 = $4.7641	$4 × 1.06^4 = $5.0499

배당이 일정비율로 성장하는 보통주의 가치는 다음과 같은 식을 통해 구할 수 있다.

$$P_0 = \frac{D_1}{1+R} + \frac{D_1(1+g)}{(1+R)^2} + \frac{D_1(1+g)^2}{(1+R)^3} + \frac{D_1(1+g)^3}{(1+R)^4} + \cdots = \frac{D_1}{R-g}$$

여기서, g는 성장률이고, D는 첫 번째 기간 말의 주식에 대한 배당금이다. 이 식은 앞 장에서 도출한 성장 영구연금의 현재가치를 구하는 식과 동일하다.

예제 6.2

주식 가치

어떤 투자자가 Utah Mining사의 주식 매입을 고려하고 있다고 가정하자. 주식은 1년 후에 $3의 배당금을 지급할 것이며 배당금은 예측가능한 미래기간 동안 매년 10%씩 성장할 것으로 기대된다(g = 10%). 투자자는 Utah Mining사의 위험도를 평가해 볼 때 이 주식의 요구수익률(R: required return)은 15% 정도 되어야 한다고 생각한다(R은 할인율로도 해석할 수 있다). Utah Mining사 주식의 가치는 얼마인가?

경우 2의 일정성장식을 이용하면 주식가치는 $60가 된다.

$$\$60 = \frac{\$3}{0.15-0.10}$$

P_0는 성장률 g에 상당히 영향을 많이 받는다. 만약 g가 12.5%라고 가정한다면, 주식가치는 $120가 될 것이다.

$$\$120 = \frac{\$3}{0.15-0.125}$$

성장률이 10%에서 12.5%로 단지 25% 증가했는데 주식가치는 $60에서 $120로 두 배 늘어났다. 성장률에 대한 가격의 의존성 때문에 일정성장배당모형을 사용할 경우 성장률에 대한 보다 세밀하고 정확한 분석이 요구된다.

더구나 성장률 g가 할인율 R과 동일하다면, 현재가치 P_0는 무한대가 되는 점에 유의하라. 주식가격은 무한대로 성장할 수 없기 때문에 할인율보다 높은 성장률은 측정상의 오류인 것이다. 이 점에 대해서는 나중에 더 자세히 논의된다.

체인 P&G(Procter & Gamble)는 배당금을 1% 증가시켜 주당 $2.68를 지급했다. 이 증가는 매우 주목받을 일로, P&G는 60번째 연속적으로 배당금을 전기 대비 증가시키는 데 성공한 것이다. 배당성장은 배당정책에서 주로 다루는 주제로서 심도 있는 논의는 나중에 다시 하기로 한다.

Case 3 차등성장 이 경우의 산식은 다루기 어려우므로, 대신 예제를 제시한다.

예제 6.3

차등성장

새로운 마사지(back-rub) 연고를 개발하여 빠른 성장세를 보이고 있는 Elixir 제약회사의 주식을 고려해보자. 주당 배당액은 1년 후에 $1.15가 지급될 것이다. 그리고 4년간 배당금은 매년 15%씩 상승할 것이다(g_1 = 15%). 이후 성장률(g_2)은 매년 10%가 될 것이다. 요구수익률이 15%라면 이 주식의 현재가치를 구할 수 있는가?

그림 6. 2는 배당금의 성장을 보여주고 있다. 이 배당금을 현재가치화하기 위해서는 두 단계 과정을 거쳐야 한다. 먼저 연간 15% 성장하는 배당금의 현재가치를 구한다. 즉 처음 5년간의 매년 배당금의 현재가치를 구한다. 다음으로 6년 말부터 시작되는 배당금의 현재가치를 구한다.

그림 6. 2 Elixir 제약회사의 배당금 성장

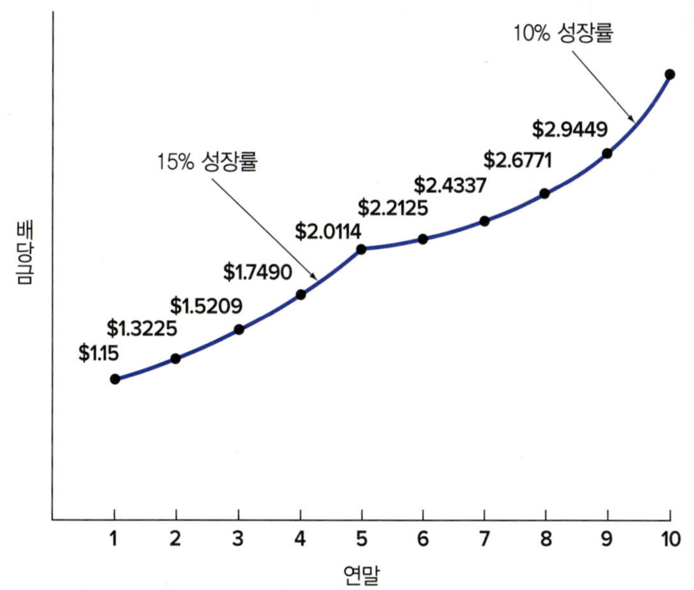

처음 5년간 배당금의 현재가치 계산 1년차부터 5년차까지 배당금의 현재가치는 다음과 같다.

미래연도	성장률(g_1)	기대 배당금	현재가치
1	0.15	$1.1500	$1
2	0.15	1.3225	1
3	0.15	1.5209	1
4	0.15	1.7490	1
5	0.15	2.0114	1
연도 1~5		배당금의 현재가치 = $5	

앞 장에서 논의한 성장연금공식이 이 단계에서 사용될 수 있다. 하지만 배당성장률이 15%로 할인율과 동일하다는 점에 유의하라. 즉, $g = R$이기 때문에 성장연금공식은 이 예제에서 사용할 수 없다.

6년차 말부터 시작되는 배당금의 현재가치를 계산하는 것은 앞 장에서 언급한 이연된 연금을 구하는 절차와 유사하다. 6년차 말부터 시작되는 배당금은 다음과 같다.

	6	7	8	9
연말 배당금	$D_5 \times (1+g_2)$	$D_5 \times (1+g_2)^2$	$D_5 \times (1+g_2)^3$	$D_5 \times (1+g_2)^4$
	$2.0114 × 1.10	$2.0114 × 1.10^2	$2.0114 × 1.10^3	$2.0114 × 1.10^4
	= $2.2125	= $2.4337	= $2.6771	= $2.9448

(계속)

앞 장에서 언급한 바와 같이, 성장연금공식은 첫 번째 지급되는 시기보다 한 시점 앞선 상태의 현재가치를 구하는 것이다. 본 예제에서는 지급이 6년차 말부터 시작되므로 현재가치 공식은 5년차 말 시점에서의 현재가치를 구하게 된다.

5년차 말의 가격은 다음과 같다.

$$P_5 = \frac{D_6}{R - g_2} = \frac{\$2.2125}{0.15 - 0.10} = \$44.25$$

0시점의 P_5의 현재가치는 다음과 같다.

$$\frac{P_5}{(1+R)^5} = \frac{\$44.25}{1.15^5} = \$22$$

따라서 0시점의 모든 배당금의 현재가치는 \$27(= \$22 + \$5)가 된다.

6. 2 배당할인모형의 매개변수 측정

기업의 가치는 성장률 g와 할인율 R의 함수이다. 그렇다면 이 변수들은 어떻게 측정해야 하는가?

성장률 g 구하기

지금까지의 논의에서 배당은 g비율로 성장한다고 가정했다. 이제 이 성장률이 어떻게 측정되는지 알아보자. 이 절에서는 제3장에서 언급한 성장에 대한 논의를 확대시켜 본다. 만약 순투자(net investment)가 이루어지지 않는다면 내년의 이익이 올해의 이익과 동일하게 예측되는 사업이 있다고 가정하자. 순투자는 총투자(total investment)에서 감가상각을 차감한 것으로 이와 같은 상황은 흔히 발생할 수 있다. 즉 총투자액과 감가상각이 동일하면 순투자는 0이 되고, 이 상태에서 기업의 유형적 설비는 유지되며 이익은 성장하지 않게 된다.

순투자액은 이익의 일부가 배당으로 지급되지 않은 경우에 한해, 즉 이익이 내부유보되는 경우에 양(+) 이 될 것이다.[2] 이 논리는 다음과 같이 나타낼 수 있다.

$$\text{내년이익} = \text{올해이익} + \underbrace{\text{올해의 유보이익} \times \text{자기자본이익률}}_{\text{이익의 증가}} \qquad [6.5]$$

이익의 증가는 유보이익(retained earning)과 유보이익수익률(return on the retained earning)의 함수로 나타낼 수 있다.

식 6. 5의 양변을 올해의 이익으로 나누면

$$\frac{\text{내년 이익}}{\text{올해 이익}} = \frac{\text{올해 이익}}{\text{올해 이익}} + \frac{\text{올해 유보이익}}{\text{올해 이익}} \times \text{유보이익이익률} \qquad [6.6]$$

식 6. 6의 좌변은 간단히 1 + 이익의 성장률(g)로 나타낼 수 있다. 이익에 대한 유보이익 비율을 **유보율(retention ratio)**이라고 한다. 따라서 식 6. 6은 다음과 같이 나타낼 수 있다.

2 자본 조달을 위한 주식이나 채권 발행 가능성은 고려하지 않는다. 이 같은 가능성에 대해서는 추후에 논의한다.

$1+g=1+$ 유보율 × 유보이익이익률 **[6. 7]**

향후 전개되는 프로젝트에 대한 구체적인 사항은 공적인 정보가 아니므로 재무분석가가 현재 이익에 대한 이익률을 예측하기란 쉽지 않다. 대신 올해 선택한 프로젝트의 예상이익률은 과거 프로젝트의 이익률과 동일하다고 가정하곤 한다. 따라서 현재 유보이익에 대한 예상이익률은 과거 자기자본이익률(return on equity: ROE)을 통해 측정할 수 있다. 결국 ROE는 간단하게 기업의 전체 자본에 대한 이익률, 즉 기업의 모든 과거 프로젝트의 누적치에 대한 이익률로 해석할 수 있다.

식 6. 7로부터 성장률을 측정할 수 있는 간단한 방법이 있다.

기업의 성장률을 위한 공식:
$g=$ 유보율 × 자가자본이익률(ROE) **[6. 8]**

앞서 g는 배당금의 성장을 의미했다. 하지만 이익에 대한 배당의 비율은 일정하게 유지되기 때문에, 이 식에서 이익의 성장은 배당의 성장률과 동일하게 인식하고 있다. 사실 제3장에서 알아본 바와 같이 g는 지속가능한 성장률이다.

예 제 6. 4

이익의 성장

Pagemaster사는 이익이 \$200만라고 공시했다. 이 기업은 이익의 40%를 사내유보할 계획이다. 과거 자기자본이익률(ROE)은 16%였고 이 이익률은 미래에도 지속될 것으로 기대된다. 향후 이익은 얼마나 성장할 것인가?

먼저 식 6. 8의 도움없이 답을 구하고 나중에 식 6. 8을 이용해 정답여부를 확인한다.

식 6. 8을 참고하지 않고 계산 기업은 \$800,000(= 40% × \$2,000,000)를 사내유보할 것이다. 과거 ROE가 미래수익의 적정한 측정치라고 가정한다면 기대되는 이익의 증가는

\$800,000 × 0.16 = \$128,000가 된다.

따라서 이익의 성장률은

$$\frac{\text{이익의 증가}}{\text{총이익}}=\frac{\$128{,}000}{\$2{,}000{,}000}=0.064$$

가 된다. 이것은 첫해의 이익이 \$2,128,000(= \$2,000,000 × 1.064)라는 것을 의미한다.

식 6.8을 이용해 정답확인 $g=$ 유보율 × ROE 를 이용하면

$g=0.4\times0.16=0.064$ 또는 6.4%

할인율 R 구하기

지금까지는 요구수익률 또는 할인율 R이 주어진 것으로 간주했다. 이와 관련해서는 다른 장에서 자세히 논의할 것이고, 여기서는 배당성장모형이 요구수익률에 의미하는 바가 무엇인지를 살펴본다. 앞서 주식의 현재가치 P_0는 다음과 같이 계산되었다:

$$P_0=D_1/(R-g)$$

이 식을 R에 대해 정리하면,

$$R - g = D_1 / P_0 \quad [6.9]$$

$$R = D_1 / P_0 + g$$

이 식에 의하면 총수익률, R은 두 부분으로 구성된다. 첫 번째 부분은 D_1/P_0으로 **기대배당수익률(expected dividend yield)**로 알려진 부분이다. 이는 기대현금배당을 현재가격으로 나누어 주기 때문에 채권의 현행수익률과 유사한 개념이다.

총수익률의 두 번째 부분은 성장률 g이다. 간단하게 증명하겠지만 배당성장률은 주식가격 성장률과 동일하다. 따라서 성장률은 **자본이득률(capital gains yield)**, 즉 투자가치의 증가율로 해석할 수 있다.

요구수익률의 구성부분을 설명하기 위해 주당 $20에 거래되고 있는 주식을 살펴보기로 하자. 차기 배당금이 주당 $1이고, 배당은 연 10%씩 성장할 것이라고 가정한다면 수익률은 얼마인가?

총수익률을 배당성장모형을 통해 구하면 다음과 같다.

$$R = \text{배당수익률} + \text{자본이득률}$$

$$R = D_1/P_0 + g$$

이 예제에서 총수익률은 다음과 같다:

$$\begin{aligned} R &= \$1/\$20 + 0.10 \\ &= 0.05 + 0.10 \\ &= 0.15 \text{ 또는 } 15\% \end{aligned}$$

따라서 이 주식의 기대수익률은 15%이다.

정답확인은 15%의 요구수익률을 사용하여 1년 후의 주식가격 P_1을 구해보면 알 수 있다. 배당성장모형에 의하면 주식가격은 다음과 같다.

$$\begin{aligned} P_1 &= D_1 \times (1 + g)/(R - g) \\ &= \$1 \times 1.10/(0.15 - 0.10) \\ &= \$1.10/0.05 \\ &= \$22 \end{aligned}$$

$22는 $20 × 1.1이므로 주식가격은 10% 증가한 셈이다. 이 주식을 현재 $20를 지급하고 구입한다면 연말에 $1의 배당을 받게 될 것이고, 또한 $22 − 20 = $2의 이익을 얻게 된다. 따라서 배당수익률은 $1/20 = 5%가 되고, 자본이득률은 $2/20 = 10%가 되어서 총수익률은 5% + 10% = 15%가 된다.

논의된 내용의 현실적 응용을 위해 실제 수치들을 사용해 보자. 2018년 밸류라인 투자보고서(Value Line Investment Survey)는 P&G의 배당금이 향후 5년 동안 5% 성장할 것으로 기대하였다. P&G는 이전 5년간 5%의 성장률을, 이전 10년간은 7.5%의 성장률을 보인 바 있다. 2018년 현재 차기연도의 예상 배당금은 $2.88였다. 그 당시 주가가 $92였다면 P&G에 대한 투자자의 요구수익률은 얼마가 되나? 이 경우 배당수익률은 3.1%가 되고 자본이득률은 5%가 되어 총요구수익률은 8.1%가 된다.

예제 6.5

요구수익률 계산

앞의 예제에서 살펴본 Pagemaster사는 발행주식수가 100만주이다. 주식이 현재 $10에 거래되고 있다면 이 주식의 요구수익률은 얼마인가?

유보율이 40%이므로 배당성향(dividend payout ratio)은 60%이다(1 - 유보율). 배당성향은 이익에 대한 배당금의 비율이다. 1년 후 이익은 $2,128,000(= $2,000,000 × 1.064)가 될 것이고 배당금은 $1,276,800(= 0.60 × $2,128,000), 주당 배당금은 $1.28(= $1,276,800/1,000,000)가 될 것이다. 앞 예제에서의 결과인 성장률 g = 0.064를 가지고 식 6. 9를 이용하면 수익률 R은 다음과 같이 구할 수 있다:

$$\frac{\$1.28}{\$10.00} + 0.064 = 0.192 \text{ 또는 } 19.2\%$$

회의론에 대한 건전한 시각

여기서의 접근방식은 성장률 g를 단순히 추정(estimate)할뿐 정확하게 결정(determine)하는 것은 아니라는 사실을 인지하여야 한다. 성장률은 기본적으로 몇 가지 가정에 기초를 두고 추정된다고 언급한 바 있다. 예를 들어 미래유보이익의 재투자수익률은 기업의 과거 ROE와 동일하다고 가정한다. 또한 미래유보율은 과거유보율과 동일하다고 가정한다. 따라서 이와 같은 가정이 사실이 아닌 것으로 판명된다면 성장률 추정치는 의미가 없어지게 되는 것이다.

그런데 불행하게도 수익률 R은 성장률 g에 많은 영향을 받는다. 앞에 Pagemaster사의 예에서, g가 0으로 추정될 때 R이 12.8%(= $1.28/$10)라고 하자. 이 경우 g가 12%로 추정된다면 R은 24.8%가 된다(= $1.28/$10 + 0.12%). 따라서 건전한 회의론적 시각을 가지고 R의 추정치를 고려해야 할 것이다.

일부 재무경제학자들은 개별증권의 경우 R 추정치의 오류가 너무 커서 실무적으로 적용하기 어렵다고 주장한다. 따라서 그들은 산업별 평균 R의 산출을 제안한다. 이 같은 R은 동종산업에 속해 있는 개별주식의 배당금에 대한 할인에 활용할 수 있을 것이다.

개별증권의 R 추정 시 두 가지 정반대의 경우에 대해서는 특별히 회의적일 필요가 있다.

먼저 현재 배당을 하지 않는 기업에 대해 고려해 보자. 투자자들은 기업이 미래 어느 시점부터는 배당을 지급하거나 어느 시점에는 인수될 수 있다고 믿기 때문에 주가는 0보다 클 것이다. 하지만 기업이 무배당에서 배당을 지급하기 시작하고 배당지급이 여러 차례 반복되면 내재성장률은 무한대(infinite)가 된다. 따라서 식 6. 9는 세심한 주의를 가지고 활용되어야 할 것이다.

둘째, g가 R과 동일할 때 기업가치는 무한대가 된다고 설명한 바 있다. 주식가격은 무한대로 성장할 수 없기 때문에 특정 기업의 성장률이 수익률과 동일하거나 그 이상이라고 추정하는 애널리스트들은 실수를 범한 셈이다. 대부분의 경우 애널리스트가 추정한 높은 성장률은 향후 몇 년간은 맞을 수 있지만, 기업들은 비정상적인 고성장률을 영원히 지속할 수는 없다. 애널리스트의 오류는 영구성장률을 필요로 하는 모형에서 단기성장률 추정치를 사용하여 발생하는 것이다. 위 'Finance Matters' 박스란에서 비현실적인 장기성장률의 결과에 대한 논의를 할 것이다.

FINANCE MATTERS

얼마나 빠른 것이 너무 빠른 것인가?

성장률은 기업을 평가하는 데 있어 중요한 역할을 한다. 성장률을 계산할 때, 자그마한 상식이 큰 효과를 낼 수 있다는 사실을 명심하라. 예를 들어 2018년에 거대유통업체인 Walmart는 7억8,500만제곱피트 규모의 매장, 배송센터, 기타 등등을 보유하고 있었다. 이 회사는 내년에 6% 정도의 매장규모를 확대할 계획을 가지고 있었다. 이 정도 증가치는 결코 터무니없는 숫자는 아니겠지만 Walmart가 영원히 이 정도의 성장률을 기록할 수 있을까?

이 장 앞에서 논의한 복리성장률 계산을 활용하면 Walmart가 향후 202년 동안 연 6%의 매장규모를 증가시킨다면 이 회사는 100조제곱피트 이상의 지붕을 갖게 될 것이고 이는 미국 전체 면적에 해당하는 규모이다. 즉 Walmart가 6%씩 지속적으로 매장을 늘려간다면 미국 전체가 Walmart가 되어버리는 것이다.

Facebook은 또 다른 예이다. Facebook의 총수익은 2010년 $19억7,000에 불과했으나 2017년에는 $406억5,000를 기록했다. 이는 총수익이 연 54%씩 증가했다는 것을 의미한다. 당신은 회사가 이 같은 성장률을 얼마동안 지속할 수 있을 것이라고 생각하는가? 만약 이 같은 성장률을 지속한다면, 회사의 총수익은 15년 후에 $26조6,700에 이를 것이며 이는 미국 총생산(GDP)을 초과하는 규모다. Facebook의 성장률은 향후 수년 내에 분명히 실질적인 감소세를 보일 것이다.

현금흐름은 어떤가? 2018년 초 기준으로 인터넷 여행 예약 웹사이트인 Priceline.com의 현금흐름은 지난 10년간 연 37%의 성장률을 보여왔다. 이 회사는 2018년 한 해 동안 $44억8,000의 현금흐름을 기대하였다. 만일 이 회사가 향후 19년간 과거와 동일한 현금흐름 성장률을 보인다면 연 $1조7,700억 정도의 현금을 창출할 것이며, 이는 전 세계에서 유통되고 있는 미국달러화 규모인 $1조7,200억 보다 조금 더 많은 것이다.

앞의 예에서 보여주듯이 성장률은 미래에 대해 대충 추정되어서는 안 된다. 소규모 기업이 빠르게 성장하는 것은 어렵지 않다. 어떤 기업의 매출액이 $100인 경우 $100만 더 증가시키면 매출액 증가율은 100%가 된다. 하지만 매출액이 $100억라면, 100%의 매출액 증가율을 기록하기 위해서는 $100억를 더 팔아야 하는 것이다. 따라서 장기성장률은 매우 신중하게 추정되어야 한다. 경험에 의하면, 실질 장기성장률을 추정하기 위해서는 기업이 경제 전체적인 성장률보다 더 빠른 성장을 하지는 못할 것이라는 가정을 해야 한다. 즉 장기성장률은 대개 5% 미만이 될 것이다(인플레이션 조정 후).

무배당 기업

학생들은 다음과 같은 질문을 자주한다: 배당할인모형이 맞다면 왜 무배당 기업의 주가는 0이 아닌가? 이는 훌륭한 질문인 동시에 기업의 목표가 무엇인가 생각하게 한다. 다양한 성장기회를 보유하고 있는 기업은 딜레마에 빠질 수 있다. 기업은 지금 현금 지급을 할 수도 있고 또는 현재 현금지급을 포기하는 대신 미래의 더 많은 지급을 창출하기 위해 투자를 할 수도 있다.[3] 이는 종종 고통스러운 선택일 수 있다. 왜냐하면 연기전략이 최적일 수 있다는 사실은 아직 일부 주주들에게는 낯설기 때문이다.

많은 기업은 주주들에게 현금을 지급하지 않는 방법을 선택하는데, 이들 기업들은 최대 가격으로 매각될 수 있다. 예를 들어 Alphabet과 같은 많은 인터넷기업들은 주주들에게 현금을 지급하지 않는다. 합리적 주주들은 일정 시점에 현금을 지급받거나 그 정도에 해당하는 무엇인가를 지급받을 수 있을 것이라고 믿는다. 즉 해당 기업은 다른 기업에 인수가 될

3 세 번째 대안은 주식을 발행하는 것이다. 이렇게 되면 기업들은 배당을 지급하거나 투자할 충분한 자금을 마련하게 된다. 이 같은 가능성에 대해서는 본서 뒷부분에서 다룬다.

수 있고 그런 경우 주주들은 현금이나 주식을 지급받을 수 있는 것이다.

물론 이런 종류의 기업들에게 배당할인모형의 적용은 어려울 수 있다. 지급의 일정성장을 위한 모형은 정확하게 적용하기 어렵다. 이론적으로는 차별화된 성장모형이 성립할 수 있을지 모르지만 최초 지급일, 이후 지급액의 성장률, 그리고 궁극적 인수가격에 대한 정확한 측정은 현실적으로 상당히 어렵다고 할 수 있다.

실증적 분석 결과 고성장률을 보이는 기업들은 지급액이 적은 경향이 있는 것으로 나타났으며 이 같은 결과는 위의 분석 결과와 일치한다. 예를 들어 Microsoft사를 생각해보자. Microsoft사는 1975년 창립 이후 수년간 엄청난 속도로 성장하여 왔다. 하지만 첫 번째 배당은 이 회사가 1조달러 회사(매출과 주주지분의 시장가치 모두)가 된 이후인 2003년에 이루어졌다. 배당을 지급하기 위해 왜 이렇게 오랫동안 기다렸는가? 그것은 그동안 너무나 많은 성장기회가 있었기 때문이다. 즉 새로운 소프트웨어 제품을 최대한 이용하기 위해 배당을 미루어온 것이다.

6. 3 비교평가법

지금까지 배당할인(또는 총지급)을 통한 주식가치 평가법을 살펴보았다. 이 방법과 함께 실무자들은 일반적으로 비교평가법을 통해 주식의 가치를 평가하기도 한다. 비교평가법은 부동산 가치평가방법과 유사하다. 만일 옆집이 $20만에 팔렸고 내집이 옆집과 규모나 편의시설면에서 유사하다면 내집의 가치도 $20만 정도가 되는 것이다. 주식시장에서 비교대상 기업은 유사한 배수(multiples)를 시현한다고 가정된다. 비교대상법이 어떻게 활용되는가를 살펴보기 위해 가장 일반적인 배수법인 주가이익비율(PER)에 대해 알아보기로 하자.

주가이익비율(PER)

주가이익비율은 주당 가격을 주당이익으로 나눈 비율이나. 예를 들어 Sun Aerodynamic System(SAS) 주식이 주당 $27에 거래되고 있고 지난해 주당 이익이 $4.50였다면 SAS의 PER은 6(= $27/$4.50)이 된다.

이는 유사한 기업은 유사한 PER을 보인다는 전제하에 성립한다. 예를 들어 특수소매 산업에 속하는 모든 상장기업의 평균 PER이 12이고 해당 산업에 속한 특정 기업의 이익이 $1,000만라고 가정하자. 이 기업이 해당산업의 다른 기업들과 유사하다면 이 기업의 가치는 $1억2,000만(= 12 × $1,000만)로 추정될 수 있다.

주가이익비율을 통한 가치평가는 현금흐름할인법(DCF)보다 훨씬 쉬운 것처럼 보인다. 왜냐하면 현금흐름할인법은 미래 현금흐름을 예측해야 하기 때문이다. 그렇다고 주가이익비율법이 더 좋은 방법이라고 할 수 있을까? 그것은 비교대상기업간의 유사성에 달려 있다.

2019년 1월 4일에 Alphabet의 주가는 $1,071였고 주당이익(EPS)은 $26.65였다. 이는 PER이 40.2를 의미한다.[4] 같은 날, Hewlett-Packard의 PER은 11.2였고 Microsoft는 41.9,

4 PER은 지난해의 주당이익(EPS)에 대한 현재 주식가격의 비율로 계산되었다. 또는 PER은 내년의 예상 EPS에 대한 현재주식 가격의 비율로 계산되기도 한다.

Apple은 11.9였다. 동일업종에 있는 기업들의 PER이 왜 모두 다를까?

배당할인모형(예제 6. 1과 6. 2)은 PER이 성장기회와 관련있음을 의미한다.[5] 예로써, 주당 이익이 $1라고 발표한 두 개의 기업이 있다고 가정하자. 하지만 한 기업은 가치있는 성장기회를 많이 보유하고 있는 반면, 다른 기업은 이 같은 성장기회를 전혀 가지고 있지 않다. 성장기회를 보유하고 있는 기업은 투자자들이 현재 $1의 이익과 성장기회를 동시에 구입하는 셈이므로 높은 주가를 형성할 수 있다. 성장기회를 보유하고 있는 기업의 주가는 $16이고 그렇지 않은 기업의 주가는 $8라고 하자. 주당 $1의 수치는 두 기업 PER의 분모로 나타난다. 따라서 성장기회를 보유하고 있는 기업의 PER은 16이 되고 그렇지 않은 기업의 PER은 8이 된다.

PER을 설명하는 또 다른 두 가지 요인들이 있다. 먼저 할인율 R이다. 앞의 식은 PER이 기업의 할인율과 역의 관계를 나타내고 있음을 보여준다. 할인율이 주식의 위험이나 변동성과는 정의 관계를 보이고 있다는 사실은 이미 언급한 바 있다. 따라서 PER은 주식의 위험과 역의 관계를 나타낸다. 이 같은 의미있는 결과를 보기 위해 캐시카우 역할을 하고 있는 두 기업 A와 B를 고려해 보자. 주식시장은 이들 두 기업이 매년 $1의 이익을 영원히 시현할 것으로 기대한다. 하지만 A기업의 이익은 확실하지만 B기업의 이익은 상당히 유동적인 것으로 알려져 있다. 이 같은 상황에서 합리적인 투자자라면 위험이 없는 A기업의 주식 매입에 더 높은 가격을 지불하려고 할 것이다. 따라서 A기업의 주가가 더 높게 형성되고 두 기업의 EPS가 동일하다면 A기업의 PER이 더 높게 나타나는 것이다.

두 번째 요인은 기업의 회계방법 선택문제이다. 예를 들어, 동일한 두 개의 기업 C와 D가 있다고 하자. C기업은 후입선출법을 사용하고 주당 이익을 $2로 보고한다. D기업은 덜 보수적인 방법인 선입선출법을 사용하여 $3의 주당 이익을 보고한다.[6] 시장은 두 기업이 동일하며 주가도 $18로 같다는 사실을 안다. 하지만 주가이익비율의 경우 C기업은 9(= $18/$2)가 되고 D기업은 6(= $18/$3)이 된다. 따라서 더 보수적인 기업이 더 높은 PER을 가지게 된다.

결론적으로 주식의 PER은 세 가지 요인의 함수라고 이야기 할 수 있다.

1. **성장기회** 중요한 성장기회를 보유하고 있는 기업들은 높은 PER을 보일 가능성이

5 PER을 산출하기 위해 배당할인모형의 일정성장 형태를 사용할 수도 있다.

$$\text{주당 가격} = \frac{D_1}{R-g}$$

만일 D가 $EPS^1 \times (1 - b)$로 표시될 수 있고, 여기서 EPS_1은 시점 1에서 주당 이익이고 b는 유보율($1 - b$는 배당성향), $EPS_0(1 + g) = EPS_1$이라면,

$$\text{주당 가격} = \frac{EPS_0(1+g)(1-b)}{R-g}$$

이를 EPS_0으로 나누면

$$\frac{\text{주당 가격}}{EPS_0} = \frac{(1+g)(1-b)}{R-g}$$

가 된다.

6 인플레이션 환경 하에서 선입선출법은 재고자산에 대한 비용을 저평가하게 되어 보고이익을 과대계상하게 된다. 반면 보다 최근 비용을 고려하는 후입선출법의 경우에는 선입선출법에 비해 보고이익이 과소계상된다. 따라서 후입선출법은 선입선출법에 비해 더 보수적인 것이다. 이 같은 자의적 선택권은 건설비용[공사완성기준(completed contract)이나 공사진행기준(percentage-of-completion)]이나 감가상각법[가속상각법(accelerated depreciation) 또는 정액감가상각법(straight-line depreciation)]에도 존재한다.

높다.

2. **위험** 저위험 주식들은 높은 PER을 시현할 가능성이 높다.
3. **회계방식** 보수적 회계기법을 따르는 기업들은 높은 PER을 기록할 가능성이 높다.

이들 요인들 중 실제로 어느 것이 가장 중요할까? 재무금융전문가들의 통합된 의견은 성장기회가 PER에 가장 큰 영향을 미친다는 것이다. 예를 들어 하이테크 기업들은 일반적으로 유틸리티 기업들에 비해 PER이 높다. 왜냐하면 유틸리티 산업의 경우 위험이 낮은 대신 성장가능성이 거의 없기 때문이다. 또한 동일산업 내에서 성장기회의 차이도 PER의 큰 차이를 초래한다. 이 장 초반의 예제에서와 같이 Alphabet이 높은 PER을 보인 것은 성장기회 때문이지 낮은 위험과 회계상 보수주의 때문은 아니다. 사실 업력으로 볼 때 Alphabet의 위험도는 경쟁업체에 비해 더 높을 것이다. Hewlett-Packard는 Alphabet보다 PER이 낮다. 왜냐하면 Hewlett-Packard의 성장기회는 현행 사업부분 중 일부에 한정지어져 있기 때문이다. 하지만 Hewlett-Packard도 성장기회는 무한한 반면 사업부분은 지극히 제한적이었던 수십 년 전에는 상당히 높은 PER을 기록한 바 있다.

따라서 PER과 같은 배수모형이 주식가치 평가에 활용되기는 하지만 활용 시 세심한 주의가 필요하다. 동일업종 기업들이 상이한 성장률이나 위험수준, 회계방식을 보이는 경우에는 같은 업종에 속한 기업이더라도 상이한 배수들을 보일 수 있다. 평균배수는 특정 산업에 속해 있는 모든 기업들을 대상으로 측정되어서는 안 된다. 대신 특정 산업 내에서 유사한 특징을 보이는 기업들만을 대상으로 산출되어야 한다.

기업가치비율

PER은 자기자본관련비율이다. 즉 분자는 한 주식당 가격이고 분모는 한 주식당 이익이다. 하지만 실무자들은 자기자본뿐 아니라 타인자본을 포함하는 비율을 사용하기도 한다. 이를 포함한 비율 중 가장 일반적으로 사용되는 것은 EBITDA에 대한 기업가치(EV)비율(EV/EBITDA)이다. 기업가치는 기업의 자기자본과 타인자본의 시장가치를 더한 후 현금을 차감한 값이다. EBITDA는 이자, 법인세, 감가상각비 차감 전 이익이다.

예를 들어 Illinois Food Products사(IFPC)가 자기자본 $8억, 타인자본 $3억, 그리고 현금 $1억를 보유하고 있다고 가정하자. 이 기업의 기업가치는 $10억가 된다. 이 기업의 손익계산서는 다음과 같다고 하자.

Illinois Food Products사 손익계산서($백만)	
수익	$ 700
매출원가	500
이자, 법인세, 감가상각비 차감 전 이익(EBITDA)	$ 200
감가상각	100
이자	24
세전 이익	76
세금	16
세후 이익	$ 60

이 예에서 EV/EBITDA는 5이다(= \$10억/\$2억). 손익계산서에서 EBITDA 하위 항목들은 이 비율산정 시 무시해도 된다.

일반적으로 PER과 마찬가지로 동일 업종의 유사한 기업들은 유사한 EV/EBITDA 비율을 보인다고 할 수 있다. 예를 들어 어떤 산업의 평균 EV/EBITDA가 6이라고 하자. QRT사는 해당산업에 속해 있으면서 산업 내 다른 기업과 유사한 형태를 보인다. 이 경우 QRT사의 EBITDA가 \$5,000만라면 이 기업의 기업가치는 \$3억(= 6 × \$5,000만)가 된다. 이제 QRT사가 \$7,500만의 타인자본과 \$2,500만의 현금을 보유하고 있다고 하자. QRT의 기업가치측정치를 근거로 QRT의 주식은 \$2억5,000만 가치가 된다(= \$3억 − 7,500만 + 2,500만).

가치비율과 관련해 많은 의문이 제기될 수 있다.

1. PER에 비해 EV/EBITDA의 장점이 있는가? 있다. 동일한 산업 내에 있는 기업이더라도 부채비율, 즉 자기자본에 대한 타인자본 비율이 상이할 수 있다. 제14장에서 보겠지만, 부채비율은 자기자본의 위험을 증가시켜 할인율인 R에 영향을 미친다. 따라서 동일한 산업 내에 있는 기업들은 부채비율이 상이하지 않다면 비교 가능하지만, 상이한 부채비율을 갖는 경우에는 기업들의 PER은 달라질 가능성이 높다. 반면 기업가치방법은 타인자본과 자기자본을 모두 포함하므로 EV/EBITDA에 대한 부채비율의 영향은 적을 수 있다.[7]
2. EBITDA가 분모로 사용되는 이유는 무엇인가? 비율산정 시 분자와 분모는 일관성을 보여야 한다. PER의 경우 분자가 주식당 가격이기 때문에 분모도 주식당 이익(EPS)이 된 것이다. 즉 이자는 EPS 계산 전에 이미 차감되었다. 반면 EV는 타인자본과 자기자본의 합이므로 분모는 이자지급에 의해 영향을 받지 않는 것이 합리적일 것이다. 이것이 EBITDA에 적용된 것이다. 즉 이름에서 알 수 있듯이 이익은 이자차감 전의 수치이다.
3. 분모에서 감가상각을 고려하지 않은 이유는 무엇인가? 많은 실무자들은 감가상각이나 감모상각의 경우 현금흐름을 수반하지 않으므로 감가상각 차감 전에 이익을 산출해야 한다고 주장한다. 즉 감가상각은 단지 이미 매입한 자산에 대한 매몰비용 역할을 하는 것이다. 하지만 이 같은 시각은 일반적이지 못하다. 감가상각성 자산은 결국 계속 기업 관점에서 보면 대체될 것이기 때문이다. 감가상각비용이 미래 대체비용을 반영하기 때문에 이 비용은 이익 계산 시 고려되어야 하는 것이다.
4. 가치비율 계산 시 다른 분모는 어떤 것들이 있을 수 있나? 실무자들은 EBIT(이자, 법인세 차감 전 이익)이나 EBITA(이자, 법인세, (무형자산)감가상각비 차감 전 이익), 잉여현금흐름 등을 사용하기도 한다.
5. 현금은 왜 차감하는가? 많은 기업들은 필요 이상의 현금을 보유하고 있는 것처럼 보인다. 예를 들어 Microsoft는 지난 수년간 많은 애널리스트들이 최적이라고 하는 규모 이상의, 수십조 달러의 현금과 단기 투자자산을 보유하였다. 기업가치비율은 이

7 하지만 부채비율은 EV/EBITDA에 어느 정도까지는 영향을 준다. 제14장에서 다룰 예정이지만 부채비율은 세금효과로 인해 기업가치를 증대시킬 수 있다. 부채비율은 EBITDA에는 영향을 주지 않을 것이므로 부채비율 증대에 따라 EV/EBITDA는 증가해야 할 것이다.

익이나 현금흐름 창출을 위해 생산적 자산의 능력을 반영해야 하기 때문에 현금은 이 비율산정 시 차감되어야 하는 것이다. 하지만 모든 현금을 차감하는 것은 문제가 있다는 지적도 있다. 일부 현금보유분은 영업을 지속하기 위해 필요한 것이고 그렇다면 기업가치 산출 시 이 부분은 포함되어야 한다.

6. 4 잉여현금흐름을 활용한 주식가치평가

현재까지 주식 가치를 평가하기 위한 할인현금지급방법이나 비교평가법에 대해 알아보았다. 다른 대안으로는 '하향식' 접근방식을 활용한 현금흐름 할인법을 통해서도 주식 가치를 평가할 수 있다.

예를 들어 Global Harmonic Control Systems(GHCS)을 고려해 보자. 수익은 내년 $5억로 예상되고 이후 2년간은 10%, 그 이후 2년간은 8%, 5년 후부터는 6%씩 증가할 것으로 전망된다. 감가상각을 포함한 비용은 수익의 60%이다. 순운전자본과 감가상각을 차감한 자본지출을 포함한 순투자액은 수익의 10%이다. 모든 비용은 수익에 비례하므로 순현금흐름(잉여현금흐름이라고도 함)은 수익 성장률과 동일한 비율로 증가하게 된다. GHCS는 100% 자기자본기업이며 총주식발행 수는 1,200만 주이다. GHCS의 위험을 고려한 적정 할인율은 16%이다.

향후 5년간 관련 숫자는 다음과 같다.

	1	2	3	4	5
수익	$500.00	$550.00	$605.00	$653.40	$705.67
비용	300.00	330.00	363.00	392.04	423.40
세전 이익	$200.00	$220.00	$242.00	$261.36	$282.27
세금(21%)	42.00	46.20	50.82	54.89	59.28
세후 이익	$158.00	$173.80	$191.18	$206.47	$222.99
순투자	50.00	55.00	60.50	65.34	70.57
순현금흐름	$108.00	$118.80	$130.68	$141.13	$152.43

5년차 이후 순현금흐름은 매년 6%씩 증가하므로 6년차의 순현금흐름은 $1억6,157만(= $1억 5,243만 × 1.06)로 예상된다. 영구성장식을 이용, 5년차 이후 모든 미래 현금흐름의 5년 후 시점의 현재가치는 $16억1,517만(= $161.57/(0.16 − 0.06))를 산출할 수 있다.

이 잔여가치의 현재가치는

$$\$1,615.71 \times \frac{1}{1.16^5} = \$7억6,926$$

이 된다. 지금으로부터 향후 5년간 순현금흐름의 현재가치는

$$\frac{\$108}{1.16} + \frac{\$118.80}{1.16^2} + \frac{\$130.68}{1.16^3} + \frac{\$141.13}{1.16^4} + \frac{\$152.43}{1.16^5} = \$4억1,563$$

이 된다. 잔여가치를 더하면 현재시점의 기업가치는 $11억 8,489만(= $4억1,563만 + 7억

6,926만)가 된다. 주어진 발행주식수를 고려하면 주당가격은 \$98.74(= \$1,184.89/12)가 된다.

앞의 계산에서는 5년차 이후에 순현금흐름이 영구히 성장한다고 가정하였다. 하지만 앞 절에서 지적한 바와 같이 주식은 배수로 측정되기도 한다. 투자자는 영구성장식 대신 배수방법에 의해 GHCS의 잔여가치를 구할 수도 있다. 예를 들어 GHCS 가속한 산업의 비교대상 기업의 PER이 7이라고 가정해보자.

PER 7을 이용한다면 5년차 세후 이익은 \$222.99가 되므로 5년차의 기업가치는 \$15억 6,095만(= \$222.99 × 7)가 된다.

따라서 현재시점의 기업가치는

$$\frac{\$108.00}{1.16}+\frac{\$118.80}{1.16^2}+\frac{\$130.68}{1.16^3}+\frac{\$141.13}{1.16^4}+\frac{\$152.43+1{,}560.95}{1.16^5}=\$1{,}158.82$$

이 된다. 발행주식수가 1,200만개이므로 GHCS의 주당가격은 \$96.57(=\$1,158.82/12)가 된다.

이제 두 가지 방법을 통해 GHCS의 주당가격을 산출해 보았다. 상이한 측정치는 잔여가치 계산 시 상이한 방식을 사용했음을 반영한다. 잔여가치 계산 시 일정성장할인 현금흐름법을 사용하는 경우 GHCS의 주당가격은 \$98.74였고, PER 방법을 사용한 경우에는 \$96.57가 되었다. 최선의 방법이 무엇이라고 이야기하기는 어렵다. 비교대상 기업의 특성이 GHCS와 동일하다면 PER 방식이 나을 수 있다. 하지만 불행하게도 모든 기업들이 동일한 특성을 갖기는 어렵다. 반면 성장률이 일정해지는 시기와 이후의 성장률을 정확히 알 수 있다면 일정성장모형이 더 나을 수도 있다. 실무에서는 두 가지 방법 모두를 사용한다.

개념적으로 배당할인모형, 비교평가법, 그리고 잉여현금흐름방법은 상호 일관되게 주식가치를 결정하는 방법으로 사용될 수 있다. 실무적으로 볼 때, 배당할인모형은 꾸준히 배당을 지급하는 기업의 가치측정에 적당할 것이고 비교평가법은 유사한 성장 기회를 보이는 기업들의 가치측정 시, 잉여현금흐름법은 외부자금 조달이 필요한 무배당기업의 가치 측정 시 유용할 것이다.

6. 5 보통주와 우선주의 특징

보통주의 특징 중 여기서는 주주권리와 배당금 지급에 대해 주로 논의할 것이다. 우선주의 경우에는 '우선(preferred)'의 의미를 설명하고 우선주가 부채인지 자기자본인지에 대해 설명한다.

보통주의 특징

보통주(common stock)라는 용어는 사람에 따라 다른 의미를 가질 수 있지만, 일반적으로 배당금을 지급받거나 파산 시 특별한 우선권을 갖지 않는 주식을 일컫는다.

주주의 권리 기업의 개념적 구조는 주주가 이사를 선출하고, 이사들은 주주들의 의사를 반영하기 위한 경영진을 고용하는 것으로 되어 있다. 따라서 주주들은 이사들을 선임하는 권리를 통해 기업을 통제한다. 일반적으로 주주들만이 이 같은 권리를 갖게 된다.

이사진은 매년 주주총회에서 선출된다. 몇 가지 예외는 있지만(나중에 논의한다) 일반적인 의사결정 원칙은 '한 주당 한 표(한 주주당 한 표가 아니다)'이다. 따라서 기업의 민주주의는 정치적 민주주의와는 거리가 있다. 기업의 민주주의에서는 황금률(golden rule)이 절대적으로 지배한다.[8]

이사진은 매년 주주총회에서 의결권을 갖고 참여하는 주주들의 과반수 이상의 찬성으로 선출된다. 하지만 정확한 이사선임 절차는 기업마다 다르다. 가장 중요한 차이점은 투표방식이 집중방식이냐 아니면 단일방식이냐에 달려있다.

투표방식을 설명하기 위해 어떤 기업에 단 두 명의 주주가 있다고 가정하자. Smith는 20주를, Jones는 80주를 보유하고 있다. 둘 다 이사가 되기를 희망하지만 Jones는 Smith가 되는 것을 원하지 않는다. 선출되는 이사 수는 총 4명이라고 가정하자.

집중투표방식(cumulative voting)의 효과는 소액주주의 참여를 허용하는 것이다.[9] 집중투표방식에서는 각 주주들이 행사할 수 있는 의결권의 수가 먼저 결정된다. 이는 주식수(보유하거나 지배할 수 있는)에 선출되는 이사의 수를 곱해서 계산된다.

집중투표방식을 통해 이사진은 한 번에 선출된다. 이 예제에서는 가장 표를 많이 얻은 4명이 새로운 이사진이 된다는 것을 의미한다. 하지만 주주들은 원한다면 투표권을 분산시킬 수도 있다.

집중투표방식 하에서 Smith는 이사가 될 수 있을까? 5명이 동일한 표를 얻는 가능성을 제외한다면 정답은 '될 수 있다'이다. Smith는 어떻게 이사가 될 수 있을까? Smith는 20 × 4 = 80표의 투표권을, Jones는 80 × 4 = 320표의 투표권을 갖는다. 만약 Smith가 80표를 모두 자신을 위해 투표한다면 그는 확실히 이사가 될 수 있다. 왜냐하면 Jones는 자신이 가지고 있는 320표의 투표권을 4명의 후보자 모두에게 80표 이상으로 배분할 수 없기 때문이다. 따라서 Smith는 최악의 경우라도 4번째로 많은 득표를 할 수 있는 것이다.

일반적으로 N명의 이사를 선출하는 경우 총투표권수의 1/(N + 1)%에 1주를 더 확보한다면 이사가 될 수 있다. 본 예제에서는 1/(4 + 1) = 20%에 한 주를 더한 수치이다. 따라서 선

예제 6.6

의결권 매수

JRJ의 주가는 주당 $20이며 집중투표방식을 적용하고 있다. 총발행주식수는 1만주이다. 3명의 이사진을 선출하는 경우 당신이 이사로 선출되기 위해 지불해야 하는 금액은 얼마인가?

이 문제는 이사가 되기 위해 몇 주의 의결권을 확보해야 하는가에 대한 질문이다. 정답은 2,501주이고 따라서 비용은 $5만20(= 2,501 × $20)가 된다. 왜 2,501주인가? 왜냐하면 나머지 7,499주를 가지고 3명에게 2,501주 이상을 배분할 수 없기 때문이다. 예를 들어, 두 사람이 2,502주를 얻어 이사로 선출되었다고 하자. 세 번째 사람은 기껏해야 2,495(= 10,000 − 2,502 − 2,502 − 2,501)만이 확보되므로 세 번째 자리는 당신 차례가 되는 것이다.

8 황금률이란 금을 가진 사람이 법칙을 정한다는 법칙이다.

9 소액주주의 참여란 상대적으로 적은 주식을 가진 주주들의 참여를 의미한다.

출이사 수가 많아질수록 본인이 원하는 사람을 이사로 선출하는 것은 더 쉬워진다.

단일투표방식(straight voting)에서는 이사진을 한 번에 한 명씩 선출한다. 매번 Smith는 20표를, Jones는 80표를 행사할 수 있다. 그 결과 Jones는 자신이 원하는 후보자 모두를 이사로 선임할 수 있다. 이 경우 이사가 보장되는 유일한 방법은 50%의 투표권에 한 주를 더 확보하는 것이다. 따라서 이 투표방식에서는 본인이 원하는 사람을 모두 이사로 선임할 수 있어 '도 아니면 모'의 결과를 갖는다.

설명한 바와 같이, 단일투표방식은 소액주주들의 투표권을 '소외시킬' 수 있다. 따라서 미국의 많은 주(州)에서 집중투표방식을 채택하고 있다. 집중투표방식을 채택하고 있는 주에서도 그 영향을 최소화할 수 있는 제도적 장치들을 마련해 놓고 있다.

이러한 제도적 장치 중 하나는 이사진 선출 시 시차를 두는 것이다. 즉, 시차투표방식(staggered elections)에서는 이사를 한꺼번에 선출하지 않고 이사 중 일부를 특정 시점에 선출한다. 따라서 2명의 이사를 특정 시점에 선출한다면, 이사직을 위해서는 주식의 1/(2 + 1) = 33.33%에 한 주를 더 보유하면 된다.

전체적으로 시차투표방식은 기본적으로 다음의 두 가지 효과를 갖는다.

1. 한 번에 선출되는 이사의 수가 적기 때문에 집중투표방식에서도 소액주주들은 그들이 원하는 이사를 선출하기가 어렵다.
2. 새로운 이사를 선출하기 어렵기 때문에 인수합병이 성공할 가능성이 적다.

시차투표방식은 유익한 목적에 사용될 수도 있다는 점에 유의하라. 이 방식은 이사진의 연속성을 제공해 준다. 이러한 점은 중요한 장기계획과 프로젝트를 추진하는 기업들에게는 중요할 수 있다.

위임장 투표 위임장(proxy)이란 주주가 투표권과 관련해 다른 사람에게 그의 권한을 부여하는 것이다. 대기업에서는 많은 경우 실제로 위임장에 의해 권리행사가 이루어지고 있다.

단일투표방식에서 본 바와 같이 기본적으로 한 주당 하나의 의결권을 가진다. 1만주의 주식 보유자는 1만개의 투표권을 갖는다. 대기업의 경우 주주는 수백, 수천, 심지어 수백만에 이른다. 주주들은 주주총회에 직접 참석해 의결권을 행사하거나 제3자에게 이 권한을 이양할 수 있다.

경영진들은 가능한 한 많은 수의 위임장을 이양받으려 한다. 하지만 주주들이 경영진에 대해 만족하지 못하는 경우 주주들은 위임장을 통해 투표권을 확보하려고 할 것이다. 그들은 경영진을 교체하기 위해서는 충분한 수의 이사를 선출해야 하기 때문에 위임장을 통한 투표를 하기도 한다. 이 같은 경영진과 주주들간의 싸움을 위임장대결(proxy fight)이라고 한다.

주식의 종류 기업들은 경우에 따라 한 종류 이상의 보통주를 발행하기도 한다. 이들 주식들에 대해서는 동일하지 않은 투표권이 부여되기도 한다. 예를 들어 Ford Motor사는 Ford 일가가 신탁재산으로 보유하고 있으면서 공개시장에서 거래되지 않는 클래스 B라는 보통주가 있다. 이 주식들은 총 발행주식수의 10%도 안 되지만 의결권으로 보면 40%를 가지고 있다.

여러 종류의 주식을 발행하는 기업의 사례는 상당히 많다. 예를 들어 Adolph Coors의 클래스 B주식은 공개시장에서 거래가 되지만, 합병의 경우를 제외하고는 의결권을 행사하지 못 한다. 거대 케이블 TV사인 Comcast의 CEO인 Brian Roberts는 회사 지분의 0.4%를 보유하고 있지만 특별주식 덕분에 의결권의 1/3을 행사하고 있다. 또 다른 좋은 예는 웹서치 회사이면서 최근 기업공개를 실시한 Alphabet(Google의 현재 회사)이다. Alphabet은 클래스 A와 클래스 B, 두 종류의 보통주를 갖고 있었다(최근에는 3번째 클래스를 추가하였다). 클래스 A주식은 일반 대중들이 보유하고 있으며 한 주당 한 개의 의결권을 갖는다. 반면 클래스 B주식은 기업 내부인들이 보유하고 있으며 한 주당 10개의 의결권을 갖는다. 그 결과 Google의 설립자와 경영진들은 기업을 손쉽게 통제하고 있다.

역사적으로 뉴욕증권거래소(NYSE)는 공개된 기업이 불평등한 의결권을 갖는 주식을 발행하는 것을 허용하지 않았다. 하지만 Ford사와 같은 예외가 발생하였고 더구나 뉴욕증권거래소에 상장되지 않은 많은 기업들은 두 종류의 보통주를 발행하고 있다.

두 종류 또는 여러 종류의 주식을 발행하는 주된 이유는 기업의 통제권과 관련되어 있다. 그와 같은 주식이 존재하면 경영진들은 기업통제권을 유지하면서 무의결권주나 제한된 의결권주의 발행을 통해 자본을 조달할 수 있는 것이다.

'1주 1의결권' 원칙은 오랫동안 지속되어 왔고 이에 대한 지지자들도 많아 불평등한 의결권은 미국에서 많은 논란을 불러일으키고 있다. 하지만 흥미롭게도 불평등 의결권주 발행은 영국이나 다른 국가에서는 상당히 일반적으로 시행되고 있다.

기타 권리 기업에서 보통주의 가치는 주주의 일반권리와 직접적으로 관련된다. 이사진 선출을 위한 투표권 이외에 주주들은 다음과 같은 권리를 갖는다.

1. 배당금에 대해 지분에 따라 지급받을 수 있는 권리
2. 기업이 청산될 때 부채 상환 후 잔여 자산에 대해 지분에 따라 지급받을 수 있는 권리
3. 합병과 같이 주주 입장에서 중차대한 이슈에 대해 투표할 권리. 투표는 일반적으로 정기주총이나 특별주총에서 이루어진다.

또한 주주들은 신주발행 시 지분에 따라 주식을 매입할 권리를 갖기도 하는데 이를 **신주인수권**(preemptive right)이라고 한다.

본질적으로 신주인수권은 기업이 신주를 발행하는 경우 공모 전에 기존 주주들에게 먼저 매입제안을 하는 것을 의미한다. 신주인수권의 목적은 주주들에게 그들의 지분을 유지할 기회를 제공하는 것이다.

배당 기업의 두드러진 특징 중 하나는 법에 의해 그들의 주주들에게 배당금을 지급할 수 있는 것이다. 주주들에게 지급되는 배당(dividend)은 주주가 기업에 직·간접적으로 공헌한 자본에 대한 수익률을 대변한다. 배당금 지급은 이사회의 의결사항이다.

배당과 관련한 주요 특징들은 다음과 같다.

1. 이사회가 배당을 결의하지 않는다면 배당은 기업의 부채가 아니다. 기업은 의결하지 않은 배당에 대해서는 채무불이행이 적용되지 않는다. 그 결과 기업은 배당을 하지

않는다고 해서 파산이 되지 않는다. 배당금의 지급 여부와 규모는 이사회의 경영적 판단에 의해 이루어진다.

2. 기업이 지급하는 배당금은 비용이 아니다. 배당금은 법인세 감면대상이 아니다. 즉 배당금은 세후 이익에서 지급되는 것이다.
3. 개인주주들이 받는 배당금은 과세대상이다. 2019년 적격배당의 세율은 15~20%였다. 하지만 기업이 다른 기업의 주식을 보유함으로써 지급받는 배당금은 50%가 면세이고 나머지 50%에 대해서만 세금을 낸다(면세 범위는 2017년 Tax Cuts and Jobs Act에 의해 70%에서 50%로 축소되었다).[10]

우선주의 특징

우선주(preferred stock)는 배당금 지급과 청산 시 기업자산에 대한 청구권에서 보통주에 대해 우선하기 때문에 보통주와는 차이점이 있다. 우선(preference)이라는 것은 계속기업의 경우 우선주 소지자가 보통주 소지자에 앞서 배당을 받아야 한다는 의미다.

우선주는 법적·세무적 관점에서 자기자본의 한 형태이다. 하지만 우선주 소지자는 의결권이 없다는 점에 유의해야 한다.

명시가치 우선주는 일반적으로 주당 $100의 명시된 청산가치를 갖는다. 현금배당은 주당 $의 형태로 표시된다. 예를 들어, Ford의 '$5 우선'은 명시가격의 5% 배당수익률이라는 것을 의미한다.

누적 vs. 비누적 배당 우선주의 배당은 채권의 이자와는 다르다. 이사회는 우선주에 대해 배당금 지급결정을 하지 않을 수도 있고 이사회 결정은 기업의 당기순이익과 관련이 없을 수도 있다.

우선주에 대한 배당금은 **누적적**(cumulative)일 수도 있고 **비누적적**(noncumulative)일 수도 있지만 대부분의 경우는 누적배당이다. 만약 우선주에 대한 배당이 누적적이고 특정연도에 지급되지 않았다면 배당금은 **연체**(arrearage)가 되어 다음 해로 이연된다. 일반적으로 우선주에 대한 누적된 배당금과 당기 배당금은 보통주주에 대한 배당 이전에 지급되어야 한다.

미지급된 우선주 배당금은 기업의 부채가 아니다. 보통주주들이 선임한 이사진은 우선주 배당금을 무기한 연기할 수 있다. 하지만 이 같은 경우 보통주주들도 배당금을 받지 않아야 한다. 또한 우선주 배당이 지급되지 않는 경우 우선주 소지자들은 종종 투표권이나 다른 권리를 부여받기도 한다.

우선주는 실제로 부채인가? 우선주는 일종의 자기자본 채권(equity bond)으로 실제로는 주식으로 위장된 채권으로 볼 수 있는 측면이 있다. 우선주 주주들은 표시된 배당금만을 받고 기업청산 시에는 표시된 가치만을 갖는다. 또 우선주는 채권과 같이 신용등급을 갖기도 한

10 50% 면제를 적용받는 경우는 특정 기업의 주식을 20% 미만 보유했을 경우다. 특정 기업 주식의 20% 이상 80% 이하를 보유하는 경우에는 배당금의 65%가 면세된다. 만약 80% 이상을 보유한다면 배당금은 '연결'수익으로 보고되어 100% 면세가 이루어진다.

다. 더구나 우선주는 보통주로 전환되기도 하고 조기상환되기도 한다.

또한 많은 우선주들은 감채기금 적립이 의무화되어 있다. 이 같은 감채기금 적립은 발행된 전체 물량이 궁극적으로 상환될 것이라는 의미이기 때문에 최종만기일을 효과적으로 설정할 수 있다. 이 같은 이유로 인해 우선주는 부채와 유사한 점이 많아 보인다. 하지만 세금과 관련해서 우선주 배당금은 보통주 배당금과 동일하게 취급된다.

1990년대에, 기업들은 우선주처럼 보이지만 세금과 관련해서는 부채로 취급되는 많은 증권들을 발행하기 시작했다. 새로운 증권에는 TOPrS(trust-originated preferred securities, 또는 toppers : 신탁파생우선주), MIPS(monthly income preferred securities : 월이익 우선주), 그리고 QUIPS(quarterly income preferred securities : 분기이익우선주) 등과 같은 재미있는 약어가 부여되었다. 다양한 특수성 때문에 이들 상품은 세금과 관련해서 부채로 간주되어 이자지급액은 세금감면이 이루어졌다. 개인투자자 입장에서는 이 상품으로부터 받는 이자는 개인소득세를 내는 이자로 간주되었다. 2003년까지 이자지급액과 배당금은 동일한 한계세율로 세금이 부과되었다. 2002년 이후 배당금에 대한 세율이 인하되었을 때 이들 상품은 포함되지 않았기 때문에 개인투자자의 경우 이들 상품으로부터 받은 배당금에 대해 상대적으로 고율의 이자소득세를 지불하게 되었다.

6.6 주식시장

주식시장은 **발행시장(primary market)**과 **유통시장(secondary market)**으로 구분된다. 발행시장 또는 신주시장에서 주식은 처음으로 시장에 출현하며 투자자에게 판매된다. 유통시장에서는 투자자들 사이에서 기존 주식이 거래된다.

ExcelMaster
coverage online
www.mhhe.com/RossCore6e

발행시장에서 기업들은 자금을 조달하기 위해 증권을 매각한다. 이 부분에 대해서는 나중에 다시 논의하도록 하고 이 절에서는 주로 유통시장에 대해 살펴보기로 한다. 또한 경제 관련 신문이나 웹사이트에서 주식가격이 어떻게 표시되는지에 대해서도 알아본다.

딜러와 브로커

대부분의 증권거래에 딜러와 브로커가 개입하므로 딜러와 브로커가 무엇인지 정확하게 이해할 필요가 있다. **딜러(dealer)**는 증권을 보유하고 있으며 언제라도 증권을 매매할 준비가 되어있는 주체를 일컫는다. 반면 **브로커(broker)**는 매도자와 매수자를 연결시켜줄뿐 증권을 보유하고 있지 않은 사람을 말한다. 이에 대한 이해를 돕기 위해 중고차 딜러와 부동산 중개업자를 생각해 보자. 중고차 딜러는 자동차를 보유하고 있지만 부동산 중개업자는 부동산을 보유하고 있지 않다.

증권시장에서 딜러는 증권을 팔려는 투자자에게는 살 준비가, 증권을 사려는 투자자에게는 팔 준비가 되어있다. 딜러가 지불하려는 금액은 **매수가**(bid price)이고, 받으려는 금액은 **매도가**(ask price 또는 asked, offered, offering price)이다. 매수가와 매도가의 차이를 **스프레드**(spread)라고 하며, 이는 딜러가 얻는 이익의 기본적인 요소이다.

당신이 선호하는 주식의 매수매도 스프레드는 얼마나 되나? 가장 최근의 시세는 www.bloomberg.com에서 확인하라.

딜러는 주식시장뿐 아니라 경제활동과 관련된 모든 분야에 존재한다. 예를 들어 대학 교내서점은 발행시장 및 유통시장에서 교과서 딜러 역할을 한다. 당신이 새 책을 산다면 발행시장 거래이고, 중고책을 산다면 유통시장 거래이며, 이때 서점에서 제시한 매도가를 지불한다. 당신이 책을 팔려고 한다면 서점의 매입가로 팔 수 있는데, 대개 이는 서점 매도가의 절반정도에 지나지 않는다. 따라서 서점의 스프레드는 이 두 가격의 차이가 된다.

이와는 반대로 증권브로커는 투자자들 사이에 거래를 주선해 주식을 매입하려는 투자자와 매각하려는 투자자를 연결시켜준다. 증권브로커의 차별화된 특징은 그들 자신의 계좌로 증권을 매매하지 않는다는 점이다. 타인간의 거래를 촉진하는 것이 그들의 역할이다.

뉴욕증권거래소 조직

뉴욕증권거래소(NYSE)는 소위 빅보드(Big Board)로 알려진 거래소이다. 뉴욕증권거래소는 20세기로 접어들면서 월스트리트에 있는 현재 위치에 자리잡았다. 거래량이나 상장회사의 총시가총액 면에서 뉴욕증권거래소는 세계에서 가장 큰 주식시장이다.

회원 역사적으로 뉴욕증권거래소의 거래회원 수는 총 1,366개 기관이었다. 2006년 이전에는 거래소에 자신의 '자리(seat)'를 소유한 대상을 거래회원이라고 불렀고, 이들 회원들이 집단적인 거래소 소유자들이었다. 이런 이유로 인해 자리(회원권)는 가치가 있었고 정기적으로 매매되었다. 자리가격은 2005년에 $400만에 이르기도 하였다.

하지만 2006년 NYSE가 NYSE그룹이라는 이름으로 주식공개된 이후 모든 것이 바뀌었다. 당연히 NYSE의 주식은 NYSE에서 거래되고 있다. 현재 거래소 회원들은 자리(회원권)를 구입하는 대신 거래면허를 구입해야만 하고 거래면허 수는 1,366개로 한정지었다. 2019년 현재 면허구입 비용은 연 $5만이다. 면허를 구입하면 거래소 객장에서 증권을 매매할 권한을 부여받는다. 회원들은 맡은 분야에 따라 서로 다른 역할을 수행하고 있다.

2007년 4월 4일 NYSE는 Euronext와 합병하여 NYSE Euronext가 되면서 규모가 더욱 커졌다. Euronext는 암스테르담에 있는 거래소로 벨기에, 프랑스, 포르투갈, 영국에 자회사를 두고 있었다. 합병을 통해 NYSE Euronext는 각 거래일에 21시간 동안 거래가 이루어지는 세계 제1의 글로벌 거래소가 되었다. NYSE Euronext는 2008년 AMEX(American Stock Exchange)를 합병하면서 더욱 확대되었다. 그리고 2013년 11월 International Exchange(ICE)는 NYSE의 매입을 완료했다. 지난 2000년에 설립된 ICE는 원래 원자재교환시장으로 빠른 성장세에 힘입어 $820억에 이르는 NYSE를 인수하기에 이르렀다

NYSE가 어떻게 운영되고 있는가를 간단히 설명한 것과 마찬가지로 NYSE Euronext와 ICE가 소유하고 있는 다른 거래소도 색다르게 운용되고 있을 수도 있다는 사실에 주목하라. NYSE를 다소 독특하게 한 것은 이 거래소가 하이브리드(hybrid) 시장이라는 점이다. 하이브리드 시장에서 거래는 컴퓨터 또는 대면방식으로 이루어진다.

컴퓨터를 통한 거래에서 매수주문과 매도주문은 거래소로 제출된다. 컴퓨터는 주문들을 비교해 매도가와 매수가가 일치할 때마다 사람의 개입없이 거래가 이루어진다. NYSE의 대부분의 거래는 이와 같은 방식을 통해 이루어진다. 컴퓨터로 이루어지지 않는 거래에 대해 NYSE는 자격보유자에게 의지한다. 자격보유자는 **지정 시장조성자(designated market** makers: DMM), 객장브로커(floor brokers), 추가 유동성공급업자(supplemental liquidity providers: SLP) 등 세 종류가 있다.

DMM은 특정 주식에 대해 딜러역할을 하는, 이전에 '스페셜리스트(specialist)'에 해당한다. 기본적으로 NYSE에서 거래되는 개별증권에 대해 한 사람의 스페셜리스트가 선임된다. 딜러로서 DMM은 매수, 매도 두 시장을 모두 유지한다. 즉 DMM은 지속적으로 매도가와 매수가를 공시하고 최신화한다. 그렇게 함으로써 DMM은 항상 매수자와 매도자가 존재하게 하여 시장의 유동성을 공급하는 역할을 하게 된다.

객장브로커는 소비자가 가능한 한 최상의 가격을 향유할 수 있도록 거래를 수행한다. 객장브로커는 일반적으로 Bank of America의 자산관리 사업부인 Merrill Lynch와 같은 거대 브로커기업의 직원이다. 객장브로커와 DMM의 상호작용은 NYSE의 비전산거래에 있어 핵심적인 요소이다. 이 같은 상호작용에 대해 잠시 구체적으로 논의한다.

SLP는 본질적으로 그들에게 배정된 주식들에 대해 적극적인 참여자 역할을 할 것에 동의한 투자기업들이다. 그들의 역할은 정기적으로 일방호가시장을 형성하는 것이다(즉, 매수 또는 매도). SLP는 그들의 계정(그들의 자금)을 통해 거래를 수행하므로 투자자를 대표하지는 않는다. SLP는 시장을 역동적으로 만든 공로로 매입과 매도분에 대한 약간의 보상을 받는다. NYSE의 목표는 가능한 한 유동성을 많이 공급하여 일반적인 투자자들이 원하는 가격으로 언제든지 매매할 수 있게 하는 것이다. DMM이나 객장브로커와는 달리 SLP는 거래소 객장에서 영업을 하지는 않는다.

운영 NYSE가 어떻게 조직되고 누가 주요 참가자인지에 대한 기초적인 아이디어를 갖게 되었으므로 이제 실제로 거래가 어떻게 이루어지는지에 대해 살펴보기로 하자. 기본적으로 NYSE의 주 업무는 주문흐름(order flow)을 유도하고 처리하는 것이다. 주문흐름이란 주식을 사거나 팔기 위한 고객주문의 흐름을 의미한다. NYSE의 고객은 NYSE에 상장된 주식에 대해 매매주문을 내는 수백만의 개인투자자와 수만의 기관투자자들이다. NYSE는 이들 주문을 유도하는 데 꽤 성공을 거두고 있어 최근에는 하루에 10억주 이상 거래되기도 한다.

객장 TV에서 NYSE의 객장을 보았거나 또는 NYSE를 직접 방문하여 관람석에서 앉아 객장에서 벌어지는 일들을 구경했을 것이다. 어느 경우든 농구장만 한 크기의, '빅룸(big room)'이라고 불리는 큰 방을 보았을 것이다. 거래소에는 큰 방 이외에 잘 보이지 않는 작은 방들도 있다. 그중에서 방 하나는 '차고(garage)'로 부르는데, 이 방은 거래소로 사용되기 전 실제로 차고로 사용되었다.

객장에는 팔각형 모양으로 생긴 특정한 서비스가 이루어지는 시설물이 있다. 이 시설물이 DMM 포스트(Post)이다. 이 시설물에는 위아래로 수많은 터미널 스크린을 갖춘 여러 개의 카운터가 있다. DMM들은 일반적으로 그들에게 배정된 주식 거래에 대해 모니터하고 관리하기 위해 포스트 앞에서 작업을 한다. DMM을 위해 일하는 사무직원들은 카운터 뒤에서 업무를 본다. 객장에서 왔다 갔다 하는 사람들은 객장브로커들이고, 이들은 고객의 주문을 받고 주문을 실행시키기 위해 포스트로 걸어왔다가 주문체결을 확인하고 새로운 주문을 받기 위해 돌아간다.

NYSE를 가상으로 방문하기 위해서는 www.nyse.com에 접속해 보라

FINANCE MATTERS

주식거래의 Wild, Wild West

기업들이 대형 주식시장의 상장요건을 충족시키지 못하는 경우 (또는 원하지 않는 경우) 어디로 가야 하나? 장외시장 게시판(OTCBB)이나 핑크시트(Pink sheet), 두 가지 선택권이 있다. 이들 두 전자거래시장은 주식거래의 Wild, Wild West의 일부이다. 다소 특이한 이름에 대한 설명은 간단하다. OTCBB는 비상장주식들의 장외거래를 용이하게 하기 위해 만들어진 전자게시판으로 시작되었다. 'Pink Sheets'라는 이름은 한때 주식가격을 분홍색 종이에 적었던 것에서 유래한다.

NASDAQ이나 NYSE와 같이 잘 알려진 주식시장은 비교적 엄격한 상장요건을 가지고 있다. 만일 회사가 이 조건을 충족하지 못한다면 상장폐지가 되기도 한다. OTCBB나 Pink Sheets는 이러한 상장요건을 가지고 있지 않다. OTCBB는 기업들이 SEC(또는 다른 유사기관)에 재무제표를 제출할 것을 요건으로 하고 있지만, Pink Sheets는 이 마저도 없다.

이들 시장에서 거래되는 주식들은 주가가 매우 낮아 종종 '페니주식(penny stocks)', '마이크로캡(micro-caps)', 또는 '나노캡(nanocaps)'이라고 부른다. 이들 기업에 대해 연구·조사하는 중개상들은 거의 없어 기업정보는 신뢰성 있는 출처가 아닌 소문이나 인터넷을 통해 전달된다. 사실 많은 기업에게 이들 시장은 거대한 전자루머공장 또는 소문공장 등으로 비쳐지기도 한다. 거래가 어떻게 이루어지는가를 살펴보기 위해 OTCBB 웹사이트(fnra-market.morningstar.com/MarketData/EquityOptions/Default.jsp)에서 전형적인 화면 하나를 캡처했다.

OOTC Equity

Most Actives | % Gainers | % Losers — Exchange by OOTC ▼

Symbol		Last	Chg	Chg %	Vol (mil) ▼
LVGI	▲	0.0011	0.0006	120.0000	330.2571
WOGI	▼	0.0002	-0.0001	-33.3333	235.4207
PBYA	▲	0.0006	0.0003	98.3333	176.0571
NOUV	▲	0.0012	0.0001	9.0909	173.9192
HVCW	▼	0.0013	-0.0004	-24.1176	157.1892
QEDN	▲	0.0005	0.0001	25.0000	154.0043
USMJ	▼	0.0012	-0.0001	-7.6923	143.7611
PSRU	▲	0.0002	0.0000	0.0000	130.7167
MSPC	▲	0.0003	0.0000	0.0000	130.2494
WDBG	▼	0.0026	-0.0081	-75.7009	0.0000

OOTC Equity

Most Actives | **% Gainers** | % Losers — Exchange by OOTC ▼

Symbol		Last	Chg	Chg % ▼	Vol (mil)
CHHCF	▲	0.0500	0.0499	49900.0000	0.0122
COWI	▲	0.0001	0.0001	9900.0000	0.0100
DNAG	▲	0.0001	0.0001	9900.0000	0.1075
EURI	▲	0.0001	0.0001	9900.0000	0.0120
EVTI	▲	0.0001	0.0001	9900.0000	0.0050
MKRYF	▲	0.0001	0.0001	9900.0000	0.0060
PTTN	▲	0.0001	0.0001	9900.0000	0.5000
TXMC	▲	0.0001	0.0001	9900.0000	0.3000
AIXN	▲	1.0000	0.9890	8990.9091	0.0000
BAKPF	▲	0.0020	0.0019	1900.0000	0.0045

먼저, 수익률을 살펴보라. Limitless Venture Group(LGVI)은 이날 120%의 수익률을 올렸다. 이는 흔히 볼 수 있는 경우는 아니다. 물론, 금액으로는 불과 주당 $0.0006만 증가했다. OTCBB에 상장되어 있는 주식들은 종종 어떤 특정 일자에 거래가 상당히 활발하게 이루어진다. 예를 들어, 이날 NYSE에서 가장 거래량이 많았던 General Electric은 1억5,400만주의 거래가 이루어졌다. 반면 LGVI는 4억7,800만주로 OTCBB에서 가장 많은 거래량을 기록한 주식이었다. 하지만 평균 거래가격은 주당 $0.0008로 LGVI의 총 거래금액은 $38만2,000에 불과한 반면 GE의 거래금액은 $13억에 달했다.

OTC Markets(www.otcmarkets.com)은 개인소유 기업에 의해 운영된다. OTC Markets에 상장되기 위해서는 회사의 주식을 기꺼이 거래할 시장조성자(market maker)를 찾아야만 한다. 회사들은 다양한 이유로 OTC Markets에 상장한다. 대형 주식시장의 상장요건을 충족시키기를 원하지 않는 소규모 기업들이 한 유형이다. 다른 유형으로는 외국기업들인데 이들은 미국 증권거래소에 상장하기 위한 필수조건인 GAAP에 따른 재무제표를 준비하지 않았기 때문이다. 이전에 거대 주식시장에 상장되어 있었지만 비자발적으로 상장폐지되었거나 또는 제1장에서 언급한 바와 같이 Sarbox 준수와 관련된 비용 등 다양한 이유로 '상장철회'를 선택한 기업들도 이 시장에 존재한다.

어쨌든, OTCBB와 OTC Markets은 거래하기가 상당히 어려운 곳일 수 있다. 낮은 주식가격은 작은 주식가격 변화에도 엄청난 수익률을 창출시킬 수 있다. 하지만 주가조작이나 사기가 많다는 점에 유의해야 한다. 또한 이 시장에 있는 주식들은 거래가 잘 이루어지지 않아 거래량이 거의 없을 수도 있다. 상장되어 있는 주식들이 하루 종일 거래가 이루어지지 않는 경우도 흔하다. 심지어 어떤 주식의 경우 2~3일 동안 거래가 이루어지지 않기도 한다.

주식시장 보도

최근 주식가격과 이와 관련된 주요 정보에 대한 보도는 「*The Wall Street Journal*」과 같은 전통적인 오프라인 미디어에서 다양한 온라인 웹사이트로 옮겨가고 있다. Yahoo! Finance (finance.yahoo.com)가 좋은 예이다. 이 사이트에 가서 창고형 할인매장인 Costco(현재 나스닥에 상장)의 주가를 확인하면 다음과 같은 정보를 얻을 수 있다.

웹에서 주식시세를 실시간으로 알 수 있다. 자세한 사항은 finance.yahoo.com에서 살펴보길 바란다.

Costco Wholesale Corporation (COST) ☆ Add to watchlist
NasdaqGS - NasdaqGS Real Time Price. Currency in USD

208.64 +2.40 (+1.16%) Buy Sell
As of 1:10PM EST. Market open.

Summary | Chart | Conversations | Statistics | Historical Data | Profile | Financials | Analysis | Options | Holders | Sustainability

Previous Close	206.24	Market Cap	91.921B
Open	205.52	Beta (3Y Monthly)	1.03
Bid	207.88 x 800	PE Ratio (TTM)	28.32
Ask	207.97 x 900	EPS (TTM)	7.37
Day's Range	203.56 - 208.71	Earnings Date	Mar 7, 2019
52 Week Range	175.79 - 245.16	Forward Dividend & Yield	2.28 (1.13%)
Volume	1,049,575	Ex-Dividend Date	2018-11-08
Avg. Volume	2,749,011	1y Target Est	239.65

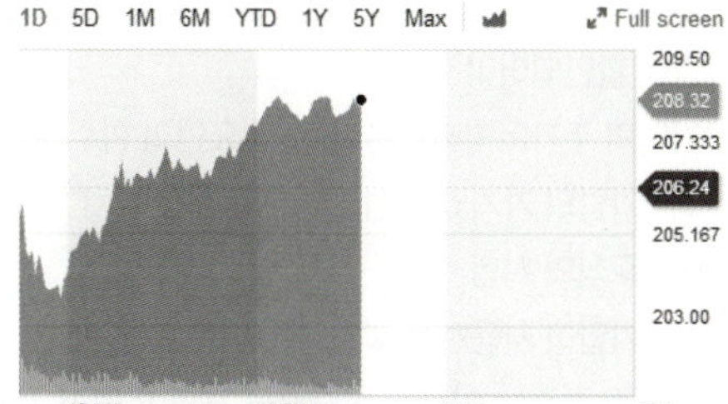

Trade prices are not sourced from all markets

대부분의 정보는 설명이 필요없을 정도로 명백한 것들이다. 가장 최근 거래는 오후 1시 10분에 \$208.64의 가격으로 체결된 것이다. 전일대비(Change)는 전일종가와 현재가격의 차이고 시가(Open)는 당일 첫 거래가이다. 매수가와 매도가는 각각 \$207.88와 \$207.97이고 그 옆의 수치는 해당가격에 거래가 이루어지기를 기다리고 있는 물량이다. '1년 목표가(1y Target Est)'는 투자분석가의 추정을 근거로 1년 후 예상되는 주가의 평균치이다.

또한 일일 변동범위(Day's Range)와 52주 변동범위(52wk range)가 나타나 있다. 거래량(Volume)은 당일 거래된 주식수이고 이어 3개월간 평균 일일거래량(Ave Vol) 정보가 제공된다. 시가총액(Market Cap)은 총발행주식수(가장 최근의 분기 재무제표상에 나타난 수)에 현재 주가를 곱해서 구할 수 있다. P/E는 주가이익비율이고 EPS는 주당순이익이다. P/E와 EPS는 최근 '12개월(trailing twelve months: ttm)'을 대상으로 계산된다. 마지막으로 배당금(dividend)이 있고 이는 가장 최근 분기에 실제로 지급된 배당금에 4를 곱해서 산출한다. 배당수익률(yield)은 미래배당금을 주식가격으로 나눈 수치임에 주의하라.

당신이 선호하는 주식의 매수 매도 스프레드는 얼마나 되나? 가장 최근의 시세는 www. bloomberg.com에서 확인하라.

요약 및 결론 Summary and Conclusions

이 장에서는 주식과 주식가치 평가와 관련된 기본적 사항들을 살펴보았다. 주요 사항은 다음과 같다.

1. 주식은 배당을 할인함으로써 가치를 평가할 수 있다. 배당할인모형에는 세 가지 경우가 존재한다.
   a. 무성장 배당
   b. 일정성장 배당
   c. 차등성장 배당
2. 배당할인모형을 적용하기 위해서는 주식의 성장률 측정이 필요하다. 유용한 성장률 측정방법은 다음과 같다.

$$g = \text{유보율} \times \text{자기자본이익률(ROE)}$$

3. 회계적으로 이익은 배당과 유보이익, 두 부분으로 구성된다. 대부분의 기업들은 미래 배당을 창출하기 위해 이익을 지속적으로 유보시킨다. 이익의 일부는 재투자되어야 하기 때문에 주당 이익을 산출하기 위해 이익 전액을 할인하면 안 된다. 주주들은 단지 배당금만을 받으므로 주당 이익을 구하기 위해서는 배당금만이 할인되어야 한다.
4. 기업의 주가이익비율은 세 가지 요인의 함수이다.
   a. 기업의 가치있는 성장기회의 주당 가치
   b. 주식의 위험
   c. 기업이 사용하는 회계처리방법
5. 보통주 주주는 이사진 선출권을 포함한 여러 가지 권리를 갖는다. 이사진은 집중투표제나 단일투표제로 선출될 수 있다. 대부분의 투표권은 실제로 위임에 의해 이루어지며 위임장 대결은 경쟁자들이 이사진 선출에서 그들의 후보자가 당선되도록 충분한 투표권을 확보하려고 할 때 발생한다.
6. 보통주와 함께 일부 기업은 우선주를 발행한다. 이름에서 알 수 있듯이 우선주 주주들은 어떤 것이라도 보통주 주주들에 앞서 지급받아야 한다. 우선주는 고정배당을 갖는다.

7. 미국에서 가장 큰 두 주식시장은 뉴욕증권거래소(NYSE)와 나스닥(NASDAQ)이다. 이 두 시장의 조직과 운영에 대해 알아보았고 주식가격 정보가 어떻게 보도되는지도 살펴보았다.

개념문제 Concept Questions

1. **주식가치** 주식가치가 배당금에 의해 좌우되는 이유는 무엇인가?
2. **주식가치** NYSE나 NASDAQ에 상장된 기업들 중 상당수는 배당금을 지급하지 않지만 그럼에도 불구하고 투자자들은 그 주식을 구입하려고 한다. 앞의 문제에 대한 답을 고려할 때 어떻게 이런 일이 가능한가?
3. **배당정책** 앞의 문제를 참고할 때, 어떤 환경에서 기업들이 무배당을 선택할 수 있는가?
4. **배당성장모형** 주식가치를 결정하는 데 있어 이 장에서 언급한 배당성장모형을 사용하려면 어떤 두 가지 가정이 필요한가? 이들 가정의 합리성에 대해 논하라.
5. **보통주와 우선주** 어떤 회사가 보통주와 우선주를 발행했다고 가정하자. 두 주식 모두 $2의 배당금을 지급했다면, 보통주와 우선주 중 어떤 주식이 더 높은 가격을 형성할 것인가?
6. **배당성장모형** 배당성장모형에 근거하여 주당 이익을 결정짓는 두 가지 요소는 무엇인가? 어떤 것이 일반적으로 더 크다고 생각하는가?
7. **성장률배당** 성장모형에서 배당금의 성장률이 주식가격의 성장률과 동일한 것이 사실인가?
8. **주가이익비율** 기업의 주가이익비율을 결정짓는 세 가지 요인은 무엇인가?
9. **투표권** 언제 투표권이 행사되는가? 미국 정치적 민주주의와 기업적 민주주의의 차이점은 무엇인가?
10. **기업윤리** 기업이 동일하지 않은 투표권을 갖는 주식을 발행하는 것이 불공정하거나 기업윤리에 어긋나는 일인가?
11. **투표권** Reader's Digest와 같은 일부 기업들은 투표권이 전혀 없는 주식을 발행하기도 하였다. 투자자들은 이들 주식을 왜 구입하는가?
12. **주식가치** 다음 문장을 평가하라: 경영진들은 현재의 주가에 관심을 집중하면 안 된다. 왜냐하면 이는 장기이익의 희생을 통해 과장된 단기이익의 실현을 초래하기 때문이다.

연습문제 Questions and Problems

connect

기초
(문제 1~13번)

1. **주식가치** Cricket사는 주식에 대해 주당 $3.14의 배당금을 지급했다. 배당금은 향후 연 4%씩 일정하게 성장할 것으로 기대된다. 투자자가 이 주식에 대해 11%의 수익률을 요구한다면, 현재 주식가격은 얼마가 되겠는가? 3년 후의 주식가격은? 또 15년 후의 주식가격은?
2. **주식가치** Zone사는 다음 배당금을 주당 $1.84 지급할 예정이다. 배당금은 향후 4.4%의 성장률을 유지할 것으로 기대된다. Greiner 주식이 현재 주당 $34에 거래되고 있다면 요구수익률은 얼마인가?
3. **주식가치** 앞의 문제에서 배당수익률은 얼마인가? 또 자본이득수익률은 얼마인가?
4. **주식가치** Romo사는 내년에 주당 $3.64의 배당금을 지급할 예정이고, 향후 배당금을 연 4.3% 증가시킬 계획이다. 이 주식투자에 대한 요구수익률이 11%라고 한다면 오늘 이 회사의 주식에 대해 얼마를 지불하겠는가?
5. **주식가치평가** Douglas사는 배당금에 대해 3.9% 성장률을 일정하게 유지할 것으로 기대된다. 만약 회사의 배당수익률이 5.6%라면 이 주식의 요구수익률은 얼마인가?
6. **주식가치평가** 어떤 회사의 주식이 현재 $76에 거래되고 있고 이 주식의 요구수익률은 10.8%라는 것을 안다. 또한 이 주식의 총수익률은 자본이득률과 배당수익률로 균등하게 나뉜다는 것도 안다. 이 회사의 정책이 배당금에 대해 항상 일정성장을 유지하는 것이라고 한다면 현재 주당 배당금은 얼마인가?

7. **주식가치평가** Griffith사는 주식에 대해 일정하게 $8.75의 배당금을 지급한다. 이 회사는 향후 8년간 이 배당금을 유지할 것이고 그 이후 배당금을 지급하지 않을 것이다. 이 주식의 요구수익률이 10.9%라고 한다면 현재 주식가격은 얼마인가?

8. **우선주가치평가** Ollie사는 매년 $3.50의 배당금을 영구히 지급하는 우선주를 발행했다. 만약 이 우선주가 현재 주당 $96에 거래된다면 요구수익률은 얼마인가?

9. **성장률** 신문은 Jernigan사가 올해 $3,150만의 이익을 기록했다고 지난 주에 보도했다. 이 신문은 또한 기업의 자기자본이익률(ROE)이 13%라는 사실도 보도했다. Lowery은 이익의 75%를 사내유보시킨다. 이 회사 이익의 성장률은 얼마인가? 또 이 기업의 내년 이익은 얼마가 되나?

10. **주식 가치평가와 요구수익률** Red사와 Yellow사, Blue사는 각각 내년에 $3.08의 배당금을 지급할 것이다. 세 기업의 배당금에 대한 성장률은 5%이다. 각 기업의 주식에 대한 요구수익률이 각각 8%, 11%, 14%라면 각 기업의 주가는 얼마인가? 요구수익률과 주가간의 관계에 대해 어떻게 결론지을 수 있을까?

11. **투표권** 기업재무 수업을 성공적으로 마친 후에 당신은 Fitzpatrick사의 이사회에 봉사하고자 하는 도전의식을 느꼈다. 하지만 불행하게도 당신은 당신을 위해 단 하나의 투표권밖에는 가지고 있지 못하다. 만약 Fitzpatrick의 발행주식수가 47만5,000개이고 현재 주식이 주당 $46에 매매되고 있으며 회사가 단일투표방식을 사용한다면, 당신이 이사 자리 하나를 차지하기 위해 지불해야 하는 비용은 얼마일까?

12. **투표권** 앞의 문제에서 Fitzpatrick이 집중투표제를 실시하고 있으며 4개의 이사 자리가 있다고 가정하자. 이사 자리 하나를 차지하기 위해 당신이 지불해야 하는 비용은 얼마인가?

13. **주식가치와 PE** The Blooming Flower사는 주당 $4.21의 이익을 창출하고 있다. 비교평가법을 통해 분석한 기업의 PE 벤치마크는 18이다. 적정 주식가격은 얼마인가? PE 벤치마크가 21이라면 주식가격은?

보통
(문제 14~32번)

14. **주식가치평가** BenchMark사는 주식에 대해 $3.29의 배당금을 지급했다. 배당금은 매년 일정하게 연 4%씩 성장할 것으로 기대된다. 투자자는 처음 3년간 주식에 대해 15%의 수익률을, 다음 3년간은 13%, 그 후로는 10%의 수익률을 요구한다. 이 주식의 현재가격은 얼마인가?

15. **일정하지 않은 성장** Metallica Bearings사는 신생기업이다. 이 회사는 성장동력을 위해 이익을 사내유보시킬 필요가 있으므로 향후 9년간 주식에 대해 배당을 지급하지 않을 예정이다. 하지만 10년차에 주당 $13의 배당금을 지급할 것이고 그 후로는 매년 5.5%씩 증대시킬 계획이다. 이 주식의 요구수익률이 11%라고 한다면, 주식의 현재가격은 얼마인가?

16. **일정하지 않은 성장** Nelson사는 독특한 배당정책을 사용한다. 이 회사는 주당 $11의 배당금을 지급했고 향후 5년간 주당 $3.50씩 배당금을 증가시킬 예정이며 그 이후로는 배당금을 지급하지 않을 계획이다. 만약 이 회사 주식에 대한 요구수익률이 10%라고 한다면 오늘 이 주식의 가격은 얼마인가?

17. **일정하지 않은 성장** West Side사는 향후 4년간 배당금을 다음과 같이 지급할 계획이다: $15, $11, $9, $2.65. 그 후로 회사는 배당금을 영구히 매년 5%씩 일정한 성장을 유지할 것이라고 약속한다. 만약 주식에 대한 요구수익률이 10%라고 한다면 현재 주식가격은 얼마인가?

18. **고성장** Upto사는 빠르게 성장하고 있다. 배당금은 향후 3년간 매년 26%씩 성장하고 그 후로는 성장률이 하락해 매년 일정하게 4.5%씩 성장할 것으로 기대된다. 만약 요구수익률이 10.4%이고 $2.45의 배당금을 방금 지급했다고 한다면 현재 주식가격은 얼마인가?

19. **고성장** Synovec사는 빠른 성장을 하고 있다. 배당은 향후 3년간 매년 25%씩 성장하고 그 다음에는 17%, 그리고 그 이후에는 영구적으로 연 4%씩 성장할 것으로 기대된다. 주식에 대한 요구수익률이 10%이고 주식이 현재 $71에 거래되고 있다면 내년에 예상되는 배당금은 얼마인가?

20. **마이너스 성장** Antiques R Us는 성숙단계에 있는 제조회사이다. 이 회사는 $14의 배당금을 지급했지만 영구적으로 매년 3%씩 배당금을 줄여나갈 계획이다. 만약 주식에 대한 요구수익률이 9.6%라고 한다면 이 주식의 오늘 가격은 얼마가 되는가?

21. 배당금 계산 Maddon사의 주식은 현재 주당 $57.13에 거래되고 있다. 시장은 이 주식에 대해 11%의 수익률을 요구한다. 만약 이 회사가 배당에 대해 4%의 성장률을 일정하게 유지한다면, 이 주식에 대한 가장 최근의 주당 배당액은 얼마였겠는가?

22. 우선주 가치평가 Fifth National은행은 새로운 우선주를 발행했다. 이 우선주는 향후 10년 후부터 영구적으로 연 $7의 배당금을 지급할 것이다. 만약 시장에서 이 투자에 대해 4.1%의 수익률을 요구한다면 오늘 이 우선주를 구입하는 데 얼마의 비용을 지불해야 하나?

23. 주식시세표 사용 오늘 신문의 금융면에 RJW사 주식시세가 다음과 같이 나타났다. 연배당금은 얼마인가? 어제 신문에 나타난 이 주식의 종가는 얼마였겠는가? 회사의 총발행주식수가 2,500만주라면 가장 최근 4분기 동안의 순이익은 얼마였겠는가?

수익률 % 변화	주식	심볼	수익률	PE	지난종가	순변화
7.3	RJW Enterp.	RJW	2.4	22	43.23	0.19

24. 세금과 주식 가격 당신은 Smart Money 주식 $10만 어치를 보유하고 있다. 1년 후 당신은 주당 $3.15의 배당금을, 2년 후에는 $3.27의 배당금을 지급받을 것이다. 3년 후에는 이 주식을 $106에 매각할 것이다. 배당금은 20%의 세율이 적용되는 반면 자본이득세는 없다고 가정한다. 요구수익률은 9%이다. 당신은 지금 몇 주를 보유하고 있는가?

25. 일정하지 않은 성장과 분기배당 Richard사는 향후 12분기 동안 기말에 주당 $0.61의 배당금을 지급할 것이다. 그 후에는 영구적으로 분기당 1.1%씩 성장할 것으로 예상된다. 이 주식에 대한 적정한 수익률은 11%이고 분기단위로 복리계산된다. 이 주식의 현재가격은 얼마인가?

26. 배당금 계산 Amos사는 향후 2년간 매년 말에 동일한 배당금을 지급할 것으로 기대된다. 그 후에는 배당금이 영구적으로 매년 4%씩 일정하게 성장할 것으로 예상된다. 현재 주식가격은 $76이다. 만약 요구수익률이 9.8%라고 한다면 내년의 배당금 지급액은 얼마인가?

27. 요구수익률 계산 Juggernaut Satellite사는 회계연도말인 어제 $3,630만의 이익을 창출했다. 이 회사는 이익의 30%를 배당으로 어제 지급했고 올 연말에 이익의 30%를 배당금으로 지급할 계획이다. 이익의 나머지 70%는 프로젝트에 사용하기 위해 사내유보된다. 이 회사의 총발행주식수는 270만주이고, 현재 주식가격은 $116이다. 과거의 ROE은 12%로서 미래에도 계속 지속될 것으로 기대된다. 이 주식의 요구수익률은 얼마인가?

28. 배당성장 4년 전에 Bling Diamond사는 주당 $1.02의 배당금을 지급했다. 그리고 어제 주당 $1.87의 배당금을 지급했다. 배당금은 이전 4년간 성장한 것과 동일한 비율로 향후 5년간 성장할 것으로 예상된다. 그 후에는 연 5%의 성장이 기대된다. 7년 후 Bling Diamond의 현금배당은 얼마가 되겠는가?

29. 주가이익률 Pacifc Energy사와 U.S. Bluechips사 둘 다 $140만의 이익을 공시했다고 가정하자. 새로운 프로젝트 없이, 두 회사는 $140만의 이익을 영구히 지속적으로 창출할 것이다. 모든 이익은 배당으로 지급되고, 두 회사 모두 요구수익률은 12%이다.

a. 각 회사의 현재 PE는 얼마인가?

b. Pacifc Energy사는 영구적으로 연간 $33만의 추가적 이익이 발생하는 새로운 프로젝트를 보유하고 있다. 이 때 Pacifc Energy의 새로운 PE를 계산하라.

c. U.S. Bluechips사는 영구적으로 연간 $66만의 추가적 이익이 발생하는 새로운 프로젝트를 보유하고 있다. 이 때 U.S. Bluechips의 새로운 PE를 계산하라.

30. 주식가치와 PE Sparrow사의 현재 EPS는 $3.75이고 그 기업의 벤치마크 PE는 18이다. 이익은 매년 6.5%씩 성장하리라 예상된다.

a. 현재 주식가치는?

b. 1년 후 목표 주식가격은?

c. 이 회사는 배당을 지급하지 않는다고 가정하자. 내년 1년 동안 이 기업 주식의 내재수익률은 얼마인가? 이것은 PE 가치평가를 활용하여 계산된 암묵적 주식수익률에 대해 어떤 의미를 부여할 수 있는가?

31. **주식가치와 EV** Bootstrap사는 연매출액이 $4,280만이고 비용은 $2,460만이다. 이 기업의 대차대조표에 따르면 타인자본은 $6,300만, 현금은 $2,400만이다. 발행주식수는 96만개이고 산업의 EV/EBITDA 배수비율은 7.5이다. 이 회사의 기업가치(EV)는 얼마인가? 주당 가격은 얼마인가?

32. **주식가치와 현금흐름** Anya Manufacturing사는 내년 기대 매출액이 $1억3,800만이다. 비용은 $7,700만, 순투자액은 $1,100만로 예상된다. 이들 가치들은 각각 다음해 14% 성장할 것으로 기대하며 성장률이 6%에 이를 때까지 매년 2%씩 감소할 것으로 전망된다. 성장률이 6%는 이후 영원히 지속될 것으로 여겨진다. 총 주식발행수는 620만개이고 투자자들은 기업 주식에 대해 12%의 수익률을 요구한다. 법인세는 21%이다.

a. 현재의 주식가격은?

b. 당신은 PE 배수법을 통해 기업의 잔여가치를 추정한다고 가정하자. 해당 산업 PE 배수는 12이다. 이를 이용하여 추정된 기업의 주가는 얼마인가?

도전
(문제 33~36번)

33. **자본이득과 소득요구** 수익률이 16%이고 가장 최근에 지급한 배당금이 주당 $4.15인 4개의 다른 주식을 고려해보자. 주식 W, X, Y는 예상가능한 기간 동안 각각 10%, 0%, −5%의 배당금 성장률을 유지할 것으로 기대된다. 반면 주식 Z는 향후 2년간 배당금이 30%씩 성장하고 이후에는 8%의 성장률을 일정하게 유지할 것으로 예상되는 성장주이다. 네 주식 각각의 배당수익률은 얼마인가? 기대자본이득률은 얼마인가? 이들 주식 각각에 대해 발견할 수 있는 다양한 수익률과의 관계에 대해 논하라.

34. **주식가치평가** 대부분의 기업들은 보통주에 대해 연말이 아닌 분기별로 배당을 지급한다. 연중 특별한 상황이 발생하지 않는 한, 이사회는 1년에 한 번 배당금 지급액을 결정하고 주주들에게 이 배당금을 균등하게 나누어 분기에 지급한다.

a. 어떤 기업이 보통주에 대해 현재 1년에 한 번 $3.24의 배당금을 지급한다고 가정하자. 경영진들은 배당금을 영구적으로 매년 4%씩 증가시키려고 한다. 주식에 대한 요구수익률이 11%라고 한다면 이 주식의 현재 주가는 얼마이겠는가?

b. (a)에서 이 기업이 연배당금을 균등하게 나누어 분기별로 지급한다고 하자. 따라서 이 기업은 이전의 세 분기말 시점에서와 마찬가지로 방금 주당 $0.81의 배당금을 지급했다. 현재 이 주식의 가치는 얼마인가(힌트: 매년 연말에 지급되는 배당금과 동일한 금액을 계산하라)? 이 주식평가모형이 적정한지에 대해 논하라.

35. **일정하지 않은 성장** Storico사는 주당 $3.65의 배당금을 방금 지급했다. 이 회사는 내년에 배당금을 16% 증가시킬 것이고 이후에는 산업평균배당성장률인 4%에 도달하기까지 매년 4% 포인트씩 배당성장률을 줄여 나간 후 영구적으로 4%의 성장률을 유지해 나갈 계획이다. Storico 주식의 요구수익률이 10.5%라고 한다면 오늘 이 주식의 가치는 얼마인가?

36. **일정하지 않은 성장** 이 문제는 조금 더 어렵다. 앞 문제에서 논의되었던 회사의 주가가 현재 $81.15이고 모든 배당관련 정보는 동일하다고 가정하자. 투자자들이 요구하는 수익률은 얼마가 되겠는가(힌트: 모든 관련된 현금흐름을 가지고 가치평가식을 만든 후 시행착오법을 통해 수익률을 구하라)?

웹 정보 이용하여 문제풀기 What's on the web?

1. **배당할인모형** 2018 Value Line의 「*Investment Survey*」에 따르면 Johnson&Johnson(JNJ)의 배당

성장률은 8%이다. 현재 주가와 배당관련 정보를 finance.yahoo.com에서 찾아보라. 만약 Value Line의 「*Investment Survey*」에서 주어진 성장률이 맞다면 Johnson & Johnson의 요구수익률은 얼마인가? 이 수치는 맞는가?

Excel 로 풀어보기 | Excel Master it! Problem

ExcelMaster coverage online
www.mhhe.com/RossCore6e

실무적으로 배당할인모형은 본 책에서 설명한 바와 같이 수정되어 활용된다. 많은 애널리스트들은 향후 5년간의 배당을 추정하고 미래 특정 시점, 대개 10년 후에 영구성장률을 추정한다. 배당성장률은 고성장기간에서 영구성장기간으로 접어들면서 급격하게 하락시키는 대신 선형보간법(linear interpolation)을 통해 계산한다. 즉 배당성장은 매년 동일한 비율로 하락하는 것으로 예측된다. 예를 들어 향후 5년간 고성장기간 동안 배당성장률은 15%에 달하지만 10년 후 영구성장률은 5%로 하락할 것으로 예상한다. 6년차부터 10년차까지는 배당성장률이 매년 2%씩 하락하는 것이다.

Value Line의 「*Investment Survey*」는 투자자들을 위한 정보를 제공한다. Value Line 2018년판에서 다음과 같은 IBM에 대한 정보를 찾을 수 있을 것이다.

2019년 배당:	$1.84
5년간 배당성장률:	12.5%

Value Line이 영구성장률이나 요구수익률을 제시하지는 않지만 다음과 같이 가정할 수 있다.

영구성장률:	4.5%
요구수익률:	11.0%

a. 영구성장률이 지금부터 11년 후부터 시작되고 고성장률과 영구성장률 사이에는 선형보간법을 사용한다고 가정하자. 각 연도의 배당성장률과 배당금을 보여주는 표를 작성하라. 10년차에 주가는 얼마인가? 오늘 주가는 얼마인가?

b. 현재 주가가 영구성장률의 변화에 얼마나 민감하게 반응하는가? 11년 후의 영구성장률에 대한 현재 주식가격을 그래프로 그려라.

미래의 주가를 산출하기 위해 일정배당성장모형을 사용하는 대신, 애널리스트는 배당할인모형과 가격비율가치모형, 예를 들어 PER을 접목시킨 방법을 사용하기도 한다. PER은 주가를 주당이익으로 나눈 비율이라는 것을 기억하라. 따라서 PER을 안다면 주가를 구할 수 있는 것이다. IBM에 대해 다음과 같은 정보를 가지고 있다고 가정하자.

배당성향:	30%
일정성장률에서 PE 비율:	17

c. IBM이 배당에 있어 영구성장률에 도달할 때 PER을 이용하여 주가를 계산하라. 일정하지 않은 성장률 기간 동안의 배당금의 현재가치와 PER을 이용해 계산된 가격을 근거로 오늘 현재 주식가치를 구하라.

d. 주식이 영구 성장률에 이르렀을 때 현재 주가는 PER 변화에 얼마나 민감하게 반응할 것인가? 11년 후의 PER에 대한 현재 주식가격을 그래프로 그려라.

CLOSING CASE

RAGAN ENGINE사의 주식가치평가

Larissa는 East Coast Yacht사의 미래에 대해 이 회사의 이사진과 이야기하고 있다. 현재까지 이 회사는 엔진을 포함하여 요트의 많은 주요 부문에 대해 외부 공급업자의 제품을 사용했다. Larissa는 이 회사의 공급망을 통합하고 엔진에 대한 보다 수준 높은 관리를 위해 엔진제조사 매입을 고려하기로 결정했다. 여러 개의 가능한 회사들을 조사한 후에, Larissa는 Ragan Engine사 매입이 가능할 것이라고 판단했다. 그녀는 Dan Ervin에게 Ragan사의 가치를 분석해 달라고 요청했다.

Ragan Engine사는 Carrington과 Genevieve Ragan 남매에 의해 9년 전 설립되었고 아직 개인 소유의 기업형태로 있다. 이 회사는 다양한 형태로 적용이 가능한 선박엔진을 제조하고 있다. Ragan사는 성과는 약간 떨어지지만 엔진의 연료효율성을 크게 증대시킨 독점적인 기술로 빠른 성장을 경험했다. 이 회사는 Carrington과 Genevieve가 균등한 비율로 소유하고 있다. 남매간 합의서에는 각각 12만5000주의 주식을 소유하는 것으로 되어 있다.

Larissa는 Dan에게 Ragan사 주식의 주당가치를 계산해 달라고 요청했다. 이를 수행하기 위해, Dan은 상장되어 있는 Ragan사의 경쟁사들 중 일부에 대해 다음의 정보들을 수집했다.

	EPS	DPS	주식가격	ROE	R
Blue Ribband Motors사	$1.24	$0.39	$20.10	11.00%	14.00%
Bon Voyage Marine사	1.55	0.47	16.85	14.00	17.00
Nautilus Marine Engine	-0.25	0.67	31.60	N/A	13.00
Industry average	$0.85	$0.51	$22.85	12.50%	14.67%

Nautilus Marine Engine은 지난해 회계적 상각으로 인해 마이너스 주당 순이익(EPS)을 기록했다. 상각처리를 하지 않았다면 이 회사의 EPS는 $1.93가 되었을 것이다. 지난해 Ragan는 $3.65의 EPS를 기록했고 Carrington과 Genevieve에게 각각 $19만5000의 배당을 지급했다. 또한 Ragan사는 18%의 자기자본이익률(ROE)을 기록했다. Larissa는 Dan에게 Ragan사의 적정 요구수익률은 13 %라고 말한다.

1. Ragan사가 현재의 성장률을 지속적으로 유지한다면 이 회사의 주당 가치는 얼마인가?
2. Dan은 Ragan사의 재무제표뿐 아니라 경쟁사의 재무제표도 살펴보았다. Dan은 조사 결과 Ragan사가 현재는 기술적 우위에 있을지 몰라도 경쟁사들도 효율성을 높이는 다른 방법을 연구하고 있다고 지적한다. 이 같은 환경 하에서, Dan은 Ragan의 기술적 우위는 단지 향후 5년 정도만 지속될 것이라고 전망한다. 이 기간 후에 이 회사의 성장률은 산업평균 정도로 하락할 것으로 예상된다. 또 Dan은 이 회사가 적용하는 요구수익률이 너무 높다고 생각한다. 그는 산업평균 요구수익률이 더 적당하다고 믿는다. Dan의 가정하에, 추정되는 주식가치는 얼마인가?
3. 산업평균 주가이익비율(PER)은 얼마인가? Ragan사의 주가이익비율은 얼마인가? 두 비율간의 차이와 그 차이가 존재하는 이유에 대해 설명하라.
4. 회사의 성장률이 5년 후 산업평균수준으로 하락한다고 가정하자. 이것이 의미하는 회사의 미래 자기자본이익률은 얼마인가?
5. Carrington과 Genevieve는 그들이 이 회사를 매각해야 하는지에 대해 확신이 서지 않는다. 그들은 이 회사를 East Coast Yacht사에 당장 팔지 않는다면 회사의 주가를 올려보려고 한다. 이 경우 그들은 회사 지배를 유지하며 외부 투자자에게 주식을 팔지 않을 것이다. 그들은 또한 회사의 부채 수준이 감당할 수준이어서 더 이상의 차입도 원하지 않는다. 그들이 주가를 올리기 위해서는 어떤 절차를 밟아야 하는가? 이 같은 전략으로 주식가치를 끌어 올릴 수 없는 조건들에는 어떤 것이 있는가?

순현가법과 기타 투자평가방법

7

OPENING CASE

2018년 3월 거액 투자기업으로 유명한 SoftBank는 사우디아라비아와 $2,000억 규모의 태양광 발전소 건설을 위한 양해각서(MOU)를 체결하였다. 물론 다른 기업들도 2018년에 신규 투자사업을 발표했다. Nautical Energy는 캐나다에 $20억 규모의 메탄올 공장건설 계획을 발표했으며 Formosa Chemical은 루이지애나 세인트 제임스 패리시(St.James Parish)에 $94억 규모의 화학제조공장을 설립하기로 했다고 발표했다.

이들 세 가지 프로젝트는 자본예산의사결정의 예이다. 최대 $2,000억에 이르는 이 같은 의사결정은 기업입장에서 분명 주요 과업이며 위험과 보상에 대해 주의깊게 분석되어야만 한다. 이 장에서는 이 같은 의사결정에 활용되는 기본적인 기법에 대해 논의한다.

제1장에서 기업에 있어 주식가치의 증대가 재무적 목표라고 한 바 있다. 따라서 특정 투자가 재무적 목표를 달성하지 못할 가능성에 대해 어떻게 분석해야 하는가를 알 필요가 있다. 이 장에서는 이를 위해 실무에서 사용되는 다양한 기법을 살펴본다. 또한 많은 분석기법들이 잘못 이용되는 예를 살펴볼 것이며 순현재가치법이 가장 적당한 기법인 이유에 대해 설명한다.

기업재무 관련 최근 사건들을 찾아보기 위해 corecorporatefinance.blogspot.com을 방문하라.

7.1 순현재가치를 사용하는 이유

ExcelMaster coverage online
www.mhhe.com/RossCore6e

이 장과 다음 두 장에서는 **자본예산**(capital budgeting), 즉 프로젝트를 채택할 것인가 기각할 것인가에 대한 의사결정 과정에 대해 집중적으로 살펴본다. 이 장에서는 기초적인 자본예산방법에 대해 논할 것이며, 보다 실무적인 응용은 제8장과 제9장에서 다룰 것이다. 제4장에서, 미래에 받게 되는 $1는 오늘 받는 $1에 비해 가치가 적다고 설명한 바 있다. 그 이유는 물론 오늘 $1를 투자하면 미래에 더 큰 금액을 얻을 수 있기 때문이다. 또한 미래에 받게 되는 정확한 $1의 가치는 그것의 현재가치임을 보여주었다. 이와 함께 4. 1절에서는 프로젝트의 순현재가치(net present value: NPV) 계산을 설명했다. 즉, 프로젝트의 미래현금흐름의 현재 가치합과 그 프로젝트의 초기비용과의 차이를 계산할 것을 제안했다.

순현재가치법(순현가법)은 이 장에서 고려하는 첫 번째 방법이다. 먼저 간단한 예를 통해 이 방법에 대해 살펴보고 왜 NPV가 훌륭한 의사결정을 이끌 수 있는가에 대해 알아본다.

소규모 사업에 대한 자본예산과 관련해서는 www.missourbusiness.net 사이트를 방문해 보라.

예제 7.1

순현재가치

Alpha사는 $100의 무위험 프로젝트에 투자할 것을 고려하고 있다. 이 프로젝트는 1년 후 $107를 얻을 것으로 기대된다. 할인율이 6%라고 한다면 이 프로젝트의 NPV는 다음과 같이 쉽게 구할 수 있다.

$$\$0.94 = -\$100 + \frac{\$107}{1\ 06}$$

제4장에서 살펴본 것과 마찬가지로 이 프로젝트의 NPV는 0보다 크므로 채택되어야 한다. 만약 이자율이 7%보다 높아 이 프로젝트의 NPV가 음수를 나타낸다면 기각될 것이다.

기본적인 투자규칙은 다음과 같이 일반화될 수 있다.

NPV가 0보다 크면 프로젝트를 채택하라.
NPV가 0보다 작으면 프로젝트를 기각하라.

이를 **NPV 규칙**이라고 한다.

이제 NPV법이 어떻게 좋은 의사결정을 이끌게 되는지 알아보자. Alpha사 경영진은 다음과 같은 두 가지 전략을 고려하고 있다고 가정하자.

1. 프로젝트에 기업의 현금 $100를 투자하고 1년 후에 배당금으로 $107를 지급한다.
2. 프로젝트를 무시하고 현재배당금으로 기업의 현금 $100를 지급한다.

만약 전략 2가 채택되면 주주들은 배당금을 자신의 은행에 1년 동안 저축할 수 있다. 이자가 6%라면, 전략 2는 1년 후 $106(= $100 × 1.06)를 창출하게 된다. 주주들 입장에서는 전략 2의 경우 1년 후 $107보다 적은 금액을 갖게 되므로 당연히 전략 1을 더 선호한다.

따라서 기본적으로:

> 양(+)의 NPV 프로젝트를 채택하는 것은 주주들에게 이익이 된다.

미국 상장사의 사업보고서와 분기보고서는 대부분 EDGAR 데이터베이스인 www.sec.gov에서 찾아볼 수 있다.

그렇다면 앞에서 계산된 $0.94의 NPV는 어떻게 해석해야 하는가? 이는 프로젝트로 인해 기업의 가치를 증대시킨 부분으로 이해할 수 있다. 예를 들어 Alpha사가 현재 $V 가치를 갖는 생산적인 자산과 현금 $100를 보유하고 있다고 가정하자. Alpha사가 프로젝트를 무시하면 이 기업의 가치는 단순히 다음과 같이 된다.

만약 Alpha사가 프로젝트를 채택한다면 Alpha사는 1년 후에 $107를 받을 것이지만 현재 현금은 없어지게 된다. 따라서 현재 기업의 가치는 다음과 같이 된다.

$$\$V + \$100$$

두 식의 차이는 $0.94가 되고, 이는 식 7.1의 현재가치와 동일하게 되는 것이다. 따라서:

$$\$V + \frac{\$107}{1.06}$$

기업의 가치는 프로젝트의 NPV 만큼 증가한다.

기업의 가치는 단순히 여러 프로젝트, 부서 기타 사업체의 가치의 합이라는 사실에 주목하자. 이 자산은 **가치가산(value additivity)**이라고 부르며 상당히 중요하다. 기업가치에 대한 어떤 프로젝트의 공헌도는 프로젝트의 NPV를 의미한다. 나중에 살펴보겠지만 이 장에서 논의되는 다른 투자안 평가방법은 NPV와 같은 역할을 하지 못한다.

구체적인 사항이 하나 더 남아 있다. 우리는 프로젝트가 무위험하다는 비현실적인 가정을 했다. 실제로 프로젝트 수행 시 미래현금흐름은 항상 유동적이다. 즉, 현금흐름은 단지 추정될 뿐 정확한 규모를 알지 못한다. Alpha사의 매니저가 프로젝트의 현금흐름을 내년 \$107로 예상(expect)한다고 가정하자. 이는 현금흐름이 \$117로 더 많을 수도 있고, \$97로 더 적을 수도 있다는 의미이다. 이 같은 변화는 프로젝트를 위험에 노출시킨다. 프로젝트가 전체적으로 주식시장만큼 위험하다고 가정해 보자. 주식시장의 올해 기대수익률이 10%라고 한다면, 이 10%는 할인율이 되고 이 프로젝트의 NPV는 다음과 같이 계산된다.

$$-\$2.73 = -\$100 + \frac{\$107}{1.10}$$

NPV가 음수이므로 이 프로젝트는 기각되어야 하며, 이 의사결정은 논리에 맞다. 왜냐하면 Alpha사의 주주들은 오늘 \$100를 지급받아서 이를 주식시장에 투자하면 10%의 수익률을 기대할 수 있기 때문이다. 그렇다면 시장과 동일한 위험을 갖지만 기대수익률이 단지 7%인 프로젝트는 왜 채택하는가?

개념적으로 위험프로젝트의 할인율은 비슷한 위험을 가진 금융자산에 투자할 경우 기대할 수 있는 수익률이다. 이 할인율을 **기회비용(opportunity cost)**이라고 부른다. 왜냐하면 프로젝트와 관련된 기업의 투자는 주주들 입장에서 보면 지급받을 배당의 금융자산에 대한 투자기회를 빼앗아가는 것이기 때문이다. 할인율 계산은 결코 어렵지 않다. 이 장에서는 계산에 대한 논의는 생략하고 제12장에서 다룰 것이다.

NPV법이 상당히 훌륭한 투자안 평가방법이라는 것을 살펴보았다. 그렇다면 다른 방법이 NPV 만큼 좋은 기법인지 여부를 어떻게 판단할 수 있을까? NPV는 세 가지 주요 속성을 가지고 있다.

1. **NPV는 현금흐름을 이용한다** 프로젝트로부터 발생하는 현금흐름은 기업의 다른 목적으로도 사용될 수 있다(예를 들어 배당금 지급, 다른 자본예산 프로젝트, 이자지급 등). 반면 이익은 인공적인 산출물이다. 즉 이익은 회계원에는 유용한 정보이지만 현금을 의미하지 않기 때문에 자본예산에서는 활용할 수 없다.
2. **NPV는 프로젝트의 모든 현금흐름을 이용한다** 다른 접근방식은 특정일 이후의 현금흐름을 고려하지 않는다.
3. **NPV는 현금흐름을 적당히 할인한다** 다른 방법론은 현금흐름을 고려할 때 화폐의 시간가치를 무시한다.

스프레드시트 활용기법 스프레드시트를 이용한 NPV계산

스프레드시트는 NPV계산을 위해 흔히 사용된다. 스프레드시트 이용과 관련해 중요한 주의점들을 살펴본다. 다음의 예제를 고려하라.

	A	B	C	D	E	F	G	H
1								
2	스프레드시트를 이용한 채권수익률 계산하기							
3								
4	프로젝트 비용은 $1만이다. 현금흐름은 처음 2년간은 연 $2,000이고 다음 2년간은 연 $4,000, 그리고 마지막 연도에는							
5	$5,000이다. 할인율이 10%이라면 NPV는 얼마인가?							
6								
7								
8		연도	현금흐름					
9		0	-$10,000		할인율 =	10%		
10		1	2,000					
11		2	2,000		NPV =	$2,102.72	(오답)	
12		3	4,000		NPV =	$2,312.99	(정답)	
13		4	4,000					
14		5	5,000					
15								
16	셀 F11에 들어가야 할 식은 = NPV(F9, C9:C14)이다. 하지만 이 식은 오답을 이끈다. 왜냐하면 NPV 함수는 현재가치를							
17	구하게 하지 순현재가치를 구하게 하는 것은 아니기 때문이다.							
18								
19	따라서 셀 F12에 들어가야 할 식은 = NPV(F9, C10:C14) + C9이다. 이 식을 이용하면 정답을 얻을 수 있다.							
20	NPV함수는 현금흐름의 현재가치를 구하는 데 사용되므로 정답을 구하기 위해서는 초기비용을 차감해 주어야 한다.							
21	이미 음(-)수를 나타낸 셀 C9을 더해준 사실에 주목하자.							

스프레드시트 예제에서 두 개의 답을 갖는 점에 주목하자. 첫 번째 답은 NPV식을 사용했음에도 오답이다. 스프레드시트에서 'NPV' 함수는 실제로는 PV함수이다. 불행하게도 여러 해 전에 개발된 원조 스프레드시트의 한 부분이 잘못 정의되었고 이후 스프레드시트가 그것을 그대로 복사해서 사용하고 있다. 두 번째 답은 식을 어떻게 올바르게 사용하는가를 보여주고 있다.

이 예제는 내용에 대한 아무런 이해 없이 계산기나 컴퓨터를 사용했을 경우의 위험성에 대해 설명하고 있다. 현실에서 이 같이 잘못된 함수의 사용을 근거로 얼마나 많은 자본예산관련 의사결정이 이루어지고 있는가를 생각하면 끔찍하다.

NPV를 직접 구하는 것은 시간낭비이다. 위 박스란에 있는 스프레드시트 활용기법은 간편하게 NPV를 구하는 방법을 보여주고 있으며 계산 시 주의점을 알려준다.

7. 2 회수기간법

의사결정규칙

ExcelMaster coverage online
www.mhhe.com/RossCore6e

NPV법의 대안들 중 하나는 **회수기간법(payback period method)**이다. 회수기간법에 대해 설명하기 위해 초기투자가 −$5만인 프로젝트를 고려해 보자. 현금흐름은 첫 3년간 각각 $3만, $2만, 그리고 $1만이다. 이 흐름은 그림 7. 1에 나타나 있다. 투자에 대한 현금흐름을 나타내는 유용한 방법은 기호를 사용하는 것이다.

(−$50,000, $30,000, $20,000, $10,000)

$5만 앞에 있는 마이너스 부호는 현금유출을 의미하고, 다른 수치 사이에 있는 콤마는

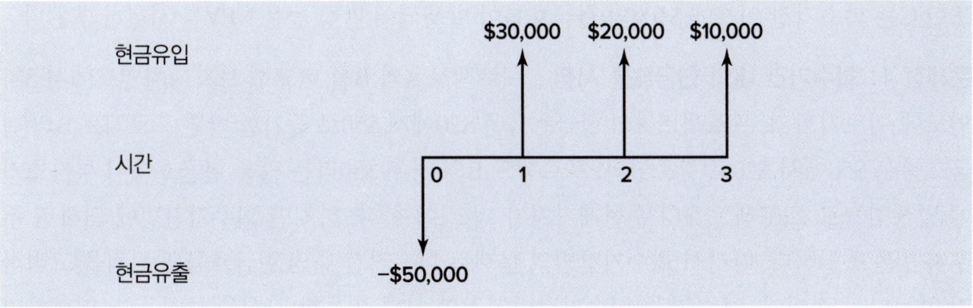

그림 7.1
투자프로젝트의 현금흐름

그것들이 다른 시기에 받게 되는 것(현금유출인 경우 지급하는 것)을 나타낸다. 이 예제에서 현금흐름은 1년에 한 번 발생하고, 첫 번째 현금흐름은 투자의사를 결정할 때 발생한다고 가정한다.

기업이 첫 두 해에 받는 $3만와 $2만의 현금을 기초투자액인 $5만에 더하면 기업이 2년 내에 투자금을 회수했다는 것을 의미한다. 이 경우 2년이 이 투자안의 **회수기간**(payback period)이 된다.

회수기간법의 투자 의사결정규칙은 단순하다. 회수기간은 투자의 현금유출이 현금유입으로 언제 회수되는가를 나타내 준다. 가령 기준일(cutoff date)로 2년을 선택했다면, 회수기간이 2년 또는 그 이하인 모든 투자 프로젝트는 채택되고 회수기간이 2년 이상인 프로젝트는 기각된다.

회수기간법의 문제점

회수기간법은 최소한 세 가지의 문제점을 가지고 있다. 처음 두 가지 문제점을 설명하기 위해 표 7. 1에 있는 세 가지 프로젝트를 고려해 보자. 세 프로젝트 모두 3년의 동일한 회수기간을 가지고 있어 동등하게 매력적인 투자안이어야 한다.

하지만 프로젝트의 조합(pairs)간의 비교를 통해 실질적으로 이들 프로젝트는 동일한 매력을 갖고 있지 않다는 것을 알 수 있다. 회수기간법의 문제점을 살펴보기 위해 표 7. 1을 살펴보자. 비교가능한 위험 프로젝트의 기대수익률이 10%라고 가정하자. 따라서 이들 프로젝트들을 위해 10%의 할인율을 사용하면 프로젝트 A, B, C의 NPV는 각각 $21.5, $26.3, $53.6가 된다. 이 경우 회수기간법을 사용하면 세 프로젝트는 동일한 우선순위를 갖게 된다(즉, 각 프로젝트의 회수기간은 3년으로 모두 동일하다). 하지만 모든 현금흐름을 고려하게 되면 회수기간 내의 현금흐름의 발생 시점으로 인해 B는 A보다 더 높은 NPV를 갖게 된다.

표 7.1
프로젝트 A, B, C의 기대현금흐름

연도	A	B	C
0	-$100	-$100	-$100
1	20	50	50
2	30	30	30
3	50	20	20
4	60	60	100
회수기간(연도)	3	3	3

또한 C는 회수기간 이후에 $100의 현금흐름이 발생되어 가장 높은 NPV를 시현하게 된다.

문제점 1: 회수기간 내의 현금흐름 시점 프로젝트 A와 B를 비교해 보자. 1차연도에서 3차연도에 이르기까지, 프로젝트 A의 현금흐름은 $20에서 $50로 증가한 반면 프로젝트 B의 현금흐름은 $50에서 $20로 감소한다. 프로젝트 B의 경우 $50라는 많은 현금흐름이 투자초기에 발생하므로 프로젝트 B의 순현재가치가 더 커야 한다. 하지만 회수기간법에 의하면 두 투자안은 동일하다. 따라서 회수기간법의 문제는 회수기간 내의 현금흐름의 시점을 고려하지 않는다는 점이다. 이 예제는 회수기간법이 NPV보다 열등한 사실을 보여준다. 왜냐하면 앞에서 지적한 바와 같이 NPV 방법은 현금흐름을 적정하게 할인하기 때문이다.

문제점 2: 회수기간 후의 현금흐름 이제 프로젝트 B와 C를 비교해보자. 프로젝트 B와 C는 회수시간 내에는 동일한 현금흐름을 갖는다. 하지만 프로젝트 C는 4차연도에 $6만의 현금흐름이 예상되므로 프로젝트 C가 더 선호된다. 따라서 회수기간법의 또 다른 문제점은 회수기간 후에 발생하는 모든 현금흐름을 고려하지 않는 것이다. 회수기간법의 단기적 관심으로 인해 가치있는 장기 프로젝트가 기각될 가능성이 많다. 반면 NPV는 프로젝트의 모든 현금흐름을 활용하기 때문에 이 같은 결점을 가지고 있지 않다.

문제점 3: 회수기간의 자의적인 기준 회수기간법의 세 번째 문제점을 고려할 때 표 7. 1을 참고할 필요는 없다. 자본시장은 NPV 방법에 사용되는 할인율을 측정하는 데 도움을 준다. 무위험자산 수익률은 정부가 발행한 채권의 수익률을 대용치로 사용하여 산출할 수 있다. 이 책의 후반부에서는 위험 프로젝트의 할인율을 측정하기 위해 자본시장에서 과거 수익률을 어떻게 이용하는지에 대해 설명한다. 하지만 회수기간 기준일을 선택하기 위해서는 이와 유사한 지침이 없다. 따라서 회수기간법은 다소 자의적이라고 할 수 있다.

관리적 관점

이 같은 문제점에도 불구하고 세련된 대기업들은 상대적으로 덜 중요한 의사결정 시 회수기간법을 사용하기도 한다. 예를 들어 작은 창고를 건설하거나 또는 트럭의 개조를 위해 대금을 지불할 것인가에 대한 의사결정은 하위 관리자들에 의해 이루어진다. 이들은 예를 들어 개조비용이 $200이고 연료비를 절약해서 매년 $120를 조달할 수 있다면, 2년보다 짧은 기간동안의 절약을 통해 개조를 시행할 것이다. 이 같은 논리로 회수기간법에 의한 의사결정이 이루어질 수 있다.

기업의 재무담당자들은 동일한 방식으로 의사결정을 하지 않을 수도 있지만 기업은 이 같은 의사결정방식을 용인한다. 그렇다면 임원들은 왜 모른척하고 심지어 이 같이 시대에 역행하는 방법을 장려하기도 할까? 한 가지 답은 의사결정을 하기 쉽다는 점이다. 만약 위의 트럭개조 예와 같이 의사결정이 한 달에 50번 이상 이루어지는 대상이라고 한다면 이 단순한 방법을 사용하는 이유가 명확해진다.

회수기간법은 또한 관리적 통제를 위해서도 바람직한 특징을 가지고 있다. 투자의사결정이 중요한 만큼 관리자의 의사결정능력을 평가하는 기업의 능력도 중요하다. NPV법에서는 의사결정이 올바른 것인가를 판단하기 위해서는 상당한 시간이 필요하다. 반면 회수기간법의 경우 현금흐름에 대한 관리자의 접근방식이 옳았나에 대한 판단이 빠른 시간 내에 이루어질 수 있다.

또한 좋은 투자적 기회를 가지고는 있지만 활용가능한 현금이 없는 기업의 경우에도 회수기간법 사용이 정당할 수 있다. 예를 들어 회수기간법은 좋은 성장기회를 가지고 있지만 자본시장에서 자본조달이 제한적인 작은 개인소유의 기업에서 사용될 수 있다. 그와 같은 기업의 경우 빠른 현금회수로 기업의 재투자 가능성을 높일 수 있기 때문이다.

마지막으로, 실무자들은 현실을 감안할 때 학계에서 회수기간법에 대해 지나치게 비판적이라고 지적한다. 예를 들어 교과서에서는 프로젝트 초기에 적은 현금유입이 되고 기준일 이후 거대한 현금유입이 일어나는 프로젝트의 예를 들면서 회수기간법을 조롱하고 있다. 이 같은 프로젝트는 회수기간법으로 추정하면 기각될 것으로 보이지만 실제로 채택하는 것이 기업에 유리할 수 있다. 표 7. 1의 프로젝트 C가 그와 같은 예이다. 실무자들은 이 예제의 현금흐름 패턴이 너무 양식에 짜맞춘 것이어서 실제로 발생하는 현금흐름과는 괴리가 있다고 지적한다. 사실 많은 임원들은 현실적으로 대부분의 주요 프로젝트에서 NPV와 회수기간법은 동일한 의사결정을 이끈다고 생각한다. 더구나 이들은 프로젝트 C와 같은 투자안이 현실에서 존재한다면 의사결정자들은 거의 대부분 회수기간 의사결정규칙에 대한 특별한 조정을 통해 프로젝트가 채택되게 할 것이라고 설명할 것이다.

앞의 많은 논리적 설명에도 불구하고, 기업 규모가 큰 프로젝트를 고려할 때 의사결정이 더욱 중요해짐에 따라 NPV 방법이 가장 선호된다는 사실을 발견하는 것은 그다지 놀랄 일은 아니다. 관리자를 통제하고 평가하는 것이 올바른 투자의사결정을 하는 것보다 더 중요한 가치를 갖지 않으므로 회수기간법 사용은 미미한 것이다. 기계구입, 공장설립, 기업인수 등 커다란 의사결정 앞에서 회수기간법의 사용은 극히 제한적일 수밖에 없다.

회수기간법 요약

회수기간법은 NPV와 다르며 개념적으로 볼 때 적절한 활용 방법은 아니다. 자의적인 기준일이나 회수기간일 이후의 현금흐름에 대해 고려하지 못함에 따라, 이 방법을 있는 그대로 사용할 경우 명백하게 잘못된 의사결정을 내릴 수 있다. 그럼에도 불구하고 앞에서 언급한 여러 가지 장점과 그 단순성으로 인해 기업들은 그들이 계속 직면하는, 덜 중요하지만 무수히 많은 투자의사 결정 시 하나의 스크린 수단으로 활용하고 있다.

이는 당신이 회사에서 투자의사 결정 시 회수기간법과 같이 단점을 가지고 있는 평가 방법의 교체 시도에 조심스럽게 접근해야 함을 의미하지만, 당신은 이들 투자평가 방법이 나타내는 어쭙잖은 금융적 사고를 채택하지 않도록 주의해야 한다. 이 과목을 수강한 후에 당신이 NPV 대신 회수기간법을 선택한다면 당신 회사에 피해를 주는 셈이 된다.

7.3 할인회수기간법

ExcelMaster coverage online
www.mhhe.com/RossCore6e

회수기간법의 결점을 인지하는 일부 의사결정자들은 **할인회수기간법(discounted payback period method)**이라는 약간 변형된 형태의 투자의사결정 방법을 사용하기도 한다. 이 방법에서는 우선 현금흐름을 할인한 후 이 할인된 현금흐름이 기초투자액과 동일해지는 데 소요되는 시간을 계산한다.

예를 들어, 할인율이 10%이고 프로젝트의 현금흐름이 다음과 같다고 한다면

(−$100, $50, $50, $20)

이 투자안의 회수기간은 2년 내에 기초투자액이 모두 회수될 수 있으므로 2년이다. 할인회수기간법을 구하기 위해서는 우선 현금흐름을 10%로 할인한다. 할인된 현금흐름은 다음과 같다.

$$(-\$100, \$50/1.1, \$50/1.1^2, \$20/1.1^3) = (-\$100, \$45.45, \$41.32, \$15.03)$$

최초 투자의 할인회수기간은 이들 현금흐름할인의 단순한 회수기간이다. 할인된 현금흐름의 회수기간은 3년간 할인된 현금흐름이 $101.80(= $45.45 + 41.32 + 15.03)이므로 3년보다는 약간 짧다. 현금흐름이 양수일 때 할인은 현금흐름의 가치를 감소시키므로 할인회수기간이 회수기간보다 결코 짧아질 수 없다.

얼핏 보기에는 할인회수기간법이 좋은 대체방법처럼 보이지만 자세히 살펴보면 회수기간법과 유사한 주요 결점을 가지고 있다. 회수기간법과 같이 할인회수기간법도 기준기간을 선택하는 데 있어 다소 자의적이고 기준일 이후의 모든 현금흐름을 고려하지 않는다.

당신이 현금흐름할인을 중요하게 생각하지 않는다면 단순성이나 관리적 통제 등 회수기간법의 장점에 별 관심을 갖지 않을 것이다. 의사결정을 하는 데 있어 할인된 현금흐름을 모두 더해서 NPV를 구해보는 것이 더 나을 것이다. 할인회수기간법이 일견 NPV처럼 보일지라도 결국 이 방법은 회수기간법과 NPV 사이의 단지 어설픈 타협점에 지나지 않는다.

7.4 평균회계수익률법

의사결정규칙

ExcelMaster coverage online
www.mhhe.com/RossCore6e

자본예산 의사결정을 위해 매력적이지만 치명적인 결점을 지니고 있는 또 다른 방법으로 **평균회계수익률법(average accounting return)**이 있다. 평균회계수익률은 세금과 감가상각 후의 평균프로젝트이익을 프로젝트 기간 중 투자액의 평균 장부가치로 나눈 값이다. 이 방법은 결점에도 불구하고 현실에서 자주 사용되므로 논의할 필요가 있다.

표 7. 2를 주의깊게 살펴보라. 사실 어떤 프로젝트든 가장 먼저 해야 할 일은 예상되는 현금흐름을 신중하게 계산하는 것이다. 점포의 첫해 매출은 $43만3,333로, 세전 현금흐름은 $23만3,333 로 추정되었다. 두 번째 해에는 매출은 증가하고 비용은 감소하는 것으로 예상돼 세전현금흐름이 $30만로 추정되었다. 다른 점포와의 경쟁과 새 점포라는 장점이 사라지면서 세전현금흐름은 이후 3년간 각각 $16만6,667, $10만, $3만3,333로 지속적인 감소세

예제 7.2

평균회계수익률법

어떤 회사가 새로운 쇼핑몰에 점포를 구입할지를 고려하고 있다고 가정하자. 매입가격은 $50만이다. 점포의 추정 영업기간은 5년이고 5년 후에는 완전히 재건축을 해야 한다. 예상되는 연간 매출액과 비용은 표 7. 2에 나타나 있다.

표 7.2 평균회계수익률법을 위한 예상 연간 수익과 비용

	1년차	2년차	3년차	4년차	5년차
수익	$433,333	$450,000	$266,667	$200,000	$133,333
비용	200,000	150,000	100,000	100,000	100,000
감가상각	100,000	100,000	100,000	100,000	100,000
세전 이익	$133,333	$200,000	$66,667	$ 0	$-66,667
세금(T_C = 0.25)*	33,333	50,000	16,667	0	- 16,667
순이익	$100,000	$150,000	$50,000	$ 0	-$ 50,000

$$평균순이익 = \frac{(\$100,000 + 150,000 + 50,000 + 0 - 50,000)}{5} = \$50,000$$

$$평균투자액 = \frac{(\$500,000 + 400,000 + 300,000 + 200,000 + 100,000 + 0)}{6} = \$250,000$$

$$AAR = \frac{\$50,000}{\$250,000} = 0.20 \text{ 또는 } 20\%$$

* 법인세율 = T_C. 기업의 나머지 부분에서 이익을 창출한다면 5년차에 돌려받는 세금은 -$1만6,667가 발생한다. 프로젝트의 손실은 기업 전체적인 측면에서 볼 때 세금감면효과가 있다.

를 나타낼 것으로 예상된다.

프로젝트의 평균회계수익률(AAR)을 구하기 위해 평균순이익을 평균투자액으로 나눈다. 이는 다음의 세 가지 절차에 의해 수행된다.

1단계: 평균순이익 산출 순이익은 순현금흐름에서 감가상각과 세금을 제외하여 산출한다. 감가상각은 현금유출이 아니다.[1] 대신 이는 점포의 투자가치가 매년 감소한다는 사실을 반영한다.

프로젝트는 5년의 내용연수를 갖고 5년 후에는 잔존가치가 없는 것으로 가정한다. 초기 투자비용은 $50만이고 5년 후에는 가치가 없어지므로 매년 $10만의 가치가 사라지는 것으로 간주한다. 이 같은 감가상각법을 **정액감가상각법**(straight-line depreciation)이라고 한다. 순이익을 산출하기 위해서는 표 7. 2에서 보는 바와 같이 세전 현금흐름에서 감가상각과 세금을 차감한다. 순이익은 첫해 $10만, 2년차 $15만, 3년차 $5만, 4년차 $0, 마지막 연도에 −$50,000이다. 따라서 프로젝트 기간 중 평균순이익은 다음과 같다.

평균순이익:

[$100,000 + 150,000 + 50,000 + 0 + (−50,000)]/5 = $50,000

1 감가상각에 대해서는 다음 장에서 보다 자세히 설명된다.

2단계: 평균투자액 산출 앞에서 언급한 바와 같이 감가상각으로 인해 점포에 대한 투자가치는 매년 감소하게 된다. 매년 감가상각비는 $10만이므로 0차연도 말의 가치는 $50만이고 1년차 말의 가치는 $40만이다. 그렇다면 투자기간 동안 투자의 평균가치는 얼마인가?

기계적으로 계산하면 다음과 같다.

평균투자금액:

[$500,000 + 400,000 + 300,000 + 200,000 + 100,000 + 0)]/6 = $250,000

분모는 5가 아닌 6이 된다. 왜냐하면 $50만의 투자가 일어난 시점은 5년 프로젝트 기간의 기초였고 가치가 $0가 되는 시점은 6차연도 기초이기 때문이다. 즉 식 7. 2의 괄호 안에는 6개의 항이 있다.

3단계: AAR 산출 평균회계수익률은 간단히 다음과 같이 계산된다.

$$\text{AAR} = \frac{\$50,000}{\$250,000} = 0.20 \text{ 또는 } 20\%$$

만약 기업의 목표회계수익률이 20%보다 높다면 이 프로젝트는 기각될 것이며, 20%보다 낮다면 채택될 것이다.

평균회계수익률법 분석

이제 AAR 방법의 문제점을 알 수 있을 것이다.

AAR 방법의 가장 큰 결점은 올바른 원천자료를 이용할 수 없다는 것이다. 이 방법은 순이익과 투자의 장부가치를 이용하는데, 이는 모두 회계장부로부터 수집된다. 하지만 회계수치는 다소 자의적일 수 있다. 예를 들어 건물비용과 같은 현금유출은 현행 회계기준 하에서 감가상각된다. 반면 유지관리비와 같은 현금흐름은 비용 처리된다. 따라서, 특정 항목에 대해 감가상각을 할지 비용처리를 할지에 대한 의사결정은 판단사항이 된다. 즉, 순이익이나 평균투자액과 같이 AAR 방법에서 이용되는 기초자료는 회계부서의 판단에 영향을 받게 된다. 반면 NPV 방법은 현금흐름을 사용하므로 회계적 판단이 현금흐름에 영향을 미치지 않는다.

둘째, AAR은 화폐의 시간가치를 고려하지 않고 있다. 앞의 예제에서 만약 첫해에 발생한 순이익 $10만가 마지막 해에 발생했더라도 AAR은 동일하다. 하지만 NPV법에 의하면 현금유입이 5년차에 이루어졌으므로 NPV가 더 낮게 계산될 것이다. 앞에서 언급한 바와 같이 NPV 방법은 적정한 할인을 해 준다.

셋째, 회수기간법에서 기준일의 선택이 자의적이었던 것처럼, AAR 방법도 목표수익률이 무엇인가에 대한 명확한 기준이 없다. 즉 AAR은 중요한 경제적 의미에서의 수익률은 아니다. 대신 이는 두 회계수치의 비율로 자본시장에서 제시되는 그 어떤 수익률과도 비교가능 대상이 아니다.[2]

2 AAR은 총자산순이익률(ROA)과 매우 밀접하다. 실무에서는 매년 ROA를 계산하고 이들의 평균을 통해 AAR을 산출하기도 한다. 이 같은 과정을 거쳐 산출된 AAR은 본서에서 설명된 방법을 통해 산출한 AAR과 일치하진 않지만 상당히 유사하게 된다.

이 같은 문제점에도 불구하고 AAR 방법은 회수기간법과 마찬가지로 실무에서 현금흐름할인법의 '대용'방법으로 사용된다. 그것은 아마도 계산이 쉽고 자료도 쉽게 획득할 수 있기 때문일 것이다. 또한 주주나 언론들은 기업의 전반적인 수익성에 높은 관심을 보인다. 따라서 일부 경영진들은 프로젝트가 NPV 관점에서 보면 부족할지라도 단기에 이익을 창출하는 프로젝트를 선택해야 하는 부담감을 가질 수 있다. 이들 경영진들은 필요 이상으로 개별프로젝트의 AAR에 초점을 맞추곤 한다.

7. 5 내부수익률법

이제 NPV 방법의 가장 중요한 대안법으로, IRR이라고 알려져 있는 내부수익률법에 대해 살펴볼 차례이다. IRR은 실제로 NPV를 구하지 않고 NPV와 유사한 결과를 도출하게 해 준다. IRR 방법의 기본적 원리는 프로젝트의 장점을 정리할 수 있는 단일 수치를 제공하는 것이다. 그 수치는 자본시장에서 보편화되어 있는 이자율에 의해 결정되지 않는다. 이것이 이를 내부수익률이라고 부르는 이유이다. 이 수치는 프로젝트에 대해 내부적 또는 본질적인 것으로 프로젝트의 현금흐름을 제외한 그 어떤 것에도 영향을 받지 않는다.

예를 들어, 그림 7. 2의 간단한 프로젝트(−\$100, \$110)를 고려해 보자. 주어진 할인율에 의해 이 프로젝트의 순현재가치는 다음과 같이 계산된다.

$$\text{NPV} = -\$100 + \frac{\$110}{1 + R}$$

여기서 R은 할인율이다. 그렇다면 프로젝트의 NPV가 0이 되게 하는 할인율은 얼마일까? 일단 할인율을 자의적으로 8%로 가정하고 시작해 보면 다음과 같다.

$$\$1.85 = -\$100 + \frac{\$110}{1.08}$$

이 식에서 NPV는 양수가 나오므로 더 높은 할인율, 12%를 적용시켜 보자.

$$-\$1.79 = -\$100 + \frac{\$110}{1.12}$$

위 식에서는 NPV가 음수가 나오므로 할인율을 조금 낮추어 10%를 적용해 보면:

$$0 = -\$100 + \frac{\$110}{1.10}$$

시행착오법을 통해 프로젝트의 NPV는 R이 10%일 때 0이 되는 사실을 알 수 있다.[3] 여기서 10%를 **내부수익률(internal rate of return: IRR)**이라고 한다. 일반적으로 IRR은 프로젝트의 NPV를 0으로 만드는 할인율이다. 이 내부수익률이 의미하는 바는 상당히 단순하다. 만약 할인율이 10%라면 내부수익률이 10%이므로 기업은 프로젝트의 기각이나 채택에 있어 무차별하고, 할인율이 10% 이하이면 채택, 10% 이상이면 기각하여야 한다.

3 물론 이 예제에서 NPV를 0으로 세팅한 후 R을 직접 구할 수 있다. 하지만 현금흐름이 장기간에 걸쳐 이루어지는 경우 R은 직접 구할 수 없다. 대신 시행착오법을 이용한다.

그림 7.2

단순 프로젝트의 현금흐름

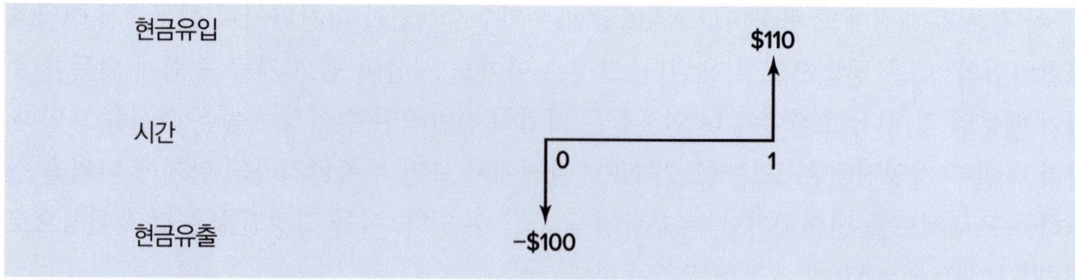

그림 7.3

다소 복잡한 프로젝트의 현금흐름

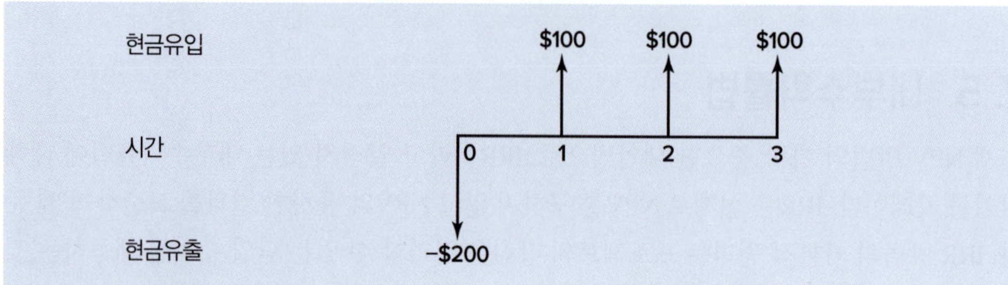

IRR을 이용한 투자규칙은 명확하다.

만약 IRR이 할인율보다 높으면 프로젝트를 채택하고 IRR이 할인율보다 낮으면 프로젝트를 기각하라.

이를 기본적 IRR 규칙이라고 한다. 이제 그림 7.3에 있는 조금 더 복잡한 예제(−$200, $100, $100, $100)를 살펴보기로 하자.

앞의 예제와 마찬가지로 내부수익률을 구하기 위해 시행착오법을 사용해보자. 20%와 30%를 적용해보면 다음과 같은 결과가 도출된다.

할인율	NPV
20%	$10.65
30	- 18.39

여러 차례 시행착오를 통해 할인율이 23.37%가 될 때 프로젝트의 NPV가 0이 되는 것을 발견했다. 따라서 IRR은 23.37%이다. 만약 할인율이 20%라면 양(+)의 NPV를 갖게 되어 이 프로젝트는 선택될 것이다. 하지만 할인율이 30%라면 이 프로젝트는 기각될 것이다.

수학적으로 IRR은 다음 식에서 미지수이다.[4]

$$0 = -\$200 + \frac{\$100}{1 + \text{IRR}} + \frac{\$100}{(1 + \text{IRR})^2} + \frac{\$100}{(1 + \text{IRR})^3}$$

그림 7.4는 프로젝트에서 IRR이 어떤 의미인지를 설명한다. 그림은 NPV를 할인율의 함수로 나타내고 있다. 그래프는 할인율을 나타내는 X축에서 IRR인 23.37%를 지나가고 있고 이는 NPV가 0이 되는 할인율을 의미한다.

또한 할인율이 IRR보다 낮으면 NPV는 양(+)을 나타내고, 할인율이 IRR보다 높으면

4 한 번의 기초 현금유출과 이어 발생하는 두 차례의 현금유입과 관련된 문제에서는 IRR을 직접 구할 수 있다. 예를 들어 두 번의 현금유입은 이차방정식을 필요로 한다. 하지만 일반적으로 여러 차례에 걸친 현금유입과 유출을 구하기 위해서는 시행착오법을 사용한다.

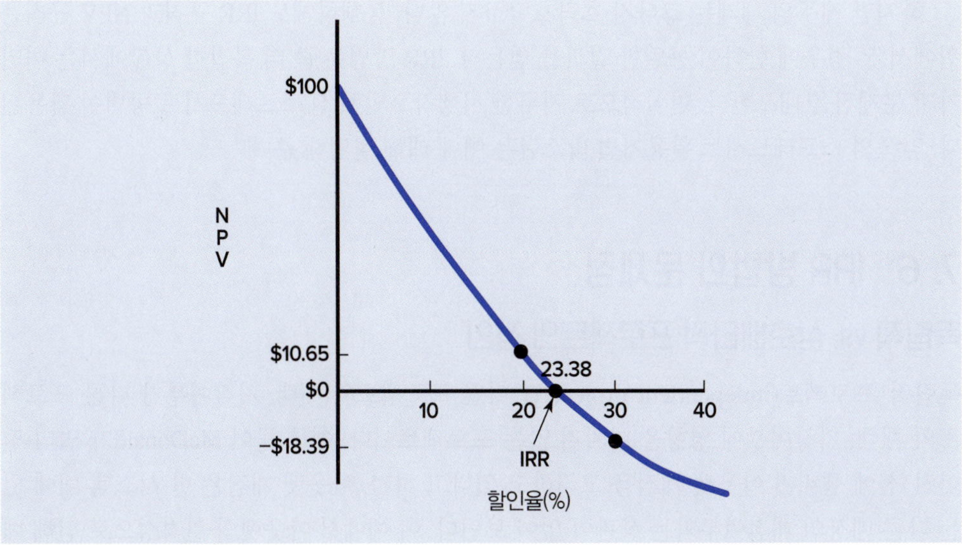

그림 7.4

다소 복잡한 프로젝트의 순현재가치(NPV)와 할인율

NPV가 음(−)을 나타내는 것도 명확하게 보여주고 있다. 이는 만약 이 예제에서와 같이 할인율이 IRR보다 낮은 경우 프로젝트를 채택하면 양(+)의 NPV 프로젝트를 채택하게 된다는 것을 의미한다. 따라서 IRR 규칙은 NPV 규칙과 정확하게 일치한다.

만약 이것이 전부라면 IRR 규칙은 항상 NPV 규칙과 일치할 것이다. 이는 대단한 발견이다. 왜냐하면 프로젝트의 IRR을 계산하면 NPV와 마찬가지로 고려 중에 있는 모든 프로젝트에 대해 우선순위를 정할 수 있다는 의미이기 때문이다. 예를 들어 IRR 규칙이 진정으로 맞다면, 20%의 IRR을 갖는 프로젝트는 15%의 IRR을 갖는 프로젝트보다 항상 우수할 것이다.

스프레드시트 활용기법 스프레드시트를 이용한 IRR 계산

IRR을 직접 구하는 것은 반복적인 작업으로 많은 시간을 필요로 할 수 있으므로 재무계산기나 특별히 스프레드시트를 사용한다. 다양한 종류의 재무계산기를 사용하는 절차는 상당히 상이해서 일일이 설명하기 어려우므로 여기서는 스프레드시트 이용방법을 주로 설명한다. 아래 예에서 보듯이 스프레드시트 이용 방법은 매우 쉽다.

	A	B	C	D	E	F	G	H
1								
2	내부수익률계산을 위한 스프레드 사용법							
3								
4	초기비용이 $500이 소요되는 4년짜리 프로젝트가 있다고 가정하자. 프로젝트 기간 중 현금흐름은							
5	매년 $100, $200, $300, 그리고 $400이다. 이 프로젝트의 IRR은 얼마인가?							
6								
7		연도	현금흐름					
8		0	-$500					
9		1	100		IRR =	27.3%		
10		2	200					
11		3	300					
12		4	400					
13								
14								
15	셀 F9에 들어가야 할 식은 = IRR(C8:C12)이다. 하지만 이 식은 오답을 이끈다. 0차연도의 현금흐름은							
16	초기비용을 나타내므로 마이너스로 표시됨에 주의하라.							
17								

하지만 재무의 세계는 그다지 호락호락하지 않다. 불행하게도 IRR 규칙과 NPV 규칙은 위에서 본 경우에 한하여 동일한 결과를 얻는다. IRR 방법은 좀 더 복잡한 상황에서는 여러 가지 문제점을 내포한다. 현실적으로 지루한 시행착오법 대신 스프레드시트 방법이 활용된다. 앞쪽의 스프레드시트 활용기법 박스란은 이에 대해 설명해 준다.

7. 6 IRR 방법의 문제점

독립적 vs. 상호배타적 프로젝트의 정의

ExcelMaster coverage online
www.mhhe.com/RossCore6e

독립적 프로젝트(independent project)란 어떤 프로젝트의 채택, 기각여부가 다른 프로젝트의 채택, 기각여부에 영향을 미치지 않는 프로젝트이다. 예를 들어 McDonald가 멀리 떨어진 섬에 햄버거 아웃렛 개점을 고려하고 있다고 하자. 아웃렛 개점은 현 시스템 내에 있는 다른 매장의 개점여부와는 상관이 없어 보인다. 이 예에서 아웃렛의 원격성으로 인해 매장의 개점은 다른 매장의 매출에 영향을 미치지 않는다는 것을 확실하게 하고 있다.

또 다른 극단적인 예인 **상호배타적 투자(mutually exclusive investment)**에 대해 알아보자. 프로젝트 A와 B가 상호배타적이라는 것은 무엇을 의미하나? 프로젝트 A를 채택하거나 B를 채택하거나 또는 A와 B 모두 기각할 수 있지만 두 프로젝트를 모두 채택할 수는 없는 경우이다. 예를 들어 프로젝트 A는 당신이 소유하고 있는 대지에 아파트를 건설할지에 대한 의사결정이고 프로젝트 B는 그곳에 영화관을 건설할지에 대한 의사결정이다.

먼저 독립적 프로젝트뿐 아니라 상호배타적 프로젝트에도 영향을 미치는 IRR 방법의 두 가지 일반적인 문제점에 대해 살펴본다. 다음으로 상호배타적 프로젝트에만 영향을 미치는 두 가지 문제점에 대해 논의한다.

독립적 vs. 상호배타적 프로젝트에 영향을 미치는 두 가지 일반적 문제점

다음과 같은 현금흐름을 갖는 프로젝트 A가 있다고 하자.

(– $100, $130)

프로젝트 A의 IRR은 30%이다. 표 7. 3은 이 프로젝트와 관련된 여러 가지 정보를 제공하고 있다. NPV와 할인율간의 관계는 그림 7. 5에 나타나 있다. 보는 바와 같이 NPV는 할인율이 상승함에 따라 감소한다.

표 7. 3 IRR과 NPV

	프로젝트 A			프로젝트 B			프로젝트 C		
일자:	0	1	2	0	1	2	0	1	2
현금흐름	- $100	$130		$100	- $130		- $100	$230	- $132
IRR		30%			30%		10%	그리고	20%
NPV @10%		$18.20			- $18.2			$0	
채택되기 위한 시장금리		<30%			>30%		>10%	하지만	<20%
자금조달 또는 투자		투자			자금조달			혼합	

문제점 1: 투자 또는 자금조달? 다음과 같은 현금흐름을 갖는 프로젝트 B를 살펴보자.

$100, − $130

이 현금흐름은 프로젝트 A의 현금흐름과 정확하게 반대이다. 프로젝트 B에서 기업은 먼저 자금을 받고 나중에 자금을 지급한다. 일반적이지는 않지만 이 같은 형태의 프로젝트는 존재한다. 예를 들어 참석자들이 먼저 참가비를 지급하는 세미나의 경우를 생각해 보자. 세미나 당일에 많은 자금이 소요되므로 현금유입이 현금유출보다 선행된다.

$$-\$4 = +\$100 - \frac{\$130}{1.25}$$
$$\$0 = +\$100 - \frac{\$130}{1.30}$$
$$\$3.70 = +\$100 - \frac{\$130}{1.35}$$

프로젝트 A와 마찬가지로 IRR은 30%이다. 하지만 할인율이 30% 미만이 되면 NPV는 마이너스가 된다. 반대로 할인율이 30% 초과가 되면 NPV는 양이 된다. 따라서 의사결정규칙은 앞의 예와 정확하게 반대가 된다. 이 같은 형태의 프로젝트에 대한 의사결정규칙은

IRR이 할인율보다 낮으면 프로젝트를 채택하라. 하지만 IRR이 할인율보다 높으면 프로젝트를 기각하라.

이같이 보기 드문 의사결정규칙은 그림 7. 5의 프로젝트 B의 그래프로 나타낼 수 있다. 곡선은 우상향을 나타내고 있고 이는 NPV가 할인율과 정관계를 보이고 있음을 의미한다.

이 그래프는 직관적 의미를 전달해 준다. 어떤 기업이 즉시 $100가 필요하다고 가정하자. 이 기업은 (1) 프로젝트 B를 채택하든지, (2) 은행으로부터 $100를 차입할 수 있다. 따라서 프로젝트는 차입의 대체안이 될 수 있다. 이 경우 IRR이 30%라면 프로젝트 B를 채택하는 것은 은행에서 30%의 금리로 차입하는 것과 동일해진다. 만약 기업이 은행으로부터 25%의 금리로 자금조달을 할 수 있다면, 프로젝트를 기각해야 하지만 35% 금리로 차입한

그림 7. 5 프로젝트 A, B와 C의 NPV와 할인율

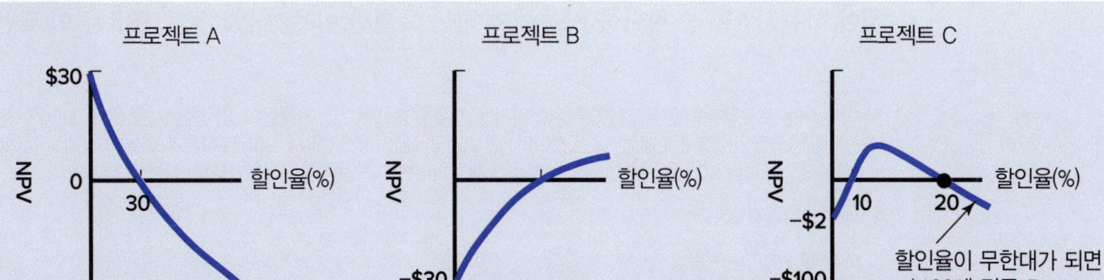

- 프로젝트 A는 시점 0에서 현금유출이, 시점 1에서는 현금유입이 발생한다. NPV는 할인율과 역관계를 나타낸다.
- 프로젝트 B는 시점 0에서 현금유입이, 시점 1에서는 현금유출이 발생한다. NPV는 할인율과 정관계를 나타낸다.
- 프로젝트 C는 현금흐름에서 두 번 부호가 바뀐다. 시점 0에서는 현금유출이, 시점 1에서는 현금유입이, 시점 2에서는 다시 현금 유출이 나타낸다.
- 현금흐름과 관련해서 두 번 이상 부호가 바뀌면 복수의 IRR을 갖게 된다.

다면 프로젝트를 채택해야 한다. 따라서 프로젝트 B는 할인율이 IRR보다 높은 경우에 한하여 채택될 것이다.[5]

이는 프로젝트 A와 대조를 보인다. 만약 기업이 투자할 자금 $100를 보유하고 있다면 (1) 프로젝트 A를 채택하든지, (2) 은행에 $100를 예치할 수 있다. 따라서 프로젝트는 대출의 대체안이 된다. 이 경우 IRR은 30%이기 때문에 프로젝트 A를 채택하는 것은 30%의 금리로 대출해 주는 것과 동일해진다. 대출금리가 30% 이하면 프로젝트 A를 채택해야 하지만 대출금리가 30% 이상이 되면 프로젝트 A를 기각해야 한다.

기업이 기초에 프로젝트 A에서는 자금을 지불하고 프로젝트 B에서는 자금을 지급받으므로 프로젝트 A는 **투자형태의 프로젝트**(investing type project)라고 하고 프로젝트 B는 **자금조달형태의 프로젝트**(financing type project)라고 한다. 투자형태의 프로젝트가 일반적이다. IRR의 경우 자금조달형태의 프로젝트에서는 반대의 결과가 나오므로 이 같은 형태의 프로젝트에 대한 의사결정 시 주의해야 한다.

문제점 2: 복수의 수익률 프로젝트의 현금흐름이 다음과 같다고 가정하자.

(− $100, $230, − $132)

이 프로젝트의 현금흐름은 음, 양, 다시 음으로 부호가 두 차례 변했다, 또는 '수시로 바뀌었다(flip-flops)'고 이야기할 수 있다. 이 같은 형태의 현금흐름은 처음에는 다소 이상하게 보일지 모르지만 많은 프로젝트가 현금유입 후에 현금유출이 발생하곤 한다. 이에 대한 예로서 광산개발을 들 수 있다. 이 같은 프로젝트의 첫 번째 단계는 광산발굴을 위한 초기투자이다. 광산을 운영함으로써 발생하는 이익을 수취하는 것이 두 번째 단계이고, 세 번째 단계는 땅을 교정하고 환경보호를 위한 추가적인 투자로서 현금유출을 수반한다.

리스계약을 통해 자금조달이 이루어진 프로젝트도 비슷한 형태의 현금흐름을 보인다. 리스는 상당한 규모의 세금 보조금을 제공하기도 하므로 초기투자 이후에 현금유입을 창출할 수 있다. 하지만 세금 보조금은 시간이 경과함에 따라 감소하고 후반부에는 음(−)의 현금흐름을 이끈다(리스에 관한 보다 자세한 내용은 나중에 다시 설명한다).

이 프로젝트가 한 개가 아닌 10%와 20%, 두 개의 IRR을 가진다는 사실을 증명하는 것은 어렵지 않다.[6] 이와 같은 경우 IRR은 의미가 없다. 10%와 20%의 IRR 중 어느 것을 사용해야 하는가? 둘 중 하나를 사용해야 하는 특별한 이유가 없으므로 IRR은 이 같은 경우 사

---

5 이 논의는 프로젝트의 현금흐름이 무위험이라는 사실을 함축적으로 가정한다. 이 같은 가정 하에, $100가 필요한 기업에 대해 차입률을 할인율로 간주할 수 있는 것이다. 만약 현금흐름이 무위험이 아니라면 다른 할인율이 선택될 것이다. 이 경우에도 IRR이 할인율보다 낮은 경우에 한해 프로젝트가 채택된다는 의사결정의 직관은 여전히 적용될 것이다.

6 계산은 다음과 같다:

$$-\$100 + \frac{\$230}{1.1} - \frac{\$132}{1.1^2}$$

$$0 = -\$100 + 209.09 - 109.09$$

그리고:

$$-\$100 + \frac{\$230}{1.2} - \frac{\$132}{1.2^2}$$

$$0 = -\$100 + 191.67 - 91.67$$

따라서 복수의 수익률을 갖는다.

용할 수 없다.

이 프로젝트는 왜 복수의 수익률을 갖는가? 프로젝트 C는 최초 투자 이후 현금유입과 유출이 모두 발생하므로 복수의 수익률을 갖는다. 일반적으로, 이 같이 현금유출입의 부호가 두 차례 이상 변화하는 경우 복수의 IRR을 갖게 된다. 이론적으로 부호가 K번 바뀌는 현금흐름의 경우 K개의 IRR을 갖게 된다(−100% 이상의 IRR).[7] 따라서 프로젝트 C는 부호가 두 차례 바뀌었으므로 두 개의 IRR을 갖게 된다. 앞에서 지적한 바와 같이 현금흐름의 부호가 반복적으로 바뀌는 프로젝트는 현실에서 얼마든지 발생할 수 있다.

NPV 규칙 복수의 수익률에 대해 너무 우려할 필요는 없다. NPV 의사결정규칙을 사용하면 된다. 그림 7. 5는 프로젝트 C(−\$100, \$230, −\$132)의 NPV를 할인율의 함수로 나타낸 것이다. 그림에서 보는 바와 같이 NPV는 10%와 20%에서 0이 되며, 그 범위 밖에서는 음이 된다. 따라서 NPV 규칙에 따라 적정한 할인율이 10%에서 20% 사이인 경우 이 프로젝트를 채택하면 된다. 만일 할인율이 이 범위를 벗어나면 프로젝트는 기각되어야 한다. 물론 프로젝트의 현금흐름 부호가 단 한 차례만 바뀌는 경우에는 기껏해야 하나의 IRR이 존재할 것이다.

앞의 NPV 기준은 세 가지 경우가 동일하다. 즉, NPV 분석은 항상 적정한 반면 IRR은 특정한 경우에만 사용될 수 있다. NPV를 사용하는 경우 "당신은 내가 사용한 방법을 이용한다면 손해는 보지 않을 것"이라는 설교자의 말을 적용시킬 수 있을 것이다.

일반 규칙 다음 차트는 의사결정규칙을 정리한다.

흐름	IRR수	IRR기준	NPV기준
첫 번째 현금흐름은 음(−)이고 나머지 모든 현금흐름은 양(+)	1	채택 if IRR 〉 R 기각 if IRR 〈 R	채택 if NPV 〉 0 기각 if NPV 〈 0
첫 번째 현금흐름은 양(+)이고 나머지 모든 현금흐름은 음(−)	1	채택 if IRR 〈 R 기각 if IRR 〉 R	채택 if NPV 〉 0 기각 if NPV 〈 0
첫 번째 이후의 현금흐름이 일부 음(−)이고 일부 양(+)	1 이상	유효한 IRR 없음	채택 if NPV 〉 0 기각 if NPV 〈 0

상호배타적 프로젝트에 대한 문제점

앞에서 언급한 바와 같이 기업이 둘 또는 그 이상의 프로젝트 중 불과 하나만을 선택해야 하는 경우가 상호배타적 프로젝트라고 하였다. 상호배타적 프로젝트에 대해 IRR을 적용하는데 있어 발생하는 두 가지 문제점을 논의해 본다. 이들 두 문제점은 논리적으로 차이가 있지만 상당히 유사한 것이다.

규모의 문제 어떤 교수가 다음과 같은 주제로 학생들이 토의를 하는 데 흥미를 느끼게 한다. "학생들, 내가 두 개의 상호배타적 사업제안을 준비했는데 이들 중 하나를 선택할 수 있

7 보다 정확하게, 가능한 복수의 IRR 개수는 위대한 수학자 겸 철학자 겸 재무분석가인 Descartes(나는 생각한다, 고로 나는 존재한다)에 의해 산출될 수 있다. Descartes의 Rule of sign에 따르면−100%보다 큰 IRR의 최대 개수는 부호변경 횟수와 동일하거나 짝수 수만큼 상이하다. 예를 들어 다섯차례 부호변경이 이루어진다면 IRR은 5개, 3개 또는 1개가 된다. 부호변경이 두차례 이루어지면, IRR은 2개 또는 0개가 된다.

습니다. 제안 1은 여러분이 나에게 지금 $1를 주고 수업이 끝날 때 내가 여러분에게 $1.50를 되돌려 주는 겁니다. 제안 2는 여러분이 나에게 지금 $10를 주고 수업 끝날 때 내가 여러분에게 $11를 되돌려 주는 겁니다. 여러분은 두 제안 중 하나만을 선택할 수 있습니다. 자, 첫번째 지원자를 뽑겠습니다."

여러분은 어떤 제안을 선택할 것인가? 정답은 제안 2이다.[8] 왜 그런가를 살펴보기 위해 다음 표를 보자.

	수업시작 시점의 현금흐름	수업종료 시점의 현금흐름(90분 후)	NPV 7[9]	IRR
제안 1	-$ 1	+$ 1.05	$0.50	50%
제안 2	-$10	+$11.00	1.00	10%

앞에서 강조한 바와 같이 학생들은 더 높은 NPV를 가진 제안을 선택해야 하므로 이 예제에서는 제안 2이다. 또는 학생 중 한 명은 다음과 같이 설명한다. "나는 교수님보다 더 훌륭하므로 내 돈을 회수할 수 있다는 것을 안다. 내 지갑에 지금 $10가 있으므로 두 가지 제안 중 하나를 선택할 수 있다. 제안 2를 선택함으로써 수업이 끝날 때 내가 좋아하는 전자게임을 두 차례 할 수 있을 것이고 여전히 나의 투자는 안전하고 건전하다. 제안 1의 이익을 가지고는 전자게임을 한 차례밖에는 할 수 없다."

이 사업제안은 내부수익률법에 의한 의사결정 기준에 결점이 있다는 사실을 설명해 준다. 기본적인 IRR 규칙은 제안 1의 IRR이 50%이고 제안 2의 IRR은 10%이므로 제안 1을 선택하게 한다.

IRR에 따른 의사결정은 어디서 잘못되었는가? IRR의 문제는 '규모(scale)' 이슈를 고려하지 않은 데 있다. 제안 1은 더 높은 IRR을 보이고 있지만 투자규모는 훨씬 작다. 즉 제안 2의 훨씬 규모가 큰 투자에 대한 남부럽지 않은 수익[10] 규모가 제안 1의 높은 수익률을 상쇄

예제 7.3

NPV와 IRR

Stanley Jafe와 Sherry Lansing은 '기업재무: 영화<Corporate Finance: The Motion Picture>'의 판권을 구입했다. 그들은 이 영화를 소형자본 또는 대형자본을 가지고 제작하려고 한다. 추정되는 현금흐름은 다음과 같다.

	시점 0의 현금흐름	시점 1의 현금흐름	NPV @25%	IRR
소형자본	-$1,000만	$4,000만	$2,200만	300%
대형자본	-$2,500만	6,500만	2,700만	160

고위험으로 인해 25%의 할인율이 적당한 것으로 생각된다. Sherry는 대형자본이 더 높은 NPV를 창출하므로 대형자본을 선택하기 원한다. 반면 Stanley는 소형자본이 더 높은 IRR을 나타내므로 소형자본을 선택하기 원한다. 누가 올바른 의사결정을 할 것인가?

8 교수는 이를 설명하기 위해 실제 돈을 사용한다. 많은 학생들이 지난 1년간 이 교수의 시험에서 좋지 못한 성적을 보였지만 제안1을 선택한 학생은 한명도 없다. 교수는 2의 학생들을 '경기에 강한 사람들(money players)'이라고 칭한다.

9 수업시간은 단지 90분에 불과하므로 이자율은 0으로 가정한다. 좀더 오랜 기간도 마찬가지일 것이다.

10 10%는 90분 시간을 고려할 때 충분하고도 남는 수익률이다.

시키고도 남은 것이다.

IRR이 투자의사결정을 잘못 인도하는 것 같은데 이를 수정하거나 정정할 수 있을까? 다음 예제에서 이 방법에 대해 설명한다.

앞의 교실 예에서 지적한 이유와 같이 규모의 문제로 인해 NPV가 더 옳다고 할 수 있다. 따라서 Sherry가 맞다. 하지만 Stanley는 계속해서 IRR의 정당성에 대해 주장한다. Sherry는 Stanley에게 대형자본의 정당성을 어떻게 설득시킬 수 있는가?

여기서 **증분**(incremental) IRR 개념이 대두된다. Sherry는 소자본 대신 대형자본을 선택함으로써 다음과 같은 증분현금흐름을 구할 수 있다.

	시점 0의 현금흐름(단위: $백만)	시점 1의 현금흐름(단위: $백만)
소자본 대신 대형자본을 선택함으로써 증분되는 현금흐름	- $25 - (- 10) = - $15	$65 - 40 = $25

이 도표는 증분현금흐름이 시점 0에서는 −$1,500만, 시점 1에서는 $2,500만임을 보여주고 있다. Sherry는 증분현금흐름을 다음과 같이 구한다.

증분 IRR을 계산하는 식:

$$0 = -\$15{,}000{,}000 + \frac{\$25{,}000{,}000}{1 + \text{IRR}}$$

이 식에서 IRR은 66.67%로, 이는 증분 IRR이 66.67%임을 의미한다. 증분 IRR은 소자본 대신 대형자본을 선택함으로써 발생하는 증분투자에 대한 IRR이다.

또한 증분현금흐름에 대한 NPV는 다음과 같이 계산된다.

증분현금흐름의 NPV:

$$-\$15{,}000{,}000 + \frac{\$25{,}000{,}000}{1.25} = \$5{,}000{,}000$$

소자본 영화프로젝트는 NPV가 0보다 크므로 독립적 프로젝트로서는 채택되어야 한다는 사실을 안다. 궁금한 것은 소자본 영화 대신 대형자본 영화를 제작하기 위해 추가로 $1,500만를 투자하는 것이 과연 현명한 일인가 하는 점이다. 즉, 내년에 $2,500만를 더 벌기 위해 $1,500만를 추가로 투자하는 것이 유익한 일인가? 먼저 앞의 계산에서 증분투자에 대한 NPV는 0보다 큰 것으로 나타났다. 둘째로 증분 IRR은 66.67%로 할인율 25%보다 높다. 이 같은 두 가지 이유로 증분투자는 합리화될 수 있다. 따라서 대형자본 영화가 제작되어야 한다. 특히, 두 번째 이유는 Stanley가 확신을 갖게 하기 위해 필요한 것이다.

정리하면, 이 예(또는 어떤 상호배타적 예)는 세 가지 방법 중 하나를 이용하여 의사결정을 할 수 있다.

1. 두 대안의 NPV 비교 대형자본 영화의 NPV가 소자본 영화의 NPV보다 더 크다. 즉 $2,700만가 $2,200만보다 크다.
2. 소자본 영화대신 대형자본 영화 제작으로 인한 증분 NPV 계산 증분 NPV가 $500만이므로 대형자본 영화제작을 선택한다.

3. **증분 IRR과 할인율의 비교** 증분 IRR이 66.67%이고 할인율은 25%이므로 대형자본 영화제작을 선택한다.

세 가지 방법이 동일한 결과를 얻지만 두 대안의 IRR을 비교하면 안 된다. 만약 그렇게 한다면 잘못된 의사결정을 하게 되어 소자본 영화제작을 채택하게 될 것이다.

학생들은 규모의 문제가 그다지 중요하지 않다고 생각할지 모르지만 실제는 그렇지 않다. 유명한 요리사가 종종 TV에서 "나는 당신의 밀가루에 대해 잘 모른다. 하지만 내가 구입한 밀가루는 간이 맞추어져 나오지 않는다"고 말한다. 동일한 논리가 자본예산에도 적용될 수 있다. 현실적으로 볼 때 정확한 규모를 측정할 수 있는 프로젝트는 없다. 대신 기업이 프로젝트를 위한 최선의 규모를 결정해야 한다. $2,500만의 영화제작 예산은 고정된 것이 아니다. 빅스타를 출연시키거나 더 좋은 장소에서 촬영하기 위해 추가로 $100만를 지급하면 영화제작비는 늘어난다. 이와 유사하게, 제조업체들은 창고를 50만feet^{2}로 할지 60만feet^{2}로 할지 결정해야 한다. 이 장 앞에서 논의한 McDonald의 점포개설과 관련해서도 얼마나 점포를 크게 개설할지 결정해야만 한다. 대부분의 프로젝트에서 기업에 있는 누군가는 프로젝트의 규모를 결정해야 한다. 이는 현실적으로 규모의 문제에 많이 직면하고 있다는 사실을 의미한다.

마지막으로 주의할 것은 학생들이 대개 증분흐름을 계산할 때 어떤 프로젝트에서 어떤 프로젝트를 차감하여야 하는가를 질문한다는 점이다. 큰 프로젝트에서 작은 프로젝트의 현금흐름을 차감하여 시점 0에서 현금 '유출'을 생성시켜야 한다. 그 다음 증분흐름에 대해 기본적인 IRR을 활용한다.[11]

시점의 문제 다음은 상호배타적 프로젝트를 평가할 때 IRR 방법이 가지는 또 다른 문제점

예제 7.4

상호배타적 투자

Kaufold사는 창고 사용과 관련하여 두 가지 대안을 가지고 있다. 하나는 유독성 폐기물 컨테이너를 보관하는 것이고(투자안 A), 다른 하나는 전자장비를 보관하는 것(투자안 B)이다. 두 대안의 현금흐름은 다음과 같다.

	연도별 현금흐름				NPV			
연도	0	1	2	3	@0%	@10%	@15%	IRR
투자안 A	-$10,000	$10,000	$1,000	$ 1,000	$2,000	$669	$109	16.04%
투자안 B	-10,000	1,000	1,000	12,000	4,000	751	-484	12.94

낮은 할인율에서는 투자안 B의 NPV가, 높은 할인율에서는 투자안 A의 NPV가 더 크다는 것을 알 수 있다. 현금흐름패턴을 자세히 살펴보면 이는 당연한 결과이다. 투자안 A의 현금흐름은 상대적으로 초기에 많이 발생하는 반면, 투자안 B의 현금흐름은 나중에 발생한다. 만약 높은 할인율을 가정한다면 초기에 받는 현금(예를 들어 1차연도에 $1만)을 그 이자율로 재투자할 수 있다는 것을 암묵적으로 가정하고 있기 때문에 투자안 A가 더 효율적이다. 반면 투자안 B의 경우는 대부분의 현금흐름이 3차연도에 발생하므로 낮은 할인율에서 상대적으로 높은 가치를 갖게 된다.

11 대체안으로 작은 프로젝트에서 큰 프로젝트의 현금흐름을 차감하여 시점 0에서의 현금유입을 0으로 만들 수도 있다. 그 다음 자금조달 상황에서의 IRR을 활용하면 된다. 이 방법은 사용 가능하지만 다소 혼란을 불러일으킬 수 있다.

에 대해 설명한다.

두 프로젝트의 현금흐름패턴은 그림 7. 6에 나타나 있다. 프로젝트 A는 할인율이 0%일 때 $2,000의 NPV를 갖는다. 이는 할인없이 현금흐름을 단순히 합쳐서 계산된다. 프로젝트 B는 0%의 할인율에서 $4,000의 NPV를 생성한다. 하지만 할인율이 증가함에 따라 프로젝트 B의 NPV는 프로젝트 A의 NPV보다 더 빠른 속도로 감소한다. 앞에서 언급한 바와 같이 이는 B의 현금흐름이 나중에 발생하기 때문이다. 두 프로젝트는 할인율이 10.55%일 때 동일한 NPV를 갖는다. IRR은 NPV를 0으로 만드는 할인율이며, B의 NPV가 더 빠른 속도로 감소하기 때문에 더 낮은 IRR을 갖는다.

앞에서 설명한 영화예제에서와 같이, 세 가지 다른 방법 중 하나를 통해 더 나은 프로젝트를 선택할 수 있다.

1. **두 프로젝트의 NPV 비교** 그림 7. 6은 이에 대한 논의를 도와준다. 만약 할인율이 10.55% 이하이면 프로젝트 B가 더 높은 NPV를 나타내므로 B를 선택해야 한다. 반면 할인율이 10.55% 이상이면 프로젝트 A가 더 높은 NPV를 나타내므로 A를 선택해야 한다.
2. **증분 IRR과 할인율의 비교** B가 더 나은 프로젝트라는 것을 알기 위한 또 다른 방법은 B의 현금흐름에서 A의 현금흐름을 차감하여 IRR을 구하는 것이다. 이것이 앞에서 언급한 증분 IRR법이다.

증분현금흐름은 다음과 같다.

	증분현금흐름의 NPV							
연도	0	1	2	3	증분 IRR	@0%	@10%	@15%
B-A	0	-$9,000	0	$11,000	10.55%	$2,000	$83	-$593

이 도표에서 증분 IRR은 10.55%이다. 즉 증분투자에 대한 NPV는 할인율이 10.55%일 때 0이 된다. 따라서 만약 적절한 할인율이 10.55%보다 낮으면 프로젝트 B가 A보다 선호되고, 적정 할인율이 10.55%보다 높으면 프로젝트 A가 B보다 선호되는 것이다.[12]

3. **증분현금흐름의 NPV 계산** 마지막으로 증분현금흐름에 대한 NPV를 구할 수 있다. 두 번째 방법을 나타낸 도표에서 이에 대한 NPV를 보여주고 있다. 증분 NPV는 할인율이 0%이나 10%일 때는 0보다 크고, 반면 할인율이 15%일 때는 0보다 작다. 증분현금흐름에 대해 NPV가 양(+)의 수치를 나타내면 투자안 B를 선택해야 하고, 음(−)의 수치를 나타내면 투자안 A를 선택해야 한다.

정리하면, (a) 두 프로젝트의 NPV 비교, (b) 증분 IRR과 적정 할인율과의 비교, (c) 증분현금흐름에 대한 NPV 계산 등 세 가지 방법은 모두 동일한 의사결정에 이르게 한다. 하지

12 이 예제에서, 할인율이 10.55%일 때 두 프로젝트의 NPV가 동일하다는 것을 처음으로 보여주었다. 이것은 우연의 일치가 아니다. 이 같은 동일성은 항상 유지되어야만 한다. 증분 IRR은 증분현금흐름이 0의 NPV를 갖게 하는 금리이다. 증분현금흐름은 두 프로젝트가 동일한 NPV를 가질 때 0의 NPV를 갖는다.

그림 7.6

상호배타적 프로젝트의 순현재가치와 내부수익률

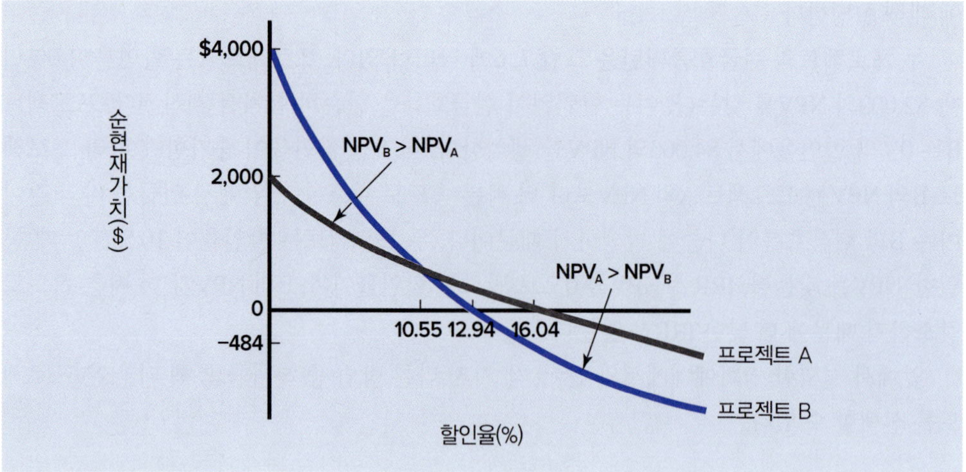

만 앞에서 언급한 바와 같이, 프로젝트 A와 B의 IRR을 비교해서는 안 된다.

앞에서 규모가 큰 프로젝트의 현금흐름에서 작은 프로젝트의 현금흐름을 차감해야 한다고 언급한 바 있다. 두 프로젝트의 초기투자 규모가 동일한 이 예에서는 어떻게 해야 할까? 이런 경우에는 0이 아닌 첫 번째 현금흐름이 음이 되게 차감을 실시하면 된다. 예를 들어, Kaufold사의 경우 프로젝트 B에서 A를 차감함으로써 이 결과를 얻었다. 이 같은 방법을 통해 현금흐름 평가에서 기본적 IRR법을 사용할 수 있다.

앞의 예제들은 상호배타적 프로젝트 평가 시 IRR법의 문제점들에 대해 언급하고 있다. 교수-학생 예제나 영화 예제는 모두 상호배타적 프로젝트가 상이한 초기투자 규모를 가질 때 발생하는 문제점들에 대해 설명했다. Kaufold사의 예제는 상호배타적 프로젝트가 상이한 현금흐름 시점을 가질 때 발생하는 문제점들에 대해 설명했다. 상호배타적 프로젝트를 평가할 때 반드시 규모의 문제가 존재하는지 시점의 문제가 존재하는지를 결정할 필요는 없다. 현실에서는 두 문제점이 동시에 발생하는 경우도 많다. 대신 실무자들은 단순히 증분 IRR이나 NPV 방법을 사용한다.

IRR법의 재고찰

IR법은 NPV가 충족시키지 못하는 부분을 보완해 줄 수 있으므로 여전히 존재한다. 사람들은 프로젝트에 대한 정보가 하나의 수익률로 정리되는 규칙을 선호하곤 한다. 이 단일수익률은 프로젝트를 논의하는 데 있어 간단한 방법으로 활용된다. 예를 들어 기업의 관리자는 다른 사람에게 "북쪽 부분의 리모델링에 대한 IRR은 20%이다"라고 말할 수 있다.

하지만, IRR법을 사용하는 기업들은 그것의 단점을 파악하고 있는 것으로 보인다. 예를 들어 기업들은 초기에 마이너스이고 나중에 플러스가 되는 현금흐름에 대한 관리자적 예측을 엄격하게 제한한다. 반면 복잡한 투자안에 대해 단일수치로 평가할 수 있고, 또 그 수치를 통해 설명이 용이하다는 장점으로 IRR은 여전히 존재하고 있는 것으로 보인다.

테스트

다음의 두 문장을 고려해 보자.

1. 당신은 프로젝트의 NPV를 구하기 위해서는 할인율을 알아야 하지만 IRR을 구하기 위해서는 할인율을 몰라도 된다.
2. 따라서 IRR 계산 시 할인율을 몰라도 되므로 IRR이 NPV보다 적용하기 더 쉽다.

첫 번째 문장은 사실이다. NPV를 산출하기 위해 할인율은 필수적이다. IRR은 NPV가 0이 되는 할인율을 구함으로써 계산된다. 단순계산 시 할인율에 대한 언급은 없다. 하지만 두 번째 문장은 옳지 않다. IRR을 적용하기 위해서는 내부수익률과 할인율을 비교해야 한다. 따라서 NPV나 IRR을 이용한 의사결정 시 할인율은 필요하다.

수정 IRR

IRR을 사용하는 경우 발생할 수 있는 문제점을 해결하기 위해 **수정 IRR(MIRR)**이 활용되기도 한다. 수정 IRR을 산출하는 방식은 다수 존재하지만 기본적인 아이디어는 우선 현금흐름을 수정하고 수정된 현금흐름을 활용하여 IRR을 계산하는 것이다.

이를 설명하기 위해 (−$60, +$155, −$100)과 같은 현금흐름을 갖는 프로젝트가 있다고 가정하자. 이 프로젝트의 IRR을 계산하면 25%와 33.3%, 두 개의 해답이 도출된다. 다음의 세 가지 방법을 통해 MIRR을 산출할 수 있으며 세 가지 방법 모두 하나의 해답만을 도출하여 복수의 해를 갖는 IRR의 문제점을 해결할 수 있다.

방법 1: 할인법 할인법은 모든 음의 현금흐름을 요구수익률로 할인하여 현재가치화하고 이를 초기비용과 합친 후 IRR을 계산하는 것이다. 이 방법을 활용하면 첫 수정 현금흐름만이 마이너스가 되어 단일 IRR을 산출할 수 있게 된다. 사용되는 할인율은 요구수익률이나 외부에서 제공되는 할인율을 활용할 수 있다. 본서에서는 프로젝트의 요구수익률을 사용한다. 프로젝트의 요구수익률이 20%라면 수정현금흐름은 다음과 같게 된다.

년 0 : $-\$60 + \frac{-\$100}{1.20^2} = -\$129.44$

년 1 : + $155

년 2 : $0

이 같은 수정 현금흐름의 IRR은 19.74%가 된다.

방법 2: 재투자법 재투자법은 프로젝트의 첫해 현금흐름을 제외한 모든 현금흐름에 대해 프로젝트의 마지막 해로 복리계산 한 후 IRR을 산출하는 것이다. 즉 현금흐름을 '재투자'하고 이를 프로젝트가 마감될 때까지 인출하지 않는 것이다. 복리계산에 활용되는 금리는 프로젝트의 요구수익률이나 분리하여 특징지어진 '재투자수익률'이다. 본서에서는 프로젝트의 요구수익률을 활용한다. 이 방법을 통한 수정 현금흐름은 다음과 같다.

년 0 : − $60

년 1 : $0

년 2 : – $100 + ($155 × 1.2) = $86

재투자법을 활용한 MIRR은 19.72%로 할인법에 의한 MIRR보다 조금 낮다.

방법 3: 결합법 이름에서 알 수 있듯이 결합법은 할인법과 재투자법을 합친 개념이다. 음의 현금흐름은 할인하여 현재가치화하고 양의 현금흐름은 프로젝트의 마지막으로 복리화한다. 실무에서는 상이한 할인율과 재투자율을 사용하기도 하지만 본서에서는 공통적으로 프로젝트의 요구수익률을 사용한다. 결합법을 활용한 수정현금흐름은 다음과 같다.

년 0 : $-\$60 + \dfrac{-\$100}{1.20^2} = -\$129.44$

년 1 : $0

년 2 : $155 × 1.2 = $186

결합법을 활용하는 경우 MIRR은 19.87%가 되어 세 방법 중 가장 높은 수치를 보였다.

MIRR과 IRR 중 어느 것이 더 우수한가? MIRR은 논란이 있을 수 있다. MIRR이 IRR보다 우수하다고 주장하는 측이 있을 수 있다. 그들은 의도적으로 복수의 수익률 문제로 인해 고통받지 않는 것처럼 한다. 반면 MIRR을 폄하하는 다른 측은 MIRR이 '의미없는 IRR'이라는 주장을 견지한다. 본 예제에서도 명확하게 한 바와 같이 MIRR의 한 가지 문제점은 MIRR을 산출하는 세 가지 방식 중 하나가 다른 두 가지 방법에 비해 우수하다고 이야기할 분명한 이유를 찾을 수 없다는데 있다. 본서의 예제에서는 세 가지 방법의 결과 차이 값이 매우 작았으나 보다 복잡한 프로젝트의 경우 방법론별 결과값의 차이가 확대될 수 있다. 더군다나 MIRR을 어떻게 해석할 것인가가 분명하지 않다. MIRR은 수익률인 것처럼 보이지만 이는 수정된 현금흐름의 수익률일뿐, 실제 현금흐름의 수익률은 아니다.

본서에서는 어느 한쪽 편의 손을 들어주지 않는다. 하지만 MIRR 계산 시 할인율, 재투자율, 그리고 두 수익률 모두 필요하며 이는 두 가지 분명한 사실을 이끈다는 것에 주목하라. 먼저 만일 적절한 할인율이 존재하는 경우 NPV를 계산하여 프로젝트를 평가하는 편이 낫다. 둘째로 MIRR은 외부에서 제공되는 할인율(또는 재투자율)에 따라 상이해 질 것이므로 산출된 수익률이 진정한 '내부' 수익률이 될 수 없고, 이는 정의상 단지 프로젝트의 현금흐름에 달려있다.

본서는 관련되어 자주 제기되는 한 가지 이슈에 대해 분명히 하고자 한다. 프로젝트의 가치는 그 프로젝트가 창출하는 현금흐름에 대해 기업이 무엇을 할 것인가와 전혀 관계가 없다는 점이다. 기업은 프로젝트가 창출하는 현금에 대해 다른 프로젝트를 위해 사용할 수도 있고, 배당금을 지급할 수도 있고, 경영자의 제트기를 구입하는데 사용할 수도 있다. 현금흐름을 미래에 어떻게 사용할 것인가는 오늘의 가치에 영향을 미치는 않는다. 결과적으로 중간과정의 현금흐름의 재투자는 일반적으로 고려할 필요가 없는 것이다.

7.7 수익성지수

프로젝트를 평가하는 또 다른 방법으로는 수익성지수(profitability index: PI)가 있다. 이는 초기투자 후의 미래기대 현금흐름의 현재가치를 초기투자액으로 나눈 비율이다. 수익성지수는 다음과 같은 식을 통해 구할 수 있다:

ExcelMaster coverage online
www.mhhe.com/RossCore6e

$$수익성지수(PI) = \frac{초기투자\ 후의\ 현금흐름의\ 현재가치}{초기투자} \quad [7.1]$$

예제 7.5

수익성 지수

Hiram Finnegan사는 두 투자안에 대해 12%의 할인율을 적용한다.

프로젝트	현금흐름($백만)			초기투자 후 현금흐름의 현재가치 @12%($백만)	수익성 지수	NPV @12% ($백만)
	C_0	C_1	C_2			
1	-$20	$70	$10	$70.5	3.52	$50.5
2	-10	15	40	45.3	4.53	35.3

수익성지수 계산

프로젝트 1의 수익성지수는 다음과 같이 계산된다. 초기투자 후의 현금흐름에 대한 현재가치는 다음과 같다.

$$\$70.5 = \frac{\$70}{1.12} + \frac{\$10}{1.12^2}$$

수익성지수는 위 식에서 얻은 결과에 초기투자액 $20를 나눔으로써 구할 수 있다.

$$3.52 = \frac{\$70.5}{\$20}$$

수익성지수의 적용 수익성지수를 어떻게 사용할 수 있을까? 세 가지 상황을 고려해 보자.

1. **독립적 투자** 예제 7. 5의 Hiram Finnegan사의 두 프로젝트가 독립적이라고 가정하자. NPV 규칙에 따르면 두 프로젝트의 NPV는 모두 양이므로 채택되어야 한다. NPV가 양이면 수익성지수(PI)는 1보다 크다. 따라서 수익성지수의 의사결정규칙은 다음과 같다.
   - 만약 PI > 1인 독립적 투자안이라면 채택하라.
   - 만약 PI < 1인 독립적 투자안이라면 기각하라.

2. **상호배타적 투자** Hiram Finnegan사가 두 프로젝트 중 한 프로젝트만을 채택할 수 있다고 가정하자. NPV 분석을 하면 프로젝트 1이 더 큰 NPV를 보이므로 프로젝트 1을 채택한다. 수익성지수에 의하면 프로젝트 2가 더 높은 PI를 보이므로 수익성지수는 잘못된 선택을 이끈다.

상호배타적 프로젝트의 경우 수익성지수와 관련된 문제점은 앞에서 언급한 IRR의 규모문제와 동일하다. 프로젝트 2는 프로젝트 1보다 적다. PI는 일종의 비율이므로, 이 지수는 프로젝트 1이 프로젝트 2보다 큰 투자라는 사실을 간과하고 있다. 따라서 IRR과 마찬가지로 PI도 상호배타적 프로젝트의 경우 규모의 차이점을 무시하고 있다.

하지만 IRR 방법과 마찬가지로 PI의 결점은 증분분석을 통해 해결될 수 있다. 프로젝트 1에서 프로젝트 2를 차감한 증분현금흐름은 다음과 같다.

프로젝트	현금흐름($백만)			초기투자 후 현금흐름의 현재가치 @12%($백만)	수익성 지수	NPV @12% ($백만)
	C_0	C_1	C_2			
1 ~ 2	-$10	$55	-$30	$25.2	2.52	$15.2

증분현금흐름에 대한 수익성지수는 1보다 크므로, 규모가 더 큰 프로젝트, 즉 프로젝트 1을 채택해야 한다. 이 결정은 NPV법에 의한 의사결정과 동일한 결과를 갖게 한다.

3. **자본할당** 앞의 두 예에서 Hiram Finnegan사는 수익성 있는 투자안에 대해서 투자할 수 있는 충분한 자본이 있다고 가정했다. 이제 이 기업이 모든 양(+)의 NPV 프로젝트를 수행할 충분한 자본을 가지고 있지 않은 **자본할당(capital rationing)**의 경우를 생각해 보자

이 기업은 처음 두 가지 프로젝트뿐 아니라 세 번째 프로젝트도 고려하고 있다고 가정해 보자. 프로젝트 3의 현금흐름은 다음과 같다.

프로젝트	현금흐름($백만)			초기투자 후 현금흐름의 현재가치 @12%($백만)	수익성 지수	NPV @12% ($백만)
	C_0	C_1	C_2			
3	-$10	-$5	$60	$43.4	4.34	$33.4

자, 이제 Hiram Finnegan사의 프로젝트가 (a) 독립적이고, (b) 투자할 자금이 $2,000만에 불과하다고 가정해 보자. 프로젝트 1은 초기투자비용이 $2,000만이므로 이 프로젝트와 다른 프로젝트를 동시에 선택할 수는 없다. 반면 프로젝트 2와 3의 경우는 초기 투자비용이 각각 $1,000만이므로 두 프로젝트는 동시에 선택될 수 있다. 즉, 자금제약으로 인해 기업은 프로젝트 1 또는 프로젝트 2와 3 중 하나를 선택해야 한다.

이 기업은 어떻게 해야 하는가? 프로젝트 2와 3은 개별적으로 프로젝트 1보다 NPV가 더 낮다. 하지만 프로젝트 2와 3을 합친 NPV는 프로젝트 1보다 더 크다. 따라서 프로젝트 2와 3을 채택하는 것이 상식이다.

NPV 규칙과 PI 규칙에 대해 결론적으로 무엇이라고 이야기해야 하나? 제한된 자금의 경우, NPV법을 이용해서는 프로젝트의 우선순위를 정할 수 없다. 대신 그들 프로젝트에 대해 기초투자액 대비 현재가치의 비율을 구하면 우선순위를 정할 수 있다. 이것이 PI법이다. 프로젝트 2와 3 모두 프로젝트 1에 비해 높은 PI를 가지고 있다. 따라서 자본할당 시 프로젝

트 1에 앞서 프로젝트 2와 3에 우선 배분해야 한다.

자본할당에서의 수익성지수의 유용성은 군사용어에서 설명될 수 있다. 미 국방부는 '본전을 뽑을 수 있을만한 가치(bang for the buck)'를 많이 가진 무기에 대해 격찬한다. 자본예산에서 수익성지수는 투자한 본전(buck)에 대한 가치(bang)를 측정한다. 따라서 이는 자본할당 시 유용하다.

수익성지수는 만약 자금이 초기시점 이후에도 여전히 제한적이라면 사용할 수 없다. 예를 들어 이 기업이 시점 1에 다른 곳에서 거액의 현금유출이 발생한다면 시점 1에 현금유출이 발생하는 프로젝트 3은 기각될 필요가 있는 것이다. 즉 수익성지수는 다기간 동안의 자본할당은 통제하지 못한다.

또한 경제학자들이 칭하는 무분할성(indivisibilities)은 PI법의 유효성을 축소시킬 수 있다. Hiram Finnegan사가 자본투자를 위해 $2,000만가 아닌 $3,000만가 가능하다고 가정해 보자. 이 기업은 이제 프로젝트 1과 2를 수행하기 위한 충분한 자금을 확보하게 된다. 이들 두 프로젝트의 NPV 합이 프로젝트 2와 3의 NPV 합보다 크기 때문에, 이 기업은 프로젝트 1과 2를 채택하는 것이 더 유리할 것이다. 프로젝트 2와 3은 여전히 가장 높은 수익성지수를 보이고 있기 때문에 PI 규칙은 잘못된 의사결정을 이끈다. 왜 이 경우 PI 규칙은 잘못된 결과를 초래할까? 주 원인은 프로젝트 1과 2의 투자금액은 $3,000만이지만, 프로젝트 2와 3의 투자금액이 $2,000만(= $1,000만 + 1,000만)이기 때문이다. 만약 프로젝트 2와 3을 채택한다면 나머지 $1,000만는 은행에 남겨져 있을 것이다.

위의 예제는 현실에서 수익성지수를 사용할 때 주의할 점을 알려주고 있다. 그럼에도 불구하고 수익성지수는 완벽하지는 않지만 그래도 자본할당을 통제하는 측면에서 쓸모가 있다.

7.8 자본예산의 실례

현재까지 이 장에서는 다음과 같은 질문을 했다. "어느 자본예산 방법들을 사용하여야 하는가?" 이와 똑같이 중요한 질문은 "기업들은 어느 자본예산 방법들을 사용하고 있는가?"이다. 표 7.4는 이 질문에 유용한 답을 제시하고 있다. 표에서 보는 바와 같이 미국과 캐나다 기업의 약 3/4은 IRR과 NPV 방법을 사용한다. 이는 이 방법들의 이론적 장점들을 감안했을 때 그다지 놀랄 일은 아니다. 이들 기업들의 절반 이상은 회수기간법을 사용하는데, 이 방법의 개념문제점을 고려했을 때 오히려 다소 의외라고 할 수 있다. 반면 할인회수기간법은 일반회수기간법에 비해 이론적으로 개선되었음에도 불구하고 사용하는 기업은 그다지 많지 않다. 아마도 기업들은 회수기간법의 사용 편의성에 유인되는 듯하다. 또한 앞에서 언급한 바와 같이 이 방법의 결점은 비교적 쉽게 보완될 수가 있다. 예를 들어 회수기간법은 회수기간 이후의 모든 현금흐름을 고려하지 않지만 주의 깊은 경영자는 이후 현금흐름을 갖는 프로젝트에 대해 특별한 수정을 실시할 수 있다.

거대기업들은 종종 대규모의 자본예산을 실행한다. 예를 들어 2019년에 Chevron은 연간 약 $200억 규모의 자본지출을 시행할 것이라고 발표했다. 이는 2018년의 지출 금액과 유

표 7.4

주어진 방법을 항상 또는 거의 사용하는 CFO의 비율

	항상 사용하거나 거의 사용하는 비율
내부수익률법(IRR)	75.6%
순현재가치법(NPV)	74.9
회수기간법	56.7
회계수익률법	29.5
할인회수기간법	20.3
수익성지수	11.9

출처: Graham, John R. and Campbell R. Harvey. "The Theory and Practice of Corporate Finance: Evidence from the Field," *Journal of Financial Economics* 60, no. 2~3 (May 2001), pp. 187~243. Table 2. Based on a survey of 392 CFOs 인용.

사한 것이며 2017년의 $188억에 비해 증가한 것이다. 하지만 이는 2016년의 $224억의 자본지출에 비해서는 여전히 적은 금액이다. 이들 이외에 대규모의 자본예산을 지출한 기업들은 2019년 예상 자본적지출 금액이 $61억인 ConocoPhillips와 $150억인 Apple 등이 있다.

대형 자본적지출은 대개 산업별로 이루어진다. 예를 들어 2019년 반도체기업들의 총자본적지출은 $1,071억에 이를 것으로 기대되었다. 이 합계는 2018년과 비교해 15% 증가한 금액이다. 반도체산업 자본적지출의 주요부분을 담당하고 있는 곳은 삼성전자이며 2019년 삼성전자의 자본적지출은 $226억로 기대되었다.

미국 상무부 센서스국이 2018년 공개한 정보에 따르면 경제 전체적으로 투자된 자본은 2016년에 $1.576조, 2015년에 $1.642조, 2014년에 $1.507조였다. 따라서 3년 동안 총투자된 자본은 $4.7조를 초과한다. 이 같은 수치로 볼 때 기업들의 자본적지출에 대한 정밀한 분석은 기업들의 성공을 위해 필히 요구되는 사항이라고 할 수 있다.

대기업의 자본예산 방법들은 소기업의 방법에 비해 좀더 복잡한 것으로 예상할 수 있다. 따라서 대기업들은 좀 더 훌륭한 직원을 고용하기 위한 재무적 자원을 보유하고 있다. 표 7.5는 이 같은 아이디어가 사실임을 보여준다. 기업들의 다양한 자본예산방법의 사용빈도에 대해, '전혀 사용하지 않는다'의 0에서부터 '항상 사용한다'의 4에 이르는 척도로 표시했다. 대기업이 중소기업에 비해 IRR법과 NPV법은 더 자주, 회수기간법은 덜 사용하는 것으로 조사됐다. 반면 마지막 세 가지 방법에 대해서는 대기업이나 중소기업간의 차이가 별로 없었다.

표 7.5

다양한 자본예산방법의 사용빈도

	대기업	중소기업
내부수익률법(IRR)	3.41	2.87
순현재가치법(NPV)	3.42	2.83
회수기간법	2.25	2.72
할인회수기간법	1.55	1.58
회계수익률법	1.25	1.41
수익성지수	0.75	0.88

주: 기업들의 각 자본예산방법 사용빈도를 0(전혀 사용하지 않음)에서부터 4(항상 사용함) 척도로 조사함. 표의 수치는 답변자들의 평균수치이다.
출처: Graham, John R. and Campbell R. Harvey. "The Theory and Practice of Corporate Finance," *Journal of Financial Economics* 60, no. 2~3(May 2001), pp. 187~243, Table 2 인용.

자본예산에서 수리적기법의 사용은 산업별로 다양하게 나타난다. 현금흐름을 더 잘 추정할 수 있는 기업들은 NPV법을 더 많이 사용할 것이라고 생각할 수 있다. 예를 들어, 석유사업의 경우 어떤 측면에서 볼 때는 현금흐름의 추정을 상당히 현실적으로 할 수 있다. 이 같은 이유로 인해 에너지 관련 기업들은 NPV 분석을 먼저 사용하는 산업 중의 하나이다. 반면 영화사업의 현금흐름은 추정하기가 매우 어렵다. <Titanic>, <Harry Potter>, <Star Wars>와 같은 영화들은 어떤 사람이 예상한 것보다도 훨씬 크게 흥행에 성공했다. 반면, <King Arthur : Legend of the Sword and Deepwater Horizon>과 같은 영화는 그 누구도 그와 같은 참패를 예측하지 못했다. 이 같은 이유로 영화산업에서 NPV법은 그다지 각광받지 못한다.

그렇다면 할리우드에서는 자본예산을 어떻게 수행하는가? 영화사가 영화 아이디어를 채택 또는 기각하는 의사결정에 사용하는 정보는 신용평가사인 Pitch사로부터 공급받는다. 영화감독은 영화를 위한 그의 생각을 전달하기 위해 영화사와 아주 짧은 미팅을 갖는다.[13]

13 Mark Litwak, *Reel Power: The Struggle for Infl uence and Success in the New Hollywood*(New York: William Morrow and Company, Inc., 1986), pp. 73, 74, 77 인용.

요약 및 결론 Summary and Conclusions

1. 이 장에서는 여러 가지의 투자의사 결정 방법에 대해 살펴보았다. NPV의 가장 일반적인 대용치인 회수기간법, 할인회수기간법, 회계수익률법, 내부수익률법 그리고 수익률지수법 등에 대해 평가하였다. 대체방법에 대한 고찰을 통해 NPV에 대한 이해의 폭을 더 넓혔다.
2. 대체방안들은 결점에 대한 보완책들을 제공하고 있지만, 모든 것을 종합적으로 고려했을 때 NPV법에 필적할 방법은 없다. 그것들은 분명 두 번째로 사용될 방법이다.
3. NPV의 대체안 중 IRR은 회수기간법이나 회계수익률법보다는 훨씬 경쟁력이 있다. 사실 IRR은 독립적 투자안에서 기초에만 현금유출이 발생하고, 그 이후에는 현금유입이 나타나는 정상적인 경우에 NPV와 동일한 의사결정 결과에 도달한다.
4. IRR의 결점은 두 가지 형태로 구분된다. 먼저 독립적 투자안과 상호배타적 투자안을 동시에 적용시키는 일반적인 경우를 고려할 때 두 가지 문제점이 나타났다.
   a. 일부 프로젝트는 현금유입 후에 한 번 이상의 현금유출이 발생한다. 이 경우 IRR 의사결정규칙은 반대가 된다. 즉 IRR이 할인율보다 낮을 때 프로젝트를 채택해야 한다.
   b. 일부 프로젝트는 현금흐름의 부호가 여러 차례 바뀐다. 이 경우 복수의 IRR이 존재한다. 실무자들은 이 같은 경우 NPV나 수정 IRR을 사용해야 한다.
5. 다음, 상호배타적 투자안의 경우 IRR과 관련된 특별한 문제점을 고려했다. 규모와 시점의 차이 때문에 높은 IRR을 보인 프로젝트가 반드시 높은 NPV를 나타내지는 않았다. 따라서 IRR법이 사용되어서는 안된다. (물론, NPV법은 여전히 사용될 수 있다.)

   이 경우 증분현금흐름을 계산했다. 계산의 편의를 위해 대규모 프로젝트의 현금흐름에서 상대적으로 소규모인 프로젝트의 현금흐름을 차감, 초기 증분현금흐름을 음수가 되게 한다. 계산 결과 IRR이 할인율보다 높은 경우 대규모 프로젝트를 채택한다면 항상 올바른 의사결정에 도달하게 된다.

6. 투자 자금이 제한적인 경우 어떻게 투자안을 선택할 것인가에 대한 자본할당에 대해서도 설명했다. 자본할당의 경우에는 수익성지수가 NPV법을 보완하는 데 유용한 방법인 것으로 나타났다.

개념문제 Concept Questions

1. **회수기간법과 순현재가치** 전통적인 현금흐름을 갖는 프로젝트의 회수기간이 프로젝트 기간보다 짧다면 NPV가 양을 나타낼 것이라고 확신할 수 있는가? 왜 그런가, 아니면 왜 아닌가? 만약 할인회수기간법이 프로젝트의 기간보다 짧다면 NPV가 어떻게 나타난다고 이야기할 수 있는가? 설명하라.
2. **순현재가치** 전통적인 현금흐름을 가지면서 양(+)의 NPV를 보이는 프로젝트가 있다고 가정하자. 이 프로젝트의 회수기간에 대해 무엇을 알 수 있는가? 할인회수기간은? 수익성지수는? 그리고 IRR은? 설명하라.
3. **투자안 평가방법의 비교** 각각의 투자안 평가방법에 대해 정의하고 각 방법의 잠재적 결점에 대해 논의하라. 또한 독립적 투자안의 경우 각 방법의 채택 및 기각과 관련된 의사결정규칙에 대해 논하라.
   a. 회수기간법
   b. 평균회계수익률법
   c. 내부수익률법
   d. 수익성지수
   e. 순현재가치법
4. **회수기간법과 내부수익률법** 기간당 C의 현금흐름을 영원히 발생시키고 초기투자비용은 I, 요구수익률은 R인 어떤 프로젝트가 있다. 프로젝트의 회수기간과 IRR은 어떤 관계를 갖는가? 이러한 관계가 현금흐름이 비교적 일정하게 나타나는 장기 프로젝트에 대해 의미하는 바는 무엇인가?
5. **국제적 투자안** 2018년 11월, Toyota와 Mazda는 Alabama에 조인트 생산을 위한 공장 설립을 위해 $16억를 투자하였다. Toyota와 Mazda는 미국 기반시설을 통해 경쟁력을 강화하고 더 많은 가치창출을 할 수 있을 것으로 기대했다. Fujiflm이나 스위스의 화학회사인 Lonza 등과 같은 기업들도 비슷한 결론에 도달하여 유사한 행동을 취하였다. 자동차나 필름 화학회사와 같이 다양한 종류의 외국 제조업체가 비슷한 결론에 도달하게 하는 이유는 무엇이라고 생각하나?
6. **자본예산 문제** 이 장에서 논의한 다양한 투자안 평가방법들을 실제로 적용할 경우 발생할 수 있는 어려움에는 어떤 것이 있는가? 실제 적용 시 응용하기가 가장 쉬운 방법은? 가장 어려운 방법은?
7. **비영리기관의 자본예산** 이 장에서 논의한 자본예산 평가방법을 비영리기관에도 적용할 수 있는가? 미국정부에는? 이 방법들을 통해 미국 정부의 지출계획서를 평가할 수 있는가?
8. **순현재가치** 프로젝트 A의 투자액은 $100만이고 프로젝트 B의 투자액은 $200만이다. 두 프로젝트는 20%의 단일내부수익률을 가지고 있다. 이 경우 다음 문장은 사실일까?
   할인율이 0%에서 20% 사이에서는 프로젝트 B가 프로젝트 A보다 2배의 NPV를 갖게 된다. 당신의 답변에 대해 설명하라.
9. **순현재가치와 수익성지수** Global Investments사가 고려하고 있는 상호배타적 두 가지 투자안을 살펴보라.

	C_0	C_1	C_2	수익성지수	NPV
A	-$1,000	$1,000	$500	1.32	$322
B	-500	500	400	1.57	285

프로젝트에 적절한 할인율은 10%이다. Global Investments사는 프로젝트 A를 수행하기로 선택했다. 주주들을 위한 점심시간에, 이 기업 주식의 상당부분을 소유하고 있는 연금펀드매니저가 당신에게 수익성지수가 더 높은 프로젝트 B 대신 왜 프로젝트 A를 선택했는지 질문한다.

CFO인 당신은 어떻게 기업의 결정을 정당화시킬 수 있는가? Global investments사가 프로젝트 B를 선택해야 하는 어떤 특수한 사정이 있는가?

10. **내부수익률** 프로젝트 A와 B는 다음과 같은 현금흐름을 갖는다.

연도	프로젝트 A	프로젝트 B
0	- $1,000	- $2,000
1	C1A	C1B
2	C2A	C2B
3	C3A	C3B

a. 만약 두 프로젝트의 현금흐름이 동일하다면 어떤 프로젝트의 IRR이 더 높을까? 그 이유는?

b. 만약 C1B = 2C1A, C2B = 2C2A , 그리고 C3B = 2C3A라면 IRRA = IRRB인가?

11. **순현재가치** 당신은 두 개의 프로젝트 A와 B를 평가하고 있다. 프로젝트 A는 단기 미래현금흐름을 가지고 있는 반면 프로젝트 B는 상대적으로 장기미래현금흐름을 보인다. 어떤 프로젝트가 요구수익률변화에 더 민감하게 반응할 것인가? 그 이유는?

12. **수정내부수익률** MIRR법에 회의적인 사람들은 MIRR을 수정(modifed)이 아닌 '의미없는(mean-ingless)' IRR이라고 해석하기도 한다. 왜 MIRR을 의미없다고 할까?

13. **순현재가치** 순현재가치법에 대한 잠재적 비판 중의 하나는 프로젝트 기간 중에 발생하는 현금흐름이 요구수익률로 재투자된다는 내재적 가정에 있다. 즉, 프로젝트 기간 중에 발생하는 현금흐름을 만기까지 요구수익률을 통해 미래가치를 계산하고, 미래가치들의 합을 구한 후, 두 현금흐름의 현재가치를 산출하면 동일한 순현재가치를 얻게 될 것이다. 만약 미래가치를 구하는 데 사용되는 재투자수익률이 요구수익률보다 낮다면 순현재가치는 감소하게 될 것이다. 이 같은 비판을 어떻게 평가하는가?

14. **내부수익률** 내부수익률법의 잠재적 비판 중의 하나는 프로젝트 기간 중 발생하는 현금흐름이 내부수익률로 재투자된다는 내재적 가정에 있다. 즉, 프로젝트 기간 중에 발생하는 현금흐름을 만기까지 내부수익률을 통해 미래가치를 계산하고, 미래가치들의 합을 구한 후, 두 현금흐름의 현재가치를 산출하면 동일한 순현재가치를 얻게 될 것이다. 만약 미래가치를 구하는 데 사용되는 재투자수익률이 내부수익률과 다르다면, 두 현금흐름의 내부수익률은 상이해질 것이다. 이 같은 비판을 어떻게 평가하는가?

연습문제 Questions and Problems

connect

기초
(문제 1~10번)

1. **회수기간과 NPV 계산** Greystone사는 다음과 같은 상호배타적 프로젝트를 가지고 있다.

연도	프로젝트 A	프로젝트 B
0	-$30,600	-$21,400
1	15,400	10,600
2	15,600	8,600
3	6,200	9,600

a. Greystone사의 회수기간 기준은 2년이다. 두 프로젝트 중 어느 프로젝트를 선택해야 하는가?

b. Greystone사는 두 프로젝트의 우선순위를 정하는 데 NPV법을 사용하기로 했다고 가정하자. 만약 적

정한 할인율이 15%라고 할 때 어느 프로젝트를 선택하여야 하는가?

2. **회수기간 계산** 어떤 투자안이 8년 동안 매년 $1530의 현금유입을 창출할 것으로 예상한다. 만약 초기비용이 $4,900라고 한다면, 이 프로젝트의 회수기간은? 초기비용이 $7,900라면? $1만3,400라면?

3. **할인회수기간 계산** 어떤 투자안의 현금흐름이 연 $5,100, $5,700, $6,200, $6,400이고 할인율이 12%이다. 만약 초기 비용이 $6,000라면, 이 현금흐름의 할인회수기간은? 만약 초기비용이 $9,500라면? 또 $1만5,400라면?

4. **할인회수기간 계산** 어떤 투자안의 초기비용이 $1만5,500이고 6년 동안 $4,400의 현금흐름을 갖는다. 할인율이 0%일 때 이 투자안의 할인회수기간은? 만약 할인율이 7%인 경우라면? 21%라면?

5. **평균회계수익률** 당신 회사가 다음과 같은 투자액이 수반되는 기계의 구입을 고려하고 있다. 기계는 평균 연 $6,100의 추가적인 순이익을 창출한다.

	구입일	연도 1	연도 2	연도 3	연도 4
총투자액	$63,000	$63,000	$63,000	$63,000	$63,000
차감: 누적된 감가상각	0	15,750	31,500	47,250	63,000
순투자액	$63,000	$47,250	$31,500	$15,750	$ 0

a. 이 기계의 평균회계수익률은 얼마인가?

b. 이 의사결정방법론이 가지고 있는 세 가지 근본적인 문제점은 무엇인가?

6. **평균회계수익률** Mickelson Group은 3년간 지속되는 하이테크 프로젝트에 $3만4,000를 투자했다. 감가상각은 매년 순차적으로 $9,600, $1만5,900, $8,500이다. 이 프로젝트는 매년 세전 이익을 $3,560 창출한다. 세전 이익은 감가상각비용을 포함한다. 세율이 25%라면 이 프로젝트의 평균회계수익률(AAR)은?

7. **IRR 계산** Schaueffle Machines사는 다음과 같은 현금흐름을 가지는 프로젝트를 고려하고 있다.

연도	현금흐름($)
0	-$20,300
1	9,600
2	13,700
3	5,800

이 회사는 IRR법의 적용을 통해 모든 프로젝트를 평가한다. 적정금리가 9%라고 할 때 회사는 이 프로젝트를 채택해야 하는가?

8. **IRR 계산** 다음 두 프로젝트 현금흐름의 내부수익률(IRR)을 계산하라.

연도	현금 흐름($)	
	프로젝트 A	프로젝트 B
0	-$8,100	-$5,400
1	2,900	2,200
2	4,600	2,700
3	3,100	2,300

9. **수익성지수 계산** Bill은 점포 앞에 셀프 강아지 헤어숍을 개점할 계획이다. 헤어숍의 설비비용은 $18만7,000이며 이는 즉시 지불되어야 한다. 빌은 7년 동안 매년 세후 $6만2,000의 현금유입이 있을 것으로

기대하고 그 후에는 이 시설을 폐기처분한 후 Nevis 해안으로 가서 은퇴생활을 하려 한다. 첫 번째 현금흐름은 1차연도 말에 발생하며 요구수익률은 15%라고 가정한다면, 이 프로젝트의 수익성지수는 얼마인가? 또 이 프로젝트를 채택하여야 하는가?

10. **수익성지수 계산** Woodland사는 다음의 두 가지 독립적 프로젝트 기회를 가지고 있다고 가정하자. 적정할인율은 10%이다.

연도	프로젝트 알파	프로젝트 베타
0	-$2,600	-$3,900
1	990	2,100
2	1,500	3,400
3	1,300	1,400

a. 두 프로젝트 각각의 수익성지수를 구하라.
b. 수익성지수 규칙에 따르면 어떤 프로젝트를 채택해야 하는가?

11. **현금흐름에 대한 직관** 어떤 프로젝트는 초기투자비용이 I이고 요구수익률이 R, 그리고 N년 동안 매년 C의 현금흐름을 발생시킨다.

보통
(문제 11~22번)

a. 이 프로젝트의 회수기간이 투자기간과 동일하게 되는 C를 I와 N으로 나타내라.
b. NPV 규칙에 따라 이 프로젝트가 수익성을 갖기 위한 C를 I, N과 R로 나타내라.
c. 이 프로젝트의 수익-비용비율이 2가 되게 하는 C를 I, N과 R로 나타내라.

12. **IRR의 문제점** 오늘 $1만4,700를 지급받고 이후 계속해서 현금유출이 발생하는 다음과 같은 제안을 받았다고 가정하자.

연도	현금흐름($)
0	$15,900
1	-5,900
2	-5,700
3	-4,900
4	-4,100

a. 이 제안의 IRR은 얼마인가?
b. 적정할인율이 10%라고 한다면, 당신은 이 제안을 받아들여야 하는가?
c. 적정할인율이 20%라고 한다면, 당신은 이 제안을 받아들여야 하는가?
d. 적정할인율이 10%일 때 또는 20%일 때, 이 제안의 NPV는 얼마인가?
e. (d)에서 NPV 하에서의 의사결정이 IRR에 의한 의사결정과 일치하는가?

13. **NPV와 IRR** Bahamas Recreation사(BRC)는 두 가지 상호배타적 프로젝트에 대한 현금흐름을 고려하고 있다. 두 프로젝트의 요구수익률은 연 15%이다.

연도	심해 낚시	신잠수함 탐험
0	-918,000	-$1,815,000
1	495,000	1,150,000
2	450,000	742,000
3	370,000	575,000

BRC의 재무분석가로서 당신은 다음과 같은 질문을 받는다.

a. IRR법에 의해 의사결정을 하는 경우, 어떤 프로젝트를 선택해야 하는가?

b. 당신은 IRR법이 가지고 있는 규모의 문제점에 대해 인지하고 있으므로 현금흐름에 대한 증분 IRR를 계산한다. 이 계산을 근거로 한다면 어떤 프로젝트를 선택해야 하는가?

c. 두 프로젝트의 NPV를 계산한다. 어떤 프로젝트를 선택해야 하는가? NPV에 의한 결과는 증분 IRR에 의한 의사결정과 동일한가?

14. **수익성지수의 문제점** Simpson사는 다음과 같은 두 상호배타적 디자인 프로젝트에 대해 고려하고 있다.

연도	현금흐름(I)	현금흐름(II)
0	-$75,000	-$42,000
1	39,000	24,000
2	39,000	24,000
3	39,000	24,000

a. 요구수익률이 10%이고 수익성지수를 사용하는 경우, 이 회사는 어떤 프로젝트를 채택해야 하는가?

b. 회사가 NPV법을 사용하는 경우에는 어떤 프로젝트를 선택해야 하는가?

c. (a)와 (b)의 답이 차이가 발생하는 이유에 대해 설명하라.

15. **IRR의 문제점** Bohrer Mining사는 다음과 같은 현금흐름을 가지는 프로젝트에 대해 평가하려고 한다.

연도	현금흐름($)
0	-$63,000,000
1	89,000,000
2	-11,000,000

a. 이 투자에 대한 요구수익률이 10%라면 이 프로젝트를 채택해야 하는가? 그 이유는?

b. 이 프로젝트의 IRR을 구하라. 이 프로젝트는 몇 개의 IRR을 갖는가? IRR법을 사용한다면, 이 프로젝트를 채택해야 하는가? 어떤 상황이 벌어질 것인가?

16. **투자안 평가방법 비교** 게임기 생산업체인 Mario Brothers는 어드벤처 게임에 대한 새로운 아이디어를 가지고 있다. 이 게임은 전통적인 보드게임(board game)이나 쌍방향의 DVD 형태로 출시될 수 있지만 동시에 두 가지 형태로 제품화할 수는 없다. 따라서 상호배타적 투자안에 대한 다음의 현금흐름을 고려하라. Mario Brothers사의 할인율은 10%라고 가정하자.

연도	보드게임	PC
0	-$380,000	-$625,000
1	292,000	396,000
2	165,000	319,000
3	107,000	204,000

a. 회수기간법을 사용하면 어떤 프로젝트를 채택해야 하는가?

b. NPV 하에서는 어떤 프로젝트를 채택해야 하는가?

c. IRR법 하에서는 어떤 프로젝트를 채택해야 하는가?

d. 증분 IRR법 하에서는 어떤 프로젝트를 채택해야 하는가?

17. **수익성지수와 NPV** 가전복합기업인 Broxton그룹은 무선기술에 대한 연간 예산을 심의하고 있다.

이 회사는 무선통신기기를 개발하기 위한 세 가지 다른 기술에 대한 투자를 고려하고 있다. 다음 표는 세 가지 독립적 프로젝트에 대한 현금흐름이다. 할인율은 10%라고 가정한다. Broxton그룹이 올해 새로운 프로젝트에 투자할 자금은 $5,500만이다.

연도	현금흐름($백만)		
	L6	G5	WI-FI
0	-$20	-$35	-$55
1	15	23	23
2	13	29	42
3	9	21	39

a. 수익성지수에 근거해 각 투자안의 우선순위를 정하라.

b. NPV법에 근거해 이들 투자안의 우선순위를 정하라.

c. (a)와 (b)의 답을 근거로 Broxton그룹 CEO에게 어떻게 의견을 제시하겠는가? 그 이유는?

18. **투자안 평가방법 비교** A-Z Motorcars의 다음과 같은 두 개의 상호배타적 현금흐름을 고려하라. A-Z Motorcars의 할인율은 10%라고 가정한다.

연도	AZM 미니 SUV	AZF 풀 사이즈 SUV
0	-$525,000	-$810,000
1	290,000	410,000
2	245,000	390,000
3	185,000	350,000

a. 회수기간법에 의하면 어떤 프로젝트를 채택해야 하는가?

b. NPV법에 의하면 어떤 프로젝트를 채택해야 하는가?

c. IRR법에 의하면 어떤 프로젝트를 채택해야 하는가?

d. 위의 분석을 근거로 증분 IRR 분석이 필요한가? 만약 그렇다면 그 분석방법을 수행하라.

19. **투자안 평가방법 비교** Tropical Fruits의 재무담당자는 프로젝트 A, B, C에 대한 현금흐름을 다음과 같이 예상한다.

	프로젝트 A	프로젝트 B	프로젝트 C
0	-$300,000	-$525,000	-$300,000
1	203,000	360,000	210,000
2	203,000	360,000	185,000

적정할인율은 연 12%로 가정한다.

a. 세 프로젝트의 수익성지수를 각각 구하라.

b. 세 프로젝트의 NPV를 각각 구하라.

c. 세 프로젝트가 독립적이라고 가정하자. 수익성지수에 의하면 Tropical Fruits는 어떤 프로젝트(들)를 채택해야 하는가?

d. 세 프로젝트가 상호배타적이라고 가정하자. 수익성지수에 의하면 Tropical Fruits는 어떤 프로젝트(들)를 채택해야 하는가?

e. 이들 프로젝트에 대한 Tropical Fruits의 예산은 $82만 5,000이고 프로젝트는 분할될 수 없다. 어떤 프로젝트(들)를 채택해야 하는가?

20. 투자안 평가방법 비교 Spartan Rubber사는 다음과 같은 두 개의 상호배타적 프로젝트의 현금흐름을 고려하고 있다. 이 회사의 할인율은 10%이다.

연도	건조 프리프레그	용해 프리프레그
0	-$2,160,000	-$1,100,000
1	828,000	678,000
2	546,000	492,000
3	1,680,000	408,000

a. 회수기간법에 의할 경우 어떤 프로젝트를 채택해야 하는가?
b. NPV에 의할 경우 어떤 프로젝트를 채택해야 하는가?
c. IRR에 의할 경우 어떤 프로젝트를 채택해야 하는가?
d. 위의 분석을 근거로 증분 IRR 분석이 필요한가? 만약 그렇다면 그 분석방법을 수행하라.

21. **투자안 평가방법 비교** Nagano Golf는 신상품 출시와 관련, 다음과 같은 두 개의 상호배타적 프로젝트를 고려하고 있다. 이 프로젝트의 할인율은 12%라고 가정한다.

프로젝트 A: Nagano NP-30
전문가용 클럽: 시점 0에서 $132만의 초기투자 비용이 발생한다. 이 상품으로 인한 현금흐름은 6년차에 중지된다.

프로젝트 B: Nagano NX-20
고성능의 아마추어 클럽: 시점 0에서 $91만의 초기투자 비용이 발생한다. 이 상품으로 인한 현금흐름은 6년차에 중지된다.
예상 현금흐름은 다음과 같다.

연도	NP-30	NX-20
0	-$1,320,000	-$910,000
1	480,000	350,000
2	470,000	350,000
3	435,000	340,000
4	415,000	325,000
5	285,000	245,000

다음 표의 빈 칸을 채워라.

	NP-30	NX-20	적용
NPV			
IRR			
증분 IRR			
PI			

22. **투자안 평가방법 비교** Savage Tech가 고려하고 있는 두 개의 R&D 프로젝트에 대해 살펴보자. 두 프로젝트의 할인율은 15%이다.

프로젝트 A: 서버 CPU의 0.13 미크론 프로세싱 프로젝트

크기를 0.13 미크론으로 축소시킴으로써 Savage Tech는 에너지가 절약되고 열발생이 줄어드는 서버 CPU칩을 공급할 수 있을 것이다. 이는 더 빠른 CPU속도를 의미한다.

프로젝트 B: 새로운 텔레콤 칩 프로젝트

이 산업에 진입하기 위해서는 휴대폰용 새로운 칩의 도입을 필요로 할 것이다. 이에 대한 기술정보는 초기에 거액의 투자비용이 수반되어야 하지만, 이 프로젝트의 성공은 나중에 대규모의 현금흐름을 이끌 것이다.

연도	A	B
0	-$1,030,000	-$1,725,000
1	495,000	518,000
2	495,000	565,000
3	390,000	578,000
4	295,000	783,000
5	203,000	762,000

다음 표의 빈칸을 채워라:

	A	B	적용
NPV			
IRR			
증분 IRR			
PI			

23. NPV와 IRR Anderson International Limited는 Erewhon에서 프로젝트를 평가하고 있다. 프로젝트는 다음과 같은 현금흐름을 창출할 것이다.

도전
(문제 23~30번)

연도	현금흐름
0	-$1,750,000
1	560,000
2	640,000
3	535,000
4	475,000

모든 현금흐름은 Erewhon에서 발생할 것이며 달러화로 표시될 것이다. 경제를 발전시키기 위해 Erewhon 정부는 외국 기업들이 창출하는 모든 현금흐름은 1년간 해외유출이 '금지'되며 1년간 정부에 재투자되어야 한다고 공표했다. 이 자금의 재투자수익률은 4%이다. 만일 Anderson이 이 프로젝트에 대해 11%의 요구수익률을 사용한다면 이 프로젝트의 NPV와 IRR은 얼마가 될까? 계산된 IRR은 이 프로젝트의 MIRR인가? 그렇다면 왜 그런가 아니면 왜 아닌가?

24. 회수기간과 NPV 현재 고려 중인 투자안은 6년의 회수기간을 갖고 초기투자비용은 $74만5,000가 소요된다. 요구수익률이 12%인 경우 최저 NPV는 얼마인가? 또 최대 NPV는 얼마인가? 설명하라. 현금흐름은 일반적인 흐름이라고 가정한다.

25. 복수 IRR 이는 재무용계산기나 컴퓨터의 엑셀 프로그램을 다룰 수 있는 능력을 시험하는 데 유용하다.

다음과 같은 현금흐름을 고려하자. IRR은 몇 개를 구할 수 있는가(힌트: 20%에서 70% 사이를 찾아라)? 이 프로젝트는 언제 채택해야 하는가?

연도	현금흐름
0	-$2,016
1	11,448
2	-24,280
3	22,800
4	-8,000

26. NPV 평가 Yurdone사는 개인묘지 사업을 시작하려고 한다. CFO인 Barry M. Deep에 의하면 이 사업은 "전망이 좋다"고 한다. 개인묘지 프로젝트는 1차연도에 $10만3,800의 순현금유입이 예상되고 영구적으로 매년 3.5%의 성장률이 예상된다. 이 프로젝트는 초기투자비용으로 $155만가 필요하다.

a. Yurdone사가 이 프로젝트에 대해 10%의 수익률을 요구한다면, 이 프로젝트는 시작되어야 하는가?

b. 이 회사는 3.5%의 현금흐름 성장률 가정에 대해 다소 의문을 갖고 있다. 이 투자에 대한 요구수익률이 10%인 경우 몇%의 성장률이 달성되어야 이 회사는 손익분기점에 도달할 수 있을까?

27. IRR 계산 Utah Mining사는 Provo 근처의 금광발굴을 시작하려고 한다. 재무담당자인 Monty Goldstein에 따르면 '이것은 절호의 찬스'이다. 광산개발을 시작하기 위해서는 $350만의 비용이 들고 이 광산의 경제적 내용연수는 11년이다. 이 광산은 1차연도 말에 $60만5,000의 현금유입을 창출하고 이 현금흐름은 향후 10년간 연 6%의 성장세를 보일 것으로 예측된다. 11년 후에 이 광산은 폐광된다. 폐광비용은 $57만5,000로 11년차 말에 발생한다.

a. 이 금광 프로젝트의 IRR은 얼마인가?

b. 유타광산은 이 같은 투자에 13%의 수익률을 요구한다. 이 광산개발은 시작되어야 하는가?

28. IRR 계산 두 종류의 현금흐름 A와 B를 고려하라. 현금흐름 A의 첫 번째 현금흐름은 $7,000로 3년 후에 발생한다. 이후의 현금흐름은 영구적으로 3%의 성장률을 보일 것이다. 현금흐름 B의 첫번째 현금흐름은 -$8,000로 2년 후에 발생하고 영구적으로 지속될 것이다. 적정할인율은 12%라고 가정하자.

a. 각 현금흐름의 현재가치는 얼마인가?

b. 두 현금흐름을 합쳐서 새로운 프로젝트 C를 계획한다고 하자. 프로젝트 C의 IRR은 얼마인가?

c. 프로젝트 C를 위한 올바른 IRR 규칙은 무엇인가?

29. 증분현금흐름 계산 MakeMoney.com의 CFO인 Darin Clay는 다음과 같은 두 프로젝트에 대해 의사결정을 해야 한다.

연도	프로젝트 밀리언	프로젝트 빌리언
0	-$1,500	-$$I_0$
1	$I_0 + 200$	$I_0 + 500$
2	1,200	1,500
3	1,500	2,000

두 투자안의 기대수익률은 모두 12%이다. 프로젝트 빌리언이 프로젝트 밀리언에 비해 재무적으로더 매력적이기 위한 초기 투자액(I_0)의 범위는 어떻게 되는가?

30. IRR 관련 문제점 Binomial사는 다음과 같은 현금흐름을 창출하는 프로젝트를 고려하고 있다.

연도	현금흐름
0	$50,000
1	-61,000
2	41,000

이 프로젝트의 IRR은 얼마인가? 무엇이 문제인가?

Excel로 풀어보기 | Excel Master it! Problem

ExcelMaster coverage online
www.mhhe.com/RossCore6e

이미 보았듯이, 엑셀은 회수기간 계산을 위한 함수를 가지고 있지 않다. 회수기간을 산출하는 세 가지 방법을 살펴보았으나 이 외에도 여러 가지 방법이 있다. 아래는 어떤 프로젝트에 대한 현금흐름이 나타나 있다. 두 가지 다른 방법을 사용하여 회수기간을 구해보라.

a. 표에서 회수기간을 계산하라. 표의 처음 세 열은 각각 연도, 해당연도의 현금흐름, 그리고 누적현금흐름이 될 것이다. 넷째 열은 회수기간을 위한 전체기간을 나타낼 것이다. 즉 회수기간이 3년 이상이면 이 열은 3이 될 것이고 그렇지 않으면 0이 된다. 다음 열은 회수기간의 아주 작은 부분을 표시하거나 또는 0을 나타낼 것이다. 마지막 열은 앞의 두 열을 더한 최종 회수기간을 나타낼 것이다. 당신은 최종 회수기간 그 자체를 나타내는 셀과 이 회수기간법을 근거로 프로젝트의 채택/기각 의사결정을 올바르게 할 수 있는 수익률을 보여주는 셀을 가지고 있어야 한다.

b. 단지 프로젝트 현금흐름 열을 이용하여 회수기간을 산출하는 내재된 IF문을 적어라. 만약 프로젝트가 회수기간을 갖고 있지 않다면 IF문은 'Never' 값으로 되돌아와야 한다. 앞에서 본 예제와는 달리, 내재된 IF 함수는 좀더 짧은 회수기간에서 시작하여 회수기간을 장기화하는 방향으로 회수기간을 검증해야 한다. 다른 셀은 회수기간법을 근거로 올바른 채택/기각여부를 표시하여야 한다.

연도	현금흐름
0	-$250,000
1	41,000
2	48,000
3	63,000
4	79,000
5	88,000
6	64,000
7	41,000
요구회수기간:	5

CLOSING CASE

BULLOCK 금광

Bullock 금광의 소유주인 Seth Bullock은 South Dakota주에 있는 새로운 금광에 대해 평가하고 있다. 이 회사의 지질학자인 Dan Dority는 이 광산에 대한 분석을 방금 끝냈다. 그는 이 광산의 매장량은 8년간 생산할 수 있는 정도라고 평가했다. Dan은 금매장량에 대한 평가서를 이 회사의 재무담당자인 Alma Garrett에게 보냈다. Seth는 Alma에게 새로운 광산에 대해 분석을 실시하고 이 회사가 새 광산에 대한 채굴을 실시해야 하는가에 대한 그의 의견을 달라고 요청했다.

Alma는 광산으로부터 기대할 수 있는 수익을 결정하기 위해 Dan이 제공한 평가서를 활용했다. 그녀는 또한 채굴시작 비용과 연 운영비용도 추정했다. 이 회사가 채굴을 시작하면 오늘 $7억5,000만의 비용이 들고 9년 후에 이 광산을 폐쇄하고 주변지역을 매립하는 데 $1억500만의 비용이 소요될 것으로 예측한다. 이 광산으로부터 매년 기대되는 현금흐름은 다음 표와 같다. Bullock은 이 광산에 대해 12%의 요구수익률을 적용한다.

연도	현금흐름
0	-$750,000,000
1	150,000,000
2	180,000,000
3	195,000,000
4	235,000,000
5	220,000,000
6	185,000,000
7	165,000,000
8	145,000,000
9	-105,000,000

1. 제안된 광산에 대한 회수기간, 내부수익률(IRR), 수정내부수익률(MIRR), 순현재가치(NPV) 등을 계산하기 위한 스프레드시트를 작성하라.
2. 이 같은 분석을 기초로 이 회사는 광산에 대한 채굴을 시작해야 하는가?
3. 보너스 문제: 대부분의 스프레드시트는 회수기간을 계산하기 위한 식을 만들어 놓고 있지 않다. 프로젝트의 회수기간을 계산하는 VBA 스크립트를 작성하라.

8 자본투자의 의사결정

OPENING CASE

사람들은 컴퓨터 칩이 더욱 작고 빠르고 보다 저렴하게, 빠른 속도로 진화되고 있다는 사실을 안다. 유명한 무어의 법칙(Moore's Law: Intel의 공동창업자인 Gordon Moore의 이름을 따서 만들어짐)은 칩에 저장할 수 있는 데이터의 양이 2년마다 두 배씩 증가한다고 예상한다(이 예견은 1965년 발표된 이후 현재까지 대체로 맞고 있다). 이 성장은 기업들에게 새로운 제조설비 건설의 필요성을 의미한다. 예를 들어 2018년에 삼성은 화성에 있는 공장에 $60억 투자를 통해 극자외선 리토그래피(EUV) 생산라인에서 7 나노미터(nm)칩의 생산을 시작할 것이라고 발표했다. 많은 칩 제조업체에서 데이터 양의 두 배 증가속도가 다소 늦어지고 있어 무어의 법칙이 위기를 맞고 있지만, 삼성은 2020년에 4 나노미터(nm) 칩 생산을, 2021년에 3 나노미터(nm) 칩 생산을 계획하고 있다고 발표한 바 있다.

본 장에서는 자본예산과 칩 생산설비 프로젝트의 평가 등에 대해 보다 심도있는 논의를 통해 앞에서 설명된 사항들을 점검한다. 즉 초기 투자지출, 순운전자본 요건, 영업현금흐름 등을 포함한 프로젝트관련 현금흐름을 확인한다. 또 감가상각과 세금효과에 대해서도 살펴본다. 이와 함께 인플레이션의 영향을 검증하고 프로젝트의 NPV 분석을 어떻게 일관되게 평가할 수 있는지에 대해 알아본다.

기업재무 관련 최근 사건들을 찾아보기 위해 corecorporatefinance.blogspot.com을 방문하라.

8.1 증분현금흐름

현금흐름-회계적 이익이 아님

당신은 그렇게 생각하지 않을지 모르겠지만 기업재무와 재무회계 수업은 상당히 차이가 있다. 기업재무에서는 일반적으로 현금흐름이라는 기법을 사용하는 반면 재무회계에서는 이익수치를 강조한다. 물론 이 책에서도 순현재가치를 계산할 때 이익이 아닌 현금흐름을 할인하므로 이 전통을 그대로 따라가고 있다고 할 수 있다. 단일 프로젝트를 고려할 때 기업은 프로젝트로부터 얻게 될 현금흐름을 할인한다. 기업 전체에 대한 가치평가에서도 이익이 아닌 배당을 할인한다. 왜냐하면 배당은 투자자가 받게 되는 현금흐름이기 때문이다.

자본예산의 성과를 계산할 때 항상 이익이 아닌 할인된 현금흐름을 고려한다. 이익은 실질적으로 운용 가능한 자금을 나타내지 못한다. 당신은 이익을 다 써버리지 못한다. 또 이익을 모두 낭비할 수 없다. 또한 이익금을 전부 배당금으로 지급할 수 없다. 단지 이것들은 현금흐름의 범위 내에서 가능한 것이다.

더구나 현금흐름 자체만을 사용하는 것은 충분하지 않다. NPV를 계산하는 데 있어 프로젝트와 관련된 증분(incremental)현금흐름만이 고려되어야 한다. 이 현금흐름은 프로젝트를 채택함으로써 직접적으로 발생하는 기업의 현금흐름 변화 분을 의미한다. 즉, 어떤 기업이 프로젝트를 수행할 경우의 현금흐름과 수행하지 않는 경우의 현금흐름의 차이만이 관심이 있을 뿐이다.

예제 8.1

관련 현금흐름

Weber-Decker사는 새로운 자본예산 프로젝트의 하나로 빌딩 건설을 위해 $100만를 지불했고 이 $100만는 즉시 현금으로 유출된다. 하지만 정액 감가상각법으로 20년간 감가상각이 된다고 가정할 때 당해 회계적 비용으로 계상되는 것은 단지, $50,000(= $1,000,000/20)에 불과하다. 따라서 당해 이익은 단지 $5만가 감소된다. 나머지 $95만는 향후 19년간 비용으로 처리된다. 자본예산 목적으로는 0시점의 관련된 현금흐름은 $100만가 전부이고 따라서 이익에서 차감되는 것은 단지 $5만가 아니다.

증분현금흐름의 사용은 쉬워 보이지만 현실에서는 적용하는 데 한계점을 지니고 있다. 다음에서는 증분현금흐름을 결정하는 데 발생하는 몇 가지 결점을 보완할 수 있는 방법에 대해 설명한다.

매몰비용

매몰비용(sunk cost)은 이미 발생한 비용이다. 매몰비용은 과거의 것이기 때문에 프로젝트의 채택과 기각여부에 의해 변화될 수 없는 비용이다. "과거를 묻지 마세요"와 같이 이 같은 매몰비용은 무시하여야 한다. 따라서 매몰비용은 증분현금유출이 아니다.

예제 8.2

매몰비용

General Milk사는 초코우유 생산라인을 신규로 개설할지에 대한 NPV를 평가하고 있다. 평가의 일부분으로 회사는 테스트마케팅 분석을 위해 컨설팅사에 $10만를 지불했다. 이 비용은 지난해 지급되었다. 이 비용은 이 프로젝트의 의사결정 시 관련된 비용으로 고려되어야 하는가?

정답은 "아니다"이다. $10만는 되찾을 수 있는 비용이 아니다. 따라서 $10만는 매몰비용 또는 엎질러진 우유이다. 물론 마케팅 분석을 위해 $10만를 사용할 것인가에 대한 의사결정은 그 자체로 자본예산 의사결정이었고 그것이 매몰되기 전에는 분명히 관련비용이었다. 여기서의 핵심은 일단 기업이 발생시킨 비용은 어떤 다른 미래 의사결정을 위해서는 관련이 없게 된다는 것이다.

기회비용

당신의 회사는 매각하거나 리스하거나 또는 사업상 다른 곳에 사용될 자산을 가지고 있을 수 있다. 만약 이 자산을 새로운 프로젝트에 사용한다면 대체용도로부터 받을 수 있는 잠재적 수익을 잃을 수 있다. 이 손실된 수익은 비용으로서 의미있게 간주될 수 있으며 이를 **기회비용(opportunity cost)**이라고 한다. 왜냐하면 프로젝트를 시행함으로써 기업은 이 자산을 사용할 다른 기회를 잃어버리기 때문이다.

예제 8.3

기회비용

Weinstein 무역사는 전자 핀볼 기계의 새 버전을 저장할 수 있는 빈 창고를 Philadelphia에 보유하고 있다. 회사는 이 기계들을 부유한 북동부 소비자들에게 팔려고 한다. 이 창고는 기계를 매각하려는 의사결정에서 비용으로 고려되어야 하는가?

정답은 "네"이다. 이 회사가 핀볼 기계를 시장에 내놓기로 하지 않았다면 창고는 매각할 수 있었다. 따라서 창고의 매도가는 핀볼 기계 의사결정에 있어 기회비용이 된다.

부수적 효과

증분현금흐름 결정에 있어 또 다른 어려운 점은 제안된 프로젝트로 인해 기업의 다른 부분에서 발생하는 부수적 효과에 대한 파악이다. 이는 **잠식(erosion)**이나 **시너지(synergy)**로 구분된다. 잠식은 새로운 상품이 기존 제품의 매출이나 현금흐름을 감소시킬 때 발생한다. 시너지는 신제품이 기존 프로젝트의 현금흐름을 증대시킬 때 나타난다.

예제 8.4

잠식과 시너지

Innovative Motors사(IMC)는 새로운 컨버터블 스포츠카의 NPV를 산정하고 있다. 이 차를 구입할 소비자 중 일부는 IMC사의 소형 승용차 소유자들이다. 새로운 컨버터블 스포츠카의 매출과 이익 모두 증분이라고 할 수 있나?

정답은 "아니다"이다. 왜냐하면 현금흐름의 일부는 다른 IMC 생산라인으로부터 이전해 온 것이기 때문이다. 이것이 잠식이며 이는 NPV 계산 시 포함되어야 한다. 잠식을 고려하지 않는다면, IMC는 스포츠카의 NPV를 예를 들어 $1억로 잘못 계산할 수 있다. 만약 새 차 고객의 절반이 승용차로부터 옮겨왔고 이로 인해 승용차 매출감소분의 순현재가치가 −$1억5,000만라면, 진정한 NPV는 −$5,000만(= $1억 − $1억5,000만)가 된다.

IMC는 또한 레이싱 팀의 출범을 고려하고 있다. 팀은 최상의 시나리오를 가정하는 경우에도 운영하는 데 NPV가 −$3,500만가 될 것으로 예상된다. 하지만 IMC의 경영자는 이 팀이 IMC 제품에 대해 훌륭한 홍보효과를 창출할 수 있을 것으로 확신한다. 컨설턴트는 이로 인한 기업 현금흐름의 현재가치가 $6,500만에 이를 것으로 추정한다. 컨설턴트의 시너지 효과 추정이 신뢰할 수 있다고 할 때, 팀의 순현재가치는 $3,000만(= $6,500만 − $3,500만)가 된다. 따라서 경영자는 팀을 구성해야 한다.

할당비용

흔히 특정 지출이 여러 프로젝트에 혜택을 주는 경우가 있다. 회계담당자들은 수익을 결정할 때 이 비용을 여러 프로젝트에 나누어 할당한다. 하지만 자본예산목적에서는 이 **할당비용(allocated cost)**이 그 프로젝트의 증분비용인 경우에 한하여 현금유출로 고려해야 한다.

예제 8.5

할당비용

Voetmann 컨설팅사는 사무실의 일부분을 유지하는 데 매년 $10만의 현금유출이 소요되는 도서관으로 이용하려고 한다. 어떤 제안된 자본예산 프로젝트는 전체 기업매출의 5%의 수익을 창출할 것으로 기대한다. 이 회사 대표인 Sears씨는 $5,000(= 0.05% × $100,000)는 도서관 비용 중 제안된 프로젝트 부문으로 간주되어야 하는 것이 아니냐고 주장한다. 자본예산 관점에서 이는 적당한 방법인가?

정답은 "아니다"이다. 여기서 한 가지 질문을 할 수 있다. 기업 전체 입장에서 프로젝트를 하는 경우와 하지 않는 경우의 현금흐름의 차이는 무엇인가? 기업은 제안된 프로젝트의 수행여부와 관계없이 도서관을 유지하기 위해 $10만를 지출할 것이다. 제안된 프로젝트의 채택이 이 현금흐름에 영향을 미치지 않으므로, 이 현금흐름은 프로젝트의 NPV 계산 시 고려하지 말아야 한다.

8.2 Baldwin사: 예제

ExcelMaster coverage online
www.mhhe.com/RossCore6e

이제 기계 및 관련제품에 대해 제안된 투자안의 예를 살펴보자. 이 예는 Baldwin사, 특히 컬러볼링공에 관련된 것이다.

Baldwin사는 풋볼공 생산을 위해 1965년 설립되었고, 이제는 테니스공, 야구공, 풋볼공, 골프공 생산에 있어 업계 1위를 달리고 있다. 1973년에 고성능 골프공의 첫 번째 제품인 'High Flite'를 출시했다. Baldwin사의 경영진들은 잠재적 현금흐름을 창출할 수 있는 사업기회를 찾고 있었다. 2018년 Baldwin사의 부사장인 W.C. Meadows는 전도유망하지만 대형 제조사가 생산하기에는 부적합하다고 판단되는 또 다른 스포츠 공 시장을 발견했다. 그 시장은 밝은 컬러 볼링공이었고 그는 많은 볼링 애호가들이 공의 성능과 함께 모양과 스타일에 가치를 부여한다고 믿었다. 그는 또한 Baldwin사의 비용우위와 잘 발달된 마케팅 기술로 다른 경쟁사들이 이 기회를 선점하기는 어려울 것으로 판단했다.

그 결과, 2019년 초 Baldwin사는 밝은 컬러 볼링공의 잠재적 마케팅조사에 착수했다. Baldwin사는 세 개 시장(Philadelphia, LA, New Haven)의 소비자들에게 설문지를 보냈다. 설문 결과는 기대 이상이었으며 밝은 컬러 볼링공이 시장의 10~15%를 점유할 것이라는 결론을 얻었다. 물론 Baldwin사에 있는 일부 사람들은 $25만에 이르는 마케팅비용에 대해 불만을 제기했다(나중에 보겠지만 이것은 매몰비용이며 프로젝트 평가에 포함되어서는 안 된다).

Baldwin사는 이제 볼링공을 생산하기 위한 기계에 투자할 것인가를 고민하고 있다. 볼링공은 기업이 보유하고 있는 LA 근처에 위치한 시설에서 생산될 것이다. 이 빌딩은 현재 공실로 되어 있으며 대지는 세후 $15만에 매각될 수 있다.

참모진들과 일을 하고 있는 Meadows는 제안된 새로운 제품의 분석을 준비하고 있다. 그는 이 프로젝트에 대해 다음과 같은 가정을 한다. 볼링공 기계의 비용은 $10만이고, 기계의 5년 후 시장가치는 $3만로 추정한다. 기계의 내용연수 5년간 생산량은 각각 5,000개, 8,000개, 1만 2,000개, 1만개, 그리고 6,000개로 예상한다. 볼링공의 가격은 첫 해 $20로 예측한다. 볼링공 시장은 매우 경쟁이 치열하기 때문에 Meadows는 볼링공 가격이 일반 물가상승률 5%보다 훨씬 낮은 매년 2% 정도의 상승이 가능할 것으로 생각한다. 반대로 볼링공 생산에 사용되는 플라스틱 가격은 매우 빠른 속도로 증가하고 있다. 이 때문에 제품생산관련 현금 유출은 매년 10% 증가할 것으로 기대한다. 첫해 제조원가는 $10가 될 것이다. 법인세율은 21%이다.

순운전자본(net working capital)은 유동자산에서 유동부채를 차감하여 계산된다. 다른 제조기업과 마찬가지로, Baldwin사는 순운전자본에 대한 투자가 유지되어야 한다는 사실을 안다. 생산과 판매 전에 원재료를 구입할 것이며, 이는 재고에 대한 투자증대로 이어진다. 또 예상하지 못한 지출에 대비한 여유현금을 보유하여야 하며, 외상판매는 매출채권을 생성시킬 것이다. 경영진들은 즉시(시점 0) 순운전자본의 여러 가지 항목에서 $1만의 투자금액이 필요하다고 생각한다. 총 순운전자본은 각 연도 매출의 10%가 될 것이다. 운전자본은 프로젝트 초기에는 상승하지만 프로젝트 마감 시에는 $0로 감소할 것으로 예상한다. 즉, 운전자본에 대한 투자는 프로젝트가 마감되면 완전히 회수된다.

이 같은 가정과 Meadows의 분석을 기초로 한 예상치가 표 8. 1에서 8. 4까지 나타나 있다. 이들 표에서 모든 현금흐름은 연말에 발생한다고 가정한다. 표에는 많은 양의 정보가 있기 때문에 표들이 상호 어떻게 관련되어 있는가를 아는 것이 중요하다. 표 8. 1은 투자와 이익을 위한 기초적인 자료를 보여주고 있다. 운영 및 감가상각과 관련된 보충적인 내역을 나타낸 표 8. 2와 표 8. 3은 표 8. 1의 수치들이 어떻게 산출되었는지를 알려준다. 우리의 목적은 현금흐름을 예측하는 것이다. 표 8. 1의 자료들은 표 8. 4에서 보는 바와 같이 관련된 현금흐름을 산출하기 위해 필요한 모든 정보를 담고 있다.

표 8.1 Baldwin사의 현금흐름을 위한 워크시트(단위: $천)

	연도 0	연도 1	연도 2	연도 3	연도 4	연도 5
투자:						
(1) 볼링공 기계	-$100.00					$ 24.91*
(2) 누적 감가상각		$20.00	$52.00	$71.20	$82.72	94.24
(3) 감가상각 후 기계의 조정원가(연말)		80.00	48.00	28.80	17.28	5.76
(4) 기회비용(창고)	- 150.00					150.00
(5) 순운전자본(연말)	10.00	10.00	16.32	24.97	21.22	0
(6) 순운전자본 변화	- 10.00		- 6.32	- 8.65	3.75	21.22
(7) 투자관련 총 현금흐름[(1) +(4) +(6)]	- 260.00		- 6.32	- 8.65	3.75	196.13
이익:						
(8) 매출 수익		$100.00	$163.20	$249.70	$212.24	$129.89
(9) 영업비용		50.00	88.00	145.20	133.10	87.85
(10) 감가상각		20.00	32.00	19.20	11.52	$11.52
(11) 세전 이익[(8) −(9) −(10)]		$30.00	$43.20	$85.30	$67.62	$30.53
(12) 21% 세금		6.30	9.07	17.91	14.20	6.41
(13) 순이익		$23.70	$34.13	$67.38	$53.42	$24.12

주: 모든 현금흐름은 연말에 발생한다. 현금흐름은 편의상 소수점 둘째 자리로 반올림된다. 엑셀과 같은 스프레드시트를 사용하는 경우 반올림 오차가 발생할 수 있다. * 5차연도 자본예산의 기말 시장가치는 $30으로 가정한다(단위: $천). 과세대상 금액은 $24.24(= $30 − $5.76)이고 세후 잔존가치는 $30 −[0.21 × ($30 − $5.76)] = $24.91이다.

프로젝트 분석

투자 프로젝트를 위한 투자지출은 표 8 .1 윗부분에 정리되어 있으며 세 부분으로 구성된다.

1. **볼링공 기계** 매입은 즉시(연도 0) $10만의 현금유출을 발생시킨다. 회사는 5년 안에 기계가 매각될 때 현금유입이 발생할 것으로 파악하고 있다. 이 현금흐름은 표 8. 1의 1행에 나타나 있다. 표 각주에서 지적한 바와 같이 자산이 매각될 때는 세금이 발생된다.
2. **매각하지 않은 창고에 대한 기회비용** Baldwin사가 볼링공 프로젝트를 실시하기로 결정하는 경우 프로젝트를 채택하지 않으면 매각할 수 있는 창고와 대지를 사용할 것이다. 따라서 창고와 대지의 추정 매도가는 4행에 나타난 바와 같이 시점 0에 기회비용으로서 포함된다. 기회비용은 자본예산 상 현금유출로 간주된다. 하지만 프로젝트가 채택되면 경영자는 이 창고를 시점 5에 세후 $15만에 매도할 것이라는 사실에 주목하자.
3. **운전자본에 대한 투자** 요구되는 운전자본은 5행에 나타나 있다. 투자안이 채택됨에 따라 운전자본은 프로젝트 초기에 증가한다. 하지만 자본예산에서는 모든 운전자본이 프로젝트 마감 시에 회수되는 것으로 가정한다. 즉 모든 재고자산은 마지막 시점에 매각되며 유보금으로 유지되어 온 현금잔액은 유동화되며 모든 매출채권은 회수된다고 가정한다. 사업초기에 증가하는 운전자본은 기업의 다른 부문에서 창출하는 현금에 의해 회수된다. 따라서 이 증가는 현금유출로 간주된다. 다시 말해, 어떤 해의 운전자본의 증가는 당해 연도의 현금유출을 이끈다. 운전자본이 많더라도 연중 일정한 수준을 유지한다면 당해연도에 현금유출은 발생시키지 않는다. 반대로 후반부의 운전자본의 감소는 현금유입으로 간주된다. 운전자본 변화와 관련된 현금흐름은 6행에 나타나 있다. 운전자본에 대한 보다 자세한 논의는 이 절 후반부에 다시 이루어진다.

   이 예제에서는 세 종류의 투자가 있다: 볼링공 기계(표 8. 1의 1행), 창고의 기회비용(4행), 운전자본 변화량(6행), 이 세 가지 투자로부터 발생하는 총 현금흐름은 7행에 나타나 있다.

   마케팅 시험비용 $25만는 포함되지 않는다. 시험은 과거에 발생했으므로 이는 매몰비용으로 간주된다.

수익과 세금 수익과 관련된 내용은 표 8. 1 하단부에 표시되어 있다. 궁극적으로 관심있는 것은 수익이 아닌 현금흐름이지만 세금을 결정하기 위해서는 수익을 산출할 필요가 있다. 표 8. 1 의 8행과 9행은 매출수익과 영업비용을 각각 나타내고 있다. 이들의 예상치는 표 8. 2 의 4열과 6열에서 계산된 매출수익과 영업비용을 근거로 산출된다. 수익과 비용의 추정치는 Baldwin사의 기획부서원들이 설정한 가정으로부터 계산된다. 즉, 추정치는 제품가격의 경우 연 2%, 단위당 제조원가는 연 10% 상승한다는 것을 근거로 계산된다.

표 8.2

Baldwin사의 영업수익과 비용

(1) 연도	(2) 생산	(3) 가격	(4) 매출수익	(5) 단위당 원가	(6) 영업비용
1	5,000	$20.00	$100,000	$10.00	$50,000
2	8,000	20.40	163,200	11.00	88,000
3	12,000	20.81	249,696	12.10	145,200
4	10,000	21.22	212,242	13.31	133,100
5	6,000	21.65	129,892	14.64	87,846

가격은 매년 2%씩 상승한다.
단위당 원가는 매년 10%씩 상승한다.

자본투자 $10만의 감가상각은 표 8. 1의 10행에 나타나 있다. 이 수치들은 어디서 온 것일까? 미국 기업들은 세금 목적의 감가상각은 수정 가속상각법(Modified Accelerated Cost Recovery System: MACRS)을 이용한다. 각 자산은 MACRS에 의해 내용연수 기간이 결정되고 관련된 상각일정은 표 8. 3에 나타나 있다. 국세청에 따르면 Baldwin사는 자본투자를 5년간 상각하라고 규정하였고, 이에 따라 이 예제의 경우 표의 2열이 적용된다. 이 표에서 감가상각은 자산비용의 %로서 표시되고 있기 때문에 감가상각비를 계산하기 위해서는 이 표상의 %에 $10만를 곱하면 된다.

세전수익은 표 8. 1의 11행에서 계산된다. 세금은 12 행에, 순이익은 13행에 계산되어 있다.

표 8.3

수정가속상각법(MACRS) 하의 감가상각

	내용연수 분류					
연도	3년	5년	7년	10년	15년	20년
1	0.3333	0.2000	0.1429	0.1000	0.0500	0.03750
2	0.4445	0.3200	0.2449	0.1800	0.0950	0.07219
3	0.1481	0.1920	0.1749	0.1440	0.0855	0.06677
4	0.0741	0.1152	0.1249	0.1152	0.0770	0.06177
5		0.1152	0.0893	0.0922	0.0693	0.05713
6		0.0576	0.0892	0.0737	0.0623	0.05285
7			0.0893	0.0655	0.0590	0.04888
8			0.0446	0.0655	0.0590	0.04522
9				0.0656	0.0591	0.04462
10				0.0655	0.0590	0.04461
11				0.0328	0.0591	0.04462
12					0.0590	0.04461
13					0.0591	0.04462
14					0.0590	0.04461
15					0.0591	0.04462
16					0.0295	0.04461
17						0.04462
18						0.04461
19						0.04462
20						0.04461
21						0.02231

감가상각은 자산 비용의 %로 표시된다. 이 상각표는 국세청이 발간한 Depreciation에 기초한다. 감가상각에 대한 보다 자세한 논의는 이 장 후반부에서 행해진다. 국세청은 자산을 연중에 매입한다고 가정하기 때문에 3년 감가상각은 실제로 4년 동안 시행된다.

잔존가치 현행 세법 하에서 감가상각을 계산하는 데 있어 기대경제수명이나 자산의 미래 가치는 고려대상이 아니다. 그 결과 자산의 장부가치는 실제 시장가치와 상당히 다를 수 있다. 예를 들어 Baldwin사가 새로운 프로젝트로 고려하고 있는 볼링공 기계에 대해 생각해보자. 1년 후의 장부가치는 $10만에서 감가상각액 $2만를 차감한 $8만가 된다. 6년 후, 기계의 장부가치는 0이 된다.

Baldwin사가 프로젝트 마감 시 기계를 팔았다고 가정하자. 5년차 말에 기계의 장부가치는 $5,760가 되지만 Baldwin사의 경험상 기계는 약 $3만의 가치를 가질 것이다. 만약 회사가 기계를 이 가격에 실제로 매도한다면, 매도가 $3만와 장부가치 $5,760의 차액에 대한 법인세를 납부해야 한다. 법인세율이 21%이므로 미납 법인세는 0.21 ×($30,000 − 5,760) = $5,090가 된다. 따라서 기업에 현금으로 유입되는 기계의 세후 잔존가치(salvage value)는 $30,00− 5,090 = $24,910가 된다. Baldwin사가 다른 프로젝트를 위해 기계를 보유하는 경우에도 본 프로젝트를 위해 동일하게 현금흐름을 인식한다. 이 경우 기계에 해당하는 5년차의 현금유입은 다른 프로젝트와 마찬가지로 본 프로젝트를 위한 기회비용이 될 것이다.

시장가치와 장부가치의 차이는 '초과(excess)' 감가상각액이므로, 이 경우 세금을 납부해야 하고 자산이 매각될 때 이는 다시 '환원'된다. 이 경우 Baldwin사는 감가상각이 $30,000−5,760 = $24,240만큼 과대계상 되었으며 이에 따라 세금을 조금밖에 납부하지 않은 셈이 된다.

이는 장기 자본이득에 대한 세금이 아니라는 점에 주의하라. 또 자본이득에 대한 판단은 궁극적으로 세무당국에 달려있고 특별한 법들은 매우 복잡하다는 사실에도 유의하라. 따라서 대부분의 경우 자본이득에 대한 세금은 무시하기로 한다.

마지막으로, 만약 장부가치가 시장가치를 초과하는 경우 그 차이는 세금목적상 손실로 간주된다. 예를 들어 Baldwin사가 기계를 $4,000에 매도했다면 장부가치는 시장가치를 $1,760만큼 초과하게 된다. 이 경우 세금감면효과는 0.21 × $1,760 = $396.60에 이를 것이다.

현금흐름 최종적인 현금흐름은 표 8. 4에 정리되어 있다. 우선 표 8. 1의 8, 9, 12행을 표 8. 4의 1, 2, 3행으로 정리한다. 매출액에서 영업비용과 세금을 차감한 영업활동으로부터의 현금흐름은 표 8. 4의 4행에 나타나 있다. 표 8. 1의 7행에서 산출된 총투자의 현금흐름은 표 8. 4의 5행에 표시된다. 영업활동으로부터의 현금흐름과 투자의 총 현금흐름의 합인 프로젝트의 총현금흐름은 표 8. 4의 6행에 정리되어 있다. 여기서 계산된 현금흐름은 제2장에서 산출된 자산으로부터 발생한 현금흐름과 동일하다.

순현재가치 Baldwin사의 볼링공 프로젝트 NPV는 6행에 있는 현금흐름으로부터 계산된다. 이는 무부채 잉여현금흐름이라고 부른다. '무부채'는 현금흐름이 프로젝트 수행 시 활용될 수도 있는 부채와 독립적이라는 의미이다. '잉여'는 이 현금흐름이 채권자나 주주에게 지급될 수 있다는 사실을 의미한다. 표 8. 4의 하단부에서 보는 바와 같이 NPV는 적정할인율이 10%일 경우 $7만8,533, 20%일 경우 −$1만682이다. 만약 할인율이 18.54%가 되면 프

표 8.4 Baldwin사의 현금흐름을 위한 워크시트(단위: $천)

			연도 0	연도 1	연도 2	연도 3	연도 4	연도 5
(1) 매출수익[8행, 표 8.1]				$100.00	$163.20	$249.70	$212.24	$129.89
(2) 영업비용[9행, 표 8.1]				50.00	88.00	145.20	133.10	87.85
(3) 세금[12행, 표 8.1]				6.30	9.07	17.91	14.20	6.41
(4) 영업활동으로부터 현금흐름[(1) -(2) -(3)]				$43.70	$66.13	$86.58	$64.94	$35.64
(5) 투자의 총 현금흐름[7행, 표 8.1]			-$260.00		- 6.32	- 8.65	3.75	196.13
(6) 프로젝트의 총 현금흐름[(4) +(5)]			-$260.00	$43.70	$59.81	$77.93	$68.69	$231.77
NPV @	4%	$155.81						
	10	78.53						
	15	28.97						
	18.54	0						
	20	-10.68						

로젝트는 0의 NPV를 갖게 된다. 즉, 프로젝트의 IRR은 18.54%이다. 만약 Baldwin사의 볼링공 프로젝트의 할인율이 18.54%보다 높다면 NPV가 음(−)이 되므로 이 프로젝트는 기각되어야 한다.

어떤 장부?

기업의 경영자들은 일반적으로 두 종류의 장부, 즉 국세청을 위한 장부(세무용 장부: tax books)와 연차보고서를 위한 장부(주주용 장부: stockholders' book)를 가지고 있다는 점에 주목해야 한다. 세무용 장부는 국세청 법에 따르는 반면 주주용 장부는 FASB(financial accounting standards board) 규칙을 따른다. 두 장부는 특정 부문에 대해서는 상당한 차이점을 보인다. 예를 들어 지방채의 이자수입에 대해 세금용 장부에서는 고려하지 않지만 FASB에서는 이익으로 간주하게 되어 있다. 이 같은 차이는 주주용 장부의 이익을 세무용 장부의 이익보다 높게 계상함으로써 기업들에게 항상 이익을 가져다 준다. 즉 보고되는 모든 이익에 대해 세금을 납부할 필요가 없으므로 주주들에게 유리한 것으로 볼 수 있다. 사실 국세청에는 손실을 보고하는 반면 주주들에게는 일관되게 이익을 보고하는 기업들이 많다.

순운전자본에 대한 주의점

순운전자본에 대한 투자는 자본예산 분석에서 중요한 부분이다. 표 8. 1의 5, 6행에서 순운전자본에 대해 명확하게 고려했음에도 불구하고 학생들은 어디에서 이 같은 수치들이 나타났는가에 대해 의문을 가질 수 있다. 순운전자본에 대한 투자는 (1) 재고를 구입하거나, (2) 예상치 못한 지출에 대비한 여유현금을 보유하거나, (3) 신용매출이 이루어져 현금이 아닌 매출채권이 생성되는 경우에 발생한다(순운전자본에 대한 투자는 외상매입, 즉 매입채무의 발생을 통해 감소된다). 순운전자본에 대한 투자는 현금유출을 나타내며 이는 기업의 다른 부문에서 발생하는 현금이 프로젝트에 묶이게 되는 셈이다.

순운전자본에 대한 투자가 그것의 구성부분으로부터 어떻게 산출되는가를 알아보기 위해 1차연도를 살펴보자. 표 8 .1에서 Baldwin사의 경영자는 1차연도의 매출을 $10만, 영업비용을 $5만로 예상한다. 만약 대출과 비용이 모두 현금거래였다면 기업은 $50,000 (= $100,000 −$50,000)를 수취할 것이다. 앞에서 언급한대로 이 현금흐름은 1차연도 말에 발생할 것이다.

자, 이제 더 많은 정보를 고려해 보자. 경영자는

1. 매출 중 $9,000는 신용매출이 되어 1차연도 말의 현금매출은 $91,000(= $100,000 −$9,000)가 될 것으로 예상한다. 매출채권 $9,000는 2차연도 말에 회수될 것이다.
2. 비용 $5만 중 $3,000는 지급을 연기할 수 있다고 믿는다. 이는 1차연도 말의 현금지불액이 $47,000(= $50,000 − $3,000)가 됨을 의미한다. Baldwin사는 2차연도 말에 매입채무 $3,000를 지급할 것이다.
3. 품절을 막기 위해 재고는 1차연도 말에 $2,500의 재고를 남기기로 한다.
4. 현금부족을 피하기 위해 1차연도 말에 프로젝트를 위한 현금 $1,500를 확보해 놓기로 한다.

따라서 1차연도 말의 순운전자본은 다음과 같다:

$9,000	**−**	**3,000**	**+**	**2,500**	**+**	**1,500**	**=**	**$10,000**
매출채권		**매입채무**		**재고**		**현금**		**순운전자본**

기업의 다른 곳에서 창출된 현금 $1만가 순운전자본을 위한 필요자금으로 사용되어야 하기 때문에 Baldwin사의 경영자들은 순운전자본에 대한 투자를 프로젝트의 현금유출로 간주한다. 시간이 경과하여 프로젝트가 진행됨에 따라 순운전자본을 위한 필요자금은 증가한다. 매년 순운전자본의 변화는 추가적인 현금흐름을 나타내고 이는 표 8. 1의 6행에서 프로젝트 전반부의 여러 해 동안 음수로 표시된다. 하지만 프로젝트가 만기에 가까워짐에 따라 순운전자본은 감소하게 되고 결국 0이 된다. 즉 매출채권은 회수되고 프로젝트의 유보현금은 기업의 다른 부분으로 환원되며 모든 잔존재고는 매각된다. 이에 따라 6행의 4년차와 5년차에 양(+) 이 표시하는 바와 같이 프로젝트 후반부에는 현금이 증가하게 된다.

일반적으로 기업의 워크시트(표 8 .1과 같이)는 순운전자본을 전체로 다룬다. 워크시트에서는 운전자본이 개별항목별(매출채권, 재고 등)로 표시되지 않는다. 하지만 워크시트 내에 있는 운전자본 수치들은 무에서 창출된 것이 아니라는 사실을 기억해야 한다. 그것들은 1년차에 대한 설명에서 본 바와 같이 구성항목들의 세심한 예측 결과로 얻어진 수치들이다.

감가상각에 대한 주의점

Baldwin사의 예제는 감가상각에 대해 몇 가지 가정을 했다. 이 가정들은 어디에서 비롯되었나? 감가상각과 관련된 규정은 '자산에 대한 감가상각법'이라는 이름의 IRS Publication 946에 설명되어 있다. 이 설명서는 자산을 종류별로 구분하고 세금 목적으로 각 자산별 감가상각용 내용연수를 정해 놓고 있다. 감가상각대상 자산은 7개 대상으로 구분된다.

1. 3년짜리 대상은 특별히 단기 내용연수의 특성을 포함한다. 2년 이상의 트랙터 유닛

(tractor unit)이나 경주말 등이 이 대상에 해당한다.

2. 5년짜리 대상은 (a) 자동차와 트럭, (b) 계산기, 복사기, 타자기와 컴퓨터 및 주변기기, (c) 연구목적의 특수 항목들을 포함한다.
3. 7년짜리 대상은 사무용가구, 비품, 책, 단일목적의 농업용 건물 등을 포함한다. 이 등급은 다른 어떤 대상에도 해당하지 않는 자산들이 포함되는 포괄적 범주이다.
4. 10년짜리 대상은 상선, 바지선, 예인선과 해상운송 관련 설비 등을 포함한다.
5. 15년짜리 대상은 특수화된 항목들, 예를 들어 전화채널 배분장치, 음성이나 데이터 통신장치, 하수처리장치 등이 포함된다.
6. 20년짜리 대상은 농장용 건물, 하수관이나 장기 내용연수를 갖는 설비 등을 포함한다.
7. 부동산은 두 가지 종류, 거주용과 비거주용으로 구분되어 감가상각된다. 거주용 부동산은 27.5년에 걸쳐, 비거주용 부동산은 39년에 걸쳐 비용이 상각된다.

3년, 5년, 7년 대상의 자산들은 개정세법에서 지정한 특정 시점에 정액 감가상각법으로 전환되는 200% 체감잔액법을 사용하여 감가상각된다. 15년과 20년 대상의 자산들도 특정 시점에 정액 감가상각법으로 전환되는 150% 체감잔액법을 사용한다. 모든 부동산은 정액 감가상각법으로 감가상각된다.

감가상각은 반년 단위로도 가능하다. 즉 상각대상 자산들을 연중에 취득했다고 간주하면 된다. 국세청은 일관성 유지를 위해 상각대상 자산을 처분하는 경우 처분 당해연도에도 반년 단위의 감가상각을 허용하고 있다. 이 결과 상각대상 자산에 대해 지정되어 있는 상각기간보다 1년 이상 기간을 더 늘릴 수 있다.

2018년 이전 다수기간 동안, '보너스' 상각을 할 수 있는 다양한 세법 법령과 규정들이 법제화되었다. 2015년 제정된 '세금인상으로부터의 미국인 보호법(PATH: Protecting Americans from Tax Hikes)'에 따라 2017년의 보너스 규모는 50%였다. 즉 기업은 상각대상 자산에 대해 첫 해 50%까지 감가상각을 하고 나머지 50%에 대해 앞에서 설명한 MACRS법에 따라 상각할 수 있는 것이다. 특히 2017년말, 하원은 2018년의 보너스 상각범위를 100%로 증대시킨 '세금 삭감 및 일자리법(Tax Cuts and Jobs)'을 통과시켰다. 이 법은 2022년까지 유효하며 2026년 상각범위가 0%에 이르기 전까지 매년 20%씩 축소된다. 해당 법안은 대부분의 기업들이 그들이 원하지 않는 이상(보너스 감가상각은 선택사항) 2023년까지 MACRS법을 사용하지 않을 것이라는 것을 의미한다.

이자비용

이자비용이 Baldwin사의 예에서 고려되지 않은 것에 대해 의구심을 가질 수 있다. 대부분의 프로젝트는 자금의 일부를 부채를 통해 조달한다. 특히 볼링공 기계는 이 기업의 부채조달 능력을 향상시켰을 것이다. 왜냐하면 부채자금조달을 위한 조정들은 현금흐름이 아닌 할인율에 반영되기 때문이다. 자본예산에서 부채관련 내용은 제12장에서 다룰 것이다. 이 시점에서 부채를 통한 자금조달은 자본예산 범위 밖의 논의라고 할 수 있다.

8.3 인플레이션과 자본예산

ExcelMaster coverage online
www.mhhe.com/RossCore6e

인플레이션은 경제생활에 중요한 요소이고 따라서 자본예산에서도 고려되어야 한다. 자본예산에서는 이자율뿐 아니라 현금흐름에 대한 자료도 필요하다. 이자율과 마찬가지로 현금흐름은 명목 또는 실질형태로 표시할 수 있다. **명목현금흐름(nominal cash flow)**은 실제로 받게 되는(또는 지급하는) 금액을 의미하고 **실질현금흐름(real cash flow)**은 현금흐름의 구매력을 일컫는다. 대부분의 다른 정의와 마찬가지로 이 정의도 예제를 통해 가장 잘 설명될 수 있다

예제 8.6 명목과 실질현금흐름

Burrows 출판사는 유명한 로맨틱 소설가 Barbara Musk의 차기작에 대한 판권을 구입했다. 아직 집필 전이지만 이 책은 4년 내에 일반 대중들이 만나보게 될 것이다. 현재 로맨틱 소설은 종이표지(paperback)인 경우 $10에 판매되고 있다. 출판사는 인플레이션율이 향후 4년간 6%에 이를 것이라고 전망한다. 로맨틱 소설은 매우 대중적이어서 출판사는 책 가격을 인플레이션율에 2% 더할 생각을 하고 있다. Burrows 출판사는 소설책을 4년 후 $13.60[=(1.08)^4 × $10.00] 가격에 10만부를 판매할 것으로 예상하고 있다. 4년 후 기대현금흐름인 $136만(= $13.60 × 100,000)는 명목현금흐름(nominal cash flow)이다. 즉, 이 출판사는 그 시점에 $136만를 받을 것으로 기대한다. 명목현금흐름은 미래에 받게 되는 실제 금액을 의미한다.

4년 후 $136만의 구매력은 이 금액을 4년간 6%로 디플레이션하면 구할 수 있다.

$$\$108\text{만} = \frac{\$136\text{만}}{1.06^4}$$

$108만 수치는 구매력으로 표시되었기 때문에 실질현금흐름(real cash flow)이 된다.

예제 8.7 감가상각

Burrows 출판사의 경쟁사인 EOBII 출판사는 최근 인쇄기를 $200만에 구입했고 향후 5년간 정액감가상각법으로 상각될 것이다. 이는 매년 $400,000(= $2,000,000/5)를 상각한다는 것을 의미한다. 그렇다면 $40만는 실질수량인가 명목수량인가?

감가상각은 명목개념이다. 왜냐하면 $40만는 향후 4년간 매년 실질적인 세금공제 대상이기 때문이다. 감가상각은 구매력으로 조정될 때 실질개념이 된다. 따라서 4년차의 감가상각은 실질개념으로 $316,837 [= $400,000/(1.06)^4]로 표시할 수 있다.

할인: 명목 또는 실질?

예제들은 현금흐름이 명목 또는 실질개념으로 표시될 수 있다는 것을 보여준다. 그렇다면 자본예산을 평가할 때 할인율과 현금흐름은 어떻게 표시해야 하는가?

재무실무자들은 현금흐름과 할인율간의 일관성 유지를 강조한다. 즉,

명목현금흐름은 명목이자율로 할인되어야 한다.
실질현금흐름은 실질이자율로 할인되어야 한다.

예제 8.8

실질과 명목할인율

Shields Electric사는 특정한 프로젝트에 대해 다음과 같은 명목현금흐름을 예상한다.

일자	0	1	2
현금흐름	-$1,000	$600	$650

명목할인율은 14%이고 인플레이션율은 5%로 예상된다. 이 프로젝트의 가치는 얼마인가?
명목수량 사용 NPV는 다음과 같이 계산된다.

$$\$26.47 = -\$1,000 + \frac{\$600}{1.14} + \frac{\$650}{1.14^2}$$

따라서 프로젝트는 채택되어야 한다.
실질수량 사용 실질현금흐름은

일자	0	1	2
현금흐름	-$1,000	$571.43 $\left(=\frac{\$600}{1.05}\right)$	$589.57 $\left(=\frac{\$650}{1.05^2}\right)$

앞 장의 피셔식에서 살펴본 바와 같이 실질할인율은 8.57143%(= 1.14/1.05 − 1)이다.
NPV는 다음과 같이 계산된다.

$$\$26.47 = -\$1,000 + \frac{\$571.43}{1.0857143} + \frac{\$589.57}{1.0857143^2}$$

일관성을 유지하는 한 어느 방법도 옳다고 할 수 있다. 계산상 오류를 줄이기 위해 실무적으로는 더 쉬운 접근방법을 선택하라고 조언한다. 이 아이디어는 다음의 두 예제에서 설명된다. NPV는 현금흐름을 명목수량 또는 실질수량으로 표현하는 것과 관계없이 동일하다. 두 개의 다른 방법 하에 NPV가 동일하다는 것은 항상 성립한다.

두 방법이 항상 동일한 결과를 갖는다면 어떤 방법을 사용해야 하는가? 앞에서 언급한 바와 같이 간단한 방법이 일반적으로 계산상 오류를 줄일 수 있으므로 더 간단한 방법을 사용하면 된다. Shields Electric사의 예제는 명목현금흐름에서 시작했으므로 명목수량이 여기서는 더 간단한 계산이 된다.

예제 8.9

실질과 명목 NPV

Altshuler사는 자본예산 프로젝트와 관련하며 다음과 같은 예측치를 산출했다.

	연도		
	0	1	2
자본지출	$1,210		
수익(실질개념)		$1,900	$2,000
현금지출(실질개념)		950	1,000
감가상각(정액감가상각법)		605	605

(계속)

사장인 David Altshuler는 향후 2년간 인플레이션율이 10%가 될 것으로 예상한다. 또 프로젝트의 현금흐름은 15.5%의 명목이자율로 할인되어야 한다고 믿는다. 이 기업의 법인세율은 21%이다.

Altshuler는 모든 현금흐름을 명목개념으로 예측하고 그 결과는 다음과 같이 정리된다.

	연도		
	0	1	2
자본지출	-$1,210		
수익		$2,090(=$1,900 × 1.10)	$2,420(=$2,000 × 1.10²)
비용		1,045(=$950 × 1.10)	1,210(=$1,000 × 1.10²)
감가상각		605(=$1,210/2)	605
과세대상 이익		$440	$605
세금(21%)		92	127
세후이익		$348	$478
감가상각		605	605
현금흐름		$953	$1,083

$$\text{NPV} = -\$1{,}210 + \frac{\$953}{1.155} + \frac{\$1{,}083}{1.155^2} = \$426.55$$

Altshuler의 동료인 Stuart Weiss는 실질개념으로 작업하는 것을 더 선호한다. 그는 먼저 실질금리를 5%(=1.155/1.10−1)로 계산하고 다음과 같이 실질수량으로 프로젝트를 평가한다.

	연도		
	0	1	2
자본지출	-$1,210		
수익		$1,900	$2,000
비용		950	1,000
감가상각		550(=$605/1.1)	500(=$605/1.1²)
과세대상 이익		$400	$500
세금(21%)		84	105
세후이익		$316	$395
감가상각		550	500
현금흐름		$866	$895

$$\text{NPV} = -\$1{,}210 + \frac{\$866}{1.05} + \frac{\$895}{1.05^2} = \$426.55$$

Weiss는 그의 계산에 대해 Altshuler에게 설명하면서 다음과 같은 사항에 대해 지적한다.

1. 자본지출은 시점 0(오늘)에서 발생하므로 그것의 명목가치와 실질가치는 동일하다.
2. 연 상각금액인 $605는 명목수량이므로 10% 인플레이션율의 할인을 통해 실질수량으로 전환할 수 있다.

Altshuler와 Weiss가 동일한 NPV를 갖게 된 것은 우연의 일치가 아니다. 두 방법은 항상 동일한 NPV를 산출하여야 한다.

8.4 영업현금흐름에 대한 여러 가지 정의

앞 절에서 살펴본 분석은 일반적인 것이어서 어떠한 자본투자 문제에 대해서도 적용시킬 수 있다. 다음 절에서는 특별한 경우에 유용하게 사용되는 투자안 분석방법을 살펴본다. 그 전에 실무나 재무교과서에서 일반적으로 사용되는 프로젝트의 영업현금흐름에 대한 여러 가지 정의에 대해 논의할 필요가 있다.

하지만 영업현금흐름에 대한 여러 가지 접근방법도 결국 동일한 것을 측정한다는 사실을 알게 될 것이다. 그 방법들이 제대로 사용된다면, 동일한 결과를 산출할 것이고 어떤 방법이 다른 방법보다 낫거나 더 유용하다고 이야기할 수도 없다. 불행하게도, 사용되는 여러 가지 정의들은 종종 혼란을 가져온다. 이 같은 이유로 여러 가지 형태의 정의가 서로 어떻게 연결되는지 살펴보기로 한다.

다음의 논의에서 현금흐름이라는 것은 글자 그대로 현금유입에서 현금유출을 차감한 것을 의미한다는 사실을 명심하라. 이것이 관심을 가져야 하는 모든 것이다. 영업현금흐름에 대한 여러 가지 정의는 현금흐름을 계산하기 위해 사용되는 매출, 비용, 감가상각, 세금 등 기초정보에 대한 상이한 추정방식에 따라 달라진다.

고려하고 있는 어떤 특정 프로젝트에 대해 다음과 같이 추정한다.

매출액 = $1,500
비용 = $700
감가상각 = $600

이 추정치에 의해 EBIT는 다음과 같이 계산된다.

EBIT = 매출액 − 비용 − 감가상각
= $1,500 − 700 − 600
= $200

이자비용은 다시 한 번 언급하지만 없는 것으로 가정한다. 따라서 세금은 다음과 같이 계산된다.

세금 = EBIT × T_C
= $200 x 0.21 = $42

여기서 T_C는 법인세율로 21%이다.

이들을 모두 합치면 프로젝트의 영업현금흐름, 즉 OCF를 구할 수 있다.

OCF = EBIT + 감가상각 − 세금
= $200 + 600 − 42 = $758

사용될 수 있는(사용되고 있는) 영업현금흐름을 계산하는 여러 가지 다른 방법이 존재함이 증명되었다. 이에 대해 알아보기로 하자.

상향식 접근방식

프로젝트의 OCF를 계산하는 데 있어 이자와 같은 금융비용은 무시하고 있기 때문에 프로젝트의 순이익은 다음과 같이 계산된다.

프로젝트의 순이익 = EBIT − 세금
= $200 − 42
= $158

이제 양변에 감가상각을 단순히 더하면, 다음과 같은 일반적인 표현 방식의 OCF를 얻게 된다.

OCF = 순이익 + 감가상각비 **[8. 1]**
= $158 + 600
= $758

이것이 상향식(bottom-up) 접근방식이다. 이는 손익계산서의 가장 아래(순이익)에서 시작해서 감가상각과 같이 현금을 동반하지 않는 차감항목들을 다시 더해준다. 순이익에 감가상각을 더하는 것과 같은 영업현금흐름의 정의는 순이익 계산 시 차감된 이자액이 없는 경우에 한해 성립한다는 사실을 기억하라.

하향식 접근방식

아마도 가장 확실한 OCF 계산방식은 다음과 같을 것이다.

OCF = 매출액 − 비용 − 세금 **[8. 2]**
= $1,500 − 700 − 42 = $758

이것은 하향식(top-down) 접근방식으로 기본적인 OCF 정의의 두 번째 변형이다. 이는 손익계산서상의 가장 위에 있는 매출액에서 시작해서 비용, 세금, 기타 비용을 차감함으로써 순현금흐름을 구하는 방식이다. 이 같은 방식에서는 감가상각과 같은 비현금 항목들은 제외된다.

세금절감 접근방식

OCF의 기본적 정의에 대한 세 번째 변형은 세금절감(tax shield) 접근방식이다. 이 접근방식은 다음 절에서 고려할 어떤 문제에 대해 매우 유용할 것이다. OCF의 세금절감 정의는 다음과 같다.

OCF = 매출액 − 비용 ×(1 − T_C) + 감가상각 × T_C **[8. 3]**

여기서, T_C는 법인세율로 T_C = 21%로 가정할 경우 OCF는 다음과 같다.

OCF = ($1,500 − 700) × 0.79 + 600 × 0.21
= $632 + 126
= $758

이는 앞에서 구한 결과와 동일하다.

이 방법은 OCF가 두 부분으로 구성되어 있다고 간주한다. 첫 번째 부분은 감가상각비가 없을 경우의 프로젝트 현금흐름부문으로써 이 예제에서는 $528가 된다.

두 번째 부분은 차감된 감가상각비에 세율을 곱한 것이다. 이를 **감가상각 세금절감액**(depreciation tax shield)이라고 한다. 감가상각은 현금을 수반하지 않는 비용이다. 차감한 감가상각에 대한 유일한 현금흐름효과는 세금감면이다. 현행 21%의 법인세체제에서는 감가상각비 $1당 ¢21의 세금감면 효과를 갖는다. 따라서 이 예제에서 $600의 감가상각비는 총 $126(=$600 × 0.21)의 세금감면 효과를 얻는다.

결론

자, 이제 다른 여러 가지 방법들이 결국 동일한 결과를 얻는다는 것을 보았으며, 그렇다면 왜 모든 사람들이 이 방법 중 한 가지에 대해 동의하지 않는가에 대해 의문을 가질 수 있다. 한 가지 이유는 여러 가지 방법들은 각기 다른 환경 하에서 유용하게 사용될 수 있기 때문이다. 가장 좋은 방법은 문제에 대해 가장 쉽게 접근할 수 있는 방법일 것이다.

8.5 현금흐름할인분석의 특수 사례

ExcelMaster coverage online
www.mhhe.com/RossCore6e

이 장을 끝내기 전에 현금흐름할인(DCF)분석과 관련된 세 가지 일반적 사례에 대해 알아보자. 첫 번째는 기업이 경쟁입찰에 참여했을 때 발생하는 경우이다. 두 번째는 상이한 경제적 내용연수를 갖는 비품을 선택할 때 발생하는 경우이다. 세 번째는 오래된 기계를 대체하는 의사결정과정에서 발생하는 경우이다.

이외에도 많은 특수한 사례가 발생하겠지만 이들 세 경우는 일반적으로 발생하는 문제들이기 때문에 특별히 더 중요하다고 할 수 있다. 또한 이들 사례는 현금흐름 분석과 현금흐름할인 가치평가에 대한 다양한 응용을 보여준다.

입찰가 설정

앞서 현금흐름할인분석은 제안된 새로운 제품을 평가하는 데 활용되었다. 하지만 경쟁입찰에 참여해야만 하는 경우에는 다소 상이한(그리고 일반적인) 시나리오가 발생할 수도 있다. 경쟁입찰의 경우 가장 낮은 입찰가를 제시하는 기업이 프로젝트를 수주하게 되는 것이다.

경쟁입찰과 관련되어 다음과 같은 오래된 농담이 있다: 가장 낮은 가격을 제시한 사람이 가장 큰 실수를 하는 것이다. 이는 승자의 저주를 의미한다. 즉, 당신이 수주를 했다면 이는 적정가 아래로 가격을 책정했을 가능성이 높은 것이다. 이 장에서는 승자의 저주를 피하기 위해 어떻게 입찰가를 설정해야 하는가를 살펴본다. 이 같은 절차에 대한 이해는 제품이나 용역에 대한 가격을 설정해야만 할 때 유용하게 활용될 것이다.

입찰가를 어떻게 설정할 것인가를 설명하기 위해, 트럭해체 플랫폼을 구입하여 소비자

요구에 맞추어 트럭을 개조하여 재판매하는 사업을 한다고 가정하자. 지역배급사는 향후 4년간 매년 5대, 즉 20대의 트럭에 대해 특별 개조작업을 위한 경쟁입찰을 제안했다.

우리는 트럭 한 대당 얼마의 가격으로 입찰을 해야 하는지 결정해야 한다. 이 분석의 목적은 우리가 수익을 창출할 수 있는 최저가격을 결정하는데 있다. 이는 승자의 저주를 피해가면서 계약을 수주할 수 있는 기회를 극대화한다.

트럭 플랫폼을 개당 $1만에 구입할 수 있다고 가정하자. 필요한 시설은 연 $2만4000에 리스할 수 있다. 트럭 개조에 필요한 노동비와 재료비는 트럭 개당 $4,000이다. 따라서 총비용은 연 $24,000 + 5 ×(10,000 + 4,000) = $94,000이다.

우리는 새로운 장비에 $6만를 투자할 필요가 있다. 이 장비는 4년간 정액법으로 감가상각되며 내용연수 이후 장부상 잔존가치는 없다. 하지만 해당 시점에 실제로는 $5,000 정도의 가치를 지닐 것으로 예상된다. 우리는 또한 원자재 재고와 운전자본 항목들을 위해 $4만를 투자할 필요가 있다. 관련세율은 21%이다. 투자대비 20%의 수익률을 창출하기 위해서는 트럭당 입찰가격은 얼마가 되어야 하는가?

자본지출과 순운전자본 투자부터 시작해보자. 신규 장비를 위해 오늘 $6만를 지출하여야 한다. 세후 잔존가치는 $5,000(1 − 0.21) = $3,950이다. 또한 순운전자본에 대해서도 오늘 $4만를 투자해야한다. 순운전자본은 4년 후 다시 회수될 것이다.

영업현금흐름에 대해서는 판매가를 모르기 때문에 아직 결정할 수가 없다. 따라서 연도별 현금흐름을 도출하면 다음과 같다.

	연도				
	0	1	2	3	4
영업현금흐름		+OCF	+OCF	+OCF	+OCF
순운전자본 변화	-$40,000				$40,000
자본지출	-60,000				3,950
총현금흐름	-$100,000	+OCF	+OCF	+OCF	+OCF + $43,950

주요 관찰 사항은 다음과 같다는 사실을 명심하라: 이익을 시현할 수 있는 최저 가능가격은 20% 할인율에서 NPV가 0일 것이다. 해당 가격에서 우리는 투자금액에 대해 정확히 20%의 수익률을 얻을 것이다.

이 같이 주어진 상황에서 우선 NPV를 0으로 만드는 영업현금흐름의 규모를 결정할 필요가 있다. 이를 위해 지난해 비영업현금흐름 $43,950의 현재가치를 산출하고 이를 기초 투자액인 $10만에서 차감한다.

$$\$100,000 - 43,950/1.20^4 = \$100,000 - 21,195 = \$78,805$$

일단 초기투자비용이 산출되면, 연도별 현금흐름은 다음과 같게 된다.

	연도				
	0	1	2	3	4
총 현금흐름	-$78,805	+OCF	+OCF	+OCF	+OCF

연도별 현금흐름이 제안하는 바와 같이, 영업현금흐름은 알려지지 않은 연금 금액이 된다. 20%의 4년 연금가 계수는 2.58873이므로

NPV = 0 = − $78,805 + OCF × 2.58873

이는

OCF = $78,805 /2.58873 = $30,442

을 의미한다. 따라서 영업현금흐름은 매년 $3만442가 된다.

아직 끝나지 않았다. 마지막 과제는 판매가를 얼마로 결정해야 영업현금흐름이 $3만442가 되는가를 알아내야 한다. 가장 손쉬운 방법은 영업현금흐름이 순이익 더하기 감가상각(상향식 개념)으로 산출된다는 사실을 떠 올리는 것이다. 본 예에서 감가상각비는 $15,000(=$60,000/4)이다. 이를 근거로 순이익이 얼마가 되어야 하는지 알 수 있다.

영업현금흐름 = 순이익 + 감가상각비
$30,442 = 순이익 + $15,000
순이익 = $15,442

손익계산서 상에서 역산을 통해 판매가를 결정할 수 있다. 순이익이 $15,442이므로 손익계산서는 다음과 같이 된다.

매출액	?
비용	$94,000
감가상각비	15,000
세금(21%)	?
순이익	$15,442

따라서 매출액은 다음의 식을 통해 도출된다.

순이익 = (매출액 − 비용 − 감가상각비) × (1 − T_C)
$15,442 = (매출액 − $94,000 − 15,000) × (1 − 0.21)
매출액 = $15,442 / 0.79 + 94,000 + 15,000
매출액 = $128,546

연 매출액은 $12만8,546가 되어야 한다. 계약은 연 트럭 5대의 개조를 요구하므로 판매가는 $25,709(=$128,546/5)가 되어야 한다. 이를 반올림하면 트럭당 약 $2만5,700 정도의 입찰가가 필요할 것으로 예상된다. 이 가격으로 계약을 맺게 되면 수익률은 정확히 20%를 상회할 것이다.

상이한 내용연수를 가지는 기계장치 옵션의 평가

어떤 기업이 상이한 사용기간을 가지는 두 개의 기계 중 하나를 선택해야 한다고 가정하자. 두 기계는 동일한 업무를 수행하지만 영업비용이 다르고 사용기간이 다르다. NPV법을 단순히 적용하면 비용의 현재가치가 더 낮은 기계를 선택하면 될 것이다. 하지만 낮은 원가의 기계는 다른 기계보다 앞서 교체될 가능성이 있을 수 있다.

예제를 살펴보자. 다운타운 스포츠클럽은 두 개의 테니스볼 자동배급기 중 하나를 선택해야 한다고 하자. 기계 A는 기계 B보다 저렴하지만 내용연수가 더 짧다. 두 기계의 세후 현금유출은 다음과 같다.

기계	연도				
	0	1	2	3	4
A	\$500	\$120	\$120	\$120	
B	600	100	100	100	\$100

기계 A는 \$500의 비용이 소요되고 3년간 사용한다. 유지비는 3년간 매년 말에 \$120가 지불된다. 기계 B는 \$600의 비용이 소요되고 4년간 사용한다. 유지비는 기계 A와 동일하게 매년 말 연 \$100가 지불된다. 모든 비용은 실질행태로 표시하고 이는 분석을 단순하게 하는 가정이다. 연간 수익은 동일하다고 가정하여 분석에서 제외한다. 위 표의 모든 수치는 세후 현금유출임에 주의하라.

의사를 결정하기 위해 두 기계의 비용에 대한 현재가치를 구해보자. 할인율을 10%로 가정하면,

$$\text{기계 A: } \$798.42 = \$500 + \frac{\$120}{1.1} + \frac{\$120}{1.1^2} + \frac{\$120}{1.1^3}$$

$$\text{기계 B: } \$916.99 = \$600 + \frac{\$100}{1.1} + \frac{\$100}{1.1^2} + \frac{\$100}{1.1^3} + \frac{\$100}{1.1^4}$$

기계 B의 현금유출의 현재가치가 더 높다. 따라서 기계 A가 더 낮은 비용을 나타내므로 기계 A를 선택해야 하는 것처럼 보인다. 하지만 기계 B의 사용기간이 더 길므로 연간 비용은 오히려 더 낮을 수도 있을 것이다.

두 기계를 비교할 때 사용기간의 차이를 어떻게 적당히 조정할 수 있을까? 가장 쉬운 방법은 각 기계의 **동일연간비용**(equivalent annual cost: EAC)이라고 부르는 비용을 계산하는 것이다. 이 방식은 비용을 연간기준으로 산정한 것이다.

위 식에서(\$500, \$120, \$120, \$120)의 지급액은 시점 0의 단일지급액 \$798.42와 동일하다는 것을 보여주었다. 이제 시점 0의 단일지급액 \$798.42를 3년 만기 연금과 동일하게 해보자. 앞에서 설명된 기법들을 이용하면

$$\$798.42 = C \times \text{PVIFA}_{10\%,3}$$

이 된다. $\text{PVIFA}_{10\%,3}$는 2.4869, C는 \$321.06(= \$798.42/2.4869)가 된다. 따라서(\$500, \$120, \$120, \$120)의 지급흐름은 3년 동안 매년 말에 지급되는 \$321.06의 연금지급액과 동일하게 된다. 이 \$321.06를 기계 A의 동일연간비용이라고 한다.

이 아이디어는 다음의 표와 같이 정리할 수 있다.

	연도			
	0	1	2	3
기계 A의 현금유출	\$500	\$120	\$120	\$120
기계 A의 동일연간비용		321.06	321.06	321.06

다운타운 스포츠클럽은($500, $120, $120, $120)와 ($0, $321.06, $321.06, $321.06)의 현금유출이 무차별해야 한다. 바꾸어 말하면 기계 구입은 재무적으로 연 $321.06를 지급하는 리스계약과 동일하다고 말할 수 있다.

이제 기계 B에 대해 살펴보면 동일연간비용은 다음과 같이 구할 수 있다.

$$\$916.99 = C \times PVIFA_{10\%,4}$$

$PVIFA_{10\%,4}$는 3.1699이므로 C는 $916.99/3.1699, 즉 $289.28가 된다.

기계 A와 마찬가지로 기계 B에 대해서도 다음과 같은 표를 만들 수 있다.

	연도				
	0	1	2	3	4
기계 A의 현금유출	$600	$100	$100	$100	$100
기계 A의 동일연간비용		289.28	289.28	289.28	289.28

두 기계의 표를 비교하면 의사결정은 쉬워진다. 연간 리스비용이 $321.06가 저렴한가, $289.28가 저렴한가? 이 같은 방법을 이용하면 문제는 상당히 간단해진다. 분명히 합리적인 사람이라면 낮은 리스료 지불을 선호할 것이고 따라서 기계 B가 선택될 것이다.

마지막으로 주의할 두 가지는 첫째, 테니스볼 기계의 비용을 실제 형태로 나타낸 것은 우연이 아니라는 점이다. 비용을 명목형태로 나타내는 경우에도 기계 B가 여전히 선호되겠지만, 실제 해법은 훨씬 어려울 수 있다. 일반적인 규칙으로서 이 같은 문제를 해결할 때는 항상 현금흐름을 실제 형태로 변화시켜야 한다.

둘째, 위의 분석은 두 기계가 대체될 수 있다는 가정 하에서만 적용할 수 있다. 만약 대체가 불가능하다면 분석은 달라질 수 있다. 예를 들어 테니스공 배급기를 제조하는 유일한 회사가 부도가 발생하여 새로운 기계의 생산이 기대되지 않는다고 가정해 보자.

이 예제에서 기계 B는 4차연도에 수익을 창출하지만 기계 A는 그렇지 못하다. 따라서 이 경우에는 수익과 비용을 포함하는 상호배타적 프로젝트에 대한 단순한 순현재가치법의 적용이 더 적당할 것이다.

교체에 대한 일반적 의사결정

앞의 기계 A와 기계 B에 대한 의사결정 관련 분석은 모두 새로운 기계를 취득하는 경우였다. 보다 일반적인 상황은 기업들이 기존의 기계를 언제 새로운 기계로 교체할 것인가에 대한 의사결정이다. 이 의사결정은 실제로 상당히 간단하여, 새로운 기계의 연간비용이 오래된 기계의 연간 비용보다 낮은 경우 교체하면 된다. 다음 예제는 이에 대해 확실한 설명을 해 줄 것이다.

예제 8.10

교체에 대한 의사결정

기존의 기계를 교체할 것인가를 결정해야 하는 BIKE사의 상황을 고려해 보자. BIKE는 현재 세금을 납부하지 않는다. 교체기계의 비용은 현재 $9,000이고 향후 8년 동안 매년 말에 연 $1,000의 유지비용이 소요된다. 8년 후에 이 기계는 $2,000에 매각될 것이다.

기존의 기계는 매년 유지비용이 증가하고 잔존가치는 매년 다음과 같이 하락한다.

연도	유지비	잔존가치
현재	$ 0	$4,000
1	1,000	2,500
2	2,000	1,500
3	3,000	1,000
4	4,000	0

이 표는 기존 기계가 현재 $4,000에 매각될 수 있다는 것을 말해준다. 이 기계를 1년 후에 매각한다면 판매가격은 $2,500가 되고, 그 기계를 작동시키기 위해 1년간 $1,000의 유지비를 지출해야한다. 계산의 편의를 위해 이 유지비는 매년 말에 지급된다고 가정하자. 이 기계는 4년 동안 더 사용할 수 있으며 4년 후 잔존가치는 0이 된다. 만약 BIKE사의 기회자본비용이 15%라고 한다면 이 기계는 언제 교체되어야 하는가?

앞에서 언급한 바와 같이 기존 기계의 연간비용과 교체기계의 연간비용을 비교해 보자. 교체기계의 연간비용은 동일연간비용(EAC)을 통해 쉽게 구할 수 있다.

새로운 기계의 동일연간비용 교체기계비용의 현재가치는 다음과 같이 계산된다.

$$\begin{aligned} PV_{costs} &= \$9{,}000 + \$1{,}000 \times PVIFA_{15\%,8} - \frac{\$2{,}000}{1.15^8} \\ &= \$9{,}000 + \$1{,}000 \times 4.4873 - \$2{,}000/3.0590 \\ &= \$12{,}833.52 \end{aligned}$$

$2,000의 잔존가치는 현금유입임에 주의하라. 이는 기계비용을 상쇄(offset)시키므로 위 식에서 음수(−)로 표시된다.

새로운 기계의 EAC는 다음과 같다.

$$\text{PV/할인율 15\%의 8년 연금계수} = \frac{PV}{PVIFA_{15\%,8}} = \frac{\$12{,}833.52}{4.4873} = \$2{,}860$$

계산 결과 재무적으로 볼 때, 교체기계를 구입하는 것은 이 기계를 매년 $2,860로 리스하는 것과 동일하게 된다.

기존 기계의 비용 이 계산은 약간 복잡하다. BIKE사가 1년간 기존 기계를 유지한다면 기업은 $1,000의 유지비용을 지불해야 한다. 하지만 이것은 BIKE사가 기계를 유지하는 데 필요한 유일한 비용이 아니다. BIKE사가 기존 기계를 1년간 더 사용하는 경우 기계의 잔존가치는 $2,500로 현재시점의 $4,000와 비교하면 감소분은 분명히 비용이 되는 것이다.

따라서 기계를 매각하기 전에 1년 더 사용하는 경우 비용의 현재가치는 다음과 같다.

$$\$4{,}000 + \frac{\$1{,}000}{1.15} - \frac{\$2{,}500}{1.15} = \$2{,}696$$

즉, 만약 BIKE사가 기존 기계를 1년 더 보유하는 경우 BIKE사는 오늘 매각대금 $4,000를 받을 수 없으며, 이는 기회비용으로 간주될 수 있다. 또 유지비 $1,000도 지급해야 한다. 그리고 BIKE사는 1년 후에 $2,500를 받을 수 있다. 마지막 항목은 다른 두 비용을 상쇄시키므로 음수로 간주된다.

일반적으로 현금흐름은 현재가치로 표시하지만 이 분석의 경우 현금흐름을 1년 후의 미래가치로 표시하는

(계속)

것이 더 쉬울 수 있다. 미래가치는

$$\$2,696 \times 1.15 = \$3,100$$

즉, 1년간 기계를 보유하는 데 소요되는 비용은 올해 말에 $3,100를 지불하는 것과 동일하게 된다.[1]

비교하기 이제 현금흐름을 고려해 보자. 기계를 즉시 교체한다면 올해 말부터 시작해서 매년 $2,860를 지불해야 한다. 만약 새로운 기계를 8년마다 교체한다면 이 연간비용은 영원히 발생한다. 이 현금흐름은 다음과 같이 표시될 수 있다.

	연도 1	연도 2	연도 3	연도 4	. . .
즉시 기계를 교체함으로써 발생하는 비용	$2,860	$2,860	$2,860	$2,860	. . .

만약 기존 기계를 1년 후에 교체한다면, 기존 기계를 사용함으로써 발생하는 마지막 연도의 비용은 $3,100로 계산된다. 교체 후에 발생하는 비용은 연 $2,860로 2년 후부터 발생한다. 만약 새로운 기계를 8년마다 교체한다면 연간비용은 위의 경우와 마찬가지로 영원히 발생한다. 이와 관련된 현금흐름은 다음과 같다.

	연도 1	연도 2	연도 3	연도 4	. . .
기존 기계 1년 사용 후 새로운 기계로 교체하는 경우의 발생비용	$3,100	$2,860	$2,860	$2,860	. . .

두 표를 비교하면 의사결정은 간단해진다. 누구나 연말에 $3,100를 지불하는 것보다 $2,860를 지불하는 것을 더 선호할 것이다. 따라서 BIKE사는 1차연도의 비용을 최소화시키기 위해 기존 기계를 즉시 교체하여야 한다.

교체에 대한 의사결정에 있어 마지막 두 가지 사항을 고려해야 한다. 첫째, 기존 기계와 새 기계가 동일한 수익을 창출하는지를 체크해야 한다. 왜냐하면 수익은 기계선택의 의사결정에 영향을 미치지 않기 때문에 수익은 이 분석에서 제외되었다. 이 같은 상황은 사업상 흔히 발생한다. 예를 들어 본사에 있는 난방시스템을 교체할지 에어컨 시스템을 교체할지에 대한 의사결정은 기업의 수익에 영향을 미치지 않는다. 하지만 종종 새 기계가 더 높은 수익을 창출하기도 한다. 위의 접근방법은 수익이 상이한 경우를 다루기 위해 쉽게 수정될 수 있다.

둘째, 위 접근방법의 중요성이 강조되어야 한다. 모든 기계는 언젠가는 교체되어야 하기 때문에 위 방법은 사업하는 데 있어 널리 활용되고 있다.

요약 및 결론 Summary and Conclusions

이 장에서는 자본예산의 실제 적용에 대해 논의한다.

1. 자본예산은 증분개념으로 수행되어야 한다. 즉, 매몰비용은 고려되지 않아야 하는 반면 기회비용과 부수적 효과는 고려되어야 한다.
2. Baldwin사의 예제에서 다음의 두 단계를 거쳐 NPV를 계산했다.

---

1 한 가지 주의할 점이 있다. 아마도 기존 기계의 유지비가 첫해는 많고 이후 감소할 것이다. 이 예제에서 즉시 교체에 대한 의사결정은 다소 이른 감이 있을 수 있다. 따라서 기존 기계에 대해 미래 연도의 비용을 점검해 볼 필요가 있다.

기계를 2년간 보유하는 경우의 비용은

$$\text{시점 1 비용의 PV} = \$2,500 + \frac{\$2,000}{1.15} - \frac{\$1,500}{1.15} = \$2,935$$

미래가치는 $3,375(= $2,935 × 1.15)가 된다.

기존 기계를 3년 또는 4년간 보유하는 경우의 비용도 새로운 기계를 구입하는 경우의 EAC보다 더 크다. 따라서 기존 기계의 교체에 대한 의사결정은 여전히 유효하다.

   a. 각 기간 동안 여러 부문에서 발생하는 순현금흐름을 산출
   b. 위에서 산출된 현금흐름을 이용해 NPV를 계산
3. 인플레이션은 일관되게 다루어져야 한다. 한 방법은 현금흐름과 할인율을 모두 명목형태로 나타내는 것이고, 다른 방법은 현금흐름과 할인율을 모두 실질형태로 나타내는 것이다. 어느 방법이나 동일한 NPV를 창출하므로 더 간단한 방법을 사용하면 된다. 보다 간단한 방법은 자본예산 문제의 종류에 따라 결정된다.
4. 동일한 값을 갖는 영업현금흐름을 산출하기 위한 상이한 접근법이 존재한다.
5. 기업은 사용기간이 상이한 두 개의 기계에 대한 선택 시 동일연간비용을 사용해야 한다.

개념문제 Concept Questions

1. **기회비용** 자본예산에서 기회비용은 무엇인가?
2. **증분현금흐름** 투자의 NPV를 계산할 때 증분현금흐름으로 간주되어야 하는 것은 어느 것인가?
   a. 투자로 인해 감소되는 기업의 다른 부문 매출
   b. 아직 시행되지 않았지만 프로젝트가 채택되는 경우에 한해 발생하는 공장과 설비에 대한 지출
   c. 지난 3년간 제품과 관련되어 수행된 연구개발비
   d. 투자관련 연 감가상각비
   e. 배당금
   f. 프로젝트 마감 시 매각되는 공장과 설비가격
   g. 프로젝트가 채택되는 경우에 한해 고용되는 제조공정 인력에 대한 임금과 의료비
3. **증분현금흐름** 당신 회사는 현재 스틸샤프트(steel shaft) 골프 클럽을 제조·판매하고 있다. 이사회는 그라파이트 샤프트(graphite shafts)의 티타늄 버블우드(titanium bubble woods) 생산을 위한 새로운 라인을 설치할 것인가에 대해 당신이 고려해 주기를 원하고 있다. 다음 중 관련비용이 아닌 것은?
   a. 프로젝트에 사용될 이미 보유하고 있는 대지. 하지만 사용하지 않을 경우 시장가치인 $70만에 매각가능
   b. 만약 그라파이트 샤프트의 티타늄 우드가 생산되는 경우 스틸샤프트 클럽의 매출감소분 $30만
   c. 그라파이트 샤프트 연구개발을 위해 지난해 지출된 $20만
4. **감가상각** 선택할 수 있다면 기업은 MACRS 감가상각법과 정액감가상각법 중 어느 것을 더 선호하겠는가? 그 이유는?
5. **순운전자본** 자본예산 예제에서, 기업은 프로젝트에서 투자된 운전자본을 모두 회수할 수 있을 것이라고 가정했다. 이 가정은 합리적인가? 언제 이 가정이 성립되지 않을 수 있는가?
6. **독립원칙** 재무매니저가 다음과 같이 말했다고 가정하자. “우리 기업은 독립원칙을 준수한다. 우리는 투자안 평가 시 투자안을 하나의 조그만 기업으로 간주한다. 따라서 금융비용은 기업수준에서 관련있는 항목이므로 이를 포함한다.” 이에 대해 비판적인 평가를 해라.
7. **동일연간비용** 두 개 또는 그 이상의 프로젝트를 비교하는 데 있어 EAC 분석은 언제 적당한가? 또 이 방법이 왜 사용되는가? 이 방법에서 요구되는 내재된 가정 중 당신이 발견한 문제점이 있는가? 설명하라.
8. **현금흐름과 감가상각** “투자안을 평가할 때, 우리는 관련된 세후 증분현금흐름만을 고려한다. 따라서 감가상각은 현금을 동반하지 않는 비용이므로 투자안 평가 시 이를 고려하지 않아야 한다.” 이에 대한 비판적 평가를 해라.
9. **자본예산 고려사항** 어떤 주요 대학교재 출판사는 한 재무 교과서를 출간하고 있다. 출판사는 이 책에 대해 좀더 짧고 저렴한 ‘핵심’판을 생산할지에 대해 고민하고 있다. 고려해야 할 사항들은 무엇이 있는가?

다음 예를 참고하여 다음 3문제(10~12번)에 답하라. 2003년 Porsche는 새로운 SUV인 Cayenne을 출

시했다.

$4만가 넘는 Cayenne은 시속 62마일까지 도달하는 데 9.7초가 걸린다. Porsche의 SUV 시장진입에 대한 의사결정은 Mercedes-Benz의 M 클래스와 같은 고가 SUV의 큰 성공에 자극받았기 때문이다. 이 같은 종류의 자동차는 여러 해 동안 매우 높은 이익을 창출했다. Cayenne은 물론 시장에서 분위기를 띄웠고 후속모형으로 Cayenne Turbo S를 출시했다. 이 모형은 시속 62마일까지 도달하는 데 단지 3.7초가 걸리고 최고속력은 시속 178마일이다. 2019년식 Cayenne Turbo S의 가격은 얼마일까? 무려 $12만5,000가 넘는다.

일부 투자분석가들은 Porsche가 고급 SUV 시장에 진입한 것에 대해 의문을 제기했다. 투자분석가들은 Porsche가 그 시장의 후발주자라는 점과 함께 Cayenne의 시판이 고품질의 자동차 제조사라는 Porsche의 명성에 손해를 입힐 수도 있다는 점에서 우려를 표시했다.

10. **잠식** Cayenne에 대한 평가 시, Porsche의 명성에 대해 있을 수 있는 손실을 잠식으로 고려할 것인가?
11. **자본예산** Porsche는 SUV 시장에 진입한 후발주자 중의 하나였다. 다른 기업들이 최소한 앞장서서 시장에 진입하지 않으려고 할 때 뒤늦게 시장에 진입한 이유는 무엇인가?
12. **자본예산** Cayenne에 대한 평가 시, 이 시장의 높은 수익성과 관련해 Porsche가 가정해야 할 필요가 있는 사항은 무엇이라고 생각하는가? 시장의 경쟁이 점점 치열해짐에도 불구하고 고수익성은 계속 유지될 수 있을 것으로 보는가? Porsche는 자신의 명성과 Cayenne의 성과로 인해 수익을 지속적으로 창출할 수 있을 것으로 보는가?

연습문제 Questions and Problems

McGraw Hill connect

기초
(문제 1~12번)

1. **프로젝트 NPV 계산** Avignon 레스토랑은 $3만7,000짜리 수플레(souf) 조리기구 매입을 고려하고 있다. 수플레 조리기구는 내용연수가 6년이며 정액감가상각법으로 기간 내에 완전 상각된다. 이 조리기구는 개당 비용이 $2이고 판매가격이 $7인 수플레를 연 2,300개 만들 수 있다. 할인율이 14%이고 법인세율이 21%라고 가정할 경우, 이 레스토랑은 수플레 조리기구를 매입해야 하는가?
2. **프로젝트 NPV 계산** Dante 제조사는 새로운 투자를 고려 중에 있다. 투자안에 대한 재무계획은 다음 표와 같다. 모든 매출수익은 현금으로 수취되고 모든 영업비용과 세금은 현금으로 지급된다. 모든 현금흐름은 연말에 발생하고 모든 순운전자본은 프로젝트 마감 시 회수된다. 법인세율은 22%이다.

	연도 0	연도 1	연도 2	연도 3	연도 4
투자액	$32,800	—	—	—	—
매출수익	—	$14,200	$15,900	$15,700	$12,900
영업비용	—	2,100	2,100	2,100	2,100
감가상각비	—	8,200	8,200	8,200	8,200
순운전자본지출	450	175	250	275	?

   a. 매년 투자에 대한 증분 순이익을 계산하라.
   b. 매년 투자에 대한 증분현금흐름을 계산하라.
   c. 적정 할인율이 12%라고 가정한다면 이 프로젝트의 NPV는 얼마인가?
3. **프로젝트 NPV 계산** Down Under Boomerang사는 초기 고정자산 투자액이 $375만가 소요되는 3년 프로젝트를 고려하고 있다. 고정자산은 3년간 정액감가상각법으로 전액 상각될 것이며 그 이후에는 가치가 없다. 프로젝트는 연 $151만의 비용과 $307만의 매출을 창출할 수 있을 것으로 추정된다. 세율은 21%이고 요구수익률은 10%이다. 이 프로젝트의 NPV는 얼마인가?

4. **자산으로부터 프로젝트의 현금흐름 계산** 앞의 문제에서 프로젝트는 순운전자본에 대해 $45만의 초기 투자액이 필요하고 고정자산은 프로젝트 마감 후 $57만5,000의 시장가치를 가진다고 가정하자. 시점 0의 순현금흐름은 얼마인가? 시점 1과 시점 2, 시점 3의 순현금흐름은? 새로운 프로젝트의 NPV는 얼마인가?

5. **NPV과 MACRS** 앞의 문제에서 고정자산은 실제로 MACRS 분류상 3년 대상이라고 가정하자. 다른 조건이 모두 동일하다고 한다면 프로젝트의 1차연도 순현금흐름은 얼마인가? 2차연도와 3차연도의 순현금흐름은? 새로운 프로젝트의 NPV는 얼마인가?

6 **NPV와 보너스 감가상각** 앞의 문제에서 고정자산은 100% 보너스 감가상각 대상 자산이라고 가정하자. 모든 다른 요인들은 동일할 때, 프로젝트의 1년차 순현금흐름은 얼마인가? 2년차의 순현금흐름은? 3년차의 순현금흐름은? 새로운 NPV는 얼마인가?

7. **프로젝트 평가** 당신 회사는 $65만5,000의 새로운 컴퓨터기반 주문입력 시스템을 구입하려고 한다. 이 시스템은 구입가격 전액에 대해 5년간 정액감가상각법으로 감가상각되지만 5년 후 $6만의 가치가 있을 것으로 예상된다. 이 시스템 도입으로 주문처리비용은 세전으로 연 $21만5,000를 절감할 수 있고 운전자본은 $4만5,000(1회) 감소할 수 있을 것이다. 세율이 22%라면 이 프로젝트의 IRR은?

8. **프로젝트 평가** Cori's Meats는 설치비가 $30만4,000가 소요되는 새로운 소시지생산시스템 도입을 고려하고 있다. 이 비용은 5년간 전액 정액감가상각법으로 상각처리될 것이며 5년 후 시스템은 잔존가치 $3만에 처분될 것으로 예상된다. 소시지 시스템 도입은 세전 영업비용을 연 $11만6,000 감소시킬 것이며 순운전자본에 대해 $1만5,000의 기초투자를 필요로 할 것이다. 세율이 23%이고 할인율이 10%인 경우 이 프로젝트의 NPV는?

9 **NPV와 보너스 감가상각** 앞의 문제에서 고정자산은 100% 보너스 감가상각 대상 자산이라고 가정하자. 모든 다른 요인들이 동일할 때 새로운 NPV는 얼마인가?

10. **잔존가치 계산** 4년짜리 프로젝트에 사용된 어떤 자산이 세금목적으로 5년짜리 MACRS 대상에 포함되어 있다. 이 자산의 취득비용은 $895만이고 이 프로젝트 마감 시 $196만에 매각될 것이다. 세율이 24%라면 이 자산의 세후 잔존가치는 얼마인가?

11. **NPV 계산** Howell 석유사는 기존사업을 보완하는 새로운 프로젝트를 고려하고 있다. 이 프로젝트를 수행하기 위해 필요한 기계는 $357만이다. 마케팅부서에서는 이 프로젝트와 관련된 매출이 향후 4년간 연 $195만에 이르고 이후에는 이 시장이 더 이상 존재하지 않을 것으로 예상한다. 이 기계는 4년의 내용연수 기간 동안 전액 정액감가상각법으로 감가상각될 것이다. 프로젝트와 관련된 매출원가와 영업비용은 매출의 30%에 이를 것으로 전망된다. Howell사는 즉시 $57만5,000의 순운전자본을 추가할 필요가 있다. 추가적인 순운전자본은 프로젝트 마감 시 회수될 것이다. 법인세율은 21%이고 요구수익률은 14%이다. Howell사는 이 프로젝트를 진행해야 하는가?

12. **EAC 계산** 당신은 두 개의 실리콘 웨이퍼(silicon wafer) 가공기계에 대해 평가하고 있다. Techron I의 비용은 $49만이고 내용연수는 3년이며 세전 영업비용은 연 $9만 발생한다. 반면 Techron II의 비용은 $62만이고 내용연수는 5년, 세전 영업비용은 연 $9만7,000 발생한다. 두 가공기계는 프로젝트 내용연수 기간동안 정액감가상각법이 사용되며 잔존가치는 $7만6,000로 가정된다. 세율이 21%이고 할인율이 14%인 경우 두 기계의 EAC를 계산하라. 어느 기계를 선택해야 하는가? 그 이유는?

보통
(문제 13~34번)

13. **비용절감 제안** Geller 기계상점은 생산성 개선을 위해 4년 기간의 프로젝트를 고려하고 있다. $53만의 새로운 프레스기계를 구입하면 세전으로 연 $19만2,000의 비용이 절감될 것으로 전망된다. 프레스기계는 MACRS 상 5년 대상 자산으로 분류되며 프로젝트 마감 시 잔존가치는 $4만5,000가 될 것이다. 프레스기계는 재고자산에 대해 $1만5,000의 초기투자를 필요로 하며 이후 프로젝트 기간동안 재고자산에 대해 매년 $4,000의 추가투자가 요구된다. 기계상점의 세율은 21%이고 할인율은 9%라고 한다면 이 상점은

프레스기계를 구입해서 설치해야 하는가?

14. **NPV와 보너스** 감가상각 앞의 문제에서 고정자산은 100% 보너스 감가상각 대상 자산이라고 가정하자. 모든 다른 요인들이 동일할 때 새로운 NPV는 얼마인가?

15. **상호배타적 프로젝트 비교** Peyton Manufacturing은 두 개의 다른 컨베이어벨트 시스템 중 하나를 선택하려 한다. 시스템 A는 비용이 $52만이고 내용연수는 4년이며 세전 영업비용으로 연 $14만5,000가 필요하다. 반면 시스템 B는 비용이 $69만5,000이고 내용연수는 6년이며 세전 영업비용으로 연 $12만3,000가 필요하다. 두 시스템 모두 내용연수기간 동안 비용이 전액 정액감가상각법으로 상각되며 잔존가치는 없을 것으로 전망된다. 어떤 프로젝트가 채택되든 시스템이 노후화되었을 때 교체되지는 않을 것이다. 세율이 25%이고 할인율이 11%라고 한다면 기업은 어떤 프로젝트를 선택해야 하는가?

16. **상호배타적 프로젝트 비교** 앞의 문제에서 기업이 항상 컨베이어벨트 시스템이 필요하다고 가정하자. 즉 기계가 노후화되면 다른 것으로 교체되어야 한다. 이 경우에는 어떤 프로젝트를 선택해야 하는가?

17. **NPV와 보너스 감가상각** Eggz사는 판매용으로 떨어져 있는 암탉의 깃털을 수집할 수 있는 설비의 구입을 고려하고 있다. 설비의 가격은 $42만5,000이고 100% 보너스 감가상각이 가능하다. 설비는 프로젝트가 종료되는 5년 후에 $4만5,000에 매각할 수 있다. 매출은 연 $27만5,000, 고정비는 연 $4만7,000, 변동비는 매출액의 35%로 예상된다. 프로젝트는 $2만5,000의 순운전자본에 대한 투자가 필요하며 이는 프로젝트 종료시점에 전액 상환된다. 세율은 22%이고 요구수익률은 9%이다. 이 프로젝트의 NPV는 얼마인가?

18. **상호배타적 프로젝트 비교** Vandalay사는 라텍스(latex)를 생산하는 새로운 기계구입을 고려하고 있다. 기계 A의 비용은 $310만이고 6년간 사용가능하다. 변동비는 매출액의 35%이며 고정비는 연 $155만이다. 기계 B는 비용이 $490만이고 9년간 사용가능하다. 변동비는 매출액의 30%이며 고정비는 연 $180만이다. 각 기계의 매출액은 연 $950만가 될 것이다. 요구수익률은 10%이며 세율은 21%이다. 두 기계 모두 정액감가상각법으로 감가상각된다. 만약 이 기업이 영구적으로 존속할 것을 가정하여 기계가 노후화될 때마다 교체할 계획을 가지고 있다면 어떤 기계를 선택해야 하는가?

19. **인플레이션하의 자본예산** 다음 두 개의 상호배타적 프로젝트에 대해 고려하라.

연도	프로젝트 A	프로젝트 B
0	-$73,000	-$82,000
1	35,500	37,600
2	38,900	49,300
3	26,000	35,500

프로젝트 A의 현금흐름은 실질형태로 나타낸 반면 프로젝트 B의 현금흐름은 명목형태로 나타낸다. 적정한 할인율이 11%이고 인플레이션율이 4%라면 어떤 프로젝트를 선택해야 하는가?

20. **인플레이션과 기업가치** Squirrel Spring Water사는 영구적으로 매년 음료수를 730만병 팔 것으로 기대한다. 올해 각 병당 가격은 실질기준으로 $1.24이고 비용은 실질기준으로 $0.83이다. 매출이익과 비용은 연말에 발생한다. 수익은 매년 2%의 실질성장이 기대되는 반면 비용은 연 1.5%의 실질상승이 예측된다. 실질할인율은 6%이고 법인세율은 21%이다. 현재 시점에서 볼 때 이 기업은 가치가 있는가?

21. **명목현금흐름 계산** Perkins사는 내용연수가 5년짜리인 자산에 $73만의 투자를 고려하고 있다. 이 회사는 1차연도 말에 명목 연간 현금수익과 비용을 각각 $28만5,000와 $8만6,000로 예상한다. 수익과 비용 모두 그 이후 연 4%의 인플레이션율로 증가할 것으로 전망한다. 5년에 걸쳐 비용전액이 정액감가상각법으로 상각되며 잔존가치는 그때 명목개념으로 $8만에 이를 것으로 추정된다. 한 차례 $3만의 순운전자본에 대한 투자가 즉시 요구되며 이는 프로젝트 마감 시 회수될 것이다. 모든 기업의 현금흐름은 22%의 법

인세율을 적용받는다. 매년 자산으로부터 발생하는 프로젝트의 총명목 현금흐름은 얼마인가?

22. **현금흐름 가치** Sandbelt사는 작은 제조업을 운영하고 있다. 이번 회계연도에 실질 순현금흐름은 $37만 6,000로 예상된다. 회사는 지속적인 영업을 하고 있지만 치열한 경쟁으로 인해 영구적으로 연 2.6%의 실질 순현금흐름이 잠식될 것으로 예상한다. 적정한 실질 할인율이 2.9%이고 모든 순현금흐름은 연말에 지급받는다. 이 기업의 순현금흐름 현재가치는 얼마인가?

23. **EAC** SGS 골프 아카데미는 다른 골프연습용 기계구입을 고려하고 있다. Dimple-Max라는 기계의 비용은 $10만4,300이고 내용연수는 7년이며, 운영비는 매년 $1만3,900씩 소요된다. 적정할인율은 12%이다. 비용은 내용연수 기간 중 전액 정액감가상각법으로 상각되며 프로젝트 마감 시 기계의 잔존가치는 $1만 500가 될 것으로 예상한다. 세율은 23%이고 모든 현금흐름은 연말에 발생한다. 이 기계의 동일연간비용(EAC)은 얼마인가?

24. **EAC** Zoysia대학은 조경학과를 위해 제초기를 구입해야 한다. 대학은 5개의 EVF 제초기를 개당 $6,800에 구입할 수 있으며 개당 유지비용은 연말에 연 $1,430가 소요된다. EVF 제초기는 4년차 말에 교체될 것이며 그 시점의 잔존가치는 없을 것으로 예상된다. Zoysia대학은 동일한 업무를 수행하기 위해 대체안으로 6개의 AEH 제초기를 구입할 수도 있다. AEH 제초기는 7년 후 교체될 것이다. 이 기계는 개당 $6,100이며 개당 유지비용은 연말에 $1,570가 소요된다. AEH 제초기는 7년 후 $900의 재판매가치를 가질 것으로 예상된다. 기계에 대한 투자로 인한 대학의 기회비용은 9%이다. 대학은 비영리단체이므로 세금을 납부할 필요는 없다. 어느 업체가 선정되든 미래 기계의 공급자가 될 것이다. 5개의 EVF 제초기와 6개의 AEH 제초기 중 어느 것의 구입을 추천하겠는가?

25. **프로젝트 NPV 계산** Hurzdan사는 경제적 수명이 5년인 $75만5,000짜리 컴퓨터 구입을 고려하고 있다. 컴퓨터는 5년간 비용 전액이 정액감가상각법으로 상각된다. 5년 후 컴퓨터의 시장가치는 $3만 5,000가 될 것으로 예상된다. 컴퓨터는 총연봉이 $18만5,000에 이르는 4명의 종업원 역할을 대신할 수 있다. 컴퓨터는 또 기업의 필요 순운전자본 $5만5,000를 즉시 절감시킬 것이다. 순운전자본 금액은 기계매각 시 보충될 것이다. 법인세율은 21%이다. 만약 적정한 할인율이 10%라면 이 컴퓨터를 구입하는 것은 가치가 있을까?

26. **교체를 위한 NPV와 IRR 계산** 어떤 기업이 기존 기계를 교체하기 위해 $926만짜리 새로운 기계에 대한 투자를 고려하고 있다. 현재 기계는 장부가치가 $248만이고 시장가치는 $416만이다. 새 기계는 4년의 내용연수를 가질 것으로 기대되고 기존 기계는 사용할 수 있는 기간이 4년 남았다. 만약 기업이 기존 기계를 새 기계로 교체한다면 향후 4년간 영업비용을 매년 $210만 줄일 수 있을 것으로 기대된다. 4년 후의 두 기계의 잔존가치는 존재하지 않을 것이다. 만약 이 기업이 새 기계를 구입한다면 순운전자본에 $16만5,000 투자가 필요할 것이다. 투자에 대한 요구수익률은 8%이고 세율은 21%이다.
   a. 기존 기계를 교체하는 의사결정과 관련한 NPV와 IRR은 얼마인가?
   b. 화폐의 시간가치를 고려하지 않을 경우 새 기계는 향후 4년간 단지 $840만를 절약하고 비용은 $926만 발생한다. 기존 기계를 대체하는 의사결정이 양(+)의 NPV를 갖는 것이 어떻게 가능한가?

27. **프로젝트 분석과 인플레이션** Bing사는 $235만의 새로운 제조설비 구입을 고려하고 있다. 이 설비는 7년간 전액 정액감가상각법으로 상각되고 7년 후에는 잔존가치가 없을 것으로 예상된다. 제조설비를 통한 영업수익은 첫해 말 $102만5,000가 예상되고, 이 수익은 매년 5%의 인플레이션율만큼 증가할 것으로 기대된다. 제조비용은 첫 해 명목개념으로 $42만5,000에 이를 것이며 매년 4%씩 증가할 것으로 예상된다. 실질할인율은 7%이며 법인세율은 23%이다. Heron은 다른 수익성 있는 사업을 진행 중에 있다. 회사는 이 프로젝트를 채택해야 하는가?

28. **프로젝트 NPV 계산** 서핑(surfng) 그림의 캐주얼 의류 인기가 치솟자, 두 명의 MBA 졸업생들은 이 캐주얼 서핑 개념을 '집에서의 서핑 라이프스타일'로 확대시키기로 했다. 제한된 자본을 가지고 그들은 특색있

는 사람들의 집에 서핑 그림의 테이블과 전기스탠드 등을 판매키로 결정했다. 전기스탠드의 판매수량은 1년 차에 1만200개에 이르고 향후 5년간 매년 7%씩 증가할 것으로 예상한다. 전기스탠드를 제조하기 위해서는 초기에 $6만5,000의 순운전자본이 필요하다. 총고정비는 연 $28만5,000이고 변동비는 개당 $18, 판매가격은 개당 $67이다. 제품을 생산하기 위해 필요한 설비는 $54만5,000의 비용이 소요된다. 이 설비는 5년간 정액감가상각법으로 상각될 것이며 잔존가치는 존재하지 않을 것으로 예상한다. 세율은 22%이고 요구수익률은 15%이다. 이 프로젝트의 NPV는 얼마인가?

29. **프로젝트 NPV 계산** 당신은 세련된 지터(하프의 일종)를 생산하는 PUTZ(Pristine Urban-Tech Zither)사에 컨설턴트로 고용되었다. 지터시장은 빠르게 성장하고 있다. 이 회사는 유독성 폐기물 매립지로 사용하기 위해 3년 전 $180만를 지급하고 땅을 구입했으나 최근 모든 유독성 물질을 처리할 기업 하나를 매수했다. 최근 감정 결과, 회사는 이 땅을 세후기준으로 현재 $210만에 매각할 수 있고 5년 후에는 $235만에 매각할 수 있을 것으로 보인다. 이 회사는 또 지터시장을 분석하기 위해 $27만5,000의 비용으로 어떤 마케팅 회사를 고용했다. 마케팅 보고서의 일부를 인용하면 다음과 같다.

    지터산업은 향후 4년간 빠른 확장을 할 것이다. PUTZ사가 관심을 가지고 집중하는 브랜드 인지도를 통해 이 회사는 향후 4년간 1만8,400, 2만6,100, 2만9,300, 1만9,400개를 판매할 수 있을 것이다. 또한 PUTZ 브랜드 인지도를 활용하면 지터 한 대당 $175를 받을 수 있을 것이다. 지터는 일시적 유행에 그칠 수 있으므로 4년 후에는 매출이 지속되지 않을 것이다. PUTZ는 이 프로젝트의 고정비를 연 $72만5,000, 변동비는 매출액의 15%가 될 것으로 예상한다. 생산을 위해 필요한 설비는 $530만가 소요되며 이는 MACRS 상 3년에 걸쳐 상각된다. 프로젝트 마감 시 설비 처분비용은 $50만가 소요될 것이다. 순운전자본은 즉시 $45만가 필요할 것이다. PUTZ의 세율은 21%이며 이 프로젝트의 요구수익률은 13%이다. 이 프로젝트의 NPV는 얼마인가? 이 회사는 다른 수익성있는 프로젝트를 진행 중에 있다고 가정하라.

30. **NPV와 보너스** 감가상각 앞의 문제에서 고정자산은 100% 보너스 감가상각 대상 자산이라고 가정하자. 모든 다른 요인들이 동일할 때 새로운 NPV는 얼마인가?

31. **교체 NPV 계산** Pilot Plus Pens사는 기존 기계의 교체시점을 결정하려고 한다. 기계의 현재 잔존가치는 $187만이고 장부가치는 $114만이다. 만약 기계가 매각되지 않는다면 기존 기계의 유지비용은 향후 5년간 매년 말에 $78만가 소요된다. 기존 기계에 대한 감가상각은 연 $22만8,000이다. 5년 후 잔존가치는 $18만2,000가 될 것이며 장부가치는 없을 것이다. 교체기계의 비용은 현재 $437만이며, 5년의 경제적 수명기간동안 매년 말에 $27만5,200의 유지비용이 요구된다. 5년 후에 새 기계의 잔존가치는 $62만4,000로 예상된다. 새 기계는 정액감가상각법으로 전액 상각된다. Pilot사는 현재 의사결정이 어떻게 이루어지느냐와 상관없이 새 기계를 구입할 필요가 있을 것이다. 법인세율은 21%이고 적정할인율은 12%이다. 회사는 감가상각으로부터 세금효과를 창출할 수 있는 충분한 수익을 얻을 수 있을 것으로 예상한다. Pilot사는 현재 또는 5년 후에 기존 기계를 교체해야 하는가?

32. **EAC 계산** Gold Star 산업은 컴퓨터 구입을 고려하고 있다. 이 기업은 SAL 5000과 HAL 1000 중 하나를 선택하기로 했다. Gold Star는 9대의 SAL이 필요하고, 각 SAL은 $3,600의 구입비용과 매년 $390의 유지비를 필요로 한다. 컴퓨터의 내용연수인 8년이 경과한 후, Gold Star는 컴퓨터를 대당 $200에 팔 수 있을 것으로 기대한다. 대체안으로, Gold Star는 7대의 HAL를 구입할 수 있다. HAL는 대당 $4,300이며 매년 유지비로 $355가 소요된다. HAL는 6년의 내용연수를 가지며 이 기간 경과 후 $220의 재판매가치를 갖는다. Gold Star는 오늘 선택한 모형을 영원히 지속적으로 구입할 것이다. Gold Star의 세율은 23%이며 유지비는 매년 말에 발생한다고 가정한다. 감가상각은 내용연수기간 동안 전액 정액감가상각법으로 상각된다. 만약 적정 할인율이 11%라면 Gold Star는 어떤 모형을 구입해야 하는가?

33. EAC와 인플레이션 사무자동화 회사는 두 개의 복사기, XX40와 RH45 중 하나를 구입하려고 한다. XX40 가격은 $2,400이고 3년간 사용된다. 이 복사기는 모든 관련비용을 차감한 후 실질개념으로 세후 연 $160가 소요된다. 반면 RH45의 가격은 $2,900이고 5년간 사용된다. RH45는 실질개념으로 세후 $255가 소요된다. 모든 현금흐름은 연말에 발생한다. 인플레이션율은 연 5%, 명목할인율은 12%로 예상된다. 회사는 어떤 복사기를 선택해야 하는가?

34. 프로젝트 분석과 인플레이션 Merton Brothers사는 컴퓨터 키보드를 생산하는 기계에 대한 투자를 고려하고 있다. 이 기계의 가격은 $87만5,000이고 경제적 수명은 5년이다. 이 기계는 정액감가상각법으로 완전 상각될 것이다. 이 기계는 연 1만7,000의 키보드를 생산할 것으로 예상된다. 키보드 대당가격은 첫 해 $91가 될 것이며 이후 연 5%씩 증가할 것이다. 키보드당 제조원가는 첫 해 $26가 될 것이며 이후 연 7%씩 상승할 것이다. 이 프로젝트는 매년 $78만5,000의 고정비가 발생할 것이며 순운전자본에 대해 즉시 $14만5,000의 투자가 요구된다. 법인세율은 21%이다. 적정 할인율이 11%라고 한다면 이 투자안의 NPV는 얼마인가?

도전
(문제 35~45번)

35. 프로젝트 평가 Aria Acoustics사(AAI)는 새로운 7옥타프 임플란트용 음성장치의 매출을 다음과 같이 예상한다.

연도	판매량
1	75,000
2	86,000
3	94,000
4	108,000
5	74,000

임플란트 생산을 시작하기 위해서는 $140만의 순운전자본이 필요하고 이후 증가하는 매출액에 대해 15%의 추가적인 순운전자본이 매년 요구된다. 총고정비는 연 $175만이고 변동비는 단위당 $135이며 개당 가격은 $315이다. 제품생산을 하기 위해 필요한 설비의 구입비용은 $2,840만이다. 임플란트는 전문적인 가수를 위한 것이므로, 이 설비는 산업용 기계로 분류되고 이에 따라 MACRS 상 7년 대상 자산군에 속한다. 5년 후에 이 설비는 취득비용의 20% 정도에 매각될 것으로 예상된다. AAI의 법인세율은 21%이며 모든 프로젝트의 요구수익률은 17%이다. 이 같은 프로젝트 예비 평가안을 근거로 한다면 이 프로젝트의 NPV는 얼마인가? 또 IRR은 얼마인가?

36. 비용절감액계산 제안된 비용절감 설비의 설치비용은 $58만이다. 이 설비는 5년 만기 프로젝트에 사용될 것이지만 세금목적을 위한 MACRS 자산분류상 3년 대상에 포함된다. 초기 순운전자본에 대한 투자액은 $4만가 요구되며 세율은 24%이고 할인율은 12%이다. 이 설비의 5년 후 잔존가치는 $4만5,000로 추정된다. 이 프로젝트가 수익을 창출하기 위해서는 세전 비용절감액이 어느 정도 되어야 하는가?

37. 입찰가격 계산 Guthrie사는 향후 5년간 제조부문에서 필요로 하는 연 16만5,000개의 기계나사 상자를 공급해 줄 누군가를 찾고 있다. 당신은 이 계약에 입찰하기로 결정했다. 제품생산을 시작하기 위해 필요한 장비를 설치하는 데 $190만가 소요되고 이 비용은 프로젝트 기간 동안 전액 정액감가상각법으로 상각된다. 5년 후 이 장비의 잔존가치는 $15만일 것으로 예상된다. 고정제조비는 연 $31만5,000이고 변동제조비는 기계나사 한 상자당 $13.25이다. 또한 초기에 순운전자본에 $17만5,000를 투자해야 한다. 세율이 21%이고 투자안에 대한 요구수익률이 13%라고 한다면 당신이 제시할 입찰가격은 얼마인가?

38. 재무적 손익분기점 분석 입찰가격을 계산하는 방법은 많은 다른 형태로 확장될 수 있다. 프로젝트의 NPV를 0으로 설정하고 변수에 대해 해답을 찾는 것과 동일한 방식으로 입찰가격을 설정해 놓고 해답을 찾는 방법론을 사용하여 다음 물음에 답하라.

a. 앞 문제에서 기계나사 한 상자당 가격이 $20라고 가정하고 이 프로젝트의 NPV를 구하라. 이 답을 기초로 입찰가격에 대해 평가하라. 당신이 팔 수 있는 기계나사 상자의 수나 손익분기점에 도달하는 연간 상자 수에 대해 알 수 있는 것은 무엇인가? 그 경우 비용은 어떤가?

b. 앞의 문제에 대한 답을 다시 풀어라. 단, 가격은 $20로 동일하지만 당신이 공급할 수 있거나 손익분기점에 도달할 수 있는 연간 상자의 수를 이제 안다(힌트: 16만5,000개 미만이다).

c. (b)를 다시 계산하라. 단 가격은 $20이고 연간 상자 수는 16만5,000개일 때 손익분기점에 도달하면서 당신이 감당할 수 있는 최대고정비를 계산하라(힌트: $31만5,000 이상이다).

39. **입찰가격 계산** 음성인식(VR) 컴퓨터 키보드를 4년 동안 연 2만개를 공급하는 계약에 대해 당신 회사가 입찰을 하려고 한다. 4년 후에는 기술발전으로 인해 이 키보드가 구식이 되어 더 이상 판매되지 않을 것으로 예상한다. 이 제품을 생산하기 위해 필요한 장비는 $540만이며 비용전액이 정액감가상각법으로 감가상각된다. 제품생산은 순운전자본에 대한 $32만5,000의 투자를 필요로 하며 프로젝트 마감 시 회수된다. 장비는 프로젝트 마감 시 $65만에 매각될 것으로 예상된다. 고정비는 연간 $135만이고 변동비는 키보드 한 대당 $135이다. 이 계약에 추가하여 당신 회사는 향후 4년간 다른 국가에 있는 기업들에게 $275의 가격으로 8,700, 1만400, 1만1,700, 6,700개의 추가적인 키보드를 판매할 수 있을 것으로 전망된다. 세율은 23%이고 요구수익률은 13%이다. 회사 사장은 NPV가 $50가 되는 경우에 한해 프로젝트를 수행하려고 한다. 이 계약이 성사되기 위해 당신이 책정해야 하는 입찰가격은 얼마인가?

40. **교체 의사결정** 기존 컴퓨터를 새것으로 교체할 생각을 하고 있다고 가정하자. 기존 컴퓨터의 가격은 $34만4,000였고 새것은 $37만1,000이다. 새 컴퓨터는 5년 내용연수 기간 동안 전액 정액감가상각법으로 생각된다. 그리고 5년 후에 $3만6,000의 잔존가치를 가질 것으로 예측된다.

기존 컴퓨터는 연 $3만2,000씩 감가상각되고 있다. 이 컴퓨터는 3년 내에 완전히 상각될 것이다. 만약 지금 새 컴퓨터로 교체하지 않는다면 이것은 2년 내에 교체되어야 한다. 현재 이 컴퓨터는 $13만2,000에 팔 수 있으며 2년 후에는 $2만 정도의 가치를 가질 것이다. 새 컴퓨터는 영업비용을 연 $5만5,000 절약시킬 수 있을 것으로 예상된다. 세율은 21%이고 할인율은 11%이다.

a. 컴퓨터를 지금 교체하지 않으면 2년 내에는 교체할 것이라는 사실을 인지했다고 가정하자. 그렇다면 컴퓨터는 지금 교체해야 하나, 아니면 더 기다려야 하나[힌트: 여기서 효과적인 의사결정을 해야 할 점은 기존 컴퓨터에 '투자'하느냐(매각하는 것이 아니다) 아니면 새로운 것에 투자하느냐이다. 두 투자안은 상이한 내용연수를 가졌다는 점에 주의하라]?

b. 2년 내에 어떤 일이 벌어질 것인가에 대한 고민없이, 기존 컴퓨터를 지금 교체할 것인가에 대해서만 고려하고 있다고 가정하자. 관련된 현금흐름은 무엇인가? 기존 컴퓨터를 교체해야 하는가(힌트: 만약 교체를 한다면 회사의 세후현금흐름의 순변화량을 고려하라)?

41. **프로젝트 분석** Benson사는 $280만에 매입한 3층짜리 제조 및 창고용 빌딩의 대체적인 사용용도에 대해 고려하고 있다. 이 회사는 현재 거주자에 대해 연 $8만5,000로 빌딩렌트를 연장할 수 있다. 현 거주자는 최소한 향후 15년 동안 이 빌딩을 사용하고 싶다는 희망을 피력했다. 대체안으로 이 회사는 현재의 구조를 변경하여 그들 자신의 제조 및 창고용도에 맞게 이 빌딩을 사용할 수도 있다. Benson의 생산 엔지니어는 이 빌딩이 두 종류의 새로운 생산라인 중 하나를 설치하는 것이 적당할 수 있다고 생각한다. 두 개의 제품 생산라인에 대한 비용과 수익자료는 다음과 같다.

	제품 A	제품 B
빌딩 구조변경을 위한 기초 현금유출	$148,000	$170,000
설비를 위한 기초 현금유출	305,000	365,000
연간 세전 현금수익(15년간)	395,000	484,000
연간 세전 지출(15년간)	235,000	295,000

빌딩은 제품 A나 제품 B를 위해 모두 15년간 사용될 것이다. 15년 후 빌딩은 둘 중 어느 생산라인이든 효율적으로 생산하기에는 너무 작아질 것이다. 그 때 Benson은 현재 입주기업과 비슷한 기업들에게 렌트해 줄 계획이다. 다시 렌트를 해주기 위해서는 현재의 구조로 빌딩을 다시 복구시킬 필요가 있다. 빌딩을 재복구하는데 소요되는 현금비용은 제품 A를 채택했을 경우 $8만5,000, 제품 B를 채택했을 경우에는 $10만가 소요될 것으로 예상된다. 이 현금비용은 지출이 발생하는 연도에 세금목적으로 차감될 수 있다.

Benson은 처음 빌딩매입비용($280만)을 어떤 투자안이 선택되든 상관없이 39년간 전액 감가상각할 것이다. 빌딩 구조변경과 제품생산을 위해 구입된 설비는 15년간 내용연수를 갖는 것으로 측정된다. 이 비용들은 정액감가상각법으로 상각된다. 이 회사의 세율은 21%이고 이 같은 투자에 대한 요구수익률은 12%이다. 단순화를 위해, 모든 현금흐름은 연말에 발생한다고 가정하자. 구조변경과 설비구입을 위한 기초 현금유출은 오늘(시점 0) 발생할 것이고 구조 재복구에 필요한 현금유출은 15년 말에 발생할 것이다. Benson은 어떠한 손실도 보전할 수 있는 진행 중인 다른 수익성 있는 사업이 있다. 경영자에게 빌딩을 어떻게 사용하라고 제안할 수 있을까?

42. **프로젝트 분석과 인플레이션** 생물학적 곤충 통제기업인 BICC는 제안된 두꺼비 농장에 대한 NPV를 평가하기 위해 당신을 컨설턴트로 고용했다. BICC는 두꺼비를 키워서 생태학적으로 바람직한 곤충통제 메커니즘에 따라 팔 계획을 가지고 있다. 그들은 이 사업이 영구히 지속될 것으로 기대한다. 소액의 초기투자비용에 이어, BICC는 연말에 다음과 같은 명목현금흐름을 예상한다.

수익	$315,000
인건비	236,000
기타비용	71,000

이 회사는 기계를 연 $9만5,000에 리스하려고 한다. 리스 지급액은 1차연도 말에 시작되며 명목가치로 표시된다. 수익은 실질가치로 매년 2%씩, 인건비는 매년 1%씩 증가하는 반면 기타비용은 실질가치로 매년 1%씩 감소할 것으로 예상된다. 인플레이션율은 연 4%로 예측된다. BICC의 요구수익률은 실질가치로 7%이며 법인세율은 22%이고 모든 현금흐름은 연말에 발생한다. 오늘 현재 BICC가 제안한 두꺼비 농장의 NPV는 얼마인가?

43. **프로젝트 분석과 인플레이션** Sony International은 새로운 스테레오 HDTV를 생산을 위한 투자기회를 가지고 있다. 올해 1월 1일에 요구되는 투자액은 $9,500만이다. 이 회사는 4년간 정액감가상각법을 사용해 투자전액을 상각할 것이다. 프로젝트 완료 후 투자에 대한 재판매가치는 없다. 세율은 21%이다. 제품의 가격은 실질개념으로 대당 $515이며 프로젝트 기간 중 변하지 않을 것이다. 첫해 동안의 인건비는 실질개념으로 시간당 $20.43가 될 것이며 연 2%씩 증가할 것이다. 첫해 에너지비용은 실질개념으로 대당 $6.25가 될 것이며 연 3%씩 증가할 것이다. 인플레이션율은 연 4%이다. 수익과 비용은 연말에 발생한다. 다음에 있는 제품생산 일정표를 참고하라.

	연도 1	연도 2	연도 3	연도 4
생산량, 대수	160,000	185,000	245,000	140,000
투입된 노동력, 시간	2,150,000	2,470,000	2,950,000	1,950,000
투입된 에너지, 대수	180,000	215,000	280,000	167,500

실질 할인율은 8%이다. 이 프로젝트의 NPV를 계산하라.

44. **프로젝트 분석과 인플레이션** 대규모의 의학적·마케팅적 연구 이후 Pill사는 진통제 시장에 진출하기로 했다. Pill사는 두 종류의 제품에 대해 고려하고 있다. 첫 번째는 두통약을 생산하는 것이고 두 번째는 두통

과 관절통을 위한 알약이다. 두 제품 모두 실질가치로 한 팩당 $7.85에 시판될 것이다. 두통만을 위한 약은 연 380만팩이 팔릴 것으로 예상되는 반면 두통과 관절통 치료약은 연 450만팩이 팔릴 것으로 전망된다. 제조원가는 첫해 두통만을 위한 약이 실질가치로 팩당 $3.40, 두통과 관절통을 위한 약은 팩당 $3.95로 예상된다. 모든 가격과 비용은 인플레이션율인 4%만큼 증가할 것으로 기대된다. 두 제품 모두 추가적인 투자를 필요로 한다. 두통만을 위한 약은 $3,000만의 장비를 이용해 제조된다. 이 장비는 3년 동안 사용될 것이며 잔존가치는 없다. 두통과 관절통 치료제를 생산하기 위한 기계는 $3,400만가 소요되며 3년 동안 사용하고 3년 후 재판매가격은 실질가치로 $100만가 될 것으로 기대한다. Pill사는 정액감가상각법을 사용하며 세율은 21%이고 적정 할인율은 6%이다. 이 회사는 어느 진통제를 생산해야 하는가?

45. **프로젝트 NPV 계산** J. Smythe사는 세련된 가구를 제조한다. 이 회사는 새로운 마호가니 식탁세트를 시판할 것인지에 대한 의사결정을 하고 있다. 식탁세트는 8개의 의자를 포함하여 $6,500에 판매될 것이다. 회사는 매출이 향후 5년간 연 2,150, 2,230, 2,560, 2,180 그리고 1,740세트가 될 것으로 기대한다. 변동비는 판매액의 35%일 것이고 고정비는 연간 $450만로 예상된다. 새 식탁세트는 매출의 10%를 재고로 필요로 하며 판매되기 직전연도에 제조되고 비축된다. 새 식탁세트의 판매로 기존에 이 회사가 생산하던 오크 식탁은 연 250개 정도 매출이 감소할 것으로 예상된다. 오크식탁은 $4,900에 판매되고 있고 변동비는 매출액의 40%이다. 오크식탁의 재고도 매출의 10%이다. J. Smythe사는 현재 초과 생산능력을 가지고 있다. 이 회사가 필요한 장비를 오늘 구입한다면, 그 비용은 $1,290만에 이를 것이다. 하지만 초과생산능력은 이 회사가 새로운 장비의 구입없이도 새로운 식탁을 생산할 수 있다는 것을 의미한다. 회사 관리인은 현재의 초과생산능력은 현행 생산량을 감안했을 때 2년 내에 끝날 것이라고 말했다. 이는 회사가 새로운 식탁을 만들기 위해 초과 생산능력을 활용한다면, 현행 생산량의 증대되는 판매량을 수용하기 위해 2년 내에 새로운 설비를 구입하기 위해 $1,290만를 지출해야 됨을 의미한다. 만약 설비를 오늘 구입한다면 5년 후의 새 설비 시장가치는 $175만가 되고, 2년 후에 구입한다면 $750만가 될 것이다. 이 설비는 MACRS 상 7년 대상 자산으로 분류되어 상각된다. 회사의 세율은 24%이고 프로젝트의 요구수익률은 14%이다.

a. J. Smythe사는 새로운 프로젝트를 수행해야 하는가?
b. 이 프로젝트에 대해 IRR 분석을 수행할 수 있는가? 얼마나 많은 IRR을 찾을 수 있을 것으로 기대하는가?
c. 수익성지수는 어떻게 해석할 수 있는가?

Excel로 풀어보기 Excel Master it! Problem

ExcelMaster coverage online
www.mhhe.com/RossCore6e

대규모의 연구개발 후에 Goodweek Tires사는 최근 SuperTread라는 새로운 타이어를 개발했고, 이 제품을 생산하고 출시하기 위해 필요한 투자를 할 것인지에 대한 결정을 해야 한다. 이 타이어는 일반 고속도로 주행 이외에 비오는 날이나 오프로드 운전을 많이 하는 운전자에게 이상적이다. 현재까지 소요된 연구개발비는 총 $1,000만 정도이다. SuperTread는 올 초 시장에 선을 보이고 총 4년간 시장에서 팔릴 것으로 예상된다. $500만를 들여 실시한 테스트 마케팅 결과 SuperTread 타이어를 위한 충분한 시장이 존재한다는 사실을 알았다.

Goodweek Tires사의 재무분석가로서 당신은 CFO인 Adam Smith로부터 SuperTread 프로젝트에 대해 평가하고 투자를 진행해도 좋을 것인가에 대한 의견을 제시해 달라는 부탁을 받았다. 즉시 발생할 초기투자금을 제외하고 모든 현금흐름은 연도 말에 발생한다고 가정하라.

Goodweek는 SuperTread를 제조하기 위한 생산설비를 위해 $1억2,000만의 초기투자를 해야 한다. 이 설비는 4차연도 말에 $5,100만에 매각할 수 있을 것으로 예상된다. Goodweek는 SuperTread를 두개의 차별화된 시장에서 판매할 계획을 가지고 있다.

1. **주문자상표부착 시장(OEM)** OEM 시장은 주로 신차에 사용될 타이어를 구매하는 거대 자동차사(예를

들어 GM)로 구성된다. OEM 시장에서 SuperTread는 타이어 개당 $36에 판매될 것으로 기대된다. 타이어 생산을 위한 변동비는 개당 $18이다.

2. **교체시장** 교체시장은 자동차가 공장에서 출고된 이후 구매되는 모든 타이어로 구성된다. 이 시장은 높은 이윤창출이 가능하여 Goodweek사는 SuperTread를 개당 $59에 판매하려고 한다. 변동비는 OEM 시장과 동일하다.

Goodweek Tires사는 인플레이션보다 1% 높게 가격을 올리려고 한다. 변동비도 인플레이션보다 1% 높게 증가할 것이다. 또한 SuperTread 프로젝트는 1년차에 마케팅과 일반관리비로 $2,500만가 소요될 것이다. 이 비용은 이후 기간 동안 인플레이션율만큼 상승할 것으로 예상된다. Goodweek의 법인세율은 21%이다. 연 인플레이션율은 3.25%로 일정하게 유지될 것으로 예상된다. 이 회사는 새로운 제품 생산 의사결정을 위해 15.9%의 할인율을 적용할 것이다. 자동차산업 분석가들은 자동차 제조사들이 올해 200만대의 신차를 생산하고 그 이후부터 생산이 연 2.5%씩 증가할 것으로 예상하고 있다. 신차 한 대는 4개의 타이어가 필요하다(스페어 타이어는 작은 사이즈가 별도로 분류된다). Goodweek Tires사는 SuperTread가 OEM 시장에서 11%의 시장점유율을 차지할 수 있을 것으로 예상한다. 산업 분석가들은 교체 타이어 시장의 규모는 올해 1600만개가 될 것이고 매년 2%씩 성장할 것으로 전망한다. Goodweek사는 SuperTread가 교체시장에서 8%의 점유율을 차지할 것으로 예상한다. 설비의 적정 감가상각방법은 7년 MACRS 스케줄을 따른다. 즉시 필요한 초기 운전자본은 $1,100만이고 그 이후의 순운전자본은 매출액의 15%가 필요하다.

a. 이 프로젝트의 수익성지수는 얼마인가?
b. 이 프로젝트의 IRR은 얼마인가?
c. 이 프로젝트의 NPV는 얼마인가?
d. Goodweek Tires사가 이 프로젝트에 대해 채택과 기각이 무차별하게 되려면 OEM 가격이 얼마가 되어야 하는가? 교체시장 가격은 동일하다고 가정하자.
e. Goodweek Tires사가 이 프로젝트에 대해 채택과 기각이 무차별하게 되려면 변동비가 얼마가 되어야 하는가?

CLOSING CASE

EAST COAST YACHT 확장

East Coast Yacht사는 100% 가동률로 생산을 하고 있기 때문에 Larissa는 Dan에게 새로운 제조공장의 실행가능성을 조사해 달라고 요청하기로 했다. 확장은 회사가 거액의 자본을 투여해야 한다는 것을 의미한다. 이 프로젝트의 기초조사를 위해 $120만의 비용이 집행되었다. 분석 결과 새로운 공장은 즉시 $5,500만의 투자를 필요로 하며 1년 후에 추가적으로 $3,000만의 비용이 요구된다. 이 회사는 빌딩과 설비에 대해 MACRS 상 20년짜리 자산으로 분류해 감가상각 처리를 할 수 있도록 특별 세금감면 혜택을 받았다.

새로운 공장 건설을 위해서는 시간이 소요되기 때문에 내년에는 매출이 없을 것으로 예상된다. 2년 후에 이 회사는 정상적인 연매출의 일부인 $1,800만의 매출을 달성할 것이다. 이후 다음 4년 동안 매출은 $2,700만, $3,500만, $3,900만, $4,300만가 될 것으로 전망된다. 새로운 공장은 이 회사의 기존 제조설비보다 더 효율적일 것이기 때문에 변동비는 매출액의 60%가 되고 고정비는 연 $350만가 소요될 것으로 예상된다. 새 공장은 또한 매출의 8%에 해당하는 금액의 순운전자본을 필요로 한다.

Dan은 새 공장으로부터의 매출은 무한정 미래까지 지속될 것이라고 생각한다. 이 때문에 그는 5년 후의 현금흐름은 영구히 3%의 성장을 지속할 것이라고 믿는다. 이 회사의 세율은 21%이고 요구수익률은 11%이다.

Larissa는 Dan에게 새로운 공장의 재무적 실행가능성을 분석하고 수익성지수, NPV, IRR 등의 계산을 요청했다. Larissa는 Dan에게 새 공장이 필요로 하는 대지에 대해서는 무시해도 된다고 알려주었다. East Coast Yacht사는 대지를 보유하고 있으며 실무적 차원에서 볼 때 대지는 방치되어 있는 실정이다. 그녀는 Dan에게 보고서에 이에 대한 문제도 논의해 줄 것을 요청했다.

BETHESDA MINING사

Bethesda Mining사는 Ohio, Pennsylvania, West Virginia, Kentucky에 20여 개의 광산을 보유하고 있는 중형규모의 석탄광산회사이다. 이 회사는 노천광산(strip mine)뿐 아니라 갱도굴착광산(deep mine)도 운영하고 있다. 대부분의 석탄광산은 초과생산량에 대해서는 현물시장에서 파는 조건하에 계약이 이루어진다.

석탄 광산업은, 특히 Bethesda와 같이 고유황 석탄영업을 하는 경우 심각한 환경규제 영향을 받는다. 하지만 최근에 석탄에 대한 수요증가와 새로운 공해절감 기술로 인해 고유황 석탄에 대한 시장수요가 개선되고 있다. Bethesda는 Ohio 중부 전기회사와 향후 4년간 그들의 전기발전을 위한 석탄공급 요청에 대한 교섭을 실시했다. Bethesda 광산은 기존에 영업 중인 광산에서 그 계약을 보장할만한 충분한 초과생산량을 보유하고 있지 못하다. 회사는 따라서 10년 전에 $540만를 주고 구입한 Ohio주에 있는 5,000에이커 규모의 노천광산의 채굴을 시작할 것인가를 고려하고 있다. 최근의 감정평가에 근거하여 이 회사는 지금 이 땅을 매각하는 경우 세후로 $730만를 받을 수 있을 것으로 생각하고 있다.

노천채굴은 석탄광맥 위에 있는 토사층을 제거한 후 노출된 석탄을 채굴하는 과정을 말한다. 과거에는 광산회사가 단순히 석탄을 채굴하고 부근의 대지를 비정상적인 상태 그대로 방치해 놓곤 했다. 하지만 개정된 광산규정에 따라 현재는 광산회사들이 토지를 매립하여 정상적인 상태로 되돌려 놓아야 한다. 즉 채굴이 끝나면 토지는 원래 상태로 복구되어야 한다. 그렇게 해야 토지를 다른 목적으로 사용할 수 있기 때문이다. Bethesda는 현재 생산시설을 완전가동하고 있으므로 $4,300만의 추가적인 설비구입이 필요하다. 이 설비는 MACRS 상 7년짜리 자산으로 분류돼 상각될 것이다. 이 계약은 단지 4년 동안 유효하며 그때 매장량은 고갈될 것이다. 회사는 이 설비가 최초 구입가의 60%로 매각될 수 있을 것으로 예측한다. 하지만 Bethesda는 그 시점에 새로운 노천광산의 채굴을 시작하여 새로운 광산에서 이 설비를 사용할 계획을 가지고 있다.

이 계약은 톤당 $57 가격에 연 50만톤의 석탄을 공급하는 것이다. Bethesda광산은 향후 4년간 석탄생산량은 75만톤, 81만톤, 83만톤, 72만톤이 될 것으로 예상한다. 초과생산량은 톤당 평균 $45로 현물시장에서 팔릴 것이다. 변동비는 톤당 $16이며 고정비는 $370만이다. 이 광산은 매출액의 5%를 순운전자본에 투자해야 한다. 순운전자본은 판매 전연도에 확보될 것이다.

Bethesda는 5년 후 광산폐쇄 시 토지를 매립해야 할 책임이 있다. 이 회사는 모든 노천광산의 매립에 한 외부기업을 활용한다. 매립비용은 $390만로 추정된다. 토지가 매립된 5년 후에 회사는 이 땅을 공원이나 레크리에이션 용도로 사용하라고 주정부에 기증할 계획이다. 그 결과 회사는 $730만의 기부금공제를 받을 것이다. 이 회사의 세율은 21%이고 새로운 광산 프로젝트에 대한 요구수익률은 12%이다. 어떤 해에도 손실이 발생하면 세금절감효과가 나타난다고 가정한다.

당신은 이 회사의 사장 요청에 따라 프로젝트 분석에 착수했다. 새로운 노천광산에 대한 회수기간, 수익성지수, 순현재가치(NPV), 내부수익률(IRR)을 계산하라. Bethesda는 계약을 체결하고 광산채굴을 시작해야 하는가?

리스크 분석 실물옵션 및 자본예산

9

OPENING CASE

빅스타가 출연한다고 해서 영화가 성공하는 것은 아니다. 2018년에 John Travolta가 출연한 영화 <Gotti>가 개봉되었으나 영화와 TV 평점사이트인 Rotten Tomatoes에서 0점의 평점을 받으며 조용히 사라졌다. 비평가들은 한결같이 "fuhgeddaboudit!"이라고 악평을 내놓았다. 다행스럽게도 제작사인 Oasis Films은 많은 손해를 보지는 않았다(제작비는 불과 $1,000만였다). 하지만 모든 영화가 그렇게 운이 좋은 것은 아니다. 트럭에 사는 괴물들에 대한 이야기인 아동용 영화 <Monster Truck>의 예를 보자. 비평가들에 따르면 단순히 그 영화를 보는 것만으로 망가지는 경험에 도달하게 된다고 하였다. 어떤 비평가는 그 영화를 '대책없는 가족의 야단법석'이라고 평하기도 하였다. 다른 비평가는 '<Monster Truck>은 소음과 반복이 대본이나 감독, 배우, 특수효과 등의 부실을 감출 수 있다는 미친 믿음에 의해 운영되는 난파선이다'라며 더욱 혹독하게 비판하기도 하였다.

수치를 살펴보면, Paramount Pictures는 이 영화제작에 $1억2,500만에 가까운 돈을 투자하였고, 광고와 배급에 수백만 달러를 쏟아 부었다. Paramount는 영화티켓 판매에 상당히 부정적이어서 영화 출시 이전에 이미 $1억1,500만를 상각 처리하였다. 또한 영화는 실제로 흥행에 참패, 전 세계적으로 약 $6,450만를 회수하였다. 물론 성공한 영화들도 있다. 역시 같은 해인 2018년에 슈퍼히어로 히트인 영화 <Black Panther>는 $2억의 제작비를 들여 전 세계적으로 약 $14억를 벌어들였다.

물론 Paramount Pictures도 처음부터 영화 <Monster Truck>으로 대략 $6,000만의 손해를 볼 것이라고 예상했던 것은 아니다. 영화 <Monster Truck>의 흥행 실패 사례에서 볼 수 있듯이, 프로젝트는 항상 회사가 예상하는 방향으로 진행되지는 않는다. 이 장에서는 어떻게 이런 일이 발생할 수 있는지 살펴보고, 회사가 이런 상황을 분석하고 가능한 한 피하기 위해 할 수 있는 일이 무엇인가에 대해 알아보기로 한다.

기업재무 관련 최근 사건들을 찾아보기 위해 corecorporatefinance.blogspot.com을 방문하라.

9.1 의사결정트리

ExcelMaster coverage online
www.mhhe.com/RossCore6e

프로젝트의 순현재가치(NPV) 분석에 따른 결정에는 일반적으로 순서가 있다. 이 절에서는 이와 같은 순차적인 결정을 식별하기 위해서 **의사결정트리(decision tree)**라는 도구를 소개하기로 한다.

당신은 Solar Electronics사(SEC)의 회계담당자이며, 최근 기술부서에서 태양열을 이용한 제트엔진을 개발했다고 가정하자. 개발된 제트엔진은 150인승 상용 비행기에 사용될 것이다. 마케팅부서는 SEC가 견본을 개발해서 엔진의 시장성을 시험해 볼 것을 제안하였다. 생산, 마케팅, 기술부서의 대표를 포함하는 회사 총괄기획부서는 이와 같은 준비단계가 1년 정도 걸리며 $1억의 비용이 소요될 것으로 예상하였다. 더욱이 총괄기획부서는 시장성 시험이 성공할 확률을 75%라고 믿고 있다.

만일 최초 시장성 시험이 성공한다면 SEC는 전면적으로 생산에 돌입할 수 있으며, 이 투자단계에서 $15억가 소요될 전망이다. 생산 및 판매는 향후 5년에 걸쳐 이루어질 것이다. 잠정적인 현금흐름에 대한 전망은 표 9. 1에 나타난 바와 같다. 할인율이 15%일 때 NPV(단위: $백만)가 다음과 같다면 SEC는 제트엔진에 대한 투자 및 생산을 수행해야 한다.

표 9.1

SEC의 제트엔진사례에 대한 현금흐름 전망 (단위: $백만)*

투자	연도 1	연도 2~6
수익		$6,000
변동비		3,000
고정비		1,940
감가상각비		300
세전수익		$760
세금(21%)		160
순이익		$600
현금흐름		$900
초기투자비용	-$1,500	

* 가정:(1) 투자는 정액감가상각법(straight-line method)에 따라 2년에서 6년에 걸쳐 감가상각됐다. (2) 최초 개발비용에 대한 세금 혜택은 없다.

$$\text{NPV} = -\$1{,}500 + \$900 \times \text{PVIFA}_{15\%,5}$$
$$= \$1{,}518$$

여기서, NPV는 $15억의 투자가 발생되는 시점인 1차년도를 기준으로 계산된 것임에 유의할 필요가 있다. 나중에 이 수치는 0차년도를 기준으로 재계산된다.

만약, 최초 시장성 시험이 성공적이지 못하다면, SEC의 $15억 투자의 NPV는 −$36억 1,100만가 된다. 이 수치 역시 1차년도를 기준으로 계산된 것이다(공간을 줄이기 위해 자세한 계산과정은 생략할 것이다).

그림 9. 1은 의사결정트리로서 제트엔진에 관한 문제를 설명하고 있다. 만약 SEC가 시장성 시험을 수행한다고 결정할 경우 성공할 확률이 75%이다. 또한 이 시험이 성공적일 경우 회사는 두 번째 결정에 직면하게 된다. 즉, $15억1,800만의 NPV를 창출하는 프로젝트에 $15억를 투자할 것인가에 대한 의사결정이다. 만약 시험이 성공적이지 못할 경우 회사가 직면하는 결정은 달라진다. 즉 −$36억1,100만의 NPV를 가져다 주는 프로젝트에 $15억를 투자할 것인가에 대한 의사결정이다.

요약하면 SEC는 다음과 같은 두 가지 결정에 직면하게 된다.

1. 태양열을 이용한 제트엔진을 개발하고 시장성시험을 시행할 것인가 여부
2. 시험 결과에 따라 전면적인 생산을 위한 투자를 할 것인가 여부

보통 의사결정은 결정트리에서 정반대 순서로 하게 된다. 따라서 먼저 2단계에서 $15억의 투자를 할지를 분석한다. 만약 시험이 성공적이라면 SEC는 마땅히 2단계 투자를 해야 하는가? 이에 대한 답은 당연히 “예”이다. 왜냐하면 $15억1,800만는 0보다 크기 때문이다. 그렇다면 시험이 성공적이지 못한 경우에도 2단계 투자가 수행되어야 하는가? 답은 “아니오”이다. 왜냐하면 −$36억1,100만는 0보다 작기 때문이다.

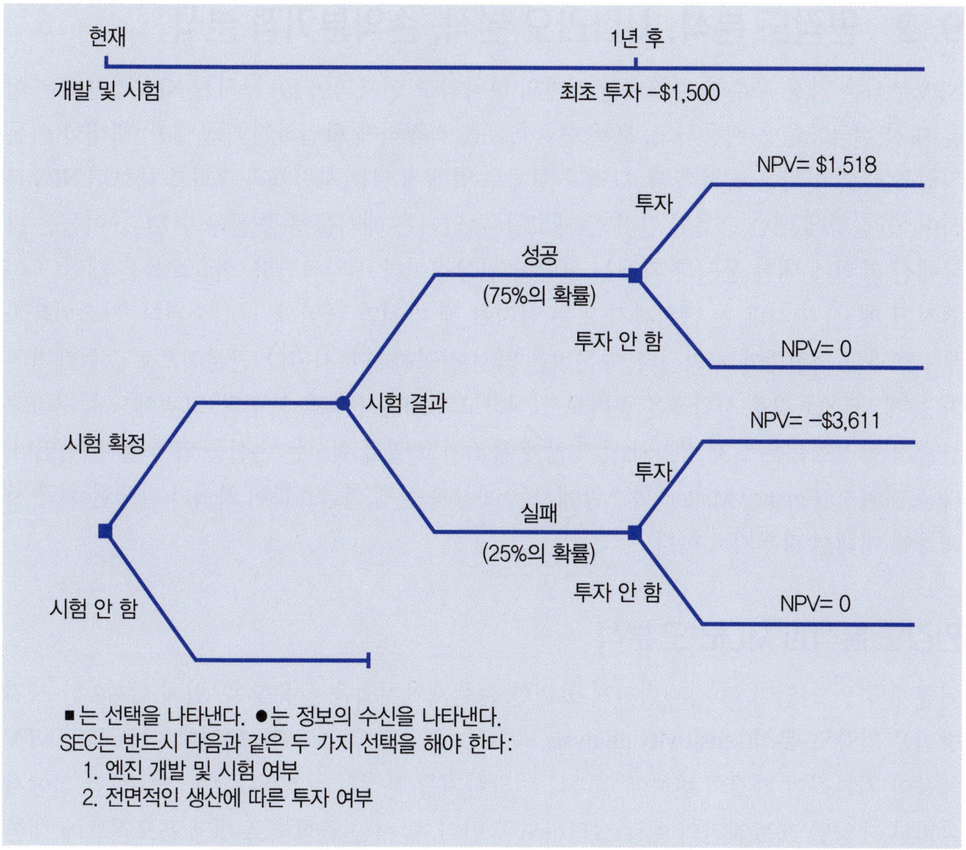

그림 9.1

SEC의 의사결정트리(단위: $백만)

이제 1단계로 돌아가 다음과 같은 결정을 살펴보자. 지금 SEC는 1년 후 75%의 확률로 $15억1,800만를 획득하기 위해 $1억를 지금 투자해야 하는가? 시점 1에서 기대수익(단위: $백만)은 다음과 같다.

$$\text{기대수익} = \begin{pmatrix}\text{성공할 확률} \times \text{성공 시 수익} \\ 0.75 \times \$1{,}518\end{pmatrix} + \begin{pmatrix}\text{실패할 확률} \times \text{실패 시 수익} \\ 0.25 \times \$0\end{pmatrix}$$

$$= \$1{,}139$$

시장성 시험의 NPV를 시점 1을 기준으로 계산하면 다음과 같다(단위: $백만).

$$\text{NPV} = -\$100 + \frac{\$1{,}139}{1.15}$$

$$= \$890$$

NPV가 양(+)이기 때문에 회사는 태양열 제트엔진에 대한 시장성 시험을 수행해야 한다.

주의 지금까지 시장성시험 및 투자결정에 대해 15%의 동일한 할인율을 사용하였다. 보통 최초 시장성시험을 위한 결정이 투자결정보다 더 위험하므로 보다 높은 할인율을 사용하는 것이 바람직하다.

9. 2 민감도 분석, 시나리오 분석, 손익분기점 분석

ExcelMaster coverage online
www.mhhe.com/RossCore6e

NPV분석은 가장 우수한 자본예산 기법의 하나라고 인지되어 있다. 사실 NPV접근법은 이윤 대신 현금흐름을 사용하고, 모든 현금흐름을 적절하게 할인하기 때문에 이에 대한 이론적인 오류를 찾기는 쉽지 않다. 그러나 실제로 업계에 있는 사람들과 대화를 해보면 NPV분석이 '안전성에 대한 그릇된 인식'을 재고할 수 있다는 얘기를 종종 들을 수 있다. 이들은 자본예산 계획에 대한 문서화 자체는 상당히 인상적이라고 지적한다. 현금흐름은 매년(또는 심지어 매달) 마지막 천 단위까지(또는 심지어 맨 마지막 단위까지) 산출된다. 기회비용과 부수효과도 적절하게 처리된다. 매몰비용 역시 적절하게 무시된다. 근본적으로 순현재가치가 높게 나타날 경우 사람들은 곧바로 실행하고자 하는 유혹을 느낀다. 그럼에도 불구하고 산출된 현금흐름은 실제 상황과 맞지 않게 흘러가고 결국 회사는 손실을 입게 될 수가 있다. 다음 페이지 'Finance Matter' 박스란에서는 예상과 실제 현금흐름이 차이가 발생한 최근 사례들에 대해서 다루기로 한다.

민감도 분석과 시나리오 분석

어떻게 하면 기업이 그 잠재력까지 고려한 순현재가치법을 활용할 수 있게 할까? 한 가지 방법은 **민감도 분석(sensitivity analysis**, 즉 *what–if 분석* 및 *bop 분석*[1])인데, 이는 특정 NPV 계산이 기본적인 가정의 변화에 얼마나 민감한지를 분석하는 것이다. 이 기법을 앞 절에서 살펴본 태양열 제트엔진의 예로 설명하도록 한다. 앞서 언급한대로 해당 프로젝트에 대한 현금흐름전망은 표 9. 1에 설명되어 있다. 같은 표에 나와 있는 수입, 비용, 세후현금흐름 등 기본적인 가정에 대한 고려로 시작한다.

수익 마케팅 부서는 제안된 제트엔진에 대한 판매 전망을 다음과 같이 추정하였다(단위:$ 백만).

제트엔진 판매대수 = 시장 점유율 × 제트엔진 시장 규모

3,000 = 0.30 × 10,000

판매 수입 = 제트엔진 판매대수 × 단위당 판매가격

$6,000 = 3,000 × $ 2

따라서 수입에 대한 추정치는 다음과 같은 세 가지 가정에 의존하는 것으로 나타난다.

1. 시장 점유율
2. 제트엔진 시장의 규모
3. 단위 엔진 판매가격

비용 재무 분석가들은 종종 비용을 변동비와 고정비로 나눈다. 변동비(variable cost)는 생산량이 변화함에 따라서 변화하므로 생산이 없을 경우는 0이 된다. 직접노무비와 원재료비

1 Bop은 최선, 낙관적, 비관적(best, optimistic, pessimistic)을 의미함.

FINANCE MATTERS

무언가 잘못되어 가고 있을 경우

한 회사가 다른 회사를 인수할 것인지에 대한 결정은 자본예산 결정이라고 생각할 수 있다. 그러나 한 가지 가장 중요한 차이는 기업인수가 일반적인 프로젝트에 비해 비용이 많이 드는 결정이며, 아마도 예상했던 것 이상으로 비용이 많이 들지도 모른다는 점이다. 물론 다른 프로젝트들과 마찬가지로 기업인수 역시 실패할 수 있다. 또한 기업인수에 실패하면 손실은 엄청나게 된다.

2016년 4월 Abbvie는 Stemcentrx를 현금과 주식을 통해 $58억에 인수했다. 인수 당시 Stemcentrx의 주요 제품은 Rova-T로 불리우는 폐암치료제였다. Stemcentrx 인수 금액에서 알 수 있듯이 새로운 폐암치료제에 대한 기대가 상당히 컸다. 하지만 인수 후 2년이 채 지나지 않아 불행하게도 치료제는 마지막 임상을 통과하지 못했다. 그 결과 2019년 1월 AbbVie는 Stemcentrx 인수와 관련되어 $40억를 대손처리할 수밖에 없었다.

또 다른 예로, Verizon은 컨텐츠 공급업체인 Facebook, Google, Amazon과 경쟁을 할 수밖에 없다고 생각했다. 그 결과 Verizon은 2015년 AOL을 $44억에, 2017년 Yahoo를 $45억에 각각 인수했다. 이들 두 기업은 Verizon의 Oath부문으로 결합되었다. 하지만 불행하게도 일은 계획대로 진행되지 않았다. Oath의 수익과 이익은 Verizon의 목표치에 한참 미달했다. 그 결과 2018년 12월 Oath와 관련하여 $46억를 대손 처리하였다. 사실 나중에 설명하겠지만, AOL에 대한 문제는 훨씬 그 이전부터 발생했다.

미국 역사상 가장 큰 인수 중 하나는 2001년에 성사된 America Online(AOL)의 Time Warner 인수이다. AOL은 자신이 '신경제'의 일부이며, 고속성장에 대한 준비가 되어있다는 믿음 하에 Time Warner를 사들였다. Time Warner는 당시 케이블 채널들과 음악 저작권 등을 소유하고 있는 '구식' 미디어 회사였다.

그러나 상황은 계획대로 전개되지 않았다. 출신회사에 따른 직원들간 갈등은 생산성과 사기를 동시에 떨어뜨렸다. 2002년 회계부정이 AOL에서 발견되었고, 인수비용 지불 결과로, 엄청난 부채를 떠안게 되었다. 더욱이, AOL은 고객들과 돈을 잃기 시작했다. 비록 AOL이 인수자였고, 한때는 강력한 동업자였으나, AOL의 상황은 심각하게 악화되었고, 결국 회사의 이름은 다시 Time Warner로 변경되었다. 이 문제를 마무리하기 위해 2002년 Time Warner는 역사상 최대 규모인 무려 $540억의 자산을 상각하였다.

는 통상적으로 가변적이다. 변동비를 단위 생산량당 일정하다고 가정하는 것이 보통인데, 이는 총변동비가 생산량 수준과 비례한다는 의미이다. 일례로 만약 직접노무비가 가변적이고 최종 생산량 한 단위를 생산하기 위해 $10의 직접노무비가 요구된다면, 100단위의 최종 생산량을 생산하기 위해서는 $1,000의 직접노무비가 필요하게 된다.

고정비(fixed cost)는 해당 기간에 생산된 재화나 서비스의 양에 의존하지 않는다. 고정비는 통상적으로 월별 임대료 또는 연봉 등 단위 시간당 비용으로 측정된다. 따라서 고정비라고 해서 언제까지나 고정은 아니다. 다만 미리 결정된 특정 기간 동안에만 고정된 것이다.

기술부서는 단위 엔진당 변동비를 $100만로 추정하였으며, 이때 고정비는 연간 $19억 4,000만이다. 비용을 분석해 보면 다음과 같다(단위: $백만).

변동비 =	**단위당 변동비**	**×**	**제트엔진 판매대수**	
$3,000 =	**$1 변동비**	**×**	**3,000**	
세전 총비용 =	**변동비**	**+**	**고정비**	
$4,940 =	**$3,000**	**+**	**$1,940**	

최초 투자에 대한 추정치뿐 아니라 시장규모, 시장 점유율, 판매가격, 변동비 및 총비용에 대한 상기 추정치는 표 9. 2의 가운데 열에 제시되어 있다. 이 수치들은 각기 다른 매개변수에 대한 회사의 기대치 또는 최선 추정치를 나타낸다. 비교를 위해 기업 분석가들은 각기

다른 변수에 대해서 낙관적인 전망치와 비관적인 전망치 둘 다 준비한다. 이 역시 같은 표에 나타나 있다.

표준적인 민감도분석은 다른 모든 변수에 대한 기대 전망치와 더불어 일개 변수의 세 가지 모든 가능성에 대해서 NPV계산을 하도록 요구하고 있다. 이 과정은 표 9. 3에 설명되어 있다. 일례로 이 표의 오른쪽 상단에 제시된 $94억6,300만의 NPV를 살펴보자. 이는 시장규모에 대한 낙관적인 연간 전망치로 2만 단위가 사용된 경우이다. 그러나 $94억6,300만라는 수치가 생성된 경우 표 9. 2의 모든 다른 변수들은 기대치가 적용되었다. 또한 표 9. 3의 가운데 열의 모든 행에 $15억1,800만라는 같은 수치가 나타나는 점에 유의해야 한다. 이는 다른 모든 변수뿐 아니라 선택된 변수에 대해서도 기대치가 사용되었기 때문이다.

표 9. 3은 여러 가지 목적으로 사용될 수 있다. 첫 번째, 표 전체로 NPV분석의 신뢰도 여부를 나타내고 있다. 다시 말해 이는 앞서 언급했던 안전성에 대한 그릇된 인식을 줄여줄 수 있다. 모든 변수에 대한 기대치가 사용된 경우 NPV가 양이라고 가정해 보자. 그러나 여기서 비관적인 열에 있는 모든 수치들은 큰 음수이고 낙관적인 열에 있는 모든 수치들은 큰 양수라고 추가적으로 가정해 보자. 이 같은 전망치에서 하나의 오류라도 발생한다면 추정치를 크게 변화시켜 순현재가 접근법 자체를 의심스럽게 만들 수 있다. 보수적인 경영자라면 이와 같은 상황에서 전체적인 NPV분석을 면밀히 살펴볼 것이다. 다행히도 표 9. 3의 경우는 2개의 수치를 제외한 나머지 수치가 모두 양이므로 NPV법을 의심하게 하는 경우는 아니다. 표를 살펴보고 있는 경영자들은 태양열 제트엔진에 대한 NPV분석이 유용하다고 생각할 것이다.

두 번째로, 민감도분석은 어느 부분에서 더 많은 정보가 필요한지를 나타내준다. 일례로

표 9. 2

SEC의 태양열제트엔진에 대한 서로 다른 추정치 (단위: $백만)

변수	비관적	기대치	낙관적
시장규모(연간)	5,000	10,000	20,000
시장 점유율	20%	30%	50%
가격	$ 1.9	$ 2	$ 2.2
변동비(엔진당)	$ 1.2	$ 1	$ 0.8
고정비(매년)	$2,000	$1,940	$ 1,740
투자액	$1,900	$1,500	$ 1,000

표 9. 3

민감도 분석을 이용한 SEC 제트엔진에 대한 시점 1에서의 NPV계산 (단위: $백만)

	비관적	기대치	낙관적
시장규모	-$2,454*	$1,518	$9,463
시장 점유율	-1,130*	1,518	6,815
가격	724	1,518	3,107
변동비	-71*	1,518	3,107
고정비	1,359	1,518	2,048
투자액	1,175	1,518	1,948

민감도 분석 하에서 다른 변수들은 기대치를 달성한다고 가정하고 특정 변수만 변화시킨다. 일례로 시장규모에 대해 비관적인 전망치인 5,000을 사용한 경우 NPV는 −$2,454이다. 그러나 이때 다른 변수들에 대해서는 표 9.2에 있는 전망치를 사용한다.

* 회사의 다른 부서들은 수익성이 좋다고 가정함으로써 해당 프로젝트의 손실이 회사 내 다른 부서의 이익을 차감하여 결국 법인세를 감소시킨다.

투자에 대한 추정치에서 발생하는 오류는 비교적 중요하지 않다. 왜냐하면, 심지어 비관적인 시나리오 하에서 나온 $11억7,500만라는 NPV도 상당히 큰 양이기 때문이다. 반면 시장점유율에 대한 비관적인 전망은 −$11억3,000만라는 음(−)의 NPV를 초래하며 시장규모에 대한 비관적인 전망 역시 −$24억5,400만라는 상당히 큰 음(−)의 NPV를 초래한다. 수입에 대한 잘못된 추정치의 영향은 비용에 대한 잘못된 추정치의 영향에 비해 상당히 크기 때문에 수입을 결정하는 요소에 대한 더 많은 정보가 필요하게 된다.

이와 같은 장점으로 인해 민감도 분석은 실제로 널리 사용되고 있다. Graham and Harvey[2]의 연구 결과에 따르면 392개 회사로 구성된 표본의 약 50% 이상이 자본예산 계산 시 민감도 분석을 하는 것으로 나타났다. 동일한 표본의 75%에 해당하는 회사가 NPV분석을 사용하는 것을 고려할 때 이 수치는 상당히 큰 것이다.

불행히도 민감도 분석 역시 단점을 가지고 있다. 일례로 민감도 분석은 의식하지 못하는 사이 경영자들간 안전성에 대한 그릇된 인식을 증가시킨다. 모든 비관적인 전망치도 양(+)의 NPV를 가져온다고 가정하자. 경영자는 해당 프로젝트를 통해 돈을 잃을 리 없다고 생각하게 된다. 물론 예측자들은 비관적인 전망에 대해서도 낙관적인 견해를 가질 수 있다. 이와 같은 경우를 방지하기 위해 어떤 회사는 낙관적 및 비관적 전망을 주관적으로 취급하지 않는다. 오히려 그들의 비관적인 전망이 항상 기대했던 것보다, 말하자면 20% 정도 낮게 나오게 된다. 이 경우 불행하게도 처방이 질병보다 나쁠 수 있다. 왜냐하면 고정된 범위를 벗어나게 되면 특정 변수들이 다른 변수들에 비해 쉽게 예측될 수 있다는 사실을 간과하게 되기 때문이다.

게다가 실제로 각기 다른 변수들간 상관관계가 존재하는 경우에도 민감도 분석은 모든 변수를 별도로 분리해서 처리한다. 일례로 비효율적인 경영으로 비용이 걷잡을 수 없이 올라간다면 변동비, 고정비 및 투자 모두 동시에 기대치보다 상승할 가능성이 크다.

이와 같은 문제를 최소화하기 위해 경영자들은 때때로 민감도 분석의 변형인 **시나리오 분석(scenario analysis)**을 수행하기도 한다. 간단히 말해서, 이 접근법은 다양한 수의 가능한 시나리오를 분석하는 방법이다. 여기서 각 시나리오는 요소들의 집합을 수반한다. 간단한 예로 비행기 추락의 영향을 살펴보자. 몇 건의 비행기 추락은 총비행의 감소를 가져올 것이고 이는 다시 종류를 불문하고 새로운 엔진에 대한 수요를 제한할 것이다. 더욱이 비행기 추락이 태양열을 이용한 항공기와 관련이 없다고 해도 대중들은 어떤 종류라도 혁신적이고 논란이 될 만한 기술에 대해 더욱 반감을 가지게 될 수 있다. 따라서 SEC의 시장 점유율 역시 하락하게 될 것이다. 아마도 비행기 추락의 시나리오 하에서 현금흐름 계산은 표 9. 4의 경우와 유사할 것이다. 표에서 계산이 주어진 경우 NPV는 다음과 같다(단위: $백만).

$$-\$2{,}719 = -\$1{,}500 - \$364 \times \text{PVIFA}_{15\%,\,5}$$

이와 같은 일련의 시나리오는 민감도 분석을 표준적으로 적용하는 경우에 비해 프로젝트에 관한 문제점을 더 잘 설명할 수 있다.

2 John Graham and Campbell Harvey, "The Theory and Practice of Corporate Finance: Evidence from the Field," *Journal of Financial Economics* 60, no. 2~3(2001), pp. 187~243의 그림 2를 참조하라.

표 9.4

비행기 추락 시나리오 하에서 현금흐름 전망 (단위: $백만)*

	연도 1	연도 2~6
수익		$2,800
변동비		1,400
고정비		1,940
감가상각비		300
세전수익		-$ 840
세금(21%)†		- 176
순이익		-$ 664
현금흐름		-$ 364
초기투자비용	-$1,500	

* 사용된 가정은 다음과 같다.

시장 규모 7,000(기대치의 70%)시장

점유율 20%(기대치의 2/3)

다른 변수들에 대한 전망치는 표 9. 2에서 주어진 기대치를 사용한다.

† 결손금(tax loss)은 회사 다른 부서의 이익을 상쇄시킨다.

손익분기분석

지금까지의 민감도 분석 및 시나리오 분석에 관한 논의는 전망치의 변동성을 점검하는 방법이 다양하다는 것을 시사한다. 이제 또 다른 접근법으로 **손익분기분석(break-even analysis)**을 제시하고자 한다. 이름에서 알 수 있듯이, 이 방법은 손익분기를 달성하는 판매량을 결정하는 것이다. 이 접근법은 민감도 분석의 유용한 보완책이 된다. 왜냐하면 이 역시 부정확한 전망치의 심각성을 일깨워주는 방법이기 때문이다. 회계적 이익과 현재가에 따른 손익분기점을 계산한다.

회계적 이익 네 가지 서로 다른 매출 전망치 하에서 순이익은 다음과 같다.

판매량	순이익($백만)
0	-$1,770
1,000	- 980
3,000	600
10,000	6,130

비용과 수익에 대한 보다 완전한 수치가 표 9. 5에 나타나 있다.

그림 9. 2에는 매출에 대한 서로 다른 가정 하의 수익, 비용 및 이익에 대한 그래프가 제시되어 있다. 수익과 비용곡선은 2,240단위의 제트엔진에서 서로 교차한다. 이 점이 바로 손익분기점으로 프로젝트가 이익도 손실도 발생시키지 않는 점이다. 매출이 2,240단위 이상이면 프로젝트는 양의 이익을 창출한다.

이 손익분기점은 매우 쉽게 계산될 수 있다. 단위 엔진당 판매가격이 $200만이고 단위 엔진당 변동비가 $100만[3]이기 때문에 단위 엔진당 세후 차이는 다음과 같다(단위: $백만).

3 비록 이전 절에서는 판매가격과 변동비에 대해 낙관적 전망 및 비관적 전망치를 모두 고려했으나 손익분기 분석에서는 이들 변수의 기대치 또는 최선치만 사용한다.

표 9.5 매출에 대한 서로 다른 가정 하의 프로젝트의 수익 및 비용(단위: $백만, 연간 판매 대수는 제외)

연도 1	연도 2~6								
초기 투자액	연간 판매량	수익	변동비	고정비	감가 상각비	세금* (tc = 21%)	순이익	영업현금 흐름	NPV (시점1 측정)
$1,500	0	$0	$0	$1,940	$300	-$470	-$1,770	-$1,470	-$ 6,426
1,500	1,000	2,000	1,000	1,940	300	- 260	- 980	- 680	- 3,778
1,500	3,000	6,000	3,000	1,940	300	160	600	900	1,518
1,500	10,000	20,000	10,000	1,940	300	1,630	6,130	6,430	$20,056

* 첫 두 개의 행에서는 손실이 발생된다. 결손금(tax loss)은 회사의 다른 부문에서 발생한 수입을 상쇄시킨다.

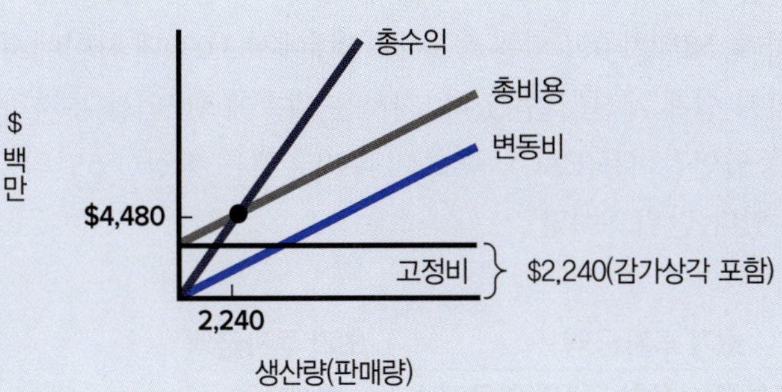

그림 9.2 회계 수치를 사용한 손익분기점

$$(\text{판매가격} - \text{변동비}) = \$2 - \$1 = \$1$$

이 세후차이는 추가적인 엔진 한 단위가 세후이익에 얼마나 공헌하는지를 나타내기 때문에 **공헌이익(contribution margin)**이라고 부른다.

고정비가 $19억4,000만이며 감가상각이 $3억이므로 세후비용의 합은 다음과 같다(단위: $백만).

$$(\text{고정비} + \text{감가상각}) = (\$1{,}940 + \$300) = \$2.240$$

즉, 매출에 관계없이 $22억4,000만의 비용이 발생하게 된다. 단위 엔진당 $100만의 공헌이익이 발생하므로 상기 비용을 상쇄시키기 위해 매출은 다음과 같은 수준에 도달해야 한다(단위: $백만).

회계적 이익 손익분기점

$$\frac{(\text{고정비} + \text{감가상각})}{(\text{판매가격} - \text{변동비})} = \frac{\$2{,}240}{\$1} = 2{,}240$$

따라서 2,240단위의 엔진이 회계적 이익에 따른 손익분기점이다.

재무적 손익분기 이 책에서 여러 번 언급했듯이 우리는 순이익보다는 현재가치에 관심이 더 있다. 따라서 현금흐름에 대한 현재가치를 산출할 필요가 있다. 할인율이 15%로 주어진 경우 NPV는 다음과 같이 나타낼 수 있다.

판매량	NPV($백만)
0	-$6,426
1,000	- 3,778
3,000	1,518
10,000	20,056

이 같은 NPV계산식은 표 9. 5의 마지막 열에도 나타나 있다. SEC가 1,000대의 제트엔진을 생산할 경우 해당 NPV는 음이 되나, SEC가 3,000대의 제트엔진을 생산하면 NPV는 양이 됨을 알 수 있다. 명백하게, NPV가 0이 되는 점은 1,000대에서 3,000대 사이에서 발생한다.

현가 손익분기점 역시 쉽게 계산될 수 있다. 회사는 애초에 $15억를 투자하였다. 이 초기투자는 5년에 걸친 동일연간비용(EAC), 즉 초기 투자금액을 적정한 5년의 연금 계수로 나눈 것으로 표현할 수 있다(단위: $백만).

$$\text{EAC} = \frac{\text{초기 투자금액}}{\text{할인율 15\%를 사용한 5년의 연금계수}} = \frac{\text{초기 투자금액}}{\text{PVIFA}_{15\%,\,5}}$$

$$= \frac{\$1{,}500}{3.3522} = \$447.5$$

동일연간비용(EAC) $4억4,750만가 연간 감가상각인 $3억보다 크다는 점에 유의해야 한다. 이는 $15억의 투자가 15%로 투자될 수 있었다는 사실이 암묵적으로 가정되었기 때문에 발생한 것이다.

세후 비용은 생산량과 관계없이 다음과 같이 나타낼 수 있다(단위: $백만).

$$\$1{,}917.1 = \text{EAC} + \text{고정비} \times (1 - T_C) - \text{감가상각} \times T_C$$
$$= \$447.5 + \$1{,}940 \times 0.79 - \$300 \times 0.21$$

다시 말하면, 회사는 초기 투자의 동일연간비용 $4억4,750만에 매년 고정비를 지출하고 감가상각에 따른 세금공제를 받는다. 감가상각에 따른 세금공제는 위 식에서 비용으로부터 차감 계산되기 때문에 음으로 나타난다. 단위 엔진당 $79만의 세후 이익이 발생하기 때문에, 상기 비용을 상쇄시키기 위해 다음과 같은 매출을 발생시켜야 한다(단위: $백만).

현재 손익분기점 :

$$\frac{\text{EAC} + \text{고정비} \times (1 - T_C) - \text{감가상각} \times T_C}{(\text{판매가격} - \text{변동비}) \times (1 - T_C)} = \frac{\$1{,}917.1}{\$0.79} = 2{,}426.68$$

즉, 재무적 손익분기점에 도달하기 위해서는 2,427개 정도의 엔진을 팔아야만 한다.

이와 같이 재무적 손익분기점이 회계적 손익분기점과 다른 이유는 무엇일까? 회계적 이익이 손익분기점 산출의 근거로 사용된 경우에는 감가상각을 차감하였다. 태양열 제트엔진 프로젝트의 감가상각은 $3억이다. 만약 2,240대의 태양열 제트엔진이 팔린다면 SEC는 $3

억의 감가상각 지출과 여타 비용을 보전할 만큼 충분한 수익을 올릴 수 있다. 불행히도 이와 같은 판매 수준에서 SEC는 투자에 따른 경제적 기회비용인 $15억를 보전하지 못한다. 태양열 제트엔진에 대한 감가상각은 $3억이다. 만약 2,240대의 태양열 제트엔진이 판매되었다면 SEC는 감가상각 비용과 여타 비용을 보전할 만큼 충분한 수익을 거둬들일 것이다. 만약 $15억가 15%로 투자될 수 있었다는 사실을 고려한다면 투자의 실제 연간비용은 $4억4,750만이지 $3억가 아니다. 감가상각은 초기투자를 보전하는 데 드는 실제비용을 과소하게 나타낸다. 그러므로, 회계적 기준으로 손익분기를 달성한 회사들은 실제로 손실을 보고 있을 수 있다. 이들은 초기투자의 기회비용을 잃어버리고 있는 것이다.

9.3 몬테카를로 시뮬레이션

ExcelMaster coverage online
www.mhhe.com/RossCore6e

민감도 분석과 시나리오 분석 둘 다 "만약 …이라면, 어떻게 될까?"라는 질문에 대답하고자 사용했다. 이 두 분석법은 실무에서 자주 사용되지만 각각 한계점을 지니고 있다. 민감도 분석에서는 한 번에 오직 한 변수만 변화시킬 수 있다. 반면, 실무에서는 여러 변수가 동시에 변화하는 경향을 나타낸다. 시나리오 분석은 인플레이션, 정부규제 또는 경쟁사 수 등의 변화에 대한 특정 시나리오를 따른다. 이 방법론은 가끔 매우 유용하지만 모든 변화요인을 모두 포함시킬 수는 없다. 사실 프로젝트는 단지 하나의 경제 시나리오에서도 수많은 변화성을 나타내기 마련이다.

몬테카를로 시뮬레이션(Monte Carlo simulation)은 현실 세계의 불확실성에 대한 모형화에 한 걸음 더 나아간 시도이다. 이 접근법은 도박전략을 분석하는 방법과 유사하게 프로젝트를 분석한다는 의미에서 유럽의 유명 카지노에서 그 이름이 유래되었다. 어느 진지한 블랙잭 플레이어를 생각해 보자. 그는 앞서 받은 두 개의 카드 합이 16이 될 때마다 세 번째 카드를 받아야 하는지 여부에 대해 고민한다고 하자. 아마도 정형화된 수학 모형은 여기서 실용적으로 사용하기에는 너무 복잡할 것이다. 그러나 그는 카지노에서 수천 번에 걸친 게임에서 앞서 받은 두 개의 카드의 합이 16이 될 때 어떤 때는 세 번째 카드를 뽑고 어떤 때는 세 번째 카드를 뽑지 않을 수 있을 것이다. 그는 어떤 전략이 나은지 결정하기 위해 두 가지 전략하에서의 그의 승산(또는 손실)을 비교할 수 있다. 물론 실제 카지노에 이와 같은 시험을 수행할 경우 엄청난 돈을 잃을 것이기 때문에 컴퓨터를 이용해 두 가지 전략에 따른 결과를 모사해 보는 것이 훨씬 저렴한 방법일 것이다. 프로젝트 자본예산에 대한 몬테카를로 시뮬레이션은 이와 같은 원리를 이용한 것이다.

몬테카를로 분석의 스프레드시트 응용에 대한 무료 시연이 필요하다면, 다음 사이트를 참조하라: www.crystalball.com.

숯과 가스 그릴을 둘 다 생산하는 Backyard Barbeques(BBI)는 압축수소를 이용해 요리할 수 있는 신제품 그릴에 대한 청사진을 가지고 있다고 가정하자. CFO인 Edward H. Comiskey는 단순한 자본예산 기법에 대해 불만을 가지고 있어 신제품 그릴에 대해 몬테카를로 시뮬레이션을 하기로 했다. 몬테카를로 기법에 전문성을 지닌 컨설턴트인 Les Mauney는 최고재무책임자에게 이 방법론의 5가지 기본 단계에 대해 설명한다.

1단계: 기본 모형 설정

컨설턴트 Les Mauney는 현금흐름을 다음과 같은 세 가지 요소–연간수익, 연간비용, 초기투자–로 구분한다. 연간수익은 다음과 같이 나타난다.

산업 전체에서 판매된 그릴 수×BBI 수소그릴의 시장점유율×수소그릴의 단위가격

연간비용은 다음과 같이 나타낼 수 있다.

고정제조 비용 + 변동제조 비용 + 마케팅 비용 + 판매 비용식

초기투자는 다음과 같이 나타난다.

특허 비용 + 시장성 시험 비용 + 생산설비 비용

2단계: 모형 내 각 변수에 대한 분포 설정

이 단계가 가장 어려운 부분이다. 위 식에서 세 가지 요소로 구성된 총수익부터 시작하자. 컨설턴트는 먼저 전체 시장규모, 즉 산업 전체에서 판매된 그릴의 규모를 모형화한다. 거래 관련 간행물인 「*Outdoor Food(OF)*」에 따르면, 지난해 미국 대륙에서 종류에 관계없이 1,000만대의 그릴이 판매되었고 내년에는 1,050만대가 판매될 것으로 전망한다. 컨설턴트는 이 잡지와 본인 소속기관의 전망치를 이용하여 내년도산업 전체 그릴 판매에 대한 분포를 생성한다.

확률	20%	60%	20%
내년도 산업 전반의 그릴 판매대수(단위: 백만 대)	10	10.5	11

여기서 분포가 촘촘한 이유는 그릴 시장이 역사적인 성장은 느렸지만 지속적으로 성장하고 있다는 것을 반영한다.

컨설턴트에게는 BBI의 수소그릴에 대한 시장점유율을 추정하는 것이 더욱 어렵다. 그럼에도 불구하고 수많은 분석 후에 그는 내년도 시장점유율에 대한 분포를 다음과 같이 산출한다.

확률	10%	20%	30%	25%	10%	5%
내년도 BBI 수소그릴의 시장점유율	1%	2%	3%	4%	5%	8%

컨설턴트는 산업전반의 판매대수에 대한 대칭적인 분포를 가정하였으나 실제로 이 프로젝트의 시장점유율에 대한 분포가 치우친다고 가정하는 것이 논리에 더 부합하다고 믿는다. 그의 머릿속에는 수소그릴의 판매가 갑자기 크게 증가할 것이라는 적은 가능성을 항상 염두에 두고 있다.

상기 추정치는 전체 산업에 대한 판매대수가 프로젝트의 시장점유율과는 아무런 연관이 없다고 가정한다. 다시 말하면, 두 변수는 서로 독립적(independent)이라는 것이다. 그 이유로 경기호황기에는 산업전반의 그릴판매가 증가하지만, 경기 불황기에는 그릴판매가 감소하므로 프로젝트의 시장점유율과 경제 상황은 연관이 없을 것이라고 가정한다.

이제 Mauney는 그릴의 단위 가격의 분포를 결정해야 한다. CFO인 Comiskey는 그에게 다른 경쟁회사가 부과하는 가격을 기준으로 가격이 그릴당 $200 근처가 될 것이라고 알려주었다. 그러나 컨설턴트는 수소그릴의 가격은 그릴에 대한 전체 시장 규모에 따라 결정될 것이라고 믿는다. 어느 기업이나 수요가 많아지면 부과하는 가격도 높아지기 마련이다.

가격에 대한 복잡한 모형들을 수없이 기각하고 나서 컨설턴트는 다음과 같은 모형을 도출하였다.

내년도 수소 그릴 가격 = $190 + $1 × 산업전반의 판매대수(단위: 백만) +/− $3

위 식에서 그릴 가격은 산업전반의 판매 대수에 비례한다. 더욱이 임의 변동부분이 '+/− $3' 이라는 항목을 통해 모형화된다. 여기서 +$3과 −$3은 동일한 확률로 발생한다. 일례로 산업전반의 단위 매출이 $1,100만인 경우 그릴의 가격은 다음 둘 중 하나가 될 것이다.

$190 + 11 + 3 = $204(50% 확률)

$190 + 11 − 3 = $198(50% 확률)

이제 컨설턴트는 내년도 수익을 구성하는 세 가지 요소에 대한 분포를 모두 가지게 된다. 그러나 미래에 대한 분포도 역시 필요하다. 이에 컨설턴트는 잡지 「*Outdoor Food(OF)*」와 다른 간행물에서의 전망치를 이용해 2차년도에 대한 성장률의 분포를 다음과 같이 전망한다.

확률	20%	60%	20%
2차년도 산업전반의 판매성장률	1%	3%	5%

내년 산업전반의 판매 대수에 관한 분포와 이 변수에 대한 성장률의 분포가 주어졌으므로 2차년도 산업전반의 판매대수에 대한 분포를 생성시킬 수 있다. 비슷한 방법으로, 컨설턴트는 그 이후에 대한 분포도 생성시킬 수 있다. 또한 컨설턴트가 수입을 구성하는 첫 번째 요소인 산업전반의 단위 매출을 미래 연도까지 확장했듯이 시장점유율과 단위 가격에 대해서도 동일하게 할 수 있다.

이제까지 수익을 구성하는 세 가지 요소를 모형화하는 방법에 대해 논의하였다. 일단 비용과 투자의 구성요소가 모형화되면 유사한 방법으로 2단계가 완결될 것이다. 비효율적인 경영으로 인해 서로 다른 비용 요소가 동시에 상승함에 따른 변수간 상호작용에 관해서는 특별한 주의가 요구된다. 그러나 이제 여러분은 감을 잡았을 것이므로 이 단계의 나머지 과정은 다루지 않고 넘어가도록 한다.

3단계: 컴퓨터는 하나의 결과를 임의 추출한다

앞서 언급했듯이 현재 모형에서 내년도 총수익은 세 가지 요소의 곱이다. 컴퓨터가 임의로 산업전반의 판매대수 1,000만대, BBI 수소그릴의 시장점유율 2%, +$3의 임의 가격변동을 선택했다고 가정하자. 이때 내년도 수소그릴의 단위 가격은 다음과 같이 나타낼 수 있다.

$190 + $10 + $3 = $203

BBI 수소그릴에 대한 내년도 수익은 다음과 같이 나타내어질 것이다.

10,000,000 × 0.02 × $203 = $40,600,000

물론 아직 완전한 결과가 나온 것은 아니다. 추후 매년 수익에 대한 임의 추출을 수행해야 한다. 또한 매년 비용에 대한 임의 추출도 수행해야 한다. 마지막으로, 초기투자에 대한 임의 추출도 역시 이루어져야 한다. 이러한 방식으로 단일 결과가 추후 매년 프로젝트의 현금 흐름을 생성시킬 것이다.

위와 같은 특정 결과가 추출될 확률은 얼마인가? 우리는 각 구성요소의 확률을 알고 있기 때문에 이 질문에 대한 답을 할 수 있다. 산업 전체로 1천만대의 판매가 발생할 확률이 20%, 2%의 시장점유율이 발생할 확률이 20%, +$3의 임의 가격변동이 발생할 확률이 50%이므로, 동일 결과에서 이 세 가지 임의추출이 동시에 일어날 확률은 다음과 같다.

0.02 = 0.20 × 0.20 × 0.50

물론 일단 미래수익, 미래비용, 초기투자에 대한 임의추출이 결과에 포함되면 이 확률은 더 작아질 것이다.

이 단계는 단일 결과로부터 매년 현금흐름을 발생시키고 있다. 궁극적으로, 우리의 관심은 이와 같이 여러 가지 결과에 걸쳐 나타난 매년 현금흐름의 분포이다. 우리는 컴퓨터를 사용하여 이와 같은 분포를 생성할 수 있도록 반복해서 임의 추출하는데, 이것이 다음 단계에서 행해질 것이다.

4단계: 이 과정을 반복한다

상기 세 단계 과정이 한 가지 결과를 생성하는 한편, 몬테카를로 시뮬레이션의 본질은 이 결과들을 반복하는 것이다. 상황에 따라서는 컴퓨터를 통해 수천번 심지어 수백만번의 결과를 생성한다. 이 모든 임의추출의 결과가 향후 매년 현금흐름의 분포이다. 이 분포가 몬테카를로 시뮬레이션의 기본 결과이다.

그림 9.3

BBI 수소그릴에 대한 3년 후 현금흐름의 시뮬레이션 분포

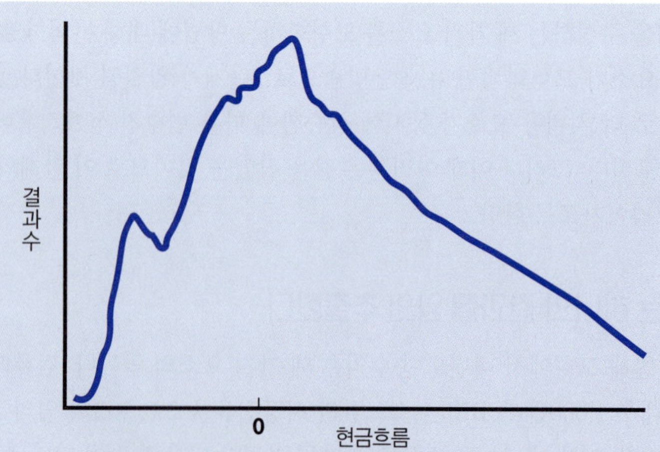

몬테카를로 시뮬레이션에서는 특정한 모형 하에 모든 변수에 대한 반복적인 표본 추출이 통계적 분포를 형성한다.

그림 9. 3을 보자. 여기서 반복된 임의추출은 3년 후 현금흐름의 시뮬레이션된 분포를 생성한다. 물론 향후 매년 이 그림에서와 같은 분포가 나올 것이다. 이제 한 단계만을 남겨 두고 있다.

5단계: NPV계산

그림 9. 3에서 3년 후 현금흐름에 대한 분포가 주어진 경우, 당해연도에 대한 기대 현금흐름이 결정될 수 있다. 같은 방법으로 향후 매년 기대 현금흐름이 결정되고 나서 적절한 할인율로 기대 현금흐름을 할인함으로써 프로젝트의 순현재가치를 계산할 수 있다. 몬테카를로 시뮬레이션은 종종 민감도 분석이나 시나리오 분석 이상의 단계로 여겨지기도 한다. 변수간 상호작용이 명시적으로 지정됨에 따라 적어도 이론상으로 이 방법론은 보다 완벽한 분석을 제공한다. 또한, 부산물로서 정확한 모형을 수립해야 하기 때문에 전망하는 사람들로 하여금 프로젝트에 대한 이해를 깊게 만들기도 한다.

몬테카를로 시뮬레이션은 적어도 35년 이상 사용되어 왔기 때문에 지금쯤 모든 회사들이 모두 이 방법을 수행하고 있으리라고 생각할 수 있다. 하지만 놀랍게도 사실은 그렇지 않다. 각 변수의 분포나 변수간 상호작용을 모형화하는 것이 어렵기 때문이다. 게다가 컴퓨터를 통해 얻은 결과가 종종 경제학적 직관과 어긋나기도 한다. 따라서 몬테카를로 시뮬레이션이 확실한 실제 상황에서 사용되기는 하지만, 이 접근법이 '미래의 대세'는 아닐 것이다. 사실 Graham과 Harvey의 연구[4]에 따르면, 그들 표본기업의 단지 15%만이 자본 예산 관련 시뮬레이션을 사용하는 것으로 나타났다.

9. 4 실물옵션

제7장에서 프로젝트 자본예산의 가치평가 시 순현가(NPV) 분석이 다른 접근법보다 우월하다는 것을 강조하였다. 그러나 학자와 실무자 모두 NPV의 문제점을 지적한다. 여기서, 기본적인 생각은 제7장에서 살펴본 다른 접근법과 마찬가지로 NPV분석 또한 프로젝트를 채택한 이후 회사가 할 수 있는 조정을 무시한다는 것이다. 이와 같은 조정을 **실물옵션(real option)**이라고 한다. 이러한 관점에서 NPV는 프로젝트의 실제 가치를 과소평가한다고 할 수 있다. 이제부터 NPV의 보수적인 경향을 일련의 예를 통해 설명한다.

확장옵션

기업가인 Conrad Willig는 최근 물을 섭씨 0도가 아닌 37.8도에서 냉각하도록 하는 화학처리에 관해 알게 되었다. 이 처리법에 관한 수많은 실제 응용법 중에서 Willig는 얼음으로 만들어진 호텔이라는 아이디어를 가장 좋아하였다. 그는 $1,200만의 초기투자로 얼음 호텔이 연간 $200만의 현금흐름을 창출할 수 있을 것으로 추정하였다. 그는 이 새로운 벤처의 위험을 고려했을 때 20%가 적정한 할인율이라고 생각했다. 이 현금흐름이 영구적이라고 가정

4 Graham과 Harvey의 "The Theory and Practice of Corporate Finance"의 그림 2를 참조하라.

그림 9.4

얼음 호텔에 대한 의사결정 트리

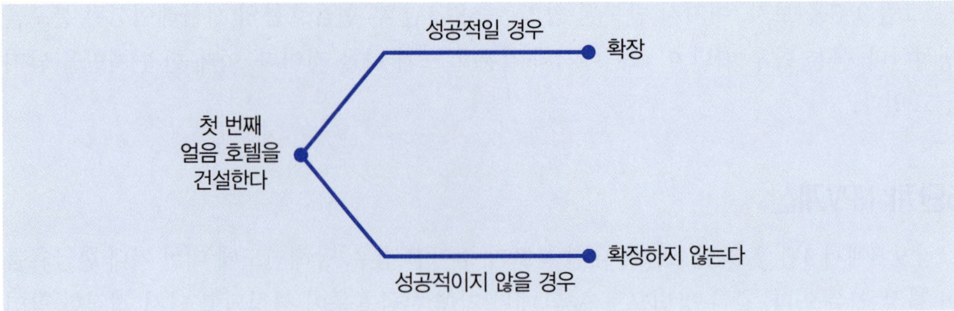

하면 Willig는 다음과 같이 이 프로젝트의 NPV를 결정할 수 있을 것이다.

−\$12,000,000 + \$2,000,000/0.20 = −\$2,000,000

대부분의 기업가는 이와 같이 음(−)의 NPV를 창출하는 벤처투자는 거절할 것이다. 하지만 Willig는 통상적인 기업가가 아니었다. 그는 NPV분석이 숨겨져 있는 가치의 원천을 빠뜨렸다고 생각했다. 그는 초기투자 비용이 \$1,200만가 될 것이라고 비교적 확신하였으나, 연간 현금흐름에 관해서는 불확실성이 있다고 생각하였다. 연간 현금흐름에 대한 그의 추정치 \$200만는 사실 50%의 확률로 연간 현금흐름이 \$300만가 되고 동일한 확률로 \$100만가 될 것이라는 그의 믿음을 반영하였다.

이와 같은 두 전망치에 대한 NPV계산은 다음과 같다.

낙관적 전망치 : −\$12,000,000 + \$3,000,000/0.20 = \$3,000,000

비관적 전망치 : −\$12,000,000 + \$1,000,000/0.20 = −\$7,000,000

표면적으로 이 새로운 계산식도 두 가지 전망치의 평균이 다음과 같은 프로젝트의 NPV를 산출한다는 점에서 Willig에게 그리 도움이 되는 것 같지 않다.

0.50 × \$3,000,000 + 0.50 × (−\$7,000,000) = −\$2,000,000

이 값 역시 처음에 계산했던 NPV와 동일하기 때문이다.

그러나 만약 낙관적인 전망치가 정확한 것으로 나타나게 되면 Willig는 프로젝트 규모를 확장하고 싶어 할 것이다. 그가 얼음 호텔을 건설할 수 있는 지역이 10개가 있다고 믿는다면 이 벤처의 실제 NPV는 다음과 같을 것이다.

0.50 × 10 × \$3,000,000 + 0.50 × (−\$7,000,000) = \$11,500,000

그림 9. 4에서 나타난 것과 같이 여기에서의 아이디어는 기본적이면서도 보편적이다. 기업가는 시험적으로 운영하는 지역이 성공적이면 **확장옵션**(option to expand)을 가진다. 일례로 레스토랑 사업을 시작하는 모든 사람이 결국에는 대부분 실패한다고 생각해 보자. 이들이 결코 지나치게 낙관적이어서 그렇다고 할 수 없다. 이들은 실패 가능성을 인지할 수 있으나 향후 McDonald's나 Burger King과 같이 될 수 있다는 적은 가능성 때문에 그대로 밀어붙이는 것이다.

포기옵션

경영자들은 또한 프로젝트의 출구전략으로 포기할 수 있는 옵션을 가진다. 프로젝트의 포기가 비겁하게 여겨질 수 있으나 이는 종종 회사에 거액을 절약해 주기도 한다. 이러한 이유로 포기할 수 있는 옵션은 모든 잠재적인 프로젝트의 가치를 증가시킨다.

확장옵션을 설명하기 위해 활용한 얼음 호텔에 대한 예는 **포기옵션**(option to abandon)을 설명하는데도 사용될 수 있다. Willig가 이제 50%의 확률로 연간 현금흐름이 $600만가 될 것이고 같은 확률로 −$200만가 될 것이라고 믿는다고 가정하자. 두 가지 전망치 하에서 NPV계산은 다음과 같다.

낙관적 전망치 : −$12,000,000 + $6,000,000/0.2 = $18,000,000
비관적 전망치 : −$12,000,000 − $2,000,000/0.2 = −$22,000,000

따라서 프로젝트의 NPV는 다음과 같이 산출된다.

0.50 × $18,000,000 + 0.50 × (−$22,000,000) = −$2,000,000

더욱이 이제 Willig는 많아야 한 개 정도의 얼음 호텔을 소유하고 싶어한다고 가정하자. 이는 확장할 옵션이 없다는 의미이다. 여기서 NPV가 음이므로 그는 호텔을 더 이상 건설하지 않을 것처럼 보인다.

그러나 이제 상황이 변하여 포기할 수 있는 옵션이 있다고 하자. 시점 1에서 기업가는 어떤 전망치가 실현될지를 알 수 있다. 만약 현금흐름이 낙관적인 전망치와 일치한다면 Willig는 프로젝트를 그대로 진행할 것이다. 그러나 만약 현금흐름이 비관적인 전망치와 일치한다면 그는 호텔을 포기할 것이다. 이와 같은 가능성을 미리 알고 있으므로 프로젝트의 NPV는 다음과 같이 나타낸다.

0.50 × $18,000,000 + 0.50 × (−$12,000,000 − $2,000,000/1.20) = $2,170,000

시점 1에서 Willig는 −$200만의 현금흐름을 경험한 뒤 포기할 것이기 때문에 추후에 발생 가능한 이 같은 자본유출을 감내할 필요는 없다. Willig는 이 프로젝트를 수행할 것이다.

이 예는 한 가지 사실을 확실하게 정형화해 준다. 실무에서는 프로젝트를 포기하기까지 수년이 소요될 수 있지만 얼음 호텔의 예에서는 단 1년 후에 프로젝트를 포기하였다. 또한 일반적으로 프로젝트 포기 시 잔존가치(salvage value)가 수반되지만 상기의 예에서는 얼음 호텔에 대한 잔존가치가 없다고 가정하였다. 그럼에도 불구하고 포기할 수 있는 옵션은 현실에서 대단히 많다.

일례로 이 장을 시작할 때 논의했던 영화제작산업을 고려해 보자. 그림 9. 5에서 보듯이 영화는 대본을 구입하거나 전개하는 과정으로부터 시작된다. 완결된 대본은 영화사에 수백만 달러에 팔리며 잠재적으로 실제 제작에 들어간다. 그러나 대부분의 대본(아마도 80% 훨씬 이상)은 버려진다. 영화사들이 처음에 돈을 지불하고 의뢰한 대본을 버리는 이유는 무엇일까? 영화사들은 단지 소수의 대본만이 희망적이라는 것을 미리 알지만 어떤 것인지는 알지 못한다. 따라서 그들은 소수의 훌륭한 대본을 건지기 위해 수많은 대본을 사들임으로써 널리 정보를 수집한다. 또한 대본 하나에 대한 지출이 나쁜 영화를 제작함으로써 발생하는

그림 9.5

영화 산업에 있어서의 포기 옵션

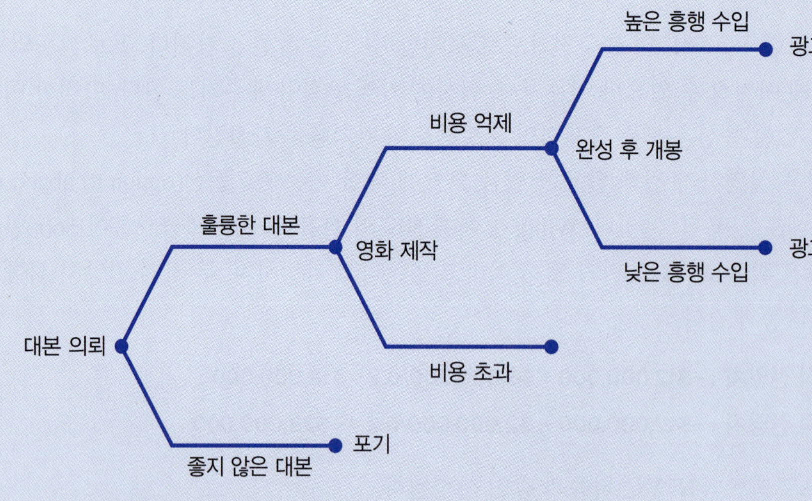

영화 스튜디오들은 영화 제작과정을 통해 포기할 수 있는 옵션을 가진다.

엄청난 손실과는 비교할 수 없기 때문에 영화사들은 나쁜 대본에 대해서는 냉정하다.

소수의 운 좋은 대본은 영화제작 단계로 넘어가는데, 여기서 비용예산은 비록 그 이상은 아닐지라도 수천만 달러에 이르도록 책정된다. 이 단계에서 두려운 시기는 현지제작으로 인해 비용이 초과하는 '교착상태에 빠지게' 될 때이다. 그러나 영화사들은 여기서도 마찬가지로 냉정하다. 이와 같은 비용 초과가 과도한 경우 제작은 중간에 중단될 가능성이 크다. 흥미롭게도 제작포기는 거의 관객동원이 적어서가 아니라 비용문제 때문에 발생한다. 영화가 개봉되기 전까지 결과에 대한 예측은 아무도 하지 못한다.

영화개봉은 예컨대 $1,000만~2,000만 정도의 상당한 광고비 지출이 수반된다. 처음 몇 주간의 박스오피스 성공은 추가적인 광고비용 지출을 수반할 가능성이 크다. 물론 영화사의 광고확대 결정은 의무가 아닌 선택조항이다.

영화제작은 블록버스터를 통해 단 몇 주만에 수백만 달러의 수입이 발생할 수도 있지만 흥행실패로 거의 수입이 발생하지 않을 수도 있는 가장 위험한 사업 중의 하나이다. 앞서의 제작포기옵션은 포기하지 않는 경우 영화산업의 도산을 불러올 수도 있는 비용을 포함하고 있다.

이러한 점을 이해하기 위해 Euro Disney의 사례를 살펴보자. Euro Disney를 설립하기로 결정한 것은 1987년이며 실제 공원은 파리근교에서 1992년에 개장하였다. Disney 경영진은 유럽 사람들이 새로운 놀이공원에 빠져들 것으로 생각했지만 문제는 머지 않아 나타났다. 실제 입장객수는 기대에 미치지 못했는데, 이유 중의 하나는 입장료가 너무 비쌌기 때문이다. 또한, Disney는 와인을 곁들인 식사가 보편적인 나라에서 공원 내 주류판매를 금지시켰다. 그 밖에도 프랑스 근로감독관들은 Disney의 엄격한 복장규정 등을 문제 삼았다.

개장한 지 몇 년이 흐른 뒤 공원식당의 주류판매 개시, 입장료 인하 그리고 여타 조치들이 취해졌다. 다시 말해 경영진은 제품을 변경하는 옵션을 행사한 것이다. 공원은 서서히 소폭의 흑자를 기록하기 시작했다. 그러자 Disney는 확장공사를 통해 Euro Disney 옆에 Walt

Disney Studio라는 다른 테마공원으로 연결되는 '두 번째 입구'를 만들었다. '두 번째 입구'는 입장객의 머무르는 시간 연장을 유도하기 위한 것이었다. 그러나 새 놀이공원은 성공하지 못했다. 그 이유는 높은 입장료, 유럽 취향이 아닌 할리우드 위주의 볼거리, 파리의 파업 여파, 그리고 무더운 여름 날씨 등이었다.

2003년 여름 무렵 Euro Disney는 재차 파산위기에 직면했다. 경영진들은 다양한 옵션들에 대해 논의했다. 이러한 옵션들은 회사의 파산(포기하는 옵션)에서부터 Disney라는 간판을 떼는 것까지 포함하고 있었다. 2005년, 결국 프랑스 정부의 도움으로 회사를 구조조정하기로 합의했다.

경영상의 옵션이라는 개념은 Disney 테마공원의 감독관이었던 Jay Rasulo가 "한 가지 확실한 것은 처음 시작할 때 100% 완벽할 수는 없다는 사실이다. 우리는 놀이공원을 개장할 때마다 향후 보완을 항상 염두에 두고 있다"고 한 말에 잘 집약되어 있다. 2017년에 이 리조트는 $65억의 수익과 $18억의 순이익을 시현했다. 그리고 2018년 Walt Disney는 공원 이름을 Disneyland Paris로 개명하고 €20억 투자계획안을 발표했다.

회사가 포기옵션을 행사한 최근의 사례는 2018년 Intel이 불과 5년의 업력을 지닌 New Devices Group의 폐쇄를 발표한 것이다. 해당 부문은 경량스마트안경을 포함하여 웨어러블 제품의 개발을 책임지고 있었다. Intel은 2014년에 $1억의 Basis, 2015년에 $1억5,000만의 Recon을 포함하여 해당 부서에 대해 수백만 달러를 매몰비용 처리하였다. Intel은 웨어러블 시장에 대한 침투가 생각보다 상당히 어렵다는 것을 분명히 학습한 것으로 보인다.

타이밍옵션

우리는 도심의 땅이 몇 년째 공터로 비어있는 경우를 가끔 볼 수 있다. 그럼에도 불구하고 땅은 때때로 매매가 이루어진다. 왜 사람들은 아무런 수입이 발생하지 않는 땅의 대가를 지불하며 매입하는 것일까? 분명한 것은 순현재가치 분석법에 의거하여 이러한 대가를 지불하지는 않는다는 점이다. 그러나 이러한 역설은 실물옵션이라는 개념을 통해 쉽게 설명이 된다.

토지의 최고 및 최적용도는 사무실 빌딩이라고 가정해보자. 빌딩의 추정 건설비용은 $100만이다. 현재 순영구임대료(비용 공제 후)는 $9만로 추정되며 할인율은 10%이다. 빌딩의 NPV는

$$-\$1{,}000{,}000 + \$90{,}000/0.10 = -\$100{,}000$$

NPV가 음(−)이므로 아무도 건설하려 하지 않을 것이다. 심지어는 땅이 쓸모없는 것이라고 생각할 수도 있다. 그러나 시를 위해 연방정부가 다양한 도시 재개발을 계획하고 있다고 해 보자. 계획이 성공적으로 완료된다면 사무실 임대료는 상승할 것이다. 이 경우 땅 주인은사무실 빌딩건설을 추진하고 싶을 것이다. 반대로 계획이 실패로 돌아간다면 사무실 임대료는 동결되거나 떨어질지 모른다. 이 경우 땅 주인은 빌딩을 건설하지 않을 것이다.

땅 주인은 **타이밍옵션**(timing option)을 가지고 있다. 비록 지금은 건설하고 싶지 않지만 미래에 임대료가 급등하는 경우 건설을 하고 싶을 것이다. 이러한 타이밍옵션은 왜 빈 땅이

그림 9. 6

빈 땅에 대한 수형도

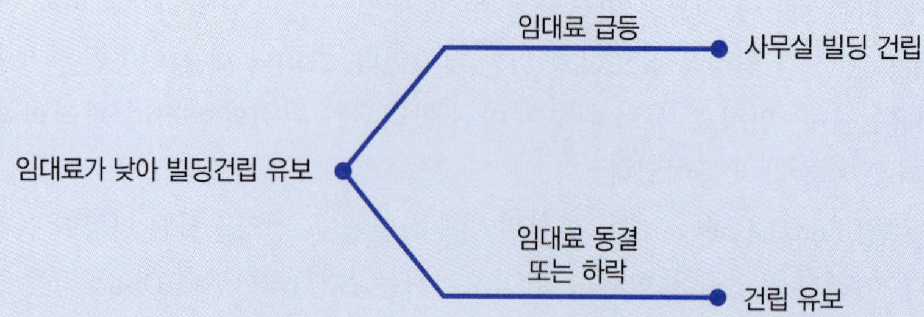

임대료가 급등할 경우 땅주인은 수익이 나는 사무실 빌딩을 건설할 수 있으므로 빈 땅은 현재 투자가치가 있을 수 있다.

가치를 지니는지 설명해 준다. 사무실 빌딩의 임대료 급등에 따른 가치상승이 토지보유에 따른 세금 등과 같은 보유비용을 능가할 수도 있다. 물론 빈 땅의 정확한 가치는 재개발계획이 성공할 확률과 임대료 상승폭에 달려있다. 그림 9. 6은 이러한 타이밍옵션을 설명하고 있다.

광산운영도 거의 항상 타이밍옵션이 따르게 된다. 톤당 구리채굴비용이 판매수익을 초과하는 광산을 소유하고 있다고 해보자. 지금은 구리채굴을 하지 않을 것이라고 말하는 것은 당연하다. 또 재산세, 보험료, 사회보장비 등 광산소유에 따르는 비용을 지불해야 하므로 당신은 다른 사람에게 광산을 넘겨버리려 할지도 모른다. 그러나 당신은 광산소유권을 성급하게 이전하는 것에 대해 신중해야 한다. 구리 생산이 수익을 남길 정도로 가격이 상승할 수도 있기 때문이다. 그러한 가능성을 감안할 때 현재 광산에 대해 대가를 지불하고 매입할 사람을 찾을 수도 있을 것이다.

요약 및 결론 Summary and Conclusions

이 장에서는 자본예산의 여러 가지 실제 사례들에 대해 알아보았다.

1. 순현재가치(NPV)법이 개념적으로는 최적의 자본예산 방식이기는 하지만, 경영자들에게 안전성을 담보한다는 잘못된 믿음을 심어준다는 비판을 받아왔다. 민감도 분석을 통해 다양한 가정을 전제로 한 순현재가치법은 경영자들에게 프로젝트의 위험을 보다 잘 전달해 준다. 불행히도 실제로는 여러 변수가 동시에 바뀜에도 불구하고 민감도분석은 한 번에 하나의 변수만 변화시킨다. 시나리오 분석은 다양한 시나리오(예, 전쟁발발이나 유가급등)에서 프로젝트의 성과를 분석해 준다. 마지막으로, 경영자들은 프로젝트가 적자를 보기 전에 얼마나 전망이 어두운가를 알고 싶어한다. 손익분기점 분석은 프로젝트 손익이 0이 되는 판매량을 계산해 준다. 손익분기점 분석은 대부분 회계이익을 바탕으로 하고 있으나 순현재가치법이 보다 더 적절하다고 생각된다.
2. 몬테카를로 시뮬레이션은 다른 변수들간 상호작용 및 시간에 따른 변수의 움직임에 기초한 회사의 현금흐름 모형에서 출발한다. 임의표본추출을 통해 매 시점 현금흐름에 대한 분포가 만들어지고 이를 통해 순현재가치를 계산한다.
3. 확장옵션, 포기옵션, 타이밍옵션 등과 같이 자본예산에 내재된 옵션들에 대해서도 분석한다.

개념문제 Concept Questions

1. **예측위험** 예측위험이란 무엇인가? 일반적으로 예측위험의 정도는 신제품과 비용절감 계획 중 어느 것이 더 높을까? 그 이유는?
2. **민감도 분석과 시나리오 분석** 민감도 분석과 시나리오 분석의 본질적인 차이는 무엇인가?
3. **한계 현금흐름** 한계 또는 증분이라는 말이 모두 말도 안되는 소리라고 주장하는 동료가 말하기를, "이것 봐, 만약 평균수익이 평균비용을 상회하지 못하면 우리는 음(−)의 현금흐름으로 인해 파산할 거야!" 이에 대한 대응은?
4. **손익분기점** 신규 프로젝트를 구상 중인 회사의 주주로서 회계적인 손익분기점, 현금 손익분기점(다시 말해 현금흐름이 없어지는 시점) 아니면 금융 손익분기점 중 어느 것에 더 신경을 쓸 것인가? 이유는?
5. **손익분기점** 초기투자와 만기시점까지 동일한 매출과 비용이 발생하는 신규 프로젝트를 고려하고 있는 회사가 있다고 하자. 프로젝트가 회계적인, 현금 또는 금융 손익분기점 중 어떤 것을 먼저 달성할 것인가? 두 번째는? 마지막은? 이러한 순서는 항상 유효한가?
6. **실물옵션** 전통적인 순현재가치법 분석이 자본예산 프로젝트의 진정한 가치를 과소평가하는 경향이 있는가?
7. **실물옵션** Mango Republic은 이제 막 시장을 개방하였으며 외국인 투자자들은 받아들이고 있다. 제조업체인 Tesla는 이 나라에서 프로젝트를 시작하려는데 프로젝트가 음(−)의 순현재가치를 보일 것으로 결론지었다. 회사가 프로젝트 진행을 하려는 이유는 무엇일까? 어떤 옵션이 이러한 프로젝트에 가치를 부가할 수 있을까?
8. **민감도 분석과 손익분기점** 민감도 분석은 손익분기점 분석과 어떤 상호작용을 하는가?
9. **대기옵션** 옵션은 때때로 한 가지 이상의 원천으로부터 가치가 결정된다. 벌목회사를 예로 들어보자. 회사는 목재를 오늘 벌목할 수도 있고 아니면 내년이나 그 이후에 할 수도 있다. 1년을 기다림에 있어 잠재적인 이점은 무엇인가?
10. **프로젝트 분석** 당신은 동료와 프로젝트 분석에 대해 논의하고 있다. 프로젝트는 성공 시 확장, 실패 시 포기 등의 실물옵션을 포함하고 있다. 동료는 다음과 같이 말한다. "이 프로젝트는 말이 안 돼. 2년 동안 확장 또는 포기할 것인지에 대해 검토했지만 우리는 다른 옵션들에 대해서도 고려해야 해. 예를 들어, 한 해에 확장을 하고 이듬해에 추가확장을 하는 거지. 우리가 생각해볼 수 있는 옵션들은 너무나 많아. 이 때문에 이 분석으로부터 우리가 얻는 것은 무용지물이야." 당신은 이 말을 어떻게 평가할 것인가? 자본예산에는 무한개의 실물옵션이 존재한다는 점을 고려할 때 개별 프로젝트의 옵션분석을 어디에서 그만둘 것인가?

연습문제 Questions and Problems

connect

기초
(문제 1~10번)

1. **민감도 분석과 손익분기점** 8년 동안 총 $77만2,000가 소요되고 잔존가치가 전혀 없는 프로젝트를 평가하고 있다. 감가상각은 프로젝트 기간 동안 일정하게 감소하여 0으로 수렴한다. 매출은 매년 9만 6,000단위로 추정된다. 단위당 가격은 $39, 단위당 변동비는 $21, 그리고 고정비는 매년 $135만이다. 세율은 21%이며 프로젝트에 대한 요구 수익률은 15%이다.
   a. 회계적인 손익분기점을 계산하라.
   b. 기본적인 현금흐름과 순현재가치를 구하라. 매출액 변화에 대한 순현재가치의 민감도는 얼마인가? 500 단위의 판매량 감소가 예상될 때 당신의 답이 무엇을 말해주는지 설명하라.
   c. 변동비 변화에 대한 영업현금흐름(OCF)의 민감도는 얼마인가? 추정 변동비가 $1 하락할 것으로 예상될 때 당신의 답이 무엇을 말해주는지 설명하라.

2. **시나리오 분석** 직전 문제에서 가격, 수량, 변동비 및 고정비에 대한 예상치가 오차범위 10% 내외에서 정확하다고 하자. 최선 및 최악의 순현재가치를 구하라.
3. **손익분기점 계산** 다음 각각의 경우에서 ?의 값을 구하라. 세금은 무시한다.

회계적인 손익분기점	단위가격	단위변동비	고정비	감가상각
96,200	$37	$23	$740,000	?
12,318	?	49	855,000	$725,000
7,583	127	?	245,000	143,000

4. **재무적 손익분기점** Jed's Cars사는 장난감 자동차를 만들기 위해 이제 막 $53만8,000짜리 기계를 구입했다. 기계는 5년의 수명기간 동안 일정하게 감가상각될 것이다. 장난감의 가격은 개당 $340이다. 변동비는 개당 $90이고 매년 고정비는 $36만5,000이다. 법인세는 22%이고, 적정 할인율은 10%이다. 재무적 손익분기점은 얼마인가?
5. **대기옵션** 당신 회사는 새 기계에 투자를 할 것인지 결정하려고 한다. 새 기계는 현금흐름을 매년 $49만5,000 증가시킬 것이다. 당신은 기계에 사용된 기술의 수명이 10년이라고 믿는다. 다시 말해 구입시기와 관계없이 지금으로부터 10년이 지나면 무용지물이 되는 것이다. 기계의 가격은 현재 $270만이다. 기계는 $147만가 될 때까지 매년 $20만5,000씩 감소한다. 요구수익률이 12%인 경우 구입을 결정할 것인가? 그렇다면 언제 구입을 결정할 것인가?
6. **의사결정트리** Ang Electronics사는 새로운 HD DVD을 개발하였다. 만약 HD DVD가 성공적이라면 수익(제품이 시장에 출시되는)시점의 현재가치는 $2,400만이다. 만약 HD DVD가 실패한다면 수익의 현재가치는 $650만이다. 만약 시장에 바로 출시하면 성공할 확률은 55%이다. 출시하지 않을 경우 출시를 1년 늦추고 $180만를 들여 HD DVD의 시장성 시험을 실시한다. 시장성 시험을 실시할 경우 제품의 품질을 향상시켜 성공확률을 75%까지 끌어올릴 수 있다. 적정 할인율은 11%이다. 회사는 시장테스트를 실시해야 하는가?
7. **의사결정트리** 성장하고 있는 회사의 관리자는 신제품 출시를 앞두고 있다. 만약 시장에 바로 출시할 경우 성공확률은 40%이다. $6만의 투자로 집단 심층면접을 시행해 소비자들의 반응을 살펴볼 경우 성공확률을 60%까지 높일 수 있다. 그렇지 않을 경우 관리자는 컨설팅 회사에 $35만5,000를 주고 시장조사와 제품수정을 할 수 있는 옵션이 주어져 있다. 컨설팅 회사의 신제품 출시 성공확률은 85%이다. 회사가 출시에 성공할 경우 보수는 $123만이다. 만약 제품이 실패하면 순현재가치는 $0이다. 어떻게 하는 것이 회사에 최고의 기대수익을 가져다 주는가?
8. **의사결정트리** B&B는 시장에 내놓을 새로운 베이비 파우더 제품이 있다. 만약 시장에 바로 출시하면 성공할 확률은 60%에 불과하다. 그러나 회사는 $65만를 지급하고 1년이 걸리는 시장분할조사를 통해 잠재적인 고객공략으로 성공확률을 75%까지 높일 수 있다. 성공할 경우 베이비 파우더는 현재가치로 환산한 이익(판매출시 기준으로)이 $2,900만이다. 성공하지 못할 경우 성공보수는 고작 $570만이다. 회사는 시장분할조사를 할 것인가, 아니면 바로 출시를 해야 할 것인가? 적정 할인율은 12%이다.
9. **재무적 손익분기점 분석** 당신은 지역식당에 판매할 전복을 양식하는 회사에 투자할 것을 고려하고 있다. 다음 정보를 참조하라.

전복당 판매가	= $52.25
전복당 변동비	= $14.60
연도별 고정비	= $580,000
연도별 감가상각	= $65,000
세율	= 21%

회사의 할인율은 13%이며 초기 장비투자비용은 $45만5,000, 그리고 투자의 경제적 수명은 7년이다. 투자기간 동안 감가상각은 정액으로 일어난다고 가정하자.

a. 프로젝트의 회계적 손익분기점은 얼마인가?

b. 프로젝트의 재무적 손익분기점은 얼마인가?

10. **재무적 손익분기점** Chartreuse사는 High Flight형 신발을 생산하기 위해 새 기계를 구입했다. 기계의 경제적 수명은 6년이다. 기계는 감가상각이 정액으로 이루어지며 잔존가치는 없다. 기계의 구입비용은 $73만5,000이다. 신발은 개당 $94에 판매되며 변동비는 $26이다. 기계의 고정비는 매년 $47만5,000이다. 법인세율은 23%, 적정 할인율은 12%이다. 재무적 손익분기점은 얼마인가?

보통
(문제 11~25번)

11. **손익분기에 대한 직관** 요구수익률이 R%이고 N년 동안 $1의 비용이 드는 프로젝트를 고려해 보자. 프로젝트는 N년 동안 정액감가상각법에 의해 감가상각이 이루어지고 잔존가치나 필요 순운전자본은 없다.

a. 회계적인 손익분기점 생산수준에서 이 프로젝트의 IRR은 얼마인가? 원금회수 기간은? 순현재가치는?

b. 현금 손익분기점 생산수준에서 이 프로젝트의 IRR은 얼마인가? 원금회수 기간은? 순현재가치는?

c. 재무적 손익분기점 생산수준에서 이 프로젝트의 IRR은 얼마인가? 원금회수 기간은? 순현재가치는?

12. **민감도 분석** 다음과 같은 내용의 4년짜리 프로젝트를 고려해 보자: 초기 고정투자 = $38만5,000; 4년 후 0으로 수렴하는 정액 감가상각; 잔존가치 0; 가격 = $26 ; 변동비 = $17 ; 고정비 = $39만5,000; 매출 = 7만3,000 단위; 세율 = 22%. 매출 변화에 대해 영업현금흐름(OCF)은 얼마나 민감한가?

13. **프로젝트 분석** 당신은 새로운 상품을 시장에 출시할 계획을 하고 있다. 프로젝트 비용은 $83만, 기간은 4년, 잔존가치는 없으며, 감가상각은 정액감가상각법에 따라 0으로 수렴한다. 판매규모는 연간 250개로 예상되며 단위당 가격은 $1만8,300, 연간 단위당 변동비는 $1만3,200, 연간 단위당 고정비는 $59만5,000이다. 프로젝트의 요구 수익률은 15%이며 해당 세율은 21%이다.

a. 당신의 경험을 바탕으로 생각해볼 때 여기에 주어진 판매개수, 변동비 및 고정비에 대한 예상치가 10% 내로 정확하다고 판단된다. 이 예상치들의 상한(upper bound)과 하한(lower bound)을 구하라. 기본적인 NPV는 얼마인가? 최상의 시나리오와 최악의 시나리오는 무엇인가?

b. 고정비 변화에 따른 기본적인 NPV의 민감도를 구하라.

c. 이 프로젝트에 대한 회계적 손익 분기 생산량은 무엇인가?

14. **프로젝트 분석** McGilla Golf는 새로운 골프채를 판매하기로 결정했다. 이 골프채는 세트당 $850에 팔릴 것이며 세트당 변동비는 $445이다. 이 회사는 향후 7년간 매해 4만5,000세트를 판매할 것으로 예상한 시장성 연구를 위해 $15만를 지출했다. 또한 시장성 연구는 이 회사의 고가 골프채 판매가 1만2,000세트 감소할 것이라고도 전망했다. 고가 골프채는 $1,300에 팔리며 변동비는 $720이다. 회사는 저가 골프채의 판매도 1만 세트만큼 증가시키려고 한다. 저가 골프세트는 $415에 팔리며 변동비는 $185이다. 매년 고정비는 $620만이다. 회사는 또한 새로운 골프채에 대한 연구개발에 $100만를 지출하였다. 공장과 관련 설비에는 $1,450만의 비용이 지급되고 이는 정액감가상각법에 따라 감가상각될 것이다. 새로운 골프채는 프로젝트가 끝나면 회수될 $210만의 순운전자본의 증가를 필요로 한다. 세율은 21%이며 자본 비용은 14%이다. NPV, IRR, 회수기간을 구하라.

15. **시나리오 분석** 이전 문제에서 가치가 단지 10% 내에서 정확할 것이라고 생각한다. 최상의 시나리오와 최악의 시나리오 하에서 NPV를 각각 구하라(힌트: 기존의 두 가지 골프채 세트에 대한 가격과 변동비는 확실하게 주어진 반면, 판매가 증가할 것인지 감소할 것인지는 불확실함).

16. **민감도 분석** Mcgilla Golf는(문제 14번 참조) 새로운 골프채의 가격과 판매량의 변화에 대한 NPV의 민감도를 알고자 한다. 각각의 변수들에 대한 NPV의 민감도를 구하라.

17. **포기에 따른 가치** 이제 새로운 프로젝트를 점검하고 있다고 하자. 매년 1만4,000개의 제품이 판매되

어 향후 10년간 개당 $64의 순현금흐름을 창출할 것으로 기대한다. 다시 말해 연간 영업 현금흐름은 $896,000(= $64 × 14,000)와 같이 추정된다. 적정 할인율은 11%이며 요구되는 초기투자는 $395만이다.

a. 기본적인 경우의 NPV는 얼마인가?

b. 1년 후, 프로젝트를 중지하고 관련 서버 일체를 $175만에 팔 수 있다고 한다. 만약 기대 매출이 첫 해의 성과에 기반하여 수정된다면, 언제 투자를 포기하는 것이 논리적인가? 다시 말해, 어떤 기대 매출 규모에서 프로젝트를 포기하는 것이 이치에 맞는가?

c. $175만의 프로젝트 포기에 따른 가치가 1년 더 프로젝트를 유지하는 기회비용으로 볼 수 있는 이유를 설명하라.

18. **포기** 이전 문제에서 첫 해가 성공적일 경우 기대 매출이 1만9,000개로 상향 조정되고 첫 해가 성공적이지 못한 경우 3,700개로 하향 조정될 것이라고 가정하자.

a. 만약 성공과 실패가 같은 확률로 발생한다면 프로젝트의 NPV는 얼마인가? 답을 구할 때 프로젝트의 포기 가능성을 고려하라.

b. 포기할 수 있는 옵션의 가치를 구하라.

19. **포기와 확장** 이전 문제에서 2배의 제품이 생산되어 판매될 수 있다는 점에서 프로젝트의 규모가 1년 후 2배가 될 수 있다고 가정하자. 당연히 프로젝트가 성공적인 경우에만 확장이 바람직하다. 이는 프로젝트가 성공적이라면 확장후 매출 예측이 2만8,000개라는 것을 의미한다. 성공과 실패확률이 같다고 가정할 때 프로젝트의 NPV는 얼마인가? 프로젝트가 실패할 경우 포기하는 옵션이 여전히 존재한다는 점에 유의한다. 확장 옵션의 가치는 얼마인가?

20. **손익분기분석** 당신의 친구가 쉽고 빠르게 돈을 버는 방법이 있으니 이를 통해 당신의 학자금 대출을 갚는데 도움을 주겠다고 한다. 친구의 아이디어는 'I get'이라는 글씨가 적힌 티셔츠를 파는 것이다. 친구는 "자동차 범퍼나 티셔츠에 'got milk'나 'got surf'라고 적힌 걸 많이 봤을 거야 . 그러니 우리 셔츠엔 'I get'이라고 적는 거지. 재미있잖아. 우리가 할 일이라고는 $1만500에 중고 실크스크린 압축기를 사면 사업이 시작되는 거야!"라고 말한다. 고정비는 없으며, 세율은 21%, 첫 기에 $1만500의 감가상각을 한다고 가정하자.

a. 티셔츠 한 장 제작에 $3.85의 비용이 들고 한 장을 $14에 팔 수 있다면 회계적인 손익분기점은 얼마인가?

b. 이제 1년이 지나서 당신은 5,000장의 티셔츠를 판매했다고 가정하자. 당신은 미국낙농협회가 'got milk'라는 슬로건에 대해 저작권 등록을 하여 계속 영업을 하려면 $2만5,000를 지불해야 한다는 것을 알고 있다. 당신은 이와 같은 티셔츠에 대한 열광이 향후 3년간 지속될 것으로 예상한다. 할인율은 12%라고 가정한다. 현재 당신 사업체에 대한 재무적인 손익 분기점은 얼마인가?

21. **의사결정트리** 젊은 극작가 Carl Draper는 그의 첫 번째 대본을 막 끝냈다. 그는 그의 대본이 액션, 드라마, 유머를 다 가지고 있어서 블록버스터가 될 것이라고 생각한다. 그는 대본을 가지고 모든 영화사를 찾아다니면서 팔려고 했으나 아무 소용이 없었다. 결국 ACME 영화사가 (a) $5만 또는 (b) 영화 이익의 1%에 대본을 사겠다고 제안한다. 영화사가 결정할 선택은 두 가지이다. 첫째, 90%의 확률로 대본은 별 볼일 없다. 이 경우 영화사는 아무 것도 하지 않고 대본을 버린다. 만약 대본이 훌륭하다면 영화 촬영을 시작할 것이다. 영화가 촬영된 후 영화사는 영화를 점검할 것인데 70%의 확률로 영화가 별로일 것이다. 만약 영화가 별로라면 영화는 홍보되지 않을 것이며 이윤을 창출하지 못할 것이다. 만약 영화가 훌륭하다면, 영화사는 영화홍보를 엄청나게 할 것이며 이런 종류의 영화에 대한 평균적인 이익은 $1억2,000만이다. Carl은 $5만를 거절하고 영화 이익의 1%를 원한다. 과연 Carl의 결정은 좋은 선택이었을까?

22. **회계적 손익분기** Samuelson사는 계산기를 만들기 위해서 $72만6,000의 기계를 막 구입하였다. 이

기계는 5년의 경제적 수명기간 동안 정액감가상각법으로 감가상각될 것이며 매년 4만5,000개의 계산기를 생산할 것이다. 계산기당 변동비는 $12.70이고 총고정비는 매년 $87만5,000이다. 회사의 법인세율은 21%이다. 회계적 이익을 기준으로 회사가 손익분기를 달성하기 위해서는 계산기의 단위 가격이 얼마여야 하는가?

23. 포기 결정 Tag Products사는 새로운 제품을 시장에 출시할 것을 고려하고 있다. 회사는 향후 10년간 $680만의 연간 영업 현금흐름을 가질 것으로 예상하고 있다. Tag Products는 새로운 제품출시에 대해 14%의 할인율을 적용한다. 초기투자는 $2,750만이다. 프로젝트의 경제적 수명이 다했을 때 잔존 가치는 0이라고 가정하자.

a. 새로운 제품의 NPV는 얼마인가?

b. 첫 해가 지난 후 프로젝트는 중지되어 관련 설비를 $1,700만에 팔 수 있다. 만약 잔존하는 현금흐름의 추정치가 첫 해 경험에 근거하여 수정된다면, 어떤 수준의 기대 현금흐름에서 프로젝트를 포기하는 것이 논리적인가?

24. 확장 결정 Applied Nanotech는 새로운 바닥 청소기 도입을 고려 중이다. 마케팅 부서는 향후 5년간 단위당 $15만3,000의 순현금흐름에서 Applied Nanotech가 매해 10대의 청소기를 판매할 수 있다는 추정치를 제시했다. 기술부서는 청소기를 개발하는 데 $590만의 초기투자가 필요하다는 추정치를 제시했다. 재무부서는 13%의 할인율이 사용되어야 한다고 추정했다.

a. 기본적인 경우의 NPV는 얼마인가?

b. 성공적이지 못할 경우 프로젝트는 첫 번째 해가 지난 후 중지되어 세후로 $310만의 잔존가치를 가진다. 또한 첫 번째 해가 지난 다음 기대 현금흐름은 매년 동일한 확률로 20대 판매 또는 0대 판매를 기준으로 수정될 것이다. 수정된 NPV는 얼마인가?

25. 시나리오 분석 당신은 어느 테니스 라켓 제조회사의 재무 분석가이다. 이 회사는 그래파이트와 유사한 물질을 테니스 라켓에 사용하는 것을 고려 중이다. 회사는 새로운 물질을 사용한 라켓에 대한 시장정보를 다음 표와 같이 추정했다. 회사는 향후 5년간 이 라켓을 판매할 것을 기대한다. 프로젝트에 필요한 장비의 잔존가치는 없다. 이런 종류의 프로젝트 요구 수익률은 13%이며 회사의 세율은 23%이다. 당신은 이 프로젝트를 권유하겠는가?

	비관적 전망치	기대치	낙관적 전망치
시장규모	81,000	97,000	112,000
시장점유율	14%	17%	19%
판매가격	110	$116	$119
단위당 변동비	$38	$36	$34
연별 고정비	$615,000	$575,000	$550,000
초기 투자	$1,550,000	$1,450,000	$1,350,000

도전
(문제 26~30번)

26. 시나리오 분석 자동차 생산에 필요한 기계 나사를 매년 3만5,000톤씩 디트로이트에 공급하는 프로젝트를 고려해 보자. 당신은 프로젝트를 시작하기 위해 나사산을 만드는 기계에 $650만의 초기투자가 필요하다. 프로젝트는 향후 5년간 지속될 것이다. 회계 부서는 연간 고정비가 $85만가 되고 변동비는 톤당 $124가 될 것이라고 전망한다. 초기 고정자산투자는 5년의 프로젝트 기간 동안 정액 감가상각되어 0에 수렴할 것이다. 또한 회계 부서는 해체비용을 고려한 후 잔존가치가 $40만가 될 것이라고 추정한다. 마케팅 부서는 자동차 회사들이 톤당 $219의 판매가격에 계약을 할 것이라고 추정한다. 기술부서는 당신이 $55만의 초기 순운전자본 투자가 필요할 것이라고 추정한다. 요구 수익률은 13%이고 프로젝트의 한계 세율은 24%이다.

a. 이 프로젝트에 대한 영업현금흐름(OCF) 추정치는 얼마인가? NPV는? 당신은 이 프로젝트를 시행해야 하는가?

b. 당신은 회계 부서의 초기비용과 잔존가치 예상이 15% 내에서만 정확하다고 믿는다. 마찬가지로 마케팅 부서의 가격 추정은 10% 내에서만 정확하며, 기술부서의 순운전자본에 대한 추정치는 5% 내에서만 정확하다고 믿는다. 이 프로젝트에 대한 당신의 최악의 시나리오는 무엇인가? 최상의 시나리오는? 당신은 여전히 이 프로젝트를 시행하고 싶은가?

27. 민감도 분석 문제 26번에서 당신은 스스로의 예측치에 대해서는 확신을 갖지만 디트로이트의 실제 기계나사 요구량에 대해서는 약간의 불확실성이 존재한다고 생각하자. 공급량 변화에 대한 프로젝트 영업현금흐름(OCF)의 민감도는 얼마인가? 공급량 변화에 대한 NPV 민감도는 어떠한가? 당신이 계산한 민감도 수치가 주어진 경우, 이 수준 이하에서는 운영을 중단하게 될 최소 수준의 생산량이 존재하는가? 그 이유는?

28. 포기 결정 Hand Clapper사는 다음과 같은 프로젝트를 고려하고 있다. 회사는 '손뼉인식 차고개폐기' 생산을 위한 4년짜리 프로젝트를 생각하고 있다. 이 프로젝트는 초기투자비용이 $1,270만이고 투자수명 동안 정액감가상각법의 감가상각을 통해 잔존가치가 0이 된다. 초기에 부속품 조달을 위해 운전자본 $202.8만가 필요하다. 이 비용은 프로젝트가 종료될 때 전액 회수할 수 있다. 회사는 세전 운영비용 $1,099만로 $452.4만의 세전수익을 올릴 수 있다고 믿고 있다. 세율은 21%이며 할인율은 16%이다. 프로젝트 기간 동안 장비의 시장가치는 다음과 같다.

연도	시장가치($백만)
1	$8.80
2	7.96
3	5.30
4	0.00

a. 4년 동안 프로젝트를 하는 경우 순현재가치는 얼마인가?

b. 프로젝트를 1년 뒤, 2년 뒤, 3년 뒤에 포기한다고 가정할 경우 순현재가치를 구하라. 회사가치를 극대화시키는 경제적 수명은 얼마인가? 프로젝트 평가 시 포기가능성을 고려하지 않은 데 따르는 결과는 무엇인지 설명하라.

29. 포기 결정 M.V.P. Games사는 초기투자가 $370만에 달하는 새로운 비디오 게임에 대한 유효성 연구수행을 위해 당신을 채용하였다. M.V.P.는 향후 10년간 연간 현금흐름이 $60만에 달할 것으로 예상하고 있다. 할인율은 11%이다. 현금흐름은 연말에 발생한다.

a. 새 비디오 게임의 순현재가치는 얼마인가?

b. 1년이 지난 후 연간 현금흐름은 $94만로 상향 조정되거나 $34만로 하향 조정된다. 조정은 동일한 확률로 일어난다. 그 시점에서 비디오 게임 프로젝트는 $246만로 팔릴 수 있다. 1년이 지난 뒤 프로젝트를 포기할 수 있다면 수정된 순현재가치는 얼마인가?

30. 재무적 손익분기점 Cornchopper사는 새로운 수확기(harvester) 매입을 고려하고 있다. Cornchopper사는 당신을 고용하여 수확기의 손익분기 가격을 결정해 주길 바라고 있다. 손익분기 가격은 프로젝트의 순현재가치가 0이 되는 가격이다. 다음 사항들을 바탕으로 당신의 분석을 수행하라.

- 새로운 수확기는 수입에는 영향을 주지 않을 것이지만 10년간 매년 $9,000씩 세전 운영비용을 줄여줄 것이다.
- 구 수확기는 5년이 지났으며 향후 잔여수명은 10년이다. 당초 구입비용은 $6만7,000였으며 감가상각은 정액으로 이루어졌다.

- 구 수확기는 현재 $2만1,000로 팔 수 있다.
- 새 수확기는 10년간 정액 감가상각이 이루어진다.
- 법인세는 21%이다.
- 회사의 요구수익률은 13%이다.
- 초기 투자, 구 수확기의 처분이익, 관련 세금문제는 즉시 발생한다.
- 기타 다른 현금흐름은 연말에 발생한다.
- 경제적 수명이 지난 각 수확기의 시장가치는 0이다.

Excel로 풀어보기 | Excel Master it! Problem

ExcelMaster coverage online
www.mhhe.com/RossCore6e

Ulrich사의 CFO인 Dahlia Simmons는 휴대폰에 사용되는 태양열 배터리를 팔기 위한 새로운 프로젝트를 분석 중에 있다. Dahlia는 프로젝트와 관련된 변수들이 다음과 같은 확률분포를 보일 것으로 추정했다.

확률	10%	30%	40%	20%		
산업수요	8,000만	9,500만	1억800만	1억 2,400만		
확률	5%	20%	20%	25%	20%	10%
Ulrich 시장점유율	1%	2%	3%	4%	10%	6%
확률	20%	70%	10%			
초기비용	$6,000만	$6,500만	$7,200만			
확률	20%	65%	15%			
단위당 변동비	$24	$26	$29			
확률	15%	25%	40%	20%		
고정비	$2,000만	$2,400만	$2,700만	$3,100만		

단가는 산업수요에 달려있다. 왜냐하면 수요가 많으면 고가전략을 사용할 수 있기 때문이다. Dahlia는 단위당 가격을 다음과 같은 산식을 통해 산출한다.

가격 = 산업수요 / 2,000,000 +/− $2

'+/−$2'는 다음과 같은 확률분포에 따라 가격이 상승하거나 하락하는 것을 의미한다.

확률	45%	55%
가격 임의	- $2	$2

프로젝트의 기간, 세율, 요구수익률은 다음과 같다.

기간(년):	6
세율:	21%
요구수익률:	14%

a. 프로젝트에 대해 최소 500회를 시행하는 몬테카를로 시뮬레이션을 설정하라. 각 시행 결과에 따른 IRR을 계산하라. 엑셀에서 IRR 함수는 프로젝트의 IRR이 너무 낮은 경우 오류가 된다는 사실에 주목

하라. 예를 들어 초기 현금흐름과 영업 현금흐름이 음인 경우 IRR은 얼마가 되는가? IRR은 -100%보다 적을 것이다. 만일 IRR을 한 번만 구한다면 당신이 IRR이 너무 낮은 경우 이를 인지할 수 있으므로 별 문제가 되지 않는다. 하지만 500번 이상의 IRR을 구한다면 500개 이상의 IRR에 대해 평균을 구할 때 문제가 발생할 수 있다. 이 같은 이유로, 영업현금흐름을 초기투자금액의 절대값으로 나눈 비율이 0.1 이하가 되는지에 대해 IF문을 사용해서 검증해야 한다. 이런 경우 IRR은 −99.99%가 되기 때문이다.

b. IRR의 상이한 범위를 통한 몬테카를로 시뮬레이션으로부터 도출된 IRR의 분포를 도식화하라.

c. IRR 분포를 위해 누적확률함수를 도식화하라.

CLOSING CASE

Bunyan Lumber사

Bunyan Lumber사는 벌목을 하고 목재를 제재소까지 운반하여 판매한다. 이 회사는 70년 전 Pete Bunyan에 의해 설립되었으며, 현재 CEO는 창립자의 손녀인 Paula Bunyan이다. 이 회사는 현재 Oregen주에 소유하고 있는 6,500 에이커 가량의 숲의 가치를 평가하고 있다. Paula는 회사의 재무 책임자인 Steve Boles에게 이 프로젝트의 평가를 맡겼다. 그녀의 관심은 회사에서 언제 벌목을 해야 하는가이다.

이 회사는 목재를 '폰드 가치(pond value)'에 판매한다. '폰드 가치'는 제재소 위치까지 운반되는 목재에 대해 제재소가 지불하게 될 가격이다. 운반되는 목재에 지불되는 가격은 천 보드 피트(thousands board feet, MBF)에 대해 얼마나 지불할 것인가를 기준으로 산정되며, 목재의 등급에 영향을 받는다. Bunyan Lumber가 평가하고자 하는 숲의 나무들은 20년 전에 심어졌으며, 모두 더글라스 침엽수다. 다음의 표는 이 회사가 생각하는 목재의 3개 등급별 MBF당 현재가격을 보여준다.

목재 등급	MBF당 가격
1P	$735
2P	710
3P	697

Steve는 목재의 폰드 가치는 인플레이션 비율에 따라 상승할 것이라고 믿는다. 이 회사는 나무들을 벌목할 계획을 갖고 있으며, 에어커당 $3,500의 현금을 확보할 것으로 기대하고 있다. 이 벌목은 남은 나무들의 성장속도를 증가시키기 위해 수행되며, 항상 나무를 심은 뒤 20년 뒤에 수행된다.

회사가 직면한 중요한 결정은 언제 숲을 벌목할 것인가이다. 회사가 벌목할 때는 향후의 벌목을 위해 즉시 묘목들을 심게 된다. 숲이 보다 오랫동안 성장할수록, 에이커당 벌목 가능한 나무 수도 늘어난다. 게다가, 오래된 숲에서 나오는 목재는 높은 등급을 받게 된다. Steve는 에이커당 MBF로 나타낸 기대 수량과 목재 등급을 다음과 같은 표로 정리했다.

지금부터 벌목까지 걸리는 연수	에이커당 목재수확 (MBF)	목재 등급		
		1P	2P	3P
20	15.7	20%	41%	39%
25	23.4	23	45	32
30	27.8	27	47	26
35	29.6	29	49	22

회사는 목재 중 5% 정도는 결함이나 부러짐 때문에 소실될 것으로 예상한다.

회사가 나무들을 벌목하게 될 때는 숲은 완전벌목(clear-cut)될 것이다. 이러한 벌목 방법은 새로 심은 나무들이 보다 빨리 자라는 것을 가능하게 한다. 모든 벌목, 가공, 재식목(replanting), 그리고 운반은 Bunyan Lumber에서 하청을 준 업체에 의해 이루어진다. 나무를 목재로 가공하는 비용은 MBF당 $160로 예상된다. 도로시스템이 건설되어야 하며 평균적으로 MB당 $65가 소요될 것으로 예상된다. 사무실 간접비를 제외한 판매 준비 및 관리비용은 MBF당 $22로 예상된다.

벌목이 끝나자마자, 회사는 다시 나무를 심을 것이다. 나무를 다시 심는 비용에는 다음 요소들이 포함된다.

	에이커당 비용
굴착공사	$170
연소살포	295
사이트 준비	155
식목 비용	305

모든 비용은 인플레이션에 따라 상승할 것으로 예상된다.

모든 현금흐름은 벌목이 진행되는 해에 일어난다고 가정한다. 일례로 지금부터 20년 후에 목재를 생산해 낸다면, 벌목에서 발생하는 현금흐름은 지금부터 20년 후에 들어오게 된다. 회사가 모든 나무를 베어내면, 그 장소에는 즉시 묘목을 새로 심게 된다. 선택된 벌목주기는 미래에도 계속 반복될 것이다. 회사의 명목 요구수익률은 10%이며, 인플레이션은 연 3.7%로 예상된다. Bunyan Lumber의 법인세율은 21%이다.

완전벌목(clear-cutting)은 숲을 관리하는 전통적인 방법이다. 필요한 허가를 얻기 위해서, Bunyan Lumber는 벌목을 수행할 때마다 자연보호펀드에 기부하는 것에 동의했다. 만일 회사가 오늘 숲에서 벌목을 수행했다면, 요구되는 기부금은 $500만가 될 것이다. 회사는 요구되는 기부금이 매년 3.2%씩 증가하는 것에 동의했다. 이 회사는 언제 숲에서 벌목을 수행해야 하는가?

10

위험과 수익률: 자본시장 역사로부터의 교훈

OPENING CASE

2018년에 S&P 500 지수는 6.2%, NASDAQ 종합지수는 3.9% 하락해, 주식시장의 전반적인 성과는 상당히 저조했다. 하지만 클라우드 커뮤니케이션 회사인 Twilio 투자자는 약 278%의 수익률을 올려 행복을 만끽했으며 디지털 아이덴티티 솔루션 회사인 Okta 투자자는 149%의 수익률을 숨기지 않았다. 물론 모든 주식들의 가격이 이 기간 중 상승한 것은 아니다. 화장품, 향수 등 종합 뷰티 공급업체인 Coty 주가는 동일 기간에 67% 폭락했으며 GE 주가도 57% 하락했다.

이러한 실례들은 2018년 한 해 동안 엄청난 잠재적 이익을 창출할 수도 있고 동시에 거액의 손실도 볼 수 있는 위험 또한 존재했다는 사실을 보여준다. 그렇다면 주식시장 투자자로서 자신의 돈을 투자할 때, 어느 정도의 수익률을 기대해야 할 것인가? 이 장에서는 그 해답을 찾기 위해 90년 이상의 자본시장 역사를 살펴본다.

기업재무 관련 최근 사건들을 찾아보기 위해 corecorporatefinance.blogspot.com 을 방문하라.

10.1 수익

수익금

ExcelMaster coverage online www.mhhe.com/RossCore6e

Video Concept사는 수천 주의 주식을 발행했고 당신은 그 회사의 주주라고 가정하자. 당신은 이 회사 주식을 연초에 몇 주 구입했고, 이제 연말이 되어서 얼마나 투자를 잘 했는지 알고 싶다. 채권이나 다른 투자상품과 마찬가지로 주식투자에 대한 수익은 두 가지 형태로 나타난다.

먼저, 연말에 대부분의 회사들은 주주들에게 배당을 지급한다. Video Concept사의 주주로서, 당신은 회사의 일부를 소유하고 있다. 회사가 이익을 창출한다면 일반적으로 이익의 일부는 주주들에게 배분된다. 따라서 주주로서의 당신은 이 기간 동안 **배당**(dividend)이라고 불리우는 현금을 받을 것이다. 이 현금은 당신의 수익 중 **소득 부분**(income component)이다. 수익 중 또 다른 부분은 투자에 대한 **자본이득**(capital gain)이다. 만약 이 부분이 마이너스가 된다면 **자본손실**(capital loss)이 된다.

오늘 금융시장은 어떻게 되었나? finance.yahoo.com을 방문하라.

예를 들어, 그림 10. 1의 투자 현금흐름을 살펴보자. 연초에 주당 $37에 100주를 구입했다고 하자. 총투자액은 다음과 같이 된다.

$$C_0 = \$37 \times 100 = \$3{,}700$$

그림 10.1

수익금

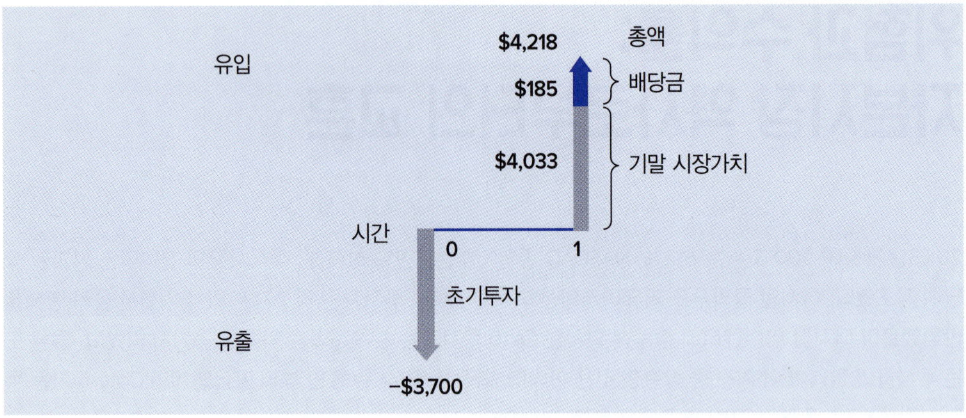

1년 동안 이 주식은 주당 $1.85의 배당금을 지급했다고 하자. 그렇다면 다음과 같은 배당금을 지급받았을 것이다.

배당금 = $1.85 × 100 = $185

마지막으로 연말에 이 주식의 주가가 주당 $40.33가 되었다고 하자. 주가가 상승했으므로 다음과 같은 자본이득을 얻는다.

이득 =($40.33 − 37) × 100 = $333

배당금과 마찬가지로 자본이득은 주주들이 Video Concept사에 대한 투자를 유지하는데 필요한 수익의 일부분이다. 물론, 이 회사의 주가가 예를 들어 $34.78로 하락했다면, 다음과 같은 자본손실을 보았을 것이다.

손실 =($34.78 − 37) × 100 = − $222

따라서 투자에 대한 **총수익금**(total dollar return)은 배당소득과 투자에 대한 자본이득 또는 손실의 합이다.

총수익금 = 배당소득 + 자본이득(또는 손실) **[10. 1]**

이제부터 자본손실을 음(−)의 자본이득이라고 할 것이며, 이들을 구분하지 않는다. 예제에서 총수익금은 다음과 같이 계산된다.

총수익금 = $185 + 333 = $518

만약 연말에 주식을 팔았다면 보유되는 총현금은 초기투자금에 총수익금을 더한 합이다. 예제에서의 보유 총현금은 다음과 같다.

주식매도 시 총현금 = 초기투자액 + 총수익금

= $3,700 + 518 = $4,218

이 결과는 주식매도금액에 배당금을 더한 값과 동일하다는 것을 확인하라.

주식매도금액 + 배당금

= **$40.33 × 100 + $185**

= **$4,033 + 185**

= **$4,218**

이번에는 Video Concept사의 주식을 연말에 팔지 않고 보유하고 있다고 가정해 보자. 이 경우에도 수익의 일부분으로서 자본이득을 고려해야 하는가? 이는 단지 현금부분만을 고려해야 한다는 현재가치 계산규칙에 위배되는 것은 아닌가?

첫 번째 질문에 대한 답은 당연히 '맞다'이고, 두 번째 질문에 대한 답은 당연히 '틀리다'이다. 자본이득은 배당금과 마찬가지로 수익의 중요한 부분을 차지하므로 당연히 총수익의 일부로 고려해야 한다. 주식은 언제든지 현금화할 수 있으므로 주식을 팔지 않고 보유하는 것과 팔아서 이득이나 손실을 실현(realize)한 것의 차이는 없다. 즉 주식을 팔고 싶다면, 연말에 주식을 팔고 즉시 이를 되사면 되는 것이다. 이 예제에서 주식을 판 경우 연말에 보유할 수 있는 총현금은 $518 이득과 $3,700 초기투자액의 합이므로 만약 주식을 계속 보유하고 싶다면 다시 100주를 구입하면 된다. 이 경우 수익은 잃지 않게 된다. 즉, 주식을 팔지 않은 경우와 정확하게 동일한 상태가 된다(단, 주식매도와 관련된 세금과 수수료는 없다고 가정한다).

수익률

수익에 대한 정보는 금액형태보다 % 형태로 표시하는 것이 더 편리한데, 이는 %의 경우 투자금액에 영향을 받지 않기 때문이다. 우리가 알고 싶은 것은 투자한 $1에 대해 얼마나 벌 수 있는가이다. 이를 알아보기 위해 t를 연도, P_t는 연초의 주가, D_{t+1}은 연중 지급된 배당금이라고 하고 그림 10. 2의 현금흐름을 살펴보자.

시장업종별 당일 수익률은 www.finviz.com/map.ashx 를 참조.

앞의 예제에서 연초 주가는 주당 $37였고 연중 지급된 배당금은 $1.85였다. 따라서 배당금을 기초주가로 나눈 배당수익률(dividend yield)은 다음과 같이 계산된다.

그림 10. 2

수익률

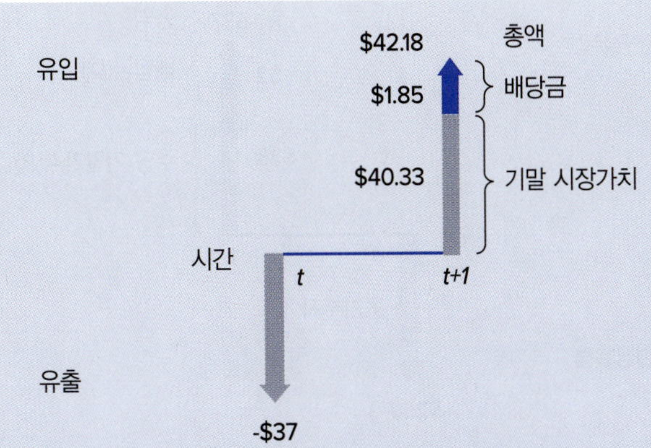

$$\text{수익률} = \frac{\text{배당금} + \text{기간 중 시장가치 변화액}}{\text{기초 시장가치}}$$

$$1 + \text{수익률} = \frac{\text{배당금} + \text{기말 시장가치}}{\text{기초 시장가치}}$$

$$\text{배당수익률} = D_{t+1} / P_t \quad [10.2]$$
$$= \$1.85 / \$37$$
$$= 0.05 \text{ 또는 } 5\%$$

자본이익률(capital gain yield)은 주식가격의 변화액을 기초가격으로 나눈 것이다. P_{t+1}은 연말의 주식가격이고 자본이익률은 다음과 같이 계산된다.

$$\text{자본이득률} = (P_{t-1} - P_t) / P_t \quad [10.3]$$
$$= (\$40.33 - 37) / \$37$$
$$= \$3.33 / \$37$$
$$= 0.09 \text{ 또는 } 9\%$$

이 두 결과를 종합하면 1년간 Video Concept사의 주식투자에 대한 **총수익률**(total return rate), R_{t+1}을 구할 수 있다.

예제 10.1 수익률 계산

어떤 주식의 가격이 연초에는 주당 $25였고 연말에는 $35가 되었다고 가정하자. 연중 배당금은 $2였다. 연간 배당수익률, 자본이익률, 총수익률은 각각 얼마일까? 그림 10. 3의 현금흐름을 참고하라.

$$R_1 = \frac{D_1}{P_0} + \frac{P_1 - P_0}{P_0}$$
$$= \frac{\$2}{\$25} + \frac{\$35 - 25}{\$25} = \frac{\$12}{\$25}$$
$$= 0.08 + 0.40 = 0.48 \text{ 또는 } 48\%$$

그림 10. 3 현금흐름-투자 예제

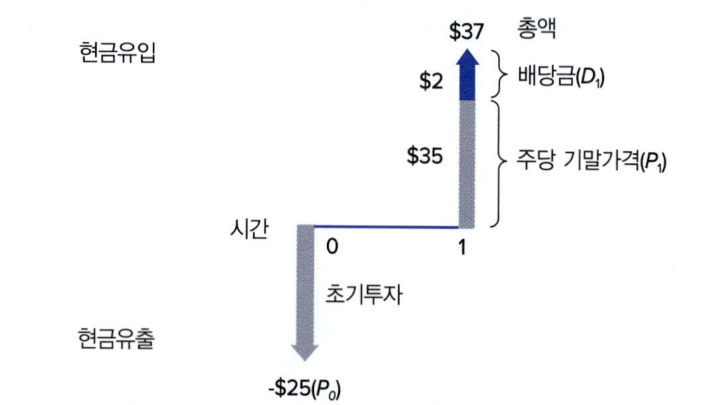

따라서 이 주식의 배당수익률, 자본이익률, 총수익률은 각각 8%, 40%, 48%가 된다.

$5,000를 투자했다면, 이 주식에 대한 총수익금은 $5,000 × 0.48 = $2,400가 된다. 주식투자에 대한 총수익금을 안다면, $5,000 투자에 대해 얼마나 많은 수익을 얻었는가를 알기 위해 몇 주의 주식을 매입했어야 했는가를 계산할 필요가 없다. 단순히 총수익금을 이용하면 된다.

$$R_{t+1} = \frac{D_{t+1}}{P_t} + \frac{(P_{t+1} - P_t)}{P_t} \quad [10.4]$$
$$= 5\% + 9\%$$
$$= 14\%$$

이제부터 수익률을 퍼센트 형태로 나타내기로 한다.

더 구체적인 예를 살펴보기로 하자. 제약업체인 Eli Lilly의 주가는 2018년 초 주당 $84.46였다. 이 회사는 2018년에 주당 $2.25의 배당금을 지급했고 연말에는 주가가 $115.72가 되었다. 연간수익률은 얼마인가? 연습삼아 답이 39.68%인지 확인해 보라. 물론 음(−)의 수익률이 발생할 수도 있다. 예를 들어 투자 관리회사인 Invesco의 주가는 2018년 초 주당 $36.54였고 배당금은 $1.61 지급했으나 연말에 $16.74로 마감되었다. 이 경우 연간 손실이 49.78%에 이르는지 확인해 보라.

10. 2 보유기간 수익

Roger Ibbotson과 Rex Sinquefield[1]는 보통주, 채권, 단기국채 등에 대한 수익률과 관련된 일련의 유명한 연구들을 실시했다. 그들은 미국에서 다음과 같은 중요한 다섯 가지 금융상품에 대한 연간 과거수익률을 조사했다.

ExcelMaster coverage online
www.mhhe.com/RossCore6e

1. **대형주**(large-company common stock) S&P 종합지수. 미국에서 거래되고 있는 주식 중 시장가치 기준 500대 기업 포함
2. **소형주**(small-company common stock) 뉴욕증권거래소(NYSE)에서 거래되고 있는 주식 중 시장가치(발행주식수에 시장가격을 곱한 값) 기준으로 하위 20%의 주식으로 구성
3. **장기 회사채**(long-term corporate bond) 만기 20년인 우량회사채로 구성
4. **미국 장기국채**(long-term U.S. government bond) 만기 20년의 미국 국채로 구성
5. **미국 단기국채**(U.S. Treasury bill) 만기 1개월의 미국 국채로 구성

시장의 역사를 좀 더 자세히 알기 위해서는 www.globalfinancialdata.com을 방문하라.

이들 수익률은 세금과 거래비용이 반영되지 않은 것이다. 금융상품들의 연간 수익률과 함께 소비자물가지수의 연간변화율도 계산된다. 이는 인플레이션의 기본적인 측정치로 연간 실질수익률은 연 인플레이션율을 차감하여 구할 수 있다.

여러 가지 금융상품의 수익률을 자세히 살펴보기 전에, 1926년부터 2018년까지 93년간 미국 자본시장으로부터 자료취득이 가능한 수익률과 위험을 그래프로 나타낸다. 그림 10. 4는 1926년 초 투자된 $1가 얼마가 되는지를 보여준다. Y축은 가격에 대해 로그를 취해서 같은 거리는 동일한 퍼센트 변화를 의미한다는 점에 주의하라. 그림은 대형주에 $1를 투자하고 모든 배당금이 재투자되었다면, 2018년 말에 $7,030.31가 된다는 것을 보여준다. 가장 큰 성장을 보인 것은 소형주로, 1926년에 $1를 소형주에 투자했다면 2018년 말 무려 $3만2,645.08를 얻을 수 있다. 하지만 그림 10. 4를 주의 깊게 살펴보면 소형주의 수익률은 매

1 첫 번째 논문은 Roger Ibbotson and Rex Sinquefield의 "Stocks, Bond, Bills, and Inflation: Year-by-Year Historical Returns(1926~1874)," *Journal of Business*, 49, no 1(1976), pp. 11~47.

그림 10.4 미국 자본시장 투자상품에 대한 부(富)의 지수(1925년 말 = $1.00)

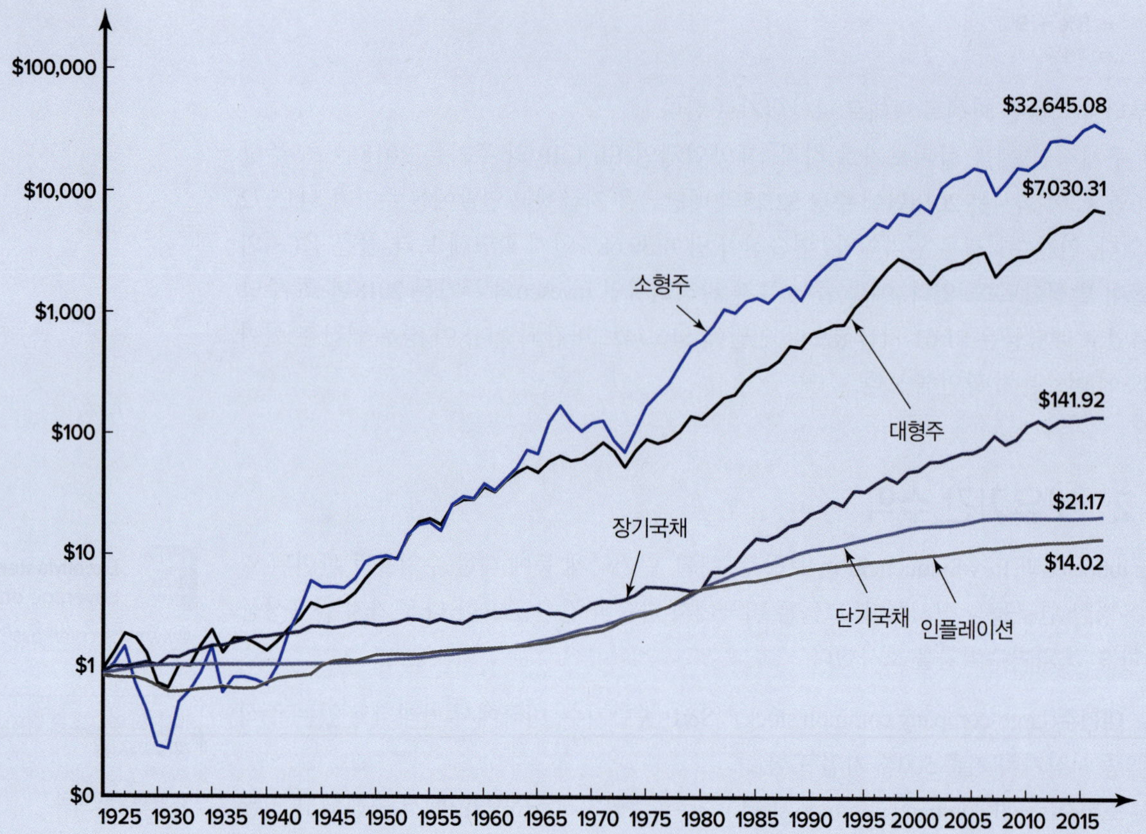

출처: © 2019 Duff & Phelps, 2019 SBBI Yearbook.

우 큰 변동성을 보이는 것을 알 수 있다. 특히 조사 기간 초에는 변동성이 대단히 높았다. 반면 장기 미국 국채에 대한 수익률은 주식수익률에 비하면 상당히 안정적이다. 그림 10.5부터 10.8까지 Y축은 연간 퍼센트 수익률을, X축은 대형주, 소형주, 장기국채, 단기국채, 인플레이션을 각각 나타낸다.

그림 10.4는 1926년부터 2018년까지 주식시장의 투자금액에 대한 성장을 보여준다. 즉, 자금이 주식시장에 남아있고 직전 연도에 받은 배당금이 주식에 재투자된다면 투자금의 가치는 어떻게 되는가를 보여준다. R_t이 t연도 수익률이라면(소수로 표시), T연도 말의 가치는 1 + 각 년도 수익률의 곱으로 나타낼 수 있다.

$$(1 + R_1) \times (1 + R_2) \times \cdots \times (1 + R_t) \times \cdots \times (1 + R_T)$$

일중 또는 장기 차트를 보기 위해서는 bigcharts.marketwatch.com을 방문하라.

예를 들어, 3년간 수익률이 11%, −5%, 9%라면 기간 초에 투자한 $1는 3년 후 다음의 가치를 갖게 된다.

$$\begin{aligned}\$1 \times (1 + R_1) \times (1 + R_2) \times (1 + R_3) &= (1 + 0.11) \times (1 - 0.05) \times (1 + 0.09) \\ &= 1.11 \times 0.95 \times 1.09 \\ &= \$1.15\end{aligned}$$

그림 10.5 대형주의 연도별 총수익률

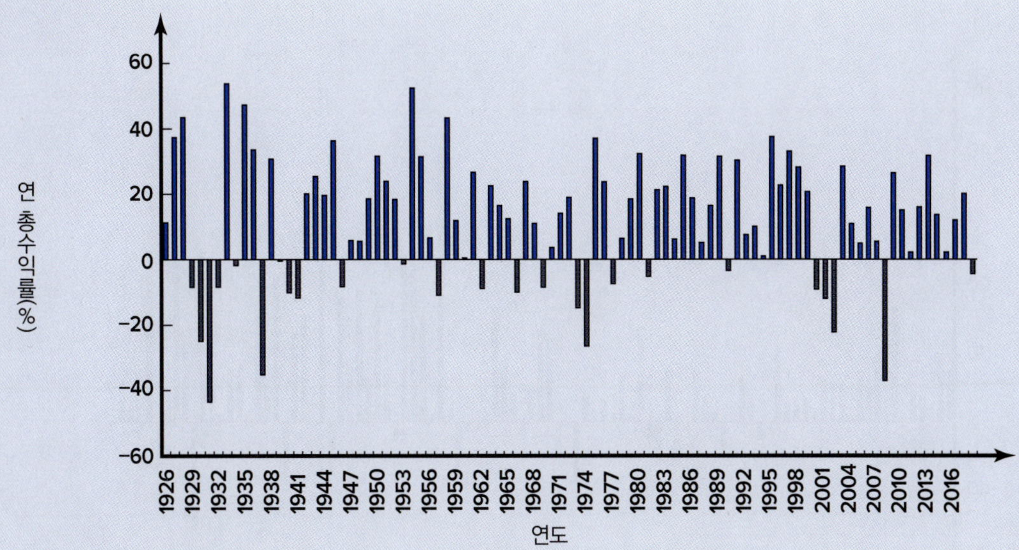

출처: Duff & Phelps, 2019 SBBI Yearbook.

그림 10.6 소형주의 연도별 총수익률

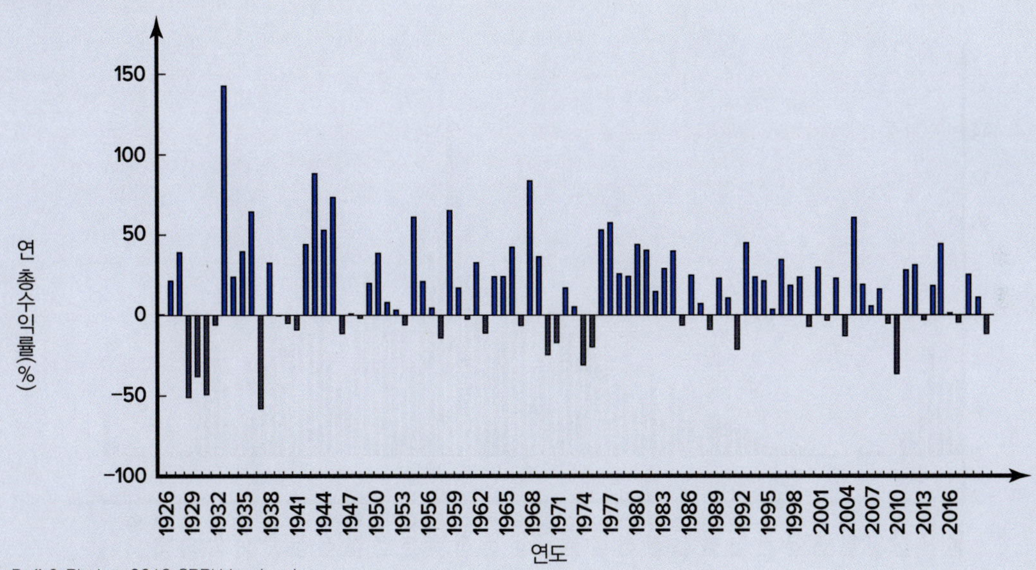

출처: Duff & Phelps, 2019 SBBI Yearbook.

0.15 또는 15%는 총수익률이고 이는 1차년도의 배당금을 주식시장에 2년간 재투자한 수익률과 2차년도의 배당금을 마지막 해 동안 재투자한 수익률을 포함한다는 사실에 주의하라. 15%를 3년 **보유기간수익률(holding period return)**이라고 한다. 표 10. 1은 1926년부터 2018년까지 선택된 투자안에 대한 연도별 총연수익률을 보여준다. 이 표를 이용하면 어떤 기간에서도 보유기간수익률을 계산할 수 있다.

그림 10.7 미국 장기 및 단기국채의 연도별 수익률

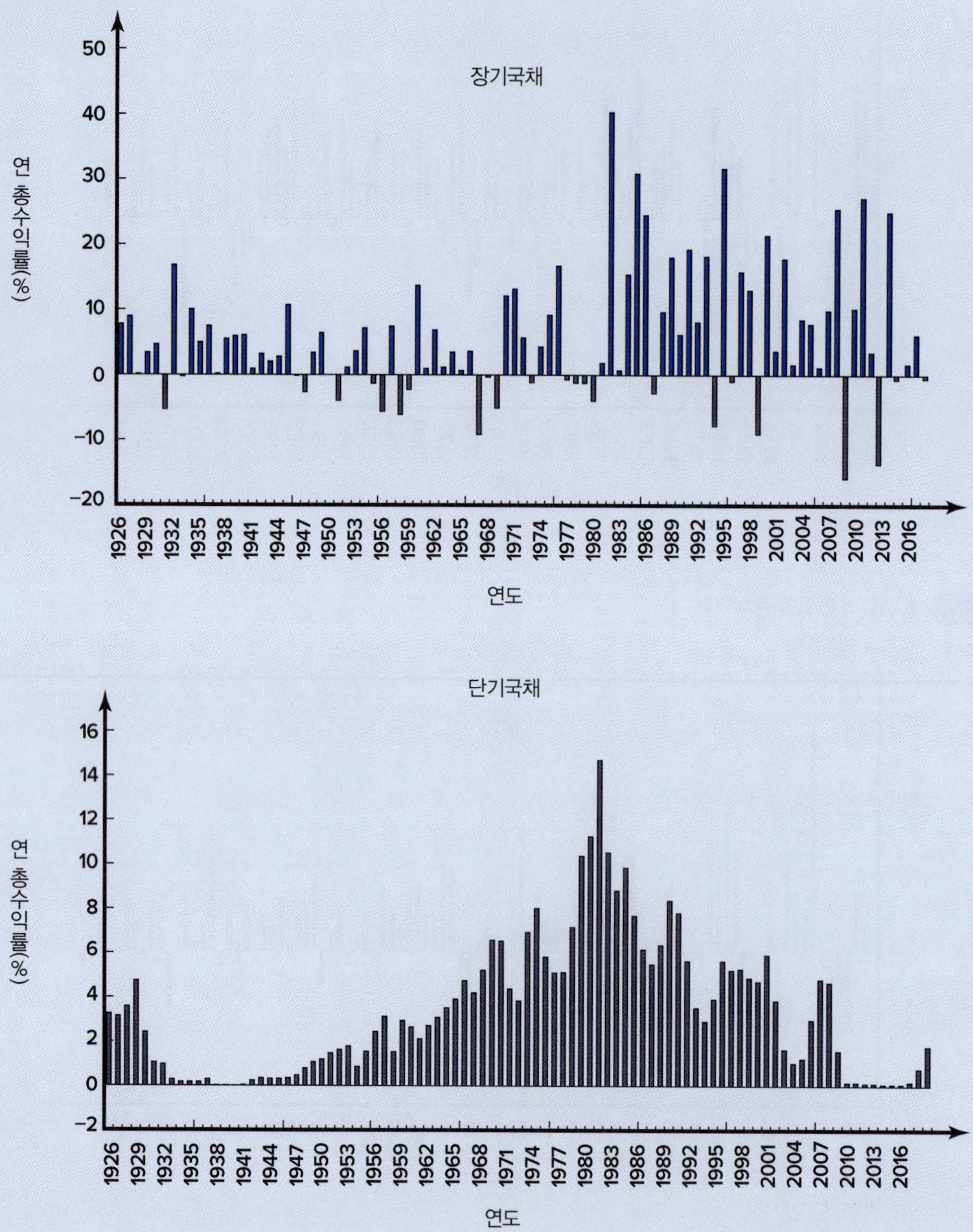

출처:Duff & Phelps, 2019 SBBI Yearbook.

그림 10.8 연도별 인플레이션

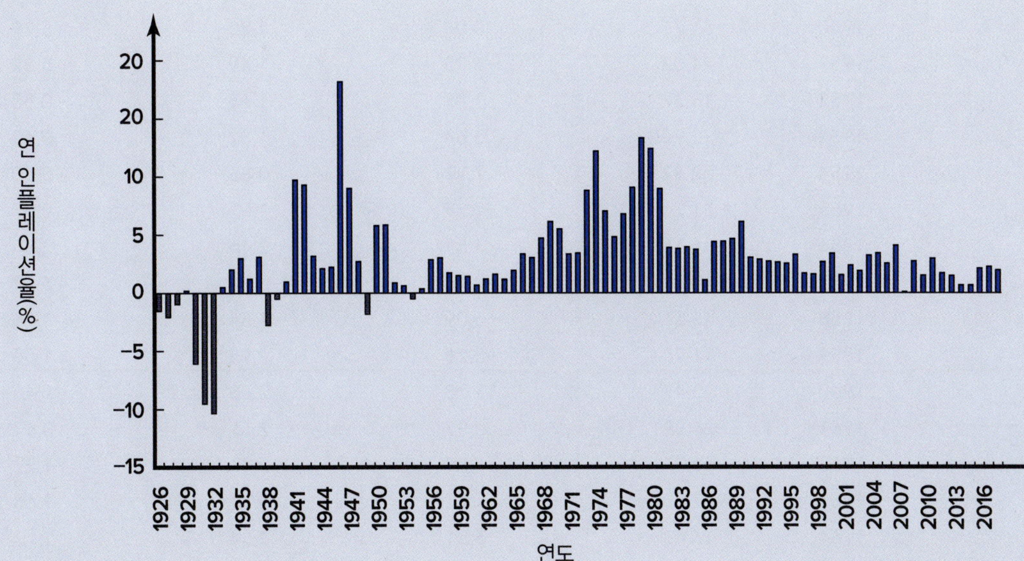

출처: Duff & Phelps, 2019 SBBI Yearbook.

표 10.1

연도별 총수익률, 1926~2018년

출처: 2019 Duff & Phelps, 2019 SBBI Yearbook.

연도	대형주	장기국채	단기국채	소비자 물가지수
1926	11.62%	7.77%	3.27%	-1.49%
1927	37.49	8.93	3.12	-2.08
1928	43.61	0.10	3.56	-0.97
1929	-8.42	3.42	4.75	0.20
1930	-24.90	4.66	2.41	-6.03
1931	-43.34	-5.31	1.07	-9.52
1932	-8.19	16.84	0.96	-10.30
1933	53.99	-0.07	0.30	0.51
1934	-1.44	10.03	0.16	2.03
1935	47.67	4.98	0.17	2.99
1936	33.92	7.52	0.18	1.21
1937	-35.03	0.23	0.31	3.10
1938	31.12	5.53	-0.02	-2.78
1939	-0.41	5.94	0.02	-0.48
1940	-9.78	6.09	0.00	0.96
1941	-11.59	0.93	0.06	9.72
1942	20.34	3.22	0.27	9.29
1943	25.90	2.08	0.35	3.16
1944	19.75	2.81	0.33	2.11
1945	36.44	10.73	0.33	2.25
1946	-8.07	-0.10	0.35	18.16
1947	5.71	-2.62	0.50	9.01
1948	5.50	3.40	0.81	2.71

(계속)

표 10.1

연도별 총수익률, 1926~2018년

연도	대형주	장기국채	단기국채	소비자 물가지수
1949	18.79	6.45	1.10	-1.80
1950	31.71	0.06	1.20	5.79
1951	24.02	-3.93	1.49	5.87
1952	18.37	1.16	1.66	0.88
1953	-0.99	3.64	1.82	0.62
1954	52.62	7.19	0.86	-0.50
1955	31.56	-1.29	1.57	0.37
1956	6.56	-5.59	2.46	2.86
1957	-10.78	7.46	3.14	3.02
1958	43.36	-6.09	1.54	1.76
1959	11.96	-2.26	2.95	1.50
1960	0.47	13.78	2.66	1.48
1961	26.89	0.97	2.13	0.67
1962	-8.73	6.89	2.73	1.22
1963	22.80	1.21	3.12	1.65
1964	16.48	3.51	3.54	1.19
1965	12.45	0.71	3.93	1.92
1966	-10.06	3.65	4.76	3.35
1967	23.98	-9.18	4.21	3.04
1968	11.06	-0.26	5.21	4.72
1969	-8.50	-5.07	6.58	6.11
1970	3.86	12.11	6.52	5.49
1971	14.30	13.23	4.39	3.36
1972	18.99	5.69	3.84	3.41
1973	-14.69	-1.11	6.93	8.80
1974	-26.47	4.35	8.00	12.20
1975	37.23	9.20	5.80	7.01
1976	23.93	16.75	5.08	4.81
1977	-7.16	-0.69	5.12	6.77
1978	6.57	-0.1.18	7.18	9.03
1979	18.61	-1.23	10.38	13.31
1980	32.50	-3.95	11.24	12.40
1981	-4.92	1.86	14.71	8.94
1982	21.55	40.36	10.54	3.87
1983	22.56	0.65	8.80	3.80
1984	6.27	15.48	9.85	3.95
1985	31.73	30.97	7.72	3.77
1986	18.67	24.53	6.16	1.13
1987	5.25	-2.71	5.47	4.41
1988	16.61	9.67	6.35	4.42
1989	31.69	18.11	8.37	4.65
1990	-3.10	6.18	7.81	6.11
1991	30.47	19.30	5.60	3.06

(계속)

연도	대형주	장기국채	단기국채	소비자 물가지수
1992	7.62	8.05	3.51	2.90
1993	10.08	18.24	2.90	2.75
1994	1.32	-7.77	3.90	2.67
1995	37.58	31.67	5.60	2.54
1996	22.96	-0.93	5.21	3.32
1997	33.36	15.85	5.26	1.70
1998	28.58	13.06	4.86	1.61
1999	21.04	-8.96	4.68	2.68
2000	-9.10	21.48	5.89	3.39
2001	-11.89	3.70	3.83	1.55
2002	-22.10	17.84	1.65	2.38
2003	28.68	1.45	1.02	1.88
2004	10.88	8.51	1.20	3.26
2005	4.91	7.81	2.98	3.42
2006	15.79	1.19	4.80	2.54
2007	5.49	9.88	4.66	4.08
2008	-37.00	25.87	1.60	0.09
2009	26.46	-14.90	0.10	2.72
2010	15.06	10.14	0.12	1.50
2011	2.11	27.10	0.04	2.96
2012	16.00	3.43	0.06	1.74
2013	32.39	-12.78	0.02	1.51
2014	13.69	24.71	0.02	0.76
2015	1.38	-0.65	0.02	0.73
2016	11.96	1.75	0.20	2.07
2017	21.83	6.24	0.80	2.11
2018	-4.38	-0.57	1.81	1.91

표 10.1

연도별 총수익률, 1926~2018년

10. 3 수익률 통계

ExcelMaster coverage online
www.mhhe.com/RossCore6e

과거 자본시장 수익률은 너무 복잡하여 그대로 사용하기에는 부적합하다. 과거자료를 이용하기 위해서는 그것을 설명할 수 있는 방법, 즉 자세한 자료를 몇 단어로 축약시키는 방법을 찾아야 한다.

과거자료를 정리할 수 있는 두 가지 중요한 수치가 있다. 첫 번째 수치는 주식시장의 과거 연수익률을 가장 잘 나타내는 단일 측정치이다. 즉 1926년부터 2018년 사이의 특정한 연도에 투자자가 실현할 수 있는 수익률의 가장 좋은 측정치는 무엇인가? 그것은 바로 **평균수익률(average return)**이다.

그림 10. 9는 연도별 주식시장 수익률의 히스토그램을 나타내고 있다. 이 그림은 수치의 **도수분포(frequency distribution)**이다. 그래프의 높이는 수평축의 범위 내에 있는 관찰표본 수를 나타낸다.

그림 10. 9와 같은 도수분포를 이용해, 분포의 **평균(average 또는 mean)**을 구할 수 있다.

그림 10. 9 보통주 수익률의 히스토그램, 1926~2018년

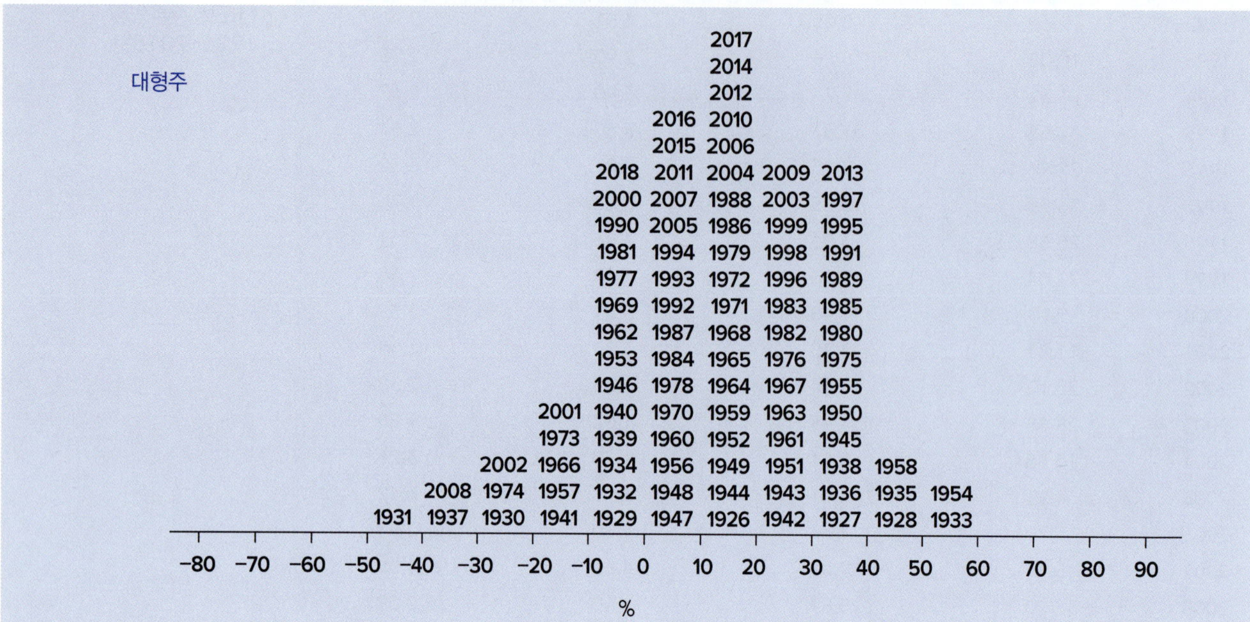

출처: © 2019 Duff & Phelps, 2019 SBBI Yearbook.

분포의 평균을 계산하기 위해 모든 가치를 더하고 그것을 총수치(T)로 나누면 된다(이 경우는 93년치의 자료를 갖고 있으므로 93으로 나눈다). *R* 위에 선을 그린 형태는 평균을 의미하는 것으로 사용한다. 평균을 구하는 일반식은 다음과 같다.

$$\text{평균} = \bar{R} = \frac{(R_1 + \cdots + R_T)}{T} \tag{10. 5}$$

예제 10. 2

평균수익률 계산

4년간 보통주에 대한 수익률이 각각 0.1370, 0.3580, 0.4514, -0.0888이라고 가정하자. 4년 평균수익률은 다음과 같다.

$$\bar{R} = \frac{0.1370 + 0.3580 + 0.4514 - 0.0888}{4} = 0.2144 \text{ 또는 } 21.44\%$$

따라서 1926년부터 2018년까지 대형주의 평균수익률은 11.9 %이다.

10. 4 평균 주식수익률과 무위험이자율

주식시장의 평균수익률을 계산해 보았다. 이 수익률과 다른 증권의 수익률을 비교하는 것

표 10.2 연간 총수익률, 1926~2018년

구분	평균수익률	표준편차	분포
소형주	16.2%	31.6%	
대형주	11.9	19.8	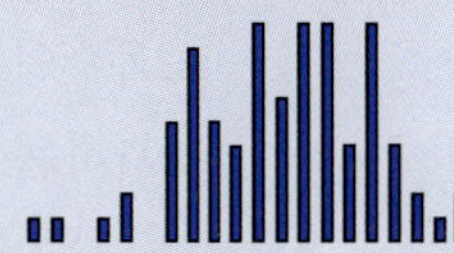
장기 회사채	6.3	8.4	
장기국채	5.9	9.8	
중기국채	5.2	5.6	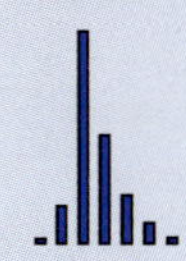
단기국채	3.4	3.1	
인플레이션	3.0	4.0	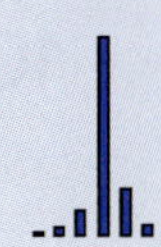

* 1933년 소형주의 총수익률은 142.9%였다.
출처: Duff & Phelps, 2019 SBBI Yearbook.

은 의미 있는 일이다. 가장 명백하게 비교대상이 되는 것은 낮은 변동성을 보이는 국채시장의 수익률이다. 이 수익률은 주식시장에서 보았던 대부분의 변동성에 대해 자유로울 수 있다.

정부는 채권을 발행해 자금을 차입하고 일반 투자자들은 이를 매입한다. 국채는 여러 가지 형태를 갖고 있으며 여기서 논의할 대상은 단기국채(Treasury bill) 또는 T-bill이라고 부르는 것이다. 정부는 한 주에 한 번씩 경매를 통해 단기채권을 매각한다. 전형적인 형태의 T-bill은 만기가 1년 또는 그 이하의 순수할인채이다. 정부는 부채를 상환하기 위해 세금을 인상하면 되므로, 이 채권은 사실상 채무불이행 위험이 없다. 따라서 단기(1년 또는 그 이하)채권수익률을 **무위험이자율**(risk-free return)이라고 부른다.

흥미로운 것은 T-bill의 사실상 무위험이자율과 보통주의 매우 위험한 수익률간의 비교이며, 위험수익률과 무위험이자율간의 차이를 위험자산의 **초과수익률**(excess return on the risky asset)이라고 한다. 여기서 초과라고 하는 것은 보통주의 위험성을 반영한 결과로 인해

추가적으로 요구하는 수익률이기 때문이며, 이는 **위험프리미엄(risk premium)**으로 해석된다.

표 10. 2는 1926년부터 2018년까지의 평균 주식수익률과 채권수익률, T-bill 수익률, 인플레이션율 등을 보여준다. 이 표로부터 초과수익률을 도출할 수 있다. 전체 기간 동안 대형주의 평균초과수익률은 8.5%(= 11.9% − 3.4%)이다.

주식시장 자료에서 가장 의미있는 발견의 하나는 무위험이자율보다 높은 주식의 장기 초과수익률이다. 이 기간 동안 투자자들은 T-bill에 투자해서 얻을 수 있었던 것에 추가 또는 초과하는 수익률로 주식시장 투자에 대한 보상을 받았다.

그와 같은 보상은 왜 존재할까? 이는 T-bill에는 결코 투자하지 말고 주식시장 대신 T-bill에 투자한 사람들은 재무과목을 수강할 필요가 있다는 의미인가? 이 질문에 대한 완벽한 답변은 현대 재무학의 핵심에서 찾을 수 있고 이에 대해서는 제11장에서 자세히 논의한다. 하지만 이에 대한 답변의 일부는 여러 가지 종류의 투자 변동성에서 찾을 수 있다. 표 10. 1에서 T-bill의 투자수익률이 대형주에 대한 투자수익률보다 높게 달성된 여러 연도를 보았다. 또 보통주에 대한 투자 수익률은 자주 마이너스를 보이는 반면 T-bill에 대한 투자는 결코 마이너스 수익률을 시현하지 않았다는 점도 주목하자. 따라서 이제 관심을 수익률의 변동성으로 돌려 위험에 대한 기초적인 논의를 해 보도록 하자.

먼저 표 10. 2를 자세히 살펴보자. T-bill의 표준편차가 주식의 표준편차보다 확실히 낮음을 알 수 있다. 이는 T-bill의 위험이 주식보다 낮다는 것을 의미한다. 해답은 보통주 투자에 대한 위험도와 관련이 있으므로 이제 위험을 측정하는 방법에 대해 알아보기로 하자.

10. 5 위험 통계

ExcelMaster coverage online
www.mhhe.com/RossCore6e

수익률 분포를 특징짓는 데 사용되는 두 번째 수치는 수익률에 대한 위험을 측정하는 것이다. 위험의 개념에 대한 보편적인 합의는 없다. 주식수익률의 위험에 대해 생각할 수 있는 한 가지 방법은 그림 10. 9에서와 같이 도수분포가 얼마나 퍼져있는가를 살펴보는 것이다. 분포의 스프레드(spread) 또는 산포(dispersion)는 특정수익률이 평균수익률에 얼마나 떨어져 있는가를 측정한다. 분포의 산포가 매우 넓게 퍼져있으면 발생할 수익률이 매우 불확실한 것이다. 반면, 수익률의 분포가 좁은 범위 내에서 밀집되어 있다면 발생할 수익률은 덜 불확실하게 된다. 여기서 논의할 위험의 측정치는 분산과 표준편차이다.

분산

기초통계에 대해 쉽게 복습하기 위해서는 www.robertniles.com/stats를 참조하라.

분산(variance)과 그의 제곱근인 **표준편차(standard deviation)**는 변동성이나 산포를 측정하는 가장 일반적인 방법이다. 분산은 Var 또는 σ^2으로, 표준편차는 SD이나 σ으로 표시된다. 물론, σ는 그리스문자 시그마이다.

예제 10.3

변동성

4년간 보통주의 수익률은 각각 0.1370, 0.3580, 0.4514, -0.0888 이었다. 이 수익률의 분산은 다음과 같이 계산된다.

$$\text{분산} = \frac{1}{T-1}[(R_1 - \overline{R})^2 + \cdots + (R_T - \overline{R})^2] \qquad [10.6]$$

$$0.0582 = \frac{1}{3}[(0.1370 - 0.2144)^2 + (0.3580 - 0.2144)^2 + (0.4514 - 0.2144)^2 + (-0.0888 - 0.2144)^2]$$

$$\text{표준편차} = \sqrt{0.0582} = 0.2413 \text{ 또는 } 24.13\%$$

위 식은 분산이 어떻게 구해지는지를 설명해 준다. T개의 개별수익률(R_1, R_2, ⋯)에서 평균수익률 $\overline{R}$을 차감한 값을 제곱시킨 뒤 이를 모두 더한다. 그리고, 이 합을 수익률의 개수에서 1을 차감한 값(T - 1)으로 나눈다. 표준편차는 항상 분산의 제곱근이다.

1926~2018년까지 93년 동안의 주식수익률에 대해 위 식을 이용하면, 대형주의 표준편차는 19.8%가 된다. 표준편차는 표본의 스프레드에 대한 표준 통계측정치이고 앞으로 이를 많이 이용할 것이다. 표준편차는 정규분포에 대한 논의를 통해 더 쉽게 이해될 수 있다.

표준편차는 뮤추얼펀드에서 보편적으로 보고된다. 예를 들어 Fidelity Magellan 펀드는 미국의 가장 큰 뮤추얼펀드 중 하나이다. 이 펀드의 변동성은 얼마나 될까? 이를 알기 위해서는 www.morningstar.com에 들어가 티커심벌인 FMAGX를 입력하고 'Ratings and Risk'를 클릭해 보라. 다음과 같은 정보를 얻을 수 있을 것이다.

MPT Statistics FMAGX

3-Year | 5-Year | 10-Year | 15-Year

3-Year Trailing	Index	R-Squared	Beta	Alpha	Treynor Ratio	Currency
vs. Best-Fit Index						
FMAGX	Morningstar US Large Cap TR USD	95.68	1.11	-1.82	—	USD
vs. Standard Index						
FMAGX	S&P 500 TR USD	95.10	1.09	-1.23	12.72	USD
Category: LG	S&P 500 TR USD	83.99	1.05	0.78	14.79	USD

02/28/2019

Volatility Measures FMAGX

3-Year | 5-Year | 10-Year | 15-Year

3-Year Trailing	Standard Deviation	Return	Sharpe Ratio	Sortino Ratio	Bear Market Percentile Rank
FMAGX	12.57	15.14	1.09	1.62	—
S&P 500 TR USD	11.21	15.28	1.22	1.88	—
Category: LG	13.06	16.81	1.17	1.90	—

출처: www.morningstar.com, March 24, 2019.

지난 3년간, Fidelity Magellan 펀드의 표준편차는 12.57%였다. 일반적인 주식의 표준편차가 50%인 것을 감안한다면 이 수치는 낮은 것으로 보인다. Magellan 펀드는 상대적으로 잘 분산된 포트폴리오로서 이는 나중에 다시 논의될 주제인 '분산 효과'를 보여준다. 평균(mean)은 평균수익률로서 지난 3년간 Magellan 펀드의 투자자들은 연 15.14%의 수익률을 얻었음을 나타낸다. 변동성(volatility) 측정 부분에 있는 샤프비율(Sharpe ratio)은 자산의 위험프리미엄을 표준편차로 나누어 계산된다. 즉 보유한 위험수준에(표준편차로 측정) 대한 수익률 측정치로 이 기간 중 1.09를 기록했다. Magellan 펀드의 베타는 1.11이다. 베타에 대해서는 다음 장에서 자세히 논의할 것이다.

정규분포와 표준편차의 의미

충분한 표본 수에 의해 도출되는 **정규분포(normal distribution)**는 그림 10. 10과 같이 벨(bell) 형태를 보인다. 이 분포는 평균에 대해 **대칭적**(symmetric)이며 어느 한 쪽으로 **치우치지**(skewed) 않고, 그림 10. 9에서 도출된 연평균수익률의 실제 분포에 비해 훨씬 명확한 형태를 보인다. 물론 1,000년간 주식시장 수익률 자료를 얻을 수 있다면 그림 10. 9에서 고르지 않은 많은 부분을 채울 수 있어 더 매끄러운 형태를 만들 수 있을 것이다.

전통적인 통계학에서, 정규분포는 핵심역할을 하며 표준편차는 정규분포의 스프레드를 측정하는 일반적인 방법으로 활용된다. 정규분포에서 어느 정도의 평균 이상이나 이하의 수익률을 나타낼 것인가에 대한 확률은 표준편차에 달려있다. 예를 들어 수익률이 분포의 평균을 기준으로 표준편차 한 단위를 가감한(평균에서 표준편차를 더하거나 뺀 수익률) 범위 내에서 발생할 확률은 약 68% 또는 2/3이고 수익률이 평균을 기준으로 표준편차 두 단위를 가감한(평균에서 표준편차 × 2를 더하거나 뺀 수익률) 범위 내에서 발생할 확률은 약

그림 10. 10
정규분포

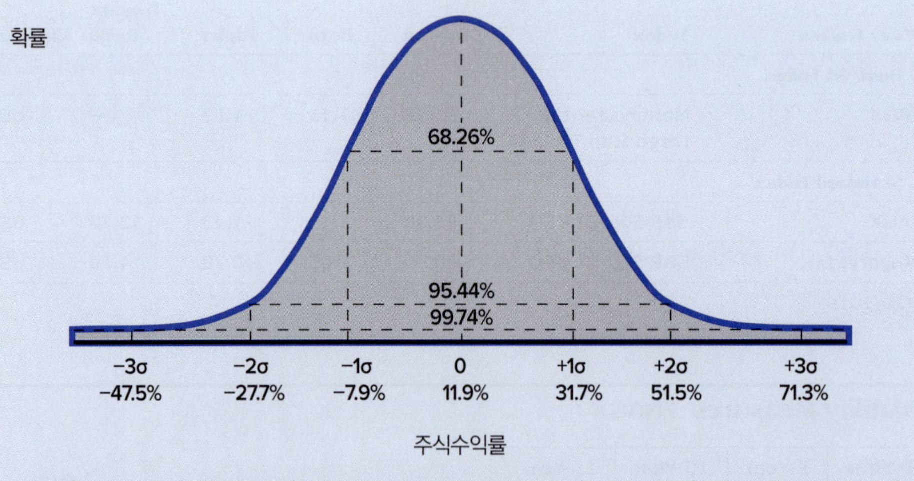

정규분포의 경우 수익률이 평균기준 표준편차 한 단위를 가감한 범위 내에 존재할 확률은 68.26%이다. 이 예제에서 연수익률이 −7.9%에서 31.7% 내에 있을 확률은 68.26%이다.
수익률이 평균기준 표준편차 두 단위를 가감한 범위 내에 존재할 확률은 95.44%이다. 이 예제에서 연수익률이 −27.7%에서 51.5% 내에 있을 확률은 95.44%이다.
마지막으로 수익률이 평균기준 표준편차 세 단위를 가감한 범위 내에 존재할 확률은 99.74%이다. 이 예제에서 연수익률이 −47.5%에서 71.3% 내에 있을 확률은 99.74%이다.

95%가 된다.

앞에서 계산한 1926년부터 2018년 사이의 대형주의 표준편차 19.8%는 이제 다음과 같은 방식으로 해석될 수 있다. 주식수익률이 대충 정규분포를 따른다면, 연수익률이 평균수익률인 11.9~19.8% 범위 내에 있을 확률은 약 2/3이다. 즉, 연수익률의 2/3는 7.9~31.7% 사이에 있을 것이다(−7.9% = 11.9% −19.8%, 31.7% = 11.9% + 19.8%). 어느 연도든 수익률이 표준편차 두 단위 이내에 있을 확률은 95%이다. 즉, 연수익률의 95%는 −27.7~51.5% 사이에 존재할 것이다.

10. 6 미국시장의 주식위험프리미엄: 역사적 및 국제적 관점

ExcelMaster coverage online
www.mhhe.com/RossCore6e

현재까지 이 장에서는 1926년부터 2018년 사이의 미국시장에 대해 살펴보았다. 논의한 바와 같이 미국 주식시장의 역사적 위험프리미엄은 상당했다. 물론 미래를 예측하기 위해 과거자료를 활용하는 경우 과거 자료가 미래에 벌어지는 일들을 대표할 수 없다는 위험은 존재한다. 아마도 미국 투자자들은 이 기간 동안 운이 좋아서 특별히 고수익을 창출했는지도 모른다. 동일한 질을 보장하지는 못할지라도 이전 미국시장의 자료는 획득가능하다. 이 같은 위험을 안고 연구자들은 1802년부터 수익률을 계산해 보았고 미국 주식시장의 위험프리미엄은 1926년 이전에는 상당히 낮다는 사실을 알아냈다. 1802년부터의 미국 주식시장의 수익률은 5.2%였다.[2]

또한 다른 주요 국가들의 상황은 아직 살펴보지 않았다. 거래가능한 주식의 절반정도는 실제로 미국 이외에 다른 국가에서 거래가 이루어진다. 표 10. 3에서와 같이 2017년에 전 세계 주식시장의 시가총액은 $72조 2,000억이고 미국시장의 시가총액은 그중 41%를 차지한다. Dimson, Marsh 그리고 Staunton 덕분에 오래 전 기간과 다른 국가들의 자료를 활용할 수 있어 주식위험프리미엄에 대해 더 자세한 분석을 할 수 있었다. 표 10. 4와 그림 10. 11은 1900년부터 2010년까지 전 세계 17개 주요 국가들의 역사적 주식시장 위험프리미엄을 보여준다. 숫자에서 보는 바와 같이 미국의 역사적 주식위험프리미엄은 7.2%로 7위를 차지했다(7.2%는 앞의 추정치와 다른 것으로 이는 측정기간이 상이하기 때문이다). 전 세계적으로 평균 위험프리미엄은 6.9%였다. 미국 투자자들이 잘한 것은 확실해 보이지만 다른 국가들과 비교할 때 지극히 예외적인 수익률은 아니다. 샤프비율을 근거로 미국, 호주, 프랑스, 남아프리카 공화국 등은 우수한 성과를 보인 반면 벨기에, 노르웨이, 덴마크 등은 성과가 좋지 않았다. 독일, 일본, 이탈리아 등은 이 기간 중 가장 높은 수익률을 보인 동시에(1차·2차

2 Jeremy J. Siegel은 1802년부터의 자료를 이용해 미국 주식의 위험프리미엄을 계산하였다. 다음 표에서 보는 바와 같이 1802년부터 2008년까지 역사적 위험프리미엄은 5.2%였다.

	평균수익률 1802~2008년(%)
보통주	9.5
단기국채	4.3
주식위험프리미엄	5.2

출처: Adopted and updated from Jeremy Siegel, *Stocks for the Long Run,* 4th ed(New York: McGraw-Hill, 2008)에서 인용 및 최신화.

표 10.3

세계 주식시장 시가총액, 일부 시장: 2017년

출처: data.worldbank.org/indicator/CM.MKT.LCAP.CD 2019년 3월 24일.

국가	$(단위: 조)	구성비율
미국	$32.1	40.5%
중국	8.7	11.0
유럽	7.9	10.0
일본	6.2	7.9
홍콩	4.4	5.5
캐나다	2.4	3.0
인도	2.3	2.9
세계	$72.2	80.8%

표 10.4

17개국의 연 주식 위험프리미엄과 샤프비율: 1900~2010년

출처: Dimson, Elroy, Paul Marsh, and Michael Staunton. "The Worldwide Equity Premium: A Smaller Puzzle." In *Handbook of the Equity Risk Premium*, edited by Rajnish Mehra. Amsterdam: Elsevier, 2007 저자들에 의해 최신화.
*독일의 경우 1922~1923은 누락.

국가	역사적 주식위험프리미엄(%) (1)	표준편차(%) (2)	샤프비율 (1)/(2)
덴마크	4.6%	20.5%	0.22
스위스	5.1	18.9	0.27
아일랜드	5.3	21.5	0.25
스페인	5.4	21.9	0.25
벨기에	5.5	24.7	0.22
캐나다	5.6	17.2	0.33
노르웨이	5.9	26.5	0.22
영국	6.0	19.9	0.30
네덜란드	6.5	22.8	0.29
스웨덴	6.6	22.1	0.30
미국	7.2	19.8	0.36
남아프리카 공화국	8.3	22.1	0.37
호주	8.3	17.6	0.47
프랑스	8.7	24.5	0.36
일본	9.0	27.7	0.32
독일*	9.8	31.8	0.31
이탈리아	9.8	32.0	0.31

세계대전에도 불구하고) 가장 높은 위험도를 나타내 흥미로운 케이스 대상일 수 있다.

그렇다면 미래의 미국 주식위험프리미엄을 측정하는 좋은 측정방법은 무엇일까? 불행하게도 투자자들이 미래에 무엇을 기대하는지 정확하게 아는 사람은 아무도 없다. 역사가 이드 역할을 한다면, 1900년부터 2010년까지의 추정치를 바탕으로 미국 주식위험프리미엄은 7.2%로 기대할 수 있을 것이다. 또한 같은 기간 동안 전 세계 주식의 평균 위험프리미엄은 6.9%였다는 사실도 기억해야 할 것이다. 반면 보다 최근 기간(1926~2018년)의 미국 주식위험프리미엄은 지난 110년 동안보다 더 높고 1802년부터로 조사기간을 확대한다면 위험프리미엄은 더 낮아진다.

표준오차(standard error: SE)는 역사적 평균인 7.2%를 얼마나 확신할 수 있는가에 대해 해답을 제공할 수 있다. 표준오차는 역사적 위험프리미엄의 표준편차(SD)이고 다음의 식을 통해 산출된다.

그림 10.11 17개국의 주식시장 위험프리미엄: 1900~2010년

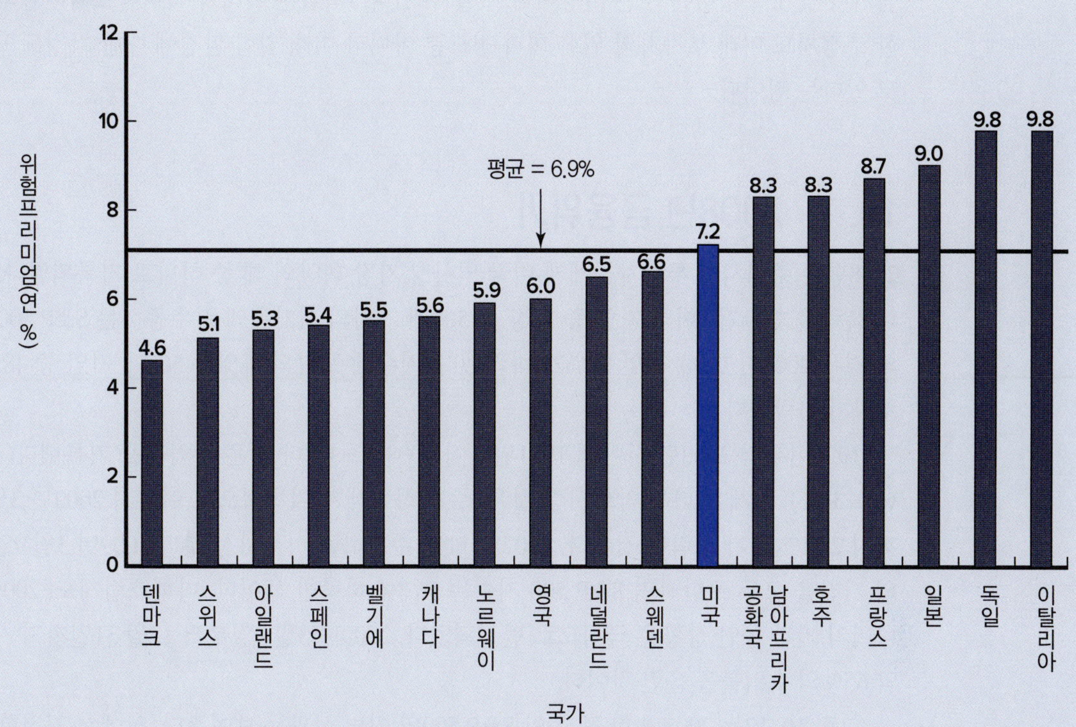

출처: Dimson, Elroy, Paul Marsh, and Michael Staunton. "The Worldwide Equity Premium: A Smaller Puzzle." In *Handbook of the Equity Risk Premium*, edited by Rajnish Mehra. Amsterdam: Elsevier, 2007 저자들에 의해 최신화됨.

$$\text{SE} = \text{SD}(\bar{R}) = \frac{\text{SD}(R)}{\sqrt{\text{관찰지수}}} \qquad [10.7]$$

수익률이 정규분포를 보이고 매년 수익률이 독립적이라고 가정한다면, 실제 평균수익률이 역사적 평균의 2단위 표준오차 이내에 존재할 확률은 95.4%이다.

좀더 구체적으로, 실제 주식위험프리미엄의 95.4% 신뢰구간은 역사적 평균수익률 ±(2 표준오차)이다. 1900년부터 2010년까지 미국 주식의 역사적 위험프리미엄은 7.2%이고 표준편차는 19.8%였다. 따라서 실제 주식위험프리미엄이 3.4~11%를 기록할 확률은 95.4%인 것이다.

$$7.2 \pm 2\left(\frac{19.8}{\sqrt{110}}\right) = 7.2 \pm 2\left(\frac{19.8}{10.5}\right) = 7.2 \pm 3.8$$

즉 역사적 자료를 토대로 계산한 미국 주식위험프리미엄의 범위는 3.4~11%까지라는 것을 95.4%로 신뢰할 수 있는 것이다.

약간 다른 방법으로, Ivo Welch는 미국 주식위험프리미엄과 관련하여 226명의 재무경제학자들에게 의견을 물었고 그 결과 중앙치는 7%였다.[3]

역사적 미국 주식위험프리미엄이 약 7%라는 것에 대해서는 이견이 없지만 만약 과거가

3 예를 들어, Ivo Welch "Views of Financial Economists on the Equity Risk Premium and Other Issues," *Journal of Business* 73, no. 4(2000), pp. 501~537을 참조하라.

미래를 대표하지 않는다는 사실을 믿는다면, 미래 미국 주식위험프리미엄을 이보다 조금 높거나 낮게 추정하는 것은 타당하다고 할 수 있다.[4] 핵심은 미래 주식위험프리미엄의 어떠한 추정치도 미래 투자자의 위험 회피 정도뿐 아니라 미래 위험 환경에 대한 가정도 포함하고 있다는 점이다.

10. 7 2008년 금융위기

2008년은 주식시장 투자자들에게 미국 역사상 가장 최악의 해 중 하나로 기록되었다. 얼마나 폭락을 했는가? 미국 기업 중 가장 큰 500개 기업의 시가총액을 추종하는 S&P 500 지수의 경우 2008년 한 해 동안 37%가 하락했다. 지수에 포함되어 있는 500개 기업 중 485개의 주가가 하락했다.

1926년부터 2008년 사이에 1931년만이 2008년보다 더 낮은 수익률을 기록했다(−44% vs. −37%). 문제를 더욱 악화시킨 것은, 주가 하락세가 지속적으로 이어져 2009년 3월 9일까지 25.1% 추가 하락한 것이다. 2007년 11월(주가하락 시작시점)부터 2009년 3월 9일까지의 기간을 모두 포함하면 S&P 500 지수는 56.8% 하락한 셈이다. 다행스럽게도, 2009년의 나머지 기간 동안 상황은 극적으로 반전되었다. 2009년 3월 9일부터 12월 31일까지 시장은 약 65%의 수익률을 올린 것이다.

그림 10. 12는 2008년 한 해 동안 S&P 500의 월별 성과를 보여준다. 앞에서 지적한 바와 같이 12개월 중 8개월의 수익률이 마이너스를 기록했다. 대부분의 하락은 가을에 발생했고 10월 한 달에만 17%가량이 하락했다. 소형주라고 상황이 더 낫지는 않았다. 소형주는 2008년 한 해 동안 총 37%가 하락(10월에만 21% 하락)했고 이는 58%의 하락률을 기록한 1937년 이후 최악의 성과였다.

그림 10. 12에서 보는 바와 같이, 주가는 연말에 상당히 변동성이 심했다—일반적으로 계산된 역사적인 수치 이상으로. 특이한 점은 S&P 지수가 126일은 올랐고 126일은 떨어졌다는 점이다(주말과 휴일에는 시장이 열리지 않는다). 물론 하락일의 하락 폭이 평균적으로 더 컸다.

주가 하락은 전 세계적인 현상이었고 많은 세계 주요시장이 S&P 500보다 더 큰 하락 폭을 기록했다. 예를 들어 중국, 인도, 러시아 시장에서는 주가가 50% 이상 하락했다. 규모가 적은 아이슬란드 시장의 경우 2008년 한 해 동안 주가는 90% 이상 폭락하기도 했다. 아이슬란드 거래소는 10월 9일 일시적으로 거래를 중단하기도 하였다. 거래가 다시 재개된 10월 14일 주가는 76%의 하락률을 기록, 일일 하락률로 새로운 기록을 세우기도 하였다.

이 같은 2008년에도 성과가 좋았던 종류의 증권이 있었을까? 정답은 '있다'이다. 주식가치가 하락한 것과 마찬가지로 채권가치는 상승했다. 특히 미국채의 경우 그랬다. 사실 장

4 Elroy Dimson, Paul Marsh, and Mike Staunton, "The Worldwide Equity Premium: A Smaller Puzzle," from *Handbook of the Equity Risk Premium*, ed. R. Mehra(Amsterdam: Elsevier, 2007)에 따르면 저자들은 미래 주식위험프리미엄의 가장 좋은 추정치는 5%가 되어야 한다고 주장했다. 왜냐하면 전 세계적으로 역사적 수익률에 긍정적인 영향을 미치는 대부분의 요소들은 반복적으로 발생하지 않을 것이기 때문이다. 하지만 2008~2009년의 글로벌 금융위기는 역사적 수준보다 주식위험프리미엄을 상승시켰던 부정적 충격이었다는 점은 논쟁거리가 될 수 있다.

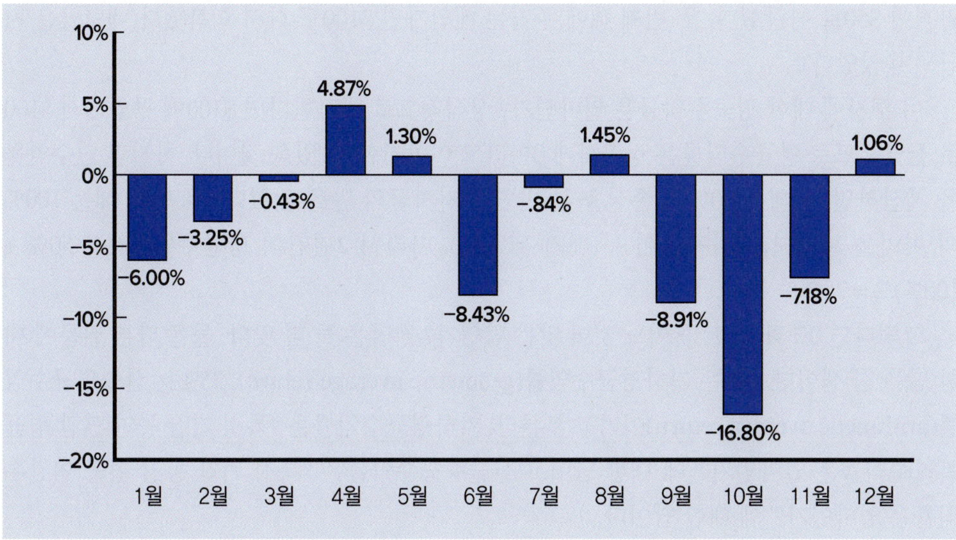

그림 10.12
S&P 500 월수익률, 2008년

기국채의 경우 20%의 수익률을 올렸고, 단기국채도 13%의 수익률을 기록했다. 높은 신용등급의 장기 회사채는 이보다는 못했지만 9% 정도의 수익률을 창출했다. 이 같은 수익률은 거의 0%에 가까웠던 인플레이션율(소비자물가지수)을 고려할 때 상당히 인상적이다.

물론 주가는 양방향으로 변동적일 수 있다. 2009년 3월부터 2011년 2월까지의 700여일 동안, S&P 500은 두 배 가까이 상승했다. 이 같은 2배 상승은 1936년 이후 가장 빠른 속도로 진행된 것이며 S&P 500 지수는 500여일 만에 이를 달성했다.

이 같은 가장 최근의 자본시장 역사로부터 투자자들은 어떤 교훈을 얻을 수 있을까? 먼저, 너무나도 분명하게 주식은 상당한 위험을 가지고 있다는 사실이다. 하지만 두 번째로 위험의 질도 상당히 중요하다는 점이다. 주식과 채권의 배분 비율에 따라 다르겠지만, 2008년 주식과 채권을 혼합하여 분산한 포트폴리오도 아마 좋은 성과를 내기 어려웠을 것이다. 그럼에도 불구하고 혼합 포트폴리오의 경우 100% 주식으로 구성된 포트폴리오에 비해서는 손실이 훨씬 적었을 것이다. 마지막으로 증가되는 변동성과 높아지는 위험 회피도로 인해 미래 주식위험프리미엄은 역사적 자료를 토대로 산출된 프리미엄보다 다소 높게 설정해야 한다는 점이다.

10.8 평균수익률에 대한 추가설명

지금까지 단순평균수익률에 대해 자세히 살펴보았다. 하지만 평균수익률을 구하는 다른 방법도 있다. 평균수익률이 두 가지 방법으로 계산된다는 사실은 혼란을 가져올 수 있으므로, 이 절에서는 두 가지 방법과 각 방법이 어떤 상황에서 적절하게 사용될 수 있는가에 대해 설명한다.

산술평균과 기하평균

단순한 예제를 가지고 시작해 보자. 어떤 주식을 $100에 구입했다고 하자. 불행히도 첫해

가격이 \$50로 하락했다. 두 번째 해에 주가는 매입가인 \$100로 다시 회복했다(배당금은 지급되지 않았다).

이 투자에 대한 평균수익률은 얼마인가? 상식적으로 생각한다면 \$100에 구입해서 \$100로 끝났으므로 평균수익률은 정확하게 0이라고 이야기할 수 있을 것이다. 하지만 연수익률을 계산하면, 첫해는 50%의 손실을 본 반면(투자자금의 반을 잃었다) 두 번째 해는 100%의 이익을 보았다(투자자금이 두 배가 되었다). 따라서 2년간의 평균수익률은(−50% + 100%)/2 = 25%가 된다.

그렇다면 0%와 25% 중 어느 것이 맞는 답인가? 정답은 둘 다 맞다. 둘은 다른 질문에 대한 답을 한 셈이다. 0%는 **기하평균수익률(geometric average return)**, 25%는 **산술평균수익률(arithmetic average return)**이라고 부른다. 기하평균수익률은 "특정 기간 동안 연간 평균 복리수익률은 얼마인가?"에 대한 답이고 산술평균수익률은 "특정 기간 동안 평균 연간수익률은 얼마인가?"에 대한 답이다.

앞 절에서 계산된 평균수익률은 모두 산술평균이었으므로 이를 어떻게 계산하는지에 대해서는 이미 알 것이다. 따라서 이 절에서는 (1) 기하평균수익률을 계산하는 방법과 (2) 어떤 상황에서 특정 평균이 다른 평균보다 더 의미를 갖는가를 알아본다.

기하평균수익률 계산

먼저 기하평균수익률의 계산방법을 설명하기 위해, 지난 4년간 10%, 12%, 3%, 29%의 연수익률을 기록한 투자안을 고려해 보자. 이 투자안의 4년간 기하평균수익률은$(1.10 \times 1.12 \times 1.03 \times 0.91)^{1/4} - 1 = 0.0366$ 또는 3.66%이다. 반면, 산술평균수익률은$(0.10 + 0.12 + 0.03 - 0.09)/4 = 0.04$ 또는 4.0%가 된다.

일반적으로 T년의 수익률을 가지고 있다면, T기간 동안의 기하평균수익률은 다음 식에 의해 계산된다.

기하평균수익률 **[10. 8]**

$$(1 + R_1) \times (1 + R_2) \times \cdots \times (1 + R_T)\,]^{1/T} - 1$$

이 식을 이용하기 위해서는 네 단계가 필요하다.

1. T기간 중 매년 연간 수익률 $R_1, R_2, \cdots, R_T$을 구하고 연수익률(소수로 변환한 후)에 1을 더한다.
2. 1단계에서 구한 모든 수치를 곱한다.
3. 2단계에서 나온 결과에 $1/T$ 지수를 취한다.
4. 마지막으로 3단계 결과에서 1을 차감한다. 이 결과가 기하평균수익률이다.

예제 10.4

기하평균수익률 계산

다음에 주어진 수치를 이용해 5년간 S&P 500 대형주의 기하평균수익률을 계산하라. 먼저, 퍼센트를 소수형태의 수익률로 전환한 후 1을 더하고 이 식들을 곱하면,

S&P 500 수익률	곱
0.1375	1.1375
0.3570	×1.3570
0.4508	×1.4508
-0.0880	×0.9120
-0.2513	×0.7487
	1.5291

1.5291 수치는 1달러를 투자했을 때 5년 후의 가치이다. 기하평균수익률은 다음과 같이 계산된다.

$$기하평균수익률 = 1.5291^{1/5} - 1 = 0.0887 \text{ 또는 } 8.87\%$$

따라서 기하평균수익률은 8.87%가 된다. 재무용계산기를 이용하는 경우에는 $1를 현재가치, $1.5291를 미래가치, 5를 기간 수로 입력하면 동일한 결과를 얻을 수 있다.

구분	기하평균	산술평균	표준편차
소형주	11.8%	16.2%	31.6%
대형주	10.0	11.9	19.8
장기 회사채	5.9	6.3	8.4
장기국채	5.5	5.9	9.8
중기국채	5.1	5.2	5.6
단기국채	3.3	3.4	3.1
인플레이션	2.9	3.0	4.0

표 10.5

기하평균수익률과 산술평균수익률: 1926~2018년

출처 Duff & Phelps, 2019 SBBI Yearbook.

위 예제에서 인지할 수 있는 것 중 하나는 기하평균수익률이 산술평균수익률보다 더 작다는 점이다. 이는 항상 사실이다(단, 수익률이 모두 동일하지 않는 경우, 두 '평균수익률'은 동일해진다). 이를 설명하기 위해 표 10.5는 기하평균수익률과 함께 표 10.2에 있는 산술평균수익률과 표준편차를 보여준다.

표 10.5에서 보는 바와 같이, 기하평균은 산술평균보다 모두 작지만, 차이의 크기는 다소 상이하다. 그 이유는 변동성이 큰 투자일수록 차이가 커지기 때문이다. 사실 유용한 근사치를 구하는 방법이 있다. 모든 수치가 소수로 표시된 경우(%가 아닌), 기하평균수익률은 산술평균수익률에서 분산의 절반을 차감하면 근사치를 구할 수 있다. 예를 들어 대형주의 경우 산술평균은 11.9%이고 표준편차는 19.8%, 즉 분산은 3.92%이므로 대략적인 기하평균은11.9 −1/2(3.92) = 9.94%가 되어 실제 가치와 거의 비슷하게 된다.

산술평균수익률 또는 기하평균수익률?

과거 수익률을 보면 기하평균수익률과 산술평균수익률의 차이를 이해하는 것은 어렵지 않

예제 10.5

기하평균에 대한 추가 예제

그림 10. 4를 다시 살펴보라. 소형주의 93년 후의 가치를 활용하여 표 10. 5에서의 기하평균이 맞는가를 확인하라.

그림 10. 4에서 소형주 투자는 93년 후 $32,645.08가 되었다. 따라서 기하평균수익률은 다음과 같다.

$$\text{기하평균수익률} = 32{,}645.08^{1/93} - 1 = 0.118 \text{ 또는 } 11.8\%$$

이 수치는 표 10. 5에서 보여주는 11.8%와 일치한다. 표 10. 5의 다른 수치들도 동일한 방법으로 확인하라.

다. 기하평균은 연복리로 계산되어 실제 평균적으로 얻는 연수익률을 의미한다. 이는 기하평균수익률은 과거 수익률 측정 시 유용하다는 사실을 말해준다. 산술평균은 일반적인 해에 얻게 되는 수익률을 말한다. 이는 산술평균수익률은 미래 기대수익률을 측정하는 데 유용하다는 사실을 말해준다. 따라서 답변을 원하는 질문에 제대로 답을 제공할 수 있는 수익률을 사용해야 한다.

장기 미래를 예상할 때 어떤 수익률을 사용해야 하는가는 다소 까다로운 질문이고, 이점에 대해 투자분석가와 재무설계사 사이에서도 많은 혼란이 있다. 문제는 산술평균과 기하평균의 추정치를 안다면, 산술평균은 기간이 길면 너무 높게 나오고 기하평균은 기간이 짧으면 너무 낮게 나온다는 것이다.[5]

5 이 같은 결과는 Marshall Blume에 의해 도출되었다("Unbiased Estimates of Long-Run Expected Rates of Return," *Journal of the American Statistical Association, September* 69, no. 347(1974), pp. 634~38. 그는 장기 수익률을 예측할 수 있는 좋은 방법으로 산술평균과 기하평균의 가중평균을 제안했다. 특정 미래 기간 동안 투자수익률을 측정하는 또 다른 방법은 산술평균이 '표본'의 평균이라는 점을 활용하는 것이다. 일반적으로 알려져 있듯이, 이 방법은 실제 평균의 불편추정치(unbiased estimate)를 제공한다. 미래 수익률을 산출하기 위해 산술평균을 활용하려면 미래 수익률 측정기간과 과거 수익률측정기간이 동일해야 한다. 예를 들어 내년 수익률을 측정하기 위해서는 과거 1년간의 수익률을 활용해야 한다. 만일 과거 2년간의 보유 수익률을 활용한다면 산술평균은 향후 2년간의 수익률 예측을 위한 좋은 기준을 제공한다고 할 수 있다. 또한 미래 수익률의 분포가 과거 수익률의 분포와 동일하다는 확신도 있어야 한다.

요약 및 결론 Summary and Conclusions

1. 이 장에서는 다양한 형태의 자산 수익률에 대해 살펴보았다. 일반적으로 주식이 20세기 대부분의 연도에서 채권보다 수익률이 높았으나 위험 또한 높았다고 결론지을 수 있다.
2. 이 장에서 설명된 통계적 측정치는 다음 세 장의 내용들을 이해하기 위해 필요한 기본요소이다. 특히 표준편차와 분산은 개별 증권과 증권 포트폴리오의 변동성을 측정한다. 다음 장에서는 투자자의 포트폴리오가 특정 증권으로만 구성되는 경우, 그 증권의 표준편차와 분산이 개별 증권의 위험을 계산하는 적당한 측정치라는 것에 대해 논의한다.
3. 일반적으로 산술평균과 기하평균 모두 보고된다. 이 장에서는 두 평균을 구하는 방법과 해석하는 방법에 대해 설명한다.

개념문제 Concept Questions

1. **투자선택** Twilio사의 주가는 2018년 278% 급등했는데 왜 모든 투자자들이 이 주식을 보유하지 않았는가?
2. **투자선택** Coty사의 주가는 2018년에 67%나 급락했는데 왜 투자자들은 이 주식을 보유하고 있었나? 주식 보유자들은 왜 주가가 급격하게 하락하기 전에 매도하지 않았나?
3. **위험과 수익률** 오랜 기간 동안 주식투자가 채권투자보다 성과가 높다는 것을 보아왔다. 하지만 채권에만 장기 투자하는 투자자들을 찾는 것은 그다지 특별한 일이 아니다. 이 투자자들은 비합리적인가?
4. **주식과 도박** 다음의 문장을 비판적으로 평가하라: 주식시장에 투자하는 것은 마치 도박과 같다. 이와 같은 투기적 투자는 사람들이 도박으로부터 얻는 기쁨 이외에 사회적 가치를 갖지 못한다.
5. **인플레이션 효과** 표 10. 1과 그림 10. 7을 살펴보자. 1926년부터 2018년까지 T-bill 금리가 가장 높았을 때는 언제였나? 왜 이 기간 중 금리가 가장 높았다고 생각하는가? 당신의 답변에는 어떤 관계가 잠재되어 있는가?
6. **위험프리미엄** 투자가 실행되기 전에 위험프리미엄이 마이너스가 될 수 있을까? 어떤 사건 후에 위험프리미엄이 마이너스가 될 수 있을까? 설명하라.
7. **수익률** 2년 전, General Material사와 Standard Fixture사의 주가는 동일했다. 첫 1년간 General Material사의 주가는 10% 상승한 반면 Standard Fixture사의 주가는 10% 하락했다. 둘째 해에 General Material사의 주가는 10% 하락한 반면 Standard Fixture사의 주가는 10% 상승했다. 이들 두 주식의 주가는 현재 동일한가? 설명하라.
8. **수익률** 2년 전, Lake Minerals사와 Small Town Furniture사의 주가는 동일했다. 지난 2년간 두 주식의 연 수익률은 10%였다. Lake Minerals사의 주가는 매년 10%씩 상승한 반면 Small Town Furniture사의 주가는 첫 해에 25% 상승했고 둘째 해에는 5% 하락했다. 이들 두 주식의 주가는 현재 동일한가?
9. **산술평균과 기하평균수익률** 산술평균과 기하평균수익률의 차이점은 무엇인가? 지난 10년간 주식에 투자했다고 가정하자. 산술평균과 기하평균수익률 중 어느 것이 더 중요한가?
10. **과거 수익률** 이 장에서 설명된 여러 가지 자산의 과거 수익률은 인플레이션이 감안되지 않은 것이다. 만약 인플레이션을 고려하는 경우 측정된 위험프리미엄은 어떻게 될까? 이 수익률은 세금도 감안되지 않았다. 만약 세금을 고려한다면 수익률은 어떻게 될까? 변동성은?

연습문제 Questions and Problems

Mc Graw Hill connect

기초
(문제 1~18번)

1. **수익률 계산** 어떤 주식의 기초가격은 주당 $76였고 한 해 동안 $1.31의 배당금이 지급됐으며 기말가격은 $87였다. 총수익률을 구하라.
2. **수익률 계산** 문제 1번에서, 배당수익률은 얼마인가? 자본이득률은?
3. **수익률 계산** 기말가격이 $64인 경우 문제 1, 2번을 다시 풀어라.
4. **수익률 계산** 1년 전에 표면이자가 5.2%인 채권을 $1,015에 구입했다. 이 채권은 현재 $1,032로 거래된다.
   a. 액면가가 $1,000라면, 지난 1년간 이 투자에 대한 총수익금은 얼마인가?
   b. 지난 1년간 이 투자에 대한 총명목수익률은 얼마인가?
   c. 만약 지난해 인플레이션율이 3.2%였다면, 이 투자에 대한 총실질수익률은 얼마인가?
5. **명목수익률과 실질수익률** 1926년부터 2018년까지 대형주의 산술평균 연수익률은 얼마인가?
   a. 명목가치로?
   b. 실질가치로?
6. **채권수익률** 장기국채의 과거 실질수익률은 얼마인가? 장기 회사채 수익률은?

7. **수익률과 변동성 계산** 다음의 수익률을 이용하여 X와 Y의 평균수익률과 분산, 표준편차를 구하라.

연도	수익률	
	X	Y
1	19%	38%
2	13	16
3	8	19
4	-9	-27
5	17	18

8. **위험프리미엄** 표 10. 1에서 1973년부터 1978년까지의 기간을 살펴보라.
   a. 이 기간 동안 대형주와 단기국채의 산술평균수익률을 구하라.
   b. 이 기간 동안 대형주와 단기국채의 수익률에 대한 표준편차를 구하라.
   c. 대형주와 단기국채에 대해 매년 관찰된 위험프리미엄을 구하라. 이 기간 중 산술평균 위험프리미엄은 얼마인가? 또 이 기간 중 위험프리미엄의 표준편차는 얼마인가?
9. **수익률과 변동성** 계산 지난 5년간 Bennington사의 주식수익률은 21%, −11%, 8%, 17%, 13%였다.
   a. 5년간 Bennington사 주식의 산술평균수익률은 얼마인가?
   b. 이 기간 중 Bennington사 수익률의 분산은? 또 표준편차는?
10. **실질수익률과 위험프리미엄** 계산 문제 9번에서, 이 기간 동안 평균 인플레이션율은 2.6%였고 단기국채의 평균수익률은 3.25%였다.
   a. Bennington사 주식의 평균 실질수익률은 얼마인가?
   b. Bennington사 주식의 평균 명목 위험프리미엄은 얼마인가?
11. **실질수익률 계산** 문제 10번의 주어진 정보를 가지고, 이 기간 중 평균 실질 무위험이자율은 얼마인가? 평균 실질 위험프리미엄은 얼마인가?
12. **보유기간 수익률** 어떤 주식의 지난 5년간 수익률이 각각 −13.18%, 17.63%, 24.87%, 8.32%, 13.41%였다. 이 주식의 보유기간 수익률은 얼마인가?
13. **수익률 계산** 1년 전 무이자지급 채권을 $425.32에 구입했다. 시장이자율은 현재 4.3%이다. 구입 당시 채권만기가 20년이었다면 지난 1년간 총수익률은 얼마인가(액면가 $1,000와 반기 복리를 가정)?
14. **수익률 계산** 지난해 주당 액면의 2.8%를 지급하는 우선주를 $94.16에 구입했다. 현재 이 우선주의 가격은 $96.20이다. 당 가치는 $100이다. 지난 1년간 이 우선주의 총수익률은 얼마인가?
15. **수익률 계산** 3달 전에 주당 $61.18에 주식을 구입했다. 이 주식은 배당금을 지급하지 않았고 현재주가는 $64.32이다. 이 투자에 대한 APR은 얼마인가? EAR은?
16. **실질수익률 계산** 표 10. 1을 참조하면 1926년부터 1932년까지 단기국채의 평균 실질수익률은 얼마인가?
17. **수익률 분포** 표 10. 2를 참조하면 장기회사채의 경우 이 기간 중 68%의 수익률이 분포할 것으로 기대되는 범위는? 또 95%의 수익률이 분포할 것으로 기대되는 범위는?
18. **수익률 분포** 표 10. 2로 다시 돌아가서, 대형주의 경우 이 기간 중 68%의 수익률이 분포할 것으로 기대되는 범위는? 또 95%의 수익률이 분포할 것으로 기대되는 범위는?

보통
(문제 19~24번)

19. **수익률과 변동성 계산** 지난 5년간 4개 연도의 수익률이 각각 13%, 9%, −7%, 11%인 어떤 주식이 있다. 이 기간 중 주식의 평균수익률이 10.35%였다면 나머지 1개 연도의 주식수익률은 얼마인가? 이 주식수익률의 표준편차는 얼마인가?

20. 산술평균과 기하평균 지난 6년간 수익률이 −24%, 32%, 17%, −6%, 29%, 13%인 주식이 있다. 이 주식의 기하평균수익률과 산술평균수익률은 얼마인가?

21. 산술평균과 기하평균 어떤 주식의 기말주가와 배당금은 다음과 같다.

연도	주가	배당금
0	$64.27	-
1	68.95	$0.95
2	76.38	1.15
3	71.27	1.40
4	85.16	1.65
5	95.87	1.85

이 주식의 산술평균수익률과 기하평균수익률은 얼마인가?

22. 수익률 계산 표 10.1을 참조하여 1973년부터 1980년까지의 기간을 살펴보라.

a. 이 기간 동안 단기국채의 평균수익률과 연평균 인플레이션(소비자 물가지수)을 구하라.

b. 이 기간 동안 단기국채의 수익률과 인플레이션율의 표준편차를 구하라.

c. 각 연도의 실질수익률을 계산하라. 단기국채의 평균 실질수익률은 얼마인가?

d. 많은 사람들은 단기국채를 무위험자산이라고 생각한다. 이는 단기국채의 잠재적 위험이 어떻다는 의미인가?

23. 투자수익률 계산 1년 전에 5.4%의 표면이자를 지급하는 Elkins 제조사의 채권을 $1,030에 구입했다. 이 채권은 이자를 연단위로 지급하며 만기는 8년 남았고 액면가는 $1,000이다. 이 채권을 오늘 팔기로 했고 현재 채권에 대한 요구수익률은 5.1%이다. 지난 1년간 인플레이션율이 2.9%였다면 이 투자에 대한 총실질수익률은 얼마인가?

24. 수익률분포 이용 장기국채 수익률이 정규분포를 보인다고 가정하자. 앞에서 살펴본 과거 자료를 근거로, 주어진 해에 이 채권에 대한 수익률이 −3.9%보다 낮을 확률은 대략 얼마인가? 주어진 해에 수익률이 95%의 확률로 발생할 수 있는 범위는 어떻게 되나? 99%의 확률 범위는?

도전
(문제 25~28번)

25. 수익률분포 이용 소형주의 수익률이 정규분포를 보인다면 1년 만에 주식가치가 두 배가 될 확률은 대략적으로 얼마인가? 세 배가 될 확률은?

26. 분포 앞의 문제에서 수익률이 100%보다 낮을 확률은? 수익률분포의 의미는 무엇인가?

27. 확률분포 이용 대형주의 수익률이 정규분포를 보인다고 가정하자. 앞에서 살펴 본 과거자료를 근거로, 엑셀의 NORMDIST 함수를 이용해 어떤 주어진 해에 주식에 투자할 경우 손해를 볼 확률을 구하라.

28. 확률분포 이용 장기 회사채와 단기국채의 수익률이 정규분포를 보인다고 가정하자. 과거자료를 근거로 엑셀의 NORMDIST 함수를 이용해 다음 물음에 답하라.

a. 어떤 주어진 해에, 장기 회사채의 수익률이 10%보다 더 높을 확률은? 0%보다 낮을 확률은?

b. 어떤 주어진 해에, 단기국채의 수익률이 10%보다 더 높을 확률은? 0%보다 낮을 확률은?

c. 1979년 장기 회사채의 수익률은 4.18%였다. 이 같이 낮은 수익률이 미래의 어떤 해에 또 발생할 가능성은 얼마나 되는가? 반면 동일한 해에 단기국채는 10.38%의 수익률을 기록했다. 이 같이 높은 수익률이 미래의 어떤 해에 또 발생할 가능성은 얼마나 되는가?

웹 정보 이용하여 문제풀기 What's on the web?

1. **시장위험프리미엄** 현재 시장위험프리미엄을 알고자 한다면 money.cnn.com에 가서 현재 금리를 찾아라. 최단기 금리는 어떤 상품인가? 이 상품의 현재금리는? 표 10. 5의 대형주를 사용하는 경우 현행 시장위험프리미엄은 얼마인가? 위험프리미엄을 계산할 때 고려해야 할 가정에는 무엇이 있는가?
2. **과거 이자율** St. Louis 연방준비은행 웹사이트인 www.stlousfed.org에 가서 'Treasury'를 찾아라. 여러 가지 종류의 과거 이자율 목록을 발견할 것이다. '10-Year Treasury Constant Maturity Rate'을 클릭하면 10년 만기 중기채의 월 수익률을 발견할 수 있을 것이다. 매월의 수익률을 이용하여 2018년과 2019년의 10년 만기 중기채의 연 수익률을 계산하라. 이 수익률을 표 10. 2에 있는 장기국채 수익률 및 단기국채 수익률과 비교하라. 10년 만기 중기채권과 이들 채권의 수익률을 비교한 결과 어떤 관계를 도출할 수 있는가? 이 관계는 항상 유지될 것으로 보이는가? 그렇다면 왜 그런가? 그렇지 않다면 그 이유는?

Excel 로 풀어보기 Excel Master it! Problem

앞에서 본 것과 같이, 1926년부터 2018년까지 소형주는 가장 높은 수익률과 위험을 보인 반면 단기국채는 가장 낮은 수익률과 위험을 기록했다. 당신은 93년의 보유기간을 원할지 몰라도 실제 투자기간은 이보다 다소 짧을 것이다. 단기 투자에 대한 수익과 위험을 산출하는 한 가지 방법은 이동평균(rolling average) 수익률과 표준편차를 구하는 것이다. 연 수익률 자료를 가지고 있고, 3년 이동평균수익률을 구하고자 한다고 가정하자. 3년차의 첫 번째 이동평균은 첫 3년간의 수익률을 이용해 계산할 수 있을 것이다. 다음 이동평균은 2, 3, 4년차의 수익률을 활용해 계산할 수 있다. 그 다음 이동평균은 그 다음 3년간의 수익률을 활용하는 식으로 산출할 수 있다.

a. 대형주와 단기국채의 수익률을 이용해 5년과 10년 이동평균수익률과 표준편차를 구하라.
b. 5년 기간을 이용하는 경우 단기국채의 수익률이 대형주보다 더 높았던 것은 몇 번이나 되나? 10년 기간을 이용하는 경우는?
c. 5년 기간을 이용하는 경우 단기국채의 표준편차가 대형주보다 더 높았던 것은 몇 번이나 되나? 10년 기간을 이용하는 경우는?
d. 대형주와 단기국채의 5년, 10년 이동평균수익률의 그래프를 그려라.
e. 위의 결과에서 어떤 결론을 도출할 수 있을까?

CLOSING CASE

EAST COAST YACHT에 취업, PART 1

당신은 최근 대학을 졸업했고 East Coast Yacht사에 취업했다. 당신은 이 회사의 사업이 승승장구할 것으로 판단해 입사를 결정했다. 입사 첫날, 당신이 고용관련 서류작업을 끝마치고 있을 때 재무부서에 근무하는 Dan Ervin이 회사의 401(k) 퇴직연금에 대해 알려주기 위해 들렀다.

401(k) 연금은 많은 회사들이 제공하는 퇴직연금 프로그램이다. 이 연금은 세금이연 저축상품으로 이 프로그램에 저축한 금액은 세전수익에서 차감돼 현시점에서 세금을 내지 않는다. 예를 들어, 당신의 연봉이 $5만이고 $3,000를 401(k) 연금에 납부하는 경우, $4만7,000의 소득에 대한 세금만을 납부하면 된다. 이 프로그램에 납입하는 동안 발생하는 어떠한 자본이득이나 이자에 대해서도 세금을 내지 않고 퇴직 시 돈을 인출할 때 세금을 납부한다. 회사가 5%의 대응자금을 납입해 주는 것은 매우 일반적인 일이다. 즉, 회사는 봉급의 5%까지 당

신이 납입한 금액에 대해 대응자금을 납부해 주는데 대응자금을 받기 위해서는 반드시 이 프로그램에 납입을 해야 된다.

401(k) 퇴직연금은 투자와 관련해 몇 가지 옵션을 가지고 있지만 대부분 뮤추얼펀드에 투자한다. 뮤추얼펀드는 자산 포트폴리오이다. 뮤추얼펀드의 몇 계좌를 구입하면, 당신은 실제로 펀드의 자산에 대해 부분적인 소유권을 매입한 셈이 된다. 따라서 펀드수익률은 펀드가 보유한 자산의 가중평균수익률에서 비용을 차감한 값이 된다. 가장 큰 비용은 일반적으로 펀드매니저에게 지급되는 운용수수료로 이는 펀드의 모든 투자의사결정을 하는 매니저에 대한 보상이다.

East Coast Yacht사는 401(k) 퇴직연금 관리자로 Bledsoe Financial Services사를 활용한다. 직원들에게 제공되는 투자옵션은 다음과 같다.

회사 주식 401(k) 퇴직연금의 한 가지 옵션은 East Coast Yacht사의 주식이다. 이 회사는 아직 공개되지 않았으나 당신이 회사 오너인 Larissa Warren과 인터뷰할 때 그녀는 향후 3~4년 내에 기업공개를 할 계획이라고 알려주었다. 그 때까지 이 회사 주가는 이사회에 의해 매년 단순히 산정된다.

Bledsoe S&P 500 인덱스펀드 이 뮤추얼펀드는 S&P 500을 추종한다. 펀드에 속해 있는 주식들의 가중치는 S&P 500을 구성하는 주식의 가중치와 정확하게 일치한다. 따라서 펀드의 수익률은 S&P 500의 수익률에서 비용을 차감한 값과 거의 유사하다. 인덱스펀드는 펀드가 추종하는 인덱스의 구성비율에 근거해 자산을 매입하므로 펀드 매니저는 주식에 대한 연구나 투자에 대한 의사결정을 반드시 할 필요가 없다. 그 결과 펀드 비용은 일반적으로 낮다. Bledsoe S&P 500 인덱스펀드는 매년 자산의 0.15%를 비용으로 부가한다.

Bledsoe 소형주펀드 이 펀드는 주로 소형주에 투자한다. 따라서 펀드수익률은 상당히 변동성이 높다. 이 펀드는 자산의 10%를 미국이 아닌 해외에 기반을 둔 회사에 투자할 수 있다. 펀드수수료는 1.70%이다.

Bledsoe 대형주펀드 이 펀드는 주로 미국에 기반을 둔 대형주에 주로 투자한다. 이 펀드는 Evan Bledso가 운용하며 지난 8년 중 6년의 수익률이 시장수익률보다 높았다. 펀드 수수료는 1.50%이다.

Bledsoe 채권펀드 이 펀드는 미국 소재 기업이 발행하는 장기회사채에 투자한다. 투자는 투자등급을 받은 회사채로 제한한다. 펀드수수료는 1.40%이다.

Bledsoe 머니마켓펀드 이 펀드는 단기국채와 같은 신용도가 높은 단기채권에 투자한다. 따라서 머니마켓펀드의 수익률은 단기국채 수익률보다 약간 높다. 우량하고 단기를 지향하는 투자 특성상 마이너스 수익률이 나올 위험은 대단히 낮다. 펀드수수료는 0.60%이다.

1. 투자옵션 중 회사주식과 비교해 뮤추얼펀드가 갖는 장점은 무엇인가?
2. 당신은 봉급의 5%를 투자하고 회사로부터 5%의 최대 대응자금도 받았다고 가정하자. 이 대응자금으로부터 얻게 되는 EAR은 얼마인가? 대응자금 결과로부터 얻게 되는 결론은 무엇인가?
3. 당신은 자금의 일부를 미국에 기반을 둔 대형주에 투자하기로 했다고 가정하자. Bledsoe S&P 500 인덱스펀드와 비교하여 Bledsoe 대형주를 선택한 장점과 단점은 무엇인가?
4. Bledsoe 소형주펀드는 401(k) 퇴직연금에서 제시한 모든 펀드 중 가장 변동성이 높다. 이 펀드에 투자하기를 원하는 사람들은 왜 그럴까? 뮤추얼펀드의 비용을 고려할 때 이 펀드의 비용이 제일 높다는 것도 알 수 있다. 이 같은 비용이 이 펀드에 대한 의사결정시 영향을 미치는가?
5. 샤프비율(Sharpe ratio)은 흔히 사용되는 위험조정성과 측정치이다. 샤프비율은 자산의 위험프리미엄을 표준편차로 나누어 계산된다. 지난 10년간의 펀드 수익률과 표준편차는 다음 표와 같다. 각 펀드들의 샤프

비율을 구하라. 이 회사 주식의 기대수익률과 표준편차는 15%와 65%가 될 것이라고 가정하자. 회사 주식의 샤프비율을 구하라. 이들 펀드의 샤프비율은 얼마나 적정한가? 당신은 언제 샤프비율을 사용하는가? 무위험이자율은 2.76%로 가정하라.

	10년 연수익률	표준편차
Bledsoe S&P 500 인덱스펀드	11.85%	23.85%
Bledsoe 소형주펀드	15.32	29.62
Bledsoe 대형주펀드	10.73	26.73
Bledsoe 채권펀드	8.04	10.34

6. 어떤 배분 포트폴리오를 선택할 것인가? 그 이유는? 당신의 논리를 구체적으로 설명하라.

11

위험과 수익률: 자본자산가격결정모형(CAPM)

OPENING CASE

2019년 초 PG&E, Netflix, Amazon.com사는 중요한 공시를 했다. 공시 후에 기업의 주가는 예외 없이 모두 변동했다.

캘리포니아의 설비 기업인 PG&E는 파산신청을 했다고 공시했다. 하지만 기업 주가는 당일 16%가량 상승했다. Netflix는 신규가입자가 880만명이라고 공시, 가입자 수가 최대기록을 경신했다. 이는 미국 가구의 10%가 Neflix의 스트리밍서비스를 이용한다는 의미이다. 하지만 주가는 관련된 뉴스가 나온 날 4% 하락했다. Amazon.com은 2018년 4분기의 주당이익(EPS)이 $6.04로 예상치인 $5.68를 상회했다고 공시했다. 하지만 주가는 5% 이상 하락했다.

PG&E사의 발표는 부정적인 것 같지만 주가는 상승한 반면 Netflix와 Amazon.com과 관련된 뉴스는 호재처럼 보였지만 주가는 하락했다. 그렇다면 긍정적인 뉴스가 언제 주가에 제대로 반영될까? 정답을 찾기 위해서는 위험과 수익률, 그리고 무엇이 긍정적인 뉴스인가를 기본적으로 이해하여야 하므로 이 장에서는 이에 대해 자세히 살펴보기로 한다.

기업재무 관련 최근 사건들을 찾아보기 위해 corecorporatefinance.blogspot.com을 방문하라.

11. 1 개별 증권

이 장의 첫 부분에서는 개별 증권의 특징들을 살펴본다. 특히 다음과 같은 점에 대해 논의할 것이다.

1. **기대수익률**(expected return) 주식투자로 다음 기간 동안 기대하는 수익률을 말한다. 물론 이는 기대이므로 실제 수익률은 더 높을 수도 또는 더 낮을 수도 있다. 기대값은 단순히 해당 증권이 과거에 기록했던 기간당 수익률을 평균하여 구할 수 있다. 다른 방법으로는 기업의 전망에 대한 구체적 분석, 컴퓨터기반 모형, 또는 특수한(내부) 정보를 통해 구할 수 있다.
2. **분산**(variance)과 **표준편차**(standard deviation) 증권수익률의 변동성을 측정하는 방법은 여러 가지가 있다. 가장 일반적인 방법 중 하나는 증권의 기대수익률과 수익률의 차이를 제곱해 주는 분산이다. 표준편차는 분산의 제곱근이다.
3. **공분산**(covariance)과 **상관계수**(correlation) 개별 증권의 수익률은 다른 증권들과 관련을 갖는다. 공분산은 두 증권간의 상호관련성을 측정하는 통계치이다. 이 관계는 두 증권간의 상관계수 형태로 나타낼 수도 있다. 공분산과 상관계수는 베타계수를 이해하기 위해서도 알아두어야 할 내용이다.

11. 2 기대수익률, 분산, 공분산

기대수익률과 분산

ExcelMaster coverage online
www.mhhe.com/RossCore6e

기대수익률과 분산 투자에 대한 더 많은 정보를 원한다면 www.thestreet.com을 방문하라.

투자분석가는 내년 경제상황에 대해 동일하지 않은 확률로 네 가지 상황(불황, 침체, 정상, 호황)이 벌어질 것으로 예상한다. Supertech사의 수익률 R_{Super}은 경기상황과 유사하게 나타날 것으로 기대되는 반면, Slowpoke사의 수익률 R_{Slow}는 그렇지 않다. 수익률 예상치는 다음과 같다.

경제상황	발생확률	Supertech 수익률 RA	Slowpoke 수익률 RB
불황	0.10	- 30%	0%
침체	0.20	- 10	5
정상	0.50	20	20
호황	0.20	50	- 5

분산은 네 단계를 걸쳐 계산된다.[1] 표준편차를 구하기 위해서는 추가적인 단계가 필요하다(계산은 표 11. 1에 제시되어 있다). 각 단계는 다음과 같다.

1. 각 상황이 발생할 확률에 각 상황의 기대수익률을 곱한 후 이를 더해서 기대수익률 $E(R_{Super})$와 $E(R_{Slow})$를 계산하라.

Supertech

$E(R_{Super}) = 0.10(-0.30) + 0.20(-0.10) + 0.50(0.20) + 0.20(0.50) = 0.15$ 또는 15%

Slowpoke

$E(R_{Slow}) = 0.10(0.00) + 0.20(0.05) + 0.50(0.20) + 0.20(-0.05) = 0.10$ 또는 10%

표 11.1 분산과 표준편차 계산

(1) 경제상황	(2) 발생확률	(3) 수익률	(4) 기대수익률과의 편차	(5) 편차의 제곱	(6) (2) ×(5)
		Supertech(기대수익률 = 0.15)			
		R_{Super}	$R_{Super} - E(R_{Super})$	$[R_{Super} - E(R_{Super})]^2$	
불황	0.10	- 0.30	- 0.45	0.2025	0.02025
침체	0.20	- 0.10	- 0.25	0.0625	0.01250
정상	0.50	0.20	0.05	0.0025	0.00125
호황	0.20	0.50	0.35	0.1225	0.02450
				$Var(R_{Super}) = \sigma^2_{Super} = A$	0.05850
		Slowpoke(기대수익률 = 0.10)			
		R_{Slow}	$R_{Slow} - E(R_{Slow})$	$[R_{Slow} - E(R_{Slow})]^2$	
불황	0.10	0.00	- 0.10	0.0100	0.00100
침체	0.20	0.05	- 0.05	0.0025	0.00050
정상	0.50	0.20	0.10	0.0100	0.00500
호황	0.20	-0.05	- 0.15	0.0225	0.00450
				$Var(R_{Slow}) = \sigma^2_{Slow} = B$	0.01100

1 이 장에서는 다른 종류의 분산을 산출한 점에 주의하라. 제10장에서는 역사적 수익률 표본으로부터 모집단 분산을 산출했다. 하지만 제11장에서는 알려진 분포로부터 모집단 분산을 계산하고 있다.

2. 표 11. 1의 네 번째 열에서 보는 바와 같이, 각 상황에서 기대수익률과의 수익률 편차를 계산하라.
3. 다음으로 네 번째 열의 편차를 제곱하여 다섯 번째 열에 나타낸다.
4. 마지막으로, 각 상황에서 편차의 제곱에 발생 확률을 곱한 후 이를 더하라. 표 11. 1에서 보는 바와 같이 Supertech와 Slowpoke의 분산은 각각 0.0585와 0.0110이다.
5. 표준편차를 구하기 위해서는 분산에 제곱근을 취하라.

Supertech

$$SD(R_{Super}) = \sigma_{Super} = \sqrt{0.0585} = 0.242 \text{ 또는 } 24.2\%$$

Slowpoke

$$SD(R_{Slow}) = \sigma_{Slow} = \sqrt{0.0110} = 0.105 \text{ 또는 } 10.5\%$$

공분산과 상관관계

분산과 표준편차는 개별 주식의 변동성을 측정한다. 이제 한 주식의 수익률과 다른 주식의 수익률간의 관계, 즉 **공분산(covariance)**과 **상관관계(correlation)**를 측정해 보자.

공분산과 상관관계는 두 확률변수가 얼마나 관련이 있는가를 계산한다. 이 용어를 설명

예제 11.1

공분산과 상관계수 계산

우리는 이미 Supertech와 Slowpoke의 기대수익률과 표준편차를 구해 보았다. 또 상황별로 각 회사의 기대수익률과의 편차도 계산했다. 이들 자료를 이용하면, 공분산은 두 단계를 거쳐 산출될 수 있다. 상관관계를 계산하기 위해서는 추가적인 단계가 필요하다.

1. 각각의 경제상황에 대해 Supertech의 기대수익률과의 편차에 Slowpoke의 기대수익률과의 편차를 함께 곱하라. 예를 들어, 불황일 때 Supertech의 수익률은 −0.30이고 여기서 기대수익률을 차감하면 −0.45(= −0.30 − 0.15)가 된다. 불황일 때 Slowpoke의 수익률은 0.00이고, 여기서 기대수익률을 차감하면 −0.10(= 0.00 − 0.10)이 된다. 두 편차를 함께 곱하면 0.0450[=(−0.45) ×(−0.10)]이 된다. 실제 계산은 표 11. 2의 마지막 열에 나타나 있다. 이 절차는 수학적으로 다음과 같이 나타낼 수 있다.

$$[R_{Super} - E(R_{Super})] \times [R_{Slow} - E(R_{Slow})] \qquad [11.1]$$

여기서 R_{Super}와 R_{Slow}는 Supertech와 Slowpoke의 수익률이고, $E(R_{Super})$와 $E(R_{Slow})$는 두 증권의 기대수익률이다.

2. 일단 편차의 곱을 구했으면 각각에 대해 발생할 확률을 곱한 후, 공분산을 얻기 위해 이들을 합친다.

표 11. 2 공분산과 상관계수 계산

(1) 경제상황	(2) 발생확률	(3) 기대수익률과의 편차	(4)	(5) 편차의 제곱	(6) (2) ×(5)
		Supertech	Slowpoke		
불량	0.10	-0.45	-0.10	0.0450	0.0045
침체	0.20	-0.25	-0.05	0.0125	0.0025
정상	0.50	0.05	0.10	0.0050	0.0025
호황	0.20	0.35	-0.15	-0.0525	-0.0105
			$Cov(R_{Super}, R_{Slow}) = \sigma_{A,B} =$		-0.0010

(계속)

Supertech와 Slowpoke간의 공분산은 Cov(R_{Supe}, R_{Slow}) 또는 $\sigma_{Supe,Slow}$로 표시한다. 식 11. 1은 공분산에 대한 직관을 나타낸다. Slowpoke의 수익률이 평균보다 높을 때 Supertech의 수익률이 평균보다 높고, Slowpoke의 수익률이 평균보다 낮을 때 Supertech의 수익률이 평균보다 낮다고 한다면, 이는 두 수익률 간의 양(+)의 종속성 또는 양(+)의 관계를 보여주는 것이다. 식 11. 1에서 값은 두 수익률이 평균보다 높은(above) 상황에서뿐 아니라 수익률이 그들의 평균보다 낮은(below)상황에서도 양수가 될 것이다. 따라서 두 수익률간의 양(+)의 관계는 양수의 공분산을 이끌 것이다.

반대로, Slowpoke의 수익률이 평균보다 낮을 때 Supertech의 수익률이 평균보다 높고, Slowpoke의 수익률이 평균보다 높을 때, Supertech의 수익률이 평균보다 낮다고 한다면 이는 두 수익률간의 음(−)의 종속성 또는 음(−)의 관계를 보여주는 것이다. 식 11. 1에서 값은 한 수익률이 평균보다 높고 다른 수익률이 평균보다 낮은 어떠한 상황에서도 음수(negative)가 될 것이다. 따라서 두 수익률간의 음(−)의 관계는 음수의 공분산을 이끌 것이다.

마지막으로, 두 수익률간에 아무런 관계가 없는 경우를 생각해 보자. 이 같은 경우, Supertech의 수익률이 기대수익률보다 높거나 낮음 여부를 아는 것이 Slowpoke의 수익률에 대해 의미하는 바가 없다. 따라서 공분산 식에서 편차가 함께 양수 또는 음수가 되는 경향이 없을 것이다.

물론, 두 수익률이 서로 관련이 없다고 하더라도 공분산식은 실제로 과거의 자료를 볼 때 정확하게 0이 되지는 않을 것이다. 0이 된다면 이는 표본선정의 오류일 수 있다. 표본선정을 무작위로 하면 공분산은 양수나 음수로 나타날 것이다. 하지만 오랜 기간 동안 두 주식의 수익률이 관련성이 없었다면 공분산은 0에 근접할 수 있다.

공분산 계산은 두 수익률간의 관계를 나타내준다. 두 수익률이 서로 양(+)의 관계를 가지고 있다면 양(+)의 공분산을 가질 것이고, 두 수익률이 서로 음(−)의 관계를 가진다면 음(−)의 공분산을 가질 것이다. 또 서로 관련이 없다면 공분산은 0이 되어야 한다.

계산된 공분산은 −0.001이다. 이 같은 음수의 공분산은 다른 주식의 수익률이 평균보다 낮을 때 한 주식의 수익률은 평균보다 높을 가능성이 있다는 것을 의미하고 반대의 경우도 성립한다. 하지만 공분산 수치의 크기에 대해서는 해석하기가 어렵다. 분산과 마찬가지로, 공분산은 편차의 제곱 형태로 나타낸다. 실상을 정확하게 파악하기 전까지, 공분산을 통해 무엇을 할 수 있는지 알지 못한다.

이 문제를 해결해 주는 것이 상관계수이다.

3. 상관계수는 공분산을 두 증권의 표준편차의 곱으로 나누어 구할 수 있다. 예를 들어

$$\rho_{Super,\ Slow} = \text{Corr}(R_{Super}, R_{Slow}) = \frac{\text{Cov}(R_{Super}, R_{Slow})}{\sigma_{Super} \times \sigma_{Slow}} = \frac{-0.001}{0.242 \times 0.105} = -0.039 \quad [11.\ 2]$$

여기서 σ_{Super}와 σ_{Slow}는 각각 Supertech와 Slowpoke의 표준편차이다. Supertech와 Slowpoke의 상관관계는 Corr(R_{Supe}, R_{Slow}) 또는 $\rho_{Super,Slow}$로 표시된다. 두 변수의 순서는 중요하지 않다. 즉, B에 대한 A의 상관관계는 A에 대한 B의 상관관계와 동일하다. 보다 일반적으로 Corr(R_A, R_B) = Corr(R_B, R_A) 또는 $\rho_{A,B} = \rho_{B,A}$이 된다. 공분산도 동일한 논리가 적용된다.

표준편차는 항상 양수이므로 두 변수간 상관관계의 부호는 두 변수의 공분산의 부호와 일치해야만 한다. 만일 상관계수가 양수이면 두 변수는 양(+)의 상관관계를 가지고 상관계수가 음수이면 두 변수는 음(−)의 상관관계를 갖는다고 할 수 있다. 또 상관계수가 0이면, 두 변수는 서로 관련이 없다고 한다. 이 같은 상관계수는 항상 +1과 −1 사이의 값을 갖는다. 이는 두 표준편차로 나누는 표준화 과정을 거치기 때문이다.

증권의 서로 다른 조합간의 상관관계를 비교해 보자. 예를 들어 GM과 Ford의 상관계수는 GM과 IBM의 상관계수보다 더 높은 것으로 밝혀졌다. 따라서 GM과 Ford가 GM과 IBM보다 상관관계가 더 크다고 이야기할 수 있다.

그림 11. 1은 두 자산 A와 B의 세 개의 벤치마크 경우를 보여주고 있다. 그림은 두 자산 수익률의 상관계수가 +1, −1, 0인 경우, 즉 완전 양(+)의 상관관계, 완전 음(−)의 상관관계, 0의 상관관계를 각각 보여주고 있다. 그래프는 시간에 대한 두 증권의 개별 수익률을 나타낸다.

(계속)

그림 11.1 상관계수의 예—그림에서 그래프는 시간에 대한 두 증권의 개별 수익률의 변동추이를 나타내고 있다.

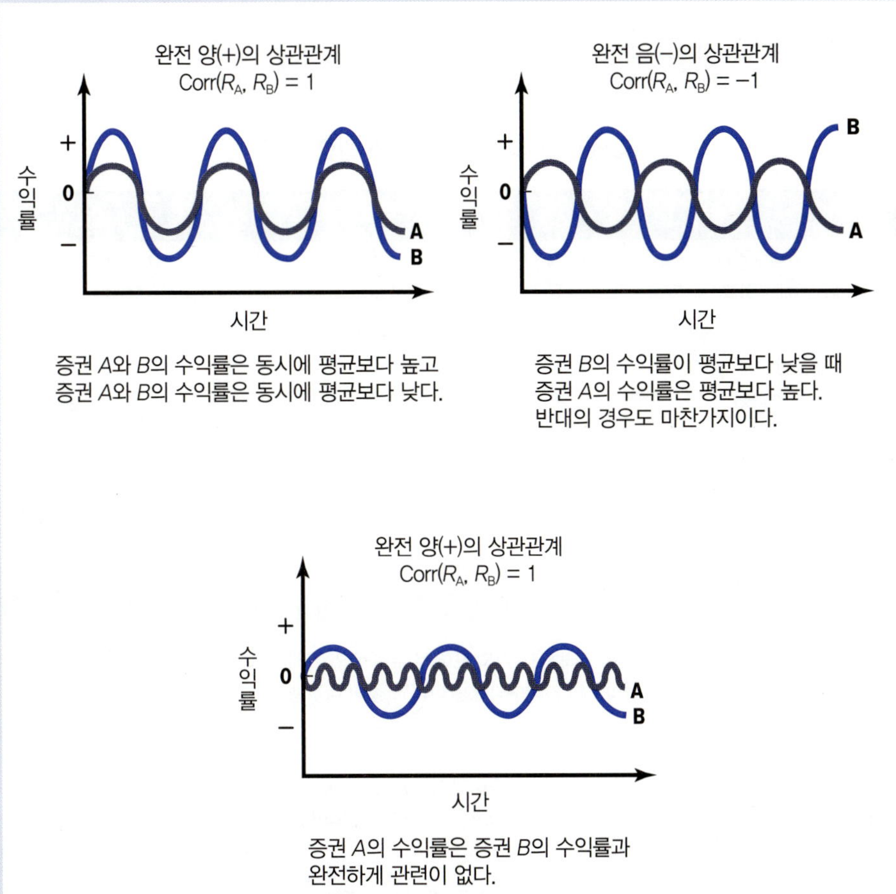

하기 위해 앞에서 언급한 Supertech와 Slowpoke의 예를 확장시켜 본다.

11. 3 포트폴리오의 수익률과 위험

ExcelMaster coverage online
www.mhhe.com/RossCore6e

한 투자자가 개별 증권에 대한 기대수익률과 표준편차, 그리고 증권간의 상관관계를 구했다고 가정하자. 투자자는 보유할 증권의 최상의 조합 또는 **포트폴리오(portfolio)**를 어떻게 선택하는가? 투자자는 분명히 높은 기대수익률에 낮은 표준편차를 갖는 포트폴리오를 선호할 것이다. 이를 위하여 다음과 같은 사항을 고려하면 의미가 있을 것이다.

1. 개별 증권의 기대수익률과 이들 증권으로 구성된 포트폴리오의 기대수익률간의 관계
2. 개별 증권의 표준편차, 증권간의 상관관계, 그리고 이들 증권으로 구성된 포트폴리오의 표준편차간의 관계

위의 두 관계를 분석하기 위해 Supertech와 Slowpoke의 예를 계속 사용한다. 관련된 계산은 다음과 같다.

포트폴리오 기대수익률

포트폴리오의 기대수익률을 구하기 위한 식은 대단히 간단하다.

포트폴리오의 기대수익률은 단순히 개별 증권 기대수익률의 가중평균이다.

Supertech와 Slowpoke의 관련 자료

항목	표시	값
Supertech 기대수익률	$E(R_{Super})$	0.15 또는 15%
Slowpoke 기대수익률	$E(R_{Slow})$	0.10 또는 10%
Supertech 분산	σ^2_{Super}	0.0585
Slowpoke 분산	σ^2_{Slow}	0.0110
Supertech 표준편차	σ^2_{Super}	0.242 또는 24.2%
Slowpoke 표준편차	σ^2_{Slow}	0.105 또는 10.5%
Supertech와 Slowpoke의 공분산	$\sigma_{Super, Slow}$	-0.001
Supertech와 Slowpoke의 상관계수	$\rho_{Super, Slow}$	-0.039

예제 11.2 포트폴리오의 기대수익률

Supertech와 Slowpoke의 예를 계속 고려하자. 앞의 표에서 두 증권의 기대수익률은 각각 15%와 10%이다. 이들 두 증권으로 구성되는 포트폴리오의 기대수익률은 다음과 같이 나타낼 수 있다.

$$\text{포트폴리오의 기대수익률} = X_{Super}(0.15) + X_{Slow}(0.10) = R_P$$

여기서 X_{Super}는 포트폴리오에서 Supertech의 비중이고 XSlow는 Slowpoke의 비중이다. 만일 투자자가 $100를 투자하고 이 중 $60는 Supertech에, $40는 Slowpoke에 투자한다면, 포트폴리오의 기대수익률은 다음과 같이 계산된다.

$$\text{포트폴리오의 기대수익률} = 0.6 \times 0.15 + 0.4 \times 0.10 = 0.13 \text{ 또는 } 13\%$$

수학적으로 이는 다음과 같이 나타낸다.

$$\text{포트폴리오의 기대수익률} = X_A E(R_A) + X_B E(R_B) = E(R_P) \quad [11.3]$$

여기서 X_A와 X_B는 총포트폴리오에서 자산 A와 자산 B가 각각 차지하는 비율이다(투자자는 두 자산에만 투자하므로, $X_A + X_B = 1$ 또는 100%이다). $E(R_A)$와 $E(R_B)$는 두 증권의 기대수익률이다.

이제 각각의 기대수익률이 10%인 두 주식을 고려해 보자. 두 주식으로 구성된 포트폴리오의 기대수익률은 두 자산의 구성비율에 관계없이 10%가 되어야 한다. 이 사실은 이 시점에서 당연한 것처럼 보이지만 나중에 중요해질 것이다. 이 결과는 많은 증권에 투자하더라도 기대수익률은 감소하지 않는다는 것을 의미한다. 포트폴리오의 기대수익률은 단순히 포트폴리오를 구성하고 있는 개별 자산 기대수익률의 가중평균이다.

포트폴리오의 분산과 표준편차

분산 두 증권, A와 B로 구성된 포트폴리오의 분산을 계산하기 위한 식은 다음과 같다.

포트폴리오의 분산

$$\text{포트폴리오} = X_A^2\sigma_A^2 + 2X_AX_B\sigma_{A,B} + X_B^2\sigma_B^2 \quad [11.4]$$

식의 오른편에 세 개의 항이 있는 사실에 주목하자(투자비율을 나타내는 X_A와 X_B에 더하여). 첫째 항은 A의 분산(σ_A^2), 두 번째 항은 두 증권간의 공분산($\sigma_{A,B}$), 세 번째 항은 B의 분산(σ_B^2)을 나타낸다(이 장 앞에서 언급한 바와 같이, $\sigma_{A,B} = \sigma_{B,A}$이다. 즉, 두 증권의 공분산을 나타낼 때 변수의 순서는 중요하지 않다).

이 식은 중요한 사실을 지적하고 있다. 포트폴리오의 분산은 개별 증권의 분산과 두 증권의 공분산에 따라 결정된다. 증권의 분산은 개별 증권수익률의 변동성을 측정한다. 공분산은 두 증권간의 관계를 측정한다. 개별 증권의 분산이 주어진 상태에서 두 증권간의 양의 관계, 또는 양(+)의 공분산은 전체 포트폴리오의 분산을 증대시키는 반면, 두 증권의 음(−)의 관계 또는 음(−)의 공분산은 전체 포트폴리오의 분산을 감소시킨다. 만일 당신이 보유하고 있는 증권 하나는 수익률이 하락하는 반면, 다른 하나는 상승하는 경향이 있다면 또는 그 반대라면 두 증권은 서로 상쇄된다. 이 같은 경우 재무에서 이야기하는 소위 헤지(hedge)를 달성한 것이며 전체 포트폴리오의 위험은 낮아지게 된다. 하지만 만일 두 증권의 수익률이 동시에 오르고 내린다면, 헤지를 하지 못하게 되고 전체 포트폴리오의 위험은 높아지게 된다.

두 증권, Supertech와 Slowpoke를 위한 분산식은 다음과 같다.

$$\text{Var(포트폴리오)} = X_{Super}^2\sigma_{Super}^2 + 2X_{Super}X_{Slow}\sigma_{Super,\,Slow} + X_{Slow}^2\sigma_{Slow}^2$$

총투자금액 \$100 중 \$60는 Supertech에, \$40는 Slowpoke에 투자한다는 앞에서의 가정에 따라, $X_{Super} = 0.6$, $X_{Slow} = 0.4$가 된다. 이 가정과 앞의 표에서의 관련 자료를 바탕으로 포트폴리오의 분산은 다음과 같이 계산된다.

$$0.36 \times 0.0585 + 2 \times [0.6 \times 0.4 \times (-0.001)] + 0.16 \times 0.0110 = 0.0223$$

포트폴리오의 표준편차 이제 포트폴리오 수익률의 표준편차를 계산할 수 있다. 즉,

$$\sigma_P = \text{SD(포트폴리오)} = \sqrt{\text{Var(포트폴리오)}}$$
$$= \sqrt{0.0223} = 0.1495 \text{ 또는 } 14.95\% \quad [11.5]$$

포트폴리오 표준편차에 대한 해석은 개별 증권의 경우와 동일하다. 포트폴리오의 기대수익률은 13%이다. 평균 아래에서 한 단위의 표준편차를 고려한 수익률은 −1.95%(= 13% −14.95%)이고 평균 위에서 한 단위의 표준편차를 고려한 수익률은 27.95%(= 13% + 14.95%)이다. 만일 포트폴리오의 수익률이 정규분포를 나타낸다면, 향후 포트폴리오의 수익률이 −1.95%~ + 27.95% 사이에서 발생할 확률은 약 68%가 된다.[2]

분산효과 포트폴리오의 표준편차와 개별 증권의 표준편차를 비교하는 것은 유익하다. 개

2 Supertech와 Slowpoke의 경우 네 가지의 수익률만이 존재하므로 정규분포를 보인다고 보기 어렵다. 따라서 이 예제에서 확률은 다소 다르게 나타날 수 있다.

별 증권 표준편차의 가중평균은 다음과 같다.

$$\textbf{표준편차의 가중평균} = X_{Super}\sigma_{Super} + X_{Slow}\sigma_{Slow} \quad [11.6]$$
$$= 0.6 \times 0.242 + 0.4 \times 0.105 = 0.187$$

이 장에서 가장 중요한 결론 중 한 가지는 식 11. 5와 식 11. 6의 차이라고 할 수 있다. 예제에서 포트폴리오의 표준편차는 개별 증권 표준편차의 가중평균보다 낮다.

포트폴리오의 기대수익률은 개별 증권의 기대수익률의 가중평균이라고 언급한 바 있다. 따라서 포트폴리오의 표준편차는 포트폴리오의 기대수익률과는 다른 종류의 결론을 얻게된 셈이다.

포트폴리오의 표준편차에 대한 결과는 분산투자 때문인 것으로 받아들여지고 있다. 예를 들어 Supertech와 Slowpoke는 약간 음(−)의 상관관계($\rho = -0.039$)를 보인다. 즉 Slowpoke의 수익률이 평균 이상이라면 Supertech의 수익률은 평균보다 약간 낮게 나타날 가능성이 높다. 이와 유사하게, Slowpoke의 수익률이 평균 이하라면 Supertech의 수익률은 평균보다 약간 높게 나타날 가능성이 높다. 따라서 두 증권으로 구성되는 포트폴리오의 표준편차는 두 증권 표준편차의 가중평균보다 약간 낮게 되는 것이다.

앞의 예는 음(−)의 상관관계를 나타냈다. 만일 두 증권이 양(+)의 상관관계를 보인다면 분산의 효과는 다소 줄어들 수 있다. 분산효과가 완전히 제거되려면 어느 정도의 양(+)의 상관관계를 보여야 하는가?

이에 대한 답을 위해 식 11. 4를 공분산이 아닌 상관관계 형태로 정리해 보자. 먼저 공분산은 다음과 같이 나타낼 수 있다.

$$\sigma_{Super,\, Slow} = \rho_{Super,\, Slow}\sigma_{Super}\sigma_{Slow} \quad [11.7]$$

이 식은 두 증권간의 공분산은 두 증권간의 상관관계와 각 증권 표준편차의 곱이라는 사실을 말해주고 있다. 즉 공분산은 (1) 두 자산간의 상관관계와 (2) 표준편차로 측정되는 두 자산 각각의 변동성을 함께 고려한 것이다.

앞에서 두 증권간의 상관계수는 −0.039라고 하였다. 따라서 포트폴리오의 분산은 다음과 같이 나타낼 수 있다.

포트폴리오 수익률의 분산

$$= X^2_{Super}\,\sigma^2_{Super} + 2X_{Super}X_{Slow}\rho_{Super,\, Slow}\sigma_{Super}\sigma_{Slow} + X^2_{Slow}\sigma^2_{Slow} \quad [11.8]$$
$$0.36 \times 0.0585 + 2 \times 0.6 \times 0.4 \times (-0.039) \times 0.242 \times 0.105$$
$$+ 0.16 \times 0.0110 = 0.0223$$

오른쪽의 중간 항은 이제 공분산이 아닌 상관계수 r항으로 표시했다.

상관계수가 가장 높은 값인 1이라고 가정해 보자($\rho_{Super,\, Slow} = 1$). 다른 조건은 모두 동일하다고 가정하면 포트폴리오의 분산은 다음과 같다.

포트폴리오 수익률의 분산 $= 0.36 \times 0.0585 + 2 \times 0.6 \times 0.4 \times 1 \times 0.242 \times 0.105$
$+ 0.16 \times 0.0110 = 0.035$

표준편차는

포트폴리오 수익률의 표준편차 = $\sqrt{0.035}$ = 0.187 또는 18.7%

식 11.9와 11.6은 동일한 값을 가지게 된다. 즉, $\rho = 1$일 때, 포트폴리오 수익률의 표준편차는 개별 수익률 표준편차의 가중평균과 동일하게 된다. 식 11.8은 분산을 나타내므로 포트폴리오의 표준편차는 상관계수가 1 미만으로 떨어지면 하락할 것이다. 즉

$\rho < 1$이면, 두 증권의 포트폴리오의 표준편차는 개별 증권의 표준편차의 가중평균보다 낮다.

다시 말해, 분산효과는 완전상관관계가 아닌 한 존재하는 것이다. 따라서 Supertech와 Slowpoke 수익률의 상관계수가 1이라고 한 가정은 극히 예외적인 경우이다. 음(−)의 상관관계를 가지는 예에 대해서는 분산효과를 설명했으나 완전 양(+)의 상관관계가 아닌 양(+)의 상관관계를 가지는 경우의 분산효과는 설명하지 못했다.

다수 자산으로 확대 앞에서 언급한 분산효과는 다수 자산으로도 확대될 수 있다. 즉, 두 자산간의 상관계수가 1보다 낮은 한, 다수의 자산으로 구성된 포트폴리오의 표준편차는 개별 증권 표준편차의 가중평균보다 낮다.

이제 지난 10년간 S&P 500 지수의 표준편차와 지수에 포함되어 있는 일부 개별 종목의 표준편차를 보여주고 있는 표 11.3을 살펴보자. 표에 있는 모든 개별 증권의 표준편차가 지수의 표준편차보다 높다는 점에 주목하자. 일반적으로, 지수에 포함되어 있는 대부분 개별 종목의 표준편차는 지수 그 자체의 표준편차보다 높을 것이다. 물론 소수 종목의 표준편차는 지수의 표준편차보다 낮을 수도 있다.

표 11.3
S&P 500지수와 이 지수에 포함되어 있는 주식들의 표준편차, 2009~2018년

자산	표준편차
S&P 500 지수	13.33%
Johnson & Johnson	14.64
Pfizer	17.31
Microsoft	21.95
Boeing	25.41
General Electric	28.81
Amazon.com	29.57
American Express	36.21
Ford	50.40
Advanced Micro Devices	61.36

11. 4 효율적 집합

두 자산의 경우

기대수익률과 표준편차에 대한 결과는 그림 11. 2에 나타나 있다. 이 그림에서 Slowpoke를 나타내는 점과 Supertech를 나타내는 점이 있다. 각 점은 개별 증권의 기대수익률과 표준편차를 나타내 주고 있다. 보는 바와 같이 Supertech의 기대수익률과 표준편차가 Slowpoke보다 모두 더 높다.

그래프에 있는 네모 또는 '□'는 Supertech에 60%, Slowpoke에 40% 투자한 포트폴리오를 표시하고 있다. 이 포트폴리오의 기대수익률과 표준편차에 대해서는 이미 앞에서 계산했다.

Supertech에 60%, Slowpoke에 40% 투자한 이 포트폴리오는 창출될 수 있는 무한대의 포트폴리오 중 단지 하나이다. 포트폴리오의 집합은 그림 11. 3과 같이 곡선으로 그려질 수 있다.

포트폴리오 1을 살펴보자. 이 포트폴리오는 90%의 Slowpoke와 10%의 Supertech 자산으로 구성되어 있다. 이는 Slowpoke의 가중치가 훨씬 높으므로 그래프에서 Slowpoke 점 부근에 표시된다. 포트폴리오 2는 50%의 Slowpoke와 50%의 Supertech로 구성되었으므로 포트폴리오 1보다는 곡선의 윗부분에 위치한다. 포트폴리오 3은 90%의 Supertech와 10%의 Slowpoke로 구성되었으므로 Supertech 점 부근에 위치한다.

이 그래프와 관련해 몇 가지 중요한 사실들이 있다.

1. 두 증권간의 상관계수가 1보다 낮은 한 분산효과가 발생한다고 언급한 바 있다. Supertech와 Slowpoke간의 상관계수는 −0.039이다. 분산효과는 Supertech 점과 Slowpoke 점을 연결한 직선과의 비교를 통해 설명될 수 있다. 직선은 두 증권간의 상관계수가 1인 경우 두 자산의 구성비율에 따라 창출될 수 있는 포트폴리오들이다. 분산효과는 그림에서 곡선이 직선보다 항상 왼쪽에 있는 것으로 설명된다. 점 1′를 살

그림 11. 2

Supertech와 Slowpoke, 그리고 60%의 Supertech와 40%의 Slowpoke로 구성된 포트폴리오의 기대수익률과 표준편차

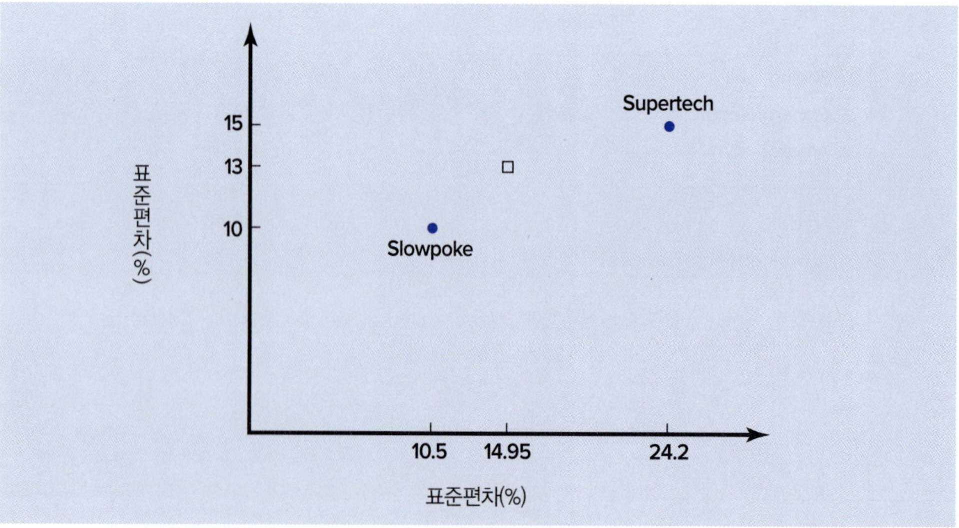

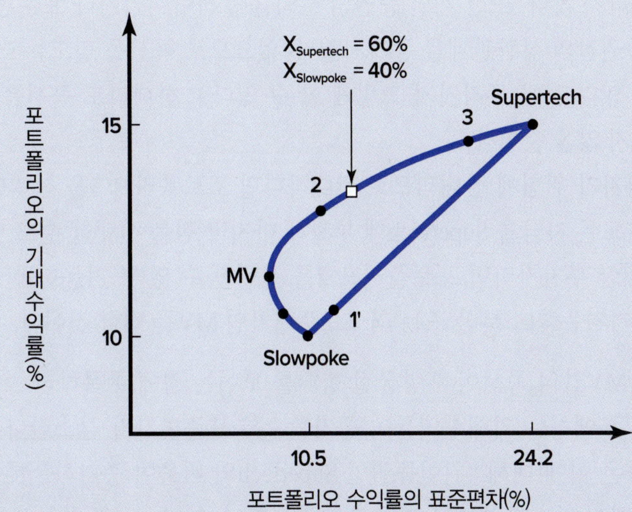

- 포트폴리오 1은 90%의 Slowpoke와 10%의 Supertech로 구성(ρ = −0.039)
- 포트폴리오 2는 50%의 Slowpoke와 50%의 Supertech로 구성(ρ = −0.039)
- 포트폴리오 3은 10%의 Slowpoke와 90%의 Supertech로 구성(ρ = −0.039)
- 포트폴리오 1′는 90%의 Slowpoke와 10%의 Supertech로 구성(ρ = 1)
- 점 MV는 최소분산포트폴리오를 나타낸다. 이는 가능한 분산 중 최저를 나타내는 포트폴리오이다. 정의에 의해, 동일한 포트폴리오가 창출할 수 있는 가장 최저의 표준편차를 기록해야 한다.

그림 11. 3

Supertech와 Slowpoke 구성비에 따른 포트폴리오의 집합
(두 증권 간의 상관계수는 -0.039이다.)

펴보자. 이 점은 두 증권의 상관계수가 정확하게 1인 경우 90%의 Slowpoke와 10%의 Supertech로 구성된 포트폴리오이다. ρ = 1인 경우 분산효과는 전혀 발생하지 않는다. 하지만 분산효과는 곡선에서 나타난다. 즉 점 1은 점 1′와 동일한 기대수익률을 갖지만 표준편차는 더 낮다(점 2′와 점 3′는 그림 11. 3이 복잡해지는 것을 막기 위해 생략한다).

직선과 곡선은 그림 11. 3에서 나란히 나타나고 있지만 현실에서는 동시에 존재할 수가 없다. ρ = −0.039이면서 곡선이거나 ρ = 1이면서 직선만이 존재한다. 즉, 투자자는 ρ = −0.039인 곡선 상에서는 다른 점을 선택할 수 있지만 곡선상의 점과 직선상의 점 사이에서 선택할 수는 없다.

2. 점 MV는 최저분산포트폴리오를 나타낸다. 이 점은 가능한 분산 중 가장 낮은 포트폴리오이다. 정의에 따라, 이 포트폴리오는 가장 낮은 표준편차를 나타내기도 한다. **최소분산포트폴리오**(minimum variance portfolio)는 문헌상 표준화되어 있는 용어이며 여기서도 이 용어를 사용하기로 한다. 그림 11. 3에서 X축에 의해 측정되는 것은 분산이 아니고 표준편차이므로, 실제로는 '최소표준편차'가 더 정확한 표현일 수 있다.

3. Slowpoke와 Supertech의 포트폴리오에 대한 투자는 두 자산에 대한 비중에 따라 그림 11. 3에서 곡선으로 나타나는 **기회집합(opportunity set)** 또는 **가능집합(feasible set)**에 직면한다. 즉, 두 증권간의 적정한 비율을 선택함으로써 곡선상의 어느 점이나 선택할 수 있는 것이다. 투자자는 개별 증권의 수익률을 상승시키거나 표준편차를 감소시키거나 두 증권간의 상관관계를 감소시킬 수 없으므로 곡선을 초과하는 어떠한 투

두 주식의 평균분산 최적포트폴리오를 도출하려면 www.wolframalpha.com을 방문하여 해당 기업의 티커 심벌을 입력하라.

자점도 가능하지 않다. 또한 개별 증권의 수익률을 하락시키거나 표준편차를 증가시키거나 두 증권간의 상관관계를 증가시킬 수 없으므로 곡선을 밑도는 어떠한 투자점도 가능하지 않다(물론 투자자가 그렇게 할 수 있다고 하더라도 곡선을 밑도는 투자점을 선호하지 않을 것이다).

만일 투자자가 위험에 상대적으로 관대하다면 포트폴리오 3을 선택할 수 있다(물론 투자자는 모든 자금을 Supertech에 투자해 마지막 점을 선택할 수도 있다). 위험에 대해 덜 관대한 투자자라면 포트폴리오 2를 선택할 수 있다. 가능한 한 위험을 최소화하려는 투자자는 최소분산 또는 최소표준편차인 MV를 택할 것이다.

4. Slowpoke와 MV간의 곡선이 후방굴절 형태를 보이는 점에 주목하라. 이는 투자가능집합 중 일부분에서는 기대수익률이 증가할수록 표준편차가 감소한다는 것을 의미한다. 학생들은 이에 대해 "위험증권인 Supertech의 비율이 증가하는데 어떻게 포트폴리오의 위험이 감소할 수 있는가?"라고 질문할 수 있다.

   이 놀라운 발견은 분산효과 때문이다. 두 증권의 수익률은 서로 음(−)의 상관관계를 가지고 있다. 다른 증권의 가격이 하락할 때 한 증권의 가격은 상승하는 경향이 있으며 반대의 경우도 성립한다. 따라서 Supertech 비중을 약간 늘리는 것은 Slowpoke 하나로 구성된 포트폴리오에 대한 헤지 역할을 하는 것이다. 포트폴리오 위험의 감소는 곡선이 후방굴절 형태라는 것을 의미한다. 실제로 $\rho \leq 0$이면 항상 후방굴절 형태의 곡선이 나타난다. $\rho > 0$인 경우에는 발생하기도 하고, 하지 않기도 한다. 물론 후방굴절 형태는 전체 길이 중 일부에서 발생한다. 포트폴리오에서 Supertech의 비율이 증가할수록 이 증권의 높은 표준편차는 결국 전체 포트폴리오의 표준편차를 증가시키는 원인이 된다.

5. 최소분산위험 아래부문의 기대수익률을 가지는 포트폴리오를 보유하려는 투자자는 없다. 예를 들어 아무도 포트폴리오 1을 선택하지는 않을 것이다. 이 포트폴리오는 최소분산포트폴리오에 비해 기대수익률은 더 낮고 표준편차는 더 높다. 포트폴리오1과 같은 포트폴리오는 최소분산포트폴리오에 **지배된다**(dominated)고 이야기할 수 있다. Slowpoke부터 Supertech에 이르는 전체 곡선이 **투자가능집합**이지만, 투자자는 MV부터 Supertech까지의 곡선만을 고려한다. 따라서 MV부터 Supertech까지의 곡선을 **효율적 집합(efficient set)** 또는 **효율적 투자선(efficient frontier)**이라고 부른다.

www.efficientfrontier.com 에서 효율적 투자선에 대해 보다 많은 정보를 얻을 수 있다.

그림 11. 3은 $\rho = -0.039$일 때의 투자기회 집합을 나타내고 있다. 두 증권의 상관관계가 다르면 도출되는 곡선도 달라지는데, 이 같은 관계를 보여주는 것이 그림 11. 4이다. 보는 바와 같이, 상관관계가 낮을수록 곡선은 더 많이 휜다. 이는 ρ가 감소할수록 분산효과가 증대됨을 나타낸다. 제한된 경우지만 $\rho = -1$일 때, 즉 완전 음(−)의 상관관계를 보일 때 가장 많이 휜다. $\rho = -1$인 극단적인 경우는 학생들을 매혹시킬지 모르지만 실무에서는 거의 중요하지 않다. 대부분의 증권들은 양(+)의 상관관계를 보이기 때문이다. 완전 음(−)의 상관관계는 물론이고 높은 음(−)의 상관관계도 주식이나 채권과 같은 증권에서는 일반적으로 발생하지 않는다. 두 증권간에는 오로지 한 개의 상관계수만이 존재한다는 사실에 주목하자.

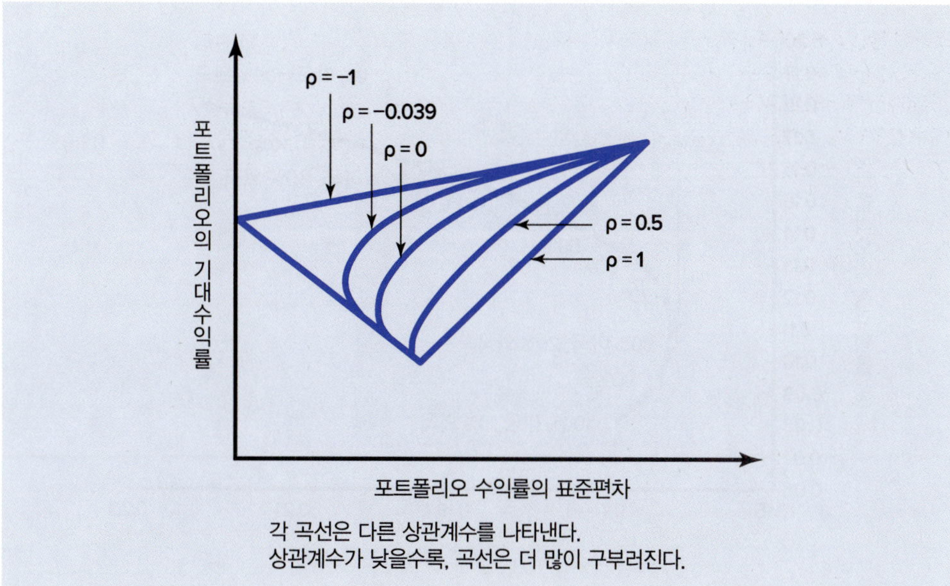

그림 11. 4
Supertech와 Slowpoke로 구성된 투자기회집합

Slowpoke와 Supertech간의 상관계수는 −0.039라고 언급한 바 있다. 따라서 이 같은 관계를 나타내는 그림 11. 3의 곡선이 유일하게 맞는 것이고 그림 11. 4에 있는 곡선들은 다른 설명을 위해 도출한 것이다.

지금까지 그래프들은 단지 지적인 호기심 때문에 살펴본 것은 아니다. 대신 효율적 집합은 현실에서 쉽게 도출될 수 있다. 수익률, 표준편차 그리고 상관계수의 가치는 비록 주관적인 판단이 사용되기는 하지만 일반적으로 과거 자료로부터 산출된다. 일단 변수 값이 결정되면, 컴퓨터 소프트웨어 패키지가 효율적 집합을 산출할 수 있다. 하지만 효율적 집합 내에서 선호하는 포트폴리오를 선택하는 것은 투자자에게 달려있다. 어떤 일을 할지, 어떤 집이나 차를 구입할지, 얼마나 많은 시간을 이 과목에 배분할지와 같은 의사결정과 같이, 선호하는 포트폴리오를 선택까지 하게 하는 컴퓨터 프로그램은 없다.

두 개별 자산이 포트폴리오를 구성하는 곳에서 효율적 집합은 생성된다. 예를 들어 그림 11. 5에서 두 자산은 미국 주식에 분산된 포트폴리오와 외국 주식에 분산된 포트폴리오이다. 기대수익률, 표준편차, 상관계수 등은 과거의 자료를 근거로 계산되었다. 분석에 있어 주관적 판단은 배제된다. 약 17%의 표준편차를 보인 미국 주식의 포트폴리오는 약 22%의 표준편차를 기록한 외국 주식 포트폴리오보다 덜 위험하다. 하지만 미국 주식의 포트폴리오에 외국 주식 포트폴리오의 일부를 결합시키면 곡선의 후방굴절 본질로 인해 실제 위험은 감소한다. 즉, 서로 다른 두 개의 포트폴리오의 결합으로부터 발생하는 분산효과는 보다 위험한 주식을 편입시키는 데 따른 위험의 증가 폭보다 더 큰 것이다. 최소분산포트폴리오는 미국 주식과 외국 주식을 8:2로 보유할 때 달성될 수 있다. 이 점 이상으로 외국 주식을 포함하는 경우 전체 포트폴리오의 위험은 증가한다.

그림 11. 5의 후방굴절 형태의 곡선은 미국의 자산운용자들에게 중요한 정보를 제공한다. 최근 미국의 연금과 뮤추얼펀드 매니저들은 해외에서의 투자기회를 찾고 있다. 또 다른 고려할만한 사항은 미래 수익률을 추정하는 데 사용하는 과거 자료에 대한 잠재적 함정이

그림 11. 5

세계주식의 수익률/위험 교환관계: 미국과 외국 주식의 포트폴리오

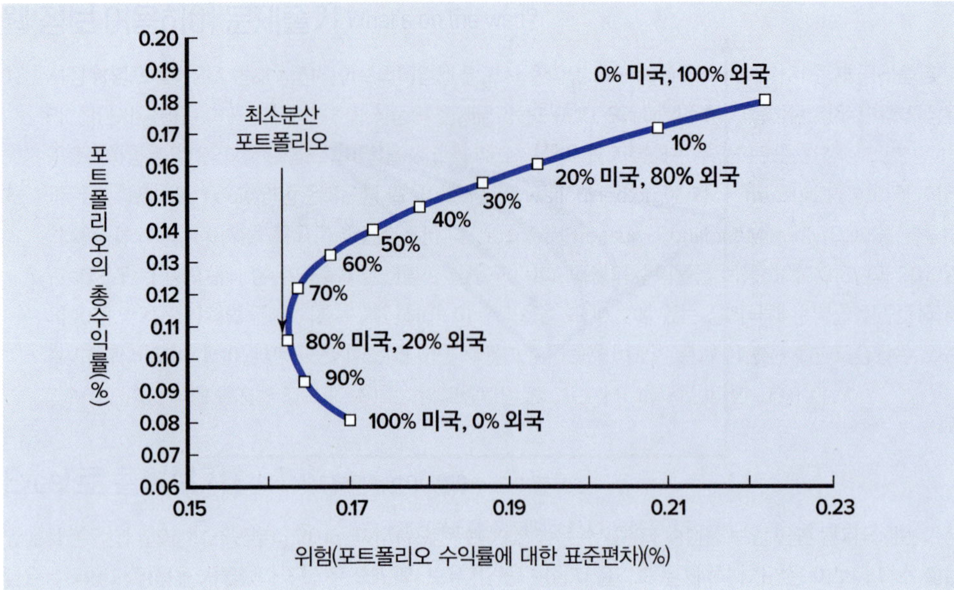

다. 많은 외국의 주식시장들은 지난 40년간 성장세를 보여 왔다. 따라서 그림 11. 5의 그래프에서 이들 외국 주식시장에 대한 거액의 투자는 매력적인 것처럼 보인다. 하지만 비정상적인 고수익률은 영원히 지속될 수 없으므로 미래의 기대수익률을 예측할 때 약간의 주관적 판단이 필요할 것으로 보인다.

다수 증권의 효율적 집합

현재까지는 두 증권을 가지고 논의했고, 단순한 하나의 곡선이 모든 가능한 포트폴리오를 나타냈다. 일반적으로 투자자들은 두 개 이상의 증권을 보유하므로 이 경우의 그래프를 살펴보아야 한다. 그림 11. 6의 음영부분은 다수의 증권을 고려할 때의 투자기회 집합이나 투자가능 집합을 나타낸다. 음영부분은 포트폴리오의 기대수익률과 표준편차의 모든 가능한 조합을 나타낸다. 예를 들어 100개의 증권이 있을 경우 점 1은 40개의 증권으로, 점 2는 80개의 증권으로 구성된 포트폴리오일 수 있다. 점 3은 다른 종류로 구성된 80개의 증권이나, 같은 종류지만 다른 비율로 구성된 포트폴리오를 나타낼 수 있다. 이 같은 조합은 무한대로 만들어낼 수 있다. 하지만 모든 가능한 조합은 제한된 영역 내에서 가능하다는 사실에 주목하자. 어떤 증권이나 포트폴리오도 음영부문 밖에서 나타날 수는 없다. 즉, 주어진 음영영역보다 높은 기대수익률을 갖는 포트폴리오나 주어진 음영부분보다 낮은 표준편차를 갖는 포트폴리오를 선택할 수 없다. 더 흥미스러운 점은 주어진 곡선 이하의 기대수익률을 선택할 수 없다는 사실이다. 즉 자본시장은 실제로 자포자기한 투자자들이 보장된 손실을 책임지게 하는 것을 방지하고 있다.[3]

그림 11. 6은 앞의 그래프와 다르다. 단지 두 개의 증권만을 고려할 때, 모든 조합은 단일 곡선 상에 위치한다. 반대로, 많은 증권을 상대로 하는 조합은 전체 영역을 포함한다. 하지

3 물론 일부 투자자는 투자자금 일부에 대해 그렇게 할 수가 있다. 예를 들어, 목적 없이 자주 거래를 한다면 수수료는 포트폴리오의 양(+)의 기대수익률보다 많아질 것이다.

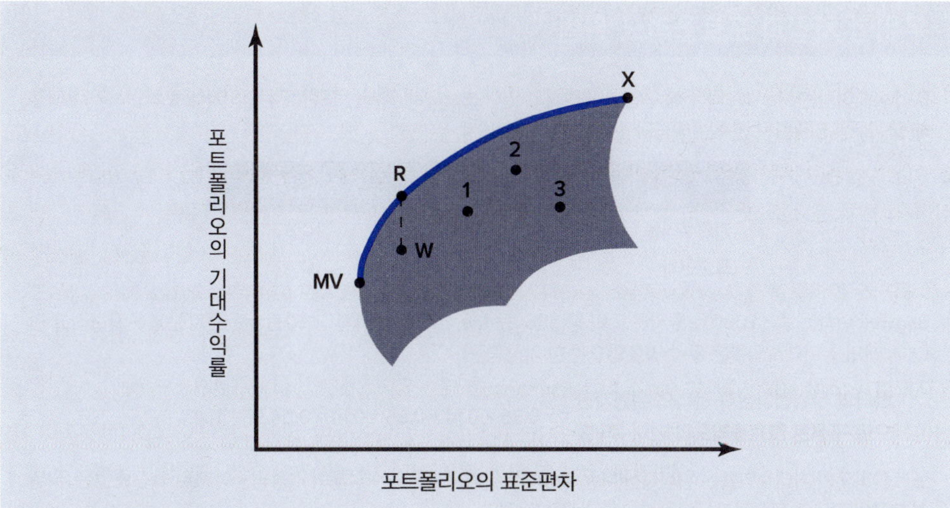

그림 11.6

다수 증권으로 구성된 포트폴리오의 투자가능 집합

만, 개인 투자자들은 MV와 *X* 사이의 어딘가를 원할 것이라는 점에 주목하자. 그림 11. 6에서 두꺼운 곡선으로 나타낸 윗부분을 **효율적 집합**(efficient set)이라고 부른다. 효율적 집합선 아래 어느 점을 선택하든 효율적 집합 상의 점에 비해 동일한 표준편차이지만 더 낮은 기대수익률을 갖게 될 것이다. 예를 들어 효율적 집합 상의 *R*과 그 바로 아래의 *W*를 살펴보라. 만일 *W*가 당신이 원하는 위험수준이라면, 당신은 더 높은 기대수익률을 받기 위해 *W* 대신 *R*을 선택해야 한다.

마지막 분석으로 그림 11. 6은 그림 11. 3와 매우 유사하다. 그림 11. 3에서 효율적 집합은 MV에서 Supertech점까지이다. 이 곡선에서는 Supertech와 Slowpoke의 다양한 조합을 포함한다. 그림 11. 6에서 효율적 집합은 MV에서 X까지의 곡선이다. 이는 많은 증권의 다양한 조합을 포함한다. 전체 음영영역이 그림 11.3이 아닌 그림 11.6에서 나타난다는 사실은 중요한 차이점이 아니다. 어쨌든 그림 11.6에서 효율적 집합 아래 어느 점이든 선택하는 투자자는 없을 것이다.

두 증권의 효율적 집합은 현실에서 쉽게 도출될 수 있다고 언급한 바 있다. 추가적인 증권이 포함될 때는 많은 계산이 필요하게 된다. 그 결과 몇 개 이상의 증권이 되면 수작업은 현실적이지 못하다. 대신 많은 소프트웨어 패키지가 적당한 크기의 포트폴리오를 위한 효율적 집합을 계산할 수 있게 해 준다. 이들 패키지는 꽤 활발하게 판매되고 있으므로 앞에서의 논의는 실무에서 중요할 수 있다.

11. 5 무위험 차입과 대출

그림 11. 6은 효율적 집합 상에 있는 모든 증권이 위험하다고 가정한다. 대신 투자자는 위험투자와 위험이 없는 또는 미국 재무부의 단기채권과 같은 무위험(risk−free)증권에 대한 투자를 결합시킬 수 있다. 이에 대해 다음 예제에서 설명한다.

예제 11.3

무위험 차입과 포트폴리오 위험

Bagwell 여사는 Merville의 주식 구입을 고려하고 있다. Bagwell 여사는 또한 무위험이자율로 차입하거나 대출해 줄 수 있다. 관련된 변수는 다음과 같다.

	Merville 보통주	무위험자산
기대수익률	14%	10%
표준편차	0.20	0

Bagwell 여사는 총 $1,000를 투자하고 이 중 $350는 Merville에, 나머지 $650는 무위험자산에 투자하려고 한다. 투자의 총기대수익률은 두 수익률의 단순한 가중평균이다.

하나의 무위험자산과 하나의 위험자산으로 구성된 포트폴리오의 기대수익률 = 0.35 × 0.14 + 0.65 × 0.10 = 0.114 또는 11.4%

포트폴리오의 기대수익률은 위험자산(Merville)과 무위험자산 기대수익률의 가중평균이므로, 계산방법은 두 위험자산의 경우와 유사하다. 즉, 식 11. 3을 활용하면 된다.
식 11. 4를 이용하면, 포트폴리오의 분산을 구하는 식은 다음과 같이 표시될 수 있다:

$$X^2_{Merville}\sigma^2_{Merville} + 2X_{Merville}X_{Risk\text{-}free}\sigma_{Merville,\ Risk\text{-}free} + X^2_{Risk\text{-}free}\sigma^2_{Risk\text{-}free}$$

하지만, 정의에 의해 무위험자산은 변동성이 없으므로 $\sigma_{Merville,\ Risk-free}$와 $\sigma^2_{Risk-free}$는 0이 되어 다음과 같이 간단해진다.

하나의 무위험자산과 하나의 위험자산으로 구성된 포트폴리오의 분산

$$= X^2_{Merville}\sigma^2_{Merville} \quad [11.9]$$
$$= 0.35^2 \times 0.20^2$$
$$= 0.0049$$

포트폴리오의 표준편차는 따라서 다음과 같다.

하나의 무위험자산과 하나의 위험자산으로 구성된 포트폴리오의 표준편차

$$= X_{Merville}\sigma_{Merville} \quad [11.10]$$
$$= \sqrt{0.0049}$$
$$= 0.07$$

한 개의 위험자산과 한 개의 무위험 자산으로 구성된 포트폴리오의 위험과 기대수익률과의 관계는 그림 11. 7에 나타나 있다. Bagwell 여사의 35~65%의 비율로 두 자산을 가지고 구성한 포트폴리오는 무위험자산 수익률과 Merville기업에 대한 순수한 투자수익률 사이에 직선으로 나타난다. 두 위험자산의 경우와는 다르게 투자집합이 곡선이 아닌 직선으로 나타난다는 점에 주목하자.

이제 Bagwell 여사가 무위험이자율로 $200를 차입한다고 가정해 보자. 그녀가 원래 보유하고 있는 자금 $1,000와 합치면 $1,200를 Merville에 투자할 수 있다. 따라서 기대수익률은 다음과 같이 된다.

위험자산에 투자하기 위해 차입한 포트폴리오의 기대수익률 = 1.20 × 0.14 + (−0.2 × 0.10) = 0.148 또는 14.8%

그녀는 최초의 투자금액의 20%를 차입하여 총 120%를 Merville에 투자한다. 이 경우 수익률은 14.8%로 Merville에 대한 투자수익률 14%보다 더 높아진다는 점에 주목하라. 이는 그녀가 투자대상의 기대수익률은 10%보다 높은데 10%의 이자율로 차입했기 때문에 가능하다.

표준편차는 다음과 같다.

위험자산에 투자하기 위해 차입한 포트폴리오의 표준편차 = 1.20 × 0.2 = 0.24 또는 24%

차입은 투자의 변동성을 확대시키므로 이 포트폴리오의 표준편차는 0.24%로 Merville 투자에 대한 표준편차인 0.2%보다 더 높다. 이 투자안은 그림 11. 7에 나타나 있다.

(계속)

그림 11. 7 하나의 위험자산과 하나의 무위험자산으로 구성된 포트폴리오의 기대수익률과 위험의 관계

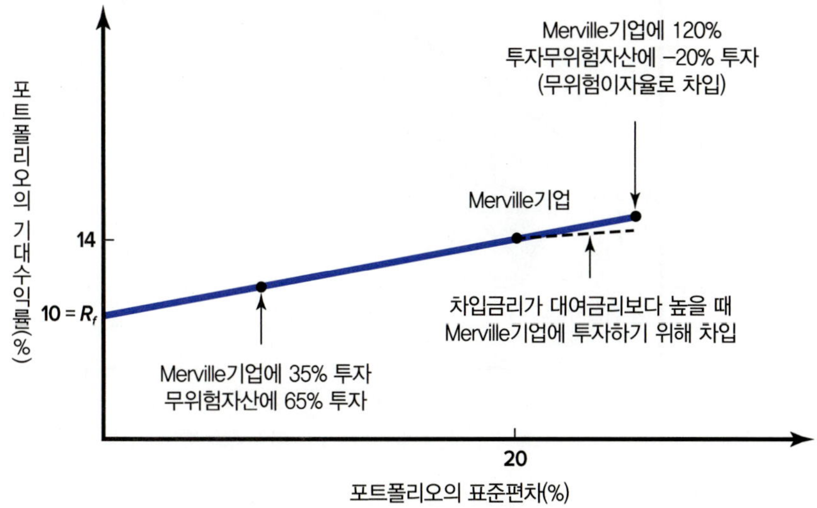

현재까지, Bagwell 여사는 대여해 줄 수 있는 금리와 동일한 금리로 차입할 수 있다고 가정했다.[4] 이제 차입금리가 대여금리보다 높은 경우를 생각해 보자. 그림 11. 7의 점선은 이 같은 경우의 차입기회에 대한 투자기회 집합을 보여주고 있다. 높은 차입금리는 투자에 대한 기대수익률을 낮게 하므로, 점선은 실선 아래에 위치하게 된다.

최적 포트폴리오

앞 절에서는 하나의 무위험자산과 하나의 위험자산으로 구성된 포트폴리오에 대해 살펴보았다. 현실적으로 볼 때, 투자자는 무위험자산과 위험자산의 포트폴리오에 대한 투자를 결합하곤 한다. 이는 그림 11. 8에 설명되어 있다.

증권의 포트폴리오를 나타내는 점 Q를 고려해 보자. 점 Q는 위험증권의 투자가능 집합 내에 위치해 있다. 이 점은 30%의 AT&T, 45%의 GE 그리고 25%의 IBM 주식으로 구성되어 있다고 가정하자. 무위험자산과 포트폴리오 Q를 결합하여 투자하는 개인은 R_F에서 점 Q로 이어지는 직선을 따라 투자를 할 수 있을 것이다. 이 직선을 I라고 하자. 예를 들어 이 직선에 있는 점 1은 무위험자산 70%와 Q로 표시되는 주식 30%로 구성된 포트폴리오를 나타낸다. \$100를 가진 투자자가 그의 포트폴리오로 점 1을 선택했다면 그는 \$70를 무위험자산에, \$30를 Q에 투자하게 될 것이다. 이는 무위험자산에 \$70, AT&T에 \$9(= 0.3 × \$30), GE에 \$13.50(= 0.45 × \$30), IBM에 \$7.50(= 0.25 × \$30)를 투자한 것이다. 점 2는 무위험자산과 좀 더 많은 부분을 Q에 투자한(65%) 포트폴리오를 나타낸다.

점 3은 Q에 투자하기 위해 차입한 경우를 나타낸다. 예를 들어 투자자는 최초의 자금 \$100에 은행이나 증권사로부터 차입한 \$40를 합하여 \$140를 Q에 투자할 수 있다. 이 경우

4 놀랍게도, 이 같은 경우는 상당히 비슷하게 나타난다. 왜냐하면 많은 투자자들이 주식을 구입할 때 증권회사로부터 자금을 차입할 수 있다(일명 신용거래라고 한다). 여기서 차입금리는 무위험자산 수익률과 매우 유사하며 특히 대형투자자인 경우 더욱 그렇다.

그림 11. 8

세계주식의 수익률/위험 교환관계: 미국과 외국 주식의 포트폴리오

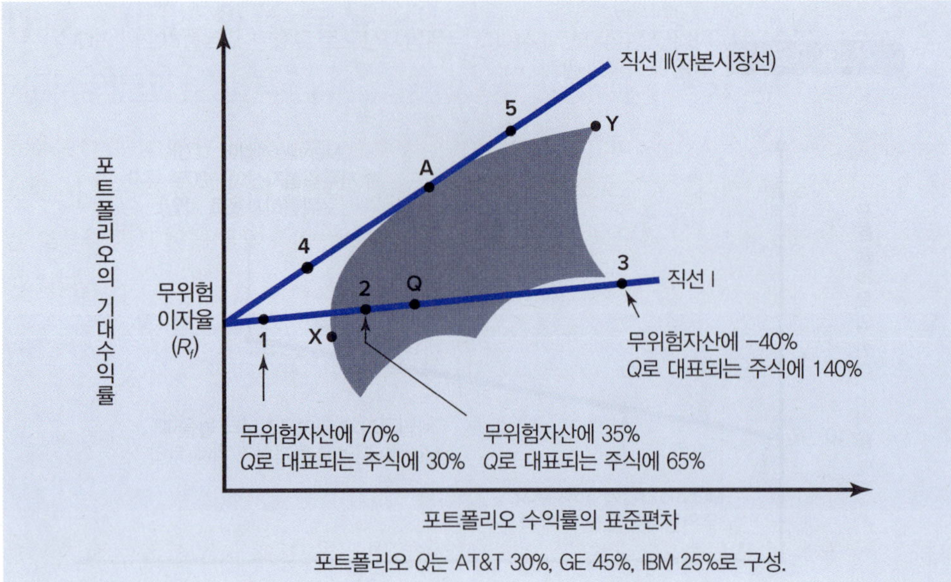

AT&T에 \$42(= 0.3 × \$140), GE에 \$63(= 0.45 × \$140), IBM에 \$35(= 0.25 × \$140)를 투자하게 된다.

위의 투자는 다음과 같이 정리된다.

	점 Q	점 1(대출 \$70)	점 3(차입 \$40)
AT&T	\$ 30	\$ 9.00	\$ 42
GE	45	13.50	63
IBM	25	7.50	35
무위험	0	70.00	- 40
총투자	\$100	\$100.00	\$100

투자자가 직선 I상에 어떤 점에 투자한다고 하더라도 I선 상의 점들은 최적이 아니다. 이를 살펴보기 위해서 RF와 점 A를 연결한 직선 II를 고려해보자. 점 A는 위험증권의 포트폴리오를 나타낸다. 직선 II는 무위험자산과 *A*에 있는 증권의 결합으로 구성된 포트폴리오를 나타낸다. R_f와 A사이의 점들은 투자자금의 일부는 무위험자산에 투자하고 나머지는 점 *A*에 투자하는 경우의 포트폴리오들이다. *A*를 지나는 점들은 *A*에 투자하기 위해 무위험이자율로 차입하여 최초 투자자금 이상으로 투자하는 경우 발생한다.

그려진 것과 마찬가지로 직선 II는 위험증권의 효율적 집합과 접한다. 투자자는 직선 I 상의 어느 점을 선택하든지 그 직선 II상에서 동일한 표준편차를 갖지만 더 높은 기대수익을 창출할 수 있는 점을 얻을 수 있다. 사실 직선 II는 위험자산의 효율적 집합과 접하기 때문에 투자자에게 최상의 가능한 기회를 제공한다. 즉 직선 II는 위험자산과 무위험자산을 포함하는 모든 자산에 대한 효율적 집합으로 간주될 수 있다. 위험회피도가 높은 투자자는 R_f 와 *A*, 예를 들어 점 4를 선택할 수 있는 반면 위험회피도가 낮은 투자자는 *A*에 가까운 점이나 또는 *A*를 초과하는 점을 선택할 수 있다. 예를 들어 점 5는 *A*에 더 많은 투자를 하기 위해 차입을 한 경우이다.

이 그래프는 중요한 점을 지적해 준다. 무위험 차입과 대출을 통해, 어떤 투자자라도 위험자산의 포트폴리오는 항상 점 *A*를 선택할 것이다. 투자자의 위험회피도에 관계없이, 투자자는 위험자산의 효율적 집합(곡선 XAY) 내의 다른 점이나 또는 투자가능영역 내의 어떠한 다른 점도 결코 선택하지 않을 것이다. 대신 투자자는 위험에 대한 회피도가 높은 경우 *A*의 증권과 무위험자산을 결합시킬 것이다. 또는 위험에 대한 회피도가 낮은 경우에는 *A*에 더 많은 자금을 투자하기 위해 무위험자산을 차입할 것이다.

이 같은 결과를 재무경제학자들은 **분리원칙(separation principle)**이라고 부른다. 즉, 투자자의 투자의사결정규칙은 두 개의 분리된 단계로 구성된다는 것이다.

1. (a) 개별 증권의 기대수익률과 분산, 그리고(b) 증권간의 공분산을 측정한 후에, 투자자는 그림 11. 8에서 곡선 XAY로 표시되는 위험자산의 효율적 집합을 구한다. 투자자는 그 다음 무위험이자율과 위험자산의 효율적 집합(곡선 XAY)이 접하는 점 *A*를 결정한다. 점 *A*는 투자자가 보유할 위험자산의 포트폴리오를 나타낸다. 이 점은 수익률, 분산, 공분산으로만 결정된 것이다. 위험회피도와 같은 개인적인 특성은 이 단계에서는 반영되지 않는다.
2. 투자자는 이제 위험자산의 포트폴리오 *A*와 무위험자산을 어떻게 결합할 것인가를 결정해야 한다. 투자자는 무위험자산에 자금의 일부를 투자하고 나머지는 포트폴리오 A에 투자할 수 있다. 이 경우 투자자는 직선 R_f와 *A* 사이 어디엔가 위치할 것이다. 또는 투자자는 무위험이자율로 차입하여 모든 자금을 포트폴리오 A에 투자할 수도 있다. 이 같은 경우 투자자는 직선 II에서 *A* 윗부분 어디엔가 위치할 것이다. 무위험자산에 대한 투자 비중은, 즉 직선상에 어느 점을 택할 것인가는 위험에 대한 태도와 같은 투자자의 특성에 의해 결정되는 것이다.

11. 6 발표, 서프라이즈, 기대수익

이제 포트폴리오를 구성하고 그들의 수익률을 평가하는 방법을 알았으므로 개별 증권과 관련된 위험과 수익률에 대해 보다 자세히 살펴보기로 한다. 지금까지 개별 자산이나 포트폴리오의 실제수익률 *R*과 기대수익률 E(*R*)과의 차이를 통해 변동성을 측정했다. 이제 이 같은 차이가 왜 발생하는지를 알아보자.

기대수익률과 기대하지 못한 수익률

구체적인 예를 위해, Flyers 주식의 수익률을 고려해 보자. 이 주식의 올해 수익률을 결정짓는 요인은 무엇이 있을까?

금융시장에서 거래되는 어느 주식의 수익률도 두 가지 부분으로 구성된다. 먼저 주식의 정상수익률 또는 기대수익률은 시장에 있는 주주들이 기대하거나 예측하는 수익률의 일부이다. 이 수익률은 주주들이 주식과 관련되어 보유하고 있는 정보에 따라 결정되며, 올해 주식에 영향을 미칠 중요한 요소에 대한 현재 시장의 이해에 근거하여 산출된다.

두 번째 부분은 불확실한, 즉 위험 부분이다. 이는 당해 연도에 발생하는 기대하지 못한 정보로부터 발생한다. 이와 같은 정보의 모든 가능한 원천은 무한정할 것이지만 다음과 같은 예를 들 수 있다.

- Flyers사의 연구에 대한 뉴스
- 국내총생산(GDP)에 대한 정부 통계발표
- 최근 군사통제회담의 결과
- Flyers사의 매출액이 예상보다 높았다는 뉴스
- 기대하지 못한 갑작스러운 이자율의 하락

이 같은 논의를 바탕으로, Flyers사의 올해 기대수익률은 다음과 같이 나타낼 수 있다.

총수익률 = 기대수익률 + 기대하지 못한 수익률 **[11. 11]**

$$R = \mathrm{E}(R) + U$$

여기서 R은 당해 연도의 실제 총수익률을, E(R)은 수익률 중 기대부분을, U는 수익률 중 기대하지 못한 부분을 나타낸다. 이 식이 의미하는 바는, 실제 수익률 R은 1년 동안 발생하는 생각지 못한 요소들로 인해 기대수익률 E(R)과 차이가 발생한다는 것이다. 주어진 해에 기대하지 못한 수익률은 양(+)이 되거나 음(−)이 될 수 있지만 시간을 놓고 볼 때, U의 평균 가치는 0일 될 것이다. 이는 단순히 평균적으로 실제 수익률은 기대수익률과 동일하다는 것을 의미한다.

발표와 뉴스

수익률에 대한 뉴스들의 효과를 논의할 때는 주의해야 할 필요가 있다. 예를 들어 Flyers의 사업은 GDP 성장률이 상대적으로 높을 때는 고성장하지만 성장률이 상대적으로 낮을 때는 어려워진다고 가정하자. 이 같은 경우, 주주들은 올해 수익률을 예상하는 데 있어, GDP 성장률이 어떻게 될 것인가에 대해 묵시적으로 또는 명시적으로 고려해야만 한다.

정부가 실제로 올해 GDP 수치를 발표할 때, Flyers 주식의 가치는 어떻게 될 것인가? 정답은 정확하게 정부 발표 수치에 달려있다고 할 수 있다. 하지만 더 중요한 점은, 발표된 수치가 얼마나 새로운(new) 정보인가에 따라 이 발표의 파급효과는 달라진다는 것이다.

연초에 시장 참여자들은 올해 GDP가 어느 정도 될 것인가에 대한 전망을 한다. 따라서 주주들이 전망하는 GDP는 주식수익률의 기대부분, E(R)에 이미 반영되어 있을 것이다. 반면, 발표된 GDP가 의외의 수치라면 그 영향은 수익률의 기대하지 못한 부분, U의 일부분이 될 것이다. 예를 들어, 주주들은 올해 GDP가 0.5% 증가할 것이라고 예상했다고 하자. 만일 실제 발표가 정확하게 예상치와 동일한 0.5%였다면, 주주들은 이 발표로부터 얻는 정보가 없는 것이며 이 발표는 더 이상 뉴스가 아닌 것이 된다. 따라서 주식에 미치는 영향도 없을 것이다. 이는 미심쩍었던 사실에 대해 단지 확신을 해주는 역할에 지나지 않고 새로운 사실이 드러난 것은 없기 때문이다.

이 같이 어떤 발표가 더 이상 뉴스의 역할을 하지 못할 때, 시장은 이미 발표를 "반영했다"고 이야기한다. 여기서 반영이라는 용어는 현재가치를 계산할 때 사용하는 할인과는 다른 것이지만 개념은 동일하다. 미래의 현금을 할인할 때, 화폐의 시간가치로 인해 가치는 적어진다. 발표나 뉴스가 반영되었다고 한다면, 시장에서 이미 이 사실을 알고 있기 때문에 발표에 대한 영향이 적다고 말할 수 있다.

Flyers의 예로 돌아가서, 정부가 올해 실제 GDP가 1.5% 증가했다고 발표한다고 가정하자. 이제 주주들은 무엇인가 새로운 정보, 즉 증가율이 기대치보다 1%포인트 높았다는 정보를 얻게 된 셈이다. 이 예에서 1%포인트에 해당하는, 실제 결과와 예상치와의 차이를 혁신(innovation) 또는 서프라이즈(surprise)라고 부른다.

이 차이는 긍정적인 뉴스로 보이는 것이 왜 실제로는 부정적인 뉴스가 될 수 있는가를 설명해준다(반대의 경우도 마찬가지이다). 예를 들어 이 장의 오프닝케이스에서 PG&E, Netflix, Amazon.com사 등을 비교하였다. PG&E는 캘리포니아 산불의 원인 제공자로 비난받고 있었으며 $300억에 이르는 잠재적 부채에 직면했다. 하지만 파산신청으로 인해 기업은 소비자의 요구에 대해 협의할 수 있는 시간을 벌었다. 또한 파산신청은 캘리포니아 주정부가 기업의 청구비용을 소비자에게 전가시킬 수 있는 법안을 손쉽게 통과시키고, 미국에서 가장 비싼 계약 중 하나인 재생에너지 사업을 그 기업이 다시 수행할 수 있도록 하는 빌미를 제공했다. Netflix의 경우 사상 최대의 신규가입자수를 기록하며 $41.9억의 수익을 올렸지만 이는 기대치인 $42.1억에 비해 소폭 낮은 수치였다. 더구나 Neflix는 1주일 전에 일반적으로 고성장의 지표라고 할 수 있는 가격인상을 이미 단행한 바 있어, 투자자들은 좀 더 좋은 결과를 기대하고 있었다. Amazon.com의 경우도 수익이 역대 최고치를 경신하여 긍정적인 신호로 받아들여졌다. 하지만 이익 성장률이 지난해 동기에 비해 낮았다. 회사는 또한 2019년에 자본적지출이 증가할 것이라고 발표를 하기도 했다. 투자자들은 신규투자의 수익률이 더욱 낮아질 것이라고 전망했을 수도 있다.

정리하면, 발표는 두 가지 부분, 즉 예측 또는 기대부분과 서프라이즈 또는 혁신부분으로 나뉠 수 있다.

발표 = 기대부분 + 서프라이즈 **[11. 12]**

모든 발표의 기대부분은 시장이 주식의 수익률에서 기대수익률 E(R)을 산출하는 데 사용하는 정보의 일부분이다. 서프라이즈는 주식의 기대하지 못한 수익률 U에 영향을 미치는 뉴스이다. 따라서 뉴스를 이야기할 때는 앞으로 시장이 기대하여 이미 반영된 부분이 아닌 발표의 서프라이즈 부분을 의미할 것이다.

11. 7 위험: 체계적과 비체계적

총수익률 중 서프라이즈로부터 발생하는 예상하지 못한 부분은 모든 투자에 있어 진정한 위험이라고 할 수 있다. 결국, 우리가 원하는 것을 항상 정확하게 받는다면, 투자는 완전히 예측 가능하고 정의상 무위험이 된다. 즉, 자산을 보유함으로써 발생하는 위험은 서프라이즈 –예상하지 못한 사건–로부터 발생한다.

하지만, 위험의 다양한 원천간에는 중요한 차이가 있다. 앞의 뉴스 목록으로 되돌아가보

자. 어떤 뉴스는 Flyers사에 특별히 직접적으로 관련되어 있는 것도 있고 어떤 뉴스는 보다 일반적인 것도 있다. 어떤 종류의 뉴스가 Flyers에게 특별히 중요할까?

이자율이나 GDP와 같은 발표는 거의 대부분의 회사들에게 중요할 것인 반면 Flyers사의 사장, 연구개발, 또는 매출액 등은 Flyers에만 해당하는 특별한 것이다. 이들 두 가지 형태의 사건은 매우 다른 의미를 지니기 때문에 구분되어야 한다.

체계적·위험과 비체계적 위험

서프라이즈의 첫 번째 형태는 많은 자산에 영향을 주는 것으로 **체계적 위험(systematic risk)**이라고 부른다. 체계적 위험은 수많은 자산 각각에 대해 많은 또는 적은 범위에서 영향을 미친다. 체계적 위험은 시장 전체적인 효과를 가지므로 **시장위험**(market risk)이라고도 한다. 서프라이즈의 두 번째 종류는 **비체계적 위험(unsystematic risk)**이라고 부르는 것으로 단일 자산이나 소규모 자산군에 영향을 미치는 위험이다. 이 위험은 개별 회사 또는 자산에 대한 유일한 위험이므로 **특이위험**(unique risk) 또는 **자산고유위험**(asset specific risk)이라고 부른다.

앞에서 살펴본 바와 같이 GDP나 금리, 인플레이션과 같이 일반적인 경제상황에 대한불확실성은 체계적 위험의 예이다. 이 같은 경제상황은 거의 모든 회사들에게 어느 정도 영향을 미친다. 예를 들어 인플레이션의 예상하지 못했던 의외의 증가는 임금 및 회사가 구입하는 원재료 비용에 영향을 미치고, 기업이 소유하는 자산가치에 영향을 미치며, 또한 기업이 판매하는 제품가격에 영향을 미친다. 모든 기업이 받아들이기 쉬운 그와 같은 영향들이 체계적 위험의 본질이다.

반대로, 한 기업이 석유파업을 했다는 발표는 기본적으로 해당 회사와 주요 경쟁자 및 공급업자 정도에만 영향을 미칠 것이다. 하지만 전 세계 석유시장이나 석유사업에 관련이 되어 있지 않은 기업들에게는 거의 영향을 미치지 않으므로 이는 비체계적 사건이 된다.

수익률의 체계적·비체계적 요소

체계적 위험과 비체계적 위험의 차이는 앞에서 정의한 것과 같이 결코 정확하게 구분되지 않는다. 심지어 어떤 회사에 대한 가장 한정되고 특이한 뉴스도 경제에 파장을 일으킬 수 있다. 이는 규모에 상관없이 모든 기업들이 경제의 일부분이기 때문이다. '한 마리의 말이 굽을 잃어버려 왕조가 망했다'는 전설은 이를 잘 설명해 준다. 하지만 어떤 위험들은 명백하게 다른 위험에 비해 일반적일 수 있다. 이에 대해서는 잠시 뒤에서 살펴볼 것이다.

위험유형간의 차이는 Flyers 주식수익률의 서프라이즈부분, U를 두 부분으로 나눌 수 있게 한다. 앞에서, 실제수익률은 기대부분과 서프라이즈부분으로 나뉜다고 설명한 바 있다.

$$R = E(R) + U$$

이제 Flyers의 총서프라이즈부분 U는 체계적부분과 비체계적부분으로 나뉠 수 있다는 사실을 인지하게 된다. 따라서

$$R = E(R) + \text{체계적부분} + \text{비체계적부분} \quad [11.13]$$

이 된다. 체계적 위험은 시장에 있는 모든 자산에 어느 정도 영향을 미치므로 시장위험이라고 부른다.

11.8 분산투자와 포트폴리오 위험

앞에서 포트폴리오의 위험은 원칙적으로 포트폴리오를 구성하는 자산들의 위험과 상당히 다를 수 있다는 것을 보았다. 이제 개별 자산의 위험과 많은 자산으로 구성된 포트폴리오의 위험에 대해 보다 자세히 관찰해 보도록 하자. 미국 자본시장에서 실제 투자가 어떻게 이루어졌는지에 대한 아이디어를 얻기 위해 과거 시장을 다시 한 번 살펴보자.

위험과 분산효과에 대해 더 자세히 알고 싶으면 www.investopedia.com/university를 방문하라.

분산투자 효과: 시장역사로부터의 또 다른 교훈

앞 장에서, 500개의 대형주로 구성된 포트폴리오의 연간 수익률의 표준편차는 역사적으로 연 20%에 이르는 것을 보았다. 이는 500개 주식 중 특정 주식의 연수익률의 표준편차가 약 20%라는 것을 의미하는가? 당신이 생각하는 바와 같이, 정답은 "아니다"이다. 이는 매우중요한 발견이다.

포트폴리오 규모와 위험간의 관계를 설명하기 위한 표 11.4는 포트폴리오의 구성 주식 수에 따른 연평균 표준편차를 보여주고 있다. 주식은 NYSE 주식 중 무작위로 선택되었고 포트폴리오의 표준편차는 구성 주식별로 균등하게 가중치를 두어 계산되었다.

표 11.4의 2열에서 주식 하나로 구성된 '포트폴리오'의 표준편차는 49%임을 알 수 있

(1) 포트폴리오를 구성하는 주식수	(2) 포트폴리오 연수익률의 평균 표준편차	(3) 단일 주식의 표준편차에 대한 포트폴리오의 표준편차 비율
1	49.24%	1.00
2	37.36	0.76
4	29.69	0.60
6	26.64	0.54
8	24.98	0.51
10	23.93	0.49
20	21.68	0.44
30	20.87	0.42
40	20.46	0.42
50	20.20	0.41
100	19.69	0.40
200	19.42	0.39
300	19.34	0.39
400	19.29	0.39
500	19.27	0.39
1,000	19.21	0.39

표 11.4

포트폴리오 연수익률의 표준편차

출처: 이 수치들은 *Journal of Financial and Quantitative Analysis* 22, no. 3(September 1987), pp 353~363에 실린 Meir. Statman의 논문 "How Many Stocks Make a Diversified Portfolio?"에서 표 1의 내용임. 이 수치들은 *Journal of Business* 50, no. 4(1977), pp. 415~437에 실린 E. J. Elton 과 Martin. Edwin J., Gruber의 논문 "Risk Reduction and Portfolio Size: An Analytic Solution"에서 인용한 것임.

그림 11.9

포트폴리오분산투자

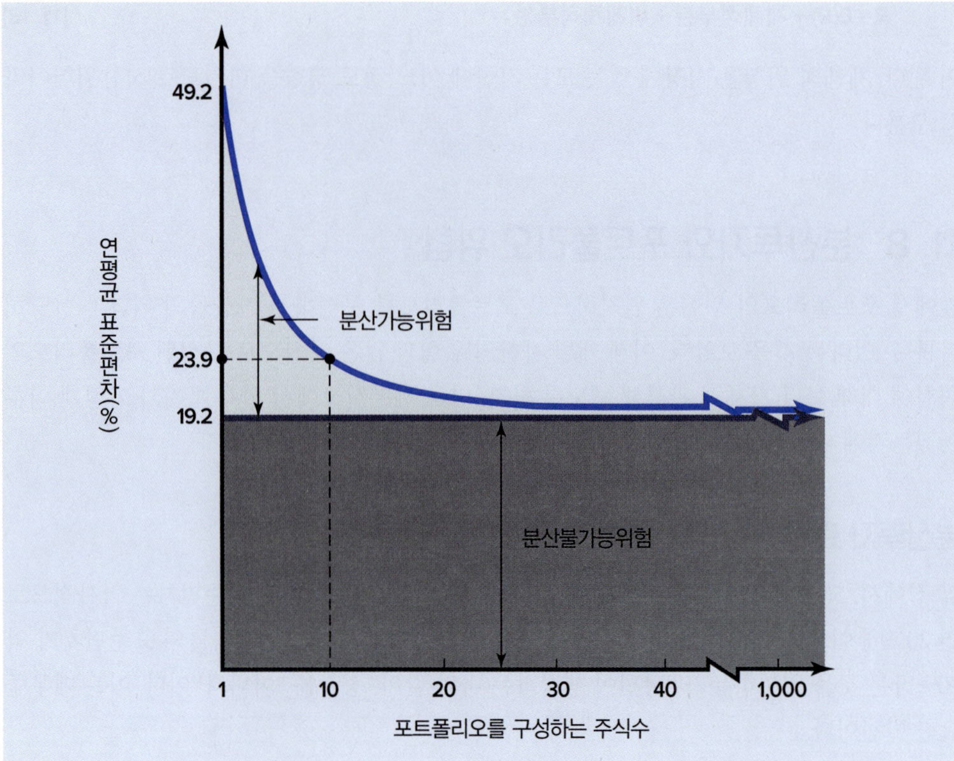

다. 이는 만일 무작위로 선택한 NYSE 주식 한 개에 모든 자금을 투자한다면, 수익률의 표준편차는 일반적으로 연 49%에 이르게 된다는 것을 의미한다. 만일 무작위로 두 개의 주식을 선택하고 자금의 반을 각 주식에 투자한다면, 표준편차는 평균 약 37%가 될 것이다.

표 11.4에서 주목해야 할 중요한 점은 주식 수가 증가할수록 표준편차는 감소한다는 사실이다. 100개의 주식을 무작위로 선택한 경우, 포트폴리오의 표준편차는 49%에서 20%로 30% 가까이 줄어들었다. 500개 주식을 선택한 경우에는 표준편차가 19.27%로 앞에서 살펴본 대기업 주식의 포트폴리오의 표준편차인 20%와 유사하게 된다. 약간의 차이가 발생하는 것은 포트폴리오를 구성하는 주식과 조사된 시점이 동일하지 않기 때문이다.

분산투자의 원칙

그림 11.9는 지금까지 논의하고 있던 사항을 그림으로 보여주고 있다. 수익률의 표준편차와 포트폴리오의 구성 주식수간의 관계를 그래프로 나타내고 있다. 이 그림에서 주식을 추가로 편입시킴으로써 발생하는 위험감소 효과는 주식수를 증가시킴으로써 줄어든다는 사실에 주목하자. 10개 주식을 포트폴리오에 편입시켰을 때, 대부분의 위험감소 효과는 이미 실현되고 30개 또는 그 이상의 주식을 보유할 때는 이 효과가 지극히 미미해진다.

그림 11.9는 두 가지 주요 사항을 지적한다. 먼저 개별 자산과 관련된 위험의 일부는 포트폴리오를 구성함으로써 제거될 수 있다는 것이다. 여러 자산에 걸쳐 투자를 나누어 하는 과정(따라서 포트폴리오를 구성)을 분산(diversification)이라고 한다. **분산의 원칙(principle of diversification)**은 여러 자산에 걸쳐 투자를 나누어 하면 위험의 일부를 제거할 수 있다는

것을 의미한다. 그림 11. 9에서 윗부분이 분산 시 제거될 수 있는 위험 부분인 '분산가능위험(diversifiable risk)'이 된다.

두 번째 부분도 중요한 것으로 분산을 통해서도 단순히 제거될 수 없는 위험의 최소수준이 있으며 이를 그림 11. 9에서 보는 바와 같이 '분산불가능 위험(nondiversifiable risk)'이라고 부른다. 이들 두 가지 주요사항을 함께 고려하면 자본시장 역사로부터 또 다른 교훈을 얻을 수 있다. 분산은 위험을 감소시키지만 어느 정도까지라는 사실이다. 다시 말해, 일부 위험은 분산이 가능하지만 또 다른 일부 위험은 분산이 불가능한 것이다.

분산의 영향에 대한 최근의 예를 들면, 미국의 유명한 대형주 30개로 구성된 시장지수인 다우존스산업평균(DJIA)은 2018년 약 3.5%가량 하락했다. 앞 장에서 살펴 본 바와 같이 이 같은 손실은 대형주 포트폴리오의 미진한 성과를 대표한다. 2018년에 가장 큰 수익을 올린 주식은 40%의 수익률을 기록한 Merck와 25%의 수익률을 올린 Pfizer이다. 물론 30개 주식 모두가 상승한 것은 아니었다. Goldman Sachs(34%)와 DowDuPont(23%)은 주가가 오히려 하락했다. 다시 말하지만 교훈은 명백하다. 분산투자는 좋든 나쁘든 극단적인 결과를 초래하는 가능성을 줄인다.

분산투자와 비체계적 위험

포트폴리오 위험에 관한 논의를 통해 개별 자산과 관련된 위험의 일부는 분산 가능하지만 일부는 그렇지 않다는 사실을 알았다. 그렇다면 분명한 의문점이 하나 남는다. 왜 그럴까? 답은 앞에서 언급한 체계적 위험과 비체계적 위험의 차이에 의해 결정된다.

여기서 중요한 발견이 이루어진다. 만일 단일주식을 보유하고 있다면 투자가치는 기업의 특정 사건 때문에 변동할 것이다. 반면 대형 포트폴리오를 보유하고 있다면, 포트폴리오 내의 어떤 주식은 긍정적인 기업의 특정 사건으로 인해 가치가 상승할 것이고 또 어떤 주식은 부정적인 기업의 특정 사건으로 인해 가치가 하락할 것이다. 하지만 포트폴리오 전체적인 가치 측면에서의 순효과는 이 효과들이 서로 상쇄될 것이므로 상대적으로 미미할 것이다.

이제 개별 자산과 관련된 변동성의 일부가 왜 분산투자에 의해 제거되는지를 알아보자. 자산들을 포트폴리오로 결합하는 경우 일단 몇 개 자산 이상이 되면 특이하거나 비체계적인 사건(긍정적이든 부정적이든)들은 서로 '상쇄'되는 경향이 있다.

이는 중요한 사항이므로 다시 반복할 필요가 있다.

비체계적 위험은 본질적으로 분산투자에 의해 제기된다. 따라서 다수의 자산으로 구성된 포트폴리오는 비체계적 위험을 거의 갖지 않는다.

사실 분산가능한 위험(diversifiable risk), 자산고유위험(asset-specific risk)과 비체계적 위험(unsystematic risk)은 혼용하여 함께 사용된다.

분산투자와 체계적 위험

비체계적 위험은 분산투자에 의해 제거된다는 것을 보았다. 체계적 위험은 어떨까? 체계적 위험도 분산투자에 의해 제거될 수 있을까? 답은 "아니다"이다. 왜냐하면 정의상 체계적 위험은 거의 모든 자산에 어느 정도 영향을 미치는 것이다. 그 결과, 얼마나 많은 자산을 포트폴리오에 편입시키는지와 상관없이 체계적 위험은 제거되지 않는다. 따라서 **체계적 위험**(systematic risk), **시장위험**(market risk)과 **분산불가능 위험**(nondiversifiable risk)이라는 용어는 동일한 의미로 사용된다.

지금까지 많은 다른 용어들을 소개해 왔으므로 논의의 정리가 필요할 것으로 보인다. 투자의 총위험은 수익률의 표준편차에 의해 측정되고 다음과 같이 표시된다.

총위험 = 체계적 위험 + 비체계적 위험 **[11. 14]**

잘 분산된 포트폴리오의 경우 비체계적 위험은 무시할 만하다. 그와 같은 포트폴리오의 경우 모든 위험은 본질적으로 체계적 위험이다.

11. 9 시장균형

시장균형 포트폴리오의 정의

ExcelMaster coverage online
www.mhhe.com/RossCore6e

재무경제학자들은 모든 투자자들이 기대수익률과 분산, 공분산 등에 대해 동일한 추정치를 가지는 세계를 종종 상상한다. 이 같은 세상이 사실상 존재하지 않을지라도 투자자들의 정보원천이 유사한 현실을 감안할 때 유용한 가정의 단순화로 생각할 수 있다. 이 같은 가정을 **동질적 기대(homogeneous expectation)**라고 한다.[5]

만일 모든 투자자가 동질적 기대를 가지고 있다면, 그림 11. 8은 모든 개인들에게 동일하게 될 것이다. 즉, 모든 투자자가 똑같은 정보를 가지고 판단을 할 것이기 때문에 위험자산에 대한 효율적 집합이 곡선 XAY와 같이 동일하게 나타날 것이다. 또한 무위험자산 수익률도 모든 투자자에게 동일하게 적용될 것이므로, 모든 투자자들은 보유하는 위험자산의 포트폴리오로서 점 A를 선택할 것이다.

점 A는 모든 투자자들이 위험증권을 대표하는 점으로 인식하고 A에서 증권을 구입할 것이므로 매우 중요한 의미를 갖는다. 위험회피도가 높은 투자자는 점 4에 도달하기 위해 A와 무위험자산 수익률을 결합할 것이고, 위험회피도가 낮은 투자자는 점 5를 달성하기 위해 차입을 할 것이다. 이는 매우 중요한 결론이므로, 다시 한 번 강조한다.

동질적기대 하의 세계에서는 모든 투자자들이 점 A로 대표되는 위험자산의 포트폴리오를 보유할 것이다.

만일 모든 투자자들이 위험자산에 대해 동일한 포트폴리오를 선택한다면, 그 포트폴리

5 동질적 기대의 가정은 모든 투자자가 수익률과 분산, 공분산에 대해 동일한 믿음을 가지고 있는 것을 말한다. 이는 모든 투자자가 동일한 위험회피도를 가지고 있다는 것을 의미하지는 않는다.

오가 무엇인지를 결정하는 것이 가능하다. 상식적으로 이는 존재하는 모든 증권의 시장가치가중 포트폴리오가 되며 이를 **시장포트폴리오(market portfolio)**라고 한다.

실무적으로, 재무경제학자들은 시장포트폴리오의 대용치로 S&P 500과 같이 폭넓게 사용되는 지수를 활용한다. 물론 모든 투자자들이 동일한 포트폴리오를 보유하는 것은 아니다. 하지만 다수의 투자자들은 분산된 포트폴리오를 보유하고 있으며 특히 뮤추얼펀드나 연금펀드 등이 포함되는 경우에는 더욱 그렇다. 널리 활용되는 지수는 다수 투자자의 잘 분산된 포트폴리오를 위한 좋은 대용치가 된다.

투자자가 시장포트폴리오를 보유할 때의 위험 정의

앞 절에서 다수의 투자자들은 폭넓게 사용되는 지수들과 같은 분산된 포트폴리오를 보유한다고 언급했다. 이는 분산된 포트폴리오의 환경 하에 증권의 위험에 대해 보다 자세하게 살펴봐야 할 필요성을 제기한다고 할 수 있다.

연구자들은 대규모 포트폴리오를 구성하는 개별 증권의 위험에 대한 최적의 측정치로 증권의 베타(beta)를 꼽는다. 예제를 통해 베타에 대해 설명한다.

예제 11.4

베타

다음과 같은 여러 상황에서 Jelco 주식과 시장의 수익률에 대해 고려하라:

경우	경제상황	시장수익률(%)	Jelco 수익률(%)
I	강세장	15	25
II	강세장	15	15
III	약세장	-5	-5
IV	약세장	-5	-15

시장수익률은 단지 두 가지의 결과(15%와 −5%)만을 나타내는 반면, Jelco 수익률은 네 가지의 결과가 있다. 주어진 시장수익률에 대해 증권의 기대수익률을 살펴보는 것은 의미가 있을 것이다. 각각의 경우가 동일한 확률로 발생한다고 가정하면 다음과 같은 결과를 얻을 수 있다.

경제상황	시장수익률(%)	Jelco의 기대수익률(%)
강세장	15	20% = 25% × 0.50 + 15% × 0.50
약세장	-5	-10% = -5% × 0.50 + (-15%) × 0.50

Jelco의 기대수익률은 경기가 약세장일 때보다 강세장일 때 더 높으므로 시장 변동에 대해 반응한다고 할 수 있다. 이제 이 증권이 시장변동에 어떻게 반응하는지를 보다 정확하게 계산해 보자. 시장수익률은 경제가 약세장일 때보다 강세장일 때 20%[= 15% −(−5%)] 더 높다. 반면 Jelco의 기대수익률은 약세장일 때보다 강세장일 때 30%[= 20% −(−10%)] 더 높다. 따라서 Jelco는 1.5(= 30%/20%)의 반응계수를 보인다.

이 관계는 그림 11. 10에 나타나 있다. 각각의 경우 Jelco와 시장수익률은 네 점으로 표시된다. 또 시장의 두 가지 가능한 수익률 각각에 대한 증권의 기대수익률도 표시된다. X로 표시한 두 점은 **증권특성선(security characteristic line)**이라고 부르는 선 위에 위치한다. 이 선의 기울기는 1.5로 앞에서 계산된 수치이다. 이 1.5의 반응계수가 Jelco의 **베타(beta)**가 된다.

그림 11. 10의 베타에 대한 해석은 직관적이다. 그래프는 Jelco의 수익률이 시장수익률에 비해 1.5배 확대된다는 것을 말해준다. 시장의 성과가 좋을 때, Jelco의 주식성과는 더 좋을 것이고, 시장의 성과가 나쁠 때, Jelco

(계속)

의 주식성과는 더 나쁠 것으로 기대된다. 이제 시장포트폴리오 부근에 포트폴리오를 가지는 한 개인이 그것의 포트폴리오에 Jelco 주식을 추가하려고 한다고 생각해 보자. Jelco의 확대지수(magnification factor)는 1.5이므로, 그는 이 주식이 포트폴리오의 위험을 증대시킬 것으로 간주한다(앞으로 시장 평균증권의 베타는 1이라는 사실을 간단히 살펴볼 것이다). Jelco는 시장움직임보다 반응도가 더 크므로 규모가 크고 분산된 포트폴리오의 위험에 대해 평균적인 증권보다 더 많은 공헌을 할 것이다.

그림 11.10 Jelco와 시장포트폴리오의 성과

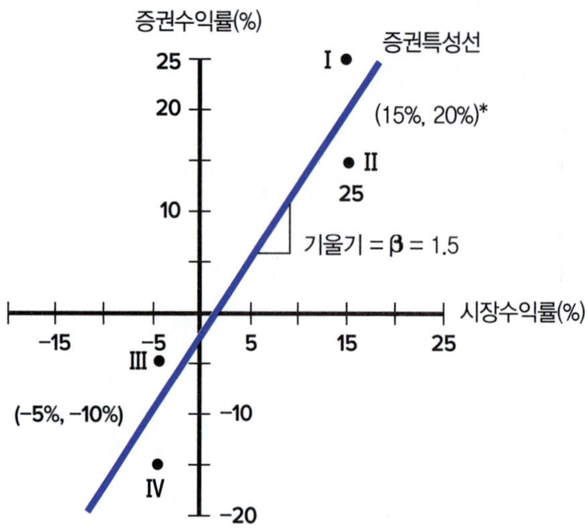

X로 표시된 두 점은 시장포트폴리오의 가능한 결과 각각에 대한 Jelco의 기대수익률을 나타낸다. Jelco의 기대수익률은 시장과 양의 관련성을 보인다. 기울기가 1.5이므로 Jelco의 베타는 1.5라고 한다. 베타는 시장의 움직임에 대한 증권의 반응 정도를 측정한다.

*(15%, 20%)는 시장수익률은 15%이고 증권수익률은 20%인 점을 나타낸다.

보다 심도있는 논의는 음(−)의 베타를 가지는 증권을 살펴봄으로써 가능하다. 이들 증권들은 헤지나 하나의 보험 수단으로 간주되어야 한다. 시장의 성과가 나쁠 때 증권의 성과는 좋은 것으로 기대되고 반대의 경우도 성립하기 때문이다. 따라서 규모가 크고 분산된 포트폴리오에 음(−)의 베타를 가지는 증권을 추가하면 실제로 포트폴리오의 위험은 감소한다.[6]

표 11.5는 개별 증권의 실제 추정 베타 값을 보여준다. 보는 바와 같이, 일부 주식은 시장에 대해 더 크게 반응하는 반면 다른 주식은 그렇지 않다. 예를 들어 Cisco는 1.12의 베타 값을 갖는다. 이는 시장이 1% 움직일 때 Cisco는 같은 방향으로 1.12% 변동한다는 의미이다. 반대로 Kellogg는 단지 0.64의 베타 값을 갖는다. 이는 시장이 1% 움직일 때 Kellogg는 같은 방향으로 0.64%만 변동한다는 의미이다.

6 불행하게도, 실증분석 결과는 사실상 음(−)의 베타를 가지는 주식은 없는 것으로 나타난다.

표 11.5
선택된 개별 주식의 베타 측정치

주식	베타
Dominion Energy	0.22
Johnson & Johnson	0.62
Kellogg Company	0.64
General Motors	0.99
Apple	1.11
Cisco Systems	1.12
Fastenal	1.29
Amazon.com	1.83

출처: fnance.yahoo.com, 2019
베타는 Cov(R_i, R_M)/Var(R_M)으로 정의된다. 여기서 Cov(R_i, R_M)은 개별 주식의 수익률 R_i와 시장수익률 R_M간의 공분산이고 Var(R_M)은 시장수익률 R_M의 분산이다.

베타에 대한 논의는 다음과 같이 정리할 수 있다.

베타는 시장포트폴리오의 움직임에 대한 증권의 반응 정도를 측정한다.

베타 값은 여러 웹사이트에서 찾을 수 있다. 가장 대표적인 것 중의 하나는 finance.yahoo.com이다. 이 사이트에 가서 Fannie Mae의 티커심벌인 FNMA를 입력하고 'Key Statistics'를 클릭하면 다음과 같은 정보를 얻을 수 있다.

베타는 다음의 웹사이트에서 쉽게 찾을 수 있다. finance.yahoo.com과 money.cnn.com.

Stock Price History	
Beta (3Y Monthly)	1.71
52-Week Change [3]	16.82%
Management Effectiveness	
Return on Assets (ttm)	0.18%
Return on Equity (ttm)	116.65%
Balance Sheet	
Total Cash (mrq)	94.91B
Total Cash Per Share (mrq)	16.54
Total Debt (mrq)	3.37T
Total Debt/Equity (mrq)	48,382.02
Current Ratio (mrq)	86.49
Book Value Per Share (mrq)	-23.17

Fannie Mae의 베타는 1.71로 이는 체계적 위험이 일반 주식보다 1.71배 더 높다는 것을 의미한다. Fannie Mae의 자기자본수익률(ROE)은 117%로 상당히 높다. 하지만 좀더 자세

히 살펴보면 Fannie Mae는 누적적자로 인해 자본의 장부가치는 마이너스를 기록하고 있다. 회사는 지난해 많은 자본적 손실로 인해 양(+)의 ROE를 기록하게 되었다. 사실 Fannie Mae가 더 많은 자본적 손실을 기록할수록 ROE는 더 높아지는 것이다. 결국 Fannie Mae는 높은 베타를 가지는 훌륭한 후보인 것처럼 보인다. '실제 시장'에서의 베타 값에 대한 보다 자세한 내용은 다음의 'Finance Matters' 박스란을 참조하라.

베타 산출식

지금까지의 논의는 베타 이면의 직관을 강조했다. 베타의 실제 정의는 다음과 같다.

$$\beta_i = \frac{\text{Cov}(R_i, R_M)}{\sigma^2(R_M)} \qquad [11.15]$$

베타에 대해 좀더 자세히 알기 위해서는 money.msn.com을 방문하라.

여기서 $\text{Cov}(R_i, R_M)$은 자산 i의 수익률과 시장포트폴리오 수익률간의 공분산이고 $\sigma^2(R_M)$은 시장의 분산이다. 이 식은 개별 주식의 위험은 그 주식 자신의 분산(또는 표준편차)이 아닌 시장과의 공분산에 달려있다는 것을 의미한다.

유용한 속성 중 하나는 시장포트폴리오의 가치에 대해 각 증권의 시장가치 비율로 가중치를 두는 경우 모든 증권에 대한 평균 베타는 1이라는 사실이다.

$$\sum_{i=1}^{N} X_i \beta_i = 1 \qquad [11.16]$$

여기서 X_i는 전체시장 가치에 대한 증권의 시장가치 비율이고 N은 시장의 증권수이다.

식 11. 16은 직관적이다. 만일 모든 증권을 시장가치에 의해 가중치를 둔다면 결과적인 포트폴리오는 시장이 된다. 정의상, 시장포트폴리오의 베타는 1이 된다. 즉, 시장의 매 1% 변동에 대해 시장은 정의상 1%를 움직여야 한다.

테스트

우리는 다음과 같은 문제를 기업재무 시험에 출제했다.

1. 어떤 부류의 합리적인 투자자들이 개별 증권 수익률의 분산(또는 표준편차)을 증권의 적정한 위험 측정치로 간주하는가?
2. 어떤 부류의 합리적인 투자자들이 증권의 베타를 증권의 적정한 위험 측정치로 간주하는가?

좋은 답안은 다음과 비슷할 것이다.

합리적이고 위험회피 성향의 투자자들은 포트폴리오 수익률의 분산(또는 표준편차)을 포트폴리오 위험의 합리적인 측정치로 간주한다. 만일 어떠한 이유로 인해 투자자가 오로지 한 주식만을 보유할 수 있다고 할 때, 증권수익률의 분산은 포트폴리오 수익률의 분산이 된다. 따라서 증권수익률의 분산은 증권의 위험에 대한 적당한 측정치가 된다.

만일 개인이 분산된 포트폴리오를 보유하고 있는 경우에도, 포트폴리오 수익률의 분산(또는 표준편차)을 포트폴리오 위험의 적정한 측정치로 간주할 수 있다. 하지만 더 이상 개

FINANCE MATTERS

베타, 베타, 누가 베타를 측정하는가?

현재까지 논의한 바를 근거로, 베타가 매우 중요한 주제라는 것을 알았다. 그렇다면 당신은 발표되는 모든 베타 값이 동일한가에 대해 의문을 가질 수 있다. 이 질문에 대한 부분적인 답을 위해 다음을 읽어보자.

베타에 대해 조사해보니 재미있는 결과를 발견했다. 밸류라인 투자보고서(Value Line Investment Survey)는 상장기업에 대한 가장 잘 알려진 정보원천 중 하나이다. 하지만 온라인 투자가 급증하자 온라인으로 얻을 수 있는 투자정보의 양도 많아졌다. 따라서 밸류라인에서 제시한 베타와 Yahoo! Finance(finance.yahoo.com), Google(finance.google.com), 그리고 CNN 머니(money.cnn.com) 등에서 제공하는 베타를 비교하기로 했고 주의할 점을 찾아냈다.

Microsoft의 예를 살펴보자. 인터넷 상에서 보고되는 Microsoft의 베타 값은 1.28로 밸류라인에서 산출한 회사의 베타 값 1.00보다 컸다. 베타 값이 출처에 따라 상이한 경우는 Microsoft 이외에 많다. 사실, 대부분의 테크놀로지 기업들은 밸류라인에서 산출한 베타 값이 다른 온라인에서 제시하는 베타 값에 비해 상당히 낮았다. 예를 들어 Cisco Systems의 온라인 베타는 1.22인 반면 밸류라인에서 제시하는 베타는 1.05였고 eBay의 온라인 베타는 1.49인 반면 밸류라인에서 제시한 베타는 1.00이었다. 그렇다고 밸류라인에서 제시하는 베타 값이 항상 낮은 것은 아니다. 예를 들어 Adobe의 온라인 베타는 0.8인 반면 밸류라인에서 제시하는 베타는 1.10이었다.

비정상적 또는 믿기 어려울 정도의 베타 값도 발견되었다. Caesars Entertainment는 매우 낮은 0.01의 온라인 베타를 보인 반면 밸류라인에서는 1.60이라고 했다. Southern Company의 경우도 온라인 베타는 0.03, 밸류라인은 0.54을 기록했다. 가장 황당한 온라인 베타 값은 SPO Global과 Sunnylife Global일 것이다. 이 기업들의 베타 값은 각각 155.23과 −263.53(마이너스!)이었다. 밸류라인은 이 회사들의 베타를 보고하지 않았다. −263.53의 베타 값을 어떻게 해석할 수 있겠는가?

이로부터 몇 가지 교훈을 얻을 수 있다. 먼저 모든 베타는 동일하지 않다는 점이다. 어떤 것은 주별 수익률을 이용하고 어떤 것은 일별 수익률을 이용한다. 어떤 것은 60개월치의 수익률을 이용하고 어떤 것은 이보다 길거나 짧은 기간의 수익률을 이용한다. 어떤 베타는 해당 주식과 S&P 500 지수와의 비교를 통해 베타를 산출하는 반면 어떤 베타는 다른 지수와 비교를 한다. 마지막으로, 일부 자료 제공 기업들은(밸류라인을 포함) 단지 주가에 영향을 미치는 것 이외의 다른 정보를 반영하기 위해 원본 베타를 조정하기도 한다.

두 번째 교훈은 보다 미묘한 사항으로 SPO Global과 Sunnylife Global사의 예로부터 생각할 수 있다. 일반적으로 주식의 미래 베타에 대해 관심이 있지만 베타는 과거 자료를 통해 산출된다. 미래를 예상하기 위해 과거를 사용할 때는 언제라도 추정 오류가 발생할 수 있다. 앞의 예에서, SPO Global의 베타가 155.23이거나 Sunnylife Global의 베타가 −263.53인 경우는 매우 이례적인 일이다. 이 같은 경우는 거의 추정이 잘못되었을 것이다. 이 이야기의 교훈은 다른 재무적 방법들과 마찬가지로, 베타도 아무런 의심 없이 그냥 받아들여야만 하는 블랙박스는 아니라는 점이다.

별 증권 수익률의 분산에는 관심이 없을 것이다. 대신, 포트폴리오 분산에 대한 개별 증권의 공헌도에 관심을 기울일 것이다.

동질적 기대라는 가정 하에 모든 개인은 시장포트폴리오를 보유한다. 따라서 시장포트폴리오의 분산에 대한 개별 증권의 공헌도를 위험으로써 측정한다. 적당히 표준화될 때, 이 공헌도가 바로 증권의 베타가 된다. 극소수의 투자자들이 정확한 시장 포트폴리오를 소유하고 있는 반면 대부분의 투자자들은 합리적으로 분산된 포트폴리오를 보유한다. 이들 포트폴리오는 시장포트폴리오와 충분히 근접하므로 증권의 베타는 증권 위험에 대한 합리적인 측정치가 될 것으로 보인다.

11. 10 위험과 기대수익률간의 관계(CAPM)

자산의 기대수익률이 위험과 양의 관계를 가져야 한다는 것은 너무나 당연한 일이다. 즉, 개인들은 기대수익률이 위험에 대해 보상을 해주는 경우에 한하여 위험자산을 보유하게 될 것이다. 이 절에서는 개별 증권에 대한 기대수익률을 측정해 보도록 한다.

개별 증권의 기대수익률

개별 증권의 기대수익률은 어떻게 측정하는가? 개별 증권의 기대수익률은 $E(R_i) = R_f +$ 위험 프리미엄으로 나타낼 수 있다는 직관에서 시작한다. 즉 개별 증권(또는 포트폴리오)의 기대수익률은 무위험 수익률과 체계적 위험에 대한 보상의 합이라고 할 수 있는 것이다. 증권의 베타는 규모가 크고 잘 분산된 포트폴리오의 적정한 측정치라고 언급한 바 있다. 대부분의 투자자들은 분산투자하므로, 증권의 기대수익률은 증권의 베타와 양(+)의 관련성을 보여야만 한다. 이에 대해 그림 11. 11에서 설명된다.

실제로 재무경제학자들은 기대수익률과 베타간의 관계를 좀 더 정확하게 나타낸다. 그들은 그럴듯한 조건 하에 기대수익률과 베타와의 관계는 다음의 식으로 표시될 수 있다고 가정한다.

CAPM과 주식 위험프리미엄에 대해 보다 자세히 알고 싶다면 www.investopedia.com/terms/c/capm.asp을 방문하라.

자기자산가격결정모형:

$E(R)$	=	R_f	+	β	×	$[E(R_M) - R_f]$	
증권의 기대수익률	=	무위험 이자율	+	증권의 베타	×	시장기대수익률과 무위험이자율과의 차이	[11. 17]

이 식을 **자본자산가격결정모형(capital asset pricing model: CAPM)**이라고 하고, 이는 증권의 기대수익률이 증권의 베타와 선형관계가 있다는 것을 의미한다. 시장의 평균수익률은 장기간에 걸쳐 평균 무위험이자율보다 높았으므로, $E(R_M) - R_f$는 아마도 양수가 될 것이다. 따라서 이 식은 증권의 기대수익률이 그의 베타와 양(+)의 관계를 가진다는 것을 의미

그림 11. 11

개별 증권의 기대수익률과 증권의 베타와의 관계

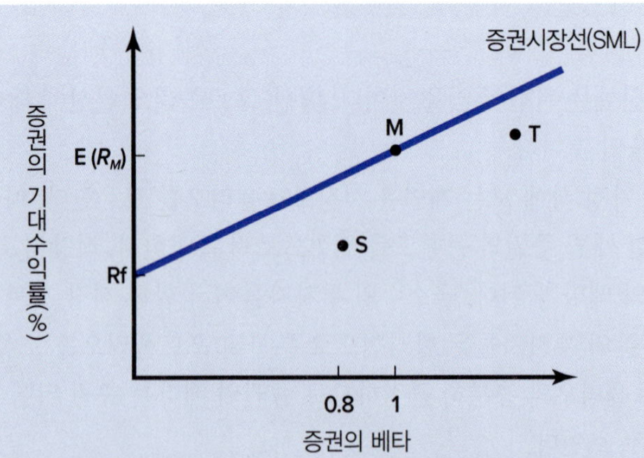

증권시장선(SML)은 자본자산가격결정모형(CAPM)의 그래프식 설명이다. 베타가 0인 증권의 기대수익률은 무위험자산 수익률과 동일하다. 베타가 1인 증권의 기대수익률은 시장 기대수익률과 동일하다.

한다. 이 식은 몇 가지 특수한 경우를 가정하여 설명될 수 있다.

- $\beta = 0$ 가정 식 11. 17은 $E(R) = R_f$가 된다. 즉 증권의 기대수익률은 무위험이자율과 동일하게 된다. 베타가 0인 주식은 위험과 관련이 없게 되므로 기대수익률은 무위험이자율과 동일해야 한다.
- $\beta = 1$ 가정 식 11. 17은 $E(R) = E(R_M)$이 된다. 즉 증권의 기대수익률은 시장의 기대수익률과 동일하게 된다. 이는 시장포트폴리오의 베타가 1이므로 이치에 맞는다.

식 11. 17은 그림 11. 11에서 기울기가 양인 직선으로 나타낼 수 있다. 이 직선은 R_f에서 시작해서 베타가 1일 때 $E(R_M)$까지 상승하는 것에 주목하자. 이 직선을 **증권시장선(security market line: SML)**이라고 한다.

모든 다른 직선과 마찬가지로, SML은 기울기와 절편을 갖는다. 무위험이자율인 R_f가 절편이다. 증권의 베타가 X축이므로, $E(R_M) - R_f$가 기울기가 된다. 시장의 기대수익률이 무위험이자율보다 높은 한 이 직선의 기울기는 양이 된다. 시장포트폴리오는 위험자산이므로, 이 이론은 기대수익률이 무위험이자율보다는 높다는 것을 제안한다. 언급한 바와 같이, 앞 장에서의 실증분석 결과는 1900~2000년 동안 시장포트폴리오(예, 대형주)의 연평균수익률이 무위험이자율보다 7.2% 더 높았다는 것을 보여준다.

예제 11.5

CAPM

Aardvark사의 주식 베타는 1.5이고 Zebra사의 주식 베타는 0.7이다. 무위험이자율은 3%, 시장의 기대수익률과 무위험이자율과의 차이는 8%라고 가정한다. 두 증권의 기대수익률은 다음과 같다.

Aardvark의 기대수익률
3% + 1.5 × 8% = 15.0%

Zebra의 기대수익률
3% + 0.7 × 8% = 8.6%

CAPM과 관련해 다음의 세 가지 추가적인 사항이 언급되어야 한다.

1. **선형성** 기울기가 양인 곡선이라는 직관은 명확하다. 베타가 위험의 적정한 측정치이기 때문에, 베타가 높은 증권은 베타가 낮은 증권에 비해 더 높은 기대수익률을 가져야 한다. 하지만 그림 11. 11과 식 11. 17은 기울기가 양인 곡선 이상의 무엇인가를 보여준다. 기대수익률과 베타의 관계가 직선(straight line)에 해당한다.

   그림 11. 11의 선이 직선이라는 점을 보이는 것은 쉽다. 예를 들어 증권 S의 베타가 0.8이라고 하자. 이 증권은 그림에서 증권시장선 아래에 위치해 있다. 모든 투자자는 무위험자산 20%와 베타가 1인 주식 80%로 구성된 포트폴리오를 매입하면 증권 S의 베타를 만들 수 있다. 하지만 이 포트폴리오 자체는 SML 상에 위치할 것이다. 즉 이

포트폴리오는 동일한 베타 값에 높은 기대수익률을 가지므로 증권 S를 지배한다. 이제 베타가 1보다 큰 T를 고려해 보자. 이 증권은 그림 11. 11에서 또한 SML 아래에 위치한다. 모든 투자자는 베타 1의 증권에 투자하기 위해 차입을 통해 증권 T의 베타를 만들 수 있다. 이 포트폴리오는 SML 상에 있어야 하며 따라서 증권 T를 지배한다.

아무도 S 또는 T를 보유하지 않을 것이므로, 그들의 주가는 하락할 것이다. 이 같은 가격조정은 두 증권의 기대수익률을 향상시킬 것이다. 가격조정은 두 증권이 증권시장선에 위치할 때까지 계속될 것이다. 앞의 예제는 두 개의 과대평가된 주식과 직선인 SML을 고려했다. SML 위에 위치하는 증권들은 과소평가(또는 저평가)된 것이다. 주가는 그들의 기대수익률이 직선상에 위치할 때까지 상승해야 한다. 만일 SML이 곡선이라면, 많은 주식들은 가격이 제대로 평가되지 못할 것이다. 균형상태에서, 모든 증권은 가격이 변화될 때에 한해 보유될 것이므로 SML은 직선이 된다. 즉, 선형성이 달성되는 것이다.

2. 증권과 포트 폴리오 CAPM에 대한 논의는 개별 증권을 고려했다. 그림 11. 11과 식 11. 17의 관계가 포트폴리오에서도 그대로 성립하는가?

   물론 그렇다. Aardvark와 Zebra, 이렇게 두 개의 주식이 균등한 비율로 구성된 포트폴리오를 생각해 보자. 이 포트폴리오의 기대수익률은 다음과 같다.

   포트폴리오 기대수익률

   0.5 × 15.0% + 0.5 × 8.6% = 11.8%

   포트폴리오의 베타는 두 증권 베타의 가중평균이다. 따라서

   포트폴리오 베타

   0.5 × 1.5 + 0.5 × 0.7 = 1.1

   CAPM 하에, 포트폴리오의 기대수익률은 다음과 같다.

   3% + 1.1 × 8% = 11.8%

   포트폴리오의 기대수익률은 위 식과 같게 되므로, 이 예제는 CAPM이 개별 증권뿐 아니라 포트폴리오에도 적용된다는 것을 보여준다.

3. 잠재적 혼동 학생들은 흔히 그림 11. 11에 있는 SML과 그림 11. 8에 있는 직선 II를 혼동한다. 실제로 두 직선은 상당히 다르다. 직선 II는 위험자산과 무위험자산으로 구성된 효율적 집합을 규명하고 있다. 직선상의 각 점은 전체 포트폴리오를 나타낸다. 점 A는 위험자산 전체로 구성된 포트폴리오이다. 직선 상의 다른 모든 점은 A에 있는 증권과 무위험자산이 결합된 포트폴리오를 나타낸다. 그림 11. 8의 축은 포트폴리오의 기대수익률과 표준편차이다. 개별 주식들은 직선 II를 따라 위치하지 않는다.

   그림 11. 11의 SML은 기대수익률과 베타의 관련성을 보여주고 있다. 그림 11. 11은 그림 11. 8과 최소한 두 가지 측면에서 다르다. 먼저, X축이 그림 11. 11에서는 베

타인 반면 그림 11. 8에서는 표준편차이다. 다음 그림 11. 11의 SML은 모든 개별 증권과 모든 가능한 포트폴리오를 포함하는 반면 그림 11. 8에서 직선 II는 오로지 효율적 포트폴리오만을 포함한다.

앞에서 언급한 바와 같이, 동질적 기대 하에서 그림 11. 8의 점 A는 시장포트폴리오가 된다. 이 같은 상황에서 직선 II를 **자본시장선(capital market line: CML)**이라고 부른다.

요약 및 결론 Summary and Conclusions

1. 이 장에서는 개별 증권의 기대수익률과 분산, 증권간의 공분산과 상관관계 등을 계산하는 방법을 보여준다. 두 증권 *A*와 *B*로 구성된 포트폴리오의 기대수익률과 분산은 다음과 같이 표시된다.

   포트폴리오의 기대수익률 $= X_A E(R_A) + X_B E(R_B)$

   포트폴리오 수익률의 분산 $= X_A^2\sigma_A^2 + 2X_AX_B\sigma_{A,B} + X_B^2\sigma_B^2$

2. 표시방법상, *X*는 포트폴리오에서 한 주식의 구성비율을 나타낸다. *X*를 다양하게 변경시킴으로써 포트폴리오의 효율적 집합을 도출할 수 있다. 두 자산의 경우 효율적 집합은 곡선으로 그려지고, 그래프의 굴곡도나 휘어진 정도는 분산효과를 반영한다. 두 증권의 상관관계가 낮으면 낮을수록, 굴곡도는 더 커진다. 효율적 집합의 동일한 형태는 많은 자산을 고려했을 경우에도 나타난다.
3. 분산된 포트폴리오는 개별증권과 관련된 위험 중 전부가 아닌 일부를 제거할 수 있다. 이유는 개별증권의 위험 중 일부분은 그 자산에만 본질적으로 해당하는 비체계적 위험이기 때문이다. 잘 분산된 포트폴리오에서, 이들 비체계적 위험은 사라지는 경향이 있다. 체계적 위험 또는 시장 위험은 분산가능하지 않다.
4. 위험자산의 효율적 집합은 무위험 차입 및 대출과 결합될 수 있다. 이 같은 경우, 합리적인 투자자는 그림 11. 8에서 점 A로 나타나는 위험증권의 포트폴리오 보유를 항상 선택할 것이다. 이후 그림에서 직선 II 상의 원하는 지점을 달성하기 위해 무위험이자율로 차입이나 대출을 실시할 수 있다.
5. 규모가 크고 잘 분산된 포트폴리오에 대한 개별 증권의 공헌도는 시장수익률과 개별 증권수익률간의 공분산에 대한 비율이다. 이 공헌도를 표준화시킨 것을 베타라고 부른다. 증권의 베타는 시장수익률에 대한 개별 증권수익률의 반응도로 해석할 수 있다.
6. CAPM은 다음과 같이 표시된다.

   $E(R) = R_f + \beta\,[E(R_M) - R_f]$

   즉, 증권의 기대수익률은 증권의 베타와 양(+)의 선형 관련성을 보인다.

개념문제 Concept Questions

1. **분산가능 위험과 분산불가능 위험** 광범위하게 생각할 때, 왜 어떤 위험은 분산이 가능한가? 또 왜 어떤 위험은 분산이 불가능한가? 이는 투자자가 포트폴리오에서 체계적 위험이 아닌 비체계적 위험의 수준을 통제할 수 있다는 것을 의미하는가?
2. **정보와 시장수익률** 정부가 연구조사를 바탕으로 경제성장률이 올해 5%를 달성했지만 내년에는 2%에 그칠 것이라고 발표했다고 가정하자. 증권가격은 그와 같은 발표에 상승할 것인가, 하락할 것인가 또는 그대로 유지될 것인가? 시장이 2%의 수치를 예상했는가의 여부가 차이점을 발생시키는지에 대해 설명하라.
3. **체계적 위험과 비체계적 위험** 다음의 사건들에 대해 대체적으로 체계적인지 비체계적인지에 대해 구분

하라. 모든 경우에 이 같은 구분은 명확한가?

a. 예상하지 못한 단기금리의 상승
b. 은행의 기업에 대한 단기대출금리 인상
c. 예상치 못한 석유가격의 하락
d. 석유저장고의 파열로 인한 대규모의 석유 유출
e. 한 제조업체가 수백만 달러의 제조물책임소송에서 패소
f. 대법원이 제품 사용자의 부상에 대한 제조업자의 책임 범위를 실질적으로 확대하는 판결을 내림

4. **체계적 위험과 비체계적 위험** 다음과 같은 사건들이 일반적인 주식 가격을 변화시키는지, 그리고 Big Widget사의 주식 가격을 변화시키는지에 대해 지적하라.

a. 지난달에 예상치 못한 인플레이션이 2% 상승했다는 정부의 발표
b. 방금 발표된 Big Widget사의 분기 이익이 투자분석가들의 기대와 일치
c. 지난해 경제성장률은 3%로 대부분의 경제학자의 예상과 일치했다고 정부가 발표
d. Big Widge사의 임원이 비행기 사고로 사망
e. 국회가 세법 개정을 통해 최고한계법인세율을 인상. 이 법률에 대해 지난 6개월간 논쟁을 벌여 옴

5. **포트폴리오의 기대수익률** 만일 모든 자산에 투자한 포트폴리오가 있다면, 이 포트폴리오의 기대수익률은 포트폴리오를 구성하는 모든 자산의 수익률보다 높겠는가? 아니면 낮겠는가? 이 질문에 대해 한 가지 또는 두 가지에 그렇다고 대답한다면, 답을 지지할 수 있는 예를 들어라.

6. **분산투자** 다음 문장은 참인가 거짓인가: 포트폴리오를 구성하는 개별 자산의 분산은 잘 분산된 포트폴리오의 기대수익률을 결정하는 데 가장 중요한 특성이다. 이유를 설명하라.

7. **포트폴리오 위험** 만일 포트폴리오가 모든 자산에 대해 투자를 한다면, 이 포트폴리오의 표준편차는 포트폴리오를 구성하는 모든 자산의 표준편차보다 낮을 수 있나? 포트폴리오 베타는 어떤가?

8. **베타와 CAPM** 위험자산이 0의 베타를 갖는 것이 가능한가? 설명하라. CAPM를 바탕으로 할 때 이와 같은 자산의 기대수익률은 얼마인가? 위험자산이 마이너스 베타를 갖는 것이 가능한가? CAPM에 의하면 이 같은 자산의 기대수익률은 얼마인가? 답변에 대해 설명할 수 있는가?

9. **기업 규모축소** 최근에, 기업들은 대량해고 발표에 따라 주가가 심하게 변화하는 것을 경험하고 있다. 비판가들은 이 같은 사건이 기업들로 하여금 장기 근속자들의 해고를 부추기고 Wall Street에서는 이를 성원하고 있다고 지적한다. 이에 대해 동의하는가, 동의하지 않는가?

10. **이익과 주식수익률** 이 장의 많은 예제에서 지적한 바와 같이, 기업의 이익발표는 주가변동에 영향을 미친다. 여기서 두 가지 사항에 대해 생각해 보아야 한다. 첫째, 이익발표는 과거에 대한 것이라는 사실이다. 만일 시장이 미래의 기대에 근거하여 주식을 평가한다면, 왜 과거성과를 정리한 수치가 관련이 있겠는가? 둘째, 이 발표는 회계적 이익에 관한 것이라는 사실이다. 제2장으로 돌아가 보면, 이 같은 이익은 현금흐름과는 거의 관련이 없을 수 있다. 그런데 왜 이것들이 관련이 되는가?

11. **공분산** 왜 증권과 잘 분산된 포트폴리오간의 공분산이 증권의 분산보다 증권의 위험을 더 적정하게 측정하는지에 대해 간략하게 설명하라.

12. **베타** 유명한 투자매니저의 다음과 같은 발언에 대해 생각해 보라. "Mid-South Electric사의 주식은 지난 3년간 대부분 $12에 거래가 이루어졌다. Mid-South Electric사의 주식은 매우 적은 가격변화를 보였으므로, 그 주식의 베타 값은 낮다. 반면 Tech Flyer는 $150에도 거래가 이루어졌으나 현재는 $75에 주가가 형성되어 있다. Tech Flyer의 주식은 큰 폭의 가격움직임을 보였으므로 그 주식의 베타 값은 높다." 이 분석에 동의하는가? 설명하라.

13. **위험** 주식중개업자는 당신에게 석유산업 주식은 표준편차가 높으므로 투자하지 말라고 조언한다. 중개업자의 조언은 당신과 같은 위험회피 투자자에게 논리적으로 맞는 이야기인가? 왜 그런가? 아니면 왜 그

렇지 않은가?

14. **증권선택** 다음 문장은 참인가 거짓인가? 위험자산의 기대수익률은 균형상태에서 위험자산을 보유하려고 하는 위험회피 투자가가 존재하지 않을 것이므로 무위험이자율보다 낮을 수 없다. 이유를 설명하라.

연습문제 Questions and Problems

McGraw Hill connect

기초
(문제 1~19번)

1. **포트폴리오 가중치 계산** 주당 $41에 거래되는 주식 A를 165주, 주당 $29에 거래되는 주식 B를 280주 보유한 포트폴리오의 가중치는 얼마인가?
2. **포트폴리오 기대수익률** 주식 A에 $4,260, 주식 B에 $6,490 투자한 포트폴리오가 있다. 만일 이들 주식의 기대수익률이 각각 8.4%와 12.3%라면 이 포트폴리오의 기대수익률은 얼마인가?
3. **포트폴리오 기대수익률** 주식 X에 45%, 주식 Y에 35%, 주식 Z에 20% 투자한 포트폴리오가 있다. 이들 세 주식의 기대수익률은 각각 9.2%, 11.8%, 14.3%이다. 이 포트폴리오의 기대수익률은 얼마인가?
4. **포트폴리오 기대수익률** $1만를 기대수익률이 11.9%인 주식 X와 기대수익률이 9.7%인 주식 Y에 투자하려고 한다. 만일 기대수익률이 10.3%인 포트폴리오를 만드는 것이 목적이라면, 주식 X와 주식 Y에 얼마를 투자해야 하는가?
5. **기대수익률 계산** 다음과 같은 정보를 바탕으로 기대수익률을 계산하라.

경제상황	경제상황별 발생확률	상황발생 시 수익률
불황	0.35	-0.14
정상	0.50	0.16
호황	0.15	0.43

6. **수익률과 표준편차 계산** 다음과 같은 정보를 바탕으로 두 주식의 기대수익률과 표준편차를 계산하라.

경제상황	경제상황별 발생확률	상황발생 시 수익률	
		주식 A	주식 B
불황	0.10	0.01	-0.19
정상	0.60	0.09	0.11
호황	0.30	0.13	0.37

7. **수익률과 표준편차 계산** 다음과 같은 정보를 바탕으로 주식의 기대수익률과 표준편차를 계산하라.

경제상황	경제상황별 발생확률	상황발생 시 수익률
불황	0.10	-0.243
침체	0.20	-0.116
정상	0.45	0.138
호황	0.25	0.328

8. **기대수익률 계산** 주식 G에 20%, 주식 J에 65%, 주식 K에 15%를 투자하는 포트폴리오가 있다. 이들 주식의 기대수익률은 각각 8.6%, 10.8%, 13.4%이다. 이 포트폴리오의 기대수익률은 얼마인가? 답을 어떻게 해석할 수 있나?

9. **수익률과 표준편차** 다음의 정보를 고려하라.

경제상황	경제상황별 발생확률	상황발생 시 수익률		
		주식 A	주식 B	주식C
불황	0.15	0.24	0.43	0.36
침체	0.45	0.11	0.19	0.15
정상	0.35	0.03	-0.16	-0.04
호황	0.05	-0.09	-0.29	-0.08

a. 포트폴리오는 주식 A와 C에 35%씩, 주식 B에 30%를 투자한다. 이 포트폴리오의 기대수익률은 얼마인가?

b. 이 포트폴리오의 분산은 얼마인가? 표준편차는 얼마인가?

10. **포트폴리오 베타 계산** 주식 Q에 15%, 주식 R에 20%, 주식 S에 30%, 주식 T에 35%를 투자하는 포트폴리오가 있다. 이들 네 주식의 베타 값은 각각 0.83, 1.24, 1.13, 1.41이다. 이 포트폴리오의 베타 값은 얼마인가?

11. **포트폴리오 베타 계산** 무위험자산과 두 개의 주식에 동일하게 투자하는 포트폴리오가 있다. 만일 한 주식의 베타 값이 1.27이고 포트폴리오가 시장과 동일하게 위험하다고 한다면, 포트폴리오를 구성하는 또 다른 주식의 베타는 얼마가 되는가?

12. **CAPM 활용** 주식의 베타는 1.08, 시장의 기대수익률은 10.9%, 무위험이자율은 2.7%이다. 이 주식의 기대수익률은 얼마가 되어야 하는가?

13. **CAPM 활용** 주식의 기대수익률은 10.9%, 무위험이자율은 3.1%, 시장위험프리미엄은 6.9%이다. 이 주식의 베타 값은 얼마가 되어야 하는가?

14. **CAPM 활용** 주식의 기대수익률은 9.7%, 베타는 0.89, 무위험이자율은 2.9%이다. 이 주식의 시장의 기대수익률은 얼마가 되어야 하는가?

15. **CAPM 활용** 주식의 기대수익률은 11.5%, 베타는 1.09, 시장의 기대수익률은 10.8%이다. 이 주식의 무위험이자율은 얼마가 되어야 하는가?

16. **포트폴리오 수익률** 앞 장의 자본시장의 역사 정보를 이용하여, 대형주와 장기 정부채에 동일하게 투자한 포트폴리오의 수익률을 구하라. 소형주와 단기국채에 동일하게 투자한 포트폴리오의 수익률은 얼마인가?

17. **SML 활용** 자산 W의 기대수익률은 10.8%, 베타는 1.15이다. 만일 무위험이자율이 2.7%라고 한다면, 자산 W와 무위험이자율로 구성된 포트폴리오의 다음 표를 완성하라. 베타에 대한 기대수익률을 표시함으로써 포트폴리오의 기대수익률과 베타의 관계를 설명하라. 이 결과 생성된 선의 기울기는 얼마인가?

포트폴리오에서 자산 W의 비율	포트폴리오 기대수익률	포트폴리오 베타
0%		
25		
50		
75		
100		
125		
150		

18. **위험보상비율** 주식 Y의 베타는 1.15이고 기대수익률은 12.6%이다. 주식 Z의 베타는 0.83이고 기대수익

률은 9.5%이다. 만일 무위험이자율이 4.3%이고 시장위험프리미엄이 6.7%라고 한다면, 이들 주식의 가격은 적정한가?

19. **위험보상비율** 앞의 문제에서, 두 주식의 가격이 적정해지려면 무위험이자율은 얼마가 되어야 하는가?

보통
(문제 20~32번)

20. **CAPM 활용** 주식의 베타는 1.13, 기대수익률은 11.8%, 무위험이자율은 현재 2.6%이다.
   a. 두 자산에 동일하게 투자하는 포트폴리오의 기대수익률은 얼마인가?
   b. 만일 두 자산으로 구성된 포트폴리오의 베타가 0.5라면, 포트폴리오 중 주식의 가중치는 얼마인가?
   c. 만일 두 자산으로 구성된 포트폴리오의 기대수익률이 10%라면, 베타는 얼마인가?
   d. 두 자산으로 구성된 포트폴리오의 베타가 2.26이라면, 포트폴리오의 가중치는 얼마인가? 이 같은 경우 두 자산의 가중치를 어떻게 해석할 수 있나? 설명하라.

21. **CAPM** CAPM을 활용하여 두 자산의 위험프리미엄 비율이 그들의 베타비율과 동일하다는 것을 보여라.

22. **포트폴리오 수익률과 편차** 다음의 세 주식에 대한 정보를 고려하라.

경제상황	경제상황별 발생확률	상황발생 시 수익률		
		주식 A	주식 B	주식C
호황	0.30	0.26	0.33	0.50
정상	0.55	0.14	0.15	0.02
불황	0.15	-0.03	-0.18	-0.45

   a. 만일 주식 A와 B에 25%, 주식 C에 50%를 투자하는 포트폴리오가 있다면, 이 포트폴리오의 기대수익률은 얼마인가? 분산은 얼마인가? 표준편차는 얼마인가?
   b. 만일 T-bill의 수익률 4.10%라면, 이 포트폴리오의 기대 위험프리미엄은 얼마인가?
   c. 만일 기대 인플레이션율이 3.50%라면, 이 포트폴리오의 대략적인 기대실질수익률과 정확한 기대실질수익률은 얼마인가?

23. **포트폴리오 분석** $100만의 투자금을 가지고 시장과 동일한 위험을 갖는 포트폴리오를 만들고자 한다. 주어진 정보를 가지고 다음 표의 빈칸을 채워라.

자산	투자액	베타
주식 A	$265,000	0.87
주식 B	$390,000	1.18
주식 C		1.30
무위험자산		

24. **포트폴리오 분석** 주식 X와 주식 Y를 포함하는 포트폴리오에 투자할 $10만를 보유하고 있다. 목표는 기대수익률이 12.1%에 달하는 포트폴리오를 만드는 것이다. 만일 X의 기대수익률이 11.3%, 베타가 1.15이고, Y의 기대수익률은 9.1%이고 베타가 0.85라고 한다면, 주식 Y에 얼마의 돈을 투자해야하는가? 이 답에 대해 어떻게 해석할 수 있는가?

25. **공분산과 상관관계** 다음 정보를 근거로, 두 주식의 기대수익률과 표준편차를 계산하라. 각 경제 상황의 발생확률은 동일하다. 두 주식수익률의 공분산과 상관계수는 얼마인가?

경제상황	주식 A의 수익률	주식 B의 수익률
약세장	-0.068	-0.087
보통	0.104	-0.019
강세장	0.241	0.432

26. 공분산과 상관관계 다음 정보를 근거로, 두 주식의 기대수익률과 표준편차를 계산하라. 두 주식수익률 간의 공분산과 상관계수는 얼마인가?

경제상황	각 상황이 발생할 확률	주식 J의 수익률	주식 K의 수익률
약세장	0.15	-0.140	0.023
보통	0.60	0.103	0.097
강세장	0.25	0.328	0.032

27. 포트폴리오의 표준편차 증권 F는 기대수익률이 11%, 표준편차가 연 47%, 증권 G는 기대수익률이 14%, 표준편차가 63%이다.

a. 증권 F가 65%, 증권 G가 35%로 구성된 포트폴리오의 기대수익률은 얼마인가?

b. 만일 증권 F와 G의 상관계수가 0.15라면, (a)에서 구성된 포트폴리오의 표준편차는 얼마인가?

28. 포트폴리오의 표준편차 주식 A와 B의 기대수익률과 표준편차는 각각 $E(R_A) = 0.10$, $E(R_B) = 0.13$, $\sigma_A = 0.41$, $\sigma_B = 0.59$라고 하자.

a. A와 B의 상관계수가 0.5일 때 40%의 A와 60%의 B로 구성된 포트폴리오의 기대수익률과 표준편차를 계산하라.

b. A와 B의 상관계수가 −0.5일 때 40%의 A와 60%의 B로 구성된 포트폴리오의 표준편차를 계산하라.

c. A와 B 수익률간의 상관계수가 포트폴리오의 표준편차에 어떻게 영향을 미치는가?

29. 상관관계와 베타 세 기업의 증권, 시장포트폴리오, 무위험자산에 대한 정보는 다음과 같다.

증권	기대수익률	표준편차	상관계수*	베타
기업 A	0.11	0.36	(i)	0.97
기업 B	0.14	(ii)	0.38	1.24
기업 C	0.13	0.42	0.41	(iii)
시장포트폴리오	0.12	0.19	(iv)	(v)
무위험자산	0.03	(vi)	(vii)	(viii)

* 시장포트폴리오와의 상관계수.

a. 표의 빈칸을 채워라.

b. 기업 A의 주식 가격은 자본자산가격결정모형(CAPM)에 의하면 적정한가? 기업 B의 주식은? C는? 만일 이들 증권이 적정한 가격으로 형성되어 있지 않다면 잘 분산된 포트폴리오를 가지고 있는 누군가에게 해줄 투자 전략은 어떤 것인가?

30. CML 시장포트폴리오의 기대수익률은 10.7%이고, 표준편차는 19%이다. 무위험이자율은 3.2%이다.

a. 표준편차가 24%인 잘 분산된 포트폴리오의 기대수익률은 얼마인가?

b. 기대수익률이 15%인 잘 분산된 포트폴리오의 표준편차는 얼마인가?

31. 베타와 CAPM 무위험자산과 시장포트폴리오를 결합한 포트폴리오의 기대수익률은 6%이고 표준편차는 11%이다. 무위험이자율은 2.9%이고 시장포트폴리오의 기대수익률은 12%이다. 자본자산가격결정모형에 따르면 시장포트폴리오와의 상관계수가 0.55이고 표준편차가 50%인 증권의 기대수익률은 얼마가 되는가?

32. 베타와 CAPM 무위험이자율은 2.1%이고 시장포트폴리오의 기대수익률은 11.1%, 표준편차는 0.0387이다. 포트폴리오 Z는 시장과의 상관계수가 0.29이고 분산이 0.3287이다. 자본자산가격결정모형에 따르면 포트폴리오 Z의 기대수익률은 얼마인가?

도전
(문제 33~38번)

33. 체계적 위험과 비체계적 위험 주식 I과 II에 대한 다음 정보를 고려하라.

경제상황	경제상황별 발생확률	상황발생 시 수익률	
		주식 I	주식 II
불황	0.20	0.07	-0.27
보통	0.50	0.18	0.12
비이성적 과열	0.30	0.09	0.31

시장위험프리미엄은 7.5%이고 무위험이자율은 3%이다. 어느 주식이 체계적 위험이 더 큰가? 어느 주식이 비체계적 위험이 더 큰가? 어느 주식이 더 위험한가? 설명하라.

34. SML 다음과 같은 상황이 주어졌다고 가정하자.

증권	베타	증권 베타 기대수익률
Pete Corp.	1.13	0.1165
Repete Co.	0.92	0.0988

이 증권들은 적정하게 가격이 형성되어 있다고 가정하자. CAPM에 기초한다면 시장의 기대수익률은 얼마인가? 무위험자산 수익률은?

35. 공분산과 포트폴리오의 표준편차 시장에 다음과 같은 세 개의 주식이 있다. 다음 표는 가능한 수익률을 보여주고 있다.

상황	발생확률	증권 1의 수익률	증권 2의 수익률	증권 3의 수익률
1	0.15	0.20	0.20	0.05
2	0.35	0.15	0.10	0.10
3	0.35	0.10	0.15	0.15
4	0.15	0.05	0.05	0.20

a. 각 증권의 기대수익률과 표준편차는 얼마인가?
b. 두 증권간의 공분산과 상관계수는 얼마인가?
c. 증권 1과 증권 2에 각각 반을 투자하는 포트폴리오의 기대수익률과 표준편차는 얼마인가?
d. 증권 1과 증권 3에 각각 반을 투자하는 포트폴리오의 기대수익률과 표준편차는 얼마인가?
e. 증권 2과 증권 3에 각각 반을 투자하는 포트폴리오의 기대수익률과 표준편차는 얼마인가?
f. 분산투자와 관련해 (a), (c), (d), (e)의 답이 의미하는 바는 무엇인가?

36. SML 다음과 같은 상황이 주어졌다고 가정하자.

경제상황	경제상황별 발생확률	상황발생 시 수익률	
		주식 I	주식 II
불황	0.20	-0.09	-0.11
정상	0.60	0.11	0.12
호황	0.20	0.39	0.27

a. 각 주식의 기대수익률을 계산하라.
b. 자본자산가격결정모형이 적용되고 주식 A의 베타는 주식 B의 베타보다 0.34가 크다고 한다면, 기대되는 시장위험프리미엄은 얼마인가?

37. **표준편차와 베타** 시장에는 두 개의 주식 A와 B가 있다. 주식 A의 주가는 $67이다. 주식 A는 내년에 만일 경제가 불황이면 $40, 보통이면 $76, 호황이면 $89가 될 것으로 예상된다. 불황과 보통과 호황의 확률은 각각 0.10, 0.65, 0.25이다. 주식 A는 배당금을 지급하지 않으며 시장포트폴리오와의 상관계수는 0.73이다. 주식 B의 표준편차는 63%, 시장포트폴리오와의 상관계수는 0.35, 그리고 주식A와의 상관계수는 0.50이다. 시장포트폴리오의 표준편차는 20%이다. 무위험이자율은 4%이고 시장위험프리미엄은 7.5%이다. CAPM를 적용한다고 가정하자.
   a. 만일 당신이 전형적인 위험회피 투자자라고 한다면, 당신은 어떤 주식을 더 선호할 것인가? 그 이유는?
   b. 주식 A가 70%, 주식 B가 30%로 구성된 포트폴리오의 기대수익률과 표준편차는 얼마인가?
   c. (b)에서 포트폴리오의 베타 값은 얼마인가?

38. **최소분산 포트폴리오** 주식 A와 B가 다음과 같은 특성을 가지고 있다고 가정하자.

증권	기대수익률(%)	표준편차(%)
A	13	34
B	11	58

   두 주식수익률간의 공분산은 0.01이다.
   a. 한 투자자가 주식 A와 B로만 구성된 포트폴리오를 보유하고 있다고 가정하자. 그의 포트폴리오 분산이 최소화되게 하는 두 주식의 비중 XA와 XB를 구하라(힌트: 두 비중의 합은 1이 되어야 한다).
   b. 최소분산 포트폴리오의 기대수익률은 얼마인가?
   c. 두 주식수익률간 공분산이 −0.15라면, 최소분산 포트폴리오는 어떻게 되는가?
   d. (c)에서 포트폴리오의 분산과 표준편차는 어떻게 되나?

웹 정보 이용하여 문제풀기 What's on the web?

1. **기대수익률** CAPM을 활용하여 Honeywell사의 기대수익률을 구하려고 한다. 먼저 시장위험프리미엄이 필요하다. money.cnn.com에 가서 현재 금리를 찾아라. 3개월 단기국채의 현재 금리를 찾아라. 시장위험프리미엄으로는 제10장에 있는 역사적 시장위험프리미엄을 활용하라. 다음으로 finance.yahoo.com에 가서 Honeywell의 티커심벌인 HON을 입력한 후 베타 값을 찾아라. CAPM을 활용하는 경우 Honeywell의 기대수익률은 얼마인가? 이 수치에 도달하기 위해 어떤 가정들을 하였는가?
2. **포트폴리오** 베타 American Express, Procter & Gamble, Home Depot, 그리고 DowDuPont을 균등한 비율로 구성한 포트폴리오에 투자하기로 하고 이 포트폴리오의 베타를 구하려고 한다. finance.yahoo.com로 가서 네 회사의 베타 값을 찾아라. 이 포트폴리오의 베타 값은 얼마인가?
3. **베타** 어떤 회사들이 현재 가장 높은 베타 또는 가장 낮은 베타를 보이고 있는가? finance.yahoo.com에 가서 'Screeners' 링크를 찾아보라. 최대베타 값으로 0을 입력하고 검색해 보라. 얼마나 많은 주식들이 현재 베타가 0이거나 0보다 작은가? 얼마나 많은 주식의 베타 값이 3보다 큰가? 어떤 주식이 가장 높은 베타 값을 가지고 있는가?
4. **증권시장선** finance.yahoo.com에 가서 International Paper사의 티커심벌인 IP를 입력하라. 'Statistics' 링크로 가서 회사의 베타 값을 구하라. 다음으로 시장 분석가들이 추정한(또는 '목표'한) 12개월의 가격을 찾아라. 현재주가와 목표가의 평균을 이용하여 이 주식의 기대수익률을 계산하라. 내년에 지급될 기대배당금을 포함시키는 것을 잊지 마라. 이제 money.cnn.com으로 가서 3개월 단기국채의 현재 금리를 찾아라. 이 정보를 이용하여 보상 대 위험비율을 이용한 시장의 기대수익률을 구하라. 이 수치가 이치에 맞는가? 맞다면 왜 그런가? 맞지 않다면 왜 그런가?

Excel 로 풀어보기 | Excel Master it! Problem

ExcelMaster coverage online
www.mhhe.com/RossCore6e

CAPM은 재무경제학에서 철저하게 연구된 모형 중 하나이다. 실무적으로 베타를 예측할 때, 시장모형이라고 하는 CAMP의 변형모형이 흔히 사용된다. 시장모형 도출을 위해 CAPM에서 시작해보기로 하자.

$$E(R_i) = R_f \times \beta\,[E(R_M) - R_f]$$

CAPM은 방정식이므로 양변에 무위험 수익률을 차감하면

$$E(R_i) - R_f = \beta\,[E(R_M) - R_f]$$

이 식은 결정적 방정식이다. 즉 정확한 식이다. 회귀분석에서 우리는 일부 비결정적 오류가 존재한다는 사실을 안다. 다음과 같이 본 식에 오류를 나타내는 e를 추가함으로써 오류를 인지할 필요가 있다.

$$E(R_i) - R_f = \beta\,[E(R_M) - R_f] + \varepsilon$$

마지막으로, 회귀분석에서 위 식을 고려해 보라. 식에서 절편이 없으므로 절편은 0이다. 하지만 회귀분석식을 추정하기 위해서는 절편항을 추가할 수 있으며 이를 알파라고 부른다.

$$E(R_i) - R_f = \alpha_i + \beta\,[E(R_M) - R_f] + \varepsilon$$

이것이 흔히 시장모형으로 불리우는 식이다. 물론 시장모형 이외에 다른 이름으로도 불리우므로 종종 혼선을 빚기도 한다. 이 식에서 절편항은 젠슨의 알파라고 불리우며 초과수익률을 나타낸다. CAPM이 정확하다면 절편항은 0이 되어야 한다. SML에 대해 알파를 생각하고 그 알파가 양수라면 그 주식은 SML 위에 위치하게 된다. 반면 알파가 음수라면 주식은 SML 아래에 위치하게 된다.

a. 개별 주식과 뮤추얼펀드에 대해 시장모형을 추정하려고 한다. 먼저, finance.yahoo.com으로 가서 개별 주식과 뮤추얼펀드와 S&P 500의 지난 61개월간의 조정가격을 다운로드하라. 다음 ST. Louis Federal Reserve의 웹사이트 www.stlouisfed.org로 가서 FRED 데이터베이스를 찾아라. 그 곳에서 1개월 만기 단기국채 금리를 찾아라. 이 시계열 자료는 무위험이자율의 대용치이다. 단기국채 금리를 활용할 때 이 금리는 연 이자율임을 명심하라. 주식수익률은 월별수익률을 활용하므로 이 단기국채 금리는 월로 환산되어야 한다. 주식과 뮤추얼펀드에 대해 시장모형을 이용해 베타값과 알파값을 구하라. 회귀분석 시 '잔차(residual)'라고 불리우는 박스란을 찾아서 회귀분석을 실시할 때마다 이 박스란을 체크하라. 이 박스란을 저장하면 새로운 워크시트에 회귀분석의 결과물을 저장할 수 있을 것이다.
   1. 각 회귀분석의 알파와 베타가 통계적으로 0과 다른가?
   2. 주식과 뮤추얼펀드의 알파와 베타를 어떻게 해석할 수 있는가?
   3. 둘 중 어느 것이 더 높은 R^2을 보이는가? 이 결과는 예상한 바와 같은가? 그렇다면 그 이유는?

b. 회귀분석식에서 e로 표시되는 회귀분석의 잔차에 대해 다시 이야기해보자. 기초 통계학을 기억하고 있다면 잔차는 회귀분석 선에서 각 관찰치와 선 사이의 거리를 의미한다. 이런 의미에서 잔차는 시장모형으로 설명되지 않는 월 수익률의 일부분이라고 할 수 있다. 잔차는 정보비율(appraisal ratio)을 산출하는 데 사용되기도 한다. 정보비율은 알파를 잔차의 표준편차로 나누어 계산한다.
   1. 정보비율이 측정하고자 하는 것은 무엇이라고 생각하는가?
   2. 주식과 뮤추얼펀드의 정보비율을 계산하라. 어느 것이 더 나은 정보비율을 보이는가?
   3. 정보비율은 뮤추얼펀드 매니저의 성과를 측정하는 데 사용되기도 한다. 개별 주식보다 뮤추얼펀드 즉 포트폴리오의 성과평가에 정보비율이 더 자주 사용되는 이유는 무엇이라고 생각하는가?

CLOSING CASE

EAST COAST YACHT에 취업, PART 2

당신은 Dan Ervin과 당신의 401(k)에 대해 논의하고 있다. Dan이 Bledsoe Financial Services사의 대표인 Sarah Brown이 오늘 East Coast Yacht사를 방문한다고 이야기하여 당신은 Sarah와 오늘 만나기로 했고 Dan이 오늘 늦게 약속시간을 잡아 주었다.

당신이 Sarah와 이야기를 시작했고, 그녀는 회사의 401(k)계정에서 가능한 여러 가지 투자옵션을 이야기한다. 당신은 이 회사의 취업제안을 받아들이기 전에 이 회사에 대한 조사분석을 했다고 Sarah에게 말한다. 당신은 이 회사를 이끌어 갈 경영진의 능력에 대해 확신을 가지고 있다. 분석 결과, 회사가 성장할 것이고 미래에 더 높은 시장 점유율을 보일 것으로 판단한다. 또한 경영진에게 충성을 다하리라 마음 먹는다. 이 같은 회사에 대한 고려와 당신이 보수적 투자가라는 사실로 인해, 당신은 당신의 401(k)계정에 100%를 East Coast Yacht사 주식에 투자하는 방향으로 기울고 있다.

무위험이자율은 과거 무위험 평균수익률(제10장 참고)이고 채권펀드와 대형주펀드간의 상관계수는 0.160이다(참고: 스프레드시트 그래프와 'Solver'함수는 다음 질문에 답하는 데 도움을 줄 수 있다).

1. 분산투자 효과를 감안한다면, 401(k)계정의 100%를 East Coast Yacht 주식에 투자하겠다는 당신의 제안에 Sarah는 어떻게 반응해야 하는가?
2. 401(k)계정의 전부를 East Coast Yacht 주식에 투자한다는 데 대해 Sarah는 답변을 통해 이것이 최상의 대안이 아닐 수 있다고 당신을 납득시켰다. 당신은 보수적인 투자자이므로, 채권펀드에 100%를 투자하는 것이 최상의 대안이 될 수 있느냐고 Sarah에게 물었다. 과연 그런가?
3. Bledsoe 대형주펀드와 Bledsoe 채권펀드의 수익률을 이용하여 가능한 포트폴리오의 투자기회 집합을 그려보라.
4. 투자기회 집합을 살핀 후, 당신은 채권펀드와 동일한 표준편차를 가지는 채권펀드와 대형주로 구성된 포트폴리오에 투자할 수 있다는 사실을 인지한다. 이 포트폴리오는 또한 더 높은 기대수익률을 갖는다. 이 포트폴리오 구성비와 기대수익률은 얼마인가?
5. 투자기회 집합을 분석하다가, 가장 낮은 표준편차를 갖는 포트폴리오를 발견한다. 이것이 최소분산포트폴리오이다. 이 포트폴리오의 포트폴리오 구성비, 기대수익률, 표준편차는 얼마인가? 최소분산포트폴리오가 왜 중요한가?
6. 흔히 사용되는 위험조정성과의 측정치가 샤프비율(Sharpe ratio)이다. 샤프비율은 자산의 위험프리미엄을 자산의 표준편차로 나누어 구할 수 있다. 투자기회 집합에서 가장 높은 샤프비율을 가지는 포트폴리오를 샤프 최적포트폴리오라고 한다. 샤프 최적포트폴리오에서 포트폴리오 구성비와 기대수익률, 표준편차는 얼마가 되나? 이 포트폴리오의 샤프비율과 채권펀드 및 대형주의 샤프비율을 비교하면 어떤가? 샤프 최적포트폴리오와 CAPM간의 어떤 연결점이 있는가? 이 연결은 무엇인가?

위험, 자본비용, 가치평가

12

OPENING CASE

전 세계 5개 대륙에 11만명이 넘는 직원을 거느린 독일계 BASF사는 세계적인 기업이다. 이 기업은 농업, 오일 및 가스, 화학, 플라스틱 등 다양한 업종에 진출해 있다. BASF는 기업가치 증대의 일환으로 비전 2020 프로젝트를 시작했다. 이 프로젝트는 기업 내 모든 기능을 망라하며 모든 직원이 기업가 정신으로 도전하고 행동하도록 독려하는 종합 프로젝트이다. 이 전략의 주요 재무적 목표는 기업이 가중평균자본비용, 즉 WACC를 초과하는 수익을 달성하는 것이다. 그렇다면 WACC가 정확하게 무엇인가?

WACC는 보통주 주주, 채권자, 우선주 주주 등 기업에 자금을 제공한 모든 투자자들을 만족시키기 위해 기업이 벌어야 하는 최소한의 수익률이다. 예를 들어, 2011년에 BASF는 자사의 WACC를 11%로 생각했으며 이 자본비용을 초과하여 25억5000만의 프리미엄 수익을 거두었다. 이 장에서는 기업의 자본비용 계산방법을 알아보고 기업이나 투자자에게 이것이 어떤 의미인가를 생각해본다. 또한 기업의 자본비용을 언제 사용해야 하는가와 아마도 더 중요하게는, 언제 사용해서는 안 되는가에 대해서 알아본다.

기업재무 관련 최근 사건들을 찾아보기 위해 corecorporatefinance.blogspot.com 을 방문하라.

이 장의 목표는 위험프로젝트로부터 창출되는 현금흐름을 할인할 이자율을 결정하는 것이다. 프로젝트의 자금은 자기자본, 타인자본 등 여러 원천을 통해서 조달되며, 적절한 할인율(discount rate)을 산정하기 위해서는 이들 자본조달 원천의 비용을 각각 추정해야 한다. 먼저 자기자본비용을 논의할 것이다. 여기서의 분석은 베타와 자본자산가격결정모형(capital asset pricing model: CAPM)에 근거하기 때문에 베타의 계산방법, 직관적 의미, 결정요인을 심도있게 다룬다. 다음으로 부채비용과 우선주비용을 논의한다. 이렇게 추정된 자금조달 원천별 비용들은 현금흐름 할인을 위해 필요한 가중평균자본비용(weighted average cost of capital: WACC)을 계산하기 위한 토대가 된다. 또 실제로 Eastman Chemical사를 예로 들어 WACC를 계산해본다. 마지막으로 발행비용을 소개한다.

12.1 자기자본비용

기업이 여유현금을 보유할 경우 두 가지 옵션 중 하나를 선택할 수 있다. 현금을 배당금으로 즉시 지급하거나 프로젝트에 투자해 이로부터 발생하는 미래현금흐름을 배당금으로 지급할 수 있다. 주주들은 어떤 것을 더 원할까? 만약 주주들이 배당금을 프로젝트와 동일한 위험을 갖는 금융자산(주식이나 채권)에 재투자할 수 있다면, 주주들은 더 높은 기대수익률을 가져다 주는 대안을 택할 것이다. 즉, 프로젝트는 그 기대수익률이 유사한 위험을 지닌 금융자산의 기대수익률보다 높은 경우에 한하여 수행되어야 한다. 그림 12.1에 이에 대한 설명이 나와 있다. 이 논의는 매우 간단한 자본예산 규칙을 제공한다.

프로젝트의 할인율은 유사한 위험을 지닌 금융자산의 기대수익률이어야 한다.

그림 12.1

여유현금이 있는기업의 선택

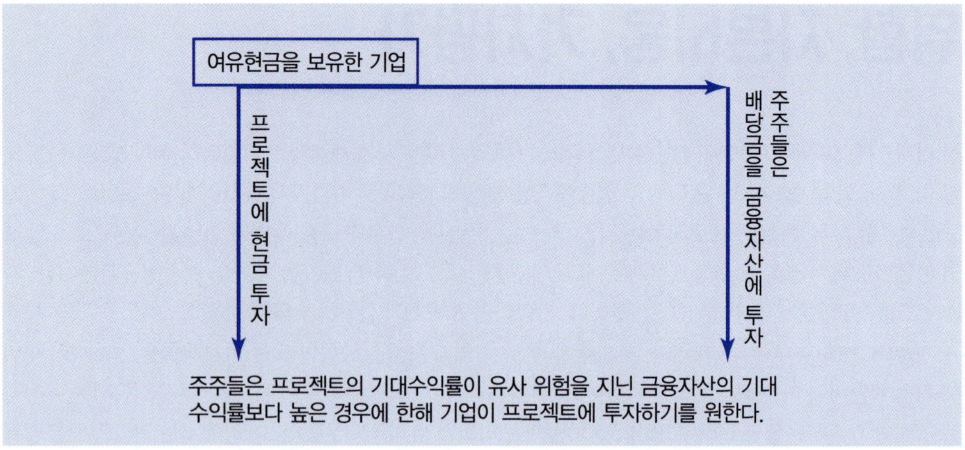

할인율과 의미가 같은 용어들이 많이 있다. 예를 들면, 할인율은 종종 프로젝트의 **요구수익률**(required return)이라고 불린다. 이는 적절한 표현이다. 왜냐하면 어떤 프로젝트가 채택되기 위해서는 그 프로젝트는 요구되는 수익률 이상의 수익을 창출해야만 하기 때문이다. 프로젝트의 할인율은 또한 **자본비용**(cost of capital)이라고도 불린다. 이 표현 또한 적절하다. 왜냐하면 프로젝트는 자본제공자에게 지급해야 하는 대가 이상의 수익을 거둘 수 있어야 하기 때문이다. 이 교재는 이들 세 용어–할인율, 요구수익률, 자본비용–를 동의어로 함께 사용할 것이다.

이제 기업의 모든 프로젝트가 동일 위험을 지니고 있다고 가정하자. 이 경우에 할인율은 기업 전체의 자본비용과 같게 될 것이다. 나아가서 그 기업이 부채가 없는 순수자기자본기업이라면 할인율 또한 이 기업의 자기자본비용(cost of equity capital)과도 같을 것이다.

12. 2 CAPM을 이용한 자기자본비용 추정

자기자본비용을 정의하는 것과 그 비용을 추정하는 것은 완전 별개이다. 문제는 주주들이 기업에게 그들이 요구하는 수익률이 얼마인가를 말하지 않는다는 것이다. 그렇다면 어떻게 해야 하는가? 운 좋게도 자본자산가격결정모형(CAPM)이 이 요구수익률을 추정하기 위해 사용될 수 있다.

CAPM 하에 주식의 기대수익률은 다음과 같이 도출된다.

$$R_S = R_f + \beta \times (R_M - R_f) \quad [12.1]$$

여기서 R_f은 무위험이자율이고 $(R_M - R_f)$는 시장포트폴리오의 기대수익률에서 무위험이자율을 차감한 것이다. 이 차이는 흔히 기대초과시장수익률 또는 시장위험프리미엄이라고 한다. 식의 단순화를 위해 기대를 나타내는 'E'를 생략했지만 CAPM을 통해서 항상 기대수익률을 구한다는 사실을 기억하라.

식 12. 1의 주식에 대한 기대수익률은 베타로 측정된 주식의 위험에 기초한다. 달리 말하면, 이 기대 수익률은 주식의 위험에 바탕을 둔, 주식에 대한 요구수익률이다. 또 이 기대수익률은 기업의 관점에서 보면 자기자본비용이라고 할 수 있다.

학자들은 가치평가를 하는 데 있어 CAPM을 사용하는 것에 대해 오랫동안 논쟁해 왔다. 그러면 이러한 접근법이 실제 세계에서는 얼마나 널리 보급되어 있는가? 한 연구에[1] 의하면, 미국 기업의 약 4분의 3 가량이 가치평가를 하는 데 CAPM을 사용한다고 보고한다. 이는 실제 산업에서, 많은 교재들에서 다루어지고 있는 이러한 접근방법이 널리 채택되고 있음을 시사한다.

기업의 자기자본비용을 측정하기 위해서는 다음 세 가지 요소를 알아야 한다.

1. 무위험이자율, R_f
2. 시장위험프리미엄, $R_M - R_f$
3. 기업의 베타, β

예제 12.1

자기자본비용

대학교재를 출판하는 Quatram사의 베타(β)는 1.3이다. 이 회사는 부채가 전혀 없는 100% 자기자본기업이다. Quatram은 현재 규모를 2배로 증가시킬 수 있는 많은 자본예산 프로젝트를 고려하고 있다. 이들 새로운 프로젝트는 기업이 현재 시행하고 있는 것과 비슷하므로, 새로운 프로젝트의 베타는 기존의 베타와 동일한 것으로 가정한다. 무위험이자율은 5%이고 시장위험프리미엄이 8.4%라고 한다면, 이들 새로운 프로젝트의 적정할인율은 얼마인가?

Quatram의 자기자본비용 R_S는 다음과 같이 계산된다.

$$R_S = 0.05 + 0.084 \times 1.3$$
$$= 0.1592 \text{ 또는 } 15.92\%$$

이 예제의 두 가지 핵심 가정은 다음과 같다. (1) 새로운 프로젝트의 베타 위험은 기업의 기존위험과 동일하다. (2) 기업은 순수자기자본기업이다. 이 같은 가정하에 새로운 프로젝트의 현금흐름은 15.92%로 할인되어야 한다.

예제 12.2

프로젝트 평가와 베타

Alpha 항공사는 1. 21의 베타를 가지는 순수자기자본기업이라고 가정하자. 시장위험프리미엄은 9.5%이고 무위험이자율은 5%이다. 식 (12. 1)에 있는 CAPM을 이용해 다음과 같이 Alpha 항공사 주식의 기대수익률을 구할 수 있다.

$$0.05 + 1.21 \times 0.095 = 0.16495 \text{ 또는 } 16.495\%$$

이는 주주들이 베타가 1.21인 주식에 대해 주식시장에서 기대할 수 있는 수익률이므로, 그들은 Alpha 항공사 주식에 대해 이 수익률을 기대한다.

이제 Alpha사가 상호배타적이지 않은 다음의 프로젝트들을 고려하고 있다고 가정하자.

프로젝트	프로젝트 베타(β)	프로젝트의 내년 기대 현금흐름	프로젝트의 내부수익률	현금흐름이 16.495%로 할인되는 경우 프로젝트의 NPV	채택 또는 기각
A	1.21	$140	40%	$20.2	채택
B	1.21	120	20	3.0	채택
C	1.21	110	10	-5.6	기각

(계속)

1 JJohn R. Graham and Campbell R. Harvey, "The Theory and Practice of Corporate Finance: Evidence from the Field," *Journal of Financial Economics* 60, no. 2~3(2001), pp. 187~246. Graham and Harvey report in their Table 3 that 73.49 percent of the companies in their sample use the CAPM for capital budgeting.

각 프로젝트의 기초 투자비용은 $100이다. 각 프로젝트의 위험은 모두 기업 전체의 위험과 동일한 것으로 가정한다. 자기자본비용이 16.495%이므로 100% 자기자본기업의 프로젝트는 이 금리로 할인된다. 프로젝트 A와 B의 NPV 값은 (+)인 반면 C는 (−)이다. 따라서 프로젝트 A와 B가 채택될 것이다. 그림 12. 2는 이를 설명하고 있다.

그림 12. 2 위험 프로젝트의 위험조정 할인율 측정을 위한 증권시장선 활용

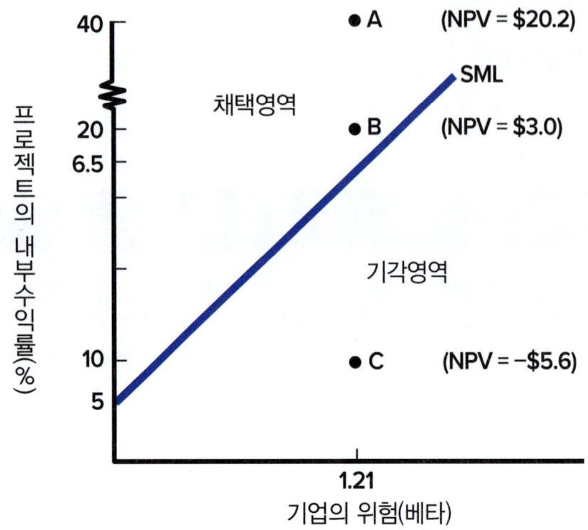

대각선은 자기자본비용과 기업의 베타간의 관계를 나타낸다. 100% 자기자본기업의 경우 프로젝트의 내부수익률이 자기자본비용보다 높으면 프로젝트를 채택해야 하고 반대의 경우는 기각해야 한다(위 그래프의 경우 모든 프로젝트의 위험은 기업의 현재 위험과 동일하다고 가정한다).

앞의 두 예에서, 무위험이자율, 시장위험프리미엄, 기업의 베타에 대한 값들이 주어져 있는 것으로 가정했다. 그러면 이들 변수는 실제로 어떻게 추정하는가? 다음에서 차례대로 살펴보기로 하자.

무위험이자율

어떠한 채권도 지급불능의 위험으로부터 완전히 자유로울 수 없지만, 그나마 미국국채가 지급불능 위험이 거의 없는 채권으로 간주되곤 한다.

제8장에서 다룬 이자율의 기간구조를 상기해보면, 미국국채에 대한 수익률은 만기의 함수이다. 그러면 어떤 만기에 해당하는 수익률이 무위험이자율로 간주되어야 하는가? 불행하게도 이 질문에 대한 정확한 답은 없다. CAPM은 기간 모형이므로, 1년 만기 단기국채의 수익률과 같은 단기수익률이 보다 적절할 수 있다. 그래서 우리도 이러한 관례를 따른다.[2]

2 문제는 프로젝트들의 만기는 전형적으로 길다는 것이다. 그래서 단기이자율 접근법을 사용하되, 오늘 현재의 1년 수익률보다는 프로젝트 기간에 대해 예상되는 평균적 1년 수익률이 잠재적으로 더 정확하다고 할 수 있다.

그럼 어떻게 이러한 1년 수익률의 기대치를 추정할 수 있을까? 방법들 중 하나는 현재의 1년 만기 단기국채의 수익률을 프로젝트 기간 동안 같을 것이라고 가정하고 사용하는 것이다. 이 방법이 관례이다. 다른 방법은 1년 만기 기대수익률의 평균을 이자율의 기간구조로부터 추정하는 것이다. 표 10. 2에 따르면, 1926~2018년까지 기간 동안 20년 만기 채권의 평균수익률은

한편 실제 기업들은 만기가 특정 프로젝트나 투자안과 유사한 미국국채의 수익률을 사용하기도 한다. 특히 만기가 매우 긴 투자의 경우 우리도 이 접근법을 사용하게 될 것이다.

시장위험프리미엄

방법 1: 과거데이터(historical data) 이용 제10장의 많은 부분을 역사적 수익률과 시장위험프리미엄(market risk premium)을 계산하는 데 할애했었다. 이 장에서는 그 프리미엄에 대한 추정치로 7%를 사용하기로 한다. 물론 이 수치가 확정적이라고 해석되어서는 안 된다. 다음으로 필요한 것은 무위험이자율이다. 현재 1년 만기 단기국채의 수익률이 약 2.4%이다.

간단한 예로 베타값이 1.5인 순수자기자본기업을 생각해보자. 주어진 변수들의 값을 사용하여 자본비용을 계산하면 다음과 같다.

$$0.024 + 1.5 \times 0.07 = 0.1290 \text{ 또는 } 12.90\%$$

방법 2: 배당할인모형(dividend discount model: DDM) 이용 이 장의 앞 부분에서 많은 기업들이 자본예산을 위해 CAPM을 사용한다는 한 연구를 언급한 바 있다. 그러면 CAPM에서 시장위험프리미엄은 앞에서처럼 항상 과거수익률로부터 계산해야 하는가? 그렇지 않다. 위험프리미엄은 배당할인모형에 근거한 또 다른 방법으로 추정할 수 있다.

제6장에서 주식의 가치는 그 기업의 모든 미래배당금의 현재가치와 같다고 했다. 더 나아가서 그 기업의 배당금이 일정성장률 g로 증가할 것으로 기대된다면, 주식의 가치 P는 다음과 같이 쓰여질 수 있다는 것을 배웠다.

$$P_0 = \frac{D_1}{R - g}$$

여기서 Div는 내년에 받을 주당배당금, R은 할인율, g는 배당금의 연 성장률이다. 이 식은 다음과 같이 재정리될 수 있다.

$$R = \frac{D_1}{P_0} + g$$

다시 말하면, 주식의 연 수익률은 내년 배당수익률(= D_1/P_0)과 연 배당성장률의 합이다.

이 공식은 개별주식은 물론 시장 전체의 총수익률을 추정하기 위해 사용될 수 있다. 우변의 첫 번째 항은 추정하기 쉽다. 왜냐하면 많은 간행물과 웹(web) 서비스가 시장의 배당수익률을 제공하기 때문이다. 예를 들면, Standard & Poor(S&P) 500 지수를 구성하는 주식들의 평균 배당수익률은 약 2.1 %이다. 그래서 추정을 위해 이 수치를 사용하기로 한다.

다음으로 필요한 것은 시장에 있는 모든 기업들의 배당성장률이다. 투자은행, 자금관리기업, 독립적 연구조직 등에서 개별증권, 산업, 전체 주식시장을 연구하는 증권분석가들이 업무의 일환으로 종목추천은 물론 배당과 이익에 대한 전망치를 내놓는다. 예를 들면, Value

5.9% 이며, 1년 만기 단기국채 수익률은 3.4%였다. 따라서 소위 기간프리미엄(term premium)은 2.5%(= 5.9 − 3.4%)이다. 이 수치가 양(+)이라는 것은 놀랍지 않다. 왜냐하면 이자율 기간구조는 전형적으로 우상향 방향이기 때문이다. 최근 20년 만기 장기국채의 수익률은 2.5%였다. 이 수익률은 향후 20년 동안 평균적 1년 만기 이자율과 기간프리미엄을 반영하고 있다. 따라서 향후 20년간 기대되는 평균적 1년 만기 이자율은 0.0%(= 2.5% − 2.5%)라고 볼 수 있다. 또 다른 방법으로 CAPM이 제안하는 바와 같이 만기가 투자자의 투자기간과 유사한 국채의 사용을 고려해 볼 수 있다. 그러나 불행하게도 그 기간이 얼마인가에 대해 합의점을 찾지 못하고 있다.

Line의 *Investment Survey*에서 제공하는 산업종합지수(Industrial Composite Index)의 5년 배당 성장률을 연 6%라고 가정하자. 배당수익률이 2.1%로 주어져 있으므로 시장에 대한 기대수익률은 8.1%(= 2.1% + 6%)가 된다. 단기국채의 수익률이 2.4%이므로 시장위험프리미엄은 5.7%(= 8.1% − 2.4%)가 된다. 이 수치는 방법 1에서 제공된 7%보다 약간 낮다.

따라서 이 경우 베타가 1.5인 기업의 자본비용은 다음과 같다.

$$0.024 + 1.5 \times 0.057 = 0.1095 \text{ 또는 } 10.95\%$$

물론 Value Line은 전망치를 내놓는 한 소스에 불과하다. 아마도 기업은 여러 전망치들의 컨센서스나 자신의 주관적 성장예측치를 더 빈번하게 사용할 것이다.

그럼에도 불구하고 학계에서는 객관성을 위해 역사적 시장프리미엄을 오랫동안 선호해왔다. 역사적 수익률은 정확하게 측정되기 때문에 주관적 판단의 여지가 별로 없다. 대조적으로, DDM으로 미래 배당성장률을 추정하는 것이 더 주관적이다. 그렇다고 DDM 접근법의 주관적 속성을 비판할 필요는 없다. DDM 사용을 옹호하는 사람들은 길게 보면 수익률은 단지 현재 배당수익률과 미래 배당성장률에 따라 결정된다고 주장한다. 따라서 장기 주식수익률이 이들 두 요소의 합을 초과할 것이라고 생각한다면 웃음거리가 될 것이다.[3] "당신은 순무(turnip)로부터 피를 짜낼 수 없다"라는 표현이 여기에 적용된다.

12. 3 CAPM을 이용한 자기자본비용 추정

앞 절에서 기업의 베타는 알려진 것으로 가정했다. 물론 베타 값은 현실에서는 측정되어야 한다. 증권의 베타 값은 시장포트폴리오 수익률과 증권 수익률간의 표준화된 공분산이라고 이전에 지적한 바 있다. 앞에서 본 것과 같이 증권 i의 베타 식은 다음과 같다.

$$\text{증권 } i\text{의 베타} = \frac{\text{Cov}(R_i, R_M)}{\text{Var}(R_M)} = \frac{\sigma_{i,M}}{\sigma_M^2} \quad [12.2]$$

즉, 베타는 시장과 증권의 공분산을 시장의 분산으로 나눈 값이다. 이에 대해서는 이미 앞에서 설명했으므로 베타계산이 새로운 소재는 아니다.

기업의 베타 측정

기업의 베타를 측정하는 기본적 방법은 다음과 같다.

$$\frac{\text{Cov}(R_i, R_M)}{\text{Var}(R_M)}$$

$t = 1, 2, \ldots, T$ 관찰치

문제점

1. 베타는 시간에 따라 변할 수 있다.

3 For example, see Jay Ritter, "The Biggest Mistakes We Teach," *Journal of Financial Research* 25, no. 2(June 2002), pp. 159~168; Eugene Fama and Kenneth French, "The Equity Premium," *Journal of Finance* 57, no. 2(2002), pp. 637~659; and Ravi Jagannathan, Ellen R. McGrattan, and Anna Scherbina, "The Declining U.S. Equity Premium," *Federal Reserve Bank of Minneapolis Quarterly Review* 24, no. 4(2000), pp. 3~19.

2. 표본크기가 부적당할 수 있다.
3. 베타는 재무레버리지와 영업위험의 변화에 영향을 받는다.

해결책

1. 문제점 1과 2는 더 정교한 통계기법을 통해 완화될 수 있다.
2. 문제점 3은 영업위험과 재무위험의 변화에 대한 조정을 통해 줄일 수 있다.
3. 동일한 산업에 속해 있는 여러 유사기업의 평균 베타 값을 참조하라.

현실에서의 베타

실제 현실에서 기업들의 베타 값이 어떻게 결정되는가를 살펴보는 것이 유익할 것이다. 그림 12. 3은 S&P 500 지수의 월별수익률에 대한 4개 대기업의 월별수익률의 관계를 그림으로 나타낸 것이다. 회귀분석기법을 통해 둘간의 관계를 가장 잘 설명해 주는 직선을 도출할 수

그림 12. 3 S&P 500 지수의 5년간 월별수익률에 대한 4개 개별증권의 5년간 월별수익률(2014~2018) 그래프

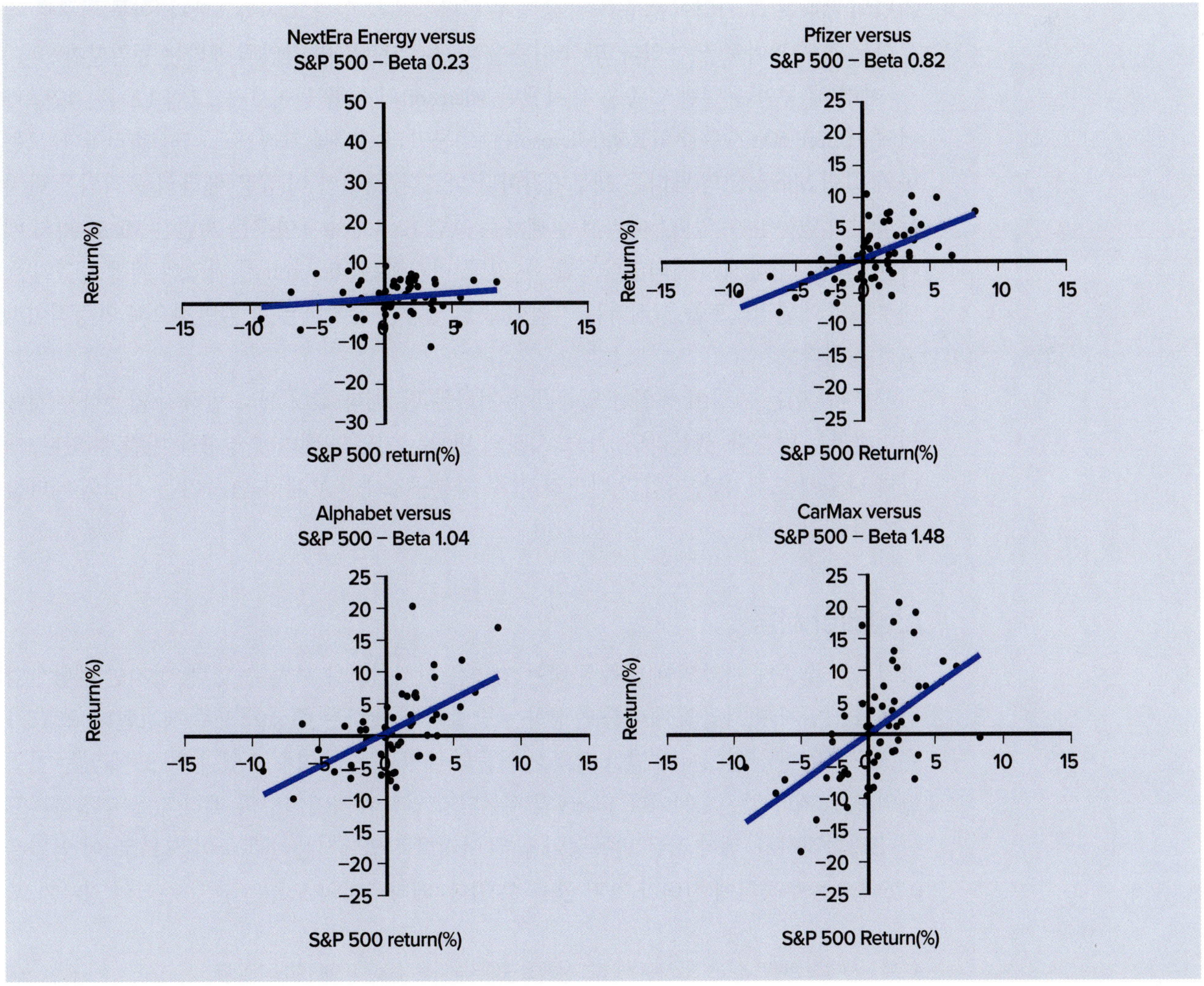

있다. 이 직선을 증권특성선(security characteristic line: SCL)이라고 한다. 증권특성선의 기울기가 곧 베타가 된다. 또한 이 선을 통해 일반적으로 알파(alpha)라고 부르는 절편값도 구할 수 있다.

각 그래프를 도출하기 위해 5년간의 월별데이터를 사용한다. 이러한 선택은 자의적일 수 있으나 현실에서 종종 사용되는 계산방식이다. 실무자들은 베타계수의 정확성이 관찰치의 수가 너무 적을 때 문제가 된다는 것을 안다. 반면 기간이 길면 기업들의 업종이 변경될 수도 있으므로 너무 오래 전 과거자료는 의미가 없게 된다.

제11장에서 지수를 구성하는 모든 주식의 평균베타는 1이라고 하였다. 물론 지수의 일부를 고려하는 경우 이것이 사실이 아닐 수도 있다. 예를 들면, 그림 12. 3에 있는 4개의 주식 중 2개의 베타는 1보다 크고 2개는 1보다 작다. 베타는 크고 분산된 포트폴리오를 보유하는 경우 단일 증권의 위험을 측정하는 것이므로, NextEra Energy는 상대적으로 낮은 위험을, CarMax는 상대적으로 높은 위험을 지닌 주식으로 볼 수 있다.

베타의 안정성

기업의 베타는 그 기업이 업종을 바꿀 경우 변화할 수도 있다고 이야기했다. 이를 거꾸로 질문하는 것도 흥미로울 수 있다. 만약 업종을 바꾸지 않는다면 기업의 베타는 동일할까?

여러 해 동안 동일한 업종을 유지했던 Microsoft의 예를 들어보자. 그림 12. 4는 4연속 5년 주기 S&P 500 지수 수익률과 Microsoft 수익률간의 관계를 그래프로 나타낸 것이다. 보는 바와 같이 Microsoft의 베타는 세부기간마다 다르다. 하지만 이 같은 베타의 움직임은 단지 무작위적 변동일 수 있다.[4] 따라서 실제로는 그림 12. 4에서 보여주는 20년간 Microsoft의 베타는 거의 일정하게 유지되었다고 할 수 있다. 여기서는 Microsoft 한 기업의 예를 들었지만, 대부분의 애널리스트들은 베타는 기업이 동일 업종을 유지하는 한 일반적으로 안정적이라고 주장한다.

하지만 이는 기업이 동일한 업종을 유지하는 한, 베타 값이 결코 변하지 않는다는 것을 의미하지는 않는다. 생산라인, 기술, 시장의 변화는 기업의 베타에 영향을 미칠 수 있다. 게다가 나중에 보겠지만, 기업의 레버리지(즉, 자본구조에서 부채비율) 증가는 기업의 베타를 증가시킬 것이다.

산업베타 사용

과거자료를 통해 기업의 베타를 구하는 방법은 상식적으로 보일 수 있다. 하지만 해당산업 전체를 감안하여 기업의 베타를 측정하는 방법이 더 낫다는 주장이 자주 제기된다. 표 12. 1은 소프트웨어 산업에서 유명한 몇몇 기업들의 베타 값을 보여주고 있다. 이 표에 있는 기업들의 평균 베타 값은 1.04이다. Fiserv의 재무담당 임원이 자기기업의 베타 값을 추정하려고 한다고 가정하자. 베타 값은 변동성이 높은 이러한 산업에서는 변동폭이 크므로, 이 임원은 0.76이라는 추정치에 신뢰가 가지 않을 수 있다. 베타추정의 오류는 단일 주식의 경우가 포

4 더 자세히 설명하면, 4기간 동안 베타계수는 서로 통계적으로 다르지 않다고 이야기할 수 있다.

그림 12. 4 연속 5년 주기 S&P 500지수와 Microsoft의 월별 수익률의 관계에 대한 그래프

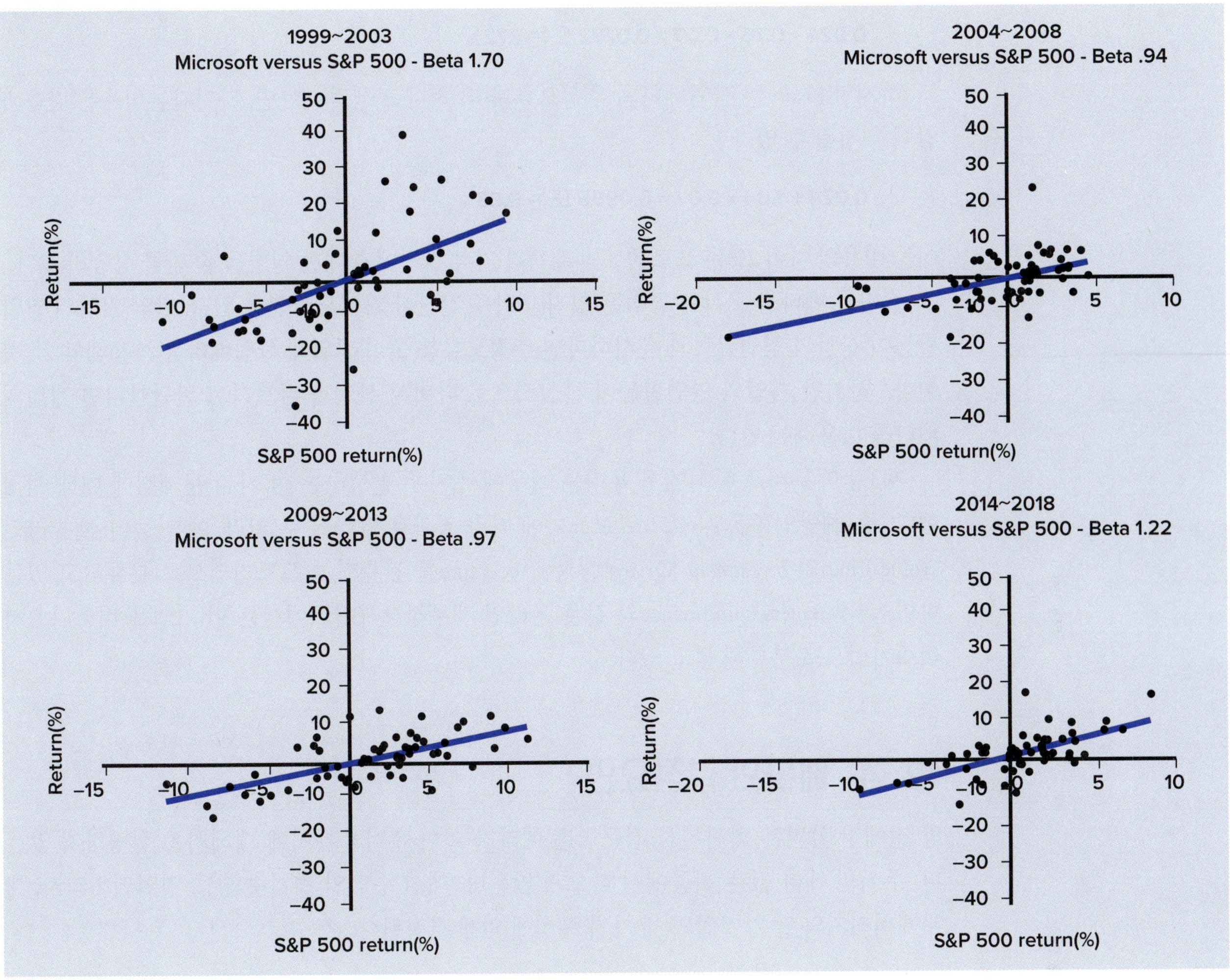

트폴리오에서보다 훨씬 더 크다. 따라서 이 재무담당 임원은 자기기업의 베타 추정치로 산업베타인 1.04를 선호할지 모른다.[5]

기업	베타
Microsoft	1.11
Apple, Inc.	1.11
Automatic Data Processing	1.02
Oracle Corp.	0.95
Fiserv, Inc.	0.76
Accenture, Ltd.	1.16
Symantec Corp.	1.04
Paychex, Inc.	1.14
Equally weighted portfolio	1.04

표 12. 1 컴퓨터소프트웨어산업에 속하는 기업들의 베타

5 실제로는 기업들의 베타를 평균하기 전에 레버리지를 조정해 주어야 한다. 물론 부채비율이 서로 크게 다르지 않는 한 실효는 없다. 레버리지에 대한 조정은 추후 장에서 논의하기로 한다.

만일 무위험이자율이 2.40%이고 위험프리미엄이 7%라면, Fiserv의 자기자본비용은 다음과 같이 추정될 수 있다.

0.024 + 0.76 × 0.07 = 0.0772 또는 7.72%

하지만 Fiserv는 산업베타의 추정오류가 더 적다고 생각한다면, 자기자본비용은 다음과 같이 추정될 수 있다.

0.024 + 1.04 × 0.07 = 0.0965 또는 9.65%

이들 비용의 차이 2%는 프로젝트의 채택과 기각 결정에 중대한 영향을 줄 만큼 상당히 크다.

올바른 베타를 구하는 공식은 없지만 아주 간단한 가이드라인은 있다. 만약 기업의 영업활동이 산업의 영업활동과 유사하다면 추정오류를 줄이기 위해 산업베타를 사용해야 할 것이다.[6] 하지만 기업의 영업활동이 본질적으로 나머지 산업과 다르다고 판단한다면 기업의 베타를 사용해야 한다.

제3장 재무제표 분석에서 우리는 실무에서 자주 발생하는 한 가지 문제점에 대해 지적했다. 즉, 해당업종을 무엇으로 보느냐에 따라 결과는 달라질 수 있다. 예를 들어, 밸류라인(Value Line)의 *Investment Survey*에서는 Accenture를 컴퓨터 소프트기업으로 분류하고 있는 반면, www.reuters.com/finance와 같은 온라인 재무정보사이트에서는 이 기업을 비즈니스서비스기업으로 분류해 놓고 있다.

12.4 베타의 결정요인

앞 절에서 살펴본 회귀분석 접근법은 베타가 어디서 나오는지에 대해서는 설명하지 않는다. 주식의 베타 값은 허공에서 나오지 않는다. 대신 수익의 경기순환성, 영업레버리지, 재무레버리지와 같은 기업의 세 가지 특성에 의해 결정된다.

수익의 경기순환성

일부 기업의 수익은 상당히 순환적이다. 즉, 경기가 확장기인 경우 기업들은 많은 수익을 창출하는 반면, 수축기에 접어들면 그렇지 못하다. 실증분석 결과에 따르면 하이테크업, 소매업, 자동차업 등은 경기에 상당히 민감하게 반응하는 반면, 전기·가스, 철도, 식품, 항공산업 등은 경기변동에 덜 민감한 것으로 나타났다. 베타는 시장수익률에 대한 개별 주식수익률의 민감도이므로 경기에 민감한 주식이 베타가 높다는 것은 놀라울 일이 아니다.

순환성이 변동성과 동일하지 않다는 사실을 지적하는 것은 의미있는 일이다. 예를 들어, 영화사의 경우 흥행성공 여부를 쉽게 예견할 수 없으므로 그 수익이 큰 변동성을 보인다. 하지만 영화사의 수익은 경기측면보다 출시되는 영화의 질에 더 큰 영향을 받으므로 특별히 경기순환적이지는 않다. 즉, 앞에서 강조한 바와 같이 표준편차가 큰 주식이 반드시 베타계수가 높을 필요는 없다.

6 나중에 살펴보겠지만 기업의 부채수준이 산업의 부채수준과 다른 경우 조정이 이루어져야 한다. 하지만 소프트웨어 산업의 경우 일반적으로 부채가 적기 때문에 여기서는 이를 고려하지 않기로 한다.

영업레버리지

제9장에서 비용은 고정비와 변동비로 구분된다고 설명한 바 있다. 수량변화에 대해 고정비는 영향을 받지 않는 반면 변동비는 증가한다. 기업들은 종종 고정비와 변동비 사이의 상충관계에 직면한다. 예를 들어, 기업은 생산을 위해 높은 고정비가 들어가는 공장을 직접 지을 수 있다. 대안으로 기업은 그 생산을 공급자에게 하청을 줄 수 있다. 이 경우 보통 고정비는 적게 들지만 변동비가 많이 든다. 고정비는 매출의 경기순환성 효과를 증대시킨다. 고정비는 기업의 매출이 적더라도 반드시 지급되어야 하는 비용이다. 따라서 기업 입장에서는 크게 손실을 입을 가능성이 있다. 그리고 변동비를 고정비로 대체하면 추가적으로 발생하는 매출에 대한 한계비용을 낮출 수 있으므로 이익의 대폭적 향상을 기할 수 있다.

고정비는 높고 변동비가 낮은 기업은 **영업레버리지(operating leverage)**가 높다고 할 수 있다. 역으로 고정비는 낮고 변동비가 높은 기업은 영업레버리지가 낮다고 볼 수 있다. 영업레버리지는 수익의 경기순환성 효과를 증대시킨다. 즉, 매출의 경기순환성이 주어져 있다고 할 때 생산과정에서 변동비를 고정비로 대체하면 기업의 베타가 증가할 것이다.

재무레버리지와 베타

이름에서 알 수 있듯이 영업레버리지와 재무레버리지는 유사한 개념이다. 영업레버리지는 생산(production)의 고정비와 관련이 있다. 반면 재무레버리지는 기업의 부채의존 정도를 나타내며, 자본구조에 부채가 있는 기업을 부채기업(levered firm)이라 일컫는다. 부채기업은 매출에 관계없이 이자를 지급해야 하므로 재무레버리지는 자금조달(finance)의 고정비와 관련이 있다. 영업레버리지의 증가가 베타를 증가시키는 것과 마찬가지로 재무레버리지의 증가(즉, 부채의 증가)도 베타를 증가시킨다. 이를 보기 위해 자본구조가 일정 부분의 부채와 일정 부분의 자기자본으로 이루어진 한 기업을 생각해보자. 나아가서, 한 개인이 그 기업의 모든 부채와 자기자본을 보유하고 있다고 가정하자. 즉, 개인이 기업의 전부를 소유한 것이다. 이 경우 부채와 자기자본으로 구성된 이 포트폴리오의 베타는 얼마인가?

포트폴리오를 이용한 다른 계산에서와 마찬가지로, 이 포트폴리오의 베타는 포트폴리오를 구성하는 개별 항목 베타의 가중평균이다. B가 부채의 시장가치를 나타내고 S가 자기자본의 시장가치를 나타낸다면, 포트폴리오의 베타는 다음과 같이 계산된다.

$$\beta_{\text{Portfolio}} = \beta_{\text{Asset}} = \frac{S}{B+S} \times \beta_{\text{Equity}} + \frac{B}{B+S} \times \beta_{\text{Debt}} \qquad [12.3]$$

여기서 β_{Equity}는 부채가 있는 기업의 주식베타 또는 자기자본베타이며, β_{Debt}는 부채베타이다. 포트폴리오베타 계산을 위해 부채베타는 자본구조에서 부채의 비율을 나타내는 $B/(B+S)$와 곱해지고 자기자본베타는 자본구조에서 자기자본비율과 곱해진다. 이 포트폴리오는 기업의 부채와 자본으로 구성되어 있으나, 만약 부채가 없는 순수자기자본기업의 경우라면 포트폴리오베타는 **자산베타(asset beta)**라고도 할 수 있다. 왜냐하면 그 값이 기업의 자산에만 의존하여 결정되기 때문이다.

부채베타의 값은 실제로 매우 낮다. 일반적으로 부채베타는 0이라고 가정하기 때문에 자산베타는 다음과 같다.

$$\beta_{\text{Asset}} = \frac{S}{B+S} \times \beta_{\text{Equity}} \tag{12. 4}$$

부채기업에서 $S/(B+S)$는 1보다 낮으므로, $\beta_{\text{Asset}} < \beta_{\text{Equity}}$가 된다. 앞 식을 정리하면 자기자본베타는 다음과 같이 도출된다.

$$\beta_{\text{Equity}} = \beta_{\text{Asset}}\left(1+\frac{B}{S}\right)$$

즉, 자기자본베타는 재무레버리지가 0이 아닌 이상 자산베타보다 항상 클 것이다.[7] 다시 말하면, 부채기업의 자기자본베타는 다른 조건이 동일한 순수자기자본기업의 자기자본베타보다 항상 커야 한다.

회귀분석은 자산베타와 자기자본베타 중 어느 것을 추정하는가? 12. 3절과 실제 세계에서의 회귀분석은 주식수익률을 투입변수로 사용하기 때문에 자기자본베타의 추정치를 제공한다. 자산베타를 구하기 위해서는 자기자본베타를 식 12. 4를 이용하여 변환하여야 한다. 물론 순수자기자본기업에 있어서 두 베타는 같다.

예 제 12. 3

자산베타와 자기자본베타

수목회사인 Rapid Cedars사는 현재 100% 자기자본기업이며 베타계수는 0.8이다. 이 기업은 자본구조를 변경하여 부채와 자기자본비율을 1:2로 하기로 했다. 이 기업은 업종을 변경하지는 않았으므로 자산베타는 0.8을 유지한다. 부채베타가 0이라고 가정한다면, 자기자본베타는 다음과 같이 계산된다.

$$\beta_{\text{Equity}} = \beta_{\text{Asset}}\left(1+\frac{B}{S}\right)$$

$$1.2 = 0.8\left(1+\frac{1}{2}\right)$$

만일 부채와 자기자본의 비율이 1:1이 되도록 자본구조를 변경한다면, 자기자본베타는 다음과 같아진다.

$$1.6 = 0.8\,(1+1)$$

이 기업이 같은 업종에 머무는 한, 자산베타는 0.8이 되고, 따라서 레버리지의 효과는 자기자본베타를 증가시킬 것이다.

12. 5 배당할인모형

앞의 12. 2절에서 CAPM이 기업의 자본비용을 결정하기 위해 사용될 수 있음을 보였다. 여러 투입변수들 중에서 시장위험프리미엄에 대한 추정치를 필요로 했었다. 이를 위해 배당할인모형(dividend discount model: DDM)을 사용하여 전체 시장의 기대수익률을 예측하여

---

7 법인세를 감안하면 기업의 자산베타와 자기자본베타의 차이는 다음과 같이 나타낼 수 있다.

$$\beta_{\text{Equity}} = \beta_{\text{Asset}}\left[1+(1-T_C)\frac{B}{S}\right]$$

이 식에서 T_C는 법인세를 나타낸다. 세금효과에 대해서는 뒤의 장에서 자세히 살펴본다.

위험프리미엄을 구해 보았다. 이제 DDM을 사용하여 개별주식의 기대수익률을 직접 추정해보자.

앞에서 DDM은 다음 식으로 정리될 수 있음을 알고 있다.

$$R = \frac{D_1}{P_0} + g$$

여기서 P는 주식가격, D_1는 내년에 받을 주당배당금, R은 할인율, g는 배당금의 연 성장률이다. 이 식이 의미하는 바는 주식에 대한 할인율은 그 주식의 배당수익률($= D_1/P_0$)과 배당성장률의 합이라는 것이다. 따라서 특정 주식에 DDM을 적용하기 위해서는 배당수익률과 그 성장률을 추정하여야 한다.

배당수익률은 비교적 예측하기 쉽다. 증권분석가들이 늘 여러 주식에 대한 내년 배당금 전망치를 내놓는다. 다른 방법으로는, 다음에서 기술하겠지만, g를 먼저 추정하여 직전 배당금에 $(1 + g)$를 곱하여 다음해 배당금을 추정할 수 있다. 공개적으로 거래되는 주식의 가격은 금융일간지나 웹(web)을 통하여 입수할 수 있다.

배당성장률은 다음 세 가지 방법 중의 하나로 추정될 수 있다. 첫째, 과거데이터로부터 기업의 과거배당성장률을 계산할 수 있다. 어떤 기업들에 있어서는 이러한 과거성장률이 완전하지는 않지만 미래성장률의 쓸만한 추정치가 될 수 있다. 둘째, 제6장에서 배당성장률은 다음과 같이 표현될 수 있다고 하였다.

$$g = \text{Retention ratio} \times \text{ROE}$$

여기서 유보율(retention rate)은 이익에서 사내에 유보되는 금액이 차지하는 비율이다. ROE는 자기자본이익률(return on equity)의 약자로 기업의 장부가치 자기자본에 대한 이익의 비율이다. 유보율과 ROE를 계산하기 위해 필요한 항목들은 모두 기업의 재무제표에 나와있다. 셋째, 증권분석가들이 보통 미래성장률에 대한 전망치를 제공한다. 그러나 DDM에서는 배당의 장기성장률이 필요하지만, 분석가의 전망치는 일반적으로 이익의 5년 성장률이다.

세 번째 방법의 예를 들면, 최근에 finance.yahoo.com은 Eastman Chemical사에 대해 연이익성장률의 5년 전망치를 9.84%로 내놓았다. 이 기업의 배당수익률은 3.18%였으므로, Eastman 주식의 기대수익률 또는 자기자본비용은 13.02%(= 3.18% + 9.84%)가 된다.

위 논의는 기업의 자본비용을 추정하기 위해 DDM이 어떻게 사용되는가를 보여준다. 그러면 CAPM과 비교해서 이 접근법이 얼마나 정확한 건가? 다음에서 이 질문에 대해 살펴보자.

DDM과 CAPM의 비교

배당할인모형과 자본자산가격결정모형은 내부적으로 서로 일관성이 있다. 그럼에도 불구하고 학계는 DDM보다 CAPM을 선호한다. 추가로, 최근 한 연구[8]에 의하면, 기업들 중 약 3/4은 자기자본비용을 계산하기 위해 CAPM을 사용하는 반면, 약 1/6 정도는 DDM을 사용한다

8 John R. Graham and Campbell R. Harvey, "The Theory and Practice of Corporate Finance: Evidence from the Field," *Journal of Financial Economics* 60, no. 2~3(2001), pp. 187~243.

고 한다. 그러면 왜 추(pendulum)가 CAPM 쪽으로 옮겨가 있는가? CAPM은 두 가지 주요 이점을 지니고 있다. 이 모형은 위험을 명시적으로 조정하고 있으며 배당을 하지 않거나 배당성장률을 추정하기 어려운 기업들에도 적용이 가능하다. DDM의 주요 이점은 그 단순성에 있다. 불행하게도 DDM은 꾸준한 배당을 하는 기업들에게만 유용하다.

우리가 알고 있는 한, 그 아무도 두 접근법을 체계적으로 비교하지 않았으며, DDM이 CAPM보다 더 많은 측정오류를 안고 있는 것으로 보인다. 문제는 DDM으로 개별기업의 성장률을 추정한다는 것이다. g의 추정을 위해 앞서 제안한 세 가지 방법들 모두 개별기업에 대해서는 잠재적 측정오류를 안고 있다.[9]

12.6 부문과 프로젝트의 자본비용

앞에서는 잠재적 프로젝트의 위험이 기업의 위험과 같다고 가정하였다. 그 위험이 기업의 위험과 다른 프로젝트의 할인율은 어떻게 추정해야 하는가? 대답은 프로젝트는 자신의 위험에 상응하는 이자율로 할인되어야 한다. 예를 들어, 할인율을 결정하기 위해 CAPM을 사용한다고 가정하자.[10] 만일 프로젝트의 베타가 기업의 베타와 상이하다면 그 프로젝트의 현금흐름은 자신의 베타에 상응하는 이자율로 할인되어야 한다. 이 점은 상당히 중요하다. 왜냐하면 기업들은 **기업할인율**(corporate discount rate)이란 말을 자주 사용하기 때문이다. (앞서 언급한 바와 같이 **요구수익률**(required return)과 **자본비용**(cost of capital)이 모두 비슷한 의미로 사용된다.) 기업의 모든 프로젝트가 동일한 위험을 갖지 않는 한 모든 프로젝트에 대해 동일한 할인율을 적용하는 것은 잘못이다.

개별 프로젝트의 할인율을 고려해야 한다는 이러한 논리는 기업 내 여러 부문(division)이 각기 다른 산업에 속하는 경우에도 적용된다. 이 경우에도 마찬가지로 각 부문에 동일한 할인율을 할당하면 오류를 범할 수 있다.

D. D. Ronnelley 예제는 프로젝트의 현금흐름은 그 위험에 상응하는 이자율로 할인해야 함을 보여준다. 그러나 실무자들은 다음 세 가지 이슈에 관심을 가져야 한다. 첫째, 해당 산업을 잘 선정하여야 한다. 이는 쉬운 것처럼 들릴지 모르나 문제는 기업들이 종종 한 개 이상의 사업라인을 가지고 있다는 것이다. 예를 들면, Ronnelley사가 영화산업에서 한 프로젝트를 생각하고 있다고 가정하자. 급선무는 영화산업에 속해 있는 가장 크고 중요한 기업들의 베타를 찾아보는 것이다. 이에 해당하는 6개 스튜디오로는 Warner Brothers, Columbia, Universal, Paramount, 21th Century Fox, Disney가 있다. 그러나 처음 두 개 스튜디오는 AT&T와 Sony가 각각 소유하고 있다. 이들 모기업은 잘 분산되어 있으며 영화사업으로부터 수익은 전체 수익의 작은 일부분에 불과하다. 그 다음 세 개 스튜디오는 Comcast, Viacom, 21th

---

9 물론 CAPM에서도 세 변수(무위험이자율, 시장위험프리미엄, 베타)를 추정해야 하며, 모두 추정오류에 노출되어 있다. 베타 추정이 일반적으로 이러한 문제점을 안고 있다. 왜냐하면 개별기업에 대해 베타를 추정하기 때문이다. 그러나 앞서 언급한 바와 같이 분석가들은 이러한 측정오류를 줄이기 위해 종종 산업 내 여러 기업들의 평균베타를 사용하곤 한다. 이는 동일 산업 내 기업들의 베타는 유사하다는 가정이 깔려 있다. 대조적으로 한 산업 내 여러 기업들의 g를 평균해서는 안 된다. 이들 기업은 같은 산업에 속하더라도 그 성장률이 크게 다를 수 있기 때문이다.

10 편의상 이 절에서는 CAPM만 사용하기로 한다. 그러나 자본비용을 결정하기 위해 DDM을 사용하더라도 접근방법은 유사할 것이다.

예제 12. 4

프로젝트 위험

출판사인 D. D. Ronnelley사는 컴퓨터소프트웨어 사업과 관련한 프로젝트를 채택하려고 한다. 컴퓨터 소프트웨어기업은 일반적으로 높은 베타 값을 가지므로, 이 출판사는 소프트웨어 벤처사업을 자신의 다른 사업에 비해 더 위험한 것으로 간주한다. 따라서 이 프로젝트는 소프트웨어기업의 위험에 상응하는 이자율로 할인되어야 한다. 예를 들어, 상장되어 있는 여러 소프트웨어기업의 평균베타가 사용될 수 있다. 그러나 만약 D. D. Ronnelley사가 모든 프로젝트에 대해 동일한 이자율로 할인한다면, 결과는 오류를 불러올 수 있다. 즉, 이 기업은 많은 고위험 프로젝트(소프트웨어 벤처)를 잘못 채택하고 많은 저위험 프로젝트(책이나 잡지)를 잘못 기각하게 될 것이다. 이 같은 상황은 그림 12. 5에 설명되어 있다.

그림 12. 5 기업의 자본비용과 증권시장선(SML)과의 관계

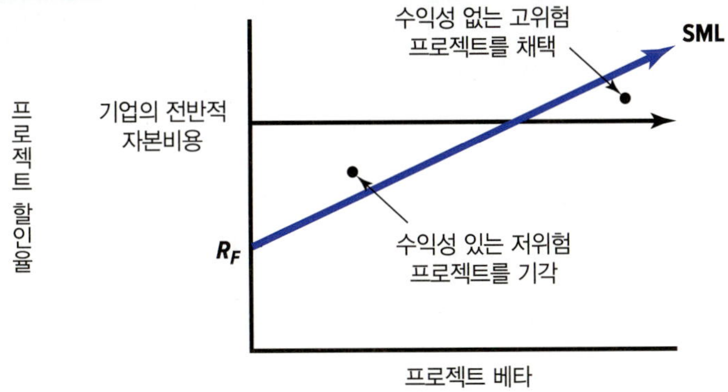

여러 투자안에 대한 평가 시 기업의 자본비용을 사용하면 오류를 범할 수 있다. D. D. Ronnelley사가 고려하고 있는 소프트웨어 벤처사업의 경우 위험이 높은 프로젝트이므로 높은 이자율로 할인되어야 한다. 이 경우 기업의 자본비용을 사용한다면 기업은 많은 고위험 프로젝트를 잘못 채택하게 된다.

물론 위험이 낮은 프로젝트는 낮은 이자율로 할인되어야 한다. 마찬가지로 이 경우 기업의 자본비용을 사용한다면 많은 저위험 프로젝트를 잘못 기각하게 된다.

Century Fox가 각각 소유하고 있으며 이들 또한 뉴스, 스포츠, 케이블 TV, 네트워크와 밀접하게 연관되어 있다. 그리고 마지막 6번째 스튜디오의 모기업은 이름이 Walt Disney로 같으며, 텔레비전, 라디오, 테마파크, 크루즈유람선 등을 소유하고 있어 역시 매우 잘 분산되어 있다. 이렇게 다각화된 기업의 경우 모기업의 베타로부터 순수 영화제작사의 베타를 결정하는 것은 아마 아주 어려울 것이다. 분석가들은 종종 퓨어플레이(pure play:고려하고 있는 프로젝트와 유사한 프로젝트에만 집중하는 기업)를 찾아야 한다고들 한다. 이러한 퓨어플레이는 어떤 상황에서는 찾기가 훨씬 더 쉽다.

둘째, 특정 산업에 있는 모든 기업이 퓨어플레이라고 하더라도 새로운 프로젝트의 베타는 동종 산업에 속한 기존 기업의 베타보다 더 높을 수 있다. 왜냐하면 새로운 프로젝트는 경제 전반의 변화에 대해 반응 정도가 더 민감할 수 있기 때문이다. 예를 들어, 신생 컴퓨터 벤처는 경기침체 시 도산할 수 있는 반면, IBM, Microsoft, Oracle은 별 영향을 받지 않을 수 있다. 반대로 경기확장 시 벤처들은 이들 성숙기업들보다 훨씬 빠르게 성장할 수 있다.

다행스럽게, 베타에 대해 약간의 조정만 해주면 별 문제는 없다. 새로운 벤처에는 추가 위험을 반영하기 위해 산업평균베타보다 다소 높은 베타를 적용시켜야 한다. 조정의 정도

는 경우에 따라 다르므로 주어진 공식은 없다. 실제로 이 같은 접근방식은 현재 널리 활용되고 있다.

셋째, 문제는 새로운 업종으로 발돋움하는 드문 프로젝트에서 생긴다. 예를 들어 TV홈쇼핑업체를 생각해보자. 이 같은 업종의 일부 회사들은 주식시장에 상장되어 있어, 이 산업에 대한 베타를 합리적으로 구할 수 있다. 하지만 이들 벤처가 시작된 1980년대에는 어떠한 베타 값도 추정하기가 어려웠다. 그 당시에는 아무도 홈쇼핑이 TV업, 소매업, 또는 완전히 새로운 업종 중 어디에 속하는지 알지 못했다.

산업 전반적 베타가 부적합한 이 같은 경우에는 어떤 베타를 사용해야 하는가? 한 가지 방법은 이 장 앞부분에서 언급했던 베타의 세 가지 결정요인들–수익 경기순환성, 영업레버리지, 재무레버리지–을 고려하는 것이다. 해당 프로젝트에 대해 이들 결정요인의 값을 다른 기업의 값들과 비교하면 그 프로젝트 베타에 대해 최소한 대략적인 감은 얻을 수 있을 것이다.

12. 7 고정수익증권(fixed income securities) 비용

이 절에서는 부채와 우선주의 비용을 논의할 것이다. 먼저 부채의 비용부터 살펴보기로 한다.

부채비용

자기자본비용은 종종 추정하기 어렵다. 이를 위해서는 많은 양의 데이터를 수집해야 하며, 그 최종결과 또한 오류가 있는 경우가 종종 있다. 다행히 **부채비용**(cost of debt)은 결정하기가 훨씬 수월하다. 이는 단순히 기업의 차입비용이다. 기업은 일반적으로 채권의 수익률을 확인하거나 상업은행 또는 투자은행에 문의함으로써 이 정보를 획득할 수 있다.

2년 전, Ritter Manufacturing(RMC)은 이자율이 7%인 부채를 $1억 발행하였다. 이 채권은 당초 액면가로 발행되었지만 지난 2년에 걸친 시장이자율 상승으로 지금은 할인되어 거래된다. 이 채권의 수익률은 현재 8%이다. 사세확장을 위한 자금을 조달하기 위해 RMC는 또 다른 대규모 채권발행을 고려하고 있다. 이 신규부채의 비용은 얼마가 되어야 하는가?

이 신규부채의 비용은 대략 8%여야 한다. 기존채권이 8% 수익률로 거래된다면, 신규채권은 이보다 더 낮은 수익률에는 팔리지 않을 것이다. 앞서 7%는 현재와는 관계없는 과거숫자에 불과하며 종종 **임베디드 부채비용**(embedded cost of debt)으로 불린다.

기업이 과거에 채권을 발행한 적이 없는 상황도 가정해 볼 수 있다. 이 경우 기업의 투자은행이 신규로 발행될 채권에 대한 수익률이 대략 얼마가 될 것인가를 제시해 줄 수 있다. 이 수익률은 부채비용의 추정치로 사용될 수 있다.[11] 또는 이 기업은 상업은행으로부터 대출을 받을 수도 있다. 여기서는 예정된 대출에 대한 차입이자율이 부채비용에 해당한다.

---

11 여기에 단서가 하나 있다. 현재 시장수익률은 채무불이행의 위험 때문에 채권자들이 기대하는 수준보다 높을 것이다. 투자등급의 채권에 있어서 채무불이행의 확률은 무시할 수준이다. 그러나 투기등급의 채권에 있어서는 채무불이행의 확률을 조정해 주는 것이 중요할 수 있다.

여기서 논의할 필요가 있는 복잡한 문제가 하나 있다. 지금까지는 세금을 무시해왔으며 이는 실제 현실과 명백히 다르다. 미국세법에 따르면, 이자지급은 세금공제가 된다. 예를 들어, 다음 두 기업을 생각해보자. Unlevered사는 부채가 없는 기업이며, Levered사는 이자율이 10%인 부채 $100를 보유하고 있다.

UNLEVERED사		LEVERED사	
수익	$180.0	수익	$180
비용	70.0	비용	70
세전이익	$110.0	이자 및 법인체 차감 전 이익	$110
세금(세율 21%)	23.1	이자(부채 $100에 대한 10%)	10
세후이익	$86.9	세전이익	$100
		세금(세율 21%)	21
		세후이익	$79

Levered사는 해마다 $10의 이자를 지급하는데 세후이익은 Unlevered사의 경우보다 $7.9(= $86.9 − $79)가 적다. 왜 그런가? 이자지급은 세금공제를 받기 때문이다. 즉, Levered사는 Unlevered사보다 세전이익은 $10(= $110 − $100) 더 적지만, 세금은 $2.1(= $23.1 − $21) 더 적게 낸다. 세후이익 감소분 $7.9는 Levered사가 빌린 $100의 7.9%에 해당한다. 따라서 세후부채비용은 7.9%이다. 일반적으로 세후부채비용은 다음과 같이 쓰여질 수 있다.

세후부채비용 = $(1 - T_C)$ × 차입이자율

0.079 또는 7.9% = (1 − 0.21) × 0.10

부채비용은 세금공제를 받는데 자기자본비용은 그렇지 못하다. 왜 그런가? 왜냐하면 채권자에게 지급하는 이자는 기업의 비용으로 세전이익을 줄여 세금을 적게 내게 해주지만 주주에게 지급하는 배당금은 세후이익에서 지급되기 때문이다.

우선주 비용

우선주(preferred stock)라는 이름은 적합하지 않을지 모른다. 왜냐하면 우선주는 보통주보다 채권에 더 가깝기 때문이다.

우선주는 일정한 배당금을 영구히 지급한다. 거의 모든 채권은 확정된 만기를 갖지만, 채권에 대한 이자지급은 우선주에 대한 배당지급과 아주 유사하다. 대조적으로 보통주에 대한 배당금은 항상 일정한 것은 아니다.

가령 Polytech사의 우선주는 주당 $17.16에 팔리고 있으며 매년 $1.5의 배당금을 지급한다고 하자. 우선주는 만기가 무한이므로 영구연금의 공식, PV = C/R_P(여기서 PV는 현재가치 또는 가격, C는 매년 받게 될 현금, r은 수익률 또는 이자율)를 사용해서 가격을 계산할 수 있다. 이 식을 재정렬하면 다음과 같다.

$$R_P = C/PV$$

이 우선주의 경우 수익률은 8.7%(= $1.50/$17.16)가 됨을 알 수 있다. 우선주비용(cost of preferred stock)이 바로 이 수익률이다.

왜 우선주비용은 세금을 조정하지 않는가? 왜냐하면 우선주 배당금 역시 세금공제를 받지 않기 때문이다.

12. 8 가중평균자본비용

12. 1과 12. 2절에서는 프로젝트의 자금을 완전 자기자본으로 조달하는 경우 할인율을 추정하는 방법에 대해 알아보았다. 이 절에서는 프로젝트를 부채와 자기자본으로 조달하는 경우 필요한 조정에 대해 논의하도록 한다.

어떤 기업이 투자를 위해 부채와 자기자본을 모두 사용하여 자금조달을 한다고 가정하자. 기업은 부채조달 시 R_B를 지급하고 자기자본조달 시 R_S를 지급한다. 이 자본의 전반적인 또는 평균 자본비용은 얼마인가? 자기자본비용 R_S는 이 장의 앞 부분에서 논의되었다. 부채비용은 기업의 차입금리 R_B이며, 채권의 만기수익률로부터 흔히 관찰될 수 있다. 기업이 부채와 자기자본을 모두 사용한다면, 자본비용은 각 비용의 가중평균으로 다음과 같이 나타낼 수 있다.

$$\frac{S}{S+B} \times R_S + \frac{B}{S+B} \times R_B$$

이 식에서 가중치는 총가치 중 자기자본이 차지하는 비율

$$\frac{S}{S+B}$$

과 총가치 중 부채가치가 차지하는 비율

$$\frac{B}{S+B}$$

이다. 이는 매우 당연한 결과이다. 만일 기업이 부채가 없는 순수자기자본기업(all-equity firm)이라면 평균자본비용은 그 기업의 자기자본비용 R_S와 동일해진다. 또한 만일 기업이 상당히 많은 부채를 발행하여 자기자본의 가치가 무의미하다면 순수부채기업(all-debt firm) 인 이 기업의 평균자본비용은 부채비용 R_B가 된다.

물론 이자는 기업에서 세금공제가 되며 이와 관련해서는 이전 장에서 이미 언급된 바 있다. 따라서 세후부채비용은 따라서 다음과 같이 된다.

$$\text{부채비용(법인세 후)} = R_B \times (1 - T_C)$$

여기서 T_C는 법인세율이다.

이 결과를 종합하면, 다음과 같은 기업의 (세후) 평균자본비용을 도출하게 된다.[12]

---

12 단순화를 위해, 식 12. 5는 우선주 자본조달을 무시한다. 우선주가 추가되면 그 식은 다음과 같이 된다.

$$\text{평균자본비용} = \frac{S}{S+B+P} \times R_S + \frac{B}{S+B+P} + R_S \times (1 - T_C) + \frac{P}{S+B+P} \times R_P$$

여기서 P는 기업의 자본구조에서 우선주 부분이며, R_P는 우선주비용이다.

$$\text{평균자본비용} = \frac{S}{S+B} \times R_S + \frac{B}{S+B} \times R_B \times (1 - T_C) \quad [12.5]$$

이 평균자본비용은 자기자본비용과 부채비용을 가중평균한 것이므로 이를 **가중평균자본비용(weighted average cost of capital: WACC)**이라고 하며, 앞으로 이 용어를 자주 사용할 것이다.

예제 12.5

WACC 계산

부채의 시장가치는 $4,000만이고 주식의 시장가치는 $6,000만(총발행주식수는 300만주이고 각 주식은 주당 $20에 거래된다)인 기업이 있다. 이 회사는 새로운 부채에 대해 5%의 이자를 지급하며 베타는 1.41이다. 법인세율은 21%이다(SML이 성립하고, 시장위험프리미엄이 9.5%이고, 현재 단기국채의 수익률이 1.0%라고 가정한다). 이 기업의 WACC은 얼마인가?

식 12.5를 이용해 WACC를 구하기 위해서는 (1) 세후부채비용은 $R_B \times (1 - T_C)$, (2) 자기자본비용은 R_S, (3) 기업이 사용하는 부채와 자기자본의 비율을 알아야 한다. 이들의 값은 각각 다음과 같이 계산된다.

1. 세전부채비용은 5%이므로 세후비용은 3.95%[= 5% × (1 − 0.21)]가 된다.
2. 자기자본비용은 SML을 이용하여 다음과 같이 계산된다:

$$\begin{aligned} R_S &= R_f + \beta \times [R_M - R_f] \\ &= 0.01 + 1.41 \times 0.095 \\ &= 0.1440 \text{ or } 14.40\% \end{aligned}$$

3. 부채와 자기자본의 비율은 부채와 자기자본의 시장가치에 의해 계산된다. 기업의 시장가치는 $1억(= $4,000만 + $6,000만)이므로 부채와 자기자본의 비율은 각각 40%와 60%이다. 자기자본비용 R_S는 14.40%이고, 세후부채비용 $R_B \times (1 - T_C)$는 3.95%이며, B는 $4,000만이고 S는 $6,000만이므로 WACC는 다음과 같다.

$$\begin{aligned} \text{WACC} &= \frac{S}{B+S} R_S \times \frac{B}{B+S} \times R_B \times (1 - T_C) \\ &= \left(\frac{60}{100} \times 0.1440\%\right) + \left(\frac{40}{100} \times 0.0395\%\right) = 0.1022 \text{ 또는 } 10.22\% \end{aligned}$$

이 과정은 다음과 같이 표로 요약된다.

(1) 자금조달 구성요소	(2) 시장가치	(3) 가중치	(4) 자본비용 (법인세 후)	(5) 가중평균
부채	$ 40,000,000	0.40	5% × (1 − 0.21) = 3.95%	1.58%
자기자본	60,000,000	0.60	10% + 1.41 × 9.5% = 14.40%	8.64
	$ 100,000,000	1.00		10.22%

여기서 사용된 가중치는 시장가치 기준이다. 증권의 시장가치가 매도시 받을 수 있는 실제금액에 더 근접하므로, 시장가치 가중치가 장부가치 가중치보다 더 적절하다. 실제로는 '목표(target)' 시장가중치로 생각하면 보다 유용하다. 이는 기업이나 프로젝트의 전 기간에 걸쳐 통용될 것으로 기대되는 시장가중치이다.

12. 9 WACC를 이용한 가치평가

이제 프로젝트와 기업의 가치를 평가하기 위해 가중평균자본비용(WACC)을 사용해보자. WACC는 기업이 그 가치를 유지하기 위해 기존자산에 대해 반드시 벌어야 하는 전반적 기대수익률이라고 해석할 수 있다. WACC는 자산의 위험과 자본구조를 반영한다. 따라서 WACC는 기업 또는 (기업의 축소판이라고 할 수 있는) 프로젝트에 대한 적정할인율이다.

프로젝트 평가와 WACC

프로젝트를 평가하기 위해서는 먼저 적절한 할인율을 정해야 하고, NPV를 계산하기 위해 프로젝트의 현금흐름을 할인해야 한다.

어떤 기업의 현재 및 목표 부채자기자본비율은 60%이고 부채비용은 5.15%, 자기자본비용은 10%라고 하자. 법인세율은 34%이다. 이 기업의 가중평균자본비용은 얼마인가?

첫 번째 단계는 부채자기자본비율(B/S)을 부채기업가치비율로 변환시키는 것이다. B/S가 60%라는 것은 부채 대 자기자본 비율이 6:10이라는 의미이다. 기업가치는 부채와 자기자본의 합이므로 부채기업가치비율은 6/(6 + 10) = 0.375가 된다. 이와 유사하게, 자기자본 - 기업가치비율은 10/(6 + 10) = 0.625가 된다. 따라서 WACC는 다음과 같이 될 것이다.

$$\text{WACC} = \frac{S}{S+B} \times R_S + \frac{B}{S+B} \times R_B \times (1 - T_C)$$
$$= 0.625 \times 0.10 + 0.375 \times 0.0515 \times 0.79 = 0.0778 \text{ 또는 } 7.78\%$$

이 기업은 \$6,000만의 비용이 소요되는 창고 리노베이션을 고려하고 있으며, 이를 통해 6년간 매년 \$1,200만의 비용을 절감할 수 있을 것으로 기대하고 있다. NPV식을 사용하여 6년간 기대되는 현금흐름을 WACC로 할인하면 다음과 같은 결과를 얻게 된다.

$$\text{NPV} = -\$60 + \frac{\$12}{(1+\text{WACC})} + \cdots + \frac{\$12}{(1+\text{WACC})^6}$$
$$= -\$60 + \$12 \times \frac{\left[1 - \left(\frac{1}{1.0778}\right)^6\right]}{0.0778}$$
$$= -\$60 + \$12 \times 4.6545$$
$$= -\$4.15$$

이 기업은 창고 리노베이션을 수행해야 하는가? 기업의 WACC를 사용하면 이 프로젝트의 NPV는 음(-)이 된다. 이는 금융시장에서 기업의 위험과 동일한 위험을 갖는 훨씬 나은 프로젝트를 찾을 수 있음을 의미한다. 따라서 답은 명료하다. 기업은 이 프로젝트를 기각해야 한다.

물론 이 프로젝트는 기업과 동일 수준의 위험을 지니며 전체 사업의 핵심부분이라고 가정한다.

기업 가치평가와 WACC

완전한 사업체를 평가하는 데 있어 접근방법도 창고 리노베이션과 같은 개별 프로젝트를 평가하는 방법과 본질적으로 같다. 단지 기업평가의 경우 예측기간을 사용하기 때문에 계산이 복잡하다. 구체적으로 말하면, 기업의 가중평균자본비용을 할인율로 사용하되, 기업의 잔여가치 및 일정기간 동안의 순현금흐름(분배 가능한 현금흐름, 잉여현금흐름, 총현금흐름 등으로도 불린다)을 예상하여 통상적인 현금흐름할인모형을 적용한다.

$$PV_0 = \frac{CF_1}{1+WACC} + \frac{CF_2}{(1+WACC)^2} + \frac{CF_3}{(1+WACC)^3} + \cdots + \frac{CF_T + TV_T}{(1+WACC)^T}$$

이는 배당성장모형에서 성장률이 다를 때 사용하는 식과 유사하다. 잔여가치(terminal value: TV)[13]는 예측기간(T)를 지나 발생하는 영구적 현금흐름이 일정성장률로 증가한다고 가정함으로써 다음과 같이 추정된다.

$$TV_T = \frac{CF_{T+1}}{WACC - g_{CF}} = \frac{CF_T(1+g_{CF})}{WACC - g_{CF}}$$

여기서, 순현금흐름(CF) = 이자 및 법인세 차감전 이익(EBIT) − 법인세 − 자본지출 − 순운전자본의 증가 + 감가상각비,[14] g_{CF}는 T기간 후 현금흐름의 성장률이며, WACC는 가중평균자본비용이다.

캘리포니아 Barstow시에 본부를 두고 있는 국제적 식품서비스 소매기업인 Good Food 사를 생각해보자. 이 기업은 100개 국가에 약 1만개의 레스토랑을 운영하고 있다. Good Food는 햄버거와 프렌치 프라이에 초점을 둔 가치기반의(value-based) 메뉴를 제공한다. 공개기업인 이 기업의 부채와 자기자본은 시장가치는 시장가치로 각각 $40억와 $20이다. 법인세율은 20%이다. 이 기업은 부채비용을 5%로 자기자본비용을 10%로 생각하고 있으며, 가중평균자본비용은 다음과 같다.

자금조달 구성요소	시장가치	가중치	자본비용	가중평균
부채	$40억	0.6667	5% × (1 − 0.2) = 4%	0.6667 × 4%
자기자본	$20억	0.3333	10%	0.3333 × 10%
	$60억			6% = 가중평균자본비용

Good Food는 성장을 위해 타 기업을 인수하고자 한다. 이 기업의 투자은행은 잠재적 인수후보로 Happy Meals사를 추천하였다. 주로 북미와 유럽에서 약 4,000개의 레스토랑을 운영하고 있는 Happy Meals는 현재 공개기업이 아니라서 공개적으로 거래되는 주식은 없다. 이 기업은 Good Food와 같은 제품믹스를 다루고 있으며 여러 시장에서 Good Food와 직접적인 경쟁관계에 있다. 이 기업의 부채는 $13억1,880만로 시장가치와 장부가치는 같다.[15] 발행

13 잔여가치 측정일을 종종 예측기간으로 본다. 일반적으로 현금흐름이 그 후 일정성장률로 영구히 증가하는 예측기간을 택한다. 잔여(terminal)라는 말은 기업의 영속성을 배제하는 것이 아니라 현금흐름 추정과정을 단순화하기 위함이다.

14 현금흐름의 이러한 정의는 제8장 자본투자의 NPV를 결정하기 위해 사용한 것과 같다.

15 분석가들은 가끔 부채의 시장가치에서 잉여현금을 차감한 부분을 기업의 순부채라고 한다. Good Food와 Happy Meals는 잉여현금을 갖고 있지 않다.

주식수는 1,250만주이다. Happy Meals는 공개기업이 아니기 때문에 가치평가를 위해 필요한 주가데이터가 없다. 이 기업은 EBIT가 향후 5년간 연 10%씩 성장할 것으로 기대한다. 순운전자본의 증가와 자본지출은 EBIT의 24%가 될 것으로 예상한다. 감가상각비는 EBIT의 8%가 될 것이다. 5년 후 현금흐름은 2%씩 영구히 성장할 것으로 보인다.

Good Food가 Happy Meals를 인수한다면, Good Food의 분석가들은 Happy Meals의 순현금흐름(단위: $백만)을 다음과 같이 될 것으로 예상하였다(소수점 첫째 자리 미만은 반올림).

연도	1	2	3	4	5
이자 및 법인세 차감 전 이익(EBIT)	$150	$165	$181.5	$199.7	$219.6
− 법인세(20%)	30	33	36.3	39.9	43.9
= 세후이익	$120	$132	$145.2	$159.7	$175.7
+ 감가상각비	12	13.2	14.5	16	17.6
− 자본지출	36	39.6	43.6	47.9	52.7
− 순운전자본 증가	36	39.6	43.6	47.9	52.7
= 순현금흐름(CF)	$60	$66.0	$72.6	$79.9	$87.8

먼저 Happy Meals의 잔여가치를 계산하면 다음과 같다.

$$\mathbf{TV_5 = \frac{\$87.8 \times 1.02}{0.06 - 0.02} = \$2,240.1}$$

다음으로, Happy Meals의 현재가치를 계산하면 다음과 같다.

$$\mathbf{PV_0 = \frac{\$60}{1.06} + \frac{\$66}{1.06^2} + \frac{\$72.6}{1.06^3} + \frac{\$79.9}{1.06^4} + \frac{\$87.8}{1.06^5} + \frac{\$2,240.1}{1.06^5} = \$1,979.1}$$

5년 후 순현금흐름의 현재가치는 $305.2이며, 잔여가치의 현재가치는 다음과 같다.

$$\mathbf{\$2,240.1 \times \left(\frac{1}{1.06}\right)^5 = \$1,673.9}$$

따라서 기업의 총가치는 $1,979.1(= $305.2 + $1,673.9)가 된다.

자기자본의 가치는 총가치에서 부채의 가치를 빼주면 되므로 $660.3(= $1,979.1 − $1,318.8)가 된다. 주당 자기자본의 가치는 자기자본의 가치를 발행주식수로 나누어 주면 되므로 $52.83(= $660.3/12.5)가 된다. 주당 $52.8보다 낮은 가격이라면 Happy Meals는 인수대상으로서 매력적이다.

Happy Meals의 가치평가를 하는 데 있어 Happy Meals를 Good Food에 대한 퓨어플레이 기업으로 가정하고 있다는 사실은 중요하다. 앞에서 계산한 가중평균자본비용은 Happy Meals와 Good Food의 사업위험이 같고, 부채비율도 동일할 것이라는 가정하에 유효하다.

앞 계산은 5년 후(즉, 예측기간)에는 현금흐름이 영구히 성장할 것으로 가정했다. 한편, 제3장과 제7장에서 기업은 배수(multiples)를 사용하여 그 가치를 평가할 수 있다는 것을 배웠다. 기업평가에서 가장 흔히 사용되는 배수는 EBITDA 배수(EV/EBITDA)이다. 예를 들어, Good Food의 분석가는 Happy Meals의 잔여가치를 성장영구연금(growing perpetuity) 대신에

EV/EBITDA 배수로 추정할지 모른다. 어떻게 하는가를 보자. 먼저 식품서비스산업에 속하는 비교기업들의 EV/EBITDA가 10이라고 가정하자. 5년 후에 Happy Meals의 EBITDA(EBIT + 감가상각비)는 $237.2(= $219.6 + 17.6)가 될 것이다. EV/EBITDA 배수 10을 적용하면 Happy Meals의 5년 후 가치는 $2,372.0로 추정된다. 따라서 잔여가치 추정을 위해 EV/ EBITDA 배수를 사용하여 Happy Meals의 현재가치는 다음과 같을 것이다.

$$PV_0 = \frac{\$60}{1.06} + \frac{\$66}{1.06^2} + \frac{\$72.6}{1.06^3} + \frac{\$79.9}{1.06^4} + \frac{\$87.8}{1.06^5} + \frac{\$2,371.8}{1.06^5} = \$2,077.6$$

Happy Meals의 자기자본의 가치는 다음과 같이 추정된다.

PV(기업 전체) –부채 = $2,077.6 – 1,318.8 = $758.8

발행주식수가 1,250만주이므로 자기자본의 주당가치는 다음과 같다.

$758.8/12.5 = $60.70

이제 Happy Meals의 주당 자기자본의 가치에 대한 두 개의 추정치가 있다. 추정치의 값이 다른 이유는 잔여가치를 계산하는 방법이 다르기 때문이다. 잔여가치 계산을 위해 일정성장 현금할인모형을 사용하면 주당 자기자본의 추정치는 $52.83이고, EV/EBITDA 비교기업방법을 사용하면 그 추정치는 $60.7이다. 제7장에서 언급한 바와 같이 완전한 정답은 없다. 비교기업들이 모두 Happy Meals와 동일하다면 아마 EV/EBITDA 방법이 최선일 것이다. 불행하게도 기업들은 동일하지 않다. 반면에 잔여가치와 그 후 현금흐름의 성장에 대해 정말 확신한다면 아마 일정성장 방법이 더 나을 것이다. 실제에 있어서는 두 방법 모두 사용된다.

12.10 Eastman Chemical사의 자본비용 계산

ExcelMaster coverage online
www.mhhe.com/RossCore6e

앞 절의 예제에서 자본비용을 계산해 보았다. 다음 페이지 'Finance Matter' 박스란은 석유회사의 자본비용을 보여준다. 이제 실제기업의 자본비용을 구해보도록 하자. Eastman Chemical사는 세계적인 화학회사이며 청량음료 용기 등의 용도를 위한 플라스틱 제품을 생산한다. 이 회사는 1994년 모회사인 Eastman Kodak에서 계열분리를 통해 설립되었다.

Eastman의 자기자본비용 먼저 finance.yahoo.com(티커심벌: 'EMN')에서 Eastman을 찾아보라. 2019년 1월 현재 필요한 관련정보는 다음 두 표에 나타나 있다.

(계속)

FINANCE MATTERS

자본비용(Texas 스타일)

WACC가 기업세계에서 어떻게 사용되는가에 대해 살펴보았다. WACC는 정부에서도 세금목적을 위해 사용한다. 주정부가 시행하는 중요한 업무 중 하나는 재산에 대한 평가이다. 재산에 대한 가치평가는 어려운 과정이다. 주택의 가치는 얼마에 팔리는가에 따라 정하면 되지만 석유나 가스유전에 대한 가치는 어떻게 평가할 것인가? 텍사스 조세국(Texas Comptroller of Public Accounts)은 그 재산으로부터 발생하는 미래 현금흐름의 현재가치를 계산함으로써 이를 측정한다. 아는 바와 같이 자본비용은 자금의 원천이 아닌 자금의 사용에 달려있다. 따라서 Texas는 석유산업에 속해 있는 회사들의 WACC를 계산해 회사 특유의 요인들을 감안하여 산업평균 WACC를 조정한다. 다음의 표는 석유회사들에 대한 텍사스 주정부의 자본비용 계산과정을 보여준다.

Company Name	Total Capital	Total Equity	Total Convertible Preferred Stock	Total Long-Term Debt	Equity % of Capital	Convertible Preferred Stock % of Capital	Long-Term Debt % of Capital	Beta Factor	After Income Tax Cost of Equity, %	Before Income Tax Cost of Equity, %	Cost Of Convertible Preferred Stock %	Cost of Debt %	Before Income Tax WACC %
Anadarko	$44,019,112,000	$28,472,112,000	$0	$15,547,000,000	64.68	0.000	35.32	1.65	12.88	16.31	0.00	4.53	12.15
Apache	$24,017,914,358	$16,083,914,358	$0	$7,934,000,000	66.97	0.000	33.03	1.55	12.27	15.53	0.00	4.22	11.80
Cabot	$14,391,379,700	$13,173,488,700	$0	$1,217,891,000	91.54	0.000	8.46	1.05	9.22	11.67	0.00	5.57	11.16
Chevron	$272,020,628,983	$238,449,628,983	$0	$33,571,000,000	87.66	0.000	12.34	1.20	10.14	12.83	0.00	2.91	11.61
Cimarex	$13,131,241,322	$11,644,321,322	$0	$1,486,920,000	88.68	0.000	11.32	1.40	11.36	14.38	0.00	3.27	13.12
Conoco Phillips	$81,739,410,969	$64,611,410,969	$0	$17,128,000,000	79.05	0.000	20.95	1.40	11.36	14.38	0.00	3.78	12.16
Devon	$32,026,000,000	$21,735,000,000	$0	$10,291,000,000	67.87	0.000	32.13	1.80	13.80	17.46	0.00	3.98	13.13
Encana	$17,168,423,000	$12,971,423,000	$0	$4,197,000,000	75.55	0.000	24.45	1.70	13.19	16.69	0.00	4.59	13.73
Energen	$6,374,933,370	$5,592,072,370	$0	$782,861,000	87.72	0.000	12.28	1.70	13.19	16.69	0.00	4.88	15.24
EOG	$68,454,268,243	$62,423,432,243	$0	$6,030,836,000	91.19	0.000	8.81	1.45	11.66	14.76	0.00	3.26	13.75
Exxon Mobil	$378,955,960,000	$354,549,960,000	$0	$24,406,000,000	93.56	0.000	6.44	0.95	8.61	10.90	0.00	3.15	10.40
Hess	$21,398,595,104	$14,955,595,104	$46,000,000	$6,397,000,000	69.89	0.002	29.89	1.65	12.88	16.31	8.00	5.17	12.96
Marathon	$19,884,500,000	$14,390,500,000	$0	$5,494,000,000	72.37	0.000	27.63	1.90	14.41	18.24	0.00	4.20	14.36
Murphy	$8,264,907,707	$5,358,387,707	$0	$2,906,520,000	64.83	0.000	35.17	1.65	12.88	16.31	0.00	4.50	12.15
Noble	$21,023,329,846	$14,277,329,846	$0	$6,746,000,000	67.91	0.000	32.09	1.50	11.97	15.15	0.00	4.42	11.70
Occidental	$65,685,598,354	$56,357,598,354	$0	$9,328,000,000	85.80	0.000	14.20	1.15	9.83	12.45	0.00	3.07	11.11
Pioneer	$31,700,101,411	$29,417,101,411	$0	$2,283,000,000	92.80	0.000	7.20	1.45	11.66	14.76	0.00	3.59	13.96
TOTAL	$1,120,256,304,368	$964,463,276,368	$46,000,000	$155,747,028,000	1348.06	0.002	351.73	25.15	201.30	254.81	8.00	69.09	214.48
ENTRIES					17	1	17	17	17	17	1	17	17
AVERAGE					79.30	0.002	20.69	1.48	11.84	14.99	8.00	4.06	12.62
STANDARD DEVIATION					10.99	0.001	10.98	0.27	1.62	2.06	1.94	0.78	1.31

보는 바와 같이 회사들의 WACC는 대동소이하다. ExxonMobil이 10.40%로 가장 낮으며 Energen이 15.24%로 가장 높지만, 대부분 다른 회사들의 WACC는 11~13% 범위 내에 있다. 이 산업의 평균 WACC는 12.62%이고 표준편차는 1.31%이다. Texas 주정부가 이 자본비용을 사용할 때는 2%의 조정요인을 더하고 거기에 재산고유의 위험을 조정한다. 재산고유위험 조정 전 2018년에 주정부가 사용한 기본율은 14.62~20.81%에 달했다.

여기서 텍사스 조세국은 이들 수치를 세후 기준이 아닌 세전 기준으로 계산했다는 점을 주목하라. 즉, Texas 주정부는 이 계산에서 이자비용에 대한 세금공제를 고려하지 않았다. 그 이유는 정부가 세금을 정하기 위해 회사별로 자본비용을 조정하기 때문이다.

Stock Price History

Beta (3Y Monthly)	0.98
52-Week Change [3]	-22.89%
S&P500 52-Week Change [3]	-7.40%
52 Week High [3]	112.45
52 Week Low [3]	67.40
50-Day Moving Average [3]	74.14
200-Day Moving Average [3]	87.50

앞의 자료에 따르면, EMN 자기자본의 시장가치는 $113억2,400만로 주가에 발행주식수를 곱해서 계산된다.

Eastman의 자기자본비용을 계산하기 위해 시장위험프리미엄은 7%, 무위험이자율은 2.40%로 가정한다. Eastman의 베타는 finance.yahoo.com에서 0.98이다. CAPM에서 Eastman의 베타계수를 이용하면 자기자본비용은 다음과 같이 산출된다.[16]

$$R_S = 0.024 + 0.98 \times 0.07 = 0.0926 \text{ 또는 } 9.26\%$$

Eastman의 부채비용 Eastman은 본질적으로 장기부채에 해당하는 12 종류의 채권을 발행했다. 부채비용을 구하기 위해 이들 12개 채권의 가중평균비용을 계산할 것이다. 먼저 채권의 시세를 알기 위해서는 http://finra-markets.morningstar.com/BondCenter/Default.jsp를 방문해보라. 그러나 회사가 발행한 모든 채권에 대해 특정 일의 만기수익률을 찾을 수 없을지 모른다. 이전에 지적한 바와 같이, 채권시장은 주식시장만큼 유동성이 크지 않기 때문에 개별채권들은 당일에 거래되지 않을 수도 있다. 채권의 장부가치를 알기 위해서는 www.sec.gov에 가서 가장 최근 10Q(또는 10K) 보고서를 찾아보라. 현재까지 취득한 정보를 종합하면 다음과 같다.

표면이자율	만기	장부가치(액면가치, $백만)	가격(액면의 %)	만기수익률
5.50%	2019	$250	102.252%	3.25%
2.70	2020	798	99.908	2.80
4.50	2021	185	102.269	3.13
3.60	2022	739	100.550	3.42
1.50	2023	865	90.737	3.79
7.25	2024	198	113.898	4.15
7.625	2024	43	116.540	4.45

(계속)

16 대안으로는 Chemical산업 내 모든 기업의 평균베타를 레버리지를 적절히 조정한 후에 사용하는 방법이다. 이 접근방법이 더 정확하다고 주장하는 사람들도 있다. 왜냐하면 개별기업의 베타추정에서 발생하는 오류를 줄일 수 있기 때문이다.

3.80	2025	688	97.750	4.22
1.875	2026	572	83.479	4.52
7.60	2027	195	118.411	4.81
4.80	2042	493	94.790	5.19
4.65	2044	872	92.964	5.15

가중평균부채비용을 구하기 위해서는 개별부채가 총부채에서 차지하는 비율을 구한 후 개별부채의 수익률을 곱해주면 된다. 그 다음 이들을 합치면 가중평균부채비용을 구할 수 있다. 비교를 위해 장부가치와 시장가치를 모두 사용해 본다. 계산 결과는 다음과 같다.

표면이자율	장부가치 (액면가치, $백만)	총부채에 대한 비율	시장가치 ($백만)	총부채에 대한 비율	만기수익률	장부가치	시장가치
5.50%	$250	0.04	$255.63	0.04	3.25%	0.14%	0.15%
2.70	798	0.14	797.27	0.14	2.80	0.38	0.39
4.50	185	0.03	189.20	0.03	3.13	0.10	0.10
3.60	739	0.13	743.06	0.13	3.42	0.43	0.45
1.50	865	0.15	784.88	0.14	3.79	0.56	0.52
7.25	198	0.03	225.52	0.04	4.15	0.14	0.16
7.625	43	0.01	50.11	0.01	4.45	0.03	0.04
3.80	688	0.12	672.52	0.12	4.22	0.49	0.50
1.875	572	0.10	477.50	0.08	4.52	0.44	0.38
7.60	195	0.03	230.90	0.04	4.81	0.16	0.19
4.80	493	0.08	467.31	0.08	5.19	0.43	0.42
4.65	872	0.15	810.65	0.14	5.15	0.76	0.73
Total	$5,898	1.00	$5,704.55	1.00		4.05%	4.04%

위의 표에서 보듯이, Eastman의 부채비용은 장부가치 기준으로 4.05%이고 시장가치 기준도 4.04%이다. 따라서 Eastman의 경우 시장가치를 사용하든 장부가치를 사용하든 차이는 존재하지 않는다. 그 이유는 시장가치와 장부가치가 비슷하기 때문이다. 이는 기업들이 WACC 계산 시 자주 부채에 대해 장부가치를 사용하는 이유라고 할 수 있다. 그럼에도 불구하고 다음 계산에서는 시장가치를 사용할 것이다. 왜냐하면 시장가치가 현재가치를 더 잘 반영하기 때문이다.

Eastman의 WACC 이제 Eastman의 WACC를 계산하는 데 필요한 여러 정보를 얻게 되었다. 먼저 부채와 자기자본의 가중치를 계산할 필요가 있다. 시장가치 기준으로 Eastman의 부채와 자기자본 가치는 각각 $57억500만와 $113억2,400만이다. 따라서 총기업가치는 $170억2,800만가 되어 부채와 자기자본의 비중은 각각 0.335(= $5.705/$17.028)와 0.665(= $11.324/$17.028)이 된다. 세율을 21%라고 한다면 Eastman의 WACC는 다음과 같다.

$$\text{WACC} = 0.335 \times 0.0404 \times (1 - 0.21) + 0.665 \times 0.0926 = 0.0723 \text{ 또는 } 7.23\%$$

12.11 발행비용과 가중평균자본비용

지금까지 가중평균자본비용에 대한 논의에서 발행비용은 고려하지 않았다. 새로운 프로젝트를 채택하는 기업은 채권이나 주식을 발행해야 하는 경우가 있다. 이 경우 비용이 발생하며 이를 **발행비용**(flotation cost)이라고 한다.

발행비용을 반영하기 위해서는 WACC를 상향 조정해야 한다는 의견이 제기되기도 한다. 투자에 대한 요구수익률은 자금의 원천이 아닌 투자의 위험에 따라 결정되는 것이기 때문에 이는 최상의 방법이 아니다. 하지만 이는 발행비용을 무시해도 된다는 말은 아니다. 이들 발행비용은 프로젝트를 채택하는 의사결정 과정에서 발생하는 것이기 때문에 관련 현금흐름이라고 할 수 있다. 따라서 이들 비용을 프로젝트 분석 시 어떻게 포함시킬 것인가에 대해 간단히 논의하기로 한다.

기본적 접근

간단한 예제를 가지고 시작해 보자. Spatt사는 순수자기자본기업이며 자기자본비용은 20%이다. 이 기업은 100% 자기자본기업이므로 WACC는 자기자본비용과 동일하다. Spatt사는 기존의 생산라인을 확장하는 $1억의 대규모 프로젝트를 고려하고 있다. 이 프로젝트를 위해 새로운 주식을 발행하려고 한다.

투자은행 관계자와의 대화를 통해, Spatt사는 발행비용이 발행금액의 10%에 달할 것으로 추정한다. 이는 주식 발행금액의 90%만이 자기자본으로 조달된다는 의미이다. 그렇다면 발행비용을 고려할 경우 $1억를 조달하기 위한 최종 비용은 얼마가 되는가?

Spatt은 발행비용을 감안한 후에 $1억를 조달하기 위해 다음과 같이 충분한 주식을 발행할 필요가 있다.

$1억 = (1 – 0.10) × 발행금액

발행금액 = $1억/0.90 = $1억1,111만

따라서 Spatt의 발행비용은 $1,111만가 되고, 확장을 위해 실제로 조달해야 하는 금액은 발행비용을 포함하는 경우 $1억1,111만가 된다.

회사가 부채와 자기자본을 모두 사용한다면, 문제는 약간 더 복잡해진다. 예를 들어, Spatt의 목표자본구조가 자기자본 60%, 부채 40%라고 하자. 자기자본과 관련된 발행비용은 10%이지만 부채관련 발행비용은 조금 낮게 5%라고 하자.

앞에서 부채와 자기자본의 자본비용이 상이할 때 목표자본구조 비중을 활용하여 가중평균자본비용을 구했고 여기서도 동일한 논리가 성립한다. 가중평균발행비용 f_A는 자기자본발행비용 f_S와 자기자본비율(S/V)을 곱하고 부채발행비용 f_B과 부채비율(B/V)를 곱한 후, 이들을 더하여 도출할 수 있다:

$$f_A = S/V \times f_S + B/V \times f_B \qquad [12.6]$$

$$= 0.60 \times 0.10 + 0.40 \times 0.05$$

$$= 0.08 \text{ 또는 } 8\%$$

따라서 가중평균발행비용은 8%가 된다. 이는 새로운 프로젝트를 위해 외부에서 필요한 자금 $1당 실제로 $1/(1 - 0.08) = $1.087를 조달해야 한다는 의미이다. 이 예제에서 발행비용을 고려하지 않은 경우, 프로젝트 비용은 $1억이다. 하지만 발행비용을 고려하는 경우, 실제 프로젝트 비용은 $1억/(1 − f_A) = $1억/0.92 = $1억870만가 된다.

발행비용을 고려하는 데 있어 기업은 잘못된 가중치를 사용하지 않도록 주의해야 한다.

예 제 12.6

가중평균발행비용 계산

Weinstein사의 목표자본구조는 자기자본 80%, 부채 20%이다. 자기자본발행비용은 발행금액의 20%이고 부채발행비용은 6%이다. Weinstein사가 새로운 제조설비를 위해 $6,500만가 필요하다고 한다면 실제 고려해야 하는 발행비용은 얼마인가?

먼저 가중평균발행비용 f_A를 구하면 다음과 같다.

$$f_A = S/V \times f_S + B/V \times f_B$$
$$= 0.80 \times 0.20 + 0.20 \times 0.06$$
$$= 0.172 \text{ 또는 } 17.2\%$$

따라서 가중평균발행비용은 17.2%이다. 발행비용을 고려하지 않는 경우 프로젝트의 비용은 $6,500만이므로, 발행비용을 포함하면 실제비용은 $6,500만/(1 − f_A) = $6,500만/0.828 = $7,850만가 된다. 이는 발행비용이 무시할 수 없는 비용이라는 사실을 알려준다.

기업은 부채나 자기자본 중 하나로 프로젝트의 전체 비용을 조달할 수 있다 하더라도 목표가중치를 사용해야 한다. 기업이 한 특정 프로젝트의 자금조달을 부채 또는 자기자본으로 할 수 있다는 사실은 직접적 관련성이 없다. 예를 들어, 기업이 목표 부채 자기자본비율(target debt-equity ratio)은 1인데, 특정 프로젝트를 모두 부채로만 조달한다면 향후 추가적인 자금조달은 목표 부채자기자본비율의 유지를 위해 자기자본으로 해야 할 것이다. 따라서 이 같은 점을 고려한다면, 기업은 발행비용을 계산하는 데 있어서 항상 목표가중치를 사용해야 한다.

발행비용과 NPV

발행비용이 NPV 분석에 어떻게 포함될 수 있는가를 설명하기 위해 Tripleday printing사의 현재 목표 부채자기자본비율이 100%라고 가정하자. 이 회사는 Kansas에 $50만의 새로운 프린팅공장 설립을 고려하고 있다. 이 신규공장은 연 $7만3,150의 세후 현금흐름을 영원히 창출할 수 있을 것으로 기대된다. 세율은 21%이고 다음 두 가지 자금조달 옵션을 가지고 있다.

1. $50만 신주발행: 신주의 발행비용은 전체 발행금액의 10%에 이를 것이고 기업의 신규 자기자본에 대한 요구수익률은 20%이다.
2. 30년 만기의 $50만 채권발행: 신규채권의 발행비용은 발행금액의 2%이고 새로운 채권에 대한 만기수익률은 10%이다.

신규 프린팅공장의 NPV는 얼마인가?

먼저 프린팅은 이 기업의 주요사업이므로 신규 프린팅공장의 가치를 평가하기 위해 기업의 WACC를 사용한다.

$$\begin{aligned} \text{WACC} &= S/V \times R_S + B/V \times R_B \times (1 - T_C) \\ &= 0.50 \times 0.20 + 0.50 \times 0.10 \times (1 - 0.21) \\ &= 0.1395 \text{ 또는 } 13.95\% \end{aligned}$$

현금흐름은 영원히 연 $7만3,150이므로 13.95%의 할인율을 적용하면 현금흐름의 PV는 다음과 같이 계산된다.

$$\text{PV} = \frac{\$73,150}{0.1395} = \$524,373$$

발행비용을 고려하지 않으면 NPV는 다음과 같다.

$$\text{NPV} = \$524,373 - 500,000 = \$24,373$$

발행비용을 고려하지 않는 경우, 프로젝트의 NPV는 0보다 크므로 이 프로젝트는 채택되어야 한다.

자금조달과 관련해 발행비용이 발생하면 어떻게 되나? 신규로 자금조달이 이루어지면 발행비용은 고려되어야 한다. 주어진 정보로부터 부채발행비용은 2%, 자기자본발행비용은 10%이다. Tripleday는 부채와 자기자본을 균등하게 사용하므로 가중평균발행비용 f_A는 다음과 같이 된다.

$$\begin{aligned} f_A &= S/V \times f_S + B/V \times f_B \\ &= 0.50 \times 0.10 + 0.50 \times 0.02 \\ &= 0.06 \text{ 또는 } 6\% \end{aligned}$$

Tripleday가 프로젝트 관련 자금을 모두 부채 또는 자기자본으로 조달할 수 있다는 사실은 별 의미가 없다는 것을 기억하라. Tripleday는 신규공장을 위해 $50만의 자금이 필요하므로, 발행비용을 포함한 실제비용은 $\$500,000/(1-f_A) = \$500,000/0.94 = \$531,915$가 소요된다. 현금흐름의 현재가치는 $524,373이므로 공장의 NPV는 −$7,542(= $524,373 − 531,915)이다. 이 프로젝트는 이러한 조건하에서는 기각되어야 한다.

내부 자기자본과 발행비용

현재까지 발행비용과 관련된 논의는 기업들이 신규투자를 위해 항상 자금을 조달해야 한다는 가정에서 이루어졌다. 하지만 실제로 주식발행을 통해 프로젝트 자금을 조달하는 기업은 드물다. 대신 프로젝트에서 소요되는 자금 중 자기자본부분은 내부적으로 창출된 현금흐름으로 충분히 커버할 수 있다. 단지 부채부분만 외부에서 조달하면 된다.

내부 자기자본을 이용하는 경우에도 그동안 설명한 접근방식을 그대로 적용할 수 있다. 하지만 자기자본의 발행비용은 0이 된다. 따라서 Tripleday 예제에서 가중평균발행비용은 다음과 같이 계산된다.

$$\begin{aligned} f_A &= S/V \times f_S + B/V \times f_B \\ &= 0.50 \times 0 + 0.50 \times 0.02 \\ &= 0.01 \text{ 또는 } 1\% \end{aligned}$$

외부에서 자기자본을 조달하면 높은 발행비용이 발생되므로, 자기자본을 내부 또는 외부에서 조달하는지에 따라 발행비용은 큰 차이가 발생한다는 점에 주의하라.

요약 및 결론 Summary and Conclusions

앞 장에서 자본예산에 대해 논의하면서 우리는 프로젝트가 무위험 현금흐름을 창출한다고 가정했다. 이 경우 적정한 할인율은 무위험이자율이 된다. 물론 현실에서 자본예산 프로젝트와 관련된 대부분의 현금흐름은 위험하다. 이 장에서는 현금흐름이 위험한 경우의 할인율에 대해 논의한다.

1. 여유현금을 보유하고 있는 기업은 배당지급이나 자본지출을 택할 수 있다. 주주들은 배당금을 위험한 금융자산에 재투자할 수 있으므로, 자본예산 프로젝트에 대한 기대수익률은 최소한 비슷한 정도의 위험을 갖는 금융자산의 기대수익률보다 높아야 한다.
2. 어떤 자산에 대한 기대수익률도 베타에 따라 결정된다. 따라서 우리는 주식의 베타를 측정하는 방법을 살펴보았다. 베타를 구하는 적정한 방법은 과거 수익률을 근거로 회귀분석을 실시하는 것이다.
3. 베타와 공분산 모두 시장의 움직임에 대한 개별주식의 민감도를 측정한다. 상관계수와 베타는 다른 개념을 측정한다. 베타는 회귀선의 기울기이며, 상관계수는 회귀선의 적합도이다.
4. 프로젝트의 위험이 기업의 위험과 동일한 경우를 살펴보았다. 부채가 없는 기업이라면, 프로젝트의 할인율은 다음과 같이 구해진다.

   $$R_F + \beta \times (R_M - R_f)$$

   여기서 R_M은 시장포트폴리오에 대한 기대수익률이고 R_f는 무위험이자율이다. 즉, 프로젝트의 할인율은 CAPM을 통해 측정된 증권의 기대수익률과 동일하다.
5. 기업의 베타는 몇 가지 요인들의 함수로 구성된다. 가장 중요한 세 가지 요인은 다음과 같다:
   - 수익의 경기순환성
   - 영업레버리지
   - 재무레버리지
6. 프로젝트의 베타가 기업의 베타와 상이하다면, 할인율은 프로젝트의 베타에 근거하여 결정되어야 한다. 프로젝트 베타는 일반적으로 프로젝트가 속한 업종의 평균베타로 추정될 수 있다.
7. 프로젝트 베타에 대한 추정치로 프로젝트가 속해있는 업종의 평균 베타를 사용할 수 없는 경우가 종종 있다. 예를 들어, 새로운 프로젝트가 기존의 어느 산업에도 속하지 않을 수가 있다. 이 같은 경우 프로젝트의 베타는 수익의 경기순환성과 영업레버리지를 고려해 측정할 수 있지만 이러한 접근방식은 본질상 정성적이다.
8. 기업이 부채를 사용하면, 할인율은 WACC가 된다. WACC 계산을 위해서는 프로젝트에 적용할 수 있는 자기자본비용과 부채비용을 추정하여야 한다. 프로젝트의 위험이 기업과 유사하다면 자기자본비용은 SML을 통해 측정될 수 있다.
   개념적으로 배당성장모형도 사용되기는 하지만 실무에서는 정확도가 상당히 떨어지는 것으로 알려져 있다.
9. 신규 프로젝트의 자금은 종종 채권과 주식발행을 통해서 조달된다. 발행비용은 프로젝트의 NPV 분석에 포함되어야 한다.

개념문제 Concept Questions

1. **프로젝트 위험** 만일 프로젝트에 필요한 모든 자금을 6%로 조달할 수 있다면, 이는 프로젝트의 자본비용이 6%임을 의미하는 것이 아닌가?
2. **WACC와 세금** 왜 부채비용에 대해서는 세금을 감안하고 자기자본비용에 대해서는 그렇게 하지 않는가?
3. **SML 자기자본비용** 추정 프로젝트의 할인율을 계산하기 위해 주식베타와 증권시장선을 이용하는 경우, 내재적으로 가정하고 있는 사항은 무엇인가?
4. **SML 자기자본비용 추정** 자기자본비용 계산 시 SML을 사용하는 것에 대한 장점은 무엇인가? 단점은 무엇인가? 이 방법을 사용하기 위해 특별히 필요한 정보들은 무엇이 있나? 이들 변수는 모두 관찰가능한 것인가, 아니면 추정을 해야 하나? 이들 값을 추정할 수 있는 방법으로는 어떤 것이 있는가?
5. **부채비용** 추정기업의 적정 부채비용은 어떻게 계산하나? 부채비용은 부채의 발행방법인 공모 또는 사모인지 여부에 따라 달라지는가? 기업이 부채발행을 사모로만 하여 소수 기관투자자만이 채권을 보유하고 있다면 부채비용을 어떻게 추정할 수 있는가?
6. **자본비용** Bedlam 프로덕트 사장인 Tom O'Bedlam은 부채비용과 자기자본비용을 계산하기 위해 당신을 고용했다.
   a. 주식은 현재 주당 $50에 거래되고 주당 배당금은 $5가 될 것으로 예상한다. Tom은 "올해 주주의 자금을 사용하는 데 주당 $5의 비용이 소요될 것이므로 자기자본비용은 10%($5/50)가 될 것이다"라고 주장한다. 무엇이 잘못되었는가?
   b. 가장 최근 재무제표에 따르면, Bedlam사의 총부채는 $800만이다. 올해 총이자지급액은 $100만이 될 것이다. 따라서 Tom은 "우리는 $800만의 빚을 지고 있으며 이자로 $100만를 지급할 것이므로 부채비용은 당연히 12.5%(= $100만/800만)가 될 것이다"라고 이야기했다. 무엇이 잘못되었는가?
   c. 그의 분석을 근거로 Tom은 회사가 자기자본의 조달을 늘려야 한다고 주장한다. 왜냐하면 "부채비용은 12.5%인 반면, 자기자본비용은 10%이므로 자기자본이 더 저렴하기 때문"이라고 한다. 다른 조달방법은 고려하지 않는다고 할 때, 자기자본비용이 부채비용보다 싸다는 Tom의 결론에 대해 어떻게 생각하는가?
7. **기업위험과 프로젝트 위험** 거대 천연가스 소비업체인 Dow Chemical과 주요 천연가스 생산업체인 Superior Oil 이 Houston 부근의 천연가스 유전에 투자를 고려하고 있다. Dow와 Superior는 모두 100% 자기자본기업이며 동일 프로젝트를 검토하고 있다. 그들은 각자 분석을 통해 프로젝트가 현재는 음(−)의 현금흐름을 보이겠지만 미래에는 양(+)의 현금흐름을 가져다 줄 것으로 예상하고 있다. 이러한 현금흐름은 양 기업에 대해 동일하게 발생할 것이다. 프로젝트의 자금조달을 위해 부채는 사용되지 않을 것이다. 프로젝트의 NPV는 할인율이 18%인 경우에는 $100만, 할인율이 22%인 경우에는 −$110만로 동일하게 추정된다. Dow는 1.25의 베타 값을 가지고 Superior는 0.75의 베타 값을 갖는다. 시장의 기대위험프리미엄은 8%이고 무위험채권의 수익률은 12%이다. 어느 기업이 이 프로젝트를 채택해야 하는가? 두 기업 모두 채택해야 하는가? 이에 대해 설명하라.
8. **부서별 자본비용** 기업은 어떤 상황에서 영업부문이 다르면 자본비용을 달리 적용해야 하는가? 기업 전반적 WACC가 모든 부서의 프로젝트 채택기준 금리로 사용된다면, 더 위험한 부서 또는 더 보수적인 부서 중 어느 부서가 투자 프로젝트를 대부분 가져가는 경향이 있는가? 그 이유는? 다른 부서별 적정자본비용을 추정하는데 있어 봉착할 수 있는 문제점들은 무엇인가? 각 부서의 자본비용을 개략적으로 추정하기 위해 사용할 수 있는 두 가지 기법은 무엇인가?
9. **레버리지** 기업의 전반적 위험과 유사한 위험을 갖는 부채기업의 프로젝트에 대해 생각해 보자. 프로젝

트의 할인율은 증권시장선을 통해 계산된 할인율보다 높은가 낮은가? 그 이유는?

10. **베타** 주식의 베타를 결정짓는 요소에는 어떤 것들이 있는가? 각각에 대해 정의하고 설명하라.

연습문제 Questions and Problems

McGraw Hill connect

기초
(문제 1~15번)

1. **자기자본비용 계산** Angelina사 보통주의 베타는 1.08이다. 무위험이자율이 3.7%이고 시장의 기대수익률이 10%라면, 이 기업의 자기자본비용은 얼마인가?
2. **부채비용 계산** J&R Renovation사는 부채비용을 계산하려고 한다. 이 기업이 발행한 채권은 만기가 14년 남았고 가격은 액면의 95%로 거래되고 있다. 이자 지급은 6개월마다 이루어지며 표면이자율은 연 5.9%이다. 이 기업의 세전 부채비용은 얼마인가? 세율이 21%라고 한다면 세후 부채비용은 얼마인가?
3. **부채비용 계산** Marysa사는 7년 전에 5.8%의 표면이자를 6개월마다 지급하는 만기 30년 채권을 발행했다. 이 채권은 현재 액면가의 97%에 거래되고 있다. 세율은 21%이다.
   a. 세전 부채비용은?
   b. 세후 부채비용은?
   c. 세전과 세후 부채비용 중 어느 것이 더 관련성이 있는가? 그 이유는?
4. **부채비용 계산** 앞의 문제에서 채권발행의 액면가가 $6,500만라고 하자. 추가로 이 기업은 잔존만기가 12년인 무이표채권도 보유하고 있다. 이 채권의 액면가는 $5,000만이고 현재는 액면가의 67%에 거래되고 있다. 이 기업 부채의 장부가치는 얼마인가? 부채의 시장가치는 얼마인가? 이제 세후 부채비용의 추정치는 얼마인가?
5. **WACC 계산** Croft사의 목표자본구조는 보통주 75%, 부채 25%로 구성되어 있다. 자기자본비용은 11.2%이고 부채비용은 5.8%이며 세율은 21%이다. 이 기업의 WACC는 얼마인가?
6. **세금과 WACC** Bento사의 목표 부채자기자본비율은 0.80이다. 자기자본비용은 12%이고 부채비용은 7%이며 세율은 21%이다. 이 기업의 WACC는 얼마인가?
7. **자본구조 계산** Fama's Llamas의 가중평균자본비용은 8.6%이다. 이 기업의 자기자본비용은 11.2%이고 부채비용은 6.4%이며 세율은 21%이다. 이 기업의 부채자기자본비율은 얼마인가?
8. **장부가치와 시장가치** Pandora 제조사의 총발행주식수는 580만주이다. 현재 주당 가격은 $52이며 주당 장부가치는 $4이다. Filer사는 두 종류의 채권을 보유하고 있다. 첫 번째 채권은 액면가가 $5,000만이고 표면이자율은 6.1%이며 현재 액면의 108.3%의 가격으로 거래되고 있다. 두 번째 채권은 액면가가 $4,000만이고 표면이자율은 6.3%이며 현재 액면의 108.9%의 가격으로 거래되고 있다. 만기는 첫 번째 채권이 8년이고 두 번째 채권은 27년이다.
   a. 장부가치 기준으로 이 기업의 자본구조 가중치는?
   b. 시장가치 기준으로 이 기업의 자본구조 가중치는?
   c. 장부가치와 시장가치 가중치 중 어느 것이 더 관련성이 있는가? 그 이유는?
9. **WACC 계산** 앞 문제에서 회사의 주식베타를 1.20라고 가정하자. 무위험이자율은 3.1%이고 시장위험프리미엄은 6.5%이다. 전반적 부채비용은 두 채권의 가중평균이라고 가정하자. 두 채권 모두 6개월마다 표면이자를 지급한다. 세율이 21%라고 한다면 이 기업의 WACC는?
10. **WACC** Butler사의 목표 부채자기자본비율은 0.45이다. 이 기업의 WACC는 9.6%이고 세율은 21%이다.
    a. 이 기업의 자기자본비용이 12.4%라고 한다면 세전 부채비용은 얼마인가?
    b. 세후 부채비용이 5.7%라는 것을 안다면, 자기자본비용은 얼마인가?
11. **WACC 계산** Tara Ita Power사에 대한 다음 정보를 토대로 WACC를 구하라. 기업의 세율은 21%이다.

부 채: 액면 $1,000짜리 7,000개 발행. 표면이자율은 5%, 만기는 20년, 현재가격은 액면의 105%, 6개월마다 이자 지급.

보통주: 총발행주식수 18만주, 현재가격은 주당 $58 , 베타는 0.85.

시 장: 시장위험프리미엄 6.5%, 무위험이자율 4.3%.

12. **WACC 계산** Brodsky Metals사는 총 발행주식수가 810만주이고 액면이 $1,000이며 연 5.8%의 표면이자를 6개월에 한번씩 지급하는 채권 15만개를 보유하고 있다. 보통주는 현재 주당 $41이며 베타는 1.08이다. 채권의 만기는 20년이며 현재 액면의 104%에 거래된다. 시장위험프리미엄은 7%이며 단기국채 수익률은 3.1%이고 회사의 세율은 21%이다.
    a. 이 기업의 시장가치 기준 자본구조는?
    b. 이 기업이 이 기업의 일반적 프로젝트와 유사한 위험을 지닌 새로운 투자 프로젝트를 고려하고 있다면 프로젝트의 현금흐름을 할인하기 위해 어떠한 금리를 이용해야 하는가?

13. **SML과 WACC** 어느 순수자기자본기업이 다음 프로젝트를 고려하고 있다.

프로젝트	베타	내부수익률(IRR)
W	0.85	10.4%
X	0.95	10.6
Y	1.20	11.9
Z	1.35	14.1

단기국채 수익률은 3.5%이고 시장기대수익률은 11%이다.
a. 기업의 자본비용 11%보다 더 높은 기대수익률을 보이는 프로젝트는 어느 것인가?
b. 어느 프로젝트가 채택되어야 하는가?
c. 만일 기업의 전반적 자본비용이 할인율로 사용된다면, 어느 프로젝트가 잘못 채택 또는 기각되겠는가?

14. **발행비용 계산** 어느 회사가 새로운 조립라인을 구축하기 위해 $4,500만가 필요하다고 가정하자. 그 회사의 목표 부채자기자본비율은 0.45이며 자기자본발행비용은 7%인 반면 부채발행비용은 3%이다. 경영자는 그 발행비용이 낮고 필요자금이 비교적 소액이므로 프로젝트를 위한 자금을 차입하기로 결정했다.
    a. 전체 금액을 차입하기로 한 이면의 논리에 대해 어떻게 생각하는가?
    b. 모든 자기자본을 외부에서 조달한다고 가정할 때, 이 기업의 가중평균발행비용은 얼마인가?
    c. 발행비용을 감안한 후 새로운 조립라인의 구축을 위해 실제로 조달해야 하는 금액은 얼마인가? 전체 금액을 부채로 조달한다는 사실은 이에 영향을 미치는가?

15. **발행비용 계산** Southern Star사는 신규 프로젝트를 시작하기 위해 $7,500의 자금이 필요하며 이를 신규채권을 발행하여 조달하기로 하였다. 이 기업은 가까운 장래에 어떠한 내부 자기자본도 발생하지 않을 것이다. 이 기업의 목표자본구조는 보통주 65%, 우선주 5%, 부채 30%이다. 보통주, 우선주, 신규채권의 발행비용은 각각 7%, 4%, 3%이다. 이 기업이 이 프로젝트를 평가할 때 사용해야 하는 초기비용은 과연 얼마이겠는가?

보통
(문제 16~21번)

16. **WACC와 NPV** Pink사는 1차년도 말에 세후 현금절감액이 $410만 발생하고 그 후 매년 3%씩 영구히 절감액이 증가하는 한 프로젝트를 고려하고 있다. 기업의 목표 부채자기자본비율은 0.55이며 자기자본비용은 11.7%, 세후 부채비용은 4.9%이다. 이 비용절감 프로젝트는 기업이 추진하는 일반적인 프로젝트에 비해 다소 위험하다. 따라서 경영자들은 주관적 방법을 이용하여 이 같은 위험프로젝트에 대해서는 자본비용에 2%를 더해주는 조정을 실시한다. 어떤 조건 하에서 이 기업이 이프로젝트를 채택해야 하는가?

17. **우선주와 WACC** IPO 투자은행의 자금조달 현황은 다음과 같다. 이 기업의 WACC는 얼마인가?

부채: 표면이자율이 5.8%이고 현재가격은 106.4이며 잔존만기가 20년인 채권 8만개 발행. 또한 현재가격이 14.3이며 잔존만기가 20년인 무이표채권 23만개 발행.

우선주: 액면은 $100이고 총발행주식수는 15만주, 배당은 3.8%이며 현재가격은 주당 $81.

보통주: 총발행주식수는 230만주, 현재가격은 주당 $68, 베타는 1.09.

시장: 법인세율은 23%, 시장위험프리미엄은 7%, 무위험이자율은 3.2%.

18. **발행비용** Tube사는 최근 새로운 TV쇼 자금조달을 위해 신규로 증권을 발행했다. 이 프로젝트의 필요자금은 $2,900만이고 이 기업은 $157만의 발행비용을 지급했다. 또 발행비용은 자기자본의 경우 총발행금액의 7%인 반면 부채의 경우에는 발행금액의 3%이다. 만일 이 기업이 목표자본구조와 동일한 비율로 신규증권을 발행했다면, 이 기업의 목표 부채자기자본비율은 얼마인가?

19. **자기자본비용 계산** Benton Industries의 주식은 베타가 1.15이다. 이 기업은 지금 막 $0.95의 배당금을 지급했으며, 배당금은 매년 3.9%로 증가할 것으로 예상한다. 시장의 기대수익률이 11%이며 단기국채의 수익률이 4.3%이다. 이 기업의 가장 최근 주가는 $71이다.

    a. DDM 방법을 이용하여 자기자본비용을 계산하라.

    b. SML 방법을 이용하여 자기자본비용을 계산하라.

    c. (a)와 (b)에서 자기자본비용의 추정치가 왜 다르다고 생각하는가?

20. **기업가치평가** Schultz Industries는 Arras Manufacturing의 인수를 고려하고 있다. Arras는 현재 Schultz의 공급자이며 이 인수를 통해 Schultz는 재료공급을 더 원활하게 통제할 수 있을 것이다. Arras의 자산으로부터 발생한 현금흐름은 현재 $730만이며, 현금흐름은 향후 5년간은 9%씩 증가하며 그 이후에는 4%씩 영구히 증가할 것으로 예상된다. Schultz와 Arras의 자본비용은 각각 12%와 10%이다. Arras의 발행주식수는 현재 190만주이며 발행채권은 $3,000만이다. Schultz가 Arras 인수를 위해 기꺼이 지급할 수 있는 최대 주당가격은 얼마가 되겠는가?

21. **기업가치평가** Happy Times사는 남동부 지역으로 자신의 파티가게를 확장하고자 한다. 그 지역으로 곧바로 들어가기 위해서 비공개기업인 Joe's Party Supply를 인수하려고 한다. Happy Times의 현재 발행채권은 $9,500만이며 그 YTM은 6%이다. 또 이 기업의 시장가치는 $3억4,000만이며 자기자본에 대한 요구수익률은 11%이다. Joe's의 발행채권 시장가치는 현재 $2,650만이다. Joe's의 내년 EBIT는 $1,030만가 될 것으로 예상된다. 이 EBIT는 다음 5년간은 10%씩 증가하며 그 이후에는 3%씩 영구히 증가할 것으로 예상된다. 순운전자본, 자본지출, 감가상각비는 각각 EBIT의 9%, 15%, 8%가 될 것으로 예상된다. Joe's의 발행주식수는 185만주이며, 양쪽 기업에 대한 세율은 모두 21%이다.

    a. 이들 추정치에 근거하여 Happy Times가 Joe's 인수를 위해 기꺼이 지급할 수 있는 최대 주당가격은 얼마가 되겠는가?

    b. Happy Times의 CFO는 당신이 분석에서 사용한 현금흐름의 영구성장률에 대해 불편해하고 있다. 그 대신에 그녀는 EV/EBITDA 배수를 이용하여 잔여가치가 추정되어야 한다고 생각하고 있다. Joe's 적정 EV/EBITDA 배수가 8이라면, Happy Times가 지급할 수 있는 최대 주당가격은 얼마가 되겠는가?

도전
(문제 22~24번)

22. **발행비용과 NPV** Photochronograph사는 시계열 사진장비를 생산한다. 이 기업의 현재 목표 부채자기자본비율은 0.45이다. 이 기업은 $4,000만가 소요되는 새로운 생산시설의 건설을 고려하고 있다. 새로운 시설은 $540만의 현금흐름을 영구히 창출해 낼 것으로 기대된다. 이 기업은 모든 자기자본을 외부에서 조달한다. 자금조달과 관련한 세 가지 대안은 다음과 같다.

    1. 보통주 신주발행: 보통주 신주의 발행비용은 발행금액의 8%이다. 새로운 자기자본에 대한 요구수익률은 13%이다.

    2. 20년 만기 채권 신규 발행: 신규채권의 발행비용은 발행금액의 4%이다. 회사가 연 7%의 표면이자를

지급한다면 이 채권은 액면가로 판매될 것이다.

3. 매입채무를 통한 자금조달 확대: 이 방법을 통한 자금조달은 회사의 일상적 업무의 일부이므로 발행비용은 없고, 회사는 이에 따른 비용을 회사의 전반적 WACC와 동일시한다. 경영진은 장기부채에 대한 매입채무의 목표비율을 20%로 한다(세전과 세후의 매입채무 비용은 차이가 없다고 가정한다).

새로운 시설의 NPV는 얼마인가? 회사의 세율은 21%라고 가정하자.

23. **발행비용** Trower사의 부채자기자본비율은 0.65이다. 이 기업은 $1억4,500만의 비용이 소요되는 새로운 공장의 건설을 고려하고 있다. 이 기업이 새로운 주식을 발행할 때 7%의 발행비용이 발생한다. 새로운 채권을 발행할 경우에는 발행비용이 2.5%이다. 이 회사가 모든 자기자본을 외부에서 조달할 경우 공장설립의 초기비용은 얼마인가? 만일 유보이익으로 60%를 조달한다면 얼마인가? 또는 자기자본을 모두 유보이익으로 충당한다면 얼마인가?

24. **프로젝트 평가** 이 문제는 이 장과 앞 장에서 논의되었던 내용들을 종합하는 프로젝트 평가문제이다. 당신이 레이더 감지 시스템(RDS: radar detection systems)시장에서 선두를 달리고 있는 대형상장사인 Defence Electronics사(DEI)에 재무컨설턴트로 고용되었다고 하자. 이 기업은 새로운 RDS 생산을 위한 해외 제조공장 설립을 고려하고 있다. 이 프로젝트는 5년짜리이다. 회사는 유독성 화학폐기물을 매립할 용도로 3년 전에 $750만를 주고 대지를 매입했고, 대신 이들 폐기물을 안전하게 처리할 수 있는 파이프 시스템을 구축했다. 이 대지는 지난 주 감정 결과 $710만로 평가되었다. 5년 후에 이 대지의 세후가치는 $740만가 될 것이지만, 이 기업은 미래 프로젝트를 위해 이 대지를 가지고 있을 예정이다. 회사는 이 대지에 새로운 제조공장을 설립하고자 한다. 공장 건설비용은 $4,500만이고 DEI가 발행한 증권에 대한 현재 시장자료는 다음과 같다.

부　채 : 액면은 $1,000이고 연 6.4%의 표면이자를 반년마다 지급, 잔존만기가 25년이고 현재 액면의 103%로 거래되고 있는 채권 28만개.

보통주 : 총 발행주식수는 980만주, 현재 주당 $73에 거래, 베타는 1.20.

우선주 : 액면은 $100이고 5.10%의 배당금을 지급, 현재가격은 주당 $87, 발행주식수는 45만주.

시　장 : 기대시장위험프리미엄은 7.5%, 무위험이자율은 3.2%.

DEI는 주간사로 G.M. Wharton을 이용한다. Wharton은 보통주 신주발행에 6.5%, 우선주 신주발행에 4.5%, 신규 채권발행에 3%의 발행비용을 부과한다. 이 발행비용에는 직·간접 비용(수익까지)이 모두 포함된다. Wharton은 DEI가 공장설립 자금을 보통주 발행을 통해 충당하라고 조언한다. DEI의 세율은 24%이다. 프로젝트 시작을 위해 초기에 $140만의 순운전자본 투자가 필요하다. Wharton은 새로운 프로젝트 자금을 모두 자기자본으로 외부조달하는 것으로 가정한다.

a. 모든 부수효과를 고려하여 시점 0에서 프로젝트의 현금흐름을 계산하라.

b. 새로운 RDS 프로젝트는 공장이 외국에 설립되기 때문에 DEI의 일반적 프로젝트보다 다소 위험하다. 경영진은 증가된 위험에 대해 +2%의 조정을 하도록 당신에게 요청했다. DEI의 프로젝트를 평가하기 위해 사용해야 할 적정할인율은 얼마인가?

c. 제조공장은 세금목적상 8년의 경제적 수명을 갖고 DEI는 정액감가상각법을 사용한다. 프로젝트 마감시(즉, 5년차 말), 공장은 $850만에 폐기처분될 수 있다. 이 제조공장의 세후 잔여가치는 얼마인가?

d. 회사는 매년 $810만의 고정비가 발생할 것으로 예상한다. 매년 1만8,000개의 RDS를 생산하고 개당 $1만2,900에 팔 계획이다. 변동비는 RDS당 $1만1,250이다. 이 프로젝트로부터 발생하는 연간 영업현금흐름(OCF)은 얼마인가?

e. DEI의 감사관(controller)은 DEI 투자가 회계보고서에 미치는 영향에 관심이 높다. 당신은 이 프로젝트와 관련해 RDS의 회계적 손익분기수량을 얼마라고 보고하겠는가?

f. 마지막으로, DEI의 사장은 계산과정, 가정, 기타 모든 사항에 대해서는 CFO와 이야기하고 자기에게는 단지 RDS 프로젝트의 내부수익률(IRR)과 순현재가치(NPV)만을 보고하라고 한다. 당신은 어떻게 보고하겠는가?

Excel로 풀어보기 Excel Master it! Problem

ExcelMaster coverage online
www.mhhe.com/RossCore6e

당신이 자동차부품 소매기업인 Autozone(AZO)의 WACC를 계산하려고 한다. 다음 단계에 따라 업데이트될 수 있는 스프레드시트를 하나 만들어 보자.

a. 티커심벌을 쳐서 관련 웹페이지 하이퍼링크를 걸어 자기자본비용을 계산하기 위해 필요한 모든 정보를 찾아보라. CAPM을 이용하되 시장위험프리미엄은 7%로 하라.

b. FINRA 채권호가 웹사이트와 SEC EDGAR 데이터베이스로 연결되는 하이퍼링크를 걸어두라. 기업의 부채비용을 계산하기 위한 테이블을 만들어라. 세율은 21%로 가정하라.

c. 마지막으로 부채와 자기자본의 시장가치 가중치를 계산하라. Autozone의 WACC는 얼마인가?

CLOSING CASE

SWAN MOTORS사의 자본비용

Swan Motors, Inc.(SMI)는 최근 당신을 재무부서에 고용하였다. SMI는 8년 전 Joe Swan에 의해 설립되었다. Joe는 한 번 충전으로 약 700마일을 달릴 수 있는 이전보다 에너지 밀도가 높고 더 저렴한 배터리의 제조방법을 고안하였다. SMI는 중형차를 제조하고 있으며 다른 메이저 자동차 제조업체들과 가격 측면에서 경쟁력을 보유하고 있다. SMI는 Joe와 그의 가족 소유의 개인기업으로 지난해 $9,700만의 매출을 올렸다.

SMI는 회사 소유의 대리점들이 몇몇 있지만 주로 온라인을 통해 고객들에게 차를 판매한다. 고객들은 판매가격의 20%를 보증금으로 지불하고 선택사항을 지정한다. 차들은 주문 후 통상 45일 내에 수령이 가능하다. SMI는 현재까지 이익으로 성장해 왔으며 충분한 자본이 축적되면 생산을 확대할 것이다. 그동안 자본예산편성 과정에 있어 정식 분석은 거의 이루어지지 않았다. Joe는 지금 막 자본예산편성 기법들의 존재를 알게 되었고 당신에게 도움을 요청하였다. 회사는 아직까지 자본비용을 산출해 본 경험이 없으며, Joe는 당신이 이제 그 분석을 수행해 주기를 원한다. 이 회사는 개인기업이므로 자기자본비용을 산출하기가 어렵다. 따라서 Joe는 Telsa를 유사기업으로 선정하여 당신이 SMI의 자본비용을 추정하기를 원한다. 당신은 다음 절차를 통해 자본비용을 계산할 수 있을 것이다.

1. 대부분의 상장기업들은 매분기 또는 매년 회사의 재무 영업상태를 나타내는 분기보고서(10Q)나 연차보고서(10K)를 SEC에 제출하게 되어 있다. 이러한 파일들은 SEC 웹사이트인 www.sec.gov에서 확인할 수 있다. SEC 웹사이트로 가서 'Search for Company Filings' 링크에서 'TSLA'를 입력하고 Telsa가 작성한 SEC 파일들을 검색해 보라. 가장 최근의 10Q와 10K를 찾아서 다운로드해 보라. 부채의 장부가치와 자기자본의 장부가치를 구하기 위해 대차대조표를 살펴보라. 보고서의 하단부로 더 내려가면 Telsa의 장기부채 내역이 정리되어 있는 'Long-term Debt'이나 'Long-term Debt and Interest Rate Risk Management'라는 섹션을 발견할 수 있다.
2. Telsa의 자기자본비용을 추정하기 위해 finance.yahoo.com에 가서 티커심벌 'TSLA'를 입력하라. 다음 질

문에 답하기 위해 다양한 링크를 따라가 보라. Telsa의 가장 최근 주가는 얼마인가? 자기자본의 시장가치 또는 시가총액은 얼마인가? Telsa의 총발행주식수는 얼마인가? Telsa의 베타는 얼마인가? 다시 finance.yahoo.com에 가서 채권(bond)링크를 찾아보라. 3개월 T-bill의 수익률은 얼마인가? 시장위험프리미엄을 7%로 가정하고 CAPM을 이용하면 Telsa의 자기자본비용은 얼마인가?

3. www.reuters.com에 가서 동종업계 경쟁사들의 리스트를 찾아보라. 이들 경쟁사들 각각의 베타 값을 알아보고 산업평균베타 값을 구하라. 산업평균베타를 이용한다면 자기자본비용은 얼마인가? 이 경우 Telsa의 베타나 산업의 베타 중 어느 것을 사용해도 문제가 없는가?
4. 이제 Telsa의 부채비용을 구해보자. http://nra-markets.morningstar.com/ BondCenter/Default.jsp에 가서 회사 이름으로 Telsa를 입력하고 Telsa가 발행한 채권 각각에 대한 만기수익률을 찾아보라. 장부가치 가중치와 시장가치 가중치를 사용하여 Telsa의 가중평균부채비용을 각각 구하라. 두 경우에 차이가 발행하는가?
5. 이제 Telsa의 가중평균자본비용을 구하기 위한 모든 정보를 얻었다. Telsa의 세율이 21%라고 가정하고 장부가치 가중치와 시장가치 가중치를 사용하여 Telsa의 가중평균자본비용을 각각 구하라. 어느 자본비용이 더 적절한가?
6. 당신은 SMI의 자본비용을 추정하기 위해 Telsa를 유사기업으로 이용했다. 이러한 방식이 갖는 잠재적 문제점은 무엇이 있을까? 제안할 수 있는 개선방안은 무엇인가?

13

효율적 자본시장과 행동학적 도전

OPENING CASE

2000년대 전후 몇년간은 주식시장 역사에 있어서 또 다른 흥미로운 기간이다. NASDAQ 주식시장은 1990년대 후반의 눈부신 상승 후 2000년에 40%, 2001년에 30% 하락하였다. 인터넷 관련 주식의 지수인 ISDEX는 1996년 1월에 100에서 2000년 2월에 1,100으로 크게 올라 1,000%의 수익률을 거두었다. 그 후 2000년 5월 600에 이르기까지 수직으로 떨어졌다. 2010년 전후에는 거의 반대현상이 발생했다. 2008년 1월부터 2009년 3월 9일까지 S&P 500 지수는 약 57% 떨어졌으나, 그 때부터 줄곧 상승하여 2011년 2월에는 무려 2배가 되었다. 이렇게 2배가 되는 데 걸린 기간은 700일로 1936년 이후 가장 짧은 것으로 판명되었다.

1990년대 후반 NASDAQ 주식의 성과, 특히 인터넷 주식의 등락은 역사상 가장 큰 시장 '버블(bubble)'들 중 하나라고 부르는 사람이 많이 있다. 이들의 주장은 투자자들이 인지하기 전에 가격이 경제적으로 터무니없는 수준으로 부풀려졌으며 결국 거품이 터지고 가격이 곤두박질쳤다는 것이다. 1990년대 후반의 주식시장이 정말로 버블이었는지에 관해서는 많은 논란이 있다. 유사하게 2008년의 폭락과 2009~2010년 초반의 반등에 대해서도 열띤 논쟁이 이어져 왔다. 이 장에서는 이들 상반된 견해를 논의하고 몇 가지 실증 증거를 제시할 것이다. 또한 재무관리자에게 이들이 의미하는 바를 살펴볼 것이다.

기업재무 관련 최근 사건들을 찾아보기 위해 corecorporatefinance.blogspot.com을 방문하라.

13.1 효율적 자본시장의 설명

자본시장이 효율적이면, 경영자는 투자자를 기만하여 가치를 창조할 수 없으며 시장가치는 근본적 내재가치를 반영하게 된다. 효율적 시장의 개념을 이해하는 데 있어서 핵심은 시장가치와 정보 사이의 관계이다.

효율적 자본시장(efficient capital market)은 주가가 이용 가능한 정보를 완전히 반영하는 시장이다. 효율적 자본시장이 어떻게 작용하는지를 설명하기 위하여 F-stop Camera(FCC)가 자동초점시스템 속도를 현재의 2배로 할 수 있는 카메라를 개발하려 한다고 가정하자. FCC는 이 연구의 NPV가 양(+)이 될 것으로 믿고 있다.

이제 FCC의 주식에 대해 생각해 보자. 투자자들은 무엇 때문에 FCC 주식을 특정 가격에 기꺼이 보유하려고 하겠는가? 한 중요한 요인은 FCC가 새로운 자동초점시스템을 개발한 최초 기업이 될 확률이다. 효율적 시장에서는 이 가능성이 커진다면 FCC의 주가는 상승할 것이다.

가령 FCC가 자동초점시스템을 개발하기 위하여 잘 알려진 기술자를 영입한다고 하자. 효율적 시장에서 이러한 정보가 발표되면 FCC의 주가는 어떻게 되겠는가? 기업이 유명한 과학자 영입으로 인한 기업가치 증가분을 완전히 반영하는 많은 봉급을 지급한다면, 주가가 반드시 변화한다고 볼 수 없다. 대신에 과학자의 영입을 양(+)의 NPV 거래라고 하자. 이 경우에 기업은 과학자에게 그의 진정한 가치보다 적은 봉급을 지급할 수 있기 때문에 FCC 주가는 상승할 것이다.

FCC의 주가는 언제 상승하겠는가? 영입발표가 수요일 오전에 언론에 보도된다고 하자. 효율적 시장에서 FCC의 주가는 새로운 정보에 즉각적으로 반응할 것이다. 투자자들은 수요일 오후에 주식을 사서 목요일에 이익을 남길 수 없어야 한다. 이익을 남길 수 있다면 이는 주식시장이 FCC의 언론보도를 반영하는 데 하루가 걸린다는 것을 의미한다. 효율적 시장가설은 FCC의 주가는 수요일 오후에 수요일 오전의 언론보도에 담긴 정보를 이미 반영하고 있으리라 예견한다.

효율적 시장가설(efficient market hypothesis: EMH)이 투자자와 기업에 대해 의미하는 바는 다음과 같다.

- 정보는 가격에 즉각적으로 반영되기 때문에 투자자는 단지 정상적 수익률을 얻는 것을 기대하여야 한다. 정보가 보도될 때 이를 인지하는 것은 투자자에게 아무런 이익이 되지 않는다. 가격은 투자자가 그 정보에 근거하여 거래하기 전에 이미 조정되어 있다.
- 기업은 자신이 매각하는 증권에 대해 적정가치를 받는 것을 기대해야 한다. '적정'이란 기업이 발행하는 증권에 대해 받는 가격이 그 증권의 현재가치라는 것을 의미한다. 따라서 효율적 시장에서는 투자자를 기만함으로부터 유리한 자금조달기회를 잡을 수 없다.

그림 13. 1은 주식가격의 몇 가지 가능한 조정을 보여준다. 연속선(solid line)은 효율적 시장에서 주가의 반응 경로를 나타낸다. 이 경우에 가격은 새로운 정보에 즉시 조정되며 더 이상의 가격 변화는 발생하지 않는다. 점선(dotted line)은 지연된 반응을 묘사한다. 여기서는 시장이 정보를 완전히 흡수하는 데 30일이 걸린다. 마지막으로 파선(broken line)은 과잉 반응과 그 이후에 진정한 가격으로의 복귀를 나타낸다. 파선과 점선은 비효율적시장에서 주가의 반응 경로를 보여준다. 주가가 조정되는 데 수일이 걸린다면 투자자는 적절한 순간에 매수와 매도를 통하여 거래이익을 거둘 수 있을 것이다.[1]

이 이야기의 교훈은 효율적 시장가설의 논리를 반영한다. 여러분이 주가의 어떤 패턴 또는 성공주식을 찾는 간단한 방책을 발견하였다고 생각한다면 아마 그렇지 않을 것이다. 돈을 벌기 위한 그런 간단한 방법이 있다면 누군가가 예전에 그것을 발견했을 것이다.

시장효율성의 근원

그림 13. 1은 시장효율성의 결과를 보여준다. 그러나 시장효율성을 야기하는 조건들은 무엇인가? Andrei Shleifer는 다음의 세 가지 조건−(1) 합리성(rationality), (2) 합리성으로부터의 독립적인 이탈, (3) 차익거래−중에서 어느 하나만 만족되어도 시장효율성으로 이어질

1 이제 여러분은 다음의 간단한 이야기를 이해해야 한다. 한 학생이 재무관리 교수와 함께 복도 아래로 걸어가다가 바닥에 떨어져 있는 $20 지폐를 발견했다. 학생이 지폐를 주우려고 허리를 아래로 구부리자 교수는 머리를 천천히 흔들면서 실망스런 표정으로 학생에게 말했다. "애써 주우려고 하지 마라. 그 지폐가 정말로 거기 있다면 누군가가 벌써 주워갔을 것이다."

이 이야기의 교훈은 효율적 시장가설의 논리를 반영한다. 여러분이 주가의 어떤 패턴 또는 성공주식을 찾는 간단한 방책을 발견하였다고 생각한다면 아마 그렇지 않을 것이다. 돈을 벌기 위한 그런 간단한 방법이 있다면 누군가가 예전에 그것을 발견했을 것이다.

그림 13.1

효율적 시장과비효율적 시장에서 새로운정보에 대한 주가반응

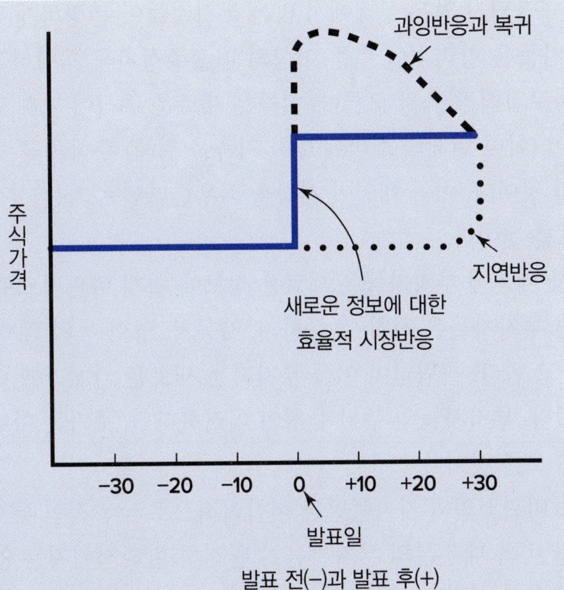

효율적 시장반응: 가격이 새로운 정보에 즉각적이고 완전하게 조정되므로 그 이후에는 상승하거나 하락하는 경향이 없다.

지연된 반응: 가격이 새로운 정보에 느리게 조정되며 그 정보를 완전히 반영하기까지는 30일이 걸린다.

과잉반응: 가격이 새로운 정보에 과대조정되며 일련의 가격에 버블이 존재한다.

것이라고 주장한다.[2] 이들 조건에 대한 논의는 다음과 같다.

합리성 모든 투자자는 합리적이라고 생각하자. 새로운 정보가 시장에 발표될 때 모든 투자자는 주가에 대한 그들의 예측치를 합리적인 방법으로 조정할 것이다. 앞의 예에서 투자자들은 FCC 신규사업의 NPV를 결정하기 위하여 이 기업에 대한 기존 정보와 함께 언론에 보도된 FCC의 정보를 이용할 것이다. 언론에 보도된 그 사업의 NPV가 $1,000만이고 발행되어 있는 주식수가 200만주라면, 투자자들은 NPV가 주당 $5라고 계산할 것이다. 만약FCC의 기존 주가가 주당 $40라고 한다면 이제 아무도 그 가격에는 거래하지 않을 것이다. 매도하려는 사람은 최소한 $45(= $40 + 5)에 팔려고 할 것이며, 매수하려고 하는 사람은 이제 기꺼이 $45를 지불하려고 할 것이다. 다시 말하면, 가격은 $5만큼 오를 것이다. 그리고 합리적인 투자자들은 그 새로운 가격에서 거래를 미룰 이유가 없으므로 주가는 즉시 오를 것이다.

물론 가족, 친구, 심지어 우리 자신들도 완벽하게 합리적으로 행동하지는 않는 것으로 보인다. 따라서 모든 투자자가 합리적으로 행동하는지를 묻는 것은 아마 너무 과할 수 있다. 그러나 시장은 다음의 시나리오가 성립한다면 여전히 효율적이 될 것이다.

합리성으로부터의 독립적 이탈 FCC의 언론보도가 그렇게 분명하지 않다고 가정하자. 얼마나 많은 새로운 카메라가 팔릴 것인가? 어떤 가격에? 한 대당 비용은 얼마가 될 것인가? 다른 카메라 회사들이 경쟁제품을 개발할 수 있을 것인가? 이는 얼마나 오래 걸릴 것인가? 이러한 여러 질문들이 쉽게 대답될 수 없다면 NPV를 추정하기 어려울 것이다.

2 Andrei Shleifer, *Inefficient Markets: An Introduction to Behavioral Finance*(Oxford: Oxford University Press, 2000).

이제 많은 질문들이 대답되지 않은 상태에서 많은 투자자들이 분명하게 판단하지 않고 있다고 하자. 어떤 투자자들은 합리적인 수준 이상의 매출추정치를 희망하고 믿음으로써 신제품에 대한 애정에 사로잡혀 있을지 모른다. 이들은 새로운 주식에 대해 과도하게 지불할 것이다. 그리고 이들이 (아마 현재의 소비에 대한 지출을 위해) 주식을 팔 필요가 있다면 높은 가격으로 팔려고 할 것이다. 이들 개인이 시장을 좌우한다면 주가는 시장효율성이 예견하는 수준 이상으로 오를 것이다.

하지만 감정적인 저항 때문에 투자자들은 새로운 정보에 쉽게 비관적으로 반응할 수도 있다. 역사가들에 의하면 투자자들은 전화기, 복사기, 자동차, 영화 등의 혜택에 대해 처음에는 아주 회의적이었다고 한다. 틀림없이 이들 투자자는 새로운 카메라에 대해서도 과도하게 회의적이었을 수 있다. 투자자들의 주된 유형이 이러하다면, 주가는 아마 시장효율성이 예견하는 것보다 작게 오를 것이다.

그러나 비합리적으로 비관적인 투자자들만큼 비합리적으로 낙관적인 투자자들도 많이 있다고 가정하자. 그러면 비록 대부분의 투자자들이 완전히 합리적이지는 않다고 할지라도, 가격은 아마 시장효율성과 일관된 모양으로 오를 것이다. 따라서 시장효율성은 비합리성만 상쇄된다면, 개개인이 모두 합리적이 되는 것을 요구하지는 않는다.

그러나 비합리성이 항상 상쇄된다는 가정은 비현실적일 수 있다. 아마도, 대부분의 투자자들은 어떤 때는 과도한 낙관론으로 몰리며, 다른 때는 극단적인 비관론에 사로잡힌다. 그렇지만 여기에서조차도 효율성을 가능하게 하는 하나의 가정이 있다.

차익거래 비합리적인 아마추어와 비합리적인 전문가라는 두 유형의 개인들로 구성된 세상을 상상해 보자. 아마추어들은 한때는 주식이 과소평가되어 있다고 비합리적으로 믿고, 다른 때에는 과대평가되어 있다고 비합리적으로 믿으면서 자신들의 감정에 사로잡혀 있다. 여러 아마추어들의 열정들이 서로 상쇄되지 않는다면, 이들은 주식을 효율적 가격 이상이나 이하로 보유하려는 경향이 있을 것이다.

이제 전문가들을 생각해보자. 전문가들은 체계적이고 합리적으로 자신들의 일을 한다고 가정하자. 그들은 철저하게 기업들을 연구하며, 객관적으로 증거를 평가하고, 냉정하고 명확하게 주가를 추정하여 그에 따라 행동한다. 그들은 과소평가된 주식을 사려고 할 것이며 과대평가된 주식은 팔려고 할 것이다. 그리고 그들은 아마추어들보다 더 큰 확신을 가지고 거래에 임할 것이다. 주식의 가격이 잘못 책정되어 있다는 것을 알면, 아마추어는 약간의 금액을 거는 반면에 전문가들은 큰 금액을 걸 수 있다. 더군다나 전문가들은 이익을 위해 그들의 모든 포트폴리오를 기꺼이 재조정하려 할 것이다. 만약 그들이 General Motors(GM)사의 주식이 과소평가되어 있다는 것을 발견한다면 GM사 주식을 사기 위하여 보유 중인 Ford사의 주식을 팔지 모른다. 차익거래(arbitrage)라는 용어가 여기서 떠오른다. 왜냐하면 차익거래는 서로 다른 대체 가능한 증권들을 동시에 매수하고 매도함으로써 이익을 발생시키는 거래이기 때문이다. 전문가들의 차익거래가 아마추어들의 투기거래를 압도한다면 시장은 여전히 효율적일 것이다.

13. 2 효율성의 형태

이전 논의에서 시장은 이용 가능한 정보에 즉시 반응한다고 가정하였다. 실제에 있어서 확실한 정보는 다른 정보보다 주가에 더 빨리 영향을 줄지 모른다. 연구자들은 반응속도의 차이를 다루기 위하여 정보를 몇 가지 유형으로 분류한다. 가장 보편적인 분류체계는 세 가지 유형—과거 가격에 대한 정보, 공개적으로 이용 가능한 정보, 모든 정보—으로 구분하는 것이다. 다음에서는 이들 세 유형의 정보가 가격에 미치는 영향을 살펴보기로 한다.

약형

주가가 3일 연이어 오른 후에 주식을 사고 3일 연이어 내린 후에 주식을 파는 거래전략을 생각해 보자. 이 전략은 단지 과거가격에 기반을 둔 정보를 이용하며 이익예측, 합병발표, 통화공급량 등과 같은 다른 어떤 정보를 이용하지 않는다. 자본시장이 과거주가의 정보를 완전히 반영하고 있다면, 그 자본시장은 **약형 효율적**(weakly efficient)이거나 **약형 효율성(week form efficiency)**을 만족한다고 한다. 따라서 약형 효율성이 성립한다면 앞의 전략은 이익을 낼 수 없을 것이다. 약형 효율성은 자본시장에서 기대되는 효율성의 가장 약한 형태이다. 왜냐하면 역사적 과거정보는 주식에 관해 획득하기가 가장 쉬운 종류의 정보이기 때문이다. 단지 과거주가의 움직임에 대한 패턴을 발견함으로써 특출한 이익을 내는 것이 가능하다면, 누구나 그렇게 할 것이고, 어떠한 이익도 쟁탈적으로 금방 사라질 것이다.

이러한 경쟁의 효과는 그림 13. 2에 나타나 있다. 주가의 움직임이 물결 모양의 곡선과 같이 순환적인 패턴을 나타낸다고 하자. 기민한 투자자들은 저점에서 사려고 할 것이고 이는 가격상승을 유발할 것이다. 역으로 그들은 고점에서 팔려고 할 것이고 이는 가격하락을 초래할 것이다. 경쟁을 통하여 이러한 순환적인 규칙성들은 제거될 것이며 단지 무작위 변동만 남게 될 것이다.

주가가 순환적인 패턴을 따른다면 그 패턴은 효율적 시장에서 금방 제거될 것이다. 투자자들이 골에서 매수하고 꼭대기에서 매도함으로써 무작위 패턴이 출현할 것이다.

그림 13. 2
순환적인 패턴을 제거하려는 투자자들의 행위

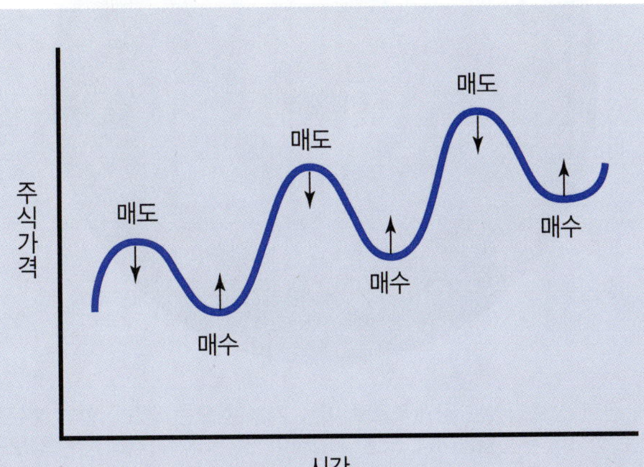

주가가 순환적인 패턴을 따른다면 그 패턴은 효율적 시장에서 금방 제거될 것이다.
투자자들이 골에서 매수하고 꼭대기에서 매도함으로써 무작위 패턴이 출현할 것이다.

준강형과 강형

약형 효율성이 논쟁의 여지가 있다면 효율성의 다른 두 유형인 **준강형 효율성(semi-strong form efficiency)**과 **강형 효율성(strong form efficiency)**은 더욱 그러하다. 가격이 역사적 가격정보는 물론, 발간된 회계보고서와 같은 공개적으로 이용 가능한 모든 정보를 반영한다면 시장은 준강형 효율적이다. 가격이 공개된 정보이든 사적인 정보이든 모든 정보를 반영한다면 시장은 강형 효율적이다.

과거가격의 정보집합은 공개적으로 이용 가능한 정보의 부분집합이며, 이 역시 모든 정보의 부분집합이다. 이들은 그림 13. 3에 나타나 있다. 따라서 강형 효율성은 준강형 효율성을 의미하고 준강형 효율성은 약형 효율성을 의미한다. 준강형 효율성은 시장이 역사적 가격정보에 대해 효율적일뿐만 아니라 공개적으로 이용 가능한 모든 정보가 가격에 반영되어야 한다는 점에서 약형 효율성과 구분된다.

효율성의 형태들을 설명하기 위하여 주가가 상승한 후에 항상 그 주식을 매도하는 투자자를 상상해보자. 시장이 단지 약형 효율적이고 준강형 효율적이지는 않다고 하더라도 이러한 전략으로 여전히 양(+) 의 수익을 낼 수 없을 것이다. 약형 효율성에 따르면 현재의 주가상승은 그 주식이 과대평가되어 있다는 것을 의미하지 않는다.

이제 증가된 이익을 보고하는 기업을 생각해 보자. 한 투자자가 그러한 뉴스발표를 들은 후 그 주식에 투자하려고 한다. 그러나 준강형 효율적 시장이라면 가격은 뉴스가 발표되는 즉시 상승해야 한다. 따라서 투자자는 이익을 볼 가망성이 없이 높은 가격으로 매입하는 셈이 될 것이다.

그림 13. 3

세 가지 정보집합들 사이의 관계

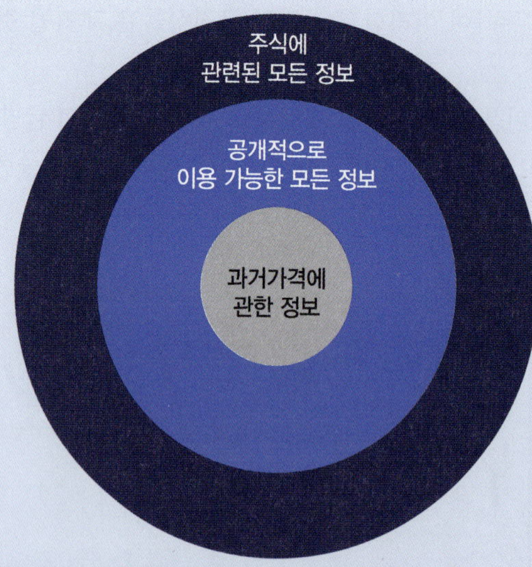

과거가격에 관한 정보집합은 공개적으로 이용 가능한 모든 정보집합의 부분집합이며, 이 역시 모든 정보의 부분집합이다. 오늘의 가격이 단지 과거가격에 관한 정보만을 반영한다면 시장은 약형 효율적이다. 오늘의 가격이 공개적으로 이용 가능한 모든 정보를 반영한다면 시장은 준강형 효율적이다. 오늘의 가격이 공개되거나 사적인 모든 정보를 반영한다면 시장은 강형 효율적이다.
준강형 효율성은 약형 효율성을 의미하며, 강형 효율성은 준강형 효율성을 의미한다.

마지막 형태는 강형 효율성이다. 이 형태는 주식의 가치에 관련되고 최소한 한 투자자에게 알려진 모든 것은 사실상 주가에 완전히 반영된다는 것을 말한다. 강형 효율성의 신봉자는 광업을 하는 기업이 우연히 금을 발견한 것을 알고 있는 내부자가 이 정보로부터 이익을 얻을 수 있다는 것을 부인할 것이다. 이러한 열광적인 신봉자는 내부자가 그 정보에 의거하여 거래하려고 하자마자 시장은 어떤 일이 일어나고 있는지를 인식할 것이고, 가격은 내부자가 그 주식을 매입하기 전에 폭등할 것이라고 주장할지 모른다. 아니면 대신에 이들 신봉자는 세상에는 어떤 비밀도 존재하지 않으며 금이 발견되는 순간에 그 비밀은 사라진다고 주장할지 모른다.

시장이 약형 효율성이라고 기대하는 한 이유는 주식가격의 패턴은 큰 비용을 들이지 않고 쉽게 발견할 수 있다는 것이다. 컴퓨터 프로그램을 짤 수 있고 통계를 조금만 알면 누구든지 그런 패턴을 찾을 수 있다. 만약 그러한 패턴이 있다면 사람들은 그것을 찾아 이용하려 할 것이며, 그 과정에서 이들 패턴은 당연히 사라질 것이다.

하지만 준강형 효율성은 약형 효율성에서보다 더 정교한 투자자들이 있어야 함을 전제로 한다. 투자자는 경제학과 통계학에 능통해야 하며, 개별 산업과 기업의 특성을 잘 알고 있어야 한다. 더욱이 그런 기술을 습득하고 이용하기 위하여 재능, 능력, 시간 등이 필요하다. 따라서 비용까지 들여서 그렇게 성공하는 사람은 많지 않을 것이다.

강형 효율성은 준강형 효율성과는 훨씬 동떨어져 있다. 가치있는 내부정보를 가진 사람이라도 시장이 매우 효율적이기 때문에 그 정보를 이용하여 이익을 낼 수 없다는 주장은 믿기 어렵다. 실증적 증거도 이러한 강형 시장효율성에 불리한 것으로 보인다.

효율적 시장가설에 대한 일반적인 오해

재무에서 효율적 시장만큼 관심을 끈 주제는 없으나 모든 사람이 이 가설을 찬양해온 것은 아니다. 그 이유는 효율적 시장가설이 의미하거나 의미하지 않는 바에 대한 오해로부터 부분적으로 기인한다. 세 가지 오해를 차례로 살펴보자.

다트(dart) 던지기의 효력 시장효율성의 개념이 처음 발표되어 대중적인 금융매체에서 논쟁이 되었을 때 종종 다음과 같은 인용으로 그 특징이 묘사되었다. "… 신문의 증권면에 다트를 던져 선정한 포트폴리오는 전문적인 증권분석가가 관리하는 포트폴리오에 못지 않은 성과를 낼 수 있을 것이다."[3,4] 이는 거의 맞지만 완전히 옳지는 않다.

효율적 시장가설이 실제로 의미하는 바는 전문적인 증권분석가가 평균적으로 비정상수익 또는 초과수익을 달성할 수 없다는 것이다. 초과수익은 제11장의 증권시장선(SML)에서 도출된 기대수익과 같이 어떤 벤치마크 기대수익을 초과한 수익으로 정의된다. 투자자는 여전히 자신이 얼마나 위험한 포트폴리오를 원하는지를 결정해야 한다. 또한 무작위로 다트를 던지면 유전공학과 관련된 한두 개의 고위험 주식에 맞춰버릴지도 모른다. 당신은 분산투자 없이 이들 주식에만 투자하기를 원하는가?

---

3 Malkiel, Burton G. A *Random Walk Down Wall Street*, 12th ed. (New York: W.W. Norton & Company, 2019).

4 'dart-throwing monkeys'라는 벤치마크로 자주 언급되는 이전 논문들. 증권산업에 대한 정부의 관여가 커짐에 따라 이 벤치마크는 종종 'dart-throwing congressmen'으로 바뀌어 불리게 됨.

이를 이해하지 못하게 되면 시장효율성에 대해 혼란에 이르게 되는 경우가 생긴다. 예를 들어, 시장효율성은 신중치 못한 사람들을 보호해 주기 때문에 당신이 무엇을 하든 중요하지 않다고 잘못 인식되곤 한다. 그러나 누군가가 한때 언급했듯이, "효율적 시장은 늑대로부터 양들을 보호해 주지만, 투자자 자신으로부터 양들을 보호할 수 있는 것은 아무것도 없다."

효율성이 의미하는 것은 주식의 발행가격에는 이용 가능한 정보들에 바탕을 둔 주식가치가 반영되어 있으므로 기업은 적정가격을 받는다는 것이다. 주주들은 배당을 적게 하거나 어떤 다른 특성을 지닌 주식을 비싸게 사고 있는 것이 아닌가를 걱정할 필요가 없다. 왜냐하면 이런 정보는 시장에서 가격에 이미 반영되어 있기 때문이다. 그러나 투자자는 자신의 위험선호 수준이나 분산투자 정도와 같은 것에 관해서는 여전히 염려를 해야 한다.

가격변동 많은 사람들은 주가가 날마다 변동하기 때문에 효율성에 대해 회의를 가지고 있다. 그러나 가격의 일별 움직임은 결코 효율성과 모순되지 않는다. 왜냐하면 효율적 시장에서 주가는 새로운 정보를 반영하여 변하기 때문이다. 엄청난 양의 정보가 매일 주식시장에 쏟아진다. 변화하는 세계에서 가격이 날마다 변동하지 않는다면, 이것이 바로 시장비효율성을 의미할지 모른다.

주주의 무관심 주어진 날에 발행주식의 단지 일부에서 손바뀜이 일어난다면 시장가격이 효율적이라는 데 의구심을 가질 수 있다. 그러나 주어진 날에 특정 주식을 거래하는 사람들의 수는 그 주식을 관심있게 주시하고 있는 사람들의 수보다 일반적으로 훨씬 적다. 주가에 대한 평가가 중개수수료와 다른 거래비용을 정당화할 만큼 시장가격과 충분히 다를 때만 개인은 거래를 할 것이기 때문에 이는 사실이다. 더욱이 특정 주식을 거래하는 사람들의 수가 전체 주주의 수에 비하여 작다고 할지라도, 이해관계를 가진 많은 거래자들이 공개적으로 이용 가능한 정보를 사용하는 한, 주가는 효율적으로 형성될 것으로 기대된다. 즉, 많은 주주들이 주식을 관심있게 주시하지 않고 매매를 당장 고려하지 않고 있다고 할지라도 주가는 이용 가능한 정보를 반영할 수 있다.

13. 3 증거

효율적 시장가설에 대한 증거는 광범위하며, 약형, 준강형, 강형 효율성을 망라하는 많은 연구들이 있다. 첫 번째 부류에서는 주가의 변화가 무작위적인지를 조사한다. 두 번째 부류에서는 사건연구(event study)와 뮤추얼펀드의 성과연구를 검토한다. 세 번째 부류는 기업 내부자들의 성과를 살펴본다.

약형

약형 효율성은 과거주가의 움직임이 미래주가의 움직임과 관련이 없다는 것을 의미한다. 이를 검증하기 위해 제11장의 내용을 기억해 보자. 그 장에서 다른 두 주식수익률 사이의 상관관계에 관한 개념을 논의했다. 예를 들어, GM 주식과 Ford 주식의 수익률의 상관관계는 양 기업이 같은 산업에 속해 있기 때문에 비교적 높을 것이다. 역으로 GM 주식의 수익률과 유럽의 한 패스트푸드 체인의 수익률의 상관관계는 낮을 것이다.

재무경제학자들은 종종 증권의 **시계열 상관(serial correlation)**에 대하여 이야기한다. 이는 증권에 대한 현재의 수익률과 나중 기간의 수익률 사이의 상관관계이다. 특정 주식에 대한 양(+)의 시계열 상관계수는 연속(continuation)의 경향을 나타낸다. 즉, 오늘 수익률이 평균 이상이면 미래에도 수익률이 아마 평균 이상이 될 것이다. 유사하게 오늘 수익률이 평균 이하이면 미래에도 수익률이 아마 평균 이하가 될 것이다.

특정 주식에 대한 음(−)의 시계열 상관계수는 반전(reversal)의 경향을 나타낸다. 즉, 오늘 수익률이 평균 이상이면 미래에는 아마도 평균 이하의 수익률이 뒤따를 것이다. 유사하게 오늘 수익률이 평균 이하이면 미래에는 아마도 평균 이상의 수익률이 뒤따를 것이다. 강한 양(+)이나 강한 음(−)의 시계열 상관계수는 시장비효율성을 나타내는 지표이며, 오늘 수익률이 미래의 수익률을 예측하기 위해 사용될 수 있음을 의미한다.

주식수익률의 시계열 상관계수가 거의 0인 경우는 약형 효율성과 일관성이 있을 것이다. 따라서 현재 수익률이 평균 이상이라도 미래에는 수익률이 평균 이상이 될지 평균 이하가 될지 모른다. 유사하게 현재 수익률이 평균 이하라도 미래에는 수익률이 평균 이하가 될지 평균 이상이 될지 모른다.

표 13. 1은 7개 미국 대형기업들의 일별 주가변화에 대한 시계열 상관계수를 보여준다. 이들 계수는 어제의 수익률과 오늘의 수익률 사이에 관계가 있는지 없는지를 나타낸다. 보는 바와 같이 기업들 중 3개는 음(−)의 상관계수를 가지고 있으며, 이는 오늘 수익률이 평균 이상이면 내일은 수익률이 평균 이하가 될 가망성이 약간 높다는 것을 의미한다. 반대로 다른 4개 기업의 상관계수는 약한 양(+)의 값을 가지므로, 이는 오늘 수익률이 평균 이상이면 내일도 수익률이 평균 이상이 될 가망성이 약간 높다는 것을 의미한다.

그러나 시계열 상관계수는 원칙적으로 -1과 1 사이에서 변화하므로 보고된 계수의 크기는 아주 작은 셈이다. 사실상 이들 계수의 크기는 추정오류와 거래비용을 감안하면 너무 작으므로 이들 결과는 일반적으로 약형 효율성과 일관성이 있는 것으로 간주될 수 있다.

효율적 시장가설의 약형은 많은 다른 방법으로도 검증되어 왔다. 여러 문헌들에 따르면

표 13.1

일부 기업들의 시계열 상관계수, 2014~2018년

기업	시계열 상관계수
Cigna	-0.0128
Citigroup	0.0397
Fastenal	0.0017
IBM	0.0140
3M	0.0032
Microsoft	-0.0537
Tesla	-0.0199

Fastenal의 계수 0.0117은 약한 양(+)의 값이므로, 오늘 수익률이 양(+)이면 내일도 수익률이 양(+)일 가망성이 다소 높을 것으로 예상된다. Cigna의 계수는 음(−)의 값이므로, 오늘 수익률이 음(−)이면 내일은 수익률이 양(+)일 가망성이 다소 높을 것으로 예상된다. 그러나 추정오류와 거래비용을 감안하면 계수들의 크기가 너무 작아서 이들 결과는 일반적으로 효율적 자본시장과 일관성이 있는 것으로 간주될 수 있다.

그림 13. 4
주가의 가상움직임과 실제 움직임

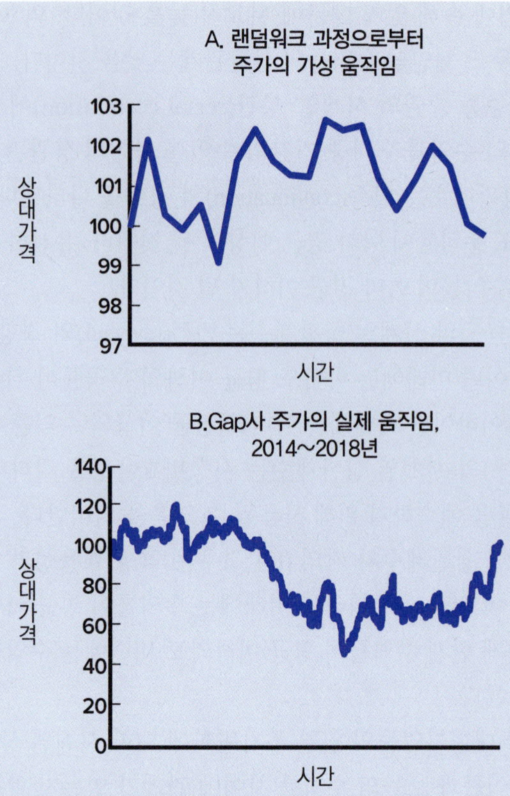

랜덤워크 과정으로부터 주가의 가상 움직임은 무작위지만 사람들은 종종 패턴을 발견한다. 또한 Gap사의 주가 움직임에서 패턴을 보는 사람들도 있을지 모른다. 그러나 Gap사의 주가패턴은 무작위적인 가상 움직임과 아주 유사하다.

증거들은 대체로 약형 효율성과 일관성을 보인다.

이러한 발견은 다음과 같은 흥미로운 생각을 가지게 한다. 가격이 진실로 무작위적이라면 많은 사람들은 왜 가격이 패턴을 따른다고 믿는 것인가? 심리학자와 통계학자들은 대부분의 사람들은 어떤 것이 무작위적인지를 모른다고 한다. 예를 들어, 그림 13. 4를 생각해 보자. 위에 있는 그래프는 난수(random number)를 사용하여 컴퓨터로 작성되었다. 그럼에도 불구하고 이 차트를 살펴보는 사람들은 일반적으로 패턴이 있다고 한다. 사람들마다 보는 패턴이 다르므로 미래의 가격 움직임에 대한 예상도 다르다. 그렇지만 경험에 의하면 관찰자들은 모두 그들이 보는 패턴에 대해 아주 확신한다.

다음으로 Gap사 주가의 실제 움직임을 추적하는 다음 그래프를 생각해 보자. 이 그래프는 일부 사람들에게는 전혀 무작위적이지 않은 것으로 보여서 약형 비효율성을 의미할 수도 있다. 그러나 통계적으로 검증해 보면 아주 무작위적으로 움직인다는 것을 알 수 있다. 따라서 주가자료에 패턴이 있다는 주장은 아마 착시현상 때문일지 모른다.

준강형

효율적 시장가설의 준강형은 가격이 공개적으로 이용 가능한 모든 정보를 반영해야 한다는 것을 의미한다. 다음에서는 준강형 형태에 대한 두 가지 종류의 검증을 살펴본다.

그림 13.5 배당누락을 발표하는 기업들의 누적비정상수익률(CAR)
출처: Szewczyk, Samuel H., George P. Tsetsekos, and Zaher Z. Zantout. "Do Dividend Omissions Signal Future Earnings or Past Earnings?" *Journal of Investing* 40, no. 1(1997), pp. 40~53.

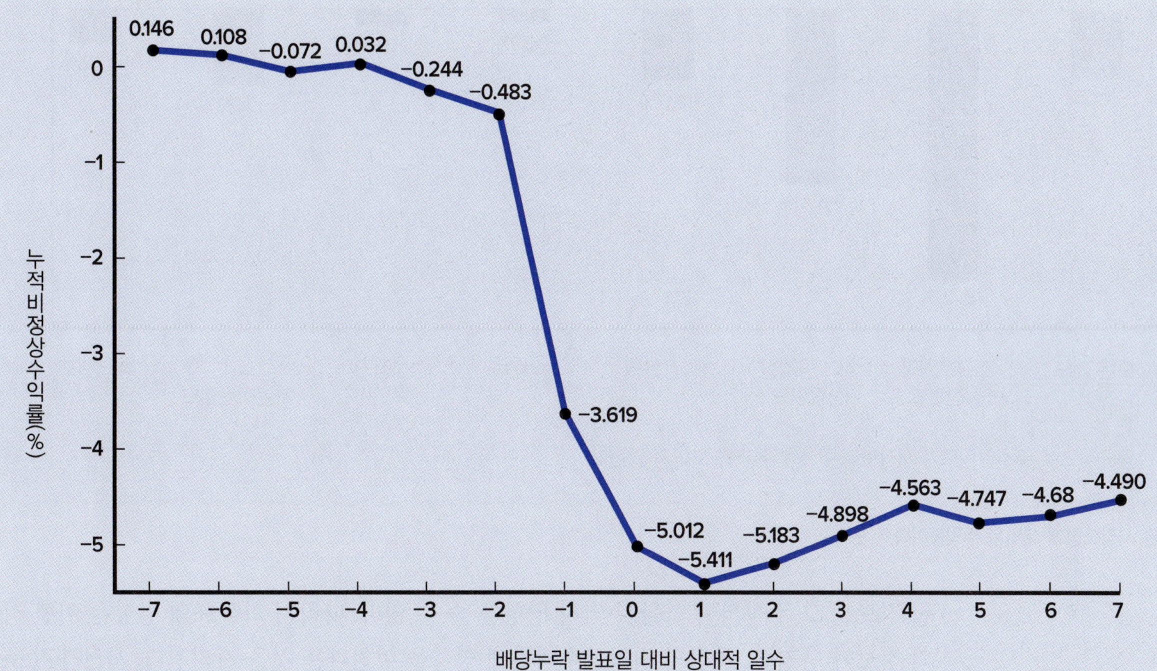

누적비정상수익률(CAR)은 배당누락의 발표 전일과 발표일에 떨어진다. CAR은 발표일 이후에는 거의 변화하지 않는다. 이러한 패턴은 시장효율성과 일관성이 있다.

사건연구 특정한 날의 주어진 주식의 비정상수익률(abnormal return: AR)은 같은 날 그 주식의 실제 수익률(R)에서 (S&P지수 등과 같은 종합적인 지수에 바탕을 둔) 시장수익률(R_M)을 차감함으로써 계산할 수 있다. 이는 다음과 같이 표현될 수 있다.

$$\mathbf{AR} = R - R_M$$

다음과 같은 표기방법은 준강형 검증에 대한 이해를 도와 줄 것이다.

시점 $t-1$에 발표된 정보 → AR_{t-1}
시점 t에 발표된 정보 → AR_t
시점 $t+1$에 발표된 정보 → AR_{t+1}

화살표들은 어떤 시점의 비정상수익률은 단지 그 시점에 발표된 정보와 관련된다는 것을 나타낸다.

효율적 시장가설에 따르면 시점 t에 주식의 비정상수익률 AR_t는 같은 시점 t에 발표된 정보를 반영해야 한다. 그러므로 그 이전에 발표된 어떤 정보도 이 기간의 비정상수익률에 영향을 주어서는 안 된다. 왜냐하면 그러한 정보의 영향은 이전에 모두 감지되었어야 하기 때문이다. 다시 말하면 효율적 시장에서 이전 정보는 가격에 이미 반영되었을 것이다. 오늘 주식의 수익률은 시장이 아직 알지 못하는 것에 근거할 수 없기 때문에, 단지 미래에 알려지게

그림 13. 6 시장지수 대비 미국 뮤추얼펀드들의 연 수익률(1963~1998)*

출처: Table 2 of Pastor, Lubos, and Robert F. Stambaugh. "Mutual Fund Performance and Seemingly Unrelated Assets." *Journal of Financial Economics* 63, no. 3(2003), pp. 315~349.

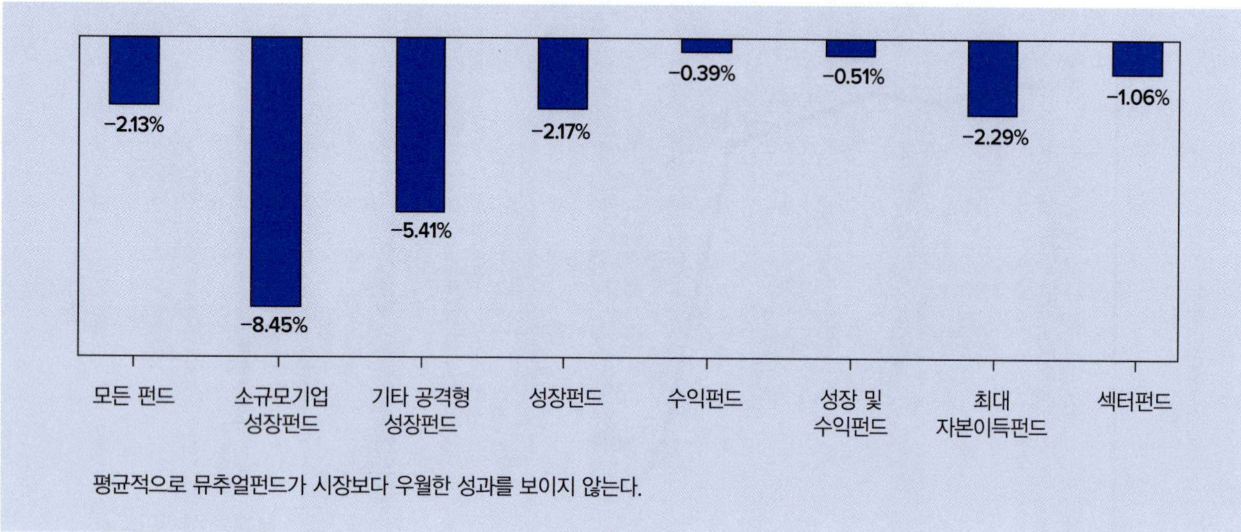

* 수익률은 시장모형에 대비한 수익률이다.

될 정보는 그 주식의 수익률에 역시 영향을 줄 수 없다. 따라서 화살표의 방향은 어떤 시점의 정보가 단지 그 시점의 비정상수익률에 영향을 미친다는 것을 가리킨다. **사건연구**(event study)는 화살표가 가리키는 대로가 맞는지 아니면 정보의 발표가 다른 날의 수익률에 영향을 미치는지를 조사하는 통계적 연구이다.

이들 연구는 비정상수익률은 물론 **누적비정상수익률**(cumulative abnormal return: CAR)에 관해서도 이야기한다. 한 예로서, 기업의 발표일(시점 0) 대비 −1, 0, 1일에 AR이 각각 1%, −3%, 6%인 한 기업을 생각해 보자. −1, 0, 1일에 이 기업의 CAR은 각각 1%, −2%[= 1% + (−3%)], 4%[= 1% + (−3%) + 6%]가 될 것이다.

예를 들어, Szewczyk, Tsetsekos, Zantout[5]의 배당누락(dividend omission)에 대한 연구를 생각해 보자. 그림 13. 5는 배당금 누락을 발표하는 기업들의 표본에 대한 CAR을 도표로 보여준다. 배당누락은 일반적으로 나쁜 사건으로 간주되므로 발표 시점 근처에 비정상수익률은 음(−)의 값을 가질 것으로 예상된다. 실제로 그림에서 발표 전날(시점 −1)과 발표일(시점 0) 모두에서 CAR이 하락한 것을 볼 수 있다.[6] 그러나 발표 후의 날들에서는 CAR의

5 Samuel H. Szewczyk, George P. Tsetsekos, and Zaher Z. Zantout, "Do Dividend Omissions Signal Future Earnings or Past Earnings?," *Journal of Investing* 40, no. 1(1997), pp. 40~53.

6 예리한 독자는 비정상수익률이 왜 시점 −1과 시점 0에 음(−)의 값을 가지는지를 의아해할 수 있다. 학문적 연구에서 일반적으로 사용하는 발표일은 「The Wall Street Journal(WSJ)」에 기사가 발표된 날이다. 그래서 화요일 정오에 언론보도를 통해 배당누락을 발표하는 한 기업을 생각해 보자. 주가는 화요일에 떨어져야 한다. 그러나 WSJ의 화요일 판은 이미 인쇄가 끝났기 때문에 그 발표는 수요일에 WSJ에 보도될 것이다. 이 경우에 기업의 주가는 WSJ에 보도되기 전날에 떨어진다.

대신에 화요일 오후 8시에 언론보도를 통해 배당누락을 발표하는 다른 기업을 생각해 보자. 시장은 이 늦은 시간에는 마감되어 있는 상태이기 때문에 주가는 수요일에 떨어질 것이다. WSJ은 수요일에 그 발표를 보도할 것이기 때문에 주가는 WSJ에 발표되는 날에 하락한다.

기업들은 거래시간 중이나 거래종료 후에 발표를 할 수 있으므로 주가는 WSJ에 보도되는 날(시점 0)을 기준으로 시점 −1과 시점 0에 하락해야 한다.

움직임이 사실상 없다. 이는 나쁜 뉴스가 발표일까지 주가에 완전히 반영된다는 것을 의미하는 시장효율성과 일관성이 있는 결과이다.

오랫동안 이러한 유형의 방법론이 수많은 사건에 적용되어 왔다. 배당금, 이익, 합병, 자본지출, 신주발행 등과 같은 사건의 발표는 이 분야의 방대한 문헌들 중 일부이다. 초기 사건연구의 검증은 시장이 준강형(따라서 또한 약형) 효율적이라는 견해를 일반적으로 지지했다. 그러나 최근의 많은 연구들은 시장이 모든 관련정보를 즉시 반영하지 않는다는 증거를 제시하고 있다. 일부 학자들은 이들 증거로부터 시장은 효율적이지 않다고 결론짓는다. 반면에 다른 학자들은 이들 연구에 내재된 통계적 방법론적 문제점 때문에 그러한 결론은 근거가 부족하다고 반박한다. 이 문제는 이 장에서 추후 더 자세히 논의될 것이다.

뮤추얼펀드의 성과 시장이 준강형 효율적이라면, 뮤추얼펀드 관리자들이 공개적으로 이용 가능한 어떠한 정보에 의존하여 종목선정을 할지라도 그들의 평균수익률은 시장전체 평균 투자자의 수익률과 같아야 한다. 따라서 이들 전문가의 성과와 시장지수의 성과를 비교함으로써 효율성을 검증할 수 있다.

그림 13. 6은 전체 주식시장의 성과에 대비한 여러 형태의 뮤추얼펀드들의 성과를 보여준다. 그림의 맨 왼쪽 막대는 이 연구에 포함된 전체펀드의 수익률은 시장수익률을 연 2.13 % 하회한다는 것을 보여준다. 따라서 이 증거는 시장보다 성과가 우월하다기보다는 오히려 못하다는 것을 나타낸다. 이러한 저성과(underperformance)는 여러 유형의 펀드들에서도 역시 마찬가지이다. 이 연구에서 사용된 수익률은 보수, 경비, 수수료 등을 공제한 순수익률이므로 이들 비용이 추가된다면 펀드수익률이 다소 올라갈 것이다. 그렇지만 전체적으로 펀드가 시장보다 낫다는 증거는 보이지 않는다.

어떤 교수가 성공적인 투자자들에게 그들이 반드시 영리해서가 아니고 단지 운이 좋았을뿐이라고 말한다면, 이는 아마 이들 투자자의 마음에 크게 사무치게 될 것이다. 그림 13. 6은 단지 한 연구의 결과를 보여주지만 뮤추얼펀드에 관한 많은 다른 논문들이 있다. 여기에서도 압도적인 증거는 뮤추얼펀드들이 평균적으로 시장지수보다 수익률이 높지 않다는 것이다.

대체로 뮤추얼펀드 관리자들은 공개적으로 이용 가능한 정보에 의존한다. 따라서 그들이 시장지수보다 우월하지 않다는 증거는 준강형 및 약형 시장효율성과 일관성이 있다.

그렇지만 이러한 증거는 뮤추얼펀드가 개인들에게 그다지 좋지 않은 투자수단이라는 것을 의미하지는 않는다. 이들 펀드는 일부 시장지수보다 더 나은 수익률을 내지는 못하지만 투자자들로 하여금 여러 주식들로 구성된 포트폴리오('**잘 분산된 포트폴리오**'로 종종 언급됨)를 살 수 있도록 해 준다. 그들은 또한 모든 주식들을 보관하고 기록하는 등 다양한 서비스를 제공하는 데 매우 능할 수 있다.

강형

효율적 시장가설에 대한 신봉자들조차도 시장이 강형 효율적이 아니라는 데는 놀라지 않을 것이다. 결국 어떤 개인이 다른 사람이 모르는 정보를 가지고 있다면 그 정보로부터 아마 이익을 얻을 수 있을 것이다.

강형 효율성에 대한 연구들의 한 부류는 내부자거래를 조사한다. 기업에서 내부자들은 일반적으로 얻을 수 없는 정보에 접근한다. 그러나 강형 효율적 시장가설이 성립한다면, 내부자들은 그들의 정보를 이용하여 거래함으로써 얻을 수 있는 이익이 없어야 한다. 미국의 정부기관인 증권거래위원회(Securities and Exchange Commission: SEC)는 기업의 내부자들로 하여금 자기기업의 주식에 대한 거래내역을 밝히도록 하고 있다. 이러한 거래기록들을 조사함으로써 내부자들이 비정상이익을 얻었는지를 알 수 있다. 많은 연구들은 이들 거래로부터 비정상이익이 있었다는 견해를 지지한다. 따라서 강형 효율성은 입증되지 않은 것으로 보인다.

13. 4 시장효율성에 대한 행동학적 도전

13. 1절에서 시장효율성에 이르게 되는 Shleifer 교수의 세 조건을 제시했다. 거기서 이들 조건 중에서 최소한 하나는 실제 세계에서 유효할 것이라고 주장했다. 그러나 분명히 여기에 동의하지 않는 사람들이 있다. 학회의 많은 회원들(Shleifer 교수 포함)은 세 조건들 중에서 어느 것도 실제에 있어서 성립하지 않을 것이라고 주장한다. 이 견해는 행동재무학(behavioral finance)에 바탕을 두고 있다. 이제 이들 세 조건 각각에 대해 행동학적 견해를 살펴보자.

합리성 사람들이 정말로 합리적인가? 항상 그렇지는 않다. 단지 사람들이 도박을 하는 것을 보러 Atlantic City나 Las Vegas로 여행을 해 보라. 카지노의 이익은 도박꾼에 대한 음(−)의 기대수익률을 의미한다. 도박은 위험하고 음(−)의 기대수익률을 지니므로 이는 제11장에서 배운 효율적 프론티어 상에 결코 있을 수 없다. 또한 도박꾼은 룰렛 테이블(roulette table)에서 흑색이 연달아 여러 번 일어난 후에 이러한 흐름이 계속될 것으로 생각하면서 종종 흑색에 돈을 걸 것이다. 그러나 룰렛 테이블은 어떤 것도 기억하고 있지 않으므로 이러한 전략은 잘못된 것이다.

그러나 물론 도박은 재무와 별로 관련은 없다. 금융시장에서도 비합리성을 찾을 수 있는가? 대답은 당연히 그렇다고 할 수 있다. 많은 투자자는 그들이 필요한 분산의 정도를 달성하지 못한다. 어떤 사람은 수수료와 세금을 내면서 자주 거래한다. 투자자는 손해 본 것을 팔고 이익 본 것은 보유함으로써 세금을 절감할 수 있다. 일부는 절세를 염두에 두고 투자를 하지만 그 반대로 하는 사람도 많이 있다. 많은 사람은 아마 손해 본 것보다는 이익 본 것을 더 팔려고 할 것이며, 이러한 전략으로 인해 그들은 세금을 더 내게 된다. 행동학적 견해에 따르면 모든 투자자가 비합리적인 것이 아니라 오히려 일부, 아마 많은 투자자가 비합리적이라는 것이다.

합리성으로부터 독립적 이탈 합리성으로부터 이탈이 무작위적이어서 전체 투자자들 사이에서 이러한 이탈이 서로 상쇄될 것으로 생각하는가? 심리학자들은 사람들이 여러 기본 원칙에 의거 합리성으로부터 이탈한다고 오랫동안 주장해 왔다. 이들 원칙 모두가 재무와 시장효율성에 적용되지는 않지만 최소한 다음 두 원칙은 관련된 것으로 보인다.

첫 번째 원칙은 **대표성**(representativenesss)이라고 부르며 앞서 사용한 도박의 예를 통해서 설명될 수 있다. 흑색의 흐름이 연속될 것이라고 믿는 도박꾼은 잘못 생각하고 있다. 왜냐하면 실제에 있어서 흑색이 나올 확률은 여전히 50%에 불과하기 때문이다. 이러한 방식으로 행동하는 도박꾼은 대표성이라고 하는 심리학적 특성을 보인다. 즉, 그들은 너무 적은 자료로부터 결론을 도출한다. 다시 말하면, 그 도박꾼은 자신이 관찰한 작은 표본이 전체 모집단을 실제보다 더 잘 대표한다고 믿는다.

이것이 재무와 무슨 관계가 있는가? 대표성이 좌우하는 시장은 아마 버블에 이르게 될 것이다. 예를 들면, 사람들은 시장의 한 부문인 인터넷 기업들에서 매출액이 단기간 동안에 높이 성장하는 것을 보고, 그러한 성장률이 영원히 계속될 것으로 추정한다. 그 성장이 불가피하게 멎을 때 주가는 하락할 수밖에 없다.

두 번째 원칙은 **보수주의**(conservatism)이며, 이는 사람들이 새로운 정보에 자신들의 믿음을 조정하는 데 너무 느리다는 것을 의미한다. 가령 어린 시절 이후 당신의 목표가 치과의사가 되는 것이었다고 가정하자. 당신은 아마 가족이 치과의사였거나, 그 직업이 가져다 주는 안정과 비교적 높은 수입을 좋아했거나, 치아들에 항상 매료되었을 수도 있다. 현재 당신은 그 직업에서 오랫동안 생산적인 경력을 쌓을 수 있을 것으로 기대할 수 있다. 그러나 충치를 방지하는 새로운 약이 개발되었다고 가정하자. 그 약은 분명히 치과의사에 대한 수요를 줄이거나 심지어 사라지게 할지 모른다. 당신은 이러한 의미를 얼마나 빨리 실감할 수 있을까? 당신이 치과의사라는 직업에 감정적인 애착을 가지고 있다면 당신은 당신의 믿음을 매우 느리게 조정할지 모른다. 가족과 친구들이 대학에서 치대 진학과정의 과목들을 수강하지 말라고 해도 당신은 단지 심리적으로 그렇게 할 준비가 되어 있지 않을 수 있다. 대신에 치과의사의 장래에 대한 장밋빛 생각에 집착할지 모른다.

이제 재무와 관련이 있는 예를 들어보자. 많은 연구들은 이익발표가 내포하고 있는 정보에 가격이 느리게 조정된다고 보고한다. 보수주의 때문에 투자자는 새로운 정보에 자신의 믿음을 조정하는 데 느리다는 것이 있을 수 있는가? 다음 절에서 이에 대해 더 논의하기로 하자.

차익거래 13. 2절에서 증권가격이 잘못 매겨져 있다는 것을 아는 전문적 투자자는 저평가된 증권을 매수하고 고평가된 증권을 매도할 수 있다고 하였다. 이는 감정적 아마추어들로 인해 야기된 가격오류를 원상태로 되돌릴 수 있을지도 모른다.

그렇지만 이런 종류의 거래는 언뜻 보기보다 아마 더 위험할 것같다. 전문가들이 일반적으로 McDonald의 주식이 저평가된 것으로 믿고 있다고 하자. 그들은 보유하고 있는, 가령 Burger King이나 Wendy의 주식을 팔고 McDonald의 주식을 사려고 할 것이다. 그러나 아마추어 투자자들이 반대로 포지션을 취한다면, 아마추어들의 포지션이 전문가들의 포지션에 비하여 그 크기가 작은 경우에 한해 가격이 올바른 수준으로 조정될 것이다. 아마추어들이 대다수인 세계에서 소수의 전문가들이 가격회복을 위해서는 큰 포지션을 취해야만 할 것이며, 심지어 대량의 공매(short selling)가 필요할 수도 있다. 한 주식을 대량으로 사면서 다른 주식을 대량으로 파는 것은 두 주식이 같은 산업에 속하더라도 아주 위험하다. 와중에

McDonald에 관한 예기치 못한 나쁜 뉴스와 다른 두 주식들에 관한 예기치 못한 좋은 뉴스가 발표된다면 전문가들은 큰 손실을 입을 것이다.

이외에도 아마추어들이 McDonald의 주식을 오늘 잘못 평가한다면 내일은 더 잘못 평가할 수도 있지 않은가? 새로운 뉴스가 없다고 하더라도 이러한 지속적인 가격오류의 위험으로 인해 전문가들은 차익거래 포지션을 줄이게 될지 모른다. 한 예로서 인터넷 주식들이 1998년에 과대평가되었다고 믿는 영리한 전문가를 생각해 보자. 그가 그 당시에 하락에 베팅을 하였더라면 그는 단기간에는 손해를 보았을 것이다. 왜냐하면 주가는 2000년 3월까지 쭉 올랐기 때문이다. 그럼에도 불구하고 가격이 나중에 떨어졌으므로 그는 결국 돈을 벌었을 것이다. 그러나 단기위험으로 인해 차익거래 전략의 규모는 줄어들 수 있다. 결론적으로 여기서의 주장들은 13. 1절에서 제시된 효율적 시장가설의 이론적인 토대들이 실제에 있어서 성립하지 않을 수 있음을 말한다. 즉, 투자자들은 비합리적일 수 있으며,비합리성은 투자자들 사이에서 상쇄되지 않고, 차익거래 전략은 시장의 비효율성을 제거하기에 너무 많은 위험을 수반할 수 있다.

13. 5 시장효율성에 대한 실증적 도전

13. 3절에서 시장효율성을 지지하는 실증적인 증거를 제시하였다. 이제 이 가설에 도전하는 실증증거를 제시한다. 시장효율성의 신봉자는 이러한 결과를 일반적으로 **이례현상**(anomaly)이라고 부른다.

1. **차익거래의 한계** Royal Dutch Petroleum과 Shell Transport는 1907년에 그들의 지분을 합병하여 그 이후의 모든 현금흐름을 60% 대 40%로 나누기로 하였다. 그러나 두 회사는 계속해서 거래소에서 거래되었다. 따라서 Royal Dutch의 시장가치는 항상

그림 13. 7
Royal Dutch 시장가격과 Shell 시장가격 비율의 패러티로부터 이탈
출처: 저자 계산

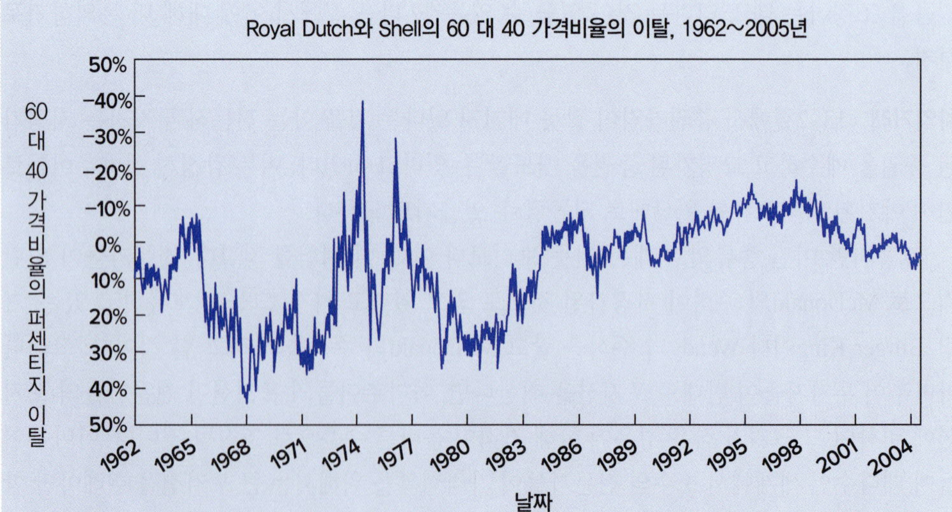

차익거래가 Royal Dutch 시장가격과 Shell 시장가격의 비율을 패러티로 유지할 수 없다는 것이 명백해 보인다.

Shell 시장가치의 1.5(= 60/40)배일 것이라고 생각할 수 있다. 즉, Royal Dutch가 과대평가되어 있다면 합리적인 투자자는 Royal Dutch 대신에 Shell을 살 것이다. Royal Dutch가 과소평가되어 있다면 투자자는 이 기업의 주식을 살 것이다. 더 나아가서 차익거래자는 과소평가된 증권을 사고 동시에 과대평가된 주식을 공매할 것이다.

그러나 그림 13. 7은 Royal Dutch와 Shell의 주식은 1962~2005년 기간 동안에 패러티(parity)로 거의 거래되지 않았다는 것을 보여준다(이들 기업은 2005년에 따로따로의 거래를 중단했다). 이러한 이탈이 왜 일어나는가? 앞 절에 언급된 바와 같이 행동재무학은 차익거래에 한계가 있다고 제안한다. 즉, 과소평가된 자산을 사고 과대평가된 자산을 파는 투자자는 확실한 것을 보장받지 못한다. 단기적으로는 패러티로부터 이탈이 심화될 수 있으며 이는 차익거래자에 대한 손실을 의미한다. John Maynard Keynes가 쓴 것으로 추정되는 "시장은 당신이 버틸 수 있는 기간보다 더 오래 비합리적으로 버틸 수 있다"라는 잘 알려진 문장이 여기에 적용된다. 따라서 위험을 감안하여 차익거래자가 포지션을 너무 작게 취하게 되면 가격이 패러티로 회복되지 않을 수 있다. 뒤 페이지 'Finance Matters' 박스란은 두 주식 사이의 상대적 가격 오류에 관한 또 다른 예를 보여준다.

2. **어닝 서프라이즈** 이익이 예상보다 높게 보고될 때는 가격이 오르고 그 반대일 때는 가격이 떨어져야 한다는 것은 상식이다. 그러나 시장효율성은 가격이 발표 즉시 조정된다는 것을 의미하는 반면에 행동재무학은 다른 패턴을 예측한다. Chan, Jegadeesh, Lakonishok은 어닝 서프라이즈(earning surprise)의 정도에 의해서, 즉 현재 분기이익과 네 분기, 전 분기이익의 차이를 분기별 이익의 표준편차로 나누어 기업별로 순위를 정한다.[7] 그리고 나서 그들은 서프라이즈가 극단적으로 양(+)인 기업의 포트폴리오와 서프라이즈가 극단적으로 음(−)인 기업의 포트폴리오를 구성한다. 그림 13. 8은 이들 두 포트폴리오의 매입으로부터 수익률을 보여준다. 보는 바와 같이 가격은 이익발표에 천천히 조정되며, 서프라이즈가 양(+)인 기업이 서프라이즈가 음(−)인 기업보다 향후 6개월과 1년 모두에 걸쳐 성과가 우월하다. 많은 다른 연구자도 유사한 결과를 얻었다.

   가격은 왜 천천히 조정되는가? 행동재무학은 투자자는 보수성을 띠므로 발표에 내재된 정보에 반응하는 데 느리다고 한다.

3. **규모** 1981년에 발표된 두 편의 중요한 논문은 미국에서 20세기의 대부분 기간 동안에 시장가치가 작은 기업의 주식수익률이 시장가치가 큰 기업의 주식수익률보다 높았다는 증거를 제시하였다.[8] 그 이후 여러 기간들을 대상으로 그리고 여러 나라들에서 이러한 연구가 모방되어 행해졌다. 예를 들면, 그림 13. 9는 1963~1995년 기간에 대해 미국주식을 기업규모에 따라 5개 포트폴리오로 분류하여 각 포트폴리오의 평

---

7 Louis K.C. Chan, Narasimhan Jegadeesh, and Josef Lakonishok, "Momentum Strategies," *Journal of Finance* 51, no. 5 (1996), pp. 1681~713.

8 See Rolf W. Banz, "The Relationship between Return and Market Value of Common Stocks," *Journal of Financial Economics* 9, no. 1(1981), pp. 3~18; and Marc R. Reinganum, "Misspecification of Capital Asset Pricing: Empirical Anomalies Based on Earnings' Yields and Market Values," *Journal of Financial Economics* 9, no. 1(1981), pp. 19~46.

FINANCE MATTERS

가격오류는 조정될 수 있는가?

2000년 3월 2일에, 컴퓨터 네트워킹 제품 및 서비스 공급업체인 3Com사는 최초공모(initial public offering: IPO)를 통해 한 자회사 지분의 5%를 팔았다. 그 당시 그 자회사는 Palm사(지금은 palmOne)로 알려졌다.

3Com사는 나중에 Palm의 나머지 주식을 3Com 주주들에게 나누어 주기로 계획했다. 이 계획에 따르면 3Com 주식을 한 주 보유하고 있는 사람은 Palm 주식 1.5주를 받을 것이다. 그래서 3Com이 IPO를 통해 Palm의 주식을 매도한 후에는, 투자자들은 Palm의 주식을 직접 매입하거나 3Com 주식을 매입하여 기다림으로써 Palm주식을 간접적으로 매입할 수도 있다.

이 사례가 흥미로운 것은 Palm의 IPO 이후에 발생하였다. 3Com 한 주를 보유한 사람은 결국 Palm 1.5주를 받을 자격이 있을 것이다. 그러므로 3Com 한 주의 가치는 Palm 한 주의 가치의 최소한 1.5배가 되어야 한다. 여기서 최소한이라고 말하는 이유는 3Com의 다른 사업들이 수익성이 있었기 때문이다. 그러나 상황은 이렇게 전개되지 않았다.

Palm의 IPO 전날 3Com의 주식은 $104.13에 거래되었다. 거래 첫날에 Palm의 주가는 $95.06로 끝났다. $95.06에 1.5를 곱하면 $142.59가 되며, 이 가격이 3Com의 최소가치로 기대되었다. 그러나 그날 3Com 주식은 Palm 주가로 추정한 가격보다 $60 이상 낮은 $81.81로 마감했다. 이는 이상해 보인다.

Palm이 $95.06에 팔리고 있었을 때 3Com 가격이 $81.81라는 것은 3Com의 다른 사업들의 주당 시장가치가 -$60.78(= $81.81 - 142.59)임을 의미한다. 그 당시에 발행된 3Com의 주식수를 고려하면 이는 시장이 3Com의 다른 사업들의 가치를 약 -$220억로 평가했다는 것을 알 수 있다. 물론 주가는 음(−)의 값을 가질 수 없다. 그러면 이는 3Com에 비하여 Palm의 가격이 너무 높았다는 것을 의미한다.

이러한 가격오류로부터 이익을 얻기 위하여 투자자들은 3Com의 주식을 매수하고 Palm의 주식을 매도하려 할 것이다. 이 거래는 손쉬운 일이다. 제 구실을 하는 시장에서는 차익거래자들로 인하여 가격은 아주 빨리 조정될 것이다. 어떤 일이 발생하였겠는가?

다음 그림에서 볼 수 있듯이 시장이 3Com과 Palm의 주가를 결정하는 데 있어 3Com의 다른 사업부문의 가치를 2000년 3월 2일부터 2000년 5월 8일까지 약 두 달 동안 음(−)으로 평가하였다. 따라서 가격오류는 시장의 힘에 의해 정정되었으나 즉각적 조정은 아니었다. 이는 차익거래에 한계가 존재한다는 견해와 일관성이 있다.

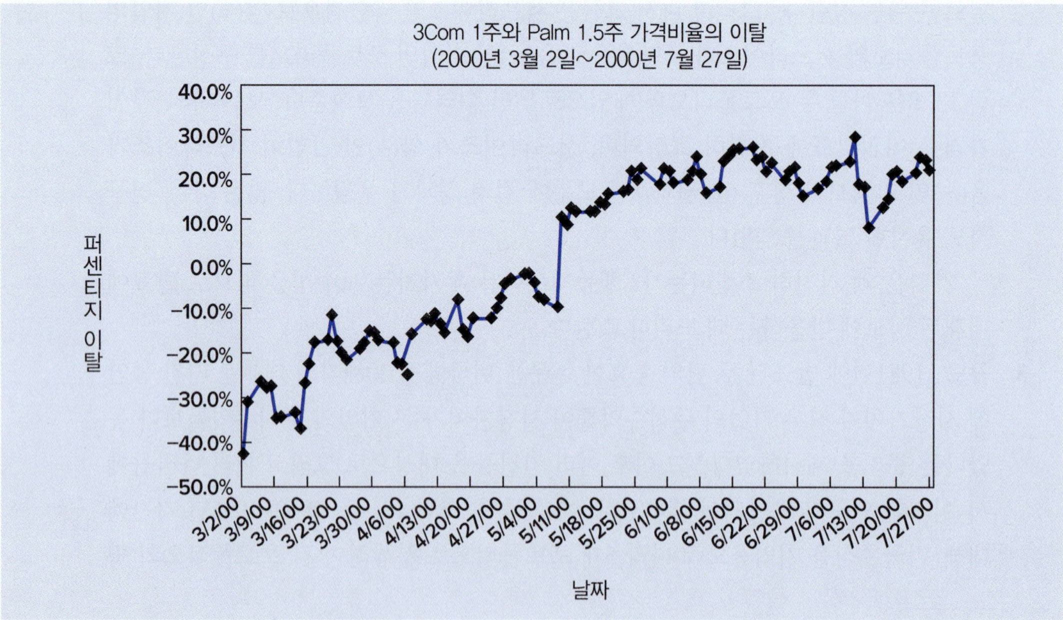

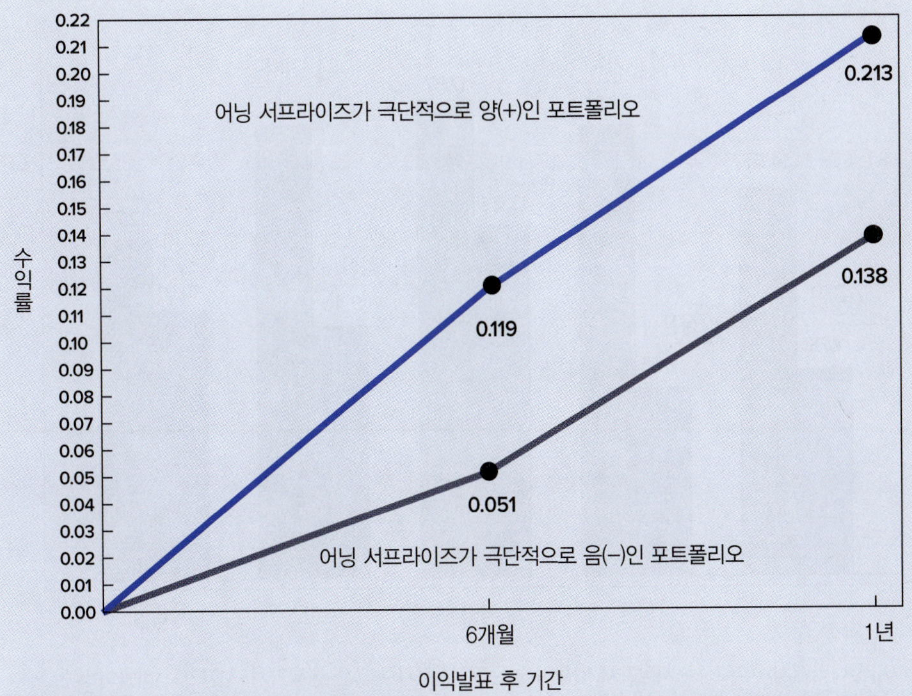

이 그림은 어닝 서프라이즈(현재 분기이익과 네 분기 전 분기이익의 차이를 분기별 이익의 표준편차로 나누어 계산)가 극단적으로 양(+)인 주식을 매수하는 전략으로부터의 수익률과 어닝 서프라이즈가 극단적으로 음(−)인 주식을 매수하는 전략으로부터의 수익률을 비교한다. 그래프는 이익발표 정보에 대한 느린 조정을 보여준다.

그림 13. 8

어닝 서프라이즈에 기초한 두 투자전략의 수익률

출처: Adapted from Table 3 of Chan, Louis K.C., Narasimhan Jegadeesh, and Josef Lakonishok. "Momentum Strategies." *Journal of Finance* 51, no. 5 (1996), pp. 1681~1713.

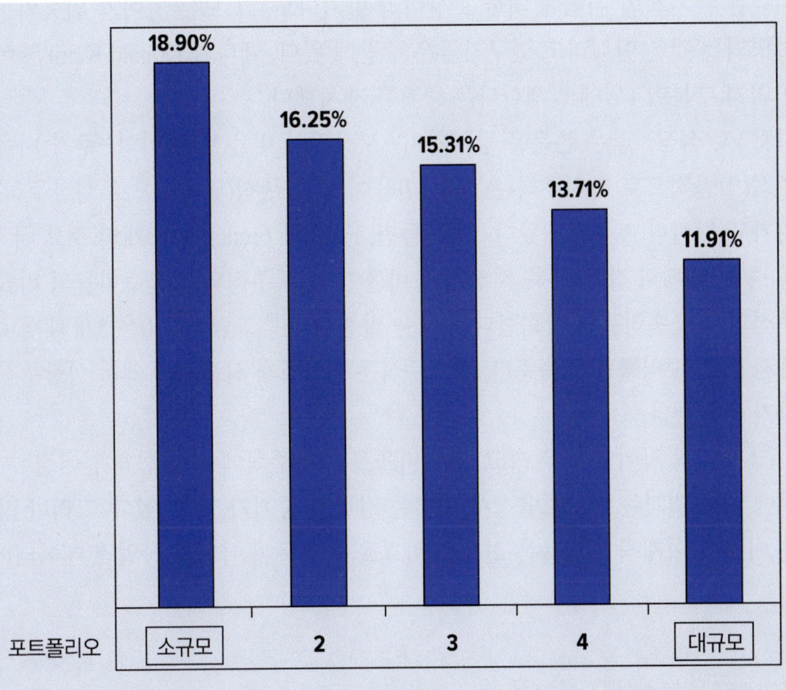

역사적으로 소규모 주식의 평균수익률이 대규모 주식의 평균수익률을 상회해 왔다.

그림 13. 9

규모(시장가치)에 따라 분류된 포트폴리오들의 연간 주식수익률

출처: Loughran, Tim. "Book-to- Market Across Firm Size, Exchange and Seasonality: Is There an Effect?" *Journal of Financial and Quantitative Analysis* 32, no. 3(1997), pp. 249~268.

그림 13. 10

장부가치-시장가치가 낮은 기업들과 장부가치-시장가치가 높은 기업들의 연간 U.S. $ 수익률(%)*

* 미국 재정증권 수익률을 초과하는 수익률

출처: Eugene F., and Kenneth R. French. "Value Versus Growth: The International Evidence." *Journal of Finance* 53, no. 6 (1998), pp. 1975~1999.

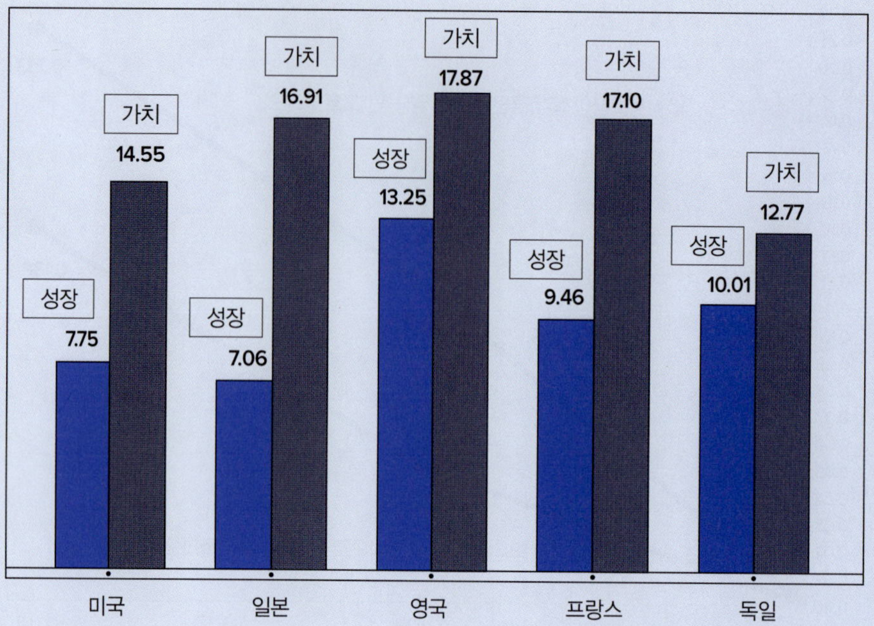

여러 나라에서 장부가치-시장가치 비율이 높은 주식(가치주식)은 장부가치-시장가치 비율이 낮은 주식(성장주식)보다 성과가 우월하다.

균수익률을 보여준다. 보는 바와 같이 소규모 주식의 평균수익률은 대규모 주식의 평균수익률보다 훨씬 높다. 비록 이러한 수익률 차이의 많은 부분이 소규모 주식이 지니는 추가적인 위험에 대한 보상이라 할지라도, 그 모든 차이가 위험의 차이로만 설명되는 것은 아니라고 연구자들은 주장해 왔다. 게다가 Donald Keim은 이러한 차이의 대부분이 1월에 발생한다는 증거를 제시했다.[9]

4. **가치 vs. 성장** 많은 논문은 장부가치-시장가치 비율 또는 이익-주가 비율이 높은 주식(일반적으로 가치주식)은 이들 비율이 낮은 주식(일반적으로 성장주식)보다 성과가 우월하다고 주장해왔다. 예를 들면, Fama와 French는 13개의 주요 국제증권시장 중 12개에서 장부가치-시장가치 비율이 높은 주식의 평균수익률의 비율이 낮은 주식의 평균수익률을 상회한다는 것을 발견했다.[10] 그림 13. 10은 5개 대형 주식시장에서 이들 수익률을 보여준다. 가치주식은 이들 5개 시장 모두에서 성장주식보다 성과가 우월했다.

그 수익률 차이가 매우 크고 상기 비율은 개별주식에 대해 쉽게 얻어질 수 있기 때문에 이들 결과는 시장효율성에 반하는 강력한 증거가 될 수 있다. 그러나 많은 논문은 이러한 이례적 수익률은 실제로 비효율성 때문이 아니라 상업적 데이터베이스의

9 Donald B. Keim, "Size-Related Anomalies and Stock Return Seasonality: Further Empirical Evidence," *Journal of Financial Economics* 12, no. 1(1983), pp. 13~32.

10 Taken from Table III of Eugene F. Fama and Kenneth R. French, "Value versus Growth: The International Evidence," *Journal of Finance* 53, no. 6(1998), pp. 1975~1999.

그림 13.11
인터넷(주식) 지수의 가치

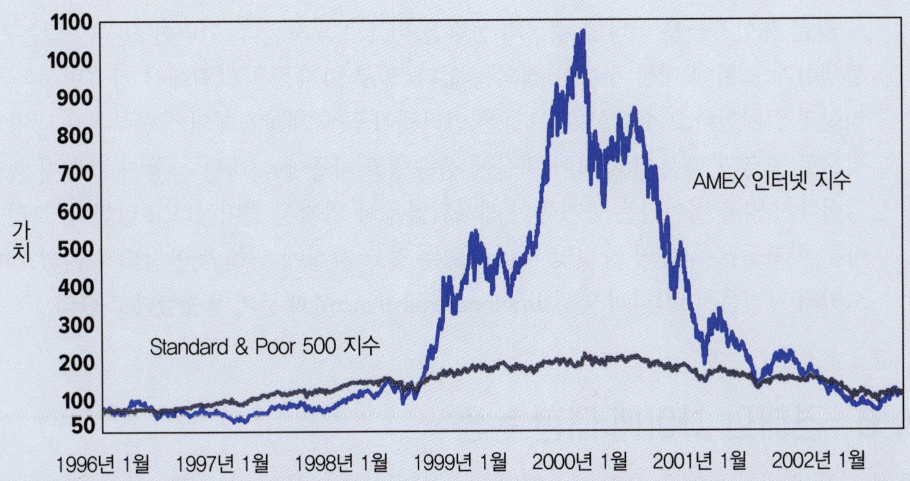

인터넷 주식의 지수는 1996년 초부터 2000년 3월 고점에 이르기까지 10배 이상 올랐으며 2002년에 거의 당초 수준으로 떨어졌다.

편의나 위험의 차이 때문이라고 한다.[11] 이 논쟁은 난해한 통계적 이슈와 연관되어 있기 때문에 더 이상 파고들지 않기로 한다. 대신에 현재로는 어떠한 결론도 보장되지 않는다고 해두는 게 안전하다. 재무와 경제학의 다른 많은 주제에서처럼 연구가 더 필요한 분야이다.

5. **붕괴와 버블** 1987년 10월 19일의 주식시장 붕괴는 지극히 당혹스럽다. 시장은 월요일에 20~25% 하락했으나, 직전 주말에는 놀라운 뉴스로 발표된 게 거의 없었다. 어떤 명백한 이유 없이 이 정도 규모의 하락은 시장효율성과 일관되지 않는다. 1929년의 붕괴가 여전히 수수께끼로 남아 있는 상태에서 비교적 최근인 1987년의 폭락이 언젠가 곧 설명될 것이라는 데는 의문의 여지가 있다. 한 저명한 역사가의 최근 논평이 여기에 어울린다. 그는 1789년 프랑스 혁명의 효과가 무엇이라고 생각하느냐의 질문을 받았을 때 "말하기에 너무 이르다"라고 대답했다.

주식시장의 두 붕괴는 아마 투기적 시장의 **버블이론(bubble theory)**과 일관성이 있는 증거일 수 있다. 즉, 증권가격은 가끔 실제 가치를 지나치게 상회하여 움직인다는 것이다. 결국 가격은 당초 수준으로 다시 떨어져서 투자자들에게 큰 손실을 끼친다. 예를 들면, 1990년대 후반 인터넷 주식의 행태를 생각해 보라. 그림 13. 11은 1996~2002년 기간에 인터넷 주식들로 구성된 한 지수의 가치를 보여준다. 이 지수는 1996년 1월부터 2000년 3월 최고점에 이르기까지 10배 이상 올랐으며 2002년에 거의 당초 수준으로 후퇴하였다. 비교를 위해 이 그림은 S&P 500 지수의 가격변동도 함께 보여준다. 이 지수도 동 기간에 상승했다가 하락했지만 그 가격변동은 인터넷

11 For example, see S. P. Kothari, Jay Shanken, and Richard G. Sloan, "Another Look at the Cross-Section of Expected Stock Returns," *Journal of Finance* 50, no. 1(1995), pp. 185~224; and Eugene F. Fama and Kenneth R. French, "Multifactor Explanations of Asset Pricing Anomalies," *Journal of Finance* 51, no. 1(1996), pp. 55~84.

주식에 비하여 아주 약했다.[12]

많은 해설자들은 인터넷 주식의 등락을 버블로 묘사한다. 이러한 묘사가 맞는가? 불행하게도 이에 대한 정확한 정의는 없다. 일부 학자들은 그림에서 가격변동이 합리성과 일치한다고 주장한다. 그들은 인터넷이 곧 국제상거래의 상당부분을 담당할 것으로 보였기 때문에 가격이 처음에 상승했고 나중에 이러한 상황이 그렇게 빨리 일어나지 않을 것이라는 증거들이 제시되었을 때 가격은 떨어졌다고 말한다. 그러나 다른 학자들은 처음의 장밋빛 시나리오는 결코 사실에 의해 뒷받침되지 않았으며, 오히려 가격은 '비합리적 열광(irrational exuberance)' 때문에 상승했다고 한다.

13.6 견해의 차이에 대한 논평

효율적 시장에 대한 논쟁은 아직 해결되지 않은 상태라고 말하는 것이 공정하다. 오히려 재무경제학자들은 시장효율성을 신봉하는 부류, 행동재무학을 믿는 부류, 양 주장에 대해 확신하지 못하고 있는 기타 부류(아마 대다수)의 세 진영으로 구별된다. 현재의 상태는 시장효율성이 도전받지 않았던 20년 전과는 확실히 다르다. 이러한 논쟁은 아마 재무경제학의 어떤 분야에서보다도 더 격렬했던 것으로 평가된다.

현재로서는 이 교재는 물론 다른 교재들도 이들 견해의 차이점을 쉽게 해결할 수 없어 보인다. 대신에 앞서 언급한 두 가지 심리학적 원칙인 대표성과 보수주의를 주식수익률과 연관시킴으로써 두 진영 사이의 차이점을 설명할 수 있다.

대표성

이 원칙은 작은 표본에서 나온 결과를 지나치게 중시하는 것을 의미한다. 룰렛테이블에서 몇 번 연속적으로 흑색이 나왔을 때, 다음 판에서 빨간색보다 흑색이 나올 가능성이 더 크다고 생각하는 도박자의 경우에서와 같다. 재무경제학자들은 대표성이 주식수익률에서 과잉반응(overreaction)에 이르게 한다고 주장한다. 앞에서 재무적 버블은 뉴스에 대한 과잉반응일 수 있다고 언급했다. 인터넷 기업들은 1990년대 후반에 단기간 동안 높은 매출액성장을 실현하였으며, 이는 많은 사람들로 하여금 이러한 성장이 무한정 지속될 것이라고 믿게하였다. 주가는 이때 (너무 많이) 올랐다. 마침내 투자자들이 이러한 성장이 지속될 수 없다는 것을 깨달았을 때 주가는 곤두박질쳤다.

보수주의

이 원칙은 개인들이 그들의 믿음을 새로운 정보에 너무 느리게 조정한다는 것을 말한다. 이런 유형의 투자자들로 구성된 시장에서는 주가가 새로운 정보에 **과소반응**(underreaction)을 할 가능성이 있다. 어닝 서프라이즈에 대한 앞의 예가 이러한 과소반응을 잘 설명할지도 모

12 최근에는 Standard & Poor 500 지수도 버블이었다고들 많이 이야기 한다. 이 지수는 2002년 10월부터 2007년 10월까지 두 배로 올랐다가 2007년 11월부터 2009년 3월까지 다시 50% 이상 떨어졌다. 물론 이 지수는 2009년 3월부터 2011년 2월까지 700일 동안 다시 두 배로 상승했다.

른다. 가격은 어닝 서프라이즈가 양(+)으로 발표되었을 때 천천히 올랐으며, 서프라이즈가 음(−)으로 나왔을 때도 유사하지만 그 반응은 반대였다.

두 학문적 진영들은 이들 결과에 대해 다른 견해를 가지고 있다. 효율적 시장을 믿는 사람들은 대표성과 보수주의가 주가에 대해 상반된 의미를 가진다는 점을 지적한다. 그들은 어느 원칙이 어떤 특정한 상황에서 우세해야 하는가?라고 묻는다. 다시 말하면, 투자자들은 왜 인터넷 주식에 관한 뉴스에는 과잉반응을 하지만 이익 뉴스에는 과소반응을 해야 하는가? Fama는 이례현상에 관한 학문적인 연구들을 재검토한 결과 그들 중의 약 절반은 과잉반응을, 다른 절반은 과소반응을 보고한다는 것을 발견하였다.[13] 그는 이 증거는 이례현상을 우연의 사건으로 보고 있는 시장효율성 가설과 일관된다고 결론짓는다. 또한 그는 행동재무학은 시장효율성을 기각하기 전에 어떤 유형의 정보가 과잉반응 또는 과소반응에 이르게 되는지를 더 구체적으로 제시해야 한다고 주장한다.

행동재무학의 신봉자들은 상황을 다소 다르게 본다. 첫째, 그들은 13. 4절에서 논의된 시장효율성의 세 가지 이론적인 토대들이 실제 세계에서 성립하지 않는 것 같다고 지적한다. 둘째, 단순히 너무 많은 이례현상이 존재하며 표본 외 검증에서도 결과는 마찬가지이다. 이는 이례현상이 단순히 우연의 사건들이라는 주장을 반박한다. 마지막으로, 비록 과잉반응이나 과소반응이 왜 특정한 상황에서 우세해야 하는지를 아직 밝히지 못했지만, 이미 많은 진전이 단기간에 이루어져 왔다.

결론은 무엇인가? 재차 말하자면 효율적 시장가설은 시장가격이 사전 또는 사후 완벽하다는 것을 말하지 않는다. 대부분의 주식은 2008년 금융위기(financial crisis)가 발생했을 당시 분명히 과대평가되어 있었다. 이 상황은 효율적 시장과 반드시 일관성이 있는 것은 아니다. 변동성이 지극히 큰 시장에서는 시장가격이 돌이켜 생각해 보면 아주 틀릴 수 있다. 결론적으로 시장은 항상은 아니지만 대부분의 시간에서 매우 효율적이라고 말할 수 있다. 버블은 뒤늦게 보일지 모른다. 문제는 이들 버블이 '시장가격이 내재가치의 훌륭한 추정치가 아니라는 증거가 되느냐'이다.

13. 7 기업재무에서 지니는 의미

지금까지 이 장에서 효율적 시장에 관한 이론적인 주장들과 실증적인 증거들을 살펴보았다. 이제 다음과 같은 질문을 할 수 있다. 시장효율성이 기업의 재무관리자와 어떤 관련이 있는가? 대답은 관련이 있다는 것이다. 다음에서 재무관리자에게 효율성이 지니는 네 가지 의미를 생각해 보자.

1. 회계적 선택, 재무적 선택, 시장효율성

회계는 기업의 보고관행에 있어서 상당한 자유재량의 여지를 허용한다. 예를 들면, 기업은 재고자산을 평가하는 데 있어 후입선출법(last-in, first-out: LIFO)이나 선입선출법

13 Eugene F. Fama, "Market Efficiency, Long-Term Returns, and Behavioral Finance," *Journal of Financial Economics* 49, no. 3(1998), pp. 283~306.

(first-in, first-out: FIFO)을 선택할 수 있다. 건설 프로젝트에 대해 공사진행기준이나 공사완성기준을 선택할 수 있다. 또한 유형자산의 감가상각을 가속법이나 정액감가상각법으로 할 수 있다.

관리자는 분명히 낮은 주가보다 높은 주가를 선호한다. 관리자는 회계적 선택에서 자유재량을 사용하여 가능한 한 가장 높은 이익을 보고해야 하는가? 시장이 효율적이라면 반드시 그렇지는 않다. 즉, 회계적 선택은 두 조건이 성립한다면 주가에 영향을 주어서는 안된다. 첫째, 재무분석가들이 대안적인 회계적 방법을 사용하여 이익들을 재구성할 수 있도록 충분한 정보가 연차보고서에 주어져야 한다. 따라서 가능한 한 많은 회계적 선택이 가능하도록 되어야 한다. 둘째, 시장은 준강형 효율적이어야 한다. 다시 말하면, 시장은 가격을 정하는 데 있어 이러한 회계정보를 모두 적절히 사용해야 한다.

물론 회계적 선택이 주가에 영향을 주는지의 이슈는 궁극적으로 실증적인 문제이다. 많은 학문적 논문들이 이 이슈를 다루어 왔으며, 관리자가 회계적 선택을 통하여 주가를 부양할 수 없다는 증거를 제시한다. 다시 말하면, 시장은 충분히 효율적이어서 회계 선택의 대안을 간파하고 있는 것으로 보인다.

여기에 하나의 단서가 요구된다. 앞서 "재무분석가는 대안적인 회계방법들 하에서 이익을 재구성할 수 있다"고 구체적으로 가정하였다. 그러나 예전에 Enron, WorldCom, Global Crossing, Xerox 등과 같은 기업들은 수치 자체를 허위로 보고했다. 재무분석가는 보고된 수치들이 어떻게 결정되었는가를 모르기 때문에 대안적인 이익수치를 계산해 볼 방법이 없었다. 따라서 이들 주식의 가격이 처음에는 공정가격을 훨씬 상회하였다는 것은 놀랍지 않았다. 그렇다. 잡히면 기꺼이 감옥에 가겠다고 한다면 이러한 방법으로 주가를 부양시킬 수 있다.

효율적 시장에서 투자자가 꿰뚫어 볼 수 있다고 여겨지는 다른 어떤 것이 있는가? 주식분할과 주식배당을 생각해 보자. Amarillo사의 발행주식수는 100만주이며 이익은 $1,000만이다. 주가를 부양시키기를 희망하면서 그 기업의 최고재무관리자(chief financial officer: CFO)인 Green 여사는 Amarillo사가 1대 2의 주식분할을 하도록 이사회에 제안한다. 즉, 분할 전에 100주를 가진 주주는 분할 후에 200주를 가지게 될 것이다. Green은 각 투자자는 분할 후 더 많은 주식을 소유할 것이기 때문에 더 풍족하게 느낄 것이라고 주장한다.

그러나 이러한 생각은 시장효율성에 반한다. 합리적인 투자자는 분할 후에도 분할 전과 마찬가지로 기업에 대한 그의 지분이 같다는 것을 안다. 예를 들어, 100주를 가진 투자자는 분할 전에 Amarillo사 주식의 1/10,000(= 100/100만)을 소유하는 셈이다. 이익에 대한 그의 몫은 $1,000(= $1,000만/10,000)이다. 그는 분할 후에 200주를 소유하게 되지만 발행주식수는 이제 200만주가 될 것이다. 따라서 그는 여전히 이 기업의 1/10,000을 소유하게 될 것이다. 주식분할은 전체 기업의 이익에 영향을 미치지 않으므로 이익에 대한 이 투자자의 몫도 여전히 $1,000가 될 것이다.

2. 타이밍 결정

어느 기업의 경영자가 주식을 발행할 시점을 숙고하고 있다고 상상하라. 이 결정은 종종 타

그림 13.12

주식발행 후 주가조정의 세 가지 형태

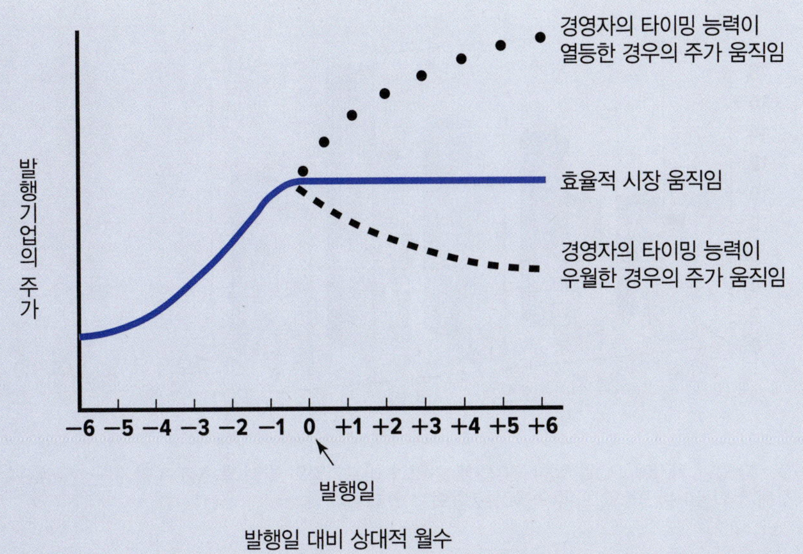

연구들은 주식은 아마 주가가 상승한 후에 발행될 가능성이 크다는 것을 보여준다. 이 결과로부터 시장효율성에 대한 어떠한 추론을 할 수 없다. 시장효율성은 발행기업의 주가가 주식발행 후에 (시장지수에 비해서) 평균적으로 오르지도 내리지도 않는다는 것을 의미한다.

이밍 결정(timing decision)이라고 부른다. 경영자는 자기기업의 주식이 과대평가되어 있다고 믿는다면 아마 즉시 주식을 발행할 것이다. 그러면 주식은 실제 가치 이상으로 팔리기 때문에 경영자는 현재 주주들을 위해 가치를 창조하는 셈이 될 것이다. 반대로 경영자가 주식이 과소평가되어 있다고 믿는다면 아마 주가가 실제(내재) 가치까지 오르기를 희망하면서 기다릴 것이다.

그러나 시장이 효율적이라면 증권들은 항상 올바르게 가격이 매겨져 있다. 효율성은 주식이 실제 가치로 팔린다는 것을 의미하므로 타이밍 결정은 중요하지 않게 된다. 그림 13.12는 신주발행에 따른 주가조정의 세 가지 가능한 형태를 보여준다.

물론 시장효율성은 궁극적으로 실증적인 문제이다. 놀랍게도 최근 연구는 시장효율성에 이의를 제기했다. Ritter는 최초공모(initial public offering: IPO) 후 5년간에 걸쳐 발행기업의 연 수익률이 장부가치–시장가치 비율이 유사하여 IPO를 행하지 않은 비교기업의 수익률보다 약 2%가 낮다는 증거를 제시한다.[14] 유상증자(seasoned equity offering: SEO) 후 같은기간 동안의 연 수익률도 유상증자를 하지 않은 비교기업보다 3~4% 낮다. 기업이 처음으로 행하는 주식공모는 IPO라고 부르며 그 이후의 주식발행은 SEO라고 부른다. 그림 13.13의 상반부는 IPO 기업과 그 통제기업의 연 평균수익률을 보여주며, 하반부는 SEO 기업과 그 통제기업의 연평균수익률을 보여준다.

Ritter의 논문은 기업의 경영자는 자기기업의 주가가 과대평가되어 있을 때 SEO를 행한다는 증거를 제시한다. 다시 말하면, 경영자는 발행시기를 성공적으로 맞추는 것으로 보인다. 경영자가 IPO의 시기를 잘 맞춘다는 증거는 상대적으로 덜 강력하다. 왜냐하면 IPO에

14 Jay Ritter, "Investment Banking and Securities Issuance," Chapter 5 in *Handbook of the Economics of Finance*, ed. George Constantinides, Milton Harris, and René Stulz(Amsterdam: North Holland, 2003).

그림 13.13

최초공모(IPO)와 유상증자(SEO)에 따른 장기수익률

출처: Ritter, Jay. "Investment Banking and Securities Issuance." Chap. 5 in *Handbook of the Economics of Finance*, edited by George Constantinides, Milton Harris, and Rene Stulz. Amsterdam: North Holland, 2003.

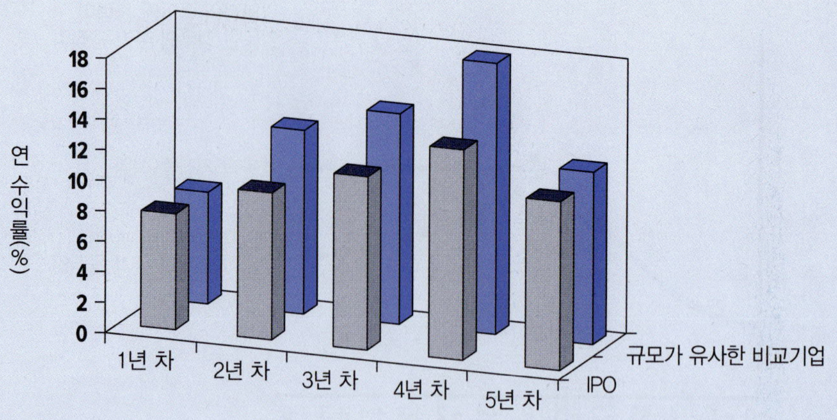

1970~2000년 기간에 IPO를 행한 7,042개 기업과 비교기업의 발행 후 5년 동안 평균 원(raw)수익률. 첫해 수익률에는 발행일의 수익률이 포함되지 있지 않다.

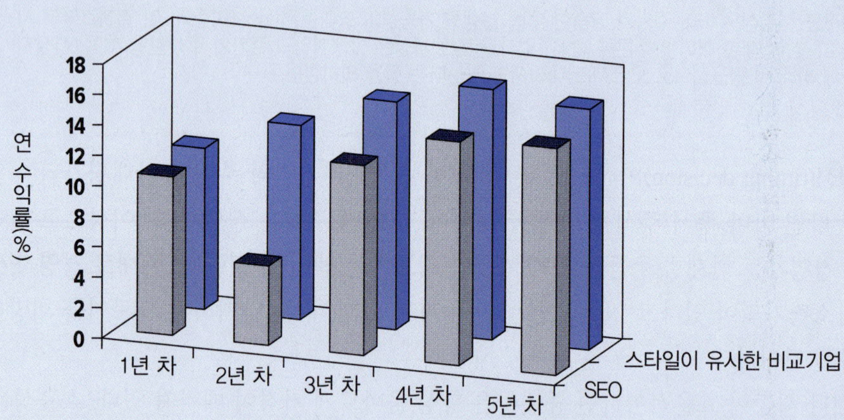

1970~2000년 기간동안 SEO를 행한 7,502개 기업과 비교기업의 발행 후 5년 동안 평균 원수익률. 첫해 수익률에는 발행일의 수익률이 포함되어 있지 않다. 평균적으로 IPO 기업은 발행 후 5년 동안 비교기업보다 약 연 2%만큼 성과가 낮다. SEO를 행한 기업은 연 3~4%만큼 성과가 낮다.

따른 수익률이 통제그룹의 수익률과 상대적으로 덜 차이가 나기 때문이다.

기업의 경영자가 증권이 과대평가되었을 때 SEO를 행할 수 있다는 사실은 시장이 준강형 또는 강형 비효율적임을 나타내는가? 그 대답은 생각보다 실제로 더 복잡하다. 한편으로는 경영자들은 아마 다른 사람이 모르는 특별한 정보를 가지고 있을 수 있으며, 이는 시장은 단지 강형 비효율적일 뿐이라는 것을 암시한다. 다른 한편으로는 시장이 정말로 준강형 효율적이라면 가격은 SEO의 발표와 더불어 즉시 완전하게 하락할 것이다. 즉, 합리적인 투자자는 경영자가 주식이 과대평가되어 있다는 특별한 정보를 가지고 있기 때문에 주식을 발행한다고 생각할 것이다. 실로 많은 실증적인 연구들이 발표일에 가격하락을 보고한다. 그러나 그림 13. 13은 발행 후에도 가격이 더 하락함을 나타내며, 이는 시장이 준강형 비효율적임을 암시한다.

기업들이 주식발행의 시기를 잘 맞출 수 있다면, 아마 자사주매입의 시기 또한 잘 맞출 수 있을 것이다. 여기서 기업은 주식이 과소평가되어 있을 때 자사주를 매입하려고 할 것이다. Ikenberry, Lakonishok, Vermaelen은 자사주를 매입하는 기업들의 주식수익률이 매입 후 2년에 걸쳐 비정상적으로 높다는 것을 발견하였으며, 이는 타이밍이 여기서도 효과가 있음을 암시한다.[15]

항상 그렇듯이 실증연구는 결코 최종적인 것으로 끝나지 않는다. 그러나 이들 증거는 경영자가 성공적으로 타이밍을 맞추고 있음을 강하게 보여준다고 판단된다. 따라서 만약 이러한 결론이 시간의 검증을 견디어 낸다면 이는 시장효율성에 반한 증거로 성립될 것이다.

3. 투기와 효율적 시장

통상적으로 금융시장의 주된 투기자로는 개인과 금융기관을 생각할 수 있다. 그러나 제조기업도 역시 투기를 한다. 예를 들면, 많은 기업이 이자율에 베팅을 한다. 기업의 경영자는 이자율이 오를 것으로 믿는다면 차입할 인센티브를 가진다. 왜냐하면 부채의 현재가치는 이자율이 증가하면 하락하기 때문이다. 게다가 이들 경영자는 장기간 동안 낮은 이자율을 확보하기 위해 단기보다는 장기로 차입할 인센티브를 가질 것이다. 더 복잡하게 생각할 수도 있다. 가령 장기이자율이 단기이자율보다 이미 높다고 하자. 경영자는 이러한 차이는 이자율이 상승할 것이라는 시장의 견해를 반영한다고 주장할지 모른다. 그러나 경영자가 (이자율의 우상향 기간구조에 내포된) 시장이 예상하는 것보다 더 높은 이자율 상승을 예상한다면 그는 단기보다 장기로 차입하려 할 것이다.

기업들은 또한 외환에 투기한다. 가령, 미국에 기반을 두고 있는 한 다국적 기업의 CFO가 유로가 달러에 비해 하락할 것이라고 믿는다고 하자. 그는 아마 달러화 부채보다 유로화 부채를 발행하려 할 것이다. 왜냐하면 외화부채의 가치가 떨어질 것으로 예상하기 때문이다. 역으로 외화가 달러에 비해 절상될 것으로 믿는다면 그는 미국에서 부채를 발행하려 할 것이다.

기간구조와 환율의 미묘함은 이 장에서가 아니라 다른 장에서 다루어질 내용이므로 우리가 다소 앞서나가고 있는 것 같다. 그러나 큰 그림을 이루는 질문은 "시장효율성은 위의 행위들에 관하여 무엇을 말해야 하는가?"이다. 대답은 아주 명백하다. 금융시장이 효율적이라면 경영자는 이자율과 외환의 움직임을 예상하려고 하면서 시간을 낭비할 필요가 없어야 한다. 그들의 예측은 아마 우연보다 더 낫지 않을 것이다. 그리고 그들은 귀중한 업무처리 시간을 소모하게 될 것이다. 그러나 이는 기업이 부채의 만기와 통화를 무작위적 방법으로 경솔하게 선택해야 한다는 것을 말하지 않는다. 기업은 주의 깊게 이들 변수를 선택해야 한다. 그러나 그 선택은 시장을 추월하려는 시도가 아니라 다른 합리적 설명에 바탕을 두어야 한다. 예를 들어, 5년간 지속되는 프로젝트를 추진하는 기업은 5년 만기의 부채를 발행하기로 결정할 수 있다. 또한 일본으로 대대적 확장을 예상하는 기업은 엔화 부채를 발행할

15 David Ikenberry, Josef Lakonishok, and Theo Vermaelen, "Market Underreaction to Open Market Share Repurchases," *Journal of Financial Economics* 39, nos. 2~3(1995), pp. 181~208.

수 있다.

같은 생각은 기업 인수에도 적용된다. 많은 기업은 대상기업이 과소평가되어 있다고 생각하기 때문에 이들 기업을 매수한다. 불행하게도 실증적인 증거는 시장이 너무 효율적이어서 이런 유형의 투기로부터 이익을 낼 수 없음을 암시한다. 그리고 인수자는 결코 현재 시장가격만을 지불하지 않는다. 인수기업은 대상기업의 주주들로 하여금 주식을 팔도록 하기 위하여 시장가격을 초과하여 프리미엄을 지불해야 한다. 그러나 이는 기업이 결코 인수되어서는 안 된다고 말하는 것은 아니다. 오히려 기업은 합병으로부터 혜택, 즉 시너지가 있다면 인수를 고려해야 한다. 개선된 마케팅, 생산의 경제성, 무능한 경영진 교체, 심지어 세금절감 등이 전형적인 시너지들이다. 이들 시너지는 피인수기업이 과소평가되어 있다는 인식과는 구분된다. 단서를 하나 언급할 필요가 있다. 앞서 SEO를 행하는 기업들은 과대평가된 주식을 이용하기 위해 시기를 잘 맞춘다는 실증적인 증거에 관해 이야기했다. 이는 이해가 된다. 왜냐하면 경영자는 자기기업에 관해 시장보다 더 많이 알고 있을 가능성이 있기 때문이다. 그러나 경영자가 자기기업에 대한 특별한 정보를 가지고 있을 수는 있으나 이자율, 외환, 다른 기업 등에 대해서는 특별한 정보를 가지고 있을 것 같지 않다. 시장에는 매우 많은 참가자들이 있으며 대부분의 시간을 예측에만 몰두하는 사람들도 많이 있다. 경영자는 으레 그렇듯 자기기업을 경영하면서 대부분의 시간을 보내며 단지 약간의 시간을 할애하여 금융시장을 학습한다.

4. 시장가격에 내재된 정보

앞 절에서 미래 시장가격을 예측하는 것은 아주 어렵다고 주장했다. 그러나 어떤 자산의 현재가격과 과거가격은 알려져서 크게 사용되고 있다. 예를 들어, 은행합병에 관한 Becher의 연구를 살펴보자.[16] 저자는 피인수은행의 주가가 합병을 처음 발표한 날에 평균적으로 약 23% 상승한다는 것을 발견한다. 이는 기업들이 일반적으로 현재주가를 초과하여 프리미엄이 포함된 가격에 매수되기 때문에 놀라운 일은 아니다. 그러나 이 연구는 인수은행의 주가는 같은 발표날에 평균적으로 거의 5% 하락한다고 한다. 이는 은행합병이 인수은행에 혜택이 되지 않고 심지어 손해가 될지 모른다는 꽤 유력한 증거이다. 이러한 결과에 대한 이유는 분명하지 않지만 인수자들이 아마 단순히 인수를 위해 과도하게 지급한 결과일 수도 있다. 이유에 관계없이 의미하는 바는 분명하다. 은행은 다른 은행을 인수하기 전에 심사숙고해야 한다.

더 나아가서 당신이 인수 발표일에 주가가 5% 이상 하락하는 인수은행의 CFO라고 하자. 시장은 그 합병이 당신의 은행에 아주 나쁘다고 말해주고 있다. 발표 전에 당신은 그 합병이 좋은 아이디어라고 생각했더라도 합병취소를 심각하게 고려해 보아야 한다.

물론 합병은 기업사건들 중에서 단지 한 유형이다. 경영자들은 새로운 벤처, 사업분할, 구조조정 등 무엇이든 그 발표에 따른 주가반응에 주의를 기울여야 한다.

이러한 발표들 이외에도 기업들이 시장가격에 내재된 정보를 이용할 수 있는 여러 방법

16 David A. Becher, "The Valuation Effects of Bank Mergers," *Journal of Corporate Finance* 6, no. 2(2000), pp. 189~214.

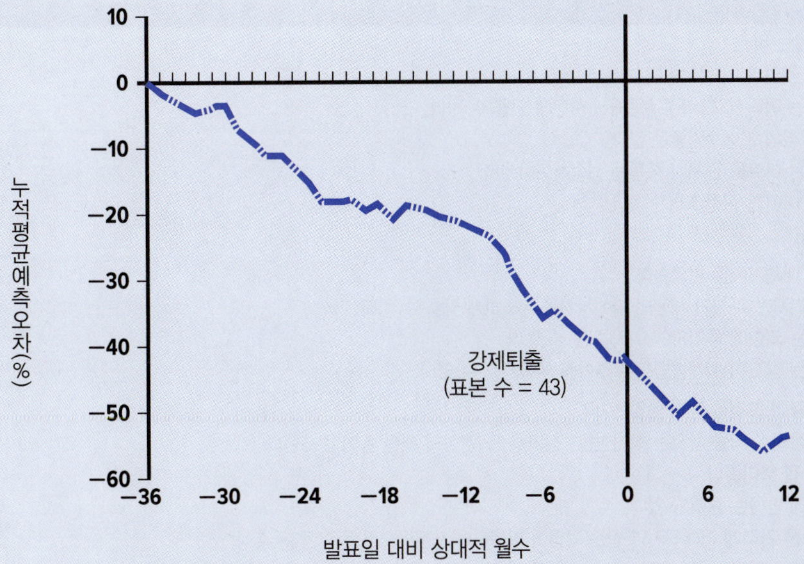

주가는 경영진의 강제퇴출 이전 3년에 걸쳐 평균적으로 (시장성과 조정 후) 40% 이상 하락한다.

그림 13.14

경영진의 강제 퇴출 이전의 주가성과

출처: Warner, Jerold B., Ross L. Watts, and Karen H. Wruck. "Stock Prices and Top Management Changes." *Journal of Financial Economics* 20 (January - March 1988): pp. 461~92.

들이 있다. 가령 당신이 현재의 최고경영자(CEO)가 영입된 이후 주가가 가파르게 하락한 기업의 이사회 구성원이라고 가정하자. 추가로 경쟁기업의 주가는 같은 기간에 상승하였다. 정상을 참작할 수 있는 상황들이 있을 수 있지만 이는 CEO가 임무를 잘 수행하지 못하고 있다는 증거로 여겨질 수 있다. 아마 그는 해고되어야 할지 모른다. 가혹하게 보일지 모르지만 Warner, Watts, Wruck은 경영자 교체와 이전 주가성과 사이의 강한 음(−)의 상관관계가 있음을 발견한다.[17] 그림 13. 14는 최고경영자의 강제퇴출 이전 3년에 걸쳐 주가가 평균적으로(시장 움직임 대비) 약 40% 하락한다는 것을 보여준다.

만약 경영자들이 주가성과가 나빠서 해고된다면 그들은 나중에 주가상승으로 보상을 받을지 모른다. Hall과 Liebman은 다음과 같이 말한다.

우리의 주된 실증적인 발견은 CEO의 부는 기업가치의 전형적인 변화에 대해 종종 수백만 달러가 변한다는 것이다. 예를 들면, CEO에 대한 총보상의 중앙값은 그들 기업주식의 연 수익률이 30백분위수(−7.0%)에 해당하면 약 $100만이며, 연 수익률이 70백분위수(20.5%)에 해당하면 약 $500만이다. 따라서 기업의 주가수익률이 평균보다 조금 높거나 낮은 범위에만 있어도 약 $400만의 보상을 받을 수 있다.[18]

시장효율성은 주가가 모든 이용 가능한 정보를 반영한다는 것을 의미한다. 우리 기업은 의사결정과정에서 이러한 정보를 가능하면 많이 사용하도록 권한다. 최소한 경영자 해고와 경영자 보상에 관해서는 실제 세계에서 기업들이 시장가격에 주의를 기울이는 것으로 보인다. 다음 박스란에는 효율적 시장의 논쟁에 관한 핵심이슈의 일부가 요약되어 있다.

17 Jerold B. Warner, Ross L. Watts, and Karen H. Wruck, "Stock Prices and Top Management Changes," *Journal of Financial Economics* 20 (January–March 1988), pp. 461~492.

18 Hall, Brian J., and Jeffrey B. Liebman. "Are CEOs Really Paid Like Bureaucrats?" *Quarterly Journal of Economics*(August 1998), p. 654.

효율적 시장가설: 요약

의미하지 않는 바
- 가격은 원인 없이 움직인다.
- 투자자는 어리석고 너무 우둔해서 시장에 있을 수 없다.
- 모든 주식의 기대수익률은 같다.
- 투자자는 다트를 던져서 종목을 선정하여야 한다.
- 주가에 어떠한 상향추세가 없다.

의미하는 바
- 가격은 내재가치를 반영한다.
- 재무관리자는 주식과 채권의 발행시기를 유리하게 맞출 수 없다.
- 경영자는 외환에 투기하여 이익을 볼 수 없다.
- 경영자는 창조적 회계방법으로 주가를 부양시킬 수 없다.

왜 모든 사람이 그것을 믿지는 않는가?
- 주식시장의 수익률 차트는 착시현상, 신기루, 외견상의 패턴 등이 존재한다.
- 진실은 덜 흥미롭다.
- 효율성에 반하는 증거가 있다.
- 서로 다른 가격에 거래되지만 같은 기업이 발행하여 재무적으로 동일한 두 주식
- 어닝 서프라이즈
- 소규모 vs. 대규모 주식
- 가치 vs. 성장 주식
- 붕괴와 버블

효율적 시장의 세 가지 형태

약형: 현재가격은 과거가격을 반영하고 있다. 따라서 차티즘(기술적 분석)은 유용하지 않다.
준강형: 가격은 모든 공개적인 정보를 반영하고 있다. 따라서 대부분의 재무분석은 유용하지 않다.
강형: 가격은 알 수 있는 모든 것을 반영한다. 따라서 아무도 시종일관 우월한 이익을 내지 못한다.

요약 및 결론 Summary and Conclusions

1. 효율적 금융시장은 투자자에게 이용 가능한 정보를 처리하여 이를 증권가격에 반영한다. 시장효율성은 두 가지의 일반적인 의미를 가진다. 첫째, 주어진 기간에 한 주식의 비정상수익률은 그 기간 동안 시장에 의해 받아들여진 정보와 뉴스에 달려있다. 둘째, 시장과 같은 정보를 사용하는 투자자는 비정상수익률을 얻는 것을 기대할 수 없다. 다시 말하면, 증권투자를 위한 시스템은 실패하게 되어 있다.
2. 시장은 가격을 정하기 위해 어떤 정보를 사용하는가? 약형 효율적 시장가설은 시장은 가격의 과거기록

을 반영하고 있으므로 이들 과거가격에 대하여 효율적이라고 한다. 이는 과거 주가 움직임의 패턴에 근거한 종목선정은 무작위적 종목선정보다 낫지 않다는 것을 의미한다.

3. 준강형은 시장은 가격을 정하는 데 있어 공개적으로 이용 가능한 모든 정보를 이용한다는 것을 말한다.
4. 강형 효율성은 시장은 주식에 관해서 누군가가 알고 있는 모든 정보, 심지어 내부자 정보까지 이용한다는 것을 말한다.
5. 여러 금융시장으로부터의 많은 증거는 약형과 준강형 효율성은 지지하지만 강형 효율성은 지지하지 않는다.
6. 행동재무학은 시장이 효율적이지 않다고 한다. 신봉자들은 다음과 같은 주장을 한다.
   a. 투자자들은 합리적이 아니다.
   b. 합리성으로부터 이탈은 투자자들을 망라하여 유사하다.
   c. 차익거래는 비용을 수반하기 때문에 비효율성을 제거하지 못할 것이다.
7. 행동주의자들은 그들의 믿음에 대한 실증적인 증거로서 소규모 주식이 대규모 주식보다 성과가 우월하고, 가치주식이 성장주식보다 성과가 우월하며, 주가는 어닝 서프라이즈에 느리게 조정된다고 하는 다양한 연구들을 지적한다.
8. 기업재무에서 시장효율성이 지니는 네 가지 의미는 다음과 같다.
   a. 경영자는 창조적인 회계를 통해서 시장을 기만할 수 없다.
   b. 기업은 부채와 주식의 발행시점을 성공적으로 맞출 수 없다.
   c. 경영자는 외환과 기타 상품에 투기하여 이익을 얻을 수 없다.
   d. 경영자는 시장가격에 주의를 기울임으로써 많은 혜택을 볼 수 있다.

개념문제 Concept Questions

1. **기업가치** 기업은 자금조달 결정을 할 때 어떤 규칙을 따라야 하는가? 기업은 가치있는 자금조달기회를 어떻게 창조할 수 있는가?
2. **효율적 시장가설** 시장효율성의 세 가지 형태를 정의하라.
3. **효율적 시장가설** 다음 진술들 중에서 어느 것이 효율적 시장가설에 대한 사실인가?
   a. 그것은 완전한 예측능력을 의미한다.
   b. 그것은 가격은 이용 가능한 모든 정보를 반영한다는 것을 의미한다.
   c. 그것은 비합리적인 시장을 의미한다.
   d. 그것은 가격이 오르내리지 않는다는 것을 의미한다.
   e. 그것은 투자자들 사이에서 치열한 경쟁의 결과이다.
4. **시장효율성 의미** 효율적 시장에서 투자의 NPV는 왜 0인가?
5. **효율적 시장가설** 어느 주식시장 분석가는 과거 10일 동안의 평균가격을 과거 60일 동안의 평균가격과 비교함으로써 가격이 잘못 형성된 주식을 찾아낼 수 있다. 이것이 사실이라면, 당신은 그 시장에 관하여 어떻게 생각하는가?
6. **준강형 효율성** 만약 한 시장이 준강형 효율적이라면, 그 시장은 또한 약형 효율적인가? 설명하라.
7. **효율적 시장가설** '시장을 이기려고' 주식을 사고 파는 투자자들에게 효율적 시장가설은 무엇을 의미하는가?
8. **주식 대 도박** 다음 진술을 비판하라. 증권에 투자하는 것은 도박을 하는 것과 같다. 이러한 투기적 투자는 사람들로 하여금 도박으로부터 즐거움을 얻게 할 뿐, 그 이외의 다른 어떠한 사회적 가치를 지니지 않는다.

9. **효율적 시장가설** 과거 20년에 걸쳐 투자로부터 엄청난 이익을 기록한 일부 축복받은 투자자들과 주식 선정가들이 금융신문에 빈번하게 언급된다. 이러한 특정 투자자들의 성공은 효율적 시장가설(EMH)을 무력하게 하는가? 설명하라.

10. **효율적 시장가설** 다음의 각 시나리오에 대해 네 가지 조건－(1) 시장이 약형 효율적이지 않다, (2)시장이 약형 효율적이지만 준강형 효율적이지는 않다, (3) 시장이 준강형 효율적이지만 강형 효율적이지는 않다, (4) 시장이 강형 효율적이다－하에서 기업의 주식을 거래함으로써 이익을 얻을 수 있는 기회가 존재하는지를 논의하라.
    a. 주가가 지난 30일 동안 매일 꾸준하게 올랐다.
    b. 어느 기업의 재무제표가 3일 전에 발표되었으며, 당신은 이 기업이 재고자산과 원가를 기록하는데 있어 실제 유동성의 강점을 이례적으로 줄여서 보고한 것을 발견했다.
    c. 당신은 기업의 상위 경영진이 지난 주에 공개시장에서 자기기업의 주식을 대량으로 매입해 왔다는 것을 관찰하였다.

다음 정보를 사용하여 다음의 두 질문에 답하라.

기술적 분석은 논쟁의 여지가 있는 투자관습이다. 기술적 분석은 특정 주식이나 시장의 방향을 예측하려는 시도로 사용되는 광범위한 일련의 기법들을 포함한다. 기술적 분석가들은 두 가지 주요한 유형의 정보인 역사적 주가와 투자자 정서를 살펴본다. 한 기술적 분석가가 이들 두 가지 정보집합이 특정 주식이나 전체시장의 미래 방향에 대한 정보를 제공한다고 주장하곤 한다.

11. **기술적 분석** 기술적 분석가는 시장효율성에 관해 어떻게 이야기하겠는가?

12. **투자자 정서** 투자자 정서지수(investor sentiment index)가 가끔 시장의 움직임을 예측하기 위한 기술적 분석도구로 사용된다. 미국 개인투자자협회(American Association of Individual Investors: AAII)는 구성원들의 설문조사에 기초하여 투자자 정서지수를 발표한다. 다음 표는 지난 4주 동안 낙관적, 비관적, 중립적 투자자들의 비율을 주별로 보여준다.

주	낙관적	비관적	중립적
1	37%	25%	38%
2	52	14	34
3	29	35	36
4	43	26	31

    투자자 정서지수는 무엇을 포착하려는 것인가? 이는 기술적 분석에 어떻게 유용한가?

13. **프로들의 성과** 1990년대 중반에서 후반까지 프로들(the Pros)의 성과는 현저하게 미약했다. 모든 주식형 뮤추얼펀드의 약 90%가 소극적으로 관리되는 지수펀드보다 성과가 낮았다. 이는 시장효율성이라는 이슈와 어떠한 관계가 있는가?

14. **효율적 시장** 약 100년 전에는 기업들이 연차보고서를 만들지 않았다. 비록 당신이 특정 기업의 주식을 소유하였다고 할지라도, 당신은 그 기업의 대차대조표와 손익계산서를 보도록 허용되지 않았을 것이다. 시장이 준강형 효율적이라고 가정하면, 이는 지금과 비교해서 그때 시장효율성에 관해 무엇을 말하는가?

15. **효율적 시장가설** 항공우주기술연구업체인 Aerotech사는 세계에서 가장 학식있고 성과가 풍부한 우주연구가들을 고용했다고 오늘 오전에 발표했다. 오늘 이전에 Aerotech사의 주식은 $100에 팔리고 있었다. 다음 주에 다른 정보가 나오지 않고 전체 시장은 움직이지 않는다고 가정하자.
    a. Aerotech사의 주가가 어떻게 될 것으로 예상하는가?

b. 다음의 시나리오들을 생각해 보자.

i. 주가가 발표일에 $118로 뛰어오른다. 그 이후의 날들에서 주가는 $123까지 오르다 $116로 다시 떨어진다.

ii. 주가가 $116로 뛰어오른 후 그 수준에 머무른다.

iii. 주가가 다음 주 동안에 점차적으로 $116로 오른다.

어느 시나리오가 시장효율성을 나타내는가? 어느 시나리오가 시장효율성을 나타내지 않는가? 왜 그런가?

16. **효율적 시장가설** Gulf & Western사의 56세 창업자가 심장마비로 사망했을 때 주가는 즉시 주당 $18에서 $20.25로 12.5% 뛰어 올랐다. 이는 시장비효율성의 증거이다. 왜냐하면 효율적 주식시장에서는 그의 죽음은 예측되었을 테고 따라서 사전에 주가에 반영되었을 것이기 때문이다. 어떤 다른 정보가 나오지 않고 전체 시장은 움직이지 않는다고 가정하자. 시장효율성에 관한 이 진술은 진실인가 거짓인가? 설명하라.

17. **효율적 시장가설** 오늘 다음과 같은 발표가 있었다. "오늘 일찍이 법무부는 Universal Product Care(UPC) 사건에 대한 결정에 도달했다. UPC는 고용에 있어서의 차별적인 관습에 대해 유죄로 판명되었다. 향후 5년 동안 UPC는 그 정책의 희생자들을 위한 펀드에 매년 $200만를 지급해야 한다." 시장이 효율적이라고 가정하면, 소송이 비정상적으로 낮은 수익률을 초래할 것이기 때문에 투자자들은 그 발표 후 UPC의 주식을 사지 않아야 하는가? 설명하라.

18. **효율적 시장가설** Newtech사는 생산효율성을 크게 향상시킬 수 있는 새로운 칩(chip) 검사장치를 채택하려고 한다. 당신은 주관 기술자가 그 장치에 대한 뉴스발표 이전에 기업의 주식을 구입하여 이익을 얻을 수 있다고 생각하는가? 「The Wall Street Journal」에서 그 공고를 읽은 후에 당신은 시장이 효율적이라면 그 주식을 구입하여 비정상이익을 얻을 수 있어야 하는가?

19. **효율적 시장가설** TransTrust사는 재고자산에 대한 회계처리를 바꾸었다. 따라서 이번 분기에 발표된 이익은 이전 회계제도를 사용하는 경우의 이익보다 20% 더 높지만 세금은 변하지 않는다. 이익보고는 어떠한 서프라이즈가 없으며 회계처리의 변화는 공표되었다. 시장이 효율적이라면, 시장이 보고된 이익이 더 높다는 것을 알았을 때 주가는 더 오르겠는가?

20. **효율적 시장가설** Durkin Investing Agency는 과거 2년 동안 가장 훌륭한 주식선정사였다. 명성이 오르기 전에 Durkin의 주간신문은 200명의 구독자를 가졌다. 이들 구독자는 위험과 거래비용 조정 후 상당히 높은 수익률을 거두면서 일관되게 시장을 추월하였다. 구독자 수는 1만명으로 치솟았다. 이제 Durkin 이 어느 주식을 추천하면 그 주가는 즉시 몇 포인트 오른다. 현재는 구독자들이 Durki이 추천한 주식을 매수할 때 단지 정상수익률만 거둔다. 왜냐하면 누군가 그 정보를 이용해 행동하기 전에 주가가 오르기 때문이다. 이러한 현상을 간단하게 설명하라. 종목을 선정하는 Durkin의 능력은 시장효율성과 일관성이 있는가?

21. **효율적 시장가설** 당신의 브로커는 잘 경영된 기업은 소홀히 경영된 기업보다 더 좋은 투자대상이라고 논평한다. 증거로서, 그 브로커는 가장 잘 경영된 소규모 제조업체로서 8년 전에 산업잡지에 실렸던 소규모 제조기업 100개를 조사하는 최근 연구를 인용했다. 연이은 8년 동안, 이 100개 기업은 시장수익률 이상을 가져다 주지 못했다. 그 브로커는 기업들이 잘 경영되었더라면 평균 이상의 수익률을 거둘 수 있었을 것이라고 계속해서 이야기했다. 시장이 효율적이라면, 당신은 그 브로커에 동의하는가?

22. **효율적 시장가설** 한 유명한 경제학자가 「The Wall Street Journal」에 경제가 불황이 끝나고 다시 확장기에 들어서고 있다는 소견을 지금 막 발표했다. 시장이 효율적이라고 가정하자. 당신은 이 발표를 읽은 후 주식시장에 투자하여 이익을 얻을 수 있는가?

23. **효율적 시장가설** 시장이 준강형 효율적이라고 가정하자. 당신이 다음의 정보에 바탕을 두고 거래를 한

다면 초과이익을 얻을 수 있겠는가?

a. 어느 주식의 기록적인 이익에 대한 브로커의 정보

b. 어느 기업의 합병에 관한 소문

c. 새로운 제품의 성공적인 테스트에 관한 어제 발표

24. **효율적 시장가설** 기업의 순이익에 영향을 미치는 특정한 거시경제 변수가 양(+)의 시계열 상관관계가 있고, 시장은 효율적이라고 가정하자. 기업의 주가변화가 시계열 상관관계가 있을 것으로 예상하는가? 왜 그런가 아니면 왜 아닌가?

25. **효율적 시장가설** 효율적 시장가설은 모든 뮤추얼펀드의 위험조정 기대수익률이 같아야 함을 의미한다. 그러므로 투자자들은 단순히 무작위로 뮤추얼펀드를 선택해도 된다. 이 진술은 진실인가 거짓인가? 설명하라.

26. **효율적 시장가설** 시장이 효율적이라고 가정하자. 장중에 American Golf사는 한 대형 골프 프로젝트의 계약을 놓쳤다고 발표한다. 이러한 뉴스가 나오기 전에는 이 기업이 그 계약을 확보한 것으로 널리 믿어졌다. 시장이 효율적이고 어떤 추가적인 정보가 발표되지 않는다면, 이 기업의 주가는 이 정보에 어떻게 반응해야 하는가?

27. **효율적 시장가설** Prospectors사는 알래스카에서 금을 캐는 기업이다. 이 기업은 금을 찾는 데 보통 실패하지만 때때로 풍부한 광맥을 발견하곤 한다. 시장이 효율적이라면, 이 기업의 누적비정상 수익률은 어떤 패턴일 것으로 예상되는가?

28. **시장효율성에 대한 증거** 어떤 사람들은 효율적 시장가설은 1987년의 시장붕괴나 1990년대 후반 인터넷 주식의 높은 주가이익비율을 설명할 수 없다고 주장한다. 이 두 현상을 설명할 수 있는 어떤 대안적인 가설이 현재 있는가?

연습문제 Questions and Problems

connect

기초
(문제 1~4번)

1. **누적비정상수익률** Delta, United, American 항공사는 각각 7월 18일, 2월 12일, 10월 7일에 비행기 구입을 발표했다. 다음의 정보를 이용하여 이들 주식의 누적비정상수익률(CAR)을 한 그룹으로 합쳐서 계산하라. 결과를 그래프로 그리고 설명하라. 이들 주식베타는 모두 1.0이며 다른 어떤 발표는 없다.

Delta			United			American		
날짜	시장 수익률	기업 수익률	날짜	시장 수익률	기업 수익률	날짜	시장 수익률	기업 수익률
7/12	-0.3	-0.5	2/8	-0.9	-1.1	10/1	0.5	0.3
7/13	0.0	0.2	2/9	-1.0	-1.1	10/2	0.4	0.6
7/16	0.5	0.7	2/10	0.4	0.2	10/3	1.1	1.1
7/17	-0.5	-0.3	2/11	0.6	0.8	10/6	0.1	-0.3
7/18	-2.2	1.1	2/12	-0.3	-0.1	10/7	-2.2	-0.3
7/19	-0.9	-0.7	2/15	1.1	1.2	10/8	0.5	0.5
7/20	-1.0	-1.1	2/16	0.5	0.5	10/9	-0.3	-0.2
7/23	0.7	0.5	2/17	-0.3	-0.2	10/10	0.3	0.1
7/24	0.2	0.1	2/18	0.3	0.2	10/13	0.0	-0.1

2. **누적비정상수익률** 다음 도표는 1950~1980년 기간 동안 원유발견을 발표한 386개 원유탐사 기업의 누적비정상수익률(CAR)을 보여준다. 도표에서 월 0은 발표한 달(month)이다. 어떤 다른 정보가 나오지 않았고 전체 주식시장은 움직이지 않는다고 가정하자. 이 도표는 시장효율성과 일관성이 있는가? 왜 그런가 아니면 왜 아닌가?

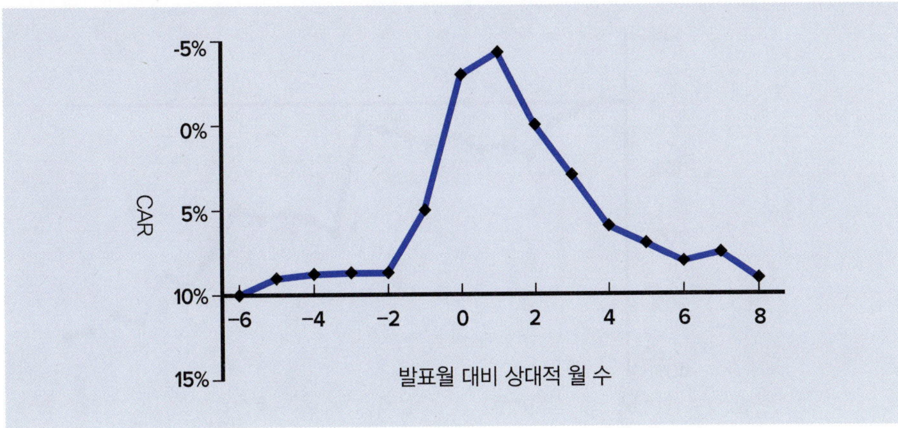

3. **누적비정상수익률** 다음 그림은 누적비정상수익률(CAR) 연구의 네 가지 결과를 보여준다. 각 연구의 결과가 준강형 효율적 시장가설을 지지하는지, 부인하는지, 아니면 결정할 수 없는지를 설명하라. 각 그림에서 시간 0은 사건 일이다.

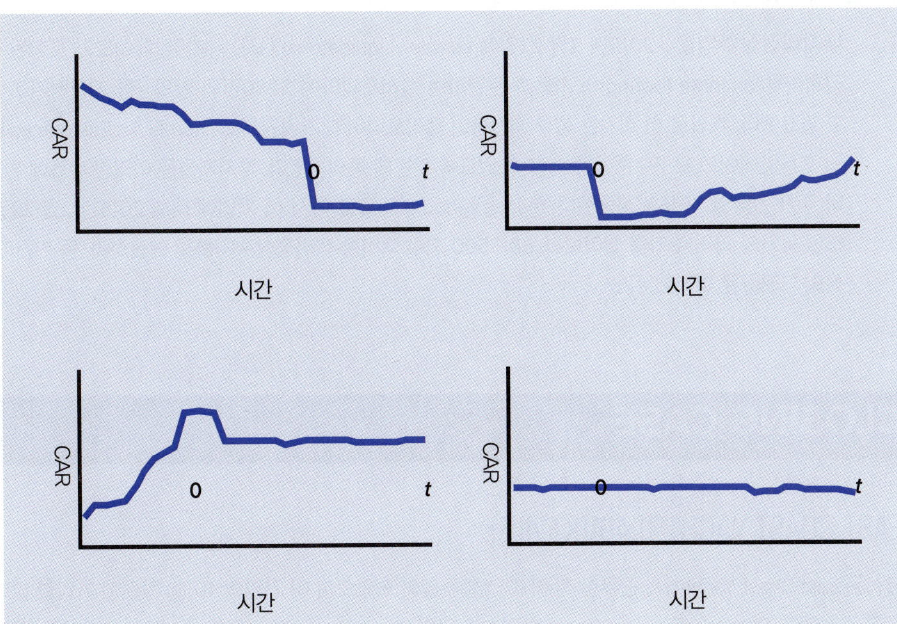

4. **누적비정상수익률** 어느 연구가 독점금지 소송에서 패소한 기업들의 주가행태를 분석했다. 그림에는 나중에 상급법원에서 번복되었더라도 최초 법원에서 패소한 모든 기업들이 포함된다. 시간 0의 사건은 항소 전 최초의 법원결정이다. 최초 판결의 공시 이외에는 다른 어떤 정보도 발표되지 않았다고 가정하자. 주식들의 베타는 모두 1.0이다. 이 도표는 시장효율성과 일관성이 있는가? 왜 그런가, 아니면 왜 아닌가?

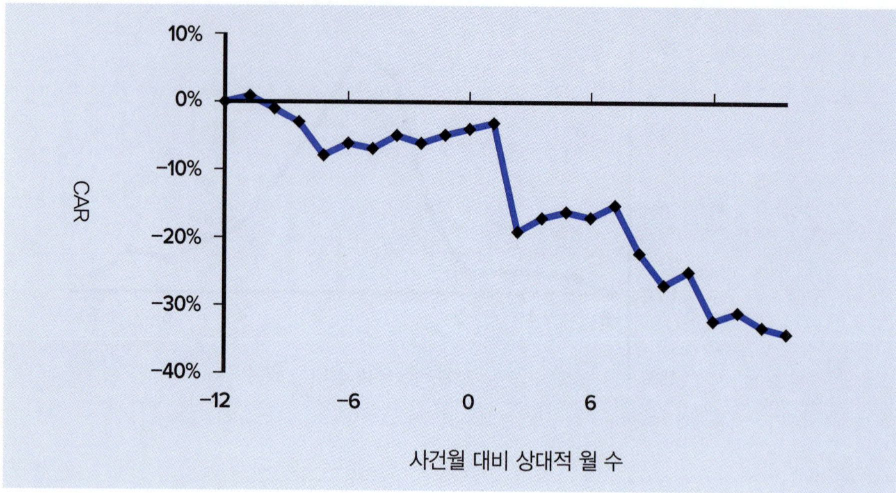

웹 정보 이용하여 문제풀기 What's on the web?

1. **누적비정상수익률** 2015년 3월 22일에 Lumber Liquidators(LL)사는 포름알데히드가 포함된 중국산 강화마루(laminate fooring)의 사용과 관련하여 캘리포니아에 $250만의 합의금을 지급하기로 하였다고 발표했다. 추가로 이 회사는 향후 생산품이 캘리포니아 대기위원회(California Air Re-sources Board)의 포름알데히드 요구수준을 준수할 수 있도록 하는데 동의하였다. 투자자들은 이러한 뉴스에 환호했으며 주가는 당일 약 16% 상승했다. fnance.yahoo.com으로 가서 이 기업에 대해 2015년 3월 22일 전후 15일 동안의 과거 주가를 찾아보라. S&P 500 지수 대비 누적비정상수익률을 계산하라. 동 기간에 이 주식의 거래량은 어떠했는가?

CLOSING CASE

EAST COAST YACHT의 401(K) 계좌

당신은 East Coast Yacht에서 근무한 지 이제 약 일주일이 되었으며 이 기업의 401(k) 플랜에 가입할 필요가 있다고 결정했다. Bledsoe Financial Services의 대리인인 Sarah Brown과 논의한 후에도 당신은 어느 투자옵션을 선택해야 할지를 여전히 확신하지 못하고 있다. 당신에게 이용 가능한 옵션들로서는 East Coast Yacht의 주식, Bledsoe S&P 500 지수펀드, Bledsoe 소형주펀드, Bledsoe 대형주펀드, Bledsoe 채권형펀드, Bledsoe 단기금융시장펀드 등이 있다. 당신은 투자금액의 70%는 주식, 25%는 채권, 5%는 단기금융상품에 분산하여 투자하기로 결정했다. 또한 주식투자는 대형주에 집중하기로 하였지만 S&P 500 지수펀드를 택해야 할지 대형주펀드를 택해야 할지는 생각 중이다.

곰곰히 검토해 본 후 당신은 이들 두 펀드 사이에 기본적인 차이를 이해했다. 하나는 널리 이용되는 대형주 지수인 S&P 500을 모방하는 순전히 수동적인 펀드이며 수수료는 저렴하다. 다른 하나는 포트폴리오 관리자의 기량이 지수에 비해 향상된 성과를 가져다 줄 것이라는 취지에서 적극적으로 운용되는 펀드이며 수수료는 더 높다. 당신은 어디로 가야 할지를 확신할 수 없어서 East Coast Yacht의 재무부서에서 근무하는 Dan Ervin에게 물어 보았다.

당신의 걱정을 들은 후에 Dan은 주식형 뮤추얼펀드와 Vanguard 500 지수펀드의 성과를 비교하는 어떤 정보를 주었다. Vanguard 500은 세계에서 가장 큰 주식형 지수펀드이다. 이는 S&P 500을 모방하며 그 수익률은 S&P 500과 아주 근소한 차이가 있을 뿐이다. 수수료는 매우 저렴하다. 결과적으로 Vanguard 500은 본질에 있어서 401(k) 플랜이 제공하는 Bledsoe S&P 500 지수펀드와 동일하지만 훨씬 역사가 오래되었으므로 과거 20년 이상 기간의 성과를 확인할 수 있다. 아래의 그래프는 이전 10년 동안 Vanguard 500 펀드보다 성과가 우월한 주식형 뮤추얼펀드의 비율을 보여줌으로써 Dan의 의견을 요약한다.[19] 예를 들면, 1989년 1월에서 1998년 12월까지 주식형 뮤추얼펀드의 약 16%는 Vanguard 500보다 성과가 우월했다. Dan은 당신이 그래프를 공부하여 다음 질문들에 답해보라고 권한다.

1. 당신은 뮤추얼펀드 투자자를 위해 이 그래프로부터 어떤 의미를 도출할 수 있는가?
2. 이 그래프는 시장효율성과 일치하는가, 일치하지 않는가? 주의 깊게 설명하라.
3. 당신은 401(k) 계좌의 주식부분에 대해 어떤 투자결정을 할 것인가? 왜 그런가?

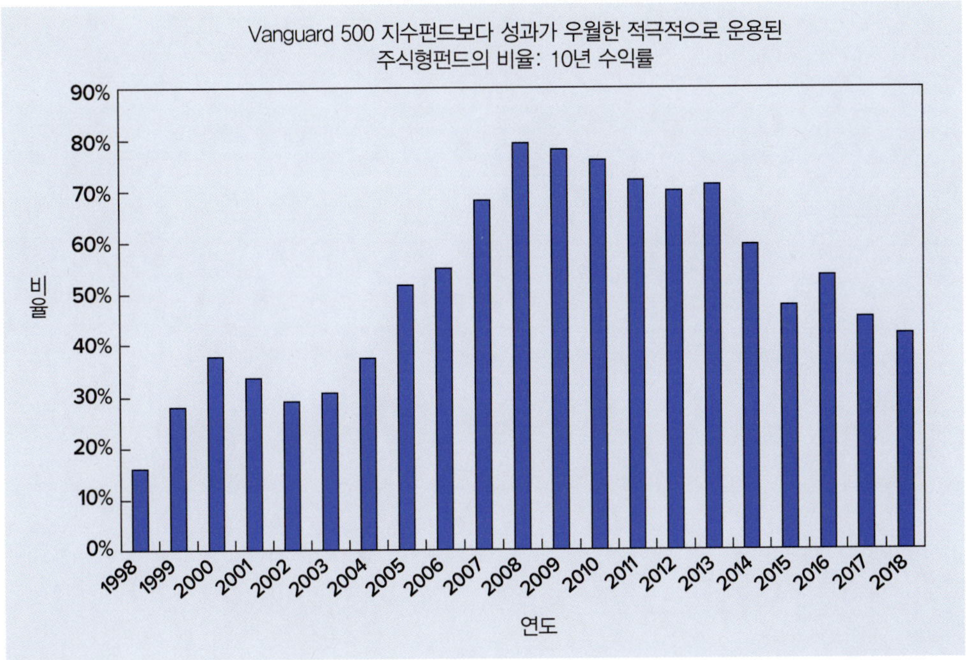

출처: 저자가 Center for Research in Security Prices(CRSP) Survivor Bias-Free U.S. Mutual Fund Database를 사용하여 계산함.

19 이 그래프는 가상적인 것이 아니며, 잘 분산된 많은 주식형 뮤추얼펀드와 비교한 Vanguard 500 지수펀드의 실제 성과를 반영한다. 국제적인 펀드와 같은 특수한 펀드는 제외된다. 모든 수익률은 관리수수료를 차감한 수익률이지만, '로드(load)'로 알려진 판매대금이 있다면 이는 차감되어 있지 않다. 결과적으로 적극적으로 운용된 펀드의 성과는 과장되어 있다.

자본구조: 기초 개념

14

OPENING CASE

2017년 12월에 법인세율을 35%에서 21%로 낮추면서 이자비용의 세금공제를 제한하는 감세와 일자리 법안(Tax Cuts and Jobs Act)이 통과되었다. 이자비용 공제의 상한은 이제 EBIT와 대충 비슷한 조정가능 세금이익(adjustable tax income)의 30%이다. 2017년 초반 이러한 새로운 법안이 논의되자 기업들은 재빨리 대응했다. 예를 들면, BHP는 $25억의 채권 재매입 계획을 발표했다. Walmart는 $85억의 부채를 재매입했으며 Sprint도 $10억의 부채를 재매입했다. 사실상 2017년 10월 중순까지 기업들은 $1,785억의 부채를 재매입하기로 발표했으며 그 수치는 2016년 동기간 $800억의 두 배가 넘고 2014년 $180억보다 훨씬 높다.

이들 기업은 왜 부채를 재매입하기로 결정했겠는가? 부채 또는 자기자본의 선택은 기업의 자본구조결정으로 알려져 있으며, 이자비용의 공제는 이 결정의 중요한 부분이다. 이 장에서는 자본구조에 관한 기본적 내용과 기업들이 자본구조를 어떻게 선택하는지를 논의할 것이다.

기업재무 관련 최근 사건들을 찾아보기 위해 corecorporatefinance.blogspot.com을 방문하라.

14.1 자본구조 질문과 파이이론

기업은 부채비율을 어떻게 선택해야 하는가? 자본구조 질문에 관한 우리의 접근법을 **파이 모형(pie model)**이라 부른다. 왜 이 이름을 선택했는지 의아하면 그림 14.1을 살펴보자. 문제의 파이는 기업의 재무적 청구권인 부채와 자기자본의 합이다. 기업의 가치는 부채와 자기자본의 합으로 정의된다. 따라서 기업가치 V는 다음과 같다.

$$V = B + S \qquad [14.1]$$

여기서 B는 부채의 시장가치이며, S는 자기자본의 시장가치이다. 그림 14.1은 파이를 잘라서 자기자본과 부채로 나누는 두 가지 가능한 방법−40% 대 60%, 60% 대 40%−을 제시한다. 기업 경영진의 목표가 기업의 가치를 높이는 것이라면, 기업은 총가치에 해당하는 파이를 가능한 한 크게 만드는 부채비율을 선택해야 한다.

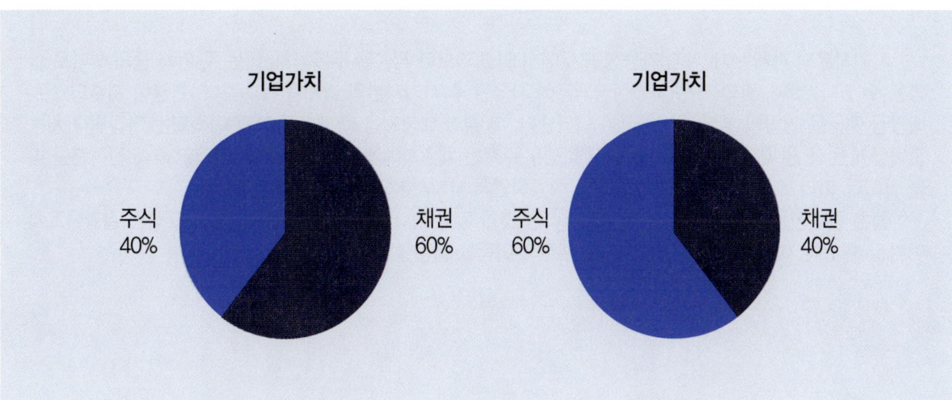

그림 14.1
자본구조에 관한 두 파이모형

이 논의를 위해 두 가지 중요한 질문을 먼저 생각해 보아야 한다.

1. 기업에서 주주들은 왜 전체기업의 가치를 극대화하는 것에 관심을 가져야 하는가? 기업가치는 정의에 따라 부채와 자기자본의 합이다. 다시 말하면, 주주들은 왜 자신들의 이익만 극대화하는 전략을 선호해서는 안 되는가?
2. 주주의 이익을 극대화하는 부채비율은 무엇인가?

두 질문을 차례로 살펴보자.

14.2 기업가치 극대화와 주주이익 극대화

다음 예는 기업가치를 극대화하는 자본구조가 바로 재무관리자가 주주들을 위해 선택해야 하는 자본구조임을 설명한다.

예제 14.1 부채와 기업가치

J. J. Sprint사의 시장가치가 $1,000라고 가정하자. 이 기업은 현재 부채가 없으며, 발행주식수는 100주로 주당 $10에 거래된다. J. J. Sprint사와 같이 부채가 없는 기업을 **무부채기업**(unlevered company)이라고 부른다. 나아가서 J. J. Sprint사는 $500를 빌려서 주주들에게 주당 $5씩 특별현금배당으로 지급하기로 계획한다고 하자. 부채발행 후 이 기업은 부채기업(levered company)이 된다. 기업의 투자는 이 거래의 결과로 변하지 않을 것이다. 기업가치는 이 제안된 자본구조조정 후에 어떻게 될 것인가?

경영진은 자본구조조정으로부터 세 가지 결과 중에서 단지 한 가지만 일어날 수 있다고 인식한다. 구조조정 후의 기업가치는 (1) $1,000의 원래 기업가치보다 크거나, (2) $1,000와 같거나, (3) $1,000보다 작을 수 있다. 투자은행들로부터 의견을 들은 후에 경영진은 구조조정으로 인해 기업가치가 양방향으로 $250 이상 변화하지 않을 것으로 믿고 있다. 따라서 기업가치의 범위를 $1,250, $1,000, $750로 보고 있다. 원래 자본구조와 새로운 자본구조하에서 이들 세 가지 가능성이 다음에 주어져 있다.

	부채가 없는 경우 (원래 자본구조)	배당지급 후 부채와 자기자본 가치의 합 (세 가지 가능성)		
		(1)	(2)	(3)
부채	$0	$500	$500	$500
자기자본	1,000	750	500	250
기업가치	$1,000	$1,250	$1,000	$750

자기자본의 가치는 세 가지 가능성 모두에서 $1,000보다 작음을 주목하자. 이는 두 가지 중의 하나로 설명될 수 있다. 첫째, 위의 표는 특별현금배당이 지급된 후 자기자본의 가치를 보여준다. 현금이 지출되므로, 배당금 지급은 기업의 부분적인 청산을 나타낸다. 그 결과 배당지급 후 주주들에게 귀속되는 기업의 가치는 줄어들게 된다. 둘째, 장래에 기업을 청산할 경우 주주는 채권자에게 채무를 완전히 변제한 후에 잔여분을 받을 것이다. 따라서 부채는 기업에 부담으로 작용하면서 자기자본의 가치를 줄이게 된다.

물론 경영진은 가능한 결과들이 무한하다는 것을 알고 있다. 상기 세 결과는 단지 대표적인 결과들로서 여겨질 수 있다. 이제 세 가지 가능성 하에 주주의 이득을 결정할 수 있다.

(계속)

		구조조정 후 주주의 이득	
	(1)	(2)	(3)
자본이득	- $250	- $500	- $750
배당금	500	500	500
주주의 순이득 또는 순손실	$250	$0	- $250

아무도 세 결과들 중에서 어느 것이 일어날지를 사전에 확신할 수 없다. 그렇지만 경영자가 결과 (1)이 발생할 가능성이 가장 높을 것으로 믿는다고 가정하자. 주주가 $250의 이득을 볼 것이기 때문에 경영자는 분명히 구조조정을 해야 한다. 즉, 주식의 가격이 $750로 $250 하락하더라도 주주는 배당금으로 $500를 받는다. 주주의 순이득은 $250(= −$250 + $500)이다. 또한 기업가치는
$250(= $1,250 − $1,000) 증가할 것이다.

대신에 경영자가 결과 (3)이 발생할 가능성이 가장 높을 것으로 믿는다고 가정하자. 이 경우에 주주는 $250의 손실을 보게 될 것이기 때문에 기업은 구조조정을 해서는 안 된다. 즉, 주가는 $250로 $750 떨어지고 주주는 배당으로 $500를 받는다. 주주의 순손실은 −$250(= −$750 + $500)이다. 또한 기업가치는 −$250(= $750 − $1,000)만큼 변할 것이다.

마지막으로 경영자는 결과 (2)가 발생할 가능성이 가장 높을 것으로 믿는다고 가정하자. 이 경우에 구조조정은 주주의 이득에 영향을 미치지 않을 것이다. 왜냐하면 주주의 순손실이 0이기 때문이다. 또한 결과 (2)가 일어난다면 기업가치는 변하지 않음을 주목하자.

이 예는 경영자가 왜 기업가치를 극대화해야 하는지를 설명해 준다. 다시 말하면, 이 예는 14. 1절의 질문(1)에 대답해 준다. 따라서 다음과 같은 사항을 알 수 있다.

경영자들은 기업가치가 가장 높아질 것으로 생각되는 자본구조를 선택해야 한다.
왜냐하면 이러한 자본구조가 기업의 주주들에게 가장 큰 이익이 될 것이기 때문이다.[1]

J. J. Sprint사가 결과 (1)을 예상한다면 $500를 차입하여야 하는 것은 분명하다. 그렇지만 이 예는 세 결과 중에서 어느 것이 발생할 가능성이 가장 높은지를 말해주고 있지 않다. 따라서 부채가 J. J. Sprint사의 자본구조에 추가되어야 하는지를 말해주지 않는다. 다시 말하면, 이 예는 14. 1절의 질문 (2)에 대답해 주지 않는다. 이 두 번째 질문은 다음 절에서 다루어진다.

14. 3 재무레버리지와 기업가치: 예

레버리지와 주주의 이익

ExcelMaster coverage online
www.mhhe.com/RossCore6e

이전 절에서 가장 높은 기업가치를 가져다주는 자본구조가 주주의 부를 극대화하는 자본구조가 된다는 것을 살펴보았다. 이 절에서는 이러한 최적의 자본구조를 알아내고자 한다. 먼저 주주들의 이익에 대한 자본구조의 영향을 예로 들면서 시작해보자. 일단 이 예를 이해한다면 최적의 자본구조를 탐구할 준비는 된 셈이다.

1 이 결과는 부채의 채무불이행 가능성이 높은 복잡한 경우에는 정확하게 성립하지 않을지 모른다. 채무불이행의 이슈는 다음 장에서 다루어진다.

Trans Am사는 현재 자본구조에 부채가 없다. 이 기업은 자기자본의 일부를 대체하기 위하여 부채발행을 고려하고 있다. 이 기업의 현재 자본구조와 제안된 자본구조는 표 14. 1에 제시되어 있다. 이 기업의 자산은 $8,000이다. 이 순수자기자본기업(all-equity firm)의 발행주식수는 400주이며, 따라서 주당 시장가치는 $20이다. $4,000의 부채가 발행되면 자기자본은 $4,000가 남는다. 이자율은 10%이다.

현재 자본구조(순수자기자본)하에서 주당이익에 대한 경제상황의 영향이 표 14. 2에 나타나 있다. 먼저 이익이 $1,200로 기대(expected)되는 중간 열을 살펴보자. 자산이 $8,000이므로 총자산이익률(ROA)은 15%(= $1,200/$8,000)이다. 이 순수자기자본기업의 자산은 자기자본과 같기 때문에 자기자본이익률(ROE) 또한 15%이다. 주당이익(EPS)은 $3.00(= $1,200/400)이다. 경기 침체(recession)와 확장(expansion)의 경우에도 EPS가 각각 $1.00와 $5.00로 유사하게 계산된다.

레버리지의 경우는 표 14. 3에 제시된다. ROA는 경제상황에 관계없이 표 14. 2와 14. 3에서 동일하다. 왜냐하면 이 비율은 이자가 고려되기 전에 계산되기 때문이다. 부채가 여기서 $4,000이므로 이자는 $400(= 0.10 × $4,000)이다. 따라서 중간 (기대) 열에서 이자지급 후 이익은 $800(= $1,200 − $400)이다. 자기자본은 $4,000이므로 ROE는 20%(= $800/$4,000)이다. 주당이익은 $4.00(= $800/200)이다. 침체와 확장의 경우에도 EPS가 각각 $0와 $8.00로 유사하게 계산된다.

표 14. 2와 14. 3은 재무레버리지의 영향이 기업의 이자지급 전 이익(earning before interest: EBI)에 달려 있다는 것을 보여준다. 만약 이자지급 전 이익이 $1,200라면, ROE는 제안된 자본구조하에서 더 높다. 이자지급 전 이익이 $400라면, ROE는 현재 자본구조하에서 더 높다.

이러한 논의는 그림 14. 2에 나타나 있다. 실선은 레버리지가 없는 경우를 나타낸다. 이 선은 원점에서 시작하므로, EBI가 0이면 EPS도 0이라는 것을 나타낸다. EPS는 EBI와 비례하여 증가한다.

표 14. 1

Trans Am사의 재무구조

	현재	제안
자산	$8,000	$8,000
부채	$0	$4,000
자기자본(시장가치와 장부가치)	$8,000	$4,000
이자율	10%	10%
주당 시장가치	$20	$20
발행주식수	400	200

표 14. 2

Trans Am사의 현재 자본구조: 부채 없음

	침체	기대	확장
총자산이익률(ROA)	5%	15%	25%
이익	$400	$1,200	$2,000
자기자본이익률(ROE) = 이익/자기자본	5%	15%	25%
주당이익(EPS)	$1.00	$3.00	$5.00

표 14.3

Trans Am사의 제안된 자본 구조: 부채 =$4,000

	침체	기대	확장
총자산이익률(ROA)	5%	15%	25%
이자지급 전 이익(EBI)	$400	$1,200	$2,000
이자	400	400	400
이자지급 후 이익	$0	$800	$1,600
자기자본이익률(ROE) = 이자지급 후 이익/자기자본	0%	20%	40%
주당이익(EPS)	$0	$4.00	$8.00

점선은 $4,000의 부채가 있는 경우를 나타낸다. 여기서는 EBI가 0이라면 EPS는 음(−)의 값을 가진다. 이는 기업의 이익에 관계없이 $400의 이자가 지급되어야 하기 때문이다.

이제 두 선의 기울기를 살펴보자. 점선의 기울기는 실선의 기울기보다 가파르다. 이는 부채기업(levered firm)이 무부채기업(unlevered firm)보다 발행주식수가 적기 때문에 일어난다. 즉, 이익증가가 더 적은 수의 주식들에 배분되므로 EBI의 증가로 인한 EPS의 증가는 부채기업에 있어서 더 크다.

점선의 절편은 더 작지만 기울기는 더 가파르기 때문에 두 선은 서로 교차해야 한다. 손익분기점(break-even point)은 EBI가 $800일 때 일어난다. 이자지급 전 이익이 $800라면, 두 기업 모두 $2의 EPS를 실현할 것이다. $800일 때 손익분기가 되므로 $800를 초과한 이익에서는 부채기업의 EPS가 더 크게 된다. $800 다음 이익에서는 무부채기업의 EPS가 더 크게 된다.

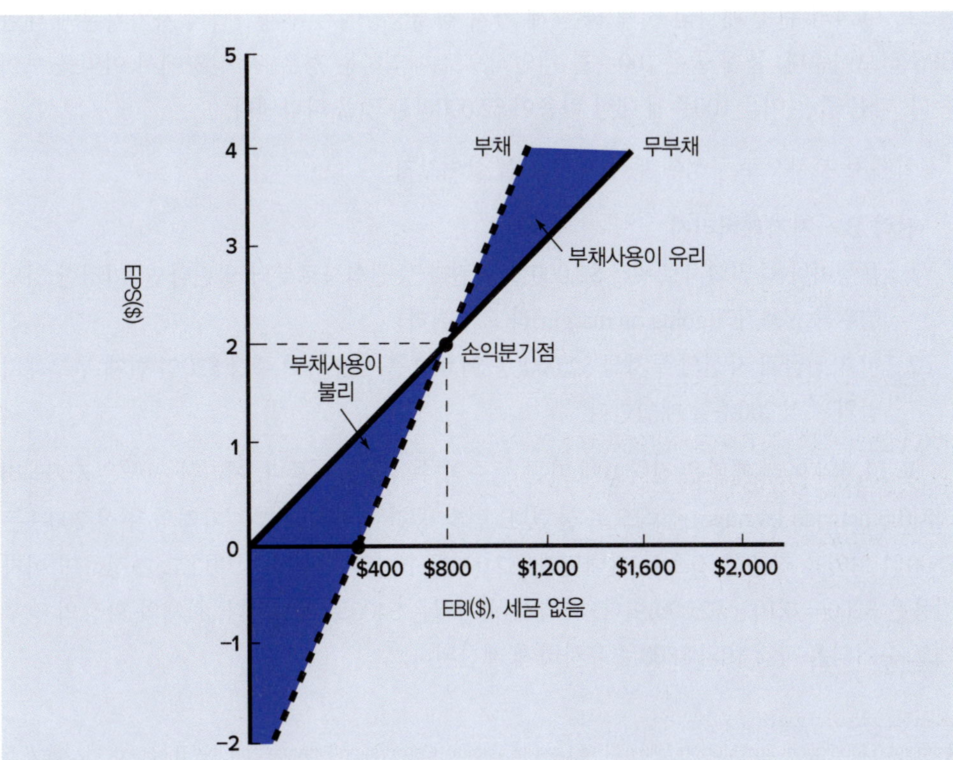

그림 14.2

재무레버리지: Trans Am사의 EPS와 EBI

부채와 자기자본의 선택

표 14. 2, 14. 3과 그림 14. 2는 주당이익에 대한 레버리지의 영향을 보여주기 때문에 중요하다. 학생들은 이들 표와 그림에 있는 수치들의 계산에 익숙할 필요가 있다. 그렇지만 우리는 아직 핵심을 이야기하지 않고 있다. 즉, 어느 자본구조가 Trans Am사에 더 나은가를 말하지 않았다.

여기서 학생들은 레버리지의 사용이 유리하다고 생각할지 모른다. 왜냐하면 EPS는 레버리지가 있는 경우에는 $4.00로 기대되며 레버리지가 없는 경우에는 단지 $3.00로 예상되기 때문이다. 그러나 레버리지는 위험(risk)을 수반한다. 경기침체의 경우 EPS는 무부채기업에 있어서 더 높다($1.00 대 $0)는 것을 주목하자. 따라서 위험회피 투자자는 순수자기자본기업을 선호할지 모른다. 반면에 위험중립 (또는 위험선호) 투자자는 레버리지를 선호할지 모른다. 이러한 모호한 상황에서 어느 자본구조가 더 나은가?

Modigliani와 Miller(MM 또는 M&M)는 기업은 자본구조 변경을 통해 증권의 총가치를 변화시킬 수 없다는 설득력 있는 주장을 한다. 다시 말하면, 기업의 가치는 자본구조에 영향을 받지 않는다는 말이다. 이는 자본구조가 어떠하더라도 기업의 주주에게 더 좋지도 더 나쁘지도 않다는 것을 의미한다. 이러한 다소 비관적인 결과가 그 유명한 **MM명제 I**이다.[2]

그들의 주장은 단순 전략(전략 A)과 두 부분으로 구성된 전략(전략 B)을 비교함으로써 입증될 수 있다. Trans Am사의 주주에게 이들 두 전략이 미치는 영향이 표 14. 4에 나타나 있다. 먼저 첫 번째 전략을 살펴보자.

전략 A—부채기업의 주식 100주 매입

표 14. 4의 위쪽 패널의 첫째 줄은 세 가지 경제상황에서 부채기업의 자기자본에 대한 EPS를 보여준다. 둘째 줄은 100주를 개인적으로 매입하는 경우, 각 상황에서 이익을 보여준다. 다음 줄은 이들 100주에 대한 비용이 $2,000라는 것을 나타낸다.

이제 두 부분으로 구성된 두 번째 전략을 살펴보자.

전략 B —자가레버리지

1. 은행이나 증권회사로부터 $2,000를 빌린다(증권회사로부터 빌린다면, 이러한 차입 행위를 **신용거래**(going on margin)라고 부른다).
2. 이 차입금과 자신의 투자금 $2,000(총 $4,000)를 사용하여 주당 $20인 현재 무부채기업의 주식 200주를 매입한다.

표 14. 4의 아래 패널은 전략 B에 따른 주주의 수익을 보여준다. 이러한 전략은 **자가레버리지**(homemade leverage) 전략으로 불린다. 먼저 중간 열에서 무부채기업의 주식 200주는 $600의 이익을 창출할 것으로 기대된다. $2,000를 10% 이자율로 빌린다고 가정하면 이자비용은 $200(= 0.10 × $2,000)이다. 따라서 순이익은 $400로 예상된다. 침체와 확장의 경우에도 순이익은 각각 $0와 $800로 유사하게 계산된다.

2 Franco Modigliani and Merton Miller, "The Cost of Capital, Corporation Finance and the Theory of Investment," *American Economic Review* 47, no. 3(1958), pp. 261~297.

표 14.4

제안된 자본구조와 자가레버리지를 이용한 현재 자본구조하에서 Trans Am사 주주의 수익과 비용

	침체	기대	확장
전략 A: 부채기업의 주식 100주 매입			
부채 기업 자기자본의 EPS(표 14. 3의 마지막 줄 참조)	$0	$4	$8
100주당 이익	$0	$400	$800
최초 투자금액 = 100주 × $20/주 = $2,000			
전략 B: 자가레버리지			
현재 부채가 없는 Trans Am사의 200주당 이익	$1 × 200 = $200	$3 × 200 = $600	$5 × 200 = $1,000
$2,000에 대한 10% 이자	200	200	200
순이익	$0	$400	$800
최초 투자금액 = 200주 × $20/주 - $2,000 = $2,000 (주식의 구입비용, 차입금)			

투자자는 (1) 부채기업의 주식을 매입하거나, (2) 자기 스스로 차입하여 무부채기업의 주식을 매입하든지간에 같은 수익을 얻는다. 최초 투자금액도 두 경우가 서로 같다. 따라서 기업은 자본구조에 부채를 추가함으로써 투자자에게 이익을 주거나 손해를 입히지 못한다.

이제 두 전략을 순이익과 최초비용의 견지에서 비교해보자. 표 14. 4의 위쪽 패널은 세 경제상황에서 전략 *A*로부터 각각 $0, $400, $800의 이익이 창출되었음을 보여준다. 아래 패널은 각 경제상황에서 전략 *B*로부터 창출된 순이익도 마찬가지로 동일하다는 것을 보여준다.

표의 전략 *A*는 $2,000의 최초비용을 수반한다는 것을 보여준다. 전략 *B*도 마찬가지로 $2,000의 동일한 비용이 소요되었다.

이는 매우 중요한 결과를 보여준다. 두 전략으로부터 비용과 수익이 같다. 따라서 Trans Am사는 자본구조를 조정하여 주주에게 이익을 주거나 손해를 입히지 못한다는 것을 의미한다. 다시 말하면, 투자자 자신이 얻을 수 없는 어떤 것을 기업이 레버리지를 통해서 해줄 수는 없다는 것이다.

표 14. 1에서 보는 바와 같이 무부채기업의 자기자본의 가치는 $8,000이다. 부채기업의 자기자본은 $4,000이고 부채는 $4,000이기 때문에 부채기업의 가치 또한 $8,000이다. 이제 어떤 이유 때문에 부채기업의 가치가 무부채기업의 가치보다 실제로 더 크다고 가정하자. 여기서 전략 *A*는 전략 *B*보다 비용이 더 들 것이다. 왜냐하면 이 경우에 투자자는 자신이 스스로 빌려서 무부채기업의 주식에 투자하려 할 것이다. 그는 부채기업의 주식에 투자했을 때와 같은 순이익을 매년 얻을 것이지만 그의 비용은 더 작을 것이기 때문이다. 이 전략은 이 투자자에게만 확정된 것은 아니다. 부채기업의 가치가 더 높다면 합리적인 투자자는 부채기업의 주식에 투자하지 않을 것이다. 부채기업의 주식을 원하는 누구든 무부채기업의 주식을 차입하여 매입함으로써 같은 수익률을 훨씬 더 저렴하게 얻을 것이다. 물론 부채기업의 가치가 떨어지고 무부채기업의 가치가 상승하여 그들의 가치가 같아질 때 균형을 이루게 된다. 이 균형점에서 개인들은 전략 *A*와 전략 *B* 사이에서 무차별적이게 될 것이다.

이 예는 흔히 MM명제 I(MM Proposition I)라고 불리는 Modigliani-Miller(MM)의 기본적 결과를 설명한다. 이 명제는 다음과 같이 다시 쓸 수 있다.

MM명제 I(세금 없음): 부채가 있는 기업의 가치는 부채가 없는 기업의 가치와 같다.

이 명제는 기업재무의 모든 분야에서 아마 가장 중요한 결과일 것이다. 사실상 이는 현대 재무학의 출발점으로 간주된다. MM 이전에 기업가치에 대한 레버리지의 영향은 복잡하고 난해하다고 생각되었다. Modigliani와 Miller는 부채기업이 너무 비싸다면 합리적인 투자자는 무부채기업의 주식을 사기 위해 스스로 차입할 것이라는 아주 단순한 결과를 보여 주었다. 개인들의 이러한 대체전략을 종종 자가레버리지라 부른다. 개인들이 기업과 같은 조건으로 차입과 대출을 할 수 있는 한, 그들 스스로 기업의 레버리지가 지니는 효과를 모방할 수 있다.

Trans Am사의 예는 레버리지가 기업의 가치에 영향을 미치지 않음을 보여준다. 앞서 주주의 부는 기업의 가치와 직접적으로 관련됨을 보았으므로 이 예는 자본구조의 변화는 주주의 부에 영향을 줄 수 없다는 것을 나타낸다.

한 가지 중요한 가정

MM의 결과는 개인이 기업만큼 저렴하게 차입할 수 있다는 가정에 근거한다. 만약 개인이 기업보다 높은 이율로만 차입이 가능하다면, 기업이 차입을 통해 기업가치를 증가시킬 수 있음을 쉽게 증명할 수 있다.

이런 동일한 차입비용의 가정은 적절한가? 주식을 매입하고 차입하려는 개인은 증권회사(브로커)에서 신용계좌를 개설해야 한다. 이러한 약정에 따라 브로커는 개인에게 매입가격의 일부를 빌려준다. 예를 들어, 개인은 \$1만의 주식을 사기 위해 자신의 자금 \$6,000와 브로커로부터 차입하는 \$4,000를 이용할 수 있다. 주식의 가치가 다음 날 \$9,000라면, 개인계좌의 순가치 또는 순자기자본은 \$5,000(= \$9,000 − \$4,000)가 될 것이다.[3]

브로커는 갑작스러운 가격하락으로 개인계좌에서 주식의 가치가 음(−)이 되어 대출금을 전액 회수하지 못할 가능성을 우려한다. 이러한 가능성을 막기 위하여 증권거래소는 주가가 하락함에 따라 개인으로 하여금 추가적인 현금납입(신용계좌 보충)을 하도록 한다. (1) 계좌의 잔액을 보충하기 위해 절차는 장기간에 걸쳐 개발되었고, (2) 브로커가 담보로 주식을 잡고 있기 때문에 채무불이행 위험이 거의 없다.[4] 특히 신용증거금의 납입이 적시에 이루어지지 않는다면 브로커는 주식을 팔아서 대출금을 회수할 수 있다. 이런 경우 브로커는 일반적으로 무위험이자율보다 약간 높은 이자율을 부과한다.

반면에 기업은 종종 비유동적인 자산(예, 설비와 장비)을 담보로 대출을 받고는 한다. 최초 협상, 지속적 감시, (재무적 곤경의 경우) 워크아웃협정과 연관하여 대출자에게 전가되는 비용 또한 상당히 클 수 있다. 따라서 기업이 개인보다 반드시 낮은 이자율로 차입한다고 주장하기는 어렵다.

---

3 대출금에 대한 하루 동안의 이자는 무시한다.

4 주가가 단 하루에 20% 이상 하락한 1987년 10월 19일 이전에 이 교재가 출판되었더라면, 위험이 '거의 없는(little)' 대신에 '사실상 없는(virtually no)'이란 문구가 사용되었을 것이다.

14. 4 Modigliani와 Miller(MM): 명제 II(세금이 없는 경우)

주주의 위험은 레버리지가 높을수록 증가한다

Trans Am사의 한 회의에서 기업 간부가 "글쎄, 레버리지가 크지 않다면, 기업이 차입하든지 또는 개인이 차입을 하든지는 아마 중요하지 않다. 레버리지는 투자자에게 이익이 된다. 결국 투자자의 기대수익률은 레버리지의 규모가 클수록 증가한다"고 말했다. 그래서 그는 앞의 표 14. 2와 14. 3에서처럼 부채기업의 자기자본에 대한 기대수익률이 20%인 반면 무부채기업의 자기자본에 대한 기대수익률은 15%라고 지적했다.

그러나 다른 간부는 "반드시 그렇지는 않다. 비록 기대수익률은 레버리지가 높을수록 증가하지만, 위험 역시 증가한다"고 응대했다. 이러한 점은 표 14. 2와 14. 3을 살펴봄으로써 알 수 있다. 이자지급전이익(EBI)이 \$400와 \$2,000 사이에서 변하므로 무부채기업의 주주에 대한 주당이익(EPS)은 \$1.00와 \$5.00사이에서 변한다. 부채기업의 주주에 대한 EPS는 \$0와 \$8.00사이에서 변한다. 부채기업 EPS의 범위가 더 넓다는 것은 부채기업 주주의 위험이 더 크다는 것을 의미한다. 다시 말하면, 부채기업의 주주는 무부채기업의 주주보다 경기가 좋을 때는 더 큰 이익을, 경기가 나쁠 때는 더 작은 이익을 얻는다. 두 표는 또한 부채기업의 주주에 대한 ROE의 범위가 더 넓다는 것을 보여준다. 여기에도 위험에 대해 같은 해석이 적용된다.

이와 같은 통찰력은 앞의 그림 14. 2로부터 얻을 수 있다. 부채기업에 대한 직선의 기울기가 무부채기업에 대한 직선의 기울기보다 가파르다. 이는 부채기업의 주주는 무부채기업의 주주보다 경기가 좋을 때는 더 큰 이익을 거두지만 경기가 나쁠 때는 더 작은 이익을 거둔다는 것을 의미하며, 레버리지가 높을수록 위험도 더 커짐을 말한다. 다시 말하면, 기업성과(EBI)의 변화에 대한 ROE의 반응 정도를 나타내는 직선의 기울기는 주주의 위험을 측정한다.

명제 II: 주주의 요구수익률은 레버리지가 높을수록 증가한다

부채기업의 자기자본은 더 큰 위험을 지니므로 이에 대한 보상으로 부채기업의 자기자본에 대한 기대수익률이 더 높아야 한다. 앞의 예에서 시장은 무부채기업에 대해서 단지 15%의 기대수익률을 요구하지만, 부채기업에 대해서는 20%의 기대수익률을 요구한다.

이러한 추론을 통해 **MM명제 II(MM Proposition II)**는 전개된다. 여기서 MM은 자기자본에 대한 기대수익률은 레버리지와 양(+)의 관계가 있다고 주장한다. 왜냐하면 주주의 위험이 레버리지가 높을수록 증가하기 때문이다.

먼저 기업의 가중평균자본비용 WACC는 다음과 같이 표현될 수 있음을 상기하라.[5]

$$\text{WACC} = \frac{S}{B+S} \times R_S + \frac{B}{B+S} \times R_B \quad [14.\ 2]$$

여기서

5 여기서는 세금이 없다고 가정하고 있으므로 부채비용은 제12장에서 논의된 $R_B(1 - T_C)$가 아니라 R_B이다.

R_B = 부채비용

R_S = 자기자본 또는 주식에 대한 기대수익률(자기자본비용 또는 자기자본의 요구수익률)

WACC = 기업의 가중평균자본비용

B = 기업의 부채 또는 채권의 가치

S = 기업의 자기자본 또는 주식의 가치

식 14. 2는 아주 직관적이다. 이 식은 기업의 가중평균자본비용은 그 기업의 부채비용과 자기자본비용의 가중평균이라는 것을 말한다. 부채에 적용되는 가중치는 자본구조에서 부채가 차지하는 비율이며, 자기자본에 적용되는 가중치는 자본구조에서 자기자본이 차지하는 비율이다. 표 14. 5는 무부채기업과 부채기업 모두에 대해 식 14. 2를 이용하여 WACC를 계산한 결과를 보여준다.

MM명제 I이 의미하는 바는 WACC가 자본구조에 관계없이 주어진 기업에 대해 일정하다는 것이다.[6] 예를 들면, 표 14. 5는 Trans Am사의 WACC가 레버리지 유무에 관계없이 15%임을 보여준다.

이제 R_0를 **순수자기자본기업의 자본비용**(cost of capital for an all-equity firm)으로 정의하자. Trans Am사에 대해 R_0는 다음과 같이 계산된다.

$$R_0 = \frac{\text{무부채기업의 기대이익}}{\text{무부채기업의 자기자본}} = \frac{\$1,200}{\$8,000} = 0.15 \text{ 또는 } 15\%$$

표 14. 5로부터 볼 수 있듯이 WACC는 Trans Am사의 경우에 R_0와 같다. 사실상 WACC는 법인세가 없는 세계에서는 항상 R_0와 같아야 한다.

명제 II에서는 자기자본의 기대수익률 R_S가 레버리지와 관련하여 표현된다. 정확한 관계는 식 14. 2에서 WACC 대신에 R_0를 대입하여 재정렬함으로써 유도되며 다음과 같이 쓰여질 수 있다.

MM 명제 II (세금이 없는 경우)

$$R_S = R_0 + (R_0 - R_B)\frac{B}{S} \qquad [14.\ 3]$$

식 14. 3은 자기자본의 요구수익률은 부채비율의 선형함수라는 것을 의미한다. 식 14. 3을 살펴보면, R_0가 부채비용 R_B를 초과하는 경우에 자기자본비용은 부채비율(B/S)이 높을수록 증가한다는 것을 알 수 있다. 통상적으로 R_0는 R_B를 초과해야 한다. 심지어 무부채기업의 자기자본도 위험하기 때문에 그 기대수익률은 무위험부채의 기대수익률보다 더 커야 한다. 식 14. 3은 부채가 있는 상태의 Trans Am사에 대해 다음과 같이 성립하게 된다.

$$0.20 \text{ 또는 } 20\% = 0.15 + \frac{\$4,000}{\$4,000}(0.15 - 0.10)$$

6 이 진술은 세금이 없는 세계에서 성립하며, 세금이 존재하는 세계에서는 성립하지 않는다. 이에 대해서는 나중에 논의될 것이다(그림 14. 6 참조).

표 14.5

Trans Am의 자본비용 계산

$$\text{WACC} = \frac{S}{B+S} \times R_S + \frac{B}{B+S} \times R_B$$

$$\text{무부채기업: } 15\% = \frac{\$8,000}{\$8,000} \times 15\%^{*} + \frac{0}{\$8,000} \times 10\%^{\dagger}$$

$$\text{부채기업: } 15\% = \frac{\$4,000}{\$8,000} \times 20\%^{**} + \frac{\$4,000}{\$8,000} \times 10\%^{\dagger}$$

* 표 14. 2의 '기대' 열로부터 무부채기업의 이자지급 후 기대이익은 $1,200이다. 표 14. 1로부터 무부채기업의 자기자본은 $8,000이다. 따라서 무부채기업의 R_S는 다음과 같다.

$$\frac{\text{이자지급 후 기대이익}}{\text{자기자본}} = \frac{\$1,200}{\$8,000} = 0.15 \text{ 또는 } 15\%$$

** 표 14. 3의 '기대' 열로부터 부채기업의 이자지급 후 기대이익은 $800이다. 표 14. 1로부터 부채기업의 자기자본은 $4,000이다.
따라서 부채기업의 R_S는 다음과 같다.

$$\frac{\text{이자지급 후 기대이익}}{\text{자기자본}} = \frac{\$800}{\$4,000} = 0.20 \text{ 또는 } 20\%$$

† 10%는 부채비용이다.

그림 14. 3은 식 14. 3을 그래프로 보여준다. 보는 바와 같이 자기자본비용 R_S와 부채비율(B/S)의 관계가 직선으로 나타나 있다. 식 14. 3에서 입증하고 그림 14. 3에서 그래프로 설명한 것은 자기자본비용에 대한 레버리지 효과이다. 기업의 부채비율이 오름에 따라 자기자본 한 단위당 부채액수는 커지게 된다. 이는 자기자본의 위험을 증가시키며 따라서 자기자본에 대한 요구수익률 R_S를 증가시킨다.

그림 14. 3은 위에서 강조했듯이 WACC는 레버리지에 의해 영향을 받지 않음을 보여준다(학생들은 순수자기자본기업의 자본비용 R_0는 그래프에서 하나의 점으로 나타나 있음을 인지하는 것이 중요하다. 반면에 WACC는 완전한 선으로 표시된다).

그림 14. 3

자기자본비용, 부채비용, 가중평균자본비용: 법인세가 없는 경우의 MM명제 II

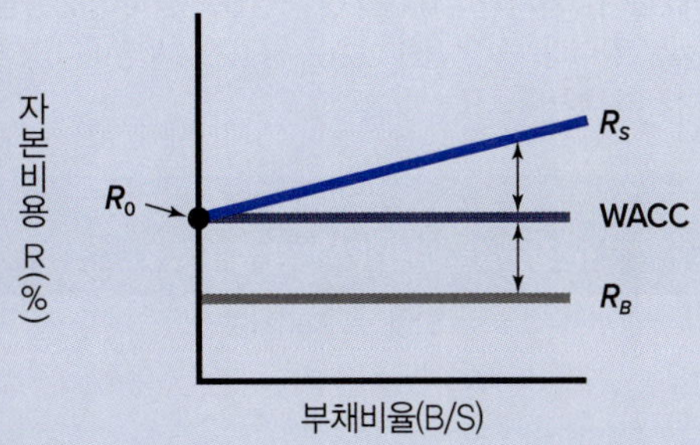

$R_S = R_0 + (R_0 - R_B)B/S$

R_S : 자기자본비용

R_B : 부채비용

R_0 : 순수자기자본기업의 자본비용

WACC : 기업의 가중평균자본비용. 세금이 없는 세계에서 부채기업의 WACC는 R_0와 같다.

R_0는 단 하나의 점인 반면에 R_0, R_B, WACC는 모두 선들이다.

자기자본비용 R_S는 기업의 부채비율과 양(+)의 관계에 있다. 기업의 가중평균자본비용 WACC는 기업의 부채비율에 관계없이 일정하다.

예제 14. 2

MM명제 I과 II

순수자기자본기업인 Luteran Motors는 연 $1,000만의 이익이 영구히 발생할 것으로 예상한다. 이 기업은 이익을 모두 배당금으로 지급하므로 $1,000만는 주주들의 기대현금흐름으로 여겨질 수 있다. 발행주식수가 1,000만주이므로, 연간 주당 $1의 현금흐름이 예상된다. 이 무부채기업의 자본비용은 10%이다. 추가로 이 기업은 곧 $400만를 들여 새로운 공장을 지을 것이다. 이 공장은 연$100만의 추가적인 현금흐름을 창출할 것으로 기대된다. 이들 수치는 다음과 같이 나타낼 수 있다.

현재 기업	새로운 공장
현금흐름: $1,000만	최초 지출: $400만
발행주식수: 1,000만주	연간 추가적인 현금흐름: $100만

신규공장 건설 프로젝트의 할인율이 전체기업의 할인율과 같다고 가정하면, 이 프로젝트의 순현재가치는 다음과 같다.

$$-\$400\text{만} + \frac{\$1{,}000\text{만}}{0.1} = \$600\text{만}$$

시장이 이 프로젝트에 대해 알기 전 이 기업의 (시장가치로 표현된) 대차대조표는 다음과 같다.

Luteran Motors 대차대조표 (순수자기자본)	
기존 자산: $\frac{\$1{,}000\text{만}}{0.1}$ $1억	자기자본 $1억 (1,000만주)

연 $1,000만의 현금흐름이 10%로 자본화(할인)되기 때문에 기업의 가치는 $1억가 된다. 발행주식수가 1,000만 주이므로 주당 $10($1억/1,000만)에 팔린다.

시장가치 대차대조표는 재무분석의 유용한 도구이다. 핵심은 시장가치 대차대조표는 회계사들이 사용하는 대차대조표와 형태가 같다는 것이다. 즉, 자산은 좌변에 위치하며 반면에 부채와 자기자본은 우변에 놓인다. 또한 좌변과 우변은 같아야 한다. 시장가치 대차대조표와 회계사의 대차대조표의 차이는 수치들에 있다. 회계사는 항목들을 역사적 원가(원래 구입가격 - 감가상각비)로 평가하는 반면에 재무분석가는 항목들을 시장가치로 평가한다.

이 기업은 자기자본이나 부채로 $400만를 조달할 것이다. 자기자본과 부채의 자본조달 효과를 차례로 살펴보자.

주식발행 기업이 가까운 장래에 새로운 공장을 짓기 위하여 $400만의 자기자본 조달을 발표한다고 가정하자. 주가와 기업가치는 공장의 순현재가치가 양(+)이라는 사실을 반영하여 상승할 것이다.효율적 시장에 따르면 이러한 상승은 즉시 일어날 것이다. 즉 이러한 상승은 공장건설시점이나 향후 주식발행 시점이 아니라 발표일에 일어날 것이다. 시장가치 대차대조표는 다음과 같다.

Luteran Motors 대차대조표 (공장건설을 위한 주식발행 발표 직후)			
기존 자산:	$1억	자기자본	$1억600만 (1,000만주)
공장의 NPV $-\$400\text{만} + \frac{\$100\text{만}}{0.1} =$	600만		
총자산	$1억600만		

공장의 NPV는 시장가치 대차대조표에 포함되어 있다는 것을 주목하자. 새로운 주식이 아직 발행되지 않았으므로 발행주식수는 여전히 1,000만주이다. 주당 가격은 공장에 대한 뉴스를 반영하여 이제 $10.60

(계속)

(= $1억600만/1,000만)로 올랐다.

그 후 곧바로 $400만의 주식이 발행된다. 주식은 주당 $10.60에 팔리기 때문에 37만7,358(= $400만/$10.60)주가 발행된다. 조달자금은 공장건설을 위해 사용되기 전에 일시적으로 은행에 보관된다고 생각하라. 시장가치 대차대조표는 다음과 같다.

Luteran Motors 대차대조표 (주식발행 직후, 공장건설 착수 이전)			
기존 자산:	$1억	자기자본	$1억1,000만 (1,037만7,358주)
공장의 NPV	600만		
신주발행으로부터 조달자금 (현재 은행에 예치되어 있음)	400만		
총자산	$1억1,000만		

37만7,358주의 신주가 발행되었으므로 발행주식수는 이제 1,037만7,358주가 된다. 주당 가격은 $10.60(= $1 억1,000만/1,037만7,358)이다. 가격이 변하지 않았음을 주목하자. 이는 효율적 자본시장과 일관성이 있다. 왜냐하면 주가는 단지 새로운 정보에 의해 움직여야 하기 때문이다.

물론 조달자금은 일시적으로 은행에 예치된다. 신주발행 직후 곧바로 $400만는 공장을 건설할 계약자에게 건네진다. 할인하는 문제를 피하기 위해 공장이 즉시 지어진다고 가정한다. 그러면 대차대조표는 다음과 같이 된다.

Luteran Motors 대차대조표 (공장완성 직후)			
기존 자산:	$1억	자기자본	$1억1,000만 (1,037만7,358주)
공장의 PV: + $\frac{\$100만}{0.1}$ =	1,000만		
총자산	$1억1,000만		

총자산은 변화하지 않지만 자산의 구성은 변한다. 은행계좌는 계약자에게 지급하여 비어 있다. 공장으로부터 창출되는 연 $100만 현금흐름의 현재가치는 $1,000만의 자산으로서 반영된다. $400만의 건설비는 이미 지출되었기 때문에 이는 더 이상 미래비용이 아니다. 따라서 이로 인해 공장의 가치는 줄어들지 않는다. 효율적 자본시장에 따르면 주당 가격은 여전히 $10.60이다.

기업으로부터 예상되는 연간 현금흐름은 $1,100만이며, 그 중에서 $1,000만는 기존 자산으로부터, 그리고 $100만는 새로운 자산으로부터 발생된다. 주주들의 기대수익률은 다음과 같다.

$$R_S: \frac{\$1,100만}{1만1,000만} = 0.10 \text{ 또는 } 10\%$$

기업은 부채가 없기 때문에 $R_S = R_0 = 0.10$.

부채발행 대신에 기업이 가까운 장래에 새로운 공장을 짓기 위해 6%로 $400만의 차입을 발표한다고 가정하자. 이는 연 $24만(= $400만 × 6%)의 이자지급을 의미한다. 다시 주가는 공장의 순현재가치가 양(+)이라는 사실을 반영하여 즉시 오를 것이다. 따라서 시장가치 대차대조표는 다음과 같다.

Luteran Motors 대차대조표 (공장건설을 위한 부채발행 발표 직후)			
기존 자산:	$1억	자기자본	$1억600만 (1,000만주)

(계속)

공장의 NPV		
-$400만 + $\frac{\$100만}{0.1}$ =	600만	
총자산	$1억600만	

기업의 가치는 주식으로 자본을 조달하는 경우와 같다. 왜냐하면 (1) 같은 공장이 지어질 예정이며, (2) MM은 부채 자본조달이 주식 자본조달보다 더 좋지도, 더 나쁘지도 않음을 증명해 보였기 때문이다.

어느 시점에서 $400만의 부채가 발행되면 이전처럼 조달자금은 일시적으로 은행에 예치된다. 시장가치 대차대조표는 다음과 같이 된다.

Luteran Motors 대차대조표 (부채발행 직후, 공장건설 착수 이전)			
기존 자산:	$1억	부채	$1억1,000만
공장의 NPV	600만	자기자본	$1억600만 (1,000만주)
부채발행으로부터 조달자금 (현재 은행에 예치되어 있음)	400만		
총자산	$1억1,000만	부채 + 자기자본	$1억1,000만

부채는 대차대조표의 우변에 나타나 있다. 주가는 여전히 $10.60로 효율적 자본시장에 대한 논의와 부합한다.

마지막으로 계약자가 $400만를 받고 공장을 짓는다. 시장가치 대차대조표는 다음과 같이 된다.

Luteran Motors 대차대조표 (공장완성 직후)			
기존 자산:	1,000만	부채	$400만
공장의 PV	10만	자기자본	$1억600만 (1,000만주)
총자산	$1억1,000만	부채 + 자기자본	$1억1,000만

여기서 유일한 변화는 은행계좌가 계약자에게 지급하기 위하여 사용되었다는 것이다. 주주들이 기대하는 이자지급 후 연간 현금흐름은 다음과 같다.

$1,000만	+	$100만	−	$24만	=	$1,076만
기존 자산에 대한 현금흐름		새로운 자산에 대한 현금흐름		이자 ($400만 × 0.06)		

주주들은 다음의 수익률을 기대한다.

$$\frac{\$1,076만}{1억600만} = 0.1015 \text{ 또는 } 10.15\%$$

부채기업의 주주들에 대한 이러한 10.15%의 수익률은 무부채기업의 주주들에 대한 10% 수익률보다 높다. 이 결과는 이전에 논의했듯이 부채기업의 자기자본이 더 위험하기 때문에 이해할만하다. 사실상 10.15% 수익률은 MM명제 II가 예견하는 바로 그 수익률이다. 이는 다음(식 14. 3)에 값들을 대입함으로써 검증될 수 있다.

$$R_S = R_0 + \frac{B}{S} \times (R_0 - R_B)$$

(계속)

$$0.1015 \text{ 또는 } 10.15\% = 0.10 + \frac{\$4,000,000}{\$106,000,000} \times (0.10 - 0.06)$$

이 예는 두 가지 이유로 유용하다. 첫째, 본 교재의 다른 곳에서 유용하게 사용될 시장가치 대차대조표의 개념을 소개하고자 하였다. 특히 이 기법을 이용하면 신주발행 경우 주당 가격을 계산할 수 있다. 둘째, 이 예는 Modigliani와 Miller의 세 가지 측면을 다음과 같이 설명한다.

1. 기업의 가치는 자본조달을 자기자본으로 하든 부채로 하든 모두 $1억1,000만이기 때문에 이 예는 MM명제 I과 일관성이 있다.
2. 학생들은 종종 기업가치보다 주가에 더 관심이 있다. 주가는 자본조달을 부채로 하든 자기자본으로 하든 항상 $10.60이다.
3. 이 예는 MM명제 II와 일관성이 있다. 주주의 기대수익률은 공식 14. 3이 의미하듯이 10%에서 10.15%로 오른다. 이러한 상승은 부채기업의 주주들이 무부채기업의 주주들보다 더 큰 위험에 노출되기 때문에 일어난다.

MM: 해석

Modigliani-Miller의 결과는 경영자가 기업의 증권을 재포장하여 기업의 가치를 바꿀 수 없음을 의미한다. 이러한 개념은 1950년 후반에 처음 제안되었을 때 획기적인 것으로 여겨졌지만 그 이후 MM의 접근법과 증명은 광범위한 환호를 받았다.[7]

MM은 부채가 자기자본보다 더 저렴하게 보일지라도 자기자본을 부채로 대체함으로써 기업의 전반적인 자본비용을 줄일 수 없다고 주장한다. 이에 대한 이유는 기업의 부채가 증가함에 따라 나머지 자기자본은 더 위험해지기 때문이다. 그 결과 자기자본비용은 증가한다. 이러한 자기자본비용의 증가는 (상대적 비중이 높아진) 부채의 낮은 비용과 상쇄된다. MM은 두 효과가 서로 완전히 상쇄되어 기업의 가치와 전반적인 자본비용은 레버리지에 관계없이 일정하다는 것을 증명한다.

MM은 음식을 사용하여 재미있는 유추를 한다. 두 가지 중 하나를 선택할 수 있는 낙농업자를 생각해 보자. 하나는 그는 전유(whole milk)를 파는 것이고, 다른 하나는 크림을 따로 걷어내어 크림과 저지방 우유의 조합을 파는 것이다. 낙농업자는 크림에 대해서는 높은 가격을 받을 수 있지만 저지방 우유에 대해서는 낮은 가격을 받으므로 어떠한 순이득을 얻을 수 없다. 만약 전유의 전략으로부터 받는 대금이 크림과 저지방 우유의 조합전략으로부터 받는 대금보다 적다고 생각해 보자. 차익거래자들은 전유를 매입해서 크림을 분리하여 크림과 저지방 우유를 따로 팔려고 할 것이다. 차익거래자들 사이의 경쟁으로 인하여 전유의 가격은 상승하게 되며 두 전략으로부터의 대금은 같아지게 될 것이다. 따라서 우유의 가치는 그 우유가 포장되는 방법에 관계없이 일정하다.

앞서 기업을 파이로 간주하면서, 음식은 이미 이 장에서 인용된 바 있다. MM은 파이의 크기는 주주와 채권자가 그것을 어떻게 나누든 변하지 않는다고 주장한다. MM은 기업의 자본구조는 기업가치와 무관하며 어떤 역사적 우연에 의해 그렇게 된 것이라고 말한다. MM이론은 기업의 부채비율은 어떤 비율도 가능함을 의미한다. 현재의 부채비율은 얼마

7 Merton Miller와 Franco Modigliani는 자본구조에 대한 업적으로 노벨상을 받았다.

MM명제(법인세가 존재하지 않는 경우)의 요약

가정

- 세금이 존재하지 않는다.
- 거래비용이 없다
- 개인과 기업이 같은 이자율로 차입할 수 있다.

결과

명제 I: $V_L = V_U$ (부채기업의 가치는 무부채기업의 가치와 같다)

명제 II: $R_S = R_0 + \frac{B}{S}(R_0 - R_B)$

직관

명제 I: 자가레버리지를 통하여 개인들은 기업의 레버리지 효과를 모방하거나 원상태로 되돌릴 수 있다.

명제 II: 자기자본비용은 레버리지가 높을수록 증가한다. 왜냐하면 자기자본의 위험이 레버리지가 높을수록 증가하기 때문이다.

나많이 차입을 해야 하는지, 그리고 얼마나 많은 주식을 발행해야 하는지에 관한 종잡을 수 없는 경영의사결정의 결과이다.

학자들은 항상 파급력 있는 이론들에 매료되지만 학생들은 아마 실제 세계로의 적용에 더 관심을 가질 것이다. 그러면 실제 세상에서 경영자들이 자본구조의 결정을 대수롭지 않게 취급함으로써 MM을 따르고 있는가? 이 이론에 대해서는 불행하게도, 은행업과 같은 어떤 산업에 속한 기업들은 높은 부채비율을 선택한다. 반대로 제약업과 같은 다른 산업에 속한 기업들은 낮은 부채비율을 선택한다. 사실상 거의 모든 산업에는 그 산업에 속한 기업들이 고수하려는 고유의 부채비율이 있다. 따라서 기업들이 경솔하고 무작위적 방법으로 레버리지의 정도를 택하는 것으로는 보이지 않는다. 이 때문에 (MM을 포함하는) 재무경제학자들은 실제 세계의 요인들은 이론으로부터 벗어나 있을 수 있다고 주장해 왔다.

학생들은 개인은 기업보다 높은 이자율로만 차입할 수 있다고 주장하지만, 우리는 이 장의 앞 부분에서 이 주장에 동의하지 않았다. 대신에 MM이론의 비현실적인 가정으로 다음의 두 가지를 들 수 있다.[8]

1. 세금이 무시되었다.
2. 파산비용과 대리인비용이 고려되지 않았다.

다음 절에서는 세금이 존재하는 경우를 살펴본다. 파산비용과 대리인비용은 다음 장에서 다루게 될 것이다. 세금이 존재하지 않는 경우 Modigliani-Miller의 주요 결과는 앞의 박스란에 요약되어 있다.

14.5 세금

기본적 통찰

이 장의 앞 부분에서 세금이 없는 세계에서 기업가치는 부채의 유무와 무관하다는 것을 보았다. 이제 법인세의 존재하에서 기업가치는 부채와 양(+)의 관계가 있음을 살펴보도록 하

8 MM은 그들의 원래 논문에서 볼 수 있듯이 이들 두 가지 문제를 인지하고 있었다.

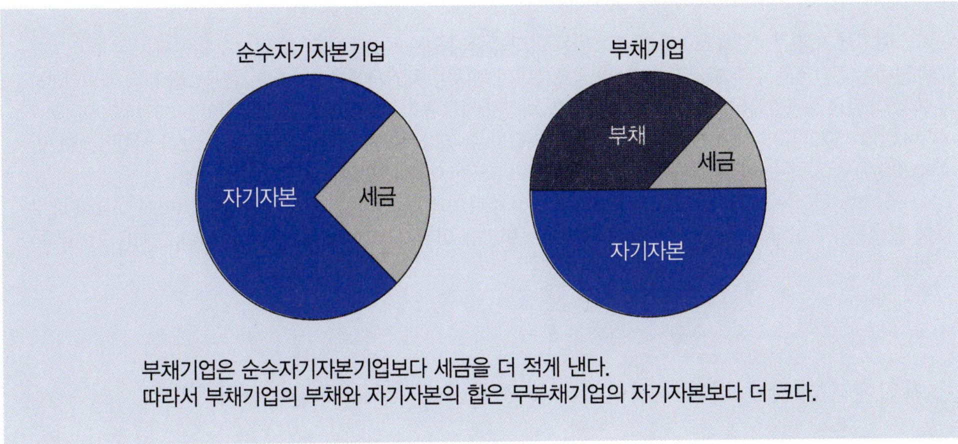

그림 14. 4

법인세 존재하에서 자본구조의 두 파이모형

자. 기본적인 직관은 그림 14. 4에 있는 파이차트로부터 얻을 수 있다. 왼편에 있는 순수자기자본기업을 생각해 보자. 여기서 주주와 IRS(Internal Revenue Service: 미국 국세청) 모두 기업에 대한 청구권을 가지고 있다. 물론 순수자기자본기업의 가치는 주주가 소유한 파이 부분이다. 파이의 세금 부분은 단순히 일종의 비용에 해당한다.

오른편에 있는 파이는 부채기업에 대한 주주, 채권자, 세금의 세 가지 청구권을 보여준다. 부채기업의 가치는 부채와 자기자본 가치의 합이다. 그림에 있는 두 자본구조 사이에서 재무관리자는 더 높은 가치를 갖는 자본구조를 선택해야 한다. 양쪽 파이의 총 면적이 같다고 가정하면,[9] 기업가치는 세금을 가장 적게 지급하는 자본구조에서 극대화된다. 다시 말하면, 경영자는 IRS가 가장 싫어하는 자본구조를 선택해야 한다.

곧 보게 되겠지만 특이한 세법 때문에 파이의 세금 부분의 크기는 무부채기업보다 부채

예제 14.3 세금과 현금흐름

Water Product사는 법인세율(T_C)이 21%이며, 매년 $100만의 이자 및 법인세 차감 전 이익(EBIT)을 예상한다. 법인세 차감 후 모든 이익은 배당금으로서 지급된다.
이 기업은 두 가지 대안의 자본구조를 생각하고 있다. 계획안 I하에서 Water Product사의 자본구조에는 부채가 없다. 계획안 II하에서는 자본구조에 $400만의 부채(B)가 있을 것이다. 부채비용(R_B)은 10%이다.

Water Product사의 최고재무관리자는 다음과 같은 계산을 한다.

	계획안 I	계획안 II
이자 및 법인세 차감 전 이익(EBIT)	$1,000,000	$1,000,000
이자	0	400,000
법인세 차감 전 이익(EBT) = (EBIT - R_BB)	$1,000,000	$600,000
법인세(T_C = 21%))	210,000	126,000
법인세 차감 후 이익 (EAT) = [(EBIT - R_BB) × (1 - T_C)]	$790,000	$474,000
주주와 채권자에 귀속되는 총현금흐름 [EBIT × (1 - T_C) + T_CR_BB]	$790,000	$874,000

(계속)

9 앞서 논의한 MM명제 하에서 두 파이의 크기는 같아야 한다.

여기서 가장 관심있게 보아야 할 수치들은 마지막 줄에 있는 두 수치이다. 이 예에서 법인세 차감 후 이익에 해당하는 배당금은 주주에게 귀속되는 현금흐름이며, 이자는 채권자에게 귀속되는 현금흐름이다. 계획안 II하에서 더 많은 현금흐름이 기업의 소유주(주주와 채권자)에게 돌아감을 알 수 있다. 그 차이는 $8만4,000(= $87만4,000 - $79만)이다. 그 차이의 근원을 금방 깨달을 수 있다. IRS는 계획안 I($21만)에서보다 계획안 II($12만6,000)에서 더 적은 세금을 받는다. 여기서의 차이가 $8만4,000(= $21만 - $12만6,000)이다.

이러한 차이는 IRS가 이자를 취급하는 방법이 주주에게 돌아가는 이익을 취급하는 방법과 다르기 때문에 발생한다.[10] 이자는 법인세가 완전히 공제되는 반면에 이자지급 후 법인세 차감 전 이익(EBT)은 21%로 과세된다.

기업에서 더 작다. 따라서 경영자는 높은 레버리지를 선택해야 한다.

세금절감액의 현재가치

앞의 논의는 부채의 세금이점 또는 자기자본의 세금불이익을 보여준다. 이제 이 이점의 가치를 측정해 보도록 한다. 이자금액은 다음과 같다.

$$\text{이자} = \underbrace{R_B}_{\text{이자율}} \times \underbrace{B}_{\text{차입금액}}$$

이 이자는 Water Product사에 대해 $40만(= 10%×$400만)이다. 이 이자는 모두 세금공제가 된다. 즉, 부채가 없는 경우 Water Product사의 과세소득이 얼마가 되었든간에 부채가 있는 경우의 과세소득은 $40만 더 적게 된다.

앞의 예에서 법인세율이 21%이기 때문에 법인세의 감소액은 $8만4,000(= 0.21 × $40만)이다. 이 수치는 앞에서 계산한 법인세의 감소액과 동일하다.

대수적으로 법인세의 감소액은 다음과 같이 표현된다.

$$\underbrace{T_C}_{\text{법인세율}} \times \underbrace{R_B B}_{\text{이자금액}} \qquad [14.4]$$

즉, 기업이 부채가 없는 경우 매년 지급할 세금이 얼마가 되었든지간에 그 기업이 부채(B)가 있는 경우에는 $T_C R_B B$를 덜 지급하게 될 것이다. 식 14. 4는 종종 부채사용에 따른 **세금절감액**(tax shield from debt)이라고 불린다. 이 금액은 연간 금액이라는 데에 주의하라.

기업이 세금을 내는 부류에 있을 것으로 예상하는 한, 식 14. 4의 현금흐름은 부채에 대한 이자와 같은 위험을 지닌다고 가정할 수 있다. 따라서 그 가치는 부채비용(R_B)으로 할인함으로써 결정될 수 있다. 현금흐름이 영구적이라고 가정하면, 세금절감액의 현재가치는 다음과 같다.

$$\frac{T_C R_B B}{R_B} = T_C B$$

10 주주들은 실제로 계획안 II($474만)에서보다 계획안 I($790만)에서 더 많이 받는다는 점을 주목하자. 따라서 레버리지가 없는 편이 주주들에게 더 나은 것처럼 보인다. 그러나 계획안 II에서보다 계획안 I에서 발행주식수가 더 많다는 사실을 기억하라. 완벽하게 설정된 모형에서는 주당이익이 레버리지가 높을수록 함께 증가하게 될 것이다.

부채기업의 가치

앞에서 부채사용에 따른 세금절감액의 현재가치를 계산했다. 다음 단계는 부채기업의 가치를 계산하는 것이다. 무부채기업의 연간 세후 현금흐름은 다음과 같다.

$$\text{EBIT} \times (1 - T_C)$$

여기서 EBIT는 이자 및 법인세 차감 전 이익이다. 무부채기업(즉, 부채가 없는 기업)의 가치는 EBIT×(1 − T_C)의 현재가치이므로 다음과 같이 계산된다.

$$V_U = \frac{\text{EBIT} \times (1 - T_C)}{R_0}$$

여기서

V_U = 무부채기업의 현재가치

EBIT × (1 − T_C) = 법인세 후 기업의 현금흐름

T_C = 법인세율

R_0 = 순수자기자본기업의 자본비용. 공식에서 볼 수 있듯이, R_0는 이제 세후 현금흐름을 할인하기 위해 사용된다.

앞에서 보았듯이 레버리지는 기업의 가치를 세금절감액, 즉 (영구사채의 경우에) T_CB만큼 증가시킨다. 따라서 부채기업의 가치를 구하기 위해서는 무부채기업의 가치에 이 세금절감액을 단순히 더하면 된다.

이를 다음과 같이 대수적으로 쓸 수 있다.

MM명제 II (법인세가 있는 경우):

$$V_L = \frac{\text{EBIT} \times (1 - T_C)}{R_0} + \frac{T_C R_B B}{R_B} = V_U + T_C B \qquad [14.5]$$

식 14. 5는 법인세 존재하의 MM명제 I이다. 식 14. 5의 첫 번째 항목은 부채가 없어 세금절감액이 없는 기업으로부터 발생하는 현금흐름의 가치이다. 다시 말하면, 이 항목은 순수자기자본기업의 가치(VU)와 같다. 부채기업의 가치는 순수자기자본기업의 가치에 세율과 부채의 곱(T_CB)을 합한 것이다. T_CB는 현금흐름이 영구적인 경우에 세금절감액의 현재가치이다. 세금절감액은 부채금액이 클수록 증가하기 때문에 기업은 자기자본을 부채로 대체함

예제 14. 4

법인세 존재하의 MM명제

Divided Airline은 현재 무부채기업이다. 이 기업은 $126.58의 이자 및 법인세 차감 전 이익(EBIT)을 영구히 창출할 것으로 예상한다. 법인세율은 21%이며, 따라서 세후 이익이 $100가 됨을 의미한다. 모든 세후 이익은 배당금으로 지급된다.

이 기업은 $200의 부채를 사용하는 자본구조조정을 고려하고 있다. 부채의 자본비용은 10%이다. 같은 산업에 속한 무부채기업의 자기자본비용은 20%이다. Divided Airline의 새로운 가치는 얼마가 되겠는가?

Divided Airline의 가치는 다음과 같을 것이다.

(계속)

$$V_L = \frac{\text{EBIT} \times (1 - T_C)}{R_0} + T_C B$$
$$= \frac{\$100}{0.20} + (0.21 \times \$200)$$
$$= \$500 + 42$$
$$= \$542$$

부채기업의 가치 $542는 무부채기업의 가치 $500보다 크다. V_L = B + S이므로 부채기업의 자기자본가치(S)는 $342(= $542 − $200)이다. 레버리지의 함수로서 Divided Airline의 가치가 그림 14. 5에 설명되어 있다.

그림 14. 5 기업가치에 대한 재무레버리지의 영향: Divided Airline의 경우

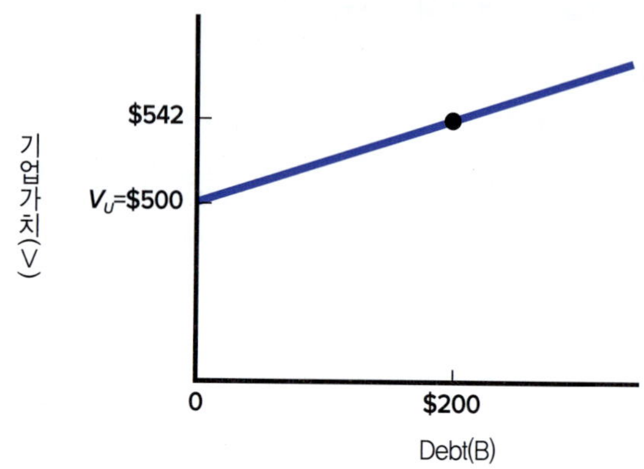

$$V_L = V_U + T_C B$$
$$= \$500 + (0.21 \times \$200)$$
$$= \$542$$

부채는 Divided Airline사의 세금부담을 줄인다. 그 결과 기업의 가치는 부채와 양(+)의 관계가 있다.

으로써 현금흐름과 가치를 증가시킬 수 있다.

법인세 존재하의 기대수익률과 레버리지

세금이 없는 경우의 MM명제 II는 자기자본의 기대수익률과 레버리지 사이의 양(+)의 관계를 단정하고 있다. 이 결과는 자기자본의 위험이 레버리지가 높을수록 증가하기 때문에 일어난다. 이와 같은 직관은 법인세가 존재하는 세계에서도 성립한다. 법인세가 존재하는 세계에서 그 정확한 공식은 다음과 같다.

명제 II (법인세가 있는 경우):

$$R_S = R_0 + \frac{B}{S} \times (1 - T_C) \times (R_0 - R_B) \quad [14.6]$$

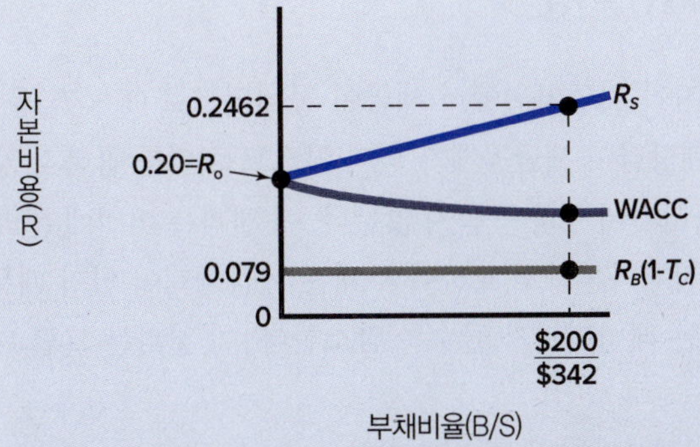

$R_S = R_0 + (1 - T_C)(R_0 - R_B)B/S = 0.20 + \left(0.79 \times 0.10 \times \frac{\$200}{\$342}\right) = 0.2462$ 또는 24.62%

재무레버리지는 자기자본의 위험을 증가시킨다. 이에 대한 보상으로서 자기자본비용은 자기자본의 위험이 증가할수록 상승한다. R_0는 하나의 점이며, R_S, $R_B(1 - T_C)$, WACC는 모두 선들이라는 데 주목하자.

그림 14.6

부채비용과 자기자본비용에 대한 재무레버리지의 영향

Divided Airline에 이 공식을 적용하면 다음과 같다.

$$R_S = 0.20 + \frac{\$200}{\$342} \times (1 - 0.21) \times (0.20 - 0.10) = 0.2462 \text{ 또는 } 24.62\%$$

이러한 산출결과는 그림 14.6에 설명되어 있다.

R_0가 R_B보다 클 때 R_S는 레버리지가 높을수록 증가하며, 이는 세금이 없는 경우에서와 동일한 결과이다. 이 장의 앞 부분에서 언급했듯이 R_0는 R_B를 초과해야 한다. 즉, 자기자본(심지어 무부채기업의 자기자본)은 위험하기 때문에 덜 위험한 부채보다 기대수익률이 더 높아야 한다.

부채기업의 자기자본 가치를 다른 방법으로 추정하여 앞의 계산결과가 맞는지 확인해 보자. 다음 공식으로 부채기업의 자기자본 가치를 구할 수 있다.

$$S = \frac{(\text{EBIT} - R_B B) \times (1 - T_C)}{R_S}$$

분자는 이자 및 법인세 차감 후 부채기업의 자기자본(주주)에 귀속되는 기대현금흐름이다. 분모는 주주에게 귀속되는 현금흐름을 할인하는 이자율이다.

Divided Airline에 있어서 S는 다음과 같으며, 이는 앞에서 계산한 결과와 같다.

$$\frac{(\$126.58 - 0.10 \times \$200)(1 - 0.21)}{0.2462} = \$342$$

가중평균자본비용(WACC)과 법인세

제12장에서 가중평균자본비용(법인세가 존재하는 경우)을 다음과 같이 정의했다($V_L = S + B$임을 주목하자).

$$\text{WACC} = \frac{S}{V_L}R_S + \frac{B}{V_L}R_B(1 - T_C)$$

타인자본비용(R_B)은 이자가 기업차원에서 세금이 공제되므로 $(1 - T_C)$을 곱해준다. 그러나 자기자본비용(R_S)은 배당금이 세금공제가 되지 않으므로 이를 곱하지 않는다. 세금이 없는 경우에 WACC는 레버리지에 영향을 받지 않는다. 이 결과는 이전에 논의한 그림 14. 3에 반영되어 있다. 그러나 자기자본과 비교하여 부채는 세금혜택이 있기 때문에 법인세가 존재하는 세계에서 WACC는 레버리지가 클수록 감소한다. 이 결과는 그림 14. 6에 나타나 있다.

Divided Airline사에 있어서 WACC는 다음과 같다.

$$\text{WACC} = \left(\frac{\$342}{\$542} \times 0.2462\right) + \left(\frac{\$200}{\$542} \times 0.10 \times 0.79\right) = 0.1845 \text{ 또는 } 18.45\%$$

Divided Airline는 부채에 의존함으로써 WACC를 부채가 없는 경우 20%에서 18.45%로 줄였다. 이는 직관적으로 공감이 가는 결과이다. 왜냐하면 기업이 WACC를 낮추면 그 가치가 증가할 것임을 암시하기 때문이다. WACC 접근법을 사용하면 Divided Airline의 가치가 $542임을 다음과 같이 확인할 수 있다.

$$V_L = \frac{\text{EBIT} \times (1 - T_C)}{\text{WACC}} = \frac{\$100}{0.1845} = \$542$$

법인세 존재하의 주가와 레버리지

이쯤에서 학생들은 종종 이들 수치를 믿거나 아니면 이들이 너무 완벽해서 반박할 수 없다고 생각할 수 있다. 그러나 학생들은 가끔 "왜 기업가치를 극대화하려 하고 있는가?", "경영자들이 주주의 이익을 추구하고 있다면, 그들은 왜 주가를 극대화하려고 하지 않는가?"라고 반문할 것이다. 이러한 질문이 떠올랐다면, 당신은 공부를 제대로 하고 있는 셈이다.

그 대답은 두 단계로 주어진다. 먼저, 이 장의 처음에서 기업가치를 극대화하는 자본구조는 주주의 이익에 가장 도움이 되는 자본구조임을 보았다.

그러나 이러한 일반적인 설명은 학생들에게 항상 설득력이 있는 것은 아니다. 따라서 다음 단계로서, 주식을 부채로 대체하기 전후 Divided Airline의 주가를 계산해보자. 이를 위해 시장가치 대차대조표를 이용하기로 하자. 순수자기자본 형태의 기업에 대한 시장가치 대차대조표는 다음과 같이 나타낼 수 있다.

Divided Airline 대차대조표 (순수자기자본기업)			
유형자산		자기자본	$500
$\frac{\$126.58}{0.20} \times (1 - 0.21) = \$500$			(100주)

100주가 상장되어 있다고 가정하면, 각 주식은 $5(= $500/100)의 가치가 있다.

다음으로 기업이 가까운 장래에 $200의 자사주를 매입하기 위해 $200의 부채발행을 발표한다고 가정해보자. 이전 논의로부터 기업의 가치는 부채의 세금절감효과를 반영하여 상승할 것이다. 자본시장이 효율적으로 작용한다고 가정한다면, 이러한 상승은 자기자본과 부채의 교환일이 아닌 발표일에 즉시 일어날 것이다. 시장가치 대차대조표는 이제 다음과 같다.

Divided Airline 대차대조표 (부채발행 발표 직후)			
유형자산	$500	자기자본	$542
세금절감액의 현재가치			(100주)
$T_C B = 0.21 \times \$200 =$	42		
총자산	$542		

부채가 아직 발행되지 않았다는 데 주목하자. 그러므로 자기자본만이 대차대조표의 우변에 나타난다. 각 주식은 이제 $5.42(= $542/100)의 가치가 있으며, 주주들은 $42의 이익을 보았다. 주주들은 재무정책이 개선된 기업의 소유주이기 때문에 이익을 본다.

학생들은 대차대조표에 세금절감액이 나타나 있는 것을 보고 당황할 수 있다. 유형자산은 형태를 지니고 있지만, 세금절감액이라는 무형의 특성은 학생들을 괴롭힐 수 있기 때문이다. 그러나 가치를 지닌 항목이면 무엇이든 자산이라는 것을 기억하라. 세금절감액은 미래의 세금흐름을 줄이기 때문에 가치를 지닌다. 유형자산을 만질 수 있는 것처럼 세금절감액을 만질 수 없다는 사실은 재무적 고려사항이 아니라 철학적 고려사항이다.

어느 시점에서 자기자본과 부채의 교환이 발생한다. $200의 부채가 발행되고 그 자금은 자사주를 매입하기 위해 사용된다. 얼마나 많은 주식이 매입되는가? 주식은 이제 주당 $5.42에 팔리기 때문에 기업이 취득할 수 있는 주식의 수는 36.90(= $200/$5.42)주이다. 이로 인해 발행주식수는 63.10(= 100 − 36.90)주가 남게 된다. 시장가치 대차대조표는 이제 다음과 같다.

Divided Airline 대차대조표 (교환이 발생한 후)			
유형자산	$500	자기자본	$342
			(100 - 36.90 = 63.10주)
세금절감액의 현재가치	42	부채	$200
총자산	$542	부채와 자기자본	$542

각 주식은 교환 후 $5.42(= $342/63.10)의 가치가 있다. 주가는 교환일에 변하지 않음을 주목하자. 앞에서 언급했듯이 주가는 발표일에만 움직인다. 교환에 참여하는 주주들은 주당시장가격과 같은 금액을 받기 때문에, 그들은 주식을 교환할지 말지에 대해 개의치 않는다.

이 예는 두 가지 이유로 유용하다. 첫째, 부채발행에 따른 기업가치의 증가는 주가의 상승으로 이어짐을 보여준다. 사실상 $42의 세금절감액은 주주들에게 모두 돌아간다. 둘째,

학생들로 하여금 시장가치 대차대조표를 더 많이 학습할 수 있도록 한다.

법인세가 존재하는 경우 Modigliani-Miller의 주요 결과들이 다음 박스란에 요약되어 제시된다.

MM명제(법인세가 존재하는 경우)의 요약

가정

- 기업의 이자지급 후 이익은 T_C율로 과세된다.
- 거래비용이 없다
- 개인과 기업이 같은 이자율로 차입할 수 있다.

결과

명제 I: $V_L = V_U + T_C B$(부채가 영구사채인 기업)

명제 II: $R_S = R_0 + \frac{B}{S}(1 - T_C)(R_0 - R_B)$

직관

명제 I: 기업의 이자는 세금에서 공제되지만 배당금은 공제되지 않으므로 기업의 레버리지는 세금지급을 줄인다.

명제 II: 자기자본비용은 레버리지가 높을수록 증가한다. 왜냐하면 자기자본의 위험이 레버리지가 높을수록 증가하기 때문이다.

요약 및 결론 Summary and Conclusions

1. 기업의 가치를 극대화하는 특정 자본구조가 주주들에게 가장 많은 이익을 주는 자본구조임을 주장하면서 자본구조결정에 대한 논의를 시작했다.
2. 세금이 존재하지 않는 세계에서 Modigliani와 Miller의 유명한 명제 I은 기업의 가치는 부채비율에 의해 영향을 받지 않음을 입증한다. 다시 말하면, 한 기업의 자본구조는 그러한 세계에서는 부채와 무관한 문제이다. 이를 위해 그들은 기업의 부채비율이 높고 낮음은 자가레버리지에 의해 모방될 수 있음을 보인다. 이 결과는 개인이 기업과 같은 이자율로 차입할 수 있다는 아주 그럴듯한 가정을 조건으로 한다.
3. 법인세가 존재하지 않는 세계에서 MM명제 II는 다음을 이야기한다.

$$R_S = R_0 + \frac{B}{S}(R_0 - R_B)$$

이는 자기자본의 기대수익률(자기자본비용 또는 자기자본의 요구수익률)이 기업의 레버리지와 양(+)의 관계가 있음을 의미한다. 이는 직관적으로 공감이 간다. 왜냐하면 그림 14. 2에서 설명되었듯이 자기자본의 위험은 레버리지가 높을수록 증가하기 때문이다.

4. MM의 명제는 아주 명료하지만 자본구조에 대한 실증결과들을 충분히 잘 설명하지 못하고 있다. MM은 자본구조결정이 무관하다고 하지만 실제 세계에서는 비중 있는 문제로 여겨진다. 다음으로 실제 세계의 상황에 부합하도록 법인세를 고려하였다.
5. 법인세가 존재하지만 파산비용이 없는 세계에서 기업가치는 레버리지의 증가함수이다. 기업가치에 대한 공식은 다음과 같다.

$$V_L = V_U + T_C B$$

부채기업의 자기자본에 대한 기대수익률은 다음과 같이 표현된다.

$$R_S = R_0 + (1 - T_C) \times (R_0 - R_B) \times \frac{B}{S}$$

여기서 기업가치는 레버리지와 양(+)의 관계가 있다. 이 결과는 기업들의 자본구조는 거의 전적으로 부채로 구성되어야 한다는 것을 의미한다. 실제 세계에서 기업들의 부채 비중은 그렇게 높지 않기 때문에 다음 장에서는 이 장에서의 결과들을 수정해 보기로 한다.

개념문제 Concept Questions

1. **MM가정** 법인세가 없는 세계에서 Modigliani-Miller 이론의 배경이 되는 세 가지 가정을 나열하라. 이들 가정이 실제 세계에서 타당한가? 설명하라.
2. **MM명제** 법인세, 거래비용, 재무곤경비용이 없는 세계에서 다음 진술은 진실인가, 거짓인가, 불확실한가? 기업이 부채의 일부를 상환하기 위하여 자기자본을 발행한다면, 기업의 주가는 주식이 덜 위험하게 되기 때문에 오를 것이다. 설명하라.
3. **MM명제** 법인세, 거래비용, 재무곤경비용이 없는 세계에서 다음 진술은 진실인가, 거짓인가, 불확실한가? 적당한 수준의 차입은 기업의 자기자본비용을 높이지 않을 것이다. 설명하라.
4. **MM명제** 세금규정에서 어떠한 애매한 점 때문에 부채기업은 다른 조건들이 동일한 무부채기업보다 더 가치가 있는가?
5. **영업위험과 재무위험** 영업위험과 재무위험이 무엇인지 설명하라. 기업 A는 기업 B보다 더 큰 영업위험을 지니고 있다고 가정하라. 그러면 기업 A의 자기자본비용 또한 더 높다는 게 사실인가? 설명하라.
6. **MM명제** 다음 논쟁에 어떻게 답하겠는가?

   Q: 기업의 자기자본에 대한 위험은 부채사용이 늘어나면 증가한다는 것이 사실인가?

   A: 사실이다. 그것이 MM명제 II의 본질이다.

   Q: 그리고 기업이 부채사용을 늘림에 따라 채무불이행의 가능성은 증가하고 따라서 부채의 위험이 증가한다는 것이 사실인가?

   A: 사실이다.

   Q: 다시 말하면, 늘어난 차입으로 인해 자기자본과 부채의 위험은 모두 증가하는가?

   A: 그렇다.

   Q: 그러면 부채와 자기자본만을 사용하는 기업에서 늘어난 차입으로 인하여 이들의 위험이 증가한다면, 부채의 증가는 기업의 전반적인 위험을 증가시키고 따라서 기업의 가치를 감소시키지 않는가?

   A: ?
7. **최적자본구조** 한 기업의 가치를 극대화하는, 쉽게 확인할 수 있는 특정 부채비율이 있는가? 왜 그런가, 아니면 왜 아닌가?
8. **재무레버리지** 부채를 사용하는 것을 왜 재무 '레버리지'라고 부르는가?
9. **자가레버리지** 자가레버리지란 무엇인가?
10. **자본구조 목표** 자본구조에 관한 재무관리의 기본적 목표는 무엇인가?

연습문제 Questions and Problems

McGraw Hill connect

기초
(문제 1~16번)

1. **EBIT와 레버리지** Fowler사는 부채가 없으며 총시장가치는 $32만5,000이다. 이자 및 법인세 차감 전 이익(EBIT)은 경제상황이 정상적이라면 $3만1,000로 추정된다. 경기가 크게 확장된다면 EBIT는 25% 증가할 것이며, 경기가 침체된다면 EBIT는 30% 줄어들 것이다. 이 기업은 6%의 이자율로 $10만5,000의 부채발행을 고려하고 있다. 그 자금은 자사주를 매입하기 위해 사용될 것이다. 현재 발행주식수는 5,000주이다. 법인세는 무시하라.

a. 부채를 발행하기 전 세 가지 경제 시나리오 하에서 주당이익(EPS)을 계산하라. 또한 경기가 확장되거나 침체되는 경우 EPS의 변화율을 계산하라.

b. Castle사가 자본을 재구성한다고 가정하면서 질문 (a)에 다시 답하라. 무엇을 알 수 있는가?

2. **EBIT, 세금, 레버리지** Castle의 법인세율이 21%라고 가정하면서 문제 1번의 질문 (a)와 (b)에 다시 답하라.

3. **ROE와 레버리지** 문제 1번에서 이 기업의 시장가치-장부가치 비율(market-to-book ratio)이 1.0이라고 가정하자.

a. 부채를 발행하기 전, 세 가지 경제 시나리오 하에서 자기자본이익률(ROE)을 계산하라. 또한 법인세가 없다고 가정하면서 경기가 확장되거나 침체되는 경우 ROE의 변화율을 계산하라.

b. 제안된대로 자본이 재구성된다고 가정하면서 질문 (a)에 다시 답하라.

c. 법인세율이 21%라고 가정하면서 질문 (a)와 (b)에 다시 답하라.

4. **손익분기 EBIT** Kuchar사는 두 가지 자본구조를 비교하고 있다. 하나는 부채가 없는 계획안(계획안 I)과 다른 하나는 부채가 있는 계획안(계획안 II)이다. 계획안 I하에서 이 기업의 발행주식수는 12만5,000주가 될 것이다. 계획안 II하에서 발행주식수는 9만주가 될 것이고 부채는 $119만7,000가 발행될 것이다. 부채의 이자율은 7%이며 법인세는 없다.

a. EBIT가 $25만라면, 어느 계획에서 EPS가 더 높겠는가?

b. EBIT가 $30만라면, 어느 계획에서 EPS가 더 높겠는가?

c. 손익분기 EBIT는 얼마인가?

5. **MM과 주식가치** 문제 4번에서 MM명제 I을 이용하여 두 가지 계획안 하에서 자기자본의 주당가격을 구하라. 기업의 가치는 얼마인가?

6. **손익분기 EBIT와 레버리지** Coldstream사는 두 가지 자본구조를 비교하고 있다. 계획안I에서는 주식 4,950주와 부채 $1만255가 발행될 것이며, 계획안 II에서는 주식 4,500주와 부채 $2만3,440가 발행될 것이다. 부채의 이자율은 7%이다.

a. 법인세를 무시하면서 이들 계획안과 EBIT가 $8,400인 부채가 없는 계획안을 비교하라. 부채가 없는 계획안에서 발행주식수는 5,300주가 될 것이다. 세 계획안 중에서 어느 계획안에서 EPS가 가장 높은가? 어느 계획안에서 EPS가 가장 낮은가?

b. 질문 (a)에서, 부채가 없는 계획안의 EBIT와 비교할 때 다른 두 계획안의 순익분기 EBIT는 각각 얼마인가? 어느 것이 더 높은가? 왜 그런가?

c. 세금을 무시하면, EPS는 언제 계획안 I과 계획안 II에서 같아지는가?

d. 법인세율이 21%라고 가정하면서 질문 (a), (b), (c)에 다시 답하라. 손익분기 EBIT는 이전과 다른가? 왜 그런가 아니면 왜 아닌가?

7. **레버리지와 주식가치** 문제 6번에서 법인세를 무시하면 계획안 I하에서 주식의 주당가치는 얼마인가? 계획안 II하에서는 얼마인가? 이들은 어떤 원리를 설명하는가?

8. **자가레버리지** 유명한 소비자 제품업체인 FCOJ사는 부채가 없는 자본구조에서 부채가 35%인 자본구조로의 전환을 논의하고 있다. 현재 7,100주가 발행되어 있으며 주당가격은 $55이다. EBIT는 영구히 연 $3만6,000가 될 것으로 예상된다. 신규부채의 이자율은 8%이며 법인세는 없다.

a. 이 기업의 주주인 Brown 여사는 100주를 보유하고 있다. 이 기업의 배당성향(dividend payout rate)이 100%라고 가정한다면, 현재의 자본구조 하에서 그녀에게 귀속되는 현금흐름은 얼마인가?

b. 제안된 자본구조 하에서 Brown 여사에게 귀속되는 현금흐름은 얼마가 될 것인가? 그녀가 100주를 모두 계속해서 보유한다고 가정한다.

c. 이 기업이 자본구조를 전환하기로 하였지만 Brown 여사는 현재의 순수자기자본의 자본구조를 선

호한다고 가정하자. 그녀는 현재의 자본구조에서와 같은 효과를 거두기 위해서 그녀의 보유주식을 어떻게 처리해야 하는지를 보여라.

d. 질문 (c)에 대한 답을 이용하여 자본구조에 대한 이 기업의 선택이 왜 무관한지를 설명하라.

9. **자가레버리지와 WACC** ABC사와 XYZ사는 자본구조를 제외하고는 모든 면에서 동일하다. ABC는 순수자기자본기업으로 주식으로만 $55만의 자본을 조달하고 있다. XYZ는 주식과 영구사채로 자본을 조달하며, 주식의 가치는 $27만5,000이며 부채의 이자율은 8%이다. 두 기업 모두 EBIT는 $6만가 될 것으로 예상한다. 법인세는 무시하라.

a. Richard는 $2만 가치의 XYZ사 주식을 보유하고 있다. 그가 기대할 수 있는 수익률은 얼마인가?

b. Richard는 자가레버리지를 이용하여 ABC사에 투자함으로써 질문 (a)에서와 똑같은 현금흐름과 수익률을 어떻게 창출할 수 있는가를 보여라.

c. ABC의 자기자본비용은 얼마인가? XYZ의 자기자본비용은 얼마인가?

d. ABC의 WACC는 얼마인가? XYZ의 WACC는 얼마인가? 이 답으로부터 어떤 원칙을 설명할 수 있는가?

10. **MM** Nolan사는 부채가 없다. WACC는 8.9%이다. 자기자본의 현재 시장가치가 $4,780만이고 법인세가 없다고 한다면, EBIT는 얼마인가?

11. **MM과 법인세** 문제 10번에서 법인세율이 23%라고 가정하자. 이 경우에 EBIT는 얼마인가? WACC는 얼마인가? 설명하라.

12. **WACC 계산** Weston사의 부채비율은 1.4이며, 이 기업의 WACC는 8.3%이고 부채비용은 5.4%이며 법인세율은 24%이다.

a. Weston사의 자본비용은 얼마인가?

b. Weston사의 무부채 자기자본비용(unlevered cost of equity capital)은 얼마인가?

c. 부채비율이 2라면, 자기자본비용은 얼마가 되겠는가? 부채비율이 1이라면 얼마인가? 부채비율이 0이라면 얼마인가?

13. **WACC 계산** Shadow사는 부채가 없으나 5.75%의 이자율로 차입할 수 있다. 이 기업의 WACC는 현재 8.9%이며 법인세율은 22%이다.

a. 이 기업의 자기자본비용은 얼마인가?

b. 이 기업이 부채를 25% 사용한다면, 자기자본비용은 얼마가 되겠는가?

c. 이 기업이 부채를 50% 사용한다면, 자기자본비용은 얼마가 되겠는가?

d. 질문 (b)에서 이 기업의 WACC는 얼마인가? 질문 (c)에서는 얼마인가?

14. **MM과 법인세** Cede & Co사는 EBIT가 영구히 연 $9만2,600가 될 것으로 예상한다. 이 기업은 7%로 차입할 수 있다. Cede & Co사는 현재 부채가 없으며 자기자본비용은 14%이다. 법인세율이 22%라면, 이 기업의 가치는 얼마인가? 이 기업이 $16만5,000를 빌려서 그 자금을 자사주를 매입하기 위해 사용한다면, 기업가치는 얼마가 되겠는가?

15. **MM과 법인세** 문제 14번에서 자본재구성 후 자기자본비용은 얼마인가? WACC는 얼마인가? 이 기업의 자본구조결정이 의미하는 바는 무엇인가?

16. **MM명제 I** Levered사와 Unlevered사는 자본구조를 제외하고는 모든 면에서 동일하다. 각 기업은 영구히 연 $23만5,000의 이자지급 전 이익을 예상하며, 모든 이익을 배당금으로 지급한다. Levered사의 영구채권의 시장가치는 $29만이며 부채비용은 연 8%이다. Levered의 발행주식수는 1만8,000주이며, 현재 주당가격은 $64이다. Unlevered사는 부채가 없으며, 발행주식수는 2만3,000주이고 현재 주당가격은 $66이다. 두 기업 모두 법인세를 내지 않는다. Levered사의 주식이 Unlevered사의 주식보다 더 매력적인 투자대상인가?

보통
(문제 17~26번)

17. **MM** Tool Manufacturing의 EBIT는 영구히 연 $5만1,600가 될 것으로 예상되며, 법인세율은 24%이다. 이 기업은 이자율이 6.5%인 $9만의 부채가 있으며, 무부채의 경우 자본비용은 11%이다. 법인세 존재하의 MM명제 I에 의하면 이 기업의 가치는 얼마인가? 이 기업의 목표가 기업가치를 극대화하는 것이라면 부채비율을 바꾸어야 하는가? 설명하라.

18. **기업가치** Full Moon사의 EBIT는 영구히 연 $2만8,650가 될 것으로 예상된다. 이 기업은 현재 부채가 없으며 자본비용은 12.8%이다.
    a. 이 기업의 현재가치는 얼마인가?
    b. 이 기업이 7.1%의 이자율로 차입할 수 있다고 가정하자. 법인세율이 23%이고, 이 기업이 현재가치의 50%에 상응하는 부채를 발행한다면 기업가치는 얼마가 되겠는가? 현재가치의 100%에 상응하는 부채를 발행한다면 기업가치는 얼마가 되겠는가?
    c. 부채발행 후 부채의 가치가 기업가치의 50%를 차지한다면, 기업가치는 얼마가 되겠는가? 부채발행 후 부채의 가치가 기업가치의 100%를 차지한다면, 기업가치는 얼마가 되겠는가?

19. **법인세가 존재하는 경우 MM명제 I** Maxwell사는 순수자기자본기업이다. 이 기업은 $52만5,000의 차입을 고려하고 있다. 차입금은 향후 2년에 걸쳐 균등상환될 것이며, 이자율은 7%이다. 이 기업의 법인세율은 23%이다. 법인세 존재 하의 MM명제 I에 따르면 차입 후 기업의 가치는 얼마나 증가하겠는가?

20. **법인세가 존재하지 않는 경우 MM명제 I** Alpha사와 Beta사는 자본구조를 제외하고 모든 면에서 동일하다. Alpha사는 순수자기자본기업이며, 발행주식수가 2만1,000주이고, 현재 주당가치는 $23이다. Beta사는 자본구조에 레버리지를 사용하고 있으며, 부채의 시장가치는 $9만이고 부채비용은 7%이다. 두 기업은 모두 영구히 $7만6,000의 이자지급 전 이익(EBI)을 거둘 것으로 예상한다. 두 기업 모두 법인세를 내지 않는다. 모든 투자자가 7%로 차입할 수 있다고 가정하자.
    a. Alpha사의 가치는 얼마인가?
    b. Beta사의 가치는 얼마인가?
    c. Beta사 자기자본의 시장가치는 얼마인가?
    d. 각 기업 자기자본의 20%를 사기 위해서는 얼마가 들겠는가?
    e. 각 기업이 이익추정치를 달성한다고 가정하면, 다음 연도에 질문 (d)에서 취한 각 포지션의 수익금액은 얼마가 되겠는가?
    f. Alpha사 자기자본을 20% 매입하여, Beta사 자기자본 20% 매입으로부터 발생하는 비용과 수익을 모방할 수 있는 투자전략을 구성하라.
    g. Alpha사 자기자본은 Beta사 자기자본보다 더 위험한가 아니면 덜 위험한가? 설명하라.

21. **자본비용** Jenkins사 자기자본의 시장가치는 $610만이며, 부채의 시장가치는 $260만이다. 부채비용은 연 7.5%이다. 1년 후에 만기가 도래하는 재정증권의 수익률은 연 4%이며, 시장포트폴리오의 기대수익률은 11%이다. Acetate사의 자기자본베타는 1.10이다. 이 기업은 세금을 내지 않는다.
    a. 이 기업의 부채비율은 얼마인가?
    b. 이 기업의 WACC는 얼마인가?
    c. 다른 조건들이 동일한 순수자기자본기업의 자기자본비용은 얼마인가?

22. **자가레버리지** Veblen사와 Knight사는 Veblen사가 부채를 사용하지 않는다는 점을 제외하고 모든 면에서 동일하다. Knight사가 발행한 채권의 이자율은 연 6%이며 액면가로 팔린다. 두 기업의 재무정보는 다음과 같다. 모든 이익의 흐름은 영구적이다. 두 기업 모두 법인세를 내지 않는다. 두 기업은 모든 이익을 주주들에게 즉시 분배한다.

	Veblen	Knight
추정영업이익	$425,000	$425,000
부채에 대한 이자	0	99,000
주식의 시장가치	2,850,000	1,650,000
부채의 시장가치	0	1,650,000

a. 연 6%로 차입할 수 있는 한 투자자가 Knight사 자기자본을 5% 매입하기를 원한다. 이 투자자는 이러한 구입에 소요되는 비용과 추가적 차입을 통해 Veblen사 자기자본을 5% 매입함으로써 더 나은 수익을 거둘 수 있는가?

b. 질문 (a)의 두 전략 중에서 투자자들은 어느 전략을 택하겠는가? 이러한 과정은 언제 멈추겠는가?

23. **MM명제** Arya사는 회사채를 발행하여 자사주의 일부를 매입하려고 한다. 결과적으로 이 기업의 부채비율은 20%에서 35%로 오를 것이 예상된다. 이 기업이 발행한 부채는 현재 $415만에 달하며, 부채비용은 연 7%이다. Garnett사의 EBIT는 영구히 연 $273만가 될 것으로 예상된다. Arya사는 법인세를 내지 않는다.
   a. 자사주매입 발표 전후의 Arya사의 시장가치는 얼마인가?
   b. 자사주매입 발표 전 이 기업의 자기자본에 대한 기대수익률은 얼마인가?
   c. 다른 조건들이 동일한 순수자기자본기업의 자기자본에 대한 기대수익률은 얼마인가?
   d. 자사주매입 발표 후 이 기업의 자기자본에 대한 기대수익률은 얼마인가?

24. **주식가치와 레버리지** Green Manufacturing사는 $190만의 영구사채를 발행하여 그 자금을 자사주 매입을 위해 사용할 것이라고 발표하려고 한다. 채권은 연 6%의 표면이자율로 액면가에 발행될 것이다. Green사는 현재 순수자기자본기업으로 발행주식수는 25만주이며 그 가치는 $810만이다. Green사는 채권발행에 따른 새로운 자본구조를 영구히 유지할 것이다. Green사는 현재 연 $186만의 법인세 차감 전 이익을 창출하며, 이러한 이익수준이 영구히 유지될 것으로 예상한다. 법인세율은 24%이다.
   a. 부채발행 발표 전 Green사의 자기자본에 대한 기대수익률은 얼마인가?
   b. 부채발행 발표 전 Green사의 시장가치 대차대조표를 작성하라. 자기자본의 주당가격은 얼마인가?
   c. 부채발행 발표 직후 Green사의 시장가치 대차대조표를 작성하라.
   d. 부채발행 발표 직후 Green사의 주가는 얼마가 되겠는가?
   e. Green사는 부채발행의 결과로 얼마나 많은 자사주를 매입할 수 있겠는가? 자사주 매입 후에 얼마나 많은 주식이 남겠는가?
   f. 자본구조조정 후 시장가치 대차대조표를 작성하라.
   g. 자본구조조정 후 Green사의 자기자본에 대한 요구수익률은 얼마인가?

25. **법인세가 존재하는 경우 MM** Williamson사의 부채비율은 1.8이다. 이 기업의 WACC는 9.1%이며, 세전 부채비용은 5.6%이다. 이 기업의 법인세율은 21%이다.
   a. Williamson사의 자기자본비용은 얼마인가?
   b. Williamson사의 무부채 자기자본비용은 얼마인가?
   c. Williamson사의 부채비율이 0.60이라면, WACC는 얼마인가? 부채비율이 1.25라면, WACC는 얼마인가?

26. **EBIT, 세금, 레버리지** 세율 21%를 가정하여 문제 2의 질문 (a)와 (b)에 다시 답하라. 주가는 부채발행 발표로 상승할 것이라고 가정하라.

도전
(문제 27~31번)

27. **가중평균자본비용(WACC)** 법인세만 존재하는 세계에서 WACC = $R_0 \times [1 - T_C(B/V)]$임을 보여라.

28. **자본비용과 레버리지** 법인세가 존재하는 세계에서 자본비용 R_S는 법인세 존재하의 MM명제 II와 같이 됨을 보여라.

29. **영업위험과 재무위험** 어떤 기업의 부채가 위험이 없어 부채비용이 무위험이자율 R_F와 같다고 가정하자. β_A를 그 기업의 자산베타, 즉 기업자산의 체계적 위험이라고 정의한다. β_S를 그 기업의 자기자본베타로 정의한다. MM명제 II와 아울러 자본자산가격결정모형(CAPM)을 사용하여 $\beta_S = \beta_A \times (1 + B/S)$임을 보여라. 여기서 B/S는 부채비율을 나타낸다. 세율은 0이라고 가정한다.

30. **주주의 위험** 어떤 기업의 영업활동이 경제의 전반적인 움직임과 매우 흡사하여 이 기업의 자산베타가 1.0이라고 가정하자. 문제 28번의 결과를 사용하여, 부채비율이 0, 1, 5, 20일 때 이 기업의 자기자본베타를 계산하라. 이는 자본구조와 주주위험의 관계에 관하여 무엇을 말해주는가? 자기자본에 대한 주주의 요구수익률은 어떠한 영향을 받는가? 설명하라.

31. **부채기업의 자본비용** 자본비용의 공식은 다음과 같다.

$$\text{WACC} = \frac{S}{B+S}R_S + \frac{B}{B+S}R_B$$

이를 이용하여 부채기업의 자기자본비용이 다음과 같이 표현될 수 있음을 보여라.

$$R_S = R_0 + \frac{B}{S}(R_0 - R_B)$$

웹 정보 이용하여 문제풀기 What's on the web?

1. **자본구조** www.reuters.com으로 가서 생명공학업체인 Amgen의 티커심벌 AMGN을 입력하라. 'Ratios'에 링크하여 장기부채비율과 총부채비율을 찾아보라. 같은 산업, 같은 섹터의 이들 비율과 비교해서 어떠한가? 이제 유틸리티 업체인 Southern California Edison의 모기업 Edison Interna-tional(EIX)에 대해서도 같은 질문에 답하라. Amgen 과 Edison International의 자본구조를 비교하면 어떠한가? 이들 두 기업 사이의 자본구조 차이를 어떻게 설명할 수 있겠는가?

2. **자본구조** fnance.yahoo.com으로 가서 'Stock Screener'에 링크하라. 부채비율이 2보다 큰 기업들이 얼마나 있는가? 5보다 큰 기업들은? 10보다 큰 기업들은? 어느 기업의 부채비율이 가장 높은가? 그 비율은 얼마인가? 부채비율이 음(−)인 기업들은 얼마나 있는가? 가장 낮은 부채비율은 얼마인가? 기업의 부채비율이 음(−)이라면, 이는 무엇을 의미하는가?

CLOSING CASE

STEPHENSON REAL ESTATE의 자본재구성

Stephenson Real Estate사는 25년 전에 현재 CEO인 Robert Stephenson에 의해 설립되었다. 이 기업은 토지와 건물 등의 부동산을 구입하여 이를 임대한다. 이 기업은 과거 18년 동안 매년 이익을 내 주주들은 경영진에 대해 만족하고 있다. Stephenson Real Estate사를 설립하기 전에 Robert는 실패한 alpaca 농업의 설립자이며 CEO였다. 그 파산의 여파로 그는 부채발행을 지극히 회피하게 되었다. 따라서 이 기업은 자본조달을 모두 주식으로 하고 있으며, 발행주식수는 1,600만주이다. 주식은 현재 주당 $46.75에 거래된다.

Stephenson사는 미국 남동부에 있는 광대한 토지를 $9,500만에 구입하려는 계획안을 검토하고 있다. 그 토지는 차후에 농부들에게 임대될 것이다. 이 토지의 구입으로 Stephenson사의 세전 이익은 영구히 연 $2,020만 증가할 것으로 예상된다. 이 기업의 새 CFO인 Kim Weyand가 이 프로젝트를 주관할 것이다. Kim은 이 기업의 현재 자본비용을 10.5%로 산정했다. 그녀는 이 기업의 자본구조에 부채가 포함된다면 기업가치가 올라갈 것으로 판단하여, 이 프로젝트의 자본조달을 전부 부채로 해야 하는지를 검토하고 있다. 그녀는 투자은행들과의 상담을 통하여 이 기업이 7% 표면이자율로 액면가에 채권을 발행할 수 있다고 생각한다. 그녀는 또한 분석을 통하여 자기자본이 70%이며 부채가 30%인 자본구조가 최적일 것이라고 믿는다. 이 기업의 부채가 30%를 초과하면, 재무곤경의 가능성과 관련비용이 급격하게 증가하기 때문에 채권의 신용등급이 하락하여 이자율이 훨씬 높아질 것이다. Stephenson사의 법인세율은 21%이다.

1. Stephenson사가 기업의 시장가치를 극대화하고자 한다고 가정하라. 당신은 토지구입을 위한 자금조달을 위해 자기자본과 부채 중 어느 안을 추천하겠는가? 설명하라.
2. 토지구입을 발표하기 전 Stephenson사의 시장가치 대차대조표를 작성하라.
3. Stephenson사가 토지구입을 위해 주식을 발행하기로 한다고 가정하자.
   a. 이 프로젝트의 순현재가치는 얼마인가?
   b. 토지구입이 자기자본으로 이루어질 것이라는 발표 후 이 기업의 시장가치 대차대조표를 작성하라. 기업의 새로운 주가는 얼마가 되겠는가? 이 기업은 구입자금의 마련을 위해 몇 주의 주식을 발행할 필요가 있는가?
   c. 주식발행 후이지만 토지구입이 이루어지기 전 이 기업의 시장가치 대차대조표를 작성하라. 이 기업의 주식은 몇 주가 발행되어 있는가? 기업의 주가는 얼마인가?
   d. 토지구입이 이루어진 후 이 기업의 시장가치 대차대조표를 작성하라.
4. Stephenson사가 토지구입을 위해 부채를 발행하기로 한다고 가정하자.

a. 부채발행으로 토지구입을 위한 자금을 조달한다면, 이 기업의 시장가치는 얼마가 되겠는가?

b. 부채발행과 토지구입이 이루어진 후, 이 기업의 시장가치 대차대조표를 작성하라. 기업의 주가는 얼마인가?

5. 어느 자본조달 방법이 Stephenson사의 주가를 극대화하는가?

자본구조: 부채사용의 제한

15

OPENING CASE

아무리 생각해봐도 2018년은 매장 소매업체들에게는 힘든 한 해였다. 이미 예상되었지만 125년 전통의 소매업체인 Sears는 2018년 10월에 Chapter 11 파산신청을 하였다. 이 회사는 매출감소와 대규모 부채에 대한 부담으로 어려움에 봉착했었다. 물론 Sears만의 문제는 아니었다. 2015년 이후 Mattress Firm, Nine West, Radio Shack 등을 비롯한 약 57개의 대규모 소매업체들이 파산에 이르렀다. 소매업체 이외에도 Winn-Dixie와 Bi-Lo를 소유한 Southeastern Grocers도 2018년에 파산신청을 하게 되었다. 이로 인해 이 회사는 $6억의 채무를 줄일 수 있었다. 이 회사는 또한 100여 개의 매장을 폐쇄하였다. 경영진은 이러한 변화를 통해 회사가 정상화될 수 있을 것으로 믿었다.

이들 상황에 알 수 있듯이 한 기업이 떠안을 수 있는 재무적 레버리지에는 한계가 있으며, 레버리지의 과도한 사용은 파산으로 이어질 수 있다. 이 장에서는 파산과 관련한 비용과 기업들이 어떻게 이를 피하려 하는지를 논의한다.

기업재무 관련 최근 사건들을 찾아보기 위해 corecorporatefinance.blogspot.com을 방문하라.

15.1 재무곤경의 비용

기업의 부채사용을 제한하는 요인들 중 하나는 **파산비용(bankruptcy cost)**이다. 부채비율이 증가함에 따라 기업이 채권자에게 약속했던 것을 지급할 수 없을 가능성도 증가한다. 이런 일이 발생하면 기업의 자산에 대한 소유권은 결국 주주로부터 채권자에게 넘어가게 된다.

원칙적으로 자산의 가치가 부채의 가치와 같을 때, 그 기업은 파산상태가 된다. 이렇게 되면 자기자본의 가치는 0이 되며, 주주는 채권자에게 기업의 통제권을 넘겨주게 된다. 따라서 채권자가 받을 채권의 가치는 자산의 가치와 정확하게 같게 된다. 따라서 소유권 이전과 관련된 비용이 발생하지 않는다면 채권자는 잃을 게 없다.

물론 파산에 대한 이러한 이상적인 견해는 실제 세계에서의 경우와 다르다. 아이러니하게도 파산을 하는 데는 비용이 많이 든다. 곧 논의하겠지만 파산과 관련된 비용은 부채사용에 따른 세금이득을 궁극적으로는 상쇄할지도 모른다.

직접 파산비용

기업의 가치가 부채의 가치와 같을 때, 자기자본은 가치가 없다는 의미에서 기업은 경제적으로 파산하게 된다. 그러나 채권자에게 자산을 정식으로 넘겨주는 것은 법적 과정이지 경제적 과정은 아니다. 파산에는 법적·행정적 비용이 따르므로 피가 상어를 부르는 것처럼 파산은 변호사를 부른다고들 말한다.

파산과 관련된 비용에 대한 이해를 돕기 위해 2008년 8월에 파산을 신청한 거대 금융회사인 Lehman Brothers를 생각해 보자. 3년 반이 지난 후, 이 회사는 파산으로부터 벗어나 주된 영업이 채권자와 투자자에게 원리금을 상환하는 일종의 청산회사로 거듭 태어나게 되었다. 2019년에 뉴욕연방은행은 Lehman의 파산비용을 공개했다. 총파산비용 $59억에서 보수와 수당은 $19억7,000만, 전문가 및 자문 수수료는 $25억6,000만, 기타 운영비용은 $13억 7,000만을 차지했다. 일반적으로 파산비용은 파산 전 가치의 1.4~3.4% 정도이다. Lehman의 파산 직전 가치는 약 $3,000억였으며 파산비용은 그 가치의 약 2%에 이른다. 그 다음으로 큰 수수료는 Enron사의 파산진행에서 지급되었으며, 그 금액은 거의 $10억에 달했다. 참조로 WorldCom과 General Motors 파산의 경우에는 단지 $6억가 소요된 것으로 보인다.

파산과 관련된 비용 때문에 채권자들은 그들이 받아야 할 모든 것을 받지는 못할 것이다. 기업자산의 일부분은 파산의 법적 과정에서 '사라질 것'이며 이는 파산진행에 수반되는 법적·행정적 비용이 들기 때문이다. 이들 비용을 **직접 파산비용(direct bankruptcy cost)**이라고 한다.

이들 직접 파산비용은 부채를 통한 자본조달을 저해하는 한 요인이다. 기업이 파산하게 되면 기업자산의 일부가 갑자기 사라지게 된다. 이는 파산에 따른 '세금'에 해당한다. 그래서 기업은 차입을 통해 법인세를 절감할 수 있지만, 차입액이 클수록 파산세금을 지불해야 할 가능성이 커진다는 교환관계에 직면하게 된다.

간접 파산비용

파산에는 많은 비용이 수반되기 때문에 기업은 이를 피하려고 많은 자원을 들이게 된다. 기업이 채무이행에 중대한 문제를 가지고 있다면, 그 기업은 재무적 곤경(financial distress)을 겪고 있다고 말한다. 재무적 곤경에 처한 기업들 중 일부는 결국 파산을 신청하지만, 대부분은 이를 극복하고 살아남을 수 있기 때문에 파산으로 가지 않는다.

재무적으로 곤경에 처한 기업이 파산을 피하기 위해 들이는 비용을 **간접 파산비용(indirect bankruptcy cost)**이라고 한다. 또한 **재무곤경비용(financial distress cost)**이란 용어는 파산으로 가거나 파산을 피하기 위해 기업에게 수반되는 직·간접 모든 비용을 총칭하는 용어이다.

Cutler와 Summers는 잘 알려진 Texaco사의 파산과 관련된 비용을 조사했다.[1] 1984년 1월에 Pennzoil사는 Getty Oil의 7분의 3을 인수하기 위하여 구속력 있는 계약을 하였다. 그러나 일주일 후 Texaco사가 더 높은 가격으로 Getty사를 모두 인수하였다. 그러자 Pennzoil사는 계약위반으로 Getty사를 상대로 소송을 제기하였다. Texaco사는 소송으로부터의 Getty사의 면책을 사전에 보증하였기 때문에 Texaco사가 손해에 대해서 책임을 지게 되었다.

1985년 11월에 텍사스 주법원은 Pennzoil사에 $120억(금액은 후에 경감되었음)의 손해배상을 하도록 결정하였다. 그 결과로 Texaco사는 파산을 신청하였다. Cutler와 Summers는 그 소송과정에서 9가지의 중요한 사건들을 알아냈다. 그들은 Texaco사의 시장가치(주가와 발행주식수의 곱)가 이들 사건으로 인하여 도합 $41억 하락한 반면에 Pennzoil사의 가치는 단지 $6억8,200만 오른 것을 발견했다. 따라서 Pennzoil사는 Texaco사가 잃었던 가치의 약 1/6을 얻었으며, 두 기업 전체로 볼 때 거의 $35억의 순손실이 초래되었다.

1 David M. Cutler and Lawrence H. Summers, "The Costs of Conflict Resolution and Financial Distress: Evidence from the Texaco-Pennzoil Litigation," RAND *Journal of Economics* 19, no. 2(1988), pp. 157~172.

이 순손실을 어떻게 설명할 수 있겠는가? Cutler와 Summers는 소송과 연이은 파산으로 초래된 비용일 것으로 보고 있다. 이들은 Texaco사의 세후 법적비용을 약 $1억6,500만로 추정하면서, 직접파산 비용은 전체 비용의 작은 부분에 불과하다고 주장한다. Pennzoil사의 법적비용은 추정하기가 더 어렵다. 왜냐하면 Pennzoil사의 대표변호사인 Joe Jamail이 자신은 어떤 정해진 보수를 받지 않았다고 공개적으로 진술했기 때문이다. 그러나 이들은 예리한 통계적 분석을 통하여 Joe의 보수가 약 $2억가 될 것으로 추산했다. 따라서 대부분의 비용에 대해서는 그 밖의 다른 곳에서 찾아보아야 한다.

여기서 재무적 곤경의 간접비용이 그 원인일 수 있다. Texaco사의 진술서에 따르면, 소송이 따르자 일부 공급자는 현금지급을 요구하였으며, 다른 공급자는 원유의 선적을 중지하거나 취소하였다. 어떤 은행은 Texaco의 외환 선물계약 사용을 제한하였다. 이 진술서는 이러한 제약이 Texaco사의 영업능력을 감소시켜 재무적 조건의 악화로 이어졌음을 강조했다. 이런 종류의 간접비용이 Texaco사의 가치하락분과 Pennzoil사의 가치상승분 사이의 차이인 $35억를 설명할 수 있는가? 불행하게도, 간접비용이 여기서 어떤 부분을 차지한다고 볼 수 있지만, 적절한 추정 수치를 구하기란 쉽지 않다.

대리인비용

기업이 부채를 사용하게 되면 주주와 채권자 사이의 이해충돌이 발생한다. 이 때문에 주주는 이기적인 전략들을 추구하고 싶어한다. 이러한 이해충돌은 재무적 곤경 상황에서 심화되며 기업에게 **대리인비용(agency cost)**을 초래한다. 주주는 채권자에게는 손해가 되지만 자신에게는 도움이 되는 다음과 같은 세 가지 이기적인 전략을 사용할 수 있다. 이들 전략은 전체기업의 시장가치를 떨어뜨리는 값비싼 비용을 유발한다.

이기적인 투자전략 1: 고위험을 택하려는 인센티브 파산에 직면해 있는 기업은 종종 큰 요행을 바란다. 왜냐하면 다른 누군가의 돈으로 게임을 하고 있다고 생각하기 때문이다. 이를 보기 위해, 부채가 있는 어느 기업이 저위험과 고위험의 두 가지 상호배타적(mutually exclusive) 프로젝트를 고려하고 있다고 하자. 경기침체와 경기활황의 가능성이 존재하며, 그 확률은 동일하다. 경기침체가 발생한다면, 이 기업은 저위험의 프로젝트를 택한 경우는 거의 파산에 이르게 되고, 고위험의 프로젝트를 택한 경우는 실제로 파산하게 되는 심각한 상황에 놓이게 된다. 저위험의 프로젝트를 택하는 경우 전체기업에서 발생하는 현금흐름은 다음과 같다.

	저위험 프로젝트를 택하는 경우 전체기업의 가치					
	확률	기업의 가치	=	주식	+	채권
침체	0.5	$100	=	$0	+	$100
활황	0.5	200	=	100	+	100

경기침체가 발생한다면, 기업의 가치는 $100가 되고, 경기활황이 발생한다면 기업의 가치는 $200가 될 것이다. 기업가치의 기대값은 $150(= 0.5 × $100 + 0.5 × $200)가 된다.

기업은 채권자에게 $100를 지급하기로 되어 있다. 그러므로 주주는 총수익과 채권자에게 지급한 금액의 차이를 얻게 된다. 다시 말하면, 채권자는 수익에 대해 우선청구권을 가지며 주주는 잔여청구권을 가진다.

이제 저위험 프로젝트 대신에 고위험 프로젝트를 택한다고 가정하자. 수익과 확률은 다음과 같다.

	고위험 프로젝트를 택하는 경우 전체기업의 가치					
	확률	기업의 가치	=	주식	+	채권
침체	0.5	$50	=	$0	+	$50
활황	0.5	240	=	140	+	100

기업가치의 기대값은 $145(= 0.5 × $50 + 0.5 × $240)로 저위험의 프로젝트를 택하는 경우 기업가치의 기대값보다 작다. 따라서 기업이 순수 자기자본기업이라면 저위험 프로젝트를 택할 것이다. 그러나 주식의 기대값은 고위험의 프로젝트에서는 $70(= 0.5 × 0 + 0.5 × $140) 이지만 저위험의 프로젝트에서는 단지 $50(= 0.5 × 0 + 0.5 × $100)이다. 기업은 현재 부채가 있는 상태이므로, 주주는 고위험 프로젝트의 NPV가 더 낮더라도 고위험의 프로젝트를 택할 것이다.

여기서 핵심은 저위험의 프로젝트에 비해 고위험의 프로젝트가 경기활황에서는 기업가치를 증가시키지만 경기침체에서는 기업가치를 감소시킨다는 것이다. 경기활황에서 가치의 상승은 주주에게 돌아간다. 왜냐하면 채권자는 어느 프로젝트가 선택되든 전액($100) 상환을 받을 수 있기 때문이다. 역으로 경기침체에서 가치의 하락은 채권자가 떠안게 된다. 왜냐하면 채권자는 저위험의 프로젝트에서는 전액을 상환받지만 고위험의 프로젝트에서는 단지 $50를 받기 때문이다. 주주는 고위험의 프로젝트를 택하든 저위험의 프로젝트를 택하든 경기침체의 경우에는 어떻든간에 아무 것도 받지 못할 것이다. 따라서 재무경제학자들은 주주가 고위험의 프로젝트를 택함으로써 채권자로부터 가치를 빼앗아간다고 주장한다.

출처 미상의 다음 이야기가 이러한 개념을 설명해 준다. Federal Express사는 사업을 시작한 후 몇 년 지나지 않아 거의 재무적 붕괴에 처하게 되었다. 설립자인 Frederick Smith는 자포자기하여 $2만의 기업자금을 가지고 Las Vegas로 갔다. 그는 도박 테이블에서 돈을 따서 그의 기업이 생존할 수 있도록 충분한 자금을 제공했다. 그가 만일 그 돈을 잃었더라면, 기업이 파산하였을 때 채권은행들은 $2만를 더 적게 받았을 것이다.

이기적인 투자전략 2: 과소투자의 인센티브 파산의 가능성이 높은 기업의 주주는 자신에게 비용이 드는 새로운 투자가 채권자에게 이익을 주는 경우가 있음을 깨닫곤 한다. 가장 단순한 예로는 파산의 위험에 임박해 있는 부동산 소유자를 들 수 있다. 그가 자신의 자금 $10만를 들여 건물을 새로 단장한다면, 건물의 가치는 가령 $15만 올라간다고 하자. 이러한 투자의 순현재가치는 양(+)이지만, 그는 가치의 증가가 파산을 모면할 만큼 충분히 크지 않다면 이 투자를 하지 않을 것이다. 그는 "왜냐구요? 내가 채권은행이 곧 소유하게 될 건물의 가치

표 15.1

과소투자의 인센티브를 설명하는 예

	프로젝트를 추진하지 않는 기업		프로젝트를 추진하는 기업	
	활황	침체	활황	침체
기업의 현금흐름	$5,000	$2,400	$6,700	$4,100
채권자의 청구권	4,000	2,400	4,000	4,000
주주의 청구권	$1,000	$0	$2,700	$100

프로젝트의 NPV는 양(+)이다. 그러나 그 가치의 많은 부분이 채권자에게 돌아간다면, 주주의 이익을 추구하는 합리적인 경영자는 이 프로젝트를 택하지 않을 것이다.

를 높이기 위해 내 자금을 사용해야 하나요?"라고 반문할 것이다.

이 개념은 다음의 간단한 예를 통해 구체화될 수 있다. 연말에 $4,000의 원금과 이자 지급을 해야 하는 어느 기업을 생각해 보자. 이 기업은 경기침체의 경우 현금흐름이 단지 $2,400가 되기 때문에 파산에 이르게 될 것이다. 기업의 현금흐름이 표 15. 1의 왼편에 제시되어 있다. 이 기업은 새로운 프로젝트에 투자하기 위해 주식을 발행함으로써 경기침체의 경우에 파산을 피할 수 있다. 이 프로젝트는 $1,000의 비용이 들며 경기상태에 관계없이 $1,700를 가져다 준다. 따라서 이 프로젝트의 순현재가치는 양(+)이므로 순수 자기자본기업에서는 분명히 추진될 것이다.

그러나 이 프로젝트는 부채기업의 주주에게는 손해가 된다. 이를 보기 위해 기존 주주가 스스로 $1,000를 낸다고 상상해 보자.[2] 이 프로젝트를 추진하지 않는 경우 주주의 이익은 $500(= 0.5 × $1,000 + 0.5 × 0)로 기대된다. 프로젝트를 추진하는 경우 주주의 이익은 $1,400(= 0.5 × $2,700 + 0.5 × $100)로 기대된다. 주주들의 이익은 단지 $900(= $1,400 − $500) 증가하는 반면에 비용은 $1,000이 소요된다. 프로젝트의 NPV는 양(+)이지만 그 가치의 많은 부분은 채권자에게 돌아간다. 주주의 이익을 추구하는 합리적인 경영자는 이 프로젝트를 택하지 않을 것이다.

여기서 핵심은 주주가 $1,000 전부를 투자하지만, 주주와 채권자가 그 혜택을 나누어 갖는다는 것이다. 주주는 경기활황이 일어나면 이익의 전부를 가진다. 역으로 채권자는 경기침체의 경우에 프로젝트에서 발생하는 현금흐름의 대부분을 가져간다.

이기적인 전략 1의 논의는 이기적인 전략 2의 논의와 아주 유사하다. 양쪽 모두의 경우에 부채기업의 투자전략은 무부채기업의 투자전략과 다르다. 따라서 레버리지의 존재는 왜곡된 투자전략을 불러올 수 있다. 부채가 없는 기업은 항상 순현재가치가 양(+)인 프로젝트를 택하는 반면에 부채기업은 이러한 원칙을 따르지 않을 수 있다.

이기적인 투자전략 3: 재산도피 또 다른 전략은 재무적 곤경의 시점에 특별 배당금이나 다른 분배금을 지급함으로써 채권자에게 기업의 가치를 더 적게 남겨주는 것이다. 이러한 행위는 부동산 용어인 **재산도피**(milking the property)로 알려져 있다. 전략 2와 3은 매우 유사하다. 전략 2에서 기업은 새로 자기자본을 조달하지 않는다. 전략은 한 걸음 더 나아가 자기자본이 배당지급을 통해 실제로 줄어든다.

2 새로운 주주로부터 $1,000를 조달한다고 하더라도 결과는 질적으로 같을 것이다. 그러나 새로운 주식이 몇 주나 발행되는지를 결정해야 하기 때문에 계산이 훨씬 더 복잡하다.

이기적인 전략의 요약 위와 같은 왜곡은 파산이나 재무적 곤경의 확률이 있을 때만 일어난다. 따라서 이러한 왜곡은 가령 General Electric과 같은 기업에는 영향을 미치지 않는다. 왜냐하면 다각화된 우량 기업에 있어서 파산은 현실적 가능성이 작기 때문이다. 다시 말하면, General Electric의 부채는 프로젝트의 추진과 관계없이 사실상 위험이 없다. 정부에 의해 보호되는 규제기업에 대해서도 같은 주장이 적용될 수 있다. 그러나 컴퓨터산업과 같은 위험산업에 속한 소규모 기업은 이러한 왜곡으로 크게 영향을 받을지 모른다. 컴퓨터 산업에 속한 기업은 일반적으로 높은 잠재적 미래투자기회를 지니고 있으며, 치열한 경쟁과 불확실한 미래수입에 직면하기 때문이다. 이러한 왜곡은 재무적 곤경과 관련되기 때문에 재무곤경의 간접비용에 포함하여 다루었다. 이러한 왜곡에 직면한 기업은 부채발행이 어렵고 비용이 많이 든다.

누가 이기적인 투자전략으로부터 야기되는 비용을 지불해야 하는가? 결국은 주주가 떠안게 될 것이다. 합리적인 채권자는 재무적 곤경이 임박할 때 주주로부터 도움을 기대할 수 없음을 알고 있다. 오히려 주주는 채권의 가치를 감소시키는 투자전략을 택할 것이다. 채권자는 나름대로 자신을 보호하기 위해 채권에 대해 더 높은 이자율을 요구하게 된다. 그러면 주주가 이러한 높은 이자를 지급해야 하므로 궁극적으로 주주 자신이 이기적인 투자전략의 비용을 떠안게 되는 셈이다.

15. 2 부채비용은 경감될 수 있는가?

미국 상원의원들은 "여기서 10억 달러, 저기서 10억 달러. 곧바로 이들은 모두 합해진다"고 말하는 경향이 있다.[3] 앞서 언급한 각각의 재무곤경비용은 그 자체로도 상당히 크다. 따라서 그 비용 전체는 기업의 부채발행을 통한 자본조달에 심각한 영향을 줄 수 있다. 따라서 경영자는 이들 비용을 줄일 인센티브를 지니게 된다. 이제 그 방법들 중 몇 가지를 살펴보자. 그러나 다음의 방법들은 기껏해야 부채비용을 줄일 수 있을 뿐이며 이를 완전히 제거할 수 없다는 것을 먼저 말해둘 필요가 있다.

보호조항

이전 장에서 언급했듯이 대출계약서와 채권계약서에는 빈번하게 보호조항(protective covenant)이 포함된다. 이들 조항은 파산비용을 줄여 궁극적으로 기업의 가치를 증가시킨다. 따라서 주주는 조항들이 타당하다면 아마 찬성할 것이다. 파산비용을 줄이기 위해 주주가 취할 수 있는 세 가지 선택을 살펴보자.

1. **부채를 발행하지 않는다.** 부채사용의 경우 세금이점이 존재하기 때문에 이는 갈등을 피하려는 매우 값비싼 방법이다.
2. **제한적이고 보호적인 조항이 없는 부채를 발행한다.** 이 경우에 채권자는 자신의 채

3 확실하지는 않지만, Everett Dirksen 상원의원이 처음 말한 것으로 알려져 있다.

표 15.2
채권계약조항

조항의 유형	주주의 행위나 기업의 상황	조항의 이유
재무제표의 요건 1. 운전자본 요건 2. 이자보상비율 3. 최소한의 순자산가치	기업이 재무적 곤경에 처하면 주주는 기업이 고위험의 투자를 하도록 원할 수 있다.	주주는 파산 전에 손해를 본다. 파산하는 경우 채권자는 주주(유한책임)보다 훨씬 큰 손해를 본다. 채권자는 위험을 증가시키는 왜곡된 투자로 인하여 손해를 본다.
자산처분의 제한 1. 배당 제한 2. 자산매각 제한 3. 담보와 저당	주주는 기업의 자산을 자신에게 이전하려 한다.	자산을 자신에게 이전하고 과소투자하려는 주주의 능력을 제한한다.
자산대체의 제한	주주는 기업의 위험을 증가시키려 한다.	기업의 위험증가는 주주에게 이익이 된다. 채권자는 위험을 증가시키는 왜곡된 투자로 인하여 손해를 본다.
희석 1. 리스 제한 2. 차입 제한	주주는 동순위 또는 선순위 부채의 발행을 시도할 수 있다.	기존 채권자의 청구권이 희석되는 것을 제한한다.

권이 보호되지 않은 상태에 놓이게 되므로 이에 대한 보상으로 높은 이자율을 요구할 것이다.

3. **대출계약서에 제한적이고 보호적인 조항을 넣는다.** 조항들이 구체적으로 명기된다면, 채권자는 주주에게 비용을 부과하지 않고도 보호를 받을 수 있다. 따라서 채권자는 낮은 이자율을 기꺼이 받아들일 것이다.

따라서 채권계약조항들은 기업의 유동성을 줄이지만 기업의 가치를 증가시킬 수 있다. 이들은 주주와 채권자의 갈등을 해소하기 위한 비용이 가장 적게 드는 해결책일 수 있다. 전형적인 채권계약조항들과 그 용도들이 표 15. 2에 나타나 있다.

부채의 정리

파산비용이 그렇게 높은 한 이유는 많은 채권자들(그들의 변호사 포함)이 서로 경쟁하기 때문이다. 이 문제는 채권자와 주주가 적당히 합의함으로써 완화될 수 있다. 예를 들어, 아마 소수의 대출자가 모든 부채를 짊어진다면, 재무적 곤경이 발생하는 경우 협상비용은 최소화될 수 있다. 물론 채권자도 주식을 매입할 수 있다. 이와 같이 주주와 채권자는 서로 맞붙어 싸우지 않아도 된다. 왜냐하면 주주와 채권자는 서로 별개의 존재가 아니기 때문이다. 이는 대형은행이 일반적으로 자신이 대출해 준 기업의 주식을 상당 부분 가져가는 일본의 경우에 이용되는 접근방법으로 보인다. 일본에서 부채비율은 미국보다 훨씬 높다.

15. 3 세금효과와 재무곤경비용의 통합

Modigliani와 Miller는 기업의 가치는 법인세의 존재하에서 레버리지가 높을수록 증가한다고 주장한다. 이 이론은 모든 기업이 부채를 최대한으로 사용해야 함을 의미하기 때문에 현실세계에서 기업의 행태와 부합하지 않는다. 다른 학자들은 파산 및 관련 비용이 부채기업의 가치를 감소시킨다고 제안한다.

세금효과와 재무곤경비용의 통합이 그림 15. 1에 나타나 있다. 그림 상반부 대각선은 파산비용이 없는 세계에서의 기업가치를 나타낸다. ∩모양의 곡선은 이러한 비용이 있는 경우 기업의 가치를 나타낸다. 이 곡선은 기업의 부채사용이 소량일 때는 증가한다. 여기서 재무곤경비용의 현재가치는 재무곤경의 확률이 매우 낮으므로 사소하다. 그러나 부채가 점점 더 늘어남에 따라 이 비용의 현재가치는 더욱 증가한다. 어느 점에 이르러서는 부채를 늘림으로써 발생하는 재무곤경비용의 현재가치 증가분이 세금절감액의 현재가치 증가분과 같게 된다. 이 점이 기업가치를 극대화하는 부채의 수준이며 그림 15. 1에서 *B**로 표시되어 있다. 다시 말하면 B*는 최적부채수준이다. 파산비용은 이 점을 지나면 세금절감액보다 더 빨리 증가하게 되어 더 이상의 레버리지는 기업가치를 감소시킨다는 것을 알 수 있다. 그림 15. 1 하반부의 가중평균자본비용(WACC)은 부채가 자본구조에 추가됨에 따라 처음에는 하락한다. *B**를 지나게 되면 가중평균자본비용은 다시 상승하기 시작한다. 따라서 최적부채수준에서 가중평균자본비용은 가장 낮게 된다.

그림 15.1

최적부채수준과 기업가치

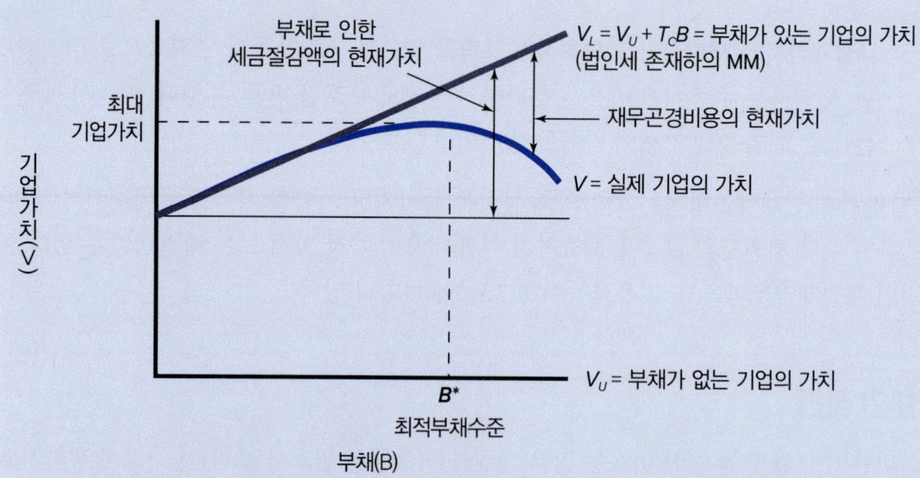

세금절감액은 부채기업의 가치를 증가시킨다. 재무곤경비용은 부채기업의 가치를 감소시킨다. 두 요인이 상쇄되면서 *B**가 최적부채수준이 된다.

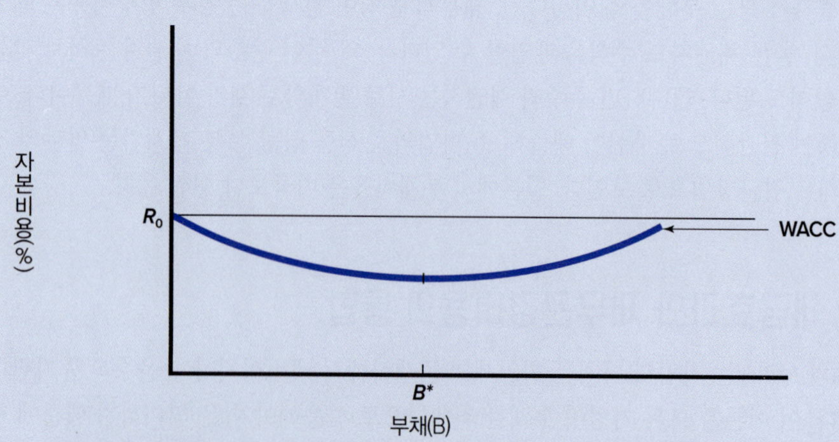

정태적 이론에 따르면 WACC는 부채로 인한 세금혜택 때문에 처음에는 하락한다. 그러나 *B**를 지나면 재무곤경비용 때문에 WACC는 다시 상승하기 시작한다.

이러한 논의는 기업의 자본구조는 부채의 세금혜택과 재무곤경비용 사이의 교환을 필요로 함을 의미한다. 실제로 이러한 접근법은 자본구조의 **교환이론**(trade-off theory) 또는 **정태적 교환이론**(static trade-off theory)으로 불린다. 이 이론은 모든 기업에 대해서 최적의 부채수준이 존재함을 의미한다. 이러한 부채수준이 기업의 목표부채수준이 된다(실제 세계에서 이 최적수준은 기업의 **차입여력**(debt capacity)으로 언급되곤 한다). 그러나 재무곤경비용을 정확히 명시할 수 없으므로 기업의 최적부채수준을 정확히 결정하기 위한 공식은 아직 존재하지 않는다. 하지만 이 장의 마지막 절에서 실제 세계에서 부채비율을 정하기 위한 경험적 방법들이 제시된다. 현재의 이런 상황은 John Maynard Keynes가 한 말을 생각나게 한다. 그는 대부분의 역사가는 Elizabeth 여왕이 Victoria 여왕보다 더 나은 군주이고 덜 행복한 여성이었다는 데 동의하지만 아직 아무도 이러한 진술을 정확한 공식으로 나타낼 수 없었다고 말한다.

파이모형의 재조명

MM 이론의 비판자들은 세금과 파산비용과 같은 실제 세계의 이슈들을 고려할 때 MM은 잘 들어맞지 않는다고 종종 말한다. 그러나 이러한 견해는 MM 이론의 진정한 가치를 파악하지 못하는 데서 비롯된다. 파이접근법을 통해서 이들 문제와 자본구조의 역할에 관해 좀 더 건설적으로 생각해 보도록 하자.

세금은 단지 기업의 현금흐름에 대한 또 다른 하나의 청구권이다. G(정부와 세금)를 기업이 내는 세금의 가치라고 하자. 파산비용도 현금흐름에 대한 또 다른 청구권이다. 이 가치를 L(변호사)이라고 하자. 파이이론은 이들 청구권이 기업의 총현금흐름(CF)이라는 하나의 원천에서 지불된다는 것을 의미한다. 따라서 다음과 같이 나타낼 수 있다.

CF = 주주에게 지급되는 금액(S)
+
채권자에게 지급되는 금액(B)
+
정부에게 지급되는 금액(G)
+
변호사에게 지급되는 금액(L)
+
기타 다른 청구권자에게 지급되는 금액

그림 15. 2는 새로운 파이모형을 보여준다. 얼마나 많은 조각으로 자르고 누가 이 조각들을 얻더라도 이들의 합은 총현금흐름이 되어야 한다. 즉, 기업의 총가치(V_T)는 자본구조에 의해 변경되지 않는다. 따라서 이제 기업의 가치를 광의로 다음과 같이 정의할 수 있다.

$$V_T = S + B + G + L$$

앞에서 세금과 파산비용을 무시했을 때 기업의 가치는 다음과 같았다.

$$S + B$$

기업의 현금흐름에 대한 재무적 청구권들에는 많은 다른 것들이 포함될 수 있다. 예를 들어, 이 책을 읽고 있는 모든 독자는 General Motors(GM)사의 현금흐름에 대해 경제적 청구권을 가지고 있다. 만약 당신이 사고로 상해를 입는다면 당신은 GM을 고소할 수 있다. GM은 이기든 지든 이 문제를 처리하는 데 자원을 들이게 될 것이다. 이 비유가 억지라서 대수롭지 않다고 생각한다면, GM이 전체 소비자들에게 얼마를 지급하면 소비자들은 어떤 일이 발생하더라도 GM을 결코 고소하지 않겠는가를 자신에게 물어보라. 법은 이러한 지급을 허용하지 않지만, 그렇다고 해서 이들 잠재적 청구권이 모두 가치가 없다는 것은 아니다. 이들 청구권의 가치는 수십 억 달러에 달할지도 모르며, GM은 물론 다른 어떤 기업도 '잠재적 소송(potential lawsuit)'에 대해 *LS*로 명명된 파이의 한 조각이 있어야 한다.

이것이 MM의 직관과 이론의 핵심이다. 즉, *V*는 *V*(CF)이며 기업의 총현금흐름에 의존한다. 그 현금흐름은 자본구조에 따라 달리 나누어진다.

그러나 주주와 채권자의 청구권과 정부와 잠재적 소송으로부터의 청구권 사이에는 중요한 차이가 있다. 첫 번째 청구권은 **시장성 청구권(marketed claim)**이며 두 번째 청구권은 **비시장성 청구권(nonmarketed claim)**이다. 이들의 차이점은 시장성 청구권은 금융시장에서 거래될 수 있지만 비시장성 청구권은 그렇지 못하다는 것이다.

일반적으로 말하는 기업의 가치는 단지 시장성 청구권의 가치(V_M)만을 지칭할 뿐 비시장성 청구권의 가치(V_N)는 포함하지 않는다. 기업의 총가치는 다음과 같이 다시 정리될 수 있으며 자본구조에 의해 변하지 않는다.

$$\begin{aligned} V_T &= S + B + G + L \\ &= V_M + V_N \end{aligned}$$

그러나 앞에서 본 바와 같이 시장성 청구권의 가치(V_M)는 자본구조가 바뀜에 따라 변할 수 있다.

파이이론에 의하면 V_M의 증가는 V_N의 동등한 감소를 의미한다. 합리적인 재무관리자는

그림 15.2

실제 세계 요인을 감안한 파이모형

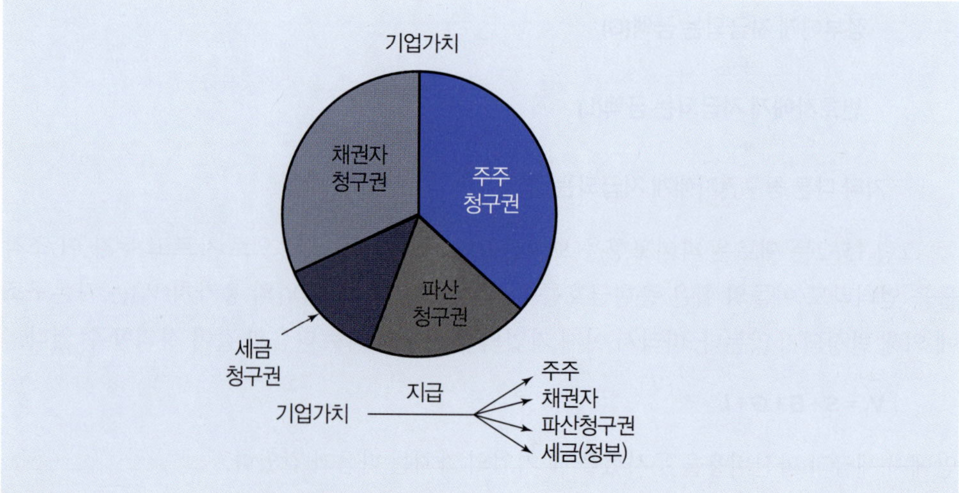

시장성 청구권(V_M)의 가치를 극대화하는 자본구조를 선택할 것이다. 달리 말하면, 합리적인 관리자는 비시장성 청구권의 가치(V_N)를 최소화하려 할 것이다. 이들 비시장성 청구권은 앞의 예에서는 세금과 파산비용이지만, *LS* 청구권과 같은 다른 모든 비시장성 청구권도 포함한다.

15. 4 신호이론

이전 절에서 기업의 레버리지에 대한 결정은 세금혜택과 재무곤경비용 사이의 교환을 필요로 한다는 것을 지적하였다. 이러한 개념은 그림 15. 1에서 그래프로 설명되었으며, 낮은 부채수준에서는 부채의 한계세금혜택이 한계곤경비용을 초과한다. 높은 부채수준에서는 그 반대가 된다. 기업의 자본구조는 부채의 한계세금혜택이 한계비용과 같은 점에서 최적화된다.

이 개념을 좀더 살펴보자. 기업의 수익성은 부채수준과 어떠한 관계가 있는가? 이익이 낮을 것으로 기대하는 기업은 아마 낮은 부채수준을 유지하게 될 것이다. 이 기업은 이자공제액이 크지 않더라도 세전이익을 모두 상쇄할 수 있기 때문이다. 또한 과도한 부채의 사용은 이 기업의 기대곤경비용을 증가시킬 것이다. 더 성공적인 기업은 아마 더 많은 부채를 유지하려 할 것이다. 이 기업은 이자공제액이 커야만 더 높은 이익으로부터 초래되는 더 많은 세금을 줄일 수 있기 때문이다. 또한 이 기업은 재무적으로 더 안정되어 있으므로 부채의 추가적 사용으로 인해 파산의 위험이 크게 증가하지 않을 것이다. 다시 말하면, 합리적인 기업은 이익이 증가할 것으로 기대될 때 부채수준(이자지급 포함)을 늘린다.

투자자는 부채의 증가에 어떤 반응을 할까? 합리적인 투자자는 부채수준이 높을수록 기업가치가 더 높다고 아마 추론할 것이다. 따라서 이들 투자자는 기업이 가령 자사주를 매입하기 위해 부채를 발행한다면 그 기업의 주가를 아마 더 높게 평가할 것이다. 투자자는 부채를 기업가치에 대한 하나의 신호(signal)로 본다는 것이다.

이제 투자자를 기만하려는 경영자의 인센티브가 존재할 수 있다. 부채수준이 최적인 한 기업을 생각해 보자. 즉, 부채의 한계세금혜택이 부채의 한계곤경비용과 정확하게 같다. 그러나 이 기업의 경영자가 아마 일부 주주들이 그들의 주식을 곧 팔려고 하기 때문에 현재주가를 올리기를 희망한다고 상상하자. 이 경영자는 투자자로 하여금 그 기업이 실제보다 더 가치가 있다고 생각하도록 하기 위해 부채수준을 증가시키려 할 수 있다. 이 전략이 작용한다면 주가는 오를 것이다.

상기 예는 기업들이 약간의 레버리지를 추가로 지님으로써 투자자들을 기만할 수 있음을 의미한다. 이제 다음의 큰 질문을 생각해 보자. 어떠한 대가를 치르지 않고 부채의 추가적인 사용으로부터 혜택을 볼 수 있는가? 그렇다면 모든 기업들이 가능한 한 많은 부채를 지니게 될 것이다. 대답은 다행히 대가도 역시 따른다는 것이다. 어느 기업이 단지 투자자를 기만하기 위하여 추가적인 부채를 발행했다고 상상하자. 어느 시점에 이르러 시장은 기업이 결국 그렇게 가치가 있지 않음을 알 것이다. 이 시점에서 주가는 부채가 발행되지 않았을 경우의 주가수준보다 더 아래로 떨어져야 한다. 왜 그런가? 기업의 부채수준이 이제 최적수준보다 높기 때문이다. 즉, 부채의 한계세금혜택이 부채의 한계비용보다 적다. 따라서 현재 주주가 가령 보유주식의 반은 지금 팔고 나머지 반은 보유하려고 계획한다면, 부채증가로 인하여 현재주주는 매도한 주식에 대해서는 이익을 보겠지만 나중에 매도할 주식에 대해서는 아마 손해를 볼 것이다.

이제 중요한 요점은 이러하다. 앞에서 언급했듯이 경영자가 투자자를 기만하려고 하지 않는 세계에서는 더 가치가 있는 기업은 덜 가치가 있는 기업보다 더 많은 부채를 발행한다. 심지어 경영자가 투자자를 기만하려 한다고 하더라도 결국은 더 가치가 있는 기업이 덜 가치가 있는 기업보다 여전히 더 많은 부채를 발행하려 할 것이다. 즉, 모든 기업이 투자자를 기만하기 위하여 부채수준을 얼마간 증가시키더라도 추가적인 부채사용으로부터 야기되는 비용 때문에 덜 가치가 있는 기업은 더 가치가 있는 기업보다 더 많은 부채를 발행하지 못하게 된다. 따라서 투자자는 부채수준을 기업가치에 대한 신호로서 여전히 취급할 수 있다. 다시 말하면, 투자자는 부채발행의 발표를 기업에 대한 긍정적인 신호로서 여전히 여길 수 있다. 앞에서 언급한 것은 부채의 신호효과에 대한 단순화된 예이다. 따라서 누군가는 이 예가 너무 단순화되어 있다고 주장할 수 있다. 예를 들어, 어떤 기업의 주주는 아마 보유주식의 대부분을 즉시 팔기를 원하는 반면에 다른 기업의 주주는 보유주식의 극히 일부를 지금 팔기를 원한다. 부채가 가장 많은 기업이 가치가 가장 높은 기업인지 아니면 단지 주주가 가장 참을성이 있는 기업인지를 분별하는 것은 불가능하다. 다른 반대 주장도 역시 제기될 수 있으므로 신호이론(signaling theory)은 실증적 증거를 통해 그 유효성을 검증할 필요가 있다. 그리고 다행히 실증적 증거는 이 이론을 지지하는 것 같다.

예를 들면, **교환오퍼(exchange offer)**에 관한 증거를 생각해 보자. 기업들은 종종 교환오퍼를 통해 그들의 부채수준을 변경한다. 교환오퍼에는 두 유형이 있다. 첫 번째는 주주로 하여금 자기 주식의 일부를 부채로 교환하도록 하여 레버리지를 증가시키는 오퍼이다. 두 번째는 채권자로 하여금 자기 부채의 일부를 주식과 교환하도록 하여 레버리지를 감소시키

그림 15. 3

교환오퍼의 발표시 주식수익률

출처: Shah, Kshitij. "The Nature of Information Conveyed by Pure Capital Structure Changes." *Journal of Financial Economics* 36, no. 1 (1994), pp. 89~126.

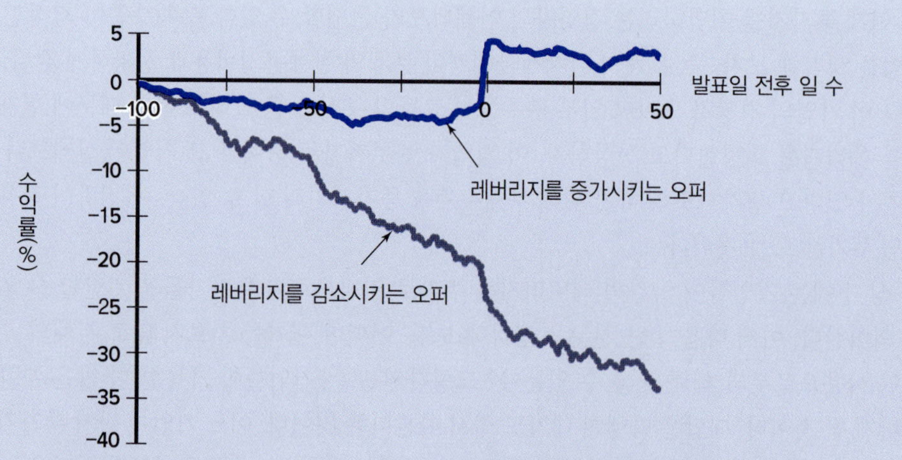

교환오퍼는 기업의 부채비율을 변화시킨다. 그래프는 레버리지를 증가시키는 교환오퍼를 발표한 기업의 주가는 상승한다는 것을 보여준다. 역으로 레버리지를 감소시키는 교환오퍼를 발표한 기업의 주가는 하락한다.

는 오퍼이다. 그림 15. 3은 교환오퍼를 통해 부채와 주식의 비중을 변화시키는 기업들의 주가행태를 보여준다. 그림에서 실선은 레버리지를 증가시키는 교환오퍼의 발표일(발표일은 그림에서 날짜 0으로 표시)에 주가가 상당히 오름을 나타낸다. 역으로 점선은 레버리지를 감소시키는 오퍼가 발표될 때 주가가 상당히 떨어짐을 보여준다.

시장은 부채의 증가로부터 그 기업이 더 나아졌다고 추론하므로 주가가 상승하게 된다. 역으로 시장은 부채의 감소로부터 반대로 추론하게 되므로 주가는 하락하게 된다. 따라서 경영자가 레버리지를 변경할 때 기업의 정보를 신호로 알린다고 할 수 있다.

15. 5 책임회피, 특권, 부적절한 투자: 자기자본의 대리인비용에 대한 주석

이전 절에서 부채의 증가는 세금절감액과 곤경비용을 모두 증가시킨다는 정태적 교환모형을 소개하였다. 이제 중요한 자기자본의 대리인비용을 고려함으로써 이 교환모형을 확장한다. 자기자본비용의 논의는 잘 알려진 Adam Smith의 인용문 속에 내포되어 있다.[4]

> 다른 사람들의 돈을 관리하는 합자회사(joint-stock company)의 임원은 사적인 협동조합의 주주가 자신의 돈을 관리할 때처럼 걱정을 하며 조심을 한다고 기대할 수 없다. 합자회사의 임원은 부자의 집사와 같이 주인의 명예와 관계없는 조그만 일들에 주의를 기울이기 쉬우며, 이러한 행위에 대해 자신에게 매우 쉽게 면죄부를 준다. 그러므로 그러한 회사를 경영하는 데는 얼마간의 소홀과 낭비가 항상 만연하기 마련이다.

이 우아한 산문은 현대시대의 용어로 다시 서술될 수 있다. 개인은 그가 종업원이기보다는 소유자들의 일원이라면 기업을 위해 더 열심히 일할 것이다. 나아가서 개인은 자기기업의 지분을 많이 소유할수록 더 열심히 일할 것이다. 이 개념은 자본구조에 대해서 중요한 의미를 지니며 예제 15. 1을 통해서 설명된다.

이 예는 대규모 주식발행을 고려하고 있는 작은 기업에 아주 적합하다. 이 경우 소유경영자는 자신의 지분이 크게 희석될 것이기 때문에 근무강도의 현저한 하락이나 부가급부의 상당한 증가가 발생할 수 있다. 그러나 이 예는 주주의 수가 많은 대형기업에는 덜 적합할 수 있다. 예를 들면, General Motors와 같이 횟수를 모를 만큼 자주 주식을 발행하는 대형기업을 생각해 보자. 전형적인 경영자는 여기서 이미 낮은 비율의 지분을 소유하고 있을 것이므로 소홀에 대한 어떤 유혹을 아마 이전에 경험했을 것이다. 따라서 추가적인 주식발행으로 인해 이러한 유혹이 증가할 것으로 기대되지 않는다.

누가 대리인비용을 부담하는가? 새로운 주주들은 눈을 부릅뜨고 투자하므로 그들은 아니다. 그들은 Pagell 여사가 근무시간을 줄일 수 있다는 것을 알고 있기 때문에 그 주식에 대

4 Adam Smith. *The Wealth of Nations* [1776]. Ed. Edwin Cannan. New York: Modern Library, 1937, p. 700. As quoted in Michael C. Jensen and William H. Meckling, "Theory of the Firm: Managerial Behavior, Agency Costs and Ownership Structure," *Journal of Financial Economics* 3, no. 4(1976), pp. 305~360.

예제 15.1

책임회피와 특권

Pagell 여사는 그 가치가 $100만인 컴퓨터 서비스 기업을 경영하는 오너이다. 그녀는 현재 이 기업의 100%를 소유하고 있다. 확장의 필요성 때문에 그녀는 $200만를 추가로 조달하여야 한다. 그녀는 12%의 이자율로 $200만의 부채를 발행하거나 아니면 $200만의 주식을 발행할 수 있다. 두 대안으로부터 발생하는 현금흐름은 다음과 같다.

	부채발행				주식발행			
	현금 흐름	이자	주주에게 귀속되는 현금 흐름	PAGELL 에게 귀속 되는 현금 흐름 (자기자본 100%)	현금 흐름	이자	주주에게 귀속되는 현금 흐름	PAGELL 에게 귀속되는 현금흐름 (자기자본 의 33%)
6시간 근무	$300,000	$240,000	$ 60,000	$ 60,000	$300,000	0	$300,000	$100,000
10시간 근무	400,000	240,000	160,000	160,000	400,000	0	400,000	133,333

여느 기업인들처럼 Pagell 여사는 그녀가 일하는 강도를 조정할 수 있다. 예에서는, 그녀가 하루에 6시간 또는 10시간을 일할 수 있다고 하자. 부채발행과 함께 초과근무를 함으로써 그녀의 수입 $10만(= $16만 - 6만) 더 늘어나게 된다. 그러나 주식발행으로 그녀는 자기자본 총액의 단지 1/3을 보유하게 된다고 가정하자. 여기서는 초과근무를 함으로써 그녀의 수입은 단지 $3만3,333(= $13만3,333 - 10만) 증가한다. 그녀도 인간이기 때문에 부채를 발행한다면 아마 더 열심히 일할 것이다. 다시 말하면, 그녀가 주식을 발행한다면 책임회피(shirk)의 인센티브가 커진다.

게다가 그녀가 주식을 발행한다면 큰 사무실, 회사차, 식사비용의 경비처리와 같은 아마 더 많은 특권(perquisites)을 얻을 것이다. 그녀가 전체 주식의 1/3을 보유한다면, 이들 비용의 2/3는 다른 주주들이 부담하게 된다. 그녀가 단독 소유자라면, 어떤 추가적인 특권을 누릴수록 그녀의 자본만 감소하게 된다.

마지막으로 그녀는 아마 순현재가치가 음(−)인 자본예산 프로젝트를 택하려 할지도 모른다. 얼마간의 주식지분을 가진 경영자가 NPV가 음(−)인 프로젝트를 택하는 것은 놀랍게 보일지 모른다. 왜냐하면 이로 인해 주가가 분명히 떨어질 것이기 때문이다. 그러나 경영자의 봉급은 일반적으로 기업규모가 클수록 증가하므로, 경영자는 수익성이 있는 프로젝트가 모두 소진된 후에는 수익성이 없는 프로젝트도 택하려는 인센티브를 가진다. 즉, 수익성이 없는 프로젝트가 선택될 때 주식지분이 적은 경영자의 (주식가치에 있어서) 손실분은 봉급의 증가분보다 더 적을 수 있다. 사실은 잘못된 프로젝트를 택함으로써 야기되는 손실이 책임회피나 과도한 특권으로 야기되는 손실보다 훨씬 크다고 생각된다. 어마어마하게 수익성이 나쁜 프로젝트는 전체기업을 파산으로 내몰 수 있으나, 아무리 큰 비용을 사용하여도 이러하지는 않을 것이다.

따라서 기업이 주식을 더 많이 발행할수록 기업주는 여가시간, 일과 연관된 특권, 수익성이 없는 투자를 아마 늘릴 것이다. 이들 세 가지 항목은 대리인비용(agency cost)이라고 불린다. 왜냐하면 기업의 경영자는 주주의 대리인이기 때문이다.[5]

해 낮은 가격을 지불할 것이다. 따라서 대리인비용에 의해 손해를 보는 사람은 다름 아닌 소유자이다. 그러나 Pagell은 어느 정도까지는 자신을 보호할 수 있다. 주주가 보호조항을 통해 파산비용을 줄이듯이, 소유자는 새로운 주주로 하여금 기업을 감시하도록 허용할 수 있다. 그러나 적당한 보고와 감시를 통해 자기자본의 대리인비용을 줄일 수는 있지만 아마 이를 제거하지는 못할 것이다.

흔히들 차입매수(leveraged buyout: LBO)는 자기자본비용을 현저하게 줄인다고 말한다. LBO에서 매수자(보통 기존 경영진의 한 팀)는 현재 시장가격보다 높은 가격으로 기존 주

5 제1장에서 논의되었듯이 대리인비용은 일반적으로 주주, 채권자, 경영진 사이의 이해충돌로부터 초래되는 비용으로 정의된다.

주의 주식을 사들인다. 다시 말하면, 대부분의 주식이 극소수의 사람들에 의해 소유되므로 기업은 사유화된다. 경영자들은 이제 기업 지분의 상당 부분을 소유하고 있으므로 그들은 단순히 고용인이었을 때보다 아마 더 열심히 일할 것이다.[6]

자본조달에 대한 자기자본 대리인비용의 영향

자기자본의 대리인비용에 대한 앞의 논의는 정태적 교환모형의 확장으로 볼 수 있다. 즉, 15. 3절에서 언급했듯이 부채가 자기자본을 대체했을 때 기업가치의 변화는 (1) 부채의 세금절감액과 (2) 재무곤경비용(부채의 대리인비용을 포함) 증가의 차이였다. 이제 기업가치의 변화는 (1) 부채의 세금절감액과 (2) 자기자본의 대리인비용 감소의 합에서 (3) 재무곤경비용(부채의 대리인비용을 포함)의 증가를 차감한 것이다. 최적부채비율은 자기자본의 대리인비용이 없는 세계에서보다 이들 비용이 존재하는 세계에서 더 높을 것이다. 그러나 재무곤경비용이 훨씬 중대하기 때문에 자기자본비용의 존재는 100% 부채조달을 의미하지 않는다.

잉여현금흐름

살인 미스터리의 독자라면 범인은 반드시 동기와 기회를 모두 가진다는 것을 안다. 앞의 논의는 동기에 관한 것이었다. 소유지분이 적은 경영자는 낭비적 행위를 할 인센티브를 가진다. 예를 들어, 이러한 경영자는 과도하게 경비를 지출해도 그 비용의 일부분만을 떠안게 되지만 혜택은 모두 누리게 된다.

이제 기회에 관해서 논의해 보자. 경영자는 기업의 현금흐름이 충분한 경우에 자신의 비용을 경비처리할 수 있다. 따라서 현금흐름의 창출능력이 작은 기업에서보다 현금흐름의 창출능력이 큰 기업에서 낭비적인 행위가 더 많을 것으로 기대할 수 있다. 이러한 매우 단순한 개념을 **잉여현금흐름가설**(free cash flow hypothesis)이라고 한다.

꽤 많은 학문적인 연구가 이 가설을 지지한다. 예를 들면, 자주 인용되는 한 연구논문은 잉여현금흐름이 많은 기업은 적은 기업보다 나쁜 인수를 하는 경향이 더 있음을 알아냈다.[7]

이 가설은 자본구조에 대해 중요한 의미들을 지니고 있다. 배당금은 기업으로부터 나가기 때문에 잉여현금흐름을 줄인다. 따라서 잉여현금흐름가설에 따르면, 배당금의 증가는 낭비적 행위를 추구하려는 경영자의 능력을 줄임으로써 주주에게 이익이 되어야 한다. 더욱이 이자와 원금도 기업에서 나가므로 부채 역시 잉여현금흐름을 줄인다. 사실상 이자와 원금은 배당금보다 경영자의 낭비적 소비방식에 더 큰 제동을 건다. 왜냐하면 기업이 미래의 부채를 상환할 수 없다면 파산하게 되기 때문이다. 반면에 기업은 배당금을 지급할 어떠

6 어떤 교수가 학생들에게 다음의 세 가지 질문을 함으로써 LBO 수업을 소개한다.
1. 여러분들 중 몇 명이 지금까지 자신의 차를 소유한 적이 있나요?
2. 여러분들 중 몇 명이 지금까지 차를 렌트한 적이 있나요?
3. 여러분들 중 몇 명이 지금까지 렌트한 차보다 소유한 차를 더 잘 관리했나요?
자신의 차를 더 잘 관리하는 것이 인간의 본성인 것처럼, 당신이 기업의 큰 지분을 소유하고 있을 때 더 열심히 일하는 것도 인간의 본성이다.

7 Larry H.P. Lang, Reneé M. Stulz, and Ralph A. Walkling, "Managerial Performance, Tobin's Q, and the Gains from Successful Tender Offers," *Journal of Financial Economics* 24, no. 1(1989), pp. 137~154.

한 법적인 의무가 없으므로, 미래의 배당금 감소는 경영자에게 훨씬 적은 부담을 줄 것이다. 이 때문에 잉여현금흐름가설은 자기자본을 부채로 대체하면 기업가치가 상승할 것이라고 주장한다.

요약하면, 잉여현금흐름가설은 기업이 부채를 발행하는 또 다른 이유를 제공한다. 먼저, 자기자본비용을 논의하면서 새로운 주식은 소유경영자의 지분을 희석시켜 기업의 자원을 낭비하려는 동기를 증가시킨다고 하였다. 다음으로, 기업이 이자와 원금을 지급해야 하기 때문에 부채는 잉여현금흐름을 감소시킨다고 하였다. 잉여현금흐름가설은 부채가 존재함으로써 경영자는 자원낭비의 기회를 줄이게 된다는 것을 의미한다.

15. 6 자본조달순위이론

교환이론이 오랫동안 기업재무 영역에서 우위를 점해 왔지만, **자본조달순위이론**(pecking-order theory) 또한 주목을 받고 있다. 이 견해를 이해하기 위하여 당신이 신규자본이 필요한 기업의 경영자라고 하자. 경영자는 자본조달을 위해 부채와 자기자본 중에서 선택을 해야 한다. 지금까지는 세금혜택, 곤경비용, 대리인비용 등의 견지에서 그 평가를 했다. 그러나 지금까지 소홀히 해왔지만 고려해야 할 사항으로 타이밍(timing)을 들 수 있다.

경영자가 다음과 같이 말한다고 상상하자.

> 나는 주식이 과대평가되어 있는 상황에서만 주식을 발행하기를 원한다. 기업의 주식이 주당 $50에 팔리지만 실제 가치는 $60라고 생각한다면, 나는 주식을 발행하지 않을 것이다. 주식발행으로 인해 새로운 주주들은 가치가 $60인 주식을 받지만 단지 $50를 지불할 것이기 때문에 실제로 그들은 선물을 받는 셈이 된다. 더욱 중요한 것은 현재 주주들이 화를 낼 것이라는 것이다. 왜냐하면 기업이 가치가 $60인 무언가를 주면서 현금으로 $50를 받기 때문이다. 그래서 나는 주식이 과소평가되어 있다고 믿는다면 채권을 발행할 것이다. 특히 채무불이행 위험이 거의 없는 채권들은 아마 적정하게 가격이 형성될 것이다. 그들의 가치는 공개적으로 알려져 있는 시장 전체 이자율에 의해 주로 결정된다.
>
> 대신에 주식이 $70에 거래되고 있다고 하자. 이제 나는 주식을 발행하고 싶다. 내가 실제 가치가 $60인 주식을 어떤 바보에게 $70에 팔 수 있다면 현재 주주들에게 $10를 벌어주는 셈이 될 것이다.

이는 냉소적인 견해로 들릴지 모르지만 실제 상황과는 잘 부합하는 것으로 보인다. 미국에서 내부자거래와 공시에 관한 법률이 채택되기 전에는 많은 경영자가 주식발행 전 기업의 전망을 불공정하게 과시해 왔던 것으로 전해진다. 그리고 오늘날조차도 경영자는 자기 기업의 주가가 떨어진 후보다 오른 후에 주식을 더 기꺼이 발행하려 하는 것으로 보인다. 따라서 타이밍은 주식발행에 있어서 중요한 동기가 될 수 있다. 이는 아마 교환모형에서의 그 동기보다 심지어 더 중요할 수 있다. 결국 앞의 예에서 기업은 주식발행의 타이밍을 적절하게 맞춤으로써 $10를 즉시 번다. 대리인비용과 파산비용을 주당 $10 절감하는 데는 수년이 걸릴지 모른다.

이 예가 작용할 수 있는 전제는 비대칭적 정보(asymmetric information)에 있다. 경영자는 전형적 투자자보다 자기기업의 전망에 대해 더 많이 알고 있을 것이다. 기업의 실제 가치에 대한 경영자의 추정치가 전형적 투자자의 추정치와 다름 없다면, 주식발행의 타이밍을 맞추려는 경영자의 시도는 실패할 것이다. 이러한 비대칭성의 가정은 아주 그럴듯하다. 경영자는 매일 자기기업에서 일하기 때문에 외부투자자보다 자기기업에 관해 더 많이 알아야 한다(일부 경영자는 자기기업에 대해 지속적으로 낙관적이어서 올바른 판단을 하지 못할 가능성도 있다).

그러나 이 예는 아직 끝나지 않았다. 투자자를 고려해야 하기 때문이다. 투자자가 다음과 같이 말한다고 상상하자.

> 나는 신중하게 투자를 한다. 왜냐하면 열심히 일해서 번 돈으로 투자하기 때문이다. 그러나 나는 항상 주식을 공부하고 있음에도 불구하고 경영자가 알고 있는 것을 알 수 없다. 그래서 나는 경영자가 무엇을 하는지를 항상 주시하기로 하였다. 기업이 주식을 발행한다면, 그 기업은 사전에 아마 과대평가되었을 것이다. 기업이 부채를 발행한다면, 그 기업은 아마 과소평가되었을 것이다.

발행자와 투자자의 대응은 서로 선수를 치려고 하는 일종의 포커게임을 연상케 한다. 이 포커게임에서 발행자는 두 가지 선택을 할 수 있다. 첫 번째는 솔직한 선택으로, 주식이 과소평가되어 있을 때 주식 대신에 채권을 발행하는 것이다. 두 번째는 미묘한 선택으로, 주식이 과대평가되어 있을 때도 부채를 발행하는 것이다. 결국 기업이 주식을 발행한다면 투자자는 그 주식이 과대평가되어 있다고 추론할 것이다. 투자자는 주가가 충분히 떨어져 주식발행 이점이 사라질 때까지는 그 주식을 사지 않을 것이다. 사실상 가장 과대평가된 기업만이 주식을 발행할 어떤 인센티브를 지닌다. 심지어 적당히 과대평가된 기업이 주식을 발행해도 투자자는 그 기업이 가장 과대평가된 기업군에 속한다고 추론할 것이므로, 주가는 당연히 받아야 할 가치보다 훨씬 더 떨어질 것이다. 따라서 결국은 아무런 기업도 주식을 발행하지 않을 것이다.

사실상 모든 기업이 부채를 발행해야 한다는 이러한 결과는 분명히 극단적인 것이다. 이는 (1) 법인세가 없는 세계에서 기업의 가치는 자본구조와 무관하다는 Modigliani-Miller(MM)의 결과와 (2) 법인세는 존재하지만 재무곤경비용이 없는 세계에서 모든 기업은 100% 부채로 자본조달을 해야 한다는 MM의 결과만큼이나 극단적이다. 재무에는 극단적인 모형들이 많이 있는 듯하다.

그러나 재무곤경비용을 법인세와 조합함으로써 MM의 결론을 유연하게 할 수 있듯이 자본조달순위이론의 결론도 완화될 수 있다. 이 이론은 타이밍이 경영자의 유일한 고려사항임을 가정하고 있지만 경영자는 현실적으로 세금, 재무곤경비용, 대리인비용 등을 고려해야 한다. 따라서 기업은 어느 정도까지만 부채를 발행하고 이 한계점을 넘어 재무곤경비용이 실제 가능성으로 되면 주식을 발행할 수 있다.

자본조달순위의 규칙

앞의 논의는 자본조달순위이론의 근간이 되는 기본적 개념을 제시했다. 이 이론은 재무관리자에게 실제적으로 무엇을 의미하는가? 다음의 두 규칙을 실제 세계에 제시한다.

규칙 #1 내부금융을 이용하라 앞에서는 설명을 위해 자기자본을 무위험부채와 비교함으로써 지나치게 단순화했었다. 경영자는 무위험부채의 가격이 잘못 책정되어 있는지를 결정하는 데 자기기업에 대한 특별한 지식을 활용할 수 없다. 왜냐하면 무위험부채의 가격은 시장이자율에 의해서만 결정되기 때문이다. 그러나 회사채는 실제에 있어서 채무불이행의 가능성을 지니고 있다. 따라서 경영자는 주식이 과대평가되어 있다고 판단할 때 주식을 발행하는 경향이 있듯이, 채권이 과대평가되어 있다고 판단할 때 또한 채권을 발행하는 경향이 있다.

경영자는 언제 자기기업의 부채가 과대평가되어 있다고 보는가? 아마 자기기업의 주식이 과대평가되어 있다고 판단할 때와 같은 상황에서일 것이다. 예를 들어, 일반 투자자는 기업의 전망을 낙관적으로 생각하는데 경영자가 비관적으로 본다면, 이 경영자는 자기기업의 주식은 물론 부채도 과대평가되어 있는 것으로 보고 있는 셈이다. 즉, 일반투자자는 그 부채가 거의 위험이 없는 것으로 볼지 모르지만 경영자는 채무불이행의 가능성이 큰 것으로 본다.

따라서 아마 투자자는 주식발행의 경우와 마찬가지로 부채발행의 경우에도 똑같이 회의적 시각으로 그 가치를 평가할 것이다. 경영자가 이러한 상황을 벗어나기 위해서는 유보이익으로부터 프로젝트의 자본을 조달하는 것이다. 즉, 애초부터 투자자에게 다가가지 않는다면 그들의 회의적 시각에 대해 걱정할 필요가 없다. 따라서 자본조달순위이론의 첫 번째 규칙은 다음과 같다.

내부금융(internal financing)을 이용하라.

규칙 #2 안전한 증권을 먼저 발행하라 투자자는 부채와 주식 모두에 대해 가격오류를 염려하지만, 그 정도는 주식에서 훨씬 심하다. 회사채는 주식보다 상대적으로 위험이 낮다. 왜냐하면 재무곤경만 발생하지 않는다면 채권자는 고정된 수익을 거둘 수 있기 때문이다. 따라서 자본조달순위이론은 외부금융이 필요하다면 부채를 주식보다 먼저 발행해야 함을 의미한다. 기업의 차입여력이 한계에 도달했을 때만 기업은 주식발행을 고려해야 한다.

물론 여러 유형의 부채들이 있다. 예를 들면, 전환사채는 일반사채보다 더 위험하기 때문에 자본조달순위이론은 기업이 전환사채를 발행하기 전에 일반사채를 먼저 발행해야 함을 의미한다. 따라서 자본조달순위이론의 두 번째 규칙은 다음과 같다.

가장 안전한 증권을 먼저 발행하라.

함축된 의미

자본조달순위이론에는 교환이론과 맞지 않는 많은 의미가 내포되어 있다.

1. **목표부채수준이 없다** 교환모형에 따르면 기업은 부채의 혜택으로 세금절감액을 부채의 비용으로 재무곤경비용과 비교한다. 최적의 부채수준은 부채의 한계혜택과 한계비용이 같아지는 곳에서 정해진다.

   반면에 자본조달순위이론은 목표부채수준에 대해 특별한 가정을 하지 않는다. 오히려 각 기업은 자금조달의 필요에 따라 부채비율을 택한다. 기업은 프로젝트의 자금조달을 위해 먼저 유보이익을 사용한다. 이는 자본구조에서 부채의 비중을 낮출 것이다. 왜냐하면 수익성이 있고 내부자금으로 조달된 프로젝트는 자기자본의 장부가치와 시장가치를 모두 증가시키기 때문이다. 추가적 현금수요는 부채로 충당되며 따라서 부채수준은 올라가게 된다. 그러나 어느 점에 이르러서는 기업의 차입여력이 소진되므로 주식발행이 필요하게 된다. 따라서 부채수준은 이용 가능한 프로젝트의 발생에 의해 결정되며, 기업은 목표부채비율을 추구하지 않는다.
2. **이익을 많이 내는 기업은 부채를 덜 사용한다** 이익을 많이 내는 기업은 내부적으로 현금을 창출하므로 외부금융에 대한 필요성이 적을 것이다. 외부자본을 원하는 기업은 먼저 부채를 이용하기 때문에, 이익을 많이 내는 기업은 부채를 덜 사용하게 되는 셈이다. 반면에 교환모형이 지니는 의미는 다르다. 이익을 많이 내는 기업일수록 현금흐름이 많으므로 차입여력은 더 커질 것이다. 따라서 이들 기업은 세금을 절감하고 레버리지의 혜택을 누리기 위해 이러한 차입여력을 사용할 것이다.
3. **기업은 재무적 여분을 좋아한다** 자본조달순위이론은 타당한 비용으로 자본조달을 하기 어렵다는 데 기초를 두고 있다. 회의적 시각을 지닌 일반투자자는 경영자가 주식을 발행하려 한다면 그 주식이 과대평가되어 있다고 생각하며, 따라서 이는 주가하락으로 이어진다. 이러한 경향은 채권에 있어서는 그 정도가 덜하기 때문에 경영자는 먼저 채권을 통한 자본조달에 의존한다. 그러나 기업은 재무곤경의 잠재적 비용에 부닥치게 되므로 무한정 부채를 발행할 수 없다.

   미리 현금을 보유하는 편이 더 쉽지 않을까? 이것이 **재무적 여분**(financial slack)의 근간이 되는 생각이다. 기업은 미래의 여러 시점에서 수익성이 있는 프로젝트를 위한 자금이 필요하다는 것을 알고 있기 때문에 오늘 현금을 축적한다. 그러면 기업은 프로젝트가 생겼을 때 자본시장으로 억지로 나가지 않아도 된다. 그러나 기업이 축적하기를 원하는 현금의 수준에는 한계가 있다. 이 장의 앞에서 언급했듯이 너무 많은 잉여현금은 경영자로 하여금 낭비적 활동을 추구하도록 유혹할 수 있다.

15. 7 기업은 어떻게 자본구조를 설정하는가

자본구조의 이론은 재무에서 가장 우아하고 정교한 영역에 속한다. 재무경제학자들은 이 영역에서 이룬 공헌에 대해 스스로 흡족해야 한다. 그러나 이들 이론은 실제로 적용하는 데 있어서 아주 만족스럽지는 못하다. 순현재가치 분야에서 이룬 업적은 실제로 프로젝트를 평가하기 위한 정확한 공식을 제시했다는 점을 생각하라. 교환이론이나 자본조달순위이론에서 자본구조에 대한 처방은 상대적으로 모호하다. 최적부채비율을 선택하기 위한 어떤 정확한 공식을 제안하지 못한다는 것이다. 이 때문에 실제 세계로부터의 증거에 의지하는 수밖에 없다.

자본구조정책을 명확하게 정리하는 데 있어 고려할 가치가 있는 실증적 통례들은 다음과 같다.

1. **비금융 기업의 부채비율은 대부분 낮다** 실제 세계에서는 얼마나 많은 부채가 사용되는가? 그림 15. 4는 39개 국가에서 기업의 시장가치에 대비 부채의 장부가치 비율의 중앙값을 보여준다. 이 비율은 한국이 50%를 초과하여 가장 높으며 호주가 약 10%로 가장 낮다. 미국의 경우 4번째로 낮은 것으로 나와 있다.

   이들 비율이 높다고 보아야 하는가, 아니면 낮다고 보아야 하는가? 학계에서는 일반적으로 법인세 절감을 부채 사용의 주된 동기로 보기 때문에 실제 세계에서 기업들이 부채를 충분히 발행하여 법인세를 완전히 제거하지는 못하지만 크게 줄이는지가 궁금하다. 실증적 증거는 그렇지 않음을 나타낸다. 예를 들면, 2017년 미국에서 법인세는 $2,970억를 상회하였다. 대부분의 미국 대기업은 법인세를 내지만 그렇지 않은 기업들도 있다.[8] 이 수치는 기업들이 세금을 완전히 절감할 수 있도록 최대한의 부채를 발행하지 않는다는 것을 의미한다.[9] 기업이 발행할 수 있는 부채의 양에는 분명히 한계가 있다. 이는 아마 이 장의 앞 부분에서 논의한 재무곤경비용 때문일 수 있다.
2. **많은 기업이 부채를 전혀 사용하지 않는다** Strebulaev와 Yang은 1962~2009년 기간 동안 미국 대기업의 자본구조를 연구하였으며 평균적으로 기업들의 10.2%가 부채를 사용하지 않으며 약 22%는 부채비중이 5% 미만임을 발견하였다.[10] Bessler, Drobetz, Haller, Meir은 G7 국가(미국, 영국, 캐나다, 프랑스, 독일, 이탈리아, 일본)를 대상으로 소속 기업들의 약 10%는 11년 동안 부채를 전혀 사용하지 않았음을 발견하였다. 이들 두 연구는 기업이 부채를 사용하지 않는 행태는 유의미하며 시간이 흘러도 줄어들지 않는다는 것을 보여준다.[11]

   부채를 보유하지 않는 행태는 심지어 세율이 높고 고배당을 하는 기업에서도 찾아볼 수 있다. 전형적으로 이들 기업의 최고경영진은 자기자본에 대한 높은 지분을 가지고 있으며 가족들 또한 상당히 많이 관련되어 있다. 기업이 부채를 보유하지 않는

8 예를 들면, 2014년에 포춘(Fortune) 500 기업(매출액 기준)에 소속된 15개 기업은 법인세를 내지 않았다(*The Fiscal Times*, April 9, 2015).

9 For further insight, see John Graham, "How Big Are the Tax Benefits of Debt?," *Journal of Finance* 55, no. 5(2000), pp. 1901~1941.

10 Ilya Strebulaev and Baozhong Yang, "The Mystery of Zero Leverage Firms," *The Journal of Financial Economics* 109, vol. 1(2013), pp. 1~23. See also Anup Agrawal and Nandu Nagarajan, "Corporate Capital Structure, Agency Costs, and Ownership Control: The Case of All Equity Firms," *Journal of Finance* 45, no. 4(1990), pp. 1325~1331.

11 Wolfgang Bessler, Wolfgang Drobetz, Rebekka Haller, and Iwan Meir, "The International Zero Lever-age Phenomenon," *Journal of Corporate Finance* 23(2015), pp. 196~221. 그들은 부채를 사용하지 않는 행태는 자본시장 지향의 금융시스템, 영미법 체제, 채권자 보호가 강한 국가에서 많이 발견되며, 은행 지향의 금융시스템, 로마법 체제, 채권자 보호가 약한 국가에서는 별로 발견되지 않는다고 하였다.

그림 15. 4 국가 표본기업의 부채비율 중앙값(1991~2006년)

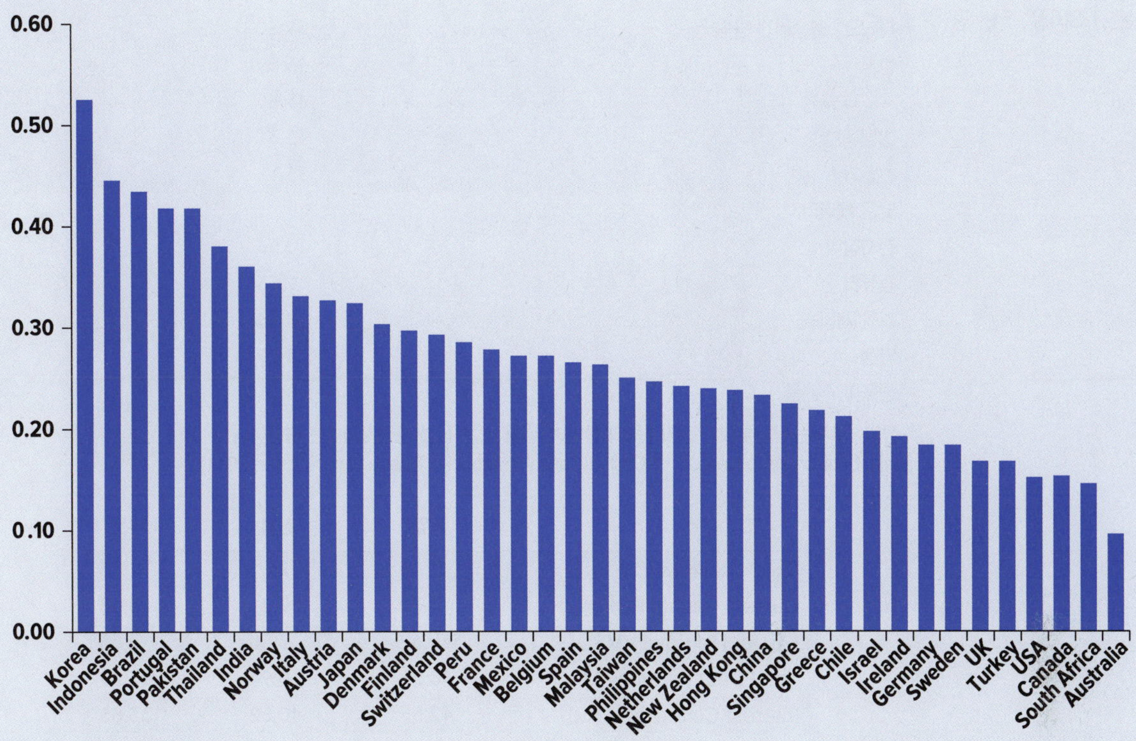

부채비율은 기업의 시장가치 대비 부채의 장부가치 비율로서 정의된다.

출처: Fan, Joseph P.H., Sheridan Titman, and Garry Twite. "An International Comparison of Capital Structure and Debt Maturity Choices." *Journal of Financial and Quantitative Analysis* 47, no. 1(2012), pp. 23~56.

행태는 분명히 경영진 및 지배구조 특성과 관련이 있으며 재무곤경은 그 주요인이 아닌 것으로 보인다.

따라서 다음 이야기가 가능하다. 기업의 통제는 순수 자기자본기업의 최고경영자에게 중요하다. 이들은 부채가 있는 기업의 경영자에 비해 부가 덜 분산되어 있다. 이 때문에 레버리지는 이들 경영자가 받아들이기 몹시 싫어하는 추가적 위험이 될 수 있다.

3. **자본구조는 산업별로 차이가 있다** 산업간에 부채비율에서 매우 유의적인 차이가 있으며 이는 일정 기간 지속된다. 표 15. 3에서 볼 수 있듯이 부채비율은 제약 및 전자산업과 같은 미래투자기회가 풍부한 고성장 산업에서는 매우 낮은 경향이 있다. 이는 외부금융에 대한 필요가 클 때조차도 사실이다. 항공 및 제지산업과 같은 투자기회가 비교적 적고 성장이 느린 산업이 부채를 가장 많이 사용하는 경향이 있다.

산업효과에 대한 보다 구체적인 예를 위해 www.reuters.com의 재무비율 영역을 이용하여 Johnson & Johnson(JNJ)과 Consolidated Edison(ED)의 자본구조에 대한 일부 정보를 조사했다. Johnson & Johnson의 자본구조는 다음과 같다.

표 15.3

미국의 일부 비금융산업에 대한 자본구조비율, 5년 평균

	자기자본과 부채의 시장가치에 대한 부채*의 비율(산업 중앙값, %)
높은 레버리지	
라디오, 텔레비전 방송국	59.60
항공	45.89
호텔과 숙박	45.55
빌딩 건설	42.31
천연가스 유통	33.11
낮은 레버리지	
전자장비	10.58
컴퓨터	9.53
교육 서비스	8.93
약품	8.79
생물학적 제품	8.05

* 정의: 부채는 단기부채와 장기부채의 합이며, 비율 값은 산업 중앙값의 5년 평균이다.
출처: Ibbotson Associates 2011 Cost of Capital Yearbook(Chicago: Morningstar, 2011)

	기업	산업	부문
Quick Ratio(MRQ)	1.40	2.65	2.63
Current Ratio(MRQ)	1.72	3.71	3.68
LT Debt to Equity(MRQ)	45.62	7.50	9.53
Total Debt to Equity(MRQ)	48.36	10.94	13.39
Interest Coverage(TTM)	42.55	40.82	33.85

자기자본 $1당 Johnson & Johnson의 장기부채는 $0.4562이며 총부채는 $0.4836이다. 이 결과를 다음의 Consolidated Edison과 비교해 보자.

	기업	산업	부문
Quick Ratio(MRQ)	0.56	1.33	2.31
Current Ratio(MRQ)	0.62	1.40	2.44
LT Debt to Equity(MRQ)	97.44	145.23	108.51
Total Debt to Equity(MRQ)	113.05	177.60	126.57
Interest Coverage(TTM)	4.48	5.74	13.34

자기자본 $1당 Consolidated Edison의 장기부채는 단지 $0.9744이며 총부채는 $1.1305이다. 산업과 부문의 평균을 조사해 보면 그 차이는 다시 명백해진다. 평균적으로 제약산업의 자기자본 $1당 장기부채는 $0.0750이며 총부채는 $0.1094이다. 또한 참조로 전기가스업의 자기자본 $1당 장기부채는 $1.4523이며 총부채는 $1.7760이다. 따라서 자본구조의 선택은 경영의사결정이지만 산업특성에 의해서도 분명히 영향을 받는다는 사실을 알 수 있다.

4. **대부분의 기업들은 목표부채비율을 사용한다** Graham과 Harvey는 392명의 최고재무관리자(CFO)에게 그들의 기업이 목표부채비율을 사용하는지를 물어 보았으며, 그 결과는 그림 15. 5에 제시되어 있다.[12] 보는 바와 같이 비록 목표의 엄격한 정도는

12 John R. Graham and Campbell R. Harvey, "The Theory and Practice of Corporate Finance," *Journal of Financial Economics* 60, no. 2~3 (2001), pp. 187~243.

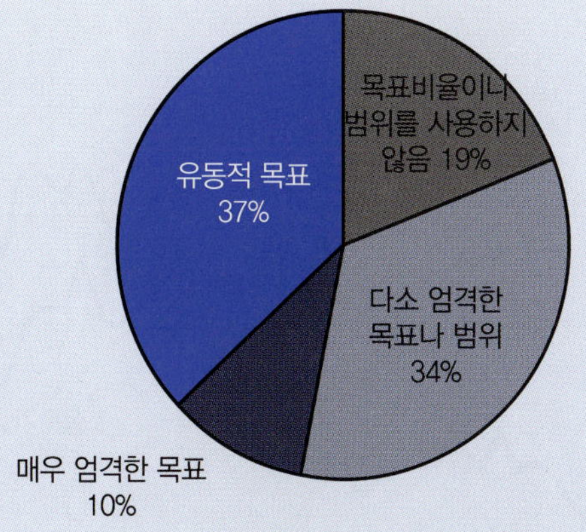

그림 15. 5

목표부채비율의 사용에 대한 서베이 결과

출처:Graham, John R., and Campbell R. Harvey. "The Theory and Practice of Corporate Finance." *Journal of Financial Economics* 60, no. 2~3 (2001): pp. 187~243.

다르지만 대다수의 기업들은 목표를 사용한다. 기업들의 단지 19%만 목표비율을 사용하지 않는다. 이 논문은 또한 대형기업이 소형기업보다 이들 목표비율을 아마 더 사용할 것이라고 한다. CFO들은 유동적(flexible)이거나 엄격한(strict) 목표들이 무엇을 의미하는지는 명시하지 않고 있다. 그러나 응답자들은 대체로 기업의 주가 변화(자기자본 변화)에 대응하여 부채비율은 재조정하지 않았다고 하였으며, 이는 목표비율에 있어서 어느 정도의 유동성을 의미한다.

5. **자본구조는 시간이 흐름에 따라 크게 변할 수 있다** Graham과 Harvey는 대부분의 기업이 목표부채비율을 사용한다고 하지만, 최근 한 논문은 자본구조는 종종 시간이 흐름에 따라 크게 변한다고 주장한다.[13] 예를 들어, 그림 15. 6은 1926~2008년 기간 동안 General Motors, IBM, Eastman Kodak의 부채비율의 변화추이를 보여준다. 측정방법에 관계없이 세 기업의 부채비율은 시간의 흐름에 따라 큰 변동성을 나타낸다. 이러한 부채비율의 변동성은 투자기회의 변동성과 자본에 대한 수요가 기업의 자본구조를 결정하는 중요한 요인이며 재무적 여분 또한 중요하다는 증거이다(즉, 기업은 투자할만한 프로젝트가 있을 때 자금을 차입한다).[14]

기업들은 어떻게 목표부채비율 설정해야 하는가? 목표비율을 설정하는 데 있어서 어떤 수학적 공식은 없지만, 이 비율에 영향을 미치는 네 가지 중요한 요인은 다음과 같다.

- **유동성** 기업은 자본구조 설정시 아마 목표부채비율을 고려할 것이다. 그러나 그 목표는 시간이 흐름에 따라 큰 변동과 조정을 감안해야 한다.
- **세금** 앞서 지적했듯이 기업은 이자지급 전 이익의 한도까지 세금목적을 위해 이자를 공제할 수 있다. 따라서 이익을 많이 내는 기업은 이익을 덜 내는 기업보다 아마

13 Harry DeAngelo and Richard Roll, "How Stable Are Corporate Capital Structures?," *Journal of Finance* 70, no. 1(2015), pp. 373~418.

14 See also Harry DeAngelo, Linda DeAngelo, and Toni M. Whited, "Capital Structure Dynamics and Transitory Debt," *Journal of Financial Economics* 99, no. 2(2011), pp. 235~261.

그림 15.6

General Motors, IBM, Eastman Kodak의 부채비율 변화추이

출처: DeAngelo, Harry, and Richard Roll. "How Stable Are Corporate Capital Structures?" *Journal of Finance* 70, no. 1(2015), pp. 373~418. Figure 1.

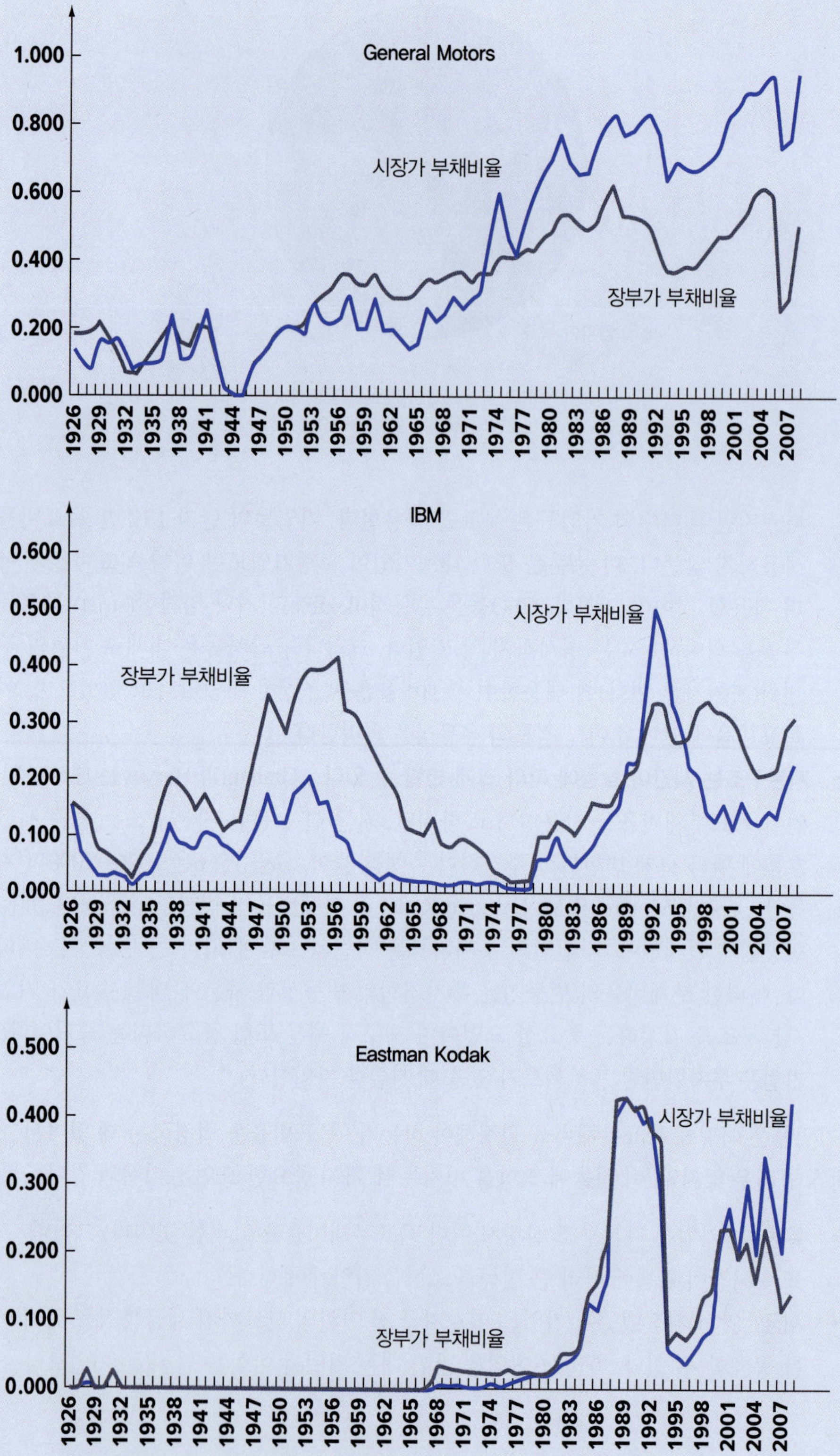

장부가 부채비율 = 부채의 장부가치 / 총자산의 장부가치
시장가 부채비율 = 부채의 장부가치 / (부채의 장부가치 + 보통주의 시장가치)

목표비율이 더 높을 것이다.[15]

- **자산의 유형** 정식 파산진행에 관계없이 재무적 곤경으로 인해 비용이 발생한다. 재무곤경비용은 기업이 보유하고 있는 자산의 유형에 따라 다르다. 예를 들어, 토지, 건물, 기타 유형자산 등에 대규모 투자를 하는 기업은 연구개발에 대규모 투자를 하는 기업보다 재무곤경비용이 더 작을 것이다. 연구개발은 일반적으로 토지보다 재매각 가치가 더 작으며, 그 가치의 대부분은 재무적 곤경이 발생하는 경우에 사라지게 된다. 그러므로 유형자산에 대규모 투자를 하는 기업은 연구개발에 대규모 투자를 하는 기업보다 목표부채비율이 아마 더 높을 것이다.
- **영업이익의 불확실성** 영업이익이 불확실한 기업은 부채가 없어도 재무적 곤경을 겪을 확률이 높다. 따라서 이러한 기업은 주로 자기자본으로 자본을 조달하여야 한다. 예를 들어, 제약회사는 아무도 오늘의 연구가 신약개발로 이어질지를 예견할 수 없기 때문에 영업이익이 불확실하다. 따라서 이러한 기업은 부채를 거의 발행하지 않는다. 대조적으로, 전기·가스업과 같은 규제산업에 속한 기업의 영업이익은 일반적으로 불확실성이 거의 없다. 따라서 다른 산업에 비해 전기·가스업의 부채비율은 훨씬 높다.

마지막으로 주목해야 할 점이 있다. 앞에서 논의한 사항들은 뒷받침이 되는 어떤 공식이 없기 때문에 재무의사결정을 돕기에는 너무 모호하게 보일지 모른다. 대신에 실제 세계의 많은 기업들은 단순히 산업평균에 기초하여 자본구조결정을 내린다. 이는 소심한 접근법으로 들릴지 모르지만 최소한 기업들로 하여금 관례로부터 너무 벗어나지 않도록 해 준다. 결국 어떤 산업에 존재하는 기업들은 생존한 기업들이다. 그러므로 우리는 그들의 결정에 최소한 주의를 기울일 필요가 있다. 그러나 기업들은 가끔 목표자본구조로부터 크게 벗어나곤 한다. 특히 양(+)의 NPV 투자기회 때문에 일시적으로 부채를 발행해야 할 필요가 있을 때 더욱 그러하다.

15.8 파산과정

논의한 바와 같이 부채를 사용함으로써 초래되는 결과들 중의 하나는 재무적 곤경의 가능성이며, 이는 다음과 같이 몇 가지 방법으로 정의될 수 있다.

SEC는 www.sec.gov에서 파산과정에 대한 유익한 개관을 제공한다.

1 **사업실패**(business failure) 이 용어는 채권자에게 손해를 끼치면서 사업이 종료되는 상황을 언급하지만 순수 자기자본기업에서도 발생할 수 있다.
2. **법률적 파산**(legal bankruptcy) 기업이나 채권자가 연방법원에 파산을 신청한다. **파산(bankruptcy)**은 사업을 청산하거나 재조직하기 위한 법률적 절차이다.
3. **기술적 지급불능**(technical insolvency) 기술적 지급불능은 기업이 재무적 의무를 이행할 수 없을 때 발생한다.

15 대조적으로, 자본조달순위이론은 이익을 많이 내는 기업은 유보이익을 사용하여 투자를 할 수 있기 때문에 부채를 덜 사용할 것이라고 주장한다. 그러나 이 이론은 애초부터 목표비율의 사용에 동의하지 않는다.

4. **회계적 지급불능**(accounting insolvency) 순자산이 음(−)인 기업은 장부상으로 지급불능 상태에 있다. 이는 총부채의 장부가치가 총자산의 장부가치를 초과할 때 발생한다.

이제 파산 및 재무적 곤경과 연관된 일부 용어와 이슈들을 아주 간단하게 논의하기로 한다.

청산과 재조직

채권자에게 계약상 약속된 지급을 이행할 수 없거나 이행하지 않는 기업은 **청산(liquidation)**과 **재조직(reorganization)** 중 하나를 선택해야 한다. 청산은 영속적 사업체로서 기업의 지위가 종료됨을 의미하며 기업자산의 매각을 수반한다. 매각비용을 공제한 매각자금은 채권자들에게 정해진 우선순위에 따라 분배된다. 재조직에서는 영속적 사업체로서 기업의 지위를 유지하는 조건으로 종종 새로운 증권이 발행되어 기존 증권을 대체한다. 청산과 재조직 모두 파산진행의 결과이다. 둘 중의 어느 것을 선택하느냐는 '청산가치와 존속가치' 중 어느 것이 더 높은가에 달려 있다.

파산 청산 1978년 연방파산개혁법(Federal Bankruptcy Reform Act)의 Chapter 7은 일반청산을 다룬다. 전형적 순서는 다음과 같다.

1. 연방법원에 파산을 신청한다. 기업이 자발적으로 신청할 수도 있고 채권자들이 기업을 상대로 신청할 수도 있다.
2. 채권자들은 채무기업의 자산을 인수하기 위해 파산관재인(trustee-in-bankruptcy)을 선출한다. 파산관재인은 자산을 청산하기 시작한다.
3. 자산이 청산되면 행정비용을 공제한 후 잔여대금은 채권자들에게 분배된다.
4. 대금이 남으면 이들은 주주들에게 분배된다.

청산으로부터 발생하는 대금은 다음의 우선순위에 따라 배분된다.

1. 파산과 관련된 행정비용
2. 비자발적인 청산신청 이후부터 관재인의 임명 이전까지 발생한 기타비용
3. 임금, 급여, 수수료
4. 직원 연금
5. 소비자 청구권
6. 정부 세금
7. 무보증채권자에게 지급
8. 우선주주에게 지급
9. 보통주주에게 지급

청산에서 이들 순위는 **절대적 우선순위 규칙(absolute priority rule: APR)**을 반영한다. 청구권의 우선순위가 높을수록 지급받을 가능성이 높다. 이들 부류에는 편의상 생략된 다양한 제한과 조건들이 있다.

이들 중에서 두 가지 조건만 살펴보기로 하자. 첫 번째는 보증채권자에 관한 사항이다. 보증채권자는 담보자산의 매각대금에 대한 권리가 있으므로 이들 순위에서 제외되어 있다. 그러나 담보자산이 청산되어도 채권상환에 불충분하다면, 보증채권자는 잔여청산가치를 무보증채권자와 나누어 가지게 된다. 반대로 담보자산이 보증채권자의 청구권보다 더 크다면, 잔여매각대금은 무보증채권자와 기타 청구권자에게 지급된다. 두 번째는 실제로 파산이 일어났을 경우에 어떤 일이 일어나고 누가 무엇을 가지는가는 협상에 따라 주로 결정되므로 상기 우선순위 규칙은 종종 지켜지지 않는다.

파산 재조직 기업의 재조직은 1978년 연방파산개혁법의 Chapter 11하에서 이루어진다. 이 절차의 일반적 목적은 채무상환을 목적으로 기업의 구조조정을 위한 계획을 세우는 것이다. 전형적 순서는 다음과 같다.

www.bankruptcydata.com은 파산에 관한 최신정보를 제공한다.

1. 기업이 자발적으로 신청할 수도 있고 채권자가 기업을 상대로 신청할 수도 있다.
2. 연방판사는 신청을 승인하거나 거절할 수 있다. 신청이 승인되면 청구권에 대한 증거제출 시한이 설정된다.
3. 대부분의 경우에 기업은 ('채권자의 관리하'에) 계속해서 사업을 한다.
4. 기업(또는 채권자)은 재조직안(reorganization plan)을 제출한다.
5. 채권단은 구성원의 대다수가 찬성하면 그 안을 받아들인다.
6. 채권단이 찬성한 안은 법원에 의해 확정된다.
7. 현금, 자산, 증권 등이 채권자들과 주주들에게 지급된다. 재조직안은 신주발행을 포함할 수도 있다.
8. 기업은 일정 기간 동안 재조직안의 규정에 따라 운영된다.

기업은 기존 주주가 지분을 일부 유지할 수 있도록 할 수도 있다. 이는 말할 필요도 없이 무보증채권자들로부터 항의를 불러일으킬 수 있다. 어떤 경우에는 파산법원의 '강제권고(cram-down)'가 필요하다. 채권단이 찬성하지 않더라도 파산안을 받아들일 수밖에 없는 상황에서는 "강제로 권고한다"라는 표현이 아주 적절하다.

소위 프리팩 파산(prepackaged bankruptcy)도 비교적 흔한 현상이다. 여기서 기업은 다수의 채권자로부터 파산안에 대해 미리 승인을 얻은 후에 법원에 파산을 신청한다. 결과적으로 기업은 파산에 들어가자마자 바로 파산과정에서 벗어나게 된다.

예를 들면, 2018년 3월 21일에 Winn-Dixie와 Bi-Lo 식품점을 소유한 Southeastern Grocers도 2018년에 프리팩 파산을 신청했다. 조건은 채권자들이 보유한 $6억 채권을 이 회사 자기자본과 맞바꾸는 것이었다. 결국 약 2달 후 파산으로부터 벗어나게 되었다.

2005년에 미국 국회는 지난 25년간의 파산법들을 점검하여 파산남용방지와 소비자보호법(BAPCPA)을 제정하였다. 이 법은 주로 개인채무자를 대상으로 하였지만 기업들도 영향을 받았다. BAPCPA 이전에는 파산기업이 파산법원에 재조직 계획안을 제출할 배타적인 권리를 가졌었다. 이러한 배타성으로 인해 일부 기업들이 파산상태로 오랫동안 남아있을 수 있게 되었다는 주장이 제기되어 왔다. 따라서 새로운 법하에서는 채권자도 18개월이 지나면 자신의 계획안을 법원에 제출할 수 있게 되었다. 이러한 변화는 파산을 신속하게 진행하고 또한 더 많은 프리팩 파산을 유도할 것으로 기대된다.

BAPCPA로 인한 또 다른 변화는 소위 종업원 이직방지계획(KERP)과 관계된다. 이상하게 들릴지 모르지만, 파산기업은 경영진, 즉 자기기업을 당초 파산으로 몰고 간 장본인들에게 일상적으로 보너스를 지급한다. 이러한 보너스는 원래 유능한 종업원들이 더 나은 기업으로 가지 않도록 할 목적이었지만 너무 남용된다는 비판을 종종 받아 왔다. 그래서 새로운 법은 문제의 종업원이 실제로 다른 회사로부터 스카우트 제의를 받았을 경우에만 KERP를 허용하도록 하였다.

재무관리와 파산과정

다소 이상하게 들릴지 모르지만 파산할 수 있는 권리는 매우 중요하다. 왜 그런가에 대한 이유는 몇 가지를 들 수 있다. 무엇보다도 기업이 파산을 신청하면 채권은 즉각적으로 동결(stay)이 된다. 따라서 채권자에 대한 지급이 정지되고, 채권자는 얼마나 받을 수 있는지를 알기 위해 파산과정의 결과를 기다려야 한다. 이러한 동결은 기업으로 하여금 대안들을 평가할 수 있는 시간을 벌도록 하며, 채권자와 기타 청구권자에 의해 '법원으로 자주 호출당하는 것을 방지'해 준다.

이러한 점 이외에도 파산신청이 실제로는 기업의 경쟁적 지위를 개선하려는 전략적 행동인 경우가 있으며, 기업은 지급불능의 상태가 아니었더라도 파산을 신청하곤 한다. 아마 가장 유명한 예로는 Continental Airline의 경우를 들 수 있다. 1983년 항공산업에 대한 규제완화로 이 항공사는 인건비가 훨씬 낮은 신설 항공사들과 경쟁을 하고 있음을 알았다. Continental은 지급불능의 상태가 아님에도 불구하고 Chapter 11에 따라 파산재조직을 신청하였다.

Continental은 추정자료에 근거하여 미래에 지급불능이 될 것이며 따라서 재조직이 필요하다고 주장했다. 파산을 신청함으로써 Continental은 기존의 노동협약을 종료시키고, 많은 직원들을 해고하고, 직원들의 임금을 크게 삭감할 수 있었다. 다시 말하면, 이 항공사는 파산진행을 본질적으로는 인건비를 절감하기 위한 수단으로 사용했다는 비판을 면하기 어렵다. 그 후 미국의회는 파산법을 수정하여 기업이 파산과정을 이용하여 노동협약을 무효화하기 어렵게 하였다. 결국 Continental은 2010년 United Airline과 합병했다.

파산을 전략적으로 이용한 유명한 예들이 또 있다. 예를 들면, Manville(그 당시는 Johns-Manville)과 Dow Corning은 각각 석면과 실리콘 가슴이식과 관련된 소송으로부터 초래될 미래의 예상손실 때문에 파산을 신청했다. 실제로 2015년까지 최소한 100개 기업이 석면과 관련된 소송 때문에 Chapter 11 파산을 신청했다. 예를 들면, 2001년에 화학 및 플라스틱 업체로 잘 알려진 W.R. Grace사가 항복을 하고 파산을 신청했다. 6년 후, 2007년 11월에 이 기업은 파산법원에 재조직안을 제출했다. 그 당시 이 기업은 2007년 3분기에만 $2,130만의 파산관련 비용을 보고하였으며, 이는 2006년 3분기의 $1,200만보다 높은 수치였다. 전체 기업으로 보면 석면파산소송과 관련된 총비용의 추정치는 $2,000억가 넘었다. 석면의 악몽 탓에 파산을 신청한 그 외 주목할 만한 기업으로는 Congoleum, Federal-Mogul, Halliburton

의 두 자회사 등이 있다.

파산을 피하기 위한 협정

기업이 채무를 이행할 수 없을 때 파산을 신청하지 않을 수도 있다. 파산의 법적 과정은 시간이 오래 걸리고 비용이 많이 들기 때문에 파산신청을 피하는 '워크아웃'을 추진하는 편이 종종 모두에게 최선이 될 수 있다. 채권자는 대출계약을 어긴 기업의 경영진과 함께 협의함으로써 기업의 부채를 재구성(restructure) 또는 재조정(reschedule)하는 자발적 합의를 이루어낼 수 있다. 지급일을 연장하는 지급연장(extension)이나 지급액을 감해주는 화의(composition)가 여기에 속한다.

요약 및 결론 Summary and Conclusions

1. 앞 장에서의 이론에 따르면 기업은 법인세의 존재하에서는 100% 부채의 자본구조를 가져야 한다고 언급했다. 그러나 기업은 실제 세계에서 일반적으로 적당한 수준의 부채를 사용하고 있기 때문에 이론이 여기서 어떤 점을 빠뜨리고 있음에 틀림이 없다. 이 장에서는 재무곤경비용이 기업으로 하여금 부채발행을 제한하도록 한다고 하였다. 이 비용에는 직접비용과 간접비용의 두 종류가 있다. 파산과정에서 발생하는 변호사와 회계사의 보수가 직접비용의 예들이다. 간접비용으로는 다음의 네 가지를 들 수 있다.
   - 영업능력의 손상
   - 위험한 프로젝트를 택하려는 인센티브
   - 과소투자의 인센티브
   - 파산 전에 주주들에게의 자금분배
2. 상기 비용들은 상당히 크며 주주들이 궁극적으로 이들 비용을 떠안아야 하기 때문에 기업은 비용절감의 인센티브를 지닌다. 다음의 두 가지 비용절감 방법을 제안한다.
   - 보호조항
   - 부채의 정리
3. 재무곤경비용은 줄일 수는 있으나 제거할 수는 없기 때문에, 기업은 전적으로 부채로만 자금을 조달하지는 않을 것이다. 그림 15. 1은 기업가치와 부채의 관계를 보여준다. 그림에서 기업은 그 가치가 극대화되는 부채비율을 택한다.
4. 신호이론은 이익을 많이 내는 기업은 아마 레버리지를 증가시킬 것이라고 주장한다. 왜냐하면 추가적 이자지급이 일부 세전이익과 상쇄될 것이기 때문이다. 합리적인 주주는 부채수준이 높을수록 기업가치가 더 크다고 추론할 것이다. 따라서 투자자는 부채를 기업가치에 대한 신호로 여긴다.
5. 기업의 지분이 적은 경영자는 지분이 많은 경영자보다 덜 일하고, 낭비적인 비용계정을 더 많이 유지하며, NPV가 음(−)인 프로젝트를 더 많이 택할 것으로 기대할 수 있다. 새로운 주식의 발행은 기업에서 경영자의 지분율을 희석시키므로, 상기의 대리인비용은 기업의 성장이 신규부채보다는 신규주식의 발행을 통해 이루어질 때 아마 증가할 것이다.
6. 자본조달순위이론은 경영자는 외부금융보다 내부금융을 선호한다는 것을 의미한다. 만약 외부금융이 필요하다면, 경영자는 부채와 같은 가장 안전한 증권을 선택하려는 경향이 있다. 기업은 외부금융을 피하기 위하여 재무적 여분을 쌓아둘지 모른다.
7. 부채비율은 산업에 따라 다르다. 목표부채비율을 결정하는 다음의 세 가지 요인들을 제시한다.

a. 세금: 세전이익이 높은 기업은 세전이익이 낮은 기업보다 부채에 더 많이 의존할 것이다.

b. 자산유형: 연구개발과 같은 무형자산의 비중이 높은 기업은 부채비율이 낮아야 한다. 유형자산의 비중이 높은 기업은 부채비율이 더 높아야 한다.

c. 영업이익의 불확실성: 영업이익의 불확실성이 높은 기업은 주로 자기자본에 의존해야 한다.

8. 파산과정과 파산의 재무적 측면을 간단히 살펴보면서 이 장을 마감했다.

개념문제 Concept Questions

1. **파산비용** 파산의 직접비용과 간접비용이란 무엇인가? 각각을 간단하게 설명하라.
2. **주주의 인센티브** 다음 진술에 동의하는가? 주주는 기업이 순현재가치가 음(−)인 프로젝트에 투자하는 것을 결코 원하지 않을 것이다. 왜 그런가?
3. **자본구조결정** 과거 몇 년 동안 발생한 큰 손실 때문에 어느 기업의 세금손실이월(tax loss carryforwards)이 $200만에 이른다. 이는 이 기업이 차기 $200만의 이익에 대해서는 법인세를 내지 않아도 됨을 의미한다. 증권분석가는 이 기업이 $200만의 이익을 창출하는 데 여러 해가 걸릴 것으로 추정한다. 이 기업의 자본구조에는 적당한 수준의 부채가 있다. 이 기업의 CEO는 다가오는 프로젝트의 자금을 조달하기 위해 부채나 주식의 발행을 고려하고 있다. 어느 방법으로 자본을 조달하도록 추천하겠는가? 왜 그런가?
4. **부채비용** 주주는 부채비용을 줄이기 위해 어떤 조치들을 취할 수 있는가?
5. **MM과 파산비용** 재무곤경비용과 대리인비용의 존재는 기업이 법인세를 내는 세계에서 Modigliani와 Miller의 이론에 어떠한 영향을 미치는가?
6. **자기자본의 대리인비용** 자기자본 대리인비용의 원천(항목)에는 어떠한 것들이 있는가?
7. **실제 세계 자본구조** 표 15. 3에 있는 실제 세계의 자본구조를 보라. 평균부채비율이 산업유형별로 어떤 차이를 보이는가? 어떤 산업들에서 부채비율이 상대적으로 더 높은가? 이렇게 산업별로 부채비율이 다른 이유는 무엇인가? 기업의 영업결과와 세금실적이 어떤 역할을 하는가? 미래이익에 대한 전망은 어떠한가? 설명하라.
8. **파산과 기업윤리** 교재에서 언급한 바와 같이, 소송관련 손실이 있거나 앞으로 발생할 예정이어서 파산을 신청한 기업들이 있다. 이를 파산과정의 적절한 이용으로 볼 수 있는가?
9. **파산과 기업윤리** 기업은 가끔 파산신청이라는 위협을 하여 채권자들로 하여금 조건을 재협상하도록 강요한다. 이 경우에 기업이 파산법을 '방패가 아닌 칼(as a sword rather than a shield)'로서 이용하고 있다는 비판이 있다. 이는 윤리적으로 적절한 전술인가?
10. **파산과 기업윤리** 교재에서 언급한 바와 같이 Continental Airlines는 최소한 부분적으로는 인건비를 절감하기 위한 수단으로 파산을 신청했다. 이러한 조치가 윤리적이고 적절했는지에 대해서 열띤 논쟁이 있었다. 양측의 주장을 대변하라.

연습문제 Questions and Problems

McGraw Hill connect

기초
(문제 1~5번)

1. **기업가치** Connor사는 연 $53만5,000의 EBIT가 영구히 지속될 것으로 예상하고 있다. 기업의 무부채 자기자본비용(unlevered cost of equity)은 13.2%이며, 법인세는 21%이다. 또한 이 기업이 발행한 영구채권의 시장가치는 $95만이다.

   a. 기업의 가치는 얼마인가?

   b. 기업의 CFO는 사장에게 기업의 가치가 $330만라고 보고한다. CFO가 옳은가?

2. **대리인비용** Tom Scott는 Scott Manufacturing의 소유자이자 사장이고 주된 판매원이다. 이 때문에 기업의 이익은 Tom이 얼마나 오래 일하는가에 좌우된다. 만약 그가 주당 40시간을 일한다면 기업의 EBIT는 연 $41만 5,000가 될 것이며, 주당 50시간을 일한다면 기업의 EBI는 연 $56만가 될 것이다. 이 기업의 가치는 현재 $290만이다. 이 기업은 $160만의 현금주입이 필요하며 이를 위해 주식을 발행하거나 8%의 이자율로 부채를 발행할 수 있다. 법인세는 없다고 가정하자.
   a. 각 시나리오하에서 Tom에게 귀속되는 현금흐름은 얼마인가?
   b. 자본조달의 어느 형태에서 Tom은 더 열심히 일하겠는가?
   c. 자본조달의 각 형태에서 어떤 특유의 신규비용이 발생하겠는가?
3. **자본구조와 성장** Edwards Construction이 발행한 부채는 현재 시장가치가 $34만이며 부채비용은 6%이다. 이 기업은 연 $2만400의 EBIT가 영구히 지속될 것으로 예상하고 있다. 세금은 없다고 가정하자.
   a. 기업의 자기자본 가치는 얼마인가? 부채/가치 비율은 얼마인가?
   b. 기업의 성장률이 2%라면, 자기자본의 가치와 부채/가치 비율은 얼마인가?
   c. 기업의 성장률이 4%라면, 자기자본의 가치와 부채/가치 비율은 얼마인가?
4. **비시장성 청구권** Hominy사가 발행한 부채는 액면가가 $215만이다. 이 기업이 순수 자기자본으로만 자본을 조달했다면 그 가치는 $1,140만가 되었을 것이다. 이 기업은 또한 19만5,000주의 주식을 발행하였으며 주당 $47에 팔리고 있다. 법인세는 21%이다. 기대파산비용으로 인하여 기업의 가치는 얼마나 감소하겠는가?
5. **자본구조와 비시장성 청구권** 문제 4번에서 기업의 사장은 이자지급의 세금혜택 때문에 자본구조에서 부채비중을 늘려야 한다고 말했다고 가정하자. 그의 주장은 이러한 조치가 기업의 가치를 증가시킬 것이라는 점이다. 당신은 어떻게 생각하는가?

보통
(문제 6~8번)

6. **재무곤경비용** Steinberg사와 Dietrich사는 Dietrich사의 부채가 더 많다는 점을 제외하고 동일하다. 두 기업은 일 년 동안 사업을 할 것이다. 두 기업의 경제전문가들은 내년에 현재의 경기확장이 지속될 확률은 80%이며, 경기침체의 확률은 20%이라는 데 의견을 같이 한다. 각 기업의 이자 및 법인세 차감 전 이익(EBIT)은 경기확장이 계속된다면 $260만가 될 것이며, 경기침체가 일어난다면 $72만5,000가 될 것이다. Steinberg사가 연말에 갚아야 할 부채는 $64만이며, Dietrich가 연말에 갚아야 할 부채는 $110만이다. 양쪽 기업 모두 세금을 내지 않는다. 할인율은 12%라고 가정하자.
   a. 1년 후에 Steinberg사의 주주와 채권자에게 지급해야 할 잠재적 금액은 얼마인가? Dietrich사의 주주와 채권자에 대해서는 얼마인가?
   b. Steinberg사의 CEO는 자기기업의 부채가 더 적어서 파산위험이 더 낮으므로, Steinberg사의 가치가 Dietrich사의 가치보다 높아야 한다고 최근에 말했다. 당신은 그의 말에 동의하는가, 동의하지 않는가?
7. **대리인비용** Sheaves사의 경제전문가는 다가오는 해에 영업환경이 좋아질 확률과 나빠질 확률이 똑같다고 예상한다. Sheaves사의 경영자는 두 개의 상호배타적 프로젝트 중에서 하나를 선택해야 한다. Sheaves사가 선택하는 프로젝트는 그 기업의 유일한 사업이 될 것이며, 이 기업은 일 년 후에 폐쇄된다고 가정하자. Sheaves사는 연말에 채권자에게 $1만2,000를 지불하여야 한다. 프로젝트들의 체계적 위험은 같으나 변동성은 다르다. 두 프로젝트에 관한 정보는 다음과 같다.

경제	확률	변동성이 낮은 프로젝트 수익	변동성이 높은 프로젝트 수익
나쁨	0.50	$12,000	$11,400
좋음	0.50	12,800	13,300

a. 변동성이 낮은 프로젝트가 선택된다면, 기업의 예상가치는 얼마인가? 변동성이 높은 프로젝트가 선택된다면 얼마인가? 두 전략 중 어느 전략이 기업의 예상가치를 극대화하는가?
b. 변동성이 낮은 프로젝트가 선택된다면, 기업의 자기자본의 예상가치는 얼마인가? 변동성이 높은 프로젝트가 선택된다면 얼마인가?
c. 기업의 주주는 어느 프로젝트를 선호하겠는가? 설명하라.
d. 채권자는 주주가 기업의 가치보다는 자기자본의 가치를 극대화하기 위해 변동성이 높은 프로젝트를 선택할 수도 있음을 잘 알고 있다고 하자. 대리인비용을 최소화하기 위해 기업의 채권자는 기업이 변동성이 높은 프로젝트를 선택할 경우 더 많은 지급을 요구할 수 있음을 채권조항에 명문화하기로 결정한다. 주주로 하여금 두 프로젝트 사이에서 중립적이 되도록 하기 위해 채권자에게 얼마를 지급하면 되겠는가?

8. **재무적 곤경** Mid States사는 지방 백화점 체인점이며 1년 동안 사업을 할 것이다. 경기활황의 가능성은 60%이며, 경기침체의 가능성은 40%이다. 이 기업은 경기활황의 경우에 $5,300만의 현금흐름을, 경기침체의 경우에 $3,100만의 현금흐름을 창출할 것으로 예상된다. 이 기업은 연말에 $3,900만의 부채를 상환해야 하며, 부채의 시장가치는 현재 $3,400만이다. 이 기업은 세금을 내지 않는다.
a. 경기침체의 경우에 채권자는 얼마를 받을 수 있겠는가?
b. 부채에 대한 약정수익률은 얼마인가?
c. 부채에 대한 기대수익률은 얼마인가?

도전
(문제 9~10번)

9. **개인소득세, 파산비용, 기업가치** 이자에 대한 개인소득세와 파산비용을 고려할 때, 자본소득에 대한 세율이 0인 세계에서 부채기업의 가치에 대한 일반적인 식은 다음과 같다.

$$V_L = V_U + \left[1 - \left(\frac{1 - T_C}{1 - T_B}\right)\right] \times B - C(B)$$

여기서

V_L = 부채기업의 가치
V_U = 무부채기업의 가치
B = 부채의 가치
T_C = 법인세율
T_B = 이자에 대한 개인소득세율
$C(B)$ = 재무곤경비용의 현재가치

a. 세금이 없는 모형에서 Modigliani와 Miller는 T_C, T_B, C(B)에 대해 어떠한 가정을 하는가? 이들 가정은 기업의 최적부채비율에 관해서 무엇을 의미하는가?
b. 법인세가 있는 모형에서 Modigliani와 Miller는 T_C, T_B, C(B)에 대해 어떠한 가정을 하는가? 이들 가정은 기업의 최적부채비율에 관해서 무엇을 의미하는가?
c. 이자공제를 받아서 법인세를 확실히 줄일 수 있는 어느 순수 자기자본기업을 생각해보자. 만약 법인세율이 25%이며, 이자에 대한 개인소득세율이 20%이고, 재무곤경비용이 없다면, 이 기업이 $120만의 부채를 발행하여 그 자금으로 자사주를 매입하는 경우 기업가치는 얼마나 변하겠는가?
d. 이전 연도들로부터 이월된 세금손실이 크기 때문에 세금을 내지 않는 다른 순수 자기자본기업을 생각해보자. 이자에 대한 개인소득세율이 20%이며 재무곤경비용은 없다. 자기자본 $1를 영구부채 $1로 대체한다면 이 기업의 가치는 얼마나 변하겠는가?

10. **개인소득세, 파산비용, 기업가치** Overnight Publishing Company(OPC)는 $170만의 잉여현금을 보유하고 있다. 이 기업은 부채를 모두 상환하거나 자사주를 매입하기 위해 이 현금을 사용할 계획이다. 이

기업의 부채는 $170만에 이를 OPC에 되팔 용의가 있는 한 기관투자자가 보유하고 있다. 이 기관투자자는 OPC에 아무 거래비용도 물리지 않을 것이다. 일단 OPC가 순수 자기자본기업이 되면 영원히 무부채기업으로 남아있을 것이다. OPC가 부채를 상환하지 않는다면 공개시장에서 자사주의 일부를 매입하기 위해 $170만를 사용할 것이다. 자사주매입 또한 아무 거래비용을 수반하지 않는다. 이 기업은 자본구조에 관계없이 영구히 $79만5,000의 이자 및 법인세 차감 전 이익을 창출할 것이다. 이 기업은 각 연도의 말에 모든 이익을 배당으로 즉시 지급한다. OPC의 법인세율은 24%이며, 무부채자기자본에 대한 요구수익률은 14%이다. 이자에 대한 개인소득세율은 25%이며, 자본이득에 대한 세금은 없다. 파산비용은 없다고 가정하자.

a. OPC가 모든 부채를 상환하고 무부채기업이 된다면, 기업의 가치는 얼마인가?

b. OPC가 부채를 상환하지 않고 대신에 자사주를 매입한다면, 기업의 가치는 얼마인가(힌트: 문제 9번에서 이자에 대한 개인소득세가 있는 경우 부채기업 가치를 계산하기 위한 공식을 이용하라)?

c. 기대파산비용의 현재가치가 $42만5,000라고 가정하자. 이 비용은 OPC의 결정에 어떠한 영향을 주는가?

CLOSING CASE

Dugan CORPORATION의 자본예산편성

Sam Dugan은 지방기업인 Dugan Restaurant의 설립자이자 CEO이다. Sam은 새로운 식당을 몇 개 개점하려고 한다. 이 기업의 CFO인 Sally Thornton은 자본예산 분석의 책임을 맡고 있다. 이 기업의 확장에 대한 잠재력을 검토한 결과, 그녀는 새로운 식당의 성공은 내년과 향후 몇 년 동안의 경제상황에 달려있다고 결정했다.

Dugan이 발행한 채권은 액면가가 $930만이며 현재 만기가 1년이 남아 있다. 이 채권발행과 관련된 보호조항은 추가적 채권의 발행을 금지한다. 이러한 제한은 $370만의 비용이 드는 기업확장이 전적으로 자기자본으로 조달될 것임을 의미한다. Sally는 확장유무 및 내년 경제상황에 따른 기업가치를 분석하여 다음과 같이 요약하였다.

경제성장	확률	확장하지 않는 경우	확장하는 경우
낮음	0.30	$ 6,900,000	$ 8,400,000
정상	0.50	12,000,000	17,200,000
높음	0.20	16,000,000	20,700,000

1. 확장을 하는 경우와 하지 않는 경우에 1년 후 기업가치의 기대값은 얼마인가? 각 경우에 주주의 부는 더 나아지겠는가? 왜 그런가?
2. 확장을 하는 경우와 하지 않는 경우에 1년 후 부채가치의 기대값은 얼마인가?
3. 지금부터 1년 후, 확장으로부터 얼마나 많은 가치가 창출될 것으로 예상되는가? 주주에 대해서는 얼마나 많은 가치가 예상되는가? 채권자에 대해서는 어떠한가?

4. 기업이 확장하지 않는다고 발표한다면, 채권가격은 어떻게 될 것으로 생각하는가? 기업이 확장한다면, 채권가격은 어떻게 되겠는가?
5. 기업이 확장하지 않기로 한다면, 기업의 미래차입수요에 대해 어떤 결과가 예상되는가? 기업이 확장한다면, 어떤 결과가 예상되는가?
6. 채권조항 때문에 확장은 자기자본으로 조달되어야 할 것이다. 확장이 주식발행 대신에 보유현금으로 이루어진다면, 당신의 대답은 어떻게 달라지겠는가?

배당금과 기타 지불금

16

OPENIN CASE

2018년은 배당지급에 있어서 기록적인 해였다. S&P 500에 포함된 415개 기업이 지급한 배당금은 약 $4,563억에 달했다. 이는 2017년의 $4,198억와 2016년의 $3,972억보다 증가한 수치이다. 배당금 지급 상위 기업 중에는 $137억를 지급한 Apple이 포함되어 있으며, AT&T와 Microsoft가 각각 $139억씩 지급하였다.

기업재무 관련 최근 사건들을 찾아보기 위해 corecorporatefinance.blogspot.com을 방문하라.

16.1 배당의 유형

배당(dividend)이라는 용어는 이익을 현금으로 분배하는 것을 말한다. 분배가 현재의 이익이나 축적된 유보이익 이외의 다른 원천을 사용하여 이루어진다면, 배당 대신에 **분배(distribution)**라는 용어가 사용된다. 그러나 이익으로부터의 분배를 배당, 자본으로부터의 분배를 **청산배당(liquidating dividend)**이라고 부르는 것은 가능하다. 더 일반적으로는 기업이 주주에게 직접 지급하는 모든 것은 배당정책의 부분으로 여겨질 수 있다.

배당의 가장 보편적인 유형은 현금으로 이루어진다. 공개기업은 보통 1년에 네 번 **정규현금배당(regular cash dividend)**을 한다. 기업은 가끔 정규현금배당과 함께 **특별현금배당(extra cash dividend)**을 하기도 한다. 납입자본금이 감소하는 청산배당의 경우를 제외하면 현금배당이 이루어지면 대차대조표의 현금과 유보이익이 줄어든다.

배당의 또 다른 유형은 주식으로 지급된다. 이러한 배당을 **주식배당(stock dividend)**이라고 한다. 주식배당은 기업으로부터 현금유출을 수반하지 않기 때문에 진정한 의미의 배당은 아니다. 오히려 주식배당은 발행주식수를 증가시켜 주당가치를 감소시킨다. 주식배당은 일반적으로 비율로 표시된다. 예를 들면, 2% 주식배당의 경우에 주주는 현재 소유하고 있는 50주당 하나의 신주를 받는다.

기업이 주식분할(stock split)을 하면 발행주식수가 증가한다. 대신에 기업의 현금흐름에 대한 주당 지분이 줄기 때문에 주가는 하락한다. 예를 들면, 주가가 $90인 기업이 3:1의 주식분할을 한다면 주가는 약 $30로 떨어져야 한다. 주식분할은 주식배당보다 훨씬 대규모라는 점을 제외하고는 서로 매우 흡사하다.

16.2 현금배당의 표준적 지급방법

배당지급의 결정은 기업의 이사회에서 이루어진다. 배당금은 특정한 날에 주주명부에 등재된 주주에게 분배된다. 배당은 일단 선언이 되면 기업의 채무가 되므로 쉽게 번복할 수 없다. 배당은 주당 금액(주당 배당금: dividend per share), 주가의 비율(배당수익률: dividend yield), 주당이익의 비율(배당성향: dividend payout) 등으로 표시된다.

배당지급의 과정은 그림 16. 1에서 예로 설명되어 있으며 다음 순서를 따른다.

1. **배당발표일**(declaration date) 1월 15일(배당발표일)에 이사회는 1월 30일 기준으로 주주명부에 등재된 모든 주주에게 2월 16일에 주당 $1의 배당금을 지급하기로 결의한다.
2. **배당기준일**(date of record) 기업은 1월 30일 당일 현재 주주라고 믿어지는 사람들을 대상으로 주주명부를 작성한다. 여기서 '믿어지는(believed)'이란 단어는 중요하다. 왜냐하면 1월 30일이 지나서 주식매입의 통지가 도착하면 그 사람에게는 배당이 지급되지 않기 때문이다.
3. **배당락일**(ex-dividend date) 미국 SEC는 주식의 결제를 2영업일로 정하고 있다. 이는 투자자가 수요일에 주식을 매입하면 결제는 금요일에 이루어진다는 의미이다. 증권회사는 배당기준일 1영업일 이전까지 주식을 매입한 주주에게 배당을 받을 자격을 준다. 예에서 배당기준일 전날인 1월 29일을 배당락일이라고 한다. 이날 이전에는 주식이 배당부(cum dividend)로 거래된다고 한다.
4. **배당지급일**(date of payment) 배당금 수표가 2월 16일에 주주에게 발송된다.

배당락일은 분명히 중요하다. 왜냐하면 이날 이전에 주식을 매입하면 현재의 배당금을 받을 것이지만 이날 이후에 주식을 매입하면 배당금을 받지 못하기 때문이다. 그러므로 주가는 배당락일에 떨어질 것이다(어떤 다른 사건이 발생하지 않는다고 가정함). 이러한 주가의 하락은 시장이 현금배당에 합리적으로 가치를 부여하기 때문에 일어나므로 시장효율성의 표시로 볼 수 있다. 세금과 거래비용이 없는 세계에서 주가는 다음과 같이 배당금만큼 떨어질 것으로 예상된다.

배당락일 전	**주가 = $ (P + 1)**
배당락일	**주가 = $$P$**

이는 그림 16. 2에 설명되어 있다.

주가하락의 정도는 세율에 달려있다. 예를 들어, 자본이득세가 없는 경우를 생각해 보

그림 16. 1

배당지급절차의 예

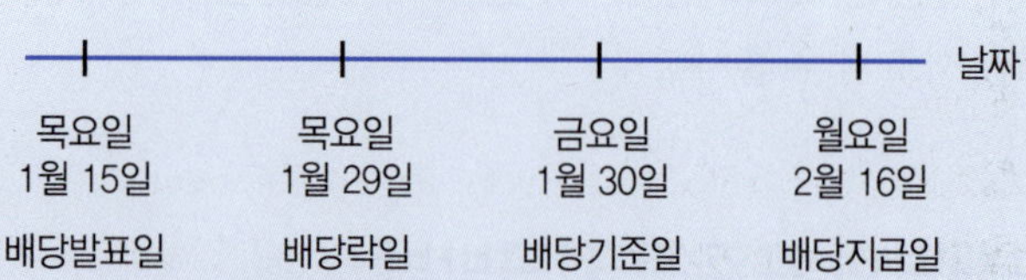

1. 배당발표일: 이사회가 배당지급을 발표한다.
2. 배당기준일: 발표된 배당금은 이 날 현재 주주명부에 등재된 주주에게 지급될 것이다.
3. 배당락일: 주식이 배당락이 되는 날이며, 이날 매도한 사람은 배당금을 받을 권리가 있다. SEC 규정에 따르면 주식은 배당기준일 전 영업일부터 배당락이 되어 거래된다.
4. 배당지급일: 배당금수표가 주주명부에 등재된 주주에게 발송된다.

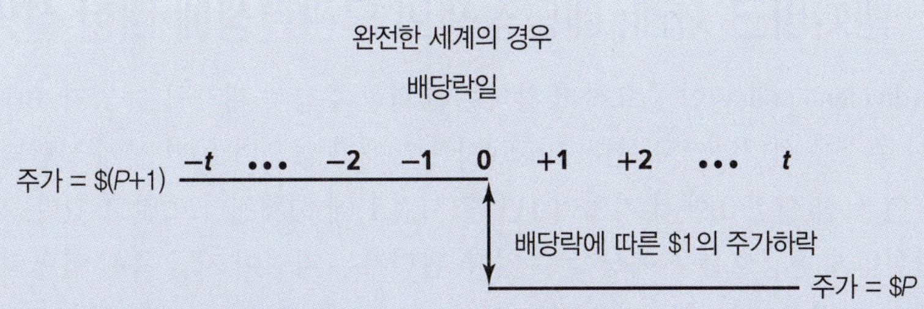

주가는 배당락일(시점 0)에 배당금만큼 떨어질 것이다. 배당금이 주당 $1라면 주가는 배당락일에 *P*와 같을 것이다.

배당락일 전(시점 −1) 주가 = $(*P* + 1)
배당락일(시점 0) 주가 = $*P*

그림 16.2
$1의 현금배당에 대한 배당락일 무렵의 주가 행태

자. 주식이 배당락이 되기 전에 주주는 (1) 바로 주식을 사서 배당금을 받고 세금을 내야 하는지, (2) 내일 주식을 사면서 배당금을 포기해야 하는지를 결정해야 한다. 모든 투자자의 세율이 15%이고 분기배당금이 $1라면, 주가는 배당락일에 $0.85만큼 떨어져야 한다. 즉, 주가가 배당락일에 이만큼 떨어진다면 매수자의 수익은 두 전략으로부터 같을 것이다.

배당락일 주가하락의 예로서 앨라배마주의 한 채광업체인 Warrior Mel Coal(HCC)이 2017년 11월에 지급한 대규모 배당금을 생각해 보자. 지급한 배당금은 주당 $11.4였으며 그 당시 이 회사 주가인 $30의 약 40%에 해당한다. 정말로 특별한 배당이다. 그 주식은 2017년 11월 24일에 배당락이 되었다. 아래의 주가차트는 특별배당 전후 Warrior 주가의 변화를 보여준다.

보는 바와 같이 주가는 11월 22일(11월 23일은 공휴일)에 $29.90로 장을 마쳤고, 11월 24일에 $11.25 하락한 $18.65로 시작하였다. 배당세율 20%를 감안하면 $9 정도 떨어질 것으로 예견되었지만 시초가는 좀 더 하락하였다. 나중에 배당금과 세금에 대해 더 자세히 논의하기로 한다.

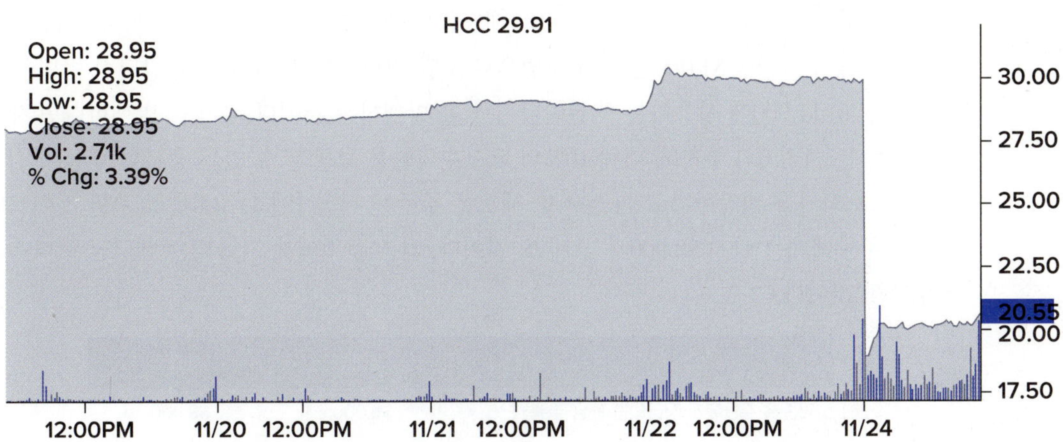

16.3 벤치마크 사례: 배당정책의 무관련성에 대한 설명

배당정책(dividend policy)이 중요하지 않다는 강력한 주장이 제기될 수 있다. Bristol사를 예로 들어 이 주장을 설명하기로 한다. Bristol사는 부채가 없으며 10년 전에 설립되었다. 재무관리자는 현 시점(시점 0)에서 기업이 1년 후(시점 1)에 해체된다고 알고 있다. 시점 0에 관리자는 확실하게 현금흐름을 예상할 수 있다. 관리자는 기업이 지금 즉시 $1만의 현금을 받고 내년에 또 $1만를 받는다는 것을 알고 있다. Bristol사는 NPV가 양(+)인 프로젝트를 추가로 보유하고 있지 않다.

현재 정책: 현금흐름과 동일한 배당

현재 각 시점의 배당금(D)이 $1만의 현금흐름과 동일하게 한다. 기업의 가치는 이들 배당금을 할인함으로써 계산될 수 있다. 그 가치는 다음과 같이 표현된다.

$$V_0 = D_0 + \frac{D_1}{1 + R_S} \qquad [16.1]$$

여기서 D_0와 D_1은 배당으로 지급된 현금흐름이다. R_S는 할인율이다. 처음 배당금은 즉시 지급되기 때문에 할인되지 않는다.

R_S = 10%를 가정하면, 기업의 가치는 다음과 같다.

$$\$19{,}090.91 = \$10{,}000 + \frac{\$10{,}000}{1.1}$$

발행주식수가 1,000주라면, 각 주의 가치는 다음과 같다.

$$\$19.09 = \$10 + \frac{\$10}{1.1}$$

단순화를 위해 배당락일과 배당지급일이 같다고 가정한다. D_0가 지급되면 주가는 즉시 $9.09(= $19.09 − $10)로 떨어질 것이다. Bristol사의 일부 임원들은 현재의 배당정책에 대해 불만족을 표시하면서 대안을 제시하도록 요청했다.

대안 정책: 현금흐름보다 많은 최초 배당

다른 정책은 주당 $11씩 총 $1만1,000의 배당금을 즉시 지급하는 것이다. 현금은 $1만뿐이기 때문에 추가적인 $1,000는 어떤 방법으로 조달되어야 한다. 아마 가장 간단한 방법은 지금(시점 0) $1,000에 상응하는 채권이나 주식을 발행하는 것이다. 주식을 발행한다면 새로운 주주는 시점 0의 투자에 대해 10%의 요구수익률을 보장할 수 있는 충분한 현금이 시점 1에 확보되기를 희망한다고 가정하자. 새로운 주주는 시점 1에 $1,100를 요구할 것이므로 기존 주주에게는 단지 $8,900가 남게 될 것이다. 기존 주주에게 지급되는 배당금은 다음과 같이 될 것이다.

	시점 0	시점 1
기존 주주들에게 지급되는 배당금 총액	$11,000	$8,900
주당배당금	11.00	8.90

그러므로 주당배당금의 현재가치는 다음과 같다.

$$\$19.09 = \$11 + \frac{\$8.90}{1.1}$$

새로운 주식이 얼마에 발행되는가를 알아보는 것도 종종 유익하다. 새로운 주주는 곧바로 지급되는 배당금은 받을 권리가 없으므로 주당 \$8.09(= \$8.90/1.1)를 지급하려 할 것이다. 따라서 123.61(= \$1,000/\$8.09)주가 새로 발행된다.

무관련성 명제

현재 정책과 대안 정책에서 주당 현재가치의 값이 같음을 주목하자. 이는 배당정책의 변화는 주가에 영향을 미치지 않는다는 놀라운 결론에 이르게 한다. 그러나 숙고해 보면 이 결과는 충분히 이해할 만하다. 새로운 주주는 시점 0에 돈을 투자하여 시점 1에 적절한 수익과 함께 되돌려받는다. 다시 말하면, NPV가 0인 투자를 택하고 있다. 그림 16. 3에서 설명되어 있듯이, 기존 주주는 시점 0에 추가로 자금을 받는 대신 시점 1에 그 자금을 적절한 수익과 함께 새로운 주주에게 돌려주어야 한다. 기존 주주는 원금과 적절한 이자를 갚아야 하므로 보유 지분의 가치는 시점 0에 주식을 추가로 발행한다고 해서 증감하지 않을 것이다. 즉, 기

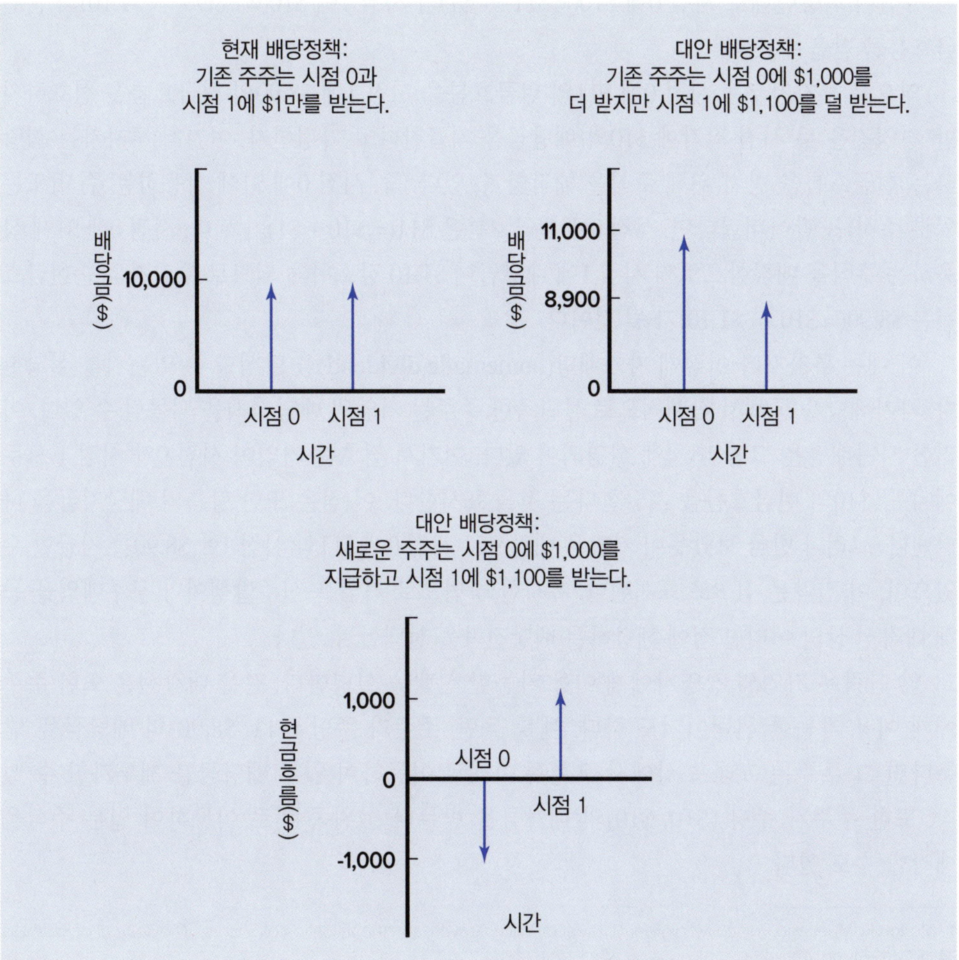

그림 16. 3
현재 및 대안 배당정책

존 주주는 새로운 주주에게 NPV가 0인 투자를 허용하고 있는 셈이다. 시점 0에서 배당금이 증가하면 시점 1에서 배당금이 감소하므로, 기존 주주가 보유하고 있는 지분의 가치는 변하지 않는다.

이러한 설명은 Miller와 Modigliani(MM)의 선구자적 업적에 기반을 두고 있다. 앞의 예에서는 수치를 사용하였지만, MM의 논문[1]은 투자자가 배당정책에 무관함을 보다 일반적 상황을 가정하여 증명한다.

자가배당

앞의 예에서 투자자가 배당정책에 무관함을 설명하기 위해 현재가치 식을 사용했다. 그러나 현금흐름을 할인하는 방법을 사용하지 않고도 직관적으로 호소력이 있는 설명이 가능하다.

투자자 *X*가 시점 0과 시점 1 모두에 주당 $10의 배당금을 받기를 희망한다고 가정하자. 기업의 경영진이 대안 배당정책(두 시점에 각각 $11와 $8.90의 배당금)을 채택한다면, 투자자는 실망하겠는가? 반드시 그렇지는 않다. 왜냐하면 투자자는 시점 0에 받은 배당금에서 당장 필요하지 않은 $1를 재투자하여 시점 1에 $1.10를 받을 수 있기 때문이다. 따라서 투자자 자신이 희망한대로 시점 0에 $10(= $11 − $1)와 시점 1에 $10(= $8.90 − $1.10)의 순현금흐름을 받을 수 있다.

역으로 투자자 Z는 시점 0에 $11의 현금흐름을 시점 1에 $8.90의 현금흐름을 선호하지만 경영진은 두 시점 각각에 $10의 배당금을 지급한다고 가정하자. 여기서 투자자는 희망하는 현금흐름을 받기 위해 주식을 매각할 수 있다. 즉, 시점 0에 $1에 상응하는 주식(또는 일부 주식)을 팔아버린다면, 시점 0에 현금흐름은 $11(= $10 + $1)가 된다. 시점 0에 $1에 상응하는 주식을 매각함으로써 시점 1에 배당금이 $1.10 감소하게 되므로 투자자의 순현금흐름은 $8.90(= $10 − $1.10)가 될 것이다.

이 예는 투자자가 어떻게 **자가배당(homemade dividend)**을 달성할 수 있는지를 설명한다. 자가배당을 통해서 잠재적으로 불만족한 주주는 기업의 배당정책을 되돌릴 수 있다. 이러한 자가배당은 그림 16. 4에 설명되어 있다. 여기서 점 A는 기업이 시점 0과 시점 1 모두에 주당 $10의 현금흐름을 지급한다는 것을 표시한다. 이 점은 또한 당초의 배당지급을 나타낸다. 그러나 방금 보았듯이 기업은 대안으로 시점 0에 $11와 시점 1에 $8.90를 지급할 수 있으며, 이 전략은 점 *B*로 표시된다. 유사한 방법으로 기업은 신주발행이나 구주매입을 통해 대각선 상의 어떠한 점에 해당하는 배당전략을 선택할 수 있다.

앞 단락은 기업의 경영자에게 이용 가능한 선택을 설명한다. 같은 대각선은 또한 주주에게 이용 가능한 선택이기도 하다. 예를 들면, 주주가 주당 ($11, $8.90)의 배당금을 받는다면 그 주주는 그래프 상에서 오른쪽 아래로 이동하여 일부 배당금을 재투자할 수 있다. 또한 주주가 주당 ($10, $10)의 배당금을 받는다면 왼쪽 위로 이동하여 일부 주식을 매각할 수도 있다.

1 Merton H. Miller and Franco Modigliani, "Dividend Policy, Growth, and the Valuation of Shares," *The Journal of Business* 34, no. 4(1961), pp. 411~433.

그림 16. 4

자가배당:주당배당금의 교환관계(시점 0과 시점 1)

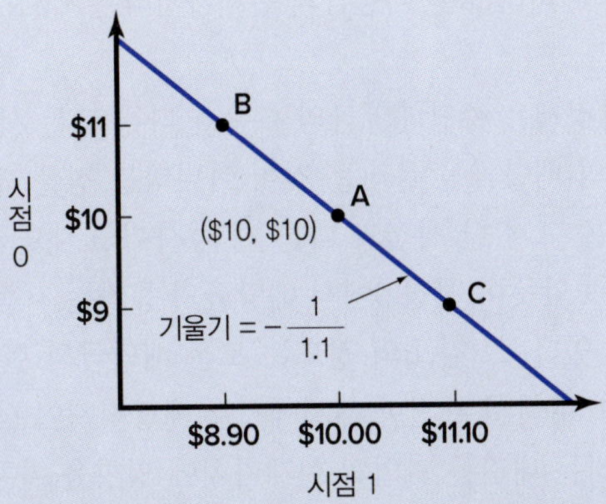

그래프는 (1) 경영자가 어떻게 배당정책을 변경하고, (2) 개인은 기업의 배당정책을 어떻게 되돌릴 수 있는지를 설명한다.

배당정책을 변경하는 경영자 모든 현금흐름을 즉시 지급하는 기업은 그래프 상의 점 A에 위치한다. 기업은 추가적인 배당금을 지급하기 위해 주식을 발행함으로써 점 B로 이동하거나 현금으로 기존 주식을 매입함으로써 점 C로 이동할 수 있다.

기업의 배당정책을 되돌리는 개인 기업이 시점 0에 $11를 시점 1에 $8.90의 주당배당금을 지급하는 배당정책(점 B)을 채택한다고 가정하자. 개인은 배당금 중에서 $1를 10%로 재투자하여 점 A로 옮겨갈 수 있다. 대신에 기업이 점 A에서와 같은 배당정책을 채택한다고 가정하자. 개인은 시점 0에 주식 $1를 매각함으로써 점 B로 옮겨갈 수 있다. 기업이 어떠한 배당정책을 설정하더라도 주주는 이를 되돌릴 수 있다.

그래프가 의미하는 바를 다음과 같이 두 문장으로 요약할 수 있다.

1. 경영자는 그림 16. 4에 있는 대각선을 따라 배당정책을 변경함으로써 어떠한 배당지급이라도 할 수 있다.
2. 개인투자자는 대각선을 따라 초과배당금을 재투자하거나 보유주식의 일부를 매각함으로써 원하는 순현금흐름을 달성할 수 있다.

따라서 기업과 개인투자자 모두 대각선을 따라서만 이동할 수 있기 때문에 이 모형에서 배당정책은 무관하다. 경영자가 배당정책을 변경하더라도, 개인은 배당금을 재투자하거나 주식을 매각함으로써 대각선 상의 바라고자 하는 점으로 이동하여 이를 되돌릴 수 있다.

간단한 점검

다음의 올바른 진술들을 살펴봄으로써 앞의 내용에 대한 이해를 점검해 보자.

1. 배당금은 관련이 있다.
2. 배당정책은 무관하다.

첫 번째 진술은 상식으로부터 알 수 있다. 배당금의 수준이 모든 다른 시점에서는 변하지 않고 일정하다면, 투자자는 분명히 특정 시점에 낮은 배당금보다 높은 배당금을 받기를 원할 것이다. 다시 말하면, 다른 시점의 주당배당금이 일정한 반면에 주어진 한 시점에서만 주당배당금이 오른다면 주가는 상승할 것이다. 이러한 결과는 경영의사결정을 통해서 생산성을 개선하고, 세금을 절감하고, 생산품의 마케팅을 강화함으로써 성취될 수 있다. 기업의 자기자본 가치는 사실상 미래의 모든 배당금의 현재가치라는 제6장의 내용을 상기해 볼 필요가 있다.

두 번째 진술은 배당정책은 주당배당금의 수준을 다른 모든 시점에서는 일정하게 유지하면서 한 특정 시점의 배당금을 올리는 것이 아니라는 점을 깨닫는다면 이해하기가 쉽다. 오히려 배당정책은 그저 한 시점과 다른 시점 사이의 배당금의 교환에 관한 것일 뿐이다. 그림 16. 4에서 보았듯이 시점 0에서 배당금의 증가는 시점 1에서 배당금의 감소를 통해서만 달성될 수 있다. 그 감소의 정도는 모든 배당금의 현재가치가 영향을 받지 않는 선에서 이루어진다. 따라서 완전한 세계에서는 배당정책이 상관이 없다. 즉, 경영자가 현재의 배당금을 올리든 내리든 기업의 현재가치에 영향을 미치지 않는다. 이는 강력한 이론이며, MM의 이러한 업적은 현대재무에서 일종의 고전으로 여겨진다. 가정도 별로 없이 다소 놀라운 결과가 완전히 사실임을 보여준다. 그러나 실제 세계에는 MM이 간과하고 있는 많은 요인이 존재하기 때문에 그들의 업적은 이 장에서 배당에 관한 논의를 하는 데 있어 단지 한 출발점이다.

배당정책과 투자정책

앞에서 신주발행을 통한 배당증가는 주주에게 이익도 손해도 되지 않음을 보았다. 유사하게 자사주매입을 통한 배당감소도 주주에게 이익이나 손해가 되지 않는다.

배당을 증가시키기 위해 자본지출을 줄이면 어떻게 되겠는가? 이전 장들에서 논의한 바와 같이 기업은 순현재가치가 양(+)인 프로젝트를 채택해야 한다. 그렇지 않다면 기업가치는 떨어지게 된다. 따라서 중요한 점은 다음과 같다.

> 기업은 배당을 증가시키기 (또는 신규로 배당을 하기) 위해 순현재가치가 양(+)인 프로젝트를 결코 포기해서는 안 된다.

이러한 견해는 Miller와 Modigliani가 암묵적으로 고려하고 있었다. 배당의 무관련성 명제의 전제 가정들 중의 하나는 "기업의 투자정책은 사전에 이루어지며 배당정책의 변경으로 바뀌지 않는다"는 것이다.

16. 4 자사주매입

기업은 배당지급 대신에 자사주를 매입하기 위해 현금을 사용할 수 있다. 자사주매입(share repurchase)은 최근에 그 중요성이 증가해 왔다. 그림 16. 5는 2004~2017년 기간 동안 미국 대기업의 배당금, 자사주매입, 이익의 총금액을 보여준다. 보는 바와 같이, 자사주매입 금액이 2008년까지는 배당금액보다 크다. 그러나 2008년 후반과 2009년에는 배당금액이 자사주매입 금액을 초과한다. 이러한 경향은 2009년이 지나면 다시 역전된다. 또 그림 16. 5에서 자사주매입과 배당금지불은 '하방경직성(stickiness)'이 있음을 알 수 있다. 즉, 2008년 후반에 기업의 전체 이익이 음(−)이 되었을 때 배당과 자사주매입의 금액은 크게 변하지 않았

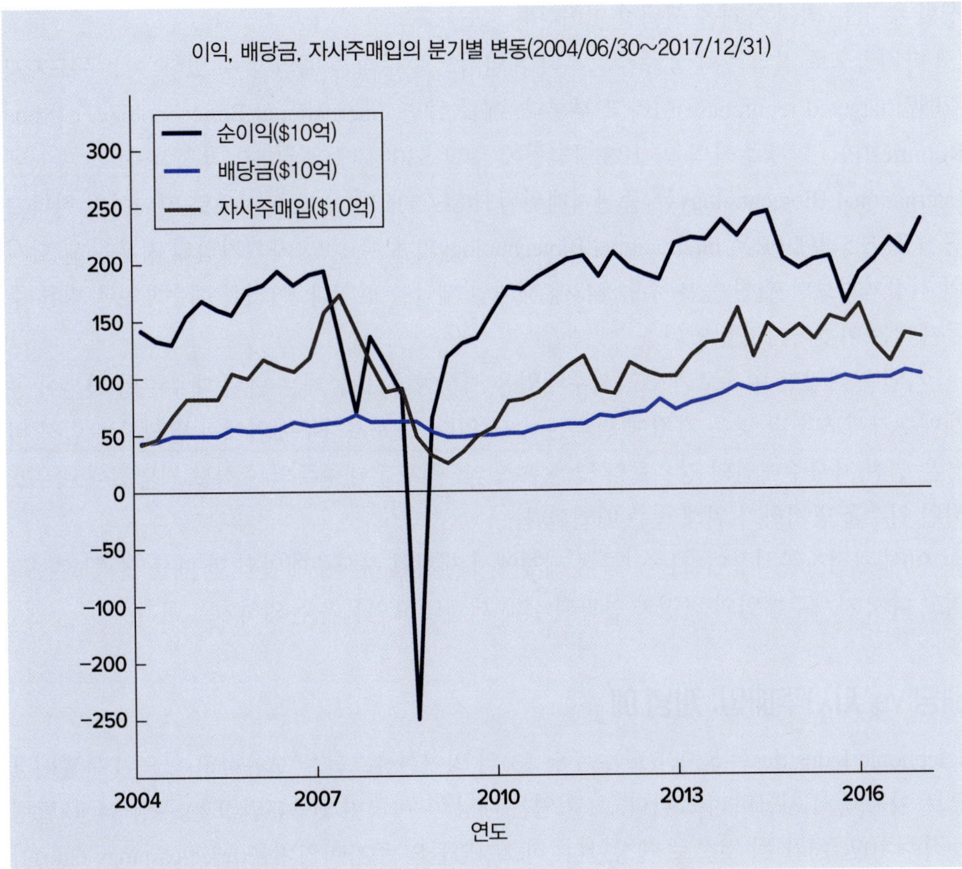

그림 16.5
미국 제조업체들의 이익, 배당금, 순자사주매입
출처: Standard & Poor's, S&P Dow Jones Indices.

다. 더 일반적으로 말하면, 이익의 변동성이 배당금과 자사주매입의 변동성보다 더 크다고 할 수 있다.

자사주매입은 전형적으로 세 가지 중 한 방법으로 이루어진다. 첫째, 기업이 시장에서 자사 주식을 단순히 매입할 수 있다. 이러한 **공개시장매입**(open market purchases)에서 기업은 자신을 매입자로 밝히지는 않는다. 따라서 매도자는 자신의 주식이 기업에 도로 팔리는지 다른 투자자에게 팔리는지를 알지 못한다.

둘째, 기업은 **공개매수제안**(tender offer)을 할 수 있다. 여기서 기업은 특정 가격으로 특정 수의 주식을 매입하겠다고 모든 주주에게 공표를 한다. 예를 들면, Arts and Crafts(A&C)사는 발행주식수가 100만주이며 주가는 $50라고 가정하자. 이 기업은 주당 $60에 30만주를 매입하려는 공개매수제안을 한다. A&C는 주주에게 자신의 주식을 팔도록, 즉 내놓도록 유도하기 위해 $50보다 높은 가격을 제안한다. 만일 공개매수가격(tender price)이 아주 높다면 주주는 30만주 이상을 팔려고 할지도 모른다. 발행주식 모두가 제안에 응해서 나오는 극단의 경우에는 A&C는 각 주주가 보유한 주식 10주당 3주만을 되살 것이다. 반면에 주주가 충분한 수량의 주식을 내놓지 않으면 이 제안은 취소된다. 공개매수제안과 관련된 한 방법으로 **더치옥션**(Dutch auction)이 있다. 여기서는 기업이 매수할 고정가격을 미리 정하지 않고 경매를 통해 확정한다. 기업은 매수하기를 원하는 주식의 수량을 발표하며, 주주들은 그들이 팔기를 원하는 수량을 매도가격과 함께 제시한다. 그러면 기업은 자신의 목표를 달성할 수 있는 최저 가격을 선택할 것이다.

마지막으로 기업은 특정 주주로부터 개별적으로 주식을 매입할 수 있다. 이는 **목표자사주매입**(targeted repurchase)이라고 부른다. 예를 들면, International Biotechnology가 Prime Robotics(PR) 발행주식의 약 10%를 4월에 주당 $30에 매입했다고 가정하자. 그 당시에 International Biotechnology는 증권거래위원회(SEC)에 PR을 궁극적으로 지배하려 한다고 공시했다. 5월에 PR은 International Biotechnology가 보유 중인 자기기업의 지분을 그 당시의 시장가격보다 훨씬 높은 주당 $48에 재매입 제안을 하였다. 이러한 매수제안은 다른 주주에게는 이루어지지 않았다.

기업은 다양한 이유로 목표자사주매입을 시행한다. 드물게는 단일 대주주의 지분이 공개매수가격보다 더 낮은 가격에 팔리는 수도 있다. 목표자사주매입에서 발생하는 법적 비용은 일반 자사주매입의 경우보다 낮을 수 있다. 추가로 대주주의 주식도 경영진에 비우호적인 인수를 방지하기 위해 종종 매입된다.

이제 완전자본시장이라는 이론적 세계에서 제시된 자사주매입의 한 예를 살펴보자. 그러고 나서 자사주매입의 결정과 연관된 실제 세계의 요인들을 논의하기로 하자.

배당 vs. 자사주매입: 개념 예

Telephonic Industries는 $30만(또는 주당 $3)의 잉여현금흐름을 보유하고 있으며 특별배당으로 이를 즉시 지급하려고 한다. 이 기업은 배당 후 이익이 연 $45만 또는 주당 $4.50(발행주식수 10만주)가 될 것으로 예상한다. 비교기업들의 주가이익비율(price-earnings ratio)이 6이므로 이 기업의 주식은 배당 후 $27로 팔릴 것으로 예상한다. 이들 수치는 표 16. 1의 상반부에 제시되어 있다. 배당금이 주당 $3이므로 배당 전에 주식은 $30에 팔렸을 것이다.

다른 방법으로는 이 기업은 자신의 주식 일부를 매입하기 위하여 잉여현금을 사용할 수 있다. 공개매수제안이 $30에 성공적으로 이루어진다고 가정하자. 그러면 1만주가 매입되고 남아 있는 주식의 수는 9만주가 된다. 발행주식수가 줄어듦에 따라 주당이익은 $5(= $450,000/90,000)로 오를 것이다. 기업의 영업위험과 재무위험은 자사주매입이나 배당의 경우와 같으므로 주가이익비율은 여전히 6이다. 따라서 자사주매입 후의 주가는 $30(= $5 6)이다. 이들 결과는 표 16. 1의 하반부에 제시되어 있다.

이 예에서 수수료, 세금, 기타 불완전성을 무시한다면, 주주는 배당과 자사주매입 사이

표 16. 1

Telephonic Industries의 배당 대 자사주매입 예

	전체기업	주당
특별배당금		(발행주식수: 10만주)
제안된 배당금	$ 300,000	$ 3.00
배당 후 연간 예상이익	450,000	4.50
배당 후 주식의 시장가치	2,700,000	$27.00
자사주매입		(발행주식수: 9만주)
자사주매입 후 연간 예상이익	$ 450,000	$ 5.00
자사주매입 후 주식의 시장가치	2,700,000	30.00

에 무관하다. 배당의 경우 각 주주는 $27 가치의 주식을 보유하고 $3를 배당금으로 받으므로 총가치는 $30가 된다. 이 수치는 자사주매입에서 주식을 매각한 주주가 받는 금액과 같으며 그렇지 않은 주주가 보유하고 있는 주식의 가치와도 같다.

이 예는 완전시장에서 기업은 배당지급과 자사주매입 사이에서 무관하다는 중요한 점을 설명한다. 이러한 결과는 부채발행 대 주식발행, 배당금 대 자본이득에 대해 MM이 입증한 다른 무관련성 명제와 아주 유사하다.

자사주매입 계약은 주당이익을 증가시키기 때문에 주주에게 유익하다고 금융매체에 자주 언급된다. 앞에서 현금배당 대신 자사주매입이 이루어진다면 Telephonic Industries의 주당이익은 배당 후 $4.50에서 자사주매입 후 $5로 오른다. 이 결과는 자사주매입 후 주식 수의 감소로 인하여 EPS 비율의 분모가 줄어들기 때문에 발생한다.

금융매체는 자사주매입 계약에서 종종 EPS 수치를 과도하게 강조한다. 그러나 앞에서 논의한 무관련성 명제의 맥락에서 볼 때 이러한 EPS의 증가가 주주에게 이익이 된다고 볼 수 없다. 표 16. 1은 완전자본시장에서 주주의 총가치는 자사주매입이나 배당지급 전략하에서 서로 같음을 보여준다.

배당 vs. 자사주매입: 실제 세계의 고려사항

그림 16. 5에서 자사주매입의 최근 성장에 관해서 살펴보았다. 배당을 하는 대부분 기업이 사실상 자사주도 매입한다. 이는 자사주매입이 배당의 대체수단이 아니라 보완수단이라는 점을 의미한다. 예를 들면, 최근에 배당 또는 자사주매입 중 하나만을 실행한 미국 제조업체의 수는 자사주매입과 배당을 모두 실행한 제조업체의 수와 거의 맞먹는다. 어떤 기업은 왜 배당보다 자사주매입을 선택하는가? 가장 일반적 이유 중에서 다음 5가지가 잘 알려져 있다.

1. **유동성** 기업은 배당을 주주에 대한 약속으로 여기므로 기존 배당을 줄이는 데는 아주 주저한다. 자사주매입은 이러한 약속에 해당하지 않는다. 따라서 현금흐름의 영속적 증가를 예상하는 기업은 아마 배당을 늘릴 것이다. 반대로 현금흐름의 일시적 증가를 예상하는 기업은 아마 자사주를 매입할 것이다.

2. **경영자보상** 경영자는 총보상의 한 부분으로 종종 스톡옵션을 받는다. 표 16. 1의 Telephonic Industries 예로 다시 돌아가 보자. 여기서 기업이 배당이나 자사주매입을 고려하고 있을 때 주가가 $30였다. 나아가서 이러한 결정 2년 전에 이 기업은 CEO인 Ralph Taylor에게 1,000주의 스톡옵션을 부여했다고 가정하자. 그 당시에 주가는 단지 $20였다고 하자. 이는 Taylor 사장이 옵션을 부여받은 시점과 만기 사이에 언제든지 옵션을 행사하여 주당 $20에 1,000주의 주식을 살 수 있음을 의미한다. 옵션을 행사함으로써 Taylor가 얻게 되는 이득은 향후 주가가 $20를 얼마나 초과하는지에 달려있다. 이 예에서 보았듯이 주가는 배당 후에는 $27로 떨어지지만 자사주매입 후에는 $30를 유지한다. CEO는 분명히 배당보다 자사주매입을 선호할 것이다. 왜냐하면 주가와 행사가격 $20의 차이는 자사주매입 후에는 $10(= $30 − $20)가 되지만 배당 후에는 단지 $7(= $27 − $20)가 되

기 때문이다. 주가가 배당 후보다는 자사주매입 후에 더 높게 되므로, 기존 스톡옵션의 가치는 배당보다는 자사주매입의 경우에 더 클 것이다.

3. **희석화의 상쇄** 스톡옵션의 행사는 또한 발행주식의 수를 증가시킨다. 따라서 행사로 인하여 주가가 희석될 수 있다. 기업은 이러한 희석화를 상쇄하기 위하여 종종 자사주를 매입하곤 한다. 그러나 이를 자사주매입의 타당한 이유 중의 하나로 주장하기는 어렵다고 본다. 왜냐하면 표 16. 1에서 보았듯이 자사주매입은 배당보다 주주에게 더 유리하지도 더 불리하지도 않기 때문이다.

4. **저평가** 많은 기업은 자사주매입이 최선의 투자라고 믿기 때문에 자기의 주식을 매입한다. 이는 경영자가 주가가 일시적으로 떨어져 있다고 믿을 때 더욱 빈번하게 일어난다. 일부 기업이 주가가 저평가되어 있다고 믿을 때 자신의 주식을 매입한다는 사실은 경영진의 판단이 반드시 옳아야 함을 의미하지는 않는다. 이는 단지 실증연구를 통해서 검증될 수 있다. 자사주매입의 발표에 따른 즉각적인 주가반응은 종종 아주 긍정적으로 나타난다. 이외에도 자사주매입 후 주가의 장기성과가 자사주를 매입하지 않은 비교기업들의 성과보다 우월함을 보고하는 실증연구들도 있다.
5. **세금** 배당금과 자사주매입에 대한 세금은 다음 절에서 심도 있게 다루어지므로 여기서는 자사주매입은 배당보다 세금에서 이점이 있다고만 말해두기로 한다.

16. 5 개인세금, 발행비용, 배당금

제16. 3절에서 사용한 모형은 세금, 거래비용, 불확실성 등이 없다고 가정할 때 배당수준을 결정하기 위한 모형이다. 결론은 배당정책이 무관하다는 것이었다. 이와 같은 모형은 배당정책의 본질을 이해하는 데는 도움을 주지만 현실 세계의 많은 요인을 무시하고 있다. 이제 실제적 고려사항을 알아보자. 먼저 세금이 기업의 배당수준에 미치는 영향을 살펴보기로 한다.

미국에서 배당은 일반소득으로 취급되어 일반소득세가 부과되었다. 이는 2003년에 George W. Bush 행정부에서 완전히 바뀌었다. 현금배당과 자본이득에 대한 세율은 최대 35~39%에서 15%로 인하되었으며 기업은 배당지급에 대한 큰 세제 인센티브를 받게 되었다. 2019년에 배당세율은 개인의 한계세율에 따라 0%, 15%, 20%이다.

배당을 할 충분한 현금이 없는 기업

한 기업주가 현금이 없는 기업을 소유하고 있다고 가정하자. 만일 이 기업이 $100의 배당금을 지급하려 한다면 자본을 조달해야 한다. 이 기업은 배당을 위해 주식과 채권의 발행 등을 고려해 볼 수 있다. 그러나 단순화를 위해 기업주가 자신에게 주식을 발행하여 현금을 조달한다고 가정하자. 이 거래는 그림 16. 6의 왼쪽에 도식화되어 있으며, 세금이 없는 세계에서 이는 분명히 경제적 효과가 없는 일종의 세탁(wash)이 될 것이다. $100의 현금은 주식이 발행될 때 기업으로 흘러가서 배당금으로 즉시 지급된다. 따라서 기업주는 배당지급으로 이

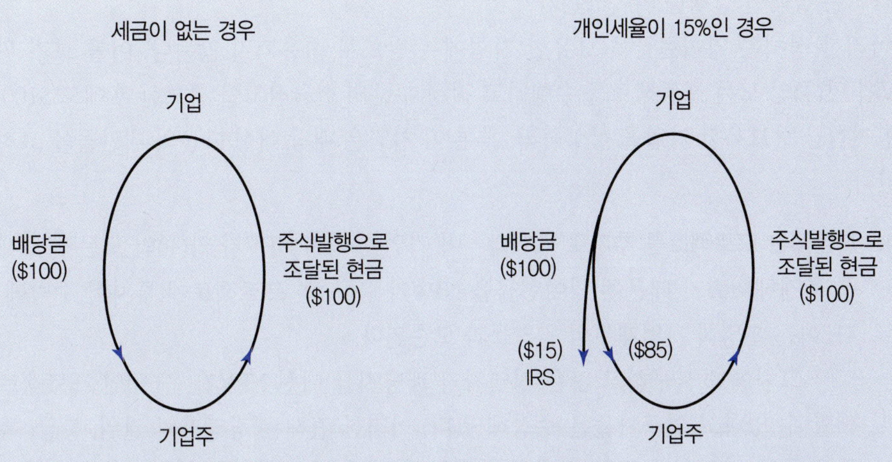

세금이 없는 경우에 기업주가 배당금으로 받은 $100는 주식을 매입하기 위해 자신이 지불한 금액이다. 이 과정은 경제적 효과가 없는 세탁이라고 볼 수 있다. 세금이 있는 경우에 기업주는 배당으로 여전히 $100를 받지만 IRS에 $15의 세금을 내야 한다. 여기서 기업이 배당을 위해 주식을 발행하면, 기업주는 손해를 보고 IRS는 이득을 본다.

그림 16.6
배당을 하기 위해 주식을 발행하는 기업

익이나 손해를 보지 않으며 이는 Miller-Modigliani와 일관성이 있다.

이제 배당금이 기업주의 개인세율인 15%로 과세된다고 가정하자. 기업은 주식발행으로 $100를 받는다. 그러나 기업주는 $100 전부를 배당금으로 받지 못한다. 지급된 배당금은 과세되므로 기업주는 세후 $85만 받는다. 따라서 기업주는 $15를 손해본다.

이 예는 분명히 극단적이지만 보다 현실적 상황에서도 유사한 결과가 도출될 수 있다. 따라서 재무경제학자들은 개인세금이 존재하는 세계에서는 기업이 배당을 위해 주식을 발행해서는 안 된다는 데 일반적으로 동의한다.

주식발행의 직접비용은 이러한 효과를 심화시킬 것이다. 자본조달을 위해서는 기업은 투자은행에 수수료를 지급해야 한다. 따라서 신주발행으로부터 기업이 받는 실제 수령액은 더 적을 것이다. 여하튼 신규조달자금은 배당금의 감소만큼 줄어들기 때문에 개인세금의 존재는 저배당정책을 지지하는 또 다른 주장으로 볼 수 있다.

물론 배당을 하기 위해 신주발행을 하지 말라는 충고는 기업 나름의 상황을 감안하여 다소 조정될 필요는 있다. 현금흐름이 과거 여러 해 동안 꾸준하게 발생한 기업은 지속적인 정규배당을 해 왔을 것이다. 만일 현금흐름이 예상외로 어느 한 해에 고갈된다면, 이 기업은 배당을 위해 신주를 발행해야 하는가? 앞의 논의는 신주를 발행하지 않아야 함을 의미하지만, 많은 경영자는 현실적 이유로 주식을 발행할 수도 있다. 특히 주주는 배당의 안정성을 선호한다. 따라서 경영자는 세금 불이익을 아주 잘 알고 있지만 이러한 안정적 배당을 위해 주식을 발행해야만 할지 모른다.

배당을 할 충분한 현금이 있는 기업

앞의 논의는 개인세금이 없는 세계에서 기업은 배당을 하기 위해 주식을 발행해서는 안 된다는 것을 보여준다. 배당의 세금불이익은 "개인세금이 있는 세계에서는 절대로 배당을 하지말라"는 강력한 정책을 의미하는가?

이러한 정책은 잉여현금을 보유한 기업에는 반드시 적용되지 않는다. 이를 보기 위해 NPV가 양(+)인 모든 프로젝트를 수행하고 적정 수준의 현금잔고를 확보한 후에도 $100 만의 잉여현금을 보유한 기업을 상상하라. 물론 이 기업은 배당 대신 다음의 대안들을 고려할 수 있다.

1. **자본예산 프로젝트를 추가로 택한다** 이 기업은 이미 NPV가 양(+)인 모든 프로젝트를 추진해버렸기 때문에 잉여현금을 NPV가 음(−)인 프로젝트에 투자할 수밖에 없다. 이는 분명히 기업재무의 원칙들과 모순된다.

   그럼에도 불구하고 많은 경영자가 배당지급 대신 NPV가 음(−)인 프로젝트를 택할 수 있다고 연구자들은 주장해 왔다. 이러한 견해는 경영자의 권위, 봉급, 특권 등은 종종 기업의 규모와 비례하기 때문에 경영자는 기업에 자금을 쌓아두려고 할 것이라는 데 기초한다. 이렇게 함으로써 경영자는 자신에게는 이득이 되지만 주주에게는 손해를 입히게 된다. 이 문제는 이전 장에서도 언급되었으며 나중에 더 자세히 알아보기로 한다.
2. **다른 기업을 인수한다** 기업은 배당을 하지 않고 다른 기업을 인수하는 데 잉여현금을 사용할 수 있다. 이 전략은 이익이 되는 자산을 확보하는 이점을 지닌다. 그러나 인수착수에는 큰 비용이 수반된다. 게다가 인수는 항상 시장가격보다 비싸게 이루어진다. 20~80%의 프리미엄은 드문 경우가 아니다. 이 때문에 많은 연구자는 기업이 사업상 타당한 목적이 있더라도 합병은 일반적으로 인수기업에게는 이익이 되지 않는다고 주장해 왔다. 그러므로 단지 배당을 하지 않기 위해 인수를 택하는 기업은 성공 가능성이 작을 것이다.
3. **금융자산을 매입한다** 금융자산에 투자해야 하는지 또는 배당을 해야 하는지를 결정하는 것은 복잡한 문제이며 기업의 세율, 투자자의 한계세율, 배당 비과세의 적용 등을 고려하여야 한다. 실제 세계에서는 아마 금융자산의 투자에 유리한 상황이 많을 수 있으나 무제한으로 현금을 쌓아두는 기업은 드물다. 그 이유는 '잉여금의 부당한 축적'을 하는 기업은 미국 국세법(Internal Revenue Code) 532항에 의거 벌칙을 받기 때문이다. 따라서 NPV가 음(−)인 프로젝트를 택하거나 다른 기업을 인수하는 것과 마찬가지로 금융자산의 매입도 잉여현금을 보유한 기업의 배당지급에 대한 필요성을 제거하지 못한다.
4. **자사주를 매입한다** 앞 절의 예에서 투자자는 세금과 거래비용이 없는 세계에서 자사주매입과 배당 사이에 무관하다는 것을 보았다. 그러나 현재의 세법하에서 주주들은 일반적으로 배당보다는 자사주매입을 선호한다.

한 예로서, 주식 100주에 대해 주당 $1의 배당금을 받는 개인을 생각해 보자. 세율이 15%인 개인은 배당금에 대해서 $15의 세금을 낼 것이다. 대신에 기업이 $100로 기존주식을 매입하는 경우, 주식을 매각하는 주주들은 더 적은 세금을 내게 될 것이다. 이는 매각으로부터 이익이 발생한 경우에만 세금을 내기 때문이다. $100에 매도한 주식을 당초 가령 $60에

FINANCE MATTERS

자사주매입: 끝이 보이지 않음

2018년은 자사주매입에 있어서 기록적인 한 해이다. 2018년 9월 직전 12개월 동안 S&P 500 소속 기업의 자사주매입 금액은 총 $7,504억에 달했으며, 이 금액은 2017년 동기간의 $5,177억보다 44.9% 증가한 수치이다. 2018년에 발표된 자사주매입 예정금액은 무려 $1조1,000억에 이른다. 과거 몇 년 동안 자사주매입 규모는 엄청나서 매입한 주식이 발행한 주식보다 사실상 많았다. 다시 말하면, 미국기업이 조달한 순자기자본은 음(−)인 셈이다.

일부 기업은 연속해서 자사주매입을 한 것으로 보인다. 예를 들면, ExxonMobil은 2017년 후반에 자사주매입 프로그램을 종료했지만 2008년부터 2017년까지 $1,800억의 자사주를 매입하였다. 이 기업은 가까운 시일 내에 종업원 스톡옵션의 행사에 따른 주가 희석화의 방지를 위한 용도로 이들 자사주를 사용할 것이라고 발표했다. 그 다음으로 자사주를 연속 매입하는 기업은 Microsoft다. Microsoft는 2018년에 $45억의 자사주를 매입하였으며 2008년부터 2018년까지 $1,220억의 자사주를 매입하였다. 흥미로운 사례는 AutoZone의 경우이다. 이 기업은 잦은 자사주매입으로 인해서 발행주식수가 2002년에 1억2,500만주에서 2019년 초에 약 2,500만주로 크게 줄었다.

자사주매입은 다른 목적으로 이용되기도 한다. 예를 들면, 2005년 1월에 소비자제품을 만드는 거대기업인 Procter & Gamble(P&G)은 면도날 제조업체인 Gillette를 $540억에 인수한다고 발표했다. 이 인수대금은 모두 P&G의 주식으로 지급되었다. 한 기업이 다른 기업을 현금으로 인수한다면 피인수기업의 주주는 세금을 내야 하므로 이러한 주식인수는 중요하다. 주주는 주식을 받으면 어떠한 세금도 낼 필요가 없다. 이 거래가 특이한 것은 P&G가 동시에 $180~$220억의 자사주매입을 발표했기 때문이다. 따라서 P&G는 실질적으로는 주식으로 60%와 현금으로 40%를 지급한 셈이지만, 이 거래는 Gillette의 주주들에게 100% 주식인수처럼 보이도록 구성되었다.

자사주매입의 규모는 기업의 자기자본에서 큰 비중을 차지하곤 한다. 예를 들면, 2018년에 Clorox는 $20억의 자사주매입을 발표했다. 이러한 규모는 그다지 크지 않을지 모르지만 발행주식의 거의 10%에 달했다. 이보다 1년 후에 석유가스 업체인 Hess는 $10억의 자사주매입을 발표했으며 이는 발행주식의 약 7%에 해당한다.

2019년 초에 정치인들이 자사주매입을 공격하는 뉴스들이 있었다. 예를 들면, Bernie Sanders와 Chuck Schume은 기업이 시간당 $15의 임금과 같은 어떤 조건을 만족하면 자사주를 매입할 수 있도록 하자고 제안했다. Macro Rubio는 배당세와 유사하게 자사주매입에 세금부과를 제안했다. 정치인들의 이러한 제안은 자사주매입에 대한 이해 부족을 반영한다(법안 통과 전에 이 장을 읽어보기를 권한다).

자사주매입으로 매입된 주식이 어떻게 되는지를 논의해 보기로 하자. 실제로 기업이 할 수 있는 몇 가지 사항이 있다. 많은 기업은 그 주식을 보유하고 있다가 종업원스톡옵션플랜(employee stock option plan)을 위해 사용할 수 있다. 스톡옵션이 행사될 때 신주가 발행되면 발행주식수가 증가한다. 기업이 매입한 주식을 대신 사용하면 신주를 발행할 필요가 없다. 기업은 매입한 주식을 자기주식(treasury stock) 계정으로 자체적으로 계속 보유할 수도 있다. 마지막으로 기업은 매입한 주식을 소각할 수 있다. 이는 발행주식수를 감소시킨다.

매입하였다면 매각으로부터 개인의 이득은 단지 $40가 될 것이다. 자본이득세는 $6(= 0.15 × $40)가 되어 배당소득세 $15보다 적다. 즉, 같은 15%의 세율이 적용되더라도 자사주매입이 배당보다 세금에서 주주에게 유리함을 알 수 있다.

이 절에서 언급한 배당에 대한 대안 중에서 사실상 자사주매입이 가장 유력하다고 할 수 있다. 'Finance Matters' 박스란에는 최근 자사주매입 활동에 관한 많은 내용이 나와 있다.

개인세금에 대한 요약

이 절에서 기업은 개인세금 때문에 배당을 줄일 인센티브를 지닐 수 있다고 하였다. 예를 들어, 기업은 자본지출을 늘리고, 다른 기업을 인수하며, 금융자산을 매입할 수 있다. 그러나 재무적 고려사항과 법적인 제한 때문에 합리적인 기업은 잉여현금이 많더라도 배당 대신 이들 대안만을 추구하지는 않을 것이다.

기업이 왜 자사주매입 대신 배당을 하는가를 설명하는 것은 더 어렵다. 자사주매입에서 세금절감은 상당하며, 이에 대한 증권거래위원회(SEC)나 국세청(IRS)의 우려는 과도하게 보이기 때문이다. 학문적 연구는 두 부류로 나뉜다. 한 부류는 기업이 자사주매입의 혜택을 파악하는 데 단순히 느렸다고 주장한다. 이 주장은 확실히 인정을 받고 있으므로 자사주매입이 배당을 대체하려는 경향은 계속될 것이다. 심지어 미래에는 배당이 자사주매입만큼 중요하지 않을 것이라는 추측도 가능하다. 다른 부류는 기업이 나름대로 충분히 이유가 있으므로 배당을 해왔다고 주장한다. 특히 IRS로부터 법적인 시비가 결국은 중요할 수 있다. 또는 배당으로부터 다른 더 미묘한 혜택이 있을 수 있다. 다음 절에서는 배당의 잠재적 혜택들을 살펴본다.

16. 6 고배당정책을 지지하는 실제 세계의 요인

이전 절에서는 배당금을 수령하는 사람은 세금을 내야 한다고 지적했다. 배당금에 대한 세율은 자본이득에 대한 실효세율보다 높기 때문에 재무관리자는 배당을 줄일 수 있는 방법을 모색할 것이다. 자본예산 프로젝트를 더 많이 택하고, 다른 기업을 인수하고, 현금을 축적하는 데 있어 문제점도 논의했다. 반면에 자사주매입은 배당의 혜택도 지니고 있으면서 세금불이익이 더 작다고 하였다. 이 절에서는 배당에 대한 개인세금이 존재함에도 기업이 주주에게 고배당을 할 수 있는 이유를 살펴본다.

현재소득에 대한 욕구

많은 개인은 현재의 소득을 더 원한다는 주장이 있다. 고전적인 예로는 은퇴한 사람과 '고정수입으로 살아가는 사람(widows and orphan)'을 들 수 있다. 이 주장은 이들 개인은 배당을 늘리는 주식의 가격은 올리고 배당을 줄이는 주식의 가격을 낮추려 할 것이라고 한다.

Miller와 Modigliani는 이러한 주장은 이론적 모형에서는 유효하지 않다고 한다. 현재의 높은 현금흐름을 선호하지만 저배당 주식을 보유하고 있는 개인은 주식을 매각하여 쉽게 필요한 자금을 마련할 수 있다. 따라서 거래비용이 없는 세계에서는 현재의 고배당 정책은 주주에게 별다른 가치가 없을 것이다.

그러나 현재의 소득은 실제 세계에서 중요하다. 주식의 매각에는 고배당 증권에 투자함으로써 피할 수 있는 현금비용인 중개수수료와 기타 거래비용이 수반된다. 이와 더불어 증권의 매각에 요구되는 시간적 소모는 투자자로 하여금 고배당 증권을 매입하도록 할지 모른다.

그렇지만 이러한 주장이 옳다고 하더라도 뮤추얼펀드 등은 낮은 비용으로 거래를 재가공할 수 있다는 점을 주목할 필요가 있다. 즉, 저배당 주식을 사서 이득을 실현하여 투자자에게 높은 이율을 지급할 수 있다.

행동재무학

투자자가 배당을 선호하는 이유가 무배당 주식을 매각하는 데 드는 거래비용 때문이 아니라고 가정하자. 고배당을 선호하는 다른 이유가 있겠는가? 제13장에서 행동재무학을 소개하였으며, 행동주의자의 견해는 효율적 자본시장이론에 대한 강한 도전이 되고 있다고 지적했다. 행동재무학은 또한 고배당을 주장하는 것으로 알려져 있다. 이러한 주장은 심리학에서 아주 중요한 개념인 **자제력(self-control)**과 관계된다. 여기서 심리학에서 말하는 자제력에 관한 모든 내용을 재검토할 수는 없으므로 체중감량에 관한 한 예에 초점을 두고 설명하고자 한다. 가령 대학생인 Alfred Martin은 크리스마스 휴가로부터 지금 막 돌아왔는데 예상보다 몸무게가 몇 파운드 더 늘었다고 가정하자. 다이어트와 운동이 체중을 줄일 수 있는 방법이라는 데는 누구나 동의할 것이다. 그러나 Alfred가 이들을 어떻게 실행에 옮겨야 하는가(다이어트에도 같은 원리가 적용되지만 운동에 초점을 두기로 한다)? 한 가지 방법–경제학자의 방법이라고 부르자–은 합리적인 결정을 하려고 노력하는 것이다. Alfred는 매일 운동의 비용과 혜택을 저울질할 것이다. 그는 아마 대부분 날에 운동을 할 것이다. 왜냐하면 체중감량이 그에게 중요하기 때문이다. 그러나 그가 시험 때문에 너무 바쁘면 시간을 낼 수 없기 때문에 운동을 안 하기로 합리적 선택을 할 수 있다. 그리고 그는 사회적으로도 활동적인 사람이 되기를 원한다. 그래서 그는 파티와 다른 사회적 약속으로 인해 시간적 소모가 너무 많은 날에는 운동을 피하기로 합리적 선택을 할지 모른다.

이는 언뜻 보기에는 현명하게 보인다. 문제는 그가 매일 선택을 해야 하며 자제력이 부족한 경우가 빈번하게 생길 수 있다는 점이다. 그는 실제로 시간이 없어서가 아니라 운동이 싫증이 나서 특정한 날에 운동할 시간이 없다고 할지 모른다. 얼마 후 그는 대부분 날에 운동을 포기하고 운동을 하지 않는 것에 대한 자책감으로 과식을 할지 모른다.

이것이 배당과 무슨 관계가 있는가? 투자자는 또한 자제력에 대처해야 한다. 가령 어느 은퇴자가 사회보장과 연금 이외에 저축을 통해서 연 $2만의 소비를 원한다고 가정하자. 첫 번째 방법으로 그녀는 배당수익률이 충분히 높아 $2만의 배당을 할 수 있는 주식을 사는 것이다. 두 번째 방법으로 배당을 하지 않는 주식을 매입하여 소비를 위해 매년 $2만씩 매각하는 것이다. 이들 두 접근법은 재무적으로 동등해 보이지만, 두 번째 방법에는 자유재량의 많은 여지가 있다. 그녀가 자제력이 부족하면 너무 많이 매각하게 되어 나중에 너무 적게 남는다. 따라서 이보다는 결코 “원금을 축내지 않겠다”는 확고한 규칙과 함께 배당을 지급하는 주식에 투자함으로써 이러한 가능성을 피하는 것이 아마 더 나을 것이다. 행동주의자는 이러한 접근법이 모든 사람에게 적용된다고 주장하지는 않지만, 이전에 언급했듯이 배당이 세금상 불이익이 있음에도 불구하고 기업이 왜 배당을 하는가를 설명하기 위해 이러한 방법으로 생각하는 사람이 많다고 주장한다. 행동재무학은 배당에서와 마찬가지로 자사주매입의 확대를 주장하는가? 대답은 그렇지 않다는 것이다. 왜냐하면 자사주매입의 경우 투자자는 기업이 매입하는 주식을 매각해야 하기 때문이다. 위에서 말했듯이 주식의 매각은 너무 많은 자유재량의 여지를 수반한다. 투자자는 주식을 과도하게 매도하여 나중에 거의 남지 않게 할지 모른다. 따라서 행동주의자의 주장은 개인세금이 존재하는 세계에서 기업이 왜 배당을 하는지에 대한 설명을 제공한다.

대리인비용

주주, 채권자, 경영진은 상호 이득을 위해 기업을 형성하지만, 한 상대방이 나중에 다른 상대방을 희생시켜 이득을 볼 수 있다. 예를 들어, 채권자와 주주 사이의 잠재적 갈등을 생각해 보자. 채권자는 주주가 기업에 가능한 한 많은 현금을 남겨 두어 이 현금이 재무적 곤경 발생 시 자신에게 지급될 수 있도록 하고자 할 것이다. 역으로 주주는 이러한 잉여현금을 자신을 위해 보유하고자 할 것이다. 기업은 이것으로 배당을 한다. 주주의 이익을 대변하는 경영자는 단순히 채권자에게 현금이 안 넘어가게 하려고 주주에게 배당할지 모른다. 다시 말하면, 배당은 채권자로부터 주주로의 부의 이전으로 여겨질 수 있다. 물론 채권자는 주주가 기업으로부터 돈을 이전하려는 성향을 지니고 있음을 알고 있다. 채권자는 자신을 보호하기 위해서 기업의 이익, 현금흐름, 운전자본 등이 사전에 정해진 수준 이상일 경우에만 배당할 수 있도록 대출계약에 명시하곤 한다.

경영자는 채권자와의 갈등에서는 주주의 편에 있지만 어떤 상황에서는 주주를 희생하여 자신의 이기적 목적을 추구할지 모른다. 예를 들어, 이전에 논의한 바와 같이 경영자는 비용계정을 부풀리고 NPV가 음(−)인 낭비적 프로젝트를 추진하거나 더 단순하게는 열심히 일하지 않을 수 있다. 경영자는 기업의 보유 잉여현금이 많을 때 이러한 이기적 목적을 추구하기가 더 수월하다는 것을 알고 있다. 그러나 자금이 애초부터 없다면 경영자는 자금을 낭비할 수 없다. 여기에 배당이 사용될 수 있다. 배당은 대리인비용을 줄일 수 있는 한 방법이 될 수 있다고 한다. 기업은 '잉여(surplus)' 현금흐름에 해당하는 부분을 배당으로 지급함으로써 기업의 자원을 낭비하려는 경영자의 능력을 줄일 수 있다.

앞의 논의는 배당증가에 대한 이유로 볼 수 있지만 같은 주장이 자사주매입에도 적용된다. 주주를 대변하는 경영자는 배당과 마찬가지로 자사주매입을 통해 현금이 채권자에게 넘어가지 않도록 할 수 있다. 기업은 또한 자사주매입을 통해서 씀씀이가 헤픈 경영자의 사용 가능한 현금을 줄여버릴 수 있다. 따라서 대리인비용의 존재로 인하여 배당이 자사주매입보다 선호된다는 말은 아니다. 대신에 기업이 대량의 현금을 쌓아두기보다는 그 현금으로 배당이나 자사주매입을 늘리는 것이 낫다는 말이다.

배당의 정보효과와 신호

배당에 관하여 연구자가 모르는 것이 많지만 확실히 아는 것도 한 가지 있다. 즉, 기업이 배당증가를 발표할 때 주가는 일반적으로 상승하며 배당감소를 발표할 때 주가는 일반적으로 하락한다는 사실이다. 질문은 이러한 사실을 어떻게 해석해야 하는가이다. 배당에 관한 다음의 세 견해를 생각해 보자.

1. MM의 자가배당 주장에 따르면 미래이익(또는 현금흐름)이 변하지 않는 한, 배당정책은 무관하다.
2. 세금효과 때문에 기업의 주가는 미래이익(또는 현금흐름)이 변하지 않는다면 현재의 배당금과 음(−)의 관계를 지닌다.
3. 현재소득에 대한 주주의 욕구 때문에 기업의 주가는 미래이익(또는 현금흐름)이 변하지 않는다면 현재의 배당금과 양(+)의 관계를 지닌다.

언뜻 보기에는 배당증가가 발표될 때 주가가 오른다는 실증적 증거는 견해 3과는 일치하며 견해 1과 2와는 일치하지 않는다. 실제로 많은 학자가 이렇게 주장해 왔다. 그러나 일부 학자는 이러한 증거는 세 견해 모두와 일관성이 있다고 반박한다. 그들은 기업은 배당삭감을 싫어한다고 지적한다. 따라서 기업은 미래이익, 현금흐름 등이 충분히 상승할 것으로 예상되어 배당이 나중에 당초 수준으로 줄어들 가능성이 작을 때만 배당을 올릴 것이다. 배당증가는 기업이 나아질 것이라고 경영자가 시장에 보내는 **신호**(signal)이다.

주가가 오르는 이유는 단지 현재소득에 대한 주주의 선호 때문만이 아니라 기업의 미래 전망에 대한 긍정적 기대감 때문이다. 배당신호에 따른 이러한 주가의 상승을 배당의 **정보효과(information content effect)**라고 한다. 요약하면 미래이익(또는 현금흐름)이 일정하면 주가는 배당수준에 의해 영향을 받지 않거나 심지어 부정적 영향을 받는다고 생각하자. 그렇지만 정보효과는 배당이 오르되, 동시에 배당증가가 미래이익과 현금흐름에 대한 주주의 기대를 증가시킨다면 주가가 오를 수 있음을 의미한다.

16.7 고객효과: 실제 세계 요인의 해결

앞 두 절에서 개인세금의 존재는 저배당정책을 선호하게 하는 요인이지만 고배당정책을 선호하게 하는 다른 요인도 있다고 지적했다. 재무전문가들은 이들 요인 중에서 어느 것이 더 우월한지를 쉽게 알 수 있을 것으로 생각했었다. 불행하게도 여러 해의 연구 후에 아무도 어느 요인이 더 중요한지를 결론지을 수 없었다. 두 요인이 완전하게 서로 상쇄될 것이라고는 생각하지 않았기 때문에 더욱 놀라울 수밖에 없다.

그러나 두 요인이 결국 서로 상쇄될 것이라는 **고객효과**(clientele effect)로 알려진 특별한 견해가 있다. 이 견해를 이해하기 위하여 고세금층 투자자와 저세금층 투자자로 구분해서 살펴보자. 고세금층 투자자는 아마 무배당이나 저배당을 선호할 것이다. 저세금층 투자자는 일반적으로 다음 세 부류에 속한다. 첫째, 개인투자자이다. 이들이 현재소득을 원하면 아마 약간의 배당을 선호할 것이다. 둘째, 연기금은 배당이나 자본이득에 대해 세금을 내지 않는다. 따라서 이들도 현재소득을 원하면 배당을 선호할 것이다. 마지막으로, 기업은 배당소득의 최소한 70%를 면세받을 수 있으나 자본이득은 일체 면세받을 수 없다. 따라서 기업은 현재소득에 대한 욕구가 없더라도 고배당 주식에 투자하려 할 것이다.

가령 모든 투자자의 40%는 고배당을 선호하며 60%는 저배당을 선호하지만, 단지 기업의 20%만이 고배당을 하며 80%는 저배당을 한다고 가정하자. 그러면 고배당 기업은 공급

부족으로 이들 기업의 주가는 오르게 되며 반면에 저배당 기업의 주가는 하락하게 될 것이다. 그러나 모든 기업의 배당정책이 장기적으로 고정되어 있을 필요는 없다. 이 예에서는 기업의 40%가 고배당을 하고 60%가 저배당을 하는 상태에 도달할 때까지 배당을 증가시키는 저배당 기업이 충분히 있을 것이다. 이러한 균형에 도달한 후에는 어떤 기업이라도 배당정책을 변경함으로써 이득을 볼 수 없을 것이다. 일단 기업들의 배당이 주주들의 욕구에 완전히 들어맞게 된다면, 어떠한 기업도 홀로 배당정책을 바꿈으로써 자신의 가치에 영향을 미칠 수 없다.

고객군(clienteles)은 아마 다음과 같이 형성될 것이다.

고객 그룹	주식
고세금층에 속한 개인	무배당~저배당 주식
저세금층에 속한 개인	저배당~중간배당 주식
면세 기관	중간배당 주식
기업	고배당 주식

고객효과를 이해했는지를 보기 위해 다음의 질문을 생각해 보자. "많은 투자자가 고배당을 선호하는 세계에서 어느 기업이 배당성향(dividend payout ratio)을 더 높임으로써 주가를 끌어 올릴 수 있는가?" 이 질문은 참인가 아니면 거짓인가?

이 질문은 아마 거짓일 것이다. 고배당을 선호하는 투자자들을 만족시키는 고배당 기업들이 이미 충분히 존재하는 한, 그 기업은 고배당을 함으로써 주가를 끌어 올릴 수 없을 것이다. 기업은 만족하지 못한 고객이 존재하는 경우에만 주가를 올릴 수 있다.

고객군에 대한 논의는 세금구간이 투자자마다 다르다는 사실을 기반으로 한다. 주주가 세금에 신경을 쓴다면 주식은 배당수익률(주가에 대한 배당금의 비율)에 바탕을 둔 고객군을 유치하여야 한다. 그렇다면 이에 대한 어떤 증거가 있는가?

그림 16. 7을 살펴보자. John Graham과 Alok Kumar[2]는 보통주를 배당수익률의 크기에 따라 5개 그룹으로 분류하였다. 맨 아래 20%는 배당수익률이 가장 낮은 주식, 다음 20%는 배당수익률이 다음으로 낮은 주식이 해당한다. 이 그림은 소득이 낮은, 중간, 높은 투자자가 자신의 자산 포트폴리오에서 각 그룹에 해당하는 주식이 차지하는 비중을 나타낸다. 저소득 투자자보다 고소득 투자자는 저배당 주식에 투자비중이 높고 고배당 주식에 투자비중이 낮다.

2 John R. Graham and Alok Kumar, "Do Dividend Clienteles Exist? Evidence on Dividend Preferences of Retail Investors," *Journal of Finance* 60, no. 3(2006), pp. 1305~136.

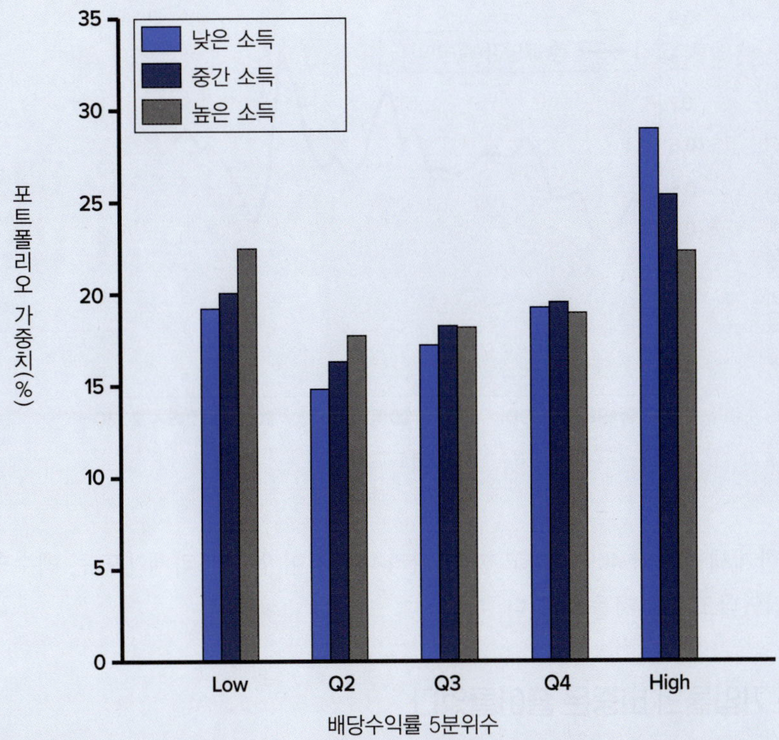

모든 주식은 배당수익률 크기에 따라 5개 그룹으로 분류된다. 이 그림은 소득이 낮은, 중간, 높은 투자자가 자신의 자산 포트폴리오에서 각 그룹에 해당하는 주식이 차지하는 비중을 나타낸다. 저소득 투자자보다 고소득 투자자는 저배당 주식에 투자비중이 높고 고배당 주식에 투자비중이 낮다.

그림 16.7

배당수익률에 대한 투자자의 선호

출처: Graham, John R., and Alok Kumar. "Do Dividend Clienteles Exist? Evidence on Dividend Preferences of Retail Investors", *Journal of Finance* 60, no. 3(2006), pp. 1305~1336.

16.8 실제 세계의 배당정책

기업의 배당금은 엄청나다

앞에서 배당은 자본이득에 비해 세금이 불리하다고 하였다. 이는 배당은 지급될 때 세금을 내지만 자본이득은 매도시점까지 세금이 연기되기 때문이다. 그럼에도 불구하고 미국경제에서 배당금의 규모는 엄청나다. 예를 들어, 그림 16. 8을 살펴보자. 이 그림은 1980년부터 2010년까지 모든 미국기업의 총이익에서 총배당금이 차지하는 비율을 보여준다. 이 비율은 2010년에 대략 61%이다.

배당금에 대한 과세금액은 실제로 많지 않다고 주장할지 모른다. 이는 아마 배당을 받는 사람은 주로 저세금층 개인(현재 현금배당에 대한 세율은 고소득자를 제외하고 모두 15%이며 고소득자는 최대 20%까지 부과될 수 있다)이고 연기금과 같은 기관은 세금을 내지 않기 때문이다. 그러나 Peterson, Peterson Ang은 1979년 특정 해를 대상으로 배당금에 대한 심층연구를 수행하였다.[3] 그들에 따르면 배당금의 2/3는 개인들에게 지급되었고, 이들 개인에

3 Pamela P. Peterson, David R. Peterson, and James S. Ang, "Direct Evidence on the Marginal Rate of Taxation on Dividend Income," *Journal of Financial Economics* 14, no. 2(1985), pp. 267~282.

그림 16. 8

미국기업들의 총이익에 대한 총배당금 비율: 1980~2016년

출처: The Bureau of Economic Analysis, November 2017.

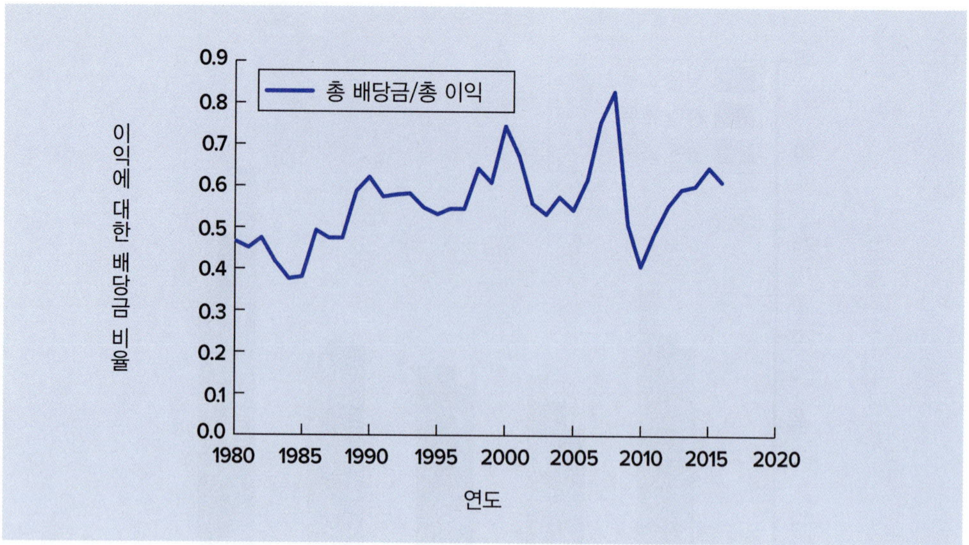

대한 평균 한계세율은 약 40%였다고 한다. 따라서 심지어 엄청난 과세에도 큰 액수의 배당금이 지급되었다고 결론지을 수 있다.

배당지급 기업들의 비중은 줄어들었다

배당금은 엄청나지만 Fama and French(FF)는 배당지급 기업들의 비중은 지난 수십 년 동안 떨어졌다고 한다.[4] FF에 따르면 이러한 비중하락의 주된 이유는 규모가 영세하고 수익성이 떨어지는 많은 기업이 최근에 상장되었기 때문이라고 한다. 대부분의 경우 이러한 기업은 배당을 하지 않는다. 그림 16. 9는 1973년부터 2002년 사이에 미국 제조업체 중에서 배당한 기업이 차지하는 비중이 크게 떨어졌음을 보여준다.

그러나 이 수치는 DeAngelo, DeAngelo, and Skinner(DDS)의 논문에서도 제시되었으며 2002년부터 2010년까지는 증가하는 것으로 나타났다.[5] 이에 대한 이유는 2003년 5월에 발효된 배당에 대한 최대세율을 15%로 낮추는 법안과 관련된다. 그러나 DDS는 여러 다른 이유로 세금축소의 영향을 대단치 않게 생각한다.

그림 16. 9는 1973년부터 2002년까지 모든 기업의 배당금이 감소했다는 것을 의미하지는 않는다. DDS는 소규모 기업은 배당을 하지 않았지만 아주 큰 대기업은 수십 년 동안 배당을 크게 증가시켰다고 한다.[6] 이러한 증가로 인하여 2000년 미국에서 배당지급 기업의 상위 25%가 전체 배당지급액의 50% 이상을 차지하는 집중화 현상이 야기되었다. DDS는 이익이 매우 높은 소수기업이 배당금 공급을 좌우하는 반면에 대다수 기업은 전체 이익과 배당금에 그다지 큰 영향을 미치지 못한다"고 한다.

4 Eugene F. Fama and Kenneth R. French, "Disappearing Dividends: Changing Firm Characteristics or Lower Propensity to Pay?," *Journal of Financial Economics* 60, no. 1(2001), pp. 3~43.

5 Harry DeAngelo, Linda DeAngelo, and Douglas J. Skinner, "Corporate Payout Policy," *Foundations and Trends in Finance* 3, no. 2~3(2008), pp. 95~287.

6 Harry DeAngelo, Linda DeAngelo, and Douglas J. Skinner, "Are Dividends Disappearing? Dividend Concentration and the Consolidation of Earnings," *Journal of Financial Economics* 72, no. 3(2004), pp. 425~456.

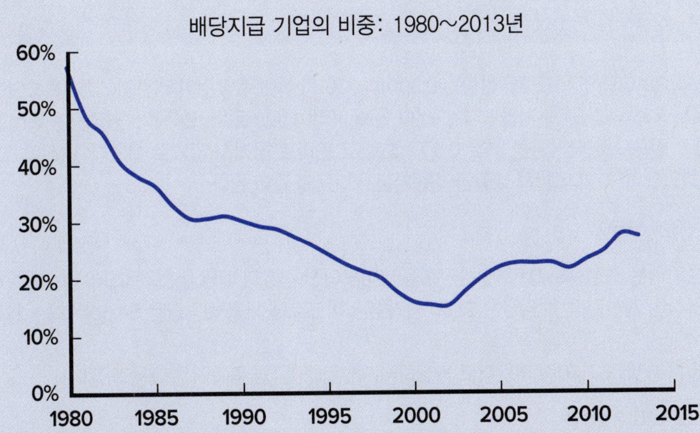

이 그래프는 1980년부터 2013년 기간 동안 미국 제조업체 중에서 배당한 기업이 차지하는 비중을 보여준다. 이 비중은 1980년부터 2002년까지 크게 떨어졌으나 그 이후 몇 년에 걸쳐 반등을 시도한다.

그림 16.9

미국 제조기업 중에서 배당지급 기업이 차지하는 비중

출처: DeAngelo, Harry, Linda DeAngelo, and Douglas J. Skinner. "Corporate Payout Policy", *Foundations and Trends in Finance* 3, no. 2~3(2008), pp. 95~287. Data updated by DeAngelo, DeAngelo, and Skinner.

기업은 안정적 배당을 선호한다

1950년에 John Lintner는 배당정책에 관한 두 가지 중요한 견해를 제시했다.[7] 첫째, 실제 세계의 기업은 일반적으로 배당 대 이익의 장기적 목표비율을 설정한다. 기업은 이용할 수 있는 현금흐름에 비하여 NPV가 양(+)인 프로젝트가 많이 있다면 아마 낮은 목표비율을 반대의 경우는 높은 목표비율을 설정할 것이다. 둘째, 경영자는 이익변화의 일부만이 영구적일 것으로 생각한다. 경영자는 이익증가의 영속성을 평가할 시간이 필요하므로 배당변화는 이익변화 후 시간이 꽤 흘러서 나타난다.

정리하면, Lintner는 배당정책은 목표배당성향(target payout ratio: t)과 목표에 대한 현재 배당금의 조정속도(s)라는 두 매개변수에 의해 표현될 수 있다고 한다. 즉, 배당의 변화는 다음의 모형에 따르는 경향이 있다.

$$\text{배당금 변화} \equiv D_1 - D_0 = s \times (t\text{EPS}_1 - D_0) \qquad [16.2]$$

여기서 D_1과 D_0는 각각 다음 연도 배당금과 현재 연도 배당금이다. EPS_1은 다음 연도 주당순이익이다.

식 16.3의 제한적 경우들은 $s = 1$이거나 $s = 0$일 때 발생한다. $s = 1$이면, 배당금의 실제변화는 완전조정이 즉시 일어나서 배당금의 목표변화와 같게 된다. $s = 0$이면, $D_1 = D_0$이다. 다시 말하면, 배당금의 변화가 전혀 없다. 실제 세계의 기업은 s를 0과 1 사이에서설정할 것으로 예상할 수 있다.

Lintner의 모형은 배당 대 이익의 비율은 기업이 어려운 시기를 시작할 때 오르고, 좋은 시기에 도달할 때 떨어진다는 점을 함축하고 있다. 따라서 배당금은 이익보다 더 적은 변동

7 John Lintner, "Distribution of Incomes of Corporations among Dividends, Retained Earnings, and Taxes," *American Economic Review* 46, no. 2(1956), pp. 97~113.

예제 16.1

배당금 조정

Calculator Graphics(CGI)의 목표배당성향은 0.30이다. CGI의 작년 주당순이익은 $10였으며, CGI는 목표에 따라서 작년에 주당 $3의 배당금을 지급했다. 그러나 올해 이익이 $20로 뛰어올랐다. 경영자는 이러한 증가가 영구적이 아니라고 믿으므로 배당금을 $6(= 0.30 × $20)로 곧바로 올리지 않기로 하였다. 대신에 조정속도(s)를 0.5로 하기로 하였으며, 따라서 올해 배당금의 증가분은 다음과 같이 된다.

0.5 × ($6 − 3) = $1.50

즉, 배당금의 증가액은 조정속도 0.50에 완전조정이 이루어진 경우의 배당금 $6(= 0.30 × $20)와 작년 배당금 $3의 차이를 곱하여 계산된다. 배당금은 $1.50 증가할 것이므로 올해의 배당금은 $4.50(= $3 + $1.50)가 될 것이다.

이제 이익이 내년에도 $20에 머문다고 가정하자. 내년 배당금의 증가액은 다음과 같다.

0.5 × ($6 - $4.50) = $0.75

다시 말하면, 내년 배당금의 증가액은 조정속도(0.50)에 완전조정이 이루어진 경우의 배당금($6)과 올해 배당금($4.50)의 차이를 곱하여 계산된다. 배당금은 $0.75 증가할 것이므로 내년의 배당금은 $5.25(= $4.50 + $0.75)가 될 것이다. 이와 같은 방법으로 배당금은 이익이 미래에 $20로 계속 유지된다면 매년 천천히 증가할 것이다. 그러나 배당금은 $6에 무한대로 수렴할 뿐이다.

성을 보인다. 다시 말하면, 기업은 배당을 유연화한다(smooth).

배당지급의 장점과 단점

장점	단점
1. 현금배당은 좋은 결과를 예고하며 주가가 지탱할 수 있도록 한다.	1. 배당금 수령자는 세금을 낸다.
2. 현금배당은 배당금의 형태로 수익을 선호하는 기관투자자를 유치할 수 있다. 따라서 기업은 기관 및 개인 투자자로 구성된 폭넓은 시장에 접근할 수 있으므로 자본조달비용을 낮출 수 있다.	2. 배당지급은 자금조달의 내부원천을 줄일 수 있다. 배당지급은 기업으로 하여금 NPV가 양(+)인 프로젝트를 보류하게 하거나 값비싼 외부자본에 의존하게 할 수 있다.
3. 신규배당 또는 배당증가의 발표는 보통 주가를 상승시킨다.	3. 배당은 일단 정해지면 삭감될 경우 기업의 주가에 불리한 영향을 미친다.
4. 배당지급은 잉여현금흐름을 흡수하여 주주와 경영진의 마찰로 발생하는 대리인비용을 줄일 수 있다.	
5. 경영자는 배당증가를 통해 미래 현금흐름에 대한 낙관의 신호를 보낼 수 있다.	

배당에 관한 설문조사 결과

최근의 한 연구는 재무관리자를 대상으로 배당정책에 관해 설문조사를 했다. 질문들 중의 하나는 "이들 진술이 당신 기업의 배당정책에 영향을 미치는 요인을 기술하는가?"이다. 일부 결과들이 표 16. 2에 나타나 있다.

표 16. 2에서 나타난 바와 같이 재무관리자는 배당금의 삭감을 매우 꺼려하는 경향이 있다. 더욱이 이전에 지급한 배당금을 크게 의식하여 비교적 안정적 배당을 유지하기를 원한다. 대조적으로 외부로부터의 자본조달비용이나 수탁의무를 지닌 '신중한 투자자(prudent man)'의 유치는 덜 중요한 것으로 나타났다.

표 16.2

배당결정에 관한 설문조사 결과*

출처: Brav, Alon, John R. Graham, Campbell R. Harvey, and Roni Michaely, "Payout Policy in the 21st Century", *Journal of Financial Economics* 77, no. 3(2005), pp. 483~527.

질문내용	'동의' 또는 '적극 동의' 응답자의 비중(%)
1. 배당금을 삭감하려 하지 않는다.	93.8%
2. 매년 안정적 배당을 유지하려 한다.	89.6
3. 최근 분기들에 지급된 배당금의 수준을 고려한다.	88.2
4. 미래에 번복될지 모르는 배당변화는 꺼린다.	77.9
5. 배당의 변화나 성장을 고려한다.	66.7
6. 외부자금조달 비용이 배당삭감 비용보다 낮다고 생각한다.	42.8
7. '신중한 투자자'의 유치를 위해 배당을 지급한다.	41.7

* 설문조사 질문: "이들 진술이 당신 기업의 배당정책에 영향을 미치는 요인들을 기술하는가?"

표 16.3

배당결정에 관한 설문조사 결과*

출처: Alon Brav, John R. Graham, Campbell R. Harvey, and Roni Michaely. "Payout Policy in the 21st Century", *Journal of Financial Economics* 77, no. 3(2005), pp. 483~527.

질문내용	'중요' 또는 '매우 중요' 응답자의 비중(%)
1. 배당정책의 일관성 유지	84.1%
2. 미래이익의 안정성	71.9
3. 이익변화의 지속 가능성	67.1
4. 기관투자자의 유치	52.5
5. 좋은 투자기회의 이용 가능성	47.6
6. 개인투자자의 유치	44.5
7. 배당에 대한 개인소득세	21.1
8. 신주 발행비용	9.3

* 설문조사 질문: "당신 기업의 배당정책에 다음 요인이 얼마나 중요한가?"

표 16.3에서와 같은 설문조사에서 "당신 기업의 배당정책에 다음 요인이 얼마나 중요한가?"라는 질문에 대한 반응을 보여준다. 역시 표 16.2에서의 반응과 이전 논의에서처럼 일관성 있는 배당정책의 유지가 최우선으로 꼽히고 있다. 다른 항목도 이전의 분석과 일관된 결과를 보여준다. 재무관리자는 배당을 결정하는 데 있어 이익의 안정성과 미래이익의 수준에 대해 매우 염려하며 좋은 투자기회의 이용 가능성도 고려한다. 설문조사의 응답자는 또한 기관투자자와 개인투자자를 모두 유치하는 것이 비교적 중요하다고 믿는다.

세금과 발행비용에 관해서는 앞서 논의와는 대조적으로 설문조사에서 재무관리자는 배당금에 대해 주주가 내는 개인세금을 매우 중요하게 생각하지 않았다. 그리고 주식발행비용이 관련이 있다고 생각하는 응답자는 훨씬 적었다.

16.9 요약 정리

이 장에서 논의한 많은 내용(수십 편의 연구로부터 배당에 관해서 알려진 내용 포함)은 다음의 여섯 가지로 요약 정리될 수 있다.[8]

1. 배당과 자사주매입은 여러 해에 걸쳐 명목적으로나 실질적으로 꾸준하게 증가해 왔으며 그 합계는 액수는 엄청나다.

8 Harry DeAngelo and Linda DeAngelo, "Payout Policy Pedagogy: What Matters and Why," *European Financial Management* 13, no. 1(2007), pp. 11~27.

2. 배당금 지급은 비교적 소수의 대규모 성숙기업에 편중되어 있다.
3. 경영자는 기업 특유의 문제로 인한 배당삭감을 아주 꺼려한다.
4. 경영자는 이익이 증가함에 따라 배당금을 천천히 점진적으로 올려 안정된 배당을 한다.
5. 주가는 배당의 예기치 않은 변화에 반응한다.
6. 자사주매입의 규모는 일시적 이익의 크기에 따라 변하는 경향이 있다.

이제 목표는 이들 여섯 가지 요점을 하나의 일관된 그림으로 무리 없이 합치는 일이다. 일반적으로 자사주매입과 현금배당의 합, 즉 지불금에 관해서는 간단한 수명주기이론(life cycle theory)이 요점 1, 2와 맞는다. 그 핵심 개념은 간단하다. 첫째, 비교적 신생이며 수익성이 저조한 기업은 일반적으로 현금배당을 해서는 안 된다. 이들은 투자자금을 위해 현금이 필요하다(발행비용 또한 외부로부터 현금조달을 억제한다).

그러나 기업이 성숙함에 따라 잉여현금흐름(수익성이 있는 투자활동에 필요한 부분을 초과하는 내부적으로 창출된 현금흐름)이 생기기 시작한다. 잉여현금흐름이 많이 축적되어 있으면 대리인문제가 발생할 수 있다. 경영자는 제국건설(empire building)을 추구하려 하거나 주주에게 최선이 아닌 방법으로 잉여현금을 사용할지 모른다. 따라서 기업은 현금을 쌓아두기보다는 환원하라는 압력을 받는다. 그리고 앞서 관찰한 바와 같이 오랜 기간 수익성을 다져온 대기업은 많은 분배를 할 것으로 예상된다.

따라서 수명주기이론은 기업이 잉여현금 보유로부터 야기되는 대리인비용과 외부 자본조달의 잠재적 비용의 균형을 맞춘다는 것을 말한다. 즉, 기업은 가까운 장래의 투자수요에 충당하기 위한 충분한 내부현금을 창출할 수 있을 때 배당을 시작해야 한다.

더 복잡한 문제는 분배의 유형이 현금배당인지 자사주매입인지에 따라 발생한다. 자사주매입을 지지하는 세금주장은 분명히 설득력이 있다. 나아가서 자사주매입이 훨씬 더 유동적인 옵션(경영자는 재무적 유동성을 매우 중요시한다)이라면 기업은 왜 현금배당을 선택하는가에 의문을 가질 수 있다.

이에 대답하려면, 자사주매입으로 할 수 없는 어떤 것을 현금배당을 통해 성취할 수 있는가?라는 다른 질문을 해야 한다. 대답은 기업이 현재와 미래에 현금배당을 약속할 때 시장에 두 가지의 신호를 보낸다는 것이다. 이미 논의한 바와 같이, 하나는 기업이 지속적으로 배당을 할 수 있을 만큼 충분한 이익이 예상된다는 신호이다. 기업이 추후 배당을 할 수 없다면(또는 외부금융을 이용하지 않고 배당을 할 수 없다면) 결국은 응징되기 때문에 시장을 기만함으로써 이익을 볼 수 없다는 사실을 상기하자. 따라서 현금배당을 통해서 기업은 자신을 수익성이 낮은 경쟁기업과 구별하도록 할 수 있다.

다른 하나는 포착하기가 더욱 힘들며 잉여현금흐름의 대리인문제와 다시 관련된다. 현재와 미래에 현금배당을 약속함으로써 기업이 현금(최소한 많은 현금)을 쌓아두지 않겠다는 신호이다. 따라서 이는 대리인비용을 줄이고 주주의 부를 증가시킨다.

이러한 이중 신호 이야기는 위 요점 3~5와 부합되지만, 반대의견도 물론 있다. 기업이 배당으로 지급할 현금으로 자사주를 매입하는 데 사용하면 되지 않는가? 어느 방법으로나 기업은 주주에게 현금지급을 약속하게 되는 셈이다.

고정자사주매입(fixed repurchase)의 전략에는 두 가지 단점이 있다. 첫째는 검증가능성이다. 기업은 공개시장에서 자사주매입을 발표하고 그렇게 실행하지 않을 수 있다. 적당하게 장부를 날조하면 어느 정도의 시간이 지나야 그 속임수가 발견될 것이다. 따라서 주주는 감시장치, 즉 자사주매입이 실제로 이루어졌음을 확인할 수 있는 어떤 방법이 필요하다. 이러한 장치는 고안하기 어렵지는 않지만(채권시장에서 볼 수 있는 단순 신탁관계도 가능하다). 현재로는 존재하지 않는다. 물론 공개매수제안 형태의 자사주매입은 검증 필요성이 적거나 없지만, 그러한 제안에는 비용이 수반된다. 현금배당의 미덕은 어떤 감시를 필요로 하지 않는다는 점이다. 기업은 매년 네 번의 배당금을 수표로 우송해 주면 된다.

현명한 배당정책의 특성

- 시간에 걸쳐 잉여현금을 모두 지급하라.
- 배당지급이나 자사주매입을 위해 양(+)의 NPV프로젝트를 포기하지 마라.
- 기업이 엄청난 잉여현금을 창출하기 전에는 배당을 개시하지 마라.
- 장기목표배당성향과 일관된 정규배당을 하라.
- 미래에 값비싼 외부자금조달을 피할 수 있도록 충분히 낮은 배당수준을 설정하라.
- 일시적 현금흐름의 증가는 자사주매입을 이용하여 분배하라.

고정자사주매입에 대한 두 번째 단점은 더 논란의 여지가 있다. 가령 내부자로서 경영자가 기업의 주가가 너무 높거나 너무 낮은지를 주주들보다 더 잘 판단할 수 있다고 가정하자(이 개념은 내부자 정보가 그 이유라면 준강형 시장효율성과는 배치되지 않는다는데 주목하자). 이 경우에 고정자사주매입의 약속은 경영진으로 하여금 주식이 과대평가되어 있는 상황에서조차 자사주를 매입하도록 하게 한다. 다시 말하면, 경영진으로 하여금 NPV가 음(−)인 투자를 하게 한다.

현금배당이냐 자사주매입이냐의 질문에 대해 더 많은 연구가 필요하지만, 역사적 추세로 볼 때는 배당보다 자사주매입의 지속적 성장이 예상된다. 기업의 지불금 총액은 시간에 걸쳐 비교적 안정적으로 나타나지만, 자사주매입의 비중은 더 커지고 있다. 그 비중은 1990년대 후반에 대략 50대 50에 도달했지만, 최근에는 자사주매입 총액이 배당금 총액을 앞지른 것으로 보인다.

현금배당의 증가에는 대물림효과(legacy effect)가 작용했을지 모른다. 1982년 이전까지는 자사주매입은 그 규제상태가 다소 애매하여 기업은 별다른 의욕을 갖지 못했다. 다년간의 논쟁 후 1982년에 SEC가 기업이 따라야 지침을 분명히 하였으며 비로소 자사주매입이 매력적으로 되었다.

이러한 대물림효과는 현재 전체 배당금의 큰 부분을 지급하는 많은 거대기업이 1982년(아마 훨씬) 이전에 배당금을 지급하고 있었기 때문에 일어난다. 이들 기업이 배당금 삭감을 꺼리는 한 '고착(lock-in)' 효과로 인하여 현금배당의 총액은 커질 것이다. 이들 기업이 실제로 전체 배당금의 많은 부분을 설명한다면, 우리는 (1) 성숙기업에서 배당개시 경향의 급격한 감소와 (2) 현금배당 대비 자사주매입의 추세적 성장을 관찰할 수 있어야 한다. 실제로 이들 두 추세에 대한 증거를 발견할 수 있다.

16.10 주식배당과 주식분할

주식분할(stock split)과 주식배당(stock dividend)은 기업과 주주에게 본질적으로 같은 영향을 미친다. 이들 모두 발행주식수를 증가시키고 주당 가치를 감소시킨다. 그러나 회계처리는 주식분할인지 주식배당인지에 따라 다르며, 특히 주식배당의 경우는 그 규모에 따라 다르다.

통상적으로 20~25%보다 작은 주식배당을 **소규모 주식배당**(small stock dividend)이라고 한다. 이러한 배당에 대한 회계절차는 나중에 논의된다. 20~25%보다 큰 주식배당은 **대규모 주식배당**(large stock dividend)이라고 한다. 대규모 주식배당도 드물지는 않다. 예를 들면, 2018년 3월에 보험회사인 Aflac은 100% 주식분할을 했으며, 2018년 2월에 주류업체인 Brown-Forman은 400%의 주식배당을 완료했다.

소규모 주식배당의 예 회계자문을 전문으로 하는 Peterson사는 발행주식수가 1만주이며, 주당 $66에 팔리고 있다. 자기자본의 총시장가치는 $66만(= $66 × 1만)이다. 10%의 주식배당을 하면 각 주주는 소유한 10주당 추가로 한 주를 받게 되며, 배당 후 발행주식수는 1만 1,000주로 늘어난다.

주식배당 이전에 Peterson사 대차대조표의 자기자본계정은 다음과 같다.

보통주(액면가 $1, 발행주식수 1만주)	$10,000
주식발행초과금	200,000
유보이익	290,000
자기자본 총계	$500,000

소규모 주식배당 후 대차대조표 조정을 위해 자의적으로 보일 수도 있는 회계절차가 필요하다. 1,000주의 새로운 주식이 발행되기 때문에 보통주계정은 $1,000(액면가 $1 × 1,000주)만큼 증가하여 총 $1만1,000가 된다. 주당 시장가치 $66는 액면가보다 $65가 높기 때문에, 그 '초과'분인 $6만5,000(= $65 × 1,000 주)는 자본잉여금계정(주식발행초과금)에 합해져서 자본잉여금은 이제 총 $26만5,000가 된다.

주식배당으로 어떤 현금이 실제로 유입되거나 유출되지 않기 때문에 총자기자본은 영향을 받지 않는다. 따라서 유보이익은 $6만6,000 감소하여 $22만4,000가 된다. 이들 계산을 모두 반영하면 Peterson사의 자기자본계정은 다음과 같이 된다.

보통주(액면가 $1, 발행주식수 1만1,000주)	$11,000
주식발행초과금	265,000
유보이익	224,000
자기자본 총계	$500,000

주식분할의 예 주식분할은 주식배당과 개념상 유사하지만 보통 비율로 표시된다. 예를 들어, 2대 3의 주식분할에서 각 주주는 당초 보유한 2주당 하나의 신주를 추가로 받는다. 따라서 이는 결국 50%의 주식배당에 해당한다. 여기서도 아무런 현금이 수수되지 않으므로 개

별 주주의 지분은 영향을 받지 않는다.

주식분할의 회계처리는 주식배당의 회계처리보다 더 간단하다. 가령 Peterson사가 1대 2의 주식분할을 선언한다고 가정하자. 발행주식수는 두 배인 2만 주가 되며, 액면가는 절반으로 줄어 주당 $0.50가 될 것이다. 분할 후의 자기자본은 다음과 같이 나타난다.

보통주(액면가 $0.50, 발행주식수 2만주)	$ 10,000
주식발행초과금	200,000
유보이익	290,000
자기자본 총계	$500,000

분할 후에도 세 계정의 수치들이 전혀 변하지 않았음을 주목하자. 단지 주당 액면가와 발행주식수가 변할 뿐이다. 주식수가 배로 증가하였기 때문에 액면가는 절반으로 줄어들게 된다.

최근의 주식분할 사례들을 보기 위해 www.stocksplits.net을 방문하라.

대규모 주식배당의 예 앞의 예에서 100%의 주식배당이 선언되면, 1만주의 신주가 배분되어 발행주식수는 2만주가 될 것이다. 액면가가 주당 $1이므로 보통주계정은 $1만가 증가하여 $2만가 될 것이다. 유보이익은 $1만가 감소하여 $28만가 남게 된다. 그 결과는 다음과 같다.

보통주(액면가 $1, 발행주식수 2만주)	$ 20,000
주식발행초과금	200,000
유보이익	280,000
자기자본 총계	$500,000

주식분할과 주식배당의 가치

논리적으로 생각할 때, 주식분할과 주식배당으로 인하여 기업의 가치에는 다음의 세 가지가 발생할 수 있다: (1) 변하지 않는다. (2) 증가한다. (3) 감소한다. 불행하게도 이 이슈는 복잡해서 세 가지 중에서 어느 것이 맞는지를 쉽게 결정할 수 없다.

벤치마크 사례 주식배당과 주식분할이 주주의 부나 전체 기업의 부를 변화시키지 않는다고 하는 주장이 있을 수 있다. 앞의 예에서 자기자본의 총시장가치는 $66만였다. 소규모 주식배당에서 주식수는 1만1,000주로 증가하므로 각 주식의 가치는 $60(= $66만/1만1,000)로 예상된다.

예를 들어, 배당 이전에 100주(주당 $66)를 보유한 주주는 배당 이후에 110주(주당 $60)를 보유하게 될 것이다. 주식의 총가치는 어느 경우에서도 $6,600이므로, 주식배당은 실제로 아무런 경제적 효과가 없다.

주식분할 후에는 발행주식수는 2만주가 되므로 각 주식의 가치는 $33(= $66만/2만)가 된다. 다시 말하면, 주식수는 배가 되며 가격은 절반이 된다. 이들 계산으로부터 판단할 때,

주식배당과 주식분할은 단지 계정상의 거래로 보인다.

이들 결과는 비교적 명백하지만, 주식분할과 주식배당에는 어떤 이점이 있다고 하는 이유가 있다. 재무관리자는 실제 세계의 복잡성을 인식하고 있으므로 주식분할과 주식배당의 결정은 실제에 있어서 가볍게 다루어지지 않는다.

보편적인 거래가격범위 주식배당과 주식분할의 옹호자는 증권에는 적정 **거래가격범위(trading range)**가 있다고 종종 주장한다. 증권의 가격이 이 범위를 넘는다면, 많은 투자자는 자금이 충분치 않아 최소거래단위(round lot), 즉 100주 단위로 사지 못할 수 있다. 주식은 100주보다 적은 단주(odd-lot)의 형태로도 매매될 수 있지만 이 경우에 수수료가 훨씬 높다. 따라서 기업은 자기의 주가가 적정 거래가격범위 내에 놓이도록 주식을 분할할 수 있다.

예를 들면, 2003년 초에 Microsoft는 1대 2의 주식분할을 발표했다. 이는 이 기업이 1986년에 공개된 이후 9번째 분할이다. Microsoft는 그동안 1대 3의 분할을 2번, 1대 2의 분할을 7번 했다. 그래서 이 기업이 공개된 해인 1986년에 주식을 1주 가지고 있었더라면, 이는 2003년 초에 288주가 되었을 것이다. 유사하게 WalMart는 1970년에 공개된 이후 1대 2의 주식분할을 11번 했으며, Apple은 1987년에 공개된 이후 1대 7의 분할을 1번, 1대 2의 분할을 3번 했다. 주식분할의 기록을 보유한 Procter & Gamble의 경우 1920년 이후 1대 5의 분할 2번, 1대 1.5의 분할 1번, 1대 2의 분할 8번을 하였으며, 최초 분할 이전에 매입한 주식 1주는 지금 9,600주가 되었을 것이다.

거래가격범위의 주장은 널리 통용되고 있지만, 그 타당성에는 여러 이유로 의문의 여지가 있다. 뮤추얼펀드, 연기금, 기타 기관투자자 등은 2차 세계대전 이후 거래를 꾸준히 증가시켜 왔으며 이제는 총거래량에서 큰 비중(예를 들면, NYSE 거래량의 약 80%)을 차지한다. 이들 기관은 대량으로 매매하기 때문에 개별 주가는 이들에게 거의 중요하지 않다.

더욱이 주가가 아주 높은 주식도 문제없이 잘 거래되고 있다. 단적인 예로서 초콜릿제조업체 Lindt를 생각할 수 있다. 2016년 4월에 이 주식은 주당 약 7만2,000 유로 또는 약 $8만2,000에 팔리고 있었다. 최소거래단위를 매입하기 위해서는 무려 $820만가 필요했을 것이다. 이는 꽤 비싼 편이다. 또 전설적인 투자자인 Warren Buffet이 경영하는 Berkshire-Hathaway를 생각해 보자. 2019년 2월에 이 기업의 주가는 역대 최고가 $33만5,900보다는 낮지만 $30만8,000였다.

마지막으로 주식분할로 인해서 주식의 유동성이 실제로 떨어진다는 증거도 있다. 1대 2의 주식분할 이후에 유동성이 증가한다면, 거래량은 2배 이상이 되어야 한다. 그러나 그렇지 못한 것으로 보이며, 분할 후 거래량이 오히려 줄어드는 경우가 가끔 관찰된다.

주식병합

드물게 발생하는 재무적 조치로 **주식병합(reverse split)**이 있다. 예를 들면, Spirit Reality는 2018년 12월에 5대 1의 주식병합을 했으며, 거의 같은 시기에 석유가스탐사 기업인 Sylios는 4,000대 1의 주식병합을 추진했다. 5대 1의 주식병합에서 구주 5주는 신주 1주와 교환된다. 이 과정에서 액면가는 5배로 커진다.

실제 세계에서 주식병합을 하는 이유로 세 가지가 인용된다. 첫째, 주주의 거래비용이 주식병합 이후에 줄어들 수 있다. 둘째, 주가가 보편적인 거래가격범위로 오르게 되면, 주식의 유동성과 시장성이 개선될 수 있다. 셋째, 가격이 너무 낮은 주식은 모양새가 안 좋아서 투자자는 기업의 이익, 현금흐름, 성장성, 안정성 등을 과소평가한다. 일부 재무분석가는 주식병합은 일순간 호감은 줄 수 있다고 주장한다. 그러나 주식분할의 경우와 마찬가지로 이들 이유는 특별히 설득력이 없으며, 특히 세 번째 이유는 더욱 아니다.

주식병합을 하는 두 가지 이유가 더 있다. 첫째, 증권거래소가 주가의 하한 수준을 규정하고 있는 경우 주식병합으로 인해 주가가 하한 수준 위로 복귀될 수 있다. 예를 들면, NASDAQ은 주가가 30일 동안 $1 이하로 떨어진 기업은 상장을 폐지한다. 2001~2002년에 인터넷 붐의 붕괴와 함께 상장폐지의 위험에 놓인 많은 인터넷 기업이 주가를 올리기 위해 주식병합을 했다. 둘째, 기업은 주식병합을 통해서 보유주식수가 일정 수에 미달하는 주주의 주식을 사들인다.

예를 들면, 2018년 7월에 발포첨가제 제조사인 GlyEco의 주주들은 주식의 병합과 분할을 승인했다. 이 기업은 먼저 500대 1의 주식병합을 한 후에 1주 미만의 단주는 모두 현금으로 매입했다. 이는 소액주주의 수를 줄임으로써 전체 주주 수를 감소시키기 위함이다. 이러한 주식병합으로 발행주식수는 1억6,660만주에서 133만주로 줄어들었다. 여기서 특기할 만한 사항은 주식병합 직후 1대 4의 주식분할을 함으로써 주가는 다시 낮아졌다는 것이다!

요약 및 결론 Summary and Conclusions

1. 주주는 기업의 배당정책을 사실상 되돌릴 수 있기 때문에 기업의 배당정책은 완전자본시장에서는기업가치와 무관하다. 주주가 원하는 것보다 더 많은 배당을 받는다면, 그는 초과분을 재투자할 수 있다. 역으로 주주가 원하는 것보다 더 적은 배당을 받는다면, 그는 일부 주식을 팔아버릴 수 있다. 이러한 MM의 주장은 이전 장에서 논의한 자가레버리지의 개념과 유사하다.
2. 주주는 완전자본시장에서 배당과 자사주매입 사이에 무관하다.
3. 배당금은 과세되기 때문에 기업은 현금배당 대신에 자사주매입을 택할 인센티브를 지니며, 실제로 기업이 자사주매입을 점점 더 선택하고 있다는 증거가 있다.
4. 현금배당의 수명주기이론은 기업이 잉여현금 보유로부터 야기되는 대리인비용과 외부 자본조달의 잠재적 비용의 균형을 맞춘다는 것을 말한다. 기업은 가까운 장래의 투자수요를 충분히 충당할 수 있는 내부자본을 창출할 수 있을 때 배당을 시작해야 한다.
5. 수명주기이론과 일관되게 미국에서 배당금 총액은 엄청나며, 또 증가하고 있지만, 이는 비교적 소수의 대규모 성숙기업에 편중되어 있다.
6. 경영자는 배당을 천천히 점진적으로 증가시키며 기업 특유의 문제로 인한 배당삭감을 매우 꺼린다.
7. 주가는 배당의 예기치 않은 변화에 반응한다.
8. 기업이 왜 (자사주매입 대신에) 현금배당을 하는가는 도전해볼 만한 질문이다. 그렇게 하는 한 이유는 기업이 지속적으로 배당을 할 수 있을 만큼 충분한 이익이 예상된다는 것을 신호하기 위함이다. 이러한 신

호를 통하여 기업은 자신을 수익성이 낮은 경쟁자들과 구별되게 할 수 있으며 기업의 이익에 관해 시장 참여자를 안심시킨다.

개념문제 Concept Questions

1. **배당정책의 무관련성** 배당금은 매우 중요하지만 배당정책은 무관한 이유는 무엇인가?
2. **자사주매입** 자사주매입은 기업의 부채비율에 어떤 영향을 미치는가? 이는 잉여현금을 분배하는 또 다른 방법인가?
3. **배당정책** 기업은 '잔여(residual)배당정책'을 따라야 한다는 설이 있다. 이러한 정책의 주된 개념은 기업이 투자수요를 충족시키고 목표부채비율을 유지하는 데 중점을 두어야 한다는 것이다. 그렇게 하고 난 후에 남아있는 이익이 배당금으로 지급된다. 잔여배당정책의 주요한 단점은 무엇이라고 생각하는가?
4. **배당금 지급일정** 12월 12일 화요일에 Hometown Power사의 이사회는 주당 75센트의 배당금을 선언한다. 배당지급일은 1월 17일 수요일이며, 배당기준일은 1월 3일 수요일이다. 배당락일은 언제인가? 이날 이전에 주식을 산다면, 매수자와 매도자 중에서 누가 이들 주식에 대한 배당금을 수령하는가?
5. **유사배당금** 어떤 기업은 유사배당금(dividends in kind)을 지급한다. 즉, 주주들에게 시가보다 낮은 가격으로 서비스를 제공한다. 예를 들면, 영국의 한 기업은 주주들에게 무료로 화장장을 제공한다. 뮤추얼펀드는 이러한 유사배당금을 지급하는 주식에 투자해야 하는가(펀드소유자들은 이러한 서비스를 받지 못한다)?
6. **배당과 주가** 배당금이 증가한 후에 주가가 즉각적으로 오른다면, 배당정책이 무관하다고 말할 수 있는가?
7. **배당과 주가** Central Virginia Power사는 건설 중인 핵발전소의 비용이 예상을 초과하여 어려움을 겪어 왔으며, "투자프로그램으로 인한 현금흐름의 부족으로 배당지급을 일시적으로 중단한다"고 발표했다. 이 발표가 나오자마자, 이 기업의 주가는 $28.50에서 $25로 떨어졌다. 이러한 주가의 변화를 어떻게 해석할 것인가(즉, 무엇으로 인해 주가가 하락했는가)?
8. **배당재투자플랜** DRK사는 최근에 배당재투자플랜(dividend reinvestment plan: DRIP)을 개발했다. 이 플랜은 투자자로 하여금 배당금을 DPK사의 신주에 자동적으로 재투자하도록 하는 것이다. 시간이 지남에 따라 DRK사의 투자자들은 배당금을 재투자함으로써 보유주식수를 늘릴 수 있을 것이다.
   1,000개 이상의 기업이 배당재투자플랜을 제공하고 있다. 대부분의 기업은 DRIP에 중개수수료나 서비스수수료를 부과하지 않는다. 사실상 DRK의 주식을 시장가격보다 10% 할인하여 구입하는 셈이다.
   DRK의 컨설턴트는 DRK 주주들의 75%가 이 플랜에 참여할 것이라고 예상한다. 이는 평균보다 다소 높은 편이다. DRK의 배당재투자플랜을 평가하라. 주주의 부는 증가하겠는가? 이 플랜의 장단점을 논하라.
9. **배당정책** 2018년에 기업들은 최초공모를 통해 평년과 유사한 $335억를 조달하였다. 이들 기업 중 현금배당을 실시한 기업은 134개로 비교적 소수에 불과하였다. 대부분의 기업이 현금배당을 하지 않는 이유는 무엇이라고 생각하는가?
10. **투자와 배당** Phew Charitable Trust는 자본이득, 배당소득, 이자소득에 대해서 세금을 내지 않는다. 이 기업이 포트폴리오에 저배당의 고성장 주식을 편입하는 것은 비합리적인가? 포트폴리오에 지방채를 편입하는 것은 비합리적인가? 설명하라.
   다음의 정보를 이용하여 문제 11번과 12번에 답하라.
   역사적으로, 미국의 세법은 주주에게 지급되는 배당금을 일반소득으로 취급했다. 따라서 배당금은 투자자의 한계세율로 과세되었으며, 이 세율은 2002년에는 38.6%에 달했다. 자본이득은 자본이득세율로 과세되었고, 이 세율은 대부분의 투자자에 대해서 동일하며 다년간에 걸쳐 조금씩 오르내렸다. 2002년에 자본이득세율은 20%였다. 경제를 부양하기 위한 노력의 일환으로, George W. Bush 대통령이 배당과 자본이득 등에 대한 세제개편을 단행했다. 2003년에 시행된 새로운 세금안에 따르면, 배당과 자본이득 모두 고세금층(higher tax brackets) 투자자에 대해서는 15%로 과세되었다. 2013년에는 최고세금층에 대한 세율은 20%가 되었다. 저세금층 투자자에 대해서는 2007년까지는 5%, 2008년에는 비과세로 되었다.

11. **배당락 주가** 이러한 세법의 변화는 배당락 주가에 어떠한 영향을 주겠는가?
12. **자사주매입** 이러한 세법의 변화는 배당지급 대비 자사주매입의 상대적 매력에 어떠한 영향을 주겠는가?
13. **배당과 주가** 영구성장모형(growing perpetuity model)에서 주가는 주식으로부터 기대되는 배당금의 현재가치로 표현된다. 이 모형이 타당하다면, 배당정책은 무관하다고 결론 내릴 수 있는가?
14. **손안의 새 주장** 현재의 배당금이 미래의 불확실한 자본이득보다 더 안전함을 말하는 '손안의 새(bird-in-the-hand)' 주장은 종종 고배당성향을 정당화하기 위해 사용된다. 이 주장의 잘못된 점을 설명하라.
15. **배당과 소득의 선호** 현재소득에 대한 욕구는 고배당정책의 선호에 대한 타당한 설명이 아니다. 왜냐하면 투자자는 항상 자신의 주식을 일부 매도함으로써 자가배당을 할 수 있기 때문이다. 이 진술은 참인가 거짓인가? 왜 그런가?
16. **배당과 고객효과** Cap Henderson은 Neotech사의 주식을 소유하고 있다. 이 기업의 주가는 과거 수년에 걸쳐 꾸준하게 상승해 왔으며, Cap은 이러한 성과가 지속될 것으로 예상한다. Cap은 Widow Jones로 하여금 Neotech사 주식을 사도록 설득하고 있지만, 그녀는 Neotech사가 배당을 한 번도 한적이 없기 때문에 매입을 꺼려한다. 그녀는 꾸준하게 지급되는 배당금에 의존하여 생활하고 있다.
    a. 이들 두 투자자는 어떠한 선호를 지니고 있는가?
    b. Cap은 Neotech사의 주식이 Widow Jones에게 적합한 주식임을 납득시키기 위해 어떤 주장을 해야 하는가?
    c. Cap의 주장은 왜 Widow Jones를 납득시키지 못할 수 있는가?
17. **배당과 세금** 당신의 이모는 고세금층에 속하므로 그녀는 투자 포트폴리오에서 발생하는 세금부담을 최소화하고자 한다. 그녀는 세후 수익률을 극대화하기 위해서 주식을 매매할 용의가 있다고 하면서, 당신의 자문을 요청했다. 당신은 그녀에게 어떻게 하라고 제안하겠는가?
18. **배당금과 자본이득** 시장에서 배당금 $1의 가치가 자본이득 $1의 가치와 같다면, 배당성향이 서로 다른 기업들은 서로 다른 고객군에게 어필될 것이다. 일단 모든 고객군의 욕구가 만족된다면, 기업은 배당정책을 변경하여 기업가치를 증가시킬 수 없다. 하지만 실증조사에 따르면, 배당성향과 기업의 특성들 사이의 상관관계가 높다. 예를 들면, 공개된 지 얼마 경과하지 않은 소규모의 급성장기업은 배당성향이 거의 항상 0이다. 즉, 이익은 사업에 재투자된다. 배당정책이 무관하다면 이 현상을 어떻게 설명할 수 있는가?
19. **배당과 기업의 수명주기** 기업의 수명주기는 배당지급에 대한 설명을 어떻게 도와주는가? 기업의 수명주기가 배당지급을 최소한 부분적으로 설명한다는 어떤 증거가 있는가?
20. **배당 vs. 자사주매입** 세금이 없다면 자사주매입과 배당지급이 주주의 부에 미치는 효과는 서로 같을 수 있지만, 세금을 고려하면 자사주매입이 주주에게 더 이익이 된다. 그러면 왜 모든 기업들이 배당지급 대신에 자사주매입을 하지 않는가?

연습문제 Questions and Problems

기초
(문제 1~10번)

1. **배당과 세금** Schultz사는 주당 $5.60의 배당금을 선언했다. 자본이득은 과세되지 않지만, 배당금은 25%로 과세된다고 가정하자. 새로운 IRS 규정에 따르면 세금은 배당이 지급될 때 원천징수되어야 한다. 이 기업의 주식은 주당 $81에 팔리며 곧 배당락이 될 것이다. 배당락 주가는 얼마가 될 것이라고 생각하는가?

2. **주식배당** Southern Light사의 자기자본계정은 다음과 같다.

보통주(액면가 $1)	$ 22,000
자본잉여금	95,000
유보이익	632,800
자기자본 총액	$749,800

a. 이 기업의 주식이 현재 주당 $33에 팔리고 있으며 10%의 주식배당이 선언된다면, 얼마나 많은 신주가 분배되겠는가? 자기자본계정은 어떻게 변하겠는가?

b. 이 기업이 25%의 주식배당을 선언한다면, 자기자본계정은 어떻게 변하겠는가?

3. **주식분할** 문제 2번의 기업에서 다음의 경우에 자기자본계정은 어떻게 변하겠는가?

a. 이 기업이 1대 4의 주식분할을 선언한다. 발행주식수는 이제 몇 주인가? 주당 새로운 액면가는 얼마인가?

b. 이 기업이 5대 1의 주식병합을 선언한다. 발행주식수는 이제 몇 주인가? 주당 새로운 액면가는얼마인가?

4. **주식분할과 주식배당** Roll Corporation(RC)의 발행주식수는 현재 36만5,000주이며, 주식은 주당 $87에 팔린다. 시장불완전성이나 세금효과가 존재하지 않는다고 가정하면, 다음 상황이 발생한 이후에 주가는 얼마가 되겠는가?

a. 3대 5의 주식분할

b. 15%의 주식배당

c. 42.5%의 주식배당

d. 7대 4의 주식병합?

(a)~(d)의 경우에 발생주식수는 몇 주가 되겠는가?

5. **정규배당** Kare사의 시장가치 대차대조표가 다음에 주어져 있다. 발행주식수는 6,400주이다.

시장가치 대차대조표			
현금	$ 46,000	자기자본	$251,000
고정자산	205,000		
계	$251,000	계	$251,000

이 기업은 주당 $1.90의 배당금을 선언했다. 주식은 내일 배당락이 된다. 세금효과를 무시한다면, 주식은 오늘 얼마에 팔려야 하는가? 내일은 얼마에 팔리겠는가? 배당금이 지급된 후에 대차대조표는 어떻게 되겠는가?

6. **자사주매입** 앞 문제에서 이 기업은 대신에 $1만2,160의 자사주매입을 발표했다고 가정하자. 이 거래는 기업의 자기자본에 어떤 영향을 미치겠는가? 발행주식수는 몇 주가 되겠는가? 자사주매입 후 주가는 얼

마가 되겠는가? 세금효과를 무시하면 자사주매입이 현금배당과 사실상 같음을 보여라.

7. **주식배당** Desktop Manufacturing사의 시장가치 대차대조표는 다음과 같다. 이 기업은 25%의 주식배당을 선언했다. 주식은 내일 배당락이 된다(주식배당의 일정은 현금배당의 경우와 유사하다). 발행주식수는 1만 9,000주이다. 배당락주가는 얼마가 되겠는가?

Market Value Balance Sheet			
현금	$153,000	자기자본	$127,000
고정자산	603,000		629,000
계	$756,000	계	$756,000

8. **주식배당** 자기자본계정이 다음과 같은 기업이 주가가 $73일 때 12%의 주식배당을 선언했다. 주식배당은 자기자본계정에 어떤 영향을 미치겠는가?

보통주(액면가 $1)	$ 120,000
자본잉여금	912,300
유보이익	2,347,200
자기자본 총액	$3,379,500

9. **주식분할** 문제 8번에서 기업이 주식배당 대신에 1대 5의 주식분할을 결정한다고 가정하자. 기업은 신주(분할 후)에 대해 주당 74센트의 현금배당을 실시하기로 하였으며, 이는 분할 전 주식에 대한 작년 배당금보다 10% 증가한 수치이다. 자기자본계정은 이제 어떻게 변하겠는가? 작년 배당금은 주당 얼마였는가?

10. **배당과 주가** Spector사의 발행주식수는 6만5,000주이며, 주당 $87에 팔린다. 이 기업은 방금 시작한 회계연도의 말에 $9의 배당선언을 심사숙고하고 있다. 배당에 대한 세금은 없다고 가정하자. 교재에서 논의한 Miller와 Modigliani 모형을 바탕으로 하여 다음 질문들에 답하라.
    a. 배당이 선언된다면, 배당락일에 주가는 얼마가 되겠는가?
    b. 배당이 선언되지 않는다면, 연말에 주가는 얼마가 되겠는가?
    c. 이 기업이 연초에 $180만의 신규투자를 하여 $105만의 순이익을 거두고 연말에 배당을 한다면, 이 기업은 자금수요를 맞추기 위해 신주를 몇 주나 발행해야 하는가?
    d. 주식의 가치를 결정하기 위해 실제 세계에서 MM모형을 사용하는 것이 현실적인가? 왜 그런가 아니면 왜 아닌가?

보통
(문제 11~16번)

11. **자가배당** 당신은 Avondale사의 주식을 1,000주 소유하고 있다. 당신은 1년 후에 주당 $2.34의 배당금을 받을 것이다. 2년 후에 Avondale사는 주당 $73의 청산배당을 할 것이다. Avondale사의 주식에 대한 요구수익률은 14%이다. 세금을 무시하면, 당신이 보유한 주식의 현재가격은 얼마인가? 당신이 오히려 향후 2년 동안 매년 동일한 배당금을 받고자 한다면, 자가배당을 이용하여 어떻게 이를 달성할 수 있는지를 보여라(힌트: 배당금은 연금의 형태가 될 것이다).

12. **자가배당** 앞 문제에서 당신은 첫 해에 단지 $200의 배당금을 원한다고 가정하자. 2년 후에 자가배당은 어떻게 되겠는가?

13. **자사주매입** Iron사는 특별배당과 자사주매입을 비교평가하고 있다. 어느 경우에도 $1만1,008가 사용될 것이다. 현재 순이익은 주당 $4.50이며, 주식은 주당 $89에 팔린다. 발행주식수는 4,300주이다. 처음 두 질문에 대답하는 데 있어 세금과 기타 불완전성은 무시하라.
    a. 주가와 주주의 부에 미치는 효과의 측면에서 두 대안을 평가하라.
    b. 두 대안은 이 기업의 EPS와 PE비율에 각각 어떠한 영향을 미치겠는가?

c. 실제 세계에서 당신은 이들 중에서 어느 대안을 추천하겠는가? 왜 그런가?

14. **배당과 기업가치** Steel City사의 순이익은 $13만이다. 발행주식수는 3만주이며, 이 기업은 순이익을 100% 배당으로 지급하는 정책을 사용한다. 지금으로부터 1년 후에 기업가치는 $243만로 예상된다. 이 기업에 대한 적정할인율은 11%이며, 배당세율은 0이다.

a. 현재 배당금이 아직 지급되지 않았다고 가정하면, 기업의 현재가치는 얼마인가?

b. 이사회가 현재의 정책을 따른다면, 이 기업의 배당락주가는 얼마인가?

c. 배당발표를 위한 회의 후에 일부 이사들은 배당이 너무 적어서 이 기업의 주가가 아마 떨어질 것이라고 주장했다. 그들은 이 기업이 신주발행을 통해서 충분한 자금을 조달하여 주당 $5.40의 배당을 해야 한다고 제안했다.

i. 저배당이 주가를 떨어뜨린다는 주장에 대해서 의견을 말해보라. 계산으로 보여라.

ii. 이 제안이 채택된다면, 신주의 발행가격은 얼마가 되고 몇 주가 발행되겠는가?

15. **배당정책** White Chocolate사는 당기 현금흐름이 $135만이며 배당금은 지급하지 않는다. 이 기업의 미래현금흐름의 현재가치는 $1,780만이다. 이 기업은 100% 자기자본을 사용하며, 발행주식수는 31만 5,000주이다. 배당세율은 0이라고 가정하자.

a. 이 기업의 주가는 얼마인가?

b. 이 기업의 이사회는 현재 현금흐름의 50%를 현금으로 배당하려는 계획을 발표한다고 가정하자. 이 기업의 주식을 1,000주 소유하고 있는 주주는 어떻게 자신 스스로 제로(0)의 지불정책을 달성할 수 있는가?

16. **배당의 안정화** Sharpe사는 방금 주당 $2.34의 배당금을 지급했다. 이 기업의 목표배당성향은 50%이다. 이 기업은 1년 후에 주당 순이익이 $6.10가 될 것으로 예상한다.

a. Lintner 모형에서 정의된 조정률(adjustment rate)이 0.30이라면, 일 년 후의 배당금은 얼마인가?

b. 조정률이 대신에 0.60이라면, 일 년 후의 배당금은 얼마인가?

c. 어느 조정률이 더 보수적인가? 왜 그런가?

도전
(문제 17~20번)

17. **기대수익률, 배당금, 세금** Gecko사와 Gordon사는 영업위험은 서로 같지만 배당정책은 서로 다르다. Gecko 사는 배당금을 지급하지 않는 반면에 Gordon사의 배당수익률은 2.5%로 예상된다. 자본이득세율은 0이며, 배당세율은 25%이다. Gecko사의 이익성장률은 연 14%로 예상되며, 주가도 같은 비율로 성장할 것으로 예상된다. 이들 주식에 대한 세후수익률은 같을 것으로 예상된다면(위험이 같기 때문에), Gordon사의 주식에 대한 세전 요구수익률은 얼마인가?

18. **배당금과 세금** 시장불완전성과 세금효과가 없다면, 배당락이 될 때 주가는 배당금만큼 떨어질 것으로 예상된다. 그러나 세금의 역할을 고려하면, 이는 반드시 그렇지는 않다. 세금효과를 고려하여 배당락주가를 결정하기 위한 다음의 모형이 제안되어 왔다.[9]

$$(P_0 - P_X)/D = (1 - T_P)/(1 - T_G)$$

여기서 P_0는 배당락 직전의 주가이며, P_X는 배당락주가이다. D는 주당배당금, T_P는 배당금에 대한 한계개인세율, T_G는 자본이득에 대한 유효한계세율을 나타낸다.

a. $T_P = T_G = 0$이면, 배당락이 될 때 주가는 얼마나 떨어지겠는가?

b. $T_P = 15\%$이고 $T_G = 0\%$이면, 주가가 얼마나 떨어지겠는가?

c. $T_P = 15\%$이고 $T_G = 20\%$이면, 주가는 얼마나 떨어지겠는가?

d. 주식 소유자가 모두 기업이라고 가정하자. 기업은 배당소득에 대해서 최소한 50%를 세금 공제받

9 Edwin J. Elton and Martin J. Gruber, "Marginal Stockholder Tax Rates and the Clientele Effect," *Review of Economics and Statistics* 52, no. 1(1970), pp. 68~74.

지만 자본이득에 대해서는 그러한 공제를 받지 못한다는 사실을 기억하라. 기업의 소득세율과 자본이득세율이 모두 21%라면, 이 모형을 이용하여 배당락주가를 계산하라.

e. 실제 세계에서 고려해야 할 세금과 기업의 배당정책에 관해서 이 문제가 시사하는 바는 무엇인가?

19. **배당 vs. 재투자** National Business Machine(NBM)사는 $260만의 잉여현금을 보유하고 있다. NBM사는 이 현금을 사용하기 위해 두 가지 대안을 고려하고 있다. 첫 번째 대안은 금융자산에 투자하는 것이다. 이에 따른 투자이익은 3년 후에 특별배당으로서 지급될 것이다. 이 경우에 기업은 수익률이 1.6%인 재정증권이나 4.3%인 우선주에 투자할 수 있다. IRS 규정에 따르면, 기업은 다른 기업의 주식에 투자함으로써 받는 배당금의 50%를 과세소득에서 공제받을 수 있다. 두 번째 대안은 지금 바로 현금배당을 하는 것이다. 이는 주주들로 하여금 자신들이 같은 수익률의 재정증권이나 우선주에 투자할 수 있도록 한다. 법인세율은 21%이다. 개인의 경우 이자소득과 우선주 배당소득에 대해 개인소득세율 35%가 적용된다. 보통주 배당에 대해서는 개인배당세율 15%가 적용된다. 현금이 오늘 지급되어야 하는가 또는 3년 후에 지급되어야 하는가? 두 대안들 중에서 어느 것이 주주들에게 더 높은 세후소득을 가져다 주는가?

20. **배당 vs. 재투자** Carlson Manufacturing사는 올해의 자본지출을 마친 후 $1,000의 잉여현금을 보유하고 있다. Carlson사의 경영자는 이 현금을 수익률이 3.5%인 재정증권에 투자하거나, 아니면 투자자들에게 배당으로 지급하여 자신들이 재정증권에 투자하도록 하게끔 할 수 있다.

a. 법인세율이 21%라면, 개인세율이 얼마인 경우에 투자자들은 배당으로 받든 또는 Carlson사에게 그 현금을 투자하도록 하든 개의치 않겠는가?

b. (a)에 대한 대답은 이치에 맞는가? 왜 그런가 아니면 왜 아닌가?

c. 수익률이 6.2%인 우선주가 선택할 수 있는 유일한 투자수단이라고 가정하자. 기업인 경우 배당금의 50% 세액공제가 적용된다. 개인세율이 얼마인 경우에 주주들은 Carlson사의 배당결정 결과에 개의치 않겠는가?

d. 이는 저배당성향에 대한 주장으로 타당한가? 왜 그런가 아니면 왜 아닌가?

웹 정보 이용하여 문제풀기 What's on the web?

1. **배당재투자플랜** 배당재투자플랜(DRIP)은 주주들로 하여금 배당금을 기업에 자동적으로 재투자할 수 있도록 한다. DRIP에 대해 좀 더 알아보기 위해 www.fool.com으로 가서 다음의 질문들에 답하라. Motley Fool은 DRIP의 이점에 대해 어떤 것들을 열거하고 있는가? DRIP에는 어떤 유형들이 있는가? 직접매입플랜(direct purchase plan: DPP)이란 무엇인가? DPP는 DRIP와 어떻게 다른가?

2. **배당금** www.earnings.com에서 오늘 배당락이 된 기업은 몇 개나 있는가를 확인해보라. 가장 높은 배당금은 얼마인가? 오늘 배당락이 된 주식들 중에서 배당지급일까지 가장 오래 남은 주식은?

3. **주식분할** www.stocksplit.net에서 오늘 발생한 주식분할을 확인해보라. 주식분할은 몇 개나 나와 있는가? 주식병합은 몇 개나 나와 있는가? 가장 큰 비율의 주식분할과 주식병합은 어느 것인가? 기업 하나를 선택하여 링크해보라. 어떤 정보를 알 수 있는가?

4. **배당수익률** 어느 주식의 배당수익률이 가장 높은가? 이러한 것들을 알기 위해서는 fnance.yahoo.com에서 stock screener를 찾아보라. 배당수익률이 3%보다 높은 주식과 5%보다 높은 주식이 각각 몇 개나 되는지 알아보라. 이제 배당금을 사용하여 배당금이 $2보다 높은 주식과 $4보다 높은 주식이 각각 몇 개나 되는지 알아보라.

5. **주식분할** IBM의 주식은 몇 번이나 분할되었나? 이 기업의 홈페이지인 www.ibm.com에서 Investor Relation 섹션으로 가라. IBM의 주식은 언제 처음으로 분할되었나? 분할은 어떤 비율로 행해졌는가? 가장 최근의 주식분할은 언제 이루어졌는가?

CLOSING CASE

ELECTRONIC TIMING사

Electronic Timing사(ETI)는 전자공학자인 Tom Miller와 Jessica Kerr에 의해 15년 전에 설립된 소규모 기업이다. ETI는 복잡한 혼합신호 디자인기술(mixed-signal design technology)을 이용하는 반도체를 제조한다. 최근 전자시스템의 동기화를 위해 타이밍 신호 또는 '시계(clock)'를 제공하는 주파수 타이밍생성기(frequency timing generator) 또는 실리콘 타이밍장치(silicon timing device) 시장에 진출했다. 시계제품은 원래 PC 비디오 그래픽에 사용되었으나, 컴퓨터 본체, PC 주변장치, 기타 디지털 가전제품(디지털 텔레비전박스와 게임콘솔) 등으로 그 시장이 확대되었다. ETI는 또한 기업고객들을 위해 주문형 응용반도체(application-specifc integrated circuit: ASIC)를 디자인하고 제조한다. ASIC의 디자인에는 아날로그와 디지털 또는 혼합신호의 기술이 합쳐진다. Tom과 Jessica 이외에 기업에 자본을 제공한 Nolan Pittman이 제3대 주주이다. 이들은 각각 발행주식수의 25%씩 소유하고 있다. 나머지 25%는 현재 종업원 등 개인들이 소유하고 있다.

최근에 이 기업은 새로운 컴퓨터 본체를 디자인했다. 이 기업의 디자인을 사용하면 제조과정이 더 효율적이고 덜 비싸기 때문에, ETI의 디자인은 많은 개인용 컴퓨터에서 표준이 될 것으로 예상된다. ETI는 새로운 본체의 제조가능성을 검토한 후에 새로운 공장건설에는 엄청난 비용이 들 것으로 판단했다. 또한 현재 대주주들은 다른 대주주가 들어오는 것을 꺼려한다. 따라서 대신에 ETI는 외부기업에 본체의 디자인을 팔았으며, 그 매각대금으로 세후 $3,000만를 받았다.

1. Tom은 이 여유현금을 특별배당으로 한번에 지급해야 한다고 제안한다. 이 제안은 주가에 어떠한 영향을 미치겠는가? 이는 기업의 가치에 어떠한 영향을 미치겠는가?
2. Jessica는 이 여유현금을 부채를 상환하고 기존의 제조능력을 확장하는 데 사용해야 한다고 제안한다. Jessica의 제안은 기업에 어떠한 영향을 미치겠는가?
3. Nolan은 자사주매입에 찬성한다. 그는 자사주매입은 기업의 P/E 비율, 총자산이익률, 자기자본이익률을 증가시킬 것이라고 주장한다. 그의 주장은 옳은가? 자사주매입은 기업가치에 어떠한 영향을 미치겠는가?
4. Tom, Jessica, Nolan은 주주들에게 정규배당을 하는 또 다른 옵션을 논의했다. 이 제안에 대해 어떻게 생각하는가?
5. 주가를 결정하기 위한 한 방법으로 배당성장모형 또는 영구성장모형이 있다. 다음을 생각해보자. "유보율(retention 또는 plowback ratio)"을 b라고 하면, 배당성향은 (1 − b)이다. 그래서 다음 해의 배당금은 [다음 해의 이익(E1) = (1 − 유보율)]이다. 지속가능성장률을 계산하기 위해 가장 흔히 사용되는 식은 (ROE =유보율)이다. 이들 관계를 배당성장모형에 대입하면, 현재주가는 다음과 같이 계산될 수 있다.

$$P_0 = \frac{E_1(1-b)}{R_S - \text{ROE} \times b}$$

   이 결과가 기업이 배당을 해야 하는지 제조능력을 향상시키고 확장해야 하는지에 대해 의미하는 바는 무엇인가? 설명하라.
6. 기업이 배당을 해야 하는지의 질문은 기업의 형태가 주식회사인지 유한회사(LLC)인지에 따라 다른가?

17

옵션과 기업재무

OPENIN CASE

2019년 2월 6일에 ConocoPhillips, Starbucks, Dunkin' Donuts의 주가는 각각 $69.11, $68.85, $68.84로 장을 마감했다. 각 기업의 주식에 대해 행사가격이 $65이고 만기일이 2월 22일(44일 남음)인 콜옵션이 시카고옵션거래소(Chicago Board Options Exchange)에서 거래되고 있었다. 주가가 서로 비슷하므로 이들 콜옵션의 가격도 유사할 것으로 생각할지 모르지만, 실제로는 그렇지 않았다. ConocoPhillips, Starbucks, Dunkin' Donuts의 콜옵션은 각각 $5.65, $4.40, $3.40에 거래되었다. 주가가 비슷한 이들 세 주식에 대한 콜옵션의 가격은 행사가격과 만기일이 같은데도 불구하고 왜 그렇게 다른가? 가장 큰 이유는 기초자산의 변동성이 옵션의 가치를 결정하는 중요한 요인이기 때문이며, 실제로 이들 주식의 변동성은 매우 달랐다. 이 장에서는 이러한 내용을 비롯한 옵션 관련 이슈를 노벨상을 탄생시킨 Black과 Scholes의 옵션가격모형을 이용하여 심도 있게 탐구할 것이다.

기업재무 관련 최근 사건들을 찾아보기 위해 corecorporatefinance.blogspot.com을 방문하라.

17.1 옵션

옵션(option)은 소유자에게 주어진 날짜나 그 이전에 어떤 자산을 정해진 가격으로 사거나 팔 수 있는 권리를 주는 계약이다. 예를 들어, 빌딩에 대한 옵션은 매수자에게 2022년 1월 셋째 수요일이나 그 이전에 언제든지 $100만에 빌딩을 살 수 있는 권리를 주는 것일 수 있다. 옵션은 매수자에게 어떤 것을 할 의무(obligation)가 아니라 권리(right)를 주기 때문에 재무계약의 특이한 유형이다. 매수자는 자신에게 유리한 경우에만 그 옵션을 사용하며 그렇지 않으면 그 옵션은 폐기될 수 있다.

Options Industry Council은 웹사이트인 www.optionseducation.org에서 많은 교육적 자료를 제공한다.

옵션과 관련된 특별한 용어들이 있으며, 이들에 대한 정의는 다음과 같다.

1. **옵션의 행사** 옵션계약을 통하여 기초자산(underlying asset)을 사거나 파는 행위를 옵션의 행사(exercising the option)라고 한다.
2. **행사가격** 옵션 소지자가 기초자산을 사거나 팔 수 있는 정해진 가격을 **행사가격**(strike price 또는 exercise price)이라고 한다.
3. **만기일** 옵션에서 기초자산을 사거나 팔 수 있는 주어진 날짜를 **만기일**(expiration date)이라 한다. 이날 이후에 옵션은 쓸모가 없게 된다.
4. **아메리칸 옵션과 유로피안 옵션** 아메리칸 옵션(American option)은 만기일 또는 그 이전에 언제든지 행사할 수 있다. 유로피안 옵션(European option)은 만기일에만 행사할 수 있다.

17. 2 콜옵션

가장 흔한 유형의 옵션은 **콜옵션(call option)**이다. 콜옵션은 소유자에게 특정 기간에 정해진 가격으로 자산을 살 수 있는 권리를 준다. 자산의 종류에는 제한이 없지만, 거래소에서 거래되는 가장 흔한 옵션은 주식과 채권에 대한 옵션이다.

예를 들면, IBM 주식에 대한 콜옵션은 시카고옵션거래소에서 매수할 수 있다. IBM은 자기 주식에 대한 콜옵션을 발행(매도)하지 않는다. 대신에 투자자가 IBM 주식에 대한 콜옵션의 원래 매수자와 매도자이다. 투자자가 $100의 행사가격으로 7월 15일 또는 그 이전에 IBM 주식 100주를 살 수 있는 콜옵션이 있다고 하자. 이 콜옵션은 IBM 주가가 7월 15일 또는 그 이전에 $100를 넘을 가능성이 있다면 가치가 있다.

만기일의 콜옵션 가치

만기에 주식에 대한 콜옵션의 가치는 얼마인가? 대답은 만기에 그 주식의 가치에 달려 있다.

IBM의 예를 계속해서 사용하도록 하자. 가령 주가가 만기에 $130라고 가정하자. 콜옵션의 매수자[1]는 $100의 행사가격으로 그 주식을 살 권리를 가진다. 다시 말하면, 그는 콜을 행사할 권리를 가진다. 주식이 $130의 가치가 있을 때 $100로 살 수 있는 권리는 분명히 좋은 것이다. 이 권리의 가치는 만기일에 $30(= $130 − $100)가 된다.[2]

만기일에 주가가 더 높을수록 콜은 훨씬 더 가치가 있을 것이다. 예를 들어, IBM 주식이 만기일에 $150라면, 콜은 $50(= $150 − $100)의 가치가 있을 것이다. 사실상 주가가 매 $1 오를 때 콜의 가치도 $1씩 증가한다.

주가가 행사가격보다 높다면 콜은 **내가격(in the money)**이라고 말한다. 물론 주가가 행사가격보다 낮게 끝날 수도 있다. 이 경우에 콜은 **외가격(out of the money)**이라고 말한다. 소지자는 이 경우에 콜을 행사하지 않을 것이다. 예를 들어, 주가가 만기에 $90라면 합리적인 투자자는 콜을 행사하지 않을 것이다. 단지 $90 가치의 주식에 왜 $100를 지급하겠는가? 옵션소지자는 콜을 행사할 의무가 없으므로 옵션으로부터 전혀 부담 없이 빠져나올 수 있다. 결과적으로, IBM의 주식이 만기에 $100보다 낮다면 콜옵션의 가치는 $0가 될 것이다. 이 경우에 콜옵션의 가치는 IBM의 주가와 $100사이의 차이, 즉 콜옵션 소지자가 콜을 행사할 의무를 지녔을 경우의 가치가 아니다.

만기에 콜옵션의 손익(payoff)은 다음과 같다.

	만기일의 손익	
	주가가 $100보다 낮다면	주가가 $100보다 높다면
콜옵션의 가치	$0	주가 - $100

1 매수자(buyer), 소유자(owner), 소지자(holder)의 용어를 번갈아 사용할 것이다.

2 이 예에서 콜의 소지자는 $100에 주식 한 주를 살 수 있다. 실제에 있어서 콜옵션 1계약은 소지자에게 100주를 사게끔 한다. 그러면 이익은 $3,000 = [($130 − $100) × 100]가 될 것이다.

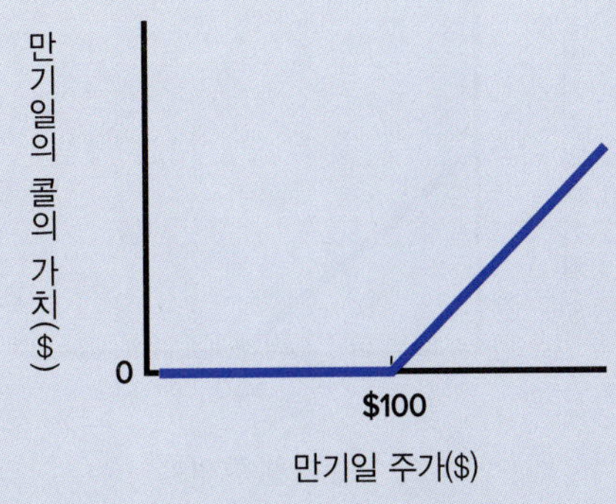

그림 17.1
동일 만기일의 콜옵션 가치

콜옵션은 소유자에게 특정 기간에 정해진 가격으로 어떤 자산을 살 권리를 준다. IBM의 주가가 만기일에 $100보다 높다면, 콜의 가치는 '주가 – $100'가 된다.
IBM의 주가가 만기에 $100보다 낮다면, 콜의 가치는 $0이다.

그림 17. 1은 IBM 주가 변화에 따른 만기일 콜옵션 가치를 그래프로 보여준다. 이 그래프는 콜옵션 가치의 하키스틱 다이어그램(hockey stick diagram)이라 불린다. 주가가 $100보다 낮다면 콜은 외가격이 되어 가치가 없다. 주가가 $100보다 크다면 콜은 내가격이 되며, 그 가치는 주가의 상승과 함께 1대 1로 상승한다. 콜은 결코 음(−)의 값을 가질 수 없음에 유의하자. 콜은 유한책임상품(limited liability instrument)이므로 소지자가 잃을 수 있는 최대금액은 옵션 매입을 위해 처음에 지불한 금액이다.

예제 17.1

콜옵션의 손익

Optimist 씨는 TIX 주식에 대한 1년 만기 콜옵션을 소지하고 있다고 하자. 이 옵션은 유로피안 옵션이며 행사가격은 $150이다. 만기가 도래했다고 가정하자. 만기일에 TIX 콜옵션의 가치는 얼마인가? TIX가 주당 $200에 팔리고 있다면 Optimist 씨는 옵션을 행사할 수 있다. 즉, TIX를 $150에 살 수 있다. 그러고 나서 이 주식을 $200에 즉시 판다면, Optimist 씨는 $50(= $200 - $150)를 벌 것이다.

대신에 TIX가 만기일에 주당 $100에 팔리고 있다고 가정하자. Optimist 씨가 콜옵션을 여전히 보유하고 있다면, 그는 콜옵션을 행사하지 않고 버릴 것이다. 만기일에 TIX 콜의 가치는 이 경우에 $0가 될 것이다.

17. 3 풋옵션

풋옵션(put option)은 콜옵션의 반대라고 볼 수 있다. 콜이 소지자에게 정해진 가격으로 주식을 살 수 있는 권리를 주는 것이라면, 풋은 소지자에게 고정된 행사가격으로 주식을 팔 수 있는 권리를 준다.

만기일의 풋옵션 가치

풋옵션의 가치를 결정하는 상황은 콜옵션의 경우와 반대가 된다. 왜냐하면 풋옵션은 소지

그림 17. 2
만기일의 풋옵션 가치

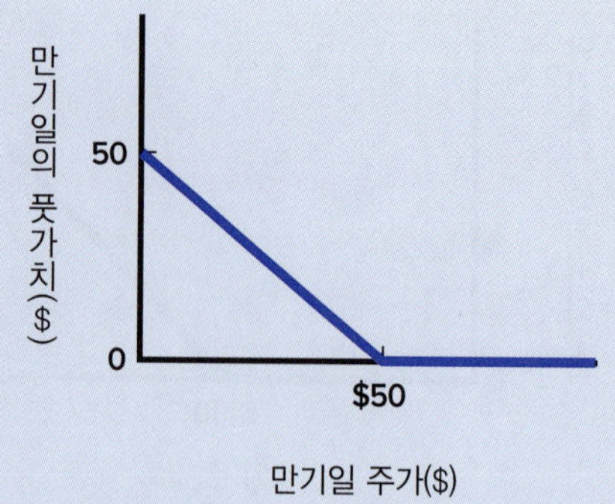

풋옵션은 소유자에게 특정 기간에 정해진 가격으로 어떤 자산을 팔 수 있는 권리를 준다. 주가가 행사가격 $50보다 높다면, 풋의 가치는 0이다. 주가가 $50보다 낮다면, 풋의 가치는 '$50 - 주가' 이다.

자에게 주식을 팔 수 있는 권리를 주기 때문이다. 풋의 행사가격이 $50이며, 만기에 주가가 $40 라고 가정하자. 이 풋옵션의 소유자는 그 주가보다 더 비싸게 주식을 팔 수 있는 권리를 가지며, 이는 분명이 이익이 될 수 있다. 즉, 그는 주식을 $40의 시장가격에 사서 $50의 행사가격으로 즉시 팔면 $10(= $50 − $40)의 이익을 볼 수 있다. 따라서 만기일에 옵션의 가치는 $10가 되어야 한다.

주가가 더 낮다면 이익은 더 클 것이다. 예를 들어, 주가가 단지 $30였다면, 옵션의 가치는 $20(= $50 − $30)가 될 것이다. 사실상 주가가 만기에 $1 하락하면 풋의 가치는 $1씩 오른다.

그러나 만기에 주가가 $60로 행사가격인 $50보다 높게 거래된다고 가정하자. 풋의 소유자는 이 경우에 행사하려 하지 않을 것이다. 주가가 시장에서 $60에 거래되는데, $50에 팔면 손해를 보게 된다. 대신에 풋의 소유자는 옵션으로부터 전혀 부담 없이 빠져나올 수 있다. 즉, 그는 풋옵션이 만료되어 소멸되도록 내버려 둘 것이다.

이 풋옵션의 손익은 다음과 같다.

	만기일의 손익	
	주가가 $50보다 낮다면	주가가 $50보다 높다면
콜옵션의 가치	$50 - 주가	$0

그림 17. 2는 기초주식의 가치 대비 풋옵션의 가치를 그래프로 보여준다. 그림 17. 2와 콜옵션에 대한 그림 17. 1을 비교하면 도움이 된다. 콜옵션은 주가가 행사가격보다 높을 때 가치가 있으며, 풋옵션은 주가가 행사가격보다 낮을 때 가치가 있다.

예제 17.2

풋옵션의 손익

Pessimist 여사는 BMI의 주가가 현재 $160에서 더 떨어질 것으로 거의 확신한다. 그녀는 풋옵션을 산다. 이 풋옵션 계약은 그녀에게 1년 후 BMI 주식을 $150에 팔 수 있는 권리를 준다. BMI의 주가가 만기일에 $200라면, 그녀는 풋옵션이 가치가 없기 때문에 풋옵션 계약서를 찢어버릴 것이다. 즉, 그녀는 $200의 가치가 있는 주식을 $150의 행사가격에 팔려고 하지 않을 것이다.

반면에 BMI가 만기일에 $100에 팔린다면, 그녀는 옵션을 행사할 것이다. 이 경우에 그녀는 주당 $100로 시장에서 BMI 한 주를 사서 $150의 행사가격에 바로 팔 수 있다. 그녀의 이익은 $50 (= $150 - $100)가 될 것이다. 그러므로 만기일에 풋옵션의 가치는 $50가 될 것이다.

17. 4 옵션의 매도

주식에 대한 콜을 매도하는 투자자는 콜옵션의 소지자가 요구한다면 주식을 전달하기로 약속한다. 매도자는 그렇게 할 의무가 있음을 주목하라.

만약 만기일에 주가가 행사가격보다 높으면, 소지자는 콜을 행사할 것이며 매도자는 소지자에게 행사가격과 교환하여 주식을 주어야 한다. 매도자는 주가와 행사가격의 차이를 손해보게 된다. 예를 들어, 주가가 $60이고 행사가격이 $50라고 가정하자. 행사가 임박했음을 알고 있는 옵션매도자는 시장에서 주식을 $60에 살 것이다. 그녀는 $50에 매도해야 하는 의무가 있기 때문에 $10(= $50 − $60)의 손실을 본다. 역으로 만기일에 주가가 행사가격보다 낮다면, 콜옵션은 행사되지 않을 것이며 매도자는 더 이상의 의무를 지지 않아도 된다.

다음 옵션 거래소를 확인해 보라. www.cmegroup.com

콜의 매도자는 왜 이러한 불안한 포지션을 감수하려 하는가? 매도자는 주가가 행사가격보다 높게 끝나면 손실을 보며, 주가가 행사가격보다 낮게 끝나면 손실을 피하게 될 뿐이다. 대답은 매도자는 이러한 위험을 택하는 대신에 대가를 받기 때문이다. 즉, 옵션거래가 발생한 날에 매도자는 매수자가 지급하는 옵션가격을 받는다.

이제 풋의 매도자를 보자. 주식에 대한 풋을 매도하는 투자자는 풋 소지자가 요구하면 주식을 사주기로 동의한다. 매도자는 주가가 행사가격 아래로 떨어지면 손실을 보며 소지자로부터 주식을 사야 한다. 예를 들어, 주가가 $40이고, 행사가격은 $50라고 가정하자. 풋의 소지자는 이 경우에 풋을 행사할 것이다. 다시 말하면, 그는 $50의 행사가격에 기초주식을 팔 것이다. 이는 풋의 매도자가 $50의 행사가격으로 기초주식을 반드시 사야 함을 의미한다. 주식은 단지 $40의 가치가 있기 때문에 여기서 손실은 $10(= $40 − $50)가 된다.

'콜 매도(sell-a-call)'와 '풋 매도(sell-a-put)' 포지션의 가치가 그림 17. 3에 묘사되어 있다. 그림의 왼쪽에 있는 그래프는 콜의 매도자는 주가가 만기에 $50보다 낮을 때 아무런 손해가 없음을 보여준다. 그러나 주가가 $50보다 높을 때 $1 상승 시 $1씩 손해를 본다. 그림의 중간에 있는 그래프는 풋의 매도자는 주가가 만기일에 $50보다 높으면 아무 손해도 보지 않음을 보여준다. 그러나 주가가 $50 아래로 떨어질 때 $1 하락 시 $1씩 손해를 본다.

그림 17. 3 콜과 풋 매도자와 주식 매수자의 손익

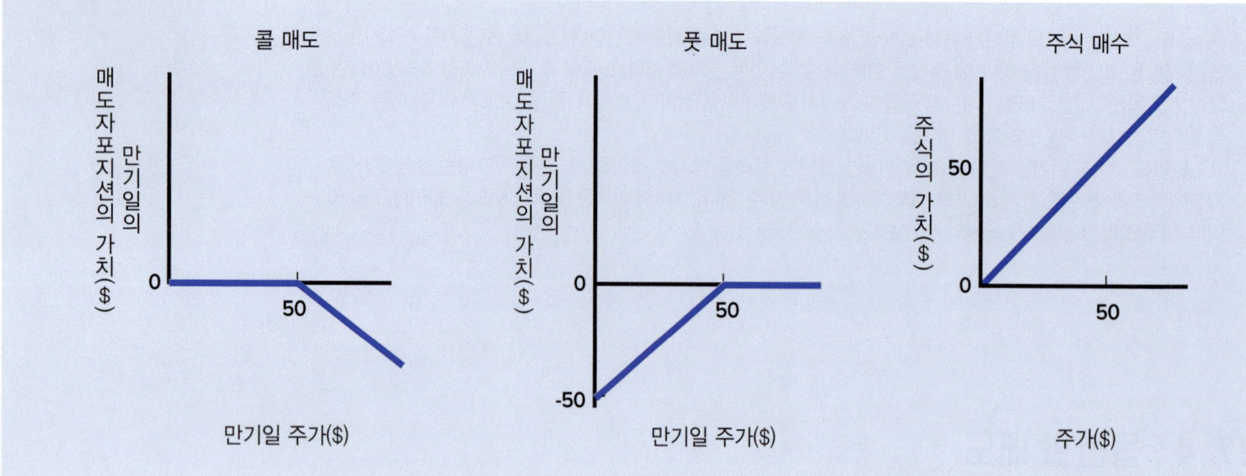

그림 17. 3의 그래프를 그림 17. 1과 17. 2의 그래프와 잠깐 비교해 보기로 하자. 콜 매도의 그래프(그림 17. 3의 왼쪽에 있는 그래프)는 콜 매수의 그래프(그림 17. 1)의 거울상(mirror image)이다.[3] 이는 옵션이 제로-섬(zero-sum) 게임이기 때문에 발생한다. 콜의 매도자는 매수자가 이익을 보는 만큼 손실을 본다. 유사하게 풋 매도의 그래프(그림 17. 3의 중간 그래프)는 풋 매수의 그래프(그림 17. 2)의 거울상이다. 여기서도 풋의 매도자는 매수자가 이익 보는만큼 손실을 본다.

그림 17. 3의 오른쪽 그래프는 단순히 주식을 매수하는 경우 만기일의 가치를 보여준다. 주식을 매수하는 것은 $0의 행사가격으로 주식에 대한 콜옵션을 매수하는 것과 같음을 주목하라. 이는 놀랍지 않다. 행사가격이 $0이면 콜의 소지자는 공짜로 주식을 살 수 있으며, 이는 주식을 소유하는 것과 실제로 같다.

17.5 옵션 시세표

콜과 풋의 정의를 이해하였으므로 이들 옵션이 어떻게 호가되는지를 살펴보자. 표 17. 1은 finance.yahoo.com에서 찾을 수 있는 Goldman Sachs 옵션(2019년 3월 만기)에 대한 정보를 보여준다. 그 당시에 Goldman Sachs는 196.62에 팔리고 있었다.

옵션 티커심벌을 살펴보기 위해 www.cboe.com에서 'Trading Resource' 아래에 있는 'Symbol Directory'에 링크해보라.

표의 왼쪽에는 이용 가능한 행사가격들이 있다. 표의 상반부에는 콜옵션의 시세, 하반부에는 풋옵션의 시세가 나타나 있다. 두 번째 칸 티커심벌에는 기초주식, 옵션유형, 만기월, 행사가격 등이 독특하게 표시되어 있다. 다음에는 옵션의 가장 최근 가격('Last')과 전날로부터 변동('Change')이 제시되어 있다. 매수(bid)와 매도(ask) 가격이 그 다음에 위치한다. 옵션가격은 옵션당 기준으로 호가되지만, 거래는 실제로 표준화된 계약단위로 이루어진다. 한 계약은 주식 100주의 매수(콜의 경우) 또는 매도(풋의 경우)를 필요로 한다. 따라서 행사

3 실제에서는 행사가격이 다르므로 두 그래프가 완전히 거울상은 아니다. 그림 17. 1에서 행사가격은 $100이며, 그림 17. 3에서 행사가격은 $50이다.

Contract Name	Last Trade Date	Strike ^	Last Price	Bid	Ask	Change	% Change	Volume	Open Interest	Implied Volatility
GS190322C00187500	2019-02-01 3:18PM EST	187.50	12.90	12.75	13.00	0.00	-	1	1	28.52%
GS190322C00192500	2019-02-01 1:04PM EST	192.50	10.45	9.15	9.35	0.00	-	5	5	26.36%
GS190322C00197500	2019-02-05 10:08AM EST	197.50	6.20	6.05	6.45	+0.13	+2.14%	1	35	25.21%
GS190322C00205000	2019-02-05 1:37PM EST	205.00	2.93	2.92	3.15	-0.15	-4.87%	21	27	23.37%
GS190322C00207500	2019-02-04 3:59PM EST	207.50	2.36	2.17	2.44	0.00	-	4	18	23.16%
GS190322C00210000	2019-02-05 11:08AM EST	210.00	1.89	1.64	1.84	-0.47	-19.92%	3	2	22.86%
GS190322C00212500	2019-02-05 1:18PM EST	212.50	1.20	1.21	1.38	-0.09	-6.98%	15	6	22.71%
GS190322C00215000	2019-02-04 3:23PM EST	215.00	0.93	0.87	1.00	0.00	-	-	12	22.44%
GS190322C00222500	2019-02-01 3:03PM EST	222.50	0.48	0.33	0.41	0.00	-	1	1	22.68%

Puts for March 22, 2019

Contract Name	Last Trade Date	Strike ^	Last Price	Bid	Ask	Change	% Change	Volume	Open Interest	Implied Volatility
GS190322P00165000	2019-02-05 10:06AM EST	165.00	0.40	0.36	0.42	-0.14	-25.93%	100	100	31.01%
GS190322P00167500	2019-02-05 10:16AM EST	167.50	0.51	0.46	0.53	-0.02	-3.77%	100	101	30.30%
GS190322P00170000	2019-02-01 3:03PM EST	170.00	0.91	0.57	0.65	0.00	-	1	1	29.44%
GS190322P00172500	2019-02-04 11:37AM EST	172.50	0.95	0.68	0.78	0.00	-	10	110	28.41%
GS190322P00177500	2019-02-04 11:34AM EST	177.50	1.47	1.05	1.21	0.00	-	1	2	26.92%
GS190322P00180000	2019-02-05 12:50PM EST	180.00	1.39	1.32	1.52	-0.30	-17.75%	2	11	26.29%
GS190322P00185000	2019-02-04 12:08PM EST	185.00	2.56	2.06	2.29	0.00	-	-	11	24.68%
GS190322P00187500	2019-01-31 1:31PM EST	187.50	3.68	2.57	2.86	0.00	-	-	1	24.13%
GS190322P00190000	2019-01-31 1:09PM EST	190.00	4.45	3.30	3.40	0.00	-	-	16	22.99%
GS190322P00192500	2019-01-31 11:56AM EST	192.50	4.71	4.05	4.15	0.00	-	-	2	22.22%
GS190322P00195000	2019-02-05 10:06AM EST	195.00	4.88	4.95	5.15	-0.37	-7.05%	1	210	21.85%
GS190322P00197500	2019-02-05 10:06AM EST	197.50	5.95	6.00	6.25	-0.55	-8.46%	1	33	21.25%
GS190322P00200000	2019-02-04 11:01AM EST	200.00	8.85	7.20	7.50	0.00	-	1	12	20.58%
GS190322P00202500	2019-02-01 11:01AM EST	202.50	9.00	8.75	9.10	0.00	-	1	1	20.57%
GS190322P00205000	2019-02-01 9:51AM EST	205.00	10.90	10.15	10.65	0.00	-	1	1	19.68%
GS190322P00217500	2019-02-01 2:17PM EST	217.50	21.30	20.50	21.25	0.00	-	10	10	18.99%

표 17.1

Goldman Sachs 옵션에 대한 정보

가격이 \$192.5인 콜옵션은 옵션당 \$10.45 또는 계약당 \$1,045에 마지막으로 거래되었다. 마지막 두 칸은 거래된 계약의 수('Volume')와 현재 미결제 계약의 수를 나타내는 미청산거래잔고('Open Interest')를 보여준다.

17. 6 옵션의 합성

풋과 콜은 더 복잡한 옵션계약의 설계를 위한 기초적 요소가 될 수 있다. 예를 들어, 그림 17. 4는 주식에 대한 풋옵션을 매수하고 동시에 그 주식을 사는 계약으로부터 손익을 나타낸다.

ExcelMaster coverage online
www.mhhe.com/RossCore6e

주가가 행사가격보다 높으면 풋옵션은 가치가 없으며, 합성된 포지션의 가치는 주식의 가치와 같다. 대신에 행사가격이 주가보다 높으면, 주식가치의 하락은 풋가격의 상승과 정확하게 상쇄될 것이다.

풋을 매수하고 기초주식을 사는 전략을 **보호적 풋**(protective put)이라고 한다. 이는 주식

그림 17. 4 풋 매수와 기초주식 매수의 합성으로부터 손익

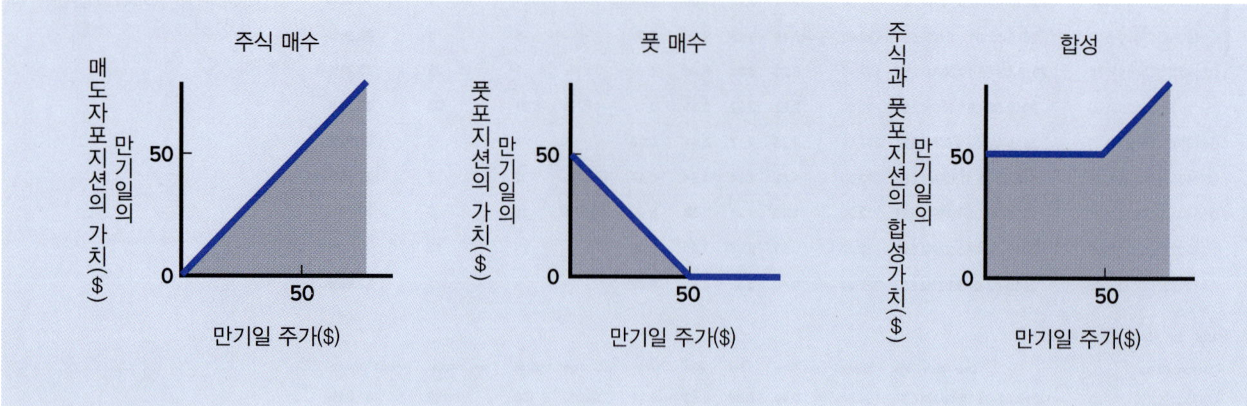

그림 17. 5 콜 매수와 무이표채 매수의 합성으로부터 손익

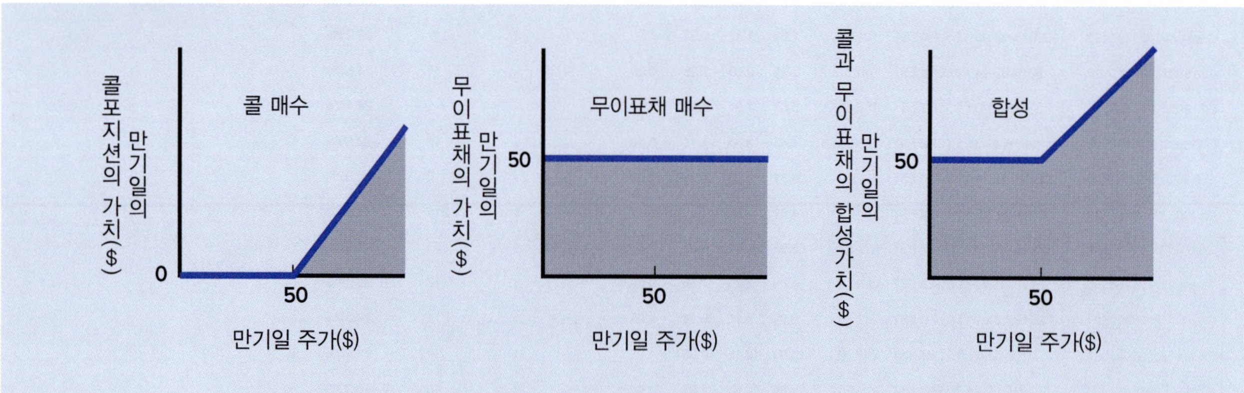

콜 매수와 무이표채 매수의 그래프는 그림 17. 4에서 풋 매수와 주식 매수의 그래프와 같다.

에 대한 보험을 사는 것과 유사하다. 주식은 가격이 얼마나 떨어지든 관계없이 항상 행사가격으로 팔릴 수 있다.

그림 17. 4에서 풋 매수와 기초주식 매수의 합성은 그림 17. 1에서 콜 매수와 같은 모양을 띠고 있다는 데 주목하라. 이 점을 추적하기 위해 그림 17. 5의 맨 왼쪽에 있는 콜 매수의 그래프를 생각해 보자. 이 그래프는 행사가격이 $50라는 것을 제외하고는 그림 17. 1과 같다. 이제 다음의 전략을 구사해 보자.

(거래 A) 콜의 매수
(거래 B) 옵션만기일에 만기가 도래하는 액면가가 $50인 무위험 무이표채
(즉, 재정증권)의 매수

이 전략에서 거래 A의 그래프는 그림 17. 5의 맨 왼쪽에 나타나 있다. 거래 B의 그래프는 어떻게 될까? 이는 그림의 중간 그래프와 같다. 즉, 이 무이표채를 매수하는 사람은 누구든 만기 주가와 관계없이 $50의 수령을 보장받는다.

거래 A와 거래 B를 동시에 매수하는 이 전략의 그래프는 어떻게 될까? 이는 그림 17. 5의 맨 오른쪽 그래프와 같다. 즉, 투자자는 주가가 얼마가 되든 채권으로부터 $50를 받는다. 게다가 투자자는 주가가 $50의 행사가격을 초과하는 매 $1당 콜로부터 $1의 손익을 받는다.

그림 17. 5의 맨 오른쪽 그래프는 그림 17. 4의 맨 오른쪽 그래프와 정확하게 같아 보인다. 따라서 투자자는 기초주식의 가격이 얼마가 되든 관계없이 그림 17. 4의 전략과 그림 17. 5의 전략으로부터 같은 손익을 얻는다. 다시 말하면, 투자자는 다음의 두 전략으로부터 같은 손익을 얻는다.

1. 풋 매수와 기초주식 매수
2. 콜 매수와 무위험 무이표채 매수

투자자가 두 전략으로부터 같은 손익을 얻는다면, 두 전략의 비용도 같아야 한다. 그렇지 않으면 모든 투자자가 낮은 비용의 전략을 택하고 높은 비용의 전략은 피할 것이다. 이는 다음과 같은 흥미로운 결과에 이르게 한다.

기초주식의 가격 + 풋의 가격 = 콜의 가격 + 행사가격의 현재가치 **[17. 1]**

첫 번째 전략의 비용 = 두 번째 전략의 비용

이 관계는 풋-콜 패러티(put–call parity)로 알려져 있으며 옵션에 있어서 매우 중요한 등식이다. 이는 보호적 풋을 사는 두 가지 방법이 있음을 말해 준다. 풋을 매수하고 동시에 기초주식을 살 수 있다. 여기에 드는 비용은 기초주식의 가격과 풋의 가격의 합이다. 또는 콜과 무이표채를 살 수 있다. 여기에 드는 비용은 콜의 가격과 무이표채의 가격의 합이다. 무이표채의 가격은 행사가격, 즉 앞의 예에서 $50의 현재가치와 같다.

식 17. 1은 매우 정확하다. 이 관계는 풋과 콜의 행사가격과 만기일이 서로 같아야만 성립한다. 게다가 무이표채의 만기일은 옵션의 만기일과 같아야 한다.

풋–콜 패러티가 얼마나 중요한지를 보기 위해 공식을 다음과 같이 재정렬해 보자.

기초주식의 가격 = 콜의 가격 – 풋의 가격 + 행사가격의 현재가치

이제 이 관계는 콜을 매수하고 풋을 매도하며 무이표채를 매수함으로써 주식의 매수를 모방할 수 있음을 말해 준다. (−) 사인이 '풋의 가격' 앞에 있기 때문에 풋 매수가 아니라 풋 매도라는 데 주목하라. 이들 세 거래로 구성된 전략을 통해서 투자자는 합성주식을 매입한 셈이다.

아래와 같이 다시 정렬해 보자.

커버드-콜 전략(covered-call strategy):

기초주식의 가격 – 콜의 가격 = –풋의 가격 + 행사가격의 현재가치

많은 투자자가 주식을 사고 동시에 주식에 대한 콜을 매도한다. 이는 커버드–콜을 매도하는 보수적인 전략이다. 앞의 풋–콜 패러티 관계는 이 전략이 풋을 매도하고 무이표채를 매수하는 것과 동일함을 말해 준다. 그림 17. 6은 커버드–콜에 대한 그래프를 나타낸다. 커버드–콜은 풋을 매도하고 동시에 무이표채를 매수함으로써 모방될 수 있다.

그림 17.6 주식 매수와 콜 매도의 합성으로부터 손익

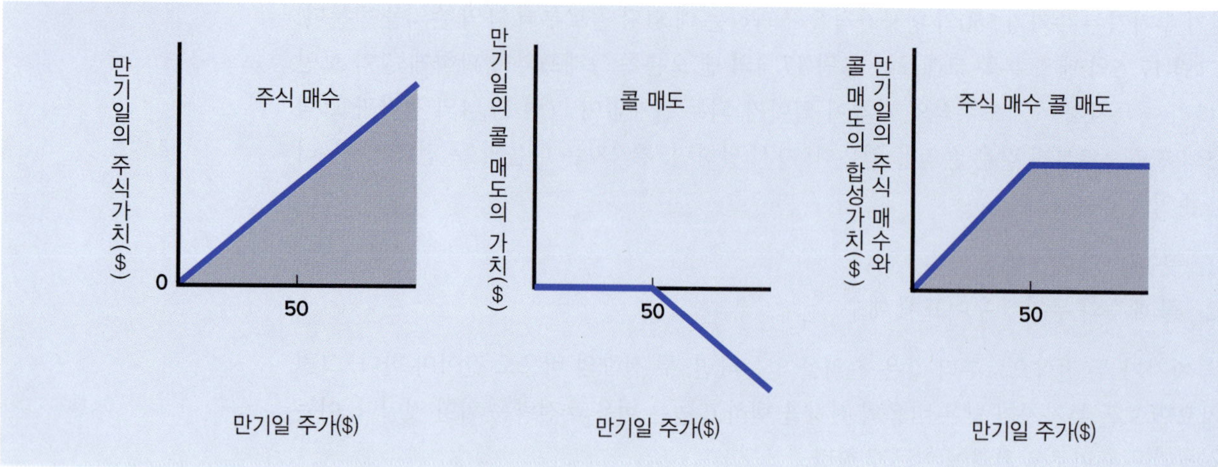

물론 기본적 풋–콜 관계를 다르게 재정렬할 수도 있다. 각 정렬에서 왼쪽의 전략은 오른편의 전략과 동일하다. 풋–콜 패러티의 이점은 옵션에서 어떤 전략이 다른 방법으로 어떻게 달성될 수 있는지를 보여준다는 데 있다.

풋–콜 패러티를 잘 이해하고 있는지를 점검하기 위해 Joseph-Belmont사의 주식이 $80에 팔리고 있다고 가정하자. 행사가격이 $85이고 만기가 3개월이 남은 콜옵션이 $6에 팔린다. 무위험이자율은 월 0.5%이다. 행사가격이 $85이고 만기가 3개월 남은 풋옵션의 가치는 얼마인가?

풋의 가격에 대해 풀기 위해 풋–콜 패러티 관계를 다음과 같이 재정렬할 수 있다.

풋의 가격 = – 기초주식의 가격 + 콜의 가격 + 행사가격의 현재가치

$$= -\$80 + \$6 + \$85/1.005^3$$

$$= \$9.74$$

풋의 가치는 $9.74임을 알 수 있다.

예제 17.3 합성 재정증권

Smolira사의 주식이 $110에 팔리고 있다고 가정하자. 만기가 1년 남아있고 행사가격이 $110인 Smolira에 콜옵션이 $15에 팔린다. 같은 조건을 가진 풋옵션은 $5에 팔린다. 무위험이자율은 얼마인가?

무위험 무이표채의 가격을 결정하기 위해 풋-콜 패러티를 다음과 같이 활용하면 된다.

기초주식의 가격 + 풋의 가격 – 콜의 가격 = 행사가격의 현재가치

수치들을 대입하면 다음과 같다.

$110 + $5 – $15 = $100

행사가격($110)의 현재가치는 $100이기 때문에 내재된 무위험이자율이 10%임을 쉽게 알 수 있다.

17. 7 옵션의 가치결정

앞 절에서 옵션의 가치가 만기일에 얼마가 되는가를 알아보았다. 이제 만기일 훨씬 이전에 옵션을 매수할 때 그 가치가 얼마인지를 알아보자.[4] 먼저 콜의 가치에 대한 하한과 상한을 살펴보도록 하자.

콜 가치의 범위

하한(lower bound) 만기 전에 내가격에 있는 아메리칸 콜을 생각해 보자. 예를 들어, 주가가 $60이고 행사가격이 $50라고 가정하자. 이 경우에 옵션은 $10보다 낮게는 팔릴 수 없다. 이를 보기 위해 옵션이 가령 $9에 팔린다면 다음과 같은 간단한 전략을 구사할 수 있다.

날짜		거래	
오늘	(1)	콜을 매입한다.	-$ 9
오늘	(2)	콜을 행사한다. 즉, 행사가격으로 기초주식을 산다.	-$50
오늘	(3)	현재 시장가격에 주식을 판다.	+$60
재정이익			+$ 1

이러한 거래로부터의 이익을 **재정이익**(arbitrage profit)이라고 한다. 재정이익은 아무런 위험이나 비용을 수반하지 않으며 정상적으로 작동하는 금융시장에서는 자주 발생하지 않는다. 이들 옵션에 대한 초과수요로 인해 옵션가격은 최소한 $10(= $60 − $50)로 즉시 오를 것이다.

물론 옵션의 가격은 아마 $10보다 높게 형성될 것이다. 주식이 만기 전에 $60 위로 오를 가능성 때문에 합리적인 투자자라면 $10 이상 지불할 것이다. 예를 들어, 콜은 실제로 $12에 팔릴 수 있다. 이 경우에 옵션의 **내재가치**(intrinsic value)는 $10라고 말하며, 이는 옵션이 최소한 이 만큼의 가치가 항상 있어야 함을 의미한다. 나머지 $2(= $12 − $10)는 종종 시간 **프리미엄**(time premium)이라고 불리며, 이는 옵션 만료 전에 주가의 상승 가능성 때문에 투자자가 기꺼이 지불하려는 추가분을 나타낸다.

상한(upper bound) 옵션에 대한 상한 역시 존재하는가? 상한은 기초주식의 가격이 된다. 즉, 주식을 사려는 옵션은 주식 자체보다 가격이 높을 수 없다. 콜옵션은 행사가격을 지불하고 주식을 매수하기 위해 사용한다. 주식을 더 낮은 가격으로 매수할 수 있다면 이와 같은 어리석은 방법으로 주식을 사지 않을 것이다.

상한과 하한은 그림 17. 7에 나타나 있다. 추가로 이들 한계는 표 17. 2의 하반부에 요약되어 있다.

4 이 절에서 논의되는 옵션은 아메리칸 옵션이다. 이는 아메리칸 옵션이 실제 세계에서 더 흔하게 거래되기 때문이다. 필요한 경우에는 유로피안 옵션과의 차이를 명시할 것이다.

콜옵션 가치의 결정요인

이전 논의에서 콜옵션의 가격은 그림 17. 7의 채색 영역 어딘가에 속해야 한다고 하였다. 이제 그 영역 어디에 있어야 하는지를 더 정확하게 알아보자. 콜의 가치를 결정하는 요인은 두 종류로 나뉠 수 있다. 첫 번째는 옵션계약과 관련된다. 계약상의 기본 요소는 만기와 행사가격이다. 콜 가격에 영향을 미치는 두 번째 요인은 주식과 시장의 특징과 관련된다.

행사가격 행사가격의 증가는 콜의 가치를 낮춘다. 예를 들어, $60에 팔리는 주식에 대한 두개의 콜이 있다고 상상하자. 하나는 콜의 행사가격이 $50이며, 다른 하나는 콜의 행사가격이 $40이다. 어느 콜이 더 나은가? 분명히 행사가격이 $40인 콜을 원할 것이다. 왜냐하면 이 콜은 $20(= $60 − $40) 내가격이기 때문이다. 다시 말하면, 행사가격이 $40인 콜은 다른 조건이 동일한 행사가격이 $50인 콜보다 비싸게 팔려야 한다.

만기 아메리칸 콜의 가치는 다른 조건이 동일하다면 만기까지의 기간이 길수록 증가한다. 두 개의 아메리칸 콜을 생각해 보자. 하나는 9개월 후에, 다른 하나는 6개월 후에 만기가 도래한다. 만기가 9개월 남은 콜은 6개월 남은 콜보다 권리행사를 위한 기간이 3개월 더 길

그림 17. 7

콜옵션 가치의 상한과 하한

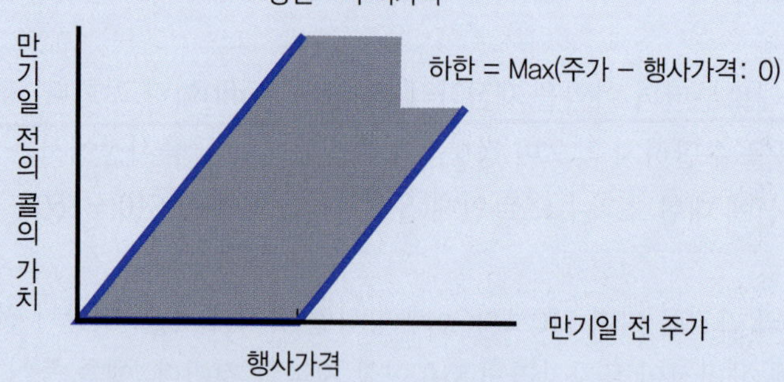

콜의 가치는 채색된 영역에 놓여야 한다.

표 17. 2

아메리칸 옵션의 가치에 영향을 미치는 요인

증가	콜옵션*	풋옵션*
기초자산의 가치(주가)	+	−
행사가격	−	+
주가변동성	+	+
이자율	+	−
만기일까지의 기간	+	+

이들 요인들에 추가하여, 아메리칸 콜에 대해 다음의 네 가지 관계가 성립한다.

1. 콜가격은 주가보다 결코 높을 수 없다(상한).
2. 콜가격은 0 또는 주가와 행사가격의 차이보다 결코 낮을 수 없다(하한).
3. 주식의 가치가 0이면, 콜의 가치는 0이다.
4. 주가가 행사가격보다 훨씬 높을 때, 콜가격은 주가와 행사가격의 현재가치와의 차이에 가까워진다.

* 사인(+, -)은 옵션의 가치에 대한 변수들의 영향을 나타낸다. 예를 들면, 주가변동성에서 두 개의 + 사인은 변동성의 증가가 콜의 가치와 풋의 가치를 모두 증가시킨다는 것을 나타낸다.

그림 17. 8
주가의 함수로서 아메리칸 콜의 가치

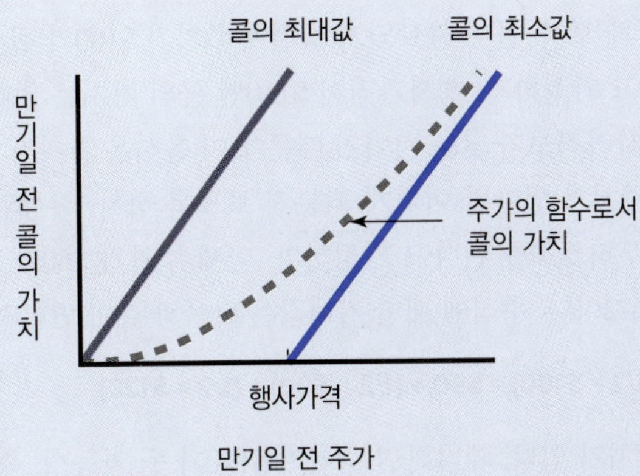

콜가격은 주가와 양(+)의 관계에 있다. 게다가 주가의 변화에 대한 콜가격의 변화는 주가가 낮을 때보다 높을 때 더 크다.

다. 따라서 전자의 가치가 일반적으로 더 클 것이다.[5]

주식가격 다른 조건이 동일하다면 주가가 높을수록 콜옵션의 가치는 증가한다. 예를 들어, 주가가 $80이라면 행사가격이 $100인 콜의 가치는 그다지 크지 않다. 주가가 $120로 치솟는다면, 콜의 가치는 훨씬 증가하게 된다.

이제 만기 전 콜가격과 주가와의 관계를 보여주는 그림 17. 8을 살펴보자. 그림에서 곡선은 주가가 증가함에 따라 콜가격이 증가한다는 것을 나타낸다. 더욱이 이러한 관계는 직선이 아니라 볼록한(convex) 곡선으로 나타남을 알 수 있다. 즉, 주가의 변화에 대한 콜가격의 증가폭은 주가가 낮을 때보다 주가가 높을 때 더 크다.

그림 17. 8의 곡선에 대해 다음의 두 가지 특수사항을 주목할 필요가 있다.

1. **주식이 가치가 없는 경우** 기초주식이 가치가 없다면 콜도 가치가 없어야 한다. 즉, 주식이 어떤 가치에 도달할 가망성이 없다면 그 주식의 취득을 위해 행사가격을 지불할 가치가 없다.
2. **주가가 행사가격에 비하여 매우 높은 경우** 이러한 상황에서는 콜 소유자가 콜 행사를 거의 확신하게 된다. 이제 콜 소유자는 만기에 행사가격을 지불해야 한다는 점을 제외하고는 자신을 주식의 소유자라고 여길지 모른다.

따라서 그의 포지션의 가치, 즉 콜의 가치는 다음과 같다.

주가 – 행사가격의 현재가치

이들 두 사항은 표 17. 2의 하반부에 요약되어 있다.

5 이 관계는 유로피안 콜옵션에 대해서는 성립할 필요가 없다. 어떤 기업의 주식에 대한 두 개의 유로피안 옵션이 있다고 생각해 보자. 하나는 5월에 만기일이 도래하며, 다른 하나는 그 후 몇 달 지나서 만료된다. 나아가서 엄청난 배당금이 6월 초에 지급된다고 가정하자. 첫 번째 콜이 5월 말에 행사된다면, 콜의 소지자는 기초주식을 받을 것이다. 그가 그 주식을 팔지 않는다면 곧바로 큰 배당금을 받을 것이다. 그러나 두 번째 옵션의 소지자는 배당금이 지급된 후에 옵션행사를 통해서 주식을 받을 것이다. 시장은 이 옵션의 소지자가 배당금을 놓치게 된다는 사실을 알고 있으므로 두 번째 콜옵션의 가치는 첫 번째 콜옵션의 가치보다 작을 수 있다.

핵심 요인: 기초자산의 변동성 기초자산의 변동성이 클수록 콜옵션의 가치는 증가할 것이다. 다음의 예를 생각해 보자. 콜이 만료되기 직전에 주가가 $100가 될 확률이 50%이고 $80가 될 확률이 50%라고 가정하자. 행사가격이 $110인 콜의 가치는 얼마가 될까? 분명히 주가가 어떻게 되든 행사가격보다 낮을 것이기 때문에 이 옵션은 가치가 없을 것이다.

변동성에 초점을 두는 옵션사이트 www.ivolatility.com을 방문해 보라.

이제 주식이 더 가치가 있다면 어떻게 되는지 보도록 하자. 최상의 경우에다 $20를 더하고 최악의 경우로부터 $20를 뺀다고 가정하자. 이제 주가가 $60가 될 가능성이 1/2이고 $120가 될 가능성이 1/2이다. 주식에 대한 기대값은 다음과 같이 변하지 않는다.

(1/2 × $80) + (1/2 × $100) = $90 = (1/2 × $60) + (1/2 × $120)

콜옵션은 이제 가치가 있다. 왜냐하면 주가가 $120가 될 가능성, 즉 $110의 행사가격보다 $10가 높을 가능성이 50%이기 때문이다. 이는 매우 중요한 점을 말해 준다. 기초자산에 대한 옵션을 보유하는 것과 기초자산을 보유하는 것 사이에는 근본적 차이가 있다. 시장투자자가 위험회피적이라면 주가변동성의 증가는 주식의 가치를 감소시킬 것이다. 그러나 콜 소지자는 확률분포의 우측 꼬리(positive tail) 부분에서 이득을 본다. 따라서 기초주식의 변동성 증가는 콜의 시장가치를 증가시킨다.

이 결과는 또한 그림 17. 9에 나타나 있다. 주가의 분포가 정규분포를 이루는 두 주식 *A*와 *B*를 생각해보자. 각 증권에 대해서 그림은 만기일 주가에 대한 확률을 보여준다.[6] 그림에서 볼 수 있듯이 주식 *B*는 주식 *A*보다 변동성이 더 높다. 이는 주식 *B*가 비정상으로 높은 수익률과 비정상으로 낮은 수익률을 실현할 확률이 더 높다는 것을 의미한다. 두 증권에 대한 옵션의 행사가격이 같다고 가정하자. 옵션소지자에게 있어서 주식 *B*의 수익률이 평균보다 훨씬 낮다면 평균보다 적당하게 낮은 주식 *A*의 수익률보다 더 나쁠 것은 없다. 양쪽 모두의 상황에서 옵션은 외가격으로 끝날 것이다. 그러나 주식 *B*의 수익률이 평균보다 훨씬 높다

그림 17. 9

증권 A와 증권 B의 만기일 주가분포. 두 증권에 대한 옵션의 행사가격은 같다.

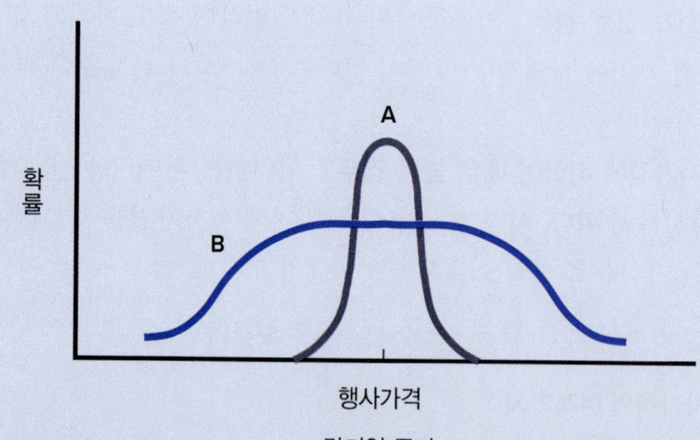

주식 *B*가 더 변동성이 높으므로 주식 *B*에 대한 콜은 주식 *A*에 대한 콜보다 가치가 크다. 만기에 심내가격(deep in the money)의 콜은 약간 내가격의 콜보다 가치가 높다. 그러나 만기에 심외가격(way out of the money)의 콜은 약간 외가격의 콜과 마찬가지로 가치가 0이다.

6 이 그래프는 각 증권에 대한 옵션의 행사가격이 주가의 기대값과 같다고 가정한다. 이 가정은 단지 논의의 편리를 위함이지 콜의 가치와 기초주식의 변동성 사이의 관계 설명에 필요한 것은 아니다.

면 평균보다 적당하게 높은 주식 *A*의 수익률보다 옵션소지자에게 더 낫다. 이 경우는 만기일에 콜의 가격은 주가와 행사가격의 차이이므로 주식 *B*에 대한 콜의 가치가 더 높을 것이다.

이자율 콜가격은 또한 이자율 수준의 함수이다. 콜의 매수자는 옵션을 행사하기까지는 행사가격을 지불하지 않는다. 콜의 소지자가 지불을 미루려는 능력은 이자율이 높을 때 더 가치가 있으며 이자율이 낮을 때는 덜 가치가 있다. 따라서 콜의 가치는 이자율과 양(+)의 관계가 있다.

풋옵션 가치의 결정요인에 대한 간단한 논의

콜의 가치에 영향을 미치는 요인들에 대한 논의를 연장함으로써 풋에 대한 이들 요인의 영향을 매우 쉽게 알 수 있다. 표 17. 2에는 아메리칸 콜과 아메리칸 풋의 가격에 영향을 미치는 5가지 요인이 요약되어 있다. 다음의 3가지 요인이 풋에 미치는 영향은 콜에 미치는 영향과 반대이다.

1. **기초자산의 가치** 주가가 행사가격보다 낮을 때 풋은 내가격이기 때문에 풋의 시장가치는 주가가 증가함에 따라 감소한다.
2. **행사가격** 행사가격이 높은 풋은 (1)에서 언급된 이유로 다른 조건이 동일하다면 행사가격이 낮은 풋보다 가치가 높다.
3. **이자율** 높은 이자율은 풋의 가치에 불리한 영향을 미친다. 행사가격의 현재가치가 높은 이자율로 인하여 줄게 된다면, 미래 언젠간 고정된 행사가격을 받고 주식을 팔려는 권리는 가치가 떨어진다.

다른 두 요인이 풋에 미치는 영향은 콜에 미치는 영향과 같다.

4. **만기일까지의 기간** 만기가 긴 아메리칸 풋은 다른 조건이 동일하다면 만기가 짧은 풋보다 가치가 높다.[7] 만기까지의 기간이 길수록 풋 보유자는 콜의 경우에서와 마찬가지로 더 높은 유동성을 가진다.
5. **주가변동성** 기초주식의 변동성은 풋의 가치를 증가시킨다. 그 이유는 콜에 대한 이유에서와 유사하다. 만기에 심내가격인 풋은 약간 내가격인 풋보다 가치가 더 높다. 그러나 만기에 심외가격인 풋은 약간 외가격인 풋과 마찬가지로 가치가 0이다.

17. 8 옵션가격결정모형

ExcelMaster coverage online
www.mhhe.com/RossCore6e

앞에서 콜옵션의 가치는 다음의 5가지 변수의 함수임을 정성적으로 설명했다.

1. 기초자산의 현재가격(주식옵션에 있어서는 주가)
2. 행사가격

7 이 결과는 아메리칸 풋에서는 반드시 성립하지만 유로피안 풋에서는 성립할 필요가 없다.

3. 만기까지의 기간
4. 기초자산 수익률의 변동성
5. 무위험이자율

이제 이러한 정성적 모형을 하나의 정확한 옵션가격결정모형으로 대체해 보기로 하자. 논의될 모형은 그 유명한 Black-Scholes 옵션가격결정모형이다. Black-Scholes 모형에 수치들을 대입하면 옵션가치를 바로 얻을 수 있다.

Black-Scholes 모형은 다소 인상적인 공식으로 기술된다.[8] 공식의 유도는 많은 학생이 배우고 싶어하지만 이 교재에서는 필요하지 않다. 그러나 이에 대한 직관적 이해와 함께 그 업적에 대한 평가는 살펴볼 필요가 있다.

이 교재의 이전 장들에서 순현재가치 공식을 사용하여 자본예산 프로젝트를 어떻게 할인하는지를 보았다. 또 주식과 채권의 가치평가를 위해 이 접근법을 사용했다. 학생들은 풋과 콜의 가치를 결정하기 위해 왜 이와 같은 NPV 공식을 사용할 수 없는지를 가끔 묻는다. 옵션의 가치를 결정하기 위한 최초의 시도는 NPV를 사용하여 이루어졌기 때문에 이는 좋은 질문이다. 불행하게도 아무도 적절한 할인율을 알아낼 수 없었기 때문에 그 시도는 성공하지 못했다. 옵션은 일반적으로 기초자산보다 더 위험하지만, 아무도 얼마나 더 위험한지를 정확하게 알지 못했다.

Fischer Black과 Myron Scholes는 주식매입 자금을 조달하기 위해 차입하는 전략이 콜의 위험을 모방한다고 지적하면서 그 문제에 착수했다. 그러면 주식의 가격은 이미 알려져 있으므로 콜의 수익률이 차입과 주식매입으로부터 발생하는 수익률이 같아지도록 하는 콜의 가치를 알아낼 수 있다.

Black-Scholes 접근법의 직관을 설명하기 위해 콜과 주식의 합성으로 모든 위험을 제거할 수 있는 단순한 예를 살펴보자. 이 예는 미래의 주가는 단지 두 값 중 하나가 된다고 가정하기 때문에 작용한다. 그러므로 이 예는 **이항옵션모형**(two-state option model)이라 불린다. 주가가 다른 값을 취할 수 있다는 가능성을 배제함으로써 콜은 정확하게 모방될 수 있다.

이항옵션모형

다음의 예를 생각해 보자. 주식의 현재 시장가격은 \$50이며 연말에 \$60나 \$40가 된다고 가정하자. 나아가서 이 주식에 대한 콜옵션은 만기가 1년이며 행사가격이 \$50라고 하자. 투자자는 10%로 차입할 수 있다. 목표는 콜의 가치를 결정하는 것이다.

콜의 가치를 올바르게 결정하기 위해 다음의 두 전략을 살펴볼 필요가 있다. 하나는 콜을 단순히 매입하는 것이다. 다른 하나는 다음과 같다.

a. 주식 1/2주를 산다.
b. \$18.18를 차입하고, 연말에 원금과 이자를 합하여 \$20(= \$18.18 × 1.10)를 지급한다.

곧 알겠지만, 두 번째 전략으로부터 발생하는 현금흐름은 콜을 매입함으로써 발생하는 현

8 Fischer Black and Myron Scholes, "The Pricing of Options and Corporate Liabilities," *Journal of Political Economy* 81, no. 3(1973), pp. 637~654.

금흐름과 정확하게 같다(사야 할 주식의 정확한 수량과 차입해야 할 정확한 금액을 어떻게 알 수 있는지는 잠시 후 논의한다). 이들 현금흐름이 서로 일치하기 때문에 두 번째 전략은 콜을 모방(duplicating)한다고 말할 수 있다.

이들 전략으로부터 발생하는 연말 손익은 다음과 같이 산출된다.

최초 거래	미래손익	
	주가가 $60인 경우	주가가 $40인 경우
1. 콜을 매입한다	$60 − 50 = $10	$ 0
2. 주식 $\frac{1}{2}$ 주를 매입한다.	$\frac{1}{2}$ × $60 = $30	$\frac{1}{2}$ × $40 = $20
10%로 $18.18를 차입한다.	−($18.18 × 1.10) = −$20	−$20
주식매입과 차입전략의 합계	$10	$10

'콜 매입(buy-a-call)' 전략의 손익구조는 '주식매입과 차입(buy stock and borrow)'에 의해 모방된다는 데 주목하자. 즉, 어느 전략하에도 투자자는 주가가 오르면 $10, 주가가 내리면 $0를 받게 될 것이다. 따라서 이들 두 전략은 거래자에게 있어서 동일하다.

이제 두 전략으로부터 현금흐름이 연말에 항상 같다면, 이들의 최초비용은 어떻게 관련되어야 하는가? 이 두 전략의 최초비용은 같아야 한다. 그렇지 않다면 재정기회가 생길 것이다. 주식매입과 차입의 전략에 대해 이 비용은 다음과 같이 쉽게 계산할 수 있다.

주식 $\frac{1}{2}$ 주를 매입	$\frac{1}{2}$ × $50 =	$25.00
$18.18 차입		- 18.18
		$ 6.82

콜옵션은 만기일에 주식매입과 차입의 전략에서와 같은 손익을 제공하기 때문에 콜의 가격은 $6.82가 되어야 한다. 이는 재정이익이 존재할 수 없는 시장에서 콜옵션의 가치이다.

앞의 예에서 두 가지 문제가 설명되지 않고 남아있다.

델타의 결정 모방전략에서 주식 1/2주를 사는 것을 어떻게 알았는가? 실제로 대답은 생각보다 더 쉽다. 연말에 주가는 $60 또는 $40가 되는 반면 콜 가격은 $10 또는 $0가 될 것이다. 따라서 주가의 잠재적 변동폭(swing)은 $20(= $60 − $40)인 반면에 콜 가격의 잠재적 변동폭은 $10(= $10 − $0)이다. 이를 다음과 같이 비율로 나타낼 수 있다.

$$\text{델타} = \frac{\textbf{콜의 변동폭}}{\textbf{주가의 변동폭}} = \frac{\$10 - 0}{\$60 - 40} = \frac{1}{2}$$

이 비율을 콜의 델타(delta)라고 부른다. 다시 말하면, 주가에서 $1의 변동은 콜 가격에서 $1/2의 변동을 일으킨다. 따라서 주식으로 콜을 모방하기 위해서는 콜을 하나 사는 것 대신에 주식을 1/2주 사면 될 것 같다. 다시 말하면, 주식 1/2주를 매입하는 위험은 콜 하나를 매입하는 위험과 같아야 한다.

차입금액의 결정 얼마나 많이 차입해야 하는지를 어떻게 알 수 있는가? 주식 1/2주의 매입은 만기에 $30 또는 $20를 가져다 주며, 이는 각각 $10 또는 $0의 손익보다 정확하게 $20가 더 많다. 따라서 주식의 매입을 통하여 콜을 모방하기 위하여 이자와 원금을 합하여 $20를 정확하게 갚을 수 있도록 충분한 돈을 빌려야 한다. 차입금액은 단순히 $20의 현재가치인 $18.18(= $20/1.10)이다.

델타와 차입금액이 결정되었기 때문에 콜의 가치는 다음과 같이 쓸 수 있다.

$$\text{콜의 가치} = \text{주가} \times \text{델타} - \text{차입금액} \qquad [17.2]$$

$$\$6.82 = \$50 \times \frac{1}{2} - \$18.18$$

Black-Scholes 모형을 설명하는 데 있어 이 직관이 매우 유용함을 알게 될 것이다.

위험중립 가치평가(risk-neutral valuation) 마지막으로 이 예에서 놀라운 한 사실을 발견할 수 있다. 심지어 주식이 상승하거나 하락할 확률을 모르면서 우리는 옵션의 정확한 가치를 알 수 있었다. 낙관자는 주가의 상승확률이 매우 높다고 생각하고 비관자는 그 확률이 매우 낮다고 생각하더라도, 그들은 옵션가치에 대해 여전히 동의할 것이다. 어떻게 해서 그런가? 대답은 현재주가 $50에는 낙관자와 비관자의 견해가 이미 균형을 이루고 있다는 점이다. 또 옵션의 가치는 주가에 의존하기 때문에 그 가치에는 이러한 균형이 반영되어 있다.

이러한 통찰로부터 콜의 가치를 결정하기 위한 또 다른 접근법을 얻을 수 있다. 콜의 가치를 결정하는 데 두 상태(state)에 대한 확률이 필요 없다면, 아마 어떠한 확률을 택하더라도 우리는 여전히 옳은 답을 할 수 있다. 가령 주가수익률이 무위험이자율 10%와 같도록 확률을 선택했다고 하자. 앞의 예에서 주가수익률은 상승의 경우에는 20%(= $60/$50 − 1)이고 하락의 경우에는 −20%(= $40/$50 − 1)임을 알고 있다. 따라서 10%의 기대수익률 달성을 위한 상승확률은 다음 식을 이용하여 구할 수 있다.

$$10\% = \text{상승확률} \times 20\% + (1 - \text{상승확률}) \times -20\%$$

이 식을 풀면, 상승확률이 3/4이고 하락확률이 1/4임을 알 수 있다. 이들 확률을 콜에 적용하면 콜의 가치는 다음과 같다.

$$\text{콜의 가치} = \frac{\frac{3}{4} \times \$10 + \frac{1}{4} \times \$0}{1.10} = \$6.82$$

이 가치는 앞서 모방접근법을 사용하여 얻은 가치와 같다.

왜 주식에 대한 기대수익률이 10%가 되도록 하는 확률들을 선택했는가? 투자자가 위험중립적인 특별한 경우를 대상으로 하려고 했다. 이는 모든 자산(주식과 콜을 포함)에 대한 기대수익률이 무위험이자율과 같을 때 발생한다. 다시 말하면, 투자자가 대상자산의 위험정도에 상관없이 무위험이자율 이상의 어떠한 추가적 보상을 요구하지 않을 때 발생한다.

주식에 대한 기대수익률이 무위험이자율보다 높다고 가정했더라면 어떻게 되었을까? 콜의 가치는 여전히 $6.82가 되었을 것이다. 그러나 계산이 어려울 것이다. 예를 들어, 주식에 대한 기대수익률이 가령 11%라고 가정했다면, 이 경우 콜에 대한 기대수익률을 유도했어야 한다. 콜에 대한 기대수익률은 11%보다 더 높겠지만, 이를 정확히 알기 위해서는 많은 작업이 필요할 것이다. 필요 이상의 작업을 할 필요가 있는가? 특별히 타당한 이유가 없다고 생각되므로 대부분의 재무경제학자처럼 위험중립을 가정하기로 한다.

따라서 콜의 가치는 다음과 같은 두 가지 방법으로 결정될 수 있음을 알 수 있다.

1. 콜 모방을 위한 전략의 비용을 알아낸다. 이 전략은 차입을 통해 일정 수(분수포함)의 주식 매입을 필요로 한다.
2. 위험중립 가정하에 상승과 하락의 확률을 계산한다. 이들 확률과 무위험이자율을 이용하여 만기의 콜 손익을 할인한다.

Black-Scholes 모형

앞의 예에서는 모방전략을 설명했다. 불행하게도 이와 같은 전략은 가령 연 단위 틀로는 실제세계에 작용하지 않을 것이다. 그 이유는 다음 해의 주가에 대해서 두 개 이상의 여러 가능성이 존재하기 때문이다. 그러나 가능성의 수는 기간이 짧아짐에 따라 줄어든다. 실제로 지극히 짧은 순간 동안에는 주가가 단지 두 가능성을 갖는다는 가정은 아주 그럴듯하다.[9]

www.option-price.com에는 Black-Scholes 계산기 등 많은 내용이 있다.

Black과 Scholes의 통찰력은 기간을 짧게 하는 데 그 핵심이 있다고 본다. 그들은 주식과 차입의 특유한 조합으로 지극히 짧은 순간에 대해 콜을 정말 모방할 수 있음을 보인다. 주가는 첫 순간에 변할 것이기 때문에 다음 순간에 대해 콜을 모방하기 위해서는 주식과 차입의 또 다른 조합이 필요하다. 매 순간 조합을 조정함으로써 콜을 연속적으로 모방할 수 있다. 한 공식으로 (1) 매 순간 이러한 조합을 결정하고, (2) 이 모방전략에 기초하여 옵션의 가격을 결정할 수 있다는 사실은 정말 놀라운 일이다. 앞에서는 이항모형에서 콜의 가치를 알 수 있었듯이 여기서는 (그들의 동적인 전략 덕택에) 실제 세계에서 콜의 가치를 알아낼 수 있게 되었다.

지금까지 Black-Scholes 모형의 기본적 직관을 간략하게 살펴보았다. 그들의 공식을 실제로 유도하는 것은 이 교재의 범위를 훨씬 벗어나기 때문에 단순히 공식 그 자체만 제시하기로 한다. 공식은 다음과 같다.

Black-Scholes 모형: **[17. 3]**

$$C = SN(d_1) - Ee^{-Rt}N(d_2)$$

여기서,

$$d_1 = [\ln(S/E) + (R + \sigma^2/2)t]/\sqrt{\sigma^2 t}$$
$$d_2 = d_1 - \sqrt{\sigma^2 t}$$

콜(C)의 가치를 결정하기 위한 이 공식은 재무에서 가장 복잡한 공식들 중 하나이다. 그러나 이 공식은 다음과 같은 5개 변수만 알면 된다.

9 이 가정에 대한 상세한 내용은 다음의 책을 참조하라. John C. Hull, Options, Futures and Other Derivatives, 10th ed. (Upper SaddleRiver, NJ: Prentice Hall, 2017).

1. S = 현재주가
2. E = 콜의 행사가격
3. R = 연속복리의 연 무위험이자율
4. σ^2 = 주식에 대한 연속수익률의 (연)변동성
5. t = 만기까지의 기간(년)

위 공식에서 소문자 e는 2.71828 …을 나타낸다. 다음과 같은 통계적 개념도 포함되어 있다.

N(d) = 표준정규분포를 따르는 확률변수가 d 이하일 확률

대수적 상태에 있는 공식 자체를 논의하기보다는 예를 들어 공식을 설명하고자 한다.

예제 17.4

Black-Scholes 모형

Private Equipment Company(PEC)를 생각해 보자. 어느 해 10월 4일에 PEC의 April 49 콜옵션의 가격은 \$4에 마감했다. 주식 자체는 \$50에 팔리고 있다. 10월 4일에 이 옵션은 만기까지 199일을 남겨두고 있다(만기일 = 다음 해 4월 21일). 무위험이자율은 연속복리로 연 7%이다.

이 정보로부터 다음 세 변수를 바로 알 수 있다.

1. 주가(S)는 \$50이다.
2. 행사가격(E)은 \$49이다.
3. 무위험이자율(R)은 0.07이다.

또한 만기(t)도 바로 계산될 수 있다. 공식에서 t는 연 단위로 표시된다.

4. 199일을 연 단위로 표시하면 t = 199/365이다.

실제 세계에서 옵션거래자는 S와 E를 정확하게 알 것이다. 거래자는 일반적으로 미국 재정증권을 위험이 없는 증권으로 간주하며, 「*The Wall Street Journal*」이나 유사한 출처로부터 현재 이자율을 얻을 수 있다. 거래자는 또한 만기까지 남은 일수를 정확하게 알(계산할) 수 있을 것이다. 따라서 만기까지 남은 연수(t)는 바로 계산될 수 있다.

문제는 주식수익률의 변동성을 결정하는 데서 발생한다. 공식에서 변동성은 매입일인 10월 4일과 만기일 사이에 나타나는 변동성이다. 불행하게도 이는 미래에 해당하기 때문에 변동성의 정확한 값은 구할 수 없다. 대신에 이전 장에서 우리가 계산한 바와 같이 거래자는 과거자료로부터 변동성을 추정하곤 한다. 일부 거래자는 직관을 사용하여 자신의 추정치를 조정하기도 한다. 예를 들어, 다가올 사건에 대한 기대로 인하여 주식의 변동성이 증가하고 있다면, 거래자는 이를 반영하기 위해 자신의 추정치를 상향 조정할 수 있다(이 문제는 1987년 10월 19일 주식시장의 붕괴 직후에 가장 심했다. 주식시장은 그 여파로 아주 위험했으며, 붕괴 이전 자료를 사용한 경우는 추정치가 너무 낮았다).

상기 논의는 어떤 답을 제시하려는 것이 아니라 단지 변동성 추정의 어려움을 언급하기 위함이었다. 여기서는 우리는 거래자가 변동성의 추정치를 알아낼 수 있다고 가정한다.

5. PEC의 변동성은 연 0.09로 추정된다고 가정한다.

상기 5개 변수를 사용하여 PEC 옵션의 Black-Scholes 값을 다음 세 단계로 계산한다.

단계 1: d_1과 d_2를 계산한다. 이들 값은 (비록 그 과정은 지루하지만) 기본 공식에 변수들을 단순히 대입함으로써 구할 수 있다.

$$d_1 = \left[\ln\left(\frac{S}{E}\right) + (R + \sigma^2/2)t\right] / \sqrt{\sigma^2 t}$$

$$= \left[\ln\left(\frac{50}{49}\right) + (0.07 + 0.09/2) \times \frac{199}{365}\right] / \sqrt{0.09 \times \frac{199}{365}}$$

(계속)

$$= [0.0202 + 0.0627] / 0.2215$$
$$= 0.3742$$
$$d_2 = d_1 - \sqrt{\sigma^2 t}$$
$$= 0.1527$$

그림 17.10 누적확률의 그래프

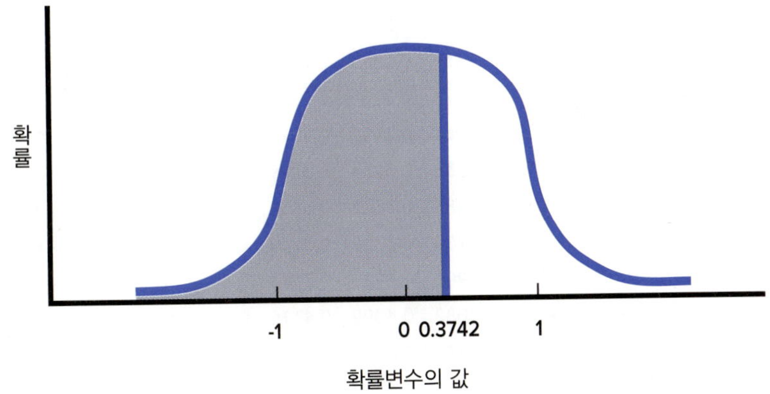

음영 처리된 부분은 누적확률을 나타낸다. 표준정규분포로부터 확률변수가 0.3742보다 작을 확률이 0.6459이기 때문에 N(0.3742) = 0.6459. 즉, 0.3742의 누적확률은 0.6459이다.

단계 2: $N(d_1)$과 $N(d_2)$를 계산한다. $N(d_1)$과 $N(d_2)$는 그림 17.10을 살펴봄으로써 가장 잘 이해할수 있다. 이 그림은 기대값이 0이고 표준편차가 1인 정규분포를 보여준다. 이는 종종 **표준정규분포**(standardized normal distribution)라고 불린다. 이전 장에서 논의했듯이, 이 분포로부터 확률변수가 -1과 +1 사이(다시 말하면, 평균의 1 표준편차 이내)에 있을 확률은 68.26%이다.

이제 다른 질문을 해보자. 표준정규분포로부터 확률변수가 특정한 값보다 작을 확률은 얼마인가? 예를 들어, 확률변수가 0보다 작을 확률은 정규분포는 좌우대칭이기 때문에 분명히 50%이다. 통계적 용어로는 0의 **누적확률**(cumulative probability)은 50%라고 한다. 통계학자는 또한 N(0) = 50%라고 말한다. 다음의 예를 살펴보자.

$$N(d_1) = N(0.3742) = 0.6459$$
$$N(d_2) = N(0.1527) = 0.5607$$

첫 번째 값은 표준정규분포로부터 확률변수가 0.3742보다 작을 확률이 64.59%임을 의미한다. 두번째 값은 표준정규분포로부터 확률변수가 0.1527보다 작을 확률이 56.07%임을 의미한다. 더 일반적으로는, $N(d)$는 표준정규분포로부터 확률변수가 d보다 작을 확률에 대한 표기이다. 다시 말하면, $N(d)$는 d의 누적확률이다. 예에서 d_1과 d_2가 0보다 다소 크므로, $N(d_1)$와 $N(d_2)$는 0.50보다 다소 크다는 데 주목하자.

$N(d_1)$와 $N(d_2)$를 결정하기 위한 가장 쉬운 방법은 EXCEL의 기능인 NORMSDIST를 이용하는 것이다. 예에서 NORMSDIST(0.3742)와 NORMSDIST(0.1527)는 각각 0.6459 와 0.5607 이다.

또한 표 17.3을 이용하여 누적확률을 결정할 수 있다. 예를 들면, $d = 0.37$을 생각해보자. 이는 표에서 수직으로 0.3과 수평으로 0.07을 찾으면 된다. $d = 0.37$에 해당하는 값은 0.1443이다. 이 값은 0.37의 누적확률이 아니다. 누적확률을 결정하기 위해서는 다음과 같은 조정이 필요하다.

$$N(0.37) = 0.50 + 0.1443 = 0.6443$$
$$N(-0.37) = 0.50 - 0.1443 = 0.3557$$

(계속)

표 17.3 표준정규분포 함수의 누적확률

d	0.00	0.01	0.02	0.03	0.04	0.05	0.06	0.07	0.08	0.09
0.0	0.0000	0.0040	0.0080	0.0120	0.0160	0.0199	0.0239	0.0279	0.0319	0.0359
0.1	0.0398	0.0438	0.0478	0.0517	0.0557	0.0596	0.0636	0.0675	0.0714	0.0753
0.2	0.0793	0.0832	0.0871	0.0910	0.0948	0.0987	0.1026	0.1064	0.1103	0.1141
0.3	0.1179	0.1217	0.1255	0.1293	0.1331	0.1368	0.1406	0.1443	0.1480	0.1517
0.4	0.1554	0.1591	0.1628	0.1664	0.1700	0.1736	0.1772	0.1808	0.1844	0.1879
0.5	0.1915	0.1950	0.1985	0.2019	0.2054	0.2088	0.2123	0.2157	0.2190	0.2224
0.6	0.2257	0.2291	0.2324	0.2357	0.2389	0.2422	0.2454	0.2486	0.2517	0.2549
0.7	0.2580	0.2611	0.2642	0.2673	0.2704	0.2734	0.2764	0.2794	0.2823	0.2852
0.8	0.2881	0.2910	0.2939	0.2967	0.2995	0.3023	0.3051	0.3078	0.3106	0.3133
0.9	0.3159	0.3186	0.3212	0.3238	0.3264	0.3289	0.3315	0.3340	0.3365	0.3389
1.0	0.3413	0.3438	0.3461	0.3485	0.3508	0.3531	0.3554	0.3577	0.3599	0.3621
1.1	0.3643	0.3665	0.3686	0.3708	0.3729	0.3749	0.3770	0.3790	0.3810	0.3830
1.2	0.3849	0.3869	0.3888	0.3907	0.3925	0.3944	0.3962	0.3980	0.3997	0.4015
1.3	0.4032	0.4049	0.4066	0.4082	0.4099	0.4115	0.4131	0.4147	0.4162	0.4177
1.4	0.4192	0.4207	0.4222	0.4236	0.4251	0.4265	0.4279	0.4292	0.4306	0.4319
1.5	0.4332	0.4345	0.4357	0.4370	0.4382	0.4394	0.4406	0.4418	0.4429	0.4441
1.6	0.4452	0.4463	0.4474	0.4484	0.4495	0.4505	0.4515	0.4525	0.4535	0.4545
1.7	0.4554	0.4564	0.4573	0.4582	0.4591	0.4599	0.4608	0.4616	0.4625	0.4633
1.8	0.4641	0.4649	0.4656	0.4664	0.4671	0.4678	0.4686	0.4693	0.4699	0.4706
1.9	0.4713	0.4719	0.4726	0.4732	0.4738	0.4744	0.4750	0.4756	0.4761	0.4767
2.0	0.4773	0.4778	0.4783	0.4788	0.4793	0.4798	0.4803	0.4808	0.4812	0.4817
2.1	0.4821	0.4826	0.4830	0.4834	0.4838	0.4842	0.4846	0.4850	0.4854	0.4857
2.2	0.4861	0.4866	0.4830	0.4871	0.4875	0.4878	0.4881	0.4884	0.4887	0.4890
2.3	0.4893	0.4896	0.4898	0.4901	0.4904	0.4906	0.4909	0.4911	0.4913	0.4916
2.4	0.4918	0.4920	0.4922	0.4925	0.4927	0.4929	0.4931	0.4932	0.4934	0.4936
2.5	0.4938	0.4940	0.4941	0.4943	0.4945	0.4946	0.4948	0.4949	0.4951	0.4952
2.6	0.4953	0.4955	0.4956	0.4957	0.4959	0.4960	0.4961	0.4962	0.4963	0.4964
2.7	0.4965	0.4966	0.4967	0.4968	0.4969	0.4970	0.4971	0.4972	0.4973	0.4974
2.8	0.4974	0.4975	0.4976	0.4977	0.4977	0.4978	0.4979	0.4979	0.4980	0.4981
2.9	0.4981	0.4982	0.4982	0.4982	0.4984	0.4984	0.4985	0.4985	0.4986	0.4986
3.0	0.4987	0.4987	0.4987	0.4988	0.4988	0.4989	0.4989	0.4989	0.4990	0.4990

$N(d)$는 표준정규분포함수의 면적을 나타낸다. 가령 $d_1 = 0.24$를 생각해 보자. 이 표는 누적확률이 0.5948(= 0.5000 + 0.0948)이라는 것을 의미한다. d_1가 0.2452 이라면, N(0.25)와 N(0.24) 사이를 보간함으로써 확률을 추정해야 한다.

불행하게도 0.3742는 4자릿수인 반면에 표는 단지 두 자릿수만 보여준다. 그러므로 N(0.3742)을 찾기 위해서 보간해야 한다. N(0.37) = 0.6443 이고 N(0.38) = 0.6480이기 때문에, 두 값의 차이는 0.0037(= 0.6480 - 0.6443)이다. 0.3742는 0.37과 0.38 사이 구간의 42%에 위치하기 때문에 다음과 같이 보간한다.[10]

$$N(0.3742) = 0.6443 + 0.42 \times 0.0037 = 0.6459$$

단계 3: C를 계산한다.

(계속)

10 이 방법은 선형보간법(linear interpolation)이라 불린다. 이는 많은 보간법 중의 단지 하나이다.

$$
\begin{aligned}
C &= S \times [\mathrm{N}(d_1)] - Ee^{-Rt} \times [\mathrm{N}(d_2)] \\
&= \$50 \times [\mathrm{N}(d_1)] - \$49 \times [e^{-.07 \times (199/365)}] \times \mathrm{N}(d_2) \\
&= (\$50 \times 0.6459) - (\$49 \times 0.9626 \times 0.5607) \\
&= \$32.295 - 26.445 \\
&= \$5\ 85
\end{aligned}
$$

추정된 가격 $5.85는 실제 가격 $4보다 크다. 이는 콜옵션이 시장에서 저평가되어 있다는 것을 의미한다. 따라서 Black-Scholes 모형을 신뢰하는 거래자는 콜을 매입하려 할 것이다. 물론 Black-Scholes 모형이 틀릴 수 있다. 모형의 추정치와 시장가격 사이의 괴리는 변동성 추정에 있어서 거래자의 오류를 반영할 수도 있기 때문이다.

앞의 예에서는 Black-Scholes 공식의 이용과 관련하여 필요한 계산을 살펴보았다. 그러면 이 공식을 직관적으로 설명할 수 있는가? 있다. 물론이다. 이 직관은 이전 이항모형 예에서 주식매입과 차입의 전략으로부터 나온다. Black-Scholes 식은 다음과 같다.

$$\mathbf{C = S \times N(d_1) - Ee^{-Rt}\, N(d_2)}$$

이는 이항옵션모형의 예에서 제시된 다음 식 17. 2와 아주 유사하다.

콜의 가치 = 주가 × 델타 차입금액

Black-Scholes 모형에서 $N(d_1)$는 델타와 같다. $N(d_1)$은 앞의 예에서 0.6459이다. Ee−Rt N(d2)는 투자자가 콜을 모방하기 위해 차입해야 하는 금액이다. 앞의 예에서 이 값은 $26.45(= $49 × 0.9626 × 0.5607)이다. 따라서 이 모형은 앞의 예의 콜을 다음의 전략으로 모방할 수 있음을 말해준다.

www.margrabe.com/optionpricing.html에서 또 다른 유익한 옵션 계산기를 찾을 수 있다.

1. 0.6459주를 매입한다.
2. $26.45를 차입한다.

Black-Scholes 공식이 재무에서 가장 중요한 공헌 중의 하나라고 해도 과언은 아니다. 이 공식을 이용하면 누구든 몇 개의 변수만 알면 옵션의 가치를 계산할 수 있다. 공식의 매력은 변수들 중 네 개, 즉 현재주가(S), 행사가격(E), 이자율(R), 만기까지의 기간(t)은 관찰이 가능하다는 데 있다. 나머지 한 개, 즉 수익률의 변동성(σ^2)은 추정되어야 한다.

이 공식이 얼마나 매력적인가는 이 공식이 어떤 변수를 필요로 하지 않는지에 주목함으로써 알 수 있다. 첫째, 투자자의 위험회피는 콜의 가치에 영향을 미치지 않는다. 이 공식은 위험선호에 관계없이 누구든 사용할 수 있다. 둘째, 이 공식은 주식에 대한 기대수익률에 의존하지 않는다. 투자자가 주식의 기대수익률에 대해 상이한 평가를 하더라도 콜가격에는 서로 동의할 것이다. 이항옵션모형의 예에서처럼, 이는 콜은 주가에 의존하며 그 주가에는 이미 투자자의 서로 다른 견해가 균형을 이루어 반영되고 있기 때문이다.

내재 표준편차

지금까지는 Black-Scholes 모형을 이용하여 주로 옵션의 가치를 계산했지만 다른 중요한 용도가 있다. 옵션가치를 결정하는 5개 요인 중에서 주가, 행사가격, 무위험이자율, 만기 등 4개는 직접 관찰이 가능하다. 다만 표준편차는 추정되어야 한다.

Black-Scholes 모형에서 표준편차는 기초자산 수익률의 표준편차에 대한 추정치이다. 옵션가격은 종종 알려져 있다. 누구나 금융시장에서 알 수 있기 때문이다. 이런 경우에 옵션 가격과 다른 4개의 관찰 가능한 요인을 이용하여 역으로 표준편차의 값을 추정해 낼 수 있다. 이렇게 추정한 표준편차를 내재 표준편차(implied standard deviation) 또는 ISD("이즈-디"로 발음하는 사람도 있음)라고 한다. ISD는 계산으로 직접 풀 수는 없고 시행착오 방식으로 구해야 한다.

전체 주식시장에 대한 ISD는 쉽게 구할 수 있다. 변동성 지수(volatility index) 또는 VIX가 향후 30일간의 S&P 500 옵션에 대한 내재 변동성이다. 이는 종종 공포 게이지(fear gauge)로 인식된다. VIX가 높을수록 향후 30일간 시장의 변동성이 높을 것으로 예상한다는 의미이다. 역사적으로 VIX는 2008년의 시장혼란 기간에 80대로 상승한 적은 있지만 대체로 15 ~ 20의 범위를 유지해 왔다. 투자자가 변동성 거래를 할 수 있도록 VIX 지수에 대한 선물과 옵션이 상장되어 있다. 여기서 질문이 있다. 당신은 VIX 옵션의 ISD를 계산하려 한다고 가정하자. 그러면 이 수치는 무엇을 의미하겠는가?

17.9 자기자본과 부채의 가치평가

옵션에 관한 이전 논의에서 부채가 있는 기업의 자기자본은 자산에 대한 콜옵션으로 간주할 수 있다고 하였다. 그 이유는 부채의 만기 때 주주는 부채를 상환하고 자산을 인수하거나 아니면 채무불이행을 선택할 옵션을 가지기 때문이다. 부채를 상환하는 행위는 자산을 인수하기 위해 내가격 콜옵션을 행사하는 것과 같다. 채무불이행은 외가격 콜옵션을 행사하지 않고 만료되도록 하는 것과 같다. 이 절에서는 콜옵션으로서의 자기자본이라는 개념을 몇 가지 방법으로 활용해보기로 한다.

부채기업의 자기자본 평가

액면가 $1,000만의 무이표채를 발행한 한 기업을 생각해 보자. 채권의 만기는 6년이다. 자산의 현재 시장가치는 $1,200만이다. 자산수익률의 변동성(표준편차)은 연 40%이다. 연속복리 무위험이자율은 6%이다. 자기자본의 시장가치는 얼마인가? 부채의 시장가치는 얼마인가? 연속복리 부채비용은 얼마인가?

이 문제의 핵심은 주주가 6년 후 $1,000만 부채를 상환할 의무가 아니라 권리를 가진다는 점이다. 주주가 권리를 행사하면 자산을 얻을 것이다. 권리를 행사하지 않는다면 채무불이행이 되어 아무 것도 얻지 못한다.

여기서는 자기자본의 가치를 구하려는 것이기 때문에 Black-Scholes 식을 그대로 사용하면 혼란스러울 수 있다. 따라서 C는 자기자본의 가치로 S는 자산의 가치로 간주할 필요가 있다. 이를 염두에 두고 Black-Scholes OPM에 S=$1,200만와 E=$1,000만를 대입하면 자기

예제 17.5

콜옵션으로서의 자기자본

액면가 $4,000만의 무이표채를 발행한 한 기업을 생각해 보자. 채권의 만기는 5년이다. 무위험이자율은 4%이다. 자산의 현재 시장가치는 $3,500만이다. 자기자본의 시장가치는 $1,500만이다. 이 기업이 NPV가 $20만인 프로젝트를 추진한다면 주주의 가치는 대략 얼마나 상승하겠는가?

이 질문에 답하기 위해서는 델타값, 즉 $N(d_1)$을 알아야 한다. 이를 계산하기 위해서는 관련 표준편차를 알아야 한다. 옵션의 가치($1,500만)가 알려져 있으므로 ISD를 계산할 수 있다. Black-Scholes OPM에 C=$1,500만, S=$3,500만, E=$4,000만, 무위험이자율 4%, 만기 5년을 대입하면 ISD가 48.15%임을 계산해 낼 수 있다. 이 값을 이용하면 델타값이 0.725라는 것을 알 수 있다. 그래서 자산에서 $20만의 가치가 창출되면 주주는 그것의 72.5% 또는 $14만 5,000를 얻게 된다.

자본의 가치를 계산해 낼 수 있다. 그렇게 하면 자기자본의 가치는 $655만4,000이며 델타값은 0.852임을 알 수 있다.

이제 자기자본의 가치를 알고 있으므로 대차대조표 항등식으로부터 부채는 자산에서 자기자본을 차감하면 된다. 부채의 가치는 $544만6,000(= $1,200만− 655만4,000)가 된다.

연속복리 부채비용을 구하기 위해서는 부채의 현재가치 $544만 6,000와 6년 후 액면가 $1,000만를 이용하면 된다. 연속복리 부채비용 R_D는 아래와 같이 계산할 수 있다.

$$\$5.446 = \$10 \times e^{-R_D(6)}$$
$$0.5446 = e^{-R_D(6)}$$
$$R_D = -1/6 \times \ln(0.5446)$$
$$= 0.10$$

기업의 부채비용은 10%이다. 무위험이자율 6%와 비교하면 차이 4%는 채무불이행 위험프리미엄, 즉 기업의 채무불이행으로 채권자가 액면가 $1,000만보다 적게 받을 위험에 대한 보상으로 요구하는 부분이다.

그러면 앞서 계산한 옵션의 델타 0.0852는 어떻게 해석해야 하나? 콜옵션으로서의 자기자본을 평가한다는 맥락에서 보면, 이 델타는 자산가치 변화에 대한 자기자본 가치의 변화를 의미한다. 이는 고려해야 할 중요한 사항이다. 기업이 그 가치를 $10만 만큼 올릴 수 있는 (NPV가 $10만인) 프로젝트를 추진한다고 가정하자. 그러면 주식의 가치는 단지 $8만5,162만(=0.852 × $10만) 만큼 오를 것이다.[11] 왜 그럴까?

그 이유는 프로젝트 추진으로 자산가치가 증가할수록 기업의 채무불이행 가능성이 작아지기 때문이다. 그 결과 채권도 이득을 본다. 얼마나 이득을 보는 걸까? 답은 $1만 4,838(=$10만 − 8만5,162), 즉 주주가 얻지 못하는 가치만큼 이득을 본다.

옵션과 위험채권의 가치평가

앞서 논의한 자산의 시장가치가 $1,200만이고 만기 6년의 액면가 $1,000만의 무이표채를 발행한 기업을 계속해서 생각해 보자. 채권의 가치가 $544만6,000임을 계산을 통해 알고 있

11 델타는 기초자산 가치의 작은 변화에 대한 영향을 추정하기 위해 사용된다. 그러면 $10만는 델타 계산을 위한 충분히 작은 변화가 아니라고 생각할지 모른다. 그러나 "작다"는 의미는 상대적이다. $10만는 $1,200만에 비해서는 작은 수치이다.

다. 이 채권의 보유자는 채무불이행 위험을 제거하고자 한다. 다시 말하면 위험채권을 무위험채권으로 전환하려 한다. 어떻게 하면 되겠는가?

답은 채권자는 이 장의 앞에서 제시된 바와 같이 보호적 풋 전략을 취하는 것이다. 즉, 채권자가 자신의 채권이 결코 액면가 \$1,000만 이하가 되지 않도록 보장하는 것이다. 이를 위해 채권자는 6년 만기의 액면가 \$1,000만에 대한 풋옵션을 매수해야 한다. 이 풋옵션은 기업의 자산을 \$1,000만에 매도하는 옵션이다.

기업의 자산이 6년 후에 \$1,000만보다 크다면 주주는 채권자에게 \$1,000만를 지급할 것이다. 자산이 \$1,000만보다 작다면 주주는 채무불이행이 되고 채권자는 기업의 자산을 받게 될 것이다. 그러나 여기서 채권자는 풋옵션을 행사하여 자산을 \$1,000에 매도할 것이다. 어떤 경우에도 채권자는 \$1,000만를 받을 수 있다.

여기서 알 수 있는 점은 위험채권은 무위험채권과 기업의 자산에 대한 풋옵션의 합성과 동일하다는 것이다. 물론 풋옵션의 만기와 행사가격은 채권의 만기와 액면가와 같아야 한다.

$$\text{위험채권의 가치} + \text{풋옵션} = \text{무위험채권의 가치} \qquad [17.4]$$

예에서 부채의 액면가는 \$1,000만이고 무위험이자율은 6%이므로 무위험채권의 가치는 아래와 같다.

$$\begin{aligned}\text{무위험채권의 가치} &= \$1{,}000\text{만} \times e^{-0.06(6)} \\ &= \$697\text{만 } 7{,}000\end{aligned}$$

이 값을 위험채권의 가치 \$544만 6,000와 비교해 보면 풋옵션의 가치는 \$153만 1,000(=\$697만 7,000 − 544만 6,000)임을 알 수 있다. 무위험채권의 가치는 행사가격을 무위험이자율로 할인한 현재가치임 주목하라.

이제 이 풋옵션 가치가 맞는지 확인을 해보자. 기초자산의 가치가 \$1,200만, 콜옵션(주식)의 가치가 \$654만 4,000, 행사가격의 현재가치가 \$697만7,000이다. 이전에 학습한 PCP(put-call parity) 공식을 이용하면 다음과 같다.

$$\begin{aligned}P &= \$697\text{만}7{,}000 + 655\text{만}4{,}000 - 1{,}200\text{만} \\ &= \$153\text{만}1{,}000\end{aligned}$$

이 수치는 앞서 계산한 값과 정확하게 같다.

그러면 앞의 결과는 아래와 같이 다시 쓸 수 있다.

$$\begin{aligned}\text{위험채권의 가치} &= \text{무위험채권의 가치 풋옵션} \\ &= E \times e^{-Rt} - P \qquad [17.5]\end{aligned}$$

이는 풋옵션 가치를 증가시키는 어떤 것은 기업의 채권 가치를 감소시킨다는 것을 보여준다. 이 점을 염두에 두고 PCP 공식을 활용해 지금까지의 논의를 통합해 보자. PCP 공식을 기억해보면 아래와 같다.

$$S = C + E \times e^{-Rt} - P$$

여기서는 주식이 기초자산이다. 이제 기업의 자기자본을 기업의 자산에 대한 콜옵션으로 본다면 이 공식은 다음과 같이 해석될 수 있다

$$\text{자산가치}(S) = \text{주식가치}(C) + (E \times e^{-Rt} - P) \quad [17.6]$$

여기서 행사가격 E는 기업의 부채 액면가에 해당한다. 괄호 안의 항목은 앞서 논의한 기업의 위험채권 가치에 해당한다. 따라서 이 식은 아래와 같이 대차대조표 항등식으로도 표현될 수 있다.

$$\text{자산가치}(S) = \text{주식가치}(C) + \text{채권가치}(E \times e^{-Rt} - P) \quad [17.7]$$

보는 바와 같이 PCP 공식은 대차대조표 항등식을 의미한다. 여러분은 부채기업에서 자기자본과 부채를 옵션의 성격으로 인식함으로써 기업재무에 대한 이해의 폭을 넓힐 수 있다. 다음 절에서는 중요한 예들을 몇몇 들어보기로 한다.

17.10 옵션과 기업의 의사결정: 적용

이 절에서는 두 가지 중요한 영역인 자본예산과 합병에 옵션분석이 어떻게 적용되는지를 탐구한다. 먼저 합병에서 매우 놀라운 결과를 보게 될 것이다. 그러고 나서 계속해서 부채가 있는 기업에서 순현재가치법의 사용이 초래할 수 있는 문제점을 살펴보기로 한다.

합병과 다각화

합병과 인수가 이 교재의 다른 곳에서도 논의된다. 거기서 다각화(diversification)는 두 기업이 합병을 하는 이유로 자주 인용된다고 하였다. 다각화는 합병을 위한 좋은 이유가 되는가? 그럴지 모른다. 이들 장에서 다각화가 비체계적 위험을 제거할 수 있으므로 투자자에게 포트폴리오 관리를 위해 매우 중요하다고 설명하는데 많은 시간을 할애하였다.

이 이슈를 좀 더 알아보기 위해 두 기업 Sunshine Swimwear와 Polar Winterwear를 생각해 보자. 그 이름에서 알 수 있듯이 이들 기업의 현금흐름은 계절적으로 크게 차이를 보인다. 따라서 두 기업은 비수기 현금흐름에 대해 걱정하고 있다. 이들 기업이 합병을 한다면 합쳐진 기업의 현금흐름은 훨씬 안정적일 것이다. 다시 말하면, 합병은 현금흐름의 계절적 변동을 분산시켜 파산 가능성을 줄여줄 것이다.

두 기업의 영업이 매우 다르므로 이들 합병은 순수 "재무적(financial)" 합병이라고 가정하자. 이는 위험감소로부터 발생하는 이득 이외에 "시너지(synergy)"나 다른 가치창출의 가능성이 없음을 의미한다. 합병 전 정보는 다음과 같다.

	Sunshine Swimwear	Polar Winterwear
자산의 시장가치	3,000만	1,000만
순수할인채의 액면가	1,200만	4,000만
부채의 만기	3년	3년
자산수익률의 표준편차	50%	60%

무위험이자율은 연속복리로 5%이다. 각 기업의 자기자본을 콜옵션으로 간주하여 Black−Scholes OPM을 사용하여 이들 가치를 계산하면 아래와 같다(실제로 이들 값을 확인해 보라).

	Sunshine Swimwear	Polar Winterwear
자기자본의 시장가치	$2,042만4,000	1,000만
부채의 시장가치	$ 957만6,000	$299만9,000

이들 값(옵션 계산기 사용)은 표 17. 3을 이용하여 계산한 값과는 다소 다를 수 있다. 부채의 시장가치는 대차대조표 항등식을 사용하여 계산하였다.

합병 후 합쳐진 기업의 자산은 단순히 합병 전 가치의 합, 즉 $40(= $30 + $10)가 될 것이다. 왜냐하면 어떤 가치가 창출되지도 사라지지도 않았기 때문이다. 유사하게 부채의 총액면가는 이제 $1,600만이다. 그러나 합쳐진 기업의 자산수익률의 표준편차는 40%가 된다고 가정하자. 이 수치는 다각화의 효과 때문에 개별기업의 표준편차보다 작다.

그러면 이 합병은 어떤 영향을 미치겠는가? 이를 위해 합병 후 자기자본의 가치를 계산해 보자. 먼저 합쳐진 기업의 정보는 아래와 같다.

	합쳐진 기업
자산의 시장가치	$4,000만
순수할인채의 액면가	$1,600만
부채의 만기	3년
자산수익률의 표준편차	40%

다시 자기자본과 부채의 가치를 계산하면 아래와 같다.

	합쳐진 기업
자기자본의 시장가치	$2,664만6,000
부채의 시장가치	$1,335만4,000

이 합병은 최소한 주주의 입장에서는 끔찍한 생각임을 알 수 있다. 합병 전 두 개별기업의 자기자본의 합은 $2,742만5,000(= $2,042만4,000 + $700만1,000)인 데 비하여, 합병 후 합쳐진 기업의 자기자본의 가치는 단지 $2,664만6,000이다. 즉, 합병으로 인해서 $77만9,000(= $2,742만5,000 − $2,664만6,000)의 자기자본이 날아가버린 셈이다.

거의 $80만의 자기자본은 어디로 가버렸는가? 이는 채권자에게로 갔다. 채권의 가치는 합병 전에 $1,257만5,000(= $957만6,000 + 299만9,000)였으나, 합병 후에 $1,335만4,000로 정확하게 $77만9,000가 증가했다. 따라서 이 합병으로 가치가 창출되거나 없어지거나 하지는 않았지만 주주로부터 채권자에게로 가치가 이전하였다.

이 예는 순수 재무적 합병은 좋은 생각이 아니며 왜 그런가를 보여준다. 다각화는 기업의 자산수익률 변동성을 줄인다는 의미에서는 효과가 있다. 이러한 위험감소는 채무불이행의 가능성을 줄임으로써 채권자에게 이득이 된다. 이는 가끔 "공동보험(coinsurance)" 효과라고 불린다. 기업들은 합병을 통해 본질적으로는 서로의 채권을 보험에 든 셈이다. 이로 인해 채권의 위험은 감소하고 가치는 상승한다. 채권의 가치가 증가하고 자산의 가치가 변하지 않는다면, 자기자본의 가치는 감소해야 한다. 따라서 순수 재무적 합병은 채권자에게는 이익이 되지만 주주에게는 그렇지 않다.

다른 방법으로도 생각해 볼 수 있다. 자기자본은 콜옵션이므로 기초자산에 대한 수익률의 분산이 감소하면 자기자본의 가치는 줄어든다. 순수 재무적 합병의 경우에 발생하는 이러한 가치감소에 대해 흥미 있는 해석이 가능하다. 합병은 채무불이행(따라서 파산)의 가능성을 줄인다. 이는 채권자의 관점에서는 명백하게 이익이 되지만, 주주의 관점에서는 왜 손해가 되는가? 대답은 간단하다. 파산할 권리는 주주가 가지는 귀중한 옵션이다. 순수 재무적 합병은 이 옵션의 가치를 감소시킨다.

옵션과 자본예산

여기서는 자본예산에 관한 두 가지 이슈를 살펴보자. 먼저 부채가 있는 기업에서 주주는 NPV가 높은 프로젝트보다 낮은 프로젝트를 선호할 수 있음을 보게 될 것이다. 그러고 나서 주주는 심지어 NPV가 양(+)인 프로젝트보다 음(−)인 프로젝트를 선호할 수도 있음을 보게 될 것이다. 한 예를 들어 이들 논점을 설명하도록 한다. 기업에 대한 기본 정보는 아래와 같다.

자산의 시장가치	$2,000만
순수할인채의 액면가	$4,000만
부채의 만기	5년
자산수익률의 표준편차	50%

무위험이자율은 4%이다. 이미 여러 번 했듯이 Black-Scholes OPM을 사용하여 자기자본과 부채의 가치를 계산하면 아래와 같다.

자기자본의 시장가치	$574만4,000
부채의 시장가치	$1,425만6,000

이 기업의 레버리지는 꽤 높다. 시장가치에 근거한 부채비율은 2.5(= $14.256/5.744) 또는 250%이다. 이 수치는 높지만 전례가 없을 정도는 아니다. 여기서 옵션은 외가격이며 따라서 델타는 0.547이라는 데 주목하라.

이 기업은 상호배타적인 두 프로젝트를 고려하고 있다. 프로젝트가 기업자산의 시장가치와 자산수익률의 표준편차에 미치는 영향은 아래와 같다.

	프로젝트 A	프로젝트 B
NPV	$400만	$200만
자산의 시장가치(2,000만 + NPV)	$2,400만	$2,200만
자산수익률의 표준편차	40%	60%

어느 프로젝트가 더 나은가? 프로젝트 A의 NPV가 명백히 더 높지만, 이제는 기업자산에 대한 수익률의 표준편차가 어떻게 변하는가를 주시하지 않을 수 없다. 한 프로젝트는 표

준편차를 줄이고, 다른 프로젝트는 그것을 증가시킨다. 주주가 어느 프로젝트를 더 좋아하는지를 보기 위해 매우 익숙해진 계산들이 다시 필요하다. 그 결과는 아래와 같다.

	프로젝트 A	프로젝트 B
자기자본의 시장가치	$596만5,000	$875만1,000
부채의 시장가치	$1,803만5,000	$1,324만9,000

이들 두 프로젝트 사이에는 극적인 차이가 있다. 프로젝트 A는 주주와 채권자 모두에게 이득이 되지만, 이득의 대부분은 채권자에게로 돌아간다. 프로젝트 B는 자기자본의 가치를 크게 증가시키지만 부채의 가치를 감소시킨다. 분명히 주주는 프로젝트 B를 선호할 것이다.

이러한 분석으로부터 무엇을 알 수 있는가? 기본적으로 두 가지를 알 수 있다. 첫째, 자기자본의 델타가 1.0보다 크게 작을 때, 창출된 가치의 일부는 채권자에게 돌아간다. 둘째, 주주는 자산수익률의 변동성을 증가시키려는 강한 인센티브를 지니게 된다. 더 구체적으로 말하면, 주주는 변동성을 감소시키는 프로젝트보다는 NPV가 더 낮더라도 변동성을 증가시키는 프로젝트를 더 선호할 것이다. 마지막으로 한 예를 더 살펴보자. 기업에 대한 정보는 아래와 같다.

자산의 시장가치	$2,000만
순수할인채의 액면가	$1억
부채의 만기	5년
자산수익률의 표준편차	50%

무위험이자율은 4%이다. 자기자본과 부채의 가치는 다음과 같다.

자기자본의 시장가치	$201만2,000
부채의 시장가치	$1,798만8,000

이전 예에서와 다른 점은 부채의 시장가치가 이제 $1억라서 옵션이 심외가격(far out of the money)이라는 점이다. 델타는 단지 0.241이므로 창출된 가치의 대부분이 채권자에게 돌아갈 것이다. 이 기업은 지금 택해야 하는지 말아야 하는지의 투자를 결정해야 한다. 이 프로젝트가 기업자산의 시장가치와 자산수익률의 표준편차에 미치는 영향은 아래와 같다.

프로젝트 NPV	-$100만
자산의 시장가치($2,000만 + NPV)	$1,900만
자산수익률의 표준편차	70%

이 프로젝트는 NPV가 음(−)이지만 기업자산에 대한 수익률의 표준편차를 증가시킨다. 기업이 프로젝트를 택한다면 그 결과는 아래와 같다.

자기자본의 시장가치	$483만4,000
부채의 시장가치	$1,416만6,000

이 프로젝트는 자기자본의 가치를 두 배 이상 증가시킨다. 따라서 주주는 여기서도 변동성을 증가시키려는 강한 인센티브를 지니게 된다. 특히 옵션이 심외가격일 때 더욱 그러하

다. 이러한 상황이 발생하는 이유는 기업의 파산 가능성이 큰 경우에 주주는 상대적으로 잃을 게 훨씬 적기 때문이다. 그 결과, 승산이 낮은 도박(long shot)이 음(−)의 NPV를 갖더라도 이를 추구하려는 인센티브가 증가하게 된다. 이는 마지막으로 남아있는 $1를 로또복권을 사는 데 사용하는 것과 흡사하다. 이러한 투자는 바람직하지 않지만 다른 옵션들은 별로 없어 보인다.

요약 및 결론 Summary and Conclusions

이 장은 옵션에 대한 소개를 다룬다.

1. 가장 익숙한 옵션은 콜과 풋이다. 이들 옵션은 소지자에게 주어진 행사가격으로 주식을 사거나 팔 수 있는 권리를 준다. 아메리칸 옵션은 만기일 또는 그 이전에 언제든지 행사될 수 있다. 유로피안 옵션은 단지 만기일에만 행사될 수 있다.
2. 주식을 매입하고 풋을 매입하는 전략은 콜과 무이표채를 매입하는 전략과 동등하다는 것을 보았다. 이로부터 도출된 풋-콜 패러티 관계는 다음과 같다.

   주식의 가치 + 풋의 가치 - 콜의 가치 = 행사가격의 현재가치

3. 옵션의 가치는 다섯 가지 요인에 달려있다.
   a. 기초자산의 가격
   b. 행사가격
   c. 만기일
   d. 기초자산 수익률의 변동성
   e. 무위험채권의 이자율

   Black-Scholes 모형은 이들 요인을 이용하여 옵션의 내재가치를 결정할 수 있도록 해 준다.
4. 주주와 채권자의 포지션은 콜옵션과 풋옵션의 견지에서 표현될 수 있다.

개념문제 Concept Questions

1. **옵션** 콜옵션이란 무엇인가? 풋옵션이란 무엇인가? 어떤 상황에서 이들 옵션을 사려 하겠는가? 어느 옵션의 잠재적 이익이 더 큰가? 왜 그런가?
2. **옵션** 다음 투자자들에 대해 각각 다음의 문장을 완성하라.
   a. 콜옵션의 매수자
   b. 풋옵션의 매수자
   c. 콜옵션의 매도자(발행자)
   d. 풋옵션의 매도자(발행자)

   "(풋/콜) 옵션의 (매수자/매도자)는 고정된 기간 동안 고정된 가격으로 특정 자산을 (살/팔) (권리/의무)를 위해 돈을 (지급한다/받는다)"
3. **아메리칸 옵션과 유로피안 옵션** 아메리칸 옵션과 유로피안 옵션의 차이는 무엇인가?

4. **내재가치** 콜옵션의 내재가치란 무엇인가? 풋옵션의 내재가치란 무엇인가? 이 가치를 어떻게 해석할 수 있는가?
5. **옵션가격 결정** Patel사의 주식이 주당 $50로 팔리고 있다. 행사가격이 $35인 콜옵션이 $10에 팔린다. 여기서 뭐가 잘못된 걸까? 옵션의 만기일이 오늘이라면 이러한 가격오류를 어떻게 이용할 수 있는지를 설명하라.
6. **옵션과 주식의 위험** 주식의 위험이 증가한다면, 주식에 대한 콜옵션의 가격은 어떻게 될 것 같은가? 풋옵션의 가격은 어떻게 될 것 같은가? 왜 그런가?
7. **옵션과 비체계적 위험** 참 또는 거짓을 판단하라. 주식의 비체계적 위험은 분산될 수 있기 때문에 주식가치를 결정하는 데 무관하다. 따라서 주식에 대한 콜옵션의 가치를 결정하는 데도 무관하다. 설명하라.
8. **옵션가격결정** 어떤 주식이 현재 주당 $30에 팔린다고 가정하자. 행사가격이 $30인 풋옵션과 콜옵션이 있다면, 어느 옵션이 더 비싸게 팔릴 것이라고 생각하는가? 설명하라.
9. **옵션가격과 이자율** 재정증권에 대한 이자율이 갑자기 예기치 않게 오른다고 가정하자. 다른 모든 상황이 같다면, 이는 콜옵션의 가치에 대해 어떠한 영향을 주겠는가? 풋옵션의 가치에는 어떠한 영향을 주겠는가?
10. **우발채무** 미국에선 통상적으로 학자금대출을 받을 때 보통 미국정부가 보증을 선다. 이는 채무자가 돈을 갚지 못하면 정부가 대신 갚아준다는 것을 의미한다. 학자금 대출은 미국정부가 보증을 서는 대출들 중의 한 예에 불과하다. 이러한 보증은 정부지출의 계산이나 공적인 결손액에 나타나지 않는다. 왜 그런가? 이들 보증은 반영되어야 하는가?
11. **옵션과 만기일** 만기일까지 기간이 길어지면 옵션의 가치는 어떻게 되겠는가? 설명하라.
12. **옵션과 주가변동성** 주식수익률의 변동성이 증가하면 옵션의 가치는 어떻게 되겠는가? 설명하라.
13. **옵션으로서의 보험** 보험정책은 옵션과 유사한 것으로 간주된다. 보험계약자의 관점에서 보험정책은 어떤 유형의 옵션인가? 왜 그런가?
14. **콜옵션으로서의 자기자본** 부채가 있는 기업의 주주는 기업자산에 대한 콜옵션을 소지하고 있는 것으로 생각될 수 있다. 이 진술이 무엇을 의미하는지를 설명하라.
15. **옵션가치평가와 NPV** 당신은 Titan Industries의 CEO이며 방금 거액의 스톡옵션을 부여 받았다고 가정하자. 이 기업은 상호배타적 두 프로젝트를 갖고 있다. 첫 번째 프로젝트는 NPV가 크며 기업의 총위험을 감소시킬 것이다. 두 번째 프로젝트는 NPV가 작으며 기업의 총위험을 증가시킬 것이다. 당신은 스톡옵션을 보유하고 있음을 감안하여 첫 번째 프로젝트를 택하기로 결정했다. 스톡옵션은 이와 같은 결정에 어떻게 영향을 주었겠는가?
16. **풋-콜 패러티** 행사가격과 만기일이 같은 풋과 콜이 있다. 풋과 콜의 상대적 가격에 관해서 무엇을 알 수 있는가? 대답을 증명하고 직관적인 설명을 제시하라.
17. **풋-콜 패러티** 행사가격과 만기일이 같은 풋과 콜이 있다. 두 옵션의 가격이 같다면, 어느 옵션이 내가격인가? 대답을 증명하고 직관적인 설명을 제시하라.
18. **풋-콜 패러티** 풋-콜 패러티는 주식, 콜, 풋, 재정증권 중에서 세 가지를 알면, 남아있는 하나는 이들을 이용하여 합성되거나 모방될 수 있음을 말한다. 예를 들어, 콜, 풋, 재정증권을 이용하여 어떻게 주식을 모방할 수 있는가?

연습문제 Questions and Problems

connect

기초
(문제 1~14번)

1. **옵션시세표의 이해** 다음의 옵션시세표를 참고하여 다음 질문에 답하라. 주식은 현재 $77에 팔리고 있다.

OPTION AND NY CLOSE	EXPIRATION	STRIKE PRICE	Calls		Puts	
			VOL.	LAST	VOL.	LAST
RWJ						
	Mar	75	230	1.90	160	0.80
	Apr	75	170	6.00	127	1.40
	Jul	75	139	8.05	43	3.90
	Oct	75	60	10.20	11	3.65

a. 콜옵션은 내가격인가? RWJ사 콜옵션의 내재가치는 얼마인가?

b. 풋옵션은 내가격인가? RWJ사 풋옵션의 내재가치는 얼마인가?

c. 옵션들 중에서 두 개는 가격이 잘못 매겨져 있다. 어느 것들인가? 가격이 잘못 매겨진 옵션들은 최소한 얼마에 팔려야 하는가? 각 경우에 가격오류로부터 어떻게 이익을 낼 수 있는지 설명하라.

2. **손익 계산** 다음의 옵션시세표를 참고하여 다음 질문에 답하라. 주식은 현재 $93에 팔리고 있다.

OPTION AND NY CLOSE	EXPIRATION	STRIKE PRICE	Calls		Puts	
			VOL.	LAST	VOL.	LAST
Macrosoft						
	Feb	90	85	2.85	40	1.13
	Mar	90	61	5.25	22	4.05
	May	90	22	7.78	11	5.94
	Aug	90	3	10.20	3	9.12

a. February 90 콜옵션을 10계약 매수한다고 가정하자. 얼마를 지불해야 하는가? 수수료는 무시하라.

b. (a)에서 Macrosoft 주식은 만기일에 주당 $96에 팔리고 있다고 가정하자. 매수한 옵션의 가치는 얼마인가? 종가가 $107라면 얼마인가? 설명해 보라.

c. August 90풋옵션을 10계약 매수한다고 가정하자. 얻을 수 있는 최대한의 이득은 얼마인가? 만기일에 Macrosoft 주식은 주당 $83에 팔리고 있다. 매수한 옵션의 가치는 얼마인가? 순이익은 얼마인가?

d. (c)에서 August 90풋옵션을 10계약 매도한다고 가정하자. Macrosoft 주식이 만기일에 $88에 팔리고 있다면, 순이익 또는 순손실은 얼마인가? $98에 팔리고 있다면 얼마인가? 손익분기가격, 즉 이익이 0이 되기 위해서 종가는 얼마가 되어야 하는가?

3. **풋-콜 패러티** 어느 주식이 현재 주당 $51에 팔리고 있다. 행사가격이 $55이고 만기가 3개월 남은 콜옵션이 $2.79에 팔린다. 무위험이자율이 연속복리로 연 3.9%라면, 행사가격이 같은 풋옵션의 가격은 얼마인가?

4. **풋-콜 패러티** 만기가 5개월 남고 행사가격이 $60인 풋옵션이 $3.19에 팔린다. 주가는 현재 $57이며, 무위험이자율은 연속복리로 연 4.1%이다. 행사가격이 같은 콜옵션의 가격은 얼마인가?

5. **풋-콜 패러티** 행사가격이 $50이고 만기가 3개월 남은 풋옵션과 콜옵션이 각각 $3.87와 $4.89로 팔린다. 무위험이자율이 연속복리로 연 2.7%라면, 현재주가는 얼마인가?

6. **풋-콜 패러티** 행사가격이 $80이고 만기가 4개월 남은 풋옵션과 콜옵션이 각각 $7.05와 $11.74로 팔린다. 주가가 현재 $94.13라면, 연속복리로 연이자율은 얼마인가?

7. **Black-Scholes 모형** 다음 정보를 바탕으로 콜옵션과 풋옵션의 가격을 계산하라.

주가 = $79
행사가격 = $75
무위험이자율 = 연속복리로 연 4%
만기 = 3개월
표준편차 = 연 47%

8. **Black-Scholes 모형** 다음 정보를 바탕으로 콜옵션과 풋옵션의 가격을 계산하라.

주가 = $87
행사가격 = $90
무위험이자율 = 연속복리로 연 3%
만기 = 2개월
표준편차 = 연 49%

9. **델타** 다음 정보를 바탕으로 콜옵션과 풋옵션의 델타를 계산하라. 옵션의 델타는 무엇을 의미하는가?

주가 = $68
행사가격 = $60
무위험이자율 = 연속복리로 연 5%
만기 = 9개월
표준편차 = 연 43%

10. **Black-Scholes 모형과 자산가치** 당신이 Florida주 Key West에 땅을 소유하고 있으나 현재는 사용하지 않고 있다. 유사한 땅들이 최근에 $110만에 팔렸다. 지난 5년간에 걸쳐 이 지역의 땅 가격은 연 7% 상승하였으며, 그 표준편차는 연 25%이다. 한 구매자가 최근에 찾아와서 앞으로 12개월 이내에 $130만에 이 땅을 살 수 있는 옵션을 원하고 있다. 무위험이자율은 연속복리로 연 5%이다. 당신은 얼마에 이 옵션을 매도해야 하는가?
11. **Black-Scholes 모형과 자산가치** 앞 문제에서 당신이 구매자에게 1년 이내에 그 땅을 팔 수 있는 옵션을 원한다고 가정하자. 다른 사항들은 모두 같다면, 어떤 거래가 오늘 일어날 수 있겠는가? 오늘 이 거래의 가격은 얼마인가?
12. **옵션의 시간가치** 특정 주식에 대한 옵션 정보가 다음과 같다.

주가 = $68
행사가격 = $70
무위험이자율 = 연속복리로 연 4%
만기 = 6개월
표준편차 = 연 54%

a. 콜옵션의 내재가치는 얼마인가? 풋옵션의 내재가치는 얼마인가?
b. 콜옵션의 시간가치는 얼마인가? 풋옵션의 시간가치는 얼마인가?
c. 시간가치가 차지하는 비중은 콜에서 더 높은가? 풋에서 더 높은가? 이는 일반적으로 사실인가?

13. **위험중립 가치평가** 어느 주식이 현재 $66에 팔린다. 이 주식은 내년에 13% 상승하거나 하락할 것이다. 행사가격이 $60이며 만기가 1년 남은 이 주식에 대한 콜옵션이 있다. 무위험이자율이 6%이라면, 콜옵션의 위험중립가치는 얼마인가?
14. **위험중립 가치평가** 앞의 문제에서 무위험이자율이 다만 4%라고 가정하자. 이제 이 옵션의 위험중립가

치는 얼마인가? 주가상승과 주가하락의 위험중립확률은 어떻게 변하는가?

보통
(문제 15~25번)

15. **Black-Scholes 모형** 만기가 6개월 남은 콜옵션이 있다. 기초주식의 가격은 $75이며, 주식수익률의 표준편차는 연 20%이다. 무위험이자율은 연속복리로 연 4%이다. 행사가격이 $0라면, 콜옵션의 가격은 얼마인가?

16. **Black-Scholes 모형** 행사가격이 $70이며 만기가 6개월 남은 콜옵션이 있다. 현재주가는 $74이며, 무위험이자율은 연속복리로 연 4%이다. 주식수익률의 표준편차가 연 0%라면, 콜옵션의 가격은 얼마인가?

17. **Black-Scholes 모형** 어느 주식의 현재가격이 $35이다. 만기가 1년 남아 있고 행사가격이 $40인 콜옵션이 이용 가능하다. 무위험이자율은 연속복리로 연 3%이며, 주식수익률의 표준편차는 무한대로 크다. 이 콜옵션의 가격은 얼마인가?

18. **옵션으로서의 자기자본** Sunburn Sunscreen사는 만기가 1년 남아 있고 액면가가 $1만2,000인 무이표채를 발행한 상태이다. 기업자산의 현재 시장가치는 $1만3,800이다. 자산수익률의 표준편차는 연 32%이며, 무위험이자율은 연속복리로 연 6%이다. Black-Scholes 모형에 근거하면, 이 기업의 자기자본과 부채의 시장가치는 얼마인가?

19. **옵션으로서의 자기자본과 NPV** 앞의 문제에서 이 기업은 상호배타적인 두 개의 프로젝트를 검토하고 있다. 프로젝트 A의 NPV는 $800이며, 프로젝트 B의 NPV는 $1,300이다. 이 기업이 프로젝트A를 택하면, 자산수익률의 표준편차는 연 50%로 증가할 것이다. 프로젝트 B를 택하면, 표준편차는 연 23%로 떨어질 것이다.
   a. 프로젝트 A를 택한다면, 이 기업의 자기자본과 부채의 가치는 얼마인가? 프로젝트 B를 택한다면 얼마인가?
   b. 주주는 어느 프로젝트를 선호하겠는가? 당신의 대답은 NPV 규칙과 조화될 수 있는가?
   c. 주주와 채권자는 사실상 같은 투자자라고 가정하자. 이는 (b)에서의 답에 영향을 미치겠는가?
   d. 이 문제는 주주의 인센티브에 관해 무엇을 암시하는가?

20. **옵션으로서의 자기자본** Frostbite Thermalwear사는 만기가 1년 남아 있고 액면가가 $2만인 무이표채를 발행한 상태이다. 기업자산의 시장가치는 $2만1,900이다. 자산수익률의 표준편차는연 34%이며, 무위험이자율은 연속복리로 연 6%이다. Black-Scholes 모형에 근거하면, 이 기업의 자기자본과 부채의 시장가치는 얼마인가? 이 기업의 부채비용은 연속복리로 얼마인가?

21. **옵션으로서의 자기자본과 NPV** 어느 기업이 액면가가 $1,000만이고 만기가 10년 남은 무이표채를 발행한 상태라고 가정하자. 기업자산의 현재가치는 $880만이며, 자산수익률의 표준편차는 연 47%이다. 무위험이자율은 연속복리로 연 6%이다.
   a. 자기자본의 현재 시장가치는 얼마인가?
   b. 부채의 현재 시장가치는 얼마인가?
   c. 부채비용은 연속복리로 얼마인가?
   d. 이 기업은 NPV가 $110만인 새로운 프로젝트의 추진을 검토하고 있다. 이 프로젝트를 추진한다면, 자기자본의 새로운 시장가치는 얼마가 되겠는가? 자산의 변동성은 변하지 않는다고 가정하자.
   e. 기업이 이 프로젝트를 추진하고 자금차입을 추가로 하지 않는다면, 부채비용은 이제 연속복리로 얼마인가? 어떻게 해서 이렇게 된 걸까?

22. **이항옵션가격결정모형** Ken은 Southeastern Airlines의 (배당을 하지 않는) 주식에 대한 유로피안 콜옵션을 매입하려고 한다. 이 콜옵션의 행사가격은 $70이며, 만기까지 남은 기간은 1년이다. Southeastern의 주식은 현재 주당 $74에 팔린다. Ken은 Southeastern의 주식이 1년 후에 $85 또는 $59가 될 것으로 예상한다. Ken은 5.5%의 무위험이자율로 차입과 대부가 가능하다.

a. 이 콜옵션은 오늘 얼마에 팔려야 하는가?

b. 주식에 대한 옵션이 현재 거래되고 있지 않다면, 앞에서 기술한 콜옵션의 손익과 동일한 손익을 가져다 줄 수 있는 합성콜옵션(synthetic call option)을 만들 수 있는 방법이 있는가? 방법이 있다면, 어떻게 만들 수 있는가?

c. 이 합성콜옵션에는 비용이 얼마나 소요되는가? 이 비용은 실제 콜옵션의 비용보다 큰가 작은가? 이는 이해가 되는가?

23. **이항옵션가격결정모형** Rob은 BioLabs사의 (배당을 하지 않는) 주식에 대한 유로피안 풋옵션을 매입하려고 한다. 이 풋옵션의 행사가격은 $70이며, 만기까지 남은 기간은 6개월이다. BioLab의 주식은 현재 주당 $66에 팔리고 있다. Rob은 6개월 후에 주가가 $79로 오르거나 $58로 떨어질 것으로 예상한다. Rob은 4.3%의 무위험이자율로 차입과 대출이 가능하다.

a. 이 풋옵션은 오늘 얼마에 팔려야 하는가?

b. 주식에 대한 옵션이 현재 거래되고 있지 않다면, 위에서 기술한 풋옵션의 손익과 동일한 손익을 가져다 줄 수 있는 합성풋옵션(synthetic put option)을 만들 수 있는 방법이 있는가? 방법이 있다면, 어떻게 만들 수 있는가?

c. 이 합성풋옵션에는 비용이 얼마나 소요되는가? 이 비용은 실제 풋옵션의 비용보다 큰가 작은가? 이는 이해가 되는가?

24. **이항옵션가격결정모형** Maverick Manufacturing사는 영업을 위해 3개월 이내에 금을 구입해야 한다. Maverick의 경영진은 금 가격이 온스당 $1,390 이상으로 오른다면 기업이 파산할 것으로 예상한다. 현재 금 가격은 온스당 $1,330이다. 이 기업의 재무담당 최고경영자는 금 가격이 앞으로 3개월에 걸쳐 $1,490로 오르거나 $1,140로 떨어질 것으로 보고 있다. 경영진은 파산의 위험을 제거하고자 한다. Maverick은 4%의 무위험이자율로 차입과 대부가 가능하다.

a. 이 기업은 금에 대한 콜옵션이나 풋옵션을 매입해야 하는가? 이 기업이 파산을 피하려면 행사가격이 얼마이고 만기가 얼마나 남은 옵션을 매입해야 하는가?

b. 공개시장에서 이러한 옵션은 얼마에 팔려야 하는가?

c. 금에 대한 옵션이 현재 거래되고 있지 않다면, 위에서 기술한 옵션의 손익과 동일한 손익을 가져다 줄 수 있는 합성옵션을 만들 수 있는 방법이 있는가? 방법이 있다면, 어떻게 만들 수 있는가?

d. 이 합성옵션에는 비용이 얼마나 소요되는가? 이 비용은 실제 옵션의 비용보다 큰가 작은가? 이는 이해가 되는가?

25. **Black-Scholes 모형과 칼라(collar) 비용** 투자자가 자산을 사고, 자산에 대한 외가격 풋옵션을 사고, 자산에 대한 외가격 콜옵션을 판다면, 그 투자자는 '칼라(collar)'의 포지션을 취하고 있다고 말한다. 두 옵션들의 만기는 같아야 한다. 가령 Marie가 Hollywood사의 (배당을 하지 않는) 주식에 대한 칼라를 매입하려 한다고 가정하자. 그녀는 풋의 행사가격은 $55이며 콜의 행사가격은 $65이기를 원한다. Hollywood 주식의 현재가격은 주당 $59이다. Marie는 연 4.7%의 연속복리 무위험이자율로 차입과 대부가 가능하며, 주식수익률의 표준편차는 연 45%이다. Black-Scholes 모형을 이용하여 Marie가 사려는 칼라의 총비용을 계산하라. 이 칼라는 어떤 효과를 지니는가?

도전
(문제 26~35번)

26. **합병과 옵션으로서의 자기자본** Sunburn Sunscreen(문제 18번)과 Frostbite Thermalwear(문제 20번)는 합병하기로 했다고 가정하자. 두 기업의 매출은 계절적 요인에 상이한 영향을 받기 때문에 합쳐진 기업의 자산수익률 표준편차는 연 16%로 줄어든다고 하자.

a. 개별기업 자기자본 가치의 합은 얼마인가? 부채가치의 합은 얼마인가?

b. 합쳐진 기업의 자기자본 가치는 얼마인가? 부채가치는 얼마인가?

c. 주주에게 이득 또는 손실은 얼마인가? 채권자에게는 어떠한가?

d. 주주가치(자기자본의 가치)는 이제 어떻게 달라졌는가?

27. **부채의 가치평가와 만기까지의 기간** Eagle Industries는 만기가 2년 남아 있고 액면가가 $10만인 무이표채를 발행한 상태이다. 기업자산의 현재가치는 $8만1,000이며, 자산수익률의 표준편차는 연 60%이다.

a. 무위험이자율이 연속복리로 연 5%라고 가정하자. 이 기업의 채권과 만기와 액면가 같은 무위험채권의 가치는 얼마인가?

b. 채권자는 행사가격이 부채의 액면가와 같은, 기업자산에 대한 풋옵션을 매입하기 위해 얼마를 지불해야 하겠는가?

c. (a)와 (b)의 답을 이용하여 부채의 가치를 계산하라. 부채의 연속복리 수익률은 얼마인가?

d. 이 기업의 자산가치와 2년 이내에 상환해야 하는 채무상황을 고려할 때, 이 기업은 부채를 갚기 힘들 것으로 보인다. 경영진은 채권자에게 부채(액면가)를 5년 후에 갚겠다는 계획을 제안했다. 이 제안하에서 부채의 가치는 얼마인가? 부채의 연속복리 수익률은 이제 얼마인가? 왜 이렇게 되는지를 설명하라.

28. **부채의 가치평가와 자산변동성** Watson사는 만기가 5년 남아 있고 액면가가 $8만5,000인 무이표채를 발행한 상태이다. 기업자산의 현재가치는 $6만9,000이며, 자산수익률의 표준편차는 연 50%이다. 무위험이자율은 연속복리로 6%이다.

a. 이 기업의 채권과 액면가와 만기가 같은 무위험채권의 가치는 얼마인가?

b. 행사가격이 부채의 액면가와 같은, 기업자산에 대한 풋옵션의 가치는 얼마인가?

c. (a)와 (b)에서의 답을 이용하여 부채의 가치를 계산하라. 부채의 연속복리 수익률은 얼마인가?

d. 이 기업은 자산주익률의 표준편차가 연 60%로 증가하도록 자산을 재구성할 수 있다고 가정하자. 부채의 가치는 어떻게 달라지는가? 부채의 연속복리 수익률은 얼마인가? (c)와 (d)에서의 답과 비교하라.

e. 이 기업이 자산을 재구성한다면, 채권자에게는 무슨 일이 일어나는가? 주주에게는 무슨 일이 일어나는가? 이는 어떻게 해서 대리인문제를 야기시키는가?

29. **이항옵션가격결정모형과 기업의 가치평가** 부채와 자기자본을 모두 사용하는 건설업체인 Master Real Estate사는 새로운 프로젝트에 착수하고 있다. 이 프로젝트가 성공한다면 1년 후 기업의 가치는 $1억1,000만가 될 것이며, 실패한다면 기업의 가치는 단지 $7,000만가 될 것이다. 이 기업의 현재가치는 $9,600만이며, 이는 새로운 프로젝트에 대한 전망을 포함한 수치이다. 이 기업은 액면가가 $8,900만이며 만기가 1년 남아 있는 무이표채를 발행한 상태이다. 만기가 1년 남은 재정증권의 수익률은 7%이다. 이 기업은 배당을 하지 않는다.

a. 이항옵션가격결정모형을 이용하여 이 기업의 부채와 자기자본의 현재가치를 구하라.

b. 이 기업의 발행주식수가 30만주라고 가정하면, 자기자본의 주당가격은 얼마인가?

c. 이 기업의 부채의 시장가치와(이 기업의 부채와 액면가가 동일한) 1년 만기 무위험채권의 현재가치를 비교하라. 기업의 부채가치가 무위험채권의 부채가치보다 큰가 작은가? 이는 이해가 되는가? 이들 가치에서 차이가 나는 것은 어떤 요인들 때문인가?

d. 이 기업의 경영진은 앞서 설명한 프로젝트 대신에 훨씬 더 위험한 프로젝트를 추진하기로 한다고 가정하자. 기업의 가치는 연말까지 $1억2,500만로 상승하거나 $6,000만로 하락할 것이다. 놀랍게도 경영진은 더 위험한 프로젝트를 택한다면 기업의 가치는 정확히 $9,600을 유지할 것으로 보고 있다. 기업이 이 프로젝트를 추진하는 경우 부채와 자기자본의 가치가 얼마나 되는지를 이항옵션가격결정모형을 이용하여 결정하라. 기업이 이 프로젝트를 추진한다면 주가는 얼마가 되겠는가? 채권자는 어느 프로젝트를 선호하겠는가?

30. **Black-Scholes와 배당** 이 장에서 논의된 5가지 요인에 추가로, 배당은 옵션의 가격에 영향을 미친다. 배당을 하는 주식에 적용되는 Black-Scholes 옵션가격결정모형은 다음과 같다.

$$C = S \times e^{-dt} \times N(d_1) - E \times e^{-Rt} \times N(d_2)$$
$$d_1 = [\ln(S/E) + (R - d + \sigma^2/2) \times t]/(\sigma \times \sqrt{t})$$
$$d_2 = d_1 - \sigma \times \sqrt{t}$$

주식의 연속복리 배당수익률을 나타내는 변수 d 이외에, 모든 다른 변수들은 배당을 하지 않는 경우의 Black-Scholes 모형과 같다.

a. 배당수익률은 콜옵션의 가격에 어떤 영향을 미칠 것으로 생각되는가? 설명하라.

b. 어느 주식의 주가가 현재 $96이며, 주식수익률의 표준편차는 연 50%이고, 무위험이자율은 연속복리로 연 5%이다. 주식의 배당수익률이 연 2%라면, 행사가격이 $95이고 만기가 4개월 남은 콜옵션의 가격은 얼마인가?

31. **풋-콜 패러티와 배당** 배당을 하는 경우에 풋-콜 패러티 조건은 바뀐다. 배당금을 조정한 풋-콜 패러티 공식은 다음과 같다.

$$S \times e^{-dt} + P = E \times e^{-Rt} + C$$

여기서 d는 연속복리 배당수익률이다.

a. 배당수익률은 콜옵션의 가격에 어떤 영향을 미칠 것으로 생각되는가? 설명하라.

b. 앞 문제에서의 콜옵션과 행사가격과 만기가 같은 풋옵션의 가격은 얼마인가?

32. **풋 델타** 풋옵션의 델타는 'N(d_1) - 1'이다. 이는 '-N(-d_1)'와 같은가? (힌트: 같지만 왜 그런가?)

33. **Black-Scholes의 풋가격결정모형** Black-Scholes 콜옵션가격결정모형, 풋-콜 패러티, 앞의 문제를 이용하여 Black-Scholes 풋옵션가격결정모형이 다음과 같이 됨을 보여라.

$$P = E \times e^{-Rt} \times N(-d_2) - S \times N(-d_1)$$

34. **Black-Scholes** 어느 주식이 현재 $50에 팔린다. 이 주식은 배당을 하지 않는다. 무위험이자율은 연속복리로 연 12%이며, 주식수익률의 표준편차는 연 60%이다. 이 주식에 대한 유로피안 콜옵션의 행사가격은 $100이고 만기는 무한대로 길다. Black-Scholes를 이용하여 콜옵션의 가치를 결정하라. 여기서 어떤 모순이 있음을 알 수 있는가? 이 모순을 해결할 방법이 있는가?

35. **델타** 행사가격과 만기가 같은 콜을 하나 매수하고 풋을 하나 매도한다고 하자. 이 포트폴리오의 델타는 얼마인가? 왜 그런가?

웹 정보 이용하여 문제풀기 What s on the web?

1. **Black-Scholes** www.option-price.com에서 주식옵션계산기를 찾아보라. 만기가 30일 남아 있고 행사가격이 $50인 주식에 대한 콜옵션과 풋옵션이 있다고 하자. 현재주가는 $51.20이다. 주식수익률의 표준편차는 연 60%이며, 무위험이자율은 연속복리로 연 4.8%이다. 콜과 풋의 가격은 얼마인가? 델타는 각각 얼마인가?

2. **Black-Scholes** www.cboe.com에서 옵션계산기를 찾아보라. 주가는 현재 $93이며, 주식수익률의 표준편차는 연 48%이다. 행사가격이 $90인 옵션들이 이용 가능하며, 무위험이자율은 연속복리로 연 5.2%이다. 만기일이 다음 달인 콜과 풋의 가격은 얼마인가? 델타는 각각 얼마인가? 행사가격이 $95라면 답들은 어떻게 달라지는가?

3. **배당을 하는 경우 Black-Scholes** 배당수익률이 연 2%라고 가정하면서 앞의 두 문제를 다시 계산해

보라. 답은 어떻게 달라지는가? 배당이 어떻게 해서 이러한 영향을 미치는지를 설명할 수 있는가?

Excel 로 풀어보기 Excel Master it! Problem

ExcelMaster coverage online
www.mhhe.com/RossCore6e

회전자(spinner)와 스크롤(scroll)바 외에도 엑셀에는 많은 다른 컨트롤(control)들이 있다. 본 과제를 위해 이들 컨트롤을 몇 개 이용하여 Black-Scholes 옵션가격결정모형의 스프레드시트를 만들 필요가 있다.

a. 버튼들은 항상 세트로 사용된다. 당신은 버튼으로 한 옵션을 체크할 수 있으며, 스프레드시트에는 그렇게 입력될 것이다. 이 경우, 당신은 콜옵션과 풋옵션에 대해 각각의 버튼을 만들 필요가 있다. 스프레드시트를 사용하는 데 있어 당신이 콜옵션을 클릭하면 스프레드시트는 콜옵션의 가격을 계산할 것이고 풋옵션을 클릭하면 풋옵션의 가격을 계산할 것이다. 셀B20이 공란으로 되어 있는 그 다음 스프레드시트를 주목해보자. 이 셀은 명칭은 바꾸어야 한다. 그 명칭은 '콜옵션 가격'과 '풋옵션가격'이 되어야 한다. 가격 셀에는 어느 버튼이 선택되는가에 따라 콜옵션과 풋옵션의 가격만 표시된다. 버튼은 서식(Form) 컨트롤 하의 버튼을 사용하라.

b. 콤보상자는 스프레드시트 개발자가 입력한 값들이 있는 드롭다운(drop-down) 메뉴를 사용한다. 콤보상자의 이점은 사용자가 드롭다운 메뉴로부터 값들을 선택하거나 다른 값을 입력할 수 있다는 것이다. 이 경우, 당신은 주가와 행사가격에 대한 각각의 콤보상자를 만들어야 한다. 스프레드시트의 오른편에는 드롭다운 메뉴의 값들이 있다. 이들 값은 콤보상자가 삽입되기 전에 어레이(array)로 만들어져야 한다. ActiveX 콤보상자를 만들기 ActiveX 컨트롤 메뉴로부터 개발자(developer)로 가서 삽입하고 콤보상자를 선택하라. 당신이 콤보상자를 만든 후에 그 박스의 오른쪽을 클릭하여 속성을 선택하고 LinkedCell(결과가 표시되기를 원하는 셀)과 ListFillRange(드롭박스 메뉴에서 표시된 값들의 목록을 채우는 데 사용되는 범위)를 입력하라.

c. 콤보상자와는 대조적으로 리스트박스는 사용자로 하여금 스프레드시트 개발자가 정한 값들의 리스트를 쭉 스크롤 할 수 있도록 한다. 다른 값들은 입력될 수 없다. 당신은 스프레드시트의 오른쪽에 있는 이자율 어레이를 이용하여 이자율에 대한 리스트박스를 만들 필요가 있다. 리스트박스를 삽입하기 위해 개발자로 가서 삽입하고 ActiveX 컨트롤로부터 리스트박스를 선택하라. 링크된 셀과 값들의 어레이를 입력하기 위해 리스트박스의 오른쪽을 클릭하고 메뉴로부터 속성을 선택하라. 여기서 콤보상자와 리스트박스를 편집하기 위해 디자인모드가 개발자 탭에 체크되어 있어야 한다는 점을 주목해야 한다.

CLOSING CASE

EXOTIC CUISINES사의 종업원스톡옵션

새내기 MBA로서 당신은 지난해 공개된 음식점 체인인 Exotic Cuisines사의 경영진에 합류했다. 이 기업의 음식점은 악어, 물소, 타조 등과 같은 재료를 사용하여 이색적인 요리를 전문으로 다룬다. 한 가지 당신이 염려했던 점은 음식점 사업이 매우 위험한 사업이라는 것이다. 그러나 실제로 조사해 본 결과, 음식점 산업에 대해 일반적 오해가 있음을 알았다. 새로운 음식점의 90%는 3년 이내에 문을 닫는 것으로 널리 알려져 있다. 그러나 최근 증거에 의하면, 이러한 실패율은 3년 동안 약 60%라고 한다. 그래서 음식점 사업은 애초에 생각했던만큼 위험한 사업은 아니다.

채용면접과정에서 언급되었던 혜택 중의 하나는 종업원스톡옵션(employee stock options)이다. 고용계약에서 당신은 행사가격이 $50인 스톡옵션을 1만주 받았다. 일반적 경우에서와 마찬가지로 당신의 스톡옵션은 권리확정기간(vesting period)이 3년이며 만기는 10년이다. 이는 3년 동안은 옵션을 행사할 수 없으며, 그 이전에 회사를 떠나면 그 옵션은 무효가 된다는 것을 의미한다. 3년 후에는 언제든지 옵션을 행사할 수 있다. 따라서 종업원스톡옵션은 처음 3년간은 유로피안 (그리고 권리상실 가능한) 옵션이며, 그 이후에는 아메리칸 옵션이다. 물론 이 옵션은 매도하거나 어떤 유형의 헤지(hedge) 계약에 사용될 수 없다. 옵션의 권리가 확정된 후에 회사를 떠나게 되면 90일 이내에 옵션을 행사해야 한다. 그렇지 않으면 그 권리는 상실된다.

Exotic Cuisines의 주식은 현재 주당 $21.32로 작년 최초공모가격보다 다소 높은 가격에 거래되고 있다. 이 기업의 주식에 대한 옵션은 시장에서 거래되지 않는다. 이 기업은 상장된 지 1년밖에 되지 않으므로, 주식수익률의 표준편차를 추정하기 위해 과거수익률을 사용하는 것은 적절해 보이지 않는다. 대신에 당신은 음식점 회사의 주식수익률 표준편차의 평균을 연 55%로 추정했다. Exotic Cuisines는 설립된 지 얼마 안 되는 음식점 체인이므로, 당신은 표준편차를 65%로 하기로 했다. 이 기업은 비교적 신생기업이기 때문에 모든 이익을 당분간은 기업 내에 재투자할 것으로 예상한다. 그러므로 최소한 향후 10년간은 어떠한 배당도 없을 것으로 예상한다. 3년 만기 재정증권의 수익률은 현재 1.5%이며, 10년 만기 재정증권의 수익률은 2.6%이다.

1. 당신이 보유하고 있는 옵션의 가치를 계산하고자 한다. 당신이 가정할 수 있는 옵션의 최소가치와 최대가치는 얼마인가?
2. 3년 후 이 기업의 주식은 $60에 거래될 것이라고 가정하자. 그러면 3년 후 당신은 옵션을 즉시 행사해야 하는가, 아니면 계속 보유해야 하는가? 이러한 의사결정에 영향을 미치는 중요한 요인으로는 어떤 것이 있는가?
3. 대부분의 종업원스톡옵션과 마찬가지로 당신이 보유한 옵션도 양도나 거래를 할 수 없다. 이는 옵션의 가치에 중대한 영향을 미치는가? 왜 그런가?
4. 종업원스톡옵션에는 왜 보통 권리확정조항이 있다고 생각하는가? 권리확정 후에 회사를 떠나면, 왜 옵션을 바로 행사하도록 되어 있는가?
5. 종업원스톡옵션에서 논란이 되는 관행은 가격재산정(repricing)이다. 이는 주가가 크게 하락하여 종업원스톡옵션이 심외가격(far out of the money 또는 'underwater')일 때 발생한다. 이런 경우에 많은 기업은 옵션의 가격을 '다시 매긴다'. 이는 기업이 당초 옵션의 조건들은 그대로 두고 행사가격만 낮추는 것을 의미한다. 가격재산정의 옹호자는 옵션이 주가하락으로 내가격이 될 가능성이 작으면 동기부여의 효과가 사라진다고 주장한다. 반대자는 가격재산정은 본질적으로 실패에 대한 보상이나 마찬가지라고 주장한다. 당신은 이와 같은 주장을 어떻게 생각하는가? 가격재산정의 가능성은 부여시점에 종업원스톡옵션의 가치에 어떠한 영향을 미치는가?
6. 이전에 논의했듯이 주가변동성의 많은 부분은 체계적인 또는 시장전체의 위험에 의해 야기된다. 이러한 위험은 기업과 종업원의 통제를 벗어나 있다. 이와 같은 사실은 종업원스톡옵션에 대해 어떤 의미를 지니는가? 당신의 대답에 비추어 볼 때, 당신은 기존의 종업원스톡옵션에 대한 개선방안을 제안할 수 있는가?

18

단기재무관리와 재무계획

OPENING CASE

우리가 기업의 현금 사정에 관한 뉴스를 접하게 되는 경우, 그 이유는 대부분 그 기업의 현금이 부족하기 때문이다. 그러나 2019년 초만 해도 대부분의 기업은 그렇지 않았다. 자동차 제조회사인 Ford의 예를 들면 $23 십억, 즉 주당 $6의 현금잔고를 보이고 있었다. 그런데 놀라운 것은 당시 Ford의 주식은 겨우 주당 약 $8.50에 거래되고 있었다. Ford의 경우처럼 주가가 주당 현금잔고와 비교해서 별로 높지 않다는 사실은 좋은 조짐이라고 할 수 없었다. 다른 기업들도 마찬가지였다. 가령 Microsoft는 $133.7 십억의 현금을 보유하고 있었다. 그러나 그 누구도 투자은행 Goldman Sachs의 $469 십억에 이르는 현금에 근접할 수는 없었다. 이처럼 현금잔고의 수치를 보면 이러한 기업들은 분명 충분한 현금을 보유하고 있었다. 사실 엄청난 현금잔고라는 표현이 보다 적절할지 모르겠다. 그렇다면 이 회사들은 왜 그토록 많은 현금을 보유하고 있는 것일까? 이를 이해하기 위해 이 장에서는 단기재무관리에 대해 살펴보고, 현금과 같은 유동자산의 최적 투자를 알아보도록 한다.

기업재무 관련 최근 사건들을 찾아보기 위해 corecorporatefinance.blogspot.com을 방문하라.

지금까지 자본예산, 배당정책, 재무구조와 같은 장기재무관리 의사결정에 대해 살펴보았다. 이 장에서는 단기재무관리에 관해 이야기해 보자. 단기재무관리에서 주로 다루는 것은 유동자산과 유동부채에 영향을 미치는 의사결정에 대한 분석이다.

단기재무관리 의사결정과 관련해서는 흔히 **순운전자본**(net working capital)이라는 용어가 사용된다. 앞서 살펴보았듯이, 순운전자본은 유동자산과 유동부채의 차이를 말한다. 단기재무관리(short-term financial management)는 종종 **운전자본관리**(working capital management)라고도 불린다.

단기재무 경력에 관심이 있다면 금융전문가협회(AFP) 웹사이트 www.afponline.org를 참조하라.

널리 받아들여지고 있는 단기재무관리에 대한 정의는 없다. 단기재무와 장기재무의 가장 중요한 차이점은 현금흐름의 시간성이다. 단기재무관리의 의사결정은 1년 또는 그 이내에 발생하는 현금유입, 현금유출과 관련이 있다. 예를 들어 단기재무적 의사결정은 기업이 원재료를 주문하고, 그 대금을 지불하고, 완제품을 만들어 팔아 1년 내에 그 대금을 회수하는 것과 관련이 있는 반면, 장기재무적 의사결정은 회사가, 예를 들어 5년에 걸쳐 회사의 운영비를 절감시켜 줄 특수기계를 구입하는 경우의 의사결정과 관련이 있다.

단기재무와 관련된 문제의 유형에는 어떤 것들이 있을까? 간단히 몇 가지 예를 들어보면 다음과 같다.

1. 각종 비용을 지불하기 위해 수중에 (은행에) 보유해야 할 현금의 적정수준은 얼마인가?
2. 기업은 단기적으로 얼마를 차입해야 하는가?
3. 고객에게 허용해도 좋은 신용거래의 적정수준은?

이 장에서는 단기재무의사결정의 기본요소를 살펴본다. 먼저 기업의 단기영업활동에 대해 설명하고, 둘째로 몇 가지 단기재무정책의 대안을 찾아본다. 끝으로 단기재무계획의 기본요소를 정리한 후, 단기재무상품들을 짚어 본다.

18.1 현금과 순운전자본의 추적

이 절에서는 현금과 순운전자본이 변화할 때의 구성요소들에 대해 살펴본다. 현금과 순운전자본의 다양한 측면에 대해서는 제2장과 제3장에서 다룬 바 있다. 여기서는 단기재무적 의사결정과 관련된 부분에 대해 간단히 복습하기로 한다. 이 절에서는 기업에서의 단기영업활동과 그러한 활동이 현금과 운전자본에 미치는 영향이 무엇인지 알아보고자 한다.

유동자산(current asset)이란 현금과, 1년 내에 현금으로 전환이 예상되는 기타 자산을 의미한다. 유동자산은 그 회계적 유동성 순서–즉 현금화의 용이성과 현금화에 걸리는 시간–에 따라 대차대조표 상에 표시된다. 대차대조표 상에서 유동자산으로 구별되는 가장 중요한 4가지 항목은 현금 및 현금등가물(cash equivalent), 유가증권(marketable security), 매출채권(accounts receivable), 그리고 재고자산(inventory)이다.

유동자산에 대한 투자와 함께 기업은 **유동부채**(current liability)라고 불리는 몇 가지 종류의 단기부채를 이용한다. 유동부채란 1년 내(또는 영업기간이 1년보다 긴 경우에는 그 영업기간 내에)에 현금으로 지불해야 할 것으로 예상되는 채무를 의미한다. 유동부채를 구성하는 3가지 중요한 항목은 매입채무(accounts payable), 발생된 임금과 세금을 포함하는 미지급비용(expenses payable), 그리고 지급어음(notes payable) 등이다.

우리가 초점을 두는 것은 현금의 변화이므로 먼저 대차대조표 상의 다른 요소들과 연관하여 현금을 정의해 보자. 이렇게 함으로써 현금계정을 분리하여, 기업의 영업의사결정이나 재무의사결정이 현금에 미치는 영향을 살펴볼 수 있다. 기본적 대차대조표의 식은 다음과 같다.

순운전자본 + 고정자산 = 장기부채 + 자기자본 **[18.1]**

순운전자본은 현금에 기타 유동자산을 더한 뒤, 유동부채를 차감한 것으로 다음과 같다.

순운전자본 = (현금 + 현금 이외의 유동자산) – 유동부채 **[18.2]**

이를 기본적 대차대조표 식의 순운전자본에 대입하고 다시 정리하면, 현금이 다음과 같이 표현될 수 있음을 알게 된다.

현금 = 장기부채 + 자기자본 + 유동부채 – 현금 이외의 유동자산 - 고정자산 **[18.3]**

이 식이 보여주는 것은, 어떤 활동은 자연스럽게 현금을 증가시키고, 어떤 활동은 자연스럽게 현금을 감소시킨다는 것이다. 이러한 활동을 예와 함께 나열하면 다음과 같다.

현금을 증가시키는 활동

장기부채의 증가(장기채권을 발행함)
자기자본의 증가(주식을 발행함)
유동부채의 증가(90일 동안 차입함)
현금 이외의 유동자산의 감소(현금을 받고 재고를 판매함)
고정자산의 감소(자산을 매각함)

현금을 감소시키는 활동
장기부채의 감소(장기부채를 상환함)
자기자본의 감소(자사주를 매입함)
유동부채의 감소(90일짜리 차입금을 상환함)
현금 이외의 유동자산의 증가(현금을 주고 재고를 구입함)
고정자산의 증가(자산을 매입함)

위의 두 종류의 활동은 서로 정반대임을 알 수 있다. 예를 들어 장기채권의 발행은 적어도 채권발행으로 들어온 돈을 사용할 때까지는 현금을 증가시킨다. 반면 장기채권의 상환은 현금을 감소시킨다.

현금을 증가시키는 활동은 **현금의 원천**(source of cash)이라 부르고, 현금을 감소시키는 활동은 **현금의 사용**(use of cash)이라 부른다. 앞의 목록을 보면, 현금의 원천은 항상 부채항목이나 자기자본항목을 증가시키거나 자산항목을 감소시키는 활동임을 알 수 있다. 부채를 증가시킨다는 것은 부채를 차입하거나 회사에 대한 소유권을 팔아 현금을 조달하는 것을 말한다. 어느 경우든 현금유입이 발생하는 것이다.

현금의 사용은 이와 정반대이다. 현금의 사용은 부채를 상환함으로써 부채를 감소시키거나 또는 어떤 것을 구매하여 자산을 증가시키는 것을 말한다. 어느 경우든 기업이 현금을 지출해야 한다.

예제 18.1

현금의 원천과 사용

현금의 원천과 사용에 대해 이해하고 있는지 간단히 확인해 보자. 매입채무가 $100 증가한다면, 이는 현금의 원천일까, 사용일까? 매출채권이 $100 증가하는 경우라면?

매입채무란 기업이 원재료 공급자에게 빚지고 있는 채무로 이는 단기부채이다. 매입채무가 $100 증가하면 이는 기업이 실제로 돈을 빌리는 것에 해당하고 이는 현금의 원천이 된다. 매출채권은 고객이 기업에 빚지고 있는 채무이다. 매출채권이 $100 증가한다는 것은 기업이 그만큼의 돈을 고객에게 대출해 준다는 것을 의미하고, 따라서 이는 현금의 사용이다.

18. 2 영업주기와 현금주기

단기재무에서의 가장 큰 관심은 기업의 단기영업활동 및 단기재무활동이다. 전형적인 제조회사의 경우, 단기활동들은 다음과 같은 일련의 사건과 의사결정으로 이루어진다.

사건	의사결정
1. 원재료 구입	1. 재고를 얼마나 주문할 것인가?
2. 현금 지불	2. 대출을 받을 것인가, 보유하고 있는 현금을 사용할 것인가?
3. 제품 생산	3. 어떤 종류의 생산기술을 사용할 것인가?
4. 제품 판매	4. 특정 고객에게 신용판매를 할 것인가?
5. 현금 회수	5. 어떻게 대금을 회수할 것인가?

이러한 활동들은 현금유입과 현금유출의 형태를 창출한다. 그러나 현금흐름은 동시에 발생하는 것도 아니고 확실하지도 않다. 예를 들어 원재료 구입대금을 현금으로 지불하는 시기는 제품을 판매하여 현금이 들어오는 시기와 일치하지 않는다. 미래의 매출액과 비용 또한 정확히 예측할 수 있는 것이 아니기 때문에 현금흐름이 확실치 않다.

영업주기와 현금주기의 정의

간단한 예를 들어보자. 어느 특정일(0일)에 $1,000의 재고를 외상으로 구입한다. 30일 후 대금을 지불하고 다시 30일 후 어떤 구매자에게 $1,000의 재고를 $1,400에 판매한다. 구매자는 45일 동안 대금을 지불하지 않는다. 이러한 일련의 사건들을 정리하면 다음과 같다.

일자	활동	현금에 미치는 영향
0	재고 구입	없음
30	재고 대금 지급	- $1,000
60	재고의 외상판매	없음
105	판매대금 회수	+$1,400

영업주기 이 예제에서는 몇 가지 주의 깊게 살펴볼 사항들이 있다. 첫째, 재고를 구입한 시점부터 판매대금을 회수하는 시점까지의 전체주기다. 이를 영업주기(operating cycle)라 부른다. 이 예에서의 영업주기는 105일이다.

영업주기는 재고를 구입하고 이를 판매하여 그 판매대금을 회수하는 일련의 과정에 걸리는 시간이다. 영업주기는 2개의 기간으로 구성되는데, 첫 번째 부분은 재고를 구입하고 판매하는 데까지 걸리는 기간이다. 이를 재고기간(inventory period)이라 부르며, 예의 경우 60일이다. 두 번째 부분은 매출채권을 회수하는 데 걸리는 기간이다. 이를 매출채권기간(accounts receivable period)이라 부르고, 예의 경우 45일이다.

이러한 정의에 의하면, 영업주기는 당연히 재고기간과 매출채권기간의 합이 된다.

영업주기 = 재고기간 + 매출채권기간 **[18. 4]**

105 일 = 60일 + 45일

영업주기는 제품이 유동자산 항목들 사이에서 어떻게 이동하는가를 설명해준다. 제품은 재고로 시작하여 제품이 판매되면 매출채권으로 전환되고, 판매대금이 회수되면 마침내 현금으로 전환된다. 각 단계에서 자산이 점점 현금으로 전환되고 있음을 주목하자.

현금주기 둘째, 현금흐름이 발생하는 시기와 활동이 이루어지는 시기가 일치하지 않는다는 것이다. 예를 들어 재고구입 이후 30일까지는 실제로 대금을 지불하지 않는다. 이러한 기간을 매입채무기간(accounts payable period)이라 부른다. 또한 30일에 현금을 지출하지만 105일까지 판매대금을 회수하지 못하고 있다. 따라서 어떻게 해서든 $1,000의 현금을 105일 − 30일 = 75일 동안 조달해야 한다. 이러한 기간을 현금주기(cash cycle)라 부른다.

따라서 현금주기는 재고 구입대금을 현금으로 지급한 날로부터 재고 판매대금을 현금으로 회수할 때까지 걸리는 기간을 말한다. 이러한 정의에 의하면, 현금주기는 영업주기와 매입채무기간의 차이가 된다는 점을 주목하자.

현금주기 = 영업주기 매입채무기간 **[18. 5]**

75일 = 105일 – 30일

그림 18. 1은 현금흐름시간선을 통해 일반제조기업의 단기영업활동과 현금흐름을 보여주고 있다. **현금흐름시간선(cash flow time line)**은 영업주기와 현금주기를 그래프로 나타내준다. 그림 18. 1에서 현금유입과 현금유출간의 시간적 차이는 단기재무관리의 필요성을 역설한다. 이 같은 시간적 차이는 영업주기와 매입채무의 기간과도 관련이 있다.

단기 유입과 유출간의 시간적 차이는 차입이나 현금 또는 유가증권 형태의 유동성확보로 해결될 수 있다. 또한 이 시간적 차이는 재고, 매출채권, 매입채무의 기간을 조정함으로써 단축시킬 수 있다. 이 같은 방법들은 모두 다음 절에서 논의될 경영상 옵션들이다.

인터넷 기반 서적판매사인 Amazon.com은 현금주기 관리의 중요성과 관련된 흥미로운 예를 보여준다. 2019년 초반 Amazon.com의 시장가치는 오프라인 서점의 최강자인 Barnes & Noble보다 더 컸다(사실 1,700배 더 컸다).

그림 18. 1

일반적 제조기업의 현금흐름시간선과 단기영업활동

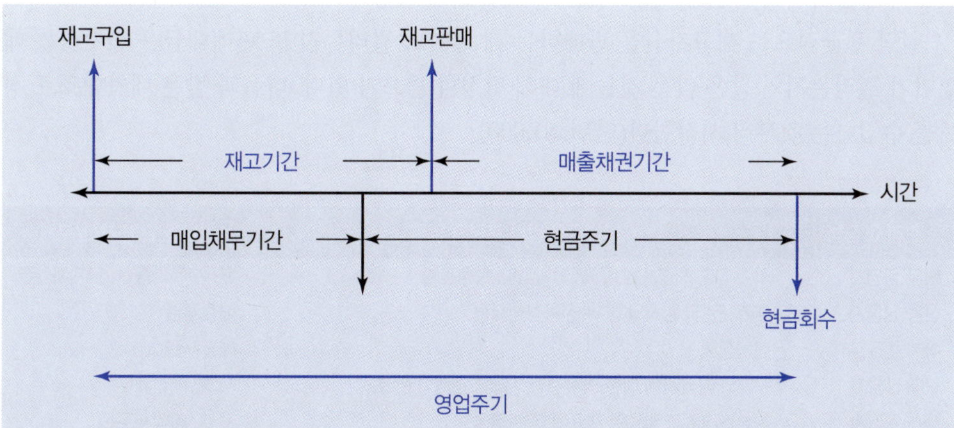

영업주기는 재고구입에서 현금회수까지의 기간이다(영업주기는 재고주문에서 재고도착까지의 시간을 포함하지 않을 수도 있다). 현금주기는 현금지급에서 현금회수까지 걸리는 기간이다.

Barnes & Noble의 매출액은 Amazon.com보다 더 많았음에도 불구하고 어떻게 Amazon.com의 가치가 더 클 수 있을까? 여러 가지 이유가 있을 수 있겠지만 단기재무관리가 하나의 요인이다. 2018년 한 해 동안 Amazon은 재고자산을 8차례 회전시켰으며, 이는 Barnes & Noble보다 3배나 빠른 수치로 재고기간을 큰 폭으로 감소시켰다. 보다 인상적인 것은 Amazon은 책을 배송할 때 고객의 신용카드 결제를 청구해 일반적으로 1일 이내에 카드사로부터 대금을 지급받는다는 점이다. 이는 Amazon이 음(–)의 현금주기를 갖는다는 것을 의미한다. 2018년에 실제로 아미존의 현금주기는 29일이었다. 따라서 매출은 바로 사용할 수 있는 현금유입을 창출시켰다. 다음 페이지 'Finance matters' 박스란에서는 몇몇 산업과 기업의 현금주기와 영업주기에 대해 논하고 있다.

영업주기와 기업의 조직도

영업주기와 현금주기에 대해 보다 자세히 살펴보기 전에, 기업의 유동자산과 유동부채를 관리하는 사람들을 살펴볼 필요가 있다. 표 18. 1은 대기업의 단기재무관리에 많은 재무 또는 비재무 담당자가 관여돼 있는 것을 보여준다. 표 18. 1에서 신용판매의 경우 신용담당자, 마케팅담당자, 경리담당자 등 최소한 서로 다른 세 부서가 관련돼 있는 것을 볼 수 있다. 세 부서 중 두 부서의 담당자만 재무담당 부사장 소관이다(마케팅부서는 일반적으로 마케팅담당 부사장 소관이다). 따라서 갈등의 소지가 있으며, 특히 서로 다른 담당자가 그림의 일부분에 집중할 때 갈등은 더욱 커진다. 예를 들어 마케팅 부서가 새로운 거래선을 유치하려고 한다면, 이를 유인하기 위해 보다 느슨한 형태의 신용조건을 추구할 수 있다. 하지만 이는 매출채권에 대한 투자나 악성채무위험의 노출을 증대시키므로 갈등이 발생할 수 있다.

영업주기와 현금주기의 계산

앞의 예에서 여러 주기를 구성하는 기간은 분명했다. 하지만 가지고 있는 것이 재무제표정보뿐이라면 약간의 작업을 더 해야 한다. 이에 대해 설명하도록 한다.

일단 평균적으로 재고자산을 판매하는 데 얼마나 걸리는지 또 판매대금을 회수하는 데 얼마가 걸리는지와 같은 많은 것들에 대해 결정할 필요가 있다. 다음과 같은 대차대조표 정보를 수집하는 것부터 시작한다(단위: $1,000).

표 18.1

단기재무 관련문제를 다루는 관리자들

관리자 직책	단기재무관리와 관련된 임무	영향을 받는 자산/부채
현금 담당자	회수 집중 지급; 단기투자; 단기차입; 은행관계	현금, 유가증권, 단기차입금
신용 담당자	매출채권의 감시와 통제; 신용정책결정	매출채권
마케팅 담당자	신용정책	매출채권
구매 담당자	구매와 공급자에 대한 의사결정; 지불조건에 대한 조정	재고, 매입채무
생산 담당자	생산스케줄과 필요한 재료에 대한 결정	재고, 매입채무
외상매입 담당자	지급정책 및 할인구입에 대한 결정	매입채무
경리 담당자	현금흐름에 대한 회계정보; 매입채무 조정; 매출채권 지급의 적용	매출채권, 매입채무

항목	기초	기말	평균
재고자산	$2,000	$3,000	$2,500
매출채권	1,600	2,000	1,800
매입채무	750	1,000	875

가장 최근의 손익계산서로부터 다음과 같은 수치를 얻을 수 있다(단위: $1,000).

순매출액	$11,500
매출원가	8,200

이제 몇 가지 재무비율을 계산할 필요가 있다. 이에 대해서는 제3장에서 논의한 바 있으며

FINANCE MATTERS

영업주기와 현금주기 고찰

2018년 「CFO」 잡지와 Hackett Group은 여러 산업분야의 운전자본에 대한 조사 결과를 발표했다. 조사 결과는 산업분야에 걸친 현금주기와 영업주기의 시간적 차이를 중점으로 다루었다. 다음 표는 서로 다른 4개 분야의 영업주기와 현금주기 각각의 중간값을 보여준다. 이 가운데 항공사가 가장 낮은 영업주기와 현금주기를 나타냈다. 놀랍게도 항송사의 경우 매출채권기간이 14일이다. 이는 대부분의 탑승객들이 예약시 선불 결제하기 때문이다. 예를 들어 Delta의 매출채권기간은 업계 최장인데도 겨우 21일이다.

	매출채권기간 (일)	재고기간 (일)	영업주기 (일)	매입채무기간 (일)	현금주기 (일)
항공·국방	67	83	150	38	112
보건의료장비	2	365	367	21	346
항공	14	10	24	24	0
전문소매	60	0	60	48	12

항공사와 비교해볼 때 주택건설분야는 훨씬 장기의 영업주기를 보여준다. 이 분야의 긴 매출채권기간이 주 원인이다. 그러나 그렇다고 해서 반드시 주택건설사업이 더 비효율적이라고 말할 수는 없다. 원래 집을 짓고, 팔고, 판매대금을 회수하기까지는 오랜 시간이 걸린다. 게다가 업자들은 토지를 대량구입하는 경우가 많기 때문에 그 위에 건설하고 매각이 끝날 때까지 토지는 계속 재고로 잡혀있게 된다.

우리는 각각의 산업에 따라 영업주기와 현금주기가 다르다는 것을 보았다. 그리고 영업주기와 현금주기는 같은 산업에 속해 있더라도 회사마다 상이하다. 같은 식음료 회사라도 영업주기와 현금주기가 다르다는 것을 다음의 표를 통해 볼 수 있다. 표에 나와있듯이 Molson Brewing과 Pepsico는 해당산업에서 최상의 영업주기와 현금주기를 갖고 있다. 한편 Coca-Cola와 Monster는 최악의 영업주기와 현금주기를 갖고 있다.

	매출채권기간 (일)	재고기간 (일)	영업주기 (일)	매입채무기간 (일)	현금주기 (일)
Molson Brewing	24	38	62	99	-37
Pepsico	34	41	75	93	-18
Coca-Cola	38	80	118	69	49
Monster Beverage	49	79	128	74	54

위의 예와 같이 현금주기를 구성하는 여러 주기들을 통해 회사가 어느 부분에서 성과가 좋은지 나쁜지를 알 수 있다. Molson과 Pepsico는 짧은 영업주기를 가지고 있다. 그러나 조금 더 자세히 들여다보면 그 이유는 명확해진다. 비록 두 기업은 더 짧은 매출채권기간을 보유하고 있지만 재고기간은 Coca-Cola와 Monster에 비해 1.5배 더 길다. Molson과 Pepsico는 또한 매입채무기간이 약 3개월뿐이 되지 않아서 현금주기는 각각 음의 값을 갖는다.

Pepsico와 Coca-Cola는 직접적인 경쟁관계에 있는 반면, Molson은 같은 업종에 속하지 않을 수 있다. 따라서 Molson이 Pepsico와 Coca-Cola의 비교대상이 될 수 있는지도 명확지 않다. 이 예에서 우리가 배울 수 있는 바는 영업주기나 현금주기를 분석할 때 이들은 사실 재무적인 지표에 지나지 않음을 간과하지 말라는 점이다. 다른 재무지표들과 마찬가지로 현금주기도 각 기업의 특징은 물론 업종 전체의 특징에 영향을 받기 때문에 해석할 때 항상 주의해야 하며, 비교대상 회사를 정확히 잘 골랐는지도 신경써야 한다.

여기서는 필요한 것들에 대해서만 정의하고 활용하기로 한다.

영업주기 우선 재고기간을 알아야 한다. 재고자산(매출원가)에 $8.2 백만를 지출했고 평균재고자산은 $2.5 백만였다. 따라서 한 해 동안 $8.2/$2.5 = 3.28회만큼 재고자산을 회전시켰다.[1]

$$\text{재고자산회전율} = \frac{\text{매출원가}}{\text{평균재고}}$$

$$= \frac{\$820\text{만}}{\$250\text{만}} = 3.28\text{배}$$

이는 한 해 동안 재고자산을 3.28회 사고 팔았다는 것을 의미한다. 다시 말하면 재고자산은 평균적으로 다음과 같은 기간 동안 보유했다는 의미다.

$$\text{재고기간} = \frac{365\text{일}}{\text{재고자산회전율}}$$

$$= \frac{365}{3.28} = 111.3\text{일}$$

따라서 재고기간은 111일이다. 즉 평균적으로 재고자산은 팔리기 전에 111일 동안 남아있었다.[2]

이와 유사하게, 매출채권은 평균 $1.8 백만이고 매출은 $11.5 백만이다. 모든 매출액이 신용매출이라고 가정한다면 매출채권회전율은 다음과 같다.[3]

$$\text{매출채권회전율} = \frac{\text{신용매출}}{\text{평균 매출채권}}$$

$$= \frac{\$11.5\text{백만}}{1.8\text{백만}} = 6.39\text{배}$$

매출채권회전율이 6.39회라면 매출채권기간은 다음과 같다:

$$\text{매출채권기간} = \frac{365\text{일}}{\text{매출채권회전율}}$$

$$= \frac{365}{6.39} = 57.1\text{일}$$

매출채권기간은 **매출채권일수**(days'sales in receivables) 또는 **평균회수기간**(average collection period)이라고 부른다. 어떤 이름으로 불리건, 이는 고객이 지급하는 데 평균 57일이 걸린다는 것을 말해준다.

---

1 여기서 재고자산회전율을 계산할 때 제3장에서 사용했던 기말재고 대신 평균재고를 사용했다는 점에 주의하라. 실무에서는 두 가지 방법 모두 사용된다. 평균에 대한 개념을 연습하기 위해 이 장에서는 재무비율을 계산할 때 평균치를 사용할 것이다.

2 이는 제3장에서 논의했던 평균재고일과 개념적으로 동일하다.

3 만일 100% 이하로 신용매출이 이루어진다면, 1년 동안 신용매출에 대한 좀더 자세한 정보를 알아야 한다. 이 문제에 대해서는 제3장을 참조하라.

영업주기는 재고기간과 매출채권기간의 합이다.

영업주기 = 재고기간 + 매출채권기간
= 111일 + 57일 = 168일

이는 재고를 구입하여 판매하고 판매대금을 회수하는 데까지 평균 168일이 소요된다는 것을 말해준다.

현금주기 이제 매입채무기간을 구할 필요가 있다. 앞에서 주어진 정보에 의해 평균 매입채무는 $87만5,000이고 매출원가는 $8.2 백만이다. 따라서 매입채무회전율은 다음과 같다.

$$\text{매입채무기간} = \frac{\text{매출원가}}{\text{평균 매입채무}}$$

$$= \frac{\$8.2\text{백만}}{\$0.875\text{백만}} = 9.37\text{배}$$

매입채무기간은 다음과 같다.

$$\text{매입채무기간} = \frac{365\text{일}}{\text{매입채무회전율}}$$

$$= \frac{365}{9.37} = 38.9\text{일}$$

따라서 매입채무를 지급하는 데 평균 39일 걸렸다.

마지막으로 현금주기는 영업주기와 매입채무기간의 차이다.

현금주기 = 영업주기 − 매입채무기간
= 168일 − 39일 = 129일

따라서 재고구입자금을 지급하고 판매를 통해 대금을 회수하는 데까지 평균 129일이 소요된다.

예제 18.2

영업주기와 현금주기

Slowpay사에 대한 다음의 정보를 수집했다.

항목	기초	기말
재고자산	$5,000	$7,000
매출채권	1,600	2,400
매입채무	2,700	4,800

한 해 동안 신용판매액은 $5만였고 매출원가는 $3만였다. Slowpay가 매출채권을 회수하는 데 얼마나 걸리겠는가? 제품은 판매되기 전 얼마 동안 보유되는가? Slowpay는 구매대금을 얼마 후에 지급하는가?

먼저 세 가지의 회전율을 계산한다.

재고자산회전율 = $30,000/6,000 = 5회

(계속)

매출채권회전율 = $50,000/2,000 = 25회
매입채무회전율 = $30,000/3,750 = 8회

회전율을 이용해 여러 가지 기간을 구할 수 있다.

재고기간 = 365/5 = 73일
매출채권기간 = 365/25 = 14.6일
매입채무기간 = 365/8 = 45.6일

결론적으로 Slowpay는 매출금은 14.6일 후 회수했고, 재고자산은 73일간 보유했으며 대금지급은 46일 후에 지불하는 것으로 조사됐다. 영업주기는 재고기간과 매출채권기간의 합인 73 + 14.6 = 87.6일이고, 현금주기는 영업주기와 매입채무기간의 차이인 87.6 - 45.6 = 42일이다.

현금주기의 해석

앞의 예에서 현금주기는 재고자산, 매출채권, 매입채무의 기간에 따라 결정된다는 것을 보았다. 현금주기는 재고기간과 매출채권기간이 길어질수록 증가한다. 또한 현금주기는 매입채무의 지급을 지체시켜 매입채무기간을 장기화할 수 있다면 감소한다.

Amazon.com과는 다르게 대부분의 회사들은 양(+)의 현금주기를 가지고 있기 때문에 재고자산이나 매출채권을 위한 자금이 필요하다. 현금주기가 길면 길수록 더 많은 자금조달이 필요하게 된다. 또한 기업의 현금주기 변화는 종종 조기경보수단의 역할을 한다. 주기의 장기화는 기업이 재고자산 이동이나 매출채권 회수에 문제가 있다는 것을 의미한다. 이 같은 문제점은 매입채무의 증가에 따라 최소한 부분적으로는 감춰질 수 있으므로, 두 주기가 동시에 감시돼야 한다.

기업의 수익성과 성장성의 기본적인 결정요소 중 하나가 매출/총자산으로 정의되는 총자산회전율이라는 사실을 상기하는 것은 회사의 현금주기와 수익성 사이의 관계를 쉽게 이해할 수 있게 한다. 제3장에서 본 바와 같이, 이 비율이 높을수록 총자산이익률(ROA)과 자기자본이익률(ROE)도 커진다. 따라서 모든 다른 조건이 동일하다면, 현금주기가 짧을수록 기업의 재고자산과 매출채권에 대한 투자는 낮아지게 된다. 그 결과 기업의 총자산은 작아지고 총회전율은 높아진다.

18.3 단기재무정책의 몇 가지 측면

기업이 선택하는 단기재무정책은 최소 두 가지 형태로 구분할 수 있다.

1. **유동자산에 대한 기업의 투자 규모** 이는 보통 기업의 총매출액 수준과 관련하여 측정할 수 있다. 유연한(flexible) 또는 수용적인(accommodative) 단기재무정책이라면, 매출액 대비 상대적으로 높은 비율의 유동자산을 유지하는 정책이라고 말할 수 있다. 제한적(restrictive) 단기재무정책은 매출액에 대한 유동자산의 비율을 낮게 유지하는 정책을 말한다.[4]

4 일부에서는 유연(flexible)이라는 표현 대신 보수적(conservative)이라는 용어를 제한적(restrictive)이라는 표현 대신 공격적(aggressive)이라는 용어를 사용한다.

2. 유동자산에 대한 자금 조달 이는 유동자산의 자금을 조달하기 위해 사용되는 단기부채(유동부채)와 장기부채의 비율로 측정할 수 있다. 제한적 단기재무정책은 장기부채 대비 높은 비율의 단기부채를 사용하는 정책을 말한다. 그리고 유연한 단기재무정책이라 함은 단기부채에 비해 장기부채를 더 많이 사용하는 정책을 의미한다.

이러한 두 측면을 함께 보면, 유연한 정책을 택하는 기업의 경우 유동자산에 대해 상대적으로 높은 투자를 하며, 또한 이러한 투자의 자금조달을 위해 상대적으로 적은 단기부채를 이용하게 된다. 따라서 유연한 정책은 상대적으로 높은 순운전자본의 결과를 낳게 된다. 달리 표현하면, 유연한 정책을 택하는 기업은 전반적으로 보다 높은 유동성을 유지하는 기업인 것이다.

유동자산에 대한 기업의 투자 규모

유동자산에 대한 유연한 단기재무정책은 다음과 같은 행동을 보여준다.

1. 현금과 유가증권의 잔고를 높게 유지한다.
2. 재고에 많은 투자를 한다.
3. 신용조건을 완화해 매출채권의 규모를 늘린다.

제한적 단기재무정책은 이와는 정반대되는 행동을 보여준다.

1. 현금잔고를 낮게 유지하고, 유가증권에 대한 투자는 별로 안 한다.
2. 재고에 적은 투자를 한다.
3. 신용판매를 거의 허용하지 않음으로써 매출채권을 최소로 유지한다.

단기자산에 대한 적정 투자 수준을 결정하려면 각각의 단기재무정책에 따르는 서로 다른 비용을 확인해야 한다. 제한적 정책에서 발생하는 비용과 유연한 정책에서 발생하는 비용을 비교하여 최적의 투자액을 결정해야 한다.

유동자산의 보유액은 단기재무정책에서 가장 많고, 제한적 정책에서 가장 적다. 따라서 유연한 단기재무정책은 현금과 유가증권에 보다 많은 투자를 요구한다는 점에서 그 비용이 크게 든다고 할 수 있다. 그러나 유연한 정책에서는 보다 많은 미래 현금 유입을 기대할 수 있다. 예를 들어 고객을 위한 보다 완화된 신용정책을 제공함으로써 판매량을 증가시킬 수 있다. 또한 완제품 재고 수준을 높이 유지함으로써 고객에게 신속히 물량을 전달하고 판매량을 증가시킬 수 있다. 마찬가지로 원재료 재고를 많이 갖고 있으면 원료재고 부족으로 인한 생산장애를 현격히 줄일 수 있다.

보다 제한적인 단기재무정책 하에서의 미래 판매량은 유연한 정책 하에 달성할 수 있는 미래의 판매량보다 낮은 수준이 될 것이다. 유연한 운전자본 정책 하에서는 제품 가격을 보다 높이 책정하는 것도 가능할 것이다. 고객은 빠른 배달과 완화된 신용조건을 위해 보다 높은 가격도 마다하지 않을 수 있다.

유동자산에 대한 투자수준과 함께 증가하기도 하고 감소하기도 하는 비용간의 상호관계에 개입하는 것은 유동자산의 관리라고 볼 수 있다. 유동자산에 대한 투자가 증가할 때 함께 오르는 비용을 **유지비용(carrying costs)**이라고 부른다. 기업의 유동자산에 대한 투자가 많아 질수록 유지비용도 높아진다. 유동자산에 대한 투자가 증가할 때 오히려 감소하는 비용을 **부족비용(shortage cost)**이라고 부른다.

일반적인 의미에서 유지비용은 유동자산과 관련된 기회비용이다. 유동자산의 수익률은 다른 자산과 비교해 보면 상당히 낮다. 예를 들어 미국 단기국채(Treasury bill)의 수익률은 5%에도 훨씬 못 미친다. 이는 기업이 달성하려는 전반적인 수익률에 비해 현저히 낮은 수준이다(단기국채는 기업이 보유하는 현금과 유가증권 중 중요한 종류이다).

부족비용은 유동자산에 대한 투자가 적을 때 발생한다. 현금이 부족하면 기업은 유가증권을 팔아야만 한다. 물론 현금이 부족하고 쉽게 팔 수 있는 유가증권마저 부족하다면 기업은 돈을 빌리든지, 아니면 채무불이행에 빠지게 된다. 이러한 상황을 **현금고갈(cash-out)**이라고 한다. 재고가 없거나 고객에게 신용판매를 제공할 수 없다면 기업은 고객을 잃게 될 수도 있다.

보다 일반적으로 말해, 부족비용에는 두 가지 종류가 있다.

1. **거래비용 또는 주문비용** 주문비용은 추가적으로 현금을 마련하거나(예, 중개수수료) 추가적으로 재고를 마련하는 데(예, 생산착수 비용) 드는 비용이다.
2. **안전 재고의 부족과 관련된 비용** 판매기회의 상실, 고객의 신뢰 상실, 생산계획의 차질로 발생하는 비용이다.

그림 18. 2의 첫 번째 그림은 유지비용과 부족비용간의 기본적인 상호관계를 보여준다. Y축은 $로 표시한 비용을 나타내며, X축은 유동자산의 크기를 나타낸다. 유동자산이 0일 때 유지비용도 0이며, 유동자산이 증가함에 따라 계속 증가한다. 부족비용은 매우 높게 출발해 유동자산이 증가함에 따라 감소한다. 유동자산을 보유하는 데 드는 총비용은 이 두비용의 합이다. 총비용이 CA*에서 최저점에 이르는 것을 주의 깊게 보자. 이것이 유동자산이 최적 수준이다.

최적 유동자산의 크기는 유연한 정책 하에서 가장 높게 나타난다. 유연한 정책에서는 유지비용이 부족비용에 비해 상대적으로 낮게 나타나는 것으로 인식된다. 그림 18. 2의 A의 경우에 해당한다. 이와는 대조적으로, 제한적 유동자산 정책에서는 유지비용이 부족비용보다 상대적으로 높은 것으로 인식돼 낮은 수준의 유동자산을 보유하게 된다. 그림 18. 2의 B가 그러하다.

유동자산에 대한 대안적 자금조달정책

앞 절에서 유동자산에 대한 투자수준의 기본적인 결정요인에 대해 살펴보았고 대차대조표상 자산부분에 대해 초점을 맞추었다. 이제 관심을 자금조달부분으로 옮겨가 보자. 여기서는 유동자산에 대한 투자는 일정하다는 가정 하에 단기부채와 장기부채의 상대적인 크기에 대해 살펴보기로 한다.

이상적인 경우 가장 간단한 예인 '이상적(ideal)'인 경우에서 시작해 보자. 이상적인 경우란

그림 18. 2

유지비용과 부족비용

단기재무정책: 유동자산에 대한 최적투자

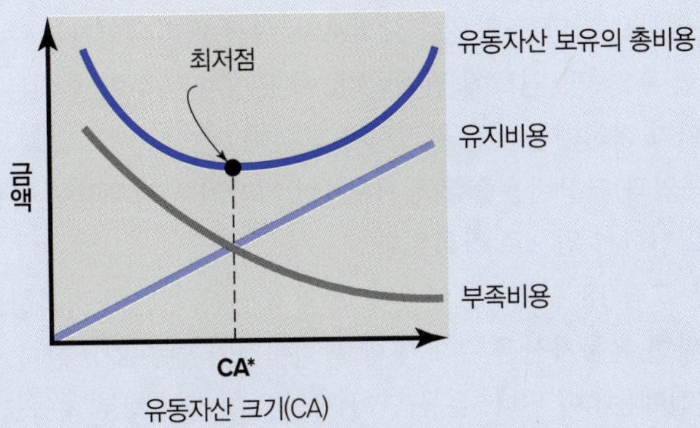

CA*는 최적유동자산의 양을 나타낸다.
유동자산을 이만큼 보유하면 총비용을 최소화한다.

유지비용은 유동자산에 대한 투자의 수준에 따라 증가한다. 유지비용은 경제적 가치 유지비용과 기회비용을 포함한다. 부족비용은 유동자산에 대한 투자수준의 증가에 따라 감소한다. 부족비용은 거래비용과 유동자산이 부족해지는 것과 관련된 비용(예, 현금부족)을 포함한다. 기업의 정책은 유연한 정책과 제한적 정책으로 특징지을 수 있다.

A. 유연한 정책

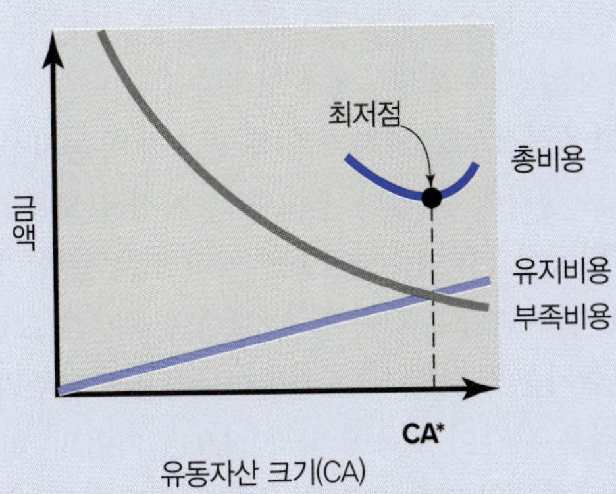

유연한 정책은 유지비용이 부족비용보다 상대적으로 낮을 때 가장 적합하다.

B. 제한적 정책

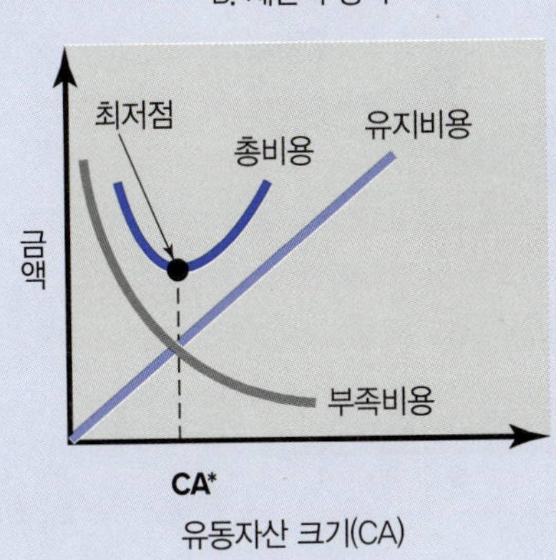

제한적 정책은 유지비용이 부족비용에 비해 상대적으로 높을 때 가장 적합하다.

단기자산은 항상 단기부채를 통해, 장기자산은 장기부채와 자기자본을 통해 자금조달이 이루어지는 상태이다. 이 경우 순운전자본은 항상 0이 된다.

곡물창고를 운영하는 간단한 경우를 살펴보자. 곡물창고 운영자는 수확된 농작물을 구입하고 이를 저장한 후, 해당 연도에 판매한다. 이 운영자는 수확 후에는 많은 곡물재고를 보유하고 다음 수확기 직전에는 낮은 재고량을 갖는다.

이 같은 곡물 구입과 저장비용을 위해서는 1년 미만의 은행차입이 이용된다. 이 은행대출금은 곡물판매로 인한 수입으로 상환된다.

이 같은 상황은 그림 18. 3에서 보여준다. 장기 자산은 시간이 경과함에 따라 증가하는 것으로 가정되는 반면 유동자산은 수확 후에 증가하다가 연중 감소한다. 따라서 단기자산은 다음 수확기 직전에는 0이 된다. 유동(단기)자산은 단기 부채로 자금조달되고 장기자산은 장기부채와 자기자본으로 자금조달이 이루어진다. 따라서 순운전자본−유동자산에서 유동부채를 차감한 금액−은 항상 0이다. 그림 18. 3은 다음 장에서 현금관리에 대해 논의할 때 다시 보게 되겠지만 '톱니(sawtooth)' 형태를 나타낸다. 이제 덜 이상적인 상황 하에 유동자산을 자금조달하기 위한 대안적인 정책에 대해 논의하도록 한다.

유동자산을 조달하는 다른 정책 현실적으로 볼 때 유동자산이 0이 될 때까지 하락하지는 않는다. 예를 들어 매출의 장기적인 상승은 유동자산에 대한 영구적인 투자를 이끈다. 더구나 장기자산에 대한 기업의 투자는 큰 폭의 변동성을 보여줄 수 있다.

성장하는 기업은 사업을 효율적으로 운영하기 위해 필요한 유동자산과 장기자산으로 구성된 총자산을 보유한 것으로 생각할 수 있다. 필요한 총 자산 규모는 (1) 일반적인 성장추세, (2) 추세에 대한 계절적 변동성, (3) 예측불가능한 일별 또는 월별 변동성을 포함하는 여러가지 이유로 인해 시간에 따라 변화할 것이다. 이 같은 변동성은 그림 18. 4에 나타나 있다(필요한 총자산에서 예측 불가능한 일별 또는 월별변동성은 보여주려 하지 않았다).

그림 18. 4에서 고점과 저점은 시간이 흐름에 따라 필요한 기업의 총자산을 나타낸다. 예를 들어 잔디와 정원용품 공급회사의 경우 고점은 성수기인 봄 시즌 전 재고자산의 축적

그림 18. 3

이상적 경제하에서의 자금조달정책

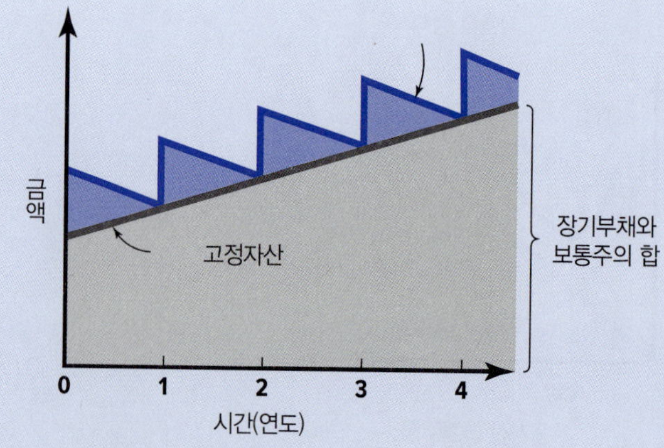

이상적인 세계에서 단기자산은 단기부채에 의해 조달되므로 순운전자본은 항상 0이다.

그림 18. 4
시간에 따른 총필요자산

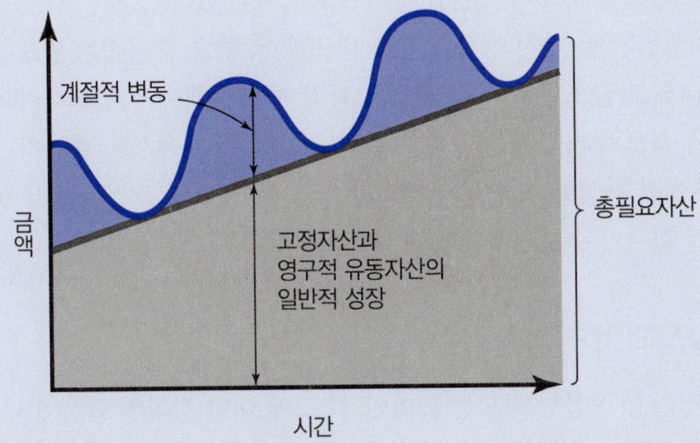

으로 나타나는 반면, 저점은 비수기에 낮아진 재고자산으로 인해 발생한다. 이 기업이 주기적인 수요에 맞추기 위해 고려할 수 있는 전략에는 두 가지가 있다.

첫째, 회사는 상대적으로 많은 유가증권을 보유할 수 있다. 재고자산과 다른 유동자산에 대한 수요가 증가하기 시작함에 따라 회사는 유가증권을 매각해 필요한 것을 구입하는데 현금을 사용할 것이다. 일단 재고자산이 매각돼 재고자산 보유가 줄어들기 시작하면 회사는 유가증권에 재투자할 것이다. 이 접근방식은 정책 F로서, 그림 18. 5에 나타난 유연한 정책으로 묘사돼 있다. 기업은 본질적으로 필요한 유동자산의 변화에 대한 완충역할로 유가증권을 활용하고 있다는 점에 주목하자.

다른 반대의 경우는 기업이 상대적으로 유가증권을 거의 보유하지 않는 것이다. 재고자산과 다른 자산의 요구가 증가함에 따라 기업은 단순히 필요한 현금을 단기적으로 차입할 것이다. 이 회사는 주기적으로 자산에 대한 수요가 감소하면 차입금을 상환할 것이다. 이 접

그림 18. 5 자금조달 정책의 대안들

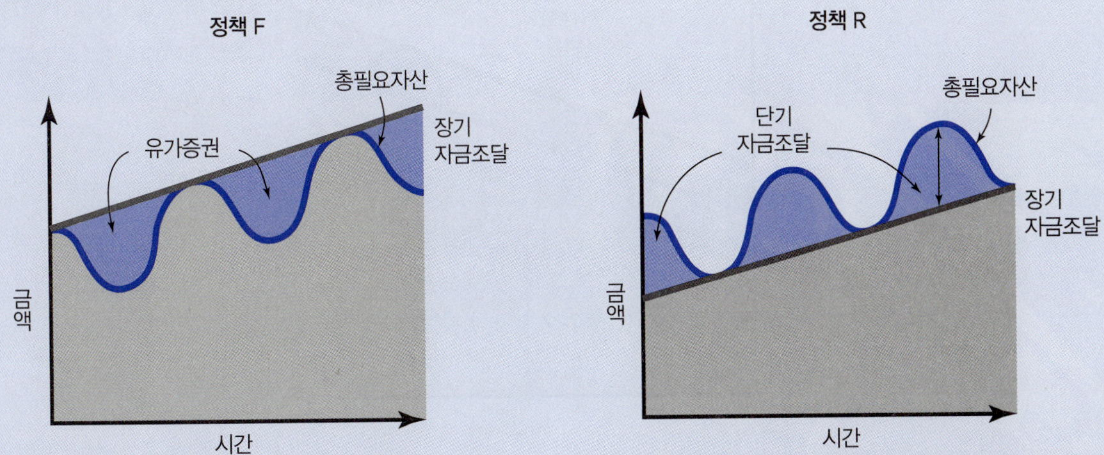

정책 F는 항상 단기적으로 현금이 남고 현금과 유가증권에 대해 많은 투자를 하는 것을 의미한다.

정책 R은 필요한 영구자산에 대해서는 장기 자금조달을 이용하고 계절적 변동성에 대해서는 단기차입을 이용한다.

근방식은 정책 R로, 그림 18. 5에 제한적 정책으로 묘사돼 있다.

그림 18. 5에 설명된 두 가지 전략에 대한 비교에서, 주요 차이점은 필요한 자산에 대한 계절적 변동에 대해 자금조달을 하는 방식이다. 유연한 정책에서는 회사가 현금과 유가증권을 이용해 내부적으로 자금을 조달하는 반면, 제한적 정책에서는 회사가 필요한 자금을 단기적으로 외부에서 차입한다. 앞에서 논의한 바와 같이, 다른 조건이 모두 동일한 경우 유연한 정책을 가진 회사가 순운전자본에 대해 더 많은 투자를 할 것이다.

어느 자금조달정책이 최상인가?

단기 차입을 위한 가장 적합한 규모는 얼마인가? 그에 대한 정확한 답은 없다. 하지만 적절한 분석을 위해서는 몇 가지 사항이 고려되어야 한다.

1. **현금보유액** 유연한 자금조달정책은 현금은 남고 단기차입금은 거의 없는 것을 의미한다. 이 정책은 기업이 재무적 곤경을 경험할 확률을 감소시킨다. 기업은 반복되는 단기채무를 상환하기 위해 걱정할 필요는 없을지 모르지만 현금과 유가증권에 대한 투자는 기껏해야 순현재가치가 0인 투자다.
2. **만기 헤징** 대부분의 기업들은 자산과 부채의 만기를 일치시키려고 한다. 재고자산은 단기 은행대출로 자금조달을 하고 고정자산은 장기자금으로 조달한다. 기업들은 내용연수가 긴 자산에 대한 자금조달을 단기차입으로 하는 것을 피하려는 경향이 있다. 이 같은 만기불일치 형태는 자주 자금을 다시 조달해야 하며, 단기금리가 장기금리보다 더 변동성이 크기 때문에 이는 본질적으로 위험하다.
3. **상대적 이자율** 단기이자율은 일반적으로 장기이자율에 비해 더 낮다. 이는 평균적으로 단기차입에 비해 장기차입이 더 비용이 많이 든다는 것을 의미한다.

그림 18. 6

절충적 자금 조달 정책

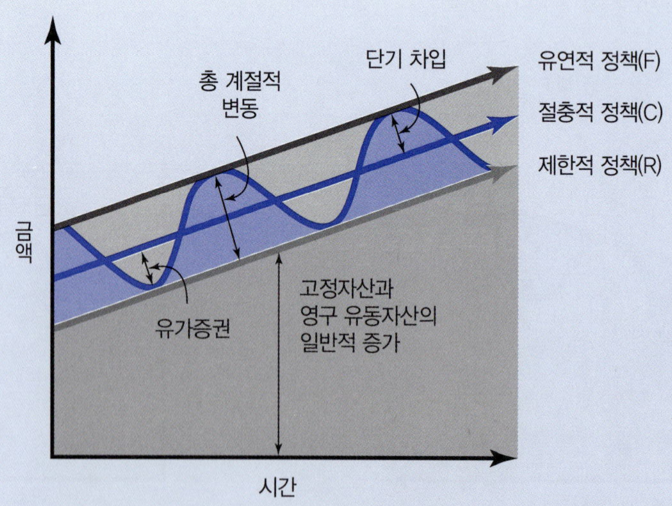

절충적 정책을 따르는 기업은 유동자산에 대한 수요 중 초기에 계절적 변동성을 위한 자금조달에 사용될 유동성 보유는 유지한다. 단기차입은 보유분이 소진된 후에 사용된다.

그림 18. 5에 있는 두 가지의 정책 F와 R은 물론 극단적인 경우이다. 정책 F에서 회사는 어떠한 단기차입도 결코 하지 않으며, 정책 R에서는 기업이 현금보유(유가증권에 투자)를 절대하지 않는다. 그림 18. 6은 두 정책과 이를 절충한 정책 C를 설명하고 있다.

절충적 접근방식을 따르는 기업은 고점의 자금요구를 충족시키기 위해 단기차입을 하지만, 필요자금이 줄어드는 기간에는 유가증권형태로 현금보유를 유지한다. 유동자산을 비축함에 따라, 이 기업은 단기차입 전에 이 보유분을 사용한다. 이는 단기차입에 의존하기 전에 어느 정도 유동자산을 준비할 수 있게 해 준다.

실무에서의 유동자산과 유동부채

단기자산은 일반적 기업의 전체 자산에서 중요한 부분을 차지한다. 미국의 제조업, 광산업, 무역업 회사들의 유동자산은 1960년대에는 총자산의 50% 정도였다. 오늘날 이 수치는 40%에 가까워졌다. 감소의 대부분은 보다 효과적인 현금과 재고자산관리 때문이다. 동일한 기간동안 유동부채는 총부채와 자기자본의 약 20%에서 거의 30%로 증가했다. 그 결과 유동성(총자산에 대한 순운전자본의 비율로 측정)은 감소됐고, 이는 좀더 제한적인 단기정책으로정책이 변경됐다는 것을 의미한다.

18. 4 현금예산

현금예산(cash budget)은 단기재무계획의 주요 수단이다. 현금예산은 재무관리자로 하여금 단기재무의 필요성과 기회를 확인시켜 준다. 현금예산의 중요한 기능 중 하나는 경영자가 단기차입의 필요성을 예측하는 데 도움을 준다는 것이다. 현금예산의 개념은 간단하다. 추정되는 현금수령액(현금유입액)과 현금지출액(현금유출액)을 기록하는 것이다. 이를 근거로 현금잉여액과 현금부족액을 추정한다.

ExcelMaster coverage online
www.mhhe.com/RossCore6e

매출액과 현금회수

Fun Toys사의 예를 들어 분기별 현금예산을 작성해보자. 물론 현금예산은 월별, 주별, 심지어 일별로도 작성할 수 있다. 우리가 분기별 작성을 선택한 것은 편의상 목적에서이기도 하지만 분기가 일반적인 단기사업계획기간이기도 하기 때문이다(이 예에서 사용하는 수치의 단위는 모두 백만달러이다).

Fun Toys의 모든 현금유입은 장난감 판매로부터 발생한다. 따라서 Fun Toys의 현금예산은 다음 해의 분기별 판매예측에서 출발해야 한다.

	Q1	Q2	Q3	Q4
매출(단위: $백만)	$200	$300	$250	$400

위의 수치는 예상매출액이기 때문에, 이에는 예측위험이 존재함에 유의해야 한다. 실제의 매출액은 이보다 더 클 수도 더 적을 수도 있다. Fun Toys의 연초 매출채권은 $120이다.

Fun Toys의 매출채권기간 또는 평균회수기간은 45일이다. 이는 특정 분기의 매출액 절반이 다음 분기에 회수됨을 의미한다. 분기의 처음 45일 동안 발생하는 매출액이 그 분기에 회수되는 반면, 두 번째 45일 동안 발생하는 매출액은 다음 분기에 회수되는 것이다. 여기서 우리는 각 분기를 90일로 가정한다. 따라서 45일 회수기간은 반 분기의 회수기간을 뜻한다.

Fun Toys의 판매예측을 근거로 우리는 현금회수를 추정해야 한다. 첫째, 각 분기 초에 Fun Toys가 갖고 있는 매출채권이 있다면, 이는 45일 내에 회수될 것이므로 모두가 같은 분기 내에 회수될 것이다. 둘째, 이미 언급한 대로 각 분기의 처음 45일 동안 발생하는 매출은 모두 그 분기 내에 회수될 것이다. 따라서 분기별 총현금회수액은 다음과 같다.

현금회수액 = 기초 매출채권 + 1/2 × 매출액 **[18. 6]**

예를 들어 1분기의 현금회수액은 연초 매출채권 $120에 1분기 매출액의 절반인 1/2 × $200 = $100를 더한 것이 되어 총 $220가 될 것이다.

각 분기초 가지고 있던 매출채권이 모두 그 분기 매출액의 절반과 함께 회수될 것이기 때문에, 각 분기말 지니는 매출채권은 그 분기 매출액의 나머지 절반에 해당된다. 1분기의 추정 매출액이 $200이므로 분기말 매출채권은 $100가 되며, 이는 2분기의 기초 매출채권이 될 것이다. 따라서 2분기의 현금회수액은 $100에 추정매출액 $300의 절반을 더한 총 $250가 될 것이다.

이러한 식으로 계속 살펴보면, 그림 18. 2가 보여주는 것처럼 Fun Toys의 분기별 추정현금회수액을 구할 수 있다. 표 18. 2에서는 회수만이 유일한 현금의 원천이다. 물론 항상 이런 것은 아니다. 다른 현금의 원천들이 존재하며 자산매각, 투자소득, 장기금융으로부터 자금을 조달할 수 있다.

표 18. 2

Fun Toys의 현금회수액 (단위: $백만)

	Q1	Q2	Q3	Q4
기초 매출채권	$120	$100	$150	$125
매출액	200	300	250	400
현금회수액	-220	-250	-275	-325
기말 매출채권	$100	$150	$125	$200

현금회수액 = 기초 매출채권 + 1/2 × 매출액
기말 매출채권 = 기초 매출채권 + 매출액 - 회수액
= 1/2 × 매출액

현금유출

다음으로 현금지출 또는 지불에 대해 살펴본다. 현금지출에는 네 가지 기본 유형이 있다.

1. **매입채무의 지불** 원재료 등의 공급자가 제공한 재화와 서비스에 대한 지불이다. 일반적으로 구매 후 어느 정도 시간이 지난 후 지불된다.
2. **임금, 세금, 기타 비용** 사업을 하는 데 일상적으로 필요하고 또한 실제로 지불되는 다른 모든 비용을 말한다. 예를 들어 감가상각비는 사업을 하는 데 일상적으로 발생

하는 비용으로 생각되지만, 실제로 현금이 지불되는 것이 아니므로 여기에 포함되지 않는다.

3. **자본지출** 내용연수가 긴 자산에 대한 현금지출이다.
4. **장기금융비용** 예를 들어 장기부채에 대한 이자지급과 주주들에게 지급되는 배당금이 여기 속한다.

Fun Toys가 한 분기에 원재료공급자들로부터 구매하는 금액은 다음 분기 예상매출액의 60%다. Fun Toys가 원재료공급자들에게 지불하는 금액은 이전 분기의 구입금액과 같다. 따라서 Fun Toys의 매입채무기간은 90일이다. 예를 들어 지난해 마지막 분기에 Fun Toys가 $200 × 0.6 = $120어치를 주문했다면, 이에 대한 실제 대금지불은 올해 1분기에 이루어질 것이다.

임금, 세금, 기타 비용은 보통 매출액의 20%이고, 이자와 배당금은 분기별로 $20라고 해보자. 또한 Fun Toys는 2분기에 $100를 들여(자본지출) 공장을 확장할 계획을 갖고 있다고 가정하자. 이 모든 정보를 종합해 보면 표 18. 3에 나타나는 현금유출을 도출할 수 있다.

현금잔고

예측되는 **순현금유입**(net cash inflow)은 현금회수액과 현금지출액의 차이이다. Fun Toys의 순현금유입은 표 18. 4에 정리되어 있다. 표에서 알 수 있는 것은 1분기와 3분기에는 현금잉여가 발생하고, 2분기와 4분기에는 현금부족이 발생한다는 것이다.

우리는 Fun Toys가 연초에 $20의 현금잔고를 갖고 있다고 가정한다. 또한 Fun Toys는 예측하지 못한 돌발상황과 예측오차에 대비해 최소 $10의 현금잔고를 유지한다. 따라서 이 회사는 $20의 현금을 갖고 1분기를 시작한다. 현금잔고는 1분기에 $40 증가해 1분기의 현금잔고는 $60가 된다. 이중 $10를 최소 현금보유액으로 남겨두므로 이를 빼주면 1분기에 $50(= $60 − $10)의 현금잉여가 발생하는 것이다.

Fun Toys는 2분기에 $60(이전 분기의 현금잔고)를 갖고 시작한다. 2분기에는 −$110의 순현금유입이 발생하므로, 2분기의 현금잔고는 −$50(= $60 − 110)가 된다. 최소현금보유액으로 $10가 필요하므로 총부족액은 $60가 된다. 이런 식으로 계산한 결과는 표 18. 5에 정

표 18. 3
Fun Toys의 현금지급
(단위: $백만)

	Q1	Q2	Q3	Q4
매입채무의 지불(매출의 60%)	$120	$180	$150	$240
임금, 세금, 기타 비용	40	60	50	80
자본지출	0	100	0	0
장기자금조달 비용(이자와 배당)	20	20	20	20
총 현금지급	$180	$360	$220	$340

표 18. 4
Fun Toys의 순현금유입
(단위: $백만)

	Q1	Q2	Q3	Q4
총 현금 회수	$220	$250	$275	$325
총 현금 지급	180	360	220	340
순현금유입	$ 40	-$110	$ 55	-$ 15

표 18.5
Fun Toys의 현금잔액
(단위: $백만)

	Q1	Q2	Q3	Q4
기초현금잔액	$20	$60	-$50	$5
순현금유입	40	-110	55	-15
기말현금잔액	$60	-$50	$5	-$10
최소현금잔액	-10	-10	-10	-10
누적잉여금(부족액)	$50	-$60	-$5	-$20

리돼 있다.

2분기말에 Fun Toys는 $60의 현금부족을 갖게 된다. 이는 매출의 계절적 패턴(2분기말로 갈수록 높아짐), 미회수금액의 증가, 계획된 자본지출 등으로 인해 발생한 것이다.

3분기에는 Fun Toys의 현금 상황이 개선돼 $5 수준까지 적자가 줄어들 것으로 예측하고 있지만, 연말에 가서 여전히 $20의 현금부족이 발생할 것으로 예측된다. 따라서 어떤 형태로든 자금을 조달하지 않으면 이 부족액은 다음 해로 이월될 것이다. 우리는 다음 절에서 현금조달 수단들에 대해 살펴볼 것이다.

현재로서는 Fun Toys의 현금 상황에 대해서는 일반적으로 다음과 같이 설명할 수 있다.

1. 2분기에 발생하는 많은 현금유출이 반드시 문제가 있다는 신호는 아니다. 이는 매출액의 미회수 금액과 계획된 자본지출(아마도 가치 있는 지출)로 인한 것이다.
2. 이 예에서의 수치들은 예측치이다. 실제 매출액은 예측치보다 훨씬 나쁠 수도(또는 좋을 수도) 있다.

18.5 단기차입

Fun Toys는 단기자금조달 문제에 봉착해 있다. 내부 자금으로는 2분기에 예측되는 현금유출에 대응할 수 없다. 이러한 현금 부족에 어떻게 대처하느냐는 회사의 재무정책에 달려 있다. Fun Toys가 매우 유연한 정책을 갖고 있다면 $6,000만까지도 장기부채로 조달하려고 할지 모른다.

현금부족액의 대부분이 대규모 자본지출에 의한 것임을 주목하면 장기자금조달을 통해 문제를 해결할 수 있을 것이다. 하지만 장기자금조달에 대해서는 다른 곳에서 설명했기 때문에 여기서는 (1) 무담보 차입, (2) 담보차입, (3) 상업어음, (4) 신용거래 등 단기자금조달 방법에 대해 살펴보기로 한다.

무담보 대출

일시적인 현금부족액을 조달하는 가장 일반적인 방법은 단기무담보 은행대출을 이용하는 것이다. 단기은행대출을 이용하는 기업들은 종종 신용한도를 설정한다. **신용한도(line of credit)**란 기업이 특정 금액까지 대출받도록 허용된 계약을 의미한다. 신용한도가 단기적 목적으로만 이용되는 것을 확실히 하기 위하여, 은행은 때때로 기업이 차입액을 갚아 1년 중 상당기간 동안 한도액을 0으로 유지할 것을 요구하기도 한다. 이러한 기간을 정화기간

(cleanup period)이라 부르는데 통상 60일이다.

단기신용한도는 **약정된**(committed) 것과 **약정되지 않은**(noncommitted) 것으로 나뉜다. 비약정 신용한도는 기업이 통상적인 서류 제출 없이 이전에 사용했던 금액까지(마치 신용카드의 사용한도액처럼) 빌릴 수 있게 허용한 신용한도이다. 한편 **회전신용계약**(revolving credit arrangement) 또는 간단히 **리볼버**(revolver)라는 것은 신용한도와 유사하지만, 신용한도가 연단위로 평가하는 계약인 반면, 이는 2년 이상 계약하는 것을 의미한다.

약정신용한도(committed lines of credit)는 보다 공식적인 법적 계약으로 이루어지는 신용한도로, 일반적으로 기업이 은행에 약정수수료를 지불한다(수수료는 보통 연간 총약정금액의 0.25%로 되어 있다). 신용한도의 이자율은 보통 은행의 대출 기준금리에 추가적으로 얼마의 이자율을 더한 것으로 정해지며, 그 이자율은 일반적으로 변동금리이다. 약정신용한도에 대해 기업이 일반약정수수료를 지불하는 것은 은행이 (차입사의 지위에 중대한 변화가 생기지 않는 한) 계약을 철회하지 않도록 보장하는 보험을 구입하는 것과 같다.

보상예금 신용한도나 기타 대출계약의 일부로 은행은 때때로 기업으로 하여금 빌려가는 돈의 일정금액을 저축하도록 요구한다. 이를 **보상예금(compensating balance)**이라고 한다. 보상예금은 은행이 매우 낮은 이자를 주거나, 이자를 전혀 주지 않는 계좌에 기업의 돈 일부를 강제적으로 갖고 있는 것이다. 이처럼 이자를 전혀 또는 거의 받지 않고 돈을 은행에 예치해둠으로써 기업은 신용한도로 설정한 금액에 대해 은행이 받는 실효이자율을 높여주게 된다. 따라서 이는 은행에게 '보상(compensating)'하는 셈이 된다. 보통 보상예금은 대출금액의 2~5%다.

기업은 또한 보상예금을 현금관리서비스와 같은 비신용 은행서비스의 대가로 활용하기도 한다. 이와 관련해, 기업이 은행의 신용 및 비신용서비스에 대해 별도의 수수료를 지불해야 하느냐 아니면 보상예금으로 지불해도 되느냐는 해묵은 논쟁거리다. 대부분의 주요 기업들은 은행이 기업의 회수자금을 보상용으로 사용하고 그래도 부족하면 나머지를 수수료로 거두도록 협상을 해오고 있다. 이러한 계약조건과 다른 몇 가지 유사한 방식들을 다음 장에서 다룰 예정인데, 이 같은 방식으로 인해 최소잔고의 문제가 과거보다 중요성이 작아졌다고 할 수 있다.

보상예금의 비용 보상예금은 이자가 전혀 붙지 않거나 거의 붙지 않는 계좌에 저축되기 때문에 분명 기회비용을 발생시킨다. 예를 들어 10% 보상예금 조건을 가진 $10만의 신용한도가 있다고 하자. 이는 그 돈의 10%가 실제로 이자가 없는 계좌에 남아 있어야 함을 의미한다.

신용한도에 적용되는 명시이자율이 16%라고 하고, 재고구입을 위해 $5만4,000가 필요하다고 가정해보자. $5만4,000를 대출받기 위해서는 실제로 얼마의 돈을 대출받아야 할까? 이 경우 지불하고 있는 실효이자율은 얼마일까?

필요한 돈이 $5만4,000라면, 10%의 보상예금을 제하고 수중에 남는 돈이 $5만4,000가 되도록 충분한 돈을 대출받아야 한다.

$$\$54{,}000 = (1 - 0.10) \times \text{차입액}$$

$60,000 = $54,000/0.90 = 차입액

$6만에 대해 1년간 16%의 이자를 지급해야 하므로 이자는 $60,000 × 0.16 = $9,600가 된다. 그러나 실제로 사용할 수 있는 금액은 $5만4,000밖에 되지 않기 때문에 실효이자율(effective interest rate)은 다음과 같이 계산된다.

실효이자율 = 이자/사용할 수 있는 금액
= $9,600 /54,000
= 0.1778 또는 17.78%

결과적으로 기준을 $1로 놓고 보면, 보상예금으로 묶여 있는 ¢10는 사용할 수 없으므로 실제 여기서 발생한 상황은, 빌린 돈 ¢90마다 ¢16의 이자를 지불하고 있는 셈이다. 따라서 실제의 이자율은 앞에서 계산한 것과 같이 0.16/0.90 = 17.78%가 되는 것이다.

여기서 몇 가지 알아둘 사항이 있다. 첫째, 보상예금은 보통 일일 잔고의 월평균액을 기준으로 계산된다는 점이다. 이는 실제 실효이자율은 앞서 본 예제의 실효이자율보다 더 낮을 수도 있다는 것을 의미한다. 둘째, 보상예금이 신용한도로 정해진 금액 중 사용되지 않은 금액을 기준으로 하는 것이 일반화되어 있다는 점이다. 이는 거의 암묵적으로 수수료를 요구하는 것과 마찬가지다. 마지막으로 가장 중요한 점은, 기업이 사업상 은행에서 빌리는 단기대출의 자세한 계약 조건은 은행과의 협상에 따라 크게 달라질 수 있다는 것이다. 은행은 일반적으로 수수료와 이자율을 하나로 묶어 기업과 협상한다.

신용장 **신용장**(letter of credit)은 국제금융에서 흔히 있는 계약이다. 신용장을 발급해주는 은행은 특정 조건이 충족되면 대신해 대금을 지불하기로 약속한다. 신용장은 물건이 약속한대로 도착한다는 가정 하에 물건 선적 시 대금 지불을 보장한다. 신용장은 취소가능신용장과 취소불가능 신용장의 두 가지가 가능하다.

담보 대출

은행 및 기타 금융회사는 장기차입금에서와 같이 단기차입금에 대해서도 담보를 종종 요구한다. 단기부채용 담보는 통상 매출채권, 재고 또는 이 두 가지 모두가 될 수 있다.

매출채권금융 **매출채권금융(accounts receivable financing)**은 매출채권을 **양도**(assigning)하거나 매출채권을 **팩토링**(factoring)하는 식으로 이루어진다. 양도의 경우에는 대여자(factor)가 매출채권을 담보로 갖고 있지만, 매출채권이 회수되지 못하는 경우 이에 대한 책임은 차입자가 지게 된다. **전통적인 팩토링**(conventional factoring)에서는 매출채권이 할인되어 대여자에게 판매된다. 일단 판매되고 나면 매출채권의 회수 여부는 팩토링사의 문제가 되어 불량 매출채권에 따르는 모든 위험을 팩토링사가 떠안게 된다. **만기 팩토링**(maturity factoring)의 경우 팩토링사가 약속한 미래의 특정 일에 돈을 송금한다.

소매업에서는 팩토링사가 특별히 중요한 역할을 한다. 예를 들어 의류소매업체의 경우 시즌이 시작될 때 많은 양의 옷을 구매해야 한다. 하지만 구매한 옷을 판매하기까지 많은 시간이 걸리므로 의류제조업자들에게 대금을 지불하려면 때때로 30일에서 60일까지도 기다려야 한다. 의류제조업자가 이렇게까지 기다릴 수 없다면 이들은 팩토링사를 찾아가게 되고 팩토링사는 매출채권을 구매해 모든 매출채권의 회수를 떠안게 된다. 실제로 미국의 경우 전체 팩토링의 80%는 의류산업에서 발생한다.

최근 떠오르는 새로운 종류의 팩토링으로 '**신용카드 매출채권 금융**(credit card receivable funding)' 또는 '**사업선금**(business cash advance)'이라는 것이 있다. 사업선금의 구조에서는 고객으로부터 카드로 매출을 올린 회사가 대여자에게 가서 매출액에 해당하는 금액을 현금으로 먼저 받고, 대여자는 회사가 향후 카드매출을 올릴 때마다 그 금액의 6~8%에 해당하는 현금을 카드사로부터 직접 받아 대여금을 상환하게 된다. 소규모 회사에게는 이 비즈니스카드 선금제도는 꽤 도움을 줄 수 있으나 이자율이 보통 35%에 달해 금융비용이 비싸다는 단점을 가진다. 즉 $10만의 신금을 대여자로부터 받았다면 비교적 짧은 기간에 $13만 5,000를 갚아야 하는 것이다.

'구매주문금융(purchase order financing) 또는 PO 금융'도 중소기업이 많이 찾는 자금융통 방법이다. 소규모기업이 고객으로부터 주문을 받았지만 이 주문상품의 제조사로부터 상품을 구매할 자금이 없을 때 구매주문금융이 필요해진다. 여기서는 대여자가 소규모기업 대신 제조사에게 먼저 대금을 지불해주고 나중에 소규모기업이 상품을 팔아 제조사에게 대금을 갚게 되면 제조사가 다시 대여자에게 해당금액을 상환해주는 구조를 갖는다. 구매주문금융의 이자율은 보통 첫 30일간은 3.5%이고 다음 10일이 지날 때마다 1.25%가 추가로 가산된다. 연간이자율로 환산하면 50% 이상이 된다.

예제 18.3

팩토링비용

지난해에 LuLu's Pies사는 매출채권을 평균적으로 $5만 보유했고 신용매출은 $50만였다. LuLu's는 매출채권을 3%의 할인율로 팩토링했다. 다시 말해 외상매출채권을 $1당 ¢97에 판매했다. 이 같은 단기금융의 실효이자율(EAR)은 얼마인가?

이자율을 계산하기 위해 먼저 매출채권기간과 평균회수기간을 알아야 한다. 당해 연도 중에 LuLu's는 매출채권을 $500,000/50,000 = 10회 회전시켰다. 따라서 평균회수기간은 365/10 = 36.5일이다.

여기서 지불되는 이자는 할인이자율(제4장에서 논의) 형태다. 이 경우 LuLu's는 매 ¢97의 자금에 대해 ¢3의 이자를 지급하고 있는 것이다. 36.5일당 이자율은 0.03/0.97 = 3.09%가 된다. 표시이자율(APR)은 10 × 3.09% = 30.9%가 되지만 실효이자율(EAR)은 $1.0309^{10} - 1 = 0.356$ 또는 35.6%가 된다.

이 경우 팩토링은 비교적 비싼 자금조달 방법이다.

팩토링사가 매출채권을 구입함으로써 채무불이행 위험을 떠맡는다면 팩토링사는 즉시 현금을 제공할뿐 아니라 보험도 제공한다는 사실을 주목해야 한다. 보다 일반적으로 팩토링사는 본질적으로 기업의 신용관리를 이전해 가지고 오는 것이다. 이는 회사 입장에서는 상당한 저축효과를 가져올 수 있다. 따라서 이자율은 특히 기업의 채무불이행 위험이 높을 때 높아지게 되는 것이다.

재고대출 **재고대출(inventory loan)**은 재고를 구매하기 위한 단기대출을 의미하는데, 백지재고 선취권, 신탁증서, 창고금융의 세 가지 기본 형태가 있다.

1. 재고일괄유치권(blanket inventory lien) 대출자에게 차입자의 모든 재고에 대해 유치권을 행사할 수 있는 권리를 부여한다.

2. **화물대도(trust receipt)** 차입자가 대출자의 위탁을 받아 특정한 재고를 보유하는 방식이다. 예를 들어 자동차딜러 금융은 화물대도를 이용해 이루어진다. 이러한 형태의 담보금융은 전시장의 재고와 관련을 갖기 때문에 매장계획(floor planning)이라고도 부른다. 그러나 화물대도를 이용한 재고대출은 예를 들어 곡물의 경우에는 사용이 번거롭다.
3. **창고금융(field warehouse financing)** 창고금융에서는 공영창고회사(재고관리 전문의 독립회사)가 대출자의 재고를 관리하는 대리인 역할을 한다.

상업어음

이외에도 기업은 다양한 종류의 단기자금을 조달할 수 있다. 이 중 가장 중요한 것 중 하나가 특히 특정 대기업들에게 중요한 것으로 **상업어음(commercial paper)**이 있다.
상업어음은 매우 높은 신용등급을 받는 대기업이 발행하는 단기어음(short-term note)이다. 전형적으로 이러한 어음은 만기일이 짧으며 최장 만기는 270일이다(이 기간을 초과할 경우, 기업은 SEC에 등록신고서를 제출해야 한다). 상업어음은 기업이 직접 발행하고 또한 은행과의 특별 신용한도 설정에 따라 발행되므로, 기업이 부담하는 이자율은 종종 은행의 일반 대출이자율보다 현저히 낮다.

신용거래

모든 기업에게 매우 중요한 또 하나의 단기자금조달 방법은 바로 **신용거래(trade credit)**, 즉 외상매입이다. 이는 원재료 공급자로부터 신용거래의 형태로 돈을 빌리는 것과 같다. 소규모기업의 경우 특히 중요한 단기자금조달 수단이 된다. 신용거래는 대기업에도 물론 중요하다. Walmart와 같은 소매 대기업은 은행으로부터 돈을 빌리기보다는 이 같은 신용거래를 더 많이 이용한다.

신용거래 조건의 이해 예제를 통해 신용거래 조건을 이해해 보자. 벌크캔디(bulk candy) 거래의 조건이 '2/10 net 60 '이라고 표시되었다고 하자.[5] 이는 고객이 송장일로부터 60일 이내에 대금을 완납해야 하지만, 10일 이내에 지급을 하면 2%의 현금할인이 이루어진다는 의미다.

구매자가 $1,000의 주문을 했고 판매조건이 '2/10 net 60'이라고 가정하자. 구매자는 10일 이내에 $\$1,000 \times (1 - 0.02) = \$980$를 지급하거나 60일 내에 $1,000를 지급하는 선택권을 갖게 된다. 만약 조건이 단지 'net 30'이라면 구매자는 송장일로부터 30일 이내에 $1,000 전액을 지급해야 하며 선납으로 인한 할인혜택은 주어지지 않는다.

일반적으로 신용조건은 다음과 같은 방식으로 해석된다.

(송장가격에서 이 만큼 할인)/(만약 이 일자 이전에 지급이 이루어지면)

---

5 이 절뿐 아니라 다른 절에서 특정한 산업에 대한 매출표시 조건은 Theodore N. Beckman, *Credits and Collections: Management and Theory*(New York: McGraw-Hill, 1962)을 따른다.

(그렇지 않다면 이 일자까지 전액을 납부)

따라서 '5/10 net 45'의 의미는 10일 이내에 대금을 지급하면 5%의 할인을 받고, 그렇지 않는다면 45일 이내에 전액을 납부해야 한다는 것을 의미한다.

현금할인 앞에서 살펴본 바와 같이 **현금할인(cash discount)**은 판매조건의 일부분이다. 미국에서 현금구매에 대해 할인혜택을 부여하는 것은 아주 오래된 일이고 (남북전쟁 이후) 이제는 일반화되어 있다. 할인혜택을 주는 이유 중 한 가지는 매출채권의 회수속도를 높이고 신용 규모(채무불이행에 따른 잠재적 손실)를 줄이기 위한 것이다.

현금할인이 제공되면 외상은 할인기간 동안 본질적으로 무료라는 사실에 주목하자. 따라서 구매자는 할인기간이 종료된 후 외상을 지급한다. 합리적인 구매자라면 판매조건이 '2/10 net 30'일 때 무료 외상을 최대한으로 사용하기 위해 10일째 대금을 납부하거나 또는 할인혜택을 포기하는 대가로 자금을 최대한 장기적으로 사용할 수 있게 30일째 대금을 납부할 것이다. 따라서 할인혜택을 포기하는 대가로 구매자는 30 − 10 = 20일의 신용혜택을 갖게 되는 것이다.

현금할인 혜택의 또 다른 이유는 외상을 연장하는 고객들에게 높은 가격을 부담시킬 수 있기 때문이다. 이 같은 관점에서 현금할인은 고객들에게 외상판매에 대해 비용을 부담시킬 수 있게 하는 손쉬운 방법이다.

앞의 예에서 할인 폭이 작아 보일 수 있다. 예를 들어 '2/10 net 30'의 판매조건에서 조기상환은 단지 2%의 할인혜택만을 본다. 이 할인혜택이 조기상환에 대해 강한 동기부여를 줄 수 있을까? 정답은 "예"이다. 왜냐하면 내재 이자율이 굉장히 높기 때문이다.

할인이 왜 중요한지 알기 위해 조기상환을 하지 않는 구매자의 비용을 계산해 보자. 이를 위해 외상구입에 대한 실효이자율을 구해 보자. 주문액이 $1,000라고 가정하면 구매자는 10일 이내에 $980를 지급할 수 있고 또는 20일 이후에 $1,000를 지급할 수 있다. 이는 구매자가 20일 동안 $980를 차입해 $20를 대출에 대한 이자로 지급하는 셈이 된다. 이 경우 이자율은 얼마인가?

$980 차입금에 대한 $20의 이자를 계산하면 이자율은 $20/980 = 0.020408 또는 2.0408%가 된다. 비교적 낮아 보이지만 이 이자는 20일에 대한 것임을 명심하라. 따라서 1년으로 환산하면 이같은 기간이 365/20 = 18.25번 있게 되고, 할인혜택을 받지 않는다면 연 실효이자율은 다음과 같이 계산된다.

$$\text{EAR} = 1.020408^{18.25} - 1 = 0.446 \text{ 또는 } 44.6\%$$

구매자의 입장에서 보면 이 금리는 상당히 비싼 자금이 되는 셈이다.

이자율이 상당히 높기 때문에 구매자는 할인혜택을 받으려 조기 상환할 것이고, 이에 따라 판매자는 조기 상환 조건으로 인한 이익을 거의 보지 못한다. 구매자의 채무불이행 가능성을 무시한다면, 할인혜택을 받지 않는 구매자가 있는 경우 판매자는 분명 이익을 보게 된다.

예제 18.4

금리는 얼마인가?

일반 타일이 '3/30 net 60' 조건으로 판매되고 있다. 구매자가 할인혜택을 받지 않는 경우 지급해야 하는 실효이자율(EAR)은 얼마인가? 이 경우 표시이자율(APR)은 얼마인가?

조건에 따르면 60 - 30 = 30일의 외상매입에 대해 3%의 이자가 부과된다. 따라서 30일에 대한 이자율은 0.03/0.97 = 0.03093 또는 3.093%가 되고 1년에 이와 같은 기간이 365/30 = 12.17회 있으므로 실효이자율은

$$\text{EAR} = 1.03093^{12.17} - 1 = 0.449 \text{ 또는 } 44.9\%$$

APR은 기간당 이자율에 기간 수를 곱하여 산출되므로

$$\text{APR} = 0.03093 \times 12.17 = 0.376 \text{ 또는 } 37.6\%$$

APR과 같은 이자율은 신용거래 비용으로 자주 표시되므로 이 예제에서 보듯이 표시비용은 실제비용에 비해 심각하게 과소평가돼 있다.

18. 6 단기재무계획

단기재무계획이 어떻게 완성되는지 알아보기 위해 Fun Toys의 필요한 모든 자금을 단기차입으로 조달한다고 가정해 보자. 차입금에 대한 이자율은 APR로 20%로 이는 분기별로 계산된다. 제4장에서 보았듯이 분기별 이자율은 20%/4 = 5%임을 알 수 있다. 또한 Fun Toys는 단기부채 없이 한 해를 시작한다고 가정한다.

표 18. 5를 보면 Fun Toys가 2분기에 $60 백만의 현금 부족이 발생하고 있음을 알 수 있다. 따라서 Fun Toys는 이만큼의 자금을 빌려야 한다. 3분기의 순현금유입은 $55 백만이다. 하지만 $60 백만 × 0.05 = $3 백만는 이자로 지불해야 하므로 나머지 $52 백만으로 차입금을 상환해야 한다.

3분기 말에도 Fun Toys는 여전히 $60 백만 − $52 백만 = $8 백만의 현금이 부족하게 된다. 따라서 마지막 분기에 지불해야 하는 이자는 $8 백만 × 0.05 = $0.4 백만이다. 또한 마지막 분기의 순현금유입이 −$15 백만이므로 총 $15.4 백만을 빌려야 한다. 그리하여 총단기차입금은 $15.4 백만 + $8 백만 = $23.4 백만가 된다. 표 18. 6은 표 18. 5에 이 내용을 추가하여 작성된 것이다.

표 18. 6

Fun Toys의 단기재무계획 (단위: $백만)

	Q1	Q2	Q3	Q4
기초현금잔액	$20	$ 60	$10	$10.0
순현금유입	40	-110	55	- 15.0
신규 단기차입	-	60	-	15.4
단기차입금에 대한 이자	-	-	- 3	- 0.4
단기차입금 상환	-	-	-52	-
기말현금잔액	$60	$ 10	$10	$10.0
최소현금잔액	- 10	- 10	-10	- 10.0
누적현금잉여액(부족액)	$50	$ 0	$ 0	$ 0.0
기초 단기차입금	0	0	60	8.0
단기부채 변동액	0	60	-52	15.4
기말 단기부채	$ 0	$ 60	$ 8	$23.4

최종 단기 부채액이 한해 전체의 누적적자 $20 백만에 연간 지불한 이자 $3 백만 + $0.4 백만 = $3.4 백만를 더한 총 $23.4 백만임에 주목하자.

예제를 통해 알아본 단기재무계획은 아주 단순하다. 예를 들어 단기부채에 대해 지불하는 이자로 인해 발생하는 세금공제 효과는 무시했다. 또한 1분기에 발생하는 현금잉여액은 세금을 지불하고도 어느 정도의 이자소득을 가져올 수 있다는 사실도 무시했다. 이러한 사실을 추가하면 보다 세심한 계획을 만들 수 있을 것이다. 그러나 비록 단순하긴 했지만, 앞에서 살펴본 단기재무계획은 약 90일 후에 Fun Toys가 약 $60 백만를 단기로 빌려야 한다는 점을 잘 보여 주고 있다. 이제 이러한 자금을 어떻게 조달할 것인가를 살펴볼 차례다.

Fun Toys의 단기재무계획은 회사의 단기자금을 조달하는데, 한 해 약 $3.4 백만의 세전 이자가 비용으로 발생한다는 사실을 보여 준다. 이를 출발점으로 이제 Fun Toys가 이러한 비용을 줄이기 위하여 다른 대안을 살펴보기 시작한다. 예를 들어 $100 백만의 예정된 지출을 지연하거나 여러 해로 분산시킬 수 있을지 알아보자. 분기별 5%의 이자는 단기자금 조달비용으로는 비싼 것이라고 할 수 있다.

또한 Fun Toys의 매출이 계속 증가할 것으로 예상된다면, $20 백만이 넘는 현금부족액도 계속 커질 것이고, 따라서 추가적인 자금조달이 영구적으로 필요해질지도 모른다. Fun Toys는 이에 대비하여 장기적 자금조달에 대해서도 고려할 수도 있을 것이다.

요약 및 결론 Summary and Conclusions

1. 이 장에서는 단기재무관리에 대한 소개를 했다. 단기재무관리는 단기적인 자산과 부채를 관리하는 것이다. 우리는 기업의 재무제표상에 나타나는 단기의 현금원천과 사용에 대해 알아보았다. 또한 단기영업활동에서 유동자산과 유동부채가 어떻게 발생하는가를 살펴보았고 기업의 현금주기에 대해서도 고찰하였다.
2. 단기적 현금흐름의 관리는 비용의 최소화와 관련을 갖는다. 두 가지 주요 비용이 있는데 바로 유지비용과 부족비용이다. 유지비용은 현금과 같은 단기자산에 너무 많이 투자하여 상실하게 되는 수익이며, 부족비용은 단기자산의 부족으로 발생하는 비용이다. 단기재무관리와 단기재무계획의 목적은 이 두 가지 비용 사이의 최적의 상호교환관계를 발견해내는 것이다.
3. 이상적인 경제상황 하에서는 기업이 현금의 단기적 사용과 원천을 완벽하게 예측할 수 있을 것이며, 따라서 순운전자본을 0으로 유지할 수 있을 것이다. 그러나 현실에서는 현금과 순운전자본이 기업이 지속적으로 갖게 되는 채무변제를 이행할 수 있도록 완충역할을 한다. 재무관리자는 각 유동 자산의 최적수준이 어느 정도인가를 알아내야 한다.
4. 재무관리자는 현금예산을 사용하여 단기자금조달의 필요성을 확인할 수 있다. 현금예산은 재무관리자로 하여금 단기적으로 얼마를 빌려야 하고 얼마를 빌려줄 수 있는가를 알게 해준다. 기업은 담보대출, 무담보대출, 상업어음, 신용거래 등 단기자금 부족을 해결하기 위해 자금을 조달할 수 있는 여러 가지 다양한 방법을 갖고 있다.

6. **주기계산** Zamboni Icers의 재무제표 정보는 다음과 같다.

항목	기초		기말
재고자산	$17,453		$19,281
매출채권	14,087		15,314
매입채무	15,387		16,822
순매출액		$418,276	
매출원가		234,912	

영업주기와 현금주기를 계산하라. 답을 어떻게 해석할 수 있겠는가?

7. **팩토링 매출채권** 회사의 평균회수기간은 34일이다. 현재 실무적으로는 모든 매출채권을 1.2%로 할인해 즉시 팩토링하고 있다. 이 경우 유효차입비용은 얼마인가? 채무불이행은 거의 발생하지 않는다고 가정하라.

8. **지급액 계산** Lewellen사는 다음 해의 분기별 매출액을 다음과 같이 예상하고 있다.

	Q1	Q2	Q3	Q4
매출액	$1,260	$1,370	$1,240	$1,510

다음 해의 매출은 각 분기별로 15%가 증가할 것으로 예상한다.

a. Lewellen사가 각 분기에 다음 분기 예상매출액의 30%를 주문한다고 가정할 때, 공급자에게 지급되는 금액을 계산하라. 대금 지급은 즉시 이루어진다고 하자. 이 경우 매입채무 상환기간은 얼마인가?

	Q1	Q2	Q3	Q4
매입채무 지급액($)	$	$	$	$

b. 매입채무 상환기간이 90일이라고 가정하고 (a)를 다시 계산하라.

	Q1	Q2	Q3	Q4
매입채무 지급액($)	$	$	$	$

c. 매입채무 상환기간이 60일이라고 가정하고 (a)를 다시 계산하라.

	Q1	Q2	Q3	Q4
매입채무 지급액($)	$	$	$	$

9. **지급액 계산** Thakor사는 다음 분기 예상 매출액의 75%를 이번 분기에 공급자로부터 구입한다. 매입채무 상환기간은 60일이다. 임금과 세금, 기타 비용은 매출액의 20%이고 이자와 배당은 $170이다. 자본지출은 예정돼 있지 않다.

예상되는 분기별 매출액은 다음과 같다.

	Q1	Q2	Q3	Q4
매출액	$1,840	$1,970	$2,090	$2,360

다음 해의 1분기 예상매출액은 $2,010이다. 다음 표를 완성하여 회사의 현금지출액을 계산하라.

	Q1	Q2	Q3	Q4
매입채무				
임금, 세금, 기타 비용				
장기 자금조달 비용 (이자와 배당금)				
합계				

10. 현금회수액 계산 다음은 Shleifer사의 2020년 1분기 매출예산이다.

	1월	2월	3월
매출예산	$337,000	$398,000	$431,000

신용매출은 다음과 같이 회수된다.

65%는 매출된 당월
20%는 매출 한 달 후
15%는 매출 두 달 후

이전 분기말의 매출채권 잔액은 $20만8,000였다(이 중 $14만3,000는 12월의 매출에서 회수되지 않은 것이다).

a. 11월의 매출액을 계산하라.
b. 12월의 매출액을 계산하라.
c. 1월부터 3월까지 매월 매출금의 현금회수액을 계산하라.

11. 현금예산 계산 다음은 Cornell사의 2020년 2분기 동안 중요한 수치들이다.

	4월	5월	6월
(신용) 매출채권	$467,000	$545,000	$582,500
(신용) 매입채무	230,600	315,200	320,400
현금지출액			
임금, 세금, 기타비용	68,300	84,600	101,200
이자	18,900	18,900	18,900
설비구입	131,400	173,600	-

회사는 매출채권 중 5%는 회수하지 못할 것으로, 35%는 매출 당월에, 나머지 60%는 매출 다음 달에 회수될 것으로 예상한다. 매입채무는 매입 한달 후 지급될 것이다.
2020년 3월의 신용매출은 $43만5,000였고, 신용매입은 $23만4,200였다. 이 정보를 이용하여 다음의 현금예산을 완성하라.

	4월	5월	6월
기초현금잔액	$265,000		
현금수취			
신용매출 현금회수			

(계속)

총 가용현금			
현금지출			
구매			
임금 세금 기타비용이자			
이자			
설비구입			
총 현금지출			
기말현금잔액			

12. **원천과 사용** 다음은 Country Kettles사의 가장 최근 대차대조표이다. 누적감가상각을 제외하고 각 항목에 대해 현금 원천과 사용을 구분하고 그 금액을 나타내라.

Country Kettles사 대차대조표(단위: $천)		
	2019	2020
자산		
현금	$65,373	$74,187
매출채권	163,031	161,368
재고자산	139,024	156,216
고정자산 공장 설비	413,424	478,814
차감: 누적감가상각비	109,570	140,105
총자산	$671,282	$730,480
부채와 자기자본		
매입채무	$106,810	$109,664
미지급금	20,614	22,552
장기부채	78,474	75,038
보통주	66,935	74,405
이익잉여금	398,449	448,821
총 부채와 자기자본	$671,282	$730,480

13. **현금할인** 당신은 개당 $108에 재고 425개를 주문한다. 공급자는 '1/10 net 30'의 조건을 제시한다.
   a. 지급기간을 넘지 않으려면 당신은 얼마 후에 지급해야 하는가? 만일 당신이 만기지급조건을 선택한다면 얼마를 송금해야 하는가?
   b. 제안된 할인율은 얼마인가? 할인을 받기 위해서는 얼마나 빨리 지불해야 하는가? 만일 할인조건을 택한다면 얼마를 송금해야 하는가?
   c. 만일 할인조건을 택하지 않는다면 내재적으로 얼마의 이자를 지급하게 되는 셈인가? 당신은 며칠의 신용기간을 받고 있는가?

14. **판매조건** 어떤 회사가 '1/10 net 25'의 조건을 제시한다. 고객이 할인조건을 택하지 않는 경우 회사는 얼마의 실효이자율을 얻게 되는가? 계산하지 말고 직관적으로 다음과 같은 일이 벌어질 때 실효이자율이 어떻게 되는지를 설명하라.
   a. 할인율이 3%로 변경
   b. 신용기간이 45일로 연장
   c. 신용기간이 15일로 연장

15. 매출채권 규모 Essence of Skunk Fragrances사는 매년 향수컬렉션을 개당 $435에 4,100개 판매한다. 모든 매출은 '1/10 net 40'의 조건의 외상으로 이루어진다. 고객의 65%가 할인혜택을 선택한다. 이 같은 경우 회사의 매출채권은 얼마인가? 주 경쟁사인 Sewage Spray의 판매에 대응하여 Essence of Skunk Fragrances사는 시장을 선점하기 위해 신용조건을 '2/10 net 30'으로 변경할 것을 검토하고 있다. 이 같은 신용정책 변화는 매출채권에 어떤 영향을 미칠 것인가?

16. ACP와 매출채권회전율 Lupo사의 평균회수기간은 34일이다. 이 회사의 평균 일일 매출채권은 $10만 9,000이다. 연 신용매출액은 얼마인가? 매출채권회전율은 얼마인가?

보통
(문제 17~20번)

17. 차입비용 당신은 언제라도 $65 백만를 차입할 수 있는 신용한도를 개설했다. 이자율은 월 0.53%이다. 또 차입금의 4%를 무이자계좌에 예치해야 한다. 은행은 신용한도 대출에 대해 복리를 적용한다고 가정하라.

a. 이 신용한도 대출에 대한 실효이자율은 얼마인가?

b. 당신은 오늘 $30 백만가 필요하여 대출을 받고 6개월 후에 상환한다고 가정하자. 당신이 지불하는 이자는 얼마인가?

18. 차입비용 어떤 은행이 당신 회사에 분기당 1.71%의 이자율로 $50 백만까지 신용한도를 재연장하자는 제안을 한다. 또한 은행은 사용하지 않는 신용한도에 대해서는 5%를 무이자계정에 예치해 보상잔액을 유지할 것을 요구한다. 당신은 이 은행에 분기당 0.81%의 이자를 지급하는 단기투자계정을 보유하고 있고 은행은 신용한도 재연장에 대해 복리를 적용한다고 가정하자.

a. 만일 해당 연도에 신용한도를 사용하지 않는다면 신용한도 재연장에 대한 실효연이자율(기회비용)은 얼마인가?

b. 만일 $35 백만를 즉시 차입하고 1년 후에 상환한다면 신용한도 재연장에 대한 실효연이자율은 얼마인가?

c. 만일 $50 백만를 즉시 차입하고 1년 후에 상환한다면 실효연이자율은 얼마인가?

19. 현금예산 계산 Wildcat사는 향후 4분기의 매출액을 다음과 같이 예상했다.

	Q1	Q2	Q3	Q4
매출액	$176	$159	$209	$242

다음 해의 첫 분기 매출액은 $193 백만로 예상된다. 올 연초의 매출채권 잔액은 $69 백만이다. Wildcat의 회수기간은 45일이다.

Wildcat이 분기당 공급자로부터 구입하는 금액은 다음 기 예상 매출액의 45%이고 공급업자는 일반적으로 36일만에 대금을 지급받는다. 임금, 세금, 기타 비용은 매출액의 약 30%이고 이자와 배당은 분기당 $16 백만이다.

Wildcat은 2분기에 $55 백만의 주요 자본지출을 계획하고 있다. 마지막으로 이 회사는 연초에 $40 백만의 현금잔액을 가지고 있었으며 최소잔액은 $20 백만를 유지하려고 한다.

a. 다음 표를 작성해 Wildcat의 현금예산을 완성하라.

WILDCAT사 현금예산(단위: $백만)				
	Q1	Q2	Q3	Q4
기초현금잔액	$40			
순현금유입				
기말현금잔액				

(계속)

최소현금잔액	20			
누적잉여(부족)액				

b. Wildcat은 분기당 3%의 금리로 필요한 단기자금을 차입할 수 있으며 잉여자금은 분기당 2%의 금리를 지급하는 단기 유가증권에 투자할 수 있다고 가정하자. 다음 표를 작성하여 단기자금계획을 완성하라. 당해년도에 순현금비용(총이자에서 총투자이익을 차감한 금액)은 얼마인가?

WILDCAT사 현금예산 (단위: $백만)				
	Q1	Q2	Q3	Q4
기초 현금잔액	$20			
순현금유입				
신규 단기투자				
단기투자로부터의 이익				
단기투자 매각				
신규 단기차입				
단기차입 이자				
단기차입 상환				
기말 현금잔액				
최소현금잔액	20			
누적잉여(부족)액				
분기초 단기투자				
기말 단기투자				
기초 단기부채				
기말 단기부채				

20. **현금관리 정책** 다음 사항을 가정하여 문제 19번을 다시 풀어보라.

a. Wildcat은 최소현금잔액을 $3,000만를 유지한다.

b. Wildcat은 최소현금잔액을 $1,000만를 유지한다.

(a)와 (b)의 답을 근거로 이 회사는 현금관리 정책을 변경함으로써 이익을 증대시킬 수 있을 것이라고 생각하는가? 고려하여야 할 다른 요소들은 있는가? 설명하라.

도전
(문제 21~22번)

21. **차입비용** $300 백만의 고정확정신용한도를 개설하는 조건으로 당신 회사는 다음과 같은 사항에 대해 동의했다.

1. 실제 차입금액에 대해 분기당 1.95% 이자 지급
2. 실제 차입한 금액의 5%를 보상잔액으로 유지
3. 신용한도의 0.195%를 수수료로 선지급

이 같은 정보를 근거로 다음 물음에 답하라.

a. 수수료를 고려하지 않는 경우, 이 신용한도의 실효연이자율은 얼마인가?

b. 당신 회사가 즉시 $125 백만를 사용하고 1년 후에 상환한다면 이 $1억 5,000만 차입금에 대한 실효연이자율은 얼마인가?

22. **차입비용** DeAngelo 은행은 당신 회사에게 8.7%로 $2,000만까지 대출해 줄 것을 제의하고 또 차입한 금액의 4%를 보상잔액으로 유지할 것을 요청한다. 이 같은 대출계약의 실효연이자율은 얼마인가?

웹 정보 이용하여 문제풀기 What's on the web?

1. **현금주기** www.reuters.com에 가서 Stryker(SYK)와 Estee Lauder(EL)의 가장 최근 손익계산서와 대차대조표를 찾아라. 두 기업 모두 S&P 500 편입종목이다. SYK는 의학기술기업이고, ELP는 미용관련 제품의 제조사다. 이들의 현금주기를 계산하고 차이점과 유사점에 대해 논하라.
2. **영업주기** 위 문제의 두 회사에 대해 영업주기도 계산하라. 차이점과 유사점은 무엇인가? 과연 각 회사가 소속된 산업을 볼 때 이와 같은 결과가 나오는 것이 정상이라고 생각하는가?

Excel 로 풀어보기 Excel Master it! Problem

Wood Products사의 재무담당인 Heidi Pedersen은 Justin Wood 사장으로부터 향후 3개월간의 월별현금잔액을 자세히 작성하라는 주문을 받았다. 다음에 필요한 정보가 있다.

ExcelMaster coverage online
www.mhhe.com/RossCore6e

	7월	8월	9월
매출(신용)	$1,275,800	$1,483,500	$1,096,300
매입(신용)	765,480	890,160	657,780
현금처분			
임금 세금 비용	348,600	395,620	337,150
이자비용	29,900	29,900	29,900
시설	0	158,900	96,300
신용매출회수액			
매출발생월 회수비중	35%		
매출발생월 이후 회수비중	60%		
회수불가능	5%		
7월 발생 매출(신용)	$1,135,020		
7월 발생 매입(신용)	$681,012		
기초현금	$425,000		

신용으로 매입한 금액은 발생 다음 달에 모두 지급한다.

a. Wood Products의 향후 3개월 월현금예산을 모두 작성하라.

b. Heidi는 지금 작성하는 월현금예산이 매 분기 현금예산을 작성하기 위한 기초작업이 될 수 있도록 하면 좋겠다고 생각했다. 이를 위해 각 월의 항목별 액수가 달라질 때마다 자동적으로 업데이트될 수 있도록 excel 파일을 만들어라.

CLOSING CASE

KEAFER MANUFACTURING: 운전자본관리

Keafer Manufactory사는 신설된 자금부의 업무를 맡기기 위해 당신을 고용했다. Keafer Manufactory사는 다양한 구매자를 위해 여러 가지 크기의 판지상자를 주문 제작하는 소규모회사이다. 회사의 소유주인 Adam Keafer는 주로 판매와 생산부문에서 일을 한다. 현재 이 회사는 기본적으로 모든 매출채권을 한 파일에 모으고, 매입채무는 다른 파일에 모아 시간제 장부관리자가 정기적으로 이를 정리하고 있다. 이 같은 비체계적 시스템으로 인해 재무분야에서 이를 담당하게 되었고 이 업무를 위해 당신이 고용된 것이다.

이 회사는 현재 현금잔액이 $17만이고 3분기에 $32만의 새로운 기계를 구입할 계획이다. 기계는현금 구매 시 할인혜택이 주어지므로 현금으로 구입할 것이다. Adam은 예상하지 못한 비상사태에 대비하기 위해 최소 $13만의 현금잔액을 유지하기 원한다. Keafer의 모든 매출과 매입은 모두 신용으로 이루어지며 할인혜택이 주어지거나 선택한 적은 없다.

이 회사의 지난해 각 분기별 매출액은 다음과 같다.

	Q1	Q2	Q3	Q4
총매출액	$893,000	$924,000	$996,000	$858,000

각종 조사와 고객과의 대화를 통해 내년 각 분기별 매출액은 8% 증가할 것으로 예상한다. 그 다음 해의 1분기에도 매출이 8% 증가할 것으로 기대한다. 현재 Keafer의 매출채권기간은 57일이고 매출채권 잔액은 $68만 3,000이다. 하지만 매출채권의 10%는 최근에 파산한 기업에 대한 것이어서 이 부분은 회수가 안 될 것으로 보인다.

Keafer는 일반적으로 다음 분기 예상 매출액의 50%를 각 분기에 주문하고, 공급자는 평균적으로 53일 후에 대금을 지급받는다. 또한 임금, 세금, 기타 비용은 총 매출액의 약 25%이고 매분기 장기부채에 대해 $19만의 이자를 지급한다. 마지막으로 이 회사는 단기자금차입을 위해 지역은행을 이용하고 있다. 현재 단기차입금에 대해 분기당 1.2%의 이자를 지급하고 있고 단기예금에 대해 분기당 0.5%의 이자를 지급받는 단기자금시장 계정을 유지하고 있다.

Adam은 현행과 같은 정책하에서 기업의 현금예산과 단기재무계획을 수립해 줄 것을 당신에게 요청했다. 그는 또한 몇 가지 투입변수의 변화를 근거로 추가적인 계획도 준비해 줄 것을 요청했다.

1. 현금예산과 단기재무계획을 완성하기 위해 주어진 수치들을 이용하라.
2. Keafer가 최소현금잔액을 $10만으로 유지한다고 가정할 때, 현금예산과 단기재무계획을 다시 작성하라.
3. 매출성장률이 11%인 경우와 5%인 경우의 매출예산을 다시 작성하라. 목표현금잔액은 $10만로 가정한다.
4. 회사가 8%의 성장을 한다고 가정했을 때 단기자금조달을 하지 않기 위해서는 목표현금잔액이 얼마여야 하는가? 이 문제에 대한 답을 구하기 위해서는 스프레드시트를 통해 계산하고 '해 찾기' 기능을 활용해야 할 것이다.
5. 당신은 경쟁사의 신용정책을 살펴본 후 산업평균 신용정책인 '1/10 net 45' 조건을 사용하기로 했다. 이 신용조건은 구매자가 10일 이내에 대금을 지급하는 경우 1%의 할인혜택을 받을 수 있고, 10일 이내에 지급하지 않으면 45일 내에 전액을 지급해야 한다는 것을 의미한다. 당신은 이 신용정책의 변화가 회사의 현금예산과 단기재무계획에 미칠 영향에 대해 알기를 원한다. 만일 이 신용정책이 시행된다면 고객의 25%가 이를 이용할 것이고, 이로 인해 매출채권기간은 38일로 단축될 것으로 추정한다. 최소현금잔액이 $10만일 때 새로운 신용정책 하의 현금예산과 단기재무계획을 다시 작성해 보라. 이 신용조건의 내재된 이자율은 얼마인가?
6. 당신은 Keafer사가 받는 신용조건에 대해 Keafer사의 주 공급자와 이야기를 나누었다. 이 공급업자는 신용조건을 '2/15 net 40'으로 할 수 있을 것이라고 제안했다. 이는 Keafer사가 15일 이내에 대금지급을 하면 2%의 할인을 받을 수 있고, 15일 이내에 지급하지 않으면 40일 내에 전액을 지급해야 한다는 것을 의미한다. 공급업자가 이 회사에 제안한 새로운 조건의 이자율은 얼마인가? 최저현금잔액이 $10만이고, 모든 주문에 대해 이 신용조건을 따른다고 할 경우 현금예산과 단기재무계획을 다시 작성해 보라.

자본조달

19

OPENING CASE

2018년 4월 3일에 디지털 음원 회사인 Spotify가 특이한 방법으로 주식시장에 상장되었다. 보통은 최초 상장할 때 신주판매를 도와줄 투자은행 또는 인수자를 고용한다. IPO에서 인수자는 일반투자자에게 신주를 팔고 거기서 나온 매각대금은 인수자의 비용을 제하고 회사에 지급된다. 그러나 Spotify의 경우는 직상장을 선택하였다. 이를 통해 회사가 조달한 돈은 전혀 없었다. 다만 내부자와 기존 주주들이 들고 있었던 구주가 바로 NYSE에서 유통될 수 있게 된 것이다. 이 거래에서 더욱 특이한 점은 약 7개월 이후 Spotify는 $10억어치의 자사주 매입을 공시했다는 점이다.

보통은 회사가 새로운 투자자로부터 자금을 조달하기 위해 IPO를 한다. 이제껏 미국에서 가장 많이 자금을 조달한 IPO는 2008년에 있었던 거대 카드회사 Visa의 IPO인데, Visa는 여기서 $179억를 조달했었다. 이 장에서 우리는 회사가 주식을 일반투자자에게 판매하는 과정과 이때 발생하는 비용과 투자은행의 역할에 대해 알아볼 것이다.

중소기업이든 대기업이든 기업이면 모두 장기자본을 필요로 한다. 이 장에서는 어떻게 장기자본을 조달할 수 있는지 살펴본다. 특히 재무적인 입장에서 기업성장에 가장 중요한 최초공모 또는 상장에 대해 많은 지면을 할애하였다. 최초공모는 개인기업에서 공개법인으로 탈바꿈하는 관문이고 많은 벤처기업인에게는 최종의 목표가 될 수도 있는 중요한 사건이다.

기업재무 관련 최근 사건들을 찾아보기 위해 corecorporatefinance.blogspot.com을 방문하라.

이 장에서는 기업이 어떻게 자본을 조달하는지에 대해 알아본다. 자본조달 방법은 보통 기업의 생애주기(life cycle)에 따라 달라진다. 벤처기업은 초기자본조달을 위해 대부분 엔젤이나 창업투자회사(벤처캐피탈)에 의존하지만, 기업이 성장하면 자신을 공개하고 증권거래소에 상장하여 일반투자자로부터 직접 자금을 조달하려 할 것이다. 기업이 증권거래소를 통해 최초로 신규주식을 공모하는 것을 최초공모 또는 신규상장(initial public offering: IPO)이라고 부르며, IPO를 성공한 기업은 상장기업의 지위를 갖게 된다. 신규상장된 기업은 언제든지 신규주식을 발행하고 증권거래소를 통해 신주를 공모할 수 있는데, 이렇게 이미 상장된 기업이 다시 주식공모를 통해 자금을 조달하는 방법을 유상증자(seasoned equity offering: SEO)라고 한다. 이 장은 한 기업의 생애를 따라가며 처음에는 창업자본을 조달하는 방법을 설명하고, 이후 최초공모와 증자를 통해 장기자본을 조달하는 것에 대해 설명한다. 후미에 가서는 회사채 등 장기부채의 조달방법에 대해서도 알아본다.[1]

19.1 초기자본조달과 창업투자자

어느 날 당신은 친구와 함께 지금의 통신방법을 혁신적으로 바꿀 수 있는 차세대 소프트웨어를 개발하고, 이를 Megacomm이라고 부르기로 했다고 하자.

당신도 벤처기업가가 될 수 있다는 희망과 꿈에 젖어 밤새 일을 해서 프로토콜을 만들었

1 이 장의 집필을 위해 많은 도움을 준 플로리다 대학교의 Jay R. Ritter에게 감사를 표한다.

다. 아직 기능이 충분치는 않지만, 적어도 사람들에게 이 프로토콜을 보여주면 당신이 무엇을 하려는지 이해시킬 수는 있다. 이 제품을 완성단계로까지 끌어올리기 위해서는 프로그래머를 고용해야 하고, 새 컴퓨터도 사야 하고, 사무실도 임대해야 하는 등 적지 않은 자금이 소요될 것이다. 불행히도 당신과 친구는 모두 MBA 학생이어서 충분한 돈이 없다. 그래서 당신은 흔히 '남의 돈'이라고 불리는 OPM(other people's money)이 필요하다.

첫 번째 드는 생각은 아마 은행일 것이다. 하지만 은행에 직접 가서 경험해보면 알게 되겠지만, 은행은 당신처럼 담보할 만한 재산도, 아무런 사업경험도 없고 단지 사업 아이디어만 있는 사회 초년병에게 전혀 관심이 없다. 당신은 다른 데서 돈을 찾아야 한다.

당신 같은 사람에게도 투자할 가능성이 있는 한 부류의 투자자는 **엔젤투자자(angel investor)** 또는 **엔젤(angel)**이라고 불리는 사람들이다. 이 천사 같은 사람들은 사실 많은 경우 당신이 무엇을 하는지도 잘 모르면서 당신에게 선뜻 자금을 내주는 가족이나 아주 친한 친구들이다. 하지만 전문성이 높은 엔젤들도 있다. 이들은 누구와의 친분 때문에 투자하는 사람이 아니고 사업 아이디어를 보고 투자하려고 하는 사람들이며 이미 벤처기업에 적지 않게 투자를 해본 경험이 있는 사람들이다.

창업투자회사

엔젤 이외에 **창업투자회사(venture capital: VC)**를 찾아갈 수도 있다. 이들은 전문성과 투자규모가 엔젤보다 훨씬 높아 창업자본시장을 형성하고 있다. (번역자 주: 한국에서는 1986년에 제정된 중소기업창업지원법에 근거하여 창업투자회사가 설립되기 때문에 정확한 정의가 존재하지만) 미국에는 창업투자회사에 대한 공식적인 정의가 없다. 다만 이들은 다음과 같은 세가지 공통점을 가지고 있다고 본다.[2]

1. **창업투자회사(또는 창투사)는 외부투자자로부터 자금을 모아 벤처기업에게 조달해주는 금융중개 역할을 한다** 창투사는 보통 합자회사(limited partnership) 형태를 가진다. 따라서 유한책임사원(limited partner: LP)이 자금을 조달하고 무한책임사원(general partner: GP)이 투자의사결정 및 운용을 담당한다. LP는 흔히 연기금이나 기금 같은 기관 또는 일반기업이고 간혹 부유한 개인이나 가족인 경우도 있다. 엔젤은 자기 돈을 직접 투자하는 반면, 창투사는 외부자금을 모아 투자한다는 점에서 엔젤과 창투사가 차이가 난다. 간혹 일반기업이 직접 사내에 벤처투자 역할을 담당하는 부서를 설립하고 이들에게 유망한 벤처기업을 발굴하여 투자하도록 하는 경우도 있다. 그러나 Metrick and Yasuda는 이들이 외부의 자금을 조달하지 않고 모기업의 자금을 사용하기 때문에 엄격한 의미에서 창투사로 분류될 수 없다고 지적했다.
2. **창투사는 피투자회사에 대해 감시·감독 자문 역할을 적극적으로 수행한다** 가령 창투사의 직원이 피투자회사의 이사회에 선임되는 경우가 많다. 피투자회사에 파견된 창투사 직원은 해당 사업에 대해 많은 지식과 경험을 가지고 있는 사람이다. 한편 벤처기

2 이에 대한 좀 더 자세한 설명을 보려면 Andrew Metrick and Ayako Yasuda, *Venture Capital and the Finance of Innovation* 2nd ed. (Hoboken NJ: John Wiley and Sons 2011) 참조.

업인은 비록 똑똑하고 창의적이고 자신의 제품에 대해 많이 알고 있을지는 몰라도 사업경험이 부족하기 때문에 창투자의 지원이 필요하다.

3. **창투사는 피투자회사에 투자한 지분을 영원히 보유하지는 않는다** 오히려 창투사는 IPO(다음 절에서 자세히 볼 것이다)를 하든지 아니면 다른 회사에 자기지분을 매각하든지 어떤 형태로든 항상 자금회수 전략을 가지고 있다. 일반기업의 사내 창투부문(corporate venture capital)은 여기서도 창투사와 차이를 보인다. 이들은 대부분 피투자회사를 자신의 자회사로 계속 보유하려 하기 때문이다.

위의 세 공통점 중 마지막 내용은 일반적으로 창투사가 어떤 성격을 가지고 있는지 잘 알게 해준다. 투자대상회사는 상장하기에 알맞은 규모든지, 아니면 인수합병 시장에서 쉽게매각할 수 있는 규모여야 한다. 또한 초기 투자는 대부분 금액이 적기 때문에 투자대상회사는 매우 높은 성장성을 가지고 있어야 한다. 가령 음식에 굉장히 심취해 있는 사람이 음식점을 개점해 맛으로 승부하려 한다고 하자. 만약 이 사람이 사업을 확장해 이익을 증대하려는 생각은 전혀 없고, 정말 맛있는 음식을 만드는 것에만 관심을 가지고 있다면 이 음식점은 절대로 성장하지 못하고 상장까지 가지도 못할 것이다. 반면 첨단기술에 기반을 둔 벤처기업들은 성장잠재력이 매우 높다. 많은 창투사들이 첨단기술 벤처에 집중하는 현상이 나타나는 것도 바로 이 때문이다. 그림 19. 1은 창투사가 투자한 업종의 분포를 보여주는데 역시 첨단기술 업종이 많은 부분을 차지하고 있음을 알 수 있다.

창투사들은 얼마나 성공적으로 투자자금을 회수하고 있는가? 이에 대한 자료를 취합하는 것은 쉽지 않은데, 그림 19. 2는 1990년대에 창투사로부터 처음 투자를 받았던 1만1,000개 벤처기업의 성과를 보여주고 있다.

이에 따르면 약 50%(= 14% + 33%)가 상장에 성공했거나 다른 기업에 인수되었다. 하지만 인터넷 버블은 2000년대 초에 정점을 이루었기 때문에 그림 19. 2는 약간 예외적인 상황

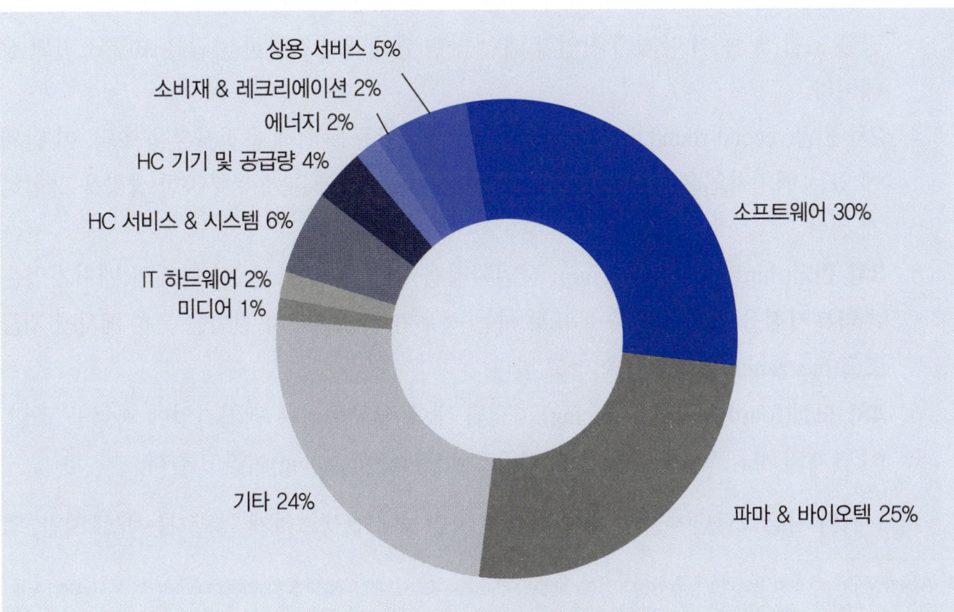

그림 19. 1
2017년 창업투자회사의 산업별 투자현황

출처:National Venture Capital Association Yearbook 2018.

그림 19.2
1991~2000년 기간에 창투사로부터 처음투자를 받았던 1만1,686개 벤처회사의 자금회수 현황

출처: National Venture Capital Association.

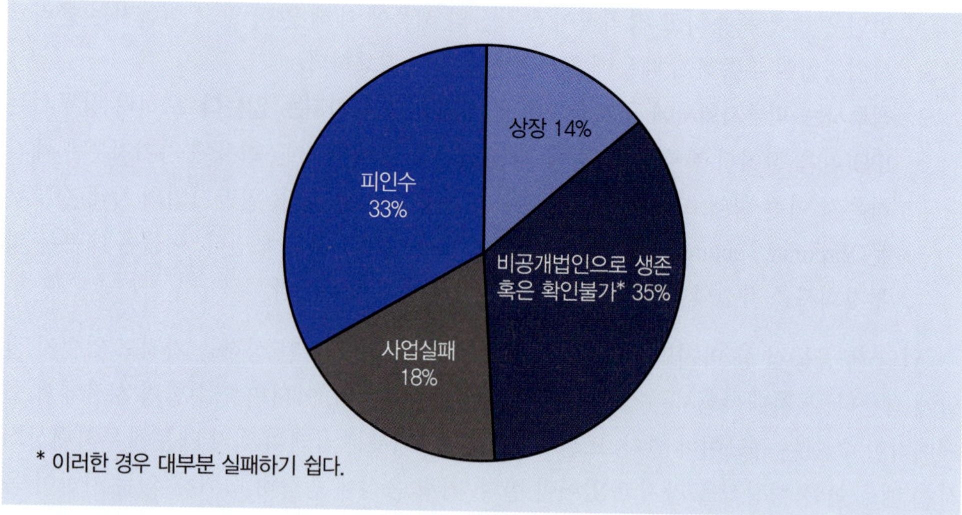

일 수 있다.

자금조달단계

현장의 실무자나 학계에서는 모두 창업자금의 조달은 몇 개의 단계를 거친다고 한다. 잘 알려진 창업자금조달 단계는 다음과 같다.[3]

1. **시드머니 단계**(seed money stage): 사업모델이나 제품을 개발하는 데 소요되는 소규모 자금을 조달. 이 단계에서 마케팅 비용은 포함되지 않는다.
2. **초기 단계**(start-up stage): 설립된 지 1년 미만의 벤처기업이 필요로 하는 자금을 조달. 이 단계에서는 주로 마케팅 비용과 제품개발 비용을 충당하기 위한 자금이 조달된다.
3. **1차 펀딩**(first-round financing): 완성된 제품을 생산하고 판매하기 위해 소요되는 자금을 조달. 보통 이 단계에 진입할 때 스타팅 단계에서 조달한 자금은 모두 소진된 상태이다.
4. **2차 펀딩**(second-round financing): 원활한 생산활동을 위해 운전자본을 조달. 이 단계에 있는 벤처기업은 대부분 매출은 발생하는데도 자금은 계속 부족한 상황을 경험하게 된다.
5. **3차 펀딩**(third-round financing): 사업확장을 위한 자금 조달. 이 단계의 벤처기업은 손익분기점을 넘어 성장을 목표로 하는 경우가 많으며, 3차 펀딩을 특히 **메자닌 자금조달**(mezzanine financing)이라고 한다.
6. **4차 모집**(fourth-round financing): 6개월 내에 상장하려는 벤처기업에 자금을 조달. 이 단계의 자금조달을 특히 **가교 자금조달**(bridge financing)이라고 한다.

비록 위의 자금조달단계들은 처음 접하는 사람들에게 생소하게 들릴지는 모르지만, 업

3 Albert V. Bruno and Tyzoon T. Tyebjee, "The Entrepreneur's Search for Capital," *Journal of Business Venturing* 1, no. 1(1985), pp. 61~74; see also Paul Gompers and Josh Lerner, *The Venture Capital Cycle*, 2nd ed.(Cambridge, MA: MIT Press, 2006).

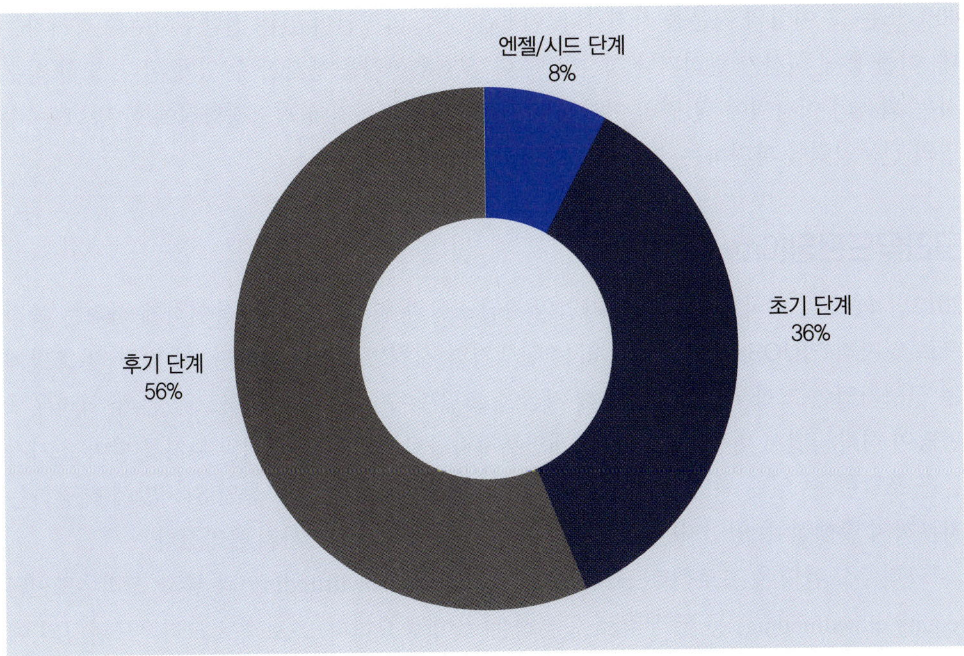

그림 19. 3
2017년 피투자회사의 발전 단계별 창투사 투자실적

출처: National Venture Capital Association Yearbook 2018.

계에서는 나름대로 넓게 통용되고 있는 개념들이다. 가령 「*Pratt's Guide to Private Equity & Venture Capital Sources*」라는 창투사 소개 책자를 보면, 소개된 창투사마다 자신들은 위의 자금조달단계 중 어느 단계에 집중하고 있음을 밝히고 있다.[4]

그림 19. 3은 창투사가 투자한 피투자회사의 발전단계별 분포를 보여준다. 이 그림을 편집한 저자는 위에서 언급한 자금조달단계와 약간 다른 분류를 하고 있다. 그림에서 **엔젤/시드 단계**(angel/seed)가 처음 두 단계에 해당한다. **초기단계**(early VC)가 대략 세 번째와 네 번째 단계에 속하고 **후기단계**(later VC)가 대략 다섯 번째와 여섯 번째 단계에 속한다. 그림에서 보듯이 시드 및 초기단계에 투자하는 창투사는 소수에 지나지 않는다.

창투사 투자유치의 현실

비록 창투사가 형성한 창업자본시장이 상당한 규모를 가지고 있다고 해도 창투사로부터 자금을 조달받기는 결코 쉽지 않다. 창투사의 투자를 받으려는 벤처기업은 수없이 많으며 창투사의 책상에는 항상 이들의 투자요청서가 수북이 쌓여 있다. 당연히 이들 중 대부분은 휴지통에 던져지게 된다. 창투사는 모르는 벤처기업으로부터 투자요청서를 받아 그중에서 유망한 기업을 고르기 보다는, 스스로 자신의 인맥과 정보망을 이용하여 유망벤처를 찾아나서는 것을 선호한다. 창투사의 입장에서는 기술자, 과학자, 변호사, 회계사, 은행가 또는 다른 벤처기업인을 통해 어느 기업이 유망한 벤처인지를 찾는 것이 성공확률이 더 높기 때문이다.

창투사는 이렇게 누구의 소개를 받아 접근해야 하기 때문에 창투사의 투자를 받기 위해서는 인맥을 충분히 활용해야 한다.

창투사에 대한 또 한가지 사실은, 굉장히 비싸다는 점이다. 보통 창투사가 투자할 때는

4 Pratt's *Guide to Private Equity and Venture Capital Sources*(2019), available at PE Hub Network, https://www.pehub.com/pratts/.

40% 또는 그 이상의 지분을 가져간다. 이들은 자주 의결권이 있는 전환우선주를 가져가는데, 이를 통해 회사가 팔리거나 청산할 때 다양한 우선권을 행사할 수 있게 된다. 또한 창투사는 회사의 이사회에 몇 명의 이사를 파견하게 되며, 심지어 최고경영진에 한 명 또는 수명의 전문인력을 파견하는 경우도 있다.

크라우드펀딩(Crowdfunding)

2012년 4월 5일 미국 의회는 신생기업의 자금조달과 일자리 창출을 용이하게 하려는 목적으로 일자리 법(JOBS Act)이라고 하는 신생기업 지원법을 통과시켰다. 이 법의 한 조항에는 신생기업이 크라우드펀딩을 통해 자금을 조달할 수 있다고 명시하고 있는데, 크라우드펀딩이 허락되면서 비상장사도 일반 개인투자자들로부터 각자 소액의 투자를 받아 초기자본을 조달할 수 있게 되었다. JOBS Act는 원래 한 기업이 12개월 동안 $1백만에 해당하는 지분까지 발행할 수 있었지만, 2015년부터는 그 한도가 $5백만까지 올라갔다.

잘 알려진 두 개의 크라우드펀딩 웹사이트를 살펴보기 위해 다음의 사이트를 방문하라. www.kickstarter.com과 www.gofundme.com.

크라우드펀딩은 **프로젝트 크라우드펀딩**(project crowdfunding)과 **투자 크라우드펀딩**(equity crowdfunding) 등 두 부류로 구분하는 것이 중요하다. 프로젝트 크라우드펀딩의 예로 카드게임 업체인 Exploding Kittens를 들 수 있다. Kickstarter라는 크라우드펀딩 사이트를 통해 실행된 이 펀딩을 통해 이 업체는 22만명의 후원자(backer)로부터 $8.8 백만를 조달했다. 크라우드펀딩이 진행되는 동안 후원자들은 회사의 카드장 묶음을 사전구매할 수 있었고, 펀딩이 끝나고 6개월 후면 게임에 사용되는 카드장 묶음이 집으로 우송된다. 결국 후원자들은 투자자라기보다는 구매자라 할 수 있다. 이러한 거래형태의 크라우드펀딩은 자선모금 행사에서도 자주 사용되고 있다. 그와는 반대로 투자 크라우드펀딩의 경우는 후원자들이 회사의 지분을 받게 된다. 2016년 5월, 소액투자자가 크라우드펀딩 포털(portal)에 접속할 수 있도록 하는 CF 규정(JOBS Act의 Title III라고도 불린다)이 발효되었다. 이전에는 크라우드펀딩에 참여하기 위해서는 투자자들이 사전에 승인을 받아야 했었다. 개인의 경우 자격요건은 순자산이 $1백만 이상이거나 혹은 과거 3년간 2년 동안의 소득이 $20만였다. CF 규정으로 인해 이제는 자산이나 소득이 $10만 이하인 투자자도 1년에 $2,000~$5,000까지 투자할 수 있게 됐다.

회사의 입장에서는 CF 규정을 통해 회사의 지분을 팔려면 증권시장위원회(SEC)에 신고를 해야 한다. 한편 크라우드펀딩 업체도 채권가격 신고를 다루는 장에서 언급했던 금융산업규제당국(FINRA)으로부터 인가를 받아야 한다. 회사가 CF 규정에 따라 신고를 마치면 FINRA 인가를 받은 크라우드펀딩 업체의 크라우드펀딩 포털에 상장할 수 있게 된다. 크라우드펀딩 포털은 이미 전문화되고 있다. 예를 들어, 승인된 투자자들만 참여할 수 있는 포털이 있는가 하면, 모든 투자자가 참여할 수 있는 포털이 있고, 부동산만 취급하는 포털도 있다. 이 밖에도 많은 전문 크라우드펀딩 포털들이 존재한다.

가상화폐공개(Initial Coin Offerings)

전통적인 채권이나 주식 발행에 더해 회사는 또한 토큰을 팔면서 자금을 조달할 수 있다. 이러한 토큰은 보유자가 미래에 회사의 서비스를 사용할 수 있는 권한을 갖게 된다. 예를 들어

철도를 건설하는 회사는 철도 완공 후 열차의 승차권으로 사용할 수 있는 토큰을 발행하는 것이다.

토큰은 가상화폐플랫폼에서 판매되며, 플랫폼 상에서 쉽게 양도가 가능하고, 전문적인 토큰 교환시장에서 미국 달러로 전환할 수 있다. 이 유동성으로 인해 2015년 처음 도입된 이후 토큰은 기업이 자금을 조달하는 한 방법으로 기반을 넓혀가고 있다. 현재 토큰은 향후 토큰을 사용할 고객뿐만 아니라 토큰의 부가서비스를 이용할 목적이 없는 투자자까지 모두가 구매하고 있다.

신규 ICO를 보기 위해서는 tokenmarket.net/ico-calendar를 참조하라

토큰을 가상화폐플랫폼에서 최초로 판매하는 것을 **가상화폐공개**(initial coin offering: ICO)라고 한다. 많은 초기 벤처 기업들은 창투사를 통한 전통적인 방법보다는 ICO를 통해 자금을 조달하려 한다. 가장 유명한 플랫폼은 이더리움(Ethereum)이지만, 상당히 많은 경쟁자들이 있다. 2018년에 1,251번의 ICO가 있었고, 이를 통해 총 $77억가 조달되었다.

SEC는 아래 웹페이지를 통해 ICO에 대한 약간의 경고를 공시하고 있다. www.sec.gov/news/public-statement/statement-clayton-2017-12-11.

토큰 판매는 블록체인기술 기반의 서비스 회사들 사이에서 가장 활발하다. 이 기술은 비트코인이나 기타 가상화폐의 핵심 기술이다. 블록체인은 시간이 표시되는 디지털 거래장부인데, 중앙통제가 없이 네트워크에 들어와 있는 모든 참여자 각자의 저장소에 저장되는 특징이 있다. 기존의 데이터베이스와 비슷하지만 단지 정보가 암호화되어 있기 때문에 일단 체인에 등록되면 다시는 변경할 수 없다는 점에서 다르다. 금융을 포함한 많은 산업군에서 현재 정보기록 인프라를 블록체인기술을 이용해 업데이트하고 있다.

토큰 판매는 또한 효과적인 마케팅 수단으로도 사용된다. 특히 네트워크 효과를 많이 보는 업종에서 더욱 그렇다. 네트워크가 넓어질수록 서비스의 사용자가 많아지고, 그럴수록 서비스의 질도 높아져 토큰의 가치가 향후 상승할 것이라는 기대로 인해 더 많은 고객들을 모을 수 있기 때문이다. 가령 Civic은 블록체인 기반의 개인인증 플랫폼을 만들고 있는데, 여기서 개인인증 서비스 구매는 토큰으로 결제된다. 이 회사의 2017년 6월에 자사 토큰 CVC를 ICO하면서 $33 백만를 조달하였고, 2017년말에 토큰의 총가치는 $224 백만에 달했다. 하지만 코튼 가격의 변동성을 말해주듯, 이 토큰의 총가치는 2019년초에 $17 백만 이하로 추락했다.

토큰의 시장가치를 보려면 coinmarketcap.com을 참조하라

19. 2 증권의 공모: 기본 절차

앞으로 몇 절에 걸쳐 증권의 공모(발행)에 대해 알아보고 특히 IPO에 대해 자세히 살펴보려고 한다.

증권의 공모와 매출에 관련된 법과 규제는 상당히 많다. 1933년의 증권법(Securities Act of 1933)은 미국에서 전국 투자자 대상의 증권발행(interstate securities issues)을 규제하는 최초의 연방법이었다. 1934년의 증권거래법(Securities Exchange Act of 1934)은 이미 발행된 증권의 거래를 규제하는 최초의 법이었다. 증권거래위원회(Securities Exchange Commission: SEC)는 위의 두 법을 모두 관할하고 있다.

다음 사이트에서 어떤 회사가 이번 주에 상장했는지 확인하라. marketwatch.com.

증권의 공모 시 따라야 할 절차는 다음과 같다.

1. 경영진이 어떤 종류의 증권이든지 발행하려면 먼저 이사회의 승인을 받아야 한다.

만약 정관에 명시된 발행가능 주식총수의 변경이 필요하다면, 주주총회에서 정관변경 안을 상정하여 투표를 해야 하는 등의 절차를 거쳐야 한다.

2. 해당 회사는 **증권신고서(registration statement)**를 작성하여 증권거래위원회(SEC)에 제출하여야 한다. 아주 특별한 경우를 제외하고는, 전국의 투자자를 대상으로 하는 모든 공모발행은 증권신고서를 반드시 제출하여야 한다.

대부분 증권신고서에는 해당기업에 대한 재무상황, 자본금 변동의 연혁, 현행사업 설명, 조달금의 사용계획, 향후 사업계획 등 많은 양의 정보가 상세히 제공된다.

대부분 증권신고서에는 해당기업에 대한 재무상황, 자본금 변동의 연혁, 현행사업 설명, 조달금 사용계획, 향후 사업계획 등 많은 양의 정보가 상세히 제공된다.

3. 증권거래위원회가 증권신고서를 검토하는 동안 회사는 예비 **투자설명서(prospectus)**를 투자자들에게 배포할 수 있다. 여기에는 증권신고서에 들어간 내용이 대부분 기재된다. 예비 투자설명서는 표지에 붉은색의 굵은 글씨가 쓰여져 있기 때문에 **레드헤링(red herring)**이라고 종종 불리기도 한다.

증권거래위원회가 별도로 신고서의 수정을 요구하는 의견서(letter of comment)를 발송하지 않는 한, 증권신고서는 증권거래위원회가 수리한 날부터 20일이 경과하면 효력이 발생한다. 의견서를 받아 수정을 해야 하는 경우는 회사가 수정된 신고서를 증권거래위원회에 제출한 뒤 20일간의 유예기간이 다시 시작된다. 증권거래위원회는 절대로 사업계획안의 경제적인 평가나 사실여부 확인을 하지 않으며, 단지 현행법과 관련 규정에 저촉되는 부분이 없는지에 대해서만 검토한다.

증권신고서를 처음 제출할 때는 증권의 발행가를 명시하지 않는다. 흔히 발행가는 유예기간 말 시점에 정정신고(price amendment)를 하면서 공시되며, 발행가가 신고서에 포함되어야 효력이 발생하게 된다.

4. 회사는 증권신고서의 유예기간에 증권의 모집과 매출 행위를 할 수 없다. 다만 구두로 청약을 받을 수는 있다.
5. 증권신고서가 발효되는 날 증권의 발행가는 확정되고, 이때부터 회사는 증권의 모집과 매출을 위한 모든 노력을 할 수 있다. 증권이나 매출확인서(confirmation of sales)를 인수회사에 인도할 때 최종 투자설명서도 첨부하여야 한다.

미국에서는 증권신고서가 발효되면 주간사(투자은행)들이 흔히 **묘석(tombstone)**이라고 불리는 광고를 통해 증권의 모집에 들어간다. 그림 19. 4는 세계레슬링협회(WWF)가 발행하는 보통주 모집광고를 보여준다. 상반부에는 발행되는 보통주에 대해 간략한 설명이 적혀있고 하반부에는 증권의 발행을 주관하는 투자은행(번역자 주: 미국에서는 투자은행이 발행증권의 많은 부분을 직접 인수하기 때문에 인수회사라고 할 수 있다)들의 이름이 적혀있다. 투자은행들의 상호가 묘석에 적혀질 때도 기여도에 따라 차별되게 표시된다.

증권발행에 기여를 많이 한 투자은행은 위에 큰 글씨로 써주고 기여를 적게 한 투자은행은 아래에 작은 글씨로 써넣는다. 이렇게 기여도가 같은 투자은행끼리 같이 명시되는 부분을 단(bracket)이라고 하는데, 같은 단 내에서는 알파벳 순으로 상호가 표시된다.

그림 19.4

묘석광고의 예

This announcement is neither an offer to sell nor a solicitation of an offer to buy any of these securities.
The offering is made only by the Prospectus.

New Issue

11,500,000 Shares

World Wrestling Federation Entertainment, Inc.

Class A Common Stock

Price $17.00 Per Share

Copies of the Prospectus may be obtained in any State in which this announcement is circulated from only such of the Underwriters, including the undersigned, as may lawfully offer these securities in such State.

U.S. Offering

9,200,000 Shares

This portion of the underwriting is being offered in the United States and Canada.

Bear, Stearns & Co. Inc.

Credit Suisse First Boston

Merrill Lynch & Co.

Wit Capital Corporation

Allen & Company Incorporated — Banc of America Securities LLC — Deutsche Banc Alex. Brown

Donaldson, Lufkin & Jenrette — A.G. Edwards & Sons, Inc. — Hambrecht & Quist — ING Barings

Prudential Securities — SG Cowen — Wassertein Perella Securities, Inc. — Advest, Inc.

Axiom Capital Management, Inc. — Blackford Securities Corp. — J.C. Bradford & Co.

Joseph Charles & Assoc., Inc. — Chatsworth Securities LLC — Gabelli & Company, Inc.

Gaines, Berland Inc. — Jefferies & Company, Inc. — Josephthal & Co. Inc. — Neuberger Berman, LLC

Raymond James & Associates, Inc. — Sanders Morris Mundy

Tucker Anthony Cleary Gull — Wachovia Securities, Inc.

International Offering

2,300,000 Shares

This portion of the underwriting is being offered outside of the United States and Canada.

Bear, Stearns International Limited

Credit Suisse First Boston

Merrill Lynch International

19. 3 증권 발행방법

회사가 유가증권을 신규발행 하려 할 때, 공모발행이나 사모발행 중 하나를 택할 수 있다. 공모발행인 경우는 증권거래위원회에 증권신고서를 제출해야 하지만, 모든 주식발행이 증권거래위원회에 신고해야 하는 것은 아니다. 증권신고서를 작성하지 않아도 되는 경우는 다음과 같다.[5]

좀 더 자세한 정보는 www.sec.gov/smallbusiness/exemptofferings를 참조하라

1. 한정된 수의 개인이나 기관으로 제한된 사모발행
2. 발행규모가 한정된 발행
3. 미국의 경우 한 개의 주 내로 국한된 발행

주식의 공모에도 **일반공모(general cash offer)**와 **주주배정(rights offer)** 등 두 가지 종류가 있다. 일반공모의 경우는 불특정다수의 일반투자자가 모집의 대상이 되고 신청순서대로 청약할 수 있다. 주주배정의 경우는 먼저 기존 주주에게 청약할 권리를 주어야 한다. 미국 이외의 국가에서는 주주배정이 상당히 보편화되어 있지만, 미국에서는 일반공모가 더 많으며 최근에 와서는 더욱 증가추세다. 따라서 이 장에서는 일반공모를 주로 설명한다.

회사가 일반투자자를 대상으로 최초로 하는 주식청약 공모를 **최초공모(initial public offering: IPO)** 라고 한다. 이를 통해 회사는 상장사가 된다. 따라서 당연히 최초공모는 일반공모가 될 수밖에 없다. 만약 기존 주주만이 모집대상이었다면 애초부터 최초공모를 할 필요가 없었을 것이다.

유상증자(seasoned equity offering: SEO)는 이미 주식을 발행한 적이 있는 회사가 추가로 주식을 발행하여 자본을 확충하는 행위를 뜻한다. 증자는 일반공모 또는 주주배정의 형태를 모두 취할 수 있다.

표 19.1
신규 증권발행의 방법

발행방법	유형	정의
공모		
전통적인 협의 일반공모	총액인수 일반공모	발행회사는 신주의 인수와 배분을 투자은행과 협의한다. 정해진 수의 주식을 인수회사가 매입해서 더 높은 가격에 판매한다.
	모집주선 일반공모	발행회사는 투자은행으로 하여금 정해진 가격에 가능한 많은 수의 신주를 판매하도록 한다. 얼마의 자금이 조달될지는 보장이 없다.
	더치경매 일반공모	발행회사는 투자은행으로 하여금 경매를 통해 정해진 수의 주식을 모두 판매할 수 있는 가장 높은 공모가격을 결정하도록 한다.
특정 자격 청약	직접 주주배정	발행회사는 신주를 기존 주주에게 직접 판매한다.
	잔액인수 주주배정	직접 주주배정처럼 기존 주주에게 우선 배정한다. 순조달금액은 인수회사가 보장한다.
비전통적 일반공모	일괄등록 일반공모	자격이 되는 발행회사가 향후 2년간 판매할 것으로 예상되는 모든 주식을 일괄하여 승인받고 필요시 판매한다.
	경쟁입찰 일반공모	발행회사는 협의 대신에 경쟁입찰로 인수계약을 할 투자은행을 선정할 수 있다.
사모	직접 사모발행	최소한 2년 동안 증권을 재매도할 수 없는 매수자에게 직접 판매한다.

5 주식의 사모발행 시에는 좀더 자유롭게 계약조건을 만들 수 있다. 한편 증권거래위원회에 등록되지 않은 증권발행은 1934년의 증권거래법에 저촉이 되지 않기 때문에 등록되지 않은 주식을 되파는 것에 대해서는 까다로운 규제가 적용된다. 가령 매수자는 적어도 2년 동안 주식을 보유해야 한다는 규제이다. 그러나 1990년에 대형 기관투자자들에게는 이러한 규제가 많이 완화되었다. 사모채권에 대해서는 이후에 언급하기로 한다.

표 19. 1에 신주발행 시 취할 수 있는 여러 방법이 설명되어 있다. Spotify가 사용했던 직상장은 신주가 발행되지 않기 때문에 표에는 이에 대한 설명이 없음에 유의하기 바란다.

19. 4 인수회사

만약 증권의 공모발행이 일반공모라면 대부분 **인수회사(underwriter)**가 개입된다. 인수업무는 Goldman Sachs와 같은 대형 투자은행에서 큰 몫을 차지하는 사업부문이다. 인수회사는 발행회사를 위해 다음과 같은 업무를 실행한다.

1. 증권의 발행 시 사용할 방법의 구상
2. 신규증권의 발행가격 산정
3. 신규증권의 모집과 매출

보통은 인수회사가 발행증권을 발행가보다 낮은 가격으로 전액 인수하고 일반투자자에게 발행가로 다시 판매하게 된다. 인수회사의 인수가격과 발행가간의 차이를 **스프레드(spread)**, 또는 할인(discount)이라고 하며 인수회사가 취득하는 기본수수료가 된다. 인수회사는 대신판매 실패에 대한 위험을 부담한다. 인수회사가 기본수수료 이외에 추가로 보수를 받을 때는 보통 현금으로 받게 되나 가끔 워런트(warrant)나 주식으로 받는 경우도 있다.[6]

인수회사들은 혼자 하기보다는 여럿이 모여 **신디케이트(syndicate)**를 결성하여 인수에 대한 위험을 줄이고 판매의 효율성을 높이기도 한다. 이때 발행업무를 주관하는 인수회사를 주간사(lead manager 또는 principal manager)라고 하고, 주간사가 발행가를 산정하게 된다. 나머지 인수회사들은 주로 모집과 판매에 도움을 주게 된다.

인수회사 선정

발행회사는 가장 높은 인수가격을 제시하는 인수회사에게 신주를 발행하는 **경쟁입찰방식(competitive offer)**을 사용하거나 또는 특정 인수회사와 직접 가격협상을 해서 발행하는 **협의방식(negotiated offer)**을 사용할 수 있다. 대부분은 협의계약을 통해 신규증권을 발행하게 된다.

분명히 경쟁입찰이 협의계약보다 저렴한 방식임에도 불구하고, 미국에서 협의계약이 주를 이루는 이유에 대해서는 아직도 논의 중이다.

인수의 방식

일반공모의 경우 총액인수, 모집주선, 더치경매 등 세 가지 방식이 있다.

총액인수방식 **총액인수방식(firm commitment underwriting)**에서는 인수회사가 발행증권을 일단 전부 인수하고 이를 다시 일반투자자에게 판매한다. 미국에서는 총액인수방식

6 워런트는 기본적으로 미리 정해진 기간 내에 미리 정해진 가격으로 주식을 살 수 있는 선택권(option)이다.

이 가장 많이 사용된다. 발행가와 인수가의 차이가 인수회사의 수익이 된다. 증자의 경우는 인수회사가 발행회사의 현재 주가를 참조하여 발행가를 산정할 수 있다. 미국에서는 95%가 총액인수방식을 따른다.

만약 인수회사가 발행회사와 미리 협약한 발행가로 전량을 판매하지 못한다면 팔리지 않은 물량에 대해서는 가격을 낮춰 팔 수밖에 없다. 이런 일이 발생하더라도 발행회사는 사전에 협약한 인수대금을 인수회사로부터 모두 수령하기 때문에 신규증권 발행에 관련된 모든 위험은 결국 인수회사가 부담하게 된다.

하지만 보통은 인수회사가 시장에서 얼마에 팔릴 수 있는지 사전에 충분히 조사한 다음에 발행가를 산정하기 때문에 위험은 매우 낮다고 할 수 있다. 또한 발행가는 판매가 시작되기 직전에 산정되기 때문에, 발행회사도 사실 얼마가 들어올지 그 시점이 되기까지는 알지 못한다. 발행가를 산정하기 위해 인수회사는 뮤추얼펀드와 같은 기관투자자를 미리 만나 이들이 신규증권을 매입할 의사가 있는지를 타진한다. 흔히 발행회사와 인수회사는 **로드쇼**(road show)라고 불리는 발행설명회를 여러 장소를 돌아다니면서 개최한다. 이때 잠재적 고객들은 얼마의 가격에 얼마의 수량을 매입할 의사가 있음을 밝히고, 이 정보에 기초하여 인수회사가 발행가를 산정하게 된다. 이처럼 신규증권에 대한 잠정고객을 확보하고 정보를 얻는 과정을 **수요조사**(bookbuilding)라고 한다. 나중에 보게 되겠지만, 이러한 수요조사에도 불구하고 인수회사들은 종종 인수가를 잘못 산정한다.

물론 총액인수방식에는 인수자에게 위험이 따른다. 2018년 12월 Credit Suisse는 비싼 코트와 파커로 유명한 Canada Goose가 발행하는 10 백만주를 주관사로부터 장외거래로 매입을 했다(secondary offering). 그런데 예기치 못했던 사건이 터졌다. 바로 화웨이의 CFO가 밴쿠버에서 체포되면서 미국과 중국의 외교문제가 발발한 것이다. 중국은 캐나다의 상품을 보이코트하게 되었고, 이로써 Canada Goose의 주식 가치는 20%나 하락하였다. Credit Suisse는 주식 가치가 더 떨어지기 전에 발행가에도 못 미치는 가격으로 주식을 처분할 수밖에 없었고, 결국 $60 백만를 손해 봤다는 얘기가 있다.

모집주선방식 **모집주선방식(best efforts underwriting)**에서는 인수회사가 법적으로 '최선을 다해' 미리 협약한 발행가로 신규증권의 모집을 주선한다. 인수회사는 발행회사에게 청약대금을 약속하지 않기 때문에 발행에 관한 위험은 발행회사에게 돌아간다. 미국에서는 모집주선방식은 매우 드물며 현재는 총액인수방식이 가장 많이 사용된다.

더치경매방식 **더치경매방식(Dutch auction underwriting)**에서는 인수회사가 발행가를 미리 정하지 않는다. 대신 인수회사는 투자자들을 모아 경매를 주선한다. 발행가는 입찰가격가에 의해 결정된다. 더치경매는 **단일가격 경매**(uniform price auction)라고도 불린다. 이 방식은 IPO 시장에서는 아직 많이 사용되지는 않지만 회사채 발행시장에서는 자주 사용된다. 가령 미국 재무부가 발행하는 단기 및 중장기재정증권은 모두 이 방식에 의해서만 발행된다.

예를 들어 이 방식을 설명해 보자. Rial사가 400주를 최초공모하려 한다고 하자. 회사는 다음과 같이 5개의 매입 입찰을 받았다.

입찰자	수량	가격
A	100주	$16
B	100주	14
C	200주	12
D	100주	12
E	200주	10

따라서 입찰자 A는 $16에 100주를 사고자 하고, 입찰자 B는 $14에 100주를 사고자 한다. Rial사는 여기서 400주를 모두 소진하면서도 동시에 가장 높은 가격을 찾으려 한다. 만약 가격을 $14로 정하면 A와 B만 매수할 것이고, 그러면 200주밖에 팔리지 않는다. 이런 식으로 가격을 낮추다 보면 가격이 $12까지 내려가야 400주가 모두 팔릴 수 있음을 알 수 있다. 따라서 $12가 위 IPO의 발행가가 되고, A부터 D까지는 주식을 청약할 수 있지만 입찰자 E는 청약할 수 없다.

다음 웹사이트에서 더치 경매방식의 IPO에 대해 자세히 알아보시오. www.wrhambrecht.com.

여기서 두 가지 사실에 주목할 필요가 있다. 먼저 청약권을 따낸 투자자들은 모두 같은 가격인 $12에 청약하게 된다. 이보다 높은 가격을 제시했던 A와 B도 예외는 아니다. 이렇게 모든 입찰자가 같은 가격으로 청약을 하게 된다는 의미에서 단일가격 경매라는 이름이 붙게 되었다. 이러한 형식의 경매는 너무 높은 매수가를 제시해도 그 가격에 청약하게 되지는 않을 것이라는 안도감을 주어, 결국 모든 경매참가자들이 높은 가격을 적어 내도록 유도하는 결과를 낳는다.

두 번째로 최종 발행가를 $12로 정했을 때 총매입주문량은 공모대상 400주보다 많은 500주이다. 따라서 어떤 식으로든지 청약권을 가진 입찰자들에게 할당을 해야 한다. 할당방법은 경우에 따라서 조금씩 달라지지만, IPO 시장에서는 아주 단순하게 공모대상의 주식수를 청약자격이 있는 모든 주문수량의 합계로 나누고 이 비율대로 각 입찰자의 주문수량을 조정해 준다. 위의 예에서는 80%(= 400/500)가 할당비율이고, A부터 D까지는 각자가 주문한 수량에 이 할당비율을 곱해서 나온 수만큼 청약주를 할당받게 된다.

그린슈 조항

인수계약서에는 많은 경우 그린슈 조항(Green Shoe provision)이 삽입된다. 이 조항은 종종 **초과배정 선택권**(overallotment option)이라고 불린다. 그린슈 조항은 인수회사가 발행회사에게 공모된 수량 이외에 추가로 신규증권을 발행해 달라고 요청할 수 있는 권리를 말한다. 이때 인수회사는 이 추가물량을 발행가로 인수하게 된다.[7] 기본적으로 모든 최초공모와 유상증자에는 그린슈 조항이 들어가 있으나 일반적인 회사채 발행에는 조항이 명시되지 않는다. 그린슈 조항의 표면적인 이유는 초과수요와 초과인수주문을 소화하기 위해서이다. 그린슈 조항은 보통 30일간 유효하며 추가물량은 공모대상 수량의 15%를 넘어서는 안 된다.

7 그린슈라는 이름은 1963년 처음으로 이와 같은 선택권을 인수회사에게 주었던 Green Shoe Manufacturing Company에서 유래되었다.

발행후 시장

신주가 처음 대중에게 판매된 이후의 기간을 **발행후 시장**(aftermarket)이라고 한다. 주간사는 판매 개시 직후 비교적 짧은 기간에 주가를 안정화하기 위한 노력을 기울인다. 이 과정에서 실제로 그린슈 조항이 발효하여 115%의 신주가 판매되기도 한다. 만약 발행후 시장 기간에 주가가 오른다면, 인수회사는 그린슈 옵션을 행사하여 추가로 15%의 신주를 발행받아 시장에서 판매한다.

주가가 하락한다면 인수회사가 시장에서 직접 유통주를 매입하여 주가가 발행가 아래로 내려가는 것을 막고 그린슈 조항은 소멸하게 된다.[8] 예를 들어 앞서 보았던 Facebook의 IPO 시 주간사였던 Morgan Stanley가 이 역할을 했다. 비록 시초가는 $45.05였으나 1시간도 안되어 주가가 $38로 하락하자, Morgan Stanley가 시장에 개입하여 $38에서 바닥권이 형성되도록 주식을 계속 매입하였다.

보호예수

대부분의 인수계약에는 **보호예수 동의서(lockup agreement)**가 포함된다. 보호예수 동의서는 발행회사의 내부자가 IPO 이후 자신이 보유한 주식을 일정기간 매도할 수 없게 하는 효력을 갖는다. 일반적으로 보호예수기간은 180일로 정해진다. 이렇게 IPO 이후 6개월 동안 자기 주식을 매각할 수 없게 하는 데에는 회사의 성장을 진정 바라는 경영진 또는 특수관계인만이 IPO를 진행하게 하려는 의도가 담겨 있다.

Morgan Stanley의 웹사이트에서 투자은행에 대해 자세히 알아보라. www.morganstanley.com/what-we-do/investment-banking.

보호예수에 걸린 내부자의 주식이 일반투자자가 보유한 주식보다 많은 경우가 흔히 발생하기 때문에 보호예수는 중요하다고 할 수 있다. 따라서 보호예수기간이 끝나면 대량의 주식이 내부자에 의해 시장에 매물로 쏟아지게 될 것이고 주가에 부정적인 영향을 주게 된다. 과거 예를 보면 창투사의 투자를 받은 벤처기업들은 IPO 후 보호예수기간이 만료되면 주가의 급격한 하락을 경험하였다.

침묵기간

회사가 IPO를 진지하게 고려할 때부터 IPO 이후 40일이 지날 때까지, 증권거래위원회는 발행회사와 주간사가 침묵기간(quite period)을 지킬 것을 요구한다. 이것은 대중과의 모든 의사소통이 일반적인 공시와 기타 공인된 자료로만 제한되어야 한다는 것을 의미한다. 모든 관련된 정보는 투자설명서에 포함되어야 한다는 것이 증권거래위원회의 논리다. 이러한 규정으로 인해 인수회사 소속의 애널리스트는 발행회사에 대한 투자의견을 낼 수가 없다. 그러나 침묵기간이 끝나게 되면 주간사는 일반적으로 호의적인 매수(buy) 권유와 함께 보고서를 발행하게 된다.

침묵을 지키지 못한 기업은 IPO가 지연될 수 있다. Google의 예를 보면 IPO 직전에 공동창업자인 Sergey Brin이 Larry King과 인터뷰한 내용이 「Playboy」지에 실린 적이 있다. 이 인터뷰로 인해 IPO가 거의 연기될 수 있었으나 Google은 발 빠르게 투자설명서에 인터뷰

8 간혹 인수회사의 안정화 기간이 끝나면 주가가 급락하는 경우가 있다. 이 급락하는 기간을 aftermath라고 부르기도 한다.

내용을 포함시켰고 이로 인해 연기를 피할 수 있었다. 그러나 그 반대의 경우로 2004년 3월 Salesforce.com이 IPO를 신청했을 때는 CEO인 Marc Benioff가 「The New York Times」와 인터뷰를 하는 바람에 연기되었고 이후 2개월이 지난 다음에 최초공모를 할 수 있었다.

19. 5 IPO와 저가발행

IPO 시 발행가를 정확히 산정하는 것은 주관사가 해야 하는 가장 중요한 업무다. 만약 발행가가 과도하게 높거나 반대로 너무 낮다면 발행회사는 잠재적인 비용 또는 손실의 부담을 안게 된다. 신규발행 증권의 가격이 너무 높으면 공모는 실패하게 되고 결국 취소될 수도 있다. 만약 실질 시장가격보다 낮게 가격이 산정된다면 발행회사는 기존 주주에게 기회손실을 끼치게 된다.

하지만 저가발행(underpricing)은 상당히 보편적인 현상이다. 당연히 저가발행은 낮은 가격에 청약할 수 있도록 하기 때문에 신규주주에게는 반가운 일이다. 하지만 기존주주에게는 달갑지 않은 것이 사실이다. 가령 2018년 10월 12일, 클라우드 소프트웨어 회사인 Anaplan사는 IPO를 통해 주당 $17에 총 15.5 백만주를 판매했다. 최초상장일 종가는 $24.30로 마쳐서발행가 대비 약 43%의 상승을 기록하였다.

이에 따르면 Anaplan의 주식은 약 $7.30어치 만큼 저가로 발행된 셈이다. 이는 곧 회사의 납입금이 $113.2 백만 만큼 줄어들었음을 뜻한다. 총 조달금액이 $263.5 백만였던 것을 감안하면 결코 적은 금액이 아니다.

더치경매 방식은 이러한 저가발행의 폐해를 줄일 수 있다고 생각될 수 있지만 항상 그렇지는 않다. 더치경매 방식을 채택한 Google은 주당 $85에 1,960만주를 팔았다. 그러나 결국 당일 종가는 $100.34로 끝났고 Google은 결국 더 받을 수 있었던 $3억를 놓치고 말았다.

IPO에 관한 정보는 웹에서 얼마든지 찾아볼 수 있다. 대표적인 두 사이트는 다음 주소의 IPO Home과 www.renaissancecapital.com, 그리고 www.ipocentral.com이다.

이렇게 저가발행으로 인해 가장 많이 돈을 잃어버리게 된(left on the table) 회사는 1999년에 820만주를 공모하며 IPO를 했던 eToys이다. 상장일에 주가는 공모가 대비 $57나 올랐고 eToy는 $5억를 고스란히 놓치게 되었다. eToy는 2년 후에 부도가 나자 2002년 회사는 주간사가 발행가를 너무 낮게 책정했다는 이유로 소송하게 되었다.

물론 모든 IPO 당일에 주가가 오르는 것은 아니다. 가령 2018년 1월 19일 보안회사인 ADT가 IPO를 할 때 발행가는 주당 $14였다. 당일 $12.65를 시가로 출발해서 $12.00까지 떨어졌다가 결국 종가는 발행가 대비 12% 하락한 $12.39로 마쳤다.

저가발행의 증거

그림 19. 5는 저가발행이 보편적인 현상임을 보여준다. 증권거래위원회에 등록된 1960~2018년까지의 신규발행일 수익률에 대한 월별 자료이다.[9] 한편 그림 19. 6은 같은 기간에 있었던 IPO의 숫자다.

9 이 단락의 논의는 다음의 논문에서 가져왔다. Jay R. Ritter “Initial Public Offerings” Contemporary Finance Digest 2, no.1(1998), pp. 5~30.

그림 19. 5 1960~2018년 기간에 증권거래위원회에 등록된 IPO의 평균 당일수익률

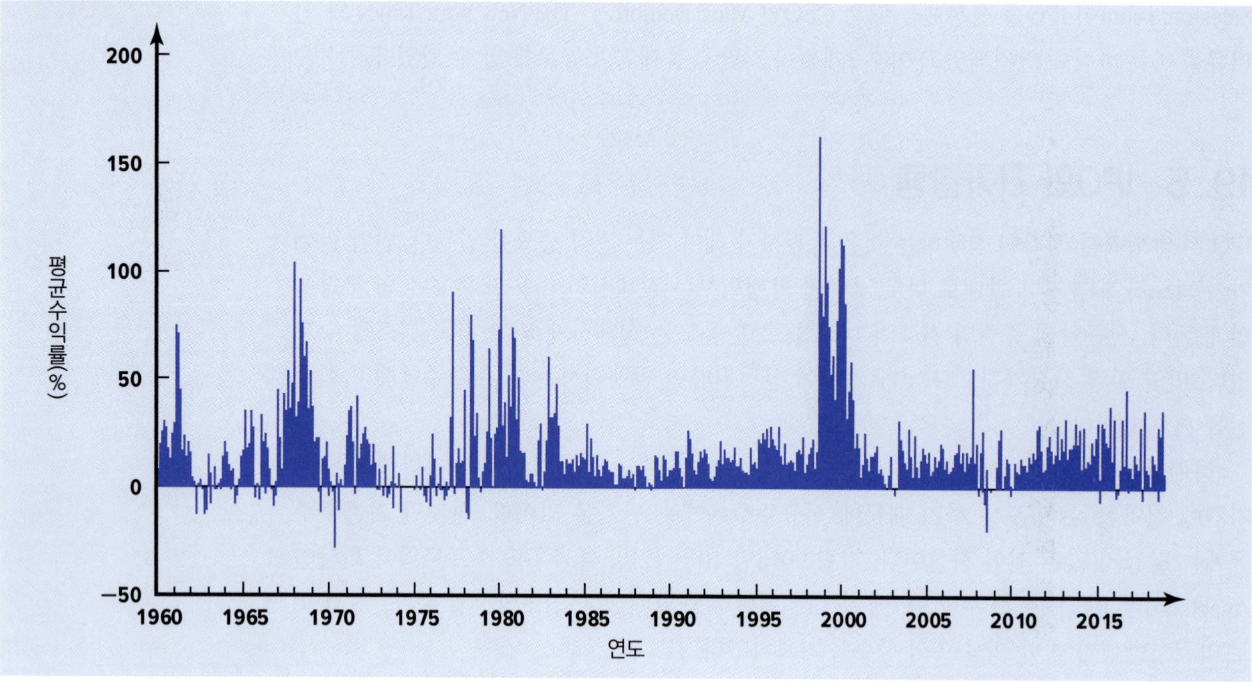

출처: Roger G., Jody L. Sindelar, and Jay R. Ritter. "The Market's Problems with the Pricing of Initial Public Offerings." *Journal of Applied Corporate Finance* 7, no. 1(1994), pp. 66~74에서 저자가 다시 계산.

그림 19. 6 1960~2018년 기간에 증권거래위원회에 등록된 IPO 수의 월별 자료

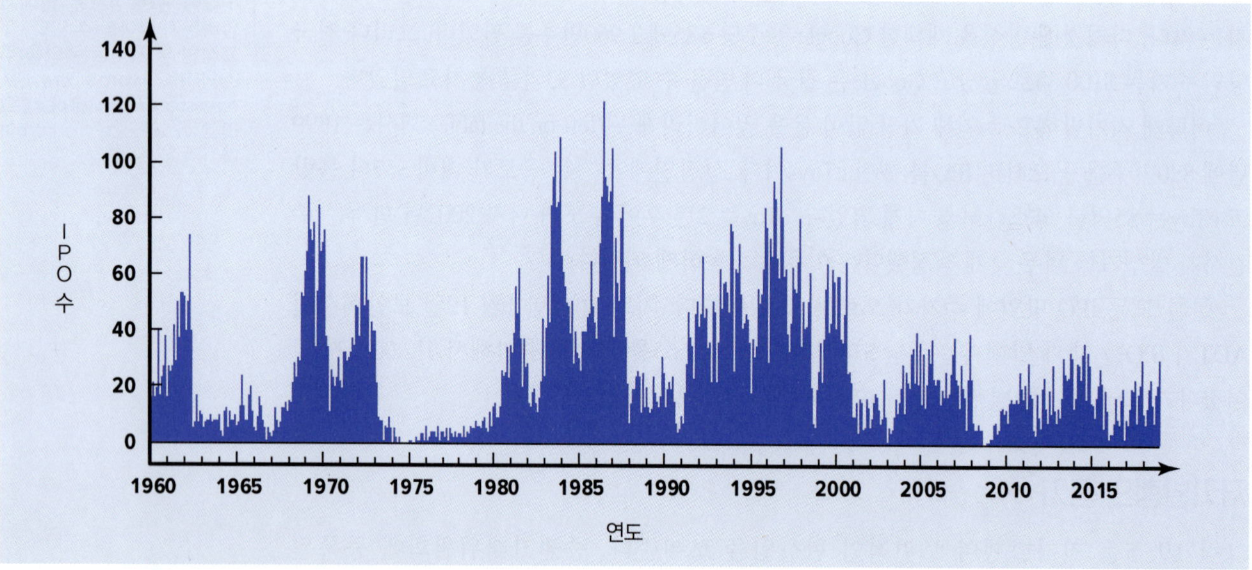

출처: Roger G., Jody L. Sindelar, and Jay R. Ritter. "The Market's Problems with the Pricing of Initial Public Offerings." *Journal of Applied Corporate Finance* 7, no. 1(1994), pp. 66~74에서 저자가 다시 계산.

그림 19. 5는 저가발행으로 인한 IPO 당일수익률은 어떤 달에는 100%도 넘을 수 있음을 보여준다. 이런 달에는 평균적으로 IPO가 시장가치로는 두 배를 넘는다. 또한 저가발행의 정도도 시기에 따라 많은 차이를 보인다. 흔히 저가발행이 심한 '과열된 발행시장(hot issue markets)'이 지나면 다음에는 저가발행이 심하지 않은 '침체된 발행시장(cold issue markets)'이 따라온다. 가령 1980년대에 IPO 시 증권은 평균 7.3%로 저가발행되었다. 1999~2000년 기간에는 저가발행 평균이 64.5%였고 2001~2018년 기간에는 21.3%였다.

그림 19. 6을 보면 IPO의 수도 기간에 따라 많은 차이가 나고 있음을 알 수 있다. 게다가 저가발행 정도와 IPO의 수는 일정한 주기를 따라 움직이는 것을 보인다. 그림 19. 5와 19. 6을 비교해보면, IPO가 많았지만 약 6개월에서 12개월의 시차를 두고 저가발행의 정도가 심각하게 높아짐을 알 수 있다. 이는 아마도 시장이 신규물량을 소화할 능력이 있다고 판단될 때 회사들이 한꺼번에 IPO를 하기 때문일 것이다.

표 19. 2는 1980년부터 2018년까지 연간 저가발행 통계를 보여준다. 이 통계에는 총 8,497개 회사가 포함되어 있다. 39년간 IPO 당일 평균수익률은 17.9%였다. 이 기간 중 주식의 저가발행이 가장 적었던 경우는 IPO 당일평균수익률이 3.7%를 기록한 1984년이었다. 반대로 1999년에는 476개의 IPO가 저가발행을 기록했는데, 이들의 IPO 당일 평균수익률은 71.2%에 달했다. 뒤에 'Finance Matters' 박스란에서는 IPO 시 저가발행이 미국만의 현상이 아니라 전 세계적인 현상임을 보여준다.

IPO 시 저가발행: 1999~2000년의 경험

표 19. 2와 그림 19. 5, 19. 6은 1999년과 2000년이 IPO 시장이 유래없는 호황이었음을 보여준다. 대략 850개의 기업이 최초공모를 하였고 2년간 IPO 당일 평균수익률은 65%에 달했다. 이 기간 194개가 당일 평균수익률이 100%를 넘었는데, 그 이전 24년간 이렇게 100%를 넘는 경우는 총 39개에 지나지 않았다. VA Linux라는 기업은 IPO 당일수익률이 698%에 달했다.

2000년에 IPO로 조달된 금액은 각각 역사상 가장 많은 $64.80 십억였는데, 이는 1999년 $64.47 십억보다도 많은 금액이었다.

1999년에 저가발행은 매우 심각해서 이때 IPO를 한 기업은 저가발행으로 $37 십억를 그냥 잃어버렸고(left on the table), 이는 1990년부터 1998년까지 IPO 기업이 저가발행으로 잃어버린 돈을 다 합친 것보다 많은 액수였다. 2000년에는 이 금액이 약 $30 십억에 달했다. 다른 말로 하면 2년간 미국에서 IPO를 한 회사는 총 $67 십억를 잃어버린 것이다.

1999년 10월 19일은 이 기간 중에서도 특별히 기억에 남는 날이다. 세계레슬링협회(World Wrestling Federation 또는 WWF. 현재는 World Wrestling Entertainment 또는 WWE로 명칭을 변경하였다)와 Martha Stewart omnimedia가 동시에 IPO를 하였다. 이는 마치 MTV에서 방영되는「Celebrity Deathmatch」의 월스트리트 판이라고 할 수 있었다. 다만 진짜 레슬러 대신에 Martha Stewart 대 'Stone Cold'라고 할 수 있는 Steve Austin간의 대결이었다. 그날 장을 마쳤을 때 Martha Stewart는 98%의 수익률을 올린 반면 WWF의 수익률은 48%에 그쳐 결국 Martha Stewart의 일방적인 승리로 끝났다.

IPO 시장은 2001년에 들어서면서 상당히 진정되었다. 많은 사람들은 1999~2000년 기간을 소위 인터넷 버블이라고 일컫는다. 여기서 버블(bubble)이란 가격이 비이성적으로, 그리고 지속적이지 않게 높아진 상태를 말한다. 가령 1999년 한 해 동안 IPO를 한 회사 중에

표 19.2

1980~2018년 기간의 연도별 IPO 수, IPO 당일 평균수익률, 총 IPO 발행금액

출처: 플로리다 대학교 Jay R. Ritter 교수.

연도	IPO 수*	IPO 당일 평균수익률(%)†	IPO 총발행금액($100만)‡
1980	71	14.3	0.91
1981	193	5.9	2.31
1982	77	11.0	1.00
1983	451	9.9	8.89
1984	171	3.7	2.02
1985	186	6.4	4.09
1986	393	6.1	13.40
1987	285	5.6	11.68
1988	105	5.5	3.88
1989	116	8.0	5.81
1990	110	10.8	4.27
1991	286	11.9	15.39
1992	412	10.3	22.69
1993	510	12.7	31.44
1994	402	9.6	17.17
1995	461	21.2	27.95
1996	677	17.2	42.05
1997	474	14.0	31.76
1998	281	21.9	33.65
1999	476	71.2	64.67
2000	380	56.4	64.80
2001	79	14.2	34.24
2002	66	9.1	22.03
2003	63	11.7	9.54
2004	173	12.3	31.19
2005	159	10.3	28.23
2006	157	12.1	30.48
2007	1,159	14.0	35.66
2008	21	5.7	22.76
2009	41	9.8	13.17
2010	91	9.4	29.82
2011	81	13.9	26.97
2012	93	17.8	31.11
2013	157	21.1	38.75
2014	206	15.5	42.20
2015	118	19.2	22.00
2016	75	14.6	12.52
2017	107	13.0	22.99
2018	134	18.6	33.45
1980~1989	2,048	7.2	53.99
1990~1998	3,613	14.8	226.38
1999~2000	856	64.6	129.47
2001~2018	1,980	14.3	487.10
1980~2018	**8,497**	**17.9**	**896.95**

* 발행가 $5.00 이하 ADR 모집주선 단주 Regulation A(1980년대에 $150만 이하의 발행금액인 소규모 발행) 리츠(REIT: real estate investment trusts) 공동회사 폐쇄형 펀드의 IPO는 제외. 은행, 저축은행 그리고 CRSP(Center For Research In Security Prices)에 기록되지 않은 IPO는 포함.

† 당일 종가/발행가

‡ Securities Data Co.가 자료 제공. 이 자료에는 초과배정 선택권(overallotment option)은 제외되고 해외발행분(international tranche)은 포함됨. 물가상승률에 조정되지 않음.

FINANCE MATTERS

세계 각국의 IPO 시 저가발행

보통주의 IPO 시 저가발행이 목격되는 국가는 미국뿐만이 아니다. 정도에는 차이가 있을 수는 있어도 저가발행은 주식시장을 가지고 있는 세계 모든 국가에서 발견되는 현상이다.

일반적으로 발전된 자본시장을 가지고 있는 국가는 신흥국에 비해 저가발행의 정도가 약하다. 그러나 1999~2000년의 인터넷 버블 시기에는 선진 자본시장에서도 저가발행은 급격히 심화되었다. 가령 미국에서는 같은 기간 IPO 당일수익률은 평균 65%에 달했다. 이 시기에 다른 선진 자본시장에는 모두 저가발행이 심화되었는데 중국에서는 오히려 저가발행이 약화되었다. 중국의 IPO 당일수익률은 평균 114%로 낮아졌는데 이는 1990년대 중반의 기록에 비하면 매우 낮은 수준이다. 2000년 중반에 인터넷 버블이 꺼진 다음 미국, 독일 등 선진 자본시장에서는 저가발행의 정도가 다시 예년 수준으로 돌아왔다.

다음 표는 여러 국가의 IPO 당일 평균수익률을 보여준다. 자료는 여러 저자들의 연구결과에서 수집하였다.

국가	표본수	기간	평균수익률	국가	표본수	기간	평균수익률
아르헨티나	26	1991~2013	4.2	대한민국	1,758	1980~2014	58.8
호주	1,562	1976~2011	21.8	말레이지아	562	1980~2018	51.0
오스트리아	103	1971~2013	6.4	모리셔스	40	1989~2005	15.2
벨기에	154	1984~2017	11.0	멕시코	149	1987~2017	9.9
브라질	303	1979~2018	30.3	네덜란드	212	1982~2017	13.3
불가리아	9	2004~2007	36.5	뉴질랜드	242	1979~2013	18.6
캐나다	758	1971~2017	6.4	나이지리아	125	1989~2017	12.8
칠레	86	1982~2018	6.9	노르웨이	266	1984~2018	6.7
중국	3,554	1990~2017	157.7	필리핀	173	1987~2018	17.3
사이프러스	73	1997~2012	20.3	폴란드	309	1991~2014	12.7
덴마크	173	1984~2017	7.4	포르투갈	33	1992~2017	11.5
이집트	74	1990~2017	9.4	러시아	64	1999~2013	3.3
핀란드	168	1971~2013	16.9	사우디아라비아	80	2003~2011	239.8
프랑스	834	1983~2017	9.7	싱가포르	687	1973~2017	25.8
독일	779	1978~2014	23.0	남아공	316	1980~2013	17.4
그리스	373	1976~2013	50.8	스페인	143	1986~2013	10.3
홍콩	2,042	1980 - 2017	44.5	스리랑카	105	1987~2008	33.5
인도	3,145	1990~2014	85.2	스웨덴	405	1980~2015	25.9
인도네시아	531	1990~2017	26.4	스위스	164	1983~2013	27.3
이란	279	1991~2004	22.4	대만	1,620	1980~2013	38.1
아일랜드	38	1991~2013	21.6	태국	697	1987~2018	40.0
이스라엘	348	1990~2006	13.8	터키	404	1990~2014	9.6
이탈리아	312	1985~2013	15.2	영국	4,932	1959~2012	16.0
일본	3,488	1970~2016	44.7	미국	13,314	1960~2018	16.8
요르단	53	1999~2008	149.0				

출처: University of Florida의 Jay R. Ritter 교수.

323개가 인터넷 회사였는데, 이들은 거의 모든 사업이 인터넷 기반이거나 컴퓨터 네트워크 장비관련 업종이었다. 2001년 4월에는 1999년에 IPO를 했던 인터넷 회사 중에 단 4%인 12개만 발행가보다 높은 가격으로 주식이 거래되었고, 4개 회사(1%)만이 IPO 당일 종가보다 높은 가격에 거래되었다. 따라서 이것을 정말 버블이라고 할 수 있을까? 확답을 할 수는 없지만 일단 주가에 관한 한 실물경제로 해석하기 어려운 경우가 간혹 있는 것은 사실이다.

저가발행은 왜 존재하는가?

그럼 왜 저가발행이 이렇게 지속적으로 유지되는가? 저가발행에 대해서는 다양한 의견이 존재하지만 아직 모두가 수긍하는 공통된 이론은 없다. 우리는 저가발행의 수수께끼를 풀 수 있는 중요한 두 가지 단서가 있다고 믿는다. 첫째, 저가발행은 대부분 소규모 발행, 그리고 상당히 투기적인 종목에서 집중되어 나타나고 있다. 이 사실은 표 19. 3을 보면 잘 나타난다. 1980년부터 2018년 기간에 일어난 8,500개 이상의 IPO에 대해 저가발행 통계를 보여주는데, 이들 회사를 IPO 이전 12개월간 기록한 총 매출액에 따라 분류했다.

표 19. 3에서 보듯이 매출액이 작을수록 저가발행의 정도가 심해지는 것을 볼 수 있다. 이들은 대부분 설립한 지 얼마 안 되는 회사들이고, 이런 회사는 굉장히 위험하기 마련이다. 그렇기 때문에 이들 회사가 투자자를 유인하기 위해서는 할 수 없이 할인 폭도 깊어야 할 것이다. 이것이 첫 번째 단서이다.

둘째, IPO 일에 기록되는 높을 수익률을 실제로 실현하는 투자자는 매우 한정적이라는 사실이다. 그 외의 많은 투자자들은 손실을 보게 된다.

비록 IPO 당일수익률은 평균적으로는 플러스 권이지만 개별종목을 보면 많은 경우 마이너스 수익률을 기록한다. 게다가 발행가가 너무 낮을 때는 종종 초과청약(oversubscribe) 현상이 발생한다. 따라서 투자자는 모두 원하는 만큼의 물량을 청약할 수 없고, 인수회사는 투자자에게 주식을 분배해야 한다. 초과청약 공모에서는 충분한 물량이 없기 때문에 일반적인 투자자는 좋은 종목일 경우는 주식을 할당받기가 어렵고, 반대로 나쁜 종목일 경우는

표 19. 3 매출액 구간별 IPO 당일수익률(1980~2018)*

	1980~1989		1990~1998		1999~2000		2001~2018	
연 매출액	기업 수	수익률	기업 수	수익률	기업 수	수익률	기업 수	수익률
$0 ≤ sales < $10m	425	10.3%	741	17.2%	331	68.9%	429	10.0%
$10m ≤ sales < $20m	242	8.6	393	18.5	138	81.4	85	13.5
$20m ≤ sales < $50m	501	7.8	789	18.8	154	75.5	228	15.7
$50m ≤ sales < $100m	356	6.3	590	12.8	86	62.2	293	20.8
$100m ≤ sales < $200m	234	5.1	454	11.8	56	35.8	259	19.5
$200m ≤ sales	290	3.4	646	8.7	91	25.0	686	11.9
All	2,048	7.2%	3,613	14.8%	856	64.6%	1,980	14.3%

* IPO 이전 12개월간의 매출액($100만). 매출액은 소비자물가 지수로 조정하여 2003년 구매력 기준 달러가치로 환산한 금액. 발행가 $5.00 이하 IPO, 기업인수목적회사(SPAC), 리츠(REIT), ADR, 폐쇄형 펀드, 은행과 저축은행의 IPO와 공모 후 6개월 내에 CRSP에 기록되지 않은 IPO, 그리고 매출정보가 없는 18개의 회사를 제외하고 총 8178 건의 IPO가 있었으며 이들의 평균 IPO 당일수익률은 18.0%임.
출처: 플로리다 대학교 Jay R. Ritter 교수.

쉽게 청약하게 된다.

예를 들어 설명해 보자. Smith는 IPO하려고 하는 Bonanza Corporation의 주당 가치가 얼마인지 정확히 알고 있다고 하자. 그녀는 발행가가 저평가되었다고 확신한다. 한편 Jones는 단지 IPO는 평균적으로 저가발행을 한다는 사실만 알고 있다고 하자. 그래서 Jones는 모든 IPO에 참여해서 1,000주씩 청약하기로 했다. 이런 전략을 가지고 그는 실제로 초과수익을 달성할 수 있을까?

대답은 '아니오'이다. 최소한 한 가지 이유는 Smith 때문이다. Smith는 Bonanza가 저가발행하고 있음을 정확히 알고 있기 때문에 자신의 모든 투자금을 Bonanza에 넣었다. 발행이 과청약되면 인수회사는 Smith와 Jones에게 배정을 해야 한다. 이때 청약비율에 따라 두 사람에게 물량을 배정하게 되기 때문에, Jones는 항상 자신이 원하는 만큼의 물량을 얻을 수 없다.

Smith는 또한 Blue Sky사의 IPO에서 발행가가 고평가되었음을 알고 있다. 이 경우 그녀는 절대로 최초공모에 응하지 않을 것이다. 한편 Jones는 그의 전략대로 움직여 1,000주를 모두 배정받게 된다. 요약하자면 Jones는 저평가된 발행에서는 항상 적은 수의 주식을 얻게 되고, 고평가된 발행에서는 항상 원하는 만큼의 주식을 얻게 된다는 것이다.

위에서 본 예를 우리는 '승자의 저주(winner's curse)'라고 부른다. 이것은 왜 IPO 당일수익률이 그렇게 높은지를 설명해주는 하나의 단서다. 승자의 저주로 인해 일반투자자들이 IPO 회사의 최초공모를 회피할 수도 있기 때문에 이를 막기 위해서는 인수회사가 발행가를 충분히 낮춰서 일반투자자들도 평균적으로는 이익을 낼 수 있게 하려는 것이다.

저가발행을 설명하는 마지막 단서는 투자은행에게 저가발행은 어떤 면에서 보험과 같다는 점이다. 만약 한 투자은행이 지속적으로 발행가를 높이 책정하여 일반투자자들에게 계속 손해를 끼친다면 분명히 투자자들로부터 소송을 당할 것이다. 하지만 발행가를 낮게 책정한다면 일반투자자들은 모두 만족할 것이다.[10]

부분적 조정 현상

회사가 증권거래위원회에 증권신고서를 제출할 때 발행가가 대강 어느 범위 안에서 결정될 것이라는 사실을 밝혀야 한다. 이를 시장에서는 예정발행가 범위(file price range)라고 한다. 일반적인 예정발행가 범위는 $10~12이지만 그 밖에도 수많은 범위가 존재한다. 가령 앞서 보았던 Anaplan의 경우 예정발행가의 최고가는 $15였다.

신주가 일반투자자에게 팔리기 직전에 최종 발행가가 결정된다. 표 19. 4의 A에서 보듯이 이 최종가격은 예정발행가 범위 안에서 결정될 수도 있고 이를 벗어날 수도 있다. 1980~2018년 기간에 발생한 IPO 중 46%가 예정발행가 범위 내에서 발행가가 책정되었고,

10 어떤 학자들은 IPO 당일의 높은 수익률은 투자자들의 지나친 낙관론에 의해 발생한다고 주장한다(Jay Ritter and Ivo Welch "A Review of IPO Activity Pricing and Allocations" *Journal of Finance* 45, no.4(2002), pp. 1795~1828; Francesca Cornelli David Goldreich and Alexander Ljungqvist "Investor Sentiment and Pre-IPO Markets" *Journal of Finance* 61, no.3(2006), pp. 1187~1216. 한편 Gerard Hoberg는 그의 논문 "The Underwriter Persistence Phenomenon" *Journal of Finance* 62, no.3(2007), pp. 1169~1206에서 심한 저가발행을 하는 인수회사는 실력이 없어서 낮은 가격을 제시하는 것이 아니고 오히려 더 고급 정보를 가지고 있고 이를 이용하기 때문이라고 결론을 내리고 있다.

FINANCE MATTERS

IPO의 해부

2018년 7월 21일 Nashville에 본사를 두고 있는 결제 솔루션 소프트웨어 기업 i3 Verticals는 주당 $13에 총 665만주를 발행했다. IPO를 위해 Cowen, Raymond James와 KeyBanc Capital Market이 대표 주간사였다.

비록 IPO를 통해 총 $8,645만을 조달했지만 비용 차감 후 i3 Verticals는 $8,039만8,500를 얻게 되었다. 가장 큰 비용항목은 7%의 스프레드였는데 사실 이 정도 규모의 IPO에서는 평균 스프레드라고 할 수 있다. i3 Verticals는 665만주를 인수회사에 $12.09의 인수가로 판매했고 인수회사는 시장에서 $13에 다시 판매했다.

또한 i3 Verticals는 증권거래위원회에 등록비로 $1만2,378, FINRA 접수비로 $1만7,750, NASDAQ의 상장수수료로 $12만5,000를 각각 지불했다. 또한 법률 수수료로 $182만, 회계감사비용으로 $98만9,578, 주권의 운송과 관리보관 비용으로 $4,500, 인쇄·출판비용으로 $19만230, 그리고 IPO 관련 기타비용으로 $16만9,924를 지불했다.

i3 Verticals의 지출목록이 보여주듯이 IPO를 하는 데는 상당히 많은 비용이 들어갈 수 있다. 결국 총 비용은 $940만였고, 이 중 $600만7,000는 인수회사에 지불됐고, 나머지 $330만는 다른 참여자들이 가져갔다. i3 Verticals는 총 발행금액 대비 약 12%의 비용을 지불한 셈이다.

표 19.6

1990~2008년 기간의 IPO 직접비용 및 간접비용

출처: Inmoo, Lee, Scott Lochhead, Jay Ritter, and Quanshui Zhao. "The Costs of Raising Capital." *Journal of Financial Research* 19, no. 1 (1996), pp. 59~74에 기초해 저자가 다시 계산.

발행금액	발행수	스프레드	기타직접비용	총직접비용	저가발행
2.00~9.99	1,007	9.40%	15.82%	25.22%	20.42%
10.00~19.99	810	7.39	7.30	14.69	10.33
20.00~39.99	1,422	6.96	7.06	14.03	17.03
40.00~59.99	880	6.89	2.87	9.77	28.26
60.00~79.99	522	6.79	2.16	8.94	28.36
80.00~99.99	327	6.71	1.84	8.55	32.92
100.00~199.99	702	6.39	1.57	7.96	21.55
200.00~499.99	440	5.81	1.03	6.84	6.19
500.00 and up	155	5.01	0.49	5.50	6.64
Total/Average	6,265	7.19%	3.18%	10.37%	19.34%

었든지 기타 직접비용으로 지출된다. IPO의 경우 인수회사가 가져가는 스프레드의 비중은 대규모 발행인 경우 약 5%에서 소규모 발행인 경우 약 10%의 구간에서 움직이는데, 표 19.5에 나와 있는 예를 보면 절반의 경우 스프레드의 비중은 정확히 7%를 기록했다. 따라서 보통 IPO의 스프레드는 7%라고 한다. 뒤에 'Finance Matters' 박스란에서 자세한 예를 소개하고 있다.

전체적으로 표 19. 5에서 네 개의 현상이 목격된다. 먼저, 회사채 발행을 제외하고는 분명히 규모의 경제가 존재한다. 발행규모가 커지면서 스프레드의 조달액 대비 비중은 줄어들고 기타 직접비의 비중은 아주 빠르게 감소한다. 이는 기타 직접비는 발행규모에 상관없는 고정비이기 때문일 것이다. 둘째, 자본조달 비용에 비해 부채조달 비용은 훨씬 낮다. 셋

째, IPO가 유상증자보다 더 비싸지만 그렇게 큰 차이를 보이지는 않는다. 마지막으로 보통채가 전환사채보다 발행비용이 저렴하다.

이미 설명했듯이 IPO 시 발생하는 저가발행은 발행회사가 부담해야 하는 추가 비용이다.

표 19. 6은 표 19. 5에 나와있는 비용에다 이들 회사가 IPO 시 부담했던 저가발행의 손실을 합친 결과를 보여준다. 다섯 번째 열에 나와있는 총직접비용과 여섯 번째 열에 기록된 저가발행의 손실을 비교해 보면, 소규모 발행의 경우 각각의 조달액 대비 비중은 큰 차이를 보이지 않는 것을 알 수 있다. 전체적으로 발행규모와 상관없이 조달액 대비 총직접비용의 비중은 10%이고, 저가발행으로 발생한 손실의 비중은 19%에 달하는 것으로 나타났다.

마지막으로 표 19. 5는 부채발행 시 발생하는 제한 비용도 보여준다. 여기서는 투자적격과 투자부적격 등급의 회사채를 모두 합쳐서 보고했기 때문에 뚜렷이 나타나진 않았지만 부채발행 관련 비용은 일반적인 패턴을 보인다. 제5장에서 이미 보았듯이 회사채의 신용등급이 높으면 투자적격, 낮으면 투자부적격이라고 불린다. 이렇게 신용등급을 나누어 각각의 발행비용을 보고한 것은 표 19. 7에서 발견할 수 있다.

표 19. 7에서는 신용등급에 따라 부채발행 비용이 어떻게 차이가 나는지를 보여주고 있다. 여기서 세 가지 현상이 발견된다. 첫째, 부채발행에서도 규모의 경제는 상당히 존재한다. 둘째, 투자등급의 부채발행 시, 특히 일반회사채의 경우 직접비용은 상당히 낮다. 마지막으로 투자등급 이하 등급의 부채발행은 상대적으로 수가 적은데, 이는 이들 부채가 발행될 때는 흔히 사모의 형태를 취하기 때문일 것이다.

19. 9 신주인수권

유상증자를 통해 보통주가 일반에게 발행될 때는 기존 주주의 지분은 비례적으로 감소하게 된다. 그러나 만약 기존 주주의 우선적 권리(preemptive right)가 정관에 명시되어 있다면 회사는 유상증자 시 기존주주에게 먼저 신규주식을 청약할 수 있도록 해야 한다. 이를 통해 기존주주는 각자가 이미 소유하고 있는 지분에 비례하여 신주를 청약할 수 있는 권리를 갖게 된다. 한편 기존 주주에게 보통주를 우선적으로 발행하는 것을 **주주배정**(rights offering)이라고 한다. 이때는 기존 주주 각자에게 정해진 기간 내에 정해진 가격으로 회사로부터 정해진수의 신주를 청약할 수 있는 **선택권**(option)이 교부된다. 이 권리는 정해진 기간이 지나면 자동적으로 효력이 소멸된다. 예를 들어 주식이 $30에 거래되는 회사가 기존 주주에게 2개월내에 정해진 수의 주식을 주당 $10에 청약할 수 있는 권리를 줄 수 있다. 선택권의 자세한 내용은 **신주인수권**(share warrant 또는 rights)이라는 증서에 명시된다. 그러한 신주인수권은 증권거래소나 장외시장에서 종종 거래된다.

주주배정의 작동법

주주배정 공모가 어떻게 작동하는지 보기 위해 National Power사의 예를 살펴보자. National Power는 1백만주의 발행주식을 가지고 있고 주당 $20에 거래되고 있어 시가총액은 $20 백만에 달한다. 이 회사가 주주배정을 통해 $5백만의 신규자금을 조달하려 한다고 하자.

표 19.7 1990~2008년 기간 미국 내 부채발행의 평균 스프레드와 총 직접비용

	전환사채							
	투자등급				정크 또는 평가불가			
발행금액($ 백만)	발행수	스프레드	기타직접비용	총직접비용	발행수	스프레드	기타직접비용	총직접비용
2.00~9.99	-	-	-	-	14	6.39%	3.43%	9.82%
10.00~19.99	1	14.12%	1.87%	15.98%	23	5.52	3.09	8.61
20.00~39.99	-	-	-	-	30	4.63	1.67	6.30
40.00~59.99	3	1.92	0.51	2.43	35	3.49	1.04	4.54
60.00~79.99	6	1.65	0.44	2.09	60	2.79	0.62	3.41
80.00~99.99	4	0.89	0.27	1.16	16	2.30	0.62	2.92
100.00~199.99	27	2.22	0.33	2.55	82	2.66	0.42	3.08
200.00~499.99	27	2.03	0.19	2.22	46	2.65	0.33	2.99
500.00 and up	11	1.94	0.13	2.06	7	2.16	0.13	2.29
Total/Average	**79**	**2.15%**	**0.29%**	**2.44%**	**313**	**3.31%**	**0.98%**	**4.29%**
	일반사채							
	투자등급				정크 또는 평가불가			
2.00~9.99	2,709	0.62%	1.28%	1.90%	1,253	2.77%	2.50%	5.27%
10.00~19.99	2,564	0.59	1.17	1.76	836	3.15	1.97	5.12
20.00~39.99	2,400	0.63	0.74	1.37	290	3.07	1.13	4.20
40.00~59.99	3,146	0.40	0.52	0.92	199	2.93	1.20	4.14
60.00~79.99	792	0.58	0.38	0.96	99	3.12	1.16	4.28
80.00~99.99	385	0.66	0.29	0.96	80	2.73	0.93	3.66
100.00~199.99	4,427	0.54	0.25	0.79	522	2.73	0.68	3.41
200.00~499.99	3,031	0.52	0.25	0.76	274	2.59	0.39	2.98
500.00 and up	1,207	0.31	0.08	0.39	54	2.38	0.25	2.63
Total/Average	**20,661**	**0.52%**	**0.35%**	**0.87%**	**3,607**	**2.76%**	**0.81%**	**3.57%**

출처: Inmoo, Lee, Scott Lochhead, Jay Ritter, and Quanshui Zhao. "The Costs of Raising Capital." *Journal of Financial Research* 19, no. 1(1996), pp. 59~74에 기초해 저자가 다시 계산.

주주배정의 공모과정은 일반공모와는 다른 절차를 밟는다. 먼저 회사는 기존 주주에게 보유주식에 대하여 1주당 1권의 신주인수권이 부여되었음을 알린다. 주주가 기업이 지정한 청약 대리인(일반적으로 투자은행)에게 청약대금과 함께 청약에 필요한 수만큼의 신주인수권을 제출하면 권리가 행사된다. 여기서 National Power의 주주는 몇 개의 선택을 할 수 있다. (1) 교부된 신주인수권으로 살 수 있는 모든 주식을 청약한다, (2) 교부된 모든 신주인수권을 매도한다는 주문을 낸다, (3) 신주인수권이 만료될 때까지 내버려둔다.

그리고 National Power의 재무관리자는 다음 질문에 답해야 한다.

1. 기존 주주에게 신주를 얼마에 청약하도록 해야 하는가?
2. 신주 1주를 청약하기 위해서 몇 권의 신주인수권이 필요한가?
3. 주주배정이 주가에 어떤 영향을 미칠까?

청약가격

주주배정에서 **청약가격(subscription price)**은 기존 주주가 신주 1주를 매수하기 위해 지불해야 하는 가격이다. 합리적인 주주라면 공모 만기일에 청약가격이 주식의 시장가격보다 낮을 때에만 청약을 하려 할 것이다.

예를 들어 만일 만기일에 주가가 $13이고 청약가격이 $15라면 합리적인 투자자는 아무도 청약을 하지 않을 것이다. 왜 $13에 살 수 있는 주식을 $15를 지불하고 사겠는가? National Power는 청약가격을 현재 시장가격인 $20보다 훨씬 낮은 $10로 하였다. 만기일 이전에 시장가격이 절반으로 떨어지지 않는 한 주주배정은 성공할 것이다.

주식 매입에 필요한 신주인수권의 수

National Power는 $500만 상당의 신주를 발행하려 한다. 청약가격은 $10이고 발행주식수는 50만주이다. 여기서 신주의 수는 총발행금액을 청약가격으로 나누어 얻는다.

$$\text{신주의 수} = \frac{\text{자금조달금액}}{\text{청약가격}} = \frac{\$5{,}000{,}000}{\$10} = 500{,}000\text{주}$$

일반적으로 주주는 보유한 1주의 주식에 대해 1개의 신주인수권을 교부받을 수 있기 때문에 National Power는 총 $100만의 신주인수권을 발행해야 한다. 따라서 기존 주주에게 모든 신주를 청약할 수 있는 우선적인 권리를 주기 위해서는 2개의 신주인수권을 가져야 1주의 신주를 청약할 수 있도록 해야 한다. 즉 1주의 신주를 취득하기 위해 몇 개의 신주인수권이 행사되어야 하는지를 알기 위해서는 기존의 발행주식수를 신주의 수로 나누면 된다.

$$\begin{array}{c}\text{주식 1주 매수를 위해}\\ \text{필요한 신주인수권의 수}\end{array} = \frac{\text{구주의 수}}{\text{신주의 수}} = \frac{1{,}000{,}000}{500{,}000} = 2\text{개}$$

따라서 주주는 신주를 받기 위해서는 2개의 신주인수권을 포기하고 $10를 납입해야 하고, 모든 주주가 이같이 하면 National Power는 계획한 $500만를 조달하게 될 것이다.

National Power가 $500만를 조달하기 원하기 때문에, 신주 1주를 사기 위해 필요한 신주의 수와 신주인수권의 수는 다음과 같이 청약가격에 의해 결정된다.

청약가격	신주의 수	주식매수를 위해 필요한 신주인수권의 수
$20	250,000(= $5,000,000/$20)	4(= 1,000,000/250,000)
10	500,000(= $5,000,000/$10)	2(= 1,000,000/500,000)
5	1,000,000(= $5,000,000/$5)	1(= 1,000,000/1,000,000)

표에서 보듯이, 청약가격이 내려가면 신주를 더 발행해야 하며 신주 1주를 사기 위해 필요한 신주인수권의 수는 줄어들게 된다.

주주배정이 주가에 미치는 영향

신주인수권의 가치는 존재한다. National Power의 경우에 신주인수권의 가치는 $20 가치의

표 19. 8

National Power의 신주인수권을 보유한 개별 주주의 가치

	주주
최초 포지션	
주식수	2
주식가격	$20
보유가치	$40
발행조건	
청약가격	$10
발행된 신주인수권 수	2
주식 1주에 필요한 신주인수권	2
발행 이후	
주식수	3
보유가치	$50
주식가격	$16.67
신주인수권의 가치	
과거 가격 - 새로운 가격	$20 - 16.67 = $3.33
(새로운 가격 - 청약가격) / 주당 신주인수권의 수	($16.67 - 10)/2 = $3.33

주식을 $10에 살 수 있는 권리이다.

National Power의 주주가 주주배정 이전에 2주의 주식을 가지고 있다고 가정하자. 이 때 발생할 수 있는 상황은 표 19. 8에 나타나 있다. 처음에 National Power의 주식은 주당 $20의 가치를 가지고 주주는 총 2 × $20 = $40의 가치를 가지고 있다. 2주를 가진 주주는 2개의 신주인수권을 가진다. National Power의 주주배정은 2개의 신주인수권을 가진 주주에게 1주의 주식을 $10에 살 수 있는 권리를 주기 때문에 이를 행사하고 신주를 매수한 주주는 3주를 보유하게 된다. 이제 주주가 보유하는 새로운 가치는 $40 + $10 = $50(최초 $40에 회사가 지불한 $10)가 된다. 하지만 주주가 보유한 주식의 수는 3주이기 때문에 주가는 $50/3 = $16.67로 하락하게 된다.

구주의 가격 $20와 신주의 가격 $16.67의 차이는 바로 구주가 신주를 청약할 수 있는 신주인수권을 교부받아야 하는 이유를 설명하며 이 차이 $3.33(= $20 − $16.67)는 1개의 신주인수권 가치와 같아야 한다.

신주인수권의 가치는 다른 방법으로도 구할 수 있다. 주주배정을 할 경우 기존주주는 $16.67 어치의 주식을 배당받기 위해 $10를 지불하면 되기 때문에 $6.67의 이익을 얻게 된다.

기존주주는 신주인수권 2장이 필요하기 때문에 정상적인 경우 1장의 신주인수권은 $3.33(=$6.67/2)에 거래될 것이다.

이전 장에서 보았던 배당락과 같이 신주인수권에 대해서도 **신주인수권락일(ex-right date)**이 있다. 신주인수권락일 이전에 주식을 매입한 개인은 신주인수권을 받게 되지만 신주인수권락일 당일이나 이후에 주식을 매입한 개인은 신주인수권을 받지 못한다. 예를 들어 권리락일 전에 주가는 $20이다. 그러나 권리락일 당일 또는 다음에 주식을 매입한 개인은 신주인수권에 대한 자격이 없기 때문에 이때의 주가는 $16.67가 된다.

표 19.9
National Power의 주주배정 발행

	주주
최초 포지션	
주식수	100만
주식가격	$20
보유가치	$2,000만
발행조건	
청약가격	$10
발행된 신주인수권 수	100만
주식 1주에 필요한 신주인수권	2
발행 이후	
주식수	150만
보유가치	$16.67
주식가격	$2,500만
신주인수권의 가치	$20 - 16.67 = $3.33
	또는 ($16.67 - 10)/2 = $3.33

표 19. 9는 National Power에게 일어날 일을 보여준다. 만일 주주가 권리를 행사하면 주식의 수는 1,500만으로 증가하고 기업의 가치는 $2,500만가 될 것이다. 따라서 주주배정 이후에 주당 가치는 $16.67(= $25 백만/1.5 백만)로 하락하게 된다.

National Power의 주식을 보유하지 않은 외부투자자가 신주청약을 원하는 경우에는 신주인수권을 매입해야 한다. 신주인수권 2개를 매입한 외부투자자는 $3.33 × 2 = $6.67(반올림)를 지불해야 하며, 만일 신주인수권을 청약비용 $10에 행사한다면 그가 지불하게 되는 총비용은 $10 + $6.67 = $16.67가 된다. 외부투자자 역시 $16.67에 신주 1주를 받게 되는 셈이다.

물론 외부투자자는 주당 $16.67에 유통시장에서 National Power의 주식을 직접 살 수도 있다. 효율적 주식시장에서는 신주인수권을 매입하고 이를 행사하든, 아니면 유통시장에서 신주를 직접 매입하든 차이가 없다.

주주에게 미치는 영향

기존 주주는 신주인수권을 행사하거나 권리를 시장에서 매도할 수 있다. 주주배정시 기존 주주는 어떤 선택을 하든 아무런 영향을 받지 않는다. National Power의 주식 2주를 $40에 보유한 한 주주가 현금 $10를 가지고 있다고 가정해 보자. 만약 이 주주가 신주인수권을 행사하면, 그는 현금 $10를 지불하고 신주 1주를 받기 때문에 그의 총 주식가치는 $50가 된다. 그의 전체 부에는 변화가 없고 단지 $10에 해당하는 부가 현금에서 주식으로 형태만 바꾼 것이다.

만일 이 주주가 2개의 신주인수권을 $3.33에 매도하면 $6.67(= $3.33 × 2)의 현금을 받는다. 권리락 이후 2주의 주식가치는 $16.67이기 때문에 보유한 가치는 다음과 같다.

주식 = 2 × $16.67 = $33.33
신주인수권 매도 = 2 × $ 3.33 = $ 6.67
합계 = $40.00

새로운 주식의 시장가격 $33.33와 신주인수권 매도로 들어온 현금 $6.67를 합치면 원래 보유했던 주식의 가치 $40와 정확하게 일치한다. 그리고 그는 현금 $10와 계속 보유하고 있기 때문에 전체 부는 $50이다. 따라서 기존 주주에게 신주인수권 행사와 신주인수권 매도 사이에는 아무런 차이가 없다.

주주배정 이후 주가가 하락하는 것은 당연하다. 청약가격이 낮을수록 주주배정의 권리락 폭은 더욱 커진다. 그러나 앞서 보았듯이 이론적으로는 주주가 주주배정으로 인해 손실을 보지 않음도 사실이다.

마지막으로, 주주배정의 경우 청약가격을 어떻게 결정하는가에 대한 질문이 있을 수 있다. 그러나 잘 생각해 보면 이는 그렇게 큰 문제가 아니다. 신주인수권이 가치를 갖기 위해서는 현재 주가보다 낮아야 한다. 이것만 지켜진다면 어떤 가격이어도 괜찮다. 원칙적으로는 가격이 0원만 되지 않는다면 충분히 낮출 수 있다.

인수계약

만일 투자자가 신주인수권을 포기하거나 부정적인 사건의 돌발 등으로 인하여 주가가 청약가격을 하회하게 되면 청약부족(undersubscription) 현상이 발생할 수 있다. 이러한 가능성에 대비하기 위해서 주주배정은 일반적으로 **잔액인수방식(standby underwriting)**으로 진행된다. 여기서 인수회사는 청약가격에서 착수비용을 차감한 금액으로 청약부족분을 전부 구입하기로 약속하는 대신 이러한 위험에 대한 보상으로 **잔액인수수수료(standby fee)**를 받는다.

실무적으로 청약가격은 일반적으로 현재 시장가격보다 충분히 낮게 책정되기 때문에 주주배정이 실패할 가능성은 매우 희박하다. 또한 일부 소액주주(10% 미만)가 신주인수권을 행사하지 않더라도 다른 주주들이 청약가격에 청약부족분 주식을 매입할 수 있다. 주주에 제공되는 이러한 **초과청약 특권(oversubscription privilege)**으로 인해 발행회사는 인수회사의 잔액인수에 크게 의존하지 않아도 될 것이다.

주주배정의 퍼즐

만약 회사의 경영진이 합리적이라면 자금을 조달할 때 가장 저렴한 방법을 선택할 것이다. 그렇다면 비용이 가장 적게 드는 주주배정이 가장 많을 것이라고 생각할 수 있다. 그러나 미국에서는 놀랍게도 거의 모든 신주발행은 일반공모로 이루어진다. 한편 해외에서는 주주배정이 상당히 많다. 이러한 현상에 대해 재무학계는 충분한 설명을 아직 내놓지 못하고 있다. 여태까지 시도된 여러 설명을 보자면 다음과 같다.

(a) 일반공모가 주주배정에 비해 청약금의 납입이 빠르게 진행된다, (b) 일반공모를 사용할 경우 폭넓은 주주층을 형성할 수 있다, (c) 일반공모 시 주간사의 전문적인 정보와 도움을 더 많이 받을 수 있다, (d) 일반주주들은 주주배정 시 신주인수권을 행사해야 하는 것에 대해 귀찮아한다, (e) 주가가 발행가보다 떨어질 수 있는 위험이 상당이 크다, (f) 투자자들은 일반공모의 경우 발행가가 실제 주식의 가치를 잘 반영하고 있다는 보장을 인수회사가 해준다고 생각한다.

19. 10 희석

주식의 발행과 관련된 주제 중에 **희석(dilution)** 현상은 상당히 많이 연구되었다. 희석은 기존 주주의 가치 손실을 의미하는데, 이에는 몇 가지 유형이 있다.

1 소유비율의 희석
2. 시장가치의 희석
3. 장부가치와 주당이익의 희석

위의 세 가지 유형 사이의 차이점은 분간하기 어려울 수 있는데, 희석에 대한 일반적인 오해를 낳기도 한다. 이번 절에서 상세히 살펴보기로 한다.

소유비율의 희석

첫 번째 유형의 희석은 회사가 외부투자자에게 신주를 발행할 때마다 일어날 수 있다. 예를 들어 Joe Smith는 Merit Shoe의 주식 5,000주를 보유하고 있다. Merit Shoe는 발행주식수가 5만 주이며, 1주당 하나의 의결권을 가진다. 따라서 Joe는 10%(= 5,000/50,000)의 소유권을 가지고 배당에 대해서도 10%의 권리를 가진다.

만일 Merit Shoe가 일반공모를 통해 5만주의 보통주를 신규발행한다면, Joe의 Merit Shoe에 대한 소유권은 희석될 것이다. 만일 Joe가 신주발행에 참여하지 않으면 그의 부에는 영향을 받지 않고 그대로 있지만, 그가 가지고 있는 소유권은 5%(= 5,000/100,000)로 하락하게 된다.

하지만 주주배정은 Joe Smith에게 10%의 지분을 유지할 수 있는 우선적인 권리를 보장해주기 때문에 기존 주주의 소유권은 희석되지 않는다.

가치의 희석: 장부가치 vs 시장가치

이제 우리는 회계적인 의미에서 가치의 희석을 보기로 한다. 여기서 희석과 관련된 잘못된 개념이 자주 나오기 때문에 자세히 볼 필요가 있다. 그렇다고 회계가치의 희석이 시장가치의 희석보다 더 중요하다는 것은 아니다. 오히려 결과는 그 반대이다.

Upper State Manufacturing(USM)이 미래 수요를 충당하기 위해서 새로운 발전소를 지으려고 한다. 표 19. 10에서 보듯이 USM은 현재 1백만주의 발행주식을 가지고 있고, 부채는 전혀 없다. 주식은 주당 $5에 거래되고 있으며, 회사의 시장가치는 $5백만, 장부가치는 $10백만(주당 $10)이다.

USM은 과거에 지나친 비용의 발생, 핵발전소 건설을 지연시키는 규제, 저조한 순이익 등 여러 가지 어려움을 겪었다. 이러한 문제로 인해 USM의 시장가-장부가비율(PBR)은 0.50(= $5/10)에 그치고 있다(성공적인 기업 중 자본의 시장가가 장부가보다 낮은 경우는 드물다).

현재 USM의 순이익은 $1백만이다. 발행주식이 1백만주이기 때문에 주당순이익(ESP)은 $1이고 ROE는 10%(= $1/10)이다. 따라서 USM의 주당이익 대비 주가 비율

표 19.10

신주와 희석 Upper States Manufacturing의 사례

		신규투자 이후	
	초기	희석이 있는 경우	희석이 없는 경우
발행주식수	1,000,000	1,400,000	1,400,000
장부가	$10,000,000	$12,000,000	$12,000,000
주당 장부가(*B*)	$10	$8.57	$8.57
시가총액	$5,000,000	$6,000,000	$8,000,000
주가(*P*)	$5	$4.29	$5.71
순이익	$1,000,000	$1,200,000	$1,600,000
자기자본 수익률(ROE)	0.10	0.10	0.1333
주당 순이익(ESP)	$1	$0.857	$1.14
EPS/*P*	0.20	0.20	0.20
P/EPS	5	5	5
P/*B*	0.5	0.5	0.67
투자금액 $2,000,000		NPV = - $1,000,000	NPV = $1,000,000

(PER)은 5이고 주식은 이익의 5배로 팔리고 있는 셈이다. USM의 주주는 200명이며 주주는 각각 5,000주를 소유하고 있다. 새로운 공장의 비용은 $2백만이기 때문에 USM은 ($5×400,000 = $2백만) 40만주의 신주를 발행해야 한다. 신주발행 이후에 발행주식은 1.4 백만주가 된다.

새로운 공장의 ROE는 기존 사업과 같을 것으로 예상된다. 다시 말해 순이익은 $120만가 될 것이다. 공장이 설립되면 나타날 결과는 다음과 같다.

1. 1.4 백만주의 신규주식 발행으로 EPS는 $1에서 $1.2/1.4 = $0.857로 하락할 것이다.
2. 비례적으로 구주주의 소유권은 0.50%에서 0.36%(=5,000/1.4 백만)로 하락할 것이다.
3. 만일 PER이 5로 유지된다면 주가는 5 × $0.857 = $4.29로 하락하여 주당 $0.71의 손실을 보게 된다.
4. 총 장부가치는 이전의 가치 $10 백만에 새로운 가치 $2백만를 더한 $12 백만가 될 것이기 때문에 EPS는 $8.57로 하락할 것이다($12,000,000/1,400,000만 = $8.57).

위 사례를 본다면 소유권의 희석, 회계적인 희석, 시장가치의 희석이 모두 발생한다. USM의 주주는 심각한 손실을 보게 된다.

일반적인 오해 위의 예는 PBR이 1보다 작을 때 신규주식의 발행이 기존 주주에게 피해를 준다는 사실을 보여준다. 이처럼 일부 경영자는 시장가치가 장부가치보다 적을 때 주식을 발행하면 EPS가 하락하기 때문에 희석이 발생한다고 주장한다.

PBR이 1보다 작으면 발행주식수의 증가가 EPS의 하락을 가져오는 것은 사실이다. 그러나 이는 회계적인 희석에 불과하다. 그리고 이런 경우 회계적인 희석은 산술적으로 발생할 수밖에 없다.

그렇다면 시장가치 희석도 발생하는가? 해답은 '아니오'이다. 우리 사례에서 계산이 틀린 부분은 없다. 그러나 시장가치가 하락하는 이유에 대해서는 좀더 자세히 살펴봐야 한다.

올바른 주장 위 예에서 시장가치는 주당 $5에서 $4.29로 하락했다. 분명히 희석이다. 그러나 왜 이런 일이 일어날까? 해답은 새로운 투자안과 관련이 있다. USM은 새로운 공장에 $200만를 투자하려고 한다. 그러나 표 19. 11에서 보듯이, 회사의 시장가치는 $500만에서 $600만로 $100만 오를 것이다. 이것은 새로운 투자안의 NPV가 −$100만라는 것을 의미한다. 140만의 주식수를 고려하면 주당 손실은 앞에서 계산한 것처럼 $1/1.4 = $0.71가 된다.

따라서 PBR이 1보다 작기 때문에 희석이 발생한 것이 아니라 투자안의 NPV가 음수이기 때문에 진짜 희석이 발생한 것이다. 이러한 음(−)의 NPV가 시장가치를 하락시킨 것이 지회계적 희석이 주가를 하락시킨 것이 아니다.

반대로 투자안이 $100만의 양(+)의 NPV를 가지고 있다고 가정하자. 총 시장가치는 $200만 + $100만 = $300만로 증가한다. 표 19. 11(세 번째 열)에서 보듯이 주당가격은 $5.71로 오른다. 하지만 이때도 주당 장부가치가 여전히 하락하기 때문에 회계적 희석은 여전히 발생한다. 즉 이 예에서는 회계적 희석이 경제적 가치와 상관이 없음을 알 수 있다.

주식가치가 $0.71 증가한 것은 새 투자안의 NPV가 $100만이기 때문이다. 또한 만일 PER이 5로 일정하다면 EPS는 $1.14(= $5.71/5)로 증가해야만 한다. 총이익(순이익)은 $1.6 백만(=$1.14 × 1.4 백만주)으로 증가한다. 결국 ROE는 13.33%(= $1.6 백만/12 백만)로 증가할 것이다.

19. 11 장기부채 발행

일반적으로 채권발행의 절차는 주식발행의 절차와 같다. 증권거래위원회에 등록해야 하고 투자설명서도 제출해야 한다. 하지만 증권신고서에서 드러나는 내용은 보통주 발행의 경우와 차이가 있는데 채권의 경우는 증권신고서에 사채계약서(indenture)가 포함된다는 점이다.

또 다른 차이는 채권의 경우 절반 이상이 사모의 형태로 발행된다는 점이다. 장기자금을 사모형태로 시장에서 직접 조달하는 방법은 크게 텀론과 사모채권 등 두 가지 종류가 있다.

텀론(term loan)은 차입금의 일종이다. 이 차입금은 1년에서 5년 사이의 만기를 가지고 있으며 대부분은 만기 안에 할부상환이 가능하다. 이러한 차입금을 대출해주는 기관은 상업은행, 보험회사, 그리고 기업금융에 특화된 기타 금융기관들이다. 한편 **사모채권(private placement)**은 텀론과 거의 비슷하고 단지 만기가 좀더 길다는 점이 다르다.

부채조달 시 시장에서 직접 조달하는 사모와 공모가 다른 점은 다음과 같다.

1. 사모의 경우는 증권거래위원회에 지불하는 등록비를 내지 않아도 된다.
2. 사모의 경우 계약 시 채권자로부터 매우 까다로운 계약 조건을 요구받을 수 있다.
3. 텀론과 사모채권 모두 채무불이행 시 채무조정을 협의하기가 훨씬 수월하다. 반면 공모의 경우에는 채권자가 많기 때문에 채무조정이 쉽지 않다.
4. 생명보험회사와 연기금이 사모채권 시장에서 가장 지배적인 매수자이고 상업은행은 텀론 시장에서 중요한 매수자이다.
5. 사모시장에서 채권의 분배비용이 더 적다.

같은 조건이라면 공모발행보다는 텀론이나 사모채권의 이자율이 더 높다. 이는 사모발행된 채권은 채무불이행시 채무조정이 쉽고 사모채권 관련 비용도 저렴하다는 이점에 대한 대가일 것이다. 추가적으로 채권판매 시 발행비용(flotation cost)이 같은 조건의 주식발행에 비해 저렴하다는 매우 중요한 사실을 잊지 말아야 한다.

19. 12 일괄등록

증권발행의 절차를 단순화하기 위해 증권거래위원회는 일괄등록을 허용하고 있다. 1982년 3월에 증권거래법 제415조를 신설하여 일괄등록을 한시적으로 허용했다가 1983년 11월에는 법을 고쳐 한시적이라는 조건을 삭제하였다. 주식은 물론 채권도 일괄등록으로 발행할 수 있다.

일괄등록(shelf registration)은 발행회사에게 향후 2년간 판매할 수 있을 것으로 예상되는 수의 증권에 대해 발행 등록을 먼저 해놓고 이후 2년 기간 내에서는 원하는 시점에 언제든지 증권을 발행할 수 있도록 허용하는 제도이다. 2018년 7월 데이터 애널리틱스 회사인 Helio and Matheson은 일괄등록을 통해 총 $1.2 십억 상당의 채권, 우선주, 보통주, 신주인수권, 단주, 워런트 등을 발행한다고 공시하였다. 제출한 신고서에 따르면 여기서 조달된 자금을 향후 용처는 일괄등록이 승인되면 밝히겠다고 하였다.

모든 회사에게 일괄등록이 허용되는 것은 아니다. 주요 자격요건은 다음과 같다.

1. 회사는 투자등급을 받아야만 한다.
2. 회사는 과거 3년 동안 채무불이행이 없어야 한다.
3. 회사의 총 시가총액은 $1억5,000만 이상이어야 한다.
4. 회사는 지난 3년 동안 1934년 증권거래법을 위반하지 않았어야 한다.

이 제도에 대해서는 몇 가지 논란이 있다. 일괄등록에 대한 논란은 다음과 같다.

1. 일괄등록은 회사가 정확히 언제 증권을 발행할지 알 수 없기 때문에 인수회사가 적시에 관련정보를 투자자에게 제공할 수가 없어 발행비용이 올라갈 수 있다. 게다가 신주를 조금씩 여러 번 발행한다면 비용은 더욱 올라갈 것이다.
2. 일부 투자은행은 일괄등록은 시장에 대기물량을 대거 쌓아놓는 결과(market hang-over)를 가져오기 때문에 시장에 부담을 주고 주가상승을 억제한다고 주장한다. 다른 말로 하면, 회사가 언제든지 주식물량을 늘리 수 있다는 가능성 때문에 해당회사의 주가가 오르지 않는다는 것이다. 그러나 과잉대기물량에 대한 증거는 실증적으로 찾아보기 힘들다.

발행회사는 때로 신주발행에 **드리블**(dribble) 또는 **유통시장가 발행**(at-the-market offering)이라고도 불리는 방법을 사용하기도 한다. 드리블에서는 발행회사가 여러 가지 방법을 동원해 신규증권을 등록하고, 향후 적당한 시기에 등록된 신규증권을 조금씩 판매할 수 있다. 다시 말해 보통 일반투자자가 유통시장에서 증권을 거래하는 것처럼 발행회사가 등록된 신규증권을 유통시장에서 팔 수 있는 것이다.

요약 및 결론 Summary and Conclusions

이 장에서 어떻게 주식이 발행되는지 살펴보았다. 주요 요점은 다음과 같다.

1. 창업투자자금 시장은 위험도가 높고 초기단계에 있는 회사에 있어 중요한 자금조달처다.
2. 신규증권의 발행비용은 매우 높을 수 있다. 한편 발행금액이 높을 때는 발행금액 대비 비용의 비중은 훨씬 낮다.
3. 대규모 발행에서는 총액인수 방법이 모집주선 방법보다 훨씬 보편적이다. 그러나 소규모 발행은 불확실성이 크기 때문에 모집주선이 선호된다. 주어진 규모의 발행에서 모집주선과 총액인수의 직접비용은 같은 규모이다.
4. IPO 관련 직접비와 간접비는 매우 높을 수 있다. 그러나 한 번 상장되면 그 다음 추가 자금조달은 용이하게 이루어질 수 있다.

개념문제 Concept Questions

1. **채권과 주식발행 규모** 총액으로 채권발행이 보통주 발행보다 일반적으로 많으며 금액도 크다. 그 이유는 무엇인가?
2. **채권과 주식의 발행비용** 주식을 판매하는 비용이 채권을 판매하는 비용보다 많이 드는 이유는 무엇인가?
3. **채권등급과 발행비용** 비투자 등급의 채권이 투자등급 채권에 비해 높은 직접비용을 가지는 이유는 무엇인가?
4. **채권발행 시 저가발행** 채권 발행에서 저가발행은 왜 문제가 되지 않는가?

   다음의 정보를 사용하여 다음 세 문제에 답하여라. 2018년 9월 티켓예약 및 이벤트 회사인 Eventbrite가 회사공개를 했다. 투자은행인 Goldman Sachs와 JP Morgan이 주간사로 참여하여 발행가 $23에 1,000만주를 팔아 총 $2억3,000만를 조달하였다. IPO 당일에 주가는 $39.30까지 올랐다가 결국 $36.50로 장을 마감하였다. 이 종가를 기준으로 보아도 Eventbrite의 발행가는 약 $13.50 정도 저평가되었다고 볼 수 있고 따라서 회사는 약 $1억3,500만를 더 조달할 수 있었음에도 이를 모두 놓쳐버린 셈이다.
5. **IPO 시 발행가 산정** Eventbrite의 IPO는 약 59% 저가발행되었다. Eventbrite는 저가발행에 대해서 Goldman Sachs와 JP Morgan에 항의를 해야만 하는가?
6. **IPO 시 발행가 산정** 위의 회사는 2016년에 설립하였고 2017년에 매출은 $2억200만에 지나지 않았으며 순손실이 $2,900만나 되었다는 사실을 알고 나면 당신은 위의 5번 답을 변경시키겠는가?
7. **IPO 시 발행가** 위의 예에서 또한 IPO 시 내부자가 보통주(class A)의 10%와 또한 종류주식(class B)의 100%를 소요하면서 실질적으로 98.5%의 의결권을 행사하고 있었다는 사실을 추가적으로 알게 된다면 당신의 답은 다시 어떻게 변경되겠는가?
8. **일반공모와 주주배정** McCanless International은 대규모의 보통주 유상증자를 단행할 계획이다. 이를 위해 총액인수방식의 일반공모(underwritten cash ofer)와 모집주선 방식의 주주배정(not underwritten rights ofering) 중에 어느 것을 선택할지 현재 고민 중이다. McCanless의 경영진은 신주의 판매비용을 최소화하고 싶어 하며 당신의 의견을 물었다. 당신은 어떤 선택을 제안하며, 그 이유는 무엇인가?
9. **IPO 시 저가발행** 1980년에 한 재무관리 조교수가 IPO를 하는 12개 회사의 보통주를 청약하였다. 그는 이 신주를 약 한 달 정도 보유하고 있다 모두 시장에서 팔았다. 그의 투자전략은 석유와 가스유추 회사가

총액인수방식으로 IPO를 할 때는 무조건 청약하는 것이다. 당시 22개의 유사한 IPO가 있었고 그는 각 건마다 1,000주의 청약신청을 냈다. 이 중 10건에서는 1주도 그 조교수에게 배당되지 않아 청약에 실패하였고, 5건에서는 신청한 물량보다 적은 물량이 배정되었다.

1980년은 석유와 가스유추 회사의 주주에게 매우 좋은 해였다. 당시 IPO를 한 22개 회사는 IPO 이후 한 달 동안 평균 80%의 수익률을 올렸다. 한편 그 조교수는 자신이 12개 회사에 투자했던 $8,400가 겨우 20%가 오른 $1만가 되어 있음을 보면서 매우 의아해했다. 이렇게 저조한 성과는 과연 그가 재수가 없었기 때문일까, 아니면 IPO 투자자의 평균성과를 따라갈 것이라는 기대를 애당초 하지 말았어야 했는가? 설명해 보라.

10. **IPO 시 발행가 산정** Pest investigation Control Corporation(PICC)은 투자은행 Erlanger and Ritter를 대표 주간사로 하여 내일 총액인수 방식의 IPO에 나선다. PICC가 제출한 투자설명서의 표지와 주요 내용이다. 다음의 질문에 답하라.

   a. 당신은 투자설명서에 제공된 정보 이외에는 PICC에 대해 아는 바가 전혀 없다고 가정해보자. 당신이 가지고 있는 재무적 지식으로 판단했을 때 PICC의 내일 주가는 얼마가 될 것이라고 생각하는가? 왜 그런지에 대해 짧게 설명하라.

   b. 이제 당신이 수천 달러의 투자자금이 생겼다고 하자. 방과 후 당신이 집에 갔더니 몇 주 동안 연락이 없었던 증권사 직원으로부터 전화가 한 통 와 있었다. 그녀는 PICC가 내일 IPO를 하게 되는데 만약 내일 아침 일찍 당신이 전화를 주면 그녀가 당신에게 몇 백 주를 청약할 수 있도록 해주겠다는 메시지를 남겼다. 이것이 과연 어떤 의미에서 기회인지 논하라.

투자설명서 PICC

20만주

PEST INVESTGATION CONTROL CORPORATION

상기 명시된 주권 중 20만주를 Pest Investigation Control Corporation사(이후 "회사")가 판매한다. 청약모집 이전에 PICC의 주권이 시장에서 거래된 적이 없으며 따라서 향후에도 시장에서 거래될 것이라는 보장은 없다.

본 증권은 증권거래위원회로부터 어떠한 형태의 승인이나 기각을 받지 않았으며 위원회는 본 투자설명서의 사실확인이나 적정성에 대한 의견을 표명하지 않았다. 이 사실에 반하는 어떤 표현도 범법행위로 간주된다.

	일반투자자 공모가	인수자 할인	회사의 주금납입*
1주당	$11.00	$1.10	$9.90
총계	$2,200,000	$220,000	$1,980,000

* $2만7,000로 추산되는 비용 및 회사의 미지급금을 공제하기 이전 금액.

IPO를 위한 보통주의 신주가 청약의 대상이며 모집은 선착순으로 받되, 주권이 인수회사에 인도되고 인수회사가 이를 수락하며 또한 인수회사와 회사의 법률자문으로부터 승인을 받는다는 조건하에서 청약이 이루어진다. 인수회사는 모집을 철회, 취소, 변경하거나 부분적 또는 전체적으로 거부할 수 있는 권한을 보유한다.

(계속)

Erlanger and Ritter 투자은행 2017년 6월 12일 투자설명서 요약

회사	Pest Investigation Control Corporation(PICC)은 두꺼비와 청개구리를 친환경적인 해충박멸제로 사육·판매하는 사업을 영위
증권(ofering)	무액면가 보통주 총 20만주
시장(listing)	NASDAQ 상장을 목표로 하며 장외시장에서 거래될 예정
발행주식수 (shares outstanding)	2017년 6월 30일 현재 보통주의 발행주식수는 40만주이며, IPO 이후 보통주의 발행주식수는 60만주가 될 예정
자금의 용도 (Use of proceeds)	재고와 매출채권의 확충, 운전자본, 일부 재무교수의 컨트리클럽 회원권 매입

요약 재무정보(주당 자료를 제외하고는 모두 단위는 1,000)

	회계연도 말 6월 30일				2020년 6월 30일 현재	
	2018	2019	2020		현재	IPO 후 예상
매출	$60.00	$120.00	$240.00	운전자본	$ 8	$1,961
순이익	3.80	15.90	36.10	자산총계	511	2,464
주당순이익	0.01	0.04	0.09	주주의 자본	423	2,376

연습문제 Questions and Problems

connect

기초
(문제 1~8번)

1. **주주배정** Again사는 주주배정을 계획 중이다. 현재 42만5,000주의 발행주식이 있고 주당 $65이다. 주당 $57에 9만주의 신주를 발행할 것이다.
   a. 회사의 새로운 시장가치는 얼마인가?
   b. 신주 1주를 청약하기 위해 몇 권의 신주인수권이 필요한가?
   c. 신주인수권 권리락 주가는 얼마인가?
   d. 신주인수권의 가치는 얼마인가?
   e. 일반적인 일반공모 대신에 주주배정을 선택하는 이유는 무엇인가?
2. **주주배정** Clifford는 새로운 학술잡지인 「*Journal of Financial Excess*」를 위해 $5,000만를 조달하기 위해 주주배정을 공시하였다. 이 학술지에 논문을 싣기 위해 저자는 페이지당 $5,000의 수수료를 지불해야 할 것이다. 주식은 현재 주당 $37이고 270만주의 발행주식이 있다.
   a. 최대 청약가격은 얼마인가? 최소 청약가격은?
   b. 청약가격이 주당 $32로 정해진다면 몇 주가 판매되어야 하는가? 1주당 몇 권의 신주인수권이 필요한가?
   c. 신주인수권 권리락 가격은 얼마인가? 신주인수권의 가치는 얼마인가?
   d. 공모이전에 1,000주를 가지고 추가적인 주식을 매입할 의사가 (또는 돈이) 없는 주주는 주주배정에서 손해를 보지 않는다는 것을 보여라.
3. **신주인수권** Blue Shoe사는 조업을 확장하기 위해 추가자본이 필요하고 이를 조달하는 최선의 방식은 주주배정이라고 생각하고 있다. 그리고 주주배정을 하고 나면 주가는 $67에서 $64.40로 하락할 것임을 정확히 계산해 냈다[$67는 신주인수권부 가격(rights-on price)이고 $64.40는 권리락 가격(ex-rights

price) 또는 발행후 가격(when-issued price)이라고 한다]. 회사는 주당 $40의 청약가격에 총 $12백만의 추가자금을 조달할 계획이다. 신주발행 이전에 현재 발행주식수는 얼마인가[자본의 시장가치 증분이 신주발행의 총액(비용차감 전)과 동일하다고 가정하라]?

4. **IPO 시 저가발행** Koepka사와 Woods사는 둘 다 발행가 $30에 IPO를 공시하였다. 당신은 이 중에 하나는 $7 정도 저평가되었고 다른 하나는 $4 정도 고평가되었다는 사실은 알고 있지만 어느 회사가 고평가되고 어느 회사가 저평가되었는지는 모른다. 당신은 각 회사마다 1,000주를 청약할 예정이다. 발행가가 저평가되어 있는 IPO의 경우는 물량이 할당될 것이고 당신은 신청한 물량의 절반만 청약할 수 있을 것이다. 만약 당신이 두 IPO에서 모두 1,000주씩 청약할 수 있다고 가정한다면 당신은 얼마를 벌 수 있는가? 하지만 당신은 실제로 얼마를 벌 수 있다고 생각하는가? 여기서 어떤 법칙을 발견할 수 있는가?

5. **발행비용의 계산** Trafford corporation은 신시장 확장을 위해 $6,000만를 조달할 필요가 있다. 회사는 신주를 일반공모로 발행하여 조달할 것이다. 공모가격이 주당 $29이고 인수회사가 가져가는 스프레드가 7%라면 얼마나 많은 주식을 판매해야 되는가?

6. **발행비용의 계산** 앞의 문제에서 만일 증권거래위원회의 등록비와 공모와 관련된 행정비용이 $130만라면 얼마나 많은 주식이 판매되어야 하는가?

7. **발행비용의 계산** Cypress사는 최근 신규상장을 하였다. 총액인수방식을 통해 회사는 1,200만주를 판매하고 1주당 $20.46를 받았다. 최초공모가는 주당 $22였고 IPO 당일 시장이 열리고 몇 분 내에 $27.85까지 주가가 올랐다. 회사는 직접 법률수수료와 기타비용으로 $165만, 간접비용으로 $37만5,000를 지불하였다. 그렇다면 발행비용의 총발행금액 대비 비중은 얼마인가?

8. **가격 희석** Choi사는 12만5,000주의 발행주식을 가지고 있다. 개별 주식은 $58이고, 따라서 회사자기자본의 시장가치는 $7.25 qoraks이다. 회사가 3만3,750주의 신주를 $58, $55, $51의 가격으로 발행한다고 가정하자. 각각의 발행가가 기존 주가에 어떤 영향을 미치는가?

보통
(문제 9~16번)

9. **희석** Stencil사는 시설을 확장하려 한다. 회사는 현재 발행주식 수가 6.8 백만이고, 자본의 주당장부가는 $20인데 주가는 $65이다. 현재 회사의 순이익은 $11.5 백만이다. 신규시설투자에 소요되는 자금은 $30 백만이고 시설이 세워지면 순이익이 $67만5,000 만큼 증가할 것이다.
   a. 동일한 PER이 계속 유지된다는 가정 하에서 신규시설 자금을 조달하기 위해 신주를 발행한다면 회사가치에 어떤 영향을 미칠 것인가? 답을 얻기 위해 새로운 주당장부가, 새로운 순이익, 새로운 EPS, 새로운 주가, 그리고 새로운 시장가-장부가비율을 계산하여라. 이를 보면 회사가치에 어떤 영향을 주었다고 말할 수 있는가?
   b. 회사의 주가가 변하지 않고 예전 수준을 유지하기 위해서는 새로운 순이익 규모가 얼마가 되어야 한다고 생각하는가?

10. **희석** Metallica Heavy Metal Mining(MHMM)은 사업을 다각화하려고 한다. 최근의 재무정보는 다음과 같다.

주식가격	$75
발행주식수	65,000
총자산	$9,400,000
총부채	$4,100,000
순이익	$980,000

회사는 동일한 PER을 유지하는 투자를 고려하고 있다. 투자비용은 $1.5 백만이고 신주발행으로 자금을 조달할 것이다. 투자수익률은 회사의 현재 ROE와 같다. 주당 장부가치, 주당 시장가치, EPS에는 어떤 현상이 일어날까? 투자의 NPV는 무엇인가? 희석은 발생하겠는가?

11. **희석** 앞의 질문에서 공모 이후 가격이 주당 $75가 되기를 원한다면 투자의 ROE는 얼마가 되어야 할까(PER은 동일하다고 가정한다)? 투자의 NPV는 얼마인가? 희석은 발행하는가?

12. **신주인수권** 회사의 주식이 현재 주당 $68에 거래되고 있다. 지난 주에 회사는 신주를 통한 자금조달을 위해 신주인수권을 발행하였다. 신주를 매입하기 위해 주주는 3장의 신주인수권과 $6를 납입해야 한다.

    a. 권리락 주가는 얼마인가?

    b. 신주인수권 1권의 가격은 얼마인가?

    c. 가격하락은 언제 일어나는가? 왜 일어나는가?

13. **신주인수권** Naccarato사의 주식은 현재 주당 $31에 거래되고 있다. 발행주식수는 145만주이고 회사는 새로운 프로젝트에 소요되는 $280만를 조달하려고 한다. 다음의 상황에서 권리락 가격, 신주인수권 가격, 적절한 청약가격은 얼마인가?

    a. 발행주식 2주에 신주 1주를 매입할 수 있는 권리가 있다.

    b. 발행주식 4주에 신주 1주를 매입할 수 있는 권리가 있다.

    c. (a)에서 (b)로 변경될 때 주주의 부는 어떻게 바뀌는가?

14. **신주인수권** Kiser Mfg는 주주배정을 고려 중이다. 회사는 권리락 가격이 $53가 되도록 결정하였다. 현재의 주가는 $58이고 920만의 발행주식이 있다. 주주배정으로 총 $4,500만의 자금을 조달할 것이다. 청약가격은 얼마인가?

15. **신주인수권의 가치** 신주인수권의 가치가 다음 식으로 계산될 수 있음을 보여라.

    신주인수권의 가치 = $P_{RO} - P_X = (P_{RO} - P_S)/(N+1)$

    여기서 PRO, PS, PX는 각각 권리부(right-on) 가격, 청약가격, 권리락 가격을 뜻하고 N은 청약가격에 1주의 신주를 매입하는 데 필요한 신주인수권의 수를 말한다.

16. **신주인수권의 가치산정** Cimaroli Inventory systems사는 신주인수권 발행을 공시하였다. 또한 신주 1주를 매수하기 위해서는 신주인수권 4권과 함께 청약가격 $40를 지불해야 한다고 했다. 권리락 이전일에 회사의 주식은 $75의 종가로 마쳤다. 다음 날 아침 주식은 시초가 $68에서 거래가 시작되었고 신주인수권은 1권당 $6에 거래되었다. 그렇다면 주식과 신주인수권은 권리락 당일에 올바로 가격이 형성된 것인가? 이 상황에서 당신은 차익거래를 할 수 있음을 보여라.

CLOSING CASE

EAST COAST YACHT의 IPO

Larisa Warren과 Dan Ervin은 East Coast Yacht의 미래사업에 대해 논의하였다. 회사는 빠르게 성장하였고 미래는 밝아 보였다. 그러나 빠른 성장은 회사가 더 이상 내부조달을 통해서만은 성장할 수 없음을 의미한다. 따라서 Larissa와 Dan은 이제 기업을 상장할 시간이 되었다고 결정하였다. 그들은 투자은행 Crowe & Mallard와 상장 관련 계약을 체결했다. 이 투자은행은 과거에 회사의 채권발행을 도왔던 인수자 Renata Harper와 관계를 계속 유지하고 있었고 게다가 Crowe & Mallard는 많은 소규모 회사의 IPO를 주관했던 경험이 있는 회사였기 때문에 Larissa와 Dan은 안심할 수 있었다.

Renata는 Larrisa와 Dan에게 IPO 과정에 대해 다음과 같이 설명해 주었다. 비록 Crowe & Mallard는 채권발행에 4%의 수수료를 청구했었지만, East Coast Yacht의 이번 IPO는 규모로 볼 때 7%의 인수 수수료를 부과한다. 또한 법률 수수료와 관련비용으로 $160만, 증권거래위원회의 등록비용으로 $1만5,000, 그리고 기타 서류작업에 $2만를 지불해야 한다. 추가적으로 NASDAQ에 상장하기 위해서는 $10만의 추가비용을 지불해야 하며 소유권이전에 들어가는 법무사 수수료 $9,500와 $54만의 인쇄출판 비용, 그리고 IPO 관련 기타비용으로 $12만5,000를 지불해야 한다.

마지막으로 Renata는 증권거래위원회에 등록하려면 회사는 과거 3년간 외부감사를 받은 재무제표를 제출해야 하는데 회계감사비용에 대해서는 잘 모르겠다고 했다. 이에 대해 Dan은 Robin에게 회사는 채권계약서의 제출 시 감사를 받은 재무제표를 제공했고 외부감사 비용으로 연간 $30만를 지불했다고 알려주었다.

1. 논의가 끝날 무렵 Dan은 Robin에게 더치경매 IPO에 대해 문의했다. East Coast Yacht가 더치경매 IPO와 전통적인 IPO를 선택할 때 비용은 어떻게 차이가 나는가? 회사는 어떤 방식으로 IPO를 진행해야 할까?
2. IPO와 East Coast Yacht의 미래사업을 논의하면서 Dan은 회사가 $6,000만를 조달할 필요가 있다고 추정하였다. 그러나 Larissas는 IPO를 하고 난 후에 회사가 이보다는 더 많은 현금이 필요하다는 사실을 뒤늦게 알게 될지도 모른다고 걱정했다. 그렇다고 IPO 직후 유상증자를 실행해 다시 자금을 조달하는 것은 문제가 있으니 오히려 이번 IPO 때 $9,000만를 조달하자고 제안했다. IPO의 최적 규모는 얼마가 되어야 할까? IPO 규모를 $9,000만로 올렸을 때 장단점은 무엇인가?
3. 숙고 끝에 Larissa와 Dan은 Crowe & Mallard를 대표 주간사로 하여 총액인수(frm commitment) 공모를 하기로 결정했다. IPO는 $7,000만가 될 것이다. 저가발행을 무시하고 회사가 조달하는 자금규모 대비 IPO 비용의 비중은 얼마가 될까?
4. East Coast Yacht은 종업원지주제도를 두고 있기 때문에 많은 종업원이 회사의 지분을 보유하고 있다. 이들은 IPO 시 발행가로 주식을 매도할 수도 있고 또는 주식을 보유했다가 회사가 IPO를 하고 180일의 보호예수기간이 만료되면 유통시장에서 시가로 매도할 수도 있다. Larissa는 종업원에게 최선의 선택이 무엇인지를 물었다. 당신은 종업원에게 어떤 선택을 제안하겠는가?

20

국제기업재무

OPENING CASE

18장에서 우리는 몇몇 대기업이 큰 금액의 현금을 보유하고 있음을 언급했었다. 그러나 이들이 해외 구좌에 얼마나 많은 현금을 가지고 있는지는 말하지 않았다. 가령, Apple은 $2억5,000만를 해외 구좌에 가지고 있으면서 단연 1등이었고, 그 다음으로는 $1억3,000만를 가지고 있는 Microsoft와 $9,400만의 해외 현금을 보유하고 있는 Alphabet이었다. 2018년 이전에는 세금 혜택을 얻기 위해 Apple과 같은 기업들은 해외에 현금을 쌓아두려고 했었다. 그러나 2017년 감세와 일자리 법(Tax Cuts and Jobs Act)의 제정으로 해외 법인에 대한 세법이 크게 바뀌면서 상황은 많이 바뀌게 되었다. 이번 장에서는 이 주제도 다루면서 동시에 화폐, 외환, 그리고 국제재무의 다른 특징들을 살펴보도록 한다.

기업재무 관련 최근 사건들을 찾아보기 위해 corecorporatefinance.blogspot.com을 방문하라.

회사 전체 영업 중 해외영업이 많은 비중을 차지하는 기업을 종종 **국제적 기업**(international corporation) 또는 **다국적기업**(multinationals)이라고 부른다. 이러한 기업은 순수 국내기업에는 직접적으로 영향을 미치지 않았던 여러 재무적 요인들까지도 고려해야 한다. 이 중에는 환율, 국가마다 상이한 이자율, 해외영업의 복잡한 회계방법, 외국세율, 외국정부의 간섭 등이 있다.

기업재무의 기본원칙은 국제적 기업에도 여전히 적용된다. 국내기업들처럼 이들 기업도 주주들에게 보다 높은 가치를 가져다 주는 프로젝트에 투자하고 가능한 한 저리로 자금을 조달하려고 한다. 다시 말하면 해외투자의 경우에 순현재가치원칙은 다소 복잡하지만 국내투자의 경우에서와 마찬가지로 유효하다.

국제재무에서 가장 중요하고 복잡한 주제로는 외환(foreign exchange)을 들 수 있다. 국제적 기업이 자본예산을 편성하고 자금조달을 결정할 때 외환시장에서 중요한 정보와 기회를 얻는다. 곧 논의하겠지만 환율, 이자율, 인플레이션 등은 서로 밀접하게 관련되어 있다. 이들 재무적 변수 사이의 관계를 탐구하는 데 이 장의 대부분을 할애하고자 한다.

국제영업에서 문화적·사회적 차이의 역할에 관해서는 여기서 다루지 않을 것이다. 상이한 정치적·경제적 시스템의 영향에 대해서도 논의하지 않을 것이다. 이들 요인들은 국제영업에서 매우 중요하지만, 이들을 모두 다루기에는 지면이 턱없이 부족하다. 따라서 국제재무의 순수 재무적 고려사항과 외환시장의 일부 중요한 측면에 주로 초점을 둘 것이다.

20.1 용어 해설

기업재무를 배우는 학생들이 흔히 접하는 용어들 중의 하나는 **세계화**(globalization)이다. 금융시장의 세계화에 관해 배우려면 먼저 새로운 용어에 익숙해야 한다. 다른 전공에서와 마찬가지로 국제재무에도 전문용어들이 많이 있다. 따라서 본 주제에 들어가기 전에 폭넓게 사용되는 용어들을 먼저 살펴보기로 한다.

아래 용어들은 그 중요도에 관계없이 알파벳순으로 제시되어 있다. 이들은 금융매체에서 자주 인용되는 용어들로, 국제재무의 언어들이 얼마나 다채로운가를 보여준다.

ADR에 관한 자세한 내용은 www.adr.com 을 참조하라.

1. **미국예탁증권(American Depositary Receipt: ADR)**은 외국증권의 예탁을 받아 그것을 담보로 미국에서 발행된 증권으로 미국에서 외국주식을 거래하는 효과를 지닌다. 외국기업은 미국달러화로 표시된 ADR을 이용하여 투자자의 잠재적인 풀을 확대할 수 있다. 외국기업은 두 가지 형태의 ADR을 이용할 수 있다. 하나는 기업이 후원하는(sponsored) 형태이며 거래소에 상장된다. 다른 하나는 기업이 후원하지 않는(unsponsored) 형태이며 투자은행들이 주로 보유하면서 그 시장 조성을 한다. 두 형태 모두 개인투자자에게 이용이 가능하지만 기업이 후원하는 ADR만 그 시세가 신문에 매일 게시된다.
2. **교차환율(cross-rate)**은 미국 달러를 제외한 두 통화간의 시장 환율이 아니라 계산된 환율이다. 제3국의 통화(보통 미국달러화)와 각 통화간의 시장 환율을 기초로 계산된 두 통화간의 이론적 환율을 뜻한다.
3. **유로채(Eurobond)**는 여러 나라에서 발행되지만 단일통화(보통 발행자가 속한 국가의 통화)로 표시된 채권이다. 이러한 채권은 많은 다국적기업과 정부의 중요한 자본조달수단이 되었다. 유로채는 국내발행의 경우에 적용되는 규제를 받지 않고 발행되며 주로 런던에서 거래된다. 그러나 거래는 매수자와 매도자가 있다면 어디서든지 가능하다.
4. **유로커런시(Eurocurrency)**는 통화를 발행한 국가 밖의 금융기관에 예치되어 있는 통화이다. 예를 들면 가장 널리 사용되는 유로커런시인 유로달러는 미국 은행시스템 밖의 은행들에 예치되어 있는 미국달러이다.
5. **외국채(foreign bond)**는 유로채와는 달리 단일국가에서 발행되며 보통 발행되는 국가의 통화로 표시된다. 이들 국가는 외국채에 다른 세법, 발행금액의 제한보다 엄격한 공시규정 등을 적용하여 자국발행자가 발행한 채권과 차별을 하곤 한다.

   외국채에는 양키본드(미국), 사무라이본드(일본), 렘브란트본드(네덜란드), 불독본드(영국) 등과 같이 발행되는 나라의 별명이 종종 붙는다. 부분적으로는 더 엄격한 규제와 공시조건 때문에 외국채 시장은 유로채 시장만큼 활기있게 성장하지 못했다.
6. **길트(Gilt)**는 영국과 아일랜드 정부가 발행한 증권을 말한다. 이 용어는 영국의 지방자치단체가 발행한 증권과 해외 공공부문이 발행한 일부 증권을 일컫기도 한다.

현재의 LIBOR 를 확인하기 위해서 www.bloomberg.com 을 방문하라.

7. **런던은행간 대출금리(London Interbank Overnight Rate: LIBOR)**는 국제은행들이 런던시장에서 서로에게 유로달러를 하룻밤 대출해 주는 데 부과하는 금리이다. LIBOR는 단기금융상품은 물론 정부와 기업이 발행하는 단기채의 가격을 결정하는 지표이다. 이자율은 자주 LIBOR에 일정 스프레드가 가산된 형태로 호가되며 따라서 LIBOR에 연동된다. 비록 LIBOR는 그동안 많이 사용되었던 이자율이기는 하지만, 이에 관련된 여러 스캔들도 인해 현재 금융당국은 다른 대안을 찾고 있는 중이다. 그 중 가장 언급되고 있는 것은 Secured Overnight Financing Rate(SOFR) 이다.

8. 스왑(swap)의 기본적 형태로는 이자율스왑과 통화스왑이 있다. 이자율스왑은 두 당사자가 변동금리 지급과 고정금리 지급을 교환하고자 할 때 발생한다. 통화스왑은 한 통화를 다른 통화로 교환하기로 하는 협약이다. 이들 두 종류의 스왑은 표시통화가 서로 다른 채무를 교환하는 거래에서 함께 사용되기도 한다.

20. 2 외환시장과 환율

외환시장(foreign exchange market)은 확실히 세계에서 가장 큰 금융시장이다. 여기서는 한나라의 통화가 다른 나라의 통화와 거래된다. 대부분의 거래는 미국달러($), 영국파운드(£), 일본엔(¥), 유로(€) 등과 같은 일부 통화로 이루어진다. 표 20. 1에는 가장 흔히 사용되는 일부 통화와 그들의 기호가 나열되어 있다.

ExcelMaster coverage online
www.mhhe.com/RossCore6e

외환시장은 장외시장이므로 거래자들이 함께 모이는 단일장소는 없다. 대신에 시장참가자들은 전 세계의 주요 상업은행과 투자은행을 통해서 거래한다. 그들은 컴퓨터 단말기, 전화, 기타 통신장치 등을 사용하여 통신한다. 예를 들면 외환거래를 위한 한 통신망으로 벨기에의 비영리조합인 SWIFT(society for worldwide interbank financial telecommunication)가 있다. 뉴욕에 있는 은행은 데이터 전송선을 이용하여 SWIFT의 지역처리센터를 통해 런던에 있는 은행에 메시지를 보낼 수 있다.

외환시장의 참가자들로는 다음의 유형들이 있다.

1. 외국통화로 상품대금을 지불하는 수입업자
2. 외국통화를 받아서 자국통화로 바꾸려는 수출업자

www.swift.com에서 SWIFT를 찾아보라.

표 20. 1
국제 통화기호

국가	통화	기호
호주	달러(Dollar)	A$
캐나다	달러(Dollar)	Can$
덴마크	크로네(Krone)	DKr
EMU*	유로(Euro)	€
인도	루피(Rupee)	RS
이란	리알(Rial)	RI
일본	엔(Yen)	¥
쿠웨이트	디나르(Dinar)	KD
멕시코	페나(Peso)	Ps
노르웨이	크로네(Krone)	NKr
사우디아라비아	리얄(Riyal)	SR
싱가포르	달러(Dollar)	S$
남아공	랜드(Rand)	R
스웨덴	크로네(Krone)	SKr
스위스	프랑(Franc)	Fr
영국	파운드(Pound)	£
미국	달러(Dollar)	$

* 유럽경제통화연합(European Economic Monetary Union).

3. 외국주식과 채권을 매매하는 포트폴리오 관리자
4. 매수주문과 매도주문을 연결해 주는 외환중개인
5. 외국통화로 '시장조성'을 하는 거래자
6. 환율변동으로부터 이익을 보려는 투기자

환율

환율(exchange rate)은 다른 나라의 통화로 표시된 한 나라 통화의 가격이다. 실제에 있어서 거의 모든 통화거래는 미국달러화로 이루어진다. 예를 들면 스위스프랑과 일본엔은 미국달러화로 호가된 가격으로 거래된다. 환율은 끊임없이 변하고 있다.

환율시세표 그림 20. 1은 2019년 www.wsi.com과 www.barchart.com에 실린 환율시세표이다. 첫 번째열('in US $'로 표시됨)은 외국통화 한 단위를 사기 위해 필요한 달러의 양을 나타낸다. 이는 외국통화의 가격을 달러로 나타낸 것이기 때문에 **직접환율**(direct quote) 또는 **아메리칸 환율**(American quote)이라고 부른다. 예를 들면 호주달러는 0.7093로 나와 있는데 이는 호주달러 1달러를 사기 위해서는 미국달러가 $0.7093 필요하다는 것을 나타낸다.

www.xe.com과 www.exchangerate.com에서 분 단위로 업데이트된 환율을 알 수 있다.

두 번째 열('per US $'로 표시됨)은 **간접환율**(indirect exchange rate) 또는 **유로피안 환율**(European exchange rate)을 보여준다. 이는 미국달러 $1에 상응하는 외국통화의 양을 나타낸다. 호주달러는 여기서 1.4098로 나와 있으므로 미국달러 $1를 사기 위해서는 1.4098 호주달러가 필요하다는 것을 의미한다. 당연히 이 두 번째 환율은 첫 번째 환율의 역수이다(1/0.7093 = 1.4098). 물론 약간의 소수점 에러는 있을 수 있다.

많은 웹사이트에서 환율정보를 제공한다. 가령 당신이 자메이카 여행으로부터 막 돌아왔는데 10,000 자메이카달러가 남아 있어 부자가 된 기분이라고 가정하자. 당신은 이제 이 돈을 미국달러로 바꾸려고 한다. 얼마나 많이 받을까? www.xe.com으로 가서 통화변환기(currency converter)를 사용해 보자. 그 결과는 다음과 같을 것이다.

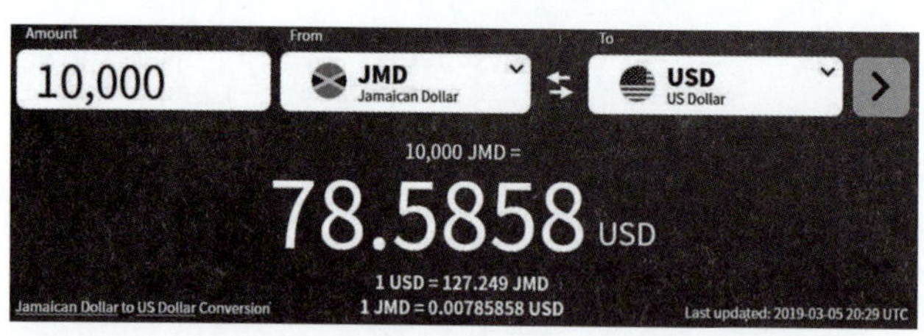

자메이카에 좀 더 머물렀더라면, 돈이 바닥날 뻔했다.

교차환율과 삼각차익거래 환율을 표시하는 데 미국달러를 공통분모로 사용함으로써 통화들간 환율의 모든 경우의 수를 계산할 필요가 없어진다. 예를 들어 5개 통화가 있는 경우 잠재적으로는 10개의 통화간 환율이 있을 수 있으나 공통분모를 사용하면 4개의 환율만 알면

예제 20.1

엔 환율과 유로 환율

당신이 $1,000를 가지고 있다고 가정하자. 그림 20. 1의 환율에 근거하면 일본 엔화를 얼마나 살 수 있는가? 대신에 Porsche 한 대의 가격이 €10만(€는 유로화 표시 기호)라면 이를 사기 위해서는 달러가 얼마나 필요한가?

달러당 엔화의 환율(두 번째 열)은 111.740이다. 따라서 $1,000로 살 수 있는 엔화는 다음과 같다.

$1,000 × 111.74 yen per $1 = 111,740 yen

유로당 달러의 환율(첫 번째 열)은 1.1340이기 때문에 Porsche를 사기 위해 필요한 달러는 다음과 같다.

€100,000 × $1.1340 per € = $113,400

된다.[1] 또한 미국달러가 도처에서 통용되고 있기 때문에 환율 고시의 일관성도 유지할 수 있다.

그림 20.1 환율시세

Americas	USD equiv	Currency per US dollar
Argentina peso	0.0251	39.823
Brazil real	0.2649	3.7756
Canada dollar	0.7517	1.3303
Chile peso	0.001515	660.2
Ecuador US dollar	1	1
Mexico peso	0.0518	19.2971
Uruguay peso	0.03059	32.69
Asia-Pacific		
Australian dollar	0.7093	1.4098
1-mos forward	0.7058	1.4168
3-mos forward	0.6996	1.4294
6-mos forward	0.7073	1.4138
China yuan	0.1491	6.7071
Hong Kong dollar	0.1274	7.8492
India rupee	0.0141	70.9
Indonesia rupiah	0.0000708	14130
Japan yen	0.008949	111.74
1-mos forward	0.009229	111.77
3-mos forward	0.009749	111.82
6-mos forward	0.009109	111.90
Kazakhstan tenge	0.00266	376.22

Americas	USD equiv	Currency per US dollar
Europe		
Bulgaria lev	0.57958	1.725
Croatia kuna	0.1526	6.554
Czech Rep. koruna	0.04423	22.607
Denmark krone	0.1520	6.5799
Euro area euro	1.1340	0.8819
Hungary forint	0.0035917	278.42
Iceland krona	0.008307	120.38
Norway krone	0.1157	8.6448
Poland zloty	0.2638	3.7915
Romania leu	0.2393	4.178
Russia ruble	0.01521	65.741
Sweden krona	0.1071	9.3371
Switzerland franc	1.0011	0.9989
1-mos forward	1.0042	0.9958
3-mos forward	1.0097	0.9904
6-mos forward	1.0185	0.9818
Turkey lira	0.186	5.3776
Ukraine hryvnia	0.0373	26.83
U.K. pound	1.3178	0.7588
1-mos forward	1.3157	0.7601

(계속)

1 환율들 중의 하나는 자기 통화와의 교환을 포함하기 때문에 5개 대신에 4개의 환율이 있게 된다. 더 일반적으로 말하면 5개 통화에 대해 25개의 환율이 있어야 한다고 생각할지 모른다. 그러나 이들 중에서 5개는 자기 통화와의 교환을 포함한다. 남아 있는 20개 중에서 반은 단지 다른 환율의 역수이기 때문에 중복된다. 다시 남아 있는 10개 중에서 6개는 공통분모를 사용함으로써 제거될 수 있다.

Macau pataca	0.1238099	8.077
Malaysia ringgit	0.2452	4.079
New Zealand dollar	0.6824	1.4654
Pakistan rupee	0.00716	139.76
Philippines peso	0.0193	51.811
Singapore dollar	0.7383	1.3545
South Korea won	0.0008877	1126.46
Sri Lanka rupee	0.0055624	179.78
Taiwan dollar	0.03243	30.84
Thailand baht	0.03139	31.86
Vietnam dong	0.0000431	23200

3-mos forward	1.3118	0.7623
6-mos forward	1.3058	0.7658
Middle East/Africa		
Bahrain dinar	2.6523	0.377
Egypt pound	0.0571	17.522
Israel shekel	0.2758	3.6252
Kuwait dinar	3.2945	0.3035
Oman sul rial	2.59737	0.39
Qatar rial	0.2748	3.6387
Saudia Arabia riyal	0.2666	3.7505
South Africa rand	0.0703	14.2209

앞에서 교차환율을 미국달러 이외 통화들간의 환율이라고 정의했다. 예를 들어 유로(€)와 스위스프랑(sFr)의 환율이 다음과 같다고 가정하자.

€ per $1 = 1.00

sFr per $1 = 2.00

교차환율이 다음과 같이 고시되고 있다고 가정하자.

€ per sFr = 0.40

이에 대해 어떻게 생각하는가?

이 교차환율은 통화들간의 환율과 모순이 된다. 이를 보기 위해 당신이 $100를 가지고 있다고 가정하자. 이 달러를 스위스프랑으로 바꾸면 다음의 금액을 받을 것이다.

$100 × sFr 2 per $1 = sFr 200

이 스위스프랑을 상기 고시된 교차환율을 이용하여 유로화로 바꾸면 다음의 금액을 받을 것이다.

sFr 200 × €0.4 per sFr 1 = €80

그러나 당신이 달러를 스위스프랑을 거치지 않고 바로 유로화로 바꾼다면 다음의 금액을 받을 것이다.

$100 × €1 per $1 = €100

당신이 어떤 방법으로 달러를 교환하느냐에 따라 유로의 가격은 $1당 1과 0.80 두 가지로 될 수 있다.

돈을 벌기 위해서는 싸게 사서 비싸게 팔면 된다. 여기서 주목해야 할 중요한 점은 달러로 바로 유로를 사는 것이 더 저렴하다는 것이다. 왜냐하면 당신은 0.8 대신에 1을 받기 때문이다. 따라서 이익을 거두기 위해서는 다음과 같은 과정이 필요하다.

1. $100로 €100을 산다.
2. €100을 가지고 고시된 교차환율로 스위스프랑을 산다. sFr 1을 사기 위해 €0.4가 필요하기 때문에 당신은 sFr 250(= €100/0.4)을 받을 것이다.
3. sFr 250으로 달러를 산다. 환율이 $1당 sFr 2이므로 $125(= sFr 250/2)를 받고 $25의 이익을 거두게 된다.
4. 단계 1에서 3을 반복한다.

이와 같은 거래는 서로 다른 세 환율간의 이동을 수반하므로 삼각차익거래(triangle arbitrage)라고 부른다.

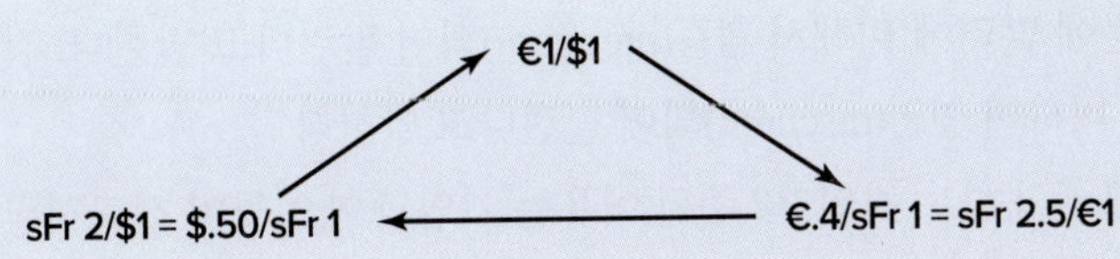

이러한 차익거래기회를 없애려면 $1로 €1나 sFr 2을 살 수 있으므로, 교차환율은 다음과 같아야 함을 쉽게 알 수 있다.

(€1/$1)/(sFr 2/$1) = €1/sFr 2

즉 교차환율은 2 스위스프랑 대 1 유로가 되어야 한다. 만약 다른 환율이라면 차익거래 기회가 발생할 것이다.

예제 20.2

파운드 차익거래

영국파운드와 스위스프랑의 환율이 다음과 같다고 가정하자.

$1 당 파운드 = 0.60
$1 당 스위스프랑 = 2.00

교차환율이 우연히 파운드당 sFr 3이라면 이는 일관성이 있는가? 어떻게 하면 약간의 돈을 벌 수 있는지를 설명하라.

교차환율은 파운드당 sFr 3.33(= sFr 2.00/£0.60)이어야 한다. 당신은 한 시장에서 sFr 3으로 £1를 살 수 있으며 다른 시장에서 £1를 SF 3.33에 팔 수 있다. 즉 먼저 스위스프랑을 사서 이 스위스프랑을 파운드로 교환하고 다시 이 파운드를 팔면 된다. 당신이 $100를 가지고 있다면 다음과 같이 할 수 있다.

1. 달러를 스위스프랑으로 교환한다: $100 × 2 = sFr 200.
2. 스위스프랑을 파운드로 교환한다: sFr 200/3 = £66.67.
3. 파운드를 달러로 교환한다: £66.67/0.60 = $111.11.

이 과정을 통하여 $11.11의 이익을 얻는다.

거래의 유형 외환시장에서의 두 가지 기본적 거래유형으로 현물거래와 선도거래가 있다. **현물거래(spot trade)**는 통화를 '즉석에서(on the spot)' 교환하기로 하는 약정으로 2영업일 내에 완결되거나 결제되는 거래를 의미한다. 현물거래에서의 환율을 **현물환율(spot exchange rate)**이라고 부른다. 지금까지 논의해 온 모든 환율과 거래는 암묵적으로 현물시

국제적 뉴스와 사건을 보기 위해 www.ft.com을 방문하라.

장에 관계된다.

선도거래(forward trade)는 미래의 어느 시점에 통화를 교환하기로 하는 약정이다. 미래에 사용될 환율은 오늘 정해지며 **선도환율(forward exchange rate)**이라고 부른다. 선도거래의 결제는 통상적으로 12개월 내에 이루어진다.

그림 20. 1로 되돌아가면 일부 주요통화에 대한 선도환율을 볼 수 있다. 예를 들면 스위스프랑에 대한 현물환율은 sFr 1당 $1.0011이며, 180일(6개월) 선도환율은 sFr 1당 $1.0185이다. 이는 오늘 $1.0011로 sFr 1을 살 수 있으며, 180일 후에 $1.0185를 지불하고 sFr 1을 인도받는 계약을 할 수 있음을 의미한다.

스위스프랑은 선도시장에서 더 비싸다는 것을 알 수 있다. 스위스프랑은 오늘보다 미래에 더 비싸기 때문에 달러에 비해서 **할증(premium)**되어 팔린다고 말한다. 같은 이유로 달러는 스위스프랑에 비하여 **할인(discount)**되어 팔린다고 말한다.

선도시장은 왜 존재하는 것인가? 주된 이유는 기업과 개인들이 선도시장을 통해 미래환율을 오늘 확정하여 불리한 환율변동의 위험을 제거할 수 있기 때문이다.

예제 20. 3 선도환율

당신은 6개월 후에 £100만를 받기로 되어 있으며 이들 파운드를 달러와 교환하는 선도거래를 한다고 가정하자. 그림 20. 1에 의거하면 6개월 후에 얼마의 달러를 받을 수 있겠는가? 파운드는 달러에 비해서 할인되어 거래되는가 아니면 할증되어 거래되는가?

그림 20. 1에서 파운드당 달러의 현물환율과 180일 선도환율은 각각 $1.3178 = £1와 $1.3058 = £1이다. 180일 후에 받게 될 £100만는 100만 × $1.3058/£1 = $130만5,800로 교환될 것이다. 현물시장보다 선도시장에서 파운드를 사는 것이 더 저렴하기 때문에($1.3178 대 $1.3058) 파운드는 달러에 비해 할인되어 거래된다고 할 수 있다.

앞서 언급한 바와 같이 미국달러로 환율을 표시하는 것이 (예외도 있지만) 전 세계의 표준적 관행이다. 이는 환율이 미국달러당 통화의 양으로 표시됨을 의미한다. 이 장의 나머지부분에서는 이 형태를 고수할 것이다. 만약 이 점을 망각한다면 엄청나게 혼돈스러울 것이다. 따라서 "환율상승이 예상된다"고 말할 때 환율은 달러당 외국통화의 양을 의미하고 있음을 숙지할 필요가 있다.

20. 3 구매력평가설

환율시세표를 어떻게 해석해야 하는지를 살펴보았기 때문에, 이제 당연히 현물환율의 수준은 어떻게 결정되는가?라는 질문을 할 수 있다. 게다가 환율은 시간에 따라 변하기 때문에 다음과 같은 질문을 할 수 있다. 무엇이 환율의 변동률을 결정하는가? 이 두 질문에 대한 최소한 부분적 대답은 **구매력평가설(purchasing power parity: PPP)**이라는 이름으로 알려져있다. 이는 환율이 조정됨으로써 통화들 사이의 구매력이 일정하게 유지된다는 개념을 기초로 하고 있다. 절대적 PPP가 환율의 수준이 어떻게 결정되는지를 설명한다면, 상대적 PPP는 환율의 변동률이 어떻게 결정되는지를 설명한다고 볼 수 있다.

절대적 구매력평가설

절대적 구매력평가설(absolute purchasing power parity)의 기본개념은 한 상품의 가격은 사용되는 통화나 판매되는 장소에 관계없이 같다는 것이다. 이는 매우 간단한 개념이다. 맥주가 런던에서 £2이고 환율이 달러당 £0.60라면 이 맥주는 뉴욕에서 $3.33(= £2/0.60)가 된다. 다시 말하면 절대적 PPP는 $1로 세계 어느 곳에서든지 같은 수량의, 가령 치즈버거를 살 수 있음을 의미한다.

더 공식적으로 표현하기 위해 S0를 영국파운드와 미국달러 사이의 오늘(시점 0) 현물환율이라고 하자. 또한 환율은 달러당 외국통화의 양으로 표시된다는 점을 기억하자. P_{US}와 P_{UK}를 각각 미국과 영국에서 특정 상품, 가령 사과의 현재가격이라고 하자. 절대적 PPP가 의미하는 바는 다음과 같다.

$$P_{UK} = S_0 \times P_{US}$$

이는 영국에서 어떤 상품의 가격은 미국에서 같은 상품의 가격에 환율을 곱한 것과 같음을 말한다.

PPP가 작용하는 근본 원리는 삼각차익거래의 원리와 유사하다. PPP가 성립하지 않는다면 사과가 한 나라로부터 다른 나라로 이동하여 원칙적으로 차익거래가 가능할 것이다. 예를 들어 사과가 미국에서는 부셸(bushel)당 $4에 팔리며 런던에서는 부셸당 £2.40라고 하자. 절대적 PPP가 의미하는 바는 다음과 같다.

$$P_{UK} = S_0 \times P_{US}$$
$$£2.40 = S_0 \times \$4$$
$$S_0 = £2.40 / \$4 = £.60$$

즉 달러당 £0.60라는 현물환율이 내재되어 있다. 또는 파운드의 가치는 $1.67(= $1/£0.60)이다.

대신에 실제환율이 £0.50라고 가정하자. 거래자는 뉴욕에서 사과 한 부셸을 $4에 사서 런던으로 보내 거기서 £2.40에 팔 수 있다. 그러고 나서 이 거래자는 현재의 환율(S_0 = £0.50)로 이 £2.40를 달러로 바꾸면 $4.80(=£2.40/0.50)를 받을 수 있다. 이 거래로부터의 이득은 ¢80가 된다.

이러한 잠재적 이익이 존재하기 때문에 환율과 사과의 가격을 변화시키려는 힘이 작용하게 된다. 앞의 예에서 사과는 뉴욕에서 런던으로 이동하기 시작할 것이다. 뉴욕에서 사과의 공급감소는 뉴욕의 사과 가격을 올릴 것이며, 영국에서 공급증가는 영국의 사과 가격을 낮출 것이다.

사과의 이동에 추가로, 사과 거래자들은 더 많은 사과를 사기 위해 파운드를 달러로 바꾸려고 분주해질 것이다. 이러한 움직임은 파운드의 공급을 증가시키면서 동시에 달러의

FINANCE MATTERS

Big Mac 가격결정(McPRICING)

이 장에서 논의했듯이 절대적 구매력평가설(PPP)의 개념은 현실에서는 유효하지 않아 보인다. 절대적 PPP의 위반에 대한 유명한 예는 「*The Economist*」지가 작성한 Big Mac 지수이다. 이 지수는 여러 나라에서 판매되는 Big Mac의 가격을 McDonald사로부터 수집하여 작성된다. www.economist.com으로 가서 2019년 1월 Big Mac 지수를 찾아보라(가장 최근 지수도 확인해 보라).

지수로부터 알 수 있듯이 절대적 PPP는 최소한 Big Mac에 대해서는 성립하지 않는 것 같다. 사실상 「*The Economist*」지가 조사한 50개 통화 중에서 단지 3개만이 절대적 PPP가 예측한 환율의 10% 오차범위 이내에 있다. 가장 큰 격차는 러시아의 경우인데, 거기서 통화는 70% 과소평가되어 있다는 것을 볼 수 있다. 50개 통화 중에서 31개 통화의 환율이 50% 이상 '잘못'되어 있다. 왜 그런가?

몇 가지 이유가 존재한다. 첫째 Big Mac은 실제로 운송할 수 없다. 물론 Big Mac을 선적하여 통화가 과대평가되었다고 생각되는 나라로 보낼 수는 있다. 그러나 사람들이 이 Big Mac을 사려 하겠는가? 아마도 그렇지 않을 것이다. Big Mac의 운송이 상대적으로 쉽다고 하더라도 그 비용이 비교적 비쌀 것이며 도중에 햄버거의 질도 떨어질 것이다.

또한 Big Mac의 가격은 5대 도시 가격들의 평균이라는 것을 알 수 있다. 그 이유는 Big Mac은 달러로 판매되는 미국의 여러 지역에서조차도 그 가격이 서로 다르기 때문이다. 생계와 경쟁을 위해 소요되는 비용은 미국에서 Big Mac의 가격에 영향을 미치는 불과 몇 안 되는 요인들이다. Big Mac의 가격이 같은 나라에서 같은 통화로도 서로 같지 않은데 절대적 PPP가 다른 통화들에 적용될 것으로 예상하는가?

마지막으로 기호의 차이 또한 이러한 격차를 설명할 수 있다. 미국에서 햄버거와 패스트푸드는 식생활의 주요식품이다. 다른 나라에서 햄버거는 정착하지 못했다. 따라서 Big Mac은 미국 내에서 경쟁이 훨씬 더 심하므로 그 가격이 더 낮을 것으로 예상할 수 있다.

Big Mac 가격에 대한 이와 같은 조사 결과로부터 비추어 볼 때 절대적 PPP는 보다 손쉽게 운송이 가능한 품목에 더 잘 맞을 것으로 예상할 수 있다. 예를 들면 많은 기업들의 주식이 NYSE와 다른 나라의 증권거래소에 동시에 상장되어 있다. 두 거래소에서 주가를 비교해 본다면 절대적 PPP가 거의 예측대로임을 알 것이다. 그 이유는 특정 기업의 주가는 주식의 매입장소와 매입에 사용되는 통화에 관계없이 (보통) 같기 때문이다.

수요를 증가시킬 것이다. 파운드의 가치하락을 예상할 수 있다. 이는 달러의 가치 상승으로 달러를 사기 위해 더 많은 파운드가 필요함을 의미한다. 따라서 달러당 파운드로 표시되는 환율은 £0.50에서 오를 수밖에 없다.

절대적 PPP가 성립하기 위해서는 다음과 같은 몇 가지 사항이 만족되어야 한다.

1. 사과거래와 관련된 운송, 보험, 손상 등과 같은 거래비용이 0이어야 한다.
2. 사과거래와 관련된 관세, 세금, 기타 정치적 장벽 등이 없어야 한다.
3. 마지막으로 뉴욕에 있는 사과와 런던에 있는 사과는 동일해야 한다. 영국사람은 녹색 사과를 먹는데 빨간색 사과를 런던으로 보내서는 안 된다.

실제로는 거래비용이 0이 아니고 다른 조건들도 정확하게는 만족되지 않으므로 절대적 PPP는 매우 동질적인 교역품에만 적용된다.

따라서 절대적 PPP는 Mercedes의 가격이 Ford의 가격과 같다거나 프랑스에 있는 핵발전소의 가격이 뉴욕에 있는 핵발전소의 가격과 같아야 함을 의미하지 않는다.

차들의 경우는 동일하지 않다. 발전소의 경우는 서로 동일하다고 할지라도 운반이 비싸고 매우 어렵다. 하물며 놀랍게도 금에서도 절대적 PPP가 중대하게 위반되는 것으로 알려져 있다. 위 'Finance Matters' 박스란에서는 PPP가 위반되는 유명한 예들을 살펴본다.

상대적 구매력평가설

실제로는 구매력평가설의 상대적 버전이 발전해 왔다. **상대적 구매력평가설(relative purchasing power parity)**은 무엇이 환율의 절대적 수준을 결정하는가 대신에 무엇이 시간에 걸친 환율의 변화를 결정하는가를 말해준다.

기본개념 영국파운드와 미국달러 사이의 환율(S0)이 현재 £0.50라고 가정하자. 나아가서 영국과 미국의 인플레이션이 다가오는 해에 각각 10%와 0%로 예상된다고 가정하자. 1년 후에 환율은 어떻게 되겠는가?

우선 $1는 현재 영국에서 £0.50에 해당한다. 인플레이션이 10%이므로 영국에서 물가가 전반적으로 10% 상승할 것으로 예상할 수 있다. 그래서 달러의 가격은 10% 오를 것으로 예상되며 환율은 £0.55(= £0.50 × 1.1)로 상승해야 한다.

미국에서 인플레이션이 0%가 아니라면, 두 나라의 상대적 인플레이션에 대해 고민할 필요가 있다. 예를 들어 미국의 인플레이션이 4%로 예상된다고 가정하자. 미국에서의 물가에 비해 영국에서의 물가는 연 6%(= 10% − 4%) 더 오를 것이다. 따라서 달러의 가격은 6% 상승할 것으로 예상되며 예상환율은 £0.53(= £0.50 × 1.06)가 된다.

결과 일반적으로 상대적 PPP는 환율의 변화가 두 나라의 인플레이션 차이에 의해 결정된다는 것을 말한다. 다음 표기를 사용하여 좀 더 구체적으로 살펴보자.

S_0 = 즉석(Time 0)에서 거래되는 현물환율($1당 외화)
$E(S_t)$ = t기의 예상환율
h_{US} = 미국의 인플레이션
h_{FC} = 외국의 인플레이션

방금 논의한 바와 같이 상대적 PPP에 따르면 내년 환율의 예상변화율 $[E(S_1) - S_0]/S_0$은 다음과 같다.

$$[E(S_1) - S_0]/S_0 \cong h_{FC} - h_{US} \quad [20.1]$$

즉, 상대적 PPP는 단순히 환율의 예상변화율은 인플레이션의 차이와 같음을 말한다.[2] 위 식은 다음과 같이 정리될 수 있다.

$$E(S_1) \cong S_0 \times [1 + (h_{FC} - h_{US})] \quad [20.2]$$

이 결과는 어느 정도 의미가 있지만 환율을 표기하는 데 주의가 필요하다.

2 식 20.1은 사실 근사치일 뿐이다. 정확히 하자면 상대적 PPP를 사용해야 하는데, 이에 의하면 다음이 성립한다.

$$\frac{E(S_1)}{S_0} = \frac{1 + h_{FC}}{1 + h_{US}} \text{ and } \frac{E(S_1) - S_0}{S_0} = \frac{E(S_1)}{S_0} - 1$$

따라서 본문의 예에서 $1당 파운드의 변화는 다음과 같다.

$$1.058 = \frac{1 + 0.10}{1 + 0.04}$$

즉 6% 대신 5.8%가 정확한 답이다. 하지만 식 20.1은 매우 광범위하게 사용되므로 본문에서도 식 20.1은 종종 사용될 것이다.

영국과 미국에 관한 앞의 예에서 상대적 PPP는 환율이 연 $h_{FC} - h_{US} = 10\% - 4\% = 6\%$ 오를 것이라고 말한다. 따라서 인플레이션의 차이가 변하지 않는다고 가정하면 2년 후의 예상환율 $E(S_2)$는 다음과 같을 것이다.

$$\begin{aligned} E(S_2) &= E(S_1) \times (1 + 0.06) \\ &= 0.53 \times 1.06 \\ &= 0.562 \end{aligned}$$

이를 다음과 같이 쓸 수도 있다.

$$\begin{aligned} E(S_2) &= 0.53 \times 1.06 \\ &= 0.50 \times (1.06 \times 1.06) \\ &= 0.50 \times 1.06^2 \end{aligned}$$

일반적으로 상대적 PPP는 미래 어느 시점의 예상환율 $E(S_t)$이 다음과 같음을 말한다.

$$E(S_t) \cong S_0 \times [1 + (h_{FC} - h_{US})]^t \qquad [20.3]$$

앞으로 보겠지만 이 식은 매우 유용하게 사용될 것이다.

절대적 PPP는 대부분의 물품에 대해 성립하지 않는다고 예상하기 때문에 이제부터의 논의에서는 상대적 PPP에 중점을 두기로 한다. 따라서 특별한 언급이 없는 한, 이제부터 PPP는 상대적 PPP로 간주한다.

예제 20.4

상대적 PPP

일본의 환율이 현재 달러당 ¥105이라고 가정하자. 향후 3년간 일본의 인플레이션은 연 2%, 미국의 인플레이션은 연 6%로 예상된다. 상대적 PPP에 의하면 3년 후의 환율은 얼마가 되겠는가?

미국의 인플레이션이 더 높기 때문에 달러의 가치가 상대적으로 떨어질 것이다. 환율의 변화는 연 −4%(= 2% − 6%)가 될 것이다. 따라서 3년 후의 환율은 다음과 같이 예상된다.

$$\begin{aligned} E(S_3) &\cong S_0 \times \left[1 + (h_{FC} - h_{US})\right]^3 \\ &\cong 105 \times \left[1 + (-.04)\right]^3 \\ &\cong 92.90 \end{aligned}$$

통화의 가치상승(appreciation)과 가치하락(depreciation) "오늘 금융시장에서 달러가 강세다(또는 약세다)" 또는 "파운드 대비 달러의 가치가 상승(또는 하락)할 것으로 예상된다"라는 말을 자주 듣는다. 달러가 강세가 된다거나 그 가치가 상승한다는 말은 달러의 가치가 오르기 때문에 달러를 사기 위해서는 더 많은 외화가 필요하다는 의미이다.

통화가치의 변동을 나타내는 환율의 변화는 다르게 표시될 수 있다. 앞서 언급한 바와 같이 여기서는 환율을 달러당 외국통화의 단위로 표시하기로 하였기 때문에 환율은 달러의 가치와 같은 방향으로 움직인다. 즉 달러가 강세이면 환율은 오르고 달러가 약세이면 환율은 떨어진다.

상대적 PPP에 의하면 미국의 인플레이션이 외국의 인플레이션보다 낮으면 환율이 오를 것이다. 이는 외화의 가치가 하락하여 달러에 비해 약세가 되기 때문에 발생한다.

20. 4 이자율평가설, 불편선도환율, 국제피셔효과

다음으로 현물환율, 선도환율, 이자율 사이의 관계를 본격적으로 살펴보자. 먼저 추가로 몇 가지 기호를 다음과 같이 정의한다.

F_t = 만기가 T인 선도환율

R_{US} = 미국의 명목 무위험이자율

R_{FC} = 외국의 명목 무위험이자율

이전처럼 S_0는 현물환율을 나타낸다. 미국의 명목무위험이자율(*RUS*)로는 재정증권(T-bill)의 이자율을 사용한다.

위험제거 이자율차익거래

시장에서 미국과 스위스 통화에 대한 정보가 다음과 같다고 가정하자.

S_0 = sFr 2.00

F_1 = sFr 1.90

R_{US} = 10%

R_S = 5%

여기서 R_S는 스위스의 명목무위험이자율이다. 기간은 1년이므로 F1은 360일 선도환율이다.

여기에 어떤 차익거래기회가 존재할까? 존재한다. 당신이 $1를 가지고 있으며 무위험투자를 원한다고 가정하자. 선택할 수 있는 한 옵션은 $1를 재정증권(360일물)과 같은 무위험 자산에 투자하는 것이다. 이렇게 하면 $1의 가치는 1년 후에 다음과 같이 될 것이다.

각국의 환율과 통화의 실물을 보기 위해 www.travlang.com/money를 방문하라.

1기 후의 \$가치 = \$1 × (1 + R_{US})

= $1.10

대신에 $1를 스위스의 무위험자산에 투자할 수 있다. 이를 위해 $1를 스위스프랑으로 바꾸고 동시에 1년 후에 프랑을 달러로 다시 바꾸는 선도거래를 체결할 필요가 있다. 다음과 같은 단계를 거쳐야 할 것이다.

1. $1를 sFr 2.00(= \$1 × S_0)로 바꾼다.
2. 동시에 1년 후에 스위스프랑을 달러로 바꾸는 선도계약을 맺는다. 선도환율이 sFr 1.90이기 때문에 1년 후에 sFr 1.90당 $1로 바꿀 수 있을 것이다.
3. sFr 2.00을 R_S의 이자율로 스위스에 투자한다. 1년 후의 가치는 다음과 같이 될 것이다.

$$1년\ 후의\ sFr가치 = sFr\ 2.00 \times (1 + R_S)$$
$$= sFr\ 2.00 \times 1.05$$
$$= sFr\ 2.10$$

4. sFr 2.10을 약정된 환율(sFr 1.90 = $1)을 이용하여 달러로 바꾸면 다음과 같다.

$$1년\ 후의\ \$가치 = sFr\ 2.10/1.90$$
$$= \$1.1053$$

이 전략으로부터 발생하는 1년 후의 달러가치는 다음과 같이 요약하여 쓸 수 있다.

$$1년\ 후의\ \$가치 = \$1 \times S_0 \times (1 + R_S)/F_1$$
$$= \$1 \times 2 \times 1.05/1.90$$
$$= \$1.1053$$

이 투자의 수익률은 10.53%로 미국에 투자함으로써 얻을 수 있는 10%보다 더 높다. 두 투자 모두 위험이 없기 때문에 차익거래기회가 존재한다.

이자율에서 이러한 차이를 활용하기 위해 낮은 이자율로 미국에서 $500만를 빌려서 높은 이자율로 스위스에 투자한다고 가정하자. 이 과정을 통해 얻을 수 있는 이익은 얼마인가? 앞에서 설명한 단계를 이용해 보자.

1. $500만를 $1당 sFr 2의 환율을 이용하여 sFr 1,000만으로 바꾼다.
2. 동시에 1년 후에 스위스프랑을 달러로 바꾸는 선도계약을 맺는다. 선도환율이 sFr 1.90이기 때문에 1년 후에 sFr 1.90당 $1로 바꿀 수 있을 것이다.
3. sFr 1,000만을 5%(= RS)로 스위스에 투자하면 1년 후에 sFr 1,050만을 받는다.
4. sFr 1,050만을 선도계약을 이행하여 달러로 교환하면 $552만6,316(= sFr 1,500만/1.90)을 받는다.
5. 대출금을 이자와 함께 갚는다. 즉 $500만와 10%의 이자를 합하여 총 $550만를 상환해야 한다. 당신은 $552만6,316를 가지고 있으므로 이 거래를 통하여 아무런 위험이 없이 $2만6,316의 이익을 볼 수 있다.

여기서 설명한 과정을 위험제거 **이자율차익거래**(covered interest arbitrage)라고 부른다. '위험제거'란 용어는 오늘 선도환율을 이용하여 미래환율을 고정시킴으로써 미래의 환율변동으로부터 보호된다는 사실을 의미한다.

이자율평가설

만일 위험제거 이자율차익거래기회가 존재하지 않으려면 현물환율, 선도환율, 상대적 이자율간에 어떤 관계가 있어야 한다. 이를 보기 위해 이전 논의로부터 두 전략을 생각해 보자. 전략 1은 미국의 무위험자산에 투자하는 경우로 $1를 투자하면 $1 + R_{US}$를 가져다 준다. 전략 2는 외국의 무위험자산에 투자하는 경우로 $1를 투자하면 $S_0 \times (1 + R_{FC})/F_1$을 가져다 준다. 차익거래를 방지하기 위해서는 다음과 같이 이들의 가치가 같아야 한다.

$$1 + R_{US} = S_0 \times (1 + R_{FC}) / F_1$$

이를 재정리하면 다음과 같은 유명한 이자율평가설(interest rate parity: IRP) 조건에 이르게 된다.

$$F_1 / S_0 = (1 + R_{FC}) / (1 + R_{US}) \quad [20.4]$$

이 개념을 더 분명하게 설명해 주는 근사식이 있는데 기억하기도 어렵지 않고 매우 유용하게 사용된다.[3] 선도할증률(forward premium)이나 선도할인율(forward discount)을 $(F_1 - S_0)/S_0$로 정의한다면, IRP의 근사식은 이 할증률이나 할인율이 이자율의 차이와 대략 같다는 것을 말한다.

$$(F_1 - S_0)/S_0 \cong R_{FC} - R_{US} \quad [20.5]$$

대충 말하면 IRP는 두 나라의 이자율 차이는 통화의 상대적 가치의 변화에 의해 상쇄되며, 따라서 차익거래의 가능성이 존재하지 않음을 의미한다. 또한 이 식은 다음과 같이 나타낼 수도 있다.

$$F_1 \cong S_0 \times [1 + (R_{FC} - R_{US})] \quad [20.6]$$

일반적으로 T기간의 경우 IRP의 근사식은 다음과 같이 쓸 수 있다.

$$F_t \cong S_0 \times [1 + (R_{FC} - R_{US})]^t \quad [20.7]$$

예제 20.5

이자율평가이론 검증

일본 엔의 환율이 현재 $1당 ¥120이라고 가정하자. 미국의 이자율(RUS)이 10%이고 일본의 이자율(RJ)이 5%라면 위험제거 이자율차익거래를 방지하기 위해서는 선도환율은 얼마가 되어야 하는가?

IRP를 이용하여 풀면 다음과 같다.

$$\begin{aligned} F_1 &\cong S_0 \times [1 + (R_J - R_{US})] \\ &\cong ¥120 \times [1 + (0.05 - 0.10)] \\ &\cong ¥120 \times 0.95 \\ &\cong ¥114 \end{aligned}$$

달러 대비 엔은 할증되어 팔리게 될 것이다(왜 그런가?).

선도환율과 미래의 현물환율

PPP와 IRP 이외에 기본적 관계를 한 가지 더 알아둘 필요가 있다. 선도환율과 미래의 기대현물환율은 어떻게 관련되어 있을까? 불편선도환율(unbiased forward rates: UFR) 조건은 다음과 같이 선도환율 F_1이 미래의 기대현물환율 $E(S_1)$과 같다는 것을 말한다.

$$F_1 = E(S_1)$$

T기간의 경우에 UFR은 다음과 같이 쓸 수 있다.

3 $F_1/S_0 - 1 = (F_1 - S_0)/S_0$이고 $(1 + R_{FC})/(1 + R_{US})$는 대략 $R_{FC} - R_{US}$와 같다.

$$F_t = E(S_t)$$

국제금융시장에 어떤 일이 일어나고 있는지를 알기 위해 www.marketwatch.com 을 방문하라.

대충 말하면 UFR 조건은 평균적으로 선도환율은 미래의 현물환율과 같아야 함을 의미한다.

위험을 무시한다면 UFR 조건은 성립해야 한다. 일본엔의 선도환율이 미래의 현물환율, 가령 ¥10보다 시종일관 낮다고 가정하자. 이는 미래에 달러를 엔으로 바꾸려는 사람은 선도거래를 하지 않음으로써 더 많은 엔으로 바꿀 수 있음을 의미한다. 누군가가 선도거래에 관심을 갖게 하려면 선도환율은 올라야만 할 것이다.

유사하게, 선도환율이 미래의 현물환율보다 일관되게 높다면 미래에 엔을 달러로 바꾸려는 사람은 선도거래를 하지 않음으로써 더 많은 달러로 바꿀 수 있다. 선도환율은 선도거래자들의 흥미를 끌기 위해서는 떨어져야 할 것이다.

이런 이유 때문에 선도환율과 미래의 실제현물환율은 평균적으로 서로 같아야 한다. 물론 미래의 현물환율이 어떻게 될지는 불확실하다. 거래자들이 기꺼이 프리미엄을 지급하고 이러한 불확실성을 피하려 한다면 UFR 조건은 성립하지 않을 수도 있다. 만일 이 조건이 정말로 성립한다면, 오늘 고시되는 180일 선도환율은 180일 후 실제환율의 불편추정치(unbiased predictor)여야 한다.

종합 정리

지금까지 이자율, 환율, 인플레이션율 등과 같은 중요한 금융변수들 사이의 상호작용을 기술하는 세 가지 관계식인 PPP, IRP, UFR을 설명했다. 이제 이들 관계가 서로 어떻게 연관되어 있는지를 알아보자.

위험부 이자율평가설 먼저 앞서 논의한 국제금융시장에서의 세 가지 관계를 다음과 같이 한 곳에 모아보자.

$$\text{PPP: } E(S_1) \cong S_0 \times [1 + (h_{FC} - h_{US})]$$
$$\text{IRP: } F_1 \cong S_0 \times [1 + (R_{FC} - R_{US})]$$
$$\text{UFR: } F_1 = E(S_1)$$

UFR과 IRP를 먼저 합쳐보자. UFR로부터 $F_1 = E(S_1)$임을 알기 때문에 IRP에 있는 F_1을 $E(S_1)$로 대체하면 다음과 같다.[4]

$$\text{UIP: } E(S_1) = S_0 \times [1 + (R_{FC} - R_{US})] \quad [20.8]$$

이 중요한 관계는 위험부 이자율평가설(uncovered interest parity: UIP)로 불리며 곧이어 논의될 국제자본예산편성에서 중요한 역할을 할 것이다. T기간의 경우에 UIP는 다음과

4 여기서도 근사치가 사용되었다. 정확한 수식은 다음과 같다.

$$\text{PPP: } E(S_1) = S_0 \times \left[\frac{(1 + h_{FC})}{(1 + h_{US})}\right]$$
$$\text{IRP: } F_1 = S_0 \times \left[\frac{(1 + R_{FC})}{1 + R_{US}}\right]$$

같이 된다.

$$E(S_t) = S_0 \times [1 + (R_{FC} - R_{US})]^t \quad [20.9]$$

국제피셔효과 다음으로 PPP와 UIP를 비교해 보자. 이들 모두 좌변이 $E(S_1)$이므로 우변은 다음과 같이 서로 같아야 한다.

$$S_0 \times [1 + (h_{FC} - h_{US})] = S_0 \times [1 + (R_{FC} - R_{US})]$$
$$h_{FC} - h_{US} = R_{FC} - R_{US}$$

이는 미국과 외국간의 수익률 차이는 두 나라의 인플레 차이와 같다는 뜻이다. 이를 다시 정리하면 **국제피셔효과(IFE: international fisher effect)**가 도출된다.

$$\text{IFE: } R_{US} - h_{US} = R_{FC} - h_{FC} \quad [20.10]$$

IFE는 실질이자율(real rate)은 모든 나라에서 같다는 것을 말한다.[5]

실질이자율이 모든 나라에서 같다는 결론은 경제의 기본적 속성이다. 가령 실질이자율이 미국에서보다 브라질에서 더 높다면 자본이 미국의 금융시장에서 브라질의 금융시장으로 이동할 것이다. 브라질에서의 자산가격은 오르고 자산의 수익률은 떨어질 것이다. 동시에 미국에서의 자산가격은 떨어지고 수익률은 오를 것이다. 이 과정을 통해 실질수익률은 서로 동등해진다.

마지막으로, 지금까지의 논의에 대해 몇 가지 주석을 달고자 한다. 첫째, 위험을 명시적으로 다루지 않았다. 위험을 고려한다면 특히 사람들의 위험에 대한 선호와 태도가 나라마다 다르다면, 실질이자율에 대한 결론이 다를 수 있다. 둘째, 다른 나라로 돈과 자본을 보내는 데 많은 장벽이 존재한다. 돈이 자유롭게 이동할 수 없다면 두 나라의 실질이자율은 오랜 기간 동안 다를 수 있다.

이들 문제점에도 불구하고 자본시장은 점점 국제화될 것으로 기대된다. 이렇게 되면 실질이자율의 차이는 아마 줄어들 것이다. 경제의 법칙으로 인해 국가간의 장벽은 별로 중요하지 않게 될 것이다.

20.5 국제자본예산

미국에 기반을 두고 있는 국제적 기업인 Kihlstrom Equipment사는 해외투자를 검토하고 있다. Kihlstrom사의 드릴날 수출은 프랑스에 유통센터의 설립을 고려할 정도로 증가하였다.

이 프로젝트의 착수를 위해서는 €200만가 소요된다. 향후 3년간의 현금흐름은 연 €90만가 될 것으로 예상된다.

유로의 현물환율은 현재 €0.5이다. 이는 달러당 유로의 가치이기 때문에 €1의 가치는 $2(= $1/0.5)가 된다. 미국의 무위험이자율은 5%이며 '유로랜드(euroland)'의 무위험이자율은 7%이다. 환율과 두 이자율은 추정된 값이 아니라 금융시장에서 직접 관찰되는 값이라는

---

5 여기서의 결과는 실질이자율의 근사치인 *R* - *h*(제5장 참조)로 표시되어 있다. 왜냐하면 PPP와 IRP의 근사치를 사용했기 때문이다. 정확한 결과를 보려면 이 장의 마지막에 있는 문제 18번을 참조하라.

데 주목하자.[6] 이러한 유형의 달러투자에 대한 Kihlstrom사의 요구수익률은 10%이다.[7]

Kihlstrom사는 이 투자를 해야 하는가? 항상 그렇듯이 대답은 NPV에 달려 있다. 그러면 어떻게 이 프로젝트의 순현재가치를 미국달러로 계산하는가? 다음의 두 가지 기본적 방법이 있다.

1. **자국통화접근법**(home currency approach) 유로를 모두 달러로 바꾸어 10%로 할인하여 달러로 NPV를 구한다. 여기서는 미래에 유입될 유로 현금흐름을 달러로 바꾸기 위한 미래의 환율이 있어야 한다.
2. **외국통화접근법**(foreign currency approach) 유로투자에 대한 요구수익률을 결정하고 유로의 현금흐름을 할인하여 유로로 NPV를 구한다. 그리고 나서 이 유로 NPV를 달러 NPV로 바꾼다. 여기서는 10%의 달러 요구수익률을 어떻게든지 동등한 유로요구수익률로 바꾸어야 한다.

이들 두 접근법의 차이는 근본적으로 유로를 달러로 언제 바꾸는지의 문제이다. 첫 번째 방법은 NPV를 추정하기 전에 바꾸며, 두 번째 방법은 NPV를 추정한 후에 바꾼다.

두 번째 접근법에서는 유로 할인율을 알아내기만 하면 되기 때문에 이 접근법이 더 우월한 것으로 보일지 모른다. 더욱이 첫 번째 접근법에서는 미래의 환율을 예견해야 하기 때문에 아마 오류의 여지가 더 클 수 있다. 그러나 다음에서 설명하겠지만 이전 결과들에 의거하면 두 접근법이 실제로 같음을 알게 된다.

방법 1: 자국통화접근법

미래의 추정현금흐름을 달러로 바꾸기 위해서는 위험부 이자율평가설(UIP)을 이용하여 미래환율을 알아내야 한다. 이전의 논의로부터 T시점의 예상환율 $E(S_t)$는 다음과 같이 계산된다.

$$\mathbf{E}(S_t) = S_0 \times [1 + (R_€ - R_{US})]^t$$

여기서 $R_€$는 유로랜드의 명목무위험이자율을 나타낸다. $R_€$는 7%이고 R_{US}는 5%이며 현재의 환율(S_0)은 0.5이기 때문에 $E(S_t)$는 다음과 같이 계산된다.

$$\begin{aligned} E(S_t) &= 0.5 \times [1 + (0.07 - 0.05)]^t \\ &= 0.5 \times 1.02^t \end{aligned}$$

6 예를 들면 이자율은 대형은행이 제공하는 단기 유로달러나 유로예금의 금리일 수 있다.

7 Kihlstrom사의 WACC는 보통 때처럼 계산된다. 부채와 자본 각각의 시장가치 및 요구수익률이 다음과 같다고 하자.

부채	$500	5%
자본	$500	16%
	$1,000	

만약 법인세율이 20%라면 이 회사의 WACC는 다음과 같다.

$$\begin{aligned} \text{WACC} &= \frac{B}{B+S}R_B(1-T_c) + \frac{S}{B+S}R_S \\ &= \left(\frac{1}{2}\right)(5\%)(1-0.20) + \left(\frac{1}{2}\right)16\% \\ &= 10\% \end{aligned}$$

따라서 드릴날 프로젝트에 적용할 미래의 예상환율은 다음과 같이 된다.

년	예상환율
1	$€.5 \times 1.02^1 = €.5100$
2	$€.5 \times 1.02^2 = €.5202$
3	$€.5 \times 1.02^3 = €.5306$

현재의 환율과 아울러 이들 환율을 사용하면 유로 현금흐름을 모두 달러로 바꿀 수 있다(이 예에서 현금흐름의 단위는 100만이다).

년	(1) 현금흐름($백만)	(2) 예상환율	(3) (1)/(2)현금흐름($백만)
0	-€2.00	€0.5000	-$4.00
1	0.9	0.5100	1.76
2	0.9	0.5202	1.73
3	0.9	0.5306	1.70

마지막으로 NPV를 통상적인 방법으로 계산한다.

$$\mathbf{NPV_\$ = -\$4 + \$1.76/1.10 + \$1.73/1.10^2 + \$1.70/1.10^3}$$
$$\mathbf{= \$0.31}\ \text{백만}$$

따라서 이 프로젝트는 수익성이 있어 보인다.

방법 2: 외국통화접근법

Kihlstrom사는 달러화 현금흐름에 대해 10%의 명목수익률을 요구한다. 이를 유로화 현금흐름에 적합한 수익률로 바꿀 필요가 있다. 국제피셔효과에 따르면, 명목이자율의 차이는 다음과 같다.

$$R_€ - R_{US} = h_€ - h_{US}$$
$$= 7\% - 5\% = 2\%$$

따라서 드릴날 프로젝트로부터 창출되는 유로 현금흐름에 대한 적정할인율은 10%에 상대적으로 높은 인플레이션에 대한 보상으로 2%를 추가한 12%와 대략 같다.

이 할인율을 사용하여 유로 현금흐름의 NPV를 계산하면 다음과 같다.

$$\mathbf{NPV_€ = -€2 + €.9/1.12 + €.9/1.12^2 + €.9/1.12^3}$$
$$\mathbf{= €0.16}\text{백만}$$

이 프로젝트의 NPV는 €16만이다. 이 프로젝트를 추진한다면, Kihlstrom사의 가치는 오늘 €16만만큼 증가한다. 달러로는 얼마가 되는가? 오늘 환율이 €0.5이기 때문에 이 프로젝트의 NPV를 달러로 환산하면 다음과 같다.

$$\mathbf{NPV_\$ = NPV_€ / S_0 = €0.16/0.5 = \$31}\text{만}$$

이 수치는 첫 번째 방법을 사용하여 계산한 NPV와 같다.[8]

이 예로부터 알 수 있는 중요한 점은 두 자본예산의 절차가 사실상 서로 같으며 항상 같은 답을 제공한다는 것이다. 두 번째 접근법도 외견상으로 나타나 있지는 않지만 묵시적으로 환율을 예측하고 있다. 그렇다고 하더라도 외국통화접근법이 개념적으로 좀더 쉽다.

동결된 현금흐름

앞의 예에서는 해외투자로부터 발생하는 모든 세후현금흐름이 모기업에 송금(지급)될 수 있다고 가정했다. 실제로는 해외투자로부터 창출된 현금흐름과 모기업(또는 본국)에 송금할 수 있는 금액은 차이가 날 수 있다.

해외에 소재한 자회사는 모기업에 다음과 같은 여러 가지의 형태로 자금을 송금할 수 있다.

1. 배당금
2. 본사 서비스에 대한 관리수수료
3. 상표와 특허 사용에 대한 로열티

현금흐름을 본국에 송금할 수 있다고 하더라도 국제적 기업들은 송금에 각별한 주의를 기울여야 한다. 왜냐하면 각 나라마다 해외송금에 대한 통제를 할 수 있기 때문이다. 만약 어떤 정부가 외국기업에 의해 이용당하고 있다는 국내 여론의 비난에 매우 민감하다면 이 정부는 현금흐름을 송금하려는 국제적 기업에 제한을 가할 것이다. 현재 송금할 수 없는 자금을 **동결된(blocked)** 자금이라고 부르곤 한다.

20.6 환율위험

환율위험(exchange rate risk)은 통화의 상대적 가치가 등락하는 세계에서 국제영업을 하는 데 수반되는 당연한 결과다. 환율위험의 관리는 국제금융의 중요한 부분이다. 가령 opening case에서 언급했듯이 Toyota는 달러 대비 엔 환율이 1엔 올라갈 때마다 ¥40 십억($374 백만)의 영업손실을 본다고 예상하고 있다.

환율위험에는 단기노출(short-run exposure), 장기노출(long-run exposure), 환산노출(translation exposure)의 세 유형이 있다.

단기노출

환율의 일일 변동으로 인해 국제적 기업들은 단기위험에 노출된다. 이러한 기업들 대부분은 정해진 가격으로 가까운 장래에 상품을 매매하는 계약을 맺고 있다. 통화가 다를 때 그런 거래는 추가 위험요소가 될 수 있다.

예를 들어 당신이 이탈리아로부터 모조 파스타를 수입하여 'Impasta'라는 브랜드로 미

---

8 실제로는 근사치 관계를 사용하고 있기 때문에 다소 차이가 발생할 것이다. 요구수익률을 1.10 × (1 + 0.02) − 1 = 0.122 또는 12.2%로 하여 계산하면, 두 NPV는 정확하게 같아진다. 더 자세한 사항은 문제 18번을 참조하라.

국에서 다시 판매한다고 가정하자. 가장 큰 한 고객이 1만상자의 Impasta를 주문했다. 당신은 오늘 공급자에게 주문을 하지만 상품이 60일 후에 도착하면 대금을 지불할 것이다. 판매가격은 상자당 $6이다. 비용은 상자당 €8.4이며, 환율은 현재 €1.50이다($1를 바꾸면 €1.50를 받는다).

현재 환율에서 한 상자를 주문하는 데 소요되는 비용은 달러로 €8.4/1.5 = $5.60이다. 따라서 주문으로부터 벌 수 있는 세전이익은 총 10,000 × ($6 − 5.60) = $4,000이다. 그러나 60일 후에는 환율이 아마 달라질 것이므로, 이익은 미래의 환율이 어떻게 판명나는지에 달려있다.

예를 들어 환율이 1.6으로 오르면 비용은 상자당 €8.4/1.6 = $5.25가 될 것이며 이익은 $7,500로 오른다. 만약 환율이 1.4로 내리면, 비용은 €8.4/1.4 = $6가 되어 이익은 0이 된다. 예에서와 같은 난기노출을 줄이거나 제거할 수 있는 몇 가지 방법이 있다. 가장 분명한 방법은 선도계약을 맺어 환율을 고정시키는 것이다. 예를 들면 60일 선도환율이 €1.58라고 하자. 헤지를 한다면 이익은 얼마나 될까? 헤지를 하지 않는다면 얼마의 이익을 기대할 수 있는가?

헤지를 한다면 환율은 €1.58로 고정된다. 따라서 비용은 달러로 상자당 €8.4/1.58 = $5.32이므로 이익은 10,000 × ($6 − 5.32) = $6,835가 될 것이다. 헤지를 하지 않는다면 선도환율이 불편추정치인 경우(즉, UFR이 성립한다고 가정하는 경우)에 환율은 60일 후 실제로 €1.58가 될 것으로 기대할 수 있다. 그러면 $6,835의 이익을 기대할 수 있다.

만약 이 전략을 실행할 수 없다면 대신에 단순히 오늘 달러를 빌려서 유로로 바꾸어 60일 동안 투자를 하면 이자를 받을 수 있다. IRP에 따르면 이는 결국 선도계약을 맺는 것과 매한가지인 셈이다.

장기노출

장기적으로 상대방 국가의 경제상황에 예기치 못한 변화가 발생할 수 있기 때문에, 해외투자의 가치는 변동할 수 있다. 예를 들면 당신이 다른 나라에 노동집약적 조립공장을 설립하여 임금을 절감하고 있다고 상상하라. 시간이 지남에 따라 경제상황의 예기치 못한 변화로 인하여 외국의 임금수준이 상승하여 비용절감의 이점이 사라지거나 심지어 손해를 보게 될 수도 있다.

환율변동은 실질적으로 큰 영향을 미칠 수 있다. 한 예로 2018년 Microsoft는 $178 백만의 환차손을 보고했는데, 이는 2017년 $167 백만가 회사 총순이익보다 큰 액수였다.

장기노출의 헤지는 단기위험의 헤지보다 어렵다. 한가지 이유는 장기수요를 충족시키는 조직화된 선도시장이 존재하지 않기 때문이다. 대신에 기업들은 외화의 유입과 유출을 매칭하려고 한다. 외화표시 자산과 부채에 대해서도 마찬가지 이유로 매칭하려고 한다. 예를 들면 외국에서 판매하는 기업은 그 나라에서 원자재를 구입하고 임금도 지급하려고 할 수 있다. 따라서 수입과 비용의 달러가치는 함께 오르내릴 것이다. 아마도 이런 환헤지의 가장 대표적인 사례는 BMW, Honda, Mercedes, Toyota 등과 같은 소위 트랜스플랜트(transplant) 자동차회사에서 찾을 수 있을 것이다. 이들 회사는 미국에서 판매하는 차들의 상당 부분을 현지공장에서 생산함으로써 환율변동에 따른 위험을 어느 정도는 줄이고 있다.

예를 들면 BMW는 사우스 캐롤라이나주에서 40만대를 생산하여 그들 중 28만대를 수출한다. 자동차의 제조비용은 달러로 주로 지급하며, 유럽으로 수출할 때는 유로를 받는다. 따라서 달러가 약세가 되면 유럽으로 수출하는 차량들의 수익성은 더 증가하게 된다. 동시에 BMW는 매년 미국에 약 20만대를 수출한다. 그러나 이들 차의 제조비용은 주로 유로로 지급되므로 달러가 약세가 되면 수익성이 떨어진다. 종합하면 이들 수익성의 증가와 감소는 서로 상쇄되므로 BMW는 자연스럽게 헤지를 하고 있는 셈이다.

기업은 외화차입을 통해서도 환율의 장기위험을 줄일 수 있다. 이 경우에 해외 자회사의 자산가치 변동은 부채가치 변동과 부분적으로 상쇄될 것이다.

환산노출

미국기업이 어떤 기간에 대한 회계이익과 EPS를 계산하기 위해서는 모든 금액을 달러로 '환산(translate)'해야 한다. 이는 해외영업의 비중이 큰 기업의 경우 회계처리시 약간의 문제가 될 수 있다. 특히 다음과 같은 두 가지 문제가 발생한다.

1. 대조표의 각 계정을 달러로 환산하기 위해 사용해야 할 적정환율은 얼마인가?
2. 외화를 달러로 환산함으로써 발생하는 대차대조표상의 이익과 손실을 어떻게 처리해야 하는가?

회계문제를 설명하기 위해 우리가 1년 전에 Lilliputia라는 나라에 조그만 자회사를 설립했다고 가정하자. 현지통화는 Gulliver(GL)이다. 연초에 환율은 $1당 GL 2였으며 GL로 표시된 대차대조표는 다음과 같다.

자산	GL 1,000	부채	GL 500
		자기자본	500

환율이 $1당 GL 2이므로 달러로 환산한 대차대조표는 다음과 같다.

자산	$500	부채	$250
		자기자본	250

Lilliputia는 조용한 나라이며 실제로 1년 동안 아무 일도 발생하지 않았다. 결과적으로 순이익은 0(환율변화 고려 전)이 되었다. 그러나 Lilliputian의 인플레이션이 미국보다 훨씬 높다는 이유만으로 환율은 $1당 GL 4로 상승했다.

아무 일도 일어나지 않았기 때문에 GL로 표시된 연말 대차대조표는 연초 대차대조표와 같다. 그러나 새로운 환율을 적용하여 달러로 환산하면 연말 대차대조표는 다음과 같이 된다.

자산	$250	부채	$125
		자기자본	125

순이익은 0이지만 자기자본의 가치는 $125 감소한 것을 볼 수 있다. 전혀 아무런 거래도 일어나지 않았음에도 불구하고 $125의 회계손실이 발생했다. 이 $125의 손실을 어떻게 다루어야 하는가는 회계적 논란이 되어왔다.

이 손실을 처리하기 위한 가장 명료하고 일관성 있는 방법은 모회사의 손익계산서에 단순히 손실로 보고하는 것이다. 이러한 회계처리는 환율변동이 불안정한 기간 동안에는 국제적 기업의 EPS에 극적인 영향을 미칠 수 있다. 이는 순전히 회계현상이라고 하더라도 재무관리자들은 이러한 변동을 싫어하기 마련이다.

환산이익과 손실을 다루는 현재의 접근법은 Financial Accounting Standards Board(FASB)가 1981년 12월에 제정한 **재무회계기준 52항**(Statement of Financial Accounting Standards No. 52: FASB 52)의 규정에 근거하고 있다. 대체로 FASB 52는 모든 자산과 부채는 환산시점의 환율을 사용하여 자회사의 통화에서 모회사의 통화로 전환하도록 규정하고 있다.

발생한 환산이익과 손실은 대차대조표 자기자본 내의 특별계정에 누적된다. 이 계정은 '미실현외환이익(손실)' 등과 같은 명칭으로 표시된다. 관련금액은 최소한 회계적 관점에서는 중요할 수 있다. 예를 들면 Apple은 2018년 12월 29일 분기보고서의 대차대조표를 보면 $11억의 손실을 발견할 수 있는데, 이러한 손익은 손익계산서에는 보고되지 않는다. 결과적으로 환산이익과 손실은 관련 자산과 부채가 매각되거나 청산되지 않는 한 순이익에 반영되지 않는다.

환율위험의 관리

해외에 많은 자회사가 있는 대규모 다국적기업의 경우에 환율위험의 관리는 여러 통화가 관련되기 때문에 복잡해진다. 환율이 변동하면 어떤 자회사는 이익을 보지만 다른 자회사는 손해를 볼 가능성이 매우 크다.

예를 들어 두 부서가 있는 어느 기업을 생각해 보자. 부서 A는 미국에서 달러로 상품을 사서 영국에서 파운드로 판다. 부서 B는 영국에서 파운드로 상품을 사서 미국에서 달러로 판다. 이들 두 부서의 유출입이 규모 면에서 거의 비슷하다면 전체 기업의 입장에서 환율위험은 거의 없을 것이다.

이 예에서는 기업의 파운드 순포지션(유입금액에서 유출금액을 차감)은 작기 때문에 환율위험은 작다. 그러나 부서가 따로따로 환율위험을 헤지한다면, 전체 기업의 환율위험은 증가할 것이다. 이 이야기의 교훈은 다국적기업은 노출된 외화에 대한 전반적인 포지션을 파악하고 있어야 한다는 점이다. 이러한 이유로 환율위험은 한 곳에서 집중적으로 관리하는 편이 더 효과적이다.

20.7 정치적 위험

국제투자에서 고려해야 할 마지막 위험요소는 **정치적 위험(political risk)**이다. 정치적 위험이란 정치적 행동의 결과로서 발생하는 가치의 변화를 말한다. 이는 국제적 기업만이 당면하고 있는 문제는 아니다. 예를 들면 미국의 세법과 규제의 변화는 어떤 기업에는 이익이 되지만 다른 기업에는 손해를 준다. 이러한 정치적 위험은 국제적으로는 물론 자국 내에서도 존재한다. 가령 2016년 6월 영국은 유럽연합에서 탈퇴하겠다는 Brexit에 표를 던지면서 나머지 유럽연합 국가들을 경악하게 만들었다. 비록 유럽연합 조약에 따르면 영국은 탈퇴하는데 2년 동안의 절차를 거쳐야 하지만, 시장은 반응하는데 그렇게 오래 걸리지 않았다. Brexit가 발표되는 날 영국의 파운드화는 미국달러 대비 11% 하락하였고, FTSE와 Stoxx Europe 600의 주가지수는 약 8% 가량 하락하였다. 영국의 유명한 은행인 Barclays와 Lloyds Banking Group은 더 큰 충격을 받았다. 같은 날 이들의 주가는 30% 이상 추락하였다. 불행히도 (혹은 당신의 견해에 따라 다행히도) 영국 파운드화의 추락은 거기서 멈추지 않았다. 파운드화는 이후 계속 떨어져 1985년의 가장 낮았던 수준에 근접하고 있다.

감세와 일자리 법안(Tax Cuts and Jobs Act) 2017

이 장의 서두에서 미국의 기업들이 해외 구좌에 많은 현금을 쌓아두고 있다고 했었다. 우리가 보기에는 Apple이나 다른 미국 기업이 이렇게 해외현금을 보유하고 있는 것은 미국의 세법과 관련이 있다. 세법은 다국적기업이 직면하는 정치적 위험이라고 볼 수 있다.

특히 2017년 감세와 일자리 법안이 통과되기 전에는 미국의 법인세율은 선진국 중에서 가장 높았다. 동시에 미국 세법은 법인의 이익이 발생한 곳에 법인세를 부과하는 원칙을 가지고 있지만, 특이하게도 이 이익이 본국으로 송금되었을 때만 법인세가 부과된다. 도대체 왜 그랬을까?

이에 대한 대답은 Lilliputia을 상기하면 찾을 수 있다. 미국에서는 법인세가 35%에 달하지만 Lilliputia에서는 법인세가 20%로 훨씬 낮다. 우리가 만약 Lilliputian에 있는 지사에서 순이익이 발생했다면 그 지사는 Lilliputia에서 20%의 법인세만 내면 그만이다. 하지만 만약 지사의 순이익을 미국으로 송금한다면, 두 나라 법인세의 차이인 15%의 법인세를 미국 국세청에 내야 한다. 이를 피하려는 미국의 기업들은 해외법인에서 발생한 이익을 절대로 본국으로 송금하지 않을 것이다.

여기서 상황을 정확히 이해하지 못하는 언론은 Apple과 같은 기업들이 해외에 많은 현금을 쌓아두고 있다며 부정적인 이미지를 연출하고 있다. 그러나 사실은 그렇지 않다. Apple의 해외현금은 대부분 미국달러로 표시되어 있기 때문에 실제로 거의 미국의 유가증권에 투자되어 있다. 따라서 엄밀히 말하면 Apple의 해외 현금은 해외에 있다고 보기가 어렵다.

Apple은 대신 해외에서 발생한 이익에 대해 미국의 법인세를 추가로 내지 않겠다고 결정했기 때문에, 이에 따라 해외현금을 사용해서 미국에서 배당금을 지불하거나 설비를 신설하지 못하는 제약을 감내해야 했다. 물론 Apple이 원했다면 해외현금 및 등가물을 담보로 미국 내에서 부채를 일으켜 미국내 투자를 할 수도 있었을 것이다.

2017년 감세와 일자리 법안은 이 상황을 몇 가지 면에서 바꿔버렸다. 먼저 21%의 일괄 법인세율은 해외에 현금을 쌓아두려는 동기를 많이 축소시킨다. 둘째로 현금, 유가증권, 매출채권 등에 대해서는 단 한 번 15.5%의 세금을 매기고, 해외의 세전 달러를 가지고 매입한 설비, 시설, 부동산 등 고정자산에 대해서는 단 한 번 8%의 세금만 부과한다. 결국 대략적으로 말하자면, 새로 본국으로 송금되는 해외법인의 이익은 더 이상 미국 세법이 건드리지 않게 되었기 때문에 해외 현금 송금문제는 이슈가 되지 못한다.

정치적 위험관리

그러나 정치적 위험은 일부 국가에서 더 높을 수 있다. 정치적 위험이 높은 국가에서 사업하는 기업은 추가적인 정치적 위험(자금동결, 영업중단, 계약취소)의 가능성을 보상받기 위해 해외투자에 대해 더 높은 수익률을 요구하게 된다. 아주 극단적인 경우에는 무조건 몰수당할 가능성도 염려해야 한다.

국가의 정치적 위험 평가에 참조할 수 있는 훌륭한 사이트는 www.cia.gov 이다.

정치적 위험은 또한 사업의 속성에 따라 다르다. 즉 어떤 사업은 소유자가 바뀌면 특별히 가치가 없어지기 때문에 몰수당할 가능성이 적다. 예를 들면 모기업만이 사용하는 부품을 공급하는 조립공장은 몰수대상으로 매력적이지 않을 것이다. 유사하게 모기업이 제공하는 특수부품을 필요로 하는 제조공장은 모기업의 협력 없이는 가치가 거의 없다.

구리 채광이나 원유 시추와 같은 천연자원개발의 경우는 정반대이다. 일단 가동이 되면 가치의 대부분은 상품으로부터 나온다. 따라서 이러한 투자에 대한 정치적 위험은 훨씬 더 높다. 또한 이러한 투자의 경우 사리를 위한 이용(exploitation)의 문제가 더욱 두드러지므로 정치적 위험은 가중된다.

몰수나 국유화와 같은 정치적 위험은 여러 방법으로 헤지될 수 있다. 해당국가의 정부로부터 현지 금융을 이용하면 잠재적 손실을 줄일 수 있다. 왜냐하면 기업은 자신에게 불리한 정치적 움직임이 발생하는 경우에 채무상환을 거부할 수 있기 때문이다. 이 절에서 방금 논의한 바와 같이 자회사가 모회사와 중대하게 연관되어 기능하도록 영업구조를 구축하는 것도 정치적 위험을 줄이는 한 방법이다.

요약 및 결론 Summary and Conclusions

국제적 기업은 순수 국내기업보다 더 복잡한 일들을 한다. 경영진은 이자율, 환율, 인플레이션 등의 상호 연관성을 이해하고, 다양한 금융시장규제와 세금체계에 관해 잘 인지하고 있어야 한다. 이 장에서는 국제투자에서 발생되는 재무적 이슈들을 간결하게 소개한다.

다음과 같은 주제를 간단하게 논의했다.

1. **기본용어** LIBOR , 유로커런시 등과 같은 이색적인 용어들을 간단하게 정의했다.
2. **환율시세의 표시방법** 현물시장과 선도시장 및 환율의 해석방법을 논의했다.
3. **국제 금융변수들 사이의 기본적 관계**
   a. **절대적 및 상대적 구매력평가설(PPP)** 절대적 구매력평가설은 $1의 구매력은 모든 나라에서 동일해야 함을 말한다. 이는 오렌지를 뉴욕에서 사든지 도쿄에서 사든지 그 가격이 같아야 함을 의미한다. 상대적 구매력평가설은 두 나라 사이에 환율의 예상변화율은 인플레이션의 차이와 같음을 의

미한다.

b. **이자율평가설(IRP)** 이자율평가설은 선도환율과 현물환율 사이의 비율 차이는 이자율의 차이와 동일함을 의미한다. 이러한 관계가 성립하지 않으면, 위험제거 이자율차익거래의 기회가 존재한다.

c. **불편선도환율(UFR)** 불편선도환율의 조건은 현재의 선도환율은 미래의 현물환율에 대한 훌륭한 예상치라는 것을 나타낸다.

4. **국제자본예산** 상기 기본적 관계들로부터 다음의 두 조건을 도출할 수 있음을 보였다.

 a. 위험부 이자율평가설

 b. 국제피셔효과

 이들 두 조건을 이용하여 외화로 NPV를 추정하는 방법과 외화를 달러로 바꾸어 통상적인 방법으로 NPV를 추정하는 방법을 배웠다.

5. **환율과 정치적 위험** 환율위험의 여러 유형을 설명하였으며 국제적 기업의 현금흐름과 가치에 대한 환율변동의 영향을 관리하기 위한 방법을 논의했다. 또한 정치적 위험과 이를 관리하는 방법도 논의했다.

개념문제 Concept Questions

1. **현물환율과 선도환율** 스위스프랑의 환율이 현물시장에서 sFr 1.500이며, 90일 선도시장에서는 sFr 1.500이다.

 a. 달러는 스위스프랑에 대해 할증되어 팔리는가, 아니면 할인되어 팔리는가?

 b. 금융시장은 스위스프랑이 달러에 대해 강세가 되리라고 예상하는가? 설명하라.

 c. 미국과 스위스의 상대적 경제상태에 관해 어떻게 생각하는가?

2. **구매력평가설(PPP)** 향후 몇 년 동안 멕시코의 인플레이션이 미국의 인플레이션보다 약 3% 높을 것이라고 가정하자. 다른 상황이 모두 같다면 달러에 대한 멕시코페소(peso)의 환율은 어떻게 되겠는가? 어느 관계식을 이용하여 답하면 되는가?

3. **환율** 호주달러의 환율이 현재 A$1.15이다. 이 환율은 내년에 10% 상승할 것으로 예상된다.

 a. 호주달러는 강세가 예상되는가 아니면 약세가 예상되는가?

 b. 미국과 호주의 상대적 인플레이션에 대해 어떻게 생각하는가?

 c. 미국과 호주의 상대적 명목이자율에 대해 어떻게 생각하는가? 상대적 실질이자율에 대해서는 어떠한가?

4. **양키본드** 다음 중 어느 채권이 양키본드를 가장 정확하게 묘사하는가?

 a. General Motors가 일본에서 달러화로 발행한 채권

 b. General Motors가 일본에서 엔화로 발행한 채권

 c. Toyota가 미국에서 엔화로 발행한 채권

 d. Toyota가 미국에서 달러화로 발행한 채권

 e. Toyota가 전 세계에서 달러화로 발행한 채권

5. **환율** 환율변동은 특정 기업에 반드시 유리한가, 아니면 반드시 불리한가?

6. **국제적 위험** Duracell International사는 중국과 인도에 배터리 제조공장을 설립하기로 하였다. 이로 인해서 Duracell은 알카라인(alkaline) 배터리에 부과되는 30~35%의 수입관세를 피할 수 있을 것이다. Duracell은 이와 같이 현지공장을 설립함으로써 어떤 다른 이점을 얻을 수 있는가? Duracell에 어떤 위험이 생기는가?

7. **다국적기업** 여러 국가에 기반을 둔 다국적기업의 매출이 대부분 해외에서 발생한다면 자국통화는 어떤 특별한 의미가 있는가?

8. **환율변동** 다음의 진술은 참인가, 거짓인가? 이유를 설명하라.
    a. 영국의 전반적인 물가지수가 미국의 전반적인 물가지수보다 더 빨리 오른다면 달러에 대한 파운드의 가치는 상승할 것으로 기대된다.
    b. 독일의 공작기계 수출업자는 모든 판매에 대해 외화결제만 받는다고 가정하자. 더욱이 유로랜드의 통화당국은 확장적 통화정책을 펴기 시작한다고 가정하자. 이러한 정책으로 인하여 유로랜드의 인플레이션이 상승할 것으로 확실시된다면 이 수출업자는 유로화의 가치하락으로 인한 손실을 피하기 위해 선도시장을 이용해야 한다.
    c. 당신은 두 나라의 인플레이션 차이를 장기간 동안 정확하게 추정할 수 있지만 다른 시장 참여자들은 그렇게 할 수 없다고 가정하자. 당신은 현물환시장에서 투기로 이익을 볼 수 있겠는가?
9. **환율변동** 어떤 나라는 무역 불균형을 해소하기 위한 단기적 수단으로 자국의 환율변동을 다른 나라의 환율변동에 연동시키곤 한다. 다음의 발표가 미국의 수입업자와 수출업자에게 어떠한 영향을 미치는지 평가하라.
    a. 미국 행정부의 관리가 달러에 대한 유로의 가치가 오르는 것은 적절하다고 발표한다.
    b. 영국의 통화당국은 달러에 대한 파운드의 가치가 투기세력에 의해 너무 떨어졌다고 발표한다.
    c. 브라질 정부는 실업률을 낮추기 위한 노력의 일환으로 수십 억 리아이스(reais)를 새로 찍어서 시장에 공급하겠다고 발표한다.
10. **국제자본시장의 관계** 국제자본시장에서의 5가지 관계를 나타내는 상대적 PPP, IRP, UFR, UIP, 국제피셔 효과를 논의했다. 이들 중에서 어느 관계가 실제 세계에 가장 잘 맞을 것 같은가? 어느 관계가 가장 덜 맞을 것으로 생각되는가?
11. **환율위험** 물품이 선적된 후 3개월이 지나서 외화로 대금을 지급해야 하는 수입업자를 생각해 보자. 자국통화의 가치가 이 기간 동안 상승할 것으로 예측된다면 이 수입업자는 환노출(currency exposure)을 헤지할 필요가 있는가?
12. **국제자본예산편성** 자국에 있는 자회사와 해외에 있는 자회사 중 어디에 투자를 해야 하는지를 평가하고자 한다. 환율을 감안하면 두 투자로부터의 현금흐름은 동일하다. 어느 상황에서 해외 자회사에 투자하려 하겠는가? 어떤 나라의 경우에 자국 자회사에 투자하도록 하는 요인들이 크게 작용하겠는가?
13. **국제자본예산편성** 어떤 해외투자에 대해 정치적 위험과 다각화의 이점을 조정한 할인율을 사용하여 NPV를 계산하면 양(+)이 될 것으로 예상된다. 이는 이 프로젝트를 채택해야 한다는 것을 의미하는가? 왜 그런가 아니면 왜 아닌가?
14. **해외차입** 미국기업이 해외 자회사를 위해 자금을 조달하려 하는 경우 미국에서 차입하면 어떤 불이익이 있는가? 이들 불이익을 어떻게 극복할 수 있겠는가?
15. **해외투자** 금융시장이 완전히 경쟁적이고 유로달러 금리가 미국의 대출금리보다 높다면 당신은 곧바로 미국에서 돈을 빌려 유로달러에 투자하려 할 것이다. 참인가, 아니면 거짓인가? 설명하라.
16. **유로본드** 유로본드와 외국채는 어떻게 다른가? 어떤 특징으로 인해 유로본드가 외국채보다 더 널리 사용되고 있는가?

연습문제 Questions and Problems

McGraw Hill connect

기초
(문제 1~13번)

1. **환율 이용** 그림 20.1을 참조하여 다음의 질문에 답하라.
    a. $100로 유로를 얼마나 살 수 있는가?
    b. €1의 가치는 얼마인가?
    c. €500만로 달러를 얼마나 살 수 있는가?

d. 뉴질랜드달러와 호주달러 중 어느 통화의 가치가 더 높은가?
e. 멕시코페소와 칠레페소 중에서 어느 통화의 가치가 더 높은가?
f. €1유로로 멕시코페소를 얼마나 살 수 있는가? 이러한 비율을 무엇이라 하는가?
g. 열거된 통화들 중에서 어느 통화의 단위당 가치가 가장 높은가? 어느 통화가 가치가 가장 낮은가?

2. **교차환율 이용** 그림 20.1을 참조하여 다음의 질문에 답하라.
a. $100와 £100 중에서 어느 것을 가지는 편이 낫겠는가? 왜 그런가?
b. 스위스프랑(sFr) 100과 £100 중에서 어느 것을 가지는 편이 낫겠는가? 왜 그런가?
c. 영국파운드에 대한 스위스프랑의 교차환율은 얼마인가? 스위스프랑에 대한 영국파운드의 교차환율은 얼마인가?

3. **선도환율** 그림 20.1을 참조하여 다음의 질문에 답하라.
a. 미국달러에 대한 일본엔의 6개월 선도환율은 얼마인가? 엔은 할증되어 팔리는가 아니면 할인되어 팔리는가? 설명하라.
b. 파운드에 대한 미국달러의 3개월 선도환율(파운드당 달러로)은 얼마인가? 달러는 할증되어 팔리는가 아니면 할인되어 팔리는가? 설명하라.
c. 그림에서 주어진 정보에 의하면 엔과 파운드에 대한 달러의 가치는 어떻게 되리라고 생각하는가? 설명하라.

4. **현물환율과 선도환율 이용** 캐나다달러의 현물환율은 Can$1.29이며 6개월 선도환율은 Can$1.34라고 가정하자.
a. 미국달러와 캐나다달러 중에서 어느 통화의 가치가 더 높은가?
b. 절대적 PPP가 성립한다고 가정하면 Elkhead 맥주의 가격이 캐나다에서 Can$2.49라면 미국에서는 얼마가 되어야 하는가? 이 맥주는 왜 미국에서 실제로 다른 가격에 판매되는가?
c. 미국달러는 캐나다달러에 대해 할증되어 팔리는가, 아니면 할인되어 팔리는가?
d. 어느 통화의 가치가 상승하리라 기대되는가?
e. 미국과 캐나다 중에서 어느 나라의 이자율이 더 높다고 생각하는가? 설명하라.

5. **교차환율과 차익거래** 일본엔의 환율이 ¥105 = $1 이며, 영국파운드의 환율은 £1 = $1.34라고 가정하자.
a. 파운드에 대한 엔의 교차환율은 얼마인가?
b. 교차환율이 현재 ¥136 = £1라고 가정하자. 여기에 차익거래기회가 존재하는가? 만약 존재한다면 가격오류를 어떻게 이용할 수 있는지를 설명하라.

6. **이자율평가설** 그림 20.1을 참조하여 다음의 질문에 답하라. 이자율평가설이 성립하고 미국의 6개월 무위험이자율이 현재 1.9%라고 가정하자. 영국의 6개월 무위험이자율은 얼마가 되어야 하는가? 일본에서는? 스위스에서는?

7. **이자율과 차익거래** 어느 미국기업의 재무담당자는 3개월 동안 투자할 수 있는 $3,000만의 자금을 확보하고 있다고 가정하자. 미국의 이자율은 월 0.38%이다. 영국의 이자율은 월 0.41%이다. 현물환율은 £0.7347이며 3개월 선도환율은 £0.7358이다. 거래비용을 무시한다면, 이 재무담당자는 어느 나라에 회사의 자금을 투자하겠는가? 왜 그런가?

8. **인플레이션과 환율** 폴란드 즐로티(złoty)의 환율이 현재 Zł3.74라고 가정하자. 3년 후의 기대환율은 Zł3.93이다. 이 기간 동안 미국의 인플레이션과 폴란드 인플레이션의 차이는 연간으로 얼마인가? 예상 이자율은 두 나라 모두에서 일정하다고 가정하자. 어느 관계식을 이용하여 답하면 되는가?

9. **환율위험** 어느 기업이 싱가포르에서 컴퓨터 본체를 수입한다고 하자. 환율은 그림 20.1에 나타나 있다. 이 기업은 지금 막 30,000개의 본체를 개당 124.60 싱가포르달러에 주문을 했으며, 본체가 90일 지나서 도착할 때 대금을 지급할 것이다. 이 기업은 본체를 개당 $98에 팔 수 있다. 환율이 향후 90일 동안

10% 상승 또는 하락한다면 각 경우에 이 기업의 이익은 얼마가 되는지를 계산하라. 손익분기가 되는 환율은 얼마인가? 이를 위해 미국달러에 대한 싱가포르달러의 환율이 몇 % 증가 또는 감소해야 하는가?

10. **환율과 차익거래** 노르웨이 크로네(krone)의 현물환율과 6개월 선도환율이 각각 Kr 8.53와 Kr 8.61라고 하자. 미국의 무위험이자율은 연 3.2%이며 노르웨이의 무위험이자율은 연 4.4%이다.
    a. 여기에 차익거래기회가 있는가? 있다면 어떻게 이를 이용할 수 있는가?
    b. 차익거래가 발생하지 않으려면 6개월 선도환율이 얼마가 되어야 하는가?
11. **국제피셔효과** 미국의 인플레이션은 연 2.2%이며 재정증권의 수익률은 연 3.4%이다. 다음의 질문에 답하라.
    a. 호주정부가 발행한 단기채권의 수익률이 연 2.7%라면, 호주에서 인플레이션은 얼마로 예상되는가?
    b. 캐나다정부가 발행한 단기채권의 수익률이 연 4.1%라면, 캐나다에서 인플레이션은 얼마로 예상되는가?
    c. 대만정부가 발행한 단기채권의 수익률이 연 5.7%라면, 대만에서 인플레이션은 얼마로 예상되는가?
12. **현물환율 대 선도환율** 엔의 현물환율과 3개월 선도환율이 각각 ¥114.61와 ¥114.18이다.
    a. 엔의 강세가 예상되는가, 아니면 약세가 예상되는가?
    b. 미국과 일본의 인플레이션 차이는 얼마나 되겠는가?
13. **기대현물환율** 헝가리 포린트(forint)의 현물환율이 HUF 268라고 가정하자. 미국의 이자율은 연 1.63%이며 헝가리의 이자율은 연 2.19%이다. 1년 후에 환율은 어떻게 되리라 예상하는가? 2년 후에는? 5년 후에는? 어느 관계식을 이용하여 답하면 되는가?

보통
(문제 14~16번)

14. **자본예산** Lakonishok Equipment사는 유럽에 자회사 설립을 고려하고 있다. 이 프로젝트는 €10.9백만의 비용이 소요되며, 1년 후에 €2.8백만, 2년 후에 €2.8백만, 3년 후에 €3.1백만의 현금흐름을 창출할 것으로 기대된다. 현물환율은 현재 $0.81/€이며 미국의 무위험이자율은 현재 2.3%이고 유로랜드의 무위험이자율은 현재 3.1%이다. 이 프로젝트의 적정할인율은 13%(이 기업의 달러 자본비용)로 추정된다. 추가로 이 자회사는 3년 후에 €8.9백만에 매각될 수 있다. 이 프로젝트의 NPV는 얼마인가?
15. **자본예산** 스위스에 있는 자회사 확장 프로젝트를 평가하고 있다고 하자. 이 프로젝트에는 sFr 19.6 백만의 비용이 들 것이다. 이 프로젝트로부터 향후 5년 동안 연 sFr 6.1만의 현금흐름이 유입될 것이다. 달러 요구수익률은 연 12%이며 현재의 환율은 sFr 0.970이다. 유로달러의 이자율은 현재 연 5%이며 스위스 프랑의 이자율은 연 6%이다.
    a. 향후 4년 동안 환율이 어떻게 되리라고 생각하는가?
    b. (a)에 대한 답을 바탕으로 하여 sFr의 추정현금흐름을 달러로 바꾸어 NPV를 계산하라.
    c. sFr의 현금흐름에 대한 요구수익률은 얼마인가? 이에 대한 답을 바탕으로 sFr으로 NPV를 계산하여 이를 달러로 바꾸어라.
16. **환산노출** Herbert International사는 Arrakis라는 국가에 사업체를 가지고 있다. 이 사업부의 대차대조표는 Arrakis의 통화인 솔라리스(solaris)로 작성되었으며 자산이 48,000, 부채는 15,000, 자기자본은 33,000 솔라리스로 나와 있다.
    a. 달러에 대한 환율이 현재 1.20 솔라리스라면 대차대조표를 달러로 작성하면 어떻게 되는가?
    b. 1년 후 솔라리스로 작성한 대차대조표가 현재의 대차대조표와 정확하게 같다고 가정하자. 환율이 1.40 솔라리스로 상승한다면 대차대조표를 달러로 작성하면 이제 어떻게 되겠는가?
    c. 환율을 1.15 솔라리스로 가정하여 (b)의 질문에 다시 답하라.

도전
(문제 17~18번)

17. **환산노출** 앞 문제에서 자기자본이 유보이익 때문에 2,100 솔라리스 증가한다고 가정하자. 환율이 연

말에 1.24 솔라리스라면 대차대조표를 달러로 작성하면 어떻게 되겠는가?

18. **국제피셔효과의 정확한 관계식** 제5장에서 논의한 피셔효과로부터 알 수 있듯이 명목이자율(R), 실질 이자율(r), 인플레이션(h) 사이의 실제 관계는 다음과 같다.

$$1 + r = (1 + R)/(1 + h)$$

이는 자국 내(domestic) 피셔효과이다.

a. 국제피셔효과의 정확한 형태는 무엇인가?

b. (a)의 답을 바탕으로 UIP의 정확한 형태를 제시하라(힌트: IRP의 정확한 형태를 기억하여 UFR을 사용하라).

c. 상대적 PPP의 정확한 형태를 제시하라(힌트: 앞의 두 답을 결합해 보라).

d. UIP와 국제피셔효과의 정확한 형태를 이용하여 Kihlstrom사 드릴날 프로젝트(제20. 5절에서 논의함)의 NPV를 다시 계산하라. 어느 방법을 이용하여도 답은 정확하게 같음을 확인하라.

웹 정보 이용하여 문제풀기 What's on the web?

1. **구매력평가설** 절대적 구매력평가설이 위반되는 유명한 예는 「*The Economist*」지가 산정한 Big Mac 지수이다. 이 지수는 여러 나라의 맥도날드에서 팔리는 Big Mac의 가격을 달러로 환산한 지수이다. Big Mac 지수는 www.economist.com에서 찾을 수 있다. 가장 최근의 지수를 적용하면 어느 나라에서 Big Mac의 가격이 가장 비싼가? 어느 나라에서 Big Mac의 가격이 가장 저렴한가? Big Mac의 가격은 왜 모든 나라에서 동일하지 않은가?

2. **인플레이션과 환율** www.marketvector.com으로 가서 'Exchange Rates'에 링크한 다음 'Austral-ian Dollar'를 선택해 보라. 향후 6개월에 걸쳐 미국달러의 가치는 호주달러에 비해 상승할 것으로 예상되는가 아니면 하락할 것으로는 예상되는가? 이 기간 동안 미국과 호주의 연간 인플레이션의 차이는 얼마인가? 이자율은 두 나라 모두에서 변하지 않는다고 가정하라. 어느 관계식을 이용하여 답하면 되는가?

3. **이자율평가설** 「*Financial Times*」의 홈페이지인 www.ft.com으로 가서 미국달러와 유로 사이의 환율을 찾아보라. 미국달러 LIBOR와 유로 LIBOR를 찾아보라. 차익거래를 방지하려면 1년 선도환율이 얼마가 되어야 하는가? 어느 원칙을 이용하여 답하면 되는가?

Excel로 풀어보기 Excel Master it! Problem

ExcelMaster coverage online
www.mhhe.com/RossCore6e

St. Louis의 연방준비은행은 과거 환율 자료를 www.stlouisfed.org에 올려놓았다. 웹에서 FRED 자료를 찾아 과거 5년 동안의 달러화 대비 브라질 레알, 캐나다 달러, 홍콩 달러, 일본 엔, 멕시코 신페소, 대한민국 원, 인도 루피, 스위스 프랑, 호주 달러, 그리고 유로의 환율을 내려 받아라. 이들 환율 시계열 자료를 그래프로 그려 한 장에 나타내고 프린트하여라.

CLOSING CASE

EAST COAST YACHT 해외로 진출하다

East Coast Yacht의 소유주인 Larissa Warren은 유럽에 요트를 판매하기 위해 모나코에 있는 요트딜러와 논의해 왔다. 딜러인 Jarek Jachowicz는 자신의 판매라인에 East Coast Yacht가 포함되기를 원한다. Jarek은 Larissa에게 매출은 대략 월 €450만가 될 것이라고 말했다. 모든 판매는 유로화로 결제되며 Jarek은 매출액의 5%를 수수료로 가져간다. 요트는 주문을 받아 개인 취향에 맞추어 제작되므로 첫 판매는 한 달 후에 일어날 것이다. Jarek은 주문이 도착한 후 90일이 지나서 East Coast Yacht에 대금을 지급할 것이다. 이러한 지급방법은 두 기업들 사이의 계약기간 동안에 줄곧 유효할 것이다.

Larissa는 자신의 기업이 현재시설로 추가 생산을 할 수 있다고 자신하지만 유럽에 요트를 판매함으로써 발생할지 모르는 잠재적 위험에 대해서는 확신하지 못하고 있다. 그녀는 Jarek과 논의한 결과 현재의 환율이 $0.86/€임을 알았다. 이 환율을 기준으로 하면 판매수입의 70%가 생산비용에 들어가게 되는 셈이다. 이 수치에는 Jarek에게 지불해야 하는 판매수수료가 반영되어 있지 않다.

Larissa는 기업의 재무분석가인 Dan Ervin에게 이러한 해외판매계획안을 분석하도록 요청하기로 했다. 구체적으로 그녀는 Dan에게 다음의 질문에 답해주도록 요청한다.

1. 해외판매계획의 장점과 단점은 무엇인가? 기업이 직면하게 될 추가적인 위험은 무엇인가?
2. 달러가 강세가 되면 기업의 이익은 어떻게 변하는가? 달러가 약세가 되면 어떠한가?
3. 세금을 무시하면 현재의 환율 $0.86/€에서 East Coast Yacht의 이익 또는 손실은 얼마로 추정되는가? 환율이 $0.89/€로 변하면 어떻게 되는가? 환율이 얼마가 되면 기업은 손익분기가 되겠는가?
4. 기업은 환율위험을 어떻게 헤지할 수 있는가? 이로 인해 어떤 결과가 예상되는가?
5. 모든 요인들을 고려해 볼 때 기업은 해외판매를 추진해야 하는가? 왜 그런가, 아니면 왜 아닌가?

21

합병과 인수

OPENING CASE

2018년 7월에 Dr Pepper Snapple과 Keurig Green Mountain은 합병에 합의함으로써, 시가 약 $360억에 이르는 새로운 회사가 탄생하게 되었다. 새로운 통합회사 Keurig Dr Pepper는 연 $6억의 비용을 절감할 수 있을 것으로 추정되었다. Dr Pepper Snapple의 주주들은 각각 $103.75의 특별배당금을 받았으며 통합회사의 지분을 13%씩 소유하게 된다. Dr Pepper Snapple이나 Keurig Green Mountain과 같은 기업은 합병이 좋은 생각인지를 어떻게 결정하는가? 이 장에서는 합병이 일어나야 하는 이유와 합병이 일어나서는 안 되는 이유를 탐구한다.

기업재무 관련 최근 사건들을 찾아보기 위해 corecorporatefinance.blogspot.com을 방문하라.

한 기업이 다른 기업을 인수하거나 두 기업이 서로 합병하는 것은 기업재무에서 매우 극적이고 논란거리가 되는 사건이다. 이들 사건은 금융매체의 머리기사로 보도되며 때때로 당혹스러운 스캔들의 원천이 되곤 한다.

물론 한 기업이 다른 기업을 인수하는 것은 불확실성 하의 투자이며 가치평가의 기본원리가 적용된다. 기업은 자신의 주주에게 양(+)의 NPV를 가져다 줄 수 있는 경우에만 다른 기업을 인수해야 한다. 그러나 인수의 NPV는 알아내기 힘들기 때문에 합병과 인수(merger and acquisition: M&A) 활동은 당연히 흥미로운 주제이다.

재무의 이 분야에서 논점이 되는 내용으로는 다음과 같은 것들이 있다.

M&A의 세계에서 일어나고 있는 최신 정보를 알기 위해 www.marketwatch.com으로 가서 search 옵션에서 'merger'를 입력하라.

1. 인수로부터의 혜택은 전략적 적합성(strategic fit)에 의해서 결정된다. 전략적 적합성은 정확하게 정의하기 어려우며, 현금흐름할인법으로 그 가치를 추정하는 것은 쉽지 않다.
2. 한 기업이 다른 기업을 인수할 때 고려해야 하는 복잡한 회계, 세금, 법률적 효과 등이 있을 수 있다.
3. 인수는 주주가 경영자를 통제하기 위한 중요한 장치이다. 인수는 기존 경영자와 주주 사이의 근원적 이해갈등의 결과로 발생하기도 한다. 주주는 자신의 기업이 다른 기업에 인수되는 데 동의함으로써 기존 경영진을 제거할 수 있다.
4. 합병과 인수는 가끔 '비우호적' 거래를 수반한다. 이런 경우에 다른 기업을 인수하려는 시도는 항상 조용하고 품위 있는 협상에만 국한되지 않는다. 표적기업은 종종 인수에 저항하며 독약증권(poison pill), 그린메일(greenmail), 백기사(white knight) 등과 같은 이색적 방어전술에 의지한다.

다음 절에서는 이들 내용 및 합병과 관련된 기타 이슈를 논의한다. 먼저 인수의 법적, 회계적, 세금 측면을 살펴보기로 한다.

21.1 인수의 법적 형태

한 기업이 다른 기업을 인수하기 위한 세 가지 법적 절차는 다음과 같다.

1. 합병 또는 통합
2. 주식의 인수
3. 자산의 인수

이들 형태는 법률적 관점에서 서로 다르지만 금융매체에서는 엄밀하게 구분되지 않는다. 합병이란 용어가 인수의 실제 형태와 무관하게 종종 사용된다.

매수기업(bidder)이라고도 자주 불리는 인수기업(acquiring firm)은 다른 기업의 주식이나 자산을 획득하기 위해 현금이나 증권의 제공을 제안한다. 표적기업은 종종 대**상기업**(target firm)이라고 불린다. 대상기업에 제공되는 현금이나 증권은 인수의 대가(consideration)이다.

합병 또는 통합

합병(merger)이란 한 기업이 다른 기업을 완전히 흡수하는 것이다. 인수기업은 자신의 이름과 정체성을 유지하면서 대상기업의 모든 자산과 부채를 인수한다. 합병 후 대상기업은 독립 사업체로서의 존속을 마감한다.

통합(consolidation)은 하나의 새로운 기업이 생성된다는 점을 제외하고는 합병과 같다. 통합을 통해서 인수기업과 대상기업은 이전의 법적 존재를 종결하고 새로운 기업의 부분이 된다. 이 때문에 통합에서 인수기업과 대상기업의 구분은 합병에서만큼 중요하지 않다.

합병과 통합의 과정은 본질적으로 같다. 그 인수과정이 합병이든 통합이든 인수기업과 피인수기업의 자산과 부채는 합쳐지게 된다. 유일한 차이는 새로운 기업이 생성되는지 아닌지에 놓여 있다. 따라서 이제부터 합병이란 용어가 합병과 통합 모두를 총칭하는 것으로 한다.

기업을 인수하기 위한 방법으로 합병은 다음과 같은 장단점이 있다.

1. 주된 장점은 합병은 법적으로 간단하며 인수의 다른 형태만큼 비용이 들지 않는다는 점이다. 그 이유는 기업들이 모든 사업을 단순히 합치기로 하기 때문이다. 따라서 피인수기업의 개별자산 명의를 인수기업으로 이전할 필요가 없다.
2. 주된 단점은 합병은 각 기업의 주주들로부터 승인을 받아야 한다는 점이다. 일반적으로 승인을 위해서는 전체 투표수의 2/3 이상을 필요로 한다. 필요한 표를 얻는다는 것은 매우 소모적이며 어려울 수 있다. 더욱이 잠시 후 자세하게 논의하겠지만 합병을 위해서는 대상기업 경영진의 협력이 거의 필수적으로 요구된다. 그러나 이러한 협력은 쉽고 값싸게 얻어질 수 없다.

주식의 인수

기업을 인수하기 위한 두 번째 방법은 현금, 주식, 기타 증권 등을 제공하여 기업의 의결권

주식을 매입하는 것이다. 이 과정은 종종 한 기업의 경영진이 다른 기업의 경영진에게 사적인 제안을 함으로써 시작된다.

그 제안이 어떻게 시작되든지에 관계없이, 어느 시점에 가서는 대상기업의 주주들에게 직접 제안이 이루어진다. 이러한 제안은 **공개매수제안(tender offer)**의 형태로 이루어지기도 한다. 공개매수제안이란 대상기업의 주주들에게 주식을 매수하겠다고 공개적으로 제안하는 것이다.

그 제안을 받아들이기로 한 주주들은 그들이 보유한 주식을 건네주고 그 대가로 현금이나 증권(또는 현금과 주식 모두)을 받는다. 공개매수제안은 종종 매수기업이 전체 의결권주식의 일정 비율을 확보한다는 조건으로 이루어진다. 충분한 주식이 확보되지 않는다면 그 제안은 철회되거나 재구성될 수 있다.

공개매수제안은 신문광고 등에 공고함으로써 대상기업의 주주들에게 알려진다. 가끔 일반우편도 사용되지만 흔하지는 않다. 일반우편을 이용하기 위해서는 주주들의 이름과 주소가 필요하기 때문이다. 그러한 정보를 얻기 위해서는 대상기업의 협조가 있어야만 한다.

다음은 주식의 인수와 합병 사이의 선택을 위해 고려해야 할 요인이다.

1. 주식의 인수에는 주주총회를 개최할 필요가 없으며 어떠한 투표도 요구되지 않는다. 대상기업의 주주는 제안이 마음에 들지 않으면 그것을 받아들일 필요가 없고 주식을 제공할 필요도 없다.
2. 주식의 인수에서 매수기업은 공개매수제안을 통해 대상기업의 주주와 직접 거래할 수 있다. 즉, 대상기업의 경영진과 이사회는 지나칠 수 있다.
3. 인수는 때때로 비우호적이다. 이 경우에 인수에 적극적으로 저항하는 대상기업의 경영진을 우회하기 위해 주식인수가 사용된다. 대상기업의 경영진에 의한 저항으로 주식인수를 통한 인수비용이 합병의 비용보다 더 높은 경우가 종종 있다.
4. 상당수의 소액주주는 공개매수제안에 응하지 않을지 모른다. 이렇게 되면 대상기업은 완전히 흡수될 수 없다.
5. 한 기업이 다른 기업을 완전히 흡수하기 위해서는 합병이 필요하다. 따라서 주식인수 후 정식 합병이 뒤따르는 경우가 많이 있다.

자산의 인수

기업은 다른 기업의 자산을 대부분 또는 전부 매입함으로써 그 기업을 사실상 인수할 수 있다. 이는 기업을 사는 것과 마찬가지의 효과를 거둔다. 그러나 이 경우에 대상기업은 단지 자산을 매각하는 것이므로 법인체를 반드시 해산할 필요는 없다. 대상기업의 주주들이 해산하려고 하지 않는 이상 기업의 '명판(shell)'은 여전히 존속할 것이다.

이 유형의 인수는 매각기업의 주주로부터 정식 승인이 필요하다. 이러한 인수의 한 이점은 소액주주가 버티는 문제는 없다는 것이다. 그러나 자산의 인수는 개별자산의 명의이전을 수반하며 법적 과정에서 비용이 많이 발생할 수 있다.

인수의 분류

재무분석가들은 일반적으로 인수를 다음의 세 가지 유형으로 분류한다.

> 합병을 서둘러야 하는가? 아이디어를 얻기 위해 www.firstlist.com과 www.dealstream.com을 방문하라.

1. **수평적 인수**(horizontal acquisition) 이는 매수기업과 같은 산업에 속한 기업을 인수하는 것이다. 이들 기업은 같은 제품 시장에서 서로 경쟁한다. 이 장의 Opening Case에서 논의한 Dr Pepper Snapple/Keurig Green Mountain 인수가 좋은 예이다. 전화회사인 T-Mobile과 Sprint의 합병 등 다른 예들도 쉽게 찾을 수 있다. 이러한 합병은 은행산업에서 흔하게 일어난다. 최근 예로는 BB&T와 SunTrust의 합병을 들 수 있다.
2. **수직적 인수**(vertical acquisition) 수직적 합병은 생산과정이 상이한 단계에 있는 기업들과 관련된다. 항공사의 여행사 인수는 수직적 인수이다. 예를 들면, 2018년 말에 마무리된 CVS Health/Aetna 합병은 제약도매업체와 건강보험회사의 합병이다.
3. **복합적 인수**(conglomerate acquisition) 매수기업과 대상기업이 사업분야에서 서로 관련이 없을 때 이러한 합병을 복합적 인수라고 한다. 복합적 인수는 기술 관련 기업에서 자주 발생한다. 예를 들면, 지금은 Alphabet의 자회사이지만 Google은 2003년부터 2019년 초까지 220개가 넘는 기업을 인수했다. 그래서 스마트폰에서 Google의 Android OS는 잘 알려져 있지만 Google이 2005년에 Android를 인수했다는 사실은 모를 수 있다.

테이크오버에 대한 주석

테이크오버(takeover)는 한 그룹의 주주로부터 다른 그룹의 주주에게로 기업 통제권의 이전을 지칭하는 일반적이고 포괄적인 용어이다. 테이크오버는 한 그룹이 다른 그룹으로부터 통제권을 가져갈 때마다 발생하며 인수, 위임장경쟁, 주식비공개화거래 중의 한 가지 방법을 통해서 일어날 수 있다. 그러므로 테이크오버는 인수보다 더 넓은 일련의 활동들을 망라한다. 이들 활동은 다음과 같이 나타낼 수 있다.

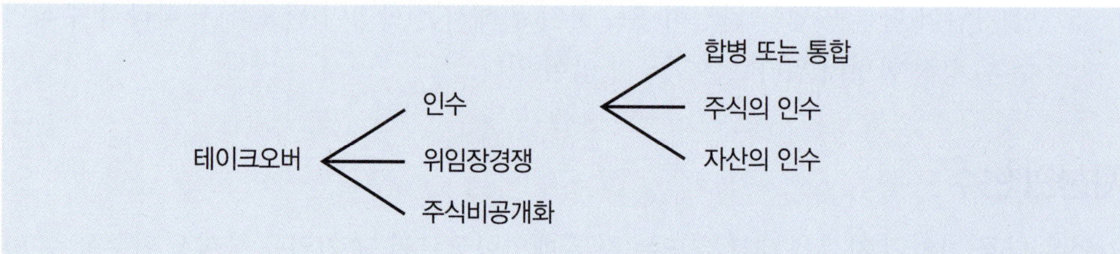

앞에서 언급했듯이 인수를 통한 테이크오버는 합병, 공개매수제안, 자산의 인수에 의해 일어난다. 합병과 공개매수제안에서 매수기업은 대상기업의 의결권주식을 매입한다.

테이크오버는 위임장경쟁을 통해서도 일어날 수 있다. **위임장경쟁(proxy contest)**은 한 그룹이 새로운 이사들을 선임하여 이사회를 장악하고자 할 때 발생한다. 위임장은 다른 사람을 대신하여 투표할 권리이다. 위임장경쟁에서 현재의 경영진에 불만족한 주주들이 나머지 주주들에게 위임장을 달라고 간청한다.

주식비공개화거래(going-private transaction)에서 소규모 투자자 그룹이 공개기업의 전체 주식을 매입한다. 보통 이 그룹에는 현 경영진의 일부는 물론 외부투자자도 포함된다. 주식매입을 위해 필요한 자금은 대부분 차입되기 때문에 주식비공개화거래는 일반적으로 **차입매수(leveraged buyout: LBO)**로 알려져 있다. 현재의 경영진이 주로 관련되어 있다면 이 거래는 **경영진매수**(management buyout: MBO)라고도 한다. 그 결과 기업의 주식은 거래소에서 상장폐지되어 공개시장에서 더 이상 거래되지 않는다.

LBO는 비교적 흔하며 규모가 아주 큰 경우도 있다. 예를 들면, 역사상 가장 규모가 큰 현금인수 중 하나(아마 가장 규모가 큰 단일 거래)는 담배와 식품 거대기업인 RJR Nabisco의 1989년 LBO이다. 그 인수가격은 무려 $306억에 달했으며, 대부분의 대규모 LBO에서처럼 이 경우에도 주로 정크본드 발행을 통해 인수자금을 조달했다(정크본드에 대한 논의는 제5장을 참조하라).

합병의 대안

기업들은 상호의 노력을 합치기 위해 반드시 합병할 필요는 없다. 두 개(또는 그 이상) 기업이 단순 협력하기로 협약을 맺을 수도 있다. 그들은 아마 다른 브랜드명으로 서로의 생산품을 팔 수 있으며, 새로운 생산품과 기술을 함께 개발할 수 있다. 기업들은 공동의 목표를 추구하기 위해 공식적 협약인 **전략적 제휴(strategic alliance)**를 할 수 있다. 더 공식적 협정으로는 두 기업이 공동출자하여 새로운 기업을 설립하는 **합작투자(joint venture)**가 있다. 예를 들면, Verizon Wireless는 Verizon Communication과 Vodafone이 합작투자로 설립된 기업이다.

21. 2 세금과 인수

한 기업이 다른 기업을 매입하는 거래에서 세금이 부과될 수도 있고 부과되지 않을 수도 있다. **과세인수**(taxable acquisition)에서는 대상기업의 주주가 자신의 주식을 매도한 것으로 간주되어 자본이득에 과세된다. **비과세인수**(tax-free acquisition)에서는 매도가 아니라 일종의 교환으로 간주되어 거래시점에는 자본이득이나 손실이 발생하지 않는다.

비과세의 일반적 요건은 인수가 세금회피를 위해서가 아니라 사업목적을 위한 것이며, 지분(equity interest)의 영속성이 있어야 한다는 것이다. 다시 말하면, 대상기업의 주주는 매수기업의 지분을 보유해야 한다.

비과세인수의 구체적 요건은 인수의 법적 형태에 달려 있지만, 일반적으로 인수기업이 매각기업에 현금을 제공한다면 이는 과세인수가 될 것이다. 대신에 주식을 제공한다면 이 거래는 일반적으로 비과세인수가 될 것이다.

비과세인수에서 매각기업의 주주는 자신의 주식을 동일 가치를 지닌 새로운 주식과 교환한 것으로 간주되므로 자본이득이나 손실은 발생하지 않는다.

자본이득효과(capital gains effect)는 과세인수에서 대상기업의 주주가 자본이득세를 내게 될 때 발생하는 효과를 말한다. 이로 인해 그들은 보상을 받기 위해 더 높은 가격을 요구할 수 있으며 합병의 비용은 증가하게 된다. 이는 과세인수의 경우에 발생하는 추가적 비용이 된다.

21. 3 인수에 대한 회계

2001년에 Financial Accounting Standards Board(FASB)는 매수자는 모든 인수를 회계상 매수법(purchase accounting method)으로 처리를 해야 한다고 결정하였다. 그 이전에는 다른 선택방법도 존재했었다. 여기서 우리는 순전히 회계관련 문제를 살펴보고 있다는데 유념하라. 합병이 재무적 보고목적을 위해 어떻게 취급되는지는 현금흐름에 아무런 영향을 미치지 않는다.

매수법에 의하면 대상기업의 자산은 매수기업의 장부에 공정시장가치(fair market value)로 보고되어야 한다. 그리고 영업권(goodwill)이라고 불리는 일종의 자산이 회계목적상 생성된다. 영업권은 매수가격과 인수된 순자산(자산에서 부채를 차감)의 추정가치와의 차이이다.

가령 기업 A가 기업 B를 인수하여 새로운 기업 AB를 설립한다고 가정하자. 인수일에 두 기업의 대차대조표가 표 21. 1의 상반부에 나타나 있다. 기업 A는 기업 B에 현금으로 $1,800만를 지불한다. 이 자금은 전액 부채발행을 통해서 조달된다. 장부상에 $800만로 나타나 있는 기업 B의 고정자산은 공정시장가치로는 $1,400만로 평가된다. 운전자본이 $200만이기 때문에 대차대조표에서 자산의 가치는 $1,600만이다. 따라서 기업 A는 이들 순자산의 추정가치를 초과하여 $200만를 지급하였다. 이 금액이 영업권에 해당한다.[1]

표 21. 1의 하반부 대차대조표에는 매수회계법하에서 새로운 기업 AB가 어떻게 나타나는가를 보여준다. 다음 사항을 주목하자.

1. 기업 AB의 총자산은 $3,800만로 증가한다. 고정자산은 $3,000만로 증가한다. 이는 기업 A의 고정자산과 기업 B의 재평가된 고정자산의 합($1,600만 + 1,400만 =$3,000만)과 같다.

표 21. 1

인수에 대한 회계:매수법(단위: $백만)

기업 A				기업 B			
운전자본	$ 4	자기자본	$20	운전자본	$ 2	자기자본	$10
고정자산	16			고정자산	8		
계	$20	계	$20	계	$10	계	$10

기업 AB			
운전자본	$ 6	부채	$ 18
고정자산	30	자기자본	20
영업권	2		
계	$38	계	$38

기업 B의 고정자산의 시장가치는 $1,400만이다. 기업 A는 부채를 발행하여 기업 B에 $1,800만를 지불한다.

1 대차대조표상에 실제로 나타나지 않는 종업원 재능, 단골고객, 성장기회, 기타 무형자산 등과 같은 자산을 포함한다. $200만의 초과분은 이들 자산을 위해 지급한 셈이다.

2. 매수가격에서 공정시장가치를 초과한 $200만는 대차대조표에서 영업권으로 보고된다.[2]

영업권에 대한 추가사항

지금 막 논의하였듯이 매수법은 일반적으로 영업권이라는 무형자산을 생성시킨다. 2001년 이전 지침은 기업이 이러한 영업권을 상각하도록 하고 있어 영업권은 일정 기간에 나누어 매년 비용으로 공제되었다. 본질적으로 영업권도 여타 자산과 마찬가지로 완전히 없어질 때까지 상각되어야 했다.

영업권의 상각이 현금흐름과 무관함에도 매수회계를 요구하기로 한 FASB의 결정은 많은 저항을 받았다. 이는 주로 영업권의 처리와 보고이익에 대한 그 영향에 기인한다. 마침내 2001년에 FASB는 영업권 상각의 요건을 폐지하고 새로운 절충안을 마련하였다. 새로운 규정에 따르면, 기업은 매년 대차대조표상 영업권의 가치를 평가해야 한다. 기업은 그 가치가 내려간다면(또는 회계용어로는 '감손'된다면) 그 감소분을 공제해야 하며 그렇지 않으면 상각할 필요가 없다.

21. 4 인수의 이득

인수로부터 얻을 수 있는 이득을 결정하기 위하여 인수로부터 증가하게 될 현금흐름이나 그 원천을 먼저 확인할 필요가 있다. 아주 광의로 말하자면, 기업의 인수가 의미가 있으려면 대상기업의 가치가 지금보다 인수 후 증가할 것이라고 믿을 어떤 확고한 이유가 필요하다. 예를 들면, 이 장의 Opening Case에서 논의한 Dr Pepper Snapple/Keurig Green Mountain 합병에서 2021년 말까지 매년 $6억 가치의 시너지가 창출될 것으로 기대되었다. 다음에서 보겠지만 시너지는 기업을 인수하는 여러 이유 중 하나이다.

시너지

기업 A가 기업 B의 인수를 심사숙고하고 있다고 가정하자. 합쳐진 기업의 가치가 개별기업 가치의 합보다 더 크다면 이 인수는 이득이 될 것이다. 합병기업의 가치를 V_{AB}라고 한다면, 합병이 의미가 있으려면 다음 조건이 만족되어야 한다.

여기서 V_A와 V_B는 각 기업의 가치이다. 따라서 성공적인 합병이 되기 위해서는 전체의 가치가 부분의 합을 초과해야 한다. 합쳐진 기업의 가치와 개별기업 가치의 합과의 차이가 인수로 인해 증가하는 순이득(ΔV)이다.

$$\Delta V = V_{AB} - (V_A + V_B)$$

ΔV이 양(+) 일 때 이 인수는 시너지(synergy)를 창출한다고 한다. 기업 A가 기업 B를 산다면, 기업 A는 V_B에 추가하여 이득 ΔV을 얻는다. 따라서 기업 A에 있어서 기업 B의 가치

2 매수가격이 추정된 공정시장가치보다 낮으면 어떻게 되는지 궁금해 할 수 있다. 일관성이 있으려면 회계사들이 불량영업권(ill will)이라는 부채계정을 만들어야 할 것으로 보인다. 이 경우에 공정시장가치는 하향 조정되어 매수가격과 같게 된다.

(V_B^*)는 다음과 같다.

기업 A에게 있어서 기업 B의 가치 = $V_B^* = \Delta V + V_B$

개별기업으로서 기업 B의 가치가 아니라 기업 A의 입장에서 기업 B의 가치라는 점을 강조하기 위하여 V_B^*에는 *가 붙어 있다.

V_B^*는 V_B와 ΔV의 추정을 통해서 결정될 수 있다. 기업 B가 공개기업이라면 그 시장가치(V_B)는 바로 관찰될 수 있다. 기업 B가 비공개기업이라면 그 가치는 공개되어 있는 유사기업들로부터 추정되어야 할 것이다. 어느 경우이든지 V_B^*의 가치를 결정하기 위해 ΔV의 가치를 먼저 알아야 한다.

인수로부터 증가하는 이득을 결정하기 위해서는 현금흐름이 얼마나 증가하는지를 알 필요가 있다. 이는 합쳐진 기업의 현금흐름에서 기업 A와 기업 B가 따로따로 창출할 수 있는 현금흐름을 차감하여 구할 수 있다. 다시 말하면, 합병의 가치를 평가하기 위한 현금흐름의 증분은 합쳐진 기업의 현금흐름과 두 개별기업의 현금흐름 합의 차이이다. 이러한 현금흐름증분을 ΔCF로 표기하기로 한다.

예제 21.1

시너지

기업 A와 기업 B는 자산위험과 영업위험에 있어서 서로 매우 유사한 경쟁기업이다. 두 기업 모두 순수자기자본만으로 구성된 기업이며, 세후 현금흐름은 영원히 연 $10이고, 자본비용은 10%이다. 기업 A는 기업 B의 인수를 고려하고 있다. 합쳐진 기업으로부터 발생하는 세후 현금흐름은 연 $21가 될 것이다. 이 합병은 시너지를 창출하는가? V_B^*는 얼마인가? ΔV는 얼마인가?

합쳐진 기업의 현금흐름($21)은 각 기업의 현금흐름의 합($20)보다 $1(ΔCF) 크기 때문에 시너지를 창출한다. 위험이 변하지 않는다고 가정하면, 합병기업의 가치는 $210(= $21/0.10)이다. 기업 A와 기업 B의 가치는 모두 다 $100(= $10/0.10)이므로 단순 합계는 $200이다. 따라서 합병으로부터 증가하는 이득(ΔV)은 $10=($210 − 200)가 된다. 기업 A에 있어서 기업 B의 총가치(V_B^*)는 $100(개별기업으로서 B의 가치)에 $10(이득)를 더한 $110이다.

이전 장들에서 논의한 바와 같이 현금흐름 증분(DCF)은 네 부분으로 구분될 수 있다.

ΔCF = ΔEBIT + Δ감가상각비 − Δ세금 − Δ자본지출
= Δ수익 − Δ비용 − Δ세금− Δ자본지출

여기서 Δ수익은 수익의 변동이며, Δ비용은 비용의 변동, Δ세금은 세금의 변동, Δ자본지출은 고정자산과 순운전자본의 변동이다.

이러한 구분에 따른다면, 이들 현금흐름 중에서 하나 이상이 합병으로 유리하게 영향을 받는 경우에만 합병이 의미가 있을 것이다. 따라서 합병과 인수로부터 얻을 수 있는 현금흐름의 혜택, 즉 시너지의 원천은 수익향상, 비용절감, 세금절감, 자본수요 감소의 네 부류로 나뉜다. 예를 들면, 2018년에 T-Mobile은 Sprint를 인수하면서 공급망 비용, IT, 청구서 발부, 후선업무 비용 등에서 연 $60억의 시너지가 예상된다고 하였다.

수익의 향상

인수를 하는 가장 중요한 한 이유는 합쳐진 기업이 두 개별기업보다 더 큰 수익을 창출할 수 있다는 점이다. 수익의 증가는 마케팅 이득, 전략적 혜택, 시장지배력 증가에 기인할 수 있다.

마케팅 이득 합병과 인수는 개선된 마케팅을 통하여 영업수익을 증대시킬 수 있다고 알려져 있다. 특히 다음과 같은 영역에서 개선이 있을 수 있다.

1. 기존의 비효율적 미디어 프로그램과 광고 노력
2. 취약한 기존 유통망
3. 불균형 제품믹스

전략적 혜택 전략적 이점을 확보하기 위한 인수도 있다. 이는 어떤 상황이 발생했을 때 경쟁적 환경을 활용할 수 있는 기회이다. 더 일반적으로는 전략적 혜택은 기업의 미래영업에 대한 경영 유동성의 제고 기회로 볼 수 있으며 이 경우는 일반적 투자기회라기 보다는 하나의 선택권에 더 가깝다.

예를 들면, 어느 재봉기계 제조업체가 자기의 기술을 다른 사업을 시작하는 데 사용할 수 있다고 가정하자. 원래 사업에서의 소형 전동기 기술은 소형 가전기기의 제조에 적용될 수 있다. 유사하게 소형 가전기기를 생산하면서 습득한 전자기술은 더 정교한 소비자제품의 제조에 응용될 수 있다.

교두보(beachhead)라는 단어는 포착된 기회를 활용하기 위해 새로운 산업에 들어가는 과정에서 '무형'의 관계로부터 새로운 기회를 만들기 위한 수단을 말한다. 예를 들면, Procter & Gamble사는 일회용 기저귀, 종이 타올, 생리대, 화장지 등 상호 연관된 종이제품을 개발하기 위한 교두보로 Charmin Paper사를 인수하였다.[3]

시장지배력 기업은 시장점유율과 지배력을 증대시키기 위하여 다른 기업을 인수할 수 있다. 이러한 합병에서는 가격상승과 경쟁완화로 이익이 향상될 수 있다.
물론 시장에서 경쟁을 심각하게 저해하는 합병은 미국 법무부(Department of Justice)나 연방거래위원회(Federal Trade Commission: FTC)로부터 독점금지법에 의거 조사를 받을 수 있다.

최근의 예로서, 2018년 3월에 오토딜러 관리시스템업체인 CDK Global은 Mate와의 합병이 FTC에 의해 거절되었다고 발표했다. 그 이유는 합병으로 통합회사의 시장지배력이 너무 커지면 (두 회사가 서로 경쟁업체로 남아있는 것보다) 오토딜러들에게 나은 서비스를 제공할 수 없기 때문이라고 하였다.

비용의 절감

합병의 근본 이유 중의 하나는 합쳐진 기업이 두 개별기업보다 더 효율적으로 영업할 수 있

3 이 예의 출처: Michael Porter, *Competitive Advantage* (New York: Free Press, 1985).

다는 것이다. 기업은 합병이나 인수를 통하여 여러 방법으로 영업효율성을 증대시킬 수 있다.

규모의 경제 규모의 경제(economy of scale)는 재화와 서비스의 생산에 들어가는 단위당 평균비용과 관련이 있다. 생산량이 증가할수록 단위당 생산비용이 떨어지면 규모의 경제가 존재한다.

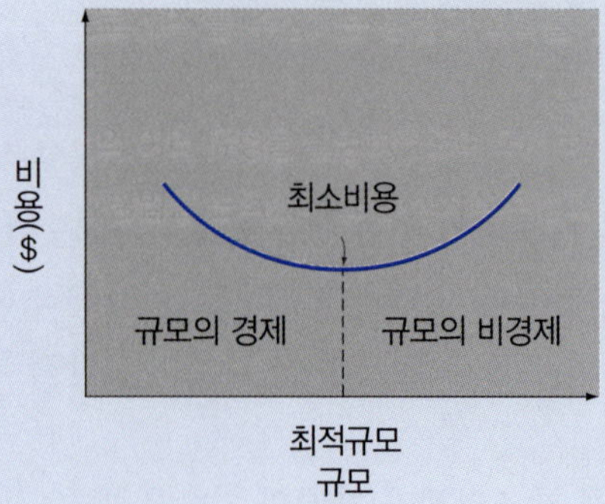

간접비 분담(spreading overhead)이라는 용어는 규모의 경제와 연관하여 빈번하게 언급된다. 이 표현은 본사, 최고경영진, 컴퓨터서비스 등과 같은 중앙시설의 공유를 말한다.

수직통합의 경제 수평적 결합은 물론 수직적 결합을 통해서도 영업의 경제성을 거둘 수 있다. 수직적 인수의 주된 목적은 밀접하게 연관된 영업활동을 더 조화롭게 조직화하기 위함이다. 대부분 산림업체가 제재소와 수송장비를 보유하는 이유는 아마 수직적 통합의 혜택을 위해서일 것이다. 또 이러한 수직통합의 경제(economy of vertical integration)는 일부 항공사가 왜 호텔과 렌터카 회사를 매입하는가를 설명해 준다.

기술이전은 기업이 수직적 통합을 하는 또 다른 이유이다. 한 기업의 기술을 획득하기 위한 가장 쉽고 빠른 방법은 종종 그 기업을 단순히 사는 것일 수 있다. 이러한 원리는 특히 첨단산업에서 흔하다.

자원의 상호보완 기존 자원의 활용도를 높이거나 부족한 요소를 보완하기 위한 인수의 경우도 있다. 예를 들면, 스키 장비 상점은 테니스 장비 상점과 합병함으로써 겨울철과 여름철에 고른 매출을 올리고 상점공간도 효율적으로 이용할 수 있다.

세금의 절감

세금이득이 강력한 인센티브가 될 수 있는 인수들도 있다. 인수로부터 얻을 수 있는 세금혜택은 다음과 같다.

1. 세금손실의 사용
2. 미사용 차입여력의 이용
3. 잉여자금의 사용
4. 감가상각 자산의 평가증(write-up)

순영업손실 세전 기준으로 손실을 본 기업은 세금을 내지 않는다. 이러한 기업은 **순영업손실(net operating loss: NOL)**이라고 불리는 세금손실(tax loss)을 보게 된다.

순영업손실이 있는 기업은 세금채무를 많이 안고 있는 기업의 합병 상대방으로 매력적일 수 있다. 다른 영향이 없다면, 합쳐진 기업은 두 기업이 따로따로 고려될 때보다 세금을 덜 낼 것이다. 이는 기업의 가치가 합병으로 어떻게 증가할 수 있는가에 대한 좋은 예이다.

NOL의 사용에 있어서 다음의 두 가지 제한이 있다.

1. 미국 연방세법은 기업이 손실이월(loss carryforward) 조항을 통하여 이익과 손실을 고르게 조정할 수 있도록 허용한다(손실환급(loss carryback) 조항은 2017년에 폐지되었다). 따라서 미사용 세금혜택을 활용하려는 합병에서 기업은 이월을 통하여 달성할 수 있는 세금절감 이상을 달성할 수 있어야 한다.[4]
2. 미국 국세청은 그 주된 목적이 공제를 얻어 연방세금을 회피하려는 인수는 허용하지 않는다.

미사용 차입여력 일부 기업은 자신이 조달할 수 있는 최대한도의 부채를 사용하지 않는다. 이로 인해서 이들은 잠재적 인수후보가 되기도 한다. 부채의 증대는 세금의 절감으로 이어지며, 또한 인수자금이 부채로 조달되는 경우도 많이 있다. 인수기업은 신규 발행되는 부채에 대한 이자를 공제받음으로써 세금을 줄일 수 있다.

잉여자금 세법에서 또 다른 애매한 점은 잉여자금과 관련된다. 세금을 모두 내고 NPV가 양(+)인 프로젝트를 모두 택한 후에도 잉여현금이 남아있는 기업을 생각해 보자. 이러한 상황에서 기업은 고정수익증권의 매입 이외에 다음과 같은 방법으로 잉여현금을 사용할 수 있다.

1. 배당지급
2. 자사주매입
3. 다른 기업의 주식취득

처음 두 방법은 제16장에서 논의했다. 특별배당은 일부 투자자의 소득세를 증가시킬 것이다. 자사주매입은 배당지급보다 주주가 지급해야 할 세금을 줄여주지만 세금회피가 그 유일한 목적이라면 법적 선택이 될 수 없다.

기업은 대안으로 다른 기업을 매입할 수 있다. 이렇게 함으로써 기업은 배당지급과 연관

---

4 특히 합병이나 유사합병 거래에 관한 세금규정은 많은 복잡한 조항을 담고 있다.

된 세금문제를 피할 수 있다. 또한 합병으로 매입한 기업으로부터 받는 배당은 비과세이다.

자본수요의 감소

모든 기업은 효율적 수준의 영업활동을 지속하기 위해서 운전자본과 고정자산에 투자를 해야 한다. 합병으로 인하여 두 기업에 필요한 투자총액은 줄어들 수 있다. 예를 들어, 기업 A는 생산시설의 확장이 필요하며 기업 B는 상당한 초과생산능력을 보유하고 있다고 하자. 기업 A는 새로 공장을 짓는 것보다 기업 B를 사는 것이 훨씬 더 저렴할 수 있다.

게다가 인수기업은 기존자산을 더 효과적으로 관리하는 방법을 알고 있을 수 있다. 즉, 현금, 매출채권, 재고자산 등의 효율적 관리를 통해 운전자본을 줄일 수 있다. 마지막으로 인수기업은 합쳐진 기업에서는 필요 없는 자산을 매각할 수도 있다.

기업은 합병의 이유로 종종 여러 가지를 열거한다. 예를 들면, 2012년 7월에 NRG Energy와 GenOn Energy의 합병으로 미국에서 가장 거대한 전력회사가 탄생하였다. 두 기업은 이 합병으로부터 다음과 같은 시너지로 인하여 연 $3억의 비용이 절감될 것이라고 발표했다.

- 일반관리비 $1억7,500만 절감
- NRG의 *FOR*NRG 프로그램 하에서 영업시너지로 인해 연 $2,500만 절감
- 이자감소와 담보혜택으로 $1억 절감, 최소 $10억의 부채 축소

이들 시너지의 대부분은 영업비용과 자본비용의 절감 형태로 나타나며, 따라서 규모의 경제와 자본수요의 감소가 그 주된 원동력이었음을 주목할 필요가 있다.

실수의 방지

잠재적 인수의 혜택을 평가하는 것은 일반적 자본예산의 분석보다 더 어렵다. 그 이유는 가치의 많은 부분이 계량화가 어려운 무형의 혜택으로부터 발생하기 때문이다. 결과적으로 오류의 여지가 많이 생긴다. 따라서 다음의 일반적 규칙을 기억하고 있어야 한다.

1. **시장가치를 무시하지 마라** 공개기업의 가치는 직접 관찰할 수 있으므로 그 가치를 추정하는 것은 별 이득이 없다. 현재 시장가치는 (현재 경영진하에서) 기업가치에 대한 투자자의 통일된 의견을 반영한다. 따라서 이 가치를 출발점으로 사용하라. 만약 비공개기업이라면 유사한 공개기업을 확인할 필요가 있다.
2. **현금흐름의 증가분을 추정하라** 인수로부터 현금흐름이 얼마나 증가할 것인지를 추정하는 것은 중요하다. 인수기업의 가치증가는 인수로부터 현금흐름의 증가를 통해서만 이루어진다. 따라서 인수의 분석은 새로 창출되는 현금흐름의 증가분에 초점을 두어야 한다.
3. **올바른 할인율을 사용하라** 할인율은 인수와 연관된 현금흐름 증가분에 대한 요구수익률이어야 한다. 이는 자금의 원천이 아니라 자금의 사용과 연관된 위험을 반영해야 한다. 만일 기업 A가 기업 B를 인수하려 한다면, 기업 A의 자본비용은 별로 상관

이 없다. 기업 B의 현금흐름 위험을 반영하는 기업 B의 자본비용이 훨씬 더 적절한 할인율이다.

4. **거래비용을 인식하라** 인수는 상당한 (가끔 깜짝 놀랄 만한) 거래비용을 수반한다. 여기에는 투자은행에 지불하는 수수료, 법적 보수, 공시요구사항 등이 포함된다.

비효율적 경영진에 대한 주석

경영진의 변동으로 그 가치가 증가할 수 있는 기업들이 있다. 방만하게 경영되거나 자산의 비효율적 사용으로 주주가치 제고에 역행하는 기업들이 그러하다. 이러한 경우에 합병은 경영진을 교체하는 수단이 된다.

기업이 경영진의 교체로부터 이익을 볼 수 있다고 해서 기존 경영진이 반드시 부정직하고 무능하거나 태만하다는 것은 아니다. 어떤 운동선수는 다른 운동선수보다 운동을 더 잘 하듯이 어떤 경영진은 다른 경영진보다 기업을 더 잘 경영한다. 이는 기술의 변화나 관습의 혁신이 일어나는 시기에 특히 그러하다. 여하간에 '기업사냥꾼(corporate raider)'이 방만하게 경영되는 기업 또는 경영진의 변동으로 이득이 되는 기업을 알아낼 수 있다면, 이들은 대상기업의 주주들과 사회 전체에 귀중한 서비스를 제공하는 셈이다.

21. 5 인수의 재무적 부수효과

지금까지 논의한 내용 이외에도 합병은 순수 재무적 부수효과를 초래하기도 한다. 이들 효과는 합병이 경제적으로 의미가 있든 없든 발생하며, 그중에서 EPS 성장과 다각화는 특히 주목할 필요가 있다.

EPS 성장

인수로 인하여 주당순이익(EPS)의 외견상 증가가 발생할 수 있다. 이로 인해 투자자는 기업이 실제보다 더 잘하고 있다는 착각에 빠질 수도 있다. 실제로 어떻게 되는지는 예를 통해서 살펴보면 가장 잘 알 수 있다.

Global Resources사가 Regional Enterprises사를 인수한다고 가정하자. 합병 전 이들 기업의 재무상태는 표 21. 2에 나타나 있다. 이 합병으로 인하여 어떤 추가적 가치가 창출되지 않는다고 가정하면, 합쳐진 기업(Regional사 인수 후의 Global Resources사)의 가치는 합병 전 개별기업의 가치의 합과 같다.

합병 전에 Global과 Regional의 발행주식수는 각각 100주이다. 그러나 Global의 주가는 $25인 반면에 Regional의 주가는 $10이다. 그러므로 Global은 자신의 주식 1주를 Regional의 주식 2.5주와 교환함으로써 Regional을 인수한다. Regional의 발행주식은 100주이기 때문에 Regional은 총 40주(= 100/2.5)의 Global 주식을 받게 된다.

합병 후 Global의 발행주식수는 140주가 될 것이며 다음 몇 가지 사항이 발생할 것이다(표 21. 2의 세 번째 열 참조).

표 21.2

Global Resources사와 Regional Enterprises사의 재무상태

	합병 전 Global Resources	합병 전 Regional Enterprises	합병 후 Global Resources	
			시장이 영리한 경우	시장이 속은 경우
주당순이익	$ 1	$ 1	$ 1.43	$ 1.43
주가	$ 25	$ 10	$ 25	$ 35.71
주가이익비율	25	10	17.5	25
발행주식수	100	100	140	140
총이익	$ 100	$ 100	$ 200	$ 200
총가치	$2,500	$1,000	$3,500	$5,000

교환비율: Global사 1주 대 Regional사 2.5주

1. 합쳐진 기업의 시장가치는 $3,500이며, 이는 합병 전 개별기업 가치의 합과 같다. 시장이 영리하다면 합쳐진 기업의 가치가 개별기업 가치의 합과 같다고 깨달을 것이다.
2. 합쳐진 기업의 주당순이익은 $1.43이다. 인수로 인해 Global의 주당순이익은 $1에서 $1.43로 43% 증가하게 된다.
3. 합병 후 Global의 주가는 합병 전과 같기 때문에 주가이익비율은 떨어져야 한다. 이는 시장이 총시장가치는 합병으로 변하지 않는다고 인식하는 한 사실이다.

만약 시장이 속는다면, 시장은 주당이익의 43% 성장을 실제 성장으로 오인할지 모른다. 이 경우에 Global의 주가이익비율은 합병 후에 떨어지지 않을 수 있다. 가령 Global의 주가이익비율이 여전히 25라고 가정하자. 합쳐진 기업의 이익은 $200이기 때문에 합쳐진 기업의 가치는 $5,000(= 25 × $200)로 증가할 것이다. 따라서 Global의 주가는 $35.71 (= $5,000/140)로 오를 것이다.

이러한 이익의 증가는 마술과 흡사하다. 모든 훌륭한 마술처럼 이 역시 눈속임에 불과하다. 이익의 증가가 실제로 가능하기 위해서는 Global과 Regional의 주주들이 공짜로 어떤 것을 얻어야 하는데, 물론 이는 이렇게 간단한 눈속임으로는 불가능할 것이다.

다각화

다각화(diversification)는 합병의 혜택으로 흔히 언급된다. 문제는 다각화 자체가 가치를 창조하지는 않는다는 점이다.

제11장으로 거슬러 올라가서, 다각화 또는 분산투자가 비체계적 위험을 줄인다는 것을 기억해 보자. 또한 자산의 가치는 체계적 위험에 달려있으며, 체계적 위험은 다각화에 의해 직접적 영향을 받지 않는다는 것을 알고 있다. 비체계적 위험은 특별히 중요하지 않기 때문에 이를 줄인다고 해도 별다른 이득은 없다.

다각화가 왜 합병의 중요한 혜택이 못 되는지를 보기 위해 합병을 추진 중인 두 기업의 주식을 모두 소유한 어떤 투자자를 생각해 보자. 이 주주는 두 기업에 이미 분산투자하고 있는 셈이다. 그러므로 이 합병은 주주가 스스로 할 수 없는 어떤 것을 가져다주지는 않는다.

더 일반적으로 말하면, 주주는 다른 기업의 주식을 매수함으로써 자신이 원하는 분산효과를 거둘 수 있다. 그러나 합병으로부터 다각화는 합쳐진 기업이 집중력을 잃고 핵심사업

에 적절히 몰두할 수 없다면 주주에게 실제로 손해가 될 수 있다. 반면에 합병 후 자본의 내부할당이 나아진다면 다각화는 득이 될 수 있다.

21.6 인수비용

지금까지는 인수에 따른 주요 혜택을 논의했다. 이제 합병의 비용에 대해서 논의하기로 하자. 먼저 앞서 학습한 바와 같이 합병으로 인해 증가하는 순이득은 다음과 같다.

$$\Delta V = V_{AB} - (V_A + V_B)$$

또한 기업 A에 있어서 기업 B의 총가치(V_B^*)는 다음과 같았다.

$$V_B^* = V_B + \Delta V$$

$$\text{NPV} = V_B^* - \text{기업 A가 지불하는 인수비용} \quad [21.1]$$

이를 설명하기 위해 기업 A와 기업 B에 대한 합병 전 정보가 다음과 같다고 가정하자.

	기업 A	기업 B
주가	$20	$10
주식주	25	10
총 시장가치	$500	$100

두 기업 모두 100% 자기자본으로 구성된 기업이다. 인수로 인한 가치의 증가분(ΔV)은 $100로 추정된다.

기업 B의 이사회는 기업 A가 현금이나 주식으로 $150를 지불한다면 매각에 동의하기로 하였다. 기업 B가 요구하는 가격은 두 부분으로 구분된다. 첫 번째 부분은 개별기업으로서 $100의 가치이며, 이는 기업 B가 받아야 하는 최소한의 가치이다. 두 번째 부분은 합병프리미엄으로 불리는 $50이며, 이는 개별가치를 초과하는 부분이다.

기업 A는 기업 B를 인수해야 하는가? 현금 또는 주식 중에서 어떤 수단으로 지불해야 하는가? 이에 답하기 위해서는 각 대안하에서 인수의 NPV를 계산하여 비교해 볼 필요가 있다. 먼저 기업 A에 있어서 기업 B의 가치는 다음과 같다.

$$\begin{aligned} V_B^* &= \Delta V + V_B \\ &= \$100 + 100 = \$200 \end{aligned}$$

따라서 기업 B를 인수함으로써 기업 A가 얻게 되는 총가치는 $200이다. 그러면 기업 A는 얼마나 많이 양보하여야 하는가? 대답은 지불수단(means of payment)으로 현금과 주식 중에서 어느 것을 사용하느냐에 달려있다.

현금인수의 경우

현금인수에서는 지불수단으로 사용되는 현금이 바로 인수비용이다. 그래서 기업 A가 기업 B의 모든 주식을 매입하기 위해 현금으로 $150를 지불한다면, 기업 B를 인수하는 데 드는 비용은 $150이다. 현금인수의 NPV는 다음과 같다.

$$\begin{aligned} \textbf{NPV} &= (V_B^* - \text{Cost}) \\ &= \$200 - 150 = \$50 \end{aligned}$$

따라서 이 인수는 이득이 된다.

합병 후 기업 AB 의 발행주식수는 여전히 25주가 될 것이다. 합병 후 기업 A의 가치는 다음과 같다.

$$\begin{aligned} V_{AB} &= V_A + V_B^* - \text{Cost} \\ &= \$500 + 200 - 150 \\ &= \$550 \end{aligned}$$

이는 합병 전의 가치 $500와 NPV $50의 합이다. 합병 후의 주가는 $22(= $550/25)가 되어 기업 A의 주주는 주당 $2의 이득을 보게 된다.

주식인수의 경우

주식이 지불수단으로 사용될 때는 상황이 다소 복잡하다. 현금합병에서 기업 B의 주주는 자신의 보유주식과 교환으로 현금을 받으며 더 이상 기업에 관여하지 않는다. 따라서 앞서 보았듯이, 이 경우에 인수비용은 기업 B의 주주에게 지불하는 현금이다.

주식합병에서는 어떠한 현금도 실제로 수수되지 않는다. 대신에 기업 B의 주주는 합병기업의 새로운 주주로 합류하게 된다. 이 경우에 합병기업의 가치는 합병 전 두 기업의 가치와 합병으로부터 이득 증가분(ΔV)의 합과 같을 것이다.

$$\begin{aligned} V_{AB} &= V_A + V_B + \Delta V \\ &= \$500 + 100 + 100 \\ &= \$700 \end{aligned}$$

기업 B에 $150 가치의 주식을 제공하기 위해서 기업 A는 7.5주(= $150/20)를 추가 발행하여야 한다. 합병 후에 발행주식수는 32.5주(= 25 + 7.5)가 되며, 주가는 $21.54(= $700/32.5)가 될 것이다.

주식인수에서 합병 후의 주가가 더 낮음에 주목하자. 그 이유는 기업 B의 주주도 새로운 기업의 주식을 소유하게 된다는 사실과 관련이 있다.

기업 A는 기업 B에 $150를 지급한 것처럼 보이지만 실제로는 그보다 더 많이 지급했다. 이는 기업 B의 주주도 합병기업의 주식 7.5주를 소유하게 되기 때문이다. 합병 후 이들 주식의 주당 가치는 $21.54이다. 따라서 기업 B의 주주가 받은 대가의 총가치는 $161.55(= 7.5 $21.54)이다.

이 $161.55가 매도자가 실제로 받게 되는 사실상의 인수비용이다. 기업 A에 있어서 합병의 NPV는 다음과 같다.

$$\begin{aligned} \textbf{NPV} &= V_B^* - \text{비용} \\ &= \$200 - 161.54 = \$38.46 \end{aligned}$$

이를 확인하기 위해 합병 전 기업 A의 발행주식수는 25주며, 주당가치는 $20였음을 상기해보라. 기업 A에게 있어서 $38.45의 이익은 주당으로는 $1.54(= $38.45/25)가 된다. 따라서 주가는 $21.54로 상승해야 하며, 이는 앞에서 이미 계산한 수치와 같다.

이 예에서는 현금인수가 주식인수보다 더 낫다. 그 이유는 현금인수에서는 기업 A가 NPV $50를 모두 가져가게 되기 때문이다. 반면에 주식인수에서는 기업 B의 주주가 기업 A의 새로운 주주로 합류하기 때문에 그 NPV를 나누어 가지는 셈이 된다.

현금 대 주식

합병의 지불수단이 현금 또는 주식인지의 구분은 중요하다. 현금이 사용되면 인수비용은 합병이익의 공유 없이 정해진다. 다른 조건이 같다면 주식이 사용되면 인수비용이 더 들어간다. 그 이유는 기업 A의 주주는 합병이익을 기업 B의 주주와 나누어 가져야 하기 때문이다. 물론 인수의 NPV가 음(−)이라면 그 손실도 두 기업이 나누어 분담하게 된다.

기업이 인수를 현금 또는 주식으로 해야 하는지는 다음과 같은 여러 요인에 달려있다.

1. **이득분담** 현금인수에서는 매각기업의 주주는 합병의 잠재적 이익에 참여하지 못한다. 물론 합병이 성공적이지 않다면 그 손실도 부담하지 않을 것이며, 따라서 인수기업의 주주는 주식인수의 경우보다 더 손해를 보게 된다.
2. **세금** 현금인수는 보통 과세거래가 된다. 주식교환을 통한 인수는 일반적으로 비과세된다.
3. **지배력** 현금인수는 인수기업의 지배력에 영향을 미치지 않는다. 의결권주식의 교환을 통한 인수는 인수기업의 지배력에 영향을 줄 수 있다.

연간 거래 건수로 볼 때, 현금인수가 주식인수보다 훨씬 더 흔하다. 거래금액으로 볼 때도 그 차이는 작지만 마찬가지이다. 그 이유는 아주 대규모 거래에서는 주식인수가 더 흔하기 때문이다.

21.7 방어전술

대상기업의 경영자가 인수시도에 저항하는 경우가 자주 있다. 이러한 저항은 종종 경영진이 견해를 언론에 발표하고 주주들에게 우송함으로써 시작되며 결국에 가서는 법적 소송과 경쟁입찰 요청으로 이어질 수 있다. 인수를 저지하려는 경영진의 조치로 입찰기업이 더 높은 프리미엄을 제안하게 된다면 대상기업의 주주는 더 이익을 볼 수도 있다.

물론 경영진의 저항은 주주를 희생하여 자신의 이익을 추구하려는 것으로 비추어질 수도 있다. 이는 논쟁의 여지가 있는 주제이다. 경영진의 저항으로 주주들이 궁극적으로 훨씬 많은 금액을 받을 수도 있지만 때로는 모든 인수시도를 막아버려 주주들에게 해가 되기도 한다.

이 절에서는 대상기업의 경영진이 비우호적 인수시도에 대항하기 위해 사용하는 다양한 방어전술(defensive tactic)을 살펴본다. 이들 전술은 아직 관련 법률이 미비하여 불법적이거나 부적합한 것으로 여겨질 수 있다.

기업헌장

기업헌장(corporate charter)은 정관(articles of incorporation)과 기업내규(corporate bylaw)로 구성되며 기업의 지배구조를 규정한다. 여기에는 인수를 허용하는 조건도 포함되어 있다. 기업은 인수를 더 힘들게 하려고 기업헌장을 빈번하게 개정한다. 예를 들면, 통상적으로 주주들의 2/3(67%)가 합병을 승인해야 한다. 기업은 인수를 막기 위해 이 비율을 80% 이상으로 변경할 수 있다. 이러한 변경을 **초다수개정**(supermajority amendment)이라고 한다.

다른 방안으로는 이사회 구성원의 선출에 시차를 두는 것이다. 이는 새로운 이사진을 한꺼번에 선출하기 힘들게 한다. 이러한 이사진을 교차이사진(classified board)이라고 부른다.

자사주매입과 정지협약

대상기업의 경영자는 **정지협약**(standstill agreement)을 맺으려 할 수 있다. 정지협약은 매수기업이 대상기업의 지분소유에 제한을 두도록 하는 계약이다. 이러한 협약이 성사되면 인수시도는 보통 끝나게 된다.

정지협약은 종종 **목표자사주매입**(targeted repurchase)의 실시와 동시에 일어난다. 목표자사주매입에서 기업은 개인투자자의 보유주식 일부를 상당한 프리미엄을 주고 매입한다. 이 프리미엄은 비우호적 인수시도를 막기 위해 잠재적 입찰자에게 지불하는 대가로 볼 수 있다. 이를 일종의 뇌물로 보아 **그린메일**(greenmail)이라고 비판하는 사람들도 있다.

독약조항과 주식인수권플랜

속칭 **독약조항(poison pill)**은 인수시도를 물리치기 위해 고안된 전술이다. 이 용어는 첩보용어로부터 유래한다. 조직원은 생포되기보다는 청산가리를 삼키도록 훈련되어 있다. 이는 아마도 적들이 심문을 통해서 중요한 비밀을 얻지 못하도록 하기 위함일 것이다.

마찬가지로 흥미진진한 기업재무의 세계에서도 독약조항은 매수자가 기꺼이 재무적 자살을 선택하지 않는 한 경영진의 동의 없이 인수를 불가능하게 하기 위해 고안된 재무적 장치이다.

미국에서 대다수 대기업은 **주식인수권플랜(share rights plan: SRP)** 또는 유사한 형태의 독약조항을 채택하고 있다. SRP는 기업마다 그 상세내용이 아주 다르며 여기서는 일반적 형태만 살펴보자. 일반적으로 SRP를 채택하는 기업은 기존 주주에게 주식인수권을 나누어 준다. 이러한 권리는 주주가 정해진 가격으로 주식(또는 우선주)을 살 수 있도록 해준다.

SRP를 통해 발행된 인수권은 여러 가지 색다른 특징을 지니고 있다. 먼저, 인수권이 심외가격(well out of the money)이 되도록 권리의 행사가격이 보통 아주 높게 설정된다. 인수권은 보통 10년 동안 유효하며 행사가격은 10년 후의 주가에 대한 추정치이다.

게다가 일반 주식인수권과는 달리 이 인수권은 즉시 행사할 수 없으며 주식과 분리되어 매매될 수 없다. 또한 경영진은 이 권리를 언제든지 취소할 수 있으며 종종 1센트와 같은 적은 금액으로 되살 수 있다.

하지만 어떤 상황에서 인수권이 '발동'되면 사태는 재미있어진다. 그렇게 되면 인수권은 행사될 수 있으며, 주식과 분리되어 매매될 수 있고, 쉽게 취소되거나 상환될 수 없다. 이러한 상황은 누군가가 보통주의 20%를 인수하거나 공개매수제안을 발표할 때 전형적으로 발생한다.

인수권이 발동되면 바로 행사될 수 있지만 이러한 사실 자체는 행사가격이 워낙 높으므로 큰 의미는 없다. 대신에 인수권의 다른 특징들이 발현되기 시작한다. 그 중에서 가장 중요한 것이 **플립인 조항**(flip-in provision)이다.

플립인 조항은 약에 포함된 '독'에 해당한다. 비우호적 인수시도가 발생하면 인수권 소지자는 행사가격을 지불하고 그 가격의 두 배에 해당하는 대상기업의 주식을 받을 수 있다. 다시 말하면 인수권 소지자는 대상기업의 주식을 반값으로 살 수 있다. 동시에 기업사냥꾼(또는 인수자)이 소유한 인수권은 무효가 된다. 이 플립인 조항의 목표는 기업사냥꾼의 소유지분을 완전히 희석화하는 것이다.[5]

SRP와 연관하여 발행된 인수권은 독약조항으로 볼 수 있다. 강압적 합병시도가 인수권을 발동시킬 것이기 때문이다. 그렇게 되면 대상기업의 주주는 자기기업의 주식을 사실상 절반 값으로 살 수 있다. 이로 인해 대상기업의 주주는 지분을 훨씬 많이 보유하게 되며 매수자의 합병비용은 크게 상승하게 된다.

플립인 조항은 누군가가 지분매입을 통해 기업의 통제권을 장악하려는 시도를 막기 위한 조항이라기보다는 단지 인수비용을 크게 상승시키는 작용을 할뿐이다.

독약증권의 의도는 입찰자가 경영진과 협상하지 않을 수 없도록 하는 것이다. 따라서 종종 대상기업은 인수권을 취소한다는 조건의 합병제안을 받는다.

최근에는 새로운 가지각색의 독약조항이 등장하고 있다. 예를 들면, 캐나다에서는 흔하지만 미국에서는 생소한 '츄어블 조항(chewable pill)'은 주주가 투표로 발행하고 상환할 수 있는 조항이다. 또한 '데드핸드 조항(deadhand pill)'이라는 조항은 이를 발행한 이사들이나 그들의 지정 후임자들만 그 조항을 없앨 권한이 있다. 이러한 유형의 조항은 주주에 의해 선출된 새로운 이사들이 기존 독약조항을 사실상 제거할 수 없다는 점에서 논란의 소지가 있다.

주식비공개화와 차입매수

이전에 논의했듯이, 주식비공개화(going private)는 기존 경영진의 일부가 포함되어 있을 수도 있는 사적인 집단이 기업의 공개주식을 모두 인수함으로써 발생한다. 그 결과로 기업의 주식은 시장에서 더 이상 거래되지 않는다(상장주식의 경우에는 상장폐지가 된다).

주식비공개화의 결과로 공개주식이 존재하지 않으므로 공개매수제안을 통한 인수는 더 이상 일어날 수 없다. 이런 의미에서 LBO(또는 더 구체적으로는 MBO)는 인수방어가 될 수

5 '플립오버(flip-over)' 조항을 포함하고 있는 플랜들도 있다. 이 조항은 인수권의 소지자가 합병기업(merged company)의 주식을 반값에 살 수 있도록 한다.

있다. 그러나 이는 단지 경영진 입장에서의 방어이다. 주주 입장에서는 자신의 주식을 상대방이 매수해버리기 때문에 LBO(차입매수)는 인수에 해당한다.

기타 장치와 기업인수의 특수용어

기업인수의 보편화로 새로운 용어들이 탄생하였다. 이들 다채로운 용어들을 특별한 순서 없이 살펴보기로 한다.

1. **황금낙하산**(golden parachute) 어떤 대상기업은 인수가 발생하면 최고경영진에게 보상을 제공한다. 예를 들면, 앞서 언급했던 T-Mobile/Sprint 합병에서 Sprint의 회장 Marcelo Claure와 T-Mobile의 CEO John Legere는 실직하면 각각 $6,150만와 $5,840만를 받기로 되어 있다. 황금낙하산의 반대는 '황금수갑(golden handcuff)'이다. 이는 인수된 후에도 대상기업의 중역들이 잔류하도록 고안된 인센티브 패키지이다.

   보는 관점과 지급액에 따라 다를 수 있지만, 황금낙하산은 경영진이 인수제안을 고려할 때 자신의 복지보다는 주주의 이익에 더 관심을 쏟도록 하기 위해 경영진에게 제공되는 보상으로 여겨질 수 있다.
2. **독약풋**(poison put) 독약풋은 앞서 설명한 독약조항의 한 변형이다. 기업으로 하여금 어떤 정해진 가격에 증권을 되사게 하는 조항이다.
3. **왕관보석**(crown jewel) 기업은 인수의 위협에 직면하게 될 때 주요 자산인 왕관보석을 팔거나 팔겠다고 위협하곤 한다. 이는 '초토화(scorched earth)' 전략이라고도 한다. 이 전술은 종종 록업(lockup)과 관련되며, 이에 대해서는 아래에서 논의될 것이다.
4. **백기사**(white knight) 비우호적 합병제안에 직면해 있는 기업은 다른 우호적 기업에게 자신을 인수하도록 요청할 수 있다. 자신의 기업을 구해주는 이러한 우호적 기업을 백기사라고 한다. 다른 대안으로 기업은 우호자에게 상당수의 주식을 취득해 주도록 요청할 수 있다. 이들 유형의 우호적 거래에 관련된 개인, 기업, 뮤추얼펀드 등을 백지주(white squire) 또는 큰형(big brother)이라고 한다. 백기사 등은 가끔 예외적 조건을 부여받거나 그렇지 않으면 보상을 받는데 이를 화이트메일(white mail)이라고 한다. 예를 들면, Lundin Mining이 Nevsun Resources에 주당 C$4.75에 적대적 인수를 시도하자 Nevsun은 백기사를 찾게 되었다. 결국 2018년 9월에 Ziijin Mining Group이 Lundin의 제안보다 훨씬 높은 가격인 주당 C$6에 Nevsun을 인수하기로 하였다.
5. **록업**(lockup) 록업은 우호적 인수자(아마 백기사)에게 부여된 옵션으로, 비우호적 인수가 발생하는 경우 정해진 가격에 대상기업의 주식이나 자산의 일부(아마 왕관보석)를 살 수 있는 권리이다.
6. **상어퇴치규정**(shark repellent) 상어퇴치규정은 원하지 않는 합병제안을 좌절시키기 위해 고안된 어떤 전술(예를 들면, 독약조항)을 지칭한다.
7. **곰포옹**(bear hug) 곰포옹은 아주 매력적으로 고안되어서 대상기업의 경영진이 도

저히 받아들이지 않을 수 없는 비우호적 인수제안을 말한다. 예를 들면, 2018년 9월에 프랑스 보험회사 Covea Group은 재보험회사 Scor SE를 인수하기 위해 83억 유로($96억)의 곰포옹 제안을 하였다.

8. **공정가격조항**(fair price provision) 공정가격조항은 주식 매도 시 모든 주주는 매수자로부터 동일 가격을 받아야 한다는 규정이다. 이 조항은 '2단(two-tier)' 제안을 방지해 준다. 2단 제안에서 매수자는 통제권 획득에 필요한 일정 수의 주식을 확보할 때까지만 프리미엄 가격을 제안하고 잔여주식에 대해서는 낮은 가격을 제안한다. 이러한 제안으로 주주들은 더 나은 가격을 받으러 한쪽으로 몰릴 수 있다.
9. **이중자본화**(dual class capitalization) 이전 장에서 Alphabet과 같은 기업은 발행주식(보통주)이 한 종류 이상이며, 그 의결권은 일반인이 보유하지 않은 주식의 종류에 집중되어 있음을 보았다. 이와 같은 자본구조하에서는 비우호적 매수자의 통제권 획득은 불가능할 것이다.
10. **역공개매수제안**(countertender offer) 역공개매수제안은 '팩맨(Pac-man)' 방어로 더 잘 알려져 있으며, 대상기업이 비우호적 인수시도에 대응하기 위해 도리어 매수기업을 사겠다고 하는 제안이다. 이 전술은 일반적으로 대상기업의 규모가 매수기업을 사기에는 너무 작아서 실제로는 거의 사용되지 않는다.

21.8 인수에 관한 일부 증거: M&A는 이익이 되는가?

M&A에서 가장 논란이 되는 이슈 중의 하나는 인수합병이 주주에게 이득이 되는지에 관한 것이다. 매수기업과 대상기업의 주가에 대한 인수합병의 영향을 조사하기 위한 많은 연구가 이루어져 왔다. 이들 연구는 합병의 발표시점 전후 주가의 변화를 살펴본다.

한 가지 분명한 결론은 M&A가 대상기업의 주주에게는 이득이 된다는 것이다. 이에 대해서는 특별한 설명이 필요치 않다. 매수자가 전형적으로 지급하는 프리미엄이 바로 대상기업 주주의 이득에 해당하며 그 규모는 종종 20%를 넘는다.

매수기업의 이득에 관해서는 확실하지 않으며 연구마다 그 결론이 다르다. 그러나 한 가지 분명한 점은 매수기업의 주주는 최소한 평균적으로는 큰 이익이나 손해를 보지 않는다는 것이다. 이러한 연구 결과는 다소 의외이며, 다음과 같은 여러 가지 설명이 가능하다.

1. 합병이득이 예상대로 정확히 달성되지 않을 수 있으며, 이 경우 주주는 손해를 본다. 이는 매수기업의 경영자가 합병의 이득을 과대평가하는 경향이 있다면 발생할 수 있다.
2. 매수기업은 보통 대상기업보다 규모가 훨씬 크다. 따라서 매수기업의 이득은 대상기업의 이득과 금액상으로 비슷하더라도 비율상으로는 훨씬 낮을 수 있다.
3. 매수기업의 주가수익률이 낮은 또 다른 이유로는 경영진의 인수시도가 주주의 이익을 위함이 아닐 수 있다는 것이다. 아마도 경영진은 주가가 다소 하락하더라도 기업의 규모를 키우는데 더 관심을 가졌을 수 있다.

4. 인수시장이 충분히 경쟁적이라면 인수가격은 피인수기업의 가치를 정확히 반영하기 때문에 인수의 NPV는 0이 된다. 다시 말하면, 매도자가 모든 이득을 취하게 된다.
5. 마지막으로, 인수발표가 매수기업에 대한 새로운 정보를 담고 있지 않을 수 있다. 이는 기업이 특정 인수를 발표하기 훨씬 전부터 합병 '프로그램'을 추진한다는 계획을 자주 밝히기 때문이다. 이 경우에 매수기업의 주가에는 합병으로부터의 예상이득이 이미 반영되어 있을 수 있다.

21.9 사업분할과 구조조정

합병이나 인수와는 반대로 **사업분할(divestiture)**은 기업이 상대방에게 자산, 영업, 사업부, 부문 등을 매각하는 것이다. 사업분할은 M&A 활동의 중요한 부분이다. 한 기업의 인수는 결국 상대방 기업의 사업분할에 해당한다. 또한 합병 후 어떤 자산이나 부문의 매각은 매우 흔하다. 이러한 매각은 독점금지법에서 요구되거나 합병대금 마련을 위해 또는 단순히 인수자가 원하지 않기 때문에 필요할 수도 있다.

인수합병과는 무관하게 기업은 자신의 일부 사업을 매각할 수도 있다. 이는 특정 부문이 수익성이 없거나 전략적으로 잘 맞지 않을 때 발생하며 수익성이 높은 영업을 현금화하기 위함일 수도 있다. 마지막으로, 현금이 부족한 기업이 자금 마련을 위해 자산을 팔아야 할 경우도 있다(이는 파산의 경우에 흔히 발생한다).

사업분할의 과정은 보통 일반 매각에서와 동일하다. 기업이 자산매각을 알린 후 적합한 제안이 제시되면 매각이 이루어진다.

특히 사업분할 대상이 비교적 큰 영업부문일 경우에는 기업은 **분리공모(equity carve-out)**를 택하기도 한다. 분리공모를 위해 모기업은 먼저 대상 영업부문을 분리하여 자신이 100% 지분을 가진 자회사를 설립한다. 다음으로 모기업은 그 자회사를 최초공모(IPO)를 통해 공개기업으로 만든다. 여기서 모기업은 자회사 보유지분의 20%가량을 일반대중에 매각하곤 한다.

분리공모 대신에 기업은 **스핀오프(spin-off)**를 택할 수 있다. 스핀오프에서 모기업은 분리된 자회사의 주식을 보유하지 않고 기존 주주에게 보유지분에 비례하여 자회사의 주식을 배분한다. 기존 주주는 이들 주식을 계속 보유하거나 적당한 기회에 팔 수 있다. 때때로 기업은 먼저 분리공모를 하여 자회사 주식이 원활히 거래될 수 있는 시장을 조성한 후에 자신이 보유한 자회사의 잔여지분을 스핀오프 하기도 한다. 이 과정을 통해 탄생한 잘 알려진 기업이 많이 있다. 예를 들면, 거대 보험회사인 Allstate는 Sears로부터, Agilent Technologies는 Hewlett-Packard로부터 스핀오프를 통해 탄생했으며, Conoco도 한때 DuPont의 일부였다.

흔하지는 않지만 보다 과감한 방법으로, 기업은 **스플릿업(split-up)**을 택하기도 한다(또는 택하지 않을 수 없다). 스플릿업은 이름 그대로 한 기업이 둘 이상의 새로운 기업으로 분할되는 것이다. 기존 기업의 주주는 자신의 주식을 새로운 기업의 주식으로 바꾸어 가지게 된다. 가장 유명한 스플릿업은 1980년대에 일어났다. 미법무성이 제기한 독점금지법 소송의 결과로, AT&T는 7개의 지역 전화회사(소위 Baby Bell)로 분할되어야 했다. Baby Bell

중에서 BellSouth, SBC Communication, Verizon과 같은 기업은 오늘날까지 살아남아 있다. 2006년에는 SBC Communication이 자신의 이전 모기업인 AT&T를 인수하는 특이한 사건이 발생했다. SBC가 인수기업이지만 AT&T의 역사와 브랜드를 존중하여 새로운 기업의 이름을 AT&T로 하였다.

요약 및 결론 Summary and Conclusions

이 장에서는 합병과 인수에 관한 광범위한 문헌을 소개했다. 다음 사항을 포함한 이슈들이 논의되었다.

1. 한 기업은 다른 기업을 여러 가지 방법으로 인수할 수 있다. 인수의 법적 형태에는 합병 또는 통합, 주식의 인수, 자산의 인수 등이 있다.
2. 합병과 인수는 과세될 수도 있고 비과세될 수도 있다. 주요 이슈는 대상기업의 주주가 자기주식을 매각하느냐 또는 교환하느냐에 달려있다. 일반적으로 현금을 지급하는 합병은 과세가 되며, 주식을 교환하는 합병은 비과세가 된다. 과세합병에서는 자본이득 효과와 자산의 평가증 효과를 고려해야 한다. 주식교환에서는 대상기업의 주주도 합병기업의 주주가 된다.
3. 합병과 인수에 대한 회계로는 매수법이 사용된다. 그 결과 합병과 인수에서는 보통 영업권이 신설되지만, 새로운 규정에 의거 재무적 보고목적을 위한 영업권 상각은 더 이상 필요하지 않다.
4. 기업 A가 기업 B를 인수한다면, 인수로부터 혜택(ΔV)은 합쳐진 기업의 가치(V_{AB})에서 개별기업으로서의 가치(V_A, V_B)를 차감하여 다음과 같이 산정된다.

   $$\Delta V = V_{AB} - (V_A + V_B)$$

   기업 B를 인수함으로써 기업 A는 개별기업으로서 기업 B의 가치(V_B)에 추가하여 인수로부터 발생하는 가치 증가분(ΔV)을 얻는다. 따라서 기업 A에 있어서 기업 B의 총가치(V_B^*)는 다음과 같다.

   $$V_B^* = \Delta V + V_B$$

   이 가치가 인수비용보다 크다면 인수로 인해 인수기업의 주주는 이익을 보게 된다.
   일반적으로 인수비용은 대상기업의 주주에게 지불하는 가격으로 정의될 수 있다. 이 비용에는 피인수기업의 주주에게 지불하는 합병프리미엄이 포함된다. 더욱이 이 비용은 지불수단, 즉 현금 또는 주식 사이의 선택에 달려있다.
5. 인수로부터의 혜택은 다음의 여러 원천으로부터 올 수 있다.
   a. 수익의 향상
   b. 비용의 절감
   c. 세금의 절감
   d. 자본수요의 감소
6. 인수과정의 방어전술에서 유래하는 많은 다채로운 용어들이 있다. 독약조항, 황금낙하산, 왕관보석, 그린메일 등은 인수에 저항하기 위한 전술을 묘사하는 용어들이다.
7. 합병과 인수에 관한 많은 연구가 있다. 기본적 결론은 대상기업의 주주는 평균적으로 큰 이득을 보지만, 매수기업의 주주는 큰 이득을 보지 못한다는 것이다.
8. 여러 이유로 기업은 자산이나 영업부문을 매각한다. 기업은 영업부문 분할과 같은 비교적 큰 사업분할의 경우에는 분리공모, 스핀오프, 스플릿업 등을 택하기도 한다.

개념문제 Concept Questions

1. **감손** 합병과 인수에 있어 감손(impairment)이란 무엇을 의미하는가? 감손비용은 대부분의 인수기업에게 발생한다는 주장이 있다. 이러한 감손은 어떻게 발생하는가?
2. **합병에 대한 개념** 인수에 대한 다음 주장이 참인지 거짓인지 답하라. 각 답에 간단한 설명을 추가하라.
   a. 경쟁자와 합병은 제품의 가격을 올리고, 생산을 줄이며, 소비자에게 해를 끼치는 독점을 초래한다.
   b. 경영자는 때때로 자신의 이익을 위해 행동하며 실제로 자신의 행위에 대해 주주에게 무책임할 수 있다. 인수는 예단하기 어려운 경영진의 행위를 반영한다.
   c. 효율적 시장에서 시장가격은 기업의 실제 가치를 반영하고 있으므로 인수는 일어나지 않을 것이다. 따라서 매수기업이 대상기업의 시장가격을 초과하여 프리미엄을 지급하는 것은 정당화되지 않는다.
   d. 단타거래 투자자는 주가전망에 대한 다른 거래자들의 인식에 영향을 받으며 인수가치에 대한 본질적 분석을 하지 않는다. 따라서 이러한 투자자는 대상기업의 가치가 적정하다고 하더라도 그 기업의 주식을 팔지 모른다.
   e. 합병에서 인수기업은 피인수기업의 자산가치 평가증을 할 수 있다. 따라서 합병은 세금을 피할 수 있는 한 방법이다.
   f. 인수의 분석은 대개는 관련기업의 총가치에 중점을 둔다. 그러나 인수는 총가치는 물론 주식과 채권의 상대적 가치에 영향을 줄 것이다.
3. **합병의 근본적 이유** 다각화 그 자체는 왜 합병의 이유로 바람직하지 못한가를 설명하라.
4. **기업분할** 2015년에 General Electric(GE)는 스핀오프를 통해 Sychrony Bank 등 여러 사업으로 분할되었다. 그 당시 GE의 분할된 회사들의 총가치는 $1,570억에 달했다. 기업은 왜 이렇게 하는가? 역시너지(reverse synergy)의 가능성이 존재하는 것은 아닌가?
5. **독약조항** 독약조항은 주주에게 이로운가 아니면 해로운가? 인수기업은 어떻게 독약조항을 피해갈 수 있는가?
6. **합병과 세금** 비과세교환 대비 과세인수의 장단점을 기술하라. 합병에서 과세여부를 결정하는 기본 요인은 무엇인가? LBO는 과세되겠는가 비과세되겠는가? 설명하라.
7. **규모의 경제** 합병이 규모의 경제를 달성하기 위함이라는 것은 무엇을 의미하는가? Eastern Power와 Western Power가 시간대에 서로 다른 장소에 위치한다고 가정하자. 두 기업 모두 최대소비시간(peak time)을 제외하고는 생산시설의 60%를 가동한다. 생산시설의 100%가 가동되는 최대소비시간은 현지 시간 오전 9시와 오후 5시에 각각 시작하여 약 45분간 지속된다. Eastern과 Western의 합병이 왜 타당성이 있는지를 설명하라.
8. **적대적 인수** 기업의 경영진은 원하지 않는 적대적 인수에 대항하기 위해 어떤 조치를 취할 수 있는가? 대상기업의 주주는 경영진의 방어전술로부터 어떻게 혜택을 볼 수 있는가? 대상기업의 주주는 이러한 전술로부터 어떻게 손해를 입는가? 설명하라.
9. **합병제안** 당신이 주주인 기업이 두 곳으로부터 인수제안을 받았다고 가정하자. 당신은 경영진이 가격이 더 낮은 제안에 찬성한다면 이해해 줄 수 있겠는가? 지불수단이 대답에 영향을 미치는가?
10. **합병의 이익** 인수기업의 주주는 인수의 혜택을 거의 받지 못한다고 밝혀져 있다. 이러한 결과는 왜 의외라고 할 수 있는가? 이를 설명할 수 있는 이유들을 들어보라.

연습문제 Questions and Problems

McGraw Hill connect

기초
(문제 1~7번)

1. **시너지 계산** Who사는 Dunn IT사의 모든 주식에 대해 $2억7,500만의 현금지급을 제안했다. 최근 시장정보에 근거하면, Dunn IT의 가치는 $2억4,100만이다. 이 합병이 Who사에 경제적 타당성이 있으려면, 합

병에 따른 시너지 혜택의 추정가치는 최소한 얼마가 되어야 하는가?

2. **합병 대차대조표** 기업 X와 기업 Y의 합병 전 정보는 다음과 같다.

	기업 X	기업 Y
총이익	$91,000	$16,000
발행주식수	26,000	11,000
주당가치:		
시장가치	$ 48	$ 16
장부가치	$ 13	$ 3

기업 X는 기업 Y를 인수하기 위해 기업 Y의 발행주식 모두에 대해 주당 $6의 합병프리미엄을 현금으로 지급한다고 가정하자. 두 기업 모두 합병 전후에 아무런 부채가 없다고 가정하면서, 기업 X의 합병 후 대차대조표를 매수법을 사용하여 작성하라.

3. **합병 대차대조표** 다음의 대차대조표들은 장부가치로 기재되어 있다.

Jurion Co.			
유동자산	$13,800	유동부채	$5,500
순고정자산	37,600	장기부채	11,700
		자기자본	34,200
계	$51,400	계	$51,400
James Co.			
유동자산	$3,200	유동부채	$900
순고정자산	6,400	장기부채	1,900
		자기자본	6,800
계	$9,600	계	$9,600

James사의 고정자산 장부가치는 보는 바와 같이 $6,400이지만 공정시장가치는 $8,300라고 가정하자. Jurion은 James에 $1만3,500를 지급하되 그 자금은 장기부채를 발행하여 조달한다. 매수법을 사용하여 합병 후 대차대조표를 작성하라.

4. **현금지급 대 주식지급** Penn사는 Teller사의 인수 가능성을 분석하고 있다. 두 기업 모두 부채가 없다. Penn은 인수로 인해 세후 현금흐름이 연 $170만씩 영구적으로 증가할 것으로 믿고 있다. Teller의 현재 시장가치는 $2,800만이며, Penn의 시장가치는 $7,300만이다. 현금흐름의 증가분에 대한 적정할인율은 10%이다. Penn은 Teller의 주주에게 자기주식 35%를 제공하는 대안과 현금 $4,200만를 지급하는 대안 중에서 선택하려고 한다.

   a. 각 대안의 비용은 얼마인가?

   b. 각 대안의 NPV는 얼마인가?

   c. Penn은 어느 대안을 선택해야 하는가?

5. **합병기업의 EPS와 PE** Flannery사의 주주는 Stultz사의 인수제안을 받아들이기로 했다. 각 기업에 대한 정보는 다음과 같다.

	Flanner	Stultz
총이익	13.5	21
발행주식수	72,000	168,000
이익	$160,000	$720,000

Flannery의 주주는 자신이 보유한 주식 3주당 Stultz사 주식 1주를 받을 것이다.

a. 합병 후 Stultz의 EPS는 얼마가 되겠는가? 인수의 NPV가 0이라면, PE 비율은 얼마가 되겠는가?

b. Stultz는 합병시너지의 가치가 얼마라고 생각해야 하는가? 당신의 대답은 이 인수를 추진하려는 결정과 어떻게 부합될 수 있는지를 설명하라.

6. **합병의 근본적 이유** Cholern Electric사(CEC)는 중부 콜로라도 지역에 전기를 공급하는 전기회사이다. 최근 Mile-High 핵발전소의 사건은 실망을 안겨주었으며, 또한 일부 주주는 직전 연도의 재무제표에 대해 우려를 표시했다.

최근 한 그룹의 부유한 개인들이 공정시장가격으로 CEC 자산의 반을 매입하려는 제안을 해왔다. 경영진은 "CEC가 발전과 송전 자산을 매각하고 통신업을 시작한다면 에너지 산업에서 축적된 전문지식을 잘 활용할 수 있다. 통신업은 전기를 공급하는 공익사업보다는 더 위험하지만, 잠재적으로 매우 수익성이 있는 사업이라고 믿기 때문에" 이 제안을 받아들여야 한다고 권한다. 주주들은 이 거래를 승인해야 하는가? 왜 그런가 아니면 왜 아닌가?

7. **현금지급 대 주식지급** 매수기업(기업 B)과 대상기업(기업 T)에 대한 합병 전 정보는 다음과 같다.

	기업 B	기업 T
발행주식수	8,500	2,100
주가	$ 75	$ 29

기업 B는 기업 T를 인수함으로써 얻을 수 있는 시너지 혜택의 가치를 $18,400로 추정한다.

a. 기업 T가 주당 $31의 현금제안을 기꺼이 받아들이기로 한다면, 합병의 NPV는 얼마인가?

b. 질문 (a)의 조건을 가정하면, 합병기업의 주가는 얼마가 되겠는가?

c. 질문 (a)에서 합병프리미엄은 얼마인가?

d. 기업 T가 주식교환을 통한 합병에 동의할 수 있다고 가정하자. 기업 T의 주식 2주당 기업 B의 주식 1주가 제공된다면, 합병기업의 주가는 얼마가 되겠는가?

e. 질문 (d)의 조건을 가정하면, 합병의 NPV는 얼마인가?

보통
(문제 8~13번)

8. **현금지급 대 주식지급** 문제 7번에서 기업 T의 주주에게는 현금제안과 주식제안 중 어느 것이 더 나은가? 기업 B와 기업 T의 주식교환비율을 얼마로 하면, 기업 B의 주주가 이들 두 제안 사이에 무관하겠는가?

9. **주식교환의 효과** 기업 A와 기업 B의 합병 전 정보는 다음과 같다.

	기업 B	기업 T
총이익	$3,300	$1,300
발행주식수	1,500	600
주가	$ 38	$ 41

기업 A가 기업 B의 주식을 주당 $43로 계산하여 자기주식과 교환함으로써 기업 B를 인수한다고 가정하자. 두 기업 모두 부채가 없다.

a. 합병 후 기업 A의 주당순이익(EPS)은 얼마가 되겠는가?

b. 시장이 이익의 성장성을 잘못 분석한다면(즉, 주가이익비율이 변하지 않는다면), 합병 후기업 A의 주가는 얼마가 되겠는가?

c. 시장이 이 거래를 올바르게 분석한다면, 합병 후 주가이익비율은 얼마가 되겠는가?

d. 시너지 이득이 없다면, 합병 후 기업 A의 주가는 얼마가 되겠는가? 주가이익비율은 얼마가 되겠는가? 주가에 대한 이러한 대답은 기업 B의 매수가격에 대해 무엇을 말해 주는가? 너무 높은가? 너무

낮은가? 설명하라.

10. 합병의 NPV 합병의 NPV는 시너지 혜택의 가치(ΔV)에서 합병프리미엄을 차감하여 계산된다는 것을 보여라.

11. 합병의 NPV Fly-By-Night Couriers는 Flash-in-the-Pan Restaurants의 인수 가능성을 분석하고 있다. 두 기업 모두 부채가 없다. Fly-By-Night는 이 인수로 인해 세후 현금흐름이 연 $41만5,000씩 영구적으로 증가할 것으로 예상한다. Flash-in-the-Pan의 현재 시장가치는 $1,340만이다. Fly-By-Night의 현재 시장가치는 $2,870만이다. 현금흐름의 증가분에 대한 적정할인율은 8%이다. Fly-By-Night는 Flash-in-the-Pan에 자기주식 35%를 제공하는 대안과 현금 $1,600만를 지급하는 대안 중에서 선택하려고 한다.

a. 합병으로부터 발생하는 시너지의 가치는 얼마인가?
b. Fly-By-Night의 입장에서 Flash-in-the-Pan의 가치는 얼마인가?
c. 각 대안의 비용은 얼마인가?
d. 각 대안의 NPV는 얼마인가?
e. Fly-By-Night는 어느 대안을 선택해야 하는가?

12. 합병의 NPV Harrods PLC의 시장가치는 £9,300만이며 발행주식수는 500만주이다. Selfridge Department Store의 시장가치는 £3,040만이며 발행주식수는 200만주이다. Harrods는 Selfridge의 인수를 고려하고 있다. Harrods의 CFO는 합병기업의 가치가 시너지로 인해 £1억4,700만이 될 것이므로 Selfridge를 £580만의 프리미엄을 주고 인수할 수 있다고 결론을 내린다.

a. Harrods가 Selfridge의 주식 1,200만주와 교환으로 자기주식 200만주를 제공한다면, 인수 후 Harrods의 주가는 얼마가 되겠는가?
b. 두 주식을 어떤 비율로 교환하면 £3,620만의 현금제안과 동등한 주식제안이 되는 셈인가?

13. 합병과 주주가치 Bentley사와 Rolls Manufacturing사는 합병을 고려하고 있다. 예상되는 경제상태와 이에 따른 기업의 가치는 다음과 같다.

상태	확률	Bentley	Rolls
활황	0.70	$410,000	$360,000
침체	0.30	$170,000	$130,000

Bentley는 현재 액면가가 $19만인 채권을 발행한 상태다. Rolls는 부채가 없다.

a. 합병 전 각 기업의 가치는 얼마인가?
b. 합병 전 각 기업의 부채와 자기자본의 가치는 얼마인가?
c. 두 기업이 별개로 계속 운영된다면, 이들 기업의 총가치, 자기자본의 총가치, 부채의 총가치는 얼마인가?
d. 합병기업의 가치는 얼마가 되겠는가? 합병기업의 부채와 자기자본의 가치는 얼마가 되겠는가?
e. 합병의 경우 부의 이전이 발생하는가? 왜 그런가 아니면 왜 아닌가?
f. Bentley 부채의 액면가가 $10만였다고 가정하자. 이는 부의 이전에 영향을 미치는가?

도전
(문제 14~15번)

14. NPV 의 계산 Plant사는 Palmer사를 인수하기 위한 제안을 하려고 한다. Plant의 재무부사장은 다음 정보를 수집하였다.

상태	Plant	Palmer
주가이익비율	14.5	9.2
발행주식수	1,400,000	195,000
이익	$4,300,000	$705,000
배당금	$1,075,000	$375,000

Plant는 또한 증권분석가가 Palmer의 이익과 배당금이 매년 5%의 비율로 성장할 것으로 예상한다는 사실을 알고 있다. Plant의 경영진은 Palmer의 인수로 규모의 경제가 달성되어 성장률이 7%로 증가할 것으로 믿는다.

a. Plant의 입장에서 Palmer의 가치는 얼마인가?
b. 인수로부터 발생하는 Plant의 이득은 얼마가 되겠는가?
c. Plant가 Palmer의 주식 1주당 $38의 현금을 제안한다면, 인수의 NPV는 얼마가 되겠는가?
d. Plant가 Palmer의 주식 1주당 기꺼이 지급해야 할 최대 금액은 얼마인가?
e. Plant가 Palmer의 발행주식과 교환으로 자기주식 20만5,000주를 제공한다면, NPV는 얼마가 되겠는가?
f. 인수를 시도한다면, (c)와 (e) 중에서 어느 형태로 해야 하는가?
g. Plant의 외부 재무컨설턴트는 6%의 성장률은 너무 낙관적이며, 6%의 성장률이 더 현실적이라고 생각한다. 이로 인해 이전 대답들은 어떻게 달라지는가?

15. **합병과 주주가치** Chocolate Ice Cream사와 Vanilla Ice Cream사가 합병하여 Fudge Swirl사를 설립하기로 하였다. 두 기업은 서로 다른 마을에 소재하고 있다는 점을 제외하고는 모든 면에 있어서 똑같다. 각 기업의 기말가치는 아래와 같이 날씨에 의해 결정된다. 합병으로부터 발생하는 시너지는 없을 것이다.

상태	확률	가치
비 내림	0.1	$250,000
따뜻함	0.4	425,000
더움	0.5	875,000

각 마을의 기후상태는 서로 독립적이다. 더군다나 각 기업은 $42만 5,000의 부채를 보유하고 있다. 합병에서 어떠한 프리미엄도 지급되지 않는다고 가정하자.

a. 합병기업의 가치는 얼마가 되겠는가?
b. 합병 후 부채와 주식의 기말가치는 얼마가 되겠는가?
c. 각 기업이 별개로 있을 때보다 합병을 하는 경우 채권자는 더 이익을 보고 주주는 더 손해를 본다는 것을 보여라.

CLOSING CASE

EAST COAST YACHT와 WEST COAST SAILBOAT의 합병

East Coast Yacht는 West Coast Sailboat와 지난 6개월 동안 합병을 논의해 왔다. 여러 번의 협상 후 West Coast Sailboat에 $2억1,100만의 현금을 제안하는 방안을 논의 중이다. 보트산업에서 틈새시장을 확보하고 있는 두 기업은 합병으로 인해 일반관리비의 절감은 물론 제조와 마케팅에서 규모의 경제로 인하여 상당한 시너지를 창출할 수 있을 것으로 믿고 있다.

East Coast Yacht의 회장인 Larissa Warren은 합병협상에 크게 도움을 주었다. 그녀는 이 기업의 재무분석가인 Dan Ervin과 함께 합병을 가정하여 West Coast Sailboat에 대한 다음과 같은 추정재무제표를 준비하였다. 재무제표는 합병으로부터 발생하는 모든 시너지 혜택을 포함한다.

	2020	2021	2022	2023	2024
매출액	$307,000,000	$346,000,000	$384,000,000	$432,000,000	$480,000,000
생산비용	215,500,000	241,900,000	268,800,000	303,400,000	338,400,000
감가상각비	28,800,000	30,700,000	31,600,000	31,800,000	32,200,000
기타비용	30,700,000	34,500,000	38,400,000	43,900,000	46,560,000
EBIT	$32,000,000	$38,900,000	$45,200,000	$52,900,000	$62,840,000
이자	7,296,000	8,448,000	9,216,000	9,600,000	10,370,000
세전이익	$24,704,000	$30,452,000	$35,984,000	$43,300,000	$52,470,000
세금(21%)	5,187,840	6,394,920	7,556,640	9,093,000	11,018,700
순이익	$19,516,160	$24,057,080	$28,427,360	$34,207,000	$41,451,300

Dan은 또한 West Coast Sailboat 부문이 지속적 운영을 위해 매년 투자가 필요로 한다는 것을 알고 있다. 다음 표는 요구되는 투자와 그 자금조달의 원천을 요약하여 보여준다.

	2020	2021	2022	2023	2024
투자					
순운전자본	$7,700,000	$9,600,000	$9,600,000	$11,520,000	$11,520,000
고정자산	5,760,000	9,600,000	6,910,000	46,000,000	2,690,000
계	$13,460,000	$19,200,000	$16,510,000	$57,520,000	$14,210,000
자금조달의 원천					
신규부채	$13,460,000	$6,100,000	$6,140,000	$5,760,000	$4,610,000
유보이익	0	13,100,000	10,370,000	10,368,000	9,600,000
계	$13,460,000	$19,200,000	$16,510,000	$16,128,000	$14,210,000

Larissa는 West Coast Sailboat의 자본구조가 최적이 아니라고 생각한다. 합병이 일어난다면, West Coast Sailboat는 곧바로 $4,300만의 부채를 발행하여 레버리지를 증가시키고 East Coast Yacht에 $5,700만의 배당을 할 계획이다. 이렇게 되면 West Coast Sailboat의 부채비율은 0.50에서 1.00으로 증가한다. 또 East Coast Yacht는 West Coast Sailboat의 이전 영업으로부터 발생한 세금손실이월에서 2021년에 $960만와 2022년에 $960만를 활용할 수 있을 것이다. West Coast Sailboat의 총가치는 5년 후에 $3억4,500만가 될 것으로 예상되며, 그때쯤이면 이 기업은 $1억1,500만의 부채를 보유하게 될 것이다.

East Coast Yacht의 주식은 현재 주당 $94에 거래되며 690만주가 발행되어 있다. West Coast Sailboat의 발행주식수는 312만주이다. 두 기업 모두 8%로 차입할 수 있다. 무위험이자율은 6%이며, 시장기대수익률은 13%이다. Dan은 East Coast Yacht의 현재 자본비용이 11%라고 생각한다. West Coast Sailboat 주식의 베타는 현재 자본구조하에서 1.30이다.

Larissa는 Dan에게 이 합병의 재무적 측면을 분석하도록 요청했다. 구체적으로 그녀는 Dan에게 다음 질문들에 대답해 주도록 요청했다.

1. West Coast Sailboat의 주주는 주당 $68.75의 합병가격에 동의할 것이라고 가정하자. East Coast Yacht는 이 합병을 추진해야 하는가?
2. East Coast Yacht가 West Coast Sailboat에 기꺼이 지급해야 하는 주당 최대금액은 얼마인가?
3. East Coast Yacht가 합병을 위해 현금지급 대신 주식교환도 고려할 수 있다고 가정하자. 주식이 어떤 비율로 교환된다면, 주당 $68.75의 당초 합병가격과 동등한 합병조건이 되겠는가?
4. East Coast Yacht가 합병추진을 위해 기꺼이 제안할 수 있는 최대 교환비율은 얼마인가?

APPENDIX A

Mathematical Tables

Table A.1
Present Value of $1 to Be Received after t Periods $= 1/(1 + r)^t$

Table A.2
Present Value of an Annuity of $1 per Period for t Periods $= [1 - 1/(1 + r)^t]/r$

Table A.3
Future Value of $1 at the End of t Periods $= 1/(1 + r)^t$

Table A.4
Future Value of an Annuity of $1 per Period for t Periods $= [(1 + r)^t - 1]/r$

Table A.5
Future Value of $1 with a Continuously Compounded Rate r for t Periods:
Values of e^{rt}

Table A.6
Present Value of $1 with a Continuous Discount Rate r for t Periods:
Values of e^{-rt}

TABLE A.1 Present Value of $1 to Be Received after t Periods = $1/(1 + r)^t$

Period	Interest Rate								
	1%	2%	3%	4%	5%	6%	7%	8%	9%
1	0.9901	0.9804	0.9709	0.9615	0.9524	0.9434	0.9346	0.9259	0.9174
2	0.9803	0.9612	0.9426	0.9246	0.9070	0.8900	0.8734	0.8573	0.8417
3	0.9706	0.9423	0.9151	0.8890	0.8638	0.8396	0.8163	0.7938	0.7722
4	0.9610	0.9238	0.8885	0.8548	0.8227	0.7921	0.7629	0.7350	0.7084
5	0.9515	0.9057	0.8626	0.8219	0.7835	0.7473	0.7130	0.6806	0.6499
6	0.9420	0.8880	0.8375	0.7903	0.7462	0.7050	0.6663	0.6302	0.5963
7	0.9327	0.8706	0.8131	0.7599	0.7107	0.6651	0.6227	0.5835	0.5470
8	0.9235	0.8535	0.7894	0.7307	0.6768	0.6274	0.5820	0.5403	0.5019
9	0.9143	0.8368	0.7664	0.7026	0.6446	0.5919	0.5439	0.5002	0.4604
10	0.9053	0.8203	0.7441	0.6756	0.6139	0.5584	0.5083	0.4632	0.4224
11	0.8963	0.8043	0.7224	0.6496	0.5847	0.5268	0.4751	0.4289	0.3875
12	0.8874	0.7885	0.7014	0.6246	0.5568	0.4970	0.4440	0.3971	0.3555
13	0.8787	0.7730	0.6810	0.6006	0.5303	0.4688	0.4150	0.3677	0.3262
14	0.8700	0.7579	0.6611	0.5775	0.5051	0.4423	0.3878	0.3405	0.2992
15	0.8613	0.7430	0.6419	0.5553	0.4810	0.4173	0.3624	0.3152	0.2745
16	0.8528	0.7284	0.6232	0.5339	0.4581	0.3936	0.3387	0.2919	0.2519
17	0.8444	0.7142	0.6050	0.5134	0.4363	0.3714	0.3166	0.2703	0.2311
18	0.8360	0.7002	0.5874	0.4936	0.4155	0.3503	0.2959	0.2502	0.2120
19	0.8277	0.6864	0.5703	0.4746	0.3957	0.3305	0.2765	0.2317	0.1945
20	0.8195	0.6730	0.5537	0.4564	0.3769	0.3118	0.2584	0.2145	0.1784
21	0.8114	0.6598	0.5375	0.4388	0.3589	0.2942	0.2415	0.1987	0.1637
22	0.8034	0.6468	0.5219	0.4220	0.3418	0.2775	0.2257	0.1839	0.1502
23	0.7954	0.6342	0.5067	0.4057	0.3256	0.2618	0.2109	0.1703	0.1378
24	0.7876	0.6217	0.4919	0.3901	0.3101	0.2470	0.1971	0.1577	0.1264
25	0.7798	0.6095	0.4776	0.3751	0.2953	0.2330	0.1842	0.1460	0.1160
30	0.7419	0.5521	0.4120	0.3083	0.2314	0.1741	0.1314	0.0994	0.0754
40	0.6717	0.4529	0.3066	0.2083	0.1420	0.0972	0.0668	0.0460	0.0318
50	0.6080	0.3715	0.2281	0.1407	0.0872	0.0543	0.0339	0.0213	0.0134

Period	Interest Rate										
	10%	12%	14%	15%	16%	18%	20%	24%	28%	32%	36%
1	0.9091	0.8929	0.8772	0.8696	0.8621	0.8475	0.8333	0.8065	0.7813	0.7576	0.7353
2	0.8264	0.7972	0.7695	0.7561	0.7432	0.7182	0.6944	0.6504	0.6104	0.5739	0.5407
3	0.7513	0.7118	0.6750	0.6575	0.6407	0.6086	0.5787	0.5245	0.4768	0.4348	0.3975
4	0.6830	0.6355	0.5921	0.5718	0.5523	0.5158	0.4823	0.4230	0.3725	0.3294	0.2923
5	0.6209	0.5674	0.5194	0.4972	0.4761	0.4371	0.4019	0.3411	0.2910	0.2495	0.2149
6	0.5645	0.5066	0.4556	0.4323	0.4104	0.3704	0.3349	0.2751	0.2274	0.1890	0.1580
7	0.5132	0.4523	0.3996	0.3759	0.3538	0.3139	0.2791	0.2218	0.1776	0.1432	0.1162
8	0.4665	0.4039	0.3506	0.3269	0.3050	0.2660	0.2326	0.1789	0.1388	0.1085	0.0854
9	0.4241	0.3606	0.3075	0.2843	0.2630	0.2255	0.1938	0.1443	0.1084	0.0822	0.0628
10	0.3855	0.3220	0.2697	0.2472	0.2267	0.1911	0.1615	0.1164	0.0847	0.0623	0.0462
11	0.3505	0.2875	0.2366	0.2149	0.1954	0.1619	0.1346	0.0938	0.0662	0.0472	0.0340
12	0.3186	0.2567	0.2076	0.1869	0.1685	0.1372	0.1122	0.0757	0.0517	0.0357	0.0250
13	0.2897	0.2292	0.1821	0.1625	0.1452	0.1163	0.0935	0.0610	0.0404	0.0271	0.0184
14	0.2633	0.2046	0.1597	0.1413	0.1252	0.0985	0.0779	0.0492	0.0316	0.0205	0.0135
15	0.2394	0.1827	0.1401	0.1229	0.1079	0.0835	0.0649	0.0397	0.0247	0.0155	0.0099
16	0.2176	0.1631	0.1229	0.1069	0.0930	0.0708	0.0541	0.0320	0.0193	0.0118	0.0073
17	0.1978	0.1456	0.1078	0.0929	0.0802	0.0600	0.0451	0.0258	0.0150	0.0089	0.0054
18	0.1799	0.1300	0.0946	0.0808	0.0691	0.0508	0.0376	0.0208	0.0118	0.0068	0.0039
19	0.1635	0.1161	0.0829	0.0703	0.0596	0.0431	0.0313	0.0168	0.0092	0.0051	0.0029
20	0.1486	0.1037	0.0728	0.0611	0.0514	0.0365	0.0261	0.0135	0.0072	0.0039	0.0021
21	0.1351	0.0926	0.0638	0.0531	0.0443	0.0309	0.0217	0.0109	0.0056	0.0029	0.0016
22	0.1228	0.0826	0.0560	0.0462	0.0382	0.0262	0.0181	0.0088	0.0044	0.0022	0.0012
23	0.1117	0.0738	0.0491	0.0402	0.0329	0.0222	0.0151	0.0071	0.0034	0.0017	0.0008
24	0.1015	0.0659	0.0431	0.0349	0.0284	0.0188	0.0126	0.0057	0.0027	0.0013	0.0006
25	0.0923	0.0588	0.0378	0.0304	0.0245	0.0160	0.0105	0.0046	0.0021	0.0010	0.0005
30	0.0573	0.0334	0.0196	0.0151	0.0116	0.0070	0.0042	0.0016	0.0006	0.0002	0.0001
40	0.0221	0.0107	0.0053	0.0037	0.0026	0.0013	0.0007	0.0002	0.0001	*	*
50	0.0085	0.0035	0.0014	0.0009	0.0006	0.0003	0.0001	*	*	*	*

* The factor is zero to four decimal places.

TABLE A. 2 Present Value of an Annuity of $1 per Period for *t* Periods = $[1 - 1/(1 + r)^t]/r$

Number of Periods	Interest Rate								
	1%	2%	3%	4%	5%	6%	7%	8%	9%
1	0.9901	0.9804	0.9709	0.9615	0.9524	0.9434	0.9346	0.9259	0.9174
2	1.9704	1.9416	1.9135	1.8861	1.8594	1.8334	1.8080	1.7833	1.7591
3	2.9410	2.8839	2.8286	2.7751	2.7232	2.6730	2.6243	2.5771	2.5313
4	3.9020	3.8077	3.7171	3.6299	3.5460	3.4651	3.3872	3.3121	3.2397
5	4.8534	4.7135	4.5797	4.4518	4.3295	4.2124	4.1002	3.9927	3.8897
6	5.7955	5.6014	5.4172	5.2421	5.0757	4.9173	4.7665	4.6229	4.4859
7	6.7282	6.4720	6.2303	6.0021	5.7864	5.5824	5.3893	5.2064	5.0330
8	7.6517	7.3255	7.0197	6.7327	6.4632	6.2098	5.9713	5.7466	5.5348
9	8.5660	8.1622	7.7861	7.4353	7.1078	6.8017	6.5152	6.2469	5.9952
10	9.4713	8.9826	8.5302	8.1109	7.7217	7.3601	7.0236	6.7101	6.4177
11	10.3676	9.7868	9.2526	8.7605	8.3064	7.8869	7.4987	7.1390	6.8052
12	11.2551	10.5753	9.9540	9.3851	8.8633	8.3838	7.9427	7.5361	7.1607
13	12.1337	11.3484	10.6350	9.9856	9.3936	8.8527	8.3577	7.9038	7.4869
14	13.0037	12.1062	11.2961	10.5631	9.8986	9.2950	8.7455	8.2442	7.7862
15	13.8651	12.8493	11.9379	11.1184	10.3797	9.7122	9.1079	8.5595	8.0607
16	14.7179	13.5777	12.5611	11.6523	10.8378	10.1059	9.4466	8.8514	8.3126
17	15.5623	14.2919	13.1661	12.1657	11.2741	10.4773	9.7632	9.1216	8.5436
18	16.3983	14.9920	13.7535	12.6593	11.6896	10.8276	10.0591	9.3719	8.7556
19	17.2260	15.6785	14.3238	13.1339	12.0853	11.1581	10.3356	9.6036	8.9501
20	18.0456	16.3514	14.8775	13.5903	12.4622	11.4699	10.5940	9.8181	9.1285
21	18.8570	17.0112	15.4150	14.0292	12.8212	11.7641	10.8355	10.0168	9.2922
22	19.6604	17.6580	15.9369	14.4511	13.1630	12.0416	11.0612	10.2007	9.4424
23	20.4558	18.2922	16.4436	14.8568	13.4886	12.3034	11.2722	10.3741	9.5802
24	21.2434	18.9139	16.9355	15.2470	13.7986	12.5504	11.4693	10.5288	9.7066
25	22.0232	19.5235	17.4131	15.6221	14.0939	12.7834	11.6536	10.6748	9.8226
30	25.8077	22.3965	19.6004	17.2920	15.3725	13.7648	12.4090	11.2578	10.2737
40	32.8347	27.3555	23.1148	19.7928	17.1591	15.0463	13.3317	11.9246	10.7574
50	39.1961	31.4236	25.7298	21.4822	18.2559	15.7619	13.8007	12.2335	10.9617

Number of Periods	Interest Rate									
	10%	12%	14%	15%	16%	18%	20%	24%	28%	32%
1	0.9091	0.8929	0.8772	0.8696	0.8621	0.8475	0.8333	0.8065	0.7813	0.7576
2	1.7355	1.6901	1.6467	1.6257	1.6052	1.5656	1.5278	1.4568	1.3916	1.3315
3	2.4869	2.4018	2.3216	2.2832	2.2459	2.1743	2.1065	1.9813	1.8684	1.7663
4	3.1699	3.0373	2.9137	2.8550	2.7982	2.6901	2.5887	2.4043	2.2410	2.0957
5	3.7908	3.6048	3.4331	3.3522	3.2743	3.1272	2.9906	2.7454	2.5320	2.3452
6	4.3553	4.1114	3.8887	3.7845	3.6847	3.4976	3.3255	3.0205	2.7594	2.5342
7	4.8684	4.5638	4.2883	4.1604	4.0386	3.8115	3.6046	3.2423	2.9370	2.6775
8	5.3349	4.9676	4.6389	4.4873	4.3436	4.0776	3.8372	3.4212	3.0758	2.7860
9	5.7590	5.3282	4.9464	4.7716	4.6065	4.3030	4.0310	3.5655	3.1842	2.8681
10	6.1446	5.6502	5.2161	5.0188	4.8332	4.4941	4.1925	3.6819	3.2689	2.9304
11	6.4951	5.9377	5.4527	5.2337	5.0286	4.6560	4.3271	3.7757	3.3351	2.9776
12	6.8137	6.1944	5.6603	5.4206	5.1971	4.7932	4.4392	3.8514	3.3868	3.0133
13	7.1034	6.4235	5.8424	5.5831	5.3423	4.9095	4.5327	3.9124	3.4272	3.0404
14	7.3667	6.6282	6.0021	5.7245	5.4675	5.0081	4.6106	3.9616	3.4587	3.0609
15	7.6061	6.8109	6.1422	5.8474	5.5755	5.0916	4.6755	4.0013	3.4834	3.0764
16	7.8237	6.9740	6.2651	5.9542	5.6685	5.1624	4.7296	4.0333	3.5026	3.0882
17	8.0216	7.1196	6.3729	6.0472	5.7487	5.2223	4.7746	4.0591	3.5177	3.0971
18	8.2014	7.2497	6.4674	6.1280	5.8178	5.2732	4.8122	4.0799	3.5294	3.1039
19	8.3649	7.3658	6.5504	6.1982	5.8775	5.3162	4.8435	4.0967	3.5386	3.1090
20	8.5136	7.4694	6.6231	6.2593	5.9288	5.3527	4.8696	4.1103	3.5458	3.1129
21	8.6487	7.5620	6.6870	6.3125	5.9731	5.3837	4.8913	4.1212	3.5514	3.1158
22	8.7715	7.6446	6.7429	6.3587	6.0113	5.4099	4.9094	4.1300	3.5558	3.1180
23	8.8832	7.7184	6.7921	6.3988	6.0442	5.4321	4.9245	4.1371	3.5592	3.1197
24	8.9847	7.7843	6.8351	6.4338	6.0726	5.4509	4.9371	4.1428	3.5619	3.1210
25	9.0770	7.8431	6.8729	6.4641	6.0971	5.4669	4.9476	4.1474	3.5640	3.1220
30	9.4269	8.0552	7.0027	6.5660	6.1772	5.5168	4.9789	4.1601	3.5693	3.1242
40	9.7791	8.2438	7.1050	6.6418	6.2335	5.5482	4.9966	4.1659	3.5712	3.1250
50	9.9148	8.3045	7.1327	6.6605	6.2463	5.5541	4.9995	4.1666	3.5714	3.1250

TABLE A. 3 Present Value of $1 to Be Received after t Periods = $1/(1 + r)^t$

Periods	Interest Rate								
	1%	2%	3%	4%	5%	6%	7%	8%	9%
1	1.0100	1.0200	1.0300	1.0400	1.0500	1.0600	1.0700	1.0800	1.0900
2	1.0201	1.0404	1.0609	1.0816	1.1025	1.1236	1.1449	1.1664	1.1881
3	1.0303	1.0612	1.0927	1.1249	1.1576	1.1910	1.2250	1.2597	1.2950
4	1.0406	1.0824	1.1255	1.1699	1.2155	1.2625	1.3108	1.3605	1.4116
5	1.0510	1.1041	1.1593	1.2167	1.2763	1.3382	1.4026	1.4693	1.5386
6	1.0615	1.1262	1.1941	1.2653	1.3401	1.4185	1.5007	1.5869	1.6771
7	1.0721	1.1487	1.2299	1.3159	1.4071	1.5036	1.6058	1.7138	1.8280
8	1.0829	1.1717	1.2668	1.3686	1.4775	1.5938	1.7182	1.8509	1.9926
9	1.0937	1.1951	1.3048	1.4233	1.5513	1.6895	1.8385	1.9990	2.1719
10	1.1046	1.2190	1.3439	1.4802	1.6289	1.7908	1.9672	2.1589	2.3674
11	1.1157	1.2434	1.3842	1.5395	1.7103	1.8983	2.1049	2.3316	2.5804
12	1.1268	1.2682	1.4258	1.6010	1.7959	2.0122	2.2522	2.5182	2.8127
13	1.1381	1.2936	1.4685	1.6651	1.8856	2.1329	2.4098	2.7196	3.0658
14	1.1495	1.3195	1.5126	1.7317	1.9799	2.2609	2.5785	2.9372	3.3417
15	1.1610	1.3459	1.5580	1.8009	2.0789	2.3966	2.7590	3.1722	3.6425
16	1.1726	1.3728	1.6047	1.8730	2.1829	2.5404	2.9522	3.4259	3.9703
17	1.1843	1.4002	1.6528	1.9479	2.2920	2.6928	3.1588	3.7000	4.3276
18	1.1961	1.4282	1.7024	2.0258	2.4066	2.8543	3.3799	3.9960	4.7171
19	1.2081	1.4568	1.7535	2.1068	2.5270	3.0256	3.6165	4.3157	5.1417
20	1.2202	1.4859	1.8061	2.1911	2.6533	3.2071	3.8697	4.6610	5.6044
21	1.2324	1.5157	1.8603	2.2788	2.7860	3.3996	4.1406	5.0338	6.1088
22	1.2447	1.5460	1.9161	2.3699	2.9253	3.6035	4.4304	5.4365	6.6586
23	1.2572	1.5769	1.9736	2.4647	3.0715	3.8197	4.7405	5.8715	7.2579
24	1.2697	1.6084	2.0328	2.5633	3.2251	4.0489	5.0724	6.3412	7.9111
25	1.2824	1.6406	2.0938	2.6658	3.3864	4.2919	5.4274	6.8485	8.6231
30	1.3478	1.8114	2.4273	3.2434	4.3219	5.7435	7.6123	10.063	13.268
40	1.4889	2.2080	3.2620	4.8010	7.0400	10.286	14.974	21.725	31.409
50	1.6446	2.6916	4.3839	7.1067	11.467	18.420	29.457	46.902	74.358
60	1.8167	3.2810	5.8916	10.520	18.679	32.988	57.946	101.26	176.03

Periods	Interest Rate										
	10%	12%	14%	15%	16%	18%	20%	24%	28%	32%	36%
1	1.1000	1.1200	1.1400	1.1500	1.1600	1.1800	1.2000	1.2400	1.2800	1.3200	1.3600
2	1.2100	1.2544	1.2996	1.3225	1.3456	1.3924	1.4400	1.5376	1.6384	1.7424	1.8496
3	1.3310	1.4049	1.4815	1.5209	1.5609	1.6430	1.7280	1.9066	2.0972	2.3000	2.5155
4	1.4641	1.5735	1.6890	1.7490	1.8106	1.9388	2.0736	2.3642	2.6844	3.0360	3.4210
5	1.6105	1.7623	1.9254	2.0114	2.1003	2.2878	2.4883	2.9316	3.4360	4.0075	4.6526
6	1.7716	1.9738	2.1950	2.3131	2.4364	2.6996	2.9860	3.6352	4.3980	5.2899	6.3275
7	1.9487	2.2107	2.5023	2.6600	2.8262	3.1855	3.5832	4.5077	5.6295	6.9826	8.6054
8	2.1436	2.4760	2.8526	3.0590	3.2784	3.7589	4.2998	5.5895	7.2058	9.2170	11.703
9	2.3579	2.7731	3.2519	3.5179	3.8030	4.4355	5.1598	6.9310	9.2234	12.166	15.917
10	2.5937	3.1058	3.7072	4.0456	4.4114	5.2338	6.1917	8.5944	11.806	16.060	21.647
11	2.8531	3.4785	4.2262	4.6524	5.1173	6.1759	7.4301	10.657	15.112	21.199	29.439
12	3.1384	3.8960	4.8179	5.3503	5.9360	7.2876	8.9161	13.215	19.343	27.983	40.037
13	3.4523	4.3635	5.4924	6.1528	6.8858	8.5994	10.699	16.386	24.759	36.937	54.451
14	3.7975	4.8871	6.2613	7.0757	7.9875	10.147	12.839	20.319	31.691	48.757	74.053
15	4.1772	5.4736	7.1379	8.1371	9.2655	11.974	15.407	25.196	40.565	64.359	100.71
16	4.5950	6.1304	8.1372	9.3576	10.748	14.129	18.488	31.243	51.923	84.954	136.97
17	5.0545	6.8660	9.2765	10.761	12.468	16.672	22.186	38.741	66.461	112.14	186.28
18	5.5599	7.6900	10.575	12.375	14.463	19.673	26.623	48.039	86.071	148.02	253.34
19	6.1159	8.6128	12.056	14.232	16.777	23.214	31.948	59.568	108.89	195.39	344.54
20	6.7275	9.6463	13.743	16.367	19.461	27.393	38.338	73.864	139.38	257.92	468.57
21	7.4002	10.804	15.668	18.822	22.574	32.324	46.005	91.592	178.41	340.45	637.26
22	8.1403	12.100	17.861	21.645	26.186	38.142	55.206	113.57	228.36	449.39	866.67
23	8.9543	13.552	20.362	24.891	30.376	45.008	66.247	140.83	292.30	593.20	1178.7
24	9.8497	15.179	23.212	28.625	35.236	53.109	79.497	174.63	374.14	783.02	1603.0
25	10.835	17.000	26.462	32.919	40.874	62.669	95.396	216.54	478.90	1033.6	2180.1
30	17.449	29.960	50.950	66.212	85.850	143.37	237.38	634.82	1645.5	4142.1	10143.
40	45.259	93.051	188.88	267.86	378.72	750.38	1469.8	5455.9	19427.	66521.	*
50	117.39	289.00	700.23	1083.7	1670.7	3927.4	9100.4	46890.	*	*	*
60	304.48	897.60	2595.9	4384.0	7370.2	20555.	56348.	*	*	*	*

* The factor is greater than 99,999.

TABLE A. 4 Present Value of an Annuity of \$1 per Period for t Periods = $[1 - 1/(1 + r)^t]/r$

Number of Periods	Interest Rate								
	1%	2%	3%	4%	5%	6%	7%	8%	9%
1	1.0000	1.0000	1.0000	1.0000	1.0000	1.0000	1.0000	1.0000	1.0000
2	2.0100	2.0200	2.0300	2.0400	2.0500	2.0600	2.0700	2.0800	2.0900
3	3.0301	3.0604	3.0909	3.1216	3.1525	3.1836	3.2149	3.2464	3.2781
4	4.0604	4.1216	4.1836	4.2465	4.3101	4.3746	4.4399	4.5061	4.5731
5	5.1010	5.2040	5.3091	5.4163	5.5256	5.6371	5.7507	5.8666	5.9847
6	6.1520	6.3081	6.4684	6.6330	6.8019	6.9753	7.1533	7.3359	7.5233
7	7.2135	7.4343	7.6625	7.8983	8.1420	8.3938	8.6540	8.9228	9.2004
8	8.2857	8.5830	8.8932	9.2142	9.5491	9.8975	10.260	10.637	11.028
9	9.3685	9.7546	10.159	10.583	11.027	11.491	11.978	12.488	13.021
10	10.462	10.950	11.464	12.006	12.578	13.181	13.816	14.487	15.193
11	11.567	12.169	12.808	13.486	14.207	14.972	15.784	16.645	17.560
12	12.683	13.412	14.192	15.026	15.917	16.870	17.888	18.977	20.141
13	13.809	14.680	15.618	16.627	17.713	18.882	20.141	21.495	22.953
14	14.947	15.974	17.086	18.292	19.599	21.015	22.550	24.215	26.019
15	16.097	17.293	18.599	20.024	21.579	23.276	25.129	27.152	29.361
16	17.258	18.639	20.157	21.825	23.657	25.673	27.888	30.324	33.003
17	18.430	20.012	21.762	23.698	25.840	28.213	30.840	33.750	36.974
18	19.615	21.412	23.414	25.645	28.132	30.906	33.999	37.450	41.301
19	20.811	22.841	25.117	27.671	30.539	33.760	37.379	41.446	46.018
20	22.019	24.297	26.870	29.778	33.066	36.786	40.995	45.762	51.160
21	23.239	25.783	28.676	31.969	35.719	39.993	44.865	50.423	56.765
22	24.472	27.299	30.537	34.248	38.505	43.392	49.006	55.457	62.873
23	25.716	28.845	32.453	36.618	41.430	46.996	53.436	60.893	69.532
24	26.973	30.422	34.426	39.083	44.502	50.816	58.177	66.765	76.790
25	28.243	32.030	36.459	41.646	47.727	54.865	63.249	73.106	84.701
30	34.785	40.568	47.575	56.085	66.439	79.058	94.461	113.28	136.31
40	48.886	60.402	75.401	95.026	120.80	154.76	199.64	259.06	337.88
50	64.463	84.579	112.80	152.67	209.35	290.34	406.53	573.77	815.08
60	81.670	114.05	163.05	237.99	353.58	533.13	813.52	1253.2	1944.8

Number of Periods	Interest Rate										
	10%	12%	14%	15%	16%	18%	20%	24%	28%	32%	36%
1	1.0000	1.0000	1.0000	1.0000	1.0000	1.0000	1.0000	1.0000	1.0000	1.0000	1.0000
2	2.1000	2.1200	2.1400	2.1500	2.1600	2.1800	2.2000	2.2400	2.2800	2.3200	2.3600
3	3.3100	3.3744	3.4396	3.4725	3.5056	3.5724	3.6400	3.7776	3.9184	4.0624	4.2096
4	3.6410	4.7793	4.9211	4.9934	5.0665	5.2154	5.3680	5.6842	6.0156	6.3624	6.7251
5	6.1051	6.3528	6.6101	6.7424	6.8771	7.1542	7.4416	8.0484	8.6999	9.3983	10.146
6	7.7156	8.1152	8.5355	8.7537	8.9775	9.4420	9.9299	10.980	12.136	13.406	14.799
7	9.4872	10.089	10.730	11.067	11.414	12.142	12.916	14.615	16.534	18.696	21.126
8	11.436	12.300	13.233	13.727	14.240	15.327	16.499	19.123	22.163	25.678	29.732
9	13.579	14.776	16.085	16.786	17.519	19.086	20.799	24.712	29.369	34.895	41.435
10	15.937	17.549	19.337	20.304	21.321	23.521	25.959	31.643	38.593	47.062	57.352
11	18.531	20.655	23.045	24.349	25.733	28.755	32.150	40.238	50.398	63.122	78.998
12	21.384	24.133	27.271	29.002	30.850	34.931	39.581	50.895	65.510	84.320	108.44
13	24.523	28.029	32.089	34.352	36.786	42.219	48.497	64.110	84.853	112.30	148.47
14	27.975	32.393	37.581	40.505	43.672	50.818	59.196	80.496	109.61	149.24	202.93
15	31.772	37.280	43.842	47.580	51.660	60.965	72.035	100.82	141.30	198.00	276.98
16	35.950	42.753	50.980	55.717	60.925	72.939	87.442	126.01	181.87	262.36	377.69
17	40.545	48.884	59.118	65.075	71.673	87.068	105.93	157.25	233.79	347.31	514.66
18	45.599	55.750	68.394	75.836	84.141	103.74	128.12	195.99	300.25	459.45	700.94
19	51.159	64.440	78.969	88.212	98.603	123.41	154.74	244.03	385.32	607.47	954.28
20	57.275	72.052	91.025	102.44	115.38	146.63	186.69	303.60	494.21	802.86	1298.8
21	64.002	81.699	104.77	118.81	134.84	174.02	225.03	377.46	633.59	1060.8	1767.4
22	71.403	92.503	120.44	137.63	157.41	206.34	271.03	469.06	812.00	1401.2	2404.7
23	79.543	104.60	138.30	159.28	183.60	244.49	326.24	582.63	1040.4	1850.6	3271.3
24	88.497	118.16	158.66	184.17	213.98	289.49	392.48	723.46	1332.7	2443.8	4450.0
25	98.347	133.33	181.87	212.79	249.21	342.60	471.98	898.09	1706.8	3226.8	6053.0
30	164.49	241.33	356.79	434.75	530.31	790.95	1181.9	2640.9	5873.2	12941.	28172.3
40	442.59	767.09	1342.0	1779.1	2360.8	4163.2	7343.9	22729.	69377.	*	*
50	1163.9	2400.0	4994.5	7217.7	10436.	21813.	45497.	*	*	*	*
60	3034.8	7471.6	18535.	29220.	46058.	*	*	*	*	*	*

* The factor is greater than 99,999.

TABLE A. 5 Future Value of $1 with a Continuously Compounded Rate *r* for *t* Periods: Values of e^{rt}

Period	Continuously Compounded Rate(r)													
(t)	1%	2%	3%	4%	5%	6%	7%	8%	9%	10%	11%	12%	13%	14%
1	1.0101	1.0202	1.0305	1.0408	1.0513	1.0618	1.0725	1.0833	1.0942	1.1052	1.1163	1.1275	1.1388	1.1503
2	1.0202	1.0408	1.0618	1.0833	1.1052	1.1275	1.1503	1.1735	1.1972	1.2214	1.2461	1.2712	1.2969	1.3231
3	1.0305	1.0618	1.0942	1.1275	1.1618	1.1972	1.2337	1.2712	1.3100	1.3499	1.3910	1.4333	1.4770	1.5220
4	1.0408	1.0833	1.1275	1.1735	1.2214	1.2712	1.3231	1.3771	1.4333	1.4918	1.5527	1.6161	1.6820	1.7507
5	1.0513	1.1052	1.1618	1.2214	1.2840	1.3499	1.4191	1.4918	1.5683	1.6487	1.7333	1.8221	1.9155	2.0138
6	1.0618	1.1275	1.1972	1.2712	1.3499	1.4333	1.5220	1.6161	1.7160	1.8221	1.9348	2.0544	2.1815	2.3164
7	1.0725	1.1503	1.2337	1.3231	1.4191	1.5220	1.6323	1.7507	1.8776	2.0138	2.1598	2.3164	2.4843	2.6645
8	1.0833	1.1735	1.2712	1.3771	1.4918	1.6161	1.7507	1.8965	2.0544	2.2255	2.4109	2.6117	2.8292	3.0649
9	1.0942	1.1972	1.3100	1.4333	1.5683	1.7160	1.8776	2.0544	2.2479	2.4596	2.6912	2.9447	3.2220	3.5254
10	1.1052	1.2214	1.3499	1.4918	1.6487	1.8221	2.0138	2.2255	2.4596	2.7183	3.0042	3.3201	3.6693	4.0552
11	1.1163	1.2461	1.3910	1.5527	1.7333	1.9348	2.1598	2.4109	2.6912	3.0042	3.3535	3.7434	4.1787	4.6646
12	1.1275	1.2712	1.4333	1.6161	1.8221	2.0544	2.3164	2.6117	2.9447	3.3201	3.7434	4.2207	4.7588	5.3656
13	1.1388	1.2969	1.4770	1.6820	1.9155	2.1815	2.4843	2.8292	3.2220	3.6693	4.1787	4.7588	5.4195	6.1719
14	1.1503	1.3231	1.5220	1.7507	2.0138	2.3164	2.6645	3.0649	3.5254	4.0552	4.6646	5.3656	6.1719	7.0993
15	1.1618	1.3499	1.5683	1.8221	2.1170	2.4596	2.8577	3.3201	3.8574	4.4817	5.2070	6.0496	7.0287	8.1662
16	1.1735	1.3771	1.6161	1.8965	2.2255	2.6117	3.0649	3.5966	4.2207	4.9530	5.8124	6.8210	8.0045	9.3933
17	1.1853	1.4049	1.6653	1.9739	2.3396	2.7732	3.2871	3.8962	4.6182	5.4739	6.4883	7.6906	9.1157	10.8049
18	1.1972	1.4333	1.7160	2.0544	2.4596	2.9447	3.5254	4.2207	5.0531	6.0496	7.2427	8.6711	10.3812	12.4286
19	1.2092	1.4623	1.7683	2.1383	2.5857	3.1268	3.7810	4.5722	5.5290	6.6859	8.0849	9.7767	11.8224	14.2963
20	1.2214	1.4918	1.8221	2.2255	2.7183	3.3201	4.0552	4.9530	6.0496	7.3891	9.0250	11.0232	13.4637	16.4446
21	1.2337	1.5220	1.8776	2.3164	2.8577	3.5254	4.3492	5.3656	6.6194	8.1662	10.0744	12.4286	15.3329	18.9158
22	1.2461	1.5527	1.9348	2.4109	3.0042	3.7434	4.6646	5.8124	7.2427	9.0250	11.2459	14.0132	17.4615	21.7584
23	1.2586	1.5841	1.9937	2.5093	3.1582	3.9749	5.0028	6.2965	7.9248	9.9742	12.5535	15.7998	19.8857	25.0281
24	1.2712	1.6161	2.0544	2.6117	3.3201	4.2207	5.3656	6.8210	8.6711	11.0232	14.0132	17.8143	22.6464	28.7892
25	1.2840	1.6487	2.1170	2.7183	3.4903	4.4817	5.7546	7.3891	9.4877	12.1825	15.6426	20.0855	25.7903	33.1155
30	1.3499	1.8221	2.4596	3.3204	4.4817	6.0496	8.1662	11.0232	14.8797	20.0855	27.1126	36.5982	49.4024	66.6863
35	1.4191	2.0138	2.8577	4.0552	5.7546	8.1662	11.5883	16.4446	23.3361	33.1155	46.9931	66.6863	94.6324	134.2898
40	1.4918	2.2255	3.3201	4.9530	7.3891	11.0232	16.4446	24.5235	36.5982	54.5982	81.4509	121.5104	181.2722	270.4264
45	1.5683	2.4596	3.8574	6.0496	9.4877	14.8797	23.3361	36.5982	57.3975	90.0171	141.1750	221.4064	347.2344	544.5719
50	1.6487	2.7183	4.4817	7.3891	12.1825	20.0855	33.1155	54.5982	90.0171	148.4132	244.6919	403.4288	665.1416	1096.633
55	1.7333	3.0042	5.2070	9.0250	15.6426	27.1126	46.9931	81.4509	141.1750	244.6919	424.1130	735.0952	1274.106	2208.348
60	1.8221	3.3201	6.0496	11.0232	20.0855	36.5982	66.6863	121.5104	221.4064	403.4288	735.0952	1339.431	2440.602	4447.067

Period (t)	Continuously Compounded Rate(r)													
	15%	16%	17%	18%	19%	20%	21%	22%	23%	24%	25%	26%	27%	28%
1	1.0101	1.0202	1.0305	1.0408	1.0513	1.0618	1.0725	1.0833	1.0942	1.1052	1.1163	1.1275	1.1388	1.1503
2	1.0202	1.0408	1.0618	1.0833	1.1052	1.1275	1.1503	1.1735	1.1972	1.2214	1.2461	1.2712	1.2969	1.3231
3	1.0305	1.0618	1.0942	1.1275	1.1618	1.1972	1.2337	1.2712	1.3100	1.3499	1.3910	1.4333	1.4770	1.5220
4	1.0408	1.0833	1.1275	1.1735	1.2214	1.2712	1.3231	1.3771	1.4333	1.4918	1.5527	1.6161	1.6820	1.7507
5	1.0513	1.1052	1.1618	1.2214	1.2840	1.3499	1.4191	1.4918	1.5683	1.6487	1.7333	1.8221	1.9155	2.0138
6	1.0618	1.1275	1.1972	1.2712	1.3499	1.4333	1.5220	1.6161	1.7160	1.8221	1.9348	2.0544	2.1815	2.3164
7	1.0725	1.1503	1.2337	1.3231	1.4191	1.5220	1.6323	1.7507	1.8776	2.0138	2.1598	2.3164	2.4843	2.6645
8	1.0833	1.1735	1.2712	1.3771	1.4918	1.6161	1.7507	1.8965	2.0544	2.2255	2.4109	2.6117	2.8292	3.0649
9	1.0942	1.1972	1.3100	1.4333	1.5683	1.7160	1.8776	2.0544	2.2479	2.4596	2.6912	2.9447	3.2220	3.5254
10	1.1052	1.2214	1.3499	1.4918	1.6487	1.8221	2.0138	2.2255	2.4596	2.7183	3.0042	3.3201	3.6693	4.0552
11	1.1163	1.2461	1.3910	1.5527	1.7333	1.9348	2.1598	2.4109	2.6912	3.0042	3.3535	3.7434	4.1787	4.6646
12	1.1275	1.2712	1.4333	1.6161	1.8221	2.0544	2.3164	2.6117	2.9447	3.3201	3.7434	4.2207	4.7588	5.3656
13	1.1388	1.2969	1.4770	1.6820	1.9155	2.1815	2.4843	2.8292	3.2220	3.6693	4.1787	4.7588	5.4195	6.1719
14	1.1503	1.3231	1.5220	1.7507	2.0138	2.3164	2.6645	3.0649	3.5254	4.0552	4.6646	5.3656	6.1719	7.0993
15	1.1618	1.3499	1.5683	1.8221	2.1170	2.4596	2.8577	3.3201	3.8574	4.4817	5.2070	6.0496	7.0287	8.1662
16	1.1735	1.3771	1.6161	1.8965	2.2255	2.6117	3.0649	3.5966	4.2207	4.9530	5.8124	6.8210	8.0045	9.3933
17	1.1853	1.4049	1.6653	1.9739	2.3396	2.7732	3.2871	3.8962	4.6182	5.4739	6.4883	7.6906	9.1157	10.8049
18	1.1972	1.4333	1.7160	2.0544	2.4596	2.9447	3.5254	4.2207	5.0531	6.0496	7.2427	8.6711	10.3812	12.4286
19	1.2092	1.4623	1.7683	2.1383	2.5857	3.1268	3.7810	4.5722	5.5290	6.6859	8.0849	9.7767	11.8224	14.2963
20	1.2214	1.4918	1.8221	2.2255	2.7183	3.3201	4.0552	4.9530	6.0496	7.3891	9.0250	11.0232	13.4637	16.4446
21	1.2337	1.5220	1.8776	2.3164	2.8577	3.5254	4.3492	5.3656	6.6194	8.1662	10.0744	12.4286	15.3329	18.9158
22	1.2461	1.5527	1.9348	2.4109	3.0042	3.7434	4.6646	5.8124	7.2427	9.0250	11.2459	14.0132	17.4615	21.7584
23	1.2586	1.5841	1.9937	2.5093	3.1582	3.9749	5.0028	6.2965	7.9248	9.9742	12.5535	15.7998	19.8857	25.0281
24	1.2712	1.6161	2.0544	2.6117	3.3201	4.2207	5.3656	6.8210	8.6711	11.0232	14.0132	17.8143	22.6464	28.7892
25	1.2840	1.6487	2.1170	2.7183	3.4903	4.4817	5.7546	7.3891	9.4877	12.1825	15.6426	20.0855	25.7903	33.1155
30	1.3499	1.8221	2.4596	3.3204	4.4817	6.0496	8.1662	11.0232	14.8797	20.0855	27.1126	36.5982	49.4024	66.6863
35	1.4191	2.0138	2.8577	4.0552	5.7546	8.1662	11.5883	16.4446	23.3361	33.1155	46.9931	66.6863	94.6324	134.2898
40	1.4918	2.2255	3.3201	4.9530	7.3891	11.0232	16.4446	24.5235	36.5982	54.5982	81.4509	121.5104	181.2722	270.4264
45	1.5683	2.4596	3.8574	6.0496	9.4877	14.8797	23.3361	36.5982	57.3975	90.0171	141.1750	221.4064	347.2344	544.5719
50	1.6487	2.7183	4.4817	7.3891	12.1825	20.0855	33.1155	54.5982	90.0171	148.4132	244.6919	403.4288	665.1416	1096.633
55	1.7333	3.0042	5.2070	9.0250	15.6426	27.1126	46.9931	81.4509	141.1750	244.6919	424.1130	735.0952	1274.106	2208.348
60	1.8221	3.3201	6.0496	11.0232	20.0855	36.5982	66.6863	121.5104	221.4064	403.4288	735.0952	1339.431	2440.602	4447.067

TABLE A. 6 Present Value of $1 with a Continuous Discount Rate *r* for *t* Periods: Values of e^{-rt}

Period	Continuously Compounded Rate(r)																
(t)	1%	2%	3%	4%	5%	6%	7%	8%	9%	10%	11%	12%	13%	14%	15%	16%	17%
1	0.9900	0.9802	0.9704	0.9608	0.9512	0.9418	0.9324	0.9231	0.9139	0.9048	0.8958	0.8869	0.8781	0.8694	0.8607	0.8521	0.8437
2	0.9802	0.9608	0.9418	0.9231	0.9048	0.8869	0.8694	0.8521	0.8353	0.8187	0.8025	0.7866	0.7711	0.7558	0.7408	0.7261	0.7118
3	0.9704	0.9418	0.9139	0.8869	0.8607	0.8353	0.8106	0.7866	0.7634	0.7408	0.7189	0.6977	0.6771	0.6570	0.6376	0.6188	0.6005
4	0.9608	0.9231	0.8869	0.8521	0.8187	0.7866	0.7558	0.7261	0.6977	0.6703	0.6440	0.6188	0.5945	0.5712	0.5488	0.5273	0.5066
5	0.9512	0.9048	0.8607	0.8187	0.7788	0.7408	0.7047	0.6703	0.6376	0.6065	0.5769	0.5488	0.5220	0.4966	0.4724	0.4493	0.4274
6	0.9418	0.8869	0.8353	0.7866	0.7408	0.6977	0.6570	0.6188	0.5827	0.5488	0.5169	0.4868	0.4584	0.4317	0.4066	0.3829	0.3606
7	0.9324	0.8694	0.8106	0.7558	0.7047	0.6570	0.6126	0.5712	0.5326	0.4966	0.4630	0.4317	0.4025	0.3753	0.3499	0.3263	0.3042
8	0.9231	0.8521	0.7866	0.7261	0.6703	0.6188	0.5712	0.5273	0.4868	0.4493	0.4148	0.3829	0.3535	0.3263	0.3012	0.2780	0.2576
9	0.9139	0.8353	0.7634	0.6977	0.6376	0.5827	0.5326	0.4868	0.4449	0.4066	0.3716	0.3396	0.3104	0.2837	0.2592	0.2369	0.2165
10	0.9048	0.8187	0.7408	0.6703	0.6065	0.5488	0.4966	0.4493	0.4066	0.3679	0.3329	0.3012	0.2725	0.2466	0.2231	0.2019	0.1827
11	0.8958	0.8025	0.7189	0.6440	0.5769	0.5169	0.4630	0.4148	0.3716	0.3329	0.2982	0.2671	0.2393	0.2144	0.1920	0.1720	0.1541
12	0.8869	0.7866	0.6977	0.6188	0.5488	0.4868	0.4317	0.3829	0.3396	0.3012	0.2671	0.2369	0.2101	0.1864	0.1653	0.1466	0.1300
13	0.8781	0.7711	0.6771	0.5945	0.5220	0.4584	0.4025	0.3535	0.3104	0.2725	0.2393	0.2101	0.1845	0.1620	0.1423	0.1249	0.1097
14	0.8694	0.7558	0.6570	0.5712	0.4966	0.4317	0.3753	0.3263	0.2837	0.2466	0.2144	0.1864	0.1620	0.1409	0.1225	0.1065	0.0926
15	0.8607	0.7408	0.6376	0.5488	0.4724	0.4066	0.3499	0.3012	0.2592	0.2231	0.1920	0.1653	0.1423	0.1225	0.1054	0.0907	0.0781
16	0.8521	0.7261	0.6188	0.5273	0.4493	0.3829	0.3263	0.2780	0.2369	0.2019	0.1720	0.1466	0.1249	0.1065	0.0907	0.0773	0.0659
17	0.8437	0.7118	0.6005	0.5066	0.4274	0.3606	0.3042	0.2567	0.2165	0.1827	0.1541	0.1300	0.1097	0.0926	0.0781	0.0659	0.0556
18	0.8353	0.6977	0.5827	0.4868	0.4066	0.3396	0.2837	0.2369	0.1979	0.1653	0.1381	0.1153	0.0963	0.0805	0.0672	0.0561	0.0469
19	0.8270	0.6839	0.5655	0.4677	0.3867	0.3198	0.2645	0.2187	0.1809	0.1496	0.1237	0.1023	0.0846	0.0699	0.0578	0.0478	0.0396
20	0.8187	0.6703	0.5488	0.4493	0.3679	0.3012	0.2466	0.2019	0.1653	0.1353	0.1108	0.0907	0.0743	0.0608	0.0498	0.0408	0.0334
21	0.8106	0.6570	0.5326	0.4317	0.3499	0.2837	0.2299	0.1864	0.1511	0.1225	0.0993	0.0805	0.0652	0.0529	0.0429	0.0347	0.0282
22	0.8025	0.6440	0.5169	0.4148	0.3329	0.2671	0.2144	0.1720	0.1381	0.1108	0.0889	0.0714	0.0573	0.0460	0.0369	0.0296	0.0238
23	0.7945	0.6313	0.5016	0.3985	0.3166	0.2516	0.1999	0.1588	0.1262	0.1003	0.0797	0.0633	0.0503	0.0400	0.0317	0.0252	0.0200
24	0.7866	0.6188	0.4868	0.3829	0.3012	0.2369	0.1864	0.1466	0.1153	0.0907	0.0714	0.0561	0.0442	0.0347	0.0273	0.0215	0.0169
25	0.7788	0.6065	0.4724	0.3679	0.2865	0.2231	0.1738	0.1353	0.1054	0.0821	0.0639	0.0498	0.0388	0.0302	0.0235	0.0183	0.0143
30	0.7408	0.5488	0.4066	0.3012	0.2231	0.1653	0.1225	0.0907	0.0672	0.0498	0.0369	0.0273	0.0202	0.0150	0.0111	0.0082	0.0061
35	0.7047	0.4966	0.3499	0.2466	0.1738	0.1225	0.0863	0.0608	0.0429	0.0302	0.0213	0.0150	0.0106	0.0074	0.0052	0.0037	0.0026
40	0.6703	0.4493	0.3012	0.2019	0.1353	0.0907	0.0608	0.0408	0.0273	0.0183	0.0123	0.0082	0.0055	0.0037	0.0025	0.0017	0.0011
45	0.6376	0.4066	0.2592	0.1653	0.1054	0.0672	0.0429	0.0273	0.0174	0.0111	0.0071	0.0045	0.0029	0.0018	0.0012	0.0007	0.0005
50	0.6065	0.3679	0.2231	0.1353	0.0821	0.0498	0.0302	0.0183	0.0111	0.0067	0.0041	0.0025	0.0015	0.0009	0.0006	0.0003	0.0002
55	0.5769	0.3329	0.1920	0.1108	0.0639	0.0369	0.0213	0.0123	0.0071	0.0041	0.0024	0.0014	0.0008	0.0005	0.0003	0.0002	0.0001
60	0.5488	0.3012	0.1653	0.0907	0.0498	0.0273	0.0150	0.0082	0.0045	0.0025	0.0014	0.0007	0.0004	0.0002	0.0001	0.0001	0.0000

Period (t)	Continuously Compounded Rate(r) 18%	19%	20%	21%	22%	23%	24%	25%	26%	27%	28%	29%	30%	31%	32%	33%	34%	35%
1	0.8353	0.8270	0.8187	0.8106	0.8025	0.7945	0.7866	0.7788	0.7711	0.7634	0.7558	0.7483	0.7408	0.7334	0.7261	0.7189	0.7118	0.7047
2	0.6977	0.6839	0.6703	0.6570	0.6440	0.6313	0.6188	0.6065	0.5945	0.5827	0.5712	0.5599	0.5488	0.5379	0.5273	0.5169	0.5066	0.4966
3	0.5827	0.5655	0.5488	0.5326	0.5169	0.5016	0.4868	0.4724	0.4584	0.4449	0.4317	0.4190	0.4066	0.3946	0.3829	0.3716	0.3606	0.3499
4	0.4868	0.4677	0.4493	0.4317	0.4148	0.3985	0.3829	0.3679	0.3535	0.3396	0.3263	0.3135	0.3012	0.2894	0.2780	0.2671	0.2567	0.2466
5	0.4066	0.3867	0.3679	0.3499	0.3329	0.3166	0.3012	0.2865	0.2725	0.2592	0.2466	0.2346	0.2231	0.2122	0.2019	0.1920	0.1827	0.1738
6	0.3396	0.3198	0.3012	0.2837	0.2671	0.2516	0.2369	0.2231	0.2101	0.1979	0.1864	0.1755	0.1653	0.1557	0.1466	0.1381	0.1300	0.1225
7	0.2837	0.2645	0.2466	0.2299	0.2144	0.1999	0.1864	0.1738	0.1620	0.1511	0.1409	0.1313	0.1225	0.1142	0.1065	0.0993	0.0926	0.0863
8	0.2369	0.2187	0.2019	0.1864	0.1720	0.1588	0.1466	0.1353	0.1249	0.1153	0.1065	0.0983	0.0907	0.0837	0.0773	0.0714	0.0659	0.0608
9	0.1979	0.1809	0.1653	0.1511	0.1381	0.1262	0.1153	0.1054	0.0963	0.0880	0.0805	0.0735	0.0672	0.0614	0.0561	0.0513	0.0469	0.0429
10	0.1653	0.1496	0.1353	0.1225	0.1108	0.1003	0.0907	0.0821	0.0743	0.0672	0.0608	0.0550	0.0498	0.0450	0.0408	0.0369	0.0334	0.0302
11	0.1381	0.1237	0.1108	0.0993	0.0889	0.0797	0.0714	0.0639	0.0573	0.0513	0.0460	0.0412	0.0369	0.0330	0.0296	0.0265	0.0238	0.0213
12	0.1154	0.1023	0.0907	0.0805	0.0714	0.0633	0.0561	0.0498	0.0442	0.0392	0.0347	0.0308	0.0273	0.0242	0.0215	0.0191	0.0169	0.0150
13	0.0963	0.0846	0.0743	0.0652	0.0573	0.0503	0.0442	0.0388	0.0340	0.0299	0.0263	0.0231	0.0202	0.0178	0.0156	0.0137	0.0120	0.0106
14	0.0805	0.0699	0.0608	0.0529	0.0460	0.0400	0.0347	0.0302	0.0263	0.0228	0.0198	0.0172	0.0150	0.0130	0.0113	0.0099	0.0086	0.0074
15	0.0672	0.0578	0.0498	0.0429	0.0369	0.0317	0.0273	0.0235	0.0202	0.0174	0.0150	0.0129	0.0111	0.0096	0.0082	0.0071	0.0061	0.0052
16	0.0561	0.0478	0.0408	0.0347	0.0296	0.0252	0.0215	0.0183	0.0156	0.0133	0.0113	0.0097	0.0082	0.0070	0.0060	0.0051	0.0043	0.0037
17	0.0469	0.0396	0.0334	0.0282	0.0238	0.0200	0.0169	0.0143	0.0120	0.0102	0.0086	0.0072	0.0061	0.0051	0.0043	0.0037	0.0031	0.0026
18	0.0392	0.0327	0.0273	0.0228	0.0191	0.0159	0.0133	0.0111	0.0093	0.0078	0.0065	0.0054	0.0045	0.0038	0.0032	0.0026	0.0022	0.0018
19	0.0327	0.0271	0.0224	0.0185	0.0153	0.0127	0.0105	0.0087	0.0072	0.0059	0.0049	0.0040	0.0033	0.0028	0.0023	0.0019	0.0016	0.0013
20	0.0273	0.0224	0.0183	0.0150	0.0123	0.0101	0.0082	0.0067	0.0055	0.0045	0.0037	0.0030	0.0025	0.0020	0.0017	0.0014	0.0011	0.0009
21	0.0228	0.0185	0.0150	0.0122	0.0099	0.0080	0.0065	0.0052	0.0043	0.0034	0.0028	0.0023	0.0018	0.0015	0.0012	0.0010	0.0008	0.0006
22	0.0191	0.0153	0.0123	0.0099	0.0079	0.0063	0.0051	0.0041	0.0033	0.0026	0.0021	0.0017	0.0014	0.0011	0.0009	0.0007	0.0006	0.0005
23	0.0159	0.0127	0.0101	0.0080	0.0063	0.0050	0.0040	0.0032	0.0025	0.0020	0.0016	0.0013	0.0010	0.0008	0.0006	0.0005	0.0004	0.0003
24	0.0133	0.0105	0.0082	0.0065	0.0051	0.0040	0.0032	0.0025	0.0019	0.0015	0.0012	0.0009	0.0007	0.0006	0.0005	0.0004	0.0003	0.0002
25	0.0111	0.0087	0.0067	0.0052	0.0041	0.0032	0.0025	0.0019	0.0015	0.0012	0.0009	0.0007	0.0006	0.0004	0.0003	0.0002	0.0002	0.0002
30	0.0045	0.0033	0.0025	0.0018	0.0014	0.0010	0.0007	0.0006	0.0004	0.0003	0.0002	0.0002	0.0001	0.0001	0.0001	0.0001	0.0000	0.0000
35	0.0018	0.0013	0.0009	0.0006	0.0005	0.0003	0.0002	0.0002	0.0001	0.0001	0.0001	0.0000	0.0000	0.0000	0.0000	0.0000	0.0000	0.0000
40	0.0007	0.0005	0.0003	0.0002	0.0002	0.0001	0.0001	0.0000	0.0000	0.0000	0.0000	0.0000	0.0000	0.0000	0.0000	0.0000	0.0000	0.0000
45	0.0003	0.0002	0.0001	0.0001	0.0001	0.0000	0.0000	0.0000	0.0000	0.0000	0.0000	0.0000	0.0000	0.0000	0.0000	0.0000	0.0000	0.0000
50	0.0001	0.0001	0.0000	0.0000	0.0000	0.0000	0.0000	0.0000	0.0000	0.0000	0.0000	0.0000	0.0000	0.0000	0.0000	0.0000	0.0000	0.0000
55	0.0001	0.0000	0.0000	0.0000	0.0000	0.0000	0.0000	0.0000	0.0000	0.0000	0.0000	0.0000	0.0000	0.0000	0.0000	0.0000	0.0000	0.0000
60	0.0000	0.0000	0.0000	0.0000	0.0000	0.0000	0.0000	0.0000	0.0000	0.0000	0.0000	0.0000	0.0000	0.0000	0.0000	0.0000	0.0000	0.0000

Solutions to Selected End-of-Chapter Problems

CHAPTER 2

2. Net income = $125,136
Addition to RE = $98,136

4. $41,796.50
Average tax rate = 22.11%
Marginal tax rate = 32%

6. $1,215,000

8. $48,000

10. $239,000

14. Net income = $124,032
OCF = $213,732

16. $12,877

18. **a.** $1,400
b. $0

20. $34,000

22. **a.** $3,184; $3,310
b. $40
c. Fixed assets sold = $1,261; CFA = $7,803
d. Debt retired = $466; CFC = $387

CHAPTER 3

2. Equity multiplier = 1.90
ROE = 14.63%
Net income = $128,744

4. $13,424.48

6. 12.41%

8. $758.40

10. 9.30%

12. −12.73%; −$27,314.23

14. 24.67 days

16. 6.84 times

20. $21,450

CHAPTER 4

2. **a.** $7,834.96
b. $9,445.30
c. $14,031.22

4. 9.38%; 11.21%; 9.45%; 11.44%

6. 14.69 years; 29.39 years

8. −13.17%

10. $4,893.42; $2,909.24; $5,408.06; $4,992.27

12. @5%: $26,441.10; $24,851.20
@21%: $14,528.22; $16,795.15

14. $348,837.21; 3.37%

16. 9.67%; 10.84%; 14.43%; 15.10%

18. APR = 102.77%;
EAR = 176.68%

20. APR = 1,733.33%;
EAR = 313,916,515.69%

22. 5.32%

24. 31.61%

26. $1,552,430.18

28. $68,021.10

30. $611,832.40

32. 13.06%

34. $2,952,092.51

36. 76.56

38. $322,363.44

40. $14,577,923.31

42. $4,398.92; 12.84%

44. $155,716.92

46. $27,972.34

50. $1,427.59

52. $1,710; $10,260

54. $14,113.20

56. **a.** $4,629,503.60
b. $4,553,471.68

58. $25,713.43

CHAPTER 5

2. **a.** $1,000
b. $823.34
c. $1,235.56

4. 7.57%

6. 5.30%

8. 5.88%

10. 6.84%

12. $2,162.94

14. $1,018.204

20. 4.86%

22. $1,041.83

24. 5.71%; 5.60%

28. **a.** $19,454.97
b. $7,025.41

32. $5,358.64

CHAPTER 6

2. 9.81%

4. $54.33

6. $3.89

8. 3.65%

10. $102.67; $51.33; $34.22

12. $4,370,046

14. $47.18

16. $78.98

18. $74.14

20. $107.78

22. $118.92
24. 1,157.87
26. $4.57
28. $4.40

CHAPTER 7

2. 3.20 years; 5.16 years; Never
4. 3.52 years; 4.19 years; Never
6. 15.96%
8. 14.55%; 15.74%
10. 1.20; 1.48
12. **a.** 12.02%
d. –$656.18; $2,212.11
14. **a.** 1.29; 1.42
b. $21,987.23; $17,684.45
16. **a.** 1.53 years; 1.72 years
b. $102,208.87; $151,904.58
c. 27.97%; 25.05%
d. 21.23%
18. **a.** 1.96 years; 2.03 years
b. $80,108.94; $148,001.50
c. 19.19%; 20.41%
20. **a.** 2.47 years; 1.86 years
b. $306,175.81; $229,511.65
c. 16.89%; 22.71%
d. 12.87%
22. **a.** $300,751.31; $359,231.80
b. 28.78%; 22.82%
c. 17.36%
d. 1.292; 1.208

CHAPTER 8

2. $2,320.89
4. NPV = $196,971.45
6. NPV = $260,081.89
8. $96,260.54
10. $1,860,774
12. –$230,402.91; –$222,102.73
14. $82,697.62
16. –$243,859.70; –$227,573.38
18. –$4,454,533; –$4,410,005
20. $72,407,889
22. $6,836,364
28. $232,510.91
30. $1,490,790
32. –$7,950.33; –$7,724.69
34. $387,585.31
36. $170,065.92

CHAPTER 9

2. $3,996,187; –$2,269,926
4. 20,664.16
6. Go to market = $16,125,000
Test market = $15,880,180
8. Go to market = $19,680,000
Consumer research = $20,041,964
10. 9,861.46
12. $7.02
14. 2.65 years; $11,055,509; 33.16%
16. $\Delta NPV/\Delta P$ = $152,449.24
$\Delta NPV/\Delta Q$ = $1,372.04
18. **a.** $678,400.81
b. $197,669.88
20. **a.** 1,034.48
b. 1,298.09
22. $35.37
24. **a.** –$518,636.17
b. $853,045.25

CHAPTER 10

2. $R_D = 1.72\%$; $R_{CG} = 14.47\%$
4. **a.** $69
b. 6.80%
c. 3.49%
6. $R_G = 2.82\%$; $R_C = 3.20\%$
8. **a.** 3.24%; 6.35%
b. 24.11%; 1.20%
c. –3.12%; 24.87%
10. **a.** 6.82%
b. 6.35%
12. 56.66%
14. 5.14%
16. 7.47%
18. –7.9% to 31.7%; –27.7% to 51.5%
20. $R_A = 10.17\%$; $R_G = 8.24\%$
22. T-bills: 7.47%; 2.31%
Inflation: 9.29%; 3.08%
Real return: –1.65%

CHAPTER 11

2. 10.75%

4. X = $2,727.27; Y = $7,272.73

6. Stock A: 9.40%; 3.32%
Stock B: 15.80%; 16.42%

8. 10.75%

10. 1.21

12. 11.56%

14. 10.54%

18. $E(R_Y) = 12.01\%$; $E(R_Z) = 9.86\%$

20. **a.** 7.20%
b. $X_S = .4425$
c. 0.9089
d. $X_f = -100\%$

22. **a.** 12.30%; .04757; 21.81%
b. 8.20%
c. 8.80%; 8.50%; 4.70%; 4.54%

24. −$36,363.64; 1.26

26. Stock J: 12.28%; 14.53%
Stock K: 6.97%; 3.36%
Covariance = −.000417; Correlation = −.0855

28. **a.** 11.80%; 45.85%
b. 11.80%; 30.68%

30. **a.** 12.67%
b. 29.89%

32. 9.71%

34. 2.13%; 10.55%

CHAPTER 12

2. 6.45%; 5.09%

4. BV = $115,000,000
MV = $96,550,000
4.04%

6. 9.12%

8. **a.** 0.2049; .7951
b. 0.7553; .2447

10. **a.** 4.28%
b. 11.36%

12. **a.** 0.3196; .6804
b. 8.60%

14. **a.** 5.76%
b. $47,749,726

16. $49,474,504

18. 0.8729

20. $66.53

CHAPTER 14

2. **a.** $3.43; $4.90; $6.12
b. $3.59; $5.77; $7.57

4. **a.** $2.00; $1.85
b. $2.80; $2.96
c. $299,250

6. **a.** Plan I = $1.55; Plan II = $1.50;
All-equity = $1.58
b. $10,870; $10,870
c. $10,870
d. Plan I = $1.23; Plan II = $1.19;
All-equity = $1.25; Break-even = $10,870

8. **a.** $507.04
b. $543.14
c. Sell 35 shares

10. $4,254,200

12. **a.** 14.17%
b. 9.65%
c. 16.11%; 12.88%; 9.65%

14. **a.** $515,914.29
b. $552,214.29

18. **a.** $172,347.66
b. $192,167.64; $211,987.62
c. $194,743.11; $223,828.13

20. **a.** $483,000
b. $483,000
c. $393,000
d. $96,600; $78,600
e. $15,200; $13,940

CHAPTER 15

2. **a.** Debt issue = $287,000; $432,000
Equity issue = $267,444; $360,889

4. $536,500

6. **a.** Steinberg: $1,415,179; $571,429
Dietrich: $1,071,429; $915,179

8. **a.** $31,000,000
b. 14.71%
c. 5.29%

CHAPTER 16

2. **a.** 2,200 new shares
b. 5,500 new shares

4. **a.** $52.20
b. $75.65

c. $61.05
d. $152.25
e. 608,333; 419,750; 520,125; 208,571
6. 6,090 shares; $39.22
8. New capital surplus = $1,949,100
10. a. $78
b. $87
c. 20,690
12. $76,439.60
14. a. $2,319,189
b. $72.97
c. $2,319,189; Sell 445.02 shares
16. a. $2.55
b. $2.77

CHAPTER 17

2. a. $2,850
b. $6,000; $17,000
c. $80,880; $7,000; −$2,120
d. $7,120; $9,120; $80.88
4. $1.21
6. 1.96%
8. C = $5.82; P = $8.40
10. $60,347.73
12. a. $0; $2
b. $10.04; $8.65
14. $9.17
16. $5.39
18. Equity = $3,142.19; Debt = $10,657.81
20. Equity = $4,544.53;
Debt = $17,355.47; R_D = 14.18%
22. a. $10.43
b. Buy .5769 share; Borrow $32.26
c. $10.43
24. a. $57.46
b. Buy .2857 ounce of gold;
Borrow $322.54
c. $57.46
26. a. Equity = $7,686.72; Debt = $28,013.28
b. Equity = $5,953.13; Debt = $29,746.87
c. Equity = −$1,733.58; Debt = $1,733.58

CHAPTER 18

2. $1,445; $6,760
6. 41.37 days; 16.34 days
8. a. $411.00; $372.00; $453.00; $434.70
b. $378.00; $411.00; $372:00; $453.00
c. $389.00; $398.00; $399.00; $446.90
10. a. $433,333.33
b. $408,571.43
c. $365,764.29; $387,385.71;
$410,300.00
14. 20.13%
a. 74.35%
b. 11.05%
c. 27.71%
16. $1,170,147; 10.7353 times
18. a. 3.28%
b. 7.09%
c. 7.02%

CHAPTER 19

2. a. $37
b. 1,562,500; $1.73
c. $35.17; $1.83
d. $37,000; $37,000
4. $3,000; −$500
6. 2,272,896
8. $0; −$.64; −$1.49
10. EPS = $14.79; P = $73.58;
BVPS = $80; NPV = −$120,283
12. a. $52.50
b. $15.50
14. $26.21

CHAPTER 20

2. a. £100
b. £100
c. Fr 1.3164/£; £.7596/Fr
4. b. $1.93
6. Great Britain = 2.82%; Japan = 2.04%;
Switzerland = .19%
8. Poland 1.67% higher
10. Kr 8.5810
12. b. −1.49%
14. $1,485,957
16. a. Equity = $27,500
b. Equity = $23,571.43
c. Equity = $28,695.65

CHAPTER 21

2. \$580,000

4. **a.** Cash = \$42,000,000
Equity = \$41,300,000
b. NPV_{Cash} = \$3,000,000
NPV_{Equity} = \$3,700,000

8. 0.4043

12. **a.** £23.71
b. 0.8168

14. **a.** \$9,856,863
b. \$3,370,863
c. \$2,446,863
d. \$50.55
e. \$634,179.44
g. Cash = \$429,049.53
Equity = −\$1,125,907

Using the HP 10B and TI BA II Plus Financial Calculators

This appendix is intended to help you use your Hewlett-Packard HP 10B or Texas Instruments TI BA II Plus financial calculator to solve problems encountered in an introductory finance course. It describes the various calculator settings and provides keystroke solutions for nine selected problems from this book. Please see your owner's manual for more complete instructions. For more examples and problem-solving techniques, please see *Financial Analysis with an Electronic Calculator,* 6th edition, by Mark A. White (New York: McGraw-Hill, 2007).

CALCULATOR SETTINGS

Most calculator errors in introductory finance courses are the result of inappropriate settings. Before beginning a calculation, you should ask yourself the following questions:

1. Did I clear the financial registers?
2. Is the compounding frequency set to once per period?
3. Is the calculator in END mode?
4. Did I enter negative numbers using the **+/–** key?

CLEARING THE REGISTERS

All calculators have areas of memory, called registers, where variables and intermediate results are stored. There are two sets of financial registers, the time value of money (TVM) registers and the cash flow (CF) registers. These must be cleared before beginning a new calculation. On the Hewlett-Packard HP 10B, pressing {CLEAR ALL} clears both the TVM and the CF registers.[1] To clear the TVM registers on the TI BA II Plus, press **2nd** {CLR TVM}. Press **2nd** {CLR Work} from within the cash flow worksheet to clear the CF registers.

COMPOUNDING FREQUENCY

Both the HP 10B and the TI BA II Plus are hardwired to assume monthly compounding, that is, compounding 12 times per period. Because very few problems in introductory finance courses make this assumption, you should change this default setting to once per period. On the HP 10B, press 1 {P/YR}. To verify that the default has been changed, press the key, then press and briefly hold the **INPUT** key.[2] The display should read "1P_Yr". On the TI BA II Plus, you can specify both payment frequency and compounding frequency, although they should normally be set to the same number. To set both to once per period, press the key sequence **2nd** {P/Y} 1 **ENTER**, then press **↓** 1 **ENTER**. Pressing **2nd** {QUIT} returns you to standard calculator mode.

END MODE AND ANNUITIES DUE

In most problems, payment is made at the end of a period, and this is the default setting (end mode) for both the HP 10B and the TI BA II Plus. *Annuities due* assume payments are made at the *beginning* of each period (begin mode). On the HP 10B, pressing {BEG/END} toggles between begin and end mode. Press the key sequence **2nd** {BGN} **2nd** [SET] **2nd** {QUIT} to accomplish the same task on the TI BA II Plus. Both calculators will indicate on the display that your calculator is set for begin mode.

SIGN CHANGES

Sign changes are used to identify the direction of cash inflows and outflows. Generally, cash inflows are entered as positive numbers and cash outflows are entered as negative numbers. To enter a negative number on either the HP 10B or the TI BA II Plus, first press the appropriate digit keys and then press the change sign key, **+/–**. Do *not* use the minus sign key, **–**, as its effects are quite unpredictable.

SAMPLE PROBLEMS

This section provides keystroke solutions for selected problems from the text illustrating the nine basic financial calculator skills.

[1] The key is colored orange and serves as a Shift key for the functions in curly brackets.

[2] This is the same keystroke used to clear all registers; pretty handy, eh?

1. FUTURE VALUE OR PRESENT VALUE OF A SINGLE SUM

Compute the future value of $2,250 at a 17 percent annual rate for 30 years.

HP 10B		TI BA II PLUS	
-2,250.00	PV	-2,250.00	PV
30.00	N	30.00	N
17.00	I/YR	17.00	I/Y
FV	249,895.46	CPT FV	249,895.46

The future value is $249,895.46.

2. PRESENT VALUE OR FUTURE VALUE OF AN ORDINARY ANNUITY

Betty's Bank offers you a $20,000, seven-year term loan at 11 percent annual interest. What will your annual loan payment be?

HP 10B		TI BA II PLUS	
-20,000.00	PV	-20,000.00	PV
7.00	N	7.00	N
11.00	I/YR	11.00	I/Y
PMT	4,244.31	CPT PMT	4,244.31

Your annual loan payment will be $4,244.31.

3. FINDING AN UNKNOWN INTEREST RATE

Assume that the total cost of a college education will be $75,000 when your child enters college in 18 years. You presently have $7,000 to invest. What rate of interest must you earn on your investment to cover the cost of your child's college education?

HP 10B		TI BA II PLUS	
-7,000.00	PV	-7,000.00	PV
18.00	N	18.00	N
75,000.00	FV	75,000.00	FV
I/YR	14.08	CPT I/Y	14.08

You must earn an annual interest rate of at least 14.08 percent to cover the expected future cost of your child's education.

4. FINDING AN UNKNOWN NUMBER OF PERIODS

One of your customers is delinquent on his accounts payable balance. You've mutually agreed to a repayment schedule of $374 per month. You will charge 1.4 percent per month interest on the overdue balance. If the current balance is $12,000, how long will it take for the account to be paid off?

HP 10B		TI BA II PLUS	
-12,000.00	PV	-12,000.00	PV
1.40	I/YR	1.40	I/Y
374.00	PMT	374.00	PMT
N	42.90	CPT N	42.90

The loan will be paid off in 42.90 months.

5. SIMPLE BOND PRICING

Mullineaux Co. issued 11-year bonds one year ago at a coupon rate of 8.25 percent. The bonds make semiannual payments. If the YTM on these bonds is 7.10 percent, what is the current bond price?

HP 10B		TI BA II PLUS	
41.25	PMT	41.25	PMT
1,000.00	FV	1,000.00	FV
20.00	N	20.00	N
3.55	I/YR	3.55	I/Y
PV	1,081.35	CPT PV	1,081.35

Because the bonds make semiannual payments, we must halve the coupon payment (8.25/2 = 4.125 ==> $41.25), halve the YTM (7.10/2 = 3.55), and double the number of periods (10 years remaining × 2 = 20 periods). Then, the current bond price is $1,081.35.

6. SIMPLE BOND YIELDS TO MATURITY

Vasicek Co. has 12.5 percent coupon bonds on the market with eight years left to maturity. The bonds make annual payments. If one of these bonds currently sells for $1,145.68, what is its YTM?

HP 10B		TI BA II PLUS	
-1,145.68	PV	-1,145.68	PV
125.00	PMT	125.00	PMT
1,000.00	FV	1,000.00	FV
8.00	N	8.00	N
I/YR	9.79	CPT I/Y	9.79

The bond has a yield to maturity of 9.79 percent.

7. CASH FLOW ANALYSIS

What are the IRR and NPV of the following set of cash flows? Assume a discount rate of 10 percent.

YEAR	CASH FLOW
0	−$1,300
1	400
2	300
3	1,200

HP 10B	TI BA II PLUS
-1,300.00 CFj	CF
400.00 CFj	2nd {CLR Work}
1.00 {Nj}	-1,300.00 ENTER ↓
300.00 CFj	400.00 ENTER ↓
1.00 {Nj}	1.00 ENTER ↓
1,200.00 CFj	300.00 ENTER ↓
1.00 {Nj}	1.00 ENTER ↓

HP 10B	TI BA II PLUS
{IRR/YR} 17.40	1,200.00 ENTER ↓
10.00 I/YR	1.00 ENTER ↓
{NPV} 213.15	IRR CPT 17.40
	NPV
	10.00 ENTER
	↓ CPT 213.15

The project has an IRR of 17.40 percent and an NPV of $213.15.

8. LOAN AMORTIZATION

Prepare an amortization schedule for a three-year loan of $24,000. The interest rate is 16 percent per year, and the loan calls for equal annual payments. How much interest is paid in the third year? How much total interest is paid over the life of the loan?

To prepare a complete amortization schedule, you must amortize each payment one at a time:

HP 10B	TI BA II PLUS
-24,000.00 PV	-24,000.00 PV
16.00 I/YR	16.00 I/Y
3.00 N	3.00 N
PMT 10,686.19	CPT PMT 10,686.19
1.00 INPUT {AMORT} = 3,840.00 <== Interest	2nd {AMORT} 2nd {CLR Work}
= 6,846.19 <== Principal	
= -17,153.81 <== Balance	1.00 ENTER ↓
2.00 INPUT {AMORT} = 2,744.61 <== Interest	1.00 ENTER ↓ -17,153.81 <== Balance
= 7,941.58 <== Principal	↓ 6,846.19 <== Principal
= -9,212.23 <== Balance	↓ 3,840.00 <== Interest
	↓
3.00 INPUT {AMORT} = 1,473.96 <== Interest	
= 9,212.23 <== Principal	2.00 ENTER ↓
= 0.00 <== Balance	2.00 ENTER ↓ -9,212.23 <== Balance
	↓ 7,941.58 <== Principal
	↓ 2,744.61 <== Interest
	↓
	3.00 ENTER ↓
	3.00 ENTER ↓ 0.00 <== Balance
	9,212.23 <== Principal
	↓ 1,473.96 <== Interest
	↓

Interest of $1,473.96 is paid in the third year.

1. FUTURE VALUE OR PRESENT VALUE OF A SINGLE SUM

Compute the future value of $2,250 at a 17 percent annual rate for 30 years.

HP 10B		TI BA II PLUS	
-2,250.00	PV	-2,250.00	PV
30.00	N	30.00	N
17.00	I/YR	17.00	I/Y
FV	249,895.46	CPT FV	249,895.46

The future value is $249,895.46.

2. PRESENT VALUE OR FUTURE VALUE OF AN ORDINARY ANNUITY

Betty's Bank offers you a $20,000, seven-year term loan at 11 percent annual interest. What will your annual loan payment be?

HP 10B		TI BA II PLUS	
-20,000.00	PV	-20,000.00	PV
7.00	N	7.00	N
11.00	I/YR	11.00	I/Y
PMT	4,244.31	CPT PMT	4,244.31

Your annual loan payment will be $4,244.31.

3. FINDING AN UNKNOWN INTEREST RATE

Assume that the total cost of a college education will be $75,000 when your child enters college in 18 years. You presently have $7,000 to invest. What rate of interest must you earn on your investment to cover the cost of your child's college education?

HP 10B		TI BA II PLUS	
-7,000.00	PV	-7,000.00	PV
18.00	N	18.00	N
75,000.00	FV	75,000.00	FV
I/YR	14.08	CPT I/Y	14.08

You must earn an annual interest rate of at least 14.08 percent to cover the expected future cost of your child's education.

4. FINDING AN UNKNOWN NUMBER OF PERIODS

One of your customers is delinquent on his accounts payable balance. You've mutually agreed to a repayment schedule of $374 per month. You will charge 1.4 percent per month interest on the overdue balance. If the current balance is $12,000, how long will it take for the account to be paid off?

HP 10B		TI BA II PLUS	
-12,000.00	PV	-12,000.00	PV
1.40	I/YR	1.40	I/Y
374.00	PMT	374.00	PMT
N	42.90	CPT N	42.90

The loan will be paid off in 42.90 months.

5. SIMPLE BOND PRICING

Mullineaux Co. issued 11-year bonds one year ago at a coupon rate of 8.25 percent. The bonds make semiannual payments. If the YTM on these bonds is 7.10 percent, what is the current bond price?

HP 10B		TI BA II PLUS	
41.25	PMT	41.25	PMT
1,000.00	FV	1,000.00	FV
20.00	N	20.00	N
3.55	I/YR	3.55	I/Y
PV	1,081.35	CPT PV	1,081.35

Because the bonds make semiannual payments, we must halve the coupon payment ($8.25/2 = 4.125$ ==> $41.25), halve the YTM ($7.10/2 = 3.55$), and double the number of periods (10 years remaining $\times 2 = 20$ periods). Then, the current bond price is $1,081.35.

6. SIMPLE BOND YIELDS TO MATURITY

Vasicek Co. has 12.5 percent coupon bonds on the market with eight years left to maturity. The bonds make annual payments. If one of these bonds currently sells for $1,145.68, what is its YTM?

HP 10B		TI BA II PLUS	
-1,145.68	PV	-1,145.68	PV
125.00	PMT	125.00	PMT
1,000.00	FV	1,000.00	FV
8.00	N	8.00	N
I/YR	9.79	CPT I/Y	9.79

The bond has a yield to maturity of 9.79 percent.

Key Equations

CHAPTER 2

1. Assets ≡ Liabilities + Stockholders' equity
2. Assets − Liabilities ≡ Stockholders' equity
3. Revenue − Expenses ≡ Income
4. $CF(A) = CF(B) + CF(S)$
5. Capital spending = Ending net fixed assets − Beginning net fixed assets + Depreciation
6. Cash flow paid to creditors = Interest paid − Net new borrowing = Interest paid − (Ending long-term debt − Beginning long-term debt)
7. Cash flow to stockholders = Dividends paid − Net new equity raised = Dividends paid − (Stock sold − Stock repurchased)

CHAPTER 3

1. Current ratio $= \dfrac{\text{Current assets}}{\text{Current liabilities}}$
2. Quick ratio $= \dfrac{\text{Current assets} - \text{Inventory}}{\text{Current liabilities}}$
3. Cash ratio $= \dfrac{\text{Cash}}{\text{Current liabilities}}$
4. Total debt ratio $= \dfrac{\text{Total assets} - \text{Total equity}}{\text{Total assets}}$
5. Debt-equity ratio = Total debt/Total equity
6. Equity multiplier = Total assets/Total equity
7. Times interest earned ratio $= \dfrac{\text{EBIT}}{\text{Interest}}$
8. Cash coverage ratio $= \dfrac{\text{EBIT} + (\text{Depreciation and amortization})}{\text{Interest}}$
9. Inventory turnover $= \dfrac{\text{Cost of goods sold}}{\text{Inventory}}$
10. Days' sales in inventory $= \dfrac{\text{365 days}}{\text{Inventory turnover}}$
11. Receivables turnover $= \dfrac{\text{Sales}}{\text{Accounts receivable}}$
12. Days' sales in receivables $= \dfrac{\text{365 days}}{\text{Receivables turnover}}$
13. Total asset turnover $= \dfrac{\text{Sales}}{\text{Total assets}}$
14. Profit margin $= \dfrac{\text{Net income}}{\text{Sales}}$
15. Return on assets $= \dfrac{\text{Net income}}{\text{Total assets}}$
16. Return on equity $= \dfrac{\text{Net income}}{\text{Total equity}}$
17. EPS $= \dfrac{\text{Net income}}{\text{Shares outstanding}}$
18. PE ratio $= \dfrac{\text{Price per share}}{\text{Earnings per share}}$
19. Market-to-book ratio $= \dfrac{\text{Market value per share}}{\text{Book value per share}}$
20. EV = Market capitalization + Market value of interest bearing debt − Cash
21. EV multiple $= \dfrac{\text{EV}}{\text{EBITDA}}$
22. ROE $= \underbrace{\dfrac{\text{Net income}}{\text{Sales}} \times \dfrac{\text{Sales}}{\text{Assets}}}_{\text{Return on assets}} \times \dfrac{\text{Assets}}{\text{Total equity}}$ = Profit margin × Total asset turnover × Equity multiplier
23. Dividend payout ratio = Cash dividends/Net income
24. EFN $= \dfrac{\text{Assets}}{\text{Sales}} \times \Delta\,\text{Sales} - \dfrac{\text{Spontaneous liabilities}}{\text{Sales}} \times \Delta\,\text{Sales} - PM \times \text{Projected sales} \times (1 - d)$
25. Internal growth rate $= \dfrac{\text{ROA} \times b}{1 - \text{ROA} \times b}$
26. Sustainable growth rate $= \dfrac{\text{ROE} \times b}{1 - \text{ROE} \times b}$

CHAPTER 4

1. Present Value of Investment: $PV = \dfrac{C_1}{1 + r}$
2. $NPV = -\text{Cost} + PV$
3. Future Value of an Investment: $FV = C_0 \times (1 + r)^t$
4. Present Value of Investment: $PV = \dfrac{C_t}{(1 + r)^t}$
5. $NPV = -C_0 + \dfrac{C_1}{1 + r} + \dfrac{C_2}{(1 + r)^2} + \cdots + \dfrac{C_T}{(1 + r)^T} = -C_0 + \sum_{t=1}^{T} \dfrac{C_i}{(1 + r)^t}$
6. Future value with periodic compounding $= C_0\left(1 + \dfrac{r}{m}\right)^m$

7. Effective Annual Rate: $\left(1+\frac{r}{m}\right)^m - 1$

8. Future Value with Compounding:

$$\text{FV} = C_0\left(1+\frac{r}{m}\right)^{mt}$$

9. Value of an Investment, with Continuous Compounding, at t years: $C_0 \times e^{rt}$

10. $\text{PV} = \frac{C}{r}$

11. Formula for Present Value of Perpetuity:

$$\text{PV} = \frac{C}{1+r} + \frac{C}{(1+r)^2} + \frac{C}{(1+r)^3} + \cdots = \frac{C}{r}$$

12. Formula for Present Value of Growing Perpetuity:

$$\text{PV} = \frac{C}{r-g}$$

13. $\text{PV} = \frac{C}{r}$

14. $\text{PV} = \frac{C}{r}\left[\frac{1}{(1+r)^t}\right]$

15. Formula for Present Value of Annuity:

$$\text{PV} = C\left[\frac{1}{r} - \frac{1}{r(1+r)^t}\right]$$

16. Formula for Future Value of Annuity:

$$\text{FV} = C\left[\frac{(1+r)^t}{r} - \frac{1}{r}\right] = C\left[\frac{(1+r)^t - 1}{r}\right]$$

17. Formula for Present Value of Growing Annuity:

$$\text{PV} = C\left[\frac{1}{r-g} - \frac{1}{r-g} \times \left(\frac{1+g}{1+r}\right)^t\right] = C\left[\frac{1 - \left(\frac{1+g}{1+r}\right)^t}{r-g}\right]$$

CHAPTER 5

1. Bond value $= C \times [1 - 1/1 + r)^t]/r + F/(1+r)^t$

   Bond value $= C \times$ Present value of the coupons + Present value of the face amount

2. $1 + R = (1 + r) \times (1 + h)$

3. $R = r + h + r \times h$

4. $R \approx r + h$

CHAPTER 6

1. $P_0 = \frac{D_1}{1+R} + \frac{P_1}{1+R}$

2. $P_1 = \frac{D_2}{1+R} + \frac{P_2}{1+R}$

3. $P_0 = \frac{1}{1+R}\left[D_1 + \left(\frac{D_2 + P_2}{1+R}\right)\right] = \frac{D_1}{1+R} + \frac{D_2}{(1+R)^2} + \frac{P_2}{(1+R)^2}$

4. $P_0 = \frac{D_1}{1+R} + \frac{D_2}{(1+R)^2} + \frac{D_3}{(1+R)^3} + \cdots = \sum_{t=1}^{\infty} \frac{D_t}{(1+R)^t}$

5. Earnings next year = Earnings this year + Retained earnings this year × Return on retained earnings

   Increase in earnings

6. $\frac{\text{Earnings next year}}{\text{Earnings this year}} = \frac{\text{Earnings this year}}{\text{Earnings this year}} + \frac{\text{Retained earnings this year}}{\text{Earnings this year}}$ × Return on retained earnings

7. $1 + g = 1 +$ Retention ratio × Return on retained earnings

8. Formula for Firm's Growth Rate:

   $g =$ Retention ratio × Return on retained earnings (ROE)

9. $R - g = D_1/P_0$

   $R = D_1/P_0 + g$

CHAPTER 7

1. Profitability index (PI) $= \frac{\text{PV of cash flows } \textit{subsequent} \text{ to initial investment}}{\text{Initial investment}}$

CHAPTER 8

1. OCF = Net income + Depreciation

2. OCF = Sales − Costs − Taxes

3. OCF = (Sales − Costs) × $(1 - T_c)$ + Depreciation × T_c

CHAPTER 10

1. Total dollar return = Dividend income + Capital gain (or loss)

2. Dividend yield $= D_{t+1}/P_t$

3. Capital gain $= (P_{t+1} - P_t)/P_t$

4. $R_{t+1} = \frac{D_{t+1}}{P_t} + \frac{(P_{t+1} - P_t)}{P_t}$

5. Mean $= \overline{R} = \frac{R_1 + \ldots + R_T}{T}$

6. $\text{Var} = \frac{1}{T-1}[(R_1 - \overline{R})^2 + (R_2 - \overline{R})^2 + \cdots + (R_T - \overline{R})^2]$

7. SE = SD $(\overline{R})$ $= \frac{\text{SD}(R)}{\sqrt{\text{The number of observations}}}$

8. Geometric average return
$= [(1 + R_1) \times (1 + R_2) \times \cdots \times (1 + R_T)]^{1/T} - 1$

CHAPTER 11

1. $[R_A - E(R_A)] \times [R_B - E(R_B)]$

2. $\rho_{A,B} = \text{Corr}(R_A, R_B) = \dfrac{\text{Cov}(R_A, R_B)}{\sigma_A \times \sigma_B}$

3. Expected return on portfolio
$= X_A E(R_A) + X_B E(R_B) = E(R_P)$

4. The Variance of the Portfolio:
$\text{Var (portfolio)} = X_A^2 \sigma_A^2 + 2X_A X_B \sigma_{A,B} + X_B^2 \sigma_B^2$

5. $\sigma_P = \text{SD(portfolio)}$
$= \sqrt{\text{Var (portfolio)}}$

6. Weighted average of standard deviations
$= X_{Super}\sigma_{Super} + X_{Slow}\sigma_{Slow}$

7. $\sigma_{Super, Slow} = \rho_{Super, Slow}\sigma_{Super}\sigma_{Slow}$

8. Variance of the portfolio's return
$= X_{Super}^2\sigma_{Super}^2 + 2X_{Super}X_{Slow}\rho_{Super, Slow}\sigma_{Super}\sigma_{Slow} + X_{Slow}^2\sigma_{Slow}^2$

9. Variance of portfolio composed of one riskless and one risky asset $= X^2\sigma^2$

10. Standard deviation of portfolio composed of one riskless and one risky asset $= X\sigma$

11. Total return = Expected return + Unexpected return
$R = E(R) + U$

12. Announcement = Expected part + Surprise

13. $R = E(R)$ + Systematic portion + Unsystematic portion

14. Total risk = Systematic risk + Unsystematic risk

15. $\beta_i = \dfrac{\text{Cov}(R_i, R_M)}{\sigma^2(R_M)}$

16. $\sum_{i=1}^{N} X_i\beta_i = 1$

17. Capital Asset Pricing Model:

$E(R) = R_F + \beta \times [E(R_M) - R_F]$

Expected return on a security = Risk-free rate + Beta of the security × Difference between expected return on market and risk-free rate, or the market risk premium

CHAPTER 12

1. $R_S = R_f + \beta \times (R_M - R_F)$

2. Beta of Security $i = \dfrac{\text{Cov}(R_i, R_M)}{\text{Var}(R_M)} = \dfrac{\sigma_{i,M}}{\sigma_M^2}$

3. $\beta_{Portfolio} = \beta_{Asset}$
$= \dfrac{S}{B+S} \times \beta_{Equity} + \dfrac{B}{B+S} \times \beta_{Debt}$

4. $\beta_{Asset} = \dfrac{S}{B+S} \times \beta_{Equity}$

5. Average cost of capital
$= \left(\dfrac{S}{S+B}\right) \times R_S + \left(\dfrac{B}{S+B}\right) \times R_B \times (1 - T_c)$

6. $f_0 = (S/V) \times f_S + (B/V) \times f_B$

CHAPTER 14

1. $V = B + S$

2. $\text{WACC} = \dfrac{S}{B+S} \times R_S + \dfrac{B}{B+S} \times R_B$

3. MM Proposition II (no taxes):
$R_S = R_0 + (R_0 - R_B)\dfrac{B}{S}$

4. Reduction in corporate taxes
$= \underbrace{T_C}_{\text{Corporate tax rate}} \times \underbrace{R_B \times B}_{\text{Dollar amount of interest}}$

5. MM Proposition I with corporate taxes:
$V_L = \dfrac{\text{EBIT} \times (1 - T_C)}{R_0} + \dfrac{T_C R_B B}{R_B} = V_U + T_C B$

6. MM Proposition II with corporate taxes:
$R_S = R_0 + \dfrac{B}{S} \times (1 - T_C) \times (R_0 - R_B)$

CHAPTER 16

1. $V_0 = D_0 + \dfrac{D_1}{1 + R_S}$

2. Dividend change $\equiv D_1 - D_0$
$= s \times (t\text{EPS}_1 - D_0)$

CHAPTER 17

1. Price of underlying stock + Price of put = Price of call + Present value of exercise price

Cost of first strategy = Cost of second strategy

2. Value of call = Stock price × Delta − Amount borrowed

3. Black-Scholes Model:
$C = SN(d_1) - Ee^{-Rt}N(d_2)$

4. Value of risky bond + Put option = Value of risk-free bond

5. Value of risky bond = Value of risk-free bond − Put option
$= E \times e^{-Rt} - P$

6. Value of assets (S) = Value of stock $(C) + (E \times e^{-Rt} - P)$

7. Value of assets (S) = Value of stock (C) + Value of bonds $(E \times e^{-Rt} - P)$

CHAPTER 18

1. Net working capital + Fixed assets = Long-term debt + Equity

2. Net working capital = Cash + Other current assets − Current liabilities

3. Cash = Long-term debt + Equity
   + Current liabilities
   − Current assets other than cash
   − Fixed assets

4. Operating cycle = Inventory period
   + Accounts receivable period

5. Cash cycle = Operating cycle
   − Accounts payable period

6. Cash collection = Beginning accounts receivables
   + 1/2 × Sales

CHAPTER 20

1. $[\text{E}(S_1) - S_0]/S_0 \cong h_{FC} - h_{US}$
2. $\text{E}(S_1) \cong S_0 \times [1 + (h_{FC} - h_{US})]$
3. $\text{E}(S_t) \cong S_0 \times [1 + (h_{FC} - h_{US})]^t$
4. $F_1/S_0 = (1 + R_{FC})/(1 + R_{US})$
5. $(F_1 - S_0)/S_0 \cong R_{FC} - R_{US}$
6. $F_1 \cong S_0 \times [1 + (R_{FC} - R_{US})]$
7. $F_t \cong S_0 \times [1 + (R_{FC} - R_{US})]^t$
8. UIP: $\text{E}(S_1) = S_0 \times [1 + (R_{FC} - R_{US})]$
9. $\text{E}(S_t) = S_0 \times [1 + (R_{FC} - R_{US})]^t$
10. IFE: $R_{US} - h_{US} = R_{FC} - h_{FC}$

CHAPTER 21 (Online Only)

1. $\text{NPV} = V_B^* -$ Cost to Firm A of the acquisition

ㅈ

ㅊ

ㅋ

KEY EQUATIONS

CHAPTER 2

1. Assets ≡ Liabilities + Stockholders' equity
2. Assets − Liabilities ≡ Stockholders' equity
3. Revenue − Expenses ≡ Income
4. $CF(A) = CF(B) + CF(S)$
5. Capital spending = Ending net fixed assets − Beginning net fixed assets + Depreciation
6. Cash flow paid to creditors
   = Interest paid − Net new borrowing
   = Interest paid − (Ending long-term debt − Beginning long-term debt)
7. Cash flow to stockholders
   = Dividends paid − Net new equity raised
   = Dividends paid − (Stock sold − Stock repurchased)

CHAPTER 3

1. $\text{Current ratio} = \dfrac{\text{Current assets}}{\text{Current liabilities}}$
2. $\text{Quick ratio} = \dfrac{\text{Current assets} - \text{Inventory}}{\text{Current liabilities}}$
3. $\text{Cash ratio} = \dfrac{\text{Cash}}{\text{Current liabilities}}$
4. $\text{Total debt ratio} = \dfrac{\text{Total assets} - \text{Total equity}}{\text{Total assets}}$
5. Debt–equity ratio = Total debt/Total equity
6. Equity multiplier = Total assets/Total equity
7. $\text{Times interest earned ratio} = \dfrac{\text{EBIT}}{\text{Interest}}$
8. Cash coverage ratio
   $= \dfrac{\text{EBIT} + (\text{Depreciation and amortization})}{\text{Interest}}$
9. $\text{Inventory turnover} = \dfrac{\text{Cost of goods sold}}{\text{Inventory}}$
10. $\text{Days' sales in inventory} = \dfrac{365 \text{ days}}{\text{Inventory turnover}}$
11. $\text{Receivables turnover} = \dfrac{\text{Sales}}{\text{Accounts receivable}}$
12. $\text{Days' sales in receivables} = \dfrac{365 \text{ days}}{\text{Receivables turnover}}$
13. $\text{Total asset turnover} = \dfrac{\text{Sales}}{\text{Total assets}}$
14. $\text{Profit margin} = \dfrac{\text{Net income}}{\text{Sales}}$
15. $\text{Return on assets} = \dfrac{\text{Net income}}{\text{Total assets}}$
16. $\text{Return on equity} = \dfrac{\text{Net income}}{\text{Total equity}}$
17. $\text{EPS} = \dfrac{\text{Net income}}{\text{Shares outstanding}}$
18. $\text{PE ratio} = \dfrac{\text{Price per share}}{\text{Earnings per share}}$
19. $\text{Market-to-book ratio} = \dfrac{\text{Market value per share}}{\text{Book value per share}}$
20. EV = Market capitalization + Market value of interest bearing debt − Cash
21. $\text{ROE} = \underbrace{\dfrac{\text{Net income}}{\text{Sales}} \times \dfrac{\text{Sales}}{\text{Assets}}}_{\text{Return on assets}} \times \dfrac{\text{Assets}}{\text{Total equity}}$
    = Profit margin × Total asset turnover × Equity multiplier
22. Dividend payout ratio
    = Cash dividends/Net income
23. $EFN = \dfrac{\text{Assets}}{\text{Sales}} \times \Delta \text{Sales} - \dfrac{\text{Spontaneous liabilities}}{\text{Sales}} \times \Delta \text{Sales} - PM \times \text{Projected sales} \times (1 - d)$
24. $\text{Internal growth rate} = \dfrac{\text{ROA} \times b}{1 - \text{ROA} \times b}$
25. $\text{Sustainable growth rate} = \dfrac{\text{ROE} \times b}{1 - \text{ROE} \times b}$

CHAPTER 4

1. Present Value of Investment: $\text{PV} = \dfrac{C_1}{1 + r}$
2. $\text{NPV} = -\text{Cost} + \text{PV}$
3. Future Value of an Investment:
   $\text{FV} = C_0 \times (1 + r)^T$
4. Present Value of Investment: $\text{PV} = \dfrac{C_T}{(1 + r)^T}$
5. $\text{NPV} = -C_0 + \dfrac{C_1}{1 + r} + \dfrac{C_2}{(1 + r)^2} + \cdots + \dfrac{C_T}{(1 + r)^T} = -C_0 + \sum_{t=1}^{T} \dfrac{C_i}{(1 + r)^t}$
6. $C_0\left(1 + \dfrac{r}{m}\right)^m$
7. Effective Annual Rate: $\left(1 + \dfrac{r}{m}\right)^m - 1$
8. Future Value with Compounding:
   $\text{FV} = C_0\left(1 + \dfrac{r}{m}\right)^{mT}$
9. Value of an investment, with Continuous Compounding, at T years: $C_0 \times e^{rT}$
10. $\text{PV} = \dfrac{C}{r}$
11. Formula for Present Value of Perpetuity:
    $\text{PV} = \dfrac{C}{1 + r} + \dfrac{C}{(1 + r)^2} + \dfrac{C}{(1 + r)^3} + \cdots = \dfrac{C}{r}$
12. Formula for Present Value of Growing Perpetuity:
    $\text{PV} = \dfrac{C}{r - g}$
13. $\text{PV} = \dfrac{C}{r}\left[\dfrac{1}{(1 + r)^T}\right]$
14. Formula for Present Value of Annuity:
    $\text{PV} = C\left[\dfrac{1}{r} - \dfrac{1}{r(1 + r)^T}\right]$

15. $\text{FV} = C\left[\frac{(1+r)^T}{r} - \frac{1}{r}\right] = C\left[\frac{(1+r)^T - 1}{r}\right]$

16. Formula for Present Value of Growing Annuity:

$$\text{PV} = C\left[\frac{1}{r-g} - \frac{1}{r-g} \times \left(\frac{1+g}{1+r}\right)^T\right] = C\left[\frac{1 - \left(\frac{1+g}{1+r}\right)^T}{r-g}\right]$$

CHAPTER 5

1. Bond value $= C \times [1 - 1/1 + r)^T]/r + F/(1+r)^T$
   Bond value $= C \times$ Present value of the coupons + Present value of the face amount
2. $1 + R = (1 + r) \times (1 + h)$
3. $1 + R = (1 + r) \times (1 + h)$
   $R = r + h + r \times h$
4. $R \approx r + h$

CHAPTER 6

1. $P_0 = \frac{\text{Div}_1}{1+R} + \frac{P_1}{1+R}$
2. $P_1 = \frac{\text{Div}_2}{1+R} + \frac{P_2}{1+R}$
3. $P_0 = \frac{1}{1+R}\left[\text{Div}_1 + \left(\frac{\text{Div}_2 + P_2}{1+R}\right)\right] = \frac{\text{Div}_1}{1+R} + \frac{\text{Div}_2}{(1+R)^2} + \frac{P_2}{(1+R)^2}$
4. $P_0 + \frac{\text{Div}_1}{1+R} + \frac{\text{Div}_2}{(1+R)^2} + \frac{\text{Div}_3}{(1+R)^3} + \cdots = \sum_{t=1}^{\infty} \frac{\text{Div}_t}{(1+R)^t}$
5. Earnings next year = Earnings this year + Retained earnings this year × Return on retained earnings
   Increase in earnings
6. $\frac{\text{Earnings next year}}{\text{Earnings this year}} = \frac{\text{Earnings this year}}{\text{Earnings this year}} + \frac{\text{Retained earnings this year}}{\text{Earnings this year}}$
   × Return on retained earnings
7. $1 + g = 1 +$ Retention ratio × Return on retained earnings
8. Formula for Firm's Growth Rate:
   $g =$ Retention ratio × Return on retained earnings (ROE)
9. $R - g = \text{Div}/P_0$
   $R = \text{Div}/P_0 + g$

CHAPTER 7

1. Profitability index (PI)
   $= \frac{\text{PV of cash flows } \textit{subsequent} \text{ to initial investment}}{\text{Initial investment}}$

CHAPTER 8

1. OCF = Net income + Depreciation
2. OCF = Sales − Costs − Taxes
3. OCF = (Sales − Costs) × $1 - t_c$ + Depreciation × t_c

CHAPTER 10

1. Total dollar return = Dividend income + Capital gain (or loss)
2. Dividend yield $= \text{Div}_{t+1}/P_t$
3. Capital gain $= (P_{t+1} - P_t)/P_t$
4. $R_{t+1} = \frac{\text{Div}_{t+1}}{P_t} + \frac{(P_{t+1} - P_t)}{P_t}$
5. Mean $= \overline{R} = \frac{R_1 + \cdots + R_T}{T}$
6. $\text{Var} = \frac{1}{T-1}[(R_1 - \overline{R})^2 + (R_2 - \overline{R})^2 + (R_3 - \overline{R})^2 + (R_4 - \overline{R})^2]$
7. $\text{SE} = \text{SD}(\overline{R}) = \frac{\text{SD}(R)}{\sqrt{\text{The number of observations}}}$
8. Geometric average return
   $= [(1 + R_1) \times (1 + R_2) \times \cdots \times (1 + R_T)]^{1/T} - 1$

CHAPTER 11

1. $(R_A - \text{E}(R_A)) \times (R_B - \text{E}(R_B))$
2. $\rho_{A,B} = \text{Corr}(R_A, R_B) = \text{Cov}(R_A, R_B)/\sigma_A \times \sigma_B$
3. Expected return on portfolio
   $= X_A \text{E}(R_A) + X_B\text{E}(R_B) = \text{E}(R_P)$
4. The Variance of the Portfolio
   $\text{Var (portfolio)} = X_A^2\,\sigma_A^2 + 2X_A X_B\,\sigma_{A},B + X_B^2\,\sigma_B^2$
5. $\sigma_P = \text{SD(portfolio)} = \sqrt{\text{Var (portfolio)}}$
6. Weighted average of standard deviations
   $= X_{\text{Super}}\sigma_{\text{Super}} + X_{\text{Slow}}\sigma_{\text{Slow}}$
7. $\sigma_{\text{Super,Slow}} = \rho_{\text{Super,Slow}}\sigma_{\text{Super}}\sigma_{\text{Slow}}$
8. Variance of the Portfolio's Return
   $= X^2_{\text{Super}}\sigma^2_{\text{Super}} + 2X_{\text{Super}}X_{\text{Slow}}\rho_{\text{Super,Slow}}\sigma_{\text{Super}}\sigma_{\text{Slow}} + X^2_{\text{Slow}}\sigma^2_{\text{Slow}}$
9. Variance of portfolio composed of one riskless and one risky asset $= X^2\sigma^2$
10. Standard deviation of portfolio composed of one riskless and one risky asset $= X\sigma$
11. Total return = Expected return + Unexpected return
    $R = \text{E}(R) + U$
12. Announcement = Expected part + Surprise

13. $R = \text{E}(R) + \text{Systematic portion} + \text{Unsystematic portion}$

14. Total risk = Systematic risk + Unsystematic risk

15. $\beta_i = \dfrac{\text{Cov}(R_i, R_M)}{\sigma^2(R_M)}$

16. $\sum_{i=1}^{N} X_i\beta_i = 1$

17. Capital Asset Pricing Model:

$$\text{E}(R) = R_F + \beta \times [\text{E}(R_M) - R_F]$$

Expected return on a security = Risk-free rate + Beta of the security × Difference between expected return on market and risk-free rate or the market risk premium

CHAPTER 12

1. $R_S = R_F + \beta \times (R_M - R_F)$
2. Beta of Security $i = \dfrac{\text{Cov}(R_i, R_M)}{\text{Var}(R_M)} = \dfrac{\sigma_{i,M}}{\sigma_M^2}$
3. $\beta_{\text{Portfolio}} = \beta_{\text{Asset}} = \dfrac{S}{B+S} \times \beta_{\text{Equity}} + \dfrac{B}{B+S} \times \beta_{\text{Debt}}$
4. $\beta_{\text{Asset}} = \dfrac{S}{B+S} \times \beta_{\text{Equity}}$
5. Average cost of capital $= \dfrac{S}{(S+B)} \times R_S + \left(\dfrac{B}{S+B}\right) \times R_B \times (1 - t_c)$
6. $f_0 = (S/V) \times f_S + (B/V) \times f_B$

CHAPTER 14

1. $V = B + S$
2. $R_{\text{WACC}} = \dfrac{S}{B+S} \times R_S + \dfrac{B}{B+S} \times R_B$
3. MM Proposition II (no taxes): $R_S = R_0 + \dfrac{B}{S}(R_0 - R_B)$
4. $\underbrace{t_c}_{\text{Corporate tax rate}} \times \underbrace{R_B \times B}_{\text{Dollar amount of interest}}$
5. MM Proposition I (corporate taxes): $V_L = \dfrac{\text{EBIT} \times (1 - t_c)}{R_0} + \dfrac{t_c R_B B}{R_B} = V_U + t_c B$
6. MM Proposition II (corporate taxes): $R_S = R_0 + \dfrac{B}{S} \times (1 - t_c) \times (R_0 - R_B)$

CHAPTER 16

1. $V_0 = \text{Div}_0 + \dfrac{\text{Div}_1}{1 + R_S}$
2. Dividend change $\equiv \text{Div}_1 - \text{Div}_0 = s \times (t\text{EPS}_1 - \text{Div}_0)$

CHAPTER 17

1. Price of underlying stock + Price of put = Price of call + Present value of exercise price

   Cost of first strategy = Cost of second strategy
2. Value of call = Stock price × Delta − Amount borrowed
3. Black-Scholes Model: $C = S\text{N}(d_1) - Ee^{-Rt}\,\text{N}(d_2)$
4. Value of call on firm = Value of firm + Value of put on firm − Value of default-free bond

   Stockholders' position in terms of call options = Stockholders' position in terms of put options
5. Value firm − Value of call on firm = Value of default-free bond − Value of put on firm

   Bondholders' position in terms of call options = Bondholders' position in terms of put options
6. Value of default-free bond = Value of risky bond + Value of put option

CHAPTER 18

1. Net working capital + Fixed assets = Long-term debt + Equity
2. Net working capital = Cash + Other current assets − Current liabilities
3. Cash = Long-term debt + Equity + Current liabilities − Current assets other than cash − Fixed assets
4. Operating cycle = Inventory period + Accounts receivable period
5. Cash cycle = Operating cycle − Accounts payable period
6. Cash collection = Beginning accounts receivables + 1/2 × Sales

CHAPTER 20

1. $[\text{E}(S_1) - S_0]/S_0 \cong h_{FC} - h_{US}$
2. $\text{E}(S_1) \cong S_0 \times [1 + (h_{FC} - h_{US})]$
3. $\text{E}(S_t) \cong S_0 \times [1 + (h_{FC} - h_{US})]^t$
4. $F_1/S_0 = (1 + R_{FC})/(1 + R_{US})$
5. $(F_1 - S_0)/S_0 \cong R_{FC} - R_{US}$
6. $F_1 \cong S_0 \times [1 + (R_{FC} - R_{US})]$
7. $F_t \cong S_0 \times [1 + (R_{FC} - R_{US})]^t$
8. UIP: $\text{E}(S_1) = S_0 \times [1 + (R_{FC} - R_{US})]$
9. $\text{E}(S_t) = S_0 \times [1 + (R_{FC} - R_{US})]^t$
10. IFE: $R_{US} - h_{US} = R_{FC} - h_{FC}$

CHAPTER 21 (Online Only)

1. NPV $= V_B^* -$ Cost to Firm A of the acquisition